D1653434

Handbuch Bankbilanz

Handbuch Bankbilanz

Von
Paul Scharpf

Bibliografische Information Der Deutschen Bibliothek
Die Deutsche Bibliothek verzeichnet diese Publikation
in der Deutschen Nationalbibliografie;
detaillierte bibliografische Daten sind im Internet über
http://dnb.ddb.de abrufbar.

ISBN 3-8021-1108-7

© 2004 by IDW-Verlag GmbH, Düsseldorf
Alle Rechte der Verbreitung, auch durch Film, Funk, Fernsehen und Internet,
fotomechanische Wiedergabe, Tonträger jeder Art, auszugsweisen Nachdruck oder
Einspeicherung und Rückgewinnung in Datenverarbeitungsanlagen aller Art,
einschließlich der Übersetzung in andere Sprachen, sind vorbehalten.

Druck und Bindung: B.o.s.s Druck und Medien, Kleve

Vorwort zur zweiten Auflage

Das „Handbuch Bankbilanz" erscheint nach zwei Jahren nunmehr in der zweiten Auflage. Aufgrund der zahlreichen Gesetzesänderungen sowie der zwischenzeitlich eingetretenen Änderungen in der Bilanzierungspraxis und Rechtsprechung sowie der bankaufsichtlichen Vorgaben war es erforderlich, die erste Auflage grundlegend zu überarbeiten. Das „Handbuch Bankbilanz" wird aufgrund der ansonsten sehr positiven Resonanz künftig alle zwei Jahre neu erscheinen.

Das Handbuch stellt sowohl die Bilanzierungs- und Bewertungsregelungen für Banken und Finanzdienstleister als auch die für die Prüfung des Jahresabschlusses (Bilanz, Gewinn- und Verlustrechnung, Anhang) und des Lageberichts relevanten institutsspezifischen Besonderheiten dar. Es wurde wieder auf die Darstellung allgemeiner Bilanzierungs- und Bewertungsfragen ebenso verzichtet wie auf die Darstellung der grundlegenden Fragen zur Jahresabschlussprüfung. Berücksichtigung fanden auch in der zweiten Auflage mithin nur die für Institute spezifischen Fragen der Bilanzierung, Bewertung und Prüfung.

Änderungen (Stand Februar 2004) haben sich insbesondere im Rahmen der Bilanzierung und Bewertung (zB sachverhaltsgestaltende Maßnahmen wie ABS-, Recouponing-, Close Out-Transaktionen, Margenvereinnahmungen; Berücksichtigung von Ausfallrisiken - einschl. MaK und § 18 KWG - und internen Geschäften; strukturierte Produkte; Investmentanteile; Rückstellungen wie bspw. für Bürgschaften, Zinsänderungsrisiko; emittierte Pflichtwandelanleihen usw.), der Prüfung und Berichterstattung (zB sachverhaltsgestaltende Maßnahmen, Ausfallrisiken, interne Geschäfte uam.) sowie der aufsichtsrechtlichen Regelungen (zB FinMarktFG, MaK, § 18 KWG, Pflichtverletzung bei der Kreditgewährung, Einarbeitung der Rundschreibungen und Meinungsäußerungen der Bankenaufsicht) ergeben.

Mein herzlicher Dank gilt Herrn Professor Günther Luz, der das Werk bezüglich der bankaufsichtlichen Bestimmungen durchgesehen hat bzw. hat durchsehen lassen. Danken möchte ich aber auch meiner Sekretärin Frau Susann Haase sowie unserer Bibliothekarin Frau Dipl. Bibl. Iris Schwarz, die durch ihre Hilfsbereitschaft und konstruktiven Vorschläge zum Gelingen des Handbuches mit beigetragen haben. Großen Dank schulde ich wiederum meiner Familie, die nach wie vor viel Geduld bewiesen und Verständnis aufgebracht hat.

Selbstverständlich gehen alle in diesem Buch enthaltenen Fehler ausschließlich zu Lasten des Autors.

Stuttgart im Februar 2004   Paul Scharpf

Vorwort zur ersten Auflage

Das vorliegende Handbuch knüpft an den vom Verfasser zum In-Kraft-Treten des Bankbilanzrichtlinie-Gesetzes im Jahr 1992 veröffentlichten „*Leitfaden zum Jahresabschluss nach dem Bankbilanzrichtlinie-Gesetz*" an. Seither gab es eine Reihe von Veränderungen der branchenspezifischen Bilanzierungsnormen, die eine völlige Neubearbeitung erforderlich machten. Eine der wesentlichen Änderungen war die Einbeziehung der sogenannten Finanzdienstleistungsinstitute in den Anwendungsbereich der für Banken geltenden Bilanzierungsregeln. Nun müssen beispielsweise auch sämtliche Anlage- und Abschlussvermittler (z.B. Makler), Finanzportfolioverwalter und Eigenhändler nach den für Banken anzuwendenden Rechnungslegungsvorschriften bilanzieren.

Das Handbuch stellt nicht nur die Bilanzierungs- und Bewertungsregelungen für Banken und Finanzdienstleister dar, sondern auch die für die Prüfung des Jahresabschlusses (Bilanz, Gewinn- und Verlustrechnung, Anhang) und des Lageberichts relevanten institutsspezifischen Besonderheiten. Das Handbuch richtet sich als handliches und doch umfassendes Werk in erster Linie an den Bankpraktiker. Daher wurde auf die Darstellung allgemeiner Bilanzierungs- und Bewertungsfragen ebenso verzichtet wie auf die Darstellung der grundlegenden Fragen zur Jahresabschlussprüfung. Berücksichtigung fanden mithin nur die für Institute spezifischen Fragen der Bilanzierung, Bewertung und Prüfung.

Im Handbuch Bankbilanz sind zunächst die allgemeinen Regelungen des Bankbilanzrichtlinie-Gesetzes (§§ 340 ff. HGB) sowie der Rechnungslegungsverordnung für Kredit- und Finanzdienstleistungsinstitute (RechKredV) unter Berücksichtigung der für diese Institute geltenden Bilanzierungs- und Prüfungsstandards des Instituts der Wirtschaftsprüfer abgehandelt. Daran schließt sich die Darstellung der Posten der Bilanz und der Gewinn- und Verlustrechnung sowie des Anhangs und Lageberichts - einschließlich der jeweiligen institutsspezifischen Prüfungsfragen - an. Hierbei wird auch auf die bei den einzelnen Bilanzposten relevanten bankaufsichtlichen Normen (Eigenmittel, Anzeigewesen usw.) eingegangen.

Mein herzlicher Dank gilt Herrn Dr. Mathias Schaber, der Teile dieses Handbuches bearbeitet hat. Danken möchte ich aber auch meiner Sekretärin Frau Susann Günther sowie unserer Bibliothekarin Frau Dipl. Bibl. Iris Schwarz, die durch ihre Hilfsbereitschaft und konstruktiven Vorschläge zum Gelingen des Handbuches mit beigetragen haben. Großen Dank schulde ich wiederum meiner Familie, die nach wie vor viel Geduld bewiesen und Verständnis aufgebracht hat.

Selbstverständlich gehen alle in diesem Buch enthaltenen Fehler ausschließlich zu Lasten des Autors.

Stuttgart, im Februar 2002   Paul Scharpf

Inhaltsverzeichnis

Vorwort V
Abbildungsverzeichnis XXXI
Abkürzungsverzeichnis XXXIII

1.	Einleitung	1
2.	Anwendungsbereich und anzuwendende Vorschriften	5
2.1.	Anwendungsbereich des Bankbilanzrichtlinie-Gesetzes	5
2.1.1.	Kredit- und Finanzdienstleistungsinstitute	5
2.1.2.	Besonderheiten für Finanzdienstleistungsinstitute und bestimmte Kreditinstitute	6
2.1.3.	Zweigstellen ausländischer Institute	6
2.1.3.1.	Nicht-EWR-Zweigstellen	6
2.1.3.2.	EWR-Zweigstellen	8
2.1.3.3.	Bankaufsichtliche Besonderheiten	9
2.1.4.	Bestimmte Versicherungs- und Pfandleihunternehmen	9
2.1.5.	Nichtanwendung auf Finanzunternehmen und besonders genannte Unternehmen	10
2.2.	Aufstellung, Prüfung und Vorlage des Jahresabschlusses und Lageberichts	11
2.2.1.	Jahresabschluss und Lagebericht	11
2.2.2.	Aufstellung des Jahresabschlusses	11
2.2.3.	Prüfung des Jahresabschlusses und Berichterstattung	11
2.2.4.	Beachtung der Stellungnahmen und Prüfungshinweise	17
2.2.5.	Prüfung wesentlicher aufsichtsrechtlicher Vorschriften	18
2.2.6.	Redepflicht: § 29 Abs. 3 KWG-Anzeigen	18
2.2.7.	Berichterstattung über Bewertungsgrundlagen und -wahlrechte	21
2.2.8.	Berichterstattung über sachverhaltsgestaltende Maßnahmen	22
2.2.9.	Gliederung des Prüfungsberichts	23
2.3.	Dem Jahresabschluss zugrunde liegende Währungseinheit	25
2.4.	Zwischenabschlüsse	26
2.4.1.	Aufstellung des Zwischenabschlusses	26
2.4.2.	Anerkennung der Zwischengewinne als haftendes Eigenkapital	27
2.4.3.	Prüfung des Zwischenabschlusses	29
2.5.	Die auf die Bilanzierung anzuwendenden Vorschriften im Überblick ...	31
2.5.1.	Die Regelung des § 340a HGB	31
2.5.2.	Von Instituten ersatzlos nicht anzuwendende Vorschriften	32
2.5.3.	Von Instituten nicht anzuwendende Vorschriften, für die Sonderregelungen bestehen	33
2.5.4.	Verrechnungsverbot und seine Ausnahmen	34
2.5.5.	Offenlegungserleichterungen für bestimmte Institute (§§ 264 Abs. 3, 264b HGB)	34

3.	Allgemeine Vorschriften der RechKredV und des HGB	36
3.1.	Fristengliederung	36
3.1.1.	Relevante Normen	36
3.1.2.	Anhangangaben zur Restlaufzeitengliederung im Einzelnen	37
3.1.3.	Behandlung anteiliger Zinsen in der Fristengliederung	38
3.1.4.	Bestimmung der Frist bei Kündigungsgeldern	38
3.1.5.	Behandlung von Geldern mit regelmäßiger Tilgung	39
3.1.6.	Fristengliederung für täglich fällige Forderungen und Verbindlichkeiten	40
3.1.7.	Besonderheiten für Bausparguthaben	41
3.1.8.	Angabe der Beträge mit unbestimmter Laufzeit	41
3.1.9.	Angabe der Beträge, die im folgenden Jahr fällig werden	41
3.1.10.	Besonderheiten für Realkreditinstitute und Bausparkassen	42
3.2.	Pensionsgeschäfte	43
3.2.1.	Überblick	43
3.2.2.	Begriff und Formen von Pensionsgeschäften	44
	3.2.2.1. Definition	44
	3.2.2.2. Unterscheidung in echtes und unechtes Pensionsgeschäft	44
	3.2.2.3. Pensionsgegenstände	46
	3.2.2.4. Austausch von Pensionsgegenständen gegen Zahlung eines Betrags	46
	3.2.2.5. Vereinbarung eines Rücknahmepreises	47
	3.2.2.6. Zurückzuübertragende Vermögensgegenstände	48
	3.2.2.7. Rücknahmeverpflichtung des Pensionsgebers	48
	3.2.2.8. Rückübertragung durch den Pensionsnehmer	49
	3.2.2.9. Zusammenfassende Übersicht	49
3.2.3.	Bilanzierung von Pensionsgeschäften	50
	3.2.3.1. Bilanzierung echter Pensionsgeschäfte	51
	3.2.3.1.1. Bilanzierung und Bewertung beim Pensionsgeber	51
	3.2.3.1.2. Bilanzierung und Bewertung beim Pensionsnehmer	54
	3.2.3.2. Bilanzierung unechter Pensionsgeschäfte	55
	3.2.3.2.1. Bilanzierung und Bewertung beim Pensionsgeber	55
	3.2.3.2.2. Bilanzierung und Bewertung beim Pensionsnehmer	59
3.2.4.	Anwendung der MaH	60
3.2.5.	Prüfung der Pensionsgeschäfte	60
3.3.	Treuhandgeschäfte	62
3.3.1.	Begriff und Formen	62
3.3.2.	Treuhänder	64
	3.3.2.1. Bilanzansatz und Bewertung beim Treuhänder	64
	3.3.2.2. Bewertung beim Treuhänder	67
	3.3.2.3. Aufwendungen und Erträge beim Treuhänder	68
	3.3.2.4. Anhangangaben beim Treuhänder	68
3.3.3.	Treugeber	69
	3.3.3.1. Bilanzierung beim Treugeber	69
	3.3.3.2. Bewertung beim Treugeber	70
3.3.4.	Besonderheiten für Kapitalanlagegesellschaften	70

3.4.	Ausnahmen vom Verrechnungsverbot	71
3.4.1.	Überblick	71
3.4.2.	Verrechnung von Forderungen und Verbindlichkeiten gemäß § 10 RechKredV	71
3.4.3.	Eigene Schuldverschreibungen	73
3.5.	Gemeinschaftsgeschäfte	74
3.5.1.	Gemeinsame Kreditgewährung	74
3.5.2.	Bilanzausweis gemäß § 5 RechKredV	75
3.5.3.	Gemeinschaftskredit mit Bareinschuss	76
3.5.4.	Gemeinschaftskredit ohne Bareinschuss	77
3.5.5.	Bedingter Bareinschuss	77
3.5.6.	Diskontgemeinschaftskredit	77
3.5.7.	Aval-Gemeinschaftskredite	78
3.5.8.	Wertpapiere und Beteiligungen	79
3.6.	Wertpapiere im Sinne der Rechnungslegung	80
3.6.1.	Wertpapierbegriff für die Bilanzierung bei Instituten	80
3.6.2.	Merkmal der Börsenfähigkeit	81
3.6.3.	Merkmal der Börsennotierung	82
3.6.4.	Als festverzinslich geltende Wertpapiere	83
3.6.5.	Namensschuldverschreibungen	84
3.6.6.	Drei Wertpapierkategorien für die Bilanzierung und Bewertung	85
3.6.7.	Anhangangaben im Zusammenhang mit Wertpapieren	86
3.7.	Nachrangige Vermögensgegenstände und Schulden	88
3.7.1.	Überblick	88
3.7.2.	Nachrangige Forderungen	89
3.7.3.	Nachrangige Verbindlichkeiten	89
3.8.	Anteilige Zinsen (Zinsabgrenzung)	91
4.	Bewertungsvorschriften	93
4.1.	Überblick	93
4.2.	Bewertung wie Anlage- und Umlaufvermögen	94
4.2.1.	Überblick	94
4.2.2.	Bewertung wie Anlagevermögen	95
	4.2.2.1. Wie Anlagevermögen zu bewertende Vermögensgegenstände	95
	4.2.2.2. Wertpapiere	97
	4.2.2.3. Rettungserwerb von Immobilien	98
	4.2.2.4. Anschaffungs- und Herstellungskosten	99
	4.2.2.5. Planmäßige Abschreibungen	99
	4.2.2.6. Außerplanmäßige Abschreibungen	99
	4.2.2.7. Voraussichtliche dauernde Wertminderungen bei Wertpapieren	100
	4.2.2.8. Stille Reserven	107
	4.2.2.9. Wertaufholungsgebot	107
4.2.3.	Bewertung wie Umlaufvermögen	108
	4.2.3.1. Gesetzliche Regelung	108
	4.2.3.2. Wertmaßstäbe für die Bewertung des Umlaufvermögens	108

	4.2.3.3.	Wertmaßstäbe der Niederstwertvorschrift 109
	4.2.3.4.	Grundsätzlich keine zinsinduzierte Bewertung von Forderungen 110
	4.2.3.5.	Berücksichtigung künftiger Wertschwankungen 112
	4.2.3.6.	Wertaufholungsgebot 112
4.2.4.	Unterscheidung zwischen Forderungen und Wertpapieren 112
4.3.	Bewertung und Prüfung von Forderungen 114
4.3.1.	Überblick 114
4.3.2.	Anschaffungskosten als Ausgangswert 115
	4.3.2.1.	Ermittlung der Anschaffungskosten 115
	4.3.2.2.	Unter Diskontabzug hereingenommene Posten 116
	4.3.2.3.	Niedrig verzinsliche Forderung von vornherein 116
	4.3.2.4.	Realisierte Nominalzinsen/Zinsabgrenzung 117
4.3.3.	Nominalwertbilanzierung gemäß § 340e Abs. 2 HGB 118
	4.3.3.1.	Anwendungsbereich 118
	4.3.3.2.	Anschaffungskosten weichen vom Nennbetrag der Forderung ab 118
	4.3.3.3.	Nennbetrag > Ausgabebetrag bzw. Anschaffungskosten (Disagio) 118
	4.3.3.4.	Nennbetrag < Ausgabebetrag bzw. Anschaffungskosten (Agio) 119
	4.3.3.5.	Auflösung des Rechnungsabgrenzungspostens 119
	4.3.3.6.	Bewertungsstetigkeit 121
	4.3.3.7.	Wertabschläge aufgrund minderer Bonität der Forderung 122
	4.3.3.8.	Handelsbestand an Forderungen 122
	4.3.3.9.	Keine Anwendung auf Wertpapiere iSd. § 7 RechKredV 123
	4.3.3.10.	Gesonderter Ausweis in der Bilanz oder Anhangangabe 123
4.3.4.	Berücksichtigung der Verzinsung von Forderungen 124
4.3.5.	Berücksichtigung von Ausfallrisiken 128
	4.3.5.1.	Ermittlung des beizulegenden Werts 128
	4.3.5.2.	Prüfung des Adressenausfallrisikos und des Kreditgeschäfts 129
		4.3.5.2.1. Vorbemerkungen 129
		4.3.5.2.2. Gegenstand und Umfang der Prüfung von Adressenausfallrisiken 130
		4.3.5.2.3. Prüfung der Organisation des Kreditgeschäfts unter Beachtung des IDW PS 522 und der MaK 131
		4.3.5.2.4. Prüfung von Einzelengagements 156
		4.3.5.2.5. Vorbereitung der Kreditprüfung durch das Institut 165
		4.3.5.2.6. Prüfung der Risiken der künftigen Entwicklung 165
		4.3.5.2.7. Risikoklassen nach der PrüfbV 165
		4.3.5.2.8. Nachweis von Forderungen und Verbindlichkeiten durch externe Abstimmung 170
		4.3.5.2.9. Prüfung von Fazilitäten 172
		4.3.5.2.10. Prüfung von Kreditderivaten 173
		4.3.5.2.11. Prüfungsbericht 173
	4.3.5.3.	Einzelheiten zur Bildung von Einzelwertberichtigungen 175
		4.3.5.3.1. Überblick 175
		4.3.5.3.2. Wahrscheinlichkeit eines Ausfalls 176
		4.3.5.3.3. Beurteilung der Kapitaldienstfähigkeit 177

4.3.5.3.4.	Berücksichtigung von Sicherheiten und deren Prüfung	178
4.3.5.3.5.	Einzelwertberichtigung bei Kreditversicherungen als Sicherheit	181
4.3.5.3.6.	Kreditderivate als Sicherheiten	182
4.3.5.3.7.	Angemessene Höhe der Einzelwertberichtigung	183
4.3.5.3.8.	Beibehaltungswahlrecht versus Wertaufholung in der Handelsbilanz	185
4.3.5.3.9.	Einzelwertberichtigung auf Fremdwährungsforderungen	185
4.3.5.3.10.	Vorsorgemaßnahmen bei Kreditleihe und unwiderruflichen Kreditzusagen	186
4.3.5.3.11.	Pauschalierte Einzelwertberichtigungen	187
4.3.5.3.12.	Bildung von Einzelwertberichtigungen in der Steuerbilanz	187
4.3.5.3.13.	Anhangangaben	188
4.3.5.3.14.	Einzelwertberichtigungen bei Zweigstellen ausländischer Institute	188
4.3.5.3.15.	Einzelwertberichtigungen bei ursprünglich marktgerecht verzinslichen Forderungen	189
4.3.5.4.	Zinsen auf notleidende Forderungen	190
4.3.5.5.	Pauschalwertberichtigungen	192
4.3.5.5.1.	Berücksichtigung des latenten Ausfallrisikos	192
4.3.5.5.2.	Handelsrechtliche Pauschalwertberichtigungen	194
4.3.5.5.3.	Ermittlung des Wertberichtigungssatzes	194
4.3.5.5.4.	Tatsächlicher und maßgeblicher Forderungsausfall	195
4.3.5.5.5.	Risikobehaftetes Kreditvolumen	197
4.3.5.5.6.	Ermittlung des Pauschalwertberichtigungssatzes und der Pauschalwertberichtigung	199
4.3.5.5.7.	Anhangangaben	200
4.3.5.5.8.	Angaben im Prüfungsbericht	200
4.3.5.6.	Länderwertberichtigungen (Länderrisiko)	200
4.3.5.6.1.	Definition des Länderrisikos	200
4.3.5.6.2.	Erfassung des Länderrisikos mittels Länderwertberichtigungen	201
4.3.5.6.3.	Bemessungsgrundlage für die Länderwertberichtigungen	202
4.3.5.6.4.	Festlegung des Wertberichtigungssatzes	203
4.3.5.6.5.	Angaben im Prüfungsbericht	208
4.3.5.7.	Bildung von Vorsorgereserven gemäß § 340f HGB (versteuerte Pauschalwertberichtigungen)	208
4.3.5.8.	Wertaufholungsgebot	210
4.3.5.9.	Ausbuchung von Forderungen	210
4.3.5.10.	Abzug von Wertberichtigungen bei der Fristengliederung im Grundsatz II	212
4.3.5.11.	Überkreuzkompensation in der Gewinn- und Verlustrechnung	212

XI

4.3.6.	Forderungen in ausländischer Währung	213
4.3.7.	Forderungen mit Sonderausstattung	213
4.4.	Bewertung und Prüfung von Wertpapierbeständen	214
4.4.1.	Überblick	214
4.4.2.	Wertpapiere des Handelsbestands	216
	4.4.2.1. Zuordnung zum Handelsbestand	216
	4.4.2.2. Bewertung	219
	4.4.2.3. Wertaufholungsgebot	220
	4.4.2.4. Nettoausweis in der Gewinn- und Verlustrechnung von Kreditinstituten	220
	4.4.2.5. Bruttoausweis in der Gewinn- und Verlustrechnung bestimmter Institute	222
4.4.3.	Wertpapiere der Liquiditätsreserve	223
	4.4.3.1. Zuordnung zur Liquiditätsreserve	223
	4.4.3.2. Bewertung	223
	4.4.3.3. Wertaufholungsgebot	223
	4.4.3.4. Erfolgsausweis in der Gewinn- und Verlustrechnung (Überkreuzkompensation)	224
4.4.4.	Wertpapiere des Anlagevermögens	225
	4.4.4.1. Bedeutung der Anlagewertpapiere	225
	4.4.4.2. Zuordnung zum Anlagevermögen	225
	4.4.4.3. Organisatorische Vorkehrungen	228
	4.4.4.4. Wertpapiere des Anlagevermögens und Grundsatz II	228
	4.4.4.5. Bewertung	228
	4.4.4.6. Wertaufholungsgebot	229
	4.4.4.7. Erfolgsausweis in der Gewinn- und Verlustrechnung	229
	4.4.4.8. Ausweis in der Bilanz	230
4.4.5.	Bilanzierung und Bewertung von Wertpapieren in Sonderfällen	230
	4.4.5.1. Wertpapiere mit Sonderausstattung	230
	4.4.5.2. Wertpapiere in sog. „geschlossenen Reihen"	231
	4.4.5.3. Auflösung stiller Reserven durch Veräußerungsgeschäfte	231
4.4.6.	Bewertung der Wertpapiere in der Steuerbilanz	233
4.4.7.	Umwidmung von Wertpapieren	233
4.4.8.	Bilanzierung beim Bondstripping	236
	4.4.8.1. Darstellung des Bondstripping	236
	4.4.8.2. Grundsätze der Bilanzierung von Zerobonds	237
	4.4.8.3. Bilanzierung des Bondstripping beim Inhaber	238
	4.4.8.3.1. Zeitpunkt der Trennung	238
	4.4.8.3.2. Bilanzierung und Bewertung der Strips	240
	4.4.8.3.3. Rekonstruktion getrennter Anleihen	241
	4.4.8.4. Bilanzierung des Bondstripping beim Emittenten	241
4.4.9.	Bilanzierung sog. strukturierter Produkte	242
	4.4.9.1. Definition	242
	4.4.9.2. Dokumentation (Nebenbuchhaltung)	243

	4.4.9.3.	Bilanzierung strukturierter Produkte nach dem Rechnungslegungshinweis des Bankenfachausschusses 244
4.4.10.	Agio und Disagio bei Schuldverschreibungen 247	
4.4.11.	Interne Geschäfte (Internal Deals) 248	
	4.4.11.1.	Gründe für den Abschluss interner Geschäfte 248
	4.4.11.2.	Überlegungen zur bilanziellen Behandlung interner Geschäfte 250
4.4.12.	Anhangangaben 253	
4.4.13.	Prüfung und Prüfungsbericht 254	
	4.4.13.1.	Prüfung der Wertpapiere und (derivativen) Finanzinstrumente 254
		4.4.13.1.1. Allgemeine Prüfungshandlungen 254
		4.4.13.1.2. Prüfung der Prozesse 254
		4.4.13.1.3. Prüfung der Wertpapiere bzw. Finanzgeschäfte 256
		4.4.13.1.4. Prüfung von Hedge-Geschäften 257
		4.4.13.1.5. Prüfung interner Geschäfte 257
		4.4.13.1.6. Einholung von Saldenbestätigungen 258
	4.4.13.2.	Prüfungsbericht 259
	4.4.13.3.	Prüfung des Wertpapierdienstleistungsgeschäfts 260
	4.4.13.4.	Prüfungs- und Berichtspflichten nach § 23 Abs. 3 WpHG 262
	4.4.13.5.	Informationspflichten bei Kundengeschäften 263
4.4.14.	Bankaufsichtliche Abgrenzung der Wertpapierbestände 264	
4.5.	Wertaufholungsgebot 265	
4.5.1.	Handelsrechtliche Regelung 265	
	4.5.1.1.	Gesetzliche Regelung 265
	4.5.1.2.	Voraussetzungen der Wertaufholung in der Handelsbilanz 265
	4.5.1.3.	Einschränkung aufgrund § 340f HGB 267
	4.5.1.4.	Eigenkapitalanteil bei einer Zuschreibung 267
	4.5.1.5.	Anhangangaben 268
	4.5.1.6.	Latente Steuern 269
	4.5.1.7.	Bankaufsichtliche Konsequenzen aus der Wertaufholung 269
4.5.2.	Steuerrechtliche Regelung 270	
	4.5.2.1.	Gesetzliche Regelung 270
	4.5.2.2.	Folgen der Änderung der Rechtslage im Vergleich zur Situation vor dem Steuerentlastungsgesetz 1999/2000/2002 271
	4.5.2.3.	Voraussichtlich dauernde Wertminderung (BMF-Schreiben vom 29. Februar 2000) 271
	4.5.2.4.	Folgen für die Bewertung in der Handelsbilanz 272
4.6.	Vorsorge für allgemeine Bankrisiken (§ 340f HGB) 274	
4.6.1.	Anwendungsbereich des § 340f HGB 274	
4.6.2.	Überblick über die Vorschrift des § 340f HGB 274	
4.6.3.	Technik der Bildung und Auflösung der Vorsorgereserven 275	
4.6.4.	Steuerliche Behandlung der Vorsorgereserven 276	
4.6.5.	Berechnungsgrundlage für die Vorsorgereserven 277	
4.6.6.	Wie Anlagevermögen behandelte Wertpapiere 278	
4.6.7.	Höchstbetrag und Wertbeibehaltungswahlrecht 279	
4.6.8.	Überkreuzkompensation 281	

XIII

4.6.9.	Wegfall des Wertaufholungsgebots gemäß § 340f Abs. 2 HGB	282
4.6.10.	Anhangangaben	282
4.6.11.	Vorsorgereserven und latente Steuern im Einzelabschluss	283
4.6.12.	Vorsorgereserven und haftendes Eigenkapital	284
4.6.13.	Prüfung der Vorsorgereserven	285
4.7.	Fonds für allgemeine Bankrisiken (§ 340g HGB)	286
4.7.1.	EG-Rechtliche Vorgaben	286
4.7.2.	Voraussetzungen für die Bildung des Postens	286
4.7.3.	Höhe des Sonderpostens	287
4.7.4.	Ausweis von Zuführungen und Auflösungen in der Gewinn- und Verlustrechnung	288
4.7.5.	Behandlung in der Steuerbilanz	288
4.7.6.	Haftendes Eigenkapital	289
4.7.7.	Prüfung des Sonderpostens	289
4.8.	Fremdwährungsumrechnung gemäß § 340h HGB	290
4.8.1.	Überblick	290
4.8.2.	Umrechnung von Bilanzbeständen	293
	4.8.2.1. Gesetzliche Regelung	293
	4.8.2.2. Nicht besonders gedecktes Anlagevermögen	293
	4.8.2.3. Andere Vermögensgegenstände und Schulden	294
	4.8.2.4. Unterschiedliche Behandlung des Anlagevermögens	295
	4.8.2.5. Anschaffungskosten in Fremdwährung	296
	4.8.2.6. Abschreibungen auf Anlagevermögen	296
	4.8.2.7. Methodisches Vorgehen bei der Bewertung der anderen Vermögensgegenstände und Schulden	297
	4.8.2.8. Abschreibungen auf Umlaufvermögen	297
	4.8.2.9. Nicht abgewickelte Kassageschäfte über Devisen	298
	4.8.2.10. Umrechnungskurs für Bilanzbestände und noch nicht abgewickelte Kassageschäfte (Geld-, Brief- oder Mittelkurs)	298
	4.8.2.11. Bewertung von Sortenbeständen	299
4.8.3.	Umrechnung von nicht abgewickelten Termingeschäften	300
	4.8.3.1. Überblick	300
	4.8.3.2. Keine Bewertung von Termingeschäften zur Absicherung von Zinsaufwendungen bzw. -erträgen	300
	4.8.3.3. Anwendung des Geld-, Brief- oder Mittelkurses	300
	4.8.3.4. Umrechnung zum ungespaltenen bzw. gespaltenen Terminkurs	301
	4.8.3.5. Ermittlung des Terminkurses	303
	4.8.3.6. Reststellenbewertung	305
4.8.4.	Erfolgswirksamkeit von Umrechnungsdifferenzen	306
	4.8.4.1. Anwendung des Realisationsprinzips	306
	4.8.4.2. Gesetzliche Regelung des § 340h Abs. 2 HGB	306
	4.8.4.3. Behandlung von Aufwendungen aus der Währungsumrechnung	307
	4.8.4.4. Behandlung von Erträgen aus der Währungsumrechnung	307
4.8.5.	Währungsidentität	309
4.8.6.	Besondere Deckung und einfache Deckung	309

	4.8.6.1. Überblick	309
	4.8.6.2. Neutralisierung des Wechselkursrisikos	310
	4.8.6.3. Voraussetzungen für die sog. einfache Deckung	311
	4.8.6.4. Voraussetzungen für die sog. besondere Deckung	315
	4.8.6.4.1. Gesetzentwurf zum Bankbilanzrichtlinie-Gesetz	315
	4.8.6.4.2. Interpretationen im Schrifttum	316
	4.8.6.4.3. Bankenfachausschuss beim IDW	317
	4.8.6.4.4. Eigene Ansicht	318
4.8.7.	Offene Positionen	320
4.8.8.	Ausweis von Umrechnungsdifferenzen in der Gewinn- und Verlustrechnung	320
	4.8.8.1. Allgemeine Ausweisregel	320
	4.8.8.2. Transaktionen des Eigenhandels	320
	4.8.8.3. Aufwendungen bzw. Erträge aus abgegrenzten Swapbeträgen	321
4.8.9.	Ertragsneutralisierung in der Bilanz	321
4.8.10.	Bilanzielle Behandlung von Umrechnungsdifferenzen bei Termingeschäften	322
4.8.11.	Umrechnung von Aufwendungen und Erträgen	323
4.8.12.	Prolongation von Devisengeschäften	323
4.8.13.	Kompensatorische Bewertung in der Steuerbilanz	325
4.8.14.	Anhangangaben	325
4.8.15.	Prüfung der Währungsgeschäfte	327
	4.8.15.1. Erfassung der Währungsgeschäfte im Rechnungswesen	328
	4.8.15.2. Anwendung der Mindestanforderungen an das Betreiben von Handelsgeschäften (MaH)	328
	4.8.15.3. Bewertung der Devisengeschäfte	330
	4.8.15.4. Prüfungsbericht	330
4.8.16.	Neuerungen durch Einführung der Mengennotierung	331
4.9.	Bewertung der Verbindlichkeiten und Rückstellungen	334
4.9.1.	Gültigkeit der allgemeinen Rechnungslegungsregeln für Institute	334
4.9.2.	Über- und unterverzinsliche Verbindlichkeiten	337
4.9.3.	Besonderheiten bei Kredit- und Finanzdienstleistungsinstituten	340
4.9.4.	Verbriefte (börsennotierte) Verbindlichkeiten (Anleihen)	342
4.9.5.	Ausbuchung von Verbindlichkeiten	342
4.9.6.	Rückstellungen	343
4.10.	Bilanzierung und Prüfung von Wertpapierleihegeschäften	345
4.10.1.	Begriff der Wertpapierleihe	345
4.10.2.	Abgrenzung zum Pensionsgeschäft	346
4.10.3.	Bilanzierung und Bewertung	347
	4.10.3.1. Bilanzierung und Bewertung beim Verleiher (Darlehensgeber)	347
	4.10.3.2. Bilanzierung und Bewertung beim Entleiher (Darlehensnehmer)	353
4.10.4.	Ertragsteuerliche Behandlung der Wertpapierleihe	356
4.10.5.	Prüfung der Wertpapierleihe	357
4.11.	Übergangsbestimmungen für die Bewertung	358
5.	Einzelheiten zu den Posten der Bilanz	360
5.1.	Überblick	360

5.2.	Aktivseite		365
5.2.1.	Barreserve (Aktiva 1)		365
	5.2.1.1.	Postenbezeichnung	365
	5.2.1.2.	Posteninhalt	365
		5.2.1.2.1. RechKredV	365
		5.2.1.2.2. Unterposten: Kassenbestand (Aktiva 1.a))	365
		5.2.1.2.3. Unterposten: Guthaben bei Zentralnotenbanken (Aktiva 1.b))	366
		5.2.1.2.4. Unterposten: Guthaben bei Postgiroämtern (Aktiva 1.c))	368
	5.2.1.3.	Bewertung	368
	5.2.1.4.	Anhangangaben	369
	5.2.1.5.	Prüfung des Postens	369
5.2.2.	Schuldtitel öffentlicher Stellen und Wechsel, die zur Refinanzierung bei Zentralnotenbanken zugelassen sind (Aktiva 2)		370
	5.2.2.1.	Postenbezeichnung	370
	5.2.2.2.	Posteninhalt	370
		5.2.2.2.1. RechKredV	370
		5.2.2.2.2. Voraussetzungen für den Postenausweis	371
		5.2.2.2.3. Unterposten: Schuldtitel öffentlicher Stellen (Aktiva 2.a))	372
		5.2.2.2.4. Unterposten: Wechsel (Aktiva 2.b))	373
		5.2.2.2.5. Darunter-Vermerk „bei der Deutschen Bundesbank refinanzierbar"	376
	5.2.2.3.	Refinanzierung im Rahmen des ESZB	377
	5.2.2.4.	Bewertung	380
	5.2.2.5.	Anhangangaben	381
	5.2.2.6.	Bankaufsichtliche Besonderheiten	382
	5.2.2.7.	Prüfung des Postens	382
5.2.3.	Forderungen an Kreditinstitute (Aktiva 3)		384
	5.2.3.1.	Postenbezeichnung	384
	5.2.3.2.	Posteninhalt	385
		5.2.3.2.1. RechKredV	385
		5.2.3.2.2. Voraussetzungen für den Postenausweis	385
		5.2.3.2.3. Unterposten: Täglich fällig (Aktivposten 3.a))	393
		5.2.3.2.4. Unterposten: Andere Forderungen (Aktivposten 3.b))	393
	5.2.3.3.	Bewertung	394
	5.2.3.4.	Anhangangaben	395
	5.2.3.5.	Bankaufsichtliche Besonderheiten	396
		5.2.3.5.1. Groß- und Millionenkreditanzeigen	396
		5.2.3.5.2. Abzüge vom haftenden Eigenkapital	396
		5.2.3.5.3. Abzüge vom Kernkapital	397
	5.2.3.6.	Prüfung des Postens	397
5.2.4.	Forderungen an Kunden (Aktiva 4)		400
	5.2.4.1.	Postenbezeichnung	400

		5.2.4.2.	Posteninhalt	402
			5.2.4.2.1. RechKredV	402
			5.2.4.2.2. Voraussetzungen für den Postenausweis	402
		5.2.4.3.	Darunter-Vermerke	412
			5.2.4.3.1. Darunter-Vermerk „durch Grundpfandrechte gesichert"	412
			5.2.4.3.2. Darunter-Vermerk „Kommunalkredite"	414
			5.2.4.3.3. Darunter-Vermerk „durch Schiffshypotheken gesichert"	416
			5.2.4.3.4. Besonderheiten bei Realkreditinstituten	416
			5.2.4.3.5. Besonderheiten bei Bausparkassen	417
			5.2.4.3.6. Besonderheiten bei Kreditgenossenschaften mit Warenverkehr	418
		5.2.4.4.	Bewertung	418
		5.2.4.5.	Anhangangaben	420
		5.2.4.6.	Bankaufsichtliche Besonderheiten	420
			5.2.4.6.1. Großkredite	420
			5.2.4.6.2. Millionenkredite	421
			5.2.4.6.3. Abzüge vom Kernkapital bzw. vom haftenden Eigenkapital	423
		5.2.4.7.	Prüfung des Postens	424
	5.2.5.	Schuldverschreibungen und andere festverzinsliche Wertpapiere (Aktiva 5)		427
		5.2.5.1.	Postenbezeichnung	427
		5.2.5.2.	Posteninhalt	428
			5.2.5.2.1. RechKredV	428
			5.2.5.2.2. Voraussetzungen für den Postenausweis	428
			5.2.5.2.3. Unterposten	435
			5.2.5.2.4. Wertpapierleihe und Pensionsgeschäfte	439
			5.2.5.2.5. Trennung von Mantel und Zinskupons (Bondstripping)	440
			5.2.5.2.6. Darunter-Vermerk „beleihbar bei der Deutschen Bundesbank"	440
		5.2.5.3.	Bewertung	440
		5.2.5.4.	Anhangangaben	442
		5.2.5.5.	Bankaufsichtliche Besonderheiten	444
			5.2.5.5.1. Nicht realisierte Reserven als haftendes Eigenkapital	444
			5.2.5.5.2. Groß- und Millionenkreditvorschriften	445
			5.2.5.5.3. Besonderheiten bei Finanzdienstleistungsinstituten	446
			5.2.5.5.4. Berücksichtigung von Bewertungseinheiten im Grundsatz II	446
		5.2.5.6.	Prüfung des Postens	447
	5.2.6.	Aktien und andere nicht festverzinsliche Wertpapiere (Aktiva 6)		450
		5.2.6.1.	Postenbezeichnung	450
		5.2.6.2.	Posteninhalt	450
			5.2.6.2.1. RechKredV	450
			5.2.6.2.2. Voraussetzung für den Postenausweis	450
		5.2.6.3.	Bewertung	456
		5.2.6.4.	Anhangangaben	458

	5.2.6.5.	Bankaufsichtliche Besonderheiten 459
	5.2.6.5.1.	Bedeutende Beteiligungen 459
	5.2.6.5.2.	Nicht realisierte Reserven 460
	5.2.6.5.3.	Groß- und Millionenkreditvorschriften............................460
	5.2.6.5.4.	Abzüge vom haftenden Eigenkapital 461
	5.2.6.6.	Prüfung des Postens 461
5.2.7.	Beteiligungen (Aktiva 7)...464
	5.2.7.1.	Postenbezeichnung..464
	5.2.7.2.	Posteninhalt...464
	5.2.7.2.1.	RechKredV 464
	5.2.7.2.2.	Voraussetzungen für den Postenausweis 465
	5.2.7.2.3.	Darunter-Vermerke 468
	5.2.7.3.	Bewertung 469
	5.2.7.4.	Anhangangaben...471
	5.2.7.5.	Bankaufsichtliche Besonderheiten 472
	5.2.7.5.1.	Begrenzung bedeutender Beteiligungen 472
	5.2.7.5.2.	Abzug von Beteiligungen vom haftenden Eigenkapital......472
	5.2.7.5.3.	Abzug der Kredite an maßgebliche Kapitaleigner und stille Gesellschafter..476
	5.2.7.5.4.	Anzeigepflichten im Zusammenhang mit Beteiligungen....478
	5.2.7.5.5.	Nicht realisierte Reserven 480
	5.2.7.5.6.	Eigenmittelausstattung von Institutsgruppen 480
	5.2.7.5.7.	Groß- und Millionenkreditvorschriften............................481
	5.2.7.6.	Prüfung des Postens 481
5.2.8.	Anteile an verbundenen Unternehmen (Aktiva 8) 485
	5.2.8.1.	Postenbezeichnung..485
	5.2.8.2.	Posteninhalt...485
	5.2.8.2.1.	RechKredV 485
	5.2.8.2.2.	Voraussetzungen für den Postenausweis 485
	5.2.8.2.3.	Darunter-Vermerke 487
	5.2.8.3.	Bewertung 487
	5.2.8.4.	Anhangangaben...487
	5.2.8.5.	Bankaufsichtliche Besonderheiten 487
	5.2.8.6.	Prüfung des Postens 488
5.2.9.	Treuhandvermögen (Aktiva 9)..490
	5.2.9.1.	Postenbezeichnung..490
	5.2.9.2.	Posteninhalt...490
	5.2.9.2.1.	RechKredV 490
	5.2.9.2.2.	Voraussetzungen für den Postenausweis 490
	5.2.9.2.3.	Darunter-Vermerk „Treuhandkredite" 491
	5.2.9.3.	Bewertung 493
	5.2.9.4.	Anhangangaben...493
	5.2.9.5.	Bankaufsichtliche Besonderheiten 494
	5.2.9.5.1.	Treuhandkredite 494
	5.2.9.5.2.	Weiterleitungskredite 495

	5.2.9.6. Prüfung des Postens	495
5.2.10.	Ausgleichsforderungen gegen die öffentliche Hand einschließlich Schuldverschreibungen aus deren Umtausch (Aktiva 10)	497
	5.2.10.1. Postenbezeichnung	497
	5.2.10.2. Posteninhalt	497
	5.2.10.2.1. RechKredV	497
	5.2.10.2.2. Voraussetzungen für den Postenausweis	497
	5.2.10.3. Bewertung	500
	5.2.10.4. Anhangangaben	500
	5.2.10.5. Bankaufsichtliche Besonderheiten	501
	5.2.10.6. Prüfung des Postens	501
5.2.11.	Immaterielle Anlagewerte (Aktiva 11)	503
	5.2.11.1. Postenbezeichnung	503
	5.2.11.2. Posteninhalt	503
	5.2.11.2.1. RechKredV	503
	5.2.11.2.2. Voraussetzung für den Postenausweis	503
	5.2.11.3. Bewertung	506
	5.2.11.4. Anhangangaben	507
	5.2.11.5. Bankaufsichtliche Besonderheiten	507
	5.2.11.6. Prüfung des Postens	508
5.2.12.	Sachanlagen (Aktiva 12)	510
	5.2.12.1. Postenbezeichnung	510
	5.2.12.2. Posteninhalt	510
	5.2.12.2.1. RechKredV	510
	5.2.12.2.2. Voraussetzungen für den Postenausweis	511
	5.2.12.3. Bewertung	513
	5.2.12.4. Anhangangaben	515
	5.2.12.5. Bankaufsichtliche Besonderheiten	515
	5.2.12.6. Prüfung des Postens	515
5.2.13.	Ausstehende Einlagen (Aktiva 13)	518
	5.2.13.1. Postenbezeichnung	518
	5.2.13.2. Posteninhalt	518
	5.2.13.2.1. RechKredV	518
	5.2.13.2.2. Voraussetzungen für den Postenausweis	518
	5.2.13.2.3. Darunter-Vermerk „eingefordert"	520
	5.2.13.3. Bewertung	520
	5.2.13.4. Anhangangaben	521
	5.2.13.5. Bankaufsichtliche Besonderheiten	521
	5.2.13.6. Prüfung des Postens	521
5.2.14.	Eigene Aktien oder Anteile (Aktiva 14)	523
	5.2.14.1. Postenbezeichnung	523
	5.2.14.2. Posteninhalt	523
	5.2.14.2.1. RechKredV	523
	5.2.14.2.2. Voraussetzungen für den Postenausweis	523
	5.2.14.2.3. Angabe des Nennbetrags bzw. des geringsten Werts	524

	5.2.14.3. Bewertung	524
	5.2.14.4. Anhangangaben	525
	5.2.14.5. Bankaufsichtliche Besonderheiten	525
	5.2.14.5.1. Abzug vom haftenden Eigenkapital	525
	5.2.14.5.2. Wertpapieraufsicht	527
	5.2.14.6. Prüfung des Postens	527
5.2.15.	Sonstige Vermögensgegenstände (Aktiva 15)	529
	5.2.15.1. Postenbezeichnung	529
	5.2.15.2. Posteninhalt	529
	5.2.15.2.1. RechKredV	529
	5.2.15.2.2. Voraussetzungen für den Postenausweis	529
	5.2.15.3. Bewertung	536
	5.2.15.4. Anhangangaben	536
	5.2.15.5. Bankaufsichtliche Besonderheiten	537
	5.2.15.5.1. Kein Abzug immaterieller Vermögensgegenstände des Umlaufvermögens vom haftenden Eigenkapital	537
	5.2.15.5.2. Nicht realisierte Reserven bei Rettungserwerben	537
	5.2.15.5.3. Millionenkreditvorschriften	538
	5.2.15.6. Prüfung des Postens	538
5.2.16.	Rechnungsabgrenzungsposten (Aktiva 16)	540
	5.2.16.1. Postenbezeichnung	540
	5.2.16.2. Posteninhalt	540
	5.2.16.2.1. RechKredV	540
	5.2.16.2.2. Voraussetzungen für den Postenausweis	541
	5.2.16.3. Bewertung	555
	5.2.16.4. Anhangangaben	555
	5.2.16.5. Prüfung des Postens	555
5.2.17.	Nicht durch Eigenkapital gedeckter Fehlbetrag (Aktiva 17)	557
	5.2.17.1. Postenbezeichnung	557
	5.2.17.2. Posteninhalt	557
	5.2.17.3. Anhang	558
	5.2.17.4. Bankaufsichtliche Besonderheiten	558
	5.2.17.4.1. Anzeigepflichten des Instituts	558
	5.2.17.4.2. Anzeigepflicht des Prüfers	559
	5.2.17.4.3. Abzug des Bilanzverlusts vom Kernkapital	559
	5.2.17.5. Prüfung des Postens	560
5.2.18.	Nicht unmittelbar im Formblatt enthaltene Aktivposten	561
	5.2.18.1. Warenbestand bei Kreditgenossenschaften (Aktiva 6a)	561
	5.2.18.2. Aufwendungen für die Währungsumstellung (Aktiva 11a)	561
	5.2.18.3. Aktive Steuerabgrenzung (§ 274 Abs. 2 HGB)	562
	5.2.18.4. Aufwendungen für die Ingangsetzung und Erweiterung des Geschäftsbetriebs (§ 269 HGB)	563
5.3.	Passivseite	564
5.3.1.	Verbindlichkeiten gegenüber Kreditinstituten (Passiva 1)	564
	5.3.1.1. Postenbezeichnung	564

	5.3.1.2.	Posteninhalt	565
		5.3.1.2.1. RechKredV	565
		5.3.1.2.2. Voraussetzungen für den Postenausweis	565
		5.3.1.2.3. Unterposten	571
		5.3.1.2.4. Besonderheiten bei Realkreditinstituten	572
		5.3.1.2.5. Besonderheiten bei Bausparkassen	572
	5.3.1.3.	Bewertung	573
	5.3.1.4.	Anhangangaben	573
	5.3.1.5.	Prüfung des Postens	574
5.3.2.	Verbindlichkeiten gegenüber Kunden (Passiva 2)		576
	5.3.2.1.	Postenbezeichnung	576
	5.3.2.2.	Posteninhalt	578
		5.3.2.2.1. RechKredV	578
		5.3.2.2.2. Voraussetzungen für den Postenausweis	578
		5.3.2.2.3. Unterposten	585
		5.3.2.2.4. Besonderheiten bei Realkreditinstituten	585
		5.3.2.2.5. Besonderheiten bei Bausparkassen	585
		5.3.2.2.6. Besonderheiten bei Finanzdienstleistungsinstituten und skontroführenden Kreditinstituten	586
	5.3.2.3.	Bewertung	586
	5.3.2.4.	Anhangangaben	586
	5.3.2.5.	Prüfung des Postens	586
5.3.3.	Verbriefte Verbindlichkeiten (Passiva 3)		589
	5.3.3.1.	Postenbezeichnung	589
	5.3.3.2.	Posteninhalt	590
		5.3.3.2.1. RechKredV	590
		5.3.3.2.2. Voraussetzungen für den Postenausweis	590
		5.3.3.2.3. Unterposten „begebene Schuldverschreibungen"	603
		5.3.3.2.4. Unterposten „andere verbriefte Verbindlichkeiten"	606
		5.3.3.2.5. Darunter-Vermerke	606
	5.3.3.3.	Bewertung	607
	5.3.3.4.	Anhangangaben	609
	5.3.3.5.	Prüfung des Postens	610
5.3.4.	Treuhandverbindlichkeiten (Passiva 4)		612
	5.3.4.1.	Postenbezeichnung	612
	5.3.4.2.	Posteninhalt	612
		5.3.4.2.1. RechKredV	612
		5.3.4.2.2. Voraussetzungen für den Postenausweis	612
		5.3.4.2.3. Darunter-Vermerk: Treuhandkredite	614
	5.3.4.3.	Bewertung	614
	5.3.4.4.	Anhangangaben	615
	5.3.4.5.	Bankaufsichtliche Besonderheiten	615
	5.3.4.6.	Prüfung des Postens	615
5.3.5.	Sonstige Verbindlichkeiten (Passiva 5)		617
	5.3.5.1.	Postenbezeichnung	617

	5.3.5.2.	Posteninhalt	617
	5.3.5.2.1.	RechKredV	617
	5.3.5.2.2.	Voraussetzungen für den Postenausweis	617
	5.3.5.3.	Bewertung	619
	5.3.5.4.	Anhangangaben	619
	5.3.5.5.	Prüfung des Postens	620
5.3.6.	Rechnungsabgrenzungsposten (Passiva 6)	621
	5.3.6.1.	Postenbezeichnung	621
	5.3.6.2.	Posteninhalt	622
	5.3.6.2.1.	RechKredV	622
	5.3.6.2.2.	Voraussetzungen für den Postenausweis	622
	5.3.6.3.	Bewertung	627
	5.3.6.4.	Anhangangaben	628
	5.3.6.5.	Prüfung des Postens	628
5.3.7.	Rückstellungen (Passiva 7)	629
	5.3.7.1.	Postenbezeichnung	629
	5.3.7.2.	Posteninhalt	629
	5.3.7.2.1.	RechKredV	629
	5.3.7.2.2.	Voraussetzungen für den Postenausweis	629
	5.3.7.2.3.	Unterposten	644
	5.3.7.3.	Bewertung	645
	5.3.7.4.	Anhangangaben	646
	5.3.7.5.	Prüfung des Postens	646
5.3.8.	Sonderposten mit Rücklageanteil (Passiva 8)	648
	5.3.8.1.	Postenbezeichnung	648
	5.3.8.2.	Posteninhalt	648
	5.3.8.2.1.	RechKredV	648
	5.3.8.2.2.	Voraussetzungen für den Postenausweis	648
	5.3.8.3.	Bewertung	649
	5.3.8.4.	Anhangangaben	649
	5.3.8.5.	Bankaufsichtliche Besonderheiten	649
	5.3.8.5.1.	Aus Erträgen gebildete Rücklagen, deren Versteuerung erst durch ein späteres Ereignis ausgelöst wird, als Kernkapital	649
	5.3.8.5.2.	Anerkennung der Rücklagen gemäß § 6b EStG als Ergänzungskapital	650
	5.3.8.6.	Prüfung des Postens	651
5.3.9.	Nachrangige Verbindlichkeiten (Passiva 9)	652
	5.3.9.1.	Postenbezeichnung	652
	5.3.9.2.	Posteninhalt	652
	5.3.9.2.1.	RechKredV	652
	5.3.9.2.2.	Voraussetzungen für den Postenausweis	652
	5.3.9.3.	Bewertung	654
	5.3.9.4.	Anhangangaben	654
	5.3.9.5.	Bankaufsichtliche Besonderheiten	655

- 5.3.9.5.1. Längerfristige nachrangige Verbindlichkeiten 655
- 5.3.9.5.2. Kurzfristige nachrangige Verbindlichkeiten 657
- 5.3.9.5.3. Berücksichtigung von Hedging-Instrumenten 659
- 5.3.9.6. Prüfung des Postens 660
- 5.3.10. Genussrechtskapital (Passiva 10) 662
  - 5.3.10.1. Postenbezeichnung 662
  - 5.3.10.2. Posteninhalt 662
    - 5.3.10.2.1. RechKredV 662
    - 5.3.10.2.2. Voraussetzungen für den Postenausweis 662
  - 5.3.10.3. Bewertung 668
  - 5.3.10.4. Anhangangaben 668
  - 5.3.10.5. Bankaufsichtliche Besonderheiten 669
    - 5.3.10.6. Prüfung des Postens 671
- 5.3.11. Fonds für allgemeine Bankrisiken (Passiva 11) 673
  - 5.3.11.1. Postenbezeichnung 673
  - 5.3.11.2. Posteninhalt 673
    - 5.3.11.2.1. RechKredV 673
    - 5.3.11.2.2. Voraussetzungen für den Postenausweis 673
  - 5.3.11.3. Bewertung 674
  - 5.3.11.4. Anhangangaben 674
  - 5.3.11.5. Bankaufsichtliche Besonderheiten 674
  - 5.3.11.6. Prüfung des Postens 675
- 5.3.12. Eigenkapital (Passiva 12) 676
  - 5.3.12.1. Postenbezeichnung 676
  - 5.3.12.2. Posteninhalt 677
    - 5.3.12.2.1. RechKredV 677
    - 5.3.12.2.2. Voraussetzungen für den Postenausweis 677
  - 5.3.12.3. Bewertung 682
  - 5.3.12.4. Anhangangaben 682
  - 5.3.12.5. Bankaufsichtliche Besonderheiten 683
    - 5.3.12.5.1. Eingezahltes Kapital als haftendes Eigenkapital 683
    - 5.3.12.5.2. Offene Rücklagen als haftendes Eigenkapital 687
    - 5.3.12.5.3. Einlagen stiller Gesellschafter als haftendes Eigenkapital 687
    - 5.3.12.5.4. Freies Vermögen und Schuldenüberhang als Bestandteil des haftenden Eigenkapitals 688
    - 5.3.12.5.5. Eigenmittel bei Wertpapierhandelsunternehmen 689
    - 5.3.12.5.6. Eigenmittel von E-Geld-Instituten 690
    - 5.3.12.5.7. Anzeigen und Meldungen 691
    - 5.3.12.5.8. Ermittlung der Eigenmittel 691
  - 5.3.12.6. Prüfung des Postens 693
- 5.3.13. Eventualverbindlichkeiten (Passiva 1 unter dem Strich) 695
  - 5.3.13.1. Postenbezeichnung 695
  - 5.3.13.2. Posteninhalt 695
    - 5.3.13.2.1. RechKredV 695

	5.3.13.2.2. Voraussetzungen für den Postenausweis	695
	5.3.13.3. Bewertung	710
	5.3.13.4. Anhangangaben	711
	5.3.13.5. Bankaufsichtliche Besonderheiten	711
	5.3.13.6. Prüfung des Postens	712
5.3.14.	Andere Verpflichtungen (Passiva 2 unter dem Strich)	714
	5.3.14.1. Postenbezeichnung	714
	5.3.14.2. Posteninhalt	714
	5.3.14.2.1. RechKredV	714
	5.3.14.2.2. Voraussetzungen für den Postenausweis	714
	5.3.14.3. Bewertung	721
	5.3.14.4. Anhang	722
	5.3.14.5. Bankaufsichtliche Besonderheiten	722
	5.3.14.6. Prüfung des Postens	722
5.3.15.	Nicht unmittelbar im Formblatt enthaltene Passivposten	724
	5.3.15.1. Verpflichtungen aus Warengeschäften und aufgenommenen Warenkrediten	724
	5.3.15.2. Fonds zur bausparthechnischen Absicherung (Passiva 7a)	724
	5.3.15.3. Für Anteilinhaber verwaltete Sondervermögen	726
6.	Einzelheiten zu den Posten der Gewinn- und Verlustrechnung	727
6.1.	Überblick	727
6.2.	Aufwendungen und Erträge	730
6.2.1.	Zinserträge	730
	6.2.1.1. Postenbezeichnung	730
	6.2.1.2. Posteninhalt	730
	6.2.1.2.1. RechKredV	730
	6.2.1.2.2. Voraussetzungen für den Postenausweis	731
	6.2.1.2.3. Unterposten	740
	6.2.1.3. Anhangangaben	741
	6.2.1.4. Prüfung des Postens	741
6.2.2.	Zinsaufwendungen	742
	6.2.2.1. Postenbezeichnung	742
	6.2.2.2. Posteninhalt	742
	6.2.2.2.1. RechKredV	742
	6.2.2.2.2. Voraussetzungen für den Postenausweis	743
	6.2.2.3. Anhangangaben	746
	6.2.2.4. Prüfung des Postens	746
6.2.3.	Laufende Erträge aus Aktien, nicht festverzinslichen Wertpapieren, Beteiligungen und Anteilen an verbundenen Unternehmen	747
	6.2.3.1. Postenbezeichnung	747
	6.2.3.2. Posteninhalt	747
	6.2.3.2.1. RechKredV	747
	6.2.3.2.2. Voraussetzungen für den Postenausweis	748
	6.2.3.3. Anhangangaben	749

	6.2.3.4.	Prüfung des Postens 750
6.2.4.	Erträge aus Gewinngemeinschaften, Gewinnabführungs- oder Teilgewinnabführungsverträgen 750
	6.2.4.1.	Postenbezeichnung 750
	6.2.4.2.	Posteninhalt 750
		6.2.4.2.1. RechKredV 750
		6.2.4.2.2. Voraussetzungen für den Postenausweis 751
	6.2.4.3.	Anhangangaben 751
	6.2.4.4.	Prüfung des Postens 751
6.2.5.	Provisionserträge 752
	6.2.5.1.	Postenbezeichnung 752
	6.2.5.2.	Posteninhalt 753
		6.2.5.2.1. RechKredV 753
		6.2.5.2.2. Voraussetzungen für den Postenausweis 753
	6.2.5.3.	Anhangangaben 761
	6.2.5.4.	Prüfung des Postens 761
6.2.6.	Provisionsaufwendungen 762
	6.2.6.1.	Postenbezeichnung 762
	6.2.6.2.	Posteninhalt 762
		6.2.6.2.1. RechKredV 762
		6.2.6.2.2. Voraussetzungen für den Postenausweis 763
	6.2.6.3.	Anhangangaben 764
	6.2.6.4.	Prüfung des Postens 764
6.2.7.	Nettoertrag oder Nettoaufwand aus Finanzgeschäften 764
	6.2.7.1.	Postenbezeichnung 764
	6.2.7.2.	Posteninhalt 766
		6.2.7.2.1. RechKredV 766
		6.2.7.2.2. Voraussetzungen für den Postenausweis 766
	6.2.7.3.	Anhangangaben 777
	6.2.7.4.	Prüfung des Postens 777
6.2.8.	Sonstige betriebliche Erträge 778
	6.2.8.1.	Postenbezeichnung 778
	6.2.8.2	Posteninhalt 778
		6.2.8.2.1. RechKredV 778
		6.2.8.2.2. Voraussetzungen für den Postenausweis 778
	6.2.8.3.	Anhangangaben 779
	6.2.8.4.	Prüfung des Postens 780
6.2.9.	Erträge aus der Auflösung von Sonderposten mit Rücklageanteil 780
	6.2.9.1.	Postenbezeichnung 780
	6.2.9.2.	Posteninhalt 780
		6.2.9.2.1. RechKredV 780
		6.2.9.2.2. Voraussetzungen für den Postenausweis 780
	6.2.9.3.	Anhangangaben 781
	6.2.9.4.	Prüfung des Postens 782
6.2.10.	Allgemeine Verwaltungsaufwendungen 782

	6.2.10.1. Postenbezeichnung	782
	6.2.10.2. Posteninhalt	782
	6.2.10.2.1. RechKredV	782
	6.2.10.2.2. Voraussetzungen für den Postenausweis	783
	6.2.10.3. Anhangangaben	789
	6.2.10.4. Prüfung des Postens	789
6.2.11.	Abschreibungen und Wertberichtigungen auf immaterielle Anlagewerte und Sachanlagen	790
	6.2.11.1. Postenbezeichnung	790
	6.2.11.2. Posteninhalt	790
	6.2.11.2.1. RechKredV	790
	6.2.11.2.2. Voraussetzungen für den Postenausweis	790
	6.2.11.3. Anhangangaben	792
	6.2.11.4. Prüfung des Postens	792
6.2.12.	Sonstige betriebliche Aufwendungen	792
	6.2.12.1. Postenbezeichnung	792
	6.2.12.2. Posteninhalt	793
	6.2.12.2.1. RechKredV	793
	6.2.12.2.2. Voraussetzungen für den Postenausweis	793
	6.2.12.3. Anhang	794
	6.2.12.4. Prüfung des Postens	794
6.2.13.	Abschreibungen und Wertberichtigungen auf Forderungen und bestimmte Wertpapiere sowie Zuführungen zu Rückstellungen im Kreditgeschäft	794
	6.2.13.1. Postenbezeichnung	794
	6.2.13.2. Posteninhalt	795
	6.2.13.2.1. RechKredV	795
	6.2.13.2.2. Voraussetzungen für den Postenausweis	795
	6.2.13.3. Anhangangaben	798
	6.2.13.4. Prüfung des Postens	798
6.2.14.	Erträge aus Zuschreibungen zu Forderungen und bestimmten Wertpapieren sowie aus der Auflösung von Rückstellungen im Kreditgeschäft	799
	6.2.14.1. Postenbezeichnung	799
	6.2.14.2. Posteninhalt	799
	6.2.14.2.1. RechKredV	799
	6.2.14.2.2. Voraussetzungen für den Postenausweis	799
	6.2.14.3. Anhangangaben	800
	6.2.14.4. Prüfung des Postens	800
6.2.15.	Abschreibungen und Wertberichtigungen auf Beteiligungen, Anteile an verbundenen Unternehmen und wie Anlagevermögen behandelte Wertpapiere	800
	6.2.15.1. Postenbezeichnung	800
	6.2.15.2. Posteninhalt	801
	6.2.15.2.1. RechKredV	801
	6.2.15.2.2. Voraussetzungen für den Postenausweis	801
	6.2.15.3. Anhangangaben	803
	6.2.15.4. Prüfung des Postens	803

6.2.16. Erträge aus Zuschreibungen zu Beteiligungen, Anteilen an verbundenen Unternehmen und wie Anlagevermögen behandelten Wertpapieren 803
    6.2.16.1. Postenbezeichnung 803
    6.2.16.2. Posteninhalt 804
        6.2.16.2.1. RechKredV 804
        6.2.16.2.2. Voraussetzungen für den Postenausweis 804
    6.2.16.3. Anhangangaben 804
    6.2.16.4. Prüfung des Postens 805
6.2.17. Aufwendungen aus Verlustübernahme 805
    6.2.17.1. Postenbezeichnung 805
    6.2.17.2. Posteninhalt 805
        6.2.17.2.1. RechKredV 805
        6.2.17.2.2. Voraussetzungen für den Postenausweis 805
    6.2.17.3. Anhangangaben 806
    6.2.17.4. Prüfung des Postens 806
6.2.18. Einstellungen in Sonderposten mit Rücklageanteil 807
    6.2.18.1. Postenbezeichnung 807
    6.2.18.2. Posteninhalt 807
        6.2.18.2.1. RechKredV 807
        6.2.18.2.2. Voraussetzungen für den Postenausweis 807
    6.2.18.3. Anhangangaben 807
    6.2.18.4. Prüfung des Postens 808
6.2.19. Ergebnis der normalen Geschäftstätigkeit 808
    6.2.19.1. Postenbezeichnung 808
    6.2.19.2. Posteninhalt 808
    6.2.19.3. Anhangangaben 809
6.2.20. Außerordentliche Erträge 809
    6.2.20.1. Postenbezeichnung 809
    6.2.20.2. Posteninhalt 809
        6.2.20.2.1. RechKredV 809
        6.2.20.2.2. Voraussetzungen für den Postenausweis 810
    6.2.20.3. Anhangangaben 811
    6.2.20.4. Prüfung des Postens 811
6.2.21. Außerordentliche Aufwendungen 812
    6.2.21.1. Postenbezeichnung 812
    6.2.21.2. Posteninhalt 812
        6.2.21.2.1. RechKredV 812
        6.2.21.2.2. Voraussetzungen für den Postenausweis 812
    6.2.21.3. Anhangangaben 813
    6.2.21.4. Prüfung des Postens 813
6.2.22. Außerordentliches Ergebnis 814
    6.2.22.1. Postenbezeichnung 814
    6.2.22.2. Posteninhalt 814
    6.2.22.3. Anhangangaben 814
6.2.23. Steuern vom Einkommen und vom Ertrag 814

	6.2.23.1. Postenbezeichnung	814
	6.2.23.2. Posteninhalt	815
	6.2.23.2.1. RechKredV	815
	6.2.23.2.2. Voraussetzungen für den Postenausweis	815
	6.2.23.3. Anhangangaben	817
	6.2.23.4. Prüfung des Postens	817
6.2.24.	Sonstige Steuern	818
	6.2.24.1. Postenbezeichnung	818
	6.2.24.2. Posteninhalt	818
	6.2.24.2.1. RechKredV	818
	6.2.24.2.2. Voraussetzungen für den Postenausweis	818
	6.2.24.3. Anhangangaben	819
	6.2.24.4. Prüfung des Postens	819
6.2.25.	Erträge aus Verlustübernahme	820
	6.2.25.1. Postenbezeichnung	820
	6.2.25.2. Posteninhalt	820
	6.2.25.2.1. RechKredV	820
	6.2.25.2.2. Voraussetzungen für den Postenausweis	820
	6.2.25.3. Prüfung des Postens	821
6.2.26.	Aufgrund einer Gewinngemeinschaft, eines Gewinnabführungs- oder eines Teilgewinnabführungsvertrags abgeführte Gewinne	821
	6.2.26.1. Postenbezeichnung	821
	6.2.26.2. Posteninhalt	821
	6.2.26.2.1. RechKredV	821
	6.2.26.2.2. Voraussetzungen für den Postenausweis	821
	6.2.26.3. Prüfung des Postens	822
6.2.27.	Jahresüberschuss/Jahresfehlbetrag	822
	6.2.27.1. Postenbezeichnung	822
	6.2.27.2. Posteninhalt	822
6.2.28.	Weitere in den Formblättern 2 und 3 vorgesehene Posten	823
	6.2.28.1. Gewinnvortrag/Verlustvortrag und Rücklagenbewegungen	823
	6.2.28.2. Entnahmen aus/Wiederauffüllung des Genussrechtskapital/s	823
	6.2.28.3. Rohergebnis aus Warenverkehr und Nebenbetrieben	823
7.	Der Anhang als Bestandteil des Jahresabschlusses	824
7.1.	Überblick über anzuwendende Vorschriften	824
7.2.	Allgemeine Angaben zum Jahresabschluss	826
7.2.1.	Vorjahreszahlen	826
7.2.2.	Angaben zu den angewandten Bilanzierungs- und Bewertungsmethoden	826
7.2.3.	Abweichungen von Bilanzierungs- und Bewertungsmethoden	828
7.2.4.	Angabe des ausgeübten Berufs der Mitglieder des Geschäftsführungsorgans und eines Aufsichtsrats sowie der Mitgliedschaft in Aufsichtsräten und anderen Kontrollgremien	830
7.2.5.	Angabe von Beteiligungen an großen Kapitalgesellschaften, die fünf vom Hundert der Stimmrechte überschreiten	831

7.2.6.	Angabe von Mandaten in gesetzlich zu bildenden Aufsichtsgremien großer Kapitalgesellschaften	832
7.2.7.	Angabe über die Abgabe der Entsprechenserklärung gemäß § 161 AktG	832
7.3.	Erläuterungen zur Bilanz	834
7.3.1.	Aufgliederung börsenfähiger Wertpapiere	834
7.3.2.	Wie Anlagevermögen bewertete Wertpapiere	834
7.3.3.	Treuhandvermögen und Treuhandverbindlichkeiten	836
7.3.4.	Anlagenspiegel	836
7.3.5.	Unterschiedsbetrag nach § 340e Abs. 2 HGB	840
7.3.6.	Nachrangige Vermögensgegenstände und Schulden	841
7.3.7.	Fremdwährungsaktiva und -passiva	842
7.3.8.	Aus steuerlichen Gründen vorgenommene Abschreibungen	843
7.3.9.	Ergebniseinfluss steuerlicher Wertansätze	844
7.3.10.	Fristengliederung	846
7.3.11.	Rückstellung für latente Steuern	847
7.3.12.	Sonstige finanzielle Verpflichtungen	848
7.4.	Erläuterungen zur Gewinn- und Verlustrechnung	848
7.4.1.	Aufgliederung bestimmter Posten nach geografischen Märkten	848
7.4.2.	Außerordentliche Aufwendungen und Erträge	850
7.4.3.	Periodenfremde Aufwendungen und Erträge	852
7.4.4.	Aufteilung der Ertragsteuern	853
7.5.	Sonstige Angaben	854
8.	Lagebericht	856
8.1.	Überblick	856
8.2.	Risikoberichterstattung	856
8.3.	Angaben zu Forschung und Entwicklung	858
8.4.	Prüfung des Lageberichts	859
9.	Offenlegung	860
9.1.	Offen zu legende Unterlagen	860
9.2.	Offenlegungsfrist	861
9.2.1.	Erleichterung für kleinere Institute	861
9.2.2.	Institute mit Zweigstellen in anderen Ländern	861
9.2.3.	Zweigstellen von ausländischen Unternehmen	861
Gesamtübersicht der Anhangangaben		865
Literaturverzeichnis		886
Stichwortverzeichnis		915

Abbildungsverzeichnis

Abb. 1.1:	Von Kredit- und Finanzdienstleistungsinstituten zu beachtende Vorschriften des HGB	2
Abb. 1.2:	Sondervorschriften aufgrund des Geschäftszweigs	2
Abb. 3.1:	Fristengliederung	37
Abb. 3.2:	Echte und unechte Pensionsgeschäfte	45
Abb. 3.3:	Gemeinschaftsgeschäfte (Konsortialkredite)	75
Abb. 3.4:	Nachrangige Vermögensgegenstände und Verbindlichkeiten	88
Abb. 4.1:	Anlagevermögen	96
Abb. 4.2:	Andere wie Anlagevermögen zu bewertende Vermögensgegenstände	97
Abb. 4.3:	Mindestanforderungen an das Kreditgeschäft	134
Abb. 4.4:	Prüfung der Offenlegungspflicht nach § 18 KWG	158
Abb. 4.5:	Pauschalwertberichtigung 2004 - Tatsächlicher und maßgeblicher Forderungsausfall	196
Abb. 4.6:	Pauschalwertberichtigung 2004 - Risikobehaftetes Kreditvolumen	198
Abb. 4.7:	Pauschalwertberichtigung 2004	199
Abb. 4.8:	Länderwertberichtigung nach dem Polen-Urteil (Polen)	204
Abb. 4.9:	Länderwertberichtigung nach dem Polen-Urteil (Brasilien)	205
Abb. 4.10:	Drei Wertpapierkategorien bei Instituten	214
Abb. 4.11:	Nettoertrag/Nettoaufwand aus Eigenhandelsgeschäften	221
Abb. 4.12:	Erfolgsausweis der Wertpapiere der Liquiditätsreserve	225
Abb. 4.13:	Erfolgsausweis bei Wertpapieren des Anlagevermögens	229
Abb. 4.14:	Währungsumrechnung nach § 340h Abs. 1 HGB	292
Abb. 4.15:	Behandlung von Ergebnissen der Währungsumrechnung	307
Abb. 4.16:	Voraussetzungen für die Bildung von Bewertungseinheiten	314
Abb. 5.1:	Allgemeine Vorschriften zum Bilanzausweis	362
Abb. 5.2:	Notenbankfähigkeit von Handelswechseln und Kreditforderungen	380
Abb. 5.3:	Längerfristige nachrangige Verbindlichkeiten	656
Abb. 5.4:	Kurzfristige nachrangige Verbindlichkeiten	657
Abb. 5.5:	Genussrechtsverbindlichkeiten als haftendes Eigenkapital	670
Abb. 5.6:	Eingezahltes Kapital als haftendes Eigenkapital (Kernkapital)	685
Abb. 5.7:	Vermögenseinlagen stiller Gesellschafter als haftendes Eigenkapital (Kernkapital)	688
Abb. 5.8:	Eigenmittel	692
Abb. 6.1:	Provisionserträge	760
Abb. 7.1:	Nicht auf Institute anzuwendende Anhangangaben	824
Abb. 7.2:	Entbehrliche Anhangangaben bei Risikovorsorge nach § 340f HGB	825
Abb. 7.3:	Durch die RechKredV ersetzte Anhangangaben	825
Abb. 7.4:	Fristengliederung ohne die darin enthaltenen Bauspargutkaben	847
Abb. 9:	Offenlegungspflichten	864

Abkürzungsverzeichnis

aA	anderer Ansicht
AblEG	Amtsblatt der Europäischen Gemeinschaft
Abs.	Absatz
Abschn.	Abschnitt
ADR	American Depositary Receipt
ADS 6. Auflage	Adler/Düring/Schmaltz, Rechnungslegung und Prüfung der Unternehmen, 6. Auflage, Loseblattsammlung, Stuttgart
aF	alte(r) Fassung
AfA	Absetzung für Abnutzung
AG	Aktiengesellschaft, auch Die Aktiengesellschaft (Zeitschrift), auch Amtsgericht
AGB	Allgemeine Geschäftsbedingungen
AIBD	Association of International Bond Dealers
AktG	Aktiengesetz
AktG-Kom.	Geßler/Hefermehl/Eckardt/Kropff, Aktiengesetz, Kommentar, München 1973/1984
Anm.	Anmerkung
AnzÄndV	Verordnung zur Änderung der Anzeigenverordnung
AnzV	Anzeigenverordnung
Art.	Artikel
ATS	Österreichische Schilling
Aufl.	Auflage
Az.	Aktenzeichen
BaBiRiLiG	Gesetz zur Durchführung der Richtlinie des Rates der Europäischen Gemeinschaften über den Jahresabschluss und den konsolidierten Abschluss von Banken und anderen Finanzinstituten (Bankbilanzrichtlinie-Gesetz)
BaFin	Bundesanstalt für Finanzdienstleistung saufsicht (früher: BAKred)
BAK, BAKred	Bundesaufsichtsamt für das Kreditwesen (jetzt BaFin)
BAnz	Bundesanzeiger
BauSparkG	Bausparkassengesetz
BauSparkV, BauspVO	Verordnung zum Schutz der Gläubiger von Bausparkassen (Bausparkassen-Verordnung)
BAV	Bundesaufsichtsamt für das Versicherungswesen
baw.	bis auf weiteres
BAWe	Bundesaufsichtsamt für Wertpapierhandel
BB	Betriebs-Berater (Zeitschrift)
BBankG	Gesetz über die Deutsche Bundesbank
BBl.	Betriebswirtschaftliche Blätter (Zeitschrift)
BBK	Buchführung, Bilanz, Kostenrechnung (Zeitschrift, Loseblattsammlung)

Bd.	Band
BdB	Bundesverband deutscher Banken, Köln
BdF	Bundesminister der Finanzen
BdJ	Bundesminister der Justiz
BeBiKo 5. Auflage	Beck'scher Bilanz-Kommentar, Der Jahresabschluß nach Handels- und Steuerrecht, Das Dritte Buch des HGB, 5. Auflage, bearbeitet von Budde/Clemm/Ellrott/Förschle/ Hoyos, München 1999
BeckHdR	Beck'sches Handbuch der Rechnungslegung, herausgegeben von Castan/Heymann/Müller/Ordelheide/Scheffler, Loseblattsammlung, München
Begr.	Begründung
Bek.	Bekanntmachung
BewG	Bewertungsgesetz
BFA	Bankenfachausschuss des Instituts der Wirtschaftsprüfer in Deutschland e.V.
BFH	Bundesfinanzhof
BFH/NV, BHFE	Sammlung der Entscheidungen des Bundesfinanzhofs (Zeitschrift)
BFuP	Betriebswirtschaftliche Forschung und Praxis (Zeitschrift)
BGB	Bürgerliches Gesetzbuch
BGBl.	Bundesgesetzblatt
BGH	Bundesgerichtshof
BHdR	Beck'sches Handbuch der Rechnungslegung, herausgegeben von Castan/Heymann/Müller/Ordelheide/Scheffler, Loseblattsammlung, München
BGHZ	Entscheidungen des Bundesgerichtshofs in Zivilsachen (Zeitschrift)
BKR	Bank- und Kapitalmarktrecht (Zeitschrift)
BIZ	Bank für internationalen Zahlungsausgleich, Basel
BMF	Bundesministerium der Finanzen
BMJ	Bundesministerium der Justiz
BörsG	Börsengesetz
BR-Drs.	Bundesrats-Drucksache
BSG, BSpG, BSpKG	Bausparkassengesetz
bspw.	beispielsweise
BStBl.	Bundessteuerblatt
BT	Bundestag
BT-Drs.	Bundestags-Drucksache
BUZAV	Verordnung über die Bestätigung der Umstellungsrechnung und das Verfahren der Zuteilung und des Erwerbs von Ausgleichsforderungen
BZ	Börsenzeitung
bzgl.	bezüglich
bzw.	beziehungsweise

CAD	Kapitaladäquanzrichtlinie, Kanadische Dollar
CHF	Schweizer Franken
CMBS	Consbruch/Möller/Bähre/Schneider, Kreditwesengesetz mit verwandten und zugehörigen Vorschriften (Loseblatt)
CP	Commercial Paper
CTD	Cheapest to Deliver
DAX	Deutscher Aktienindex
DB	Der Betrieb (Zeitschrift)
DBB	Deutsche Bundesbank
DBW	Die Betriebswirtschaft (Zeitschrift)
DEM	D-Mark
DepG	Gesetz über die Verwahrung und Anschaffung von Wertpapieren (Depotgesetz)
dh.	das heißt
DKK	Dänische Krone(n)
DRS	Deutscher Rechnungslegungsstandard
DRSC	Deutsches Rechnungslegungs Standards Committee e.V.
DStR	Deutsches Steuerrecht (Zeitschrift)
DSW	Deutsche Schutzvereinigung für Wertpapierbesitz e.V., Düsseldorf
DTB	Deutsche Terminbörse (jetzt: Eurex)
DVFA	Deutsche Vereinigung für Finanzanalyse und Anlageberatung
EC	European Community
ECU	Europäische Währungseinheit
ED	Exposure Draft
E-DRS	Entwurf-Deutscher Rechnungslegungsstandard
EFG	Entscheidungen der Finanzgerichte (Zeitschrift)
EG	Europäische Gemeinschaften
EGHGB	Einführungsgesetz zum Handelsgesetzbuch
EMGV	Vertrag zur Gründung der Europäischen Wirtschaftsgemeinschaft
EONIA	Euro Overnight Index Average
EPS	Entwurf IDW Prüfungsstandard
ESAEG	Einlagensicherungs- und Anlegerentschädigungsgesetz (abgedruckt in: CMBS 17)
EStG	Einkommensteuergesetz
ESZB	Europäisches System der Zentralbanken
ETF	Exchange Traded Funds
EU	Europäische Union
EuGH	Europäischer Gerichtshof
EUR	Euro
EURIBOR	Euro Interbank Offered Rate

EuroEG	Gesetz zur Einführung des Euro (Euro-Einführungsgesetz)
evtl.	eventuell
EWB	Einzelwertberichtigung
EWGV	Vertrag zur Gründung der Europäischen Wirtschaftsgemeinschaft
EWR	Europäischer Wirtschaftsraum
EWU	Europäische Währungsunion
EZB	Europäische Zentralbank
f.	folgende(r) (Seite, Paragraph)
FAS	Financial Accounting Standard
FASB	Statement of Financial Accounting Standard
FB	Finanz Betrieb (Zeitschrift)
FDI	Finanzdienstleistungsinstitut
ff.	fortfolgende (Seiten, Paragraphen)
FG	Fachgutachten, Finanzgericht
FIBOR	Frankfurt Interbank Offered Rate
FinMin	Finanzministerium
FIONA	Frankfurt Interbank Overnight Average
FN	Fachnachrichten des Instituts der Wirtschaftsprüfer in Deutschland e.V.
FR	Finanz-Rundschau (Zeitschrift)
FRA, FRAs	Forward Rate Agreement, Forward Rate Agreements
FRF	Französische Franc
FRN	Floating Rate Note
FS	Festschrift
GAAP	Generally Accepted Accounting Principles
GBl.	Gesetzblatt
GE	Geldeinheiten
gem.	gemäß
GenG	Genossenschaftsgesetz
GewSt	Gewerbesteuer
GewStG	Gewerbesteuergesetz
GFR	Gammafaktorrisiko
ggf.	gegebenenfalls
ggü.	gegenüber
GKRL	Großkreditrichtlinie
glA	gleicher Ansicht
GmbHG	Gesetz betreffend die Gesellschaften mit beschränkter Haftung
GoB	Grundsätze ordnungsmäßiger Buchführung
GrEStG	Grunderwerbsteuergesetz
GrS	Großer Senat
GroMiKV	Großkredit- und Millionenkreditverordnung v. 29.12.1997/15.8.2003, CMBS 2.11

GS I	Grundsatz I
GuV	Gewinn- und Verlustrechnung
GwG	Geldwäschegesetz
HBG	Hypothekenbankgesetz
HdR 4./5. Auflage	Handbuch der Rechnungslegung, Kommentar zur Rechnungslegung und Prüfung, herausgegeben von Küting/Weber (Loseblattsammlung)
hEK	haftendes Eigenkapital
HFA	Hauptfachausschuss des Instituts der Wirtschaftsprüfer in Deutschland
HGB	Handelsgesetzbuch
hM	herrschende Meinung
Hrsg.	Herausgeber
Hs.	Halbsatz
HWBF	Handwörterbuch des Bank- und Finanzwesens, Hrsg. Gerke/Steier, Stuttgart 1995
HWRev	Handwörterbuch der Revision, Hrsg. Coenenberg/Wysocki, Stuttgart 1992
IAS	International Accounting Standard
IASB	International Accounting Standards Board
IASC	International Accounting Standards Committee
idF	in der Fassung
idR	in der Regel
idS	in diesem Sinne
IDW	Institut der Wirtschaftsprüfer in Deutschland e.V.
IDW PH	IDW Prüfungshinweis
IDW PS	IDW Prüfungsstandard
IDW RH	IDW Rechnungslegungshinweis
IDW RS	IDW Rechnungslegungsstandard
IDW S	IDW Standard
ieS	im engeren Sinne, im engen Sinne
iHv.	in Höhe von
incl.	inklusive
iRd.	im Rahmen des/der
IRR	Implied Repo Rate
IRS	Interest Rate Swap (Zinsswap)
iSd.	im Sinne der, des, dieser
iSv.	im Sinne von
iVm.	in Verbindung mit
J	Jahr(e)
JA	Jahresabschluss
JPY	Japanische Yen

JWG	Joint Working Group
KAG	Kommunalabgabengesetz Baden-Württemberg
KAGG	Gesetz über Kapitalanlagegesellschaften
KapAEG	Gesetz zur Verbesserung der Wettbewerbsfähigkeit deutscher Konzerne an Kapitalmärkten und zur Erleichterung der Aufnahme von Gesellschafterdarlehen (Kapitalaufnahmeerleichterungsgesetz)
KGaA	Kommanditgesellschaft auf Aktien
KI	Kreditinstitut
Kom.	Kommentar
KonTraG	Gesetz zur Kontrolle und Transparenz im Unternehmensbereich
KoR	Zeitschrift für kapitalmarktorientierte Rechnungslegung
KStG	Körperschaftsteuergesetz
KuK	Kredit und Kapital (Zeitschrift)
KWG	Gesetz über das Kreditwesen
LG	Landgericht
LIBOR	London Interbank Offered Rate
LIFFE	London International Financial Future Exchange
MaH	Mindestanforderungen an das Betreiben von Handelsgeschäften der Kreditinstitute vom 23.10.1995, CMBS 4.270
MaK	Mindestanforderungen an das Kreditgeschäft der Kreditinstitute vom 20.12.2002, CMBS 4.345
Mio.	Million(en)
MONA	Monthly Overnight Average
Mrd.	Milliarde(n)
MTN	Medium Term Note
MünchKomm. HGB	Münchner Kommentar zum Handelsgesetzbuch Band 4, Drittes Buch, Handelsbücher §§ 238 - 342a HGB
mwN	mit weiteren Nachweisen
nF	neue Fassung
NJW	Neue Juristische Wochenschrift (Zeitschrift)
NLG	Niederländische Gulden
No.	Number
NOK	Norwegische Krone(n)
Nr.	Nummer
Nrn.	Nummern
NWB	Neue Wirtschafts-Briefe
NYSE	New York Stock Exchange
oa.	oben angeführt
oä.	oder ähnlich

ÖBA	Österreichisches Bank-Archiv
OECD	Organisation for Economic Cooperation and Development
og.	oben genannt
OLG	Oberlandesgericht
oO	ohne Ortsangabe
OTC	Over-the-Counter
oV	ohne Verfasser
pa.	per annum
Pf.	Pfennig(e)
PHG	Personenhandelsgesellschaft
PrüfbV	Verordnung über die Prüfung der Jahresabschlüsse und Zwischenabschlüsse der Kreditinstitute und Finanzdienstleistungsinstitute und über die Prüfung nach § 12 Abs. 1 Satz 3 des Gesetzes über Kapitalanlagegesellschaften sowie die darüber zu erstellenden Berichte (Prüfungsberichtsverordnung) v. 17.12.1998, CMBS 13.01
PV	Present Value (Barwert)
PVBP	Price Value of a Basis Point
PwC	PricewaterhouseCoopers
R	Richtlinie
RechKredV	Verordnung über die Rechnungslegung der Kreditinstitute und Finanzdienstleistungsinstitute (RechKredV) vom 11. Dezember 1998 (BGBl. 1998, 3658)
RegBegr.	Regierungsbegründung
Rev.	Revision
RIW	Recht der Internationalen Wirtschaft (Zeitschrift)
rkr.	rechtskräftig
RL	Rücklage
RLZ	Restlaufzeit
Rn.	Randnummer
RS	Rechnungslegungsstandard
S.	Seite, Satz
s.	siehe
SABI	Sonderausschuss BiRiG IDW
SchBG	Schiffsbankengesetz
Schr.	Schreiben
SEK	Schwedische Krone(n)
SFAS	Statement of Financial Accounting Standards
so.	siehe oben
sog.	so genannte(r)
SolvRL	Solvabilitätsrichtlinie
StBp	Die Steuerliche Betriebsprüfung (Zeitschrift)

StuB	Steuern und Bilanzen (Zeitschrift)
StückAG	Gesetz über die Zulassung von Stückaktien (Stückaktiengesetz)
StuW	Steuern und Wirtschaft (Zeitschrift)
SZR	Sonderziehungsrechte der Internationalen Währungsfonds
Tab.	Tabelle
TDEM	Tausend DEM
TEUR	Tausend Euro
TransPuG	Gesetz zur weiteren Reform des Aktien- und Bilanzrechts zu Transparenz und Publizität (Transparenz- und Publizitätsgesetz)
Tz.	Textziffer
u.	und
ua.	unter anderem
uam.	und anderes mehr
uÄ	und Ähnliches
uE	unseres Erachtens
UK	United Kingdom
Urt.	Urteil
USD	US-Dollar
US-GAAP	US-amerikanische Generally Accepted Accounting Principles
uU	unter Umständen
usw.	und so weiter
v.	vom
VAG	Gesetz über die Beaufsichtigung der privaten Versicherungsunternehmen (Versicherungsaufsichtsgesetz)
VaR, VAR	Value at Risk
VerbrKrG	Verbraucherkreditgesetz
VFA	Versicherungsfachausschuss des Instituts der Wirtschaftsprüfer in Deutschland e.V.
Vfg.	Verfügung
VG	Verwaltungsgericht
vgl.	vergleiche
VW	Versicherungswirtschaft (Zeitschrift)
WFA	Wohnungswirtschaftlicher Fachausschuss des Instituts der Wirtschaftsprüfer in Deutschland e.V.
WG	Wechselgesetz
WiSt	Wirtschaftswissenschaftliches Studium (Zeitschrift)
WISU	Das Wirtschaftswissenschaftsstudium (Zeitschrift)
WM	Wertpapiermitteilungen (Zeitschrift)
WP	Wirtschaftsprüfer
WpDPV	Verordnung über die Prüfung des Wertpapierdienstleistungsgeschäfts nach § 36 WpHG vom 6.1.1999

WPG	Wirtschaftsprüfungsgesellschaft
WPg	Wirtschaftsprüfung (Zeitschrift)
WPH	WP-Handbuch
WpHG	Wertpapierhandelsgesetz
WKN	Wertpapierkennnummer
WTB	Warenterminbörse
zB	zum Beispiel
ZBB	Zeitschrift für Bankrecht und Bankwirtschaft
ZfB	Zeitschrift für Betriebswirtschaft
ZfbF	Zeitschrift für betriebswirtschaftliche Forschung
ZfgK	Zeitschrift für das gesamte Kreditwesen
ZIR	Zeitschrift Interne Revision
ZKA	Zentraler Kreditausschuss
zT	zum Teil

1. Einleitung

Zur Umsetzung der am 8. Dezember 1986 verabschiedeten EG-Bankbilanzrichtlinie[1] in nationales Recht hat der deutsche Gesetzgeber am 30. November 1990 das *„Gesetz zur Durchführung der Richtlinie des Rates der Europäischen Gemeinschaften über den Jahresabschluss und den konsolidierten Abschluss von Banken und anderen Finanzinstituten (Bankbilanzrichtlinie-Gesetz)"*[2] verabschiedet.[3]

Im Rahmen der 6. KWG-Novelle[4] und der damit verbundenen Änderung des HGB[5] wurden Finanzdienstleistungsinstitute iSd. § 1 Abs. 1a KWG für Geschäftsjahre ab dem 1. Januar 1998 in den Regelungsumfang der für Kreditinstitute geltenden Vorschriften zur Rechnungslegung einbezogen.

Basierend auf der *„Verordnung über die Rechnungslegung der Kreditinstitute (RechKredV)"* vom 10. Februar 1992[6] wurde aufgrund der Änderungen durch die *„Zweite Verordnung zur Änderung der Verordnung über die Rechnungslegung der Kreditinstitute"* vom 11. Dezember 1998[7] die *„Bekanntmachung der Neufassung der Verordnung über die Rechnungslegung der Kreditinstitute und Finanzdienstleistungsinstitute (RechKredV)"* vom 11. Dezember 1998[8] veröffentlicht.

Das Dritte Buch des HGB enthält im Vierten Abschnitt einen Erster Unterabschnitt *„Ergänzende Vorschriften für Kreditinstitute und Finanzdienstleistungsinstitute"*. Dieser enthält die wichtigsten materiellen Vorschriften, die ergänzend für die Rechnungslegung der Kreditinstitute und Finanzdienstleistungsinstitute (Institute) zu beachten sind. Der andere Teil der Vorschriften, insbesondere zu den Formblättern und zu einzelnen Posten der Bilanz und Gewinn- und Verlustrechnung sowie zum Anhang, wird in der RechKredV geregelt.

Die für die Rechnungslegung von Kredit- und Finanzdienstleistungsinstituten geltenden Vorschriften lassen sich wie folgt systematisieren (Abb. 1.1 und Abb. 1.2):

---

[1] Vgl. Richtlinie des Rates vom 8. Dezember 1986 über den Jahresabschluss und den konsolidierten Abschluss von Banken und anderen Finanzinstituten (86/635/EWG), AblEG 1986 Nr. L 372, 1.
[2] Vgl. BGBl. I 1990, 2570.
[3] Vgl. Bieg/Hossfeld, Bankinformation 3/1993, 52; Frankenberger, Bankinformation 2/1993, 19; Hossfeld, Der langfristige Kredit 1993, 199; Krumnow, ZfgK 1993, 506; Reifner, NJW 1993, 89; Schwartze, AG 1993, 12.
[4] Vgl. BGBl. I 1997, 2518.
[5] Vgl. BGBl. I 1997, 2567.
[6] Vgl. BGBl. I 1992, 203.
[7] Vgl. BGBl. I 1998, 3654.
[8] Vgl. BGBl. I 1998, 3658.

Von Kreditinstituten und Finanzdienstleistungsinstituten zu beachtende Vorschriften des allgemeinen Rechnungslegungsrechts		
§§ 238 - 263 HGB Vorschriften für alle Kaufleute	§§ 264 - 289 HGB Vorschriften für große Kapitalgesellschaften (vgl. § 340a Abs. 1 HGB) §§ 290 - 315 HGB Vorschriften zum Konzernabschluss (vgl. § 340i Abs. 1 HGB)	Aufgehoben und modifiziert durch § 340a Abs. 2 HGB und die RechKredV

Abb. 1.1: Von Kredit- und Finanzdienstleistungsinstituten zu beachtende Vorschriften des HGB

Die §§ 238 bis 263 HGB sind von Instituten aufgrund ihrer Kaufmannseigenschaft anzuwenden. Nach §§ 340a Abs. 1 und 340i Abs. 1 HGB müssen auf den Jahresabschluss die für große Kapitalgesellschaften geltenden Vorschriften der §§ 264 bis 289 HGB und auf den Konzernabschluss die §§ 290 bis 315 HGB angewandt werden, und zwar unabhängig von der Rechtsform und Größe des Instituts. Eingetragene Genossenschaften haben darüber hinaus noch die §§ 336 bis 339 HGB zu beachten.

Sondervorschriften aufgrund besonderen Geschäftszweigs	
§ 340a Abs. 2 und Abs. 4 HGB und die §§ 340b - 340j HGB	RechKredV

Abb. 1.2: Sondervorschriften aufgrund des Geschäftszweigs

Soweit die §§ 238 bis 263 HGB bzw. die §§ 264 bis 315 HGB aufgrund branchenspezifischer Besonderheiten nicht anwendbar sind oder soweit an deren Stelle branchenspezifische Bestimmungen treten, wird dies in den §§ 340a Abs. 2, 340b bis 340j HGB und in der RechKredV geregelt. Zusätzlich haben Kreditinstitute im Anhang die in § 340a Abs. 4 Nr. 1 und Nr. 2 HGB genannten Angaben zu machen.

Finanzdienstleistungsinstitute und Kreditinstitute, soweit Letztere Skontroführer iSd. § 8b Abs. 1 Satz 1 BörsG [9] und nicht Einlagenkreditinstitut sind, müssen im Gegensatz zu den übrigen Kreditinstituten das Eigenhandelsergebnis (Ertrag bzw. Aufwand aus Finanzgeschäften) brutto ausweisen (§ 340 Abs. 4 Satz 2 iVm. § 340c Abs. 1 HGB).

Die **Prüfung** und **Offenlegung** des Jahresabschlusses und Lageberichts bzw. des Konzernabschlusses und Konzernlageberichts regeln die §§ 340k und 340l HGB. Die Bestimmungen des § 340l HGB sind auf Finanzdienstleistungsinstitute nur anzuwenden, wenn diese Kapitalgesellschaften sind (§ 340 Abs. 4 Satz 3 HGB).

Die nachfolgende Übersicht gibt einen Überblick über den Ersten Unterabschnitt des Vierten Abschnitts des HGB „*Ergänzende Vorschriften für Kreditinstitute und Finanzdienstleistungsinstitute*".

HGB	Anwendungsbereich
§ 340	Anwendung
	Jahresabschluss, Lagebericht
§ 340a	Anzuwendende Vorschriften
§ 340b	Pensionsgeschäfte
§ 340c	Vorschriften zur Gewinn- und Verlustrechnung
§ 340d	Fristengliederung
	Bewertungsvorschriften
§ 340e	Bewertung von Vermögensgegenständen
§ 340f	Vorsorge für allgemeine Bankrisiken
§ 340g	Sonderposten für allgemeine Bankrisiken
	Währungsumrechnung
§ 340h	Währungsumrechnung
	Konzernabschluss, Konzernlagebericht
§ 340i	Pflicht zur Aufstellung
§ 340j	Einzubeziehende Unternehmen
	Prüfung, Offenlegung
§ 340k	Prüfung
§ 340l	Offenlegung
	Straf- und Bußgeldvorschriften, Zwangsgelder
§ 340m	Strafvorschriften
§ 340n	Bußgeldvorschriften
§ 340o	Festsetzung von Zwangsgeld
	Übergangsvorschriften
Art. 30 EGHGB	Zeitliche Anwendung
Art. 31 EGHGB	Darstellung und Bewertung

---

[9] Skontroführer gemäß § 8b Abs. 1 Satz 1 BörsG sind zum einen Kursmakler nach § 30 BörsG, die im amtlichen Handel an Wertpapierbörsen die Börsenpreise amtlich feststellen bzw. an Warenbörsen bei der amtlichen Feststellung der Börsenpreise mitwirken. Zum anderen handelt es sich um Makler, die als Skontroführer entweder am geregelten Markt die Börsenpreise feststellen (§ 70 Abs. 1 BörsG) oder im Freiverkehr die Börsenpreise ermitteln (§ 78 Abs. 2 BörsG).

Die Art. 30 und 31 EGHGB enthalten Übergangsvorschriften zum Bankbilanzrichtlinie-Gesetz, insbesondere erleichternde Vorschriften hinsichtlich der Fortführung von nach neuem Recht unzulässigen Wertansätzen.

Daneben gibt es eine Reihe von rechtsformspezifischen Normen. **Genossenschaften** haben hinsichtlich der Rechnungslegung die §§ 336 - 339 HGB sowie §§ 19, 20, 33, 38 Abs. 1 GenG und bezüglich der Buchführung § 48 GenG zu beachten. Auf Institute in der Rechtsform der **Aktiengesellschaft** oder **Kommanditgesellschaft auf Aktien** sind für die Gewinnverwendung § 58 AktG und betreffend den Jahresabschluss und den Lagebericht die §§ 150 - 160 AktG maßgebend. Ergänzende Vorschriften zur Aufstellung der Bilanz von **Gesellschaften mit beschränkter Haftung** enthält § 29 Abs. 2 und Abs. 4 sowie § 42 GmbHG.

Institutsspezifische Normen für **Hypothekenbanken** enthalten die §§ 24, 28 und 45 HBG. Daneben haben **Schiffsbanken** § 26 SchBG, **Bausparkassen** § 18 Abs. 3 BSpKG und **Kapitalanlagegesellschaften** § 24a KAGG zu beachten.

Das Kreditwesengesetz enthält in § 26 KWG Vorschriften zur **Vorlage** von Jahresabschluss, Lagebericht und Prüfungsbericht bei der BaFin und der Deutschen Bundesbank. Hinsichtlich der **Bestellung des Abschlussprüfers** ist § 28 KWG relevant. Die besonderen **Pflichten des Abschlussprüfers** sind in § 29 KWG geregelt.

Auf **Zwischenabschlüsse** sind die Bestimmungen über den Jahresabschluss und § 340k HGB über die Prüfung analog anzuwenden (§ 340a Abs. 3 HGB).

Darüber hinaus hat die BaFin (vormals BAKred) in zahlreichen Schreiben, die insbesondere an die Spitzenverbände der Kreditwirtschaft und an das IDW gerichtet sind, zu Einzelfragen der Rechnungslegung Stellung genommen. Diese Schreiben sind im Einzelfall nicht rechtsverbindlich, sie spiegeln jedoch im Allgemeinen Grundsätze ordnungsmäßiger Bilanzierung wider.[10]

---

[10] Zur Problematik der bankspezifischen bzw. geschäftsspezifischen GoB vgl. Au, 108 ff.

2. Anwendungsbereich und anzuwendende Vorschriften

2.1. Anwendungsbereich des Bankbilanzrichtlinie-Gesetzes

2.1.1. Kredit- und Finanzdienstleistungsinstitute

Der Geltungsbereich der „*Ergänzenden Vorschriften für Kreditinstitute und Finanzdienstleistungsinstitute*" erstreckt sich auf alle **Kreditinstitute** iSd. § 1 Abs. 1 KWG (§ 340 Abs. 1 Satz 1 HGB), soweit sie nach § 2 Abs. 1, 4 und 5 KWG nicht von der Anwendung ausgenommen sind. Ausgenommen sind damit bspw. die Deutsche Bundesbank, die Kreditanstalt für Wiederaufbau, die Sozialversicherungsträger, private und öffentlich-rechtliche Versicherungsunternehmen, soweit sie keine Bankgeschäfte betreiben, die nicht zu den ihnen eigentümlichen Geschäften gehören sowie Unternehmen des Pfandleihgewerbes.

Auf **Finanzdienstleistungsinstitute** iSd. § 1 Abs. 1a KWG sind diese Vorschriften ebenfalls anzuwenden, soweit diese nicht nach § 2 Abs. 6 oder Abs. 10 KWG von der Anwendung des KWG befreit sind (§ 340 Abs. 4 HGB).[11] Damit wird gleichzeitig geregelt, dass auch Finanzdienstleistungsinstitute, unabhängig von ihrer Größe oder Rechtsform, wie große Kapitalgesellschaften Rechnung legen müssen und ihren Jahresabschluss aufstellen müssen. Besonderheiten und Problembereiche bei der Prüfung und Bilanzierung von Finanzdienstleistungsinstituten sind im IDW PS 520 dargestellt. Die Rechnungslegungsvorschriften kommen jedoch dann nicht zur Anwendung, wenn trotz des Betreibens von Geschäften iSd. § 1 Abs. 1a KWG eine der Negativabgrenzungen in § 2 Abs. 6 oder 10 KWG greift, da die dort genannten Institutionen in der Definition des KWG nicht als Finanzdienstleistungsinstitute gelten.[12]

Kreditinstitute und Finanzdienstleistungsinstitute haben danach ungeachtet ihrer Rechtsform und Größe einen **Jahresabschluss**, bestehend aus Bilanz, Gewinn- und Verlustrechnung und Anhang, sowie einen **Lagebericht** zu erstellen und offen zu legen (§ 340 Abs. 1 und Abs. 4 iVm. § 340a Abs. 1 HGB).[13] Die Vorschriften des § 340l HGB hinsichtlich der Offenlegung gelten nur für Finanzdienstleistungsinstitute in der Rechtsform der Kapitalgesellschaft.

Als Mutterunternehmen eines Konzerns sind Kredit- und Finanzdienstleistungsinstitute, ebenfalls rechtsform- und größenunabhängig, zur Aufstellung und Bekanntmachung eines **Konzernabschlusses** und eines **Konzernlageberichts** verpflichtet (§ 340i Abs. 1 HGB).[14]

---

[11] Vgl. Hanenberg, WPg 1999, 85 ff.
[12] Vgl. Wiedmann, 2. Aufl., § 340 HGB Rn. 26.
[13] Vgl. auch Hanenberg, WPg 1999, 86.
[14] Sog. Banken-Holdings gelten nach § 340i Abs. 3 HGB als Kreditinstitut.

2.1.2. Besonderheiten für Finanzdienstleistungsinstitute und bestimmte Kreditinstitute

Für Finanzdienstleistungsinstitute gilt die Besonderheit, dass die Offenlegungsvorschriften des § 340l HGB nur auf Kapitalgesellschaften anzuwenden sind und nicht auf Einzelunternehmen und Personenhandelsgesellschaften (§ 340 Abs. 4 Satz 3 HGB).

§ 340c Abs. 1 HGB, dh. der Ausweis des Eigenhandelserfolgs als „Nettoertrag bzw. Nettoaufwand aus Finanzgeschäften" in saldierter Form, ist auf Finanzdienstleistungsinstitute sowie auf Kreditinstitute, soweit Letztere Skontroführer iSd. § 8b Abs. 1 Satz 1 BörsG und nicht Einlagenkreditinstitute (§ 1 Abs. 3d Satz 1 KWG) sind, nicht anzuwenden. Diese Institute haben die Erträge und Aufwendungen aus dem Eigenhandel unsaldiert als „Ertrag aus Finanzgeschäften" bzw. „Aufwand aus Finanzgeschäften" auszuweisen.

2.1.3. Zweigstellen ausländischer Institute

2.1.3.1. Nicht-EWR-Zweigstellen

Die „Ergänzenden Vorschriften für Kreditinstitute und Finanzdienstleistungsinstitute" sind auch anzuwenden auf Zweigstellen von Unternehmen mit Sitz in einem anderen Staat, der nicht Mitglied der Europäischen Gemeinschaft und auch nicht Vertragsstaat des Abkommens über den Europäischen Wirtschaftsraum ist, sofern die Zweigstelle nach § 53 Abs. 1 KWG als Kredit- oder Finanzdienstleistungsinstitut gilt (§ 340 Abs. 1 Satz 1, Abs. 4 Satz 1 HGB).[15] Bei diesen Zweigstellen ist auch eine Depotprüfung sowie eine Prüfung des Wertpapiergeschäfts nach dem Wertpapierhandelsgesetz durchzuführen.

§ 53 Abs. 1 KWG knüpft daran an, dass (1) ein ausländisches Unternehmen (2) im Inland eine Zweigstelle unterhält, die (3) Bankgeschäfte betreibt oder Finanzdienstleistungen erbringt. Bei dem ausländischen Unternehmen muss es sich nicht notwendig um ein Kredit- oder Finanzdienstleistungsinstitut handeln.[16] Der Begriff der Zweigstelle umfasst Zweigniederlassungen (Zweigstellen mit Ein- und Auszahlungsverkehr sowie selbstständiger Kontoführung), Zahlstellen (Zweigstellen mit Ein- und Auszahlungsverkehr ohne selbstständige Kontoführung) und Annahmestellen (Zweigstellen ohne Auszahlungsverkehr). Der Begriff der Zweigstelle ist damit weiter gefasst als der der Zweigniederlassung iSd. §§ 13 ff. HGB.

---

[15] Soweit Kreditinstitute nicht nach § 2 Abs. 1, 4 oder 5 KWG bzw. Finanzdienstleistungsinstitute nicht nach § 2 Abs. 6 oder Abs. 10 KWG ausgenommen sind.
[16] Vgl. Häuselmann, WM 1994, 1694.

Soweit diese Zweigstellen als Institute gelten, muss deren Rechnungslegung mithin nach den für Institute maßgeblichen Vorschriften erfolgen. Die Verpflichtung zur Aufstellung des Jahresabschlusses erstreckt sich auf die inländische Zweigstelle. Die Geschäftsvorfälle jenseits der deutschen Grenzen in der Hauptniederlassung oder den Zweigstellen in Drittstaaten sind ohne Bedeutung. Unterhält ein Unternehmen mehrere Zweigstellen iSd. § 53 Abs. 1 Satz 1 KWG im Inland, gelten diese hinsichtlich der Rechnungslegung als ein Institut (§ 53 Abs. 1 Satz 2 KWG).

Vorschriften hinsichtlich der Buchführung, Rechnungslegung und Prüfung für diese Zweigstellen enthält § 53 Abs. 2 Nr. 2 und Nr. 3 KWG. Zu erfassen sind alle Geschäfte, die von diesem Teil des Unternehmens aus und mit ihm betrieben werden, unabhängig davon, ob sie mit Personen im Gebiet oder in einem anderen Staat getätigt werden. Zum rechenschaftspflichtigen Vermögen gehören dabei die Aktiva, die im Geschäftsbetrieb dieses Teils des Unternehmens entstanden sind (zB Kundenforderungen), die diesem Geschäftsbetrieb dienen (zB Betriebsgrundstücke) und die ansonsten von der Unternehmensleitung buchmäßig auf diesen Teil des Unternehmens übertragen worden sind.[17] Der Jahresabschluss ist nach den Formblättern 1 und 2 bzw. 3 der RechKredV zu erstellen.

Ergänzend sind nach § 53 Abs. 2 Nr. 2 Satz 3 KWG die folgenden Posten gesondert auszuweisen:

- das Betriebskapital,
- die zur Verstärkung der eigenen Mittel belassenen Betriebsüberschüsse und
- der Überschuss der Passivposten über die Aktivposten oder der Überschuss der Aktivposten über die Passivposten (Bilanzgewinn).

Auf die im Formblatt der Gewinn- und Verlustrechnung vorgesehene Überleitung vom Jahresüberschuss/Jahresfehlbetrag zum Bilanzgewinn/Bilanzverlust kann verzichtet werden. Es genügt hier die Angabe einer evtl. Zuweisung zu den „Zur Verstärkung der eigenen Mittel belassenen Betriebsüberschüsse".

Gemäß § 53 Abs. 2 Nr. 4 Satz 1 KWG ist bei der **Ermittlung der Eigenmittel** ein **aktiver Verrechnungssaldo** abzusetzen. Ein gesonderter Ausweis des Verrechnungssaldos in der Bilanz ist nicht erforderlich, jedoch zulässig. In dem **Verrechnungssaldo** zwischen der Zweigstelle und der Zentrale sind grundsätzlich die folgenden Tatbestände zusammengefasst (BFA 2/1977):

- Forderungen gegenüber der Zentrale und anderen Zweigstellen,
- Verbindlichkeiten gegenüber der Zentrale und anderen Zweigstellen,
- Jahresüberschuss (soweit nicht zur Verstärkung der eigenen Mittel bestimmt),
- Jahresfehlbetrag (soweit von der Zentrale übernommen).

---

[17] Vgl. Szagunn/Haug/Ergenzinger, § 53 KWG Rn. 14.

Soweit Gewinne oder Verluste wie bei einem Ergebnisabführungsvertrag an die Zentrale abgeführt werden, kann in der Bilanz vom Ausweis der Posten „Bilanzgewinn/Bilanzverlust" abgesehen und stattdessen nur auf der Aktiv- oder Passivseite ein Verrechnungssaldo ausgewiesen werden. In diesem Fall werden Bilanzgewinne und Bilanzverluste im Zeitpunkt ihres Entstehens zu Verbindlichkeiten bzw. Forderungen gegenüber der Zentrale; ein Ausweis der Ergebnisse im Verrechnungssaldo ist damit zulässig. Sofern ein Jahresfehlbetrag ausdrücklich **nicht** von der Zentrale übernommen wird, darf er nicht in den Verrechnungssaldo einbezogen werden, sondern ist gesondert in der Bilanz auszuweisen (vgl. hierzu auch BFA 2/1977).[18]

Die Bücher müssen gemäß § 53 Abs. 2 Nr. 2 KWG grundsätzlich im Gebiet der Bundesrepublik Deutschland geführt werden. Wegen weiterer Einzelheiten, insbesondere hinsichtlich der **Buchführung** (auch außer Haus), der Aufbewahrung von Belegen sowie des steuerlichen Dotationskapitals wird auf Häuselmann[19] sowie Droscha/Reimer[20] verwiesen.

2.1.3.2. EWR-Zweigstellen

Nur teilweise, dh. hinsichtlich der Offenlegungsvorschriften des § 340l Abs. 2 bis 4 HGB, sind die institutsspezifischen Vorschriften von Zweigstellen iSd. § 53b Abs. 1 Satz 1 und Abs. 7 KWG anzuwenden, also von Zweigstellen von Unternehmen mit Sitz in einem anderen Staat des Europäischen Wirtschaftsraums und von diesen gleichgestellten Unternehmen (**Europäischer Pass**), sofern diese Zweigstellen Bankgeschäfte iSd. § 1 Abs. 1 Satz 2 Nr. 1 bis 5 und 7 bis 12 KWG betreiben (§ 340 Abs. 1 Satz 2 HGB).[21]

Auf die Erstellung eines Jahresabschlusses der Zweigstelle und demzufolge auch auf dessen Prüfung kann in diesem Fall verzichtet werden, da der Jahresabschluss des Mutterinstituts offen gelegt wird; die freiwillige Anwendung der ergänzenden Rechnungslegungsvorschriften für Institute sowie die freiwillige Prüfung ist jedoch zulässig.[22]

---

[18] Vgl. BFA 2/1977, WPg 1977, 355.
[19] Vgl. Häuselmann, WM 1994, 1693.
[20] Vgl. Droscha/Reimer, DB 2003, 1689.
[21] Vgl. ausführlich Hanten, ZBB 2000, 245 ff.
[22] Vgl. WPH Bd. I 1996 J Tz. 32.

2.1.3.3. Bankaufsichtliche Besonderheiten

Zweigstellen in Drittstaaten

Die **Errichtung**, die **Verlegung** und die **Schließung** einer Zweigstelle in einem **Drittstaat** ist nach § 24 Abs. 1 Nr. 7 KWG der BaFin und der Deutschen Bundesbank unverzüglich anzuzeigen. Geldautomaten werden von § 21 Abs. 1 Nr. 7 KWG nicht erfasst.

Unabhängig von der Anzeigepflicht des § 24 Abs. 1 Nr. 7 KWG müssen geplante Zweigniederlassungen in anderen Staaten des Europäischen Wirtschaftsraums nach § 24a KWG gemeldet werden.

Die **Errichtung** einer Zweigstelle liegt erst vor, wenn der organisatorische Vorgang tatsächlich vollzogen ist und sie ihren Geschäftsbetrieb aufgenommen hat.

Zweigniederlassungen in EWR-Staaten

Ein Einlagenkreditinstitut, ein E-Geld-Institut und ein Wertpapierhandelsunternehmen haben die **Absicht**, in einem anderen Staat des Europäischen Wirtschaftsraums eine Zweigniederlassung zu errichten, der BaFin und der Deutschen Bundesbank nach § 24a KWG anzuzeigen. Dies gilt entsprechend für die Absicht, im Wege des grenzüberschreitenden Dienstleistungsverkehrs in einem anderen Staat des Europäischen Wirtschaftsraums Bankgeschäfte mit Ausnahme des Investmentgeschäfts zu betreiben, Finanzdienstleistungen iSd. § 1 Abs. 1a Satz 1 Nr. 1 bis 4 KWG oder Tätigkeiten nach § 1 Abs. 3 Satz 1 Nr. 2 bis 8 KWG zu erbringen oder Handelsauskünfte oder Schließfachvermietungen anzubieten (§ 24a Abs. 3 KWG).[23]

Einzelheiten zu den Anzeigen nach § 24a KWG hat das Bundesaufsichtsamt (jetzt BaFin) mit Rundschreiben 3/2001 vom 26.6.2001 bekannt gegeben.

2.1.4. Bestimmte Versicherungs- und Pfandleihunternehmen

Die institutsspezifischen Rechnungslegungsvorschriften sind von privaten und öffentlich-rechtlichen Versicherungsunternehmen und von Pfandleihunternehmen (§ 2 Abs. 1 Nr. 4 und 5 KWG) insoweit ergänzend anzuwenden, *„als sie Bankgeschäfte betreiben, die nicht zu den ihnen eigentümlichen Geschäften gehören"* (§ 340 Abs. 2 HGB).

---

[23] Vgl. ausführlich Bellavite-Hövermann, 73 ff., 106 ff.

2.1.5. Nichtanwendung auf Finanzunternehmen und besonders genannte Unternehmen

Unternehmen, die - ohne Kreditinstitut zu sein - bspw. das Leasing- oder Factoringgeschäft betreiben, sind **Finanzunternehmen** iSd. § 1 Abs. 3 KWG. Sie wurden jedoch nicht in den Anwendungsbereich des Bankbilanzrichtlinie-Gesetzes einbezogen, weil die am Gesetzgebungsverfahren „... *beteiligten Kreise ein Bedürfnis dafür nicht zu erkennen gegeben haben.*"[24] Die übrigen Finanzunternehmen iSd. § 1 Abs. 3 KWG haben ebenfalls nicht die für Kredit- und Finanzdienstleistungsinstitute geltenden Rechnungslegungsvorschriften anzuwenden.

Darüber hinaus sind die institutsspezifischen Rechnungslegungsnormen grundsätzlich nicht anzuwenden auf:

- Unternehmen, die nach § 2 Abs. 1 KWG nicht als Kreditinstitute iSd. KWG gelten; dies sind zB Deutsche Bundesbank, Kreditanstalt für Wiederaufbau, private und öffentliche Versicherungsunternehmen und Pfandleihunternehmen (§ 340 Abs. 1 Satz 1 HGB).
- Unternehmen, die von der BaFin gemäß § 2 Abs. 4 oder Abs. 5 KWG von der Anwendung bestimmter Vorschriften befreit wurden (§ 340 Abs. 1 Satz 1 HGB).
- die nach § 2 Abs. 6 und Abs. 10 KWG nicht als Finanzdienstleistungsinstitute iSd. KWG gelten. Dies sind zB Finanzdienstleistungsinstitute iSd. § 1 Abs. 1a Satz 2 Nr. 1 bis Nr. 4 KWG, die ausschließlich die Anlage- und Abschlussvermittlung zwischen Kunden und einem Institut betreiben, sofern sich die Finanzdienstleistungen auf bestimmte Investmentanteile beschränken und das Unternehmen nicht befugt ist, sich Eigentum oder Besitz an Geldern bzw. Anteilscheinen von Kunden zu verschaffen (§ 2 Abs. 6 Nr. 8 KWG). Gleiches gilt für bestimmte Unternehmen, die ausschließlich für Rechnung und unter der Haftung eines Einlagenkreditinstituts oder Wertpapierhandelsunternehmens mit Sitz im Inland tätig sind, unter den weiteren Voraussetzungen des § 2 Abs. 10 KWG.
- Wohnungsunternehmen mit Spareinrichtung (§ 340 Abs. 3 HGB, § 1 Abs. 2 RechKredV).

Ferner sind **Finanzholding-Gesellschaften** iSd. § 1 Abs. 3a KWG, **gemischte Unternehmen** iSd. § 1 Abs. 3b KWG sowie **Unternehmen mit bankbezogenen Hilfsdiensten** iSd. § 1 Abs. 3c KWG keine Kreditinstitute im Sinne des Kreditwesengesetzes. Sie fallen demnach nicht in den Anwendungsbereich der §§ 340 ff. HGB.

---

[24] Vgl. BR-Drs. 616/89, 19.

2.2. Aufstellung, Prüfung und Vorlage des Jahresabschlusses und Lageberichts

2.2.1. Jahresabschluss und Lagebericht

Der Jahresabschluss besteht gemäß § 340a Abs. 1 iVm. §§ 242, 264 HGB aus Bilanz, Gewinn- und Verlustrechnung und Anhang. Darüber hinaus ist stets auch ein Lagebericht nach § 289 HGB aufzustellen (§ 340a Abs. 1 2. Hs. HGB).

2.2.2. Aufstellung des Jahresabschlusses

Der **Jahresabschluss** und der **Lagebericht** sind in den **ersten drei Monaten** des Geschäftsjahres für das vergangene Geschäftsjahr aufzustellen (§ 340a Abs. 1 iVm. § 264 Abs. 1 HGB, § 26 Abs. 1 KWG).

Was unter dem Begriff „*aufstellen*" zu verstehen ist, definiert das Gesetz nicht. Aufstellen bedeutet die Vorlage eines Jahresabschlusses, zu dem sich der Vorstand oder die Geschäftsleitung bekennen und der bis zum Ende der Frist soweit fertig gestellt ist, dass er prüfungsbereit ist. Die fristgerechte Aufstellung muss sich auf sämtliche Teile des Jahresabschlusses erstrecken.[25] Dies bedeutet jedoch nicht, dass die Geschäftsleitung nach Ablauf dieser Frist keine Änderungen oder Ergänzungen des Jahresabschlusses mehr vornehmen kann.

Der aufgestellte sowie der später festgestellte Jahresabschluss und der Lagebericht sind der Deutschen Bundesbank und der BaFin jeweils unverzüglich **einzureichen** (§ 26 Abs. 1 KWG). Institute, die eingetragene Genossenschaften oder Sparkassen sind, müssen darüber hinaus den Jahresabschluss in einer Anlage erläutern (§ 26 Abs. 1 KWG).

2.2.3. Prüfung des Jahresabschlusses und Berichterstattung

Prüfung des Jahresabschlusses

Jahresabschluss und Lagebericht sind, bevor der Jahresabschluss festgestellt wird, durch den Abschlussprüfer zu prüfen. Die **Prüfung** ist spätestens vor Ablauf des fünften Monats des dem Abschlussstichtag nachfolgenden Geschäftsjahres vorzunehmen und abzuschließen (§ 340k Abs. 1 Satz 2 HGB). Nach der Prüfung ist der Jahresabschluss

---

[25] Idealerweise hat die Geschäftsleitung über den aus der Buchführung entwickelten Entwurf Beschluss gefasst und den aufgestellten Jahresabschluss mit Angabe des Datums unterschrieben. Im Grunde ist nur so die Einhaltung der Frist zweifelsfrei nachweisbar.

unverzüglich **festzustellen** (§ 340k Abs. 1 Satz 3 HGB). Die Prüfungspflicht besteht für Institute unabhängig von der Rechtsform und der Größe.

Gegenstand der handelsrechtlichen Jahresabschlussprüfung bildet nach § 340k Abs. 1 HGB iVm. § 316 Abs. 1 HGB der Jahresabschluss und der Lagebericht des Kreditinstituts. In die Prüfung des Jahresabschlusses ist nach § 317 Abs. 1 HGB auch die Buchführung einzubeziehen. Die Prüfung des Jahresabschlusses erstreckt sich nach § 317 Abs. 1 Satz 2 HGB darauf, festzustellen, ob die gesetzlichen Vorschriften und die ergänzenden Bestimmungen des Gesellschaftsvertrags oder der Satzung beachtet worden sind. Der Abschlussprüfer hat zudem die Prüfung so auszurichten, dass Unrichtigkeiten und Verstöße gegen diese Bestimmungen, die sich auf die Darstellung des sich nach der Generalnorm des § 264 Abs. 2 HGB ergebenden Bildes der Vermögens-, Finanz- und Ertragslage wesentlich auswirken, bei gewissenhafter Berufsausübung erkannt werden (§ 317 Abs. 1 Satz 3 HGB).

Nach § 317 Abs. 2 HGB ist der Lagebericht darauf zu prüfen, ob er im Einklang mit dem Jahresabschluss und den bei der Prüfung gewonnenen Erkenntnissen steht und ob er insgesamt eine zutreffende Vorstellung von der Lage des Instituts vermittelt. Daneben ist zu prüfen, ob die Risiken der künftigen Entwicklung zutreffend dargestellt sind.

Die effiziente Prüfung setzt in ihrem Vorfeld eine zielorientierte Planung voraus, die eine Analyse des mit dem Auftrag verbundenen Risikos, die Festlegung des Prüfungsumfangs, der Prüfungsstrategie und die sachliche und zeitliche Mitarbeiterplanung umfasst (IDW PS 240).[26] Bei der Prüfungsplanung ist zu berücksichtigen, dass der Abschlussprüfer nach § 29 KWG sowie der PrüfbV besonderen Pflichten hinsichtlich Art und Umfang der Prüfungsdurchführung und Berichterstattung unterliegt. Darüber hinaus sind die Fristen hinsichtlich der Fertigstellung und Einreichung des Prüfungsberichts nach § 340k Abs. 1 HGB zu beachten. Bei der Festlegung der Prüfungsstrategie, insbesondere der Systemprüfungen, sind die Besonderheiten hinsichtlich der Aufbau- und Ablauforganisation, der vorhandenen Überwachungssysteme sowie des Risikomanagements und Risikocontrollings zu berücksichtigen.

Prüfungspflichten nach dem Kreditwesengesetz

Die dem Abschlussprüfer obliegenden besonderen **aufsichtsrechtlichen Prüfungs- und Berichtspflichten** ergeben sich aus § 29 KWG, die durch die **Prüfungsberichtsverordnung**[27] (PrüfbV) konkretisiert werden.

---

[26] Vgl. IDW PS 240, WPg 2000, 846 ff.
[27] Verordnung über die Prüfung der Jahresabschlüsse und Zwischenabschlüsse der Kreditinstitute und Finanzdienstleistungsinstitute und über die Prüfung nach § 12 Abs. 1 Satz 3 des Gesetzes über Kapitalanlagegesellschaften sowie die darüber zu erstellenden Berichte vom 17.12.1998, CMBS 13.01.

Bei der Abschlussprüfung sind auch die

- wirtschaftlichen Verhältnisse, die
- Erfüllung der Anzeigepflichtigen sowie die
- Einhaltung der Vorschriften des Geldwäschegesetzes sowie die
- Einhaltung bestimmter Normen des Kreditwesengesetzes

des Instituts zu prüfen (§ 29 Abs. 1 und 2 KWG).

Unbeschadet der handelsrechtlichen Verpflichtung nach § 317 Abs. 2 HGB, zu der im Lagebericht dargestellten Lage des Instituts Stellung zu nehmen, hat der Abschlussprüfer nach dem KWG die wirtschaftlichen Verhältnisse zu prüfen. Die **Beurteilung der wirtschaftlichen Lage** des Instituts hat in Ermangelung konkreter Vorgaben anhand einer vertiefenden Analyse der wirtschaftlichen Tatbestände im Rahmen einer Gesamtbetrachtung zu erfolgen.

Nach § 29 Abs. 1 Satz 2 KWG hat der Abschlussprüfer zu prüfen, ob das Institut die vom Kreditwesengesetz geforderten **Anzeigen** ordnungsgemäß erstattet hat. Hierzu gehören insbesondere die Anzeigen zur Eigenmittelausstattung, Anzeigen im Kreditgeschäft (Groß-, Millionenkredite) sowie Anzeigen, die den personellen, wirtschaftlichen und organisatorischen Bereich betreffen, wie bspw. Anzeigen über unmittelbare Beteiligungen, mittelbare Beteiligungen, bestimmte Unternehmensbeziehungen, personelle Veränderungen des Kreises der Geschäftsleiter, Aufnahme/Einstellung von Nichtbankgeschäften, Errichtung/Schließung von Zweigstellen außerhalb der EU und innerhalb der EU. Bei der Prüfung der Anzeigen sind die entsprechenden Rechtsverordnungen (bspw. AnzV, GroMiKV) zu beachten.

Im Rahmen der Prüfung der Einhaltung der Vorschriften des **Geldwäschegesetzes** sind neben den gesetzlichen Bestimmungen auch die von der BaFin herausgegebenen Rundschreiben maßgeblich.

Die **Einhaltung bestimmter Normen des Kreditwesengesetzes** durch den Abschlussprüfer bezieht sich u.a. auf Vorschriften, die im Wesentlichen bestimmte Grenzwerte formulieren oder bei denen es um Zustimmungspflichten geht. Hierzu zählen die Eigenmittelvorschriften (§ 10 KWG), die Vorschriften zu Groß-, Millionen- und Organkrediten (§§ 13 – 15 KWG). Zum anderen sind Organisationsvorschriften sowie § 18 KWG zu prüfen. Sofern dem haftenden Eigenkapital des Instituts **nicht realisierte Reserven** zugerechnet werden, hat der Abschlussprüfer zu prüfen, ob bei der Ermittlung dieser stillen Reserven § 10 Abs. 4a bis 4c KWG beachtet worden ist (§ 29 Abs. 1 KWG).

Von zentraler Bedeutung ist die Prüfung der **Einhaltung des § 25a KWG**, der in seinem Absatz 1 zum einen die Einrichtung eines funktionsfähigen (konzernweiten) Risikomanagementsystems fordert und in Absatz 2 erhöhte Anforderungen im Fall der Auslagerung von Bereichen des Instituts auf andere Unternehmen formuliert.

Depotprüfung und Prüfung nach § 36 WpHG

Bei Instituten, die das **Depotgeschäft** betreiben, hat der Abschlussprüfer dieses Geschäft besonders zu prüfen; die Prüfung hat sich auch auf die Einhaltung des § 128 AktG über Mitteilungspflichten und des § 135 AktG über die Ausübung des Stimmrechts zu erstrecken (§ 29 Abs. 2 KWG).[28] Bei der Prüfung des Depotgeschäfts sind neben dem Depotgesetz auch die PrüfbV (§§ 70 ff.) sowie die von der BaFin veröffentlichten Verlautbarungen zu beachten.[29]

Neben der Prüfung des Jahresabschlusses und des Depotgeschäfts gehört zu den jährlich durchzuführenden Prüfungen ua. auch die **Prüfung nach § 36 WpHG**.[30] Zur Prüfung des Wertpapierdienstleistungsgeschäfts nach § 36 WpHG vgl. IDW PS 521.[31] Der Prüfer hat unverzüglich nach Beendigung der Prüfung der Bundesanstalt und der Deutschen Bundesbank einen Prüfungsbericht einzureichen (§ 36 Abs. 1 Satz 6 WpHG). Die Einreichung wird noch als unverzüglich angesehen, wenn der Bericht spätestens acht Wochen nach Abschluss der Prüfungshandlungen vorgelegt wird.[32]

Die Bundesanstalt kann an der Prüfung teilnehmen (§ 36 Abs. 3 Satz 4 WpHG). Hierfür ist der Bundesanstalt der Prüfungsbeginn rechtzeitig mitzuteilen. Als rechtzeitig sieht die BaFin die Mitteilung nur dann an, wenn sie mindestens eine Woche vor Prüfungsbeginn eingeht.[33] Die Anzeige kann sowohl durch den Prüfer als auch durch das Wertpapierdienstleistungsunternehmen abgegeben werden. Es ist zweckmäßig, dass Prüfer und Institut sich gegenseitig abstimmen, durch wen die Anzeige erfolgt. Kann eine beabsichtigte Teilnahme der BaFin an der Prüfung wegen einer nicht rechtzeitigen Mitteilung des Prüfungsbeginns nicht erfolgen, wird diese von der Möglichkeit der Bestimmung eines anderen Prüfungsbeginns Gebrauch machen.[34]

Die BaFin kann wie bei der Depotprüfung auf Antrag von der jährlichen Prüfung des Wertpapiergeschäfts absehen, soweit eine jährliche Prüfung im Hinblick auf Art und Umfang der Geschäftstätigkeit des Wertpapierdienstleistungsunternehmens nicht erforderlich erscheint (§ 36 Abs. 1 Satz 2 WpHG). Eine **Befreiung von der jährlichen Prüfung** nach § 36 WpHG wird auf schriftlichen Antrag widerruflich zunächst für ein

---

28 Vgl. hierzu auch Szagunn/Haug/Ergenzinger, § 29 KWG Rn. 1 ff.; Boos/Fischer/Schulte-Mattler, § 29 KWG Rn. 4 ff.; Dicken, 16 ff.; Spanier, Bankinformation 4/99, 35 ff.
29 Vgl. auch Miletzki, WM 1999, 1451 ff.
30 Vgl. Dicken, 20 ff.
31 Vgl. IDW PS 521, WPg 2001, 989 ff.
32 Vgl. BaFin, BAWe-Rundschreiben 1/2002 vom 1.2.2002, www.bafin.de.
33 Vgl. BaFin, BAWe-Rundschreiben 1/2002 vom 1.2.2002, www.bafin.de.
34 Vgl. BaFin, BAWe-Rundschreiben 1/2002 vom 1.2.2002, www.bafin.de.

Kalenderjahr erteilt.[35] In die nachfolgende Prüfung nicht einzubeziehen ist der Zeitraum, auf den sich die jährliche Prüfung, von der befreit wird, erstrecken würde.

Prüfung nach § 23 Abs. 3 WpHG

Der Abschlussprüfer hat nach § 23 Abs. 3 WpHG bei der Prüfung des Jahresabschlusses des Instituts, dem diese Befreiung erteilt wurde, in einem gesonderten Vermerk festzustellen, ob das Institut die Vorschriften des § 23 Abs. 1 Nr. 2 und Nr. 3 oder Abs. 2 Nr. 1 und Nr. 2 WpHG beachtet hat, und muss diesen Vermerk zusammen mit dem Prüfungsbericht den gesetzlichen Vertretern des Instituts vorlegen (weitere Einzelheiten vgl. Kapitel 4.4.2.).[36] Das Unternehmen ist seinerseits verpflichtet, den Vermerk des Abschlussprüfers unverzüglich der Bundesanstalt vorzulegen (§ 23 Abs. 3 WpHG).

Unerlaubtes Betreiben von Bankgeschäften

Darüber hinaus ist zu prüfen, ob unerlaubte Bankgeschäfte betrieben oder unerlaubte Finanzdienstleistungen erbracht werden bzw. ob die Geschäfte im Rahmen der erteilten Erlaubnis betrieben bzw. ob die von der BaFin verhängten Auflagen beachtet werden.

Prüfungszeitraum

Der **Prüfungszeitraum** umfasst regelmäßig das Geschäftsjahr, wobei Abweichungen hiervon bei der Prüfung nach §§ 14 ff. GwG möglich sind.

Prüfung der Finanzdienstleistungsinstitute

Die Prüfungspflicht erstreckt sich auf alle **Finanzdienstleistungsinstitute** iSd. § 1 Abs. 1a KWG. Dies gilt auch dann, wenn die Finanzdienstleistungsinstitute nach § 2 Abs. 7 und 8 KWG von zentralen aufsichtsrechtlichen Vorschriften wie zB den Eigenmittelvorschriften und dem Grundsatz I, den Großkreditvorschriften oder dem Grundsatz II befreit sind.

Unternehmen hingegen, die aufgrund von § 2 Abs. 6 bzw. Abs. 10 KWG nicht als Finanzdienstleistungsinstitute gelten, unterliegen nicht den spezifischen Rechnungslegungs- und Prüfungsvorschriften für Finanzdienstleistungsinstitute. Je nach Art und

---

[35] Vgl. BaFin-Schr. vom 18.7.2002, www.bafin.de, mit einer Nennung von Kriterien, nach denen die Anträge entschieden werden.
[36] Vgl. Dicken, 24.

Umfang der einzuhaltenden Vorschriften werden Finanzdienstleistungsinstitute in verschiedene Gruppen eingeteilt (IDW PS 520).[37]

- Gruppe I
  Eigenhändler; Anlage- und Abschlussvermittler sowie Finanzportfolioverwalter, die auf eigene Rechnung mit Finanzinstrumenten handeln.
- Gruppe II
  Anlage- und Abschlussvermittler sowie Finanzportfolioverwalter, die nicht auf eigene Rechnung mit Finanzinstrumenten handeln[38] und die befugt sind, sich Eigentum oder Besitz an Geldern oder Wertpapieren von Kunden zu verschaffen.[39]
- Gruppe IIIa
  Finanzportfolioverwalter, die nicht auf eigene Rechnung mit Finanzinstrumenten handeln und die nicht befugt sind, sich Eigentum oder Besitz an Geldern oder Wertpapieren von Kunden zu verschaffen.
- Gruppe IIIb
  Anlage- und Abschlussvermittler, die nicht auf eigene Rechnung mit Finanzinstrumenten handeln und die nicht befugt sind, sich Eigentum oder Besitz an Geldern oder Wertpapieren von Kunden zu verschaffen.
- Gruppe IV
  Unternehmen die die Drittstaateneinlagenvermittlung, das Finanztransfergeschäft, das Sortengeschäft oder das Kreditkartengeschäft betreiben.

Der unterschiedliche Grad der einzuhaltenden Pflichten durch Finanzdienstleistungsinstitute (Einteilung in die Gruppen I, II, IIIa und IIIb sowie IV) spiegelt sich in der Prüfungsberichtsverordnung wieder, die neben den grundsätzlich für alle Finanzdienstleistungsinstitute anzuwendenden Vorschriften (§§ 1-18 PrüfbV) in den §§ 19-47 PrüfbV Zusatzbestimmungen für bestimmte Finanzdienstleistungsinstitute enthält. Einzelne Vorschriften der PrüfbV sind auf bestimmte Finanzdienstleistungsinstitute nicht anwendbar.

Prüfungsbericht

Der **Prüfungsbericht**[40] ist den gesetzlichen Vertretern des Instituts vorzulegen. Hat der Aufsichtsrat den Prüfungsauftrag erteilt, ist der Prüfungsbericht diesem vorzulegen,

---

[37] Vgl. IDW PS 520, WPg 2001, 982 ff.
[38] Vom Betreiben des Eigenhandels ist dann auszugehen, wenn kurzfristige Kursschwankungen zur Erzielung eines Handelserfolgs (§ 340c HGB) ausgenutzt werden.
[39] Ein Grenzbereich hinsichtlich der Befugnis sich Eigentum oder Besitz an Kundengeldern oder -wertpapieren zu verschaffen, kann bspw. dann gegeben sein, wenn fällige Provisionen durch das Institut auf Basis eines Abbuchungsauftrags eingezogen werden (können) und damit die Verfügungsmacht ohne Widerspruchsrecht auf das Finanzdienstleistungsinstitut übergeht. Hier ist jedoch anzumerken, dass der Kunde die Abbuchung innerhalb einer ausreichenden Frist widerrufen kann.
[40] Vgl. auch Dicken, 65 ff.

wobei der Geschäftsleitung zuvor Gelegenheit zur Stellungnahme zu geben ist (§ 321 Abs. 5 HGB); hierzu kann auch ein unverbindliches Vorabexemplar des Prüfungsberichts verwendet werden. Der Abschlussprüfer hat den Prüfungsbericht unverzüglich nach Beendigung der Prüfung der BaFin und der Deutschen Bundesbank einzureichen (§ 26 Abs. 1 KWG). Bei eingetragenen Genossenschaften und Sparkassen muss der Prüfungsbericht nur auf Anforderung der BaFin übersandt werden.

Das vorstehend Gesagte gilt nach § 26 Abs. 3 KWG gleichermaßen für den Konzernabschluss und einen Konzernlagebericht sowie für den entsprechenden Prüfungsbericht.

Falsche Berichterstattung des Abschlussprüfers

Wer als Abschlussprüfer oder dessen Gehilfe über das Ergebnis der Prüfung eines Jahresabschlusses, eines Lageberichts, eines Konzernabschlusses, eines Konzernlageberichts oder eines Zwischenabschlusses nach § 340a Abs. 3 HGB oder eines Konzernzwischenabschlusses (§ 340i Abs. 4 HGB) unrichtig berichtet, im Prüfungsbericht erhebliche Tatsachen verschweigt oder einen inhaltlich unrichtigen Bestätigungsvermerk erteilt, wird mit Freiheitsstrafe bis zu drei Jahren oder mit Geldstrafe bestraft (§ 332 Abs. 1 HGB). Handelt der Täter gegen Entgelt oder in der Absicht, sich oder einen anderen zu bereichern oder einen anderen zu schädigen, so ist die Strafe Freiheitsstrafe bis zu fünf Jahren oder Geldstrafe (§ 332 Abs. 2 HGB).[41]

Bestellung des Abschlussprüfers

Die **Bestellung des Abschlussprüfers** ist über die allgemeinen Vorschriften in § 318 HGB hinaus durch § 28 KWG reglementiert. So ist der im Regelfall von den Gesellschaftern bzw. von der Hauptversammlung gewählte Abschlussprüfer gemäß § 28 KWG unmittelbar nach der Bestellung der BaFin anzuzeigen. Daran schließt sich eine einmonatige Einspruchsfrist an, in der die BaFin die Bestellung eines andern Prüfers verlangen kann. Für Institute, die einem genossenschaftlichen Prüfungsverband angeschlossen sind oder durch die Prüfungsstelle eines Sparkassen- oder Giroverbands geprüft werden gilt § 28 Abs. 3 KWG.

2.2.4. Beachtung der Stellungnahmen und Prüfungshinweise

Bei der Prüfung des Jahresabschlusses von Kredit- und Finanzdienstleistungsinstituten sind die IDW Prüfungsstandards (IDW PS) und IDW Stellungnahmen zur Rechnungslegung (IDW RS) sowie die Verlautbarungen des DRSC zu beachten.

---

[41] Vgl. ausführlich Hoffmann/Knierim, BB 2002, 2275 ff.

2.2.5. Prüfung wesentlicher aufsichtsrechtlicher Vorschriften

Die Prüfung der Einhaltung aufsichtsrechtlicher Normen stellt neben der Prüfung des Jahresabschlusses und des Lageberichts einen wesentlichen Bestandteil der Abschlussprüfung dar. Die im Einzelnen zu prüfenden Sachverhalte ergeben sich aus § 29 KWG sowie aus der PrüfbV. Es handelt sich im Wesentlichen um

- die wirtschaftlichen Verhältnisse einschließlich der rechtlichen, wirtschaftlichen und organisatorischen Grundlagen, der Organisation des Rechnungswesens, die geschäftliche Entwicklung im Geschäftsjahr,
- Kapital- und Gesellschafterverhältnisse einschließlich bedeutender Beteiligungen,
- das Anzeigewesen einschließlich evtl. bestehender Auflagen der BaFin,
- die Eigenmittel- und Großkreditvorschriften, einschließlich der Zuordnung der Geschäfte zum Anlage- und Handelsbuch,
- die Vermögens-, Ertrags- und Liquiditätslage, einschließlich der Risikovorsorge,
- die besonderen organisatorischen Pflichten nach § 25a KWG, hierzu gehören ua. auch Mindestanforderungen an das Betreiben von Handelsgeschäften, die Kreditorganisation, die Steuerung des Zinsänderungsrisikos,
- die Interne Revision,
- Auslagerungen,
- geldwäscherechtliche Normen,
- Beziehungen zu verbundenen Unternehmen (§ 9 PrüfbV),
- Umfang der nicht bilanzwirksamen Geschäfte (§ 18 PrüfbV),
- Depotgeschäft (§ 29 Abs. 2 KWG).

2.2.6. Redepflicht: § 29 Abs. 3 KWG-Anzeigen

Im **Prüfungsbericht** ist nach § 321 Abs. 1 Satz 3 HGB über bei Durchführung der Prüfung festgestellte Unrichtigkeiten oder Verstöße gegen gesetzliche Vorschriften sowie Tatsachen zu berichten, die den Bestand des geprüften Unternehmens oder des Konzerns gefährden oder seine Entwicklung wesentlich beeinträchtigen können oder die schwerwiegende Verstöße der gesetzlichen Vertreter oder von Arbeitnehmern gegen Gesetz, Gesellschaftsvertrag oder Satzung erkennen lassen (Positivfeststellung).[42] Eine Negativfeststellung („haben wir im Rahmen unserer Prüfung nicht festgestellt") ist von § 321 Abs. 1 Satz 3 HGB nicht gefordert.[43]

---

[42] Vgl. Rabenhorst, DStR 2003, 436 ff.
[43] Bei einer Negativfeststellung besteht das Risiko, dass falsche Erwartungen an den Abschlussprüfer gestellt werden, die nicht durch den gesetzlich vorgeschriebenen Umfang der Abschlussprüfung gedeckt sind.

Eine Berichtspflicht ist nach dem Gesetz bereits dann gegeben, wenn im Rahmen der Prüfung festgestellte Tatsachen schwerwiegende Verstöße „*erkennen lassen*". Es dürfte schwierig sein allgemein festzulegen, ab welchem Grad der Zuverlässigkeit der festgestellten Tatsachen der Abschlussprüfer eine Berichtspflicht anzunehmen hat.[44]

Der Abschlussprüfer hat der BaFin und der Deutschen Bundesbank unverzüglich anzuzeigen, wenn ihm bei der Prüfung Tatsachen bekannt werden, welche

- die Einschränkung oder Versagung des Bestätigungsvermerks rechtfertigen,
- den Bestand des Instituts gefährden oder seine Entwicklung wesentlich beeinträchtigen können oder
- schwerwiegende Verstöße der Geschäftsleiter gegen Gesetz, Satzung oder Gesellschaftsvertrag erkennen lassen (§ 29 Abs. 3 KWG).

§ 29 Abs. 3 KWG tritt als „branchenspezifische" Regelung ergänzend neben die sog. Redepflicht des Abschlussprüfers im Prüfungsbericht nach § 321 Abs. 1 Satz 3 HGB.

Nach § 29 Abs. 3 KWG ist im Gegensatz zu § 321 Abs. 1 Satz 3 HGB nicht erst im Prüfungsbericht über die besonderen Feststellungen, sondern unverzüglich nach deren bekannt werden - also bereits **vor Abschluss der Prüfung** - zu berichten. Diese Vorschrift zielt zum einen auf die frühzeitige Information der Bankaufsichtsinstanzen ab. Zum anderen geht die Anzeigepflicht ggf. über das hinaus, was als zwingender Gegenstand des Prüfungsberichts verlangt wird.[45] Insoweit ist der Prüfer von seiner Schweigepflicht gemäß der Wirtschaftsprüferordnung entbunden.

Die unverzügliche Unterrichtung der Bankenaufsicht hat zu erfolgen, wenn der Prüfer im Verlauf der Prüfung erkennt, dass er den **Bestätigungsvermerk** nicht oder nur mit Einschränkungen erteilen kann. Die Entscheidung darüber hat er nach pflichtmäßigem Ermessen zu treffen.

Ferner ist die Anzeige erforderlich, wenn dem Prüfer Tatsachen bekannt werden, die den **Bestand des Instituts gefährden** oder seine **Entwicklung erheblich beeinträchtigen** können. Dies kann der Fall sein, wenn der Jahresabschluss Vermögenseinbußen (vgl. zB § 35 KWG) aufweist oder wenn Geschäfte bekannt werden, die zwar den Jahresabschluss nicht berühren, aber einen künftigen Kapitalverzehr erwarten lassen, der den Fortbestand des Instituts infrage stellt.[46] Dies kann bspw. auch dann der Fall sein, wenn während der Prüfung ein erheblicher Wertberichtigungsbedarf erkennbar wird, zu dessen Abdeckung das laufende Ergebnis sowie der Bestand an Vorsorgereserven nicht ausreichen.[47] Anzeigepflichtige Gefahrenmomente können aber auch in einer Finanz-

---

[44] Vgl. Rabenhorst, DStR 2003, 436.
[45] Vgl. Szagunn/Haug/Ergenzinger, § 29 KWG Rn. 6.
[46] Vgl. Szagunn/Haug/Ergenzinger, § 29 KWG Rn. 7.
[47] Vgl. Boos/Fischer/Schulte-Mattler, § 29 KWG Rn. 45.

struktur liegen, die die Zahlungsbereitschaft gefährdet. Dabei sind auch Risiken einzubeziehen, die sich aus Kredit- und Marktpreisrisiken, insbesondere aufgrund des Zinsänderungsrisikos, ergeben können. Festgestellte bestandsgefährdende oder die Entwicklung wesentlich beeinträchtigende Tatschen sind auch dann unverzüglich anzuzeigen, wenn bspw. bereits Sanierungsmaßnahmen eingeleitet worden sind oder wenn die Gefährdungen auf andere Art und Weise abgewendet werden.[48]

Schwerwiegende **Verstöße der Geschäftsleiter** gegen Gesetz, Satzung und Gesellschaftsvertrag, die im Verlauf der Prüfung bekannt werden, lösen ebenfalls die unverzügliche Anzeigepflicht aus. Hierzu zählen grobe Missachtungen der bankaufsichtlich und gesellschaftsrechtlich relevanten Normen sowie aller anderen relevanten Gesetze und Rechtsverordnungen.

Von besonderer Bedeutung sind Verstöße gegen Vorschriften des KWG und ergänzende Verordnungen. Hierzu zählen bspw.

- das Betreiben von verbotenen Geschäften oder von Geschäften, für die keine Erlaubnis erteilt wurde,
- schwerwiegende Verstöße und Umgehungen der Großkreditbestimmungen bzw. der Eigenkapitalvorschriften (einschließlich der Grundsätze I und II),
- Verstöße gegen die depotrechtlichen Bestimmungen sowie
- Verstöße gegen das Geldwäschegesetz.

Als Verstöße gegen Satzung und Gesellschaftsvertrag sind insbesondere Verletzungen von Geschäftsbeschränkungen sowie unbefugte Durchführung von Maßnahmen, die der Zustimmung durch Gremien bedürfen, zu nennen.[49] Die Anzeigepflicht entsteht auch dann, wenn ein Verstoß gegen Gesetz, Satzung oder Gesellschaftsvertrag erkennen lässt, dass ein Geschäftsleiter nicht zuverlässig ist und damit die Voraussetzungen dafür vorliegen, dass die BaFin seine Abberufung verlangen kann.[50]

Diese sog. **§ 29 Abs. 3 KWG-Anzeigen** haben schriftlich zu erfolgen; sie sind der BaFin und der zuständigen Hauptverwaltung der Deutschen Bundesbank in zweifacher Ausfertigung einzureichen (§ 22 AnzV).

Sofern im Zuge der Prüfung Tatsachen iSd. § 29 Abs. 3 KWG angezeigt werden, ist auch im **Prüfungsbericht** darauf einzugehen.

---

[48] Vgl. Boos/Fischer/Schulte-Mattler, § 29 KWG Rn. 45.
[49] Vgl. Boos/Fischer/Schulte-Mattler, § 29 KWG Rn. 48.
[50] Vgl. Boos/Fischer/Schulte-Mattler, § 29 KWG Rn. 48. Die Frage, ob ein Geschäftsleiter zuverlässig ist oder nicht, obliegt der BaFin. Man wird vom Abschlussprüfer kein diesbezügliches Urteil verlangen können.

2.2.7. Berichterstattung über Bewertungsgrundlagen und -wahlrechte

Nach § 321 Abs. 2 Satz 4 HGB ist im Prüfungsbericht auf **wesentliche Bewertungsgrundlagen** sowie darauf einzugehen, welchen Einfluss **Änderungen in den Bewertungsgrundlagen** einschließlich der **Ausübung von Bilanzierungs- und Bewertungswahlrechten** und der **Ausnutzung von Ermessensspielräumen** insgesamt auf die Darstellung der Vermögens-, Finanz- und Ertragslage hat. Dabei ist auch auf ggf. bestehende künftige Umkehreffekte einzugehen. Die Berichterstattung nach § 321 Abs. 2 Satz 4 HGB hat postenbezogen zu erfolgen (Einzelheiten vgl. IDW PS 450).

Mit dem Begriff *„Bewertungsgrundlagen"* hat der Gesetzgeber einen Terminus in das Bilanzrecht eingeführt, der an keiner anderen Stelle im HGB verwendet wird. Es fehlt an einer Legaldefinition. Der Begriff reicht weiter als der Begriff der Bewertungsmethoden. Die Bewertungsgrundlagen umfassen die Bilanzierungs- und Bewertungsmethoden sowie die für die Bewertung von Vermögensgegenständen und Schulden maßgeblichen Faktoren (Parameter, Annahmen und die Ausübung von Ermessensspielräumen). Im Rahmen der Erläuterung der Bilanzierungs- und Bewertungsmethoden ist insbesondere die Ausübung von Bilanzierungs- und Bewertungswahlrechten von Bedeutung, weil mit derartigen Entscheidungen dem gesetzlichen Vertreter eine Einflussnahme auf die Gesamtaussage des Jahresabschlusses ermöglicht wird (IDW PS 450). Wesentliche Bewertungsgrundlagen sind solche, die einzeln oder im Zusammenwirken mit anderen Bewertungsgrundlagen für die Information der Berichtsadressaten von Bedeutung sind, weil sie die Gesamtaussage des Jahresabschlusses wesentlich beeinflussen.

Ermessensspielräume bei Ansatz und Bewertung treten bspw. im Zusammenhang mit der Schätzung von Wahrscheinlichkeiten (etwa bei Ansatz und Bewertung von Rückstellungen), Ertragsaussichten zum Zwecke der Bewertung von Finanzanlagen, Nutzungsdauern von Anlagegegenständen sowie der Wahl von Zinssätzen für Zwecke der Abzinsung von Forderungen oder von versicherungsmathematischen Annahmen auf. Zu berichten ist bspw., wenn Rückstellungen in größerem Umfang aufgelöst werden und dies auf einer geänderten Beurteilung der Wahrscheinlichkeit der Inanspruchnahme beruht, wenn ein Unternehmen insbesondere bei schlechter wirtschaftlicher Entwicklung Rückstellungen tendenziell an der Untergrenze der zu akzeptierenden Bandbreite der Ermessensspielräume ansetzt, oder wenn ein Unternehmen Abschreibungen zB auf das Finanzanlagevermögen wegen voraussichtlich vorübergehender Wertminderung unterlässt.

Soweit möglich sind **zahlenmäßige Angaben** zu machen. Ist eine Quantifizierung der Auswirkungen nicht möglich, sind zumindest qualitative Aussagen zu treffen, die insbesondere die tendenzielle Richtung der Auswirkungen erkennen lassen. Hierzu kann es sachgerecht sein, von dem im Jahresabschluss ausgewiesenen Ergebnis auf ein bereinigtes Ergebnis überzuleiten, welches von den Sondereinflüssen befreit ist.

Für die Rechnungslegung einschließlich der Ausübung von Ansatzwahlrechten und der Ausnutzung von Ermessensspielräumen sowie der Änderung der Bewertungsgrundlagen gilt das **Willkürverbot**.

2.2.8. Berichterstattung über sachverhaltsgestaltende Maßnahmen

Nach § 321 Abs. 2 Satz 4 HGB ist im Prüfungsbericht ferner darauf einzugehen, welchen Einfluss sachverhaltsgestaltende Maßnahmen auf die Darstellung der Vermögens-, Finanz- und Ertragslage haben. Dabei ist auch auf ggf. bestehende künftige Umkehreffekte einzugehen. Dies sind Maßnahmen, die sich auf Ansatz und/oder Bewertung von Vermögensgegenständen und Schulden auswirken (IDW PS 450 Tz. 94), sofern

- sie von der üblichen Gestaltung abweichen, die nach Einschätzung des Abschlussprüfers den Erwartungen der Abschlussadressaten entspricht, und
- sich die Abweichung von der üblichen Gestaltung auf die Gesamtaussage des Jahresabschlusses wesentlich auswirkt.

Zu berichten ist insbesondere über Sachverhaltsgestaltungen und für das zu prüfende Unternehmen unübliche Geschäftsvorfälle, deren Abbildung trotz Beachtung der Rechnungslegungsgrundsätze nicht den wirtschaftlichen Gehalt der zugrunde liegenden Transaktionen widerspiegelt, dh. die dazu geeignet sind, die Darstellung der Vermögens-, Finanz- und Ertragslage im Jahresabschluss wesentlich zu beeinflussen (IDW PS 450 Tz. 95).

Zu den **sachverhaltsgestaltenden Maßnahmen** können bspw. gehören:

- Forderungsverkäufe im Rahmen von sog. Asset Backed Transaktionen,
- Sale-and-lease-back-Transaktionen,
- Einsatz von Special Purpose Entities,
- Ausgestaltung von Aktienoptionsplänen,
- konzerninterne Transaktionen bzw. solche mit nahe stehenden Personen,
- Recouponing, Verkauf von künftigen Zinsen sowie Transaktionen zur Margenvereinnahmung aus Forderungen oder diesen Sachverhalten ähnlichen Transaktionen,
- abschlussstichtagsbezogene Beeinflussung der Gesamtaussage des Jahresabschlusses (window dressing),
- der Übergang von Kauf zu Leasing iRd. Anschaffung von Vermögensgegenständen,
- Tauschumsätze (barter-Transaktionen).

Die Berichterstattung nach § 321 Abs. 2 Satz 4 HGB über sachverhaltsgestaltende Maßnahmen hat ebenfalls postenbezogen zu erfolgen. Zu den zahlenmäßigen Angaben vgl. Kapitel 2.2.7.

2.2.9. Gliederung des Prüfungsberichts

Für den Inhalt des Prüfungsberichts sind neben § 321 HGB und den Prüfungsstandards und -hinweisen des IDW insbesondere die Bestimmungen der Prüfungsberichtsverordnung (PrüfbV) maßgeblich. Darüber hinaus sind Stellungnahmen der BaFin (vormals BAKred) zu beachten. Die PrüfbV regelt neben der Gliederung vor allem den Inhalt des Prüfungsberichts. Der Umfang der Berichterstattung unterliegt, vorbehaltlich der Regelungen der PrüfbV, dem pflichtmäßigen Ermessen des Abschlussprüfers (§ 2 Abs. 2 PrüfbV).

Zur Darstellung des Prüfungsergebnisses im Prüfungsbericht und zur Abfassung des Bestätigungsvermerks wird auf die Ausführungen in Kapitel Q des WP-Handbuchs Band I verwiesen. Für den Prüfungsbericht über die Abschlussprüfung bei Kredit- und Finanzdienstleistungsinstituten wird folgende Gliederung empfohlen:

A. Allgemeiner Teil
I. Prüfungsauftrag
II. Prüfungsergebnis
III. Gegenstand, Art und Umfang der Prüfung
IV. Rechtliche und wirtschaftliche Grundlagen
V. Organisatorische Grundlagen
VI. Ausgestaltung und Organisation des internen Überwachungssystems
VII. Handelsgeschäfte
VIII. Geschäftliche Entwicklung
IX. Vermögenslage
X. Liquiditätslage
XI. Ertragslage
XII. Kreditgeschäft
XIII. Anzeigewesen
XIV. Pflichten aus dem Geldwäschegesetz
XV. Ordnungsmäßigkeit der Rechnungslegung
XVI. Bestätigungsvermerk

B. Besonderer Teil
I. Erläuterungen zu einzelnen Bilanzposten, Bilanzvermerken und Posten der Gewinn- und Verlustrechnung
II. Besondere Angaben zum Kreditgeschäft

C. Anlagen
I. Jahresbilanz zum 31. Dezember 20XX
II. Gewinn- und Verlustrechnung für die Zeit vom 1. Januar 20XX bis 31. Dezember 20XX
III. Anhang 20XX
IV. Lagebericht 20XX
Va. Datenübersicht 20XX gemäß PrüfbV

Vb.	Ergänzung zur Datenübersicht (BAKIS) 20XX
VI.	Organigramm
VII.	Vollständigkeitserklärung
VIII.	Ergänzung zur Vollständigkeitserklärung

2.3. Dem Jahresabschluss zugrunde liegende Währungseinheit

Durch das Gesetz zur Einführung des Euro (EuroEG) vom 9. Juni 1998[51] wurde die Währungseinheit für die Aufstellung des Jahresabschlusses geändert. Ab dem 1. Januar 1999 ist der Jahresabschluss gemäß § 244 HGB grundsätzlich in Euro aufzustellen.

Art. 42 Abs. 1 Satz 2 EGHGB räumte hierfür jedoch eine **Übergangszeit** ein. Danach hatten sämtliche Unternehmen, also auch Kredit- und Finanzdienstleistungsinstitute, für Geschäftsjahre, die nach dem 31. Dezember 1998, aber vor dem 1. Januar 2002 enden, die Wahl, den Jahresabschluss in DEM oder in EUR aufzustellen. Dies gilt für Einzel- und Konzernabschlüsse.

Nach dieser Übergangszeit, also für Geschäftsjahre, die nach dem 31. Dezember 2001 enden, ist die Berichtswährung Euro.

---

[51] Vgl. BGBl. I 1998, 1242.

2.4. Zwischenabschlüsse

2.4.1. Aufstellung des Zwischenabschlusses

Durch die 4. KWG-Novelle wurde die Möglichkeit geschaffen, dass Zwischengewinne als haftendes Eigenkapital berücksichtigt werden können, wenn sie sich aus einem Zwischenabschluss ergeben. Damit können Institute Zwischengewinne den Eigenmitteln (Kernkapital) bereits vor der Beschlussfassung über die Gewinnverwendung zurechnen. Diese Bestimmung ist mit der 6. KWG-Novelle in § 10 Abs. 3 KWG unverändert übernommen worden. Ein im Zuge einer Verschmelzung erstellter unterjähriger Jahresabschluss gilt nach § 10 Abs. 3 Satz 7 KWG jedoch nicht als Zwischenabschluss.

§ 340a Abs. 3 HGB schreibt vor, dass für den Zwischenabschluss *„... die Bestimmungen über den Jahresabschluss und § 340k über die Prüfung entsprechend"* gelten. Damit besteht der Zwischenabschluss aus einer (Zwischen-) Bilanz, einer (Zwischen-) Gewinn- und Verlustrechnung sowie einem (Zwischen-) Anhang. Ein (Zwischen-) **Lagebericht** braucht nicht erstellt zu werden, weil dieser nicht Bestandteil eines Jahresabschlusses ist.

Das Institut muss den aufgestellten Zwischenabschluss unverzüglich der BaFin und der Deutschen Bundesbank einreichen (§ 10 Abs. 3 Satz 5 KWG).

Zwischenabschlüsse sind Abschlüsse, die zwischen den Bilanzstichtagen aufgestellt werden. Dies können Monats-, Quartals- oder Halbjahresabschlüsse sein. Sie können grundsätzlich aber auch zu jedem anderen Termin erstellt werden.

Der für die Berücksichtigung von Zwischengewinnen (Zwischenverlusten) erforderliche Zwischenabschluss dient ausschließlich der Ermittlung der Eigenmittel. Er stellt, obwohl bei seiner Aufstellung die Vorschriften über den Jahresabschluss anzuwenden sind, keine Handels- oder Steuerbilanz dar.

Der Zwischenabschluss muss den für den Jahresabschluss geltenden Anforderungen entsprechen, insbesondere hinsichtlich der Ansatz- und Bewertungsvorschriften (§ 340a Abs. 3 HGB). Da die den Instituten eingeräumte Möglichkeit, Zwischengewinne dem haftenden Eigenkapital zuzurechnen auf der Erstellung von Zwischenabschlüssen basiert, war es notwendig sicherzustellen, dass für diese die gleichen hohen Qualitätsstandards gelten wie für die Jahresabschlüsse. Darüber hinaus wird erreicht, dass Jahres- und Zwischenabschlüsse soweit wie möglich vergleichbar sind. Eine **Veröffentlichung** des Zwischenabschlusses ist gesetzlich nicht vorgesehen.

Im Rahmen der Bilanzierung und Bewertung sind bei der Erstellung des Zwischenabschlusses insbesondere zeitanteilige Abschreibungen auf Sachanlagen und immaterielle Vermögensgegenstände sowie die erforderlichen Aufwands- und Ertragsabgrenzungen vorzunehmen. Daneben sind die notwendigen Einzel- und Pauschalwertberichtigungen ebenso zu bilden wie Länderwertberichtigungen. Die Wertpapierbestände sind nach den einschlägigen Bewertungsvorschriften anzusetzen. Rückstellungen sind nach vernünftiger kaufmännischer Beurteilung anzusetzen. Aktive latente Steuern und Bilanzierungshilfen sind entsprechend der Bilanzierung im „normalen" Jahresabschluss zu behandeln. Zur Prüfung des Zwischenabschlusses vgl. Kapitel 2.4.3.

2.4.2. Anerkennung der Zwischengewinne als haftendes Eigenkapital

Zwischengewinne können dem Kernkapital zugerechnet werden, soweit sie nicht für voraussichtliche Gewinnausschüttungen oder Steueraufwendungen gebunden sind (§ 10 Abs. 3 Satz 1 KWG). Verluste, die sich aus Zwischenabschlüssen ergeben (Zwischenverluste), müssen dementsprechend vom Kernkapital abgezogen werden (§ 10 Abs. 3 Satz 2 KWG).

Die **Steueraufwendungen**, die sich aufgrund eines ermittelten Zwischengewinns voraussichtlich ergeben, sind zu ermitteln und als Aufwand von dem (vorläufigen) Zwischengewinn abzuziehen.

Die voraussichtliche **Gewinnausschüttung** wird man nicht allein subjektiv durch Absichtserklärungen der Geschäftsleitung bestimmen können. Um vor allem willkürliche Festlegungen einzuschränken, erscheint es geboten, ihre Plausibilität auch aufgrund der Höhe des ermittelten Zwischengewinns unter Berücksichtigung der prognostizierten Entwicklung bis zum Geschäftsjahresende, der tatsächlich vorgenommenen Gewinnausschüttungen in der Vergangenheit sowie den Erwartungen der Anteilseigner vorsichtig zu schätzen. Vorsichtig heißt in diesem Zusammenhang, dass die Gewinnausschüttung eher zu hoch als zu niedrig anzunehmen ist, da sich damit der verbleibende Zwischengewinn tendenziell vermindert.

Ein Institut, das Zwischengewinne dem Kernkapital zurechnet, muss Zwischenabschlüsse für mindestens fünf Jahre hintereinander erstellen (§ 10 Abs. 3 Satz 3 KWG). Ergeben sich innerhalb dieses Zeitraums in einem Zwischenabschluss Verluste, sind diese nach § 10 Abs. 3 Satz 2 KWG vom Kernkapital abzuziehen. Gibt ein Institut das Verfahren, Zwischenabschlüsse zu erstellen, nach Ablauf von fünf Jahren wieder auf, dürfen Zwischengewinne dem Kernkapital frühestens wieder nach Ablauf von fünf Jahren zugerechnet werden (§ 10 Abs. 3 Satz 4 KWG).

Dies bedeutet, dass ein Institut, das nur ein einziges Mal auf der Grundlage eines Zwischenabschlusses Zwischengewinne dem haftenden Eigenkapital zurechnet, grundsätzlich für fünf Jahre verpflichtet ist, Zwischenabschlüsse zu erstellen und dabei auch die Konsequenzen, insbesondere hinsichtlich der Zurechnung von Zwischenverlusten, ziehen muss. Erstellt ein Institut (erstmals) lediglich einen Zwischenabschluss, ohne die Zwischengewinne dem haftenden Eigenkapital zuzurechnen, entsteht keine Verpflichtung, fünf Jahre lang einen Zwischenabschluss zu erstellen.

Zur Behandlung von Zwischenabschlüssen in **Sondersituationen** (zB Konzernumstrukturierungen) vgl. die Ansicht von Kokemoor, die jedoch kritisch gesehen werden muss.[52] Danach würde der Eintritt der Bindungswirkung nach § 10 Abs. 3 Satz 3 und 4 KWG voraussetzen, „... *dass in mehreren Bilanzierungsperioden eine Zwischenbilanz vorgelegt wird oder die erstmalige Zwischenbilanzierung mutmaßlich mit Wiederholungsabsicht erfolgt.*" Dieser Ansicht kann aufgrund des Sinn und Zwecks der Vorschrift nicht gefolgt werden. Denn mit der Bindungswirkung wollte der Gesetzgeber ein Cherry Picking verhindern und eine gewisse Stetigkeit in der Ermittlung der haftenden Eigenmittel sicherstellen.

Die Systematik des § 10 Abs. 3 Satz 3 und 4 KWG lässt sich mittels des folgenden **Beispiels** näher erläutern:

Beispiel:

Das Geschäftsjahr eines Instituts entspricht dem Kalenderjahr; Bilanzstichtag ist also der 31.12. Zum 30.6.2002 hat dieses Institut einen Zwischenabschluss erstellt und den ermittelten Zwischengewinn dem haftenden Eigenkapital zugerechnet. Das Institut muss nun jeweils zum 30.6. der Jahre 2003, 2004, 2005 und 2006 Zwischenabschlüsse erstellen (§ 10 Abs. 3 Satz 3 KWG).
Ab dem 30.6.2007 kann das Institut wieder auf die Erstellung von Zwischenabschlüssen verzichten. Entschließt es sich hierzu, kann es Zwischengewinne frühestens wieder auf der Grundlage eines Zwischenabschlusses zum 30.6.2012 dem Kernkapital hinzurechnen (§ 10 Abs. 3 Satz 4 KWG).

Das Gesetz verlangt in § 10 Abs. 3 Satz 3 KWG zunächst, dass für fünf Jahre (2002 bis 2006) ein Zwischenabschluss erstellt wird. Dies ist eindeutig.

Die Formulierung des § 10 Abs. 3 Satz 4 KWG, der den Zeitraum festlegt, der nach Aufgabe der Zwischenabschlusserstellung, abgewartet werden muss, könnte durchaus unterschiedlich interpretiert werden. Folgt man der Systematik, dass zunächst für fünf Jahre ein Zwischenabschluss zu erstellen ist (2002 bis 2006) und anschließend für fünf Jahre Zwischengewinne nicht beim haftenden Eigenkapital berücksichtigt werden können (2007 bis 2011), kommt man zum Ergebnis, dass zwischen dem letzten Zwischenabschluss (2006) und dem nach Ablauf dieser Frist wieder möglichen Zwischenabschluss (2012) tatsächlich sechs Jahre liegen (Alternative 1).

Der Wortlaut des Gesetzes „*dürfen Zwischengewinne dem Kernkapital frühestens wieder nach fünf Jahren zugerechnet werden*" könnte auch so verstanden werden, dass Zwischengewinne bereits zum 30.6.2011 dem Kernkapital wieder zugerechnet werden dürfen (Alternative 2). Die BaFin hat sich jedoch auf Alternative 1 festgelegt.

---

[52] Vgl. Kokemoor, WM 2003, 1941 ff.

2.4.3. Prüfung des Zwischenabschlusses

Der Zwischenabschluss ist vom **Abschlussprüfer** zu prüfen (§ 10 Abs. 3 Satz 6 KWG). Dies bedeutet, dass der Wirtschaftsprüfer oder die Wirtschaftsprüfungsgesellschaft, die den letzten Jahresabschluss geprüft hat, auch **Zwischenabschlussprüfer** sein soll. Es ist also keine erneute Beschlussfassung durch die Organe über die Wahl des Zwischenabschlussprüfers notwendig.

Nach § 10 Abs. 3 Satz 1 KWG muss der Zwischenabschluss *"... den für den Jahresabschluss geltenden Anforderungen entsprechen"*. Der Zwischenabschluss gilt nach § 10 Abs. 3 Satz 1 KWG für die Bemessung der Eigenmittel als Jahresabschluss. Sinn und Zweck eines Zwischenabschlusses ist es damit, den Zwischengewinn sowie die im Zwischenabschluss anzusetzenden Posten, insbesondere derjenigen, die für die Ermittlung der Eigenmittel relevant sind, nach den handelsrechtlichen Bilanzierungs- und Bewertungsvorschriften zu ermitteln.

Für die Prüfung sind nach § 340a Abs. 3 HGB die Vorschriften des § 340k HGB *"entsprechend"* anzuwenden. Diese Einschränkung (*"entsprechend anzuwenden"*) bedeutet, dass die Prüfung entsprechend dem Sinn und Zweck des Zwischenabschlusses durchzuführen ist. Der Prüfer muss damit feststellen, ob die Posten - insbesondere die Posten der Zwischenbilanz - entsprechend den für den Jahresabschluss geltenden Vorschriften bewertet und ausgewiesen sind. Dies bedeutet, dass bspw. das Kreditgeschäft geprüft und die erforderlichen Wertberichtigungen beurteilt werden müssen.

§ 340a Abs. 3 iVm. § 340k HGB schreibt vor, dass die §§ 28 und 29 KWG ebenfalls *"entsprechend"*, und damit nicht zwingend vollumfänglich, zu beachten sind. Bei der Prüfung des Zwischenabschlusses hat der Prüfer auch die wirtschaftlichen Verhältnisse des Instituts zu prüfen (§ 29 Abs. 1 KWG; vgl. Szagunn/Haug/Ergenzinger, § 10 KWG Rn. 11); dies folgt bereits aus den einschlägigen Vorschriften des HGB, insbesondere aus § 264 Abs. 2 HGB, wonach der Jahresabschluss unter Beachtung der Grundsätze ordnungsmäßiger Buchführung ein den tatsächlichen Verhältnissen entsprechendes Bild der Vermögens-, Finanz- und Ertragslage zu vermitteln hat.

Die organisatorischen Gegebenheiten sind insoweit zu prüfen, als dies für die Beurteilung der im Zwischenabschluss angesetzten Posten notwendig ist. Eine umfassende Prüfung der Organisation entsprechend der Prüfungsberichtsverordnung (PrüfbV) ist damit nicht zwingend. Die nach der PrüfbV und nach § 29 Abs. 1 Satz 2 KWG vorgeschriebenen Prüfungen der bankaufsichtlichen Vorgaben (zB Geldwäsche, Handelsgeschäfte, Zweigstellen, Zweigniederlassungen, Anzeigewesen, Grundsatz I usw.) sind nach dem Sinn und Zweck des Zwischenabschlusses nicht notwendig. Dies bedeutet aber gleichzeitig, dass bspw. die Organisation des Kreditgeschäfts insoweit geprüft werden muss, als dies zur Beurteilung der Ordnungsmäßigkeit der Wertansätze erforderlich ist.

Für die Abfassung des **Prüfungsberichts** gilt § 321 HGB sowie die PrüfbV insoweit, als die Prüfung im vorstehenden Umfang stattgefunden hat. Nach der Prüfung des Zwischenabschlusses hat der Abschlussprüfer einen Bestätigungsvermerk zu erteilen. Der Abschlussprüfer hat den Prüfungsbericht unverzüglich der BaFin und der Deutschen Bundesbank einzureichen (§ 10 Abs. 3 Satz 6 KWG).

2.5. Die auf die Bilanzierung anzuwendenden Vorschriften im Überblick

2.5.1. Die Regelung des § 340a HGB

Nach § 340a Abs. 1 1. Halbsatz HGB sind die Kredit- und Finanzdienstleistungsinstitute verpflichtet, auf ihren Jahresabschluss die für **große Kapitalgesellschaften** geltenden Vorschriften des Ersten Unterabschnitts des Zweiten Abschnitts des Dritten Buchs des HGB anzuwenden, soweit in den „Ergänzenden Vorschriften für Kreditinstitute und Finanzdienstleistungsinstitute" nichts anderes bestimmt ist.

Die Pflicht zur Aufstellung eines **Lageberichts** wird mit § 340a Abs. 1 2. Halbsatz HGB begründet. Dies gilt auch dann, wenn Kredit- und Finanzdienstleistungsinstitute nicht in der Rechtsform der Kapitalgesellschaft betrieben werden.

Eines Verweises auf den Ersten Abschnitt des Dritten Buchs - namentlich die §§ 238 bis 263 HGB - bedarf es nicht, da Kreditinstitute wegen ihrer Kaufmannseigenschaft dessen Vorschriften ohnehin anzuwenden haben. Dazu gehören insbesondere die größenunabhängig anzuwendenden Vorschriften über den Bilanzansatz und die Bewertung.

Der § 340a Abs. 2 Satz 1 HGB hebt die für Kreditinstitute nicht anwendbaren, allgemein gültigen Rechnungslegungsvorschriften im Einzelnen auf. In § 340a Abs. 2 Satz 2 HGB werden diejenigen Vorschriften aufgeführt, die durch branchenspezifische Regelungen in der nach § 330 Abs. 2 HGB erlassenen RechKredV ersetzt werden.

§ 264 Abs. 3 HGB und § 264b HGB sind mit der Maßgabe anzuwenden, dass das Kreditinstitut bzw. ein Finanzdienstleistungsinstitut unter den genannten Voraussetzungen die Vorschriften des Vierten Unterabschnitts des Zweiten Abschnitts nicht anzuwenden braucht (§ 340a Abs. 2 Satz 4 HGB).

2.5.2. Von Instituten ersatzlos nicht anzuwendende Vorschriften

Die Vorschriften, die von Kredit- und Finanzdienstleistungsinstituten ersatzlos **nicht anzuwenden** sind, betreffen (§ 340a Abs. 2 Satz 1 HGB):

- § 246 Abs. 2 iVm. § 340a Abs. 2 Satz 3 HGB: Verrechnungsverbot, insoweit außer Kraft gesetzt, als abweichende Vorschriften bestehen (vgl. §§ 10, 16 Abs. 4 RechKredV, §§ 340c, 340f Abs. 3 HGB).
- § 265 Abs. 6 HGB: Änderung der Gliederung und Postenbezeichnung.[53]
- § 265 Abs. 7 HGB: Zusammenfassung bestimmter Posten der Bilanz sowie Gewinn- und Verlustrechnung.[54]
- § 267 HGB: Umschreibung der Größenklassen.[55]
- § 268 Abs. 4 Satz 1 HGB: Vermerk der Forderungen mit einer Restlaufzeit von mehr als einem Jahr.[56]
- § 268 Abs. 5 Satz 1 HGB: Vermerk der Verbindlichkeiten mit einer Restlaufzeit von bis zu einem Jahr.[57]
- § 268 Abs. 5 Satz 2 HGB: Gesonderte Herausstellung erhaltener Anzahlungen auf Bestellungen in der Bilanz.[58]
- § 276 HGB: Größenabhängige Erleichterungen für kleine und mittelgroße Kapitalgesellschaften.[59]
- § 277 Abs. 1 HGB: Definition der Umsatzerlöse.
- § 277 Abs. 2 HGB: Bestandsveränderungen.
- § 277 Abs. 3 Satz 1 HGB: Gesonderter Ausweis bzw. gesonderte Angabe außerplanmäßiger Abschreibungen sowie Abschreibungen auf den niedrigeren Zukunftswert beim Umlaufvermögen.

---

[53] Die Verbindlichkeit der Formblätter geht so weit, dass die Bezeichnung der Posten, der in der RechKredV festgelegte Inhalt und die Reihenfolge der Posten grundsätzlich nicht geändert werden dürfen; vgl. Bieg (1998), 86. Ungeachtet dessen dürfen nach Krumnow ua., 2. Aufl., § 340a HGB Rn. 45 in seltenen Ausnahmefällen auch abweichende Postenbezeichnungen verwendet werden, wenn dadurch eine Konkretisierung erzielt und der Aussagewert erhöht wird.

[54] Eine Zusammenfassung ist den Instituten jedoch nach § 2 Abs. 2 RechKredV unter den dort genannten Voraussetzungen, die mit § 265 Abs. 7 HGB identisch sind, für mit kleinen Buchstaben versehene Posten der Bilanz und Gewinn- und Verlustrechnung erlaubt. Dies gilt jedoch nicht für die Bilanz sowie Gewinn- und Verlustrechnung, die der Deutschen Bundesbank und dem BAKred einzureichen sind. Vgl. auch Bieg (1998), 85 f.

[55] Für Institute gibt es keine größenabhängigen Erleichterungen.

[56] Vorschriften zur Fristengliederung für Forderungen enthalten § 340d HGB und § 9 RechKredV.

[57] Vorschriften zur Fristengliederung für Verbindlichkeiten enthalten § 340d HGB und § 9 RechKredV.

[58] Diese Vorschrift zielt primär auf die Geschäftstätigkeit von Industrieunternehmen ab.

[59] Größenabhängige Erleichterungen sind nach § 340a Abs. 1 HGB nicht anwendbar.

- § 279 Abs. 1 Satz 2 HGB: Beschränkung der Vornahme außerplanmäßiger Abschreibungen auf Finanzanlagen bei nicht dauernder Wertminderung.[60]
- § 284 Abs. 2 Nr. 4 HGB: Bei Anwendung der Gruppenbewertung oder Verbrauchsfolgeverfahren Angabe von erheblichen Unterschiedsbeträgen zu den entsprechenden Stichtagswerten.[61]
- § 285 Nr. 8 HGB: Angabe des Materialaufwands und des Personalaufwands bei Anwendung des Umsatzkostenverfahrens im Anhang.[62]
- § 285 Nr. 12 HGB: Erläuterung der nicht gesondert ausgewiesenen sonstigen Rückstellungen.[63]
- § 288 HGB: Größenabhängige Erleichterungen für kleine und mittelgroße Kapitalgesellschaften.

2.5.3. Von Instituten nicht anzuwendende Vorschriften, für die Sonderregelungen bestehen

Daneben gibt es eine Reihe von Vorschriften des HGB, an deren Stelle die besonderen Vorschriften der RechKredV anzuwenden sind. Die nachfolgend aufgeführten Bestimmungen sind nicht anzuwenden, da an ihre Stelle die nach der RechKredV erlassenen Formblätter bzw. andere Bestimmungen treten (§ 340a Abs. 2 Satz 2 HGB):

- § 247 Abs. 1 HGB: Gesonderter Ausweis und Aufgliederung von Anlage- und Umlaufvermögen, Eigenkapital, Schulden und Rechnungsabgrenzungsposten.[64]
- § 251 HGB: Bilanzvermerk der Haftungsverhältnisse.[65]
- § 266 HGB: Gliederung der Bilanz.[66]
- § 268 Abs. 2 HGB: Anlagespiegel.[67]
- § 268 Abs. 7 HGB: Angabe der Haftungsverhältnisse unter der Bilanz oder im Anhang.[68]

---

[60] § 253 Abs. 2 Satz 3 HGB - außerplanmäßige Abschreibungen beim Anlagevermögen auf den niedrigeren beizulegenden Wert - darf, wenn es sich nicht um eine voraussichtlich dauernde Wertminderung handelt, nur auf Finanzanlagen angewandt werden. Für Institute ist § 253 Abs. 2 Satz 3 HGB in § 340e Abs. 1 Satz 3 HGB gesondert geregelt.

[61] Da Vermögensgegenstände, für die diese Bewertungsverfahren zur Anwendung kommen, im Jahresabschluss von Instituten keine Bedeutung haben, wäre auch eine Angabepflicht im Anhang gegenstandslos.

[62] Das Umsatzkostenverfahren ist bei Instituten nicht zulässig. Eine Angabepflicht wäre damit gegenstandslos.

[63] Nach § 340f HGB dürfen Aufwendungen aus Zuführungen zu Rückstellungen für Eventualverbindlichkeiten und Kreditrisiken sowie Erträge aus deren Auflösung in die sog. Überkreuzkompensation einbezogen werden. Eine Erläuterung im Anhang würde dem damit verfolgten Zweck zuwiderlaufen.

[64] Die Regelung wird für Institute durch § 2 Abs. 1 RechKredV ersetzt.

[65] Für Institute gelten im Wesentlichen die §§ 26 und 27 RechKredV sowie das Formblatt 1.

[66] Die Bilanzgliederung ergibt sich aus dem Formblatt 1, § 2 Abs. 1 RechKredV.

[67] Der Anlagespiegel ist für Institute in § 34 Abs. 3 RechKredV besonders geregelt.

- § 275 HGB: Gliederung der Gewinn- und Verlustrechnung.[69]
- § 285 Nr. 1 HGB: Gesamtbetrag der Verbindlichkeiten a) mit einer Restlaufzeit von mehr als fünf Jahren, b) die durch Pfandrechte und ähnliche Rechte gesichert sind, unter Angabe von Art und Form der Sicherheiten.[70]
- § 285 Nr. 2 HGB: Aufgliederung der Angaben nach Nr. 1 für jeden Posten der Verbindlichkeiten.[71]
- § 285 Nr. 4 HGB: Aufgliederung der Umsatzerlöse nach geografischen Märkten.[72]
- § 285 Nr. 9c HGB: Angaben zu gewährten Vorschüssen und Krediten an (aktive) Mitglieder des Geschäftsführungsorgans, eines Aufsichtsrats, eines Beirats oder einer ähnlichen Einrichtung.[73]

2.5.4. Verrechnungsverbot und seine Ausnahmen

Nach § 340a Abs. 2 Satz 3 HGB ist das Verrechnungsverbot des § 246 Abs. 2 HGB (Posten der Aktivseite dürfen grundsätzlich nicht mit Posten der Passivseite, Aufwendungen dürfen grundsätzlich nicht mit Erträgen verrechnet werden) nicht anzuwenden, soweit abweichende Vorschriften bestehen.

Die bei Instituten zulässigen bzw. vorgeschriebenen Durchbrechungen des Verrechnungsverbots betreffen sowohl die Bilanz als auch die Gewinn- und Verlustrechnung. Es handelt sich um die §§ 10 und 16 Abs. 4 RechKredV sowie um §§ 340c und 340f HGB.[74]

2.5.5. Offenlegungserleichterungen für bestimmte Institute (§§ 264 Abs. 3, 264b HGB)

Nach § 340a Abs. 2 Satz 4 iVm. § 264 Abs. 3 HGB besteht für ein Institut, das **Tochterunternehmen** eines nach § 290 HGB zur Aufstellung eines Konzernabschlusses ver-

---

[68] Institute haben diesbezüglich in §§ 26 und 27 RechKredV Sondervorschriften. Eine § 268 Abs. 7 Satz 2 HGB entsprechende Vorschrift, dass, soweit solche Verpflichtungen ggü. verbundenen Unternehmen bestehen, diese gesondert anzugeben sind, besteht für Institute nicht.
[69] Formblatt 2 und 3 sowie § 2 Abs. 1 RechKredV enthält die Bestimmungen für Institute.
[70] Institute haben nach § 9 RechKredV eine detaillierte Fristengliederung nach Restlaufzeiten vorzunehmen. § 35 Abs. 3 RechKredV schreibt zu jedem Posten der in der Bilanz ausgewiesenen Verbindlichkeiten und der unter dem Strich vermerkten Eventualverbindlichkeiten im Anhang jeweils die Angabe des Gesamtbetrags der als Sicherheit übertragenen Vermögensgegenstände vor.
[71] In § 9 RechKredV sind die einzelnen Posten, für die eine Aufgliederung nach Restlaufzeiten erfolgen muss, vorgeschrieben.
[72] Für Institute gilt stattdessen § 34 Abs. 2 Nr. 1 RechKredV, wonach im Anhang die dort genannten Posten nach geografischen Märkten aufzugliedern sind, soweit diese Märkte sich vom Standpunkt der Organisation des Instituts wesentlich voneinander unterscheiden.
[73] Die entsprechende Vorschrift für Institute enthält § 34 Abs. 2 Nr. 2 RechKredV. Zu strittigen Fragen vgl. Krumnow ua., 2. Aufl., § 340a HGB Rn. 68.
[74] Vgl. hierzu auch Krumnow ua., 2. Aufl., § 340a HGB Rn. 69.

pflichteten Mutterunternehmens ist, unter den in § 264 Abs. 3 HGB genannten Voraussetzungen die Erleichterung, dass die Vorschriften der §§ 325-329 HGB über die Offenlegung nicht anzuwenden sind.

Die übrigen Vorschriften, insbesondere die Vorschriften über den Jahresabschluss der Kapitalgesellschaft und den Lagebericht (§§ 264-289 HGB), über die Prüfung des Jahresabschlusses, den Prüfungsbericht und den Bestätigungsvermerk (§§ 316-324 HGB) sind dagegen von Instituten unter Berücksichtigung der nach § 340a HGB bestehenden Einschränkungen und Ergänzungen zu beachten.[75] Insbesondere die Nichtanwendung der §§ 316 bis 324 iVm. §§ 264 Abs. 3, 264b HGB würde zur Umgehung der bankaufsichtsrechtlichen Prüfungsvorschriften der §§ 26 ff. KWG führen. Die Prüfungsberichte sind jedoch für die Bankenaufsicht von besonders hohem Informationswert.

Gleiches gilt gemäß § 340a Abs. 2 Satz 4 iVm. § 264b HGB unter den in § 264b HGB genannten Voraussetzungen für **Personenhandelsgesellschaften** iSd. § 264a Abs. 1 HGB. Auch bei diesen Gesellschaften besteht lediglich die Erleichterung hinsichtlich der Offenlegung, nicht jedoch hinsichtlich der Aufstellung und Prüfung des Jahresabschlusses und Lageberichts.

---

[75] GlA Böcking/Oldenburger, in: MünchKomm. HGB § 340a HGB Rn. 169 f.

3. Allgemeine Vorschriften der RechKredV und des HGB

3.1. Fristengliederung

3.1.1. Relevante Normen

Forderungen und Verbindlichkeiten sind nicht in der Bilanz, sondern im **Anhang** nach ihrer Fristigkeit zu gliedern. Hierfür ist die **Restlaufzeit** am Bilanzstichtag maßgebend.[76] Die einschlägigen Vorschriften sind in § 340d HGB sowie in den §§ 8, 9 und 39 RechKredV enthalten. In der Bilanz selbst ist - mit Ausnahme des gesonderten Ausweises der täglich fälligen Beträge bei einigen wenigen Posten - keine tiefer gehende Fristengliederung vorgesehen.

Die Fristengliederung im Anhang nach Restlaufzeiten war erstmals auf den Jahresabschluss und Konzernabschluss des nach dem 31. Dezember 1997 beginnenden Geschäftsjahrs anzuwenden (§ 39 Abs. 2 RechKredV). Es sind nicht alle, sondern nur die in § 9 RechKredV genannten Forderungen und Verbindlichkeiten nach Restlaufzeiten zu gliedern. Bei der Gliederung nach Restlaufzeiten führt jede **Prolongation** zu einer Verlängerung der Restlaufzeit.

Weder § 340d HGB noch § 9 RechKredV enthalten spezifische Vorschriften darüber, wie die **Anhangangaben über die Restlaufzeiten** zu gestalten sind.

Grundsätzlich sind sämtliche in den jeweiligen Bilanzposten enthaltenen Beträge der Fristengliederung zu unterziehen. Eine Ausnahme bilden die nachfolgend dargestellten **anteiligen Zinsen** (§ 11 letzter Satz RechKredV).

---

[76] Zur Diskussion der Vor- und Nachteile der Fristengliederung nach Restlaufzeiten vgl. Bauer, WM 1987, 863 und Schimann, WPg 1985, 160 ff., derselbe, DB 1987, 1498, ausführlich Christian, BB 1987, 229 ff.

3.1.2. Anhangangaben zur Restlaufzeitengliederung im Einzelnen

Im Anhang sind die in Abb. 3.1 aufgeführten Bilanzposten oder Unterposten nach Restlaufzeiten aufzugliedern (§ 9 RechKredV).

Bilanzposten	Anhangangabe

Aktiva
3. Forderungen an Kreditinstitute
  b) andere Forderungen
4. Forderungen an Kunden
 	
Passiva
1. Verbindlichkeiten gegenüber Kreditinstituten
  b) mit vereinbarter Laufzeit oder Kündigungsfrist
2. Verbindlichkeiten gegenüber Kunden
  a) Spareinlagen
    ab) mit vereinbarter Kündigungsfrist von mehr als drei Monaten
  b) andere Verbindlichkeiten
    bb) mit vereinbarter Laufzeit oder Kündigungsfrist
3. Verbriefte Verbindlichkeiten
  b) andere verbriefte Verbindlichkeiten
	Für die Aufgliederung sind folgende Restlaufzeiten maßgebend:
	
	1. bis drei Monate
	2. mehr als drei Monate bis ein Jahr
	3. mehr als ein Jahr bis fünf Jahre
	4. mehr als fünf Jahre

Aktiva 4. Forderungen an Kunden	Betrag der darin enthaltenen Forderungen mit unbestimmter Laufzeit.
Aktiva 5. Schuldverschreibungen und andere festverzinsliche Wertpapiere *Passiva* 3. Verbriefte Verbindlichkeiten a) begebene Schuldverschreibungen	Beträge, die in dem Jahr, das auf den Bilanzstichtag folgt, fällig werden.

Abb. 3.1: Fristengliederung

Darüber hinaus sind in der **Bilanz** bei einer Reihe von Bilanzposten die **täglich fälligen Beträge** in Unterposten gesondert zu nennen.

3.1.3. Behandlung anteiliger Zinsen in der Fristengliederung

Anteilige Zinsen und ähnliche das Geschäftsjahr betreffende Beträge, die erst nach dem Bilanzstichtag fällig werden, aber bereits am Bilanzstichtag bei Kreditinstituten den Charakter von bankgeschäftlichen und bei Finanzdienstleistungsinstituten den Charakter von für diese Institute typische Forderungen und Verbindlichkeiten haben, sind zwar nach § 11 RechKredV demjenigen Posten der Aktiv- oder Passivseite der Bilanz zuzuordnen, dem sie zugehören, sie brauchen jedoch nicht nach Restlaufzeiten aufgegliedert zu werden (§ 11 Satz 3 RechKredV).

Damit sind die anteiligen Zinsen entsprechend der Restlaufzeit der Zinsforderungen oder Zinsverbindlichkeiten und mithin in den meisten Fällen wohl in der kürzesten Frist der zugehörigen Bilanzposten auszuweisen.[77] Es wird allerdings auch für möglich gehalten, völlig auf den Ausweis der anteiligen Zinsen zu verzichten, was aber eine Erläuterung der Diskrepanz zwischen Bilanzausweis, der die anteiligen Zinsen beinhaltet, und den Anhangangaben (ohne anteilige Zinsen) erforderlich macht.[78]

3.1.4. Bestimmung der Frist bei Kündigungsgeldern

Für die Gliederung nach Restlaufzeiten sind bei **ungekündigten Kündigungsgeldern** die Kündigungsfristen maßgebend (§ 8 Abs. 1 RechKredV). Als Kündigungsfrist ist der Zeitraum anzusehen, der zwischen dem Tag der Kündigung und dem Eintritt ihrer Wirkung, also der Fälligkeit der gekündigten Forderung oder Verbindlichkeit, liegt.

Ist eine Kündigung bereits erfolgt, handelt es sich nicht mehr um ungekündigte Kündigungsgelder; es gelten dann die allgemeinen Vorschriften, dh. es ist der Zeitraum vom Bilanzstichtag bis zur Fälligkeit des gekündigten Postens maßgebend.[79]

Häufig wird außer der Kündigungsfrist noch zusätzlich eine **Kündigungssperrfrist** vereinbart. Dies bedeutet, dass eine Kündigung zwar jederzeit rechtswirksam ausgesprochen werden kann, dass diese Kündigung aber frühestens mit Ablauf der Kündigungssperrfrist in der Weise wirksam wird, dass die eigentliche Kündigungsfrist erst dann zu laufen beginnt. Sofern neben der eigentlichen Kündigungsfrist noch eine solche Kündigungssperrfrist vereinbart ist, ist diese bei Berechnung der Restlaufzeit ebenfalls zu berücksichtigen (§ 8 Abs. 1 Satz 2 RechKredV). Die Restlaufzeit setzt sich dann zusammen aus der (ggf. restlichen) Kündigungssperrfrist zuzüglich der eigentlichen Kündigungsfrist.

---

[77] Vgl. Bieg (1998), 188.
[78] Vgl. Krumnow ua., 2. Aufl., § 11 RechKredV Rn. 12 ff.
[79] Vgl. Krumnow ua., 2. Aufl., § 8 RechKredV Rn. 3.

Bei Forderungen sind nach § 8 Abs. 1 Satz 3 RechKredV **vorzeitige Kündigungsmöglichkeiten** nicht zu berücksichtigen. Damit kann nur eine ordentliche Kündigung gemeint sein. Denn ein außerordentliches Kündigungsrecht der Bank ist nach deren AGB ohnehin gegeben und spielt hier keine Rolle.[80] In diesem Zusammenhang ist es auch gleichgültig, ob dem Schuldner oder der bilanzierenden Bank, die das Darlehen begeben hat, oder auch beiden Kontrahenten ein Recht zur vorzeitigen ordentlichen Kündigung zusteht.[81]

Die Frage, welche Regeln gelten sollen, wenn für **Verbindlichkeiten** ein vorzeitiges ordentliches Kündigungsrecht besteht, wird in § 8 RechKredV nicht unmittelbar angesprochen. Aus der Formulierung, dass *„bei Forderungen ... vorzeitige Kündigungsmöglichkeiten nicht zu berücksichtigen"* sind, während die übrigen Vorschriften des § 8 RechKredV sowohl auf Forderungen als auch auf Verbindlichkeiten abstellen, ist jedoch zu schließen, dass vorzeitige Kündigungsmöglichkeiten bei Verbindlichkeiten im Gegensatz zu Forderungen stets zu berücksichtigen sind.[82] Solche Verbindlichkeiten müssen dann für die Fristenzuordnung wie Kündigungsgelder behandelt werden; an die Stelle der Restlaufzeit tritt hier die Kündigungsfrist.

3.1.5. Behandlung von Geldern mit regelmäßiger Tilgung

Bei Forderungen und Verbindlichkeiten mit Rückzahlungen in regelmäßigen Raten gilt als Restlaufzeit der Zeitraum zwischen dem Bilanzstichtag und dem Fälligkeitstag jedes Teilbetrags (§ 8 Abs. 2 RechKredV). Diese Regelung wurde aus Artikel 40 Abs. 3a der EG-Bankbilanzrichtlinie übernommen. Die RechKredV definiert nicht, was unter dem Begriff „Rückzahlungen in regelmäßigen Raten" zu verstehen ist. Hierunter fallen nach hM all die Fälle, bei denen eine laufende Ratenzahlung erfolgt, unabhängig davon, inwieweit in der einzelnen Rate neben den Tilgungsbeträgen auch Zinsanteile enthalten sind.[83]

Bei Annuitätendarlehen mit langer Zinsbindungsdauer (zB fünf Jahre) oder mit einer Zinsvereinbarung „bis auf weiteres" (baw.), besteht jeweils zum Auslaufen der Zinsbindungsfrist seitens des Schuldners regelmäßig ein Kündigungsrecht. Diese Kündigungsmöglichkeiten sind nach § 8 Abs. 1 letzter Satz RechKredV bei der Bestimmung der Restlaufzeit nicht zu berücksichtigen. Bei Annuitätendarlehen lässt sich die Höhe der Tilgungsbeträge, die vom jeweiligen Zinssatz abhängen, exakt nur bis zum Ende der Zinsbindungsfrist feststellen. Da die Forderung jedoch bis zu ihrer vollständigen Rückzahlung in ihre einzelnen Tilgungsbeträge zu zerlegen und der jeweiligen Laufzeitenschicht zuzuordnen ist, bleibt nichts anderes übrig, als bei diesen Darlehen den Til-

---

[80] Gleicher Ansicht Birck/Meyer, II 104.
[81] Vgl. Birck/Meyer, II 104 f.
[82] GlA Krumnow ua., 2. Aufl., § 8 RechKredV Rn. 5, wenn auch mit kritischen Anmerkungen zu dieser Ansicht.
[83] GlA Krumnow ua., 2. Aufl., § 8 RechKredV Rn. 6.

gungsplan (ggf. über die Zinsbindungsfrist hinaus) auf der Grundlage der aktuell vereinbarten Konditionen zu ermitteln. Übt der Schuldner bei Ablauf der Zinsbindungsfrist sein Kündigungsrecht nicht aus, ist ein Tilgungsplan auf Basis der dann vereinbarten Konditionen neu zu erstellen. Entsprechendes gilt auch für sog. baw.-Kredite.[84]

Für die in regelmäßigen Raten zu tilgenden Forderungen und Verbindlichkeiten bedeutet dies, dass sie entsprechend dem Zeitraum zwischen Bilanzstichtag und Fälligkeit jeder Rate in Teilbeträge aufzuspalten sind, die der jeweiligen Fristengruppe zuzuordnen sind.[85]

3.1.6. Fristengliederung für täglich fällige Forderungen und Verbindlichkeiten

Als täglich fällig sind nur solche Forderungen und Verbindlichkeiten auszuweisen, über die jederzeit ohne vorherige Kündigung verfügt werden kann, oder für die eine Laufzeit oder Kündigungsfrist von 24 Stunden oder von einem Geschäftstag vereinbart worden ist. Hierzu rechnen auch die sog. Tagesgelder und Gelder mit täglicher Kündigung einschließlich der über geschäftsfreie Tage angelegten Gelder mit Fälligkeit oder Kündigungsmöglichkeit am nächsten Geschäftstag (§ 8 Abs. 3 RechKredV).

Im Gegensatz zu den Definitionen der Restlaufzeit ist diese Bestimmung nicht für die Fristengliederung im Anhang, sondern für den Ausweis entsprechender **Unterposten** verschiedener **Bilanzposten** von Bedeutung.

Tagesgelder sind Leihgelder in Gestalt von Notenbankguthaben mit einer Laufzeit von einem Tag. Gelder mit täglicher Kündigung, die auch als „tägliches Geld" bezeichnet werden, sind demgegenüber auf unbestimmte Zeit ausgeliehen; sie müssen einen Tag nach der jederzeit möglichen Kündigung zurückgezahlt werden.[86]

---

[84] Ebenso Krumnow ua., 2. Aufl., § 8 RechKredV Rn. 8.
[85] Vgl. Bieg, ZfbF 1988, 15.
[86] Vgl. Birck/Meyer, II 113 f.

3.1.7. Besonderheiten für Bausparguthaben

Die im Posten „3. Forderungen an Kreditinstitute, b) andere Forderungen" enthaltenen Bausparguthaben aus abgeschlossenen Bausparverträgen sind nach § 9 Abs. 1 Satz 1 Nr. 1 RechKredV von der Fristengliederung nach Restlaufzeiten ausgenommen. Die Fälligkeit eines Bausparguthabens ist bekanntlich grundsätzlich - sieht man von einer vorzeitigen Kündigung des Bausparvertrags einmal ab - vom Zeitpunkt der Zuteilung des Bausparvertrags abhängig.[87]

Da der Zeitpunkt der Zuteilung von vornherein nicht exakt feststeht, die Bausparkassen vor der Zuteilung eines Bausparvertrags auch keine verbindlichen Zusagen über den Zeitpunkt der Zuteilung geben dürfen,[88] wäre die Gliederung der im Posten andere Forderungen an Kreditinstitute enthaltenen Bausparguthaben nach Restlaufzeiten ohnehin auch nur schwer möglich. Eine vorsichtige Schätzung der Restlaufzeit könnte allenfalls dann vorgenommen werden, wenn der Bausparvertrag kurz vor der Zuteilung steht und die Bausparkasse die Zuteilung auf einen bestimmten Termin angekündigt hat.

Die in den anderen Forderungen an Kreditinstitute enthaltenen Bausparguthaben sind im Anhang iRd. Fristengliederung auch nicht gesondert zu nennen. Die entsprechenden Beträge sind jedoch jederzeit unter Hinzuziehung des korrespondierenden Bilanzpostens ermittelbar.

3.1.8. Angabe der Beträge mit unbestimmter Laufzeit

Im Anhang sind die im Posten „4. Forderungen an Kunden" enthaltenen Forderungen mit unbestimmter Laufzeit zusätzlich zu nennen (§ 9 Abs. 3 Nr. 1 RechKredV).

Hierunter fallen alle Forderungen aus sog. Dispositionslimiten, deren Inanspruchnahme dem Kunden „bis auf weiteres" zugesagt wurde, sowie alle ohne eine solche Zusage zugelassenen Kontoüberziehungen. Auch die Kündigungsgelder und Gelder mit täglicher Kündigung sind hier zuzurechnen, nicht aber die zu den täglich fälligen Geldern gehörenden Forderungen, für die eine Laufzeit von 24 Stunden oder einem Geschäftstag vereinbart worden ist.[89]

3.1.9. Angabe der Beträge, die im folgenden Jahr fällig werden

Darüber hinaus sind die im Aktivposten „5. Schuldverschreibungen und andere festverzinsliche Wertpapiere" sowie die im Unterposten „a) begebene Schuldverschreibungen"

---

[87] Ausführlich zur Fristengliederung bei Bausparkassen vgl. Scharpf, DStR 1995, 504 ff.
[88] Vgl. § 4 Abs. 5 BSG, sowie BAK-Schreiben v. 5.10.1977, abgedruckt in CMBS 9.26.
[89] Vgl. Krumnow ua., 2. Aufl., § 9 RechKredV Rn. 20 mwN.

zum Passivposten „3. Verbriefte Verbindlichkeiten" enthaltenen Beträge zu nennen, die in dem Jahr, das auf den Bilanzstichtag folgt, fällig werden (§ 9 Abs. 3 Nr. 2 RechKredV).

Diese Anhangangabe tritt für diese Posten an die Stelle der Restlaufzeitengliederung, wie sie nach § 9 Abs. 1 und Abs. 2 RechKredV für andere Forderungs- und Verbindlichkeitsposten vorgesehen ist.

3.1.10. Besonderheiten für Realkreditinstitute und Bausparkassen

Realkreditinstitute (Hypotheken- und Schiffspfandbriefbanken sowie öffentlich-rechtliche Grundkreditanstalten) und **Bausparkassen** haben verschiedene Aktiv- und Passivposten nach dem Formblatt 1 abweichend von den übrigen Instituten zu gliedern. Sie haben § 9 Abs. 1 Satz 1 RechKredV entsprechend anzuwenden; dabei brauchen Bausparkassen die Bauspareinlagen nicht nach Restlaufzeiten aufzugliedern (§ 9 Abs. 1 Satz 2 RechKredV). Die Fristengliederung der Bauspareinlagen könnte, wie oben im Zusammenhang mit den Bausparguthaben von Kreditinstuten bereits erwähnt, auch kaum vorgenommen werden.[90]

§ 9 Abs. 1 Satz 2 RechKredV macht bei Bausparkassen nur hinsichtlich der Bauspareinlagen eine Ausnahme von der Fristengliederung. **Bauspardarlehen** sind daher uneingeschränkt nach Restlaufzeiten zu gliedern.

---

[90] Vgl. ausführlich Krumnow ua., 2. Aufl., § 9 RechKredV Rn. 7 ff.

3.2. Pensionsgeschäfte

3.2.1. Überblick

Pensionsgeschäfte verfolgen idR die Zielsetzung, die kurz- und mittelfristige Liquiditätssteuerung der Institute zu verbessern, dh. der **Pensionsgeber** kann sich mittels diesen Geschäften flüssige Mittel verschaffen.[91] Der **Pensionsnehmer** hat die Möglichkeit, flüssige Mittel mit einer genau auf seine Liquiditätsverhältnisse abgestimmten Veräußerungsmöglichkeit anzulegen. Darüber hinaus können dem Pensionsnehmer die Erträge aus dem Pensionsgegenstand verschafft werden.[92] Die Abgrenzung und Bilanzierung von Pensionsgeschäften sind im Einzelnen in § 340b HGB geregelt.[93]

Die im internationalen Geschäft üblichen **Repurchase Agreements** (Repo) sind regelmäßig mit den hier dargestellten (echten) Pensionsgeschäften identisch.[94] Diese Geschäfte kommen auch als Sell/Buy-back-Geschäfte vor.[95]

Pensionsgeschäfte unterscheiden sich rechtssystematisch von **Wertpapierleihegeschäften**, die im Gegensatz zu den Pensionsgeschäften keinen Kaufvertrag (Verkauf und Terminrückkauf), sondern ein reines Sachdarlehen darstellen.[96] Pensionsgeschäfte werden vor allem getätigt, um dem Pensionsgeber Liquidität zu verschaffen. Bei der Wertpa-

---

[91] Zur rechtlichen Einordnung sowie zu den bankaufsichtlichen Besonderheiten vgl. Oho/Hülst, DB 1992, 2583; BAK-Schreiben vom 31.5.1972, CMBS 4.101; BAK-Schreiben vom 11.10.1976, CMBS 4.136; BAK-Schreiben vom 22.7.1997, CMBS 4.298; BAK-Schreiben vom 29.7.1971, CMBS 16.05.

[92] Vgl. Vfg. OFD Koblenz vom 26.11.1991, DStR 1993, 165; BMF-Schreiben vom 26.10.1992, DStR 1992, 1687; Oho/Hülst, DB 1992, 2582 ff.; BFH-Urteil vom 29.11.1982, BStBl. II 1983, 272; BFH-Urteil vom 23.11.1983, BStBl. II 1984, 217.

[93] Zu Pensionsgeschäften vgl. Treuberg/Scharpf, DB 1991, 1233; Bieg (1998), 128 ff.; Bökking/Oldenburger in: MünchKomm. HGB § 340b HGB; Dörge, AG 1997, 396; Häuselmann, BB 2000, 1287; Hartung, BB 1993, 1175; Hinz, BB 1995, 971; Hoffmann, BB 1997, 249; Krumnow ua., 2. Aufl., § 340b HGB; Oho/Hülst, DB 1992, 2582; Prahl, WPg 1991, 407; Rau, BB 2000, 2338; Selchert, DB 1996, 1933; Stein/Noltsch, Die Bank 1996, 78; Waschbusch, BB 1993, 172; WPH Bd. I 2000 J Tz. 48 ff.

[94] Vgl. auch Stein/Noltsch, Die Bank 1996, 78 ff. Bei einer Repo-Transaktion (echtes Pensionsgeschäft) verkauft und übereignet ein Handelsteilnehmer (= Pensionsgeber) Wertpapiere an einen anderen (= Pensionsnehmer) mit einer gleichzeitigen Rückkaufsvereinbarung zu einem bestimmten Zeitpunkt und zu einem im Voraus festgesetzten Preis. Aus Sicht des Pensionsnehmers wird ein Reverse Repurchase Agreement abgeschlossen. Ein Repo ist aus Sicht der Wertpapierbeschaffung (Pensionsnehmer) eine mit Bargeld besicherte Wertpapierleihe und aus Geldbeschaffungssicht (Pensionsgeber) ein mit Wertpapieren besichertes Geldmarktgeschäft. Zu Repo-Geschäften siehe auch Acker, 7 ff.

[95] Vgl. Roth, ZIR 2003, 26 ff.

[96] Zur Abgrenzung vgl. Häuselmann/Wiesenbart, DB 1990, 2129; Oho/Hülst, DB 1992, 2583 f.; Dörge, AG 1997, 396 ff.; Krumnow ua., 2. Aufl., § 340b HGB Rn. 38 ff.; BAK-Schreiben vom 25.8.1987, CMBS 16.18.

pierleihe steht die Überlassung der Wertpapiere im Vordergrund, die der Entleiher für seine Zwecke benötigt.[97]

3.2.2. Begriff und Formen von Pensionsgeschäften

3.2.2.1. Definition

Nach der Definition des § 340b Abs. 1 HGB sind Pensionsgeschäfte Verträge, durch die ein Kredit- bzw. Finanzdienstleistungsinstitut (Institut) oder der Kunde eines Instituts (= Pensionsgeber) ihm gehörende Vermögensgegenstände einem anderen Kredit- bzw. Finanzdienstleistungsinstitut oder einem seiner Kunden (= Pensionsnehmer) gegen Zahlung eines Betrags überträgt und in denen gleichzeitig vereinbart wird, dass die Vermögensgegenstände später gegen Entrichtung des empfangenen oder eines im Voraus vereinbarten anderen Betrags an den Pensionsgeber zurückübertragen werden müssen oder können.

Pensionsgeber bzw. **Pensionsnehmer** können nach § 340b Abs. 1 HGB sowohl Kreditinstitute bzw. Finanzdienstleistungsinstitute, als auch die Kunden von Kreditinstituten bzw. Finanzdienstleistungsinstituten sein.

Den Pensionsgeschäften gleichgestellt sind im Regelfall sog. **Repo-Geschäfte** (Repurchase Agreements).[98] Gegenstand von Repo-Geschäften sind regelmäßig börsengehandelte Wertpapiere.

Zu den **steuerrechtlichen Fragen** wird auf Häuselmann[99] sowie Mühlhäuser/Stoll[100] verwiesen.

3.2.2.2. Unterscheidung in echtes und unechtes Pensionsgeschäft

Um ein **echtes** Pensionsgeschäft handelt es sich dann, wenn der Pensionsnehmer verpflichtet ist, das Pensionsgut zu einem bereits vereinbarten oder vom Pensionsgeber noch zu bestimmenden Zeitpunkt zurückzuübertragen (§ 340b Abs. 2 HGB). Ein echtes Pensionsgeschäft liegt auch vor, wenn der Pensionsnehmer innerhalb eines im Voraus festgelegten Zeitrahmens den Rückgabezeitpunkt bestimmen kann, sofern überhaupt nur eine Rückgabepflicht besteht.[101]

---

[97] Vgl. auch Oho/Hülst, DB 1992, 2582.
[98] Vgl. hierzu Häuselmann, BB 2000, 1287.
[99] Vgl. Häuselmann, BB 2000, 1288 ff.
[100] Vgl. Mühlhäuser/Stoll, DStR 2002, 1597 ff.
[101] Vgl. WPH Bd. I 2000 J Tz. 48.

Dagegen liegt ein **unechtes** Pensionsgeschäft dann vor, wenn der Pensionsnehmer zu einem im Voraus vereinbarten bzw. noch von ihm festzulegenden Zeitpunkt berechtigt - nicht jedoch verpflichtet - ist, die Rücknahme des Pensionsguts durch den Pensionsgeber zu verlangen (§ 340b Abs. 3 HGB).[102]

Eine Rücknahmepflicht des Pensionsgebers ist Voraussetzung sowohl bei echten als auch bei unechten Pensionsgeschäften. Echte Pensionsgeschäfte stellen faktisch die Kombination eines Kassageschäfts und eines Termingeschäfts dar. Unechte Pensionsgeschäfte können als Kombination eines Kassageschäfts mit einem Optionsgeschäft verstanden werden.

	Echtes Pensionsgeschäft	Unechtes Pensionsgeschäft
Pensionsgeber	Kann die Rückübertragung verlangen	Kann die Rückübertragung **nicht** verlangen
Pensionsnehmer	Übernimmt die Verpflichtung zur Rückübertragung	Ist lediglich zur Rückübertragung berechtigt

Abb. 3.2: Echte und unechte Pensionsgeschäfte

Sog. **unechte echte** Pensionsgeschäfte, bei denen es sich um echte Pensionsgeschäfte handelt, die wie unechte Pensionsgeschäfte bilanziert werden, gibt es nicht mehr.[103] Geschäfte, die inhaltlich nicht von der Definition der echten oder unechten Pensionsgeschäfte erfasst werden, sind keine Pensionsgeschäfte iSd. Gesetzes.[104]

Devisentermingeschäfte, Börsentermingeschäfte und ähnliche Geschäfte sind keine Pensionsgeschäfte (§ 340b Abs. 6 HGB).[105] Dasselbe gilt für die Ausgabe von Schuldverschreibungen auf abgekürzte Zeit (§ 340b Abs. 6 HGB); der Emittent verpensioniert hierbei keinen Vermögensgegenstand, sondern kreiert ein Wertpapier, nämlich ein Wertpapier mit persönlicher oder unpersönlicher Sonderausstattung, dh. er begründet eine eigene (zusätzliche) Schuldverschreibungsverpflichtung, wenn er außerhalb der

---

[102] Der Pensionsnehmer hat hier faktisch die Position eines Käufers einer Verkaufsoption inne (Long Put). Dementsprechend hat der Pensionsgeber die Position eines Short Put inne.
[103] Vgl. BR-Drs. 616/89, 20.
[104] Ebenso Böcking/Oldenburger in: MünchKomm. HGB § 340b HGB Rn. 19.
[105] Bei einem Pensionsgeschäft werden zwei Verträge abgeschlossen: Ein unmittelbar nach Vertragsabschluss zu erfüllender Kaufvertrag (per Kasse) und ein erst zu einem späteren Zeitpunkt (per Termin) zu einem bereits bei Vertragsabschluss festgelegten Preis abzuwickelnder Kaufvertrag.

Wertpapierurkunde die Zusage macht, die Papiere vor Ablauf ihrer Laufzeit zum Nennwert zurückzunehmen.[106]

3.2.2.3. Pensionsgegenstände

Als Pensionsgegenstände kommen bspw. infrage:

- Wertpapiere (zB Aktien, Schuldverschreibungen),
- Darlehensforderungen,
- Wechsel,
- Schatzwechsel,
- andere Vermögensgegenstände.

Klarstellend sei erwähnt, dass Schulden, Rechnungsabgrenzungsposten und Bilanzierungshilfen einzeln nicht Gegenstand eines Kaufvertrags und damit auch nicht Pensionsgüter sein können.

Bei den Pensionsgegenständen muss es sich um dem Pensionsgeber gehörende Vermögensgegenstände handeln, dh. sie müssen vor der Übertragung auf den Pensionsnehmer dem Pensionsgeber rechtlich oder zumindest wirtschaftlich zuzurechnen gewesen sein.[107]

3.2.2.4. Austausch von Pensionsgegenständen gegen Zahlung eines Betrags

Im Rahmen eines Pensionsgeschäfts müssen gemäß § 340b Abs. 1 HGB die Gegenstände *„gegen Zahlung eines Betrages"* auf den Pensionsnehmer übertragen werden. Der entgeltliche Verkauf per Kasse ist wesentlicher Bestandteil eines Pensionsgeschäfts.[108] Der Pensionsnehmer wird für die Dauer des Pensionsgeschäfts zivilrechtlicher und/oder wirtschaftlicher Eigentümer des Pensionsgegenstands. Die zivilrechtliche Eigentumsübertragung findet bei Forderungen im Wege der Zession (§ 398 BGB), bei beweglichen Sachen durch Einigung und Übergabe (§ 929 BGB) und bei Grundstücken durch Einigung und Eintragung des Rechtsübergangs im Grundbuch (§ 873 Abs. 1 BGB) statt. Die Übertragung des wirtschaftlichen Eigentums verlangt dagegen den Besitzübergang sowie den Übergang von Gefahr, Nutzungen und Lasten für die Zeit der wirtschaftlichen Nutzungsdauer.

---

[106] Vgl. BFA 2/1971, WPg 1972, 46 (aufgehoben (2000), aber inhaltlich weiterhin zutreffend).
[107] Ebenso Böcking/Oldenburger in: MünchKomm. HGB § 340b HGB Rn. 7.
[108] Vgl. Hartung, BB 1993, 1175; Waschbusch, BB 1993, 172.

Die Rückübertragung auf den Pensionsgeber muss „*gegen Entrichtung des empfangenen oder anderen Betrages*", also wiederum gegen Hingabe eines Geldbetrags, erfolgen.[109]

Entscheidendes Merkmal für ein Pensionsgeschäft ist, dass Zahlung und Rückzahlung als Gegenleistung für die Hin- bzw. Rückgabe des Pensionsguts vereinbart werden. Der Zahlungszeitpunkt kann von den Vertragsparteien frei vereinbart werden, sodass auch die Möglichkeit einer Zahlungsstundung besteht.[110]

Pensionsgeschäfte iSv. § 340b HGB liegen damit nur vor, wenn sowohl beim Kassa- als auch beim Termingeschäft die Gegenleistung jeweils aus der Zahlung eines Geldbetrags besteht.[111] Erfolgt demgegenüber lediglich ein Tausch und Rücktausch von Vermögensgegenständen, so liegt kein Pensionsgeschäft vor.

3.2.2.5. Vereinbarung eines Rücknahmepreises

Weitere Voraussetzung für das Vorliegen eines Pensionsgeschäfts ist nach § 340b Abs. 1 HGB, dass bereits bei Vertragsabschluss über den Kassakauf festgelegt wird, mit welchem Rücknahmepreis - entweder der empfangene oder ein vereinbarter anderer Betrag - der Terminrückkauf erfolgen wird. Erfolgt die Festlegung des Rücknahmepreises erst zu einem späteren Zeitpunkt, oder wird der Betrag an den Börsen- oder Marktpreis des Pensionsgegenstands am Rückübertragungstag geknüpft, liegt kein Pensionsgeschäft iSd. § 340b HGB vor.

Damit wirken sich Wertänderungen des Pensionsguts ausschließlich zugunsten und zuungunsten des **Pensionsgebers** aus. Der vereinbarte Rücknahmepreis ist nämlich auch dann zu bezahlen, wenn der Gegenstand im Zeitpunkt der Rückübertragung einen geringeren oder keinen Wert mehr hat.

Den **Pensionsnehmer** hingegen trifft nur ein in der Person des Pensionsgebers liegendes Bonitätsrisiko, nämlich das Risiko, dass der Pensionsgeber seiner Verpflichtung zur Rücknahme des Gegenstands gegen Bezahlung des Rücknahmepreises nicht nachkommt.

---

[109] Zu Tauschgeschäften vgl. Treuberg/Scharpf, DB 1991, 1234.
[110] Ebenso Böcking/Oldenburger in: MünchKomm. HGB § 340b HGB Rn. 10.
[111] Vgl. Bieg (1998), 131.

3.2.2.6. Zurückzuübertragende Vermögensgegenstände

Um ein Pensionsgeschäft handelt es sich nicht nur, wenn dieselben Vermögensgegenstände[112] später zurückübertragen werden, sondern auch dann, wenn bei vertretbaren Gegenständen, wie zB Wertpapieren einer bestimmten Gattung, die Rückgabe **gleichartiger** Papiere als zulässig vereinbart wird.[113] Für die Annahme eines Pensionsgeschäfts ist mithin die Nämlichkeit zwischen den übertragenen und zurückübertragenen Vermögenswerten nicht erforderlich.

Es ist nicht erkennbar, welchen Unterschied es wirtschaftlich macht, ob der Pensionsgeber nach dem Rückkauf Stücke mit der gleichen oder einer anderen Stückenummer als vorher erhält. Darüber hinaus wird es bei vertretbaren Gegenständen idR schwer fallen, einen Identitätsnachweis zu führen.

Wird dagegen die Rückgabe lediglich **gleichwertiger** Vermögensgegenstände vereinbart, handelt es sich nicht um ein Pensionsgeschäft, sondern um einen tauschähnlichen Vorgang.[114]

3.2.2.7. Rücknahmeverpflichtung des Pensionsgebers

Damit ein Pensionsgeschäft gegeben ist, muss nach den Pensionsvereinbarungen eine Rücknahmeverpflichtung des Pensionsgebers vorliegen. Die Rückübertragung auf eine dritte Person genügt nicht. Sofern nur eine Rückgabepflicht des Pensionsnehmers auf Verlangen des Pensionsgebers vereinbart wurde (Option), handelt es sich nicht um ein Pensionsgeschäft, sondern um ein Optionsrecht.[115]

Strittig[116] ist die Frage, was für den Fall gilt, dass sich der Pensionsgeber anstelle der Rückübertragungsverpflichtung des Pensionsnehmers seinen Anspruch auf Rückübertragung vorbehalten hat (Option) *und* die Vermögensgegenstände bis zur Bilanzaufstellung bereits zurückübertragen sind *oder* nach den Umständen zu erwarten ist, dass der Pensionsgeber seine Option ausüben wird.[117] Entscheidend dürfte wohl sein, ob der Pensionsgeber am Bilanzstichtag in der Lage ist, sich den Gegenstand wieder zu verschaffen und dass er dies voraussichtlich auch tun wird bzw. bis zur Bilanzaufstellung getan hat.

---

[112] Artikel 12 EG-Bankbilanzrichtlinie sah ausdrücklich vor, „*dass dieselben Vermögensgegenstände später zurückübertragen werden*". Diese strenge Formulierung hat der Gesetzgeber jedoch nicht übernommen.
[113] Gleicher Ansicht Stobbe, BB 1990, 523 und Hinz, BB 1991, 1153 mit Verweis auf Bieg (1983), 295.
[114] Vgl. Birck/Meyer, II 128.
[115] Vgl. Birck/Meyer, II 126 und V 460.
[116] Im Sinne der Voraussetzungen für das Vorliegen eines Pensionsgeschäfts.
[117] Ablehnend Birck/Meyer, V 460; dagegen bejahend BeBiKo 5. Aufl. § 246 HGB Rn. 21 und Treuberg/Scharpf, DB 1991, 1235.

3.2.2.8. Rückübertragung durch den Pensionsnehmer

§ 340b Abs. 1 iVm. § 340b Abs. 2 und Abs. 3 HGB geht davon aus, dass die Pensionsgegenstände durch den Pensionsnehmer und nicht etwa durch einen Dritten auf den Pensionsgeber zurückübertragen werden. Obwohl es wirtschaftlich betrachtet für den Pensionsgeber gleichgültig ist, ob er eine Rücknahmeverpflichtung gegenüber dem Pensionsnehmer oder einem Dritten hat, handelt es sich bei einer Rückgabepflicht durch einen Dritten nicht um ein Pensionsgeschäft, sondern allenfalls um ein pensionsähnliches Geschäft.[118]

Die Praxis wird auch weiterhin auf Abgrenzungsprobleme stoßen. Dies trifft vor allem dann zu, wenn die Rückkaufsvereinbarung erst später abgeschlossen wird oder im gegenseitigen Einvernehmen nur mündlich erfolgt. Gleiches gilt auch für den Fall, dass die Rückgabepflicht des Pensionsnehmers zwar ausgeschlossen ist, er den Gegenstand aber zu einem so unüblichen Preis erworben hat, dass er wirtschaftlich zu einer Rückgabe gezwungen ist.

3.2.2.9. Zusammenfassende Übersicht

Nach der sich aus § 340b HGB sich ergebenden **Definition der Pensionsgeschäfte**, kann es sich nur dann um solche handeln, wenn folgende Grundvoraussetzungen kumulativ gegeben sind:[119]

- Der Pensionsgeber ist ein Institut oder ein Kunde (Nichtbank), dh. Pensionsgeber kann faktisch nicht nur ein Institut sein.
- Es sind Vereinbarungen über die Rückübertragung des Pensionsgegenstandes getroffen worden.
  Die Vereinbarungen müssen den Pensionsgegenstand selbst bestimmen. Die Vereinbarung einer Rückübertragung eines anderen, aber gleichwertigen Gegenstandes führt nicht zu einem Pensionsgeschäft.
- Die Gegenleistung besteht in der Zahlung eines Geldbetrags.
  Ist als Gegenleistung die Übertragung eines anderen Vermögensgegenstands vereinbart, so liegt ein Tauschgeschäft und kein Pensionsgeschäft vor.[120]

---

[118] Vgl. Birck/Meyer, V 460.
[119] Vgl. DSGV (Hrsg.), Anhang 11.
[120] Es handelt sich bspw. um ein Tauschgeschäft, wenn das Institut Forderungen gegen Übernahme von Schuldverschreibungen „in Pension" gibt. Technisch werden diese Geschäfte als „Verkauf" der Forderung und als „Ankauf" der Wertpapiere abgewickelt, wirtschaftlich handelt es sich jedoch um einen Tausch. Eine ggf. bestehende Rücknahmeverpflichtung für die im Tausch hingegebenen Forderungen ist mithin auch nicht als Eventualverbindlichkeit unter dem Bilanzstrich im Posten 1.a) zu vermerken. Es kommt vielmehr für ein auf diese Art beim ursprünglichen Forderungsinhaber verblei-

- Die vertragliche Gegenleistung für die Rücknahme des Vermögensgegenstands besteht ebenfalls in der Zahlung eines im Voraus vereinbarten Geldbetrags.

Nach dem Vorliegen zusätzlicher Voraussetzungen ist zwischen echten und unechten Pensionsgeschäften zu unterscheiden.

Echte Pensionsgeschäfte

- Der Pensionsnehmer ist zur Rückübertragung des empfangenen Vermögensgegenstandes verpflichtet. Der Pensionsgeber muss demzufolge den Pensionsgegenstand zurücknehmen.
- Der Rücknahmezeitpunkt ist entweder im Voraus bestimmt oder die Bestimmung dieses Zeitpunkts ist dem Pensionsgeber überlassen.

Unechte Pensionsgeschäfte

- Der Pensionsgeber ist zwar zur Rücknahme des übertragenen Vermögensgegenstandes verpflichtet, ohne dass jedoch eine Rückübertragungsverpflichtung des Pensionsnehmers besteht (Rückgaberecht des Pensionsnehmers).
- Der Rückgabezeitpunkt ist entweder im Voraus bestimmt oder die Bestimmung dieses Zeitpunkts ist dem Pensionsnehmer überlassen.

Devisentermingeschäfte, Börsentermingeschäfte und ähnliche Geschäfte sind selbst dann nicht den Pensionsgeschäften zuzuordnen, wenn für sie sämtliche Merkmale der Definition des Pensionsgeschäfts zutreffen. Die Ausgabe eigener Schuldverschreibungen auf abgekürzte Zeit (sog. Wertpapiere mit Sonderausstattung) gilt nicht als Pensionsgeschäft.

3.2.3. Bilanzierung von Pensionsgeschäften

§ 340b HGB regelt den Ausweis, nicht aber die Bewertung von Pensionsgeschäften. Die Bestimmungen in § 340b HGB gelten formal nur für Kreditinstitute und Finanzdienstleistungsinstitute, sie bringen jedoch hinsichtlich der Behandlung von Pensionsgeschäften in der Bilanz **geschäftsspezifische Grundsätze ordnungsmäßiger Bilanzierung** zum Ausdruck.[121] Sie sind daher von allen Kaufleuten zu beachten, soweit diese an Pensionsgeschäften untereinander oder mit Kreditinstituten beteiligt sind.[122]

---

bendes Bonitätsrisiko ein Vermerk unter dem Bilanzstrich im Posten 1. b) in Betracht; vgl. DSGV (Hrsg.), Anhang 11, 2.
[121] Zur Problematik der geschäftsspezifischen GoB vgl. Au, 115 ff.
[122] Vgl. WPH I 2000 E Tz. 47 mwN; im Ergebnis ebenso Hinz, BB 1991, 1156.

3.2.3.1. Bilanzierung echter Pensionsgeschäfte

3.2.3.1.1. Bilanzierung und Bewertung beim Pensionsgeber

Bilanzausweis

Die iRd. Pensionsgeschäfts **übertragenen Vermögensgegenstände** (Pensionsgegenstände) sind gemäß § 340b Abs. 4 HGB nach wie vor in der Bilanz des Pensionsgebers auszuweisen. Die Bilanzierung des Pensionsgegenstands weicht damit bei echten Pensionsgeschäften von der bürgerlich-rechtlichen Gestaltung ab. Sie orientiert sich am wirtschaftlichen Gehalt des Pensionsgeschäfts. Hierdurch wird die tatsächliche Chancen-/Risikolage des Pensionsgebers zutreffend dargestellt.[123]

Bei den echt verpensionierten Vermögensgegenständen trägt der Pensionsgeber aufgrund seiner unbedingten Rücknahmeverpflichtung nach wie vor die Chancen und Risiken (Marktpreis- und Bonitätsrisiko) aus den übertragenen Aktiva auch während der Zeit der Verpensionierung.[124] Die Bilanzierung erfolgt so, als ob der Pensionsgeber einen Kredit beim Pensionsnehmer aufgenommen und diesem den Pensionsgegenstand als Sicherheit für den Kredit übereignet hat.

In Höhe des **erhaltenen Betrags** muss der Pensionsgeber eine Verbindlichkeit gegenüber dem Pensionsnehmer passivieren.[125] Die Postenbezeichnung der Verbindlichkeit hängt vom Vertragspartner (Kunde oder Institut), ihre Einordnung in das Fristenschema von der vereinbarten Restlaufzeit ab.

Die im Rahmen von Pensionsgeschäften in Pension gegebenen Vermögensgegenstände werden beim Pensionsgeber in der Bilanz nicht getrennt von den übrigen Aktiva ausgewiesen. Gleiches gilt für die gegenüber dem Pensionsnehmer auszuweisende Verbindlichkeit. Über bestehende Pensionsgeschäfte informiert die nach § 340b Abs. 4 Satz 4 HGB erforderliche Angabe im **Anhang** (vgl. unten).

Bewertung

Da für den Pensionsgeber eine unbedingte Rücknahmeverpflichtung aus dem echten Pensionsgeschäft besteht, trägt er auch während des Pensionsgeschäfts die Risiken, insbesondere das Wertminderungsrisiko, aus den in Pension gegebenen Vermögenswerten und zwar genau so, als ob er die Aktiva nicht in Pension gegeben hätte.[126]

---

[123] Eine zusammenfassende Darstellung der Bilanzierung echter Pensionsgeschäfte vgl. Bieg (1998), 147.
[124] Vgl. Waschbusch, BB 1993, 174.
[125] Mit einem Beispiel Au, 152 ff.
[126] Vgl. Bieg (1998), 138.

Es erfolgt eine Bilanzierung und Bewertung wie bei einer Kreditaufnahme des Pensionsgebers (Ausweis einer Verbindlichkeit) und einer Kreditvergabe des Pensionsnehmers (Ausweis einer Forderung, vgl. unten). Der Pensionsgegenstand wird entsprechend § 246 Abs. 1 Satz 2 HGB bilanziell so behandelt, als sei er zur Sicherung des Kredits sicherungsübereignet worden.[127]

Je nach Zuordnung der Pensionsgegenstände (Anlage- oder Umlaufvermögen) vor der Übertragung auf den Pensionsnehmer, sind diese nach dem gemilderten oder strengen Niederstwertprinzip zu bewerten.

Die Vermögensgegenstände sind so zu bewerten, als ob es kein Pensionsgeschäft gäbe. Die ursprünglichen **Anschaffungskosten** des Vermögensgegenstands gelten auch nach dem späteren Rückerwerb als Anschaffungskosten iSd. § 253 Abs. 1 HGB und damit als Vergleichswert für eine evtl. Abwertung auf den niedrigeren beizulegenden Wert bzw. den Börsen- oder Marktpreis; im Rahmen des Rückerwerbs kommt es damit nicht zu neuen Anschaffungskosten. Aufgrund des unveränderten Ausweises der in Pension gegebenen Vermögensgegenstände beim Pensionsgeber können sich trotz des zwingenden Rückerwerbs zum vereinbarten Rücknahmepreis keine neuen Anschaffungskosten ergeben.[128]

Durch die Übertragung des Pensionsgegenstands kann es auch zu **keiner Gewinnrealisierung** kommen. Es ist insbesondere nicht möglich, stille Reserven zu realisieren.[129]

Unterschiedsbetrag

Ist der für die Rückübertragung vereinbarte Betrag höher oder niedriger als der Betrag, der bei der Hingabe des Vermögensgegenstands entrichtet wurde, so ist der Unterschiedsbetrag gemäß § 340b Abs. 4 Satz 3 HGB über die Laufzeit des Pensionsgeschäfts zu verteilen. Bei wesentlichen Beträgen bzw. längeren Laufzeiten ist es angebracht, die Verteilung so vorzunehmen, dass die Effektivverzinsung über die gesamte Laufzeit gleich bleibt.

Ist der Rücknahmebetrag geringer als der vom Pensionsnehmer erhaltene Betrag, so ist die Verbindlichkeit in Höhe des niedrigeren Rückzahlungsbetrags und der Unterschiedsbetrag als passiver Rechnungsabgrenzungsposten auszuweisen.[130]

Liegt der Rücknahmebetrag über dem vom Pensionsnehmer erhaltenen Betrag, so ist der höhere Rückzahlungsbetrag als Verbindlichkeit zu passivieren und der Unterschiedsbe-

---

[127] Vgl. Treuberg/Scharpf, DB 1991, 1235; Bieg (1998), 138.
[128] Ebenso Bieg (1998), 139.
[129] Ausführlich zur Gewinnrealisation vgl. Hoffmann, BB 1997, 252; Waschbusch, BB 1993, 174.
[130] Ebenso Krumnow ua., 2. Aufl., § 340b HGB Rn. 24; zT anderer Ansicht vgl. Bieg (1998), 140 ff.

trag in den aktiven Rechnungsabgrenzungsposten aufzunehmen.[131] In diesem Fall erscheint es auch zulässig, die Verbindlichkeit lediglich in Höhe des (niedrigeren) erhaltenen Betrags auszuweisen und den Unterschiedsbetrag jährlich anteilig zuzuschreiben.[132]

Gewinn- und Verlustrechnung

Aufgrund der Bilanzierung des Pensionsgegenstands beim Pensionsgeber ist es nur konsequent, bzgl. des GuV-Ausweises in der Handelsbilanz nach Maßgabe der in der Bilanz ausgewiesenen Vermögenswerte und Schulden zu verfahren.[133]

Das bedeutet, dass die Erträge aus den Pensionsgegenständen nach wie vor erfolgswirksam vom Pensionsgeber zu vereinnahmen sind, selbst dann, wenn diese zivilrechtlich dem Pensionsnehmer zufließen. Andererseits sind die an den Pensionsnehmer weitergeleiteten Erträge aus Pensionsgegenständen Zinsaufwand für die in der Bilanz ausgewiesene Verbindlichkeit und dementsprechend in der Gewinn- und Verlustrechnung auszuweisen. Eine Verrechnung mit Erträgen aus den Pensionsgegenständen findet nicht statt.[134]

Die Beträge aus der **Verteilung eines Unterschiedsbetrags** zwischen erhaltenem Betrag und Rückzahlungsbetrag erhöhen bzw. vermindern diese Zinsaufwendungen. Darüber hinaus vereinbarte Zinskorrekturen in Form von laufenden Zinsdifferenzzahlungen stellen ebenso wie Verteilungsbeträge aus einmaligen Ausgleichszahlungen Zinsaufwand dar.

Anhangangaben

Der Pensionsgeber muss den Buchwert der in Pension gegebenen Vermögensgegenstände im **Anhang** angeben (§ 340b Abs. 4 Satz 4 HGB). Dies informiert darüber, dass sich die nach wie vor in der Bilanz des Pensionsgebers ausgewiesenen Pensionsgegenstände nicht mehr im Besitz (und auch nicht im juristischen Eigentum) des Bilanzierenden befinden, sondern (mit Rückgabeanspruch) veräußert wurden. Dies ist im Grunde eine Präzisierung des in § 35 Abs. 5 RechKredV geregelten Grundsatzes, dass zu jedem Posten der in der Bilanz ausgewiesenen Verbindlichkeiten der Gesamtbetrag der als Sicherheit übertragenen Vermögenswerte anzugeben ist.[135]

---

[131] Ebenso Krumnow ua., 2. Aufl., § 340b HGB Rn. 22.
[132] GlA mit einem Beispiel vgl. Au, 152 ff.
[133] GlA Krumnow ua., 2. Aufl., § 340b HGB Rn. 34.
[134] Ebenso WPH Bd. I 2000 J Tz. 51; Birck/Meyer, V 461.
[135] Vgl. Krumnow ua., 2. Aufl., § 340b HGB Rn. 25.

Aufgrund dieser Anhangangabe können externe Adressaten des Jahresabschlusses erkennen, ob Teile der in der Bilanz des Pensionsgebers nach wie vor noch ausgewiesenen Aktiva verpensioniert wurden, sich also auf Zeit nicht mehr in dessen bürgerlich-rechtlichem Eigentum befinden.[136]

3.2.3.1.2. Bilanzierung und Bewertung beim Pensionsnehmer

Bilanzausweis

Der Pensionsnehmer darf gemäß § 340b Abs. 4 Satz 5 HGB die beim echten Pensionsgeschäft in Pension genommenen Vermögensgegenstände nicht in seiner Bilanz aktivieren. Er hat als Gegenposten zu dem für die Übertragung der Vermögenswerte gezahlten Betrag vielmehr eine **Forderung** gegenüber dem Pensionsgeber auszuweisen. Die genaue Postenbezeichnung der Forderung hängt vom Vertragspartner (Kunde oder Institut), ihre Einordnung in das Fristenschema von der vereinbarten (Rest-) Laufzeit des Pensionsgeschäfts ab.

Bewertung

Die Bewertung der Forderung beim Pensionsnehmer richtet sich nach der Bonität des Pensionsgebers. Dabei ist die Werthaltigkeit des als Sicherheit dienenden Pensionsgegenstands zu berücksichtigen. Einzelheiten vgl. Kapitel 4.3.5.

Unterschiedsbetrag

Ist für die Rückübertragung ein höherer oder ein niedrigerer Betrag vereinbart, so ist der Unterschiedsbetrag über die Laufzeit des Pensionsgeschäfts zu verteilen (§ 340b Abs. 4 Satz 6 HGB). Bei wesentlichen Beträgen bzw. längeren Laufzeiten ist es auch beim Pensionsnehmer angebracht, die Verteilung so vorzunehmen, dass die Effektivverzinsung über die gesamte Laufzeit gleich bleibt.

Ist der Rückzahlungsbetrag niedriger als der an den Pensionsgeber bezahlte Betrag, so ist die Forderung in der Bilanz des Pensionsnehmers nur in Höhe dieses niedrigeren Rückzahlungsbetrags zu aktivieren. Der Unterschiedsbetrag ist als aktiver Rechnungsabgrenzungsposten zu bilanzieren und wie beim Pensionsgeber auf die Laufzeit des Pensionsgeschäfts zu verteilen.

Ist der Rückzahlungsbetrag dagegen höher als der vom Pensionsnehmer an den Pensionsgeber bezahlte Betrag, so hat der Pensionsnehmer grundsätzlich den höheren

---

[136] So Waschbusch, BB 1993, 174.

Rückzahlungsbetrag als Forderung zu aktivieren und den Unterschiedsbetrag als passiven Rechnungsabgrenzungsposten auszuweisen, der dann über die Laufzeit zu verteilen ist. Im letztgenannten Fall erscheint es auch zulässig, statt des höheren Rückzahlungsbetrags nur eine Forderung in Höhe des tatsächlich bezahlten Betrags zu aktivieren und am Bilanzstichtag in Höhe des anteiligen Unterschiedsbetrags eine Zuschreibung auf die Forderung zu machen.

Gewinn- und Verlustrechnung

Die Erträge aus den in Pension genommenen Gegenständen sind beim Pensionsnehmer nicht Erträge aus diesen Vermögensgegenständen, sondern Zinserträge aus der in der Bilanz ausgewiesenen Forderung. Der auf die Laufzeit zu verteilende Unterschiedsbetrag zwischen dem an den Pensionsgeber bezahlten Betrag und dem Rückzahlungsbetrag erhöht bzw. vermindert diese Zinserträge. Darüber hinausgehende Zinskorrekturen, wie zB laufende Zinsdifferenzzahlungen oder einmalige Ausgleichszahlungen,[137] wirken sich ebenfalls auf den Zinsertrag aus.

3.2.3.2. Bilanzierung unechter Pensionsgeschäfte

3.2.3.2.1. Bilanzierung und Bewertung beim Pensionsgeber

Bilanzausweis

Die **Pensionsgegenstände** sind bei einem unechten Pensionsgeschäft nicht in der Bilanz des Pensionsgebers, sondern in der des Pensionsnehmers (= juristischer und wirtschaftlicher Eigentümer) auszuweisen (§ 340b Abs. 5 Satz 1 HGB).[138]

Da beim unechten Pensionsgeschäft der Pensionsnehmer lediglich das Recht hat, die in Pension genommenen Vermögenswerte zurückzuübertragen, jedoch keine Rückgabeverpflichtung übernimmt, ist es nicht sicher, ob der Pensionsgeber diese Vermögenswerte überhaupt zurückerhält. Durch die Zurechnung der Pensionsgegenstände zum Vermögen des Pensionsnehmers folgt die bilanzielle Behandlung der zivilrechtlichen Ausgestaltung des unechten Pensionsgeschäfts.

Der Pensionsgeber bucht die Pensionsgegenstände aus und weist - diesen Überlegungen folgend - in seiner Bilanz **flüssige Mittel** in Höhe des Verkaufspreises aus. **Unter der Bilanz** muss der Pensionsgeber jedoch den für die Rückübertragung vereinbarten Betrag im Posten

---

[137] Auf die Laufzeit des Pensionsgeschäfts verteilt.
[138] Mit einem Beispiel vgl. Au (2000), 173 ff.

2. Andere Verpflichtungen
   a) Rücknahmeverpflichtungen aus unechten Pensionsgeschäften

als **Eventualverpflichtung** angeben (§ 340b Abs. 5 Satz 2 HGB). Falls verschiedene Rückkauftermine mit unterschiedlichen Beträgen vereinbart worden sind, sollte der höchste Betrag vermerkt werden.[139] Eine entsprechende Angabe im Anhang, zB unter sonstigen finanziellen Verpflichtungen, scheidet konsequenterweise aus.

Gewinnrealisation

Da beim unechten Pensionsgeschäft die Vermögensgegenstände nach § 340b Abs. 5 HGB nicht mehr in der Bilanz des Pensionsgebers, sondern in der des Pensionsnehmers auszuweisen sind - also wie bei einem normalen Verkauf der Pensionsgegenstände an den Pensionsnehmer - stellt sich für die Bilanzierung beim Pensionsgeber die Frage, ob ein Gewinn, der dadurch entstehen könnte, dass der Verkaufspreis über dem Buchwert des Vermögensgegenstands liegt, beim Pensionsgeber realisiert werden darf oder gar muss und ob dementsprechend beim Rückkauf neue Anschaffungskosten anzunehmen sind.[140]

Laut BFA 2/1982[141] scheidet eine über die Anschaffungskosten hinausgehende Gewinnrealisierung aus.[142] Eine Gewinnrealisation ist nicht durch das Pensionsgeschäft, sondern allenfalls nach den allgemeinen Grundsätzen der Zuschreibung (Wertaufholung) möglich.[143]

Liegt der eingegangene - vom Pensionsnehmer bezahlte - Kaufpreis über dem Buchwert des Pensionsgegenstands, so ist die Realisierung der stillen Reserven - der eingegangene Kaufpreis ist ja zu buchen - durch die Bildung einer Rückstellung „für schwebende Rücknahmeverpflichtungen" in Höhe der Differenz zwischen dem erhaltenen Betrag und dem Buchwert zu neutralisieren (BFA 1/1966).[144] Diese Rückstellung entspricht der *„scheinbar aufgelösten stillen Reserve".*[145] Sobald der Pensionsgeber den Pensionsgegenstand wieder zurücknimmt und den vereinbarten Rückkaufspreis entrichtet, ist der Pensionsgegenstand mit dem alten Buchwert wieder einzubuchen, die Rückstellung

---

[139] Vgl. Treuberg/Scharpf, DB 1991, 1237.
[140] Ausführlich vgl. Bieg (1998), 148 ff.
[141] Vgl. BFA 2/1982, WPg 1982, 548.
[142] Kritisch hierzu vgl. Au, 168 ff.
[143] Vgl. Krumnow ua., 2. Aufl., § 340b HGB Rn. 37; ausführlich zur Gewinnrealisation vgl. auch Hoffmann, BB 1997, 252.
[144] Vgl. BFA 1/1966, WPg 1966, 159 (aufgehoben (2000), aber inhaltlich weiterhin zutreffend); WPH Bd. I 2000 J Tz. 53.
[145] Vgl. Birck/Meyer, V 464.

aufzulösen und ggf. eine Abschreibung auf das Pensionsgut vorzunehmen.[146] Gibt der Pensionsnehmer den Pensionsgegenstand allerdings innerhalb der Rückgabefrist nicht zurück, muss der Pensionsgeber die Rückstellung auflösen und als Veräußerungsgewinn vereinnahmen.[147]

Ein Verlust tritt dann nicht ein, wenn die Stücke im Zeitpunkt der Rücknahme eingezogen werden. Eine Rückstellung erübrigt sich in diesem Fall, wenn die für den Rückkauf erforderlichen Mittel aus dem gesicherten Tilgungsaufkommen des laufenden Geschäfts voraussichtlich zur Verfügung stehen und somit die Voraussetzung für die Einziehung der Stücke gegeben ist (BFA 1/1966).[148]

Ist der Wert der Pensionsgegenstände am folgenden Bilanzstichtag gegenüber dem Buchwert bei Inpensionsgabe gesunken und reicht die Rückstellung für schwebende Rücknahmeverpflichtungen nicht aus, um bei einer Rücknahme den Vermögensgegenstand auf den niedrigeren Tageswert abzuwerten, ist wie folgt vorzugehen:

- Handelt es sich um Pensionsgegenstände, die nach dem strengen Niederstwertprinzip zu bewerten wären, muss der Pensionsgeber zwingend eine zusätzliche Rückstellung für drohende Verluste aus schwebenden Geschäften bilden, um bei einer Rücknahme die Pensionsgegenstände auf den niedrigeren Tageswert abwerten zu können. (zB Wertpapiere des Umlaufvermögens).[149]
- Liegen dem Pensionsgeschäft dagegen Gegenstände zugrunde, die nach dem gemilderten Niederstwertprinzip zu bewerten wären, kann die Bildung einer zusätzlichen Rückstellung unterbleiben.[150] Dies gilt bspw. für Darlehensforderungen oder Gegenstände des Anlagevermögens. Bei diesen besteht nämlich auch ohne Pensionsgeschäft grundsätzlich keine zwingende Abwertungspflicht.

Anschaffungskosten

Im Falle der Rücknahme der Vermögensgegenstände durch den Pensionsgeber entstehen bei diesem **keine** neuen Anschaffungskosten.[151] Die Rückstellung für schwebende Rücknahmeverpflichtungen sowie die ggf. zusätzlich gebildete Rückstellung für drohende Verluste aus schwebenden Geschäften ist vielmehr zur Herabsetzung des Rückkaufpreises auf den Niederstwert zu verbrauchen. Verzichtet der Pensionsnehmer jedoch auf die Rückgabe des Pensionsgegenstands, so ist die Rückstellung erfolgswirksam aufzulösen.[152]

---

[146] Vgl. Krumnow ua., 2. Aufl., § 340b HGB Rn. 38.
[147] Vgl. Krumnow ua., 2. Aufl., § 340b HGB Rn. 38.
[148] Vgl. BFA 1/1966, WPg 1966, 159 (aufgehoben (2000), aber inhaltlich weiterhin zutreffend).
[149] Vgl. WPH Bd. I 2000 J Tz. 53.
[150] Ebenso Ferber, 41 ff.
[151] Vgl. WPH Bd. I 2000 J Tz. 53.
[152] GlA Birck/Meyer, V 465.

Eine endgültige **Gewinnrealisierung** findet also erst dann statt, wenn der Vermögensgegenstand zivilrechtlich und wirtschaftlich endgültig auf den Pensionsnehmer übergeht oder ein herkömmlicher Verkauf stattfindet.[153]

Verlustrealisation

Wird der Gegenstand nicht zu einem über dem Buchwert liegenden Verkaufspreis in Pension gegeben, sondern zu einem (marktgerechten) Preis, der unter dem Buchwert liegt, so ist in Höhe dieser Differenz im Zeitpunkt der Inpensionsgabe ein Verlust realisiert. Beim Rückerwerb ist im Einvernehmen mit § 253 HGB eine Aufwertung bis zum Marktpreis, höchstens jedoch bis zu den ursprünglichen Anschaffungskosten, möglich.

Nicht marktgerechte Ver- und Rückkaufspreise

Für den Abschluss von Geschäften zu nicht marktgerechten Bedingungen besteht nach Ansicht der BaFin grundsätzlich keine Rechtfertigung; derartige Geschäftsabschlüsse können dennoch gelegentlich vorkommen.[154]

In solchen Fällen ist zu unterscheiden, ob der Verkaufspreis und der - in gleicher Höhe vereinbarte - Rücknahmepreis unter oder über dem Marktpreis liegen.

- Bei einem **über** dem Marktpreis liegenden Verkaufs- und Rücknahmepreis ist der überhöhte sowie der nicht überhöhte Teil des unrealisierten Gewinns in der Bilanz des Pensionsgebers in eine Rückstellung einzustellen, da die (schwebende) Verpflichtung besteht, den Gegenstand zu diesem überhöhten Preis auch wieder zurückzunehmen.[155]
- Wird dagegen ein **unter** dem Marktniveau liegender Verkaufs- und Rücknahmepreis vereinbart, so ist zu prüfen, aus welchem Grund der Pensionsgeber Vermögensgegenstände unter ihrem Wert verkauft, ohne den Pensionsnehmer zu verpflichten, den Gegenstand zu den gleichen Bedingungen zurückzugeben. Ergibt

---

[153] Bieg (1998), 149, sieht hingegen die Möglichkeit der Gewinnrealisation insoweit, als eine buchmäßige Wertaufholung möglich wäre.
[154] Vgl. Mindestanforderungen an das Betreiben von Handelsgeschäften, Verlautbarung des BAKred vom 23.10.1995, CMBS 4.270; ausführlich zu den Mindestanforderungen vgl. Scharpf/Luz, 15 ff., 64 ff.
[155] Vgl. Birck/Meyer, V 465; Birck/Meyer halten es in diesem Fall für sachgerechter, den Vorgang wie ein echtes Pensionsgeschäft zu bilanzieren, da seitens des Pensionsnehmers eine wirtschaftliche Rückgabepflicht besteht.

sich dabei, dass der Transaktion ein sog. Gentlemen's Agreement[156] dergestalt zugrunde liegt, dass der Pensionsnehmer die Gegenstände zurückverkaufen wird, so ist nach Ansicht von Birck/ Meyer[157] die Bilanzierung als echtes Pensionsgeschäft angemessen; andernfalls stelle der dem Pensionsnehmer „geschenkte" Betrag Aufwand dar.

Verkaufspreis ungleich Rücknahmepreis

Besteht beim echten Pensionsgeschäft ein Unterschied zwischen dem Verkaufs- und dem Rücknahmepreis, so ist - wie oben dargestellt - der Unterschiedsbetrag entsprechend § 340b Abs. 4 Satz 3 HGB über die Laufzeit des Pensionsgeschäfts zu verteilen.[158]

Werden unechte Pensionsgeschäfte ohne schriftlich vereinbarte Rückgabepflicht des Pensionsnehmers in der Weise abgeschlossen, dass Unterschiede zwischen Verkaufs- und Rücknahmepreis bestehen, so wird in der Literatur[159] angenommen, dass es sich, auch wenn diese Unterschiede Zinscharakter haben, tatsächlich um echte Pensionsgeschäfte handelt, da entweder wirtschaftlich eine Rückgabepflicht besteht oder aber ein Gentlemen's Agreement anzunehmen ist.

3.2.3.2.2. Bilanzierung und Bewertung beim Pensionsnehmer

Bilanzausweis

Der Pensionsnehmer hat den erworbenen Gegenstand nach § 340b Abs. 5 HGB wie bei einem Kauf in seiner Bilanz auszuweisen. Die **Anschaffungskosten** sind in Höhe des gezahlten Kaufpreises anzusetzen.

Das **Rückgaberecht** des Pensionsnehmers stellt, ebenso wie die Rücknahmeverpflichtung des Pensionsgebers, ein schwebendes Geschäft dar (wirtschaftlich mit einen Long Put vergleichbar).[160]

---

[156] Bei dem als Gentlemen's Agreement bezeichneten Geschäft wird die Vereinbarung über den Terminrückkauf nicht oder nur mündlich geschlossen; der Pensionsnehmer wird in diesen Fällen jedoch die Erwartung des Pensionsgebers auf Rückgabe aus Gründen seines „Standings" auch dann nicht enttäuschen, wenn dies für ihn ungünstig ist, da er andernfalls Gefahr läuft, künftig nicht mehr als Marktteilnehmer akzeptiert zu werden.
[157] Vgl. Birck/Meyer, V 465 f.
[158] Birck/Meyer, V 467, stellen dies als eine Möglichkeit dar.
[159] Vgl. Birck/Meyer, V 466.
[160] Zu Optionen und deren Bilanzierung vgl. Scharpf/Luz, 340 ff.

Fristengliederung

Für die Fristengliederung nach Restlaufzeiten ist nicht die Laufzeit des Pensionsgeschäfts, sondern die Restlaufzeit des erworbenen Pensionsgegenstands maßgebend.[161]

Bewertung

Die im Rahmen des Pensionsgeschäfts erworbenen Gegenstände sind idR dem Umlaufvermögen zuzuordnen bzw. bei Instituten wie Umlaufvermögen zu bewerten. Der beizulegende Wert ist dabei unter Einbeziehung der Rücknahmeverpflichtung des Pensionsgebers zu bemessen, die wie eine Kursgarantie wirkt.[162] Der Pensionsnehmer wird deshalb im Regelfall keine Abschreibungen vornehmen können, solange die Rückgabe an den Pensionsgeber beabsichtigt ist.

Der beizulegende Wert ist bei Wertpapieren idR ihr Börsen- oder Renditekurswert, der sich - entsprechend der Bewertung von Wertpapieren mit Sonderausstattung - aus dem Rücknahmepreis und -zeitpunkt, dem Marktzins und der Nominalverzinsung des Wertpapiers ableiten lässt.

3.2.4. Anwendung der MaH

Die MaH sind uneingeschränkt auf Pensionsgeschäfte anzuwenden. Wegen Einzelheiten wird auf die Verlautbarung zu den MaH sowie auf Scharpf/Luz[163] verwiesen.

3.2.5. Prüfung der Pensionsgeschäfte

Im Rahmen der Prüfung der Forderungen (vgl. Kapitel 4.3.5.2.), Wertpapiere (vgl. Kapitel 4.4.13.) und Eventualverbindlichkeiten ist anhand der vorstehenden Kriterien zu prüfen, ob Pensionsgeschäfte vorliegen.[164] Da es sich bei Pensionsgeschäften idR um solche im Wertpapiergeschäft handelt, sind bei Pensionsgeschäften die MaH zu beachten. Zur Prüfung können die allgemein zu den MaH entwickelten Checklisten Verwendung finden.[165] Ergänzend ist insbesondere auf Folgendes zu achten:

- Wird im Rahmen der laufenden Kontrolle der Marktgerechtigkeit der Konditionen sowohl der Kurs des Wertpapiers als auch das für die zeitliche Überlassung vereinbarte Entgelt überprüft?

---

[161] Vgl. Krumnow ua., 2. Aufl., § 340b HGB Rn. 30.
[162] Vgl. WPH Bd. I 2000 J Tz. 53.
[163] Vgl. Scharpf/Luz, 15 ff. und 64 ff.
[164] Vgl. zur Prüfung von Pensionsgeschäften Roth, ZIR 2003, 26 ff.
[165] Vgl. hierzu auch Roth, ZIR 2003, 30 ff.

- Es ist festzustellen, wie die Information der Lagerstelle erfolgt und wie das Backoffice die Erfüllung der Liefer- und Abnahmeverpflichtungen überwacht bzw. wie fällige Kupons überwacht werden.
- Erfolgt eine Abstimmung von Geld- und Wertpapierbeständen zwischen den internen Systemen und den externen Stellen?

Sämtliche festgestellten Pensionsgeschäfte sind daraufhin zu untersuchen, ob es sich um echte oder unechte Pensionsgeschäfte handelt. Dabei ist darauf zu achten, dass diese Geschäfte entsprechend den Vorschriften des § 340b HGB bilanziert und bewertet werden.

3.3. Treuhandgeschäfte

3.3.1. Begriff und Formen

Ein Treuhandverhältnis ist ein Rechtsverhältnis zwischen einem Treuhänder und einem Treugeber. Gegenstand dieses Rechtsverhältnisses ist das Treuhandvermögen (Treugut), das aus Sachen oder Rechten bestehen kann.[166] Bei Treuhandgeschäften überträgt der Treugeber Vermögensgegenstände auf den Treuhänder und schließt mit diesem gleichzeitig einen Treuhandvertrag ab.

Das **Treuhandvermögen** kann unter anderem bestehen aus

- Wertpapieren,
- Edelmetallbeständen,
- Beteiligungen an Kapital- und Personengesellschaften,[167]
- Beteiligungen an geschlossenen Immobilienfonds,
- unbebauten und bebauten Grundstücken,
- Hypotheken- und Grundschuldforderungen.

Für bilanzielle Zwecke ist eine Unterscheidung nach dem **Zweck** der Treuhandschaft und nach der **Rechtsmacht des Treuhänders** vorzunehmen.[168]

Nach dem **Zweck** der Treuhandschaft unterscheidet man zwischen Sicherungstreuhand (fiduziarische Treuhand, Vollrechtstreuhand) und Verwaltungstreuhand (Vollrechts- und Ermächtigungstreuhand).

- **Sicherungstreuhand**
  Bei der Sicherungstreuhand werden dem Treuhänder Vermögensgegenstände als Sicherheit (zB in Form einer Sicherungsübereignung, Sicherungsabtretung) übertragen. Dem Treuhänder werden Rechte zur Ausübung im eigenen Namen und für eigene Rechnung eingeräumt, die jedoch durch die Sicherungsabrede beschränkt sind. Obwohl der Sicherungsnehmer Vollrechtsinhaber ist, verbleibt das wirtschaftliche Eigentum am Sicherungsgut beim Sicherungsgeber.[169] Diese Form der Treuhand wird auch als „eigennützige Treuhand" bezeichnet.

---

[166] Ausführlich vgl. Heidner, DStR 1989, 276 ff.
[167] Zur Treuhandschaft an GmbH-Anteilen vgl. Armbrüster, GmbHR 2001, 941 ff.
[168] Vgl. Heidner, DStR 1989, 276 ff.
[169] Vgl. WPH Bd. I 2000 E Tz. 40.

- **Verwaltungstreuhand**
  Die Verwaltungstreuhand umfasst all die Fälle, die nicht der Sicherungstreuhand zuzurechnen sind.[170] Hier ist der Treuhänder entweder Vollrechtsinhaber oder er ist vom Treugeber lediglich ermächtigt oder bevollmächtigt, die Rechte an dem Treuhandgut auszuüben. Im Gegensatz zur Sicherungstreuhand wird diese Form der Treuhand auch als „uneigennützige Treuhand" bezeichnet.[171]

In Form der Sicherungstreuhand gewährt das Treuhandgeschäft dem Kreditgeber eine Sicherheit. Als Verwaltungstreuhand dient das Treuhandgeschäft ua. dazu, Eigentums- und Beteiligungsverhältnisse, die nicht offenkundig werden sollen, geheim zu halten.[172]

Nach der **Rechtsmacht**, die der Treuhänder besitzt, unterscheidet man zwischen Vollrechtstreuhand, Ermächtigungstreuhand und Vollmachtstreuhand.

- **Vollrechtstreuhand**
  Die Vollrechtstreuhand kann in Abhängigkeit des Zwecks der Treuhand Sicherungstreuhand (eigennützige Treuhand) oder Verwaltungstreuhand (uneigennützige Treuhand) sein. Beides Mal ist der Treuhänder Inhaber aller Rechte, die er im eigenen Namen, nicht aber im eigenen Interesse ausüben kann.[173] Im Außenverhältnis kann der Treuhänder alle Rechte zwar rechtswirksam ausüben, im Innenverhältnis ist er aber durch die Treuhandabrede beschränkt.
- **Ermächtigungstreuhand**
  Im Rahmen einer Ermächtigungstreuhand wird dem Treuhänder die Ermächtigung erteilt, im eigenen Namen aber für (fremde) Rechnung des Treugebers über das Treugut zu verfügen oder daran Rechte zu begründen, zu verändern oder aufzuheben.[174] Eine Übertragung des zivilrechtlichen Eigentums findet im Gegensatz zur Vollrechtstreuhand nicht statt.[175]
- **Vollmachtstreuhand**
  Bei der Vollmachtstreuhand erhält der Treuhänder lediglich eine Vollmacht zur Vornahme von Verpflichtungs- und Verfügungsgeschäften zur Verwaltung des weiterhin (juristisch und wirtschaftlich) dem Treugeber zugeordneten Vermögens.[176] Der Bevollmächtigte handelt im fremden Namen und für fremde Rechnung.

---

[170] Vgl. Krumnow ua., 2. Aufl., § 6 RechKredV Rn. 8.
[171] Dies bedeutet, dass der Treuhänder seine Rechtsmacht nicht im eigenen Interesse, sondern im Interesse, zumindest im überwiegenden Interesse des Treugebers ausübt.
[172] Vgl. auch Heidner, DStR 1989, 276 ff.
[173] Vgl. BeBiKo 5. Aufl. § 246 HGB Rn. 8.
[174] Vgl. BeBiKo 5. Aufl. § 246 HGB Rn. 13.
[175] Vgl. auch Roß, 24.
[176] Vgl. Roß, 29.

In den Regelungsbereich des § 6 Abs. 1 Satz 1 RechKredV fällt die **Verwaltungstreuhand**, soweit sie als Vollrechtstreuhand ausgestaltet ist.[177] Bei der Vollrechtstreuhand übt der Treuhänder als Inhaber aller Rechte die Geschäfte im eigenen Namen für fremde Rechnung aus. Der Bilanzausweis erfolgt somit beim Treuhänder.[178]

Ob die **Ermächtigungstreuhand**, bei der der Treuhänder im eigenen Namen verfügt, von der Vorschrift des § 6 RechKredV erfasst wird, ist strittig. Von der hM wird dies bejaht.[179] Damit erfolgt der Bilanzausweis beim Treuhänder. Weil der Treuhänder iRd. Ermächtigungstreuhand nicht Rechtsinhaber hinsichtlich des Treuguts wird, ist nach anderer Ansicht, „*...davon auszugehen, dass die Ermächtigungstreuhand eher nicht in den Anwendungsbereich des § 6 Abs. 1 RechKredV fällt*".[180] Soweit das Institut als Treuhänder iRd. Ermächtigungstreuhand im eigenen Namen und für fremde Rechnung handelt, kann der zuletzt genannten Auffassung nicht gefolgt werden.

Kein Treuhandgeschäft iSd. § 6 Abs. 1 Satz 1 RechKredV ist die **Vollmachtstreuhand**, bei der der Treuhänder im fremden Namen und für fremde Rechnung handelt. Für im fremden Namen und auf fremde Rechnung gehaltene Vermögensgegenstände und Schulden besteht nach § 6 Abs. 3 RechKredV beim Treuhänder ein Bilanzierungsverbot.[181] Ebenfalls um keine Treuhandgeschäfte handelt es sich bei den **Treuhandzahlungen** gemäß § 21 Abs. 3 RechKredV; diese sind als Kundenverbindlichkeiten auszuweisen.

3.3.2. Treuhänder

3.3.2.1. Bilanzansatz und Bewertung beim Treuhänder

Gesetzliche Regelung

Nach § 6 Abs. 1 RechKredV sind Vermögensgegenstände und Schulden, die ein Institut im eigenen Namen, aber für fremde Rechnung hält, in die Bilanz des Instituts aufzunehmen. Die Gesamtbeträge sind in der Bilanz im Aktivposten „9. Treuhandvermögen" und im Passivposten „4. Treuhandverbindlichkeiten" auszuweisen sowie im Anhang nach den Aktiv- und Passivposten des Formblatts aufzugliedern. Voraussetzung ist, dass das bilanzierende Institut keinerlei Kredit- und Liquiditätsrisiko hat.[182] Die Posten Treuhandvermögen und Treuhandverbindlichkeiten müssen betragsmäßig übereinstimmen.

---

[177] Vgl. WPH Bd. I 2000 J Tz. 63.
[178] Vgl. Böcking/Oldenburger, in: MünchKomm. HGB § 340a HGB Rn. 30.
[179] Vgl. Krumnow ua., 2. Aufl., § 6 RechKredV Rn. 17; Mathews, BB 1989, 455; Böcking/Oldenburger, in: MünchKomm. HGB § 340a HGB Rn. 30.
[180] Vgl. WPH Bd. I 2000 J Tz. 63.
[181] Vgl. Böcking/Oldenburger, in: MünchKomm. HGB § 340a HGB Rn. 30; Roß, 96.
[182] Vgl. WPH Bd. I 2000 J Tz. 67.

Sieht man von einer **Bilanzverlängerung** als Folge des Ausweises des Treuguts in der Bilanz des Treuhänders ab, ergeben sich für den Treuhänder keine weiteren wirtschaftlichen Folgen.

Noch nicht weitergeleitete Mittel bzw. noch nicht abgeführte Leistungen sind nicht als Teil des Treuhandgeschäfts, sondern bei den entsprechenden Aktiv- bzw. Passivposten auszuweisen.[183]

Dabei sind **Treuhandkredite**,[184] die im eigenen Namen, aber für fremde Rechnung gewährt wurden, nach § 6 Abs. 2 RechKredV in einem „Darunter-Vermerk" anzugeben. Die Betragsidentität ist auch für den Vermerk der Treuhandkredite erforderlich. Ein Treuhandkredit liegt nur dann vor, wenn die Mittel vom Auftraggeber voll zur Verfügung gestellt wurden und das Kreditinstitut keinerlei Eigenrisiko aus dem Kreditverhältnis trägt.[185]

Trägt das Kreditinstitut über die ordnungsmäßige Verwaltung des Engagements hinaus ein Eigenrisiko oder werden die Mittel vom Auftraggeber nicht voll zur Verfügung gestellt, handelt es sich um originäre Forderungen des Kreditinstituts, die dieses als Aktiva „3. Forderungen an Kreditinstitute" bzw. „4. Forderungen an Kunden" auszuweisen hat. Entsprechendes gilt für die Refinanzierung dieser Forderungen („1. Verbindlichkeiten gegenüber Kreditinstituten", „2. Verbindlichkeiten gegenüber Kunden"). Konsequenterweise werden die Zinserträge bzw. Zinsaufwendungen in der Gewinn- und Verlustrechnung als solche gezeigt.[186] Ein Ausweis als Treuhandvermögen bzw. Treuhandverbindlichkeiten kommt dann nicht in Betracht (vgl. zur Übernahme eines teilweisen Kreditrisikos die Ausführungen in Kapitel 5.2.9.2.3.).

Bilanzierung der unterschiedlichen Formen der Treuhand

Die zivilrechtliche Abgrenzung zwischen den verschiedenen Formen der Treuhandschaft ist nicht immer eindeutig. Insbesondere die Frage, ob der Treuhänder für eigene Rechnung tätig wird bzw. überhaupt tätig werden kann, ist problematisch. Für die Bilanzierung sind daher jeweils die Umstände des Einzelfalls entscheidend.

Da bei der **Sicherungstreuhand** der Sicherungsgeber weiterhin wirtschaftlicher Eigentümer bleibt, obwohl der Sicherungsnehmer Vollrechtsinhaber ist, gehören die im Rahmen einer Sicherungstreuhand übertragenen Vermögenswerte nicht zum Treuhandvermögen beim Sicherungsnehmer (§ 246 Abs. 1 Satz 2 und 3 HGB). Diese Ver-

---

[183] Vgl. WPH Bd. I 2000 J Tz. 67.
[184] Zu einer Systematisierung weitergeleiteter Kredite vgl. Bieg (1998), 175.
[185] Vgl. Krumnow ua., 2. Aufl., § 6 RechKredV Rn. 24.
[186] Vgl. Bieg (1998), 174.

mögensgegenstände sind mit Ausnahme der Bareinlagen nicht in die Bilanz des Sicherungsnehmers aufzunehmen.

Handelt es sich bei dem hingegebenen Vermögenswert um eine **Bareinlage**, so ist diese nach § 246 Abs. 1 Satz 3 HGB in der Bilanz des Sicherungsnehmers auszuweisen (Aktivposten „1.a) Kassenbestand", Passivposten „1. Verbindlichkeiten gegenüber Kreditinstituten" bzw. „2. Verbindlichkeiten gegenüber Kunden").

Voraussetzung für eine Bilanzierung als Treuhandvermögen ist, dass das Institut die betreffenden Vermögenswerte und Schulden *„im eigenen Namen, aber für fremde Rechnung hält"*. Hierunter fallen zunächst alle Fälle der als **Vollrechtstreuhand** ausgestalteten **Verwaltungstreuhand**.[187] Soweit auch im Falle der **Ermächtigungstreuhand** ein Handeln im eigenen Namen und für fremde Rechnung gegeben ist, macht diese Form der Verwaltungstreuhand die Bilanzierung des betreffenden Sachverhalts nach dem eindeutigen Wortlaut der RechKredV als Treuhandgeschäft iSd. § 6 RechKredV erforderlich.[188]

Da der Treuhänder im Rahmen einer **Vollmachtstreuhand** sowohl im fremden Namen als auch für fremde Rechnung lediglich als Bevollmächtigter tätig wird, ist dies ein Fall des § 6 Abs. 3 RechKredV. Die verwalteten Vermögenswerte dürfen danach nicht in die Bilanz aufgenommen werden. Es handelt sich hierbei im Grunde um gar kein Treuhandverhältnis, sondern eher um eine Vermögensverwaltung, bei der der Kunde Inhaber des Vermögens bleibt und das Institut im Rahmen eines auf die Verwaltung gerichteten Geschäftsbesorgungsvertrags als Vertreter des Vermögensinhabers in dessen Namen handelt. Das Bilanzierungsverbot beschränkt sich jedoch nur auf den Ausweis „über dem Strich" in der Bilanz. Eine Angabe des Volumens und evtl. der Art des verwalteten Vermögens in einem Bilanzvermerk „unter dem Strich" oder im Anhang ist jedoch zulässig.[189] Das Bilanzierungsverbot für die Vollmachtstreuhand gilt entsprechend auch für im fremden Namen und für fremde Rechnung vergebene **Verwaltungskredite**.[190] Dieses Bilanzierungsverbot hat konsequenterweise zur Folge, dass Verwaltungskredite auch nicht im Darunter-Vermerk „Treuhandkredite" erfasst werden.

---

[187] Mit Ausnahme der seltenen Sachverhaltsgestaltungen, bei denen die Rechtsmacht des Treuhänders so stark ist, dass er im eigenen Namen und für eigene Rechnung tätig wird. Diese Fälle sind dann beim Treuhänder nicht als Treuhandvermögen, sondern wie sein sonstiges eigenes Vermögen auszuweisen; vgl. Krumnow ua., 2. Aufl., § 6 RechKredV Rn. 16.
[188] Vgl. Krumnow ua., 2. Aufl., § 6 RechKredV Rn. 17; Bieg (1998), 174; Ausschuss für Bilanzierung des BdB (1993), 110; aA WPH Bd. I 2000 J Tz. 63.
[189] Vgl. WPH Bd. I 2000 J Tz. 68.
[190] Vgl. Bieg (1998), 176.

3.3.2.2. Bewertung beim Treuhänder

Der Gesamtbetrag der unter die Regelung des § 6 Abs. 1 RechKredV fallenden Treuhandvermögen ist - wie oben dargestellt - zu aktivieren; in gleicher Höhe ist ein Passivposten auszuweisen. Wertänderungen des Treuhandvermögens gehen zugunsten bzw. zulasten des Treugebers. Es gilt der **Grundsatz der Erfolgsneutralität** der Bilanzierung des Treuhandverhältnisses beim Treuhänder.

Auf den Wertansatz derartiger Treuhandvermögen geht § 6 RechKredV nicht ein. In der Literatur sind zur Bewertung des Treuguts in der Bilanz des Treuhänders wenig Hinweise zu finden.[191] Unstreitig ist auf jeden Fall, dass der Wertansatz des treuhänderisch gehaltenen Vermögens in der Bilanz des Treuhänders keinen Einfluss auf das ansonsten vom Treuhänder auszuweisende Eigenvermögen haben kann.

Um willkürliche Bewertungen weitgehend auszuschließen, schlägt Mathews[192] vor, einen für alle Arten von Treuhandvermögen geeigneten Wert heranzuziehen, nämlich den **Zeitwert** (Marktwert). Dieser Wert lässt nach seiner Ansicht nach außen hin auch das für den Treuhänder mit der Treuhandverwaltung verbundene Risiko am besten erkennen. Roß[193] zeigt auf, dass der Zeitwertbilanzierung im handelsrechtlichen Jahresabschluss bei Instituten gefolgt werden kann.

Soweit es sich um börsengängige Wertpapiere, Edelmetallbestände, Forderungen aus weitergeleiteten Krediten, Hypotheken- und Grundschuldforderungen handelt, wird die Bewertung mit dem Zeitwert (Barwert) am Bilanzstichtag kaum große Schwierigkeiten bereiten. Eingetretene Wertverluste gehen nicht zulasten des Instituts als Treuhänder, sofern sie nicht durch unsachgemäße Verwaltung verursacht wurden. Die Zeit- oder Verkehrswerte für Grundstücke und Gebäude sowie für Beteiligungen sind dagegen ungleich schwieriger zu ermitteln.[194]

Da die Wertangabe für die Beurteilung der Vermögenslage des Treuhänders ohne Bedeutung ist, kann eine solche Neubewertung, die ggf. sehr aufwändig ist (zB bei Beteiligungen), nicht gefordert werden.[195] Im Hinblick darauf, dass bei dem Treugeber ohnehin keine Gewinnrealisierung in Betracht kommt, kann das Treugut bei dem Treuhänder zumindest anfänglich mit dem **Buchwert** des Treugebers bei Übertragung auf den Treuhänder angegeben werden. Ist der Buchwert nicht bekannt und kann der Verkehrswert nicht ohne weiteres ermittelt werden, kann ggf. auch ein Merkposten angesetzt werden.[196]

---

[191] Vgl. Mathews, BB 1987, 646; WPH Bd. I 2000 J Tz. 70.
[192] Vgl. Mathews, BB 1987, 646 mit einer Aufzählung der infrage kommenden Treuhandgegenstände und deren Wertansätze.
[193] Vgl. Roß, 233 ff.
[194] Hinweise gibt Mathews, BB 1987, 646.
[195] Vgl. ADS 6. Aufl. § 246 HGB Rn. 296; Krumnow ua., 2. Aufl., § 6 RechKredV Rn. 20.
[196] Vgl. ADS 6. Aufl. § 246 HGB Rn. 296.

Fraglich ist, ob die Bewertung des Treuhandvermögens in der Folgezeit nach den Vorschriften für die Bewertung entsprechender Vermögensgegenstände fortgeführt werden muss, insbesondere also, ob planmäßige und außerplanmäßige **Abschreibungen** vorgenommen werden müssen. Diese Frage ist zu verneinen, da die Auswirkungen von Wertveränderungen nicht den Treuhänder, sondern unmittelbar den Treugeber treffen.[197] Da die Angabe des Treuhandvermögens bei dem Treuhänder den Charakter eines Merkpostens hat, erscheint es zulässig, von einer Fortschreibung der Bewertung des Treuguts während der Zeit der Treuhandschaft abzusehen. Soweit eine Bewertung unschwer möglich ist (zB aufgrund von Angaben des Treugebers), ist jedoch die Fortschreibung des Buchwerts vorzuziehen.[198]

Die Fortführung der Wertansätze aus der Bilanz des Treugebers ist für den Treuhänder am einfachsten.[199] Der Treugeber schreibt die Vermögensgegenstände ggf. weiter so fort, als wenn er sie noch selbst im Bestand hätte und teilt die jeweils aktuellen Wertansätze dem Treuhänder auf Anfrage mit. Hierfür spricht auch die so erreichte Abstimmung zwischen den beiden am Geschäft beteiligten Parteien.[200]

3.3.2.3. Aufwendungen und Erträge beim Treuhänder

Die Erträge aus dem Treuhandgeschäft werden beim Treuhänder im Regelfall als Provisionsertrag in der Gewinn- und Verlustrechnung ausgewiesen, denn es handelt sich um ein Dienstleistungsgeschäft. Für die Marge aus Treuhandkrediten schreibt dies § 30 RechKredV explizit vor. Dies gilt auch für die Erfolgsbeiträge von sog. Verwaltungskrediten.[201]

3.3.2.4. Anhangangaben beim Treuhänder

Gemäß § 6 Abs. 1 RechKredV sind die in der Bilanz ausgewiesenen Gesamtbeträge der treuhänderisch gehaltenen Vermögensgegenstände und Schulden im Anhang nach den Aktiv- und Passivposten des Formblatts aufzugliedern. Da die Anhangangabe den Zweck hat, dem Bilanzleser einen Überblick über den Umfang und die Schwerpunkte des Treuhandgeschäfts zu geben, genügt es, lediglich eine Aufgliederung nach den Hauptposten der Bilanz vorzunehmen.[202]

---

[197] Vgl. ADS 6. Aufl. § 246 HGB Rn. 297; Krumnow ua., 2. Aufl., § 6 RechKredV Rn. 20; aA Mathews, BB 1987, 646.
[198] Vgl. ADS 6. Aufl. § 246 HGB Rn. 297.
[199] Ebenso Roß, 232.
[200] Vgl. Roß, 232.
[201] Vgl. Bieg (1998), 176.
[202] Vgl. Krumnow ua., 2. Aufl., § 6 RechKredV Rn. 22.

Als Gläubiger gilt bei hereingenommenen Geldern die Stelle, der das bilanzierende Institut die Gelder unmittelbar schuldet. Als Schuldner gilt bei Treuhandkrediten die Stelle, an die das bilanzierende Kreditinstitut die Gelder unmittelbar ausreicht (§ 6 Abs. 1 RechKredV).

3.3.3. Treugeber

3.3.3.1. Bilanzierung beim Treugeber

Vereinzelt wird vertreten, aus dem für Kredit- und Finanzdienstleistungsinstitute gebotenen Ausweis von Treuhandvermögen beim Treuhänder (§ 6 RechKredV) folge ein Ausweisverbot für den Treugeber, auch wenn dieser kein Institut sei.[203]

Einen allgemeinen Grundsatz der korrespondierenden Bilanzierung und ein daraus abzuleitendes Verbot der doppelten Zurechnung gibt es aber nicht. Die Regelung in § 6 RechKredV betrifft nach ihrem klaren Wortlaut ohnehin nur den Ausweis beim Treuhänder, sodass sie selbst für Institute als Treugeber die Aktivierung als wirtschaftliches Eigentum nicht hindert, auch wenn es hierdurch zu einem Doppelausweis kommt.[204]

In der Bilanz des Treugebers führt die Übertragung des Treuguts auf den Treuhänder zu keiner Änderung (Nämlichkeit des Vermögensgegenstands). Eine Gewinnrealisation tritt auch dann nicht ein, wenn Treuhänder und Treugeber eine Vereinbarung über den Wert des Treuguts treffen. Erst bei Veräußerung durch den Treuhänder bucht der Treugeber den Gegenstand aus und vereinnahmt einen entstandenen Veräußerungsgewinn bzw. -verlust, indem er die Herausgabeforderung gegen den Treuhänder mit ihrem Zeitwert aktiviert.[205]

Wird das Treugut unmittelbar durch den Treuhänder erworben, aktiviert der Treugeber den Gegenstand mit den Anschaffungskosten aus dem Erwerbsgeschäft. Ob er dagegen eine Verbindlichkeit aus Aufwendungsersatz gegenüber dem Treuhänder oder unmittelbar die von diesem - ebenfalls treuhänderisch - eingegangene Drittverbindlichkeit passiviert, hängt von den Vereinbarungen im Einzelfall ab.[206]

---

[203] Vgl. Roß, 125 ff., 237.
[204] Vgl. ADS 6. Aufl. § 246 HGB Rn. 283.
[205] Vgl. ADS 6. Aufl. § 246 HGB Rn. 284.
[206] Vgl. ADS 6. Aufl. § 246 HGB Rn. 285.

3.3.3.2. Bewertung beim Treugeber

In der Bilanz des Treugebers führt die Übertragung des Treuguts auf den Treuhänder zu keiner Änderung (Nämlichkeit des Vermögensgegenstands). Für ihn ändert sich durch die treuhänderische Vermögensübertragung bilanzrechtlich nichts.[207]

Eine Gewinnrealisation tritt auch dann nicht ein, wenn Treuhänder und Treugeber eine Vereinbarung über den Wert des Treuguts treffen. Erst bei Veräußerung durch den Treuhänder bucht der Treugeber den Gegenstand aus und vereinnahmt einen entstandenen Veräußerungsgewinn bzw. -verlust.[208]

Zunächst ist festzustellen, dass eine Zeitwertbilanzierung - wie sie beim Treuhänder möglich ist - beim Treugeber nicht in Betracht kommt.[209] Das Treuhandgeschäft kann insbesondere nicht dazu genutzt werden, stille Reserven zu realisieren.

Für die Bewertung ergeben sich keine Besonderheiten; Abschreibungen bzw. Zuschreibungen (§ 280 HGB) sind nach den allgemeinen Vorschriften vorzunehmen. Erträge aus dem Treugut sind so zu vereinnahmen, als ob der Gegenstand auch rechtlich dem Treugeber gehöre.[210]

3.3.4. Besonderheiten für Kapitalanlagegesellschaften

Kapitalanlagegesellschaften haben nach § 6 Abs. 4 RechKredV die Summe der Inventarwerte und die Zahl der verwalteten Sondervermögen in der Bilanz auf der Passivseite unter dem Strich in einem Posten mit der Bezeichnung „Für Anteilinhaber verwaltete Sondervermögen" auszuweisen.

---

[207] Vgl. Roß, 237.
[208] Vgl. ADS 6. Aufl. § 246 HGB Rn. 284.
[209] GlA Roß, 237 f.
[210] Vgl. ADS 6. Aufl. § 246 HGB Rn. 286.

3.4. Ausnahmen vom Verrechnungsverbot

3.4.1. Überblick

Das Verrechnungsverbot des § 246 Abs. 2 HGB, wonach die Saldierung von Forderungen mit Verbindlichkeiten sowie von Aufwendungen mit Erträgen verboten ist, ist bei Kreditinstituten insoweit nicht anzuwenden, als abweichende Vorschriften bestehen (§ 340a Abs. 2 Satz 3 HGB).

In den Fällen, in denen keine abweichenden Vorschriften bestehen, verbleibt es bei Kredit- und Finanzdienstleistungsinstituten bei den Grundsätzen des § 246 Abs. 2 HGB.

Von § 246 Abs. 2 HGB abweichende Regelungen sind zunächst in § 10 RechKredV zu finden, der die Verrechnung von Forderungen und Verbindlichkeiten näher bestimmt. § 16 Abs. 4 RechKredV bestimmt, dass nicht börsenfähige eigene Schuldverschreibungen vom Passivposten „3. Verbriefte Verbindlichkeiten, a) begebene Schuldverschreibungen" abzusetzen sind. Darüber hinaus enthalten die §§ 340c und 340f Abs. 3 HGB Bestimmungen zur Verrechnung von Aufwendungen mit Erträgen.

3.4.2. Verrechnung von Forderungen und Verbindlichkeiten gemäß § 10 RechKredV

Nach § 10 Abs. 1 RechKredV sind Forderungen und Verbindlichkeiten dann zwingend zu kompensieren, wenn

- zwischen den Kontoinhabern Identität besteht, dh. Forderungen und Verbindlichkeiten bestehen ggü. ein und demselben Kontoinhaber,
- die Verbindlichkeiten täglich fällig sind und keinerlei Bindungen unterliegen,
- die Forderungen ebenfalls täglich fällig sind oder es sich um Forderungen handelt, die auf einem Kreditsonderkonto belastet und gleichzeitig auf einem laufenden Konto erkannt sind,
- sofern für die Zins- und Provisionsberechnung vereinbart ist, dass der Kontoinhaber wie bei Verbuchung über ein einziges Konto gestellt wird u n d
- die Währung der Forderungen und Verbindlichkeiten dieselbe ist.

Einschränkend gilt, dass mit Sperrguthaben und Spareinlagen nicht verrechnet werden darf (§ 10 Abs. 2 Satz 2 RechKredV). Die Forderungen und Verbindlichkeiten müssen insofern gleichartig sein, als es sich um **Buchforderungen** bzw. **-verbindlichkeiten** handeln muss.

Die Verrechnung von Forderungen und Verbindlichkeiten ist nur zulässig, wenn **Personenidentität** besteht, dh. ein und dieselbe Person sowohl Gläubiger als auch Schuldner ist. Eine solche Verrechnung ist auch zulässig, wenn ein Konto auf die Firma eines Einzelkaufmanns und das andere auf seinen Namen lautet.[211] Die gilt jedoch nicht, wenn ein Konto auf eine Gesellschaft und das andere auf den Namen des Gesellschafters lautet. Vereinbarungen zum Cash-Management im Konzern dürfen im Regelfall auch nicht berücksichtigt werden.

Als **Bindung** iSd. Verrechnungsvorschrift des § 10 RechKredV sind neben der Bereitstellung von Deckungsguthaben für die Übernahme spezieller Geschäftsbesorgungen (zB Akkreditiv-Deckungsguthaben) alle sowohl den Kontoinhaber als auch das Institut bindende rechtsgeschäftlichen Vereinbarungen oder öffentliche Eingriffe zugunsten Dritter zu verstehen.[212] Keiner Bindung unterliegen fällige Tilgungen auf Hypotheken- oder sonstige langfristige Darlehen, die für die Zinsberechnung erst zu einem späteren Zeitpunkt vom Darlehen gekürzt werden, es sei denn, dass es sich um Tilgungsfondskredite handelt.

Als **täglich fällig** gelten nach § 8 Abs. 3 RechKredV nur solche Forderungen und Verbindlichkeiten, über die jederzeit ohne vorherige Kündigung verfügt werden kann, oder für die eine Laufzeit oder Kündigungsfrist von 24 Stunden oder von einem Geschäftstag vereinbart worden ist; hierzu rechnen auch die sog. Tagesgelder und Gelder mit täglicher Kündigung incl. der über geschäftsfreie Tage angelegten Gelder mit Fälligkeit oder Kündigungsmöglichkeit am nächsten Geschäftstag. Für Kontokorrentkredite ohne Befristungsvereinbarungen und für solche, die „bis auf weiteres" oder unter Hinweis auf die tägliche Fälligkeit zugesagt werden, gilt, dass diese als täglich fällig angesehen werden können.

Als **Kreditsonderkonten** sind neben der laufenden Rechnung geführte Konten zu verstehen, auf denen außer der dem Kunden zur Verfügung gestellten Kreditvaluta und evtl. Rückzahlungen keine weiteren Buchungen vorgenommen werden (sog. englische Buchungsmethode).[213]

Für die aufzurechnenden Forderungen und Verbindlichkeiten muss **Konditionengleichheit** bestehen, dh. sie müssen bei der Zins- und Provisionsberechnung eine Einheit darstellen. Diese Abrechnungsbedingungen müssen vor der Verrechnung vereinbart und dem Kunden schriftlich mitgeteilt worden sein.[214] Sofern die Konten unterschiedlichen Konditionen unterliegen, ist eine Kompensation nicht zulässig.

Währungsidentität liegt zunächst stets dann vor, wenn bspw. Forderungen und Verbindlichkeiten auf Euro lauten. Sie ist aber auch dann gegeben, wenn beide auf eine

---

[211] Vgl. Krumnow ua., 2. Aufl., § 10 RechKredV Rn. 4.
[212] Vgl. Krumnow ua., 2. Aufl., § 10 RechKredV Rn. 6.
[213] Vgl. Krumnow ua., 2. Aufl., § 10 RechKredV Rn. 10 mwN.
[214] Vgl. Krumnow ua., 2. Aufl., § 10 RechKredV Rn. 7.

andere Währung (zB USD) lauten. Dasselbe galt für die verschiedenen Eurowährungen, denn die jeweilige Landeswährung stellt lediglich eine „Unterwährung" des Euro dar.

In **Bagatellfällen**, dh. bei bedeutungslosen Klein- und Kleinstbeträgen wird man aus Gründen der Arbeitsersparnis auf eine Kompensation verzichten können.

Nach Ansicht von Krumnow ua.[215] hat die Verrechnung von Forderungen und Verbindlichkeiten gemäß § 10 RechKredV nicht gleichzeitig zur Folge, dass die damit zusammenhängenden Aufwendungen (zB Zinsen, Provisionen) und Erträge auch zu saldieren sind. Diese sind in der Gewinn- und Verlustrechnung unsaldiert auszuweisen, es sei denn, dass eine Zinsstaffel für mehrerer Kontokorrentkonten geführt wird.

3.4.3. Eigene Schuldverschreibungen

Bei zurückgekauften eigenen Schuldverschreibungen ist danach zu unterscheiden, ob diese börsenfähig sind oder nicht. Nach § 16 Abs. 4 RechKredV sind **nicht börsenfähige** eigene Schuldverschreibungen zwingend vom Passivposten „3. Verbriefte Verbindlichkeiten, a) begebene Schuldverschreibungen" abzusetzen.[216]

Börsenfähige Schuldverschreibungen sind hingegen aktivisch auszuweisen. **Tilgungsstücke** sind gleichfalls nicht aktivisch auszuweisen, sondern von dem entsprechenden Passivposten abzusetzen.

---

[215] Vgl. Krumnow ua., 2. Aufl., § 10 RechKredV Rn. 13.
[216] Zur Kritik an diesem Ausweis vgl. Krumnow ua., 2. Aufl., § 16 RechKredV Tz. 25.

3.5. Gemeinschaftsgeschäfte

3.5.1. Gemeinsame Kreditgewährung

Häufig werden - aus Gründen der Risikostreuung bzw. wegen geltender Kreditgrenzen - Kredite durch mehrere Kreditinstitute im Rahmen eines **Konsortiums** gemeinsam gewährt. Unter einem Konsortium ist eine Vereinigung von mehreren Banken (Konsorten) zu verstehen, die auf gemeinsame Rechnung einen Kredit gewähren. Das Charakteristische an einem Konsortialkredit und auch anderer Konsortialgeschäfte ist weniger eine speziell gestaltete Kreditleistung bzw. Bankleistung als vielmehr das grundsätzlich gemeinschaftliche Handeln der beteiligten Banken.

Konsortien werden idR in der Form einer Gesellschaft bürgerlichen Rechts iSd. §§ 705 ff. BGB gebildet. Das Konsortium (BGB-Gesellschaft) kann als Außengesellschaft oder als Innengesellschaft geführt werden. Kredite können darüber hinaus im Rahmen von Metaverbindungen gewährt werden.

Bei einem **Außenkonsortium** treten mehrere Banken dem Kreditnehmer offen als Vertragspartner gegenüber. Der Konsortialführer handelt dabei im Namen und für Rechnung des Konsortiums. Es ist aber auch möglich, dass die Konsorten jeder für sich in Vertragsbeziehungen mit dem Kreditnehmer treten und jeweils Kredite gewähren (sog. Parallelkredit).

Im Falle eines **Innenkonsortiums** schließt der geschäftsführende Konsorte den Außenvertrag mit dem Kreditnehmer im eigenen Namen und für gemeinsame Rechnung aller Konsorten. Aus diesem Vertrag ergeben sich allein für den kontrahierenden Konsorten unmittelbar Rechte und Pflichten gegenüber dem Kreditnehmer, dem die Existenz des Konsortiums uU nicht einmal bekannt ist. Die anderen Konsorten werden durch einen Konsortialvertrag (Innenvertrag) mit dem nach außen in Erscheinung tretenden Konsorten still und lediglich mittelbar an den Rechten und Pflichten aus dem Außenvertrag beteiligt. Nicht nur im Rahmen eines solchen Innenkonsortiums, sondern auch bei einem Außenkonsortium können stille Unterbeteiligungen - entweder an der Quote eines, mehrerer oder aller Konsorten - bestehen. Ferner kann auch ein ursprünglich allein kreditgewährendes Institut nachträglich stille Unterbeteiligungen abgeben.

Eine andere Alternative gemeinschaftlicher Kreditgewährung ermöglicht eine **Metaverbindung**. Es handelt sich dabei um eine Sonderform der Innengesellschaft. Sie ist gegeben, wenn zwei oder mehrere Kreditinstitute (Metisten) sich zum Zweck der Durchführung einer unbestimmten Anzahl von Geschäften auf gemeinsame Rechnung für längere Zeit zusammenfinden und jeder von ihnen dabei im eigenen Namen und für Rechnung der Meta tätig wird.

Hinsichtlich der **Mittelaufbringung** unterscheidet man Konsortialkredite **mit** und **ohne Bareinschuss** sowie solche mit **bedingtem Bareinschuss**.

Bei einem **Konsortialkredit mit Bareinschuss** haben alle Konsorten in der Regel entsprechend ihrer Quote liquide Mittel aufzubringen. Bei **Konsortialkrediten ohne Bareinschuss** wird dagegen der gesamte Kredit vom Konsortialführer finanziert; die anderen Konsorten sind lediglich - entsprechend ihrer Quoten - am Kreditrisiko beteiligt. Es kommt auch vor, dass die Konsorten nur verpflichtet sind, unter bestimmten Voraussetzungen und auf Anforderung des Konsortialführers ihre Quoten einzubezahlen; in diesem Fall handelt es sich um einen **Konsortialkredit mit bedingtem Bareinschuss**.

3.5.2. Bilanzausweis gemäß § 5 RechKredV

Wie Gemeinschaftskredite in der Bilanz der einzelnen Konsorten - in Abhängigkeit von Bareinschuss und Haftung des bilanzierenden Kreditinstituts - auszuweisen sind, regelt § 5 RechKredV, dessen Grundsätze in Abb. 3.3 zusammengefasst sind.

Bareinschuss - Haftung	Auszuweisende Forderung	Eventualverbindlichkeit
Mit Bareinschuss = Haftung	Aktivierung des eigenen Anteils in Höhe des Bareinschusses	---
Mit Bareinschuss > Haftung	Aktivierung des eigenen Anteils in Höhe des Bareinschusses	---
Mit Bareinschuss < Haftung	Aktivierung des eigenen Anteils in Höhe des Bareinschusses	Unterschiedsbetrag zwischen Haftungsbetrag und Bareinschuss
Ohne Bareinschuss, nur Haftung	---	Haftungsbetrag

Abb. 3.3: Gemeinschaftsgeschäfte (Konsortialkredite)

Der durch Bareinschuss bereitgestellte Buchkredit(anteil) ist in Abhängigkeit vom Schuldner entweder im Aktivposten „3. Forderungen an Kreditinstitute" oder im Aktivposten „4. Forderungen an Kunden" auszuweisen. Die Bewertung erfolgt nach den für Forderungen geltenden Grundsätzen (vgl. Kapitel 4.3.).

Der den Buchkredit übersteigende Haftungsbetrag ist unter dem Bilanzstrich als „1. Eventualverbindlichkeit, b) Verbindlichkeiten aus Bürgschaften und Gewährleistungen" zu erfassen. Soweit aus dieser Haftung eine Inanspruchnahme droht, ist eine Rückstellung zu bilden; gleichzeitig ist der unter dem Bilanzstrich vermerkte Betrag um den Betrag der Rückstellung zu kürzen.

Handelt es sich um gemeinschaftlich erworbene Wertpapiere oder Beteiligungen, bestimmt § 5 Satz 4 RechKredV, dass § 5 Satz 1 und 2 RechKredV entsprechend anzuwenden ist. Dies bedeutet, dass die Anschaffungskosten für die gemeinschaftlich erworbenen Wertpapiere bzw. Beteiligungen in den Aktivposten „5. Schuldverschreibungen und andere festverzinsliche Wertpapiere", „6. Aktien und andere nicht festverzinsliche Wertpapiere" oder „7. Beteiligungen" zu erfassen sind. Die Bewertung richtet sich nach den hierfür geltenden Bestimmungen.

3.5.3. Gemeinschaftskredit mit Bareinschuss

Bei Gemeinschaftskrediten mit Bareinschuss hat gemäß § 5 Satz 1 RechKredV jedes beteiligte oder unterbeteiligte Kreditinstitut nur seinen eigenen Anteil am gemeinsamen Kredit in die Bilanz aufzunehmen, *„soweit es die Mittel für den Gemeinschaftskredit zur Verfügung gestellt hat"*.

Dies wird auch für den Fall gelten, dass der Konsortialführer am Bilanzstichtag den gesamten Kredit bereits dem Schuldner zur Verfügung gestellt hat, die übrigen Konsorten aber ihrer Einzahlungsverpflichtung noch nicht nachgekommen sind. Der Konsortialführer hat dann in Höhe der noch nicht gezahlten Beträge Forderungen an die Mitkonsorten in seiner Bilanz auszuweisen, während Letztere, neben der Forderung an den Kreditnehmer, jeweils eine Verbindlichkeit gegenüber dem Konsortialführer zu bilanzieren haben.

Entspricht bei einem Gemeinschaftskredit mit Bareinschuss der vom bilanzierenden Institut zur Verfügung gestellte Kreditbetrag dem Umfang der Haftung aus dem Kredit (Bareinschuss = Haftung), so ist der Kredit in Höhe dieses Betrags als Forderung zu zeigen. Eine zusätzliche bilanzielle Berücksichtigung der Haftung ist weder möglich noch erforderlich. Dies gilt auch für den Fall, dass die Haftung aus dem Konsortialkredit geringer ist als der Betrag der zur Verfügung gestellten Mittel (Bareinschuss > Haftung).

Übernimmt das bilanzierende Kreditinstitut dagegen über seinen eigenen Anteil am Gemeinschaftskredit hinaus die Haftung für einen höheren Betrag (Bareinschuss < Haftung), so ist zunächst der Kredit in Höhe der zur Verfügung gestellten Mittel (Bareinschuss) als Forderung zu aktivieren. Der darüber hinausgehende Betrag der Haftung ist gemäß § 5 Satz 2 RechKredV als Eventualverbindlichkeit unter dem Strich im Posten „1. Eventualverbindlichkeiten, b) Verbindlichkeiten aus Bürgschaften und Gewährleistungsverträgen" zu vermerken.

3.5.4. Gemeinschaftskredit ohne Bareinschuss

Wird vom bilanzierenden Institut lediglich die Haftung für den Ausfall eines Teils der Forderung aus dem Gemeinschaftskredit übernommen, aber kein Bareinschuss geleistet, so hat es gemäß § 5 Satz 3 RechKredV seinen Haftungsbetrag unter dem Strich als Eventualverbindlichkeit zu vermerken.

Die kreditgewährende Bank - in der Regel wird dies der Konsortialführer sein - hat den vollen Kreditbetrag als Forderung auszuweisen. Die Bilanzierung entspricht der eines Konsorten, dessen Bareinschuss größer ist als seine Haftung im Innenverhältnis.

3.5.5. Bedingter Bareinschuss

Die bilanzielle Behandlung ergibt sich aus den oben dargestellten Grundsätzen. Solange bei einem Kreditinstitut der Bareinschuss noch nicht eingefordert wurde, muss das Geschäft als Gemeinschaftskredit ohne Bareinschuss bilanziert werden; vom Zeitpunkt der Leistung des Bareinschusses ab ist es als solches mit Bareinschuss zu behandeln.

3.5.6. Diskontgemeinschaftskredit

Bei Diskontgemeinschaftskrediten ist danach zu unterscheiden, ob die Wechsel noch im Bestand sind oder nicht.

Soweit sich die Wechselabschnitte noch im Bestand des Kreditinstituts befinden, sind sie entsprechend den Bar-Gemeinschaftskrediten zu behandeln, dh. alle beteiligten Kreditinstitute haben nach Maßgabe ihrer Anteile Wechsel im Bestand auszuweisen.

Werden von den Konsorten keine Bareinschüsse geleistet, so muss der Konsortialführer einen Wechselbestand in voller Höhe des Diskontgemeinschaftskredits ausweisen, während die Konsorten ihre Anteile an dem Gemeinschaftskredit als Haftungsverbindlichkeiten unter dem Bilanzstrich zu vermerken haben.

Wurden die Wechselabschnitte bereits zum Rediskont weitergegeben, sind die für Aval-Gemeinschaftskredite geltenden Grundsätze entsprechend anzuwenden. Der Konsortialführer hat Eventualverbindlichkeiten aus weitergegebenen Wechseln in voller Höhe des Diskontgemeinschaftskredits zu vermerken, weil er nach außen der allein wechselmäßig Verpflichtete ist.[217] Die Konsorten, die wechselmäßig nicht in Rückgriff genommen werden können, müssen ihre nunmehr ggü. dem Konsortialführer bestehende Haftung

---

[217] Vgl. Krumnow ua., 2. Aufl., § 5 RechKredV Rn. 11.

als Eventualverbindlichkeiten aus Bürgschaften und Gewährleistungsverträgen unter dem Bilanzstrich vermerken.

3.5.7. Aval-Gemeinschaftskredite

Im HGB und in der RechKredV finden sich keine ausdrücklichen Bestimmungen zur Bewertung von Haftungsverhältnissen.[218] Es gilt jedoch der Grundsatz, dass sich die Höhe einer zu vermerkenden Eventualverbindlichkeit nach der Höhe des bestehenden Risikos richtet; bereits die Möglichkeit einer Inanspruchnahme reicht für den Vermerk aus.[219] Für die bilanzielle Behandlung von Aval-Gemeinschaftskrediten ist auf den Haftungsumfang (quotal oder in voller Höhe) der beteiligten oder unterbeteiligten Kreditinstitute abzustellen.

Eine Berücksichtigung der Haftungsverhältnisse in der Bilanz in voller Höhe ist nur dann gewährleistet, wenn der gesamte Haftungsbetrag sich als Summe aus den betreffenden Posten (über und) unter dem Strich der Bilanz ergibt; es ist insbesondere nicht danach zu fragen, bis zu welcher Höhe die Inanspruchnahme wahrscheinlich ist.[220] Dies gilt unabhängig von der Frage, welche Verpflichtungen nun im Einzelnen unter dem Strich zu vermerken sind, dh. es gilt unabhängig davon, ob die Haftungsverhältnisse nach dem HGB oder der RechKredV auszuweisen sind.

Im Einzelnen ist wie folgt zu verfahren:

- Wird im Rahmen eines Konsortiums ein Avalkredit gewährt, haftet der Konsortialführer nach außen idR in Höhe des vollen Bürgschaftsbetrags, während die anderen Konsorten (Unterbeteiligten) ihm gegenüber die Haftung in Höhe ihrer Quote übernehmen. Wie oben gezeigt, gilt hier der Grundsatz, dass jeder beteiligte Konsorte seinen Haftungsbetrag als Eventualverbindlichkeit unter dem Strich zu vermerken hat. Das Haftungsverhältnis ist dabei in Höhe des Betrags zu vermerken, für den das bilanzierende Institut nach den Verhältnissen am Bilanzstichtag haftet.[221] Da der Konsortialführer in Höhe des gesamten Avalkredits nach außen haftet, muss er auch diesen Gesamtbetrag als Eventualverbindlichkeit ausweisen.[222] Eine Saldierung mit gleichwertigen Rückgriffsforderungen scheidet schon deshalb aus, weil Schuldner und Gläubiger nicht dieselbe Person sind.[223]
  Die Unterbeteiligten, die die Haftung in Höhe einer bestimmten Quote gegenüber dem Konsortialführer übernommen haben, müssen ihre Haftung in Höhe eben dieser Quote als Eventualverbindlichkeit zeigen.

---

[218] Vgl. auch Fey, WPg 1992, 5.
[219] Vgl. BeBiKo 5. Aufl. § 251 HGB Rn. 2.
[220] Vgl. ADS 6. Aufl. § 251 HGB Rn. 99.
[221] Vgl. BeBiKo 5. Aufl. § 251 HGB Rn. 10.
[222] Vgl. WPH Bd. I 2000 J Tz. 59.
[223] Vgl. BeBiKo 5. Aufl. § 251 HGB Rn. 12.

- Dass dadurch die Eventualverpflichtungen sowohl bei den Unterbeteiligten als auch bei dem Konsortialführer - und damit in der Summe doppelt - ausgewiesen werden, ist unvermeidlich. Dem Konsortialführer bleibt aber die Möglichkeit, im Anhang auf den Umstand von Rückgriffsforderungen gegenüber Unterbeteiligten hinzuweisen.
- Etwas anderes gilt für den Fall, dass die Konsorten - einschließlich des Konsortialführers - vertraglich nur anteilig gegenüber dem Begünstigten haften. Zu vermerken haben die einzelnen Konsorten dann nur den jeweiligen Anteil, der auf sie entfällt.[224] Der Avalgläubiger kann hier seine Ansprüche gegen den einzelnen Konsorten nur in Höhe des Betrags der jeweiligen Quote geltend machen.
- Haften allerdings alle Konsorten (nach außen) dem Begünstigten gegenüber gesamtschuldnerisch, bei quotaler Risikobeteiligung im Innenverhältnis, so hat jeder von ihnen den vollen Betrag als Eventualverbindlichkeit zu vermerken.[225] Da bei gesamtschuldnerischer Haftung der Avalgläubiger seine Forderung nach Belieben gegen jeden Konsorten geltend machen kann, muss auch jeder von ihnen die Avalverpflichtung in voller Höhe unter dem Strich ausweisen.
Auch hier wird, rechnet man die Eventualverbindlichkeiten aus dem gemeinsamen Avalkredit aller Konsorten zusammen, insgesamt ein Mehrfaches des Avalkredits unter dem Strich in der Bilanz ausgewiesen. Es gilt jedoch, ebenso wie bei der oben dargestellten Unterbeteiligung nur im Innenverhältnis, dass dem vollständigen Ausweis rechtlich möglicher Haftungspflichten der Vorrang vor der wirtschaftlichen Betrachtungsweise gebührt.[226]

Nicht in den zu vermerkenden Betrag einzubeziehen sind die Teilbeträge von Haftungsverhältnissen, für die bereits Verbindlichkeiten oder Rückstellungen in der Bilanz ausgewiesen sind. Insoweit ist (auch bei Gesamtschulden) nur der Restbetrag der über die passivierten Beträge hinaus bestehenden Haftung zu vermerken.[227]

3.5.8. Wertpapiere und Beteiligungen

Bei Wertpapieren und Beteiligungen mit konsortialer Bindung sind die für Gemeinschaftskredite geltenden Grundsätze nach § 5 Satz 4 RechKredV entsprechend anzuwenden.

Die Wertpapiere und Beteiligungen sind mit dem eigenen Anteil des Instituts in der Bilanzposition auszuweisen, in der sie auch ohne eine konsortiale Bindung auszuweisen wären.

---

[224] Vgl. BeBiKo 5. Aufl. § 251 HGB Rn. 10.
[225] Vgl. BeBiKo 5. Aufl. § 251 HGB Rn. 10; ADS 6. Aufl. § 251 Rn. 99; WPH Bd. I 2000 J Tz. 59.
[226] Vgl. hierzu auch ADS 6. Aufl. § 251 HGB Rn. 99.
[227] Vgl. ADS 6. Aufl. § 251 HGB Rn. 100.

3.6. Wertpapiere im Sinne der Rechnungslegung

3.6.1. Wertpapierbegriff für die Bilanzierung bei Instituten

Der Wertpapierbegriff wird für die Rechnungslegung bei Instituten in § 7 RechKredV definiert. Diese (enge) Definition derjenigen Vermögensgegenstände, die für die Bilanzierung bei Instituten als Wertpapiere gelten, ist abschließend. Die Begriffsbestimmung ist für die **Bewertung**, den **Ausweis** in der Bilanz und in der Gewinn- und Verlustrechnung sowie für den **Anhang** relevant. Sie dient insbesondere der Abgrenzung zu den Forderungen an Kreditinstituten und Kunden. Zweck der eingegrenzten Wertpapierdefinition ist es, dass nur Papiere mit hoher Liquiditätsnähe bzw. Fungibilität als Wertpapiere ausgewiesen werden. Die Qualifikation als Wertpapier ist unabhängig davon, ob diese verbrieft, als Wertrecht ausgestaltet oder die Papiere vinkuliert sind.[228]

Die hier für die Bilanzierung begrifflich von den Forderungen abzugrenzenden Wertpapiere sind nur für die **Eigenbestände** und nicht für die für Kunden im Rahmen des Depotgeschäfts verwahrten und verwalteten Wertpapiere maßgebend. Hierzu gehören auch die von anderen Instituten für Rechnung und Risiko des bilanzierenden Instituts gehaltenen Bestände. Dies gilt gleichermaßen für zu Sicherungszwecken an Dritte übereignete Wertpapiere. Nicht jedoch für die zu Sicherungszwecken hereingenommenen Wertpapiere (§ 246 Abs. 1 Satz 2 und 3 HGB).

Nach hM ist ein Wertpapier eine **Urkunde**, die ein Recht in der Weise verbrieft, dass zu dessen Geltendmachung die Innehabung der Urkunde erforderlich ist. Die Art der Übertragung des verbrieften Rechts ist dabei für die Wertpapiereigenschaft ohne Bedeutung.[229]

Als **Wertpapiere** gelten

- Aktien,
- Zwischenscheine,[230]
- Investmentanteile,
- Optionsscheine,
- Zins- und Gewinnanteilscheine,[231]
- börsenfähige Inhaber- und Ordergenussscheine,
- börsenfähige Inhaberschuldverschreibungen,

---

[228] Vgl. Böcking/Oldenburger, in: MünchKomm. HGB § 340 HGB Rn. 34.
[229] Vgl. WPH Bd. I 2000 J Tz. 36.
[230] Zwischenscheine sind Anteilscheine, die im Zuge der Gründung einer Aktiengesellschaft den Aktionären vor Ausgabe von endgültigen Aktien ausgehändigt werden. Nach § 10 Abs. 3 AktG müssen Zwischenscheine auf den Namen lauten.
[231] Zins- und Dividendenkupons.

- börsenfähige Orderschuldverschreibungen (soweit sie Teil einer Gesamtemission sind),
- andere festverzinsliche Inhaberpapiere, soweit sie börsenfähig sind,
- börsennotierte andere nicht festverzinsliche Wertpapiere[232] sowie
- ausländische Geldmarktpapiere, die auf den Namen lauten und wie Inhaberpapiere gehandelt werden.

Aktien, Zwischenscheine, Investmentanteile, Optionsscheine sowie Zins- und Gewinnanteilscheine (Kupons) sind stets Wertpapiere, unabhängig von der Verbriefung, Vinkulierung, Börsenfähigkeit und Börsennotierung. **American Depositary Receipt** (ADR) sind handelbare, auf USD lautende Zertifikate, die den Besitz an Aktien eines ausländischen Emittenten verbriefen.[233]

Alle nicht börsenfähigen Inhaberschuldverschreibungen, nicht börsenfähigen Orderschuldverschreibungen, die Teile einer Gesamtemission sind und alle Orderschuldverschreibungen, die nicht Teile einer Gesamtemission sind, gelten damit **nicht als Wertpapiere** und sind unter den **Buchforderungen** in der Bilanz auszuweisen.[234] Diese Wertpapiere verfügen wie Namensschuldverschreibungen über eine eingeschränkte Fungibilität. **Keine Wertpapiere** iSd. § 7 Abs. 1 RechKredV sind ua. Namensschuldverschreibungen sowie insbesondere auch Wechsel und Schecks.

Zu den Wertpapieren zählen auch **ausländische Geldmarktpapiere**, die auf den Namen lauten, aber wie Inhaberpapiere gehandelt werden (§ 7 Abs. 1 Satz 2 RechKredV). Diese müssen weder börsennotiert noch börsenfähig sein.[235] Bei diesen ausländischen Namenspapieren handelt es sich bspw. um Treasury Bonds oder Certificates of Deposit.

Eine inhaltliche Beschreibung der in den Wertpapierposten der Bilanz auszuweisenden Wertpapierarten enthalten die §§ 16 und 17 RechKredV, die den Posteninhalt der Aktivposten „5. Schuldverschreibungen und andere festverzinsliche Wertpapiere" sowie „6. Aktien und andere nicht festverzinsliche Wertpapiere" näher bestimmen.

3.6.2. Merkmal der Börsenfähigkeit

Als Wertpapiere gelten Inhaber- und Ordergenussscheine, Inhaberschuldverschreibungen, Orderschuldverschreibungen (soweit sie Teile einer Gesamtemission sind) und andere festverzinsliche Inhaberpapiere nur dann, wenn sie **börsenfähig** sind (§ 7 Abs. 1 Satz 1 RechKredV).

---

[232] Vgl. hierzu auch die Abbildung 36 bei Bieg (1998), 181.
[233] Vgl. ausführlich Lendner, WPg 1997, 596; Zachert, DB 1993, 1985; Böckenhoff/Ross, WM 1993, 1781 und 1825.
[234] Vgl. WPH Bd. I 2000 J Tz. 37.
[235] Vgl. Bieg (1998), 180.

Die Börsenfähigkeit ist nach § 7 Abs. 2 RechKredV dann gegeben, wenn die Voraussetzungen einer Börsenzulassung (zB Börsenzulassungs-Verordnung, Börsengesetz, Börsenordnungen) erfüllt sind. Eine tatsächliche Börsenzulassung ist nicht erforderlich. Die Fähigkeit, an einer Börse notiert werden zu können, reicht damit aus. Ob die Börsenzulassungsvoraussetzungen in allen Punkten erfüllt werden können, lässt sich in der Praxis erst nach Einleitung eines Zulassungsverfahrens abschließend beurteilen. Daher ist für die Bilanzierung auf die am **Bilanzstichtag** vorliegenden **quantitativen Zulassungsvoraussetzungen** abzustellen.[236]

Bei Schuldverschreibungen genügt es nach der Ausnahmeregelung des § 7 Abs. 2 Satz 2 RechKredV, *„dass alle Stücke einer Emission hinsichtlich Verzinsung, Laufzeitbeginn und Fälligkeit einheitlich ausgestattet sind"*. Die übrigen Ausstattungsmerkmale sind unerheblich. Danach können zB Commercial Papers[237], Euro-Notes und Certificates of Deposit als Wertpapiere auszuweisen sein. Diese Papiere gelten, auch wenn sie die Voraussetzungen einer Börsenzulassung nicht erfüllen, aufgrund ihrer Fungibilität als Wertpapiere iSv. § 7 RechKredV.[238]

Für **vinkulierte börsenfähige Inhaberschuldverschreibungen** - also solche, die der Inhaber der Papiere nicht ohne Zustimmung des Emittenten weiterverkaufen darf - stellt § 7 Abs. 1 RechKredV dagegen klar, dass sie trotz der Vinkulierung als Wertpapiere auszuweisen sind.

Nach § 35 Abs. 1 Nr. 1 RechKredV sind die in den dort explizit genannten Wertpapierposten enthaltenen börsenfähigen Wertpapieren im **Anhang** nach börsennotierten und nicht börsennotierten Wertpapieren aufzugliedern.

3.6.3. Merkmal der Börsennotierung

Andere nicht festverzinsliche Wertpapiere zählen nur dann zu den Wertpapieren, wenn sie **börsennotiert** sind. Das Merkmal der Börsennotierung ist in § 7 Abs. 3 RechKredV geregelt. Als börsennotiert gelten danach solche Wertpapiere, die an einer deutschen Börse zum **amtlichen** Handel (General Standard und Prime Standard) oder zum **geregelten** Markt (General Standard und Prime Standard) zugelassen sind, sowie Wertpapiere, die an ausländischen Börsen zugelassen sind oder gehandelt werden.

Im **Freiverkehr** gehandelte Wertpapiere gelten demnach nicht als börsennotiert; hier wird eine eingeschränkte Fungibilität vermutet, da im Freiverkehr nicht immer ein

---

[236] Vgl. Krumnow ua., 2. Aufl., § 7 RechKredV Rn. 6.
[237] Vgl. Michels, Die Bank 1993, 87.
[238] Vgl. BeckHdR B 900 Rn. 81.

Handelspartner gefunden wird.[239] Gleiches gilt für Titel, die im Telefonverkehr oder ausschließlich im Rahmen von XETRA (Nachfolge von IBIS) gehandelt werden.[240]

Die Unterscheidung, in welchem Börsensegment der Handel stattfindet, ist grundsätzlich jedoch nur relevant, soweit es sich um **andere nicht festverzinsliche Wertpapiere** handelt, die nach § 7 Abs. 1 RechKredV nicht bereits unabhängig von einer Börsennotierung als Wertpapiere anzusehen sind.

Unter Ausnutzung des durch das 4. Finanzmarktförderungsgesetz geschaffenen Gestaltungsspielraums wurden durch Änderung der Börsenordnung der Frankfurter Wertpapierbörse mit Wirkung zum 1.1.2003 der **General Standard** und der **Prime Standard** als neue Marktsegmente geschaffen.[241] Rechtstechnisch wurde die Schaffung der **neuen Segmente** dadurch umgesetzt, dass sowohl der Amtliche Markt als auch der Geregelte Markt in einen General Standard und einen Prime Standard unterteilt wurden.[242] Der Prime Standard ist jeweils definiert als Teilbereich mit weiteren Zulassungsfolgepflichten.

Im jeweiligen General Standard gelten die gesetzlichen Mindestanforderungen für den Amtlichen Markt und den Geregelten Markt. Die Aufnahme in den General Standard erfolgt automatisch mit der Zulassung der Wertpapiere zu einem der beiden Handelssegmente. Entsprechend müssen Unternehmen, die im General Standard notiert sind, jeweils die Zulassungsfolgepflichten des Amtlichen Markts oder des Geregelten Markts erfüllen. Nach den Vorstellungen der Frankfurter Wertpapierbörse ist der General Standard insbesondere für kleinere oder mittlere Unternehmen ausgerichtet, die überwiegend nationale Investoren ansprechen.

Im Prime Standard müssen die Unternehmen über das Maß des General Standard hinausgehende internationale Transparenzanforderungen erfüllen. Der Prime Standard steht nur für die Zulassung von Aktien und aktienvertretenden Zertifikaten offen. Damit können auch sog. American Depositary Receipts zum Handel im Prime Standard zugelassen werden.

3.6.4. Als festverzinslich geltende Wertpapiere

Andere festverzinsliche Wertpapiere gelten dann als Wertpapiere iSd. § 7 RechKredV, soweit sie börsenfähig sind. Hervorzuheben ist, dass nach § 16 Abs. 2 RechKredV neben Null-Kupon-Anleihen auch solche Wertpapiere als festverzinslich gelten, die mit einem veränderlichen Zinssatz ausgestattet sind, sofern dieser an eine bestimmte Refe-

---

[239] Vgl. Bieg (1998), 182.
[240] Vgl. WPH Bd. I 2000, J Tz. 38.
[241] Vgl. Schlitt, AG 2003, 57 ff.; Zietsch/Holzborn, WM 2002, 2356 ff.
[242] Vgl. Schlitt, AG 2003, 59.

renzgröße, wie zB einen Interbankensatz (Euribor) oder an einen Euro-Geldmarktsatz, gebunden ist. Damit gelten Floating-Rate-Notes iSd. Wertpapierbegriffs als festverzinslich.

Als festverzinslich gelten ferner Schuldverschreibungen, die einen anteiligen Anspruch auf Erlöse aus einem gepoolten Forderungsvermögen verbriefen. Es handelt sich dabei um die als Schuldverschreibungen platzierten und unter dem Schlagwort „Verbriefung" (Securitisation) bekannten Sachverhalte (Asset-Backed Securities) aus der „Poolung" von Forderungen (Hypotheken, Automobilanschaffungskrediten, Leasing).[243] Sie verbriefen ein Forderungsrecht gegen einen Treuhänder mit dem Inhalt, die in dem Pool zusammengefassten Rechte zu halten, zu verwalten, einzuziehen bzw. zu verwerten und Erlöse aus diesen Forderungen jeweils an den Inhaber der Schuldverschreibung auszukehren.

3.6.5. Namensschuldverschreibungen

Namensschuldverschreibungen gelten nicht als Wertpapiere, sie sind als (Buch-) Forderungen auszuweisen. Für den Fall, dass der Schuldner ein Institut ist, schreibt § 14 Satz 3 RechKredV ausdrücklich den Ausweis der Namensschuldverschreibungen unter den „Forderungen an Kreditinstitute" vor. Soweit es sich beim Schuldner um einen Kunden handelt, fehlt zwar eine entsprechende Regelung in § 15 RechKredV, der Ausweis erfolgt jedoch dessen ungeachtet im Posten „Forderungen an Kunden".

Im Gegensatz zu vinkulierten Inhaberschuldverschreibungen sind **auf den Namen umgeschriebene** Inhaberschuldverschreibungen zu Namensschuldverschreibungen geworden und als solche auszuweisen. Mit Schreiben vom 4. Februar 1991[244] weist das BAKred (jetzt BaFin) ausdrücklich darauf hin, dass mit der Umwandlung eines Bestands zB an Kassenobligationen in Einzelschuldbuchforderungen **keine** Bilanzierung und Bewertung dieses Bestands wie Namenspapiere und damit wie Forderungen erreicht werden kann.

Ausländische Geldmarktpapiere, die zwar auf den Namen lauten, aber wie Inhaberpapiere gehandelt werden, werden nicht wie Namenspapiere, sondern wie Wertpapiere bilanziert (§ 7 Abs. 1 Satz 2 RechKredV).

---

[243] Vgl. Prahl, WPg 1991, 405 f.; zu den Anforderungen an Asset-Backed Securities vgl. Eichholz/Nelgen, DB 1992, 793 ff.
[244] Vgl. BAKred-Schr. vom 4.2.1991, FN 1991, 65.

3.6.6. Drei Wertpapierkategorien für die Bilanzierung und Bewertung

Nach den Bewertungsvorschriften für Wertpapiere sind diese in die drei Kategorien einzuteilen:

- Wertpapiere des **Handelsbestands**,
- Wertpapiere des **Anlagevermögens** und
- Wertpapiere der **Liquiditätsreserve**.

Die Zugehörigkeit zu einer der drei Kategorien entscheidet gleichzeitig darüber,

- in welche Posten der Gewinn- und Verlustrechnung die Erträge bzw. Aufwendungen aus dem Handel, der Einlösung und der Bewertung der Wertpapiere auszuweisen sind,
- ob die Wertpapiere in die Bemessungsgrundlage für die Bildung stiller Vorsorgereserven eingehen,
- ob die Wertpapiere nach den für das Anlage- oder das Umlaufvermögen geltenden Bewertungsvorschriften zu bewerten sind,
- ob die Wertpapiere in den Anlagenspiegel gemäß § 34 Abs. 3 RechKredV aufgenommen werden.

In der Bilanz können alle drei Wertpapierkategorien zB in den Aktivposten „5. Schuldverschreibungen und andere festverzinsliche Wertpapiere" oder „6. Aktien und andere nicht festverzinsliche Wertpapiere" ausgewiesen sein.

Unabhängig von der für Bewertungszwecke vorzunehmenden Einteilung sind die laufenden Erträge aus Wertpapieren wie Zinsen, Dividenden usw. in der Gewinn- und Verlustrechnung grundsätzlich als Zinserträge aus festverzinslichen Wertpapieren bzw. als laufende Erträge aus Aktien und anderen nicht festverzinslichen Wertpapieren zu erfassen. Zum Ausweis dieser Erträge als Handelserfolg vgl. Kapital 6.2.7.2.2.5.

Kriterien für die Zuordnung zu einer der drei Wertpapierkategorien sind weder im HGB noch in der RechKredV enthalten. Mithin entscheidet grundsätzlich jedes Institut über die Zuordnung subjektiv und nach dem Zweck, zu dem die Wertpapiere erworben wurden. Diese Zweckentscheidung ist im Erwerbszeitpunkt zu treffen. Spätere Änderungen des Zwecks (sog. Umwidmungen) sind grundsätzlich möglich.

Dabei ist zu beachten, dass ua. auch die Wertpapiere für bankaufsichtliche Zwecke in solche des Handelsbuchs und solche des Anlagebuchs zu unterscheiden sind. Für die Abgrenzung dieser Bestände ist das **Rundschreiben 17/99** des BAKred (jetzt BaFin) zu beachten.[245] In diesem Zusammenhang sind sog. interne Kriterien aufzustellen, aus

---

[245] BAKred, Rundschreiben 17/99 v. 8.12.1999, Zuordnung der Bestände und Geschäfte der Institute zum Handelsbuch und zum Anlagebuch (§ 1 Abs. 12, § 2 Abs. 11 KWG), www.bakred.de.

denen die Abgrenzung zwischen Anlage- und Handelsbuch ersichtlich ist. Nach dem Rundschreiben 17/99 geht die Bankenaufsicht davon aus, dass die Bestände des bankaufsichtlichen Handelsbuchs und die des handelsrechtlichen Handelsbestands grundsätzlich identisch sind. Die Wertpapiere des Anlagebestands und der Liquiditätsreserve sind solche des bankaufsichtlichen Anlagebuchs.

Weiterhin ist darauf zu achten, dass in den **Rahmenbedingungen**, die nach den **MaH** erforderlich sind, für die einzelnen Handelsaktivitäten Handelsstrategien zu dokumentieren sind. Die Rahmenbedingungen nach MaH sowie die interne Kriterien sind miteinander abzustimmen. Mit diesen legt das Institut indirekt auch seinen handelsrechtlichen Handelsbestand fest.

Die drei Bestände müssen **buchhalterisch getrennt** geführt werden. Für die Zuordnung sind schriftlich niedergelegte Regeln durch die Geschäftsleitung aufzustellen. Weitere Einzelheiten werden im Zusammenhang mit der Bewertung von Wertpapieren dargestellt.

3.6.7. Anhangangaben im Zusammenhang mit Wertpapieren

Nach § 35 Abs. 1 Nr. 1 RechKredV sind die in den dort explizit genannten Bilanzposten enthaltenen Wertpapiere in börsennotierte und nicht börsennotierte Wertpapiere aufzugliedern.

Daneben schreibt § 35 Abs. 1 Nr. 2 RechKredV vor, dass der Betrag der nicht mit dem Niederstwert bewerteten börsenfähigen Wertpapiere für die dort explizit aufgeführten Bilanzposten anzugeben ist. Daneben ist darzulegen, in welcher Weise die so bewerteten Wertpapiere von den mit dem Niederstwert bewerteten börsenfähigen Wertpapiere abgegrenzt wurden.

Hierbei ist auch bei Aktien, Zwischenscheinen, Investmentanteilen, Optionsscheinen sowie Zins- und Gewinnanteilscheinen zunächst auf die Börsenfähigkeit abzustellen, dh. diese sind zunächst danach zu beurteilen, ob sie börsenfähig sind.[246]

Darüber hinaus sind folgende Anhangangaben im Zusammenhang mit Wertpapieren von Bedeutung:

- § 340a Abs. 1 iVm. § 284 Abs. 2 Nr. 1 und 3 HGB: Angewandte Bilanzierungs- und Bewertungsmethoden sowie Abweichungen davon.
- § 340a Abs. 1 iVm. § 284 Abs. 2 Nr. 2 HGB: Grundlagen für die Umrechung in Euro, wenn der Jahresabschluss Posten enthält, denen Beträge in Fremdwährung zugrunde liegen.

---

[246] Vgl. Krumnow ua., 2. Aufl., § 7 RechKredV Rn. 15.

- § 340a Abs. 4 Nr. 2 HGB: Beteiligungen an großen Kapitalgesellschaften, die 5 % der Stimmrechte überschreiten.
- § 34 Abs. 3 RechKredV: Anlagenspiegel.
- § 9 RechKredV: Fristengliederung.
- § 3 Nr. 1 und 2 RechKredV: Wahlweise in der Bilanz oder im Anhang sind jene verbrieften und unverbrieften Forderungen und Verbindlichkeiten an bzw. ggü. verbundenen Unternehmen oder Unternehmen, mit denen ein Beteiligungsverhältnis besteht, gesondert auszuweisen, die im Aktivposten Nr. 5 oder in den Passivposten Nr. 3 bzw. 9 enthalten sind.
- § 4 Abs. 2 RechKredV: Nachrangige Vermögensgegenstände, wenn sie nicht auf der Aktivseite bei dem jeweiligen Posten oder Unterposten gesondert ausgewiesen sind.
- § 34 Abs. 2 Nr. 1 RechKredV: Aufgliederung verschiedener Posten der Gewinn- und Verlustrechnung nach geografischen Märkten.
- § 285 Nr. 3 HGB iVm. § 34 Abs. 1 Satz 2 RechKredV: Sonstige finanzielle Verpflichtungen (bspw. Einzahlungsverpflichtungen auf Wertpapiere).
- § 285 Nr. 11 HGB: Angaben zum Anteilsbesitz.
- § 36 RechKredV: Angaben über Termingeschäfte mit Wertpapieren.

3.7. Nachrangige Vermögensgegenstände und Schulden

3.7.1. Überblick

Als nachrangig sind Vermögensgegenstände und Schulden auszuweisen, wenn sie als Forderungen oder Verbindlichkeiten im Fall der Liquidation oder der Insolvenz erst nach den Forderungen der anderen Gläubiger erfüllt werden dürfen (§ 4 Abs. 1 RechKredV). Da sich die Nachrangabrede ausdrücklich nur auf den Liquidations- bzw. Insolvenzfall bezieht, sind weitere Einschränkungen der Gläubigerrechte (zB Teilnahme am Verlust, Aufschieben bzw. Wegfallen von Zinszahlungen) für die Qualifikation als nachrangig nicht erforderlich.[247]

Die Nachrangigkeit setzt eine entsprechende Bindung des Schuldners voraus. Eine Vereinbarung lediglich zwischen den beteiligten Gläubigern reicht nicht aus.[248] Forderungen, die nach den Grundsätzen kapitalersetzender Gesellschafterdarlehen nicht zurückgezahlt werden dürfen, sind als nachrangig auszuweisen.

Die Behandlung der nachrangigen Vermögensgegenstände und Schulden im Jahresabschluss ist wie in Abb. 3.4 dargestellt vorzunehmen:

Nachrangige		
Vermögensgegenstände (alternativ)		Schulden
Bilanz	Anhang	Bilanz
Gesonderter Ausweis bei den jeweiligen Posten oder Unterposten der Aktivseite	Angabe der nachrangigen Forderungen in der Reihenfolge der betroffenen Posten der Aktivseite der Bilanz im Anhang	Ausweis im Posten 9. Nachrangige Verbindlichkeiten

Abb. 3.4: Nachrangige Vermögensgegenstände und Verbindlichkeiten

Wie sich aus Abb. 3.4 ergibt, ist der Ausweis der nachrangigen Forderungen anders geregelt als der der nachrangigen Verbindlichkeiten.

---

[247] Vgl. Krumnow ua., 2. Aufl., § 4 RechKredV Rn. 2.
[248] Vgl. WPH Bd. I 2000 J Tz. 35, 135 u. 151.

3.7.2. Nachrangige Forderungen

Auf der Aktivseite müssen nachrangige Forderungen gesondert bei jedem Posten bzw. Unterposten als „Darunter-Vermerke" ausgewiesen werden.[249] Alternativ müssen im Anhang entsprechende Angaben in der Reihenfolge der betroffenen Posten gemacht werden (§ 4 Abs. 2 RechKredV). Die Angabe nachrangiger Aktiva liefert Hinweise auf die Risikolage eines Instituts, denn diese Aktiva sind ausfallbedrohter als nicht nachrangige. Sie informiert aber auch über die Ertragslage, da sich das höhere (Ausfall-) Risiko des Instituts in der Regel in einem höheren Entgelt (Zins) der normalerweise ertragsstärkeren nachrangigen Aktiva niederschlägt.[250]

Nachrangige Vermögensgegenstände dürften primär unter den Forderungs- und Wertpapierposten „3. Forderungen an Kreditinstitute" und „5. Schuldverschreibungen und andere festverzinsliche Wertpapiere" zu finden sein, wenn es sich beim Schuldnerinstitut um Ergänzungskapital bzw. Drittrangmittel handelt.

Soweit es sich um im Rahmen der Marktpflege gehaltene eigene Bestände an nachrangigen Schuldverschreibungen handelt, sind diese im Posten „5. Schuldverschreibungen und andere festverzinsliche Wertpapiere, c) eigene Schuldverschreibungen" ausgewiesen.[251]

Aber auch in anderen Aktivposten wie bspw. „4. Forderungen an Kunden" können nachrangige Forderungen enthalten sein. Ein Ausweis im Posten „6. Aktien und andere nicht festverzinsliche Wertpapiere" ist bspw. denkbar für (fremde und eigene) verbriefte (börsenfähige) Genussscheine (§ 17 Abs. 1 RechKredV).

Da die in den Aktivposten 3 bis 5 enthaltenen verbrieften und unverbrieften Forderungen an verbundene Unternehmen und an Unternehmen, mit denen ein Beteiligungsverhältnis besteht, nach § 3 RechKredV in Unterposten jeweils gesondert auszuweisen sind, muss die Nachrangigkeit dieser Forderungen ggf. in einem Unterposten zum Unterposten kenntlich gemacht werden.

3.7.3. Nachrangige Verbindlichkeiten

Dagegen erfolgt auf der Passivseite ein zusammengefasster Ausweis in einem Posten „9. Nachrangige Verbindlichkeiten". In § 10 Abs. 5a und Abs. 7 KWG sind die für langfristige bzw. kurzfristige nachrangige Verbindlichkeiten notwendigen Bedingungen genannt, nach denen diese als haftende Eigenmittel anerkannt werden. Aufgrund des unterschiedlichen Regelungszwecks, kann kein Gleichlauf zwischen bilanziellem

---

[249] Nach Bieg (1998), 170 ist auch ein Vorspaltenausweis möglich.
[250] Vgl. Bieg (1998), 170.
[251] Zum Abzug vom haftenden Eigenkapital für Marktpflegepositionen vgl. Luz/Scharpf, 150.

Ausweis und bankaufsichtlicher Eigenmitteldefinition gegeben sein.[252] Für den entsprechenden Bilanzausweis bzw. für die Angaben im Anhang ist es deshalb nicht erforderlich, dass die zusätzlichen Kriterien, die § 10 KWG für die Anerkennung als haftende Eigenmittel fordert, erfüllt sind. Die Nachrangabrede ist für die Anerkennung als haftende Eigenmittel iSd. § 10 KWG eine notwendige, aber keine hinreichende Bedingung.[253]

Unter den nachrangigen Verbindlichkeiten sind im Wesentlichen nachrangig aufgenommene Darlehen auszuweisen, unabhängig davon, ob sie in Wertpapieren verbrieft sind oder nicht.[254] Unbeachtlich ist ferner, ob diese als haftende Eigenmittel anerkannt sind oder nicht.

Daneben sind im Regelfall auch Genussrechte sowie stille Einlagen nachrangig (§ 10 Abs. 5 und Abs. 4 KWG). Für Genussrechte ist ein eigener Passivposten „10. Genussrechtskapital" vorgesehen. Stille Einlagen sind in den Passivposten „12. Eigenkapital, a) gezeichnetes Kapital" einzubeziehen (§ 25 Abs. 1 Satz 1 RechKredV).

Anteilige Zinsen sind grundsätzlich auch dann unter diesem Posten zu passivieren, wenn sich die Nachrangabrede nicht zweifelsfrei auf diese erstreckt; allerdings erscheint auch eine Passivierung im Posten „Sonstige Verbindlichkeiten" vertretbar.

Zu den nachrangigen Verbindlichkeiten sind im **Anhang** gemäß § 35 Abs. 3 RechKredV bestimmte Pflichtangaben zu machen.[255] Mit dem gesonderten Ausweis wird eine teurere Refinanzierung deutlich gemacht. Daneben gestattet der Ausweis auch gewisse Aufschlüsse auf die bankaufsichtsrechtlich anerkannten Eigenmittel. Zu den nach § 35 Abs. 3 Nr. 3 RechKredV zu anderen Mittelaufnahmen global anzugebenden „wesentlichen Bedingungen" gehören die Verzinsung (Spanne der Zinssätze und deren Durchschnitt) sowie die Fälligkeiten und ggf. die im Folgejahr fälligen Beträge.

---

252 Vgl. Krumnow ua., 2. Aufl., § 4 RechKredV Rn. 4.
253 Ausführlich zur Anerkennung als haftendes Eigenkapital vgl. Luz/Scharpf, 150 ff. und 172 ff.
254 Vgl. WPH Bd. I 2000 J Tz. 151.
255 Ausführlich zu den Anhangangaben vgl. Krumnow ua., 2. Aufl., § 4 RechKredV Rn. 10 ff.

3.8. Anteilige Zinsen (Zinsabgrenzung)

§ 11 Satz 1 RechKredV verlangt, dass „... *anteilige Zinsen und ähnliche das Geschäftsjahr betreffende Beträge, die erst nach dem Bilanzstichtag fällig werden, aber bereits am Bilanzstichtag bei Kreditinstituten den Charakter von bankgeschäftlichen und bei Finanzdienstleistungsinstituten den Charakter von für diese Institute typischen Forderungen oder Verbindlichkeiten haben, ..."* demjenigen Posten der Aktiv- oder Passivseite der Bilanz zuzuordnen sind, dem sie zugehören. Diese Beträge brauchen aber nicht nach Restlaufzeiten aufgegliedert zu werden (§ 11 Satz 3 RechKredV), sie können jedoch in die Restlaufzeitgliederung einbezogen werden.[256]

Fehlt ein bilanzwirksames Hauptgeschäft, wie dies zB bei Zinsswapgeschäften der Fall ist, ist nach Böcking/Oldenburger ein Ausweis unter den „Sonstigen Vermögensgegenständen" bzw. „Sonstigen Verbindlichkeiten" vorzunehmen.[257] Hier wird jedoch die Ansicht vertreten, dass die Beträge in Abhängigkeit vom Schuldner bzw. Gläubiger als Forderungen an Kreditinstitute oder Kunden bzw. als Verbindlichkeiten gegenüber Kreditinstituten oder Kunden auszuweisen sind. Denn diese Beträge resultieren aus den Geschäften des Instituts mit anderen Kreditinstituten bzw. mit Kunden, weshalb nach §§ 14 Abs. 1, 15 Abs. 1 RechKredV bzw. § 21 Abs. 1 und 2 RechKredV ein entsprechender Postenausweis unmittelbar vorgeschrieben ist.

Anteilige Zinsen, auch als antizipative oder herangerechnete Zinsen bezeichnet, sind solche Zinserträge und -aufwendungen, die wirtschaftlich dem abgelaufenen Geschäftsjahr zuzuordnen, also erfolgswirksam geworden sind, jedoch erst später fällig werden.

Der im Bilanzrecht vorherrschenden wirtschaftlichen Betrachtungsweise folgend, liegt hier bereits vor vereinbarter Fälligkeit eine Forderung vor. Unter die Regelung des § 11 RechKredV fallen damit all die Beträge, die zwar mangels Fälligkeit noch nicht zu einem Mittelzufluss geführt haben, aber - weil realisiert - in der Gewinn- und Verlustrechnung als Zinsertrag bzw. Zinsaufwand zu erfassen sind.

In § 11 Satz 2 RechKredV wird ausdrücklich darauf hingewiesen, dass § 268 Abs. 4 Satz 2 und Abs. 5 Satz 3 HGB unberührt bleiben. Das bedeutet, dass antizipative Beträge größeren Umfangs[258] im Anhang zu erläutern sind, soweit sie unter den Posten „Sonstige Vermögensgegenstände" oder „Sonstige Verbindlichkeiten" ausgewiesen werden. Dies wird insbesondere für solche antizipativen Posten infrage kommen, bei denen es sich nicht um Zinsen oder zinsähnliche Posten handelt (zB Mieten, Versicherungsprämien). Oder es handelt sich um anteilige Zinsen, die im außerbilanziellen Geschäft auftreten.[259]

---

[256] Vgl. hierzu Kapitel 3.1.3.
[257] Vgl. Böcking/Oldenburger, in: MünchKomm. HGB § 340a HGB Rn. 40.
[258] Vgl. hierzu Bieg (1998), 187.
[259] Vgl. Bieg (1998), 188.

Die anteiligen Zinsen sind demjenigen Posten bzw. Unterposten der Aktiv- oder Passivseite der Bilanz zuzuordnen, dem sie zugehören. Die alleinige Zuordnung zum Hauptposten ist nicht sachgerecht. Bezüglich der „Darunter-Posten" wird die Zuordnung der anteiligen Zinsen für entbehrlich gehalten.[260]

---

[260] Vgl. Krumnow ua., 2. Aufl., § 11 RechKredV Rn. 4.

4. Bewertungsvorschriften

4.1. Überblick

Kredit- und Finanzdienstleistungsinstitute (Institute) müssen zunächst die allgemeinen Bewertungsvorschriften für alle Kaufleute (§§ 252 bis 256 HGB) beachten. Darüber hinaus sind gemäß § 340a Abs. 1 HGB die für Kapitalgesellschaften geltenden Bewertungsvorschriften (§§ 279 bis 283 HGB) von allen Instituten anzuwenden.

Das in § 280 HGB kodifizierte Wertaufholungsgebot verlangt bei Fortfall der Gründe für die nach § 253 Abs. 2 Satz 3 oder Abs. 3 HGB oder § 254 Satz 1 HGB vorgenommenen Abschreibungen entsprechende Zuschreibungen. § 280 HGB ist auf die in § 340f Abs. 1 HGB bezeichneten Vermögensgegenstände nicht anzuwenden (§ 340f Abs. 2 Satz 1 HGB).[261]

Spezielle Bewertungsvorschriften für Kreditinstitute enthalten die §§ 340e bis 340g HGB; mit § 340h HGB gibt es in Deutschland erstmals eine gesetzliche Norm zur Währungsumrechnung. Auf diese Bewertungsvorschriften wird nachfolgend näher eingegangen.

---

[261] Vgl. Schneider, ZBB 2000, 126; Wiedmann, 2. Aufl., § 340f HGB Rn. 17; ungeachtet der eindeutigen gesetzlichen Regelung wird für die Handelsbilanz im Schrifttum zT davon ausgegangen, dass ebenfalls ein uneingeschränktes Wertaufholungsgebot gilt, vgl. Windmöller, ZfgK 2000, 24.

4.2. Bewertung wie Anlage- und Umlaufvermögen

4.2.1. Überblick

Im Gliederungsschema der Bilanz für Institute wird im Gegensatz zum Gliederungsschema für Nichtinstitute (§ 267 HGB) keine formale Trennung zwischen Anlage- und Umlaufvermögen vorgenommen. Institute sind nach § 340a Abs. 1 HGB von den Vorschriften des § 247 Abs. 1 HGB und § 267 HGB befreit.

Die einzelnen Bilanzposten sind in der Bilanz von Instituten formal nicht nach Anlage- und Umlaufvermögen aufzugliedern.[262] Es kommt mithin regelmäßig vor, dass in demselben Bilanzposten sowohl Gegenstände des Anlage- als auch solche des Umlaufvermögens ausgewiesen werden.

Eine entsprechende Unterscheidung ist aber aufgrund unterschiedlicher Bewertungsmethoden für das Anlage- und das Umlaufvermögen (Niederstwertprinzip, steuerliche Sonderabschreibungen, Übertragung von Veräußerungsgewinnen, Bildung von Vorsorgereserven) zwingend erforderlich. Neben den Bewertungsvorschriften ist die Unterscheidung auch für die Angaben im Anlagenspiegel sowie für den Ausweis in der Gewinn- und Verlustrechnung notwendig. Insofern wird in § 340e Abs. 1 HGB abschließend aufgelistet, welche Vermögensgegenstände im Regelfall nach den für das **Anlagevermögen** geltenden Vorschriften (§ 253 Abs. 2 HGB) und welche nach den Grundsätzen für das **Umlaufvermögen** (§ 253 Abs. 3 HGB) zu bewerten sind.

Wie im allgemeinen Rechnungslegungsrecht (§ 247 Abs. 2 HGB) ist auch bei Banken für die Unterscheidung zwischen Anlage- und Umlaufvermögen auf die **Zweckbestimmung** abzustellen. Es kommt darauf an, ob der Gegenstand dazu bestimmt ist, dauernd dem Geschäftsbetrieb zu dienen oder nicht. Hierfür sind die für die Abgrenzung zwischen Anlage- und Umlaufvermögen geltenden Regeln des § 247 Abs. 2 HGB heranzuziehen. Danach sind die Eigenschaften der Sache und der Wille des Kaufmanns im Hinblick auf den Einsatz des Vermögensgegenstands ausschlaggebend.[263] Dieser Wille ist in geeigneter Weise zu dokumentieren.

Grundsätzlich sind die Verhältnisse am Bilanzstichtag maßgebend. Es müssen jedoch auch vor oder nach dem Bilanzstichtag liegende Umstände berücksichtigt werden.[264] Nach dem Stichtagsprinzip sind vor oder nach dem Stichtag liegende Umstände aber nur insofern relevant, als sie die am Bilanzstichtag bestehende Zweckbestimmung erhellen (Wertaufhellung). Eine erst nach dem Stichtag eintretende Zweckänderung ist deshalb ohne Auswirkung. Auch

---

[262] Vgl. BR-Drs. 616/89, 22.
[263] Vgl. BeBiKo 5. Aufl. § 247 HGB Rn. 351; ADS 6. Aufl. § 247 HGB Rn. 110 ff.
[264] Vgl. BeBiKo 5. Aufl. § 247 HGB Rn. 360.

die Zweckbestimmung bei Zugang des Gegenstands ist auf Dauer nicht ausschlaggebend, soweit zum Stichtag eine Änderung eingetreten ist; ggf. ist eine Umwidmung vorzunehmen.[265]

Aufgrund der Zweckbestimmung, die überwiegend vom subjektiven Willen des bilanzierenden Instituts abhängt, kann die Regelzuordnung zum Anlage- bzw. Umlaufvermögen geändert werden. Dies bedeutet für die Vermögenswerte, die bislang dem Anlagevermögens zugeordnet waren und für die keine Dauerhalteabsicht besteht oder deren Halten aufgrund der wirtschaftlichen Verhältnisse unmöglich erscheint, dass die Bewertungsvorschriften für das Umlaufvermögen anzuwenden sind. Andererseits sind Vermögenswerte, die bislang dem Umlaufvermögen zugeordnet waren, wie Anlagevermögen zu bewerten, wenn sie dazu bestimmt sind, künftig dauernd dem Geschäftsbetrieb zu dienen.

4.2.2. Bewertung wie Anlagevermögen

4.2.2.1. Wie Anlagevermögen zu bewertende Vermögensgegenstände

Nach § 340e Abs. 1 Satz 1 HGB sind die in Abb. 4.1 aufgeführten Vermögensgegenstände nach den für das Anlagevermögen geltenden Vorschriften zu bewerten, es sei denn, dass sie nicht dazu bestimmt sind, dauernd dem Geschäftsbetrieb zu dienen; im letzteren Fall sind sie ausnahmsweise wie Umlaufvermögen zu bewerten.

Diese Aufzählung der nach den Vorschriften für das Anlagevermögen zu bewertenden Vermögensgegenstände ist nicht völlig deckungsgleich mit den Posten „Immaterielle Vermögensgegenstände" und „Sachanlagen" des § 266 Abs. 2 HGB. Nicht erwähnt werden der Geschäfts- oder Firmenwert (§ 266 Abs. 2 HGB A.I.2.) sowie die geleisteten Anzahlungen (§ 266 Abs. 2 HGB A.I.3.). Nachdem § 255 Abs. 4 HGB, der für den **Firmenwert** eine eigenständige Bewertungsvorschrift darstellt, auch für Institute anzuwenden ist, ist die Aufnahme des Firmenwerts in die Auflistung in § 340e Abs. 1 HGB entbehrlich.

---

[265] Vgl. ADS 6. Aufl. § 247 HGB Rn. 105.

Bilanzposten	Vermögensgegenstände nach § 340e Abs. 1 Satz 1 HGB
7. Beteiligungen	- Beteiligungen
8. Anteile an verbundenen Unternehmen	- Anteile an verbundenen Unternehmen
11. Immaterielle Anlagewerte	- Konzessionen
	- Gewerbliche Schutzrechte und ähnliche Rechte und Werte
	- Lizenzen an solchen Rechten und Werten
12. Sachanlagen	- Grundstücke
	- Grundstücksgleiche Rechte
	- Bauten einschließlich der Bauten auf fremden Grundstücken
	- Technische Anlagen und Maschinen
	- Andere Anlagen
	- Betriebs- und Geschäftsausstattung
	- Anlagen im Bau

Abb. 4.1: Anlagevermögen

Für **Beteiligungen** dürften im Regelfall nur die Bewertungsvorschriften für das Anlagevermögen greifen, da diese definitionsgemäß dazu bestimmt sind, dem eigenen Geschäftsbetrieb durch Herstellung einer dauernden Verbindung zu jenem Unternehmen zu dienen (§ 271 Abs. 1 Satz 1 HGB). Eine im Wege des Pakethandels oder zur Rettung von Kreditforderungen nur vorübergehende Übernahme von Anteilsbesitz ist jedoch nicht unter den Beteiligungen, sondern je nach Ausgestaltung unter den Posten „Aktien und andere nicht festverzinsliche Wertpapiere" oder „Sonstige Vermögensgegenstände" auszuweisen.[266]

Nach § 340e Abs. 1 Satz 2 HGB kommen für die Bewertung nach den für das Anlagevermögen geltenden Vorschriften darüber hinaus (unter bestimmten Bedingungen) die in Abb. 4.2 aufgeführten Vermögensgegenstände infrage.[267]

---

[266] GlA Böcking/Oldenburger, in: MünchKomm. HGB § 340e HGB Rn. 8.
[267] Vgl. hierzu auch Schneider, ZBB 2000, 121 ff.

Bilanzposten	Vermögensgegenstände nach § 340e Abs. 1 Satz 2 HGB
5. Schuldverschreibungen und andere festverzinsliche Wertpapiere	- Wertpapiere, die dazu bestimmt sind, dauernd dem Geschäftsbetrieb zu dienen
6. Aktien und andere nicht festverzinsliche Wertpapiere	- Wertpapiere, die dazu bestimmt sind, dauernd dem Geschäftsbetrieb zu dienen
- Andere Aktivposten	- Vermögensgegenstände, die dazu bestimmt sind, dauernd dem Geschäftsbetrieb zu dienen

Abb. 4.2: Andere wie Anlagevermögen zu bewertende Vermögensgegenstände

Forderungen an Kreditinstitute bzw. Kunden sind generell wie Umlaufvermögen zu behandeln, auch bei längeren Laufzeiten. Forderungen werden im Gegensatz zu verzinslichen Wertpapieren im Normalfall nicht zinsinduziert bewertet.

4.2.2.2. Wertpapiere

Obwohl Wertpapiere grundsätzlich wie Umlaufvermögen zu bewerten sind, ist es nicht ausgeschlossen, dass Institute nicht nur Beteiligungen, sondern auch **Wertpapiere** als längerfristige Vermögensanlage betrachten und diese, insbesondere für Zwecke der Bewertung, wie Anlagevermögen behandeln.[268] Die gesetzliche Grundlage bietet § 340e Abs. 1 Satz 2 HGB, wonach andere Vermögensgegenstände - insbesondere Wertpapiere - dann wie Anlagevermögen zu bewerten sind, wenn sie dazu bestimmt werden, dauernd dem Geschäftsbetrieb zu dienen.

Diese Zweckbestimmung zur dauernden Vermögensanlage kann nur nach subjektiven Kriterien vorgenommen werden, weil eine objektivierte, von der Wesensart der Vermögenswerte abhängige Zuordnung bei Finanzanlagen nur schwer möglich ist. Die Aufteilung der Wertpapiere muss buchhalterisch belegt und von den zuständigen Organen des Instituts aktenkundig beschlossen werden.

Die Vorgabe des Gesetzgebers, dass Wertpapiere des Anlagevermögens dauernd dem Geschäftsbetrieb zu dienen bestimmt sein müssen, lässt nicht auf eine bestimmte Mindesthaltedauer schließen. Ebenso wenig reicht die Tatsache aus, dass die Wertpapiere über einen längeren Zeitraum gehalten werden, um die Wertpapiere wie Anlagevermögen zu bewerten. Auch die in der Praxis verwendeten Bezeichnungen „Sonderbestand", „Gesperrter Bestand" oder „Sekretariatsbestand" reichen für sich allein nicht zur Klassifizierung als Anlagevermögen aus.

Wird hinsichtlich der Zweckbestimmung auf einen konkreten Bestand und nicht auf das einzelne Wertpapier abgestellt, dürfte ein gelegentlicher Austausch der Bestände aufgrund von

---

[268] Vgl. BR-Drs. 616/89, 22.

Fälligkeiten oder geschäftspolitischen Gründen unschädlich für die Zuordnung zum Anlagevermögen sein.[269]

Für Wertpapiere, die nach den für das Anlagevermögen geltenden Vorschriften bewertet werden können, existiert keine allgemein gültige Umfangsbegrenzung. Anhaltspunkte für die Bestimmung, dauernd dem Geschäftsbetrieb zu dienen, kann IDW RS VFA 2[270] bieten.[271]

Ein Institut muss grundsätzlich zum Erwerbszeitpunkt (Einbuchung) entscheiden, ob ein Wertpapier dem Anlage- oder dem Umlaufvermögen zuzurechnen ist. Die **Zweckbestimmung** muss für jeden Vermögensgegenstand individuell erfolgen. Sie muss dabei aber nicht für alle Wertpapiere eines Emittenten gleicher Art und Gattung einheitlich entschieden werden, dh. dass bspw. Aktien ein und desselben Emittenten sowohl zum Anlage- als auch zum Umlaufvermögen gehören können.

Eine **depotmäßige Trennung** der Wertpapiere des Anlagevermögens von denen des Handelsbestands bzw. der Liquiditätsreserve ist ausreichend, falls keine andere eindeutige Kennzeichnung vorgenommen wird. Für die Zuordnung der Wertpapiere im Erwerbszeitpunkt hat die Geschäftsleitung schriftlich dokumentierte Vorgaben zu machen (vgl. Kapitel 4.4.4.2.).

Eine spätere **Umwidmung** ist dadurch aber nicht ausgeschlossen (vgl. Kapitel 4.4.7.). Grundvoraussetzung für die Umwidmung ist aber eine geänderte subjektive Zweckbestimmung. Ist alleiniges Ziel einer Umwidmung bspw. die Gestaltung des Ausweises der Erfolgsbestandteile in der Gewinn- und Verlustrechnung, ist diese Umwidmung unzulässig. Erfolgsrealisierungen im Rahmen von Umwidmungen sind nicht zulässig. Dies bedeutet, dass zu einem unterjährigen (vom Bilanzstichtag abweichenden) Umwidmungszeitpunkt auch keine Wertminderung zu erfassen ist.

Umwidmungen müssen stets sachlich begründet sein. Eine willkürliche Änderung der Zweckbestimmung und damit eine willkürliche Umwidmung ist unzulässig. Verkäufe von Wertpapieren aus dem Anlagebestand sind zulässig.

4.2.2.3. Rettungserwerb von Immobilien

Selbstgenutzte Grundstücke und Gebäude rechnen regelmäßig zum Anlagevermögen, da bei ihnen typischerweise das Kriterium der Dauerbesitzabsicht erfüllt ist und sie damit dauernd dem Geschäftsbetrieb dienen. Dieses objektive Kriterium wird vom tatsächlichen Willen der Geschäftsleitung des bilanzierenden Instituts dominiert. Daher sind Immobilien, die im Wege des Rettungserwerbs[272] mit der Absicht der anschließenden Weiterveräußerung übernommen

---

269 Vgl. Böcking/Oldenburger, in: MünchKomm. HGB § 340e HGB Rn. 11.
270 Vgl. IDW RS VFA 2, WPg 2002, 475 ff.
271 Vgl. hierzu auch VFA zur Bewertung von Kapitalanlagen, FN 2002, 667.
272 Vgl. ausführlich zur Bewertung Scharpf, DB 1987, 755 ff.

wurden, dem Umlaufvermögen zuzurechnen (§ 20 Satz 5 RechKredV). Als „Sonstige Vermögensgegenstände" sind sie nur auszuweisen, wenn sie sich nicht länger als fünf Jahre im Bestand des Instituts befinden (§ 20 Satz 5 RechKredV).

4.2.2.4. Anschaffungs- und Herstellungskosten

Alle Vermögensgegenstände - auch die des Umlaufvermögens - sind zunächst grundsätzlich mit ihren **Anschaffungskosten** gemäß § 255 Abs. 1 HGB bzw. **Herstellungskosten** gemäß § 255 Abs. 2 und 3 HGB anzusetzen. Ein darüber hinausgehender Wertansatz ist nach § 253 Abs. 1 HGB nicht zulässig. Für die Ermittlung der Anschaffungs- und Herstellungskosten sind die Grundsätze des § 255 HGB maßgebend.[273]

4.2.2.5. Planmäßige Abschreibungen

Soweit die Nutzung der Anlagegegenstände zeitlich begrenzt ist, was bei Instituten insbesondere bei Sachanlagen und Immateriellen Anlagewerten der Fall ist, sind die Anschaffungs- und Herstellungskosten um planmäßige Abschreibungen zu vermindern (§ 253 Abs. 2 HGB). Der Plan muss die Anschaffungs- oder Herstellungskosten auf die Geschäftsjahre verteilen, in denen der Vermögensgegenstand voraussichtlich genutzt werden kann. Die planmäßigen Abschreibungen sind nach den Grundsätzen des § 253 Abs. 2 Satz 1 und 2 HGB vorzunehmen. Für die planmäßigen Abschreibungen gelten die allgemeinen Vorschriften.

4.2.2.6. Außerplanmäßige Abschreibungen

Unabhängig davon, ob die Gegenstände abnutzbar sind oder nicht, können bzw. müssen nach § 253 Abs. 2 Satz 3 HGB außerplanmäßige Abschreibungen gemacht werden, um die Gegenstände mit dem niedrigeren Wert anzusetzen, der ihnen am Bilanzstichtag beizulegen ist. Die außerplanmäßigen Abschreibungen sind bei allen wie Anlagevermögen behandelten Vermögensgegenständen dann zwingend vorzunehmen, wenn es sich um eine voraussichtlich **dauernde Wertminderung** handelt (§ 253 Abs. 2 Satz 3 Halbsatz 2 HGB).

§ 279 Abs. 1 Satz 2 HGB, wonach außerplanmäßige Abschreibungen bei einer **vorübergehenden Wertminderung** nur bei Gegenständen des Finanzanlagevermögens vorgenommen werden dürfen, ist nach § 340a Abs. 2 Satz 1 HGB auf die Rechnungslegung von Kredit- und Finanzdienstleistungsinstituten **nicht anzuwenden**. Das generelle Abwertungswahlrecht des § 253 Abs. 2 Satz 2 HGB wird aber auch bei Kreditinstituten eingeschränkt: Nach § 340e Abs. 1 Satz 3 HGB dürfen außerplanmäßige Abschreibungen nach § 253 Abs. 2 Satz 3 HGB auf die in § 340e Abs. 1 Satz 1 HGB genannten Vermögensgegenstände grundsätzlich nur

---

[273] Zu den Anschaffungskosten bei ersteigerten Grundstücken vgl. Scharpf, DB 1987, 755 ff.

dann gemacht werden, wenn es sich um eine **voraussichtlich dauernde Wertminderung** handelt.[274] Dies bedeutet, dass folgende Bewertungsregeln maßgeblich sind:

- Bei voraussichtlich dauernder Wertminderung:
  Bewertung gemäß § 253 Abs. 2 Satz 3 Halbsatz 2 HGB mit der Folge der Abschreibungspflicht.
- Bei voraussichtlich nur vorübergehender Wertminderung:
  Wegen § 340e Abs. 1 Satz 3 HGB keine Bewertung gemäß § 253 Abs. 2 Satz 3 Halbsatz 1 HGB mit der Folge des Abschreibungsverbots.

Für **Beteiligungen** und **Anteile an verbundenen Unternehmen** besteht nach § 340e Abs. 1 Satz 3 HGB jedoch eine Ausnahme; entsprechend der Regelung in § 279 Abs. 1 Satz 2 HGB dürfen bei diesen die Abschreibungen nach § 253 Abs. 2 Satz 3 HGB auch dann vorgenommen werden, wenn es sich nur um eine **vorübergehende Wertminderung** handelt. Ist die Wertminderung voraussichtlich von Dauer, besteht Abschreibungspflicht.

4.2.2.7. Voraussichtliche dauernde Wertminderungen bei Wertpapieren

Die Frage der Dauerhaftigkeit von Wertminderungen hat in jüngster Vergangenheit aufgrund der Änderung des § 341b Abs. 2 HGB sowie wegen der anhaltend niedrigen Wertpapierkurse erhebliche Bedeutung erlangt. Bei voraussichtlich dauernden Wertminderungen ist bei Wertpapieren des Anlagevermögens eine Wertminderung zu erfassen.[275] Die Ermittlung des beizulegenden Werts stößt bei Anteilswerten (zB Beteiligungen) im Allgemeinen sowohl theoretisch als auch praktisch auf erhebliche Schwierigkeiten.

Zur voraussichtlich dauernden Wertminderung von Wertpapieren hat sich der Versicherungsfachausschuss des IDW mit IDW RS VFA 2[276] sowie mit einer weiteren Veröffentlichung zur Bewertung von Kapitalanlagen[277] geäußert. Obschon sich der VFA bei seiner Stellungnahme auf die Interpretation des § 341b HGB beschränkt, können die darin enthaltenen Überlegungen nach der hier vertretenen Ansicht ganz allgemein zur Auslegung des im Gesetz nicht näher definierten Begriffs einer voraussichtlich dauernden Wertminderung herangezogen werden.[278] Denn die Änderung des § 341b HGB hat die Bewertungsvorschriften für Wertpapiere der Versicherungsunternehmen an die für Institute geltenden Vorschriften des § 340e HGB angepasst.

---

274 Vgl. auch Schneider, ZBB 2000, 122.
275 Vgl. hierzu auch Lüdenbach/Hoffmann, DB 2004, 85 ff.
276 Vgl. IDW RS VFA 2, WPg 2002, 476 f.; Fey/Mujkanovic, WPg 2003, 212 ff.
277 Vgl. VFA, FN 2002, 667; siehe hierzu auch oV, Versicherungswirtschaft 2002, 1431 f.
278 GlA Krumnow ua., 2. Aufl., § 340e HGB Rn. 43.

Die vom VFA in **IDW RS VFA 2** getroffenen Aussagen werden nachfolgend kurz skizziert:

- Eine dauernde Wertminderung bedeutet ein nachhaltiges Absinken des den Wertpapieren zum Abschlussstichtag beizulegenden Werts unter den Buchwert. Der Buchwert ist derjenige Wert, der sich ohne die außerplanmäßige Abschreibung ergeben würde. Zur Bestimmung des beizulegenden Werts am Abschlussstichtag muss auf verschiedene Hilfswerte wie bspw. den Wiederbeschaffungs-, Einzelveräußerungs- oder Ertragswert zurückgegriffen werden.
- Bei der Beurteilung, ob eine Wertminderung voraussichtlich nur vorübergehend ist, sind zusätzliche Erkenntnisse bis zum Zeitpunkt der Aufstellung der Bilanz zu berücksichtigen. Hat der Zeitwert zum Zeitpunkt der Bilanzaufstellung den Buchwert wieder erreicht oder überschritten, ist zu beurteilen, inwieweit dies den nur vorübergehenden Charakter der Wertminderung belegt.
- Aufgrund des Einzelbewertungsgrundsatzes ist die Frage einer nur vorübergehenden Wertminderung für jede einzelne gehaltene Kapitalanlage gesondert zu prüfen.
- Zur Beurteilung, ob eine dauernde Wertminderung vorliegt, hat das Unternehmen systematische Methoden zu verwenden.
- Die Annahme einer voraussichtlich nur vorübergehenden Wertminderung setzt voraus, dass das Unternehmen in der Lage ist, die Wertpapiere bis zum Zeitpunkt der erwarteten Wertaufholung zu halten.
- Bei festverzinslichen Wertpapieren, für die die Absicht und die objektiven Voraussetzungen bestehen, sie bis zur Endfälligkeit zu halten, muss eine Wertminderung unter den Nennbetrag als dauerhaft angesehen werden, wenn sich die Bonität des Emittenten wesentlich verschlechtert hat.
- Bei Aktien und bei verzinslichen Wertpapieren, die nicht bis zur Endfälligkeit gehalten werden sollen, ist die Frage einer außerplanmäßigen Abschreibung besonders sorgfältig zu prüfen.
- Bei Investmentfonds richtet sich die Beurteilung der voraussichtlichen Dauerhaftigkeit einer Wertminderung nach den im Fonds gehaltenen Vermögensgegenständen. Neben den og. Indizien sind hier die Zusammensetzung und das Risikoprofil des Fonds, mögliche Ausgleichseffekte sowie mögliche Substanzminderungen aufgrund von Ausschüttungen oder im Fonds erfolgten Umschichtungen bei wesentlichen Fondspositionen zu berücksichtigen.[279]

Der VFA hat sich in seiner 149. Sitzung mit der **Konkretisierung** der Kriterien für das Vorliegen einer **voraussichtlich dauernden Wertminderung** und zur Bemessung außerplanmäßiger Abschreibungen befasst. Die Kriterien für eine **pauschalierte Bestimmung mit**

---

[279] Die Anteile an Spezialfonds stellen einen zu bewertenden Vermögensgegenstand dar. Bei der Beurteilung, ob eine voraussichtlich dauerhafte Wertminderung vorliegt, ist wegen einer fehlenden Preisbildung für die Fondsanteile im Markt sowie der direkten Abhängigkeit des Fondswerts von dem Wert der darin befindlichen Vermögensgegenstände auf den Fondsinhalt abzustellen.

anschließender **Einzelbeurteilung**, welche Wertpapiere dauerhaft im Wert gemindert sind, werden nachfolgend ebenfalls skizziert[280]

- Sofern es sich nicht um Beteiligungen oder besondere Wertpapierpakete handelt, können die Feststellungen zur Dauerhaftigkeit von Wertminderungen auch auf der Grundlage von **pauschalen Verfahren** erfolgen. In dem pauschalen Verfahren wird regelmäßig die Beurteilung der voraussichtlichen Dauerhaftigkeit der einzelnen Wertminderungen im Rahmen systematischer Methoden unter Anwendung bestimmter **Aufgriffskriterien** erfolgen.
- Soweit die Wertpapiere das Aufgriffskriterium erfüllen, muss für sie einzeln geprüft werden, ob eine Abschreibung wegen dauerhafter Wertminderung erforderlich ist.
  Wird eines der nachfolgend genannten Aufgriffskriterien erfüllt, ist das Wertpapier nach Ansicht des VFA grundsätzlich außerplanmäßig abzuschreiben. Diese außerplanmäßige Abschreibung darf nur dann unterlassen werden, wenn das Unternehmen aufgrund nachweisbarer Umstände erwartet, dass die festgestellte Wertminderung gleichwohl voraussichtlich vorübergehend ist und es beabsichtigt sowie in der Lage ist, das Wertpapier bis zum Zeitpunkt der erwarteten Werterholung zu halten.[281]
  Sofern das Unternehmen Kenntnis darüber besitzt, dass der tatsächliche Wert eines Wertpapiers offensichtlich niedriger ist als der Buchwert, bedarf es der Aufgriffskriterien nicht.
- Das **erste Aufgriffskriterium**, das der VFA für mit dem deutschen Recht vereinbar hält liegt vor, wenn *„der Zeitwert des Wertpapiers ... in den dem Bilanzstichtag vorangehenden sechs Monaten permanent um mehr als 20 % unter dem Buchwert"* lag.
  Ist innerhalb sechs Monate vor dem Bilanzstichtag ein starker Wertverfall eingetreten, bedarf es des Aufgriffskriteriums nicht. In diesem Fall sind unmittelbar Maßnahmen zur Erfassung einer voraussichtlich dauernden Wertminderung zu treffen.
- Liegt der Zeitwert länger als ein Geschäftsjahr unter dem Buchwert, sind mit zunehmender Dauer der Wertminderung zur Dauerhaftigkeit strengere Kriterien anzuwenden. Hier kann nach Ansicht des VFA bspw. an das **zweite Aufgriffskriterium** gedacht werden: *„Der Durchschnittswert der täglichen Börsenkurse des Wertpapiers liegt in den letzten zwölf Monaten um mehr als 10 % unter dem Buchwert."*
- Eine **vorübergehende Wertminderung** ist regelmäßig dann gegeben, wenn der Zeitwert im Zeitpunkt der Bilanzaufstellung den Buchwert wieder erreicht oder überschritten hat.

Die Anwendung der **Aufgriffskriterien** ist jedoch bei solchen Wertpapieren zu unterlassen, bei denen der tatsächliche Wert - bspw. durch einen bedeutenden Kursrückgang innerhalb der letzten vier Monate - offensichtlich niedriger ist als der Buchwert.

---

[280] Vgl. VFA, FN 2002, 667 ff.
[281] Diese Einschätzung muss sich auf begründete Erwartungen in Bezug auf die künftige Ertragslage des Unternehmens stützen.

Klarstellen sei ausdrücklich darauf hingewiesen, dass für den Fall, dass ein Aufgriffskriterium erfüllt ist, zwar ein Indiz für eine voraussichtlich dauernde Wertminderung gegeben ist. Aber auch dann, wenn die Aufgriffskriterien erfüllt sind, kann das Institut nachweisen, dass die Wertminderung nicht dauerhaft ist.[282] Um die Nachhaltigkeit eines unter den Buchwert gesunkenen Werts beurteilen zu können, ist eine Prognose der künftigen Wertentwicklung der betreffenden Finanzanlage erforderlich.[283] Vergangenheitsbezogene Informationen können daher nur als Ausgangspunkt für die gemäß § 253 Abs. 2 Satz 3 HGB erforderliche und für die Abwertung letztendlich entscheidende Zukunftsbetrachtung herangezogen werden. Dabei geht es bei Finanzanlagen um eine mittelfristige Betrachtung (zwei bis drei Jahre).[284]

Kursgesicherte Wertpapiere sind unabhängig von ihrem Sicherungskurs dem gewählten Aufgriffskriterium zu unterziehen. Die Wertkompensation aus dem Sicherungsderivat wird bei der Berechnung der Abschreibungshöhe berücksichtigt.

Nachdem ein Wertpapier durch die Anwendung der Aufgriffskriterien als dauernd im Wert gemindert identifiziert wurde, ist in einem nächsten Schritt die Höhe der dauerhaften Wertminderung im Rahmen einer **Einzelbeurteilung** zu ermitteln.[285]

- Der **niedrigere beizulegende Wert**, mit dem das Wertpapier im Rahmen einer außerplanmäßigen Abschreibung anzusetzen ist, ist grundsätzlich der Stichtagskurs. Für Wertpapiere des Anlagevermögens wird nach hM der Wiederbeschaffungswert grundsätzlich durch den Börsen- oder Marktpreis am Abschlussstichtag repräsentiert. Spiegeln die Stichtagskurse nicht den vollen Wert eines Wertpapiers wider, ist für die Ermittlung des Abschreibungsbedarfs zu beurteilen, in welchem Umfang die Wertminderung des Wertpapiers als voraussichtlich dauerhaft angesehen werden muss.

Das Unternehmen muss nachweisen, weshalb für den nicht abzuschreibenden Betrag eine voraussichtlich nur vorübergehende Wertminderung angenommen wird. Der **Nachweis** für den voraussichtlich nur **vorübergehenden** Teil der **Wertminderung** kann für die verschiedenen Wertpapiere wie folgt erbracht werden:

- **Aktien:**
  Methodisch lässt sich ein vom Börsenwert abweichender Wert durch eine fundamentale Bewertung des dem Anteilspapier zugrunde liegenden Geschäfts durchführen.[286]
  Bei Aktien können als Nachweis für den nur vorübergehenden Teil der Wertminderung fundierte Aussagen unabhängiger Analysten herangezogen werden. Daneben können Analyseverfahren, die beispielsweise auf Kursgewinnverhältnissen, Net

---

282 Vgl. ebenso Krumnow ua., 2. Aufl., § 340e HGB Rn. 47.
283 Vgl. Fey/Mujkanovic, WPg 2003, 214.
284 Vgl. Fey/Mujkanovic, WPg 2003, 214.
285 Vgl. auch Fey/Mujkanovic, WPg 2003, 212 ff.
286 Vgl. Fey/Mujkanovic, WPg 2003, 215.

Asset Values oder sonstigen Analysen der Kursverläufe beruhen, einen höheren nachhaltig erzielbaren Wert begründen.

- **Verzinsliche Wertpapiere:**[287]
  Wertminderungen sind dann als dauerhaft anzusehen, wenn sich die Bonität des Emittenten (zB Rating) wesentlich verschlechtert hat.[288] Ein Verzicht auf eine Abschreibung der über die Restlaufzeit zu verteilenden anteiligen Agien von über pari erworbenen Wertpapieren ist im Einzelfall darzulegen und zu begründen.[289]

- **Anteile an Investmentfonds.**
  Investmentanteile sind selbständige Wertpapiere und als solche Bilanzierungsobjekt. Der beizulegende Wert der Anteile am Abschlussstichtag ergibt sich regelmäßig aus dem Rücknahmepreis der Anteilsscheine.
  Hier richtet sich die Beurteilung der **voraussichtlichen Dauerhaftigkeit** einer Wertminderung nach den im Fonds gehaltenen Vermögensgegenständen.[290] Zu berücksichtigen sind dabei die Zusammensetzung und das Risikoprofil des Fonds (zB Art der Wertpapiere, Branchen, regionale Herkunft) sowie mögliche Ausgleichseffekte.
  Bilden Fonds einen bestimmten Index wie bspw. den DAX nach, kann die erwartete Entwicklung des betreffenden Indexes für die Beurteilung der voraussichtlichen Dauerhaftigkeit von Wertminderungen herangezogen werden.
  Investmentfonds, die ihren Anlageschwerpunkt geändert haben, sind daraufhin zu untersuchen, ob Substanzminderungen eingetreten sind, die der Annahme einer voraussichtlich nur vorübergehenden Wertminderung entgegenstehen. Dies gilt auch für Ausschüttungen von im Fonds erzielten außerordentlichen Gewinnen (Abgangsgewinnen). Im Fonds realisierte Verluste führen nicht notwendigerweise zur Annahme einer dauerhaften Wertminderung und sind nach den vorgenannten Kriterien zu beurteilen.
  Die im Fonds enthaltenen Rentenpapiere sind auf ihre Bonität zu überprüfen; für Aktienanteile gilt das oben dargestellte pauschalierte Verfahren mit ggf. anschließender Einzelbeurteilung. Die Ursachen einer Wertminderung der Fondsanteile muss daher eingehend untersucht werden.

---

[287] Im Hinblick auf einen alleinigen Anstieg des Marktzinsniveaus ist eine voraussichtlich dauernde Wertminderung in der Regel nicht anzunehmen; ebenso Birck/Meyer, V 108. Dies gilt jedenfalls dann, wenn die Marktzinserhöhung nicht exorbitant ist und der Einlösungstermin nicht in allzu großer Ferne liegt. Dies kann jedoch bspw. bei ewigen Renten oder anderen Papieren mit besonders langer Restlaufzeit anders zu entscheiden sein, deren Verzinsung so niedrig liegt, dass sie voraussichtlich auf Dauer vom Marktzins übertroffen wird.

[288] Insoweit gelten dieselben Grundsätze wie für Buchforderungen. Als voraussichtlich dauernd ist eine Wertminderung bei Wertpapieren jedenfalls dann anzusehen, wenn die Bonität des Emittenten unzureichend ist, also die Zahlung der künftig zu erbringenden Zins- und Tilgungsleistungen zweifelhaft erscheint.

[289] Weiterhin findet eine voraussichtliche Minderung des Buchwerts insoweit statt, als Wertpapiere über dem Nennwert gekauft wurden, aber nur mit dem Nennwert eingelöst werden. Das Agio ist grundsätzlich anteilig abzuschreiben. Siehe im Übrigen Fey/Mujkanovic, WPg 2003, 217.

[290] Vgl. Fey/Mujkanovic, WPg 2003, 217.

Ein Rückgriff auf **Analystenmeinungen** ist nur dann zulässig, wenn dies umfänglich geschieht. Grundsätzlich sind die Methoden einheitlich anzuwenden. Im Zusammenhang mit der Verwertung der Arbeit von Sachverständigen - wie bspw. Analystenmeinungen - ist der IDW-Prüfungsstandard IDW PS 322 zu beachten. Danach hängen die Art und der Umfang der Verwertung der Arbeit eines Sachverständigen entscheidend davon ab, inwieweit diese vom Abschlussprüfer nachvollziehbar ist. Ferner hängt das Ausmaß und die Gewichtung, mit der Feststellungen von Sachverständigen verwertet werden können, von der fachlichen Kompetenz und der beruflichen Qualifikation des Sachverständigen sowie von dessen Objektivität und Eigenverantwortlichkeit ab. Der Abschlussprüfer muss auch die persönliche und wirtschaftliche Unabhängigkeit sowie die Unparteilichkeit und Unbefangenheit des Sachverständigen ggü. dem zu prüfenden Unternehmen beurteilen. Bei der Beurteilung der Arbeitsergebnisse von Sachverständigen hat der Abschlussprüfer im Einzelfall auch die der Arbeit des Sachverständigen zugrunde liegenden Ausgangsdaten zu den vom Sachverständigen zu treffenden Annahmen und anzuwendenden Verfahren sowie zu deren konsistenter Anwendung im Zeitablauf zu prüfen.

Eine Abwertung kann bei **Investmentanteilen** nur dann infrage kommen, wenn der Rücknahmepreis am Bilanzstichtag kleiner als der Buchwert des Investmentanteils ist. Ist der Rücknahmepreis kleiner als der Buchwert, dann hat eine Beurteilung zu erfolgen, inwieweit es sich dabei um eine dauerhafte Wertminderung handelt. Die maximale Höhe einer Abwertung wird dabei durch die Differenz zwischen dem Buchwert und dem niedrigeren Rücknahmepreis dokumentiert, dh. Ausgleichseffekte zwischen den Aktien in einem Aktienfonds bzw. zwischen Renten und Aktien in einem gemischten Fonds sind zu berücksichtigen.

In einem (Spezial-) **Fonds** gehaltene Zahlungsmittel oder Zahlungsmitteläquivalente sind nicht geeignet, den Verzicht einer Abwertung bzw. ein (künftiges) Wertaufholungspotenzial zu begründen. Denn nach dem Stichtagsprinzip kommt es auf die Zusammensetzung des Fonds am Bilanzstichtag an. Evtl. Pläne oder Absichten, bei steigenden Kursen wieder in Aktien zu investieren, reichen zur Rechtfertigung eines Verzichts auf eine Abwertung nicht aus.

Werden aus einem Investmentfonds (Spezialfonds) die vorhandenen Aktien verkauft, dh. die Verluste innerhalb des Fonds realisiert und eine Wiederanlage in Höhe des Zeitwerts der verkauften Aktien in festverzinsliche Wertpapiere getätigt, ist Folgendes zu beachten: Weisen dabei die festverzinslichen Wertpapiere eine niedrige Verzinsung sowie eine hohe (Rest-) Laufzeit auf, haben diese einen Unterschiedsbetrag (Disagio) zwischen Anschaffungskosten und Nominalwert. Die am Ende der Laufzeit der Wertpapiere über den Anschaffungskosten liegenden Rückzahlungswerte rechtfertigen es nicht, auf eine Wertberichtung der Investmentanteile in dieser Höhe zu verzichten. Aus den im Gegenzug für die Aktien erworbenen Rentenpapiere resultiert kein Wertaufholungspotenzial, das einen Verzicht auf eine Abwertung rechtfertigt. Die Realisation von Verlusten aus (wesentlichen) Fondspositionen im Rahmen dieser Umstrukturierung stellt eine Substanzminderung dar, die für die Frage der Dauerhaftigkeit einer Wertminderung zu berücksichtigen ist.

Die Fähigkeit zur Daueranlage ist in geeigneter Form darzulegen.[291] Eine Bilanzierung nach den Grundsätzen für das Anlagevermögen scheidet daher aus, wenn bei einem Institut die Liquiditätslage angespannt ist. Ist der Grundsatz II stets eingehalten, kann normalerweise von einer ausreichenden Liquidität ausgegangen werden, wenn sich aufgrund einer weiteren Untersuchung der Liquiditätslage keine anderen Anhaltspunkte ergeben. Kann eine ausreichende Liquidität nicht als gegeben angenommen werden, muss eine eingehende Prüfung vorgenommen werden, ob das geprüfte Institut die zu Anlagevermögen erklärten Wertpapiere voraussichtlich durchhalten kann.[292]

Die Aufteilung in Wertpapiere des Umlaufvermögens und solche des Anlagevermögens muss buchhalterisch belegt werden. Die zuständigen Organe müssen hierüber beschlossen haben. Diese Beschlüsse müssen dokumentiert sein.

Im **Anhang** sind die angewandten Bilanzierungs- und Bewertungsmethoden verbal zu erläutern. Die Angabepflicht bei den Bewertungsmethoden erstreckt sich dabei auf jedes planmäßige Verfahren zur Ermittlung eines Wertansatzes. Der Begriff Bewertungsmethode umfasst nicht nur formal den Ablauf der Wertermittlung, sondern auch materiell die innerhalb einer Methode zur Anwendung kommenden Messgrößen und Rechenformeln. Insofern muss aus den Angaben unter den allgemeinen Bewertungsmethoden im Anhang hervorgehen, für welche Gruppen von Wertpapieren außerplanmäßige Abschreibungen vorgenommen wurden und nach welchen Verfahren die Werte errechnet worden sind. Nach § 35 Abs. 1 Nr. 2 RechKredV haben Institute im Anhang den Betrag, der nicht mit dem Niederstwert bewerteten börsenfähigen Wertpapieren jeweils zu den Aktivposten 5. und 6. anzugeben.

Die Berichterstattung im **Prüfungsbericht** hat sich nach § 14 Abs. 2 Nr. 1 PrüfbV auch auf die Art und den Umfang der Verfügungsbeschränkungen an Wertpapieren und deren Bewertung wie Anlagevermögen und die Höhe der dadurch vermiedenen Abschreibungen zu erstrecken.

Bezogen auf Wertpapieranlagen sind im **Lagebericht** nach § 289 Abs. 1 HGB bzw. im **Konzernlagebericht** nach § 315 Abs. 1 HGB grundsätzlich solche Risiken zu erfassen, die ihren Niederschlag im (Konzern-) Jahresabschluss nicht bereits mittels Abschreibungen oder Wertberichtigungen gefunden haben. Insofern ergeben sich besondere Berichtspflichten im Risikobericht insbesondere dann, wenn iRd. Einzelbeurteilung, aufgrund positiver Annahmen und Schätzungen des bilanzierenden Instituts auf eine außerplanmäßige Abschreibung von Wertpapieren verzichtet werden kann.

---

[291] Vgl. diesbezüglich auch das BGH-Urteil v. 1.7.1976, BB 1976, 1430 f.
[292] Vgl. Birck/Meyer, V 103 mwN, mit Verweis auf das BGH-Urteil v. 1.7.1976, BB 1976, 1430 f.; WM 1976, 957 ff.

4.2.2.8. Stille Reserven

Gemäß § 253 Abs. 4 HGB sind Abschreibungen auch im Rahmen vernünftiger kaufmännischer Beurteilung zulässig. Das Abschreibungswahlrecht, das als Lex generalis zunächst für alle Kaufleute gilt, räumt dem Bilanzierenden erhebliche Möglichkeiten zur Bildung stiller Reserven ein.

§ 253 Abs. 4 HGB ist aufgrund dessen sowohl von der Anwendung auf Kapitalgesellschaften sowie Unternehmen, die nach deren Recht bilanzieren (zB Unternehmen, die dem PublG unterliegen), als auch von der Anwendung auf Institute jedweder Rechtsform **ausgenommen** (§ 279 Abs. 1 Satz 1 HGB bzw. § 340a Abs. 1 iVm. § 279 Abs. 1 Satz 1 HGB). Damit soll in erster Linie der Vorschrift des § 264 Abs. 2 HGB Rechnung getragen werden, wonach der Jahresabschluss ein den tatsächlichen Verhältnissen entsprechendes Bild der Vermögens-, Finanz- und Ertragslage vermitteln soll.

Kreditinstitute dürfen jedoch nach § 340f HGB bestimmte Vermögensgegenstände des Umlaufvermögens mit einem niedrigeren als dem nach § 253 Abs. 1 Satz 1, Abs. 3 HGB vorgeschriebenen oder zugelassenen Wert ansetzen. Einzelheiten zu Vorsorgereserven vgl. Kapitel 4.6.

4.2.2.9. Wertaufholungsgebot

Das Wertaufholungsgebot nach den handels- und steuerrechtlichen Vorschriften ist ausführlich in Kapitel 4.5. dargestellt.

4.2.3. Bewertung wie Umlaufvermögen

4.2.3.1. Gesetzliche Regelung

Andere als die in § 340e Abs. 1 Satz 1 HGB genannten (einzeln aufgezählten) Vermögensgegenstände sind nach § 340e Abs. 1 Satz 2 HGB nach den für das Umlaufvermögen geltenden Vorschriften zu bewerten, es sei denn, dass sie dazu bestimmt sind, dauernd dem Geschäftsbetrieb zu dienen. Daher sind vor allem Forderungen und Wertpapiere, wie zB Schuldverschreibungen, Aktien und andere nicht festverzinsliche Wertpapiere, grundsätzlich wie Umlaufvermögen zu bewerten.

Der Bewertung des Umlaufvermögens der Institute liegen grundsätzlich die gleichen gesetzlichen Vorschriften zugrunde, die auch Unternehmen anderer Branchen anzuwenden haben. Diese Vorschriften werden ergänzt um besondere Vorschriften wie die des § 340e Abs. 2 HGB (Ansatz von Hypothekendarlehen und anderen Forderungen mit dem Nennbetrag), des § 340f HGB (Vorsorge für allgemeine Bankrisiken) und des § 340g HGB (Sonderposten für allgemeine Bankrisiken), auf die in Kapitel 4.6. und 4.7. näher eingegangen wird.

Forderungen an Kreditinstitute und Kunden sind grundsätzlich wie **Umlaufvermögen** zu bewerten, auch wenn es sich um langfristige Forderungen handelt.

4.2.3.2. Wertmaßstäbe für die Bewertung des Umlaufvermögens

Ebenso wie bei Gegenständen, die wie Anlagevermögen bewertet werden, ist bei solchen, die nach den Vorschriften des Umlaufvermögens bewertet werden, von den **Anschaffungs- und Herstellungskosten** (§ 255 HGB) auszugehen.

Die Gegenstände des Umlaufvermögens sind abzuwerten, um sie mit einem **niedrigeren Wert** (Zeitwert) anzusetzen,

- der sich aus dem **Börsen- oder Marktpreis** am Abschlussstichtag ergibt (§ 253 Abs. 3 Satz 1 HGB) oder, wenn ein solcher Preis nicht festzustellen ist,
- der den Gegenständen am Abschlussstichtag **beizulegen** ist (§ 253 Abs. 3 Satz 2 HGB).

Zur Bestimmung des Börsen- oder Marktpreises von Wertpapieren mit Sonderausstattung bzw. Wertpapieren in sog. geschlossenen Reihen wird auf BFA 2/1971[293] verwiesen. Einzelheiten vgl. Kapitel 4.4.5.1. und 4.4.5.2.

Die Abschreibung auf den niedrigeren Stichtagswert ist bei den Vermögensgegenständen, die wie Umlaufvermögen bewertet werden, zwingend vorgeschrieben (strenges Niederstwertprinzip). Dies gilt für die Handelsbilanz unabhängig davon, ob die Wertminderung der Ver-

---

[293] Vgl. BFA 2/1971, WPg 1972, 46 (aufgehoben (2000), aber inhaltlich weiterhin zutreffend).

mögensgegenstände des Umlaufvermögens voraussichtlich von Dauer ist oder nicht. Zur steuerlichen Regelung wird auf das BMF-Schreiben vom 29. Februar 2000[294] sowie auf Kapitel 4.5.2. verwiesen.

Darüber hinaus dürfen (Wahlrecht) Abschreibungen auf einen niedrigeren Wert als den Zeitwert am Bilanzstichtag vorgenommen werden,

- soweit diese nach vernünftiger kaufmännischer Beurteilung notwendig sind, um zu verhindern, dass in der **nächsten Zukunft** der Wertansatz aufgrund von Wertschwankungen geändert werden muss (§ 253 Abs. 3 Satz 3 HGB),
- um die Vermögensgegenstände mit dem niedrigeren Wert anzusetzen, der auf einer nur **steuerrechtlich zulässigen Abschreibung** beruht (§ 254 HGB).

Die Möglichkeit der Bildung von stillen Reserven nach § 253 Abs. 4 HGB besteht für Kredit- und Finanzdienstleistungsinstitute aller Rechtsformen nicht.

4.2.3.3. Wertmaßstäbe der Niederstwertvorschrift

Die Wertmaßstäbe des § 253 Abs. 3 Satz 1 und 2 HGB sind

- der Wert, der sich aus dem Börsen- oder Marktpreis ergibt (§ 253 Abs. 3 Satz 1 HGB), oder ersatzweise
- der Wert, der den Vermögensgegenständen am Abschlussstichtag beizulegen ist (§ 253 Abs. 3 Satz 2 HGB).

Diese Wertmaßstäbe sind in der aufgeführten Reihenfolge der Bewertung zugrunde zu legen, dh. falls ein Börsenpreis besteht, ist stets dieser als Ausgangswert zu nehmen, andernfalls kommt zunächst ein ggf. bestehender Marktpreis zur Anwendung. Nur wenn auch ein solcher nicht zu ermitteln ist, kommt der Wert nach § 253 Abs. 3 Satz 2 HGB, also der beizulegende Wert, infrage.[295]

Der **Börsenpreis** bestimmt sich nach dem an einer Börse oder im Freiverkehr festgestellten Preis, wobei Umsätze stattgefunden haben müssen. Taxkurse, die lediglich durch Schätzung festgesetzt wurden, weil keine Geschäftsabschlüsse vorgelegen haben, sind für die Ermittlung des Börsenpreises nicht zu verwenden. Als Börsen kommen sowohl inländische als auch ausländische Börsen infrage.

Der **Marktpreis** ist derjenige Preis, der an einem Handelsplatz für Waren einer bestimmten Gattung von durchschnittlicher Art und Güte zu einem bestimmten Zeitpunkt im Durchschnitt gewährt wurde.

---

[294] Vgl. BMF-Schr. vom 29.2.2000, DStR 2000, 470.
[295] Vgl. BeBiKo 5. Aufl. § 253 HGB Rn. 510.

Die Ableitung des niedrigeren Wertansatzes aus dem Börsenkurs oder Marktpreis bedeutet, dass dem ermittelten fiktiven Anschaffungs- oder Veräußerungspreis grundsätzlich die üblichen Anschaffungsnebenkosten hinzuzurechnen oder die üblichen Minderungen zu kürzen sind.[296]

Zufallskurse, die am Abschlussstichtag unter dem allgemeinen Kursniveau liegen, sind grundsätzlich zu berücksichtigen.[297] Liegt der Stichtagskurs über dem allgemeinen Kursniveau, ist nach ADS[298] grundsätzlich davon auszugehen, dass der Stichtagswert die tatsächlichen Wertverhältnisse nicht zutreffend widerspiegelt. Ob und inwieweit daraus allerdings eine Pflicht folgt, einen Abschlag auf das allgemeine Kursniveau vorzunehmen, hängt von dem Grad der Abweichung des Stichtagskurses von dem allgemeinen Kursniveau ab, ferner auch von der Bedeutung, die die aus dem Stichtagswert sich ergebende Bewertung für das bilanzierende Unternehmen hat. Könnten danach bei Anwendung des Zufallskurses erhebliche Abschreibungen unterbleiben, so würde dadurch uU ein den tatsächlichen Verhältnissen entsprechendes Bild der Vermögens-, Finanz- und Ertragslage nicht vermittelt werden. In Fällen dieser Art ist es daher auch unter dem Gesichtspunkt der Vorsicht erforderlich, einen Abschlag von dem sich zum Abschlussstichtag ergebenden Börsenkurs mindestens auf den Durchschnittskurs vorzunehmen.

Bei dem **Wert, der den Vermögensgegenständen am Abschlussstichtag beizulegen ist**, handelt es sich um den Wiederbeschaffungswert (unter Berücksichtigung angemessener Nebenkosten), wenn für die Bewertung der Beschaffungsmarkt maßgeblich ist, und um den Verkaufswert abzüglich der noch anfallenden Aufwendungen, wenn sich die Bewertung nach dem Absatzmarkt richtet. Diese Unterscheidung ist bei Instituten aber nur in eingeschränktem Maße von Bedeutung, nämlich immer dann, wenn die Veräußerung von Vermögensgegenständen (zB ersteigerte Grundstücke oder zum Verkauf bestimmte Forderungen) beabsichtigt ist. Für den größten Teil der Vermögensgegenstände, die weder einen Börsen- noch einen Marktpreis haben, namentlich für die im Bestand gehaltenen Forderungen, ergibt sich der beizulegende Wert durch die Berücksichtigung von Abwertungen wegen minderer Bonität oder wegen einer vereinbarten effektiven Un- oder Unterverzinslichkeit. (vgl. hierzu Kaptiel 4.2.3.4.)

4.2.3.4. Grundsätzlich keine zinsinduzierte Bewertung von Forderungen

Bei im eigenen Bestand gehaltenen **Forderungen** einwandfreier Bonität, deren Effektivverzinsung im Zeitpunkt der Kreditgewährung marktgerecht war, die aber am Bilanzstichtag aufgrund gestiegener Marktzinssätze **unterverzinslich** geworden sind, sind idR keine zins-

---

[296] Vgl. BeBiKo 5. Aufl. § 253 HGB Rn. 513.
[297] Vgl. BeBiKo 5. Aufl. § 253 HGB Rn. 514.
[298] Vgl. ADS 6. Aufl. § 253 HGB Rn. 512.

satzinduzierten Abwertungen vorzunehmen.[299] Eine ausführliche Darstellung dieses Problemkreises findet sich in Kapitel 4.3.

Bei der Bankbilanzierung werden – mit Ausnahme der festverzinslichen Wertpapiere auf der Aktivseite der Bilanz – zinsinduzierte Änderung des Marktwerts nicht individuell, dh. bei der (Einzel-) Bewertung jedes aktiven oder passiven Vermögensgegenstands berücksichtigt.[300] Bezogen auf das Zinsrisiko findet gewissermaßen eine „Globalbewertung" aller Buchforderungen und Refinanzierungsmittel statt. Werden derivative Finanzinstrumente wie bspw. Swaps, Futures oder FRAs zur Absicherung solcher Bilanzposten oder zur globalen Verringerung des gesamten Zinsänderungsrisikos eingesetzt, ist es nur konsequent, die genannte „Globalbewertung" auch auf diese Sicherungsinstrumente auszudehnen. Dies bedeutet, dass sie in diesen Fällen keiner gesonderten Bewertung unterworfen werden. Bezüglich der derivativen Sicherungsinstrumente gilt bei deren Einsatz als Sicherungsinstrument iRd. Steuerung des allgemeinen Zinsänderungsrisikos des Instituts eine Art „Grundsatz der Nichtbewertung".[301] Sie gehen jedoch in die Gesamtbetrachtung zur Ermittlung einer evtl. Rückstellung für Zinsänderungsrisiko mit ein. Insoweit handelt es sich – entgegen der gelegentlich geäußerten Ansicht – nicht um eine Bewertungseinheit im üblicherweise verstandenen Sinne (kompensierende Wirkung durch Ausgleich von Gewinnen bzw. Verlusten aus Grund- und Sicherungsgeschäften). Es handelt sich vielmehr um einen pragmatischen Ansatz: Solange bei einem Großteil der Bilanzposten keine zinsinduzierte Bewertung nach Maßgabe des strengen Einzelbewertungsgrundsatzes stattfindet, lässt sich dies auch nicht für derivative Zinsinstrumente, die zur Sicherung einzelner oder der gesamten Zinsrisikoposition abgeschlossen werden, fordern.[302]

Bei **Schuldscheindarlehen** kann nach Ansicht des BFH[303] im Allgemeinen aus dem Anstieg der Marktzinsen nicht auf einen unter den Anschaffungskosten liegenden Teilwert geschlossen werden, da Schuldscheindarlehen wie Forderungen zu bewerten sind und nicht als wertpapierähnlich angesehen werden können.

Der Verzinsung einzelner Kredite kommt bei der Bewertung bei Kreditinstituten geringere Bedeutung zu als der Differenz zwischen dem Zinssatz der ausgeliehenen Gelder und dem Zinssatz der aufgenommenen Refinanzierungsmittel. Solange die Zinsmarge unverändert bleibt, sinkt daher nicht der Teilwert der ausgegebenen Darlehen. Dies gilt auch für derivativ erworbene Darlehen. Etwas anderes gilt für den Fall, dass die Darlehen zur Veräußerung bestimmt sind. Inwieweit diese vom BFH für Kreditinstitute aufgestellten Grundsätze auch für die Bilanzierung bei Finanzdienstleistungsinstituten gelten, muss im Einzelfall beurteilt werden.

---

[299] Vgl. hierzu auch BFH-Urteil vom 24.1.1990, BStBl. II 1990, 639
[300] Vgl. Krumnow ua., 2. Aufl., § 340e HGB Rn. 151.
[301] Vgl. Krumnow ua., 2. Aufl., § 340e HGB Rn. 151.
[302] Ausführlich vgl. auch Krumnow ua., 2. Aufl., § 340e HGB Rn. 151.
[303] Vgl. BFH-Urteil vom 19.5.1998, BStBl. II 1999, 277; Vorinstanz FG Baden-Württemberg, Urteil vom 17.4.1997, EFG 1997, 1168 ff.

4.2.3.5. Berücksichtigung künftiger Wertschwankungen

Für den Ansatz des im Hinblick auf künftige Wertschwankungen ermäßigten Werts besteht nach § 253 Abs. 3 Satz 3 HGB auch für Institute ein Wahlrecht. Da nach § 340a Abs. 2 Satz 1 HGB die Vorschrift des § 277 Abs. 3 Satz 1 HGB für Institute nicht anzuwenden ist, ist ein gesonderter Ausweis dieser Abschreibungen in der Gewinn- und Verlustrechnung oder eine entsprechende Angabe im Anhang nicht erforderlich.

Die Anschaffungs- oder Herstellungskosten oder der Niederstwert dürfen unterschritten werden, soweit der niedrigere Wertansatz bei vernünftiger kaufmännischer Beurteilung notwendig ist, um zu verhindern, dass in der nächsten Zukunft der Wertansatz dieser Vermögensgegenstände aufgrund von Wertschwankungen geändert werden muss. Das Abschreibungswahlrecht besteht für alle Vermögensgegenstände, die wie Umlaufvermögen bewertet werden. Bei den Wertschwankungen kann es sich um laufende Preisbewegungen oder um einen erwarteten einmaligen Preisrückgang handeln. Als nächste Zukunft wird im Allgemeinen ein Zeitraum von zwei Jahren angesehen.

Bei Instituten kommt die Anwendung des § 253 Abs. 3 Satz 3 HGB insbesondere bei Wertpapieren des Handelsbestands und der Liquiditätsreserve sowie bei Edelmetallen in Betracht.

4.2.3.6. Wertaufholungsgebot

Das Wertaufholungsgebot nach den handels- und steuerrechtlichen Vorschriften ist ausführlich in Kapitel 4.5. dargestellt.

4.2.4. Unterscheidung zwischen Forderungen und Wertpapieren

Die Frage, ob Vermögenswerte bei Instituten nach den Vorschriften für Buchforderungen und Wechsel oder nach den Bestimmungen für Wertpapiere zu bewerten sind, richtet sich nach ihrer Klassifizierung als Forderung bzw. als Wertpapier und damit nach ihrem Bilanzausweis.

Die Vermögenswerte, die als **Wertpapiere** zu bewerten sind, sind explizit in § 7 RechKredV genannt (vgl. Kapitel 3.6.). Die für die Bilanzierung und Bewertung in § 7 RechKredV enthaltende Definition der Wertpapiere ist enger gefasst als die allgemeine juristische Terminologie, wonach es sich bei Wertpapieren um Urkunden handelt, in denen ein privates Recht in der Art verbrieft ist, dass der Besitz der Urkunde zur Ausübung des Rechts erforderlich ist.[304] Die eingegrenzte Wertpapierdefinition soll bezwecken, dass in der Bilanz nur Papiere mit hoher Fungibilität bzw. Liquiditätsnähe als Wertpapiere ausgewiesen werden.

---

[304] Vgl. Hossfeld, RIW 1997, 135.

Forderungen (verbriefte), die nicht unter § 7 RechKredV zu subsumieren sind, sind als **Buchforderungen** zu behandeln. Dies gilt auch für Forderungen, die zwar in Wertpapieren verbrieft sind, aber nicht unter die Definition der Wertpapiere iSd. § 7 RechKredV fallen.[305] Letzteres ist der Fall bei Namensschuldverschreibungen, nicht börsenfähigen Inhaber- und Orderschuldverschreibungen und Orderschuldverschreibungen, die nicht Teile einer Gesamtemission sind, weil diese nicht als Wertpapiere iSd. Bilanzierungsvorschriften für Institute anzusehen sind. Schuldscheindarlehen sind Forderungen, für die Beweisurkunden (Schuldscheine) ausgestellt sind; sie sind grundsätzlich als Forderungen auszuweisen und zu bewerten.[306]

Die Rechnungslegung von Instituten betreffend werden unter dem Begriff Forderungen Buchforderungen, dh. nicht verbriefte Forderungen, verstanden. Neben den originären Forderungen aus dem Kredit- und Darlehensgeschäft, umfassen die Forderungen auch gekaufte Forderungen und andere Forderungen, zB aus Lieferungen und Leistungen oder aus Leasing- und Pensionsgeschäften.[307]

Eventualforderungen, dh. Rückgriffsforderungen aus Bürgschaftsverträgen, Wechseln, Gewährleistungsverträgen oder sonstigen Sicherheitsleistungen für fremde Verbindlichkeiten, sind erst dann bilanziell zu erfassen, wenn sie wirksam geworden sind; dies ist idR der Fall, wenn das Institut für eine Eventualverbindlichkeit in Anspruch genommen wird und damit die Rückgriffsforderung entstanden ist.

Bei Forderungen wird grundsätzlich auf deren rechtliche Entstehung abgestellt, nach der Forderungen aus einem Schuldversprechen iSd. § 780 BGB oder aus einem abstrakten Schuldanerkenntnis iSd. § 781 BGB entstehen.[308] Neben der Kapitalforderung sind auch Zinsansprüche zu aktivieren, sofern die Leistung des Instituts – die Überlassung von Kapital zur Nutzung – im Zeitablauf erbracht wird und der Kreditnehmer hierfür noch nicht alle Zinszahlungen vorgenommen hat. Dabei kommt es nicht darauf an, ob die (anteiligen) Zinsen dem Schuldner bereits in Rechnung gestellt wurden.[309]

---

[305] Vgl. Bieg (1998), 406.
[306] Vgl. auch Birck/Meyer, V 129.
[307] Vgl. auch Sittmann-Haury, 18.
[308] Vgl. Sittmann-Haury, 25 mwN.
[309] Vgl. Sittmann-Haury, 26 mwN.

4.3. Bewertung und Prüfung von Forderungen

4.3.1. Überblick

Ob ein Vermögenswert nach den für (Buch-) Forderungen oder für Wertpapiere geltenden Grundsätzen zu bewerten ist, richtet sich nach dessen Ausweis in der Bilanz. Bewertungsgegenstand ist grundsätzlich die einzelne Forderung bzw. das einzelne Wertpapier.[310] Zur Unterscheidung zwischen Forderungen und Wertpapieren vgl. Kapitel 4.2.4., zum Begriff der Wertpapiere für Zwecke der Bilanzierung bei Instituten vgl. Kapitel 3.6.

Der Gesetzgeber geht in § 340e Abs. 1 Satz 2 HGB davon aus, dass Forderungen im Regelfall nach den für das **Umlaufvermögen** geltenden Vorschriften zu bewerten sind (vgl. Kapitel 4.2.3.). Dies gilt bei Kredit- und Finanzdienstleistungsinstituten unabhängig von der Ursprungs- oder Restlaufzeit der jeweiligen Forderung, während bei Unternehmen anderer Branchen die Laufzeit ein Indiz für die Zugehörigkeit zum Anlagevermögen sein kann.

Ausgangspunkt der Bewertung sind wie bei anderen Vermögenswerten auch die **Anschaffungskosten**. Da für Forderungen im Rahmen der Folgebewertung normalerweise kein Börsen- oder Marktwert festgestellt werden kann, ist der **beizulegende Wert** gemäß § 253 Abs. 3 Satz 2 HGB der Bewertung zugrunde zu legen. Abschreibungen auf den niedrigeren beizulegenden Wert sind insbesondere aufgrund von Bonitäts- oder Ausfallrisiken vorzunehmen.[311]

Akute **Adressenausfallrisiken** sind dadurch gekennzeichnet, dass ein teilweiser oder vollständiger Ausfall einer Forderung droht. Bestehen ernstliche Zweifel an der Einbringlichkeit der Forderung, ist dem Ausfallrisiko durch (direkte) Abschreibung (Ausbuchung) oder durch Bildung von **Einzelwertberichtigungen** (indirekte Abschreibung) Rechnung zu tragen (Einzelheiten zur Bildung von Einzelwertberichtigungen vgl. Kapitel 4.3.5.3.). Zur Feststellung von Einzelwertberichtigungen wird jedes Kreditengagement (grundsätzlich als Kreditnehmereinheit iSd. § 19 KWG) für sich betrachtet. Die Einzelwertberichtigung, dh. die Antizipation erwarteter Verluste kann als eine Art „Kapitalreservierung" angesehen werden, die gegen Ansprüche von Eigenkapitalgebern geschützt ist und spätere Perioden entlastet.[312]

Das **latente Kreditrisiko** ist das am Bilanzstichtag jedem Forderungsbestand einschließlich der Eventualforderungen anhaftende Ausfallrisiko, das im Einzelfall noch nicht erkennbar oder zumindest nicht belegbar ist. Ursache für das latente Risiko ist vor allem die Ungewissheit über die wirtschaftlichen Verhältnisse der Kreditnehmer sowie die Werthaltigkeit der Sicherheiten. Das entsprechende Ausfallrisiko ist also bereits entstanden, konnte aber bisher vom Institut nicht erkannt werden. Dem latenten Bonitätsrisiko ist durch **Pauschalwertberichtigungen** zu begegnen (vgl. Kapitel 4.3.5.5.).

---

[310] Vgl. Hamacher/Seidel ua., Kza. 1250, 2.
[311] Vgl. WPH Bd. I 2000 J Tz. 211 f.
[312] So Krumnow ua., 2. Aufl., § 340e HGB Rn. 169.

Die Pauschalwertberichtigungen sind zu unterscheiden von den **pauschalierten Einzelwertberichtigungen**, die mithilfe statistischer Verfahren für gleichartige Forderungsbestände aus dem Massengeschäft ermittelt werden. Hierbei handelt es sich um bereits erkannte Risiken, deren Höhe aber statistisch geschätzt wird, da es nicht wirtschaftlich wäre, eine exakte Einzelermittlung vorzunehmen.

Forderungen an Schuldner im Ausland können einem **Länderrisiko** ausgesetzt sein (vgl. Kapitel 4.3.5.6.).

Darüber hinaus können in bestimmtem Umfang **Vorsorgereserven** nach § 340f HGB bzw. § 340g HGB gebildet werden (vgl. Kapitel 4.3.5.7. sowie 4.6. und 4.7.).

4.3.2. Anschaffungskosten als Ausgangswert

4.3.2.1. Ermittlung der Anschaffungskosten

Forderungen der Kreditinstitute resultieren idR aus Kredit- oder Darlehensgewährungen (sog. originäre Forderungen). Es können jedoch auch bereits bestehende Forderungen angekauft werden (sog. erworbene Forderungen). Den Ausgangspunkt ihrer Bewertung bilden stets die Anschaffungskosten iSd. § 255 Abs. 1 HGB.[313]

Bei **originären Forderungen** bemessen sich die Anschaffungskosten nach dem Auszahlungsbetrag[314], der dem Kreditnehmer zur Verfügung gestellt wird (für die Anschaffung getätigte Aufwendungen). Die Anschaffungskosten von **erworbenen Forderungen** ergeben sich aus ihrem Kaufpreis.

Sowohl der Auszahlungsbetrag als auch der Kaufpreis einer Forderung kann aufgrund der Nominalverzinsung im Vergleich zur aktuellen Marktrendite (nominal über- oder unterverzinsliche Forderungen) von deren **Nennwert** abweichen (Agio, Disagio). Soweit die Anschaffungskosten vom Nennbetrag (Nominalwert) abweichen, kommt ggf. die sog. **Nominalwertbilanzierung** in Betracht (vgl. Kapitel 4.3.3.).

Die im Zusammenhang mit der Kredit- oder Darlehensgewährung entstandenen **Nebenkosten** (zB Schätzgebühren, Vermittlungsprovisionen usw.) werden im Regelfall vom Schuldner getragen, sodass diese für die Ermittlung der Anschaffungskosten unerheblich sind. Werden diese Nebenkosten dagegen vom Institut getragen, stellen sie im Zeitpunkt ihres Anfalls Aufwand dar, der sofort erfolgswirksam zu buchen ist.[315]

---

[313] Ausführlich zur Zugangsbewertung von Forderungen vgl. Müller, Th., 169 ff.; Hamacher/Seidel ua., Kza. 1250, 7 ff. mit zahlreichen Beispielen.
[314] Vgl. auch Oestreicher, BB 1993, Beilage 12 zu Heft 18, 5; Marx/Recktenwald, BB 1992, 1527; BFH-Urteil vom 12.4.1975, BStBl. II 1975, 875 ff.
[315] GlA WPH Bd. I 2000 J Tz. 210.

Die Anschaffungskosten müssen nicht mit dem Nennbetrag übereinstimmen. Abweichungen können sich bei originären Forderungen aus einem Agio bzw. Disagio und bei erworbenen Forderungen aus der Unter- bzw. Überverzinslichkeit gegenüber dem Marktzins ergeben. Der Anschaffungsvorgang selbst ist als erfolgsneutrale Vermögensumschichtung zu behandeln. Der Unterschiedsbetrag zwischen Anschaffungskosten und Nennbetrag hingegen stellt im Regelfall eine Zinskomponente dar, die als geschäftsjahresbezogenes Entgelt für die Kapitalüberlassung den Geschäftsjahreserfolg beeinflusst. Dies gilt jedoch nicht für Forderungen, die zu Handelszwecken erworben wurden.[316]

4.3.2.2. Unter Diskontabzug hereingenommene Posten

Wechsel (Aktiva 2. b)) sowie Schatzwechsel und unverzinsliche Schatzanweisungen (Aktiva 2. a)) werden unter **Diskontabzug** hereingenommen, dh. der (künftige) Zinsertrag wird beim Ankauf in Form eines Diskontabzugs (Abzinsung des Erfüllungsbetrags) verrechnet.[317] Sie sind zum Nennwert abzüglich des auf die nach dem Anschaffungstag liegende Zeit entfallenden Zinsertrags (Barwert) anzusetzen. In der **Handelsbilanz** werden die auf den zwischen der Anschaffung und dem Bilanzstichtag liegenden Zeitraum entfallenden Zinsen nach § 11 RechKredV realisiert.

Der BFH hat mit Urteil vom 26.4.1995[318] zur Bilanzierung von Wechseldiskontgeschäften in der **Steuerbilanz** wie folgt entschieden:

- Die im Rahmen eines typischen Wechseldiskontgeschäfts durch eine Bank erworbenen Wechsel und Forderungen sind mit den Anschaffungskosten zu aktivieren.
- Der (zeitanteilige) Diskont gehört nicht zu den Anschaffungskosten.
- Bilanzsteuerliche Vorschriften erlauben nicht, den auf die Zeit zwischen Erwerb des Wechsels und Bilanzstichtag rechnerisch entfallenden Diskont in der Steuerbilanz anzusetzen.

4.3.2.3. Niedrig verzinsliche Forderung von vornherein

Klarstellend sei vorweg erwähnt, dass die nachfolgenden Ausführungen nur für solche Forderungen Geltung haben, die von vornherein minderverzinslich begeben werden. Für Forderungen, die marktgerecht verzinslich begeben werden und deren Minderverzinslichkeit sich erst im Laufe der Zeit durch eine Änderung des Marktzinsniveaus einstellt, gelten diese Ausführungen nicht (vgl. hierzu Kapitel 4.3.4.).

---

[316] Vgl. Sittmann-Haury, 27 mwN.
[317] Vgl. Bieg (1998), 196.
[318] Vgl. BFH-Urteil v. 26.4.1995, DB 1995, 1541 ff.; zur Kritik vgl. Moxter, BB 1995, 1997 ff.

Unverzinsliche und minderverzinsliche Forderungen sind mit einem angemessenen fristadäquaten Zinssatz abzuzinsen. Sofern solchen Forderungen ein **Gegenwert** gegenübersteht - wie dies bspw. im Regelfall bei Darlehen an Mitarbeiter der Fall ist -, kann handelsrechtlich und muss steuerrechtlich auf eine Abzinsung verzichtet werden.[319]

Eine Abzinsung kommt grundsätzlich nicht in Betracht bei unverzinslichen Sichtguthaben (zB bei anderen Kreditinstituten unterhaltene Nostroguthaben). Diese sind angesichts ihrer Verfügbarkeit ebenso wenig wie Verrechnungskonten abzuzinsen. Entsprechendes gilt für Mindestreservekonten.

Stehen minderverzinslichen Forderungen entsprechende minderverzinsliche Verbindlichkeiten gegenüber (zB aus der Durchleitung von Mitteln öffentlicher Kreditprogramme mit einer gewissen Marge) und entstehen daraus keine negativen Margen, ist eine Abzinsung der Forderungen nicht sachgerecht. Entsprechendes gilt für von Bausparkassen ausgeliehenen Bauspardarlehen, denen - mit einer Marge - ebenfalls minderverzinsliche Bauspargutaben gegenüberstehen. Eine isolierte Betrachtung der minderverzinslichen Forderung ist in solchen Fällen nicht gerechtfertigt. Der Ausweis eines Abzinsungsaufwands würde den wirtschaftlichen Sachverhalt, nämlich die Ausführung eines ertragbringenden Geschäfts, nicht entsprechen.

Nominal minder- oder unverzinsliche Forderungen sind bei Vereinbarung eines die Zinsdifferenz ausgleichenden Disagio im Zeitpunkt ihrer Entstehung oder ihres Erwerbs effektiv marktgerecht verzinslich. Eine Abzinsung kommt mithin nicht in Betracht.

Das Finanzgericht Baden-Württemberg hat mit Urteil vom 1.12.1999[320] entschieden: wenn ein Institut „... *dem Käufer/Ersteigerer des belasteten Grundstücks, das zuvor dem Bausparer gehört hatte, einen niedrig verzinslichen langfristigen Kredit (einräumt), um den Kaufpreis/Zuschlag zu erhöhen, so ist diese neue Forderung mit dem abgezinsten Barwert anzusetzen.*" Hier findet - so das Finanzgericht - nur eine Umschichtung des Aufwands von einer Wertberichtigung der Darlehensforderung gegen den Alt-Bausparer in eine Abzinsung von Darlehen für den Erwerb aus einer Zwangsversteigerung statt. Die Höhe der Abzinsung richtet sich nach der Differenz zwischen Marktzins und tatsächlichem Zins.

4.3.2.4. Realisierte Nominalzinsen/Zinsabgrenzung

Neben dem Auszahlungsbetrag sind zum Bilanzstichtag die realisierten Nominalzinsen zu aktivieren, unabhängig davon, ob diese bereits fällig sind oder nicht (§ 11 RechKredV). Einzelheiten zur Bilanzierung von sog. anteiligen Zinsen vgl. Kapitel 3.8. Zinsen für nach dem Bilanzstichtag liegende Zeiträume sind nicht aktivierungsfähig.

---

[319] Vgl. BFH-Urteil vom 23.4.1975, BStBl. 1975 II, 875 ff.; BFH-Urteil vom 24.1.1990, BStBl. 1990 II, 639 ff.
[320] Vgl. FG Baden-Württemberg, Urteil vom 1.12.1999, EFG 2000, 730 ff.

4.3.3. Nominalwertbilanzierung gemäß § 340e Abs. 2 HGB

4.3.3.1. Anwendungsbereich

Hypothekenforderungen sowie auch andere Forderungen werden häufig mit einem Agio oder Disagio begeben bzw. dementsprechend von einem Dritten erworben. Bei der Gewährung dieser Forderungen haben idR Agio und Disagio den Charakter einer im Voraus berücksichtigten Zinskomponente (Zinsregulativ).[321]

Nach Krumnow ua.[322] ist eine Anwendung der Regelung des § 340e Abs. 2 HGB auf Unternehmen anderer Branchen nicht ausgeschlossen, wenn gleich gelagerte Sachverhalte gegeben sind, dh. wenn dem Unterschiedsbetrag Zinscharakter beizumessen ist; § 340e Abs. 2 HGB kann durch eine äquivalente Anwendung im Zeitablauf den Charakter von allgemeinen (geschäftsspezifischen) Grundsätzen ordnungsmäßiger Bilanzierung erlangen.[323]

4.3.3.2. Anschaffungskosten weichen vom Nennbetrag der Forderung ab

Hypothekendarlehen und andere Forderungen[324] **dürfen** nach § 340e Abs. 2 Satz 1 HGB abweichend von § 253 Abs. 1 Satz 1 HGB mit ihrem **Nennbetrag** angesetzt werden, soweit der Unterschiedsbetrag zwischen dem Nennbetrag und dem Auszahlungsbetrag oder den Anschaffungskosten **Zinscharakter** hat. Bei vom Kreditinstitut originär vergebenen Krediten ist diese Bedingung grundsätzlich erfüllt. Für erworbene Forderungen gilt dies nur, wenn sie zur auf Dauer angelegten Vereinnahmung der zeitanteiligen Zinsen und nicht zu Handelszwecken gekauft wurden.[325]

Diese Bewertungsvorschrift unterscheidet nicht nach Fristigkeiten; sie ist unabhängig von Laufzeitvereinbarungen anwendbar. Mit der Differenzierung in § 340e Abs. 2 HGB zwischen dem Ausgabebetrag und den Anschaffungskosten soll zum Ausdruck gebracht werden, dass § 340e Abs. 2 HGB sowohl bei originären als auch bei erworbenen Forderungen zur Anwendung kommen kann.

4.3.3.3. Nennbetrag > Ausgabebetrag bzw. Anschaffungskosten (Disagio)

Bei Ausübung des Wahlrechts nach § 340e Abs. 2 HGB ist der Unterschiedsbetrag zwischen dem höheren Nennbetrag und dem Auszahlungsbetrag bzw. den Anschaffungskosten (sog.

---

[321] Vgl. Bachem, BB 1991, 1671 ff.
[322] Vgl. Krumnow ua., 2. Aufl., § 340e HGB Rn. 50.
[323] Zur Problematik der geschäftsspezifischen GoB vgl. Au, 105 ff.
[324] Bieg (1998), 408 will unter den „anderen Forderungen" nur langfristige Forderungen verstehen.
[325] GlA Hossfeld, RIW 1997, 136.

Unter-pari-Erwerb, Disagio) zwingend in den **passiven Rechnungsabgrenzungsposten** einzustellen.

Bieg[326] sieht hier - den allgemeinen handelsrechtlichen Grundsätzen ordnungsmäßiger Bilanzierung folgend - auch die Möglichkeit, den niedrigeren Auszahlungsbetrag bzw. die niedrigeren Anschaffungskosten zu aktivieren und den Unterschiedsbetrag (Disagio) planmäßig über die Laufzeit als Zinsertrag zu vereinnahmen und in gleicher Höhe im entsprechenden Forderungsposten hinzuzuaktivieren.[327] Dem ist zuzustimmen. Denn § 340e Abs. 2 Satz 2 HGB, wonach für den Fall, dass der Nennbetrag höher ist als der Auszahlungsbetrag bzw. die Anschaffungskosten, der Unterschiedsbetrag in den passiven Rechnungsabgrenzungsposten einzustellen *„ist"*, greift nur dann, wenn das Wahlrecht des § 340e Abs. 2 Satz 1 HGB in Anspruch genommen - also die sog. Nennwertbilanzierung gewählt - wird.

4.3.3.4. Nennbetrag < Ausgabebetrag bzw. Anschaffungskosten (Agio)

Ist der Nennbetrag dagegen niedriger als der Auszahlungsbetrag bzw. die Anschaffungskosten (sog. Über-pari-Erwerb, Agio), so *„darf"* der Unterschiedsbetrag in den **aktiven Rechnungsabgrenzungsposten** aufgenommen werden.

Das bei einem Über-pari-Erwerb danach bestehende Wahlrecht kann dahingehend verstanden werden, dass das Institut formal das Wahlrecht hat, statt der Einstellung des Unterschiedsbetrags in den aktiven Rechnungsabgrenzungsposten auch eine sofortige aufwandswirksame Verrechnung vorzunehmen.[328] Die Finanzverwaltung wird nach den vom BFH aufgestellten Grundsätzen aus dem handelsrechtlichen Wahlrecht zur Aktivierung des Unterschiedsbetrags eine steuerliche Aktivierungspflicht herleiten.

Wird das Wahlrecht des § 340e Abs. 2 HGB nicht ausgeübt, sind die Forderungen mit ihrem höheren Ausgabebetrag bzw. mit ihren höheren Anschaffungskosten anzusetzen. Der sich ggü. dem Nennbetrag ergebende Unterschiedsbetrag ist planmäßig auf die Laufzeit der Forderung zu verteilen, dh. vom aktivierten Betrag abzusetzen (Minderung des Zinsertrags).

4.3.3.5. Auflösung des Rechnungsabgrenzungspostens

Die planmäßige Auflösung des aktiven bzw. passiven Rechnungsabgrenzungsposten löst entsprechende Aufwands- bzw. Ertragsbuchungen aus.[329] Da der abzugrenzende Unterschiedsbetrag Zinscharakter haben muss, sind die Auflösungsbeträge in das **Zinsergebnis** zu buchen.

---

[326] Vgl. Bieg (1998), 410.
[327] GlA Böcking/Oldenburger, in: MünchKomm. HGB § 340e HGB Rn. 24.
[328] GlA Böcking/Oldenburger, in: MünchKomm. HGB § 340e HGB Rn. 25.
[329] Vgl. auch Bachem, BB 1991, 1675 f.

Nach § 28 RechKredV ist der Auflösungsbetrag beim passiven Rechnungsabgrenzungsposten (Disagio) als zusätzlicher Zinsertrag auszuweisen. Wurde die Forderung hingegen mit einem Agio ausgereicht oder erworben und ein aktiver Rechnungsabgrenzungsposten gebildet, stellt die Verteilung des Agios eine Minderung des Zinsertrags dar, denn mit dem Agio wird eine ggü. dem Marktzinsniveau zu hohe Nominalverzinsung kompensiert.

Die Auflösung muss **planmäßig** sein. Planmäßig bedeutet, dass zu Beginn des Auflösungszeitraums ein Plan aufzustellen und grundsätzlich einzuhalten ist.[330] Für die Art der Auflösung ist es unerheblich, ob es sich um einen aktiven oder passiven Rechnungsabgrenzungsposten handelt. Evtl. **Marktzinsänderungen** berühren lediglich die Forderung selbst, nicht jedoch die bilanzierten Unterschiedsbeträge.[331] Letztere stellen Zinskorrektive dar und sind einer Bewertung iSd. Zeitwertprinzips nicht zugänglich. Die Auflösung bleibt damit von evtl. Änderungen das Marktzinsniveaus unbeeinflusst, weil diese grundsätzlich keinen Einfluss auf die Bewertung von Buchforderungen haben (ausführlich zur Berücksichtigung der Verzinsung bei der Bewertung von Forderungen vgl. unten).

Maßgeblicher Zeitraum ist die Laufzeit der Forderung oder - falls abweichend - die Zinsbindungsfrist.[332] Für die Auflösung bei Darlehen mit einer Laufzeit von mehr als zehn Jahren sieht Bachem[333] vor dem Hintergrund des § 609a Abs. 1 BGB, demzufolge eine Kündigung durch den Schuldner möglich ist, die Notwendigkeit einer planmäßigen Auflösung innerhalb der voraussichtlichen Laufzeit (ggf. innerhalb zehn Jahren ab Darlehensausreichung). Analoges gilt für Darlehen mit unbestimmter Laufzeit.

Bei **Fälligkeitsdarlehen** erfolgt die Tilgung in einem Betrag am Ende der Laufzeit. Bei diesen Darlehen bietet sich neben der effektivzinsmäßigen Verteilung[334] aus Vereinfachungsgründen auch eine lineare Verteilung des Unterschiedsbetrags an.[335]

Bei **Tilgungsdarlehen**, dh. Darlehen mit laufender Tilgung, erfolgt die Auflösung kapitalgewogen in Abhängigkeit von der jeweils noch zu verzinsenden Restschuld.[336] Das bedeutet, dass eine Auflösung während einer tilgungsfreien Zeit linear, nach Beginn der regelmäßigen Tilgung in fallenden Jahresbeträgen entsprechend der Restlaufzeit und dem jeweiligen Kapitalbetrag aufzulösen ist. Eine Möglichkeit der Auflösung ist die Auflösung nach der Zinsstaffelmethode. In Bezug auf die Jahresabschreibungen kann bspw. auch von folgenden Formeln ausgegangen werden:[337]

---

[330] Vgl. Krumnow ua., 2. Aufl., § 340e HGB Rn. 60.
[331] Vgl. Böcking/Oldenburger, in: MünchKomm. HGB § 340e HGB Rn. 27.
[332] Vgl. hierzu Bachem, BB 1991, 1675.
[333] Vgl. Bachem, BB 1991, 1675.
[334] Zur effektivzinsmäßigen Verteilung vgl. die Beispiele bei Scharpf (2001), 163 und 165.
[335] Vgl. Bachem, BB 1991, 1675.
[336] Vgl. Birck/Meyer, V 408 ff.; Bachem, BB 1991, 1675 mwN.
[337] Vgl. ADS 6. Aufl. § 250 HGB Rn. 90 f.; Bachem, BB 1991, 1675.

$$\text{Auflösungsbetrag}_{Tilgungsdarlehen} = \frac{\text{Disagio in \% * 2}}{\text{(Rest)Laufzeit in Jahren + 1}} * \text{Restschuld}$$

$$\text{Auflösungsbetrag}_{Tilgungsdarlehen} = \frac{\text{Restlaufzeit in Jahren}}{\text{Summe der Jahreszahlen}} * \text{Disagio}$$

Die wirtschaftlich zutreffendste Methode ist die Auflösung unter Berücksichtigung einer gleich bleibenden Effektivverzinsung, da sie die wirtschaftliche Belastung verteilt auf die einzelnen Jahre zutreffend wiedergibt.[338]

Bei **Annuitätendarlehen** bleibt der jährliche Kapitaldienst konstant, während die betragsmäßige Struktur der Zahlungen permanenten Veränderungen unterworfen ist. Während die Zinsbelastung laufend sinkt, steigt der Tilgungsanteil permanent an. Eine diesbezüglich mögliche Formel für jährliche Zinszahlungen lautet:[339]

$$\text{Auflösungsbetrag}_{Annuitätendarlehen} = \frac{\text{Disagio * Jahreszins}}{\text{Gesamtzinsen}}$$

Eine Aussetzung der Auflösung des Unterschiedsbetrags in einem Wirtschaftsjahr widerspricht der Verpflichtung zur Vornahme jährlicher Auflösungen.[340]

Eine Pflicht zur Vornahme **außerplanmäßiger Auflösungen** besteht immer dann, wenn die Verbindlichkeit oder Anleihe vorzeitig ganz oder teilweise zurückgezahlt wird und der Unterschiedsbetrag über dem Betrag liegt, der sich bei rechtzeitiger Berücksichtigung dieses Tatbestands ergeben hätte.[341]

Handelsrechtlich kann eine wesentliche Ermäßigung des Zinsniveaus eine außerplanmäßige Auflösung erforderlich machen, die jedoch steuerrechtlich nicht anerkannt ist. Daneben wird im Schrifttum handelsrechtlich (nicht jedoch steuerrechtlich) eine freiwillige außerplanmäßige Auflösung für zulässig gehalten.

4.3.3.6. Bewertungsstetigkeit

Das Wahlrecht zur Nominalwertbilanzierung stellt ein Wertansatzwahlrecht dar und wird als solches vom **Stetigkeitsgebot** des § 252 HGB erfasst. Dies bedeutet, dass eine unterschiedliche Anwendung der Nominalwertbilanzierung auf gleiche Sachverhalte sowohl im

---

[338] Diese Methode wird von der Finanzverwaltung abgelehnt; BMF-Schreiben vom 24.11.1977, BB 1977, 1745.
[339] Vgl. ADS 6. Aufl. § 250 HGB Rn. 93; Bachem, BB 1991, 1675.
[340] Vgl. ADS 6. Aufl. § 250 HGB Rn. 97.
[341] Vgl. ADS 6. Aufl. § 250 HGB Rn. 98; Bachem, BB 1991, 1675.

gleichen Jahresabschluss als auch in aufeinanderfolgenden Abschlüssen grundsätzlich nicht zulässig ist.[342]

4.3.3.7. Wertabschläge aufgrund minderer Bonität der Forderung

Wird bei erworbenen Forderungen ein Abschlag vom Nennbetrag aufgrund verminderter Bonität vorgenommen, kann das Wahlrecht des § 340e Abs. 2 HGB insoweit nicht angewendet werden. Denn in diesem Fall hat der Unterschiedsbetrag zwischen dem Nennbetrag und dem Auszahlungsbetrag oder den Anschaffungskosten keinen Zinscharakter.[343]

4.3.3.8. Handelsbestand an Forderungen

Bei Forderungen, die mit dem Nominalwert angesetzt werden dürfen, hat grundsätzlich die Kreditgewährung und nicht der Handel im Vordergrund zu stehen.[344] Werden Forderungen von Dritten für den Handel erworben, so müssen sie mit ihren Anschaffungskosten angesetzt werden, weil der Unterschiedsbetrag in diesem Fall keinen Zinscharakter, sondern die Funktion eines marktpreisbildenden Faktors hat und als Kursdifferenz zu interpretieren ist.[345]

Das ist mit dem Interesse der Institute zu erklären, bei Handelsbeständen Kursdifferenzen auszunutzen, wohingegen sie bei der Begründung oder dem Erwerb von Forderungen auf Dauer an einer zeitanteiligen Vereinnahmung der Zinsen interessiert sind. Die Aktivierung mit Anschaffungskosten ist nur dann zwingend vorgeschrieben, wenn ein späterer Verkauf der Forderung mit einem Kursgewinn beabsichtigt ist.[346]

Angrenzungsprobleme ergeben sich im Zusammenhang mit dem Handelsbestand in erster Linie für Namensschuldverschreibungen und Schuldscheindarlehen, weil diese in nennenswertem Umfang auch auf dem Sekundärmarkt gehandelt werden. Die Abgrenzung zwischen Handelsbestand (Trading Book) und Nichthandelsbestand (Banking Book) kann nur institutsindividuell vorgenommen werden.

Soweit das Institut von einem **Gleichlauf** zwischen bankaufsichtsrechtlichem Handelsbuch und bilanziellem Handelsbestand ausgeht, wird sich die Abgrenzung ua. nach den **internen Kriterien** iSd. § 1 Abs. 12 KWG richten. In allen anderen Fällen sind institutsindividuelle Kriterien für die Abgrenzung des bilanziellen Handelsbestands von den anderen Beständen zu schaffen und zu dokumentieren, die eine willkürfreie und für Dritte nachvollziehbare Abgrenzung für bilanzielle Zwecke zulässt. Hierbei ist darauf zu achten, dass diese Abgrenzung den

---

[342] Vgl. Krumnow ua., 2. Aufl., § 340e HGB Rn. 56.
[343] Nicht eindeutig Bieg (1998), 407 (zweiter Absatz).
[344] Vgl. Böcking/Oldenburger, in: MünchKomm. HGB § 340e HGB Rn. 22.
[345] Ebenso Hossfeld, RIW 1997, 136.
[346] Ebenso Bieg (1998), 409 f.

in den nach den MaH erforderlichen Rahmenbedingungen niedergelegten Handelsstrategien nicht widerspricht.

Umstritten ist, ob bei einer **nachträglichen Umwidmung** von Forderungen aus Handelsbeständen in den auf Dauer zu haltenden Bestand bzw. in den Liquiditätsvorsorgebestand auf die Nominalwertbilanzierung übergegangen werden kann.[347] Nach der hier vertretenen Ansicht kommt es für die Frage der Zulässigkeit der Nominalwertbilanzierung darauf an, dass die Forderung im Zeitpunkt der Bewertung keine Forderung des Handelsbestands ist. Somit ist nach einer zulässigerweise vorgenommenen Umwidmung die Nominalwertbilanzierung zulässig.

4.3.3.9. Keine Anwendung auf Wertpapiere iSd. § 7 RechKredV

Das Wahlrecht des § 340e Abs. 2 HGB gilt für Buchforderungen und grundsätzlich nicht für als Wertpapiere (§ 7 RechKredV) auszuweisende Schuldverschreibungen; diese sind mit ihren Anschaffungskosten anzusetzen. Soweit jedoch verbriefte Forderungen (zB Namensschuldverschreibungen) oder Schuldscheindarlehen unter den Forderungen ausgewiesen werden müssen, können diese ebenso wie Hypothekenforderungen mit dem Nennwert angesetzt werden.[348]

Eine Anwendung der Grundsätze des § 340e Abs. 2 HGB in Sonderfällen, wie bspw. die getrennte Bilanzierung der einzelnen Bestandteile von **strukturierten Produkten**, ist insbesondere dann sachgerecht und damit zulässig, wenn dadurch die Abbildung der wirtschaftlichen Sachverhalte sowie der Risiken gewährleistet ist und damit der Einblick in die Vermögens-, Finanz- und Ertragslage des Instituts verbessert wird.[349]

4.3.3.10. Gesonderter Ausweis in der Bilanz oder Anhangangabe

Sowohl der in den aktiven als auch der in den passiven Rechnungsabgrenzungsposten aufgenommene Unterschiedsbetrag ist planmäßig aufzulösen und in seiner jeweiligen Höhe in der **Bilanz** oder im **Anhang** gesondert anzugeben (§ 340e Abs. 2 Satz 2 und 3 HGB).

Die gesonderte Angabe in der Bilanz kann als Darunter-Posten zum betreffenden Bilanzposten oder durch einen Unterposten zum Rechnungsabgrenzungsposten erfolgen.[350]

---

[347] Vgl. Böcking/Oldenburger, in: MünchKomm. HGB § 340e HGB Rn. 22 mwN.
[348] GlA Bieg (1998), 407.
[349] Vgl. hierzu auch Scharpf, FB 1999, 21 ff.
[350] Vgl. Böcking/Oldenburger, in: MünchKomm. HGB § 340e HGB Rn. 29.

4.3.4. Berücksichtigung der Verzinsung von Forderungen

Bei festverzinslichen Forderungen (zB Darlehen) sind im Gegensatz zu variabel verzinslichen Forderungen (Zinslauf bspw. drei Monate) die Nominalzinsen für einen längeren Zeitraum (zB fünf Jahre) unveränderlich festgeschrieben. Wurde die Forderung zu **marktgerechten Konditionen** begeben, ändert sich der Barwert (Marktwert) dieser festverzinslichen Forderungen, wenn sich das **Zinsniveau am Markt** gegenüber dem Ursprungszinsniveau **erhöht** oder **vermindert**. Es kommt zu unter- bzw. überverzinslichen Forderungen.[351] Dieser Sachverhalt ist anders zu beurteilen als wenn bereits bei der Begebung einer Forderung diese als minderverzinsliche Forderung ausgereicht wird (vgl. Kapitel 4.3.2.3.).[352]

In **Wertpapieren** verbriefte Forderungen, die die Voraussetzungen des § 7 RechKredV erfüllen, sind bei einer Verminderung des Barwerts (Börsen- oder Marktpreises) idR zwingend abzuwerten.

Eine **originäre Darlehensgewährung** ist als **Anschaffungsvorgang** zu interpretieren. Mit der Darlehensgewährung (Auszahlung) werden aufseiten des Darlehensgebers aktivierungspflichtige Forderungen begründet (vgl. Kapitel 4.3.2.). Dieser Anschaffungsvorgang führt zur Anschaffungskosten. Als Anschaffungskosten gelten die getätigten Aufwendungen (Auszahlungsbetrag).[353] Ungeachtet dessen dürfen Kreditinstitute bestimmte Forderungen nach § 340e Abs. 2 HGB mit dem Nominalbetrag ansetzen und den Unterschiedsbetrag als Rechnungsabgrenzungsposten ausweisen (vgl. Kapitel 4.3.3.). Kreditinstitute dürfen ferner Ratenkredite (Teilzahlungsfinanzierungsgeschäft) brutto ansetzen, dh. einschließlich der dem Kreditnehmer berechneten Zinsen, Provisionen und Gebühren, die zukünftigen Rechnungsperioden zuzurechnen sind. Diese künftigen Perioden zuzurechnenden Zinsen, Provisionen usw. sind dann unter den passiven Rechnungsabgrenzungsposten auszuweisen.

An späteren Bilanzstichtagen sind die Forderungen höchstens mit den Anschaffungskosten anzusetzen (§ 253 Abs. 1 HGB). Soweit der beizulegende Wert unter den Anschaffungskosten liegt, sind Abschreibungen gemäß § 253 Abs. 3 Satz 1 und 2 HGB vorzunehmen.

---

[351] Zur Bewertung von Forderungen vgl. Bachem, BB 1991, 1671; BFH-Urteil vom 24.1.1990, BStBl. II 1990, 639; Göth/Tumpel, ÖBA 1990, 600; Groh, StuB 1991, 297; Mertin, StBb 1965, 172; Marx, BB 1992, 1526; Mathiak, DStR 1990, 691; Meyer, in: Forster (Hrsg), 139; Oestreicher, Andreas, BB 1993, Beilage 12 zu Heft 18; Schneider, BB 1995, 2155; Windmöller, in: Ballwieser/Böcking/Drukarczyk/Schmidt (Hrsg.) FS Moxter, 885.

[352] Vgl. BFH-Urteil vom 23.4.1975, BStBl. II 1975, 875 ff.

[353] Im Zeitpunkt der Darlehensgewährung entsprechen die Anschaffungskosten der Forderung dem Barwert der künftigen Leistungen (Zins- und Tilgungsleistungen) des Darlehensgebers. Als Diskontierungssatz dient hierbei der zwischen den Vertragsparteien vereinbarte Effektivzinssatz.

Bei der **Folgebewertung** von Forderungen (Buchforderungen und Schuldscheindarlehen) eines Kreditinstituts, dh. bei der Ermittlung des **beizulegenden Werts**, aus dem Kreditgeschäft ist im Gegensatz zu Wertpapieren danach zu unterscheiden, ob die Forderungen

- im Bestand gehalten werden sollen oder ausnahmsweise
- zum Verkauf bestimmt sind.

Forderungen, die **im Bestand gehalten** werden sollen, werden weiterhin mit ihren **fortgeführten Anschaffungskosten** angesetzt, es sei denn, sie sind wegen verminderter Bonität des Schuldners abzuwerten. Im Gegensatz zur Bewertung von Wertpapieren wird bei Buchforderungen im Regelfall **keine zinsinduzierte Bewertung** vorgenommen. Dies bedeutet, dass bei einer sich verändernden Effektivverzinsung der Forderungen keine Abwertungen vorgenommen werden. Nach herrschender Auffassung ist der Wert des einzelnen Darlehens nur von der Bonität des Schuldners, nicht aber von anderen Faktoren (wie zB Zins, Bearbeitungsaufwand usw.[354]) abhängig.

Besteht hingegen die **Absicht zur Veräußerung der Forderungen**, sind diese am Bilanzstichtag mit dem Betrag anzusetzen, der sich bei ihrem Verkauf zum Bewertungszeitpunkt ergibt. Für die Bewertung ist dabei auf die Verhältnisse am Absatzmarkt abzustellen. Als **Bewertungszinssatz** (Diskontsatz) kommt in diesem Fall der aktuelle, zum Bewertungstag geltende Marktzinssatz zur Anwendung.

Hintergrund aller Überlegungen und Begründungen ist die Tatsache, dass die Bewertung von Forderungen der Kreditinstitute nicht unabhängig von der Refinanzierung gesehen werden kann. Auch der BFH[355] hat eine zinsinduzierte Einzelbewertung von Kreditforderungen abgelehnt und darauf hingewiesen, dass hier die Refinanzierung berücksichtigt werden muss. Bei kongruenter Refinanzierung und positiver Zinsmarge sei auch bei Zinssteigerungen kein Raum für eine Abwertung.[356]

Eine Abwertung wegen Unterverzinslichkeit aufgrund eines Anstiegs der Marktverzinsung kommt daher hier regelmäßig nicht infrage, obwohl diese Forderungen im Falle eines Verkaufs nur einen geringeren Preis, nämlich den geringeren Marktwert (Barwert), erzielen würden. Entsprechendes gilt für Verbindlichkeiten für den Fall der Überverzinslichkeit.

Kreditinstituten ist nach dem BFH-Urteil vom 24. Januar 1990[357] trotz Anstiegs des marktüblichen Zinses eine (Teilwert-) Abschreibung auf Ausleihungen versagt, sofern die Spanne zwischen dem vereinbarten Zins und dem Zins für die Refinanzierungsmittel (sog. Zins-

---

[354] Diese anderen Faktoren sind auf andere Weise zu berücksichtigen, beispielsweise bei der Bewertung der Gesamtzinsposition).
[355] Vgl. BFH-Urteil vom 24.1.1990, BStBl. II 1990, 639 ff.; BFH-Urteil vom 19.5.1998, DStR 1998, 399f.; siehe hierzu auch Hamacher/Seidel ua., Kza. 1250, 10 ff.
[356] Vgl. hierzu Mathiak, DStR 1990, 691.
[357] Vgl. BFH-Urteil vom 24.1.1990, BStBl. II, 639.

spanne) unverändert geblieben ist.[358] Nach dieser Ansicht ergibt sich die Notwendigkeit einer Abwertung bzw. einer Drohverlustrückstellung nur dann, wenn für das **gesamte zinstragende Geschäft** keine positive **Gesamtzinsspanne** erwartet würde.[359]

Anders verhält es sich bei Forderungen, deren Veräußerung - sei es von vornherein (zB Handel mit Schuldscheindarlehen) oder aufgrund eines nach der Kreditgewährung gefassten Beschlusses - vorgesehen ist.[360] Diese Forderungen sind mit dem Wert anzusetzen, der sich bei einem Verkauf erzielen ließe, es sei denn, die (fortgeschriebenen) Anschaffungskosten sind niedriger. Soweit sich im Handelsverkehr ein handelsüblicher Preis gebildet hat (zB bei Schuldscheindarlehen), ist dieser maßgebend. Ansonsten muss der erzielbare Preis (Marktwert) unter Würdigung aller Umstände (Art der Forderung, Besicherung, Schuldnerbonität, Verzinsung) unter Beachtung des Vorsichtsprinzips geschätzt werden.

Vor geraumer Zeit hatte sich der BFH mit der Bilanzierung von **Schuldscheindarlehen** zu befassen.[361] Nach Ansicht des BFH kann bei Schuldscheindarlehen im Allgemeinen aus dem Anstieg der Marktzinsen nicht auf einen unter den Anschaffungskosten liegenden Teilwert geschlossen werden. In seiner Begründung beruft sich der BFH dabei auf sein Urteil vom 24. Januar 1990[362] und setzt hinsichtlich der Bilanzierung die Schuldscheindarlehen mit Forderungen gleich. Er lehnt die Bewertung wie Wertpapiere ausdrücklich ab.

Praktische Notwendigkeiten zwingen dazu, Zinsvereinbarungen und -risiken nicht auf der Basis der einzelnen Geschäfte zu ermitteln, zu bewerten und zu bilanzieren. Dies würde in der Regel die bilanzielle Überschuldung von Kreditinstituten nach sich ziehen. Die Bilanzierungspraxis bei Kreditinstituten folgt vielmehr der wirtschaftlichen Betrachtungsweise. Einzeln bewertet wird hierbei lediglich das Bonitätsrisiko.

Hinsichtlich der Zinsen stellt die Praxis nicht das Einzelgeschäft in den Vordergrund, sondern das Risiko, dass

- aus abgeschlossenen Geschäften und Gegengeschäften Verluste drohen,
- aus der Notwendigkeit, noch Gegengeschäfte abzuschließen (im Falle einer Fristentransformation), Verluste drohen,
- einzelne Verträge/Vermögensgegenstände, die zur Veräußerung bestimmt sind und deren Wert von Zinsentwicklungen bestimmt wird, Verlustrisiken unterworfen sind.

Marktverhältnisse und Marktveränderungen werden nur dann in die Betrachtung einbezogen, wenn sie für den wirtschaftlichen Erfolg des Kreditinstituts noch relevant sind. Sie werden

---

[358] Vgl. Mathiak, DStR 1990, 691.
[359] Vgl. Birck/Meyer, V 347; Meyer in: FS Scholz, 149.
[360] Vgl. FG Baden-Württemberg Urteil vom 17.4.1997, EFG 1999, 1170.
[361] Vgl. BFH-Urteil vom 19.5.1998, DStR 1998, 699 f., Vorinstanz FG Baden-Württemberg vom 17.4.1997, EFG 1997, 1168.
[362] Vgl. BStBl. II 1990, 639.

außer Acht gelassen, wenn Ergebnisse bereits durch Aktiv- und Passivgeschäfte festgeschrieben sind, Marktpreisänderungen also das Ergebnis nicht mehr beeinflussen können.

Bei der Bilanzierung von Buchforderungen, einschließlich der Schuldscheindarlehen und von Buchverbindlichkeiten werden zinsinduzierte Wertänderungen - also Änderungen des Barwerts dieser Vermögensgegenstände und Schulden - wie hier dargestellt, üblicherweise nicht berücksichtigt. Mithin scheidet damit grundsätzlich auch eine bilanzielle Erfassung der saldierten Barwertänderung der zinstragenden Aktiva und Passiva - nämlich der hier genannte negative Barwert - ebenfalls aus. Eine solche zinsinduzierte Bewertung wird grundsätzlich nur dort vorgenommen, wo sich diese zinsinduzierten Wertänderungen als Änderungen des Börsen- oder Marktpreises niederschlagen, nämlich bei Wertpapieren.[363]

Wechsel (Aktiva 2. b)) sowie **Schatzwechsel** und **unverzinsliche Schatzanweisungen**, die unter Diskontabzug hereingenommen wurden, sind zum Nennwert abzüglich des auf die nach dem Bilanzstichtag liegende Zeit entfallenden Zinsertrags (Barwert) anzusetzen.[364]

Aus § 6 Abs. 2 VerbrKrG (in der bis 31.12.2001 geltenden Fassung) ergibt sich, dass das Kreditinstitut statt des Vertragszinses nur den (niedrigeren) **gesetzlichen Zinssatz** verlangen kann, wenn der Gesamtbetrag aller Teilzahlungen entgegen § 4 Abs. 1 Satz 4 Nr. 1 b VerbrKrG nicht angegeben wurde. Allein aus dem vorstehend genannten Grund ist handelsrechtlich grundsätzlich weder eine Drohverlustrückstellung noch eine Abzinsung der Forderung erforderlich. Es handelt sich in der Differenz zwischen dem höheren vertraglichen Zins und dem gesetzlichen Mindestzins um einen entgangenen Gewinn, der nicht rückstellungsfähig ist.

In **Wertpapieren** verbriefte Forderungen sind - wie bereits erwähnt - im Gegensatz zu Buchforderungen und Schuldscheindarlehen (sowie Verbindlichkeiten) bei einer Verminderung des Barwerts (Börsen- oder Marktpreises) idR zwingend abzuwerten. Die unterschiedliche Behandlung von Wertpapieren und Darlehensforderungen wird damit begründet, dass bei der Darlehensvergabe nicht wie beim Kauf eines Wertpapiers ein Recht erworben, sondern ein Dauerschuldverhältnis begründet wird.

Hat sich allerdings die **Bonität des Darlehensnehmers verschlechtert**, ist der beizulegende Wert am Bilanzstichtag zu ermitteln.

---

[363] Vgl. Krumnow ua., 2. Aufl., § 340e HGB Rn. 272.
[364] Vgl. Bieg (1998), 200.

4.3.5. Berücksichtigung von Ausfallrisiken

4.3.5.1. Ermittlung des beizulegenden Werts

Nach § 252 Abs. 2 Nr. 3 HGB ist jede Forderung als selbstständiger Vermögensgegenstand grundsätzlich einzeln zu bewerten. Dieser Grundsatz gilt auch für das Steuerrecht (§ 6 Abs. 1 EStG).[365]

Um den beizulegenden Wert zu ermitteln, ist die **Bonität** des Schuldners, dh. seine Fähigkeit, die Forderung vertragsgemäß mit Zins- und Tilgungszahlungen zu bedienen, zu beurteilen.[366] Eine mangelnde Bonität kann zu einem niedrigeren Wertansatz der Forderung in der Bilanz führen.[367] Einzelwertberichtigungen auf Forderungen müssen zwingend in Form aktivischer Kürzungen bei den korrespondierenden Aktiva vorgenommen werden; sie sind somit in der Handelsbilanz nicht unmittelbar erkennbar. Soweit sich die Einzelwertberichtigungen auf Eventualforderungen beziehen, sind sie als Rückstellungen für ungewisse Verbindlichkeiten unter den „anderen Rückstellungen" auszuweisen.

Bei bilanzieller Erfassung einer mangelhaften Bonität werden die Begriffe „Abschreibungen" und „Wertberichtigungen" verwendet. Dabei sind unter Abschreibungen eher endgültige Bewertungsmaßnahmen wegen Uneinbringlichkeit und unter Wertberichtigungen die nicht als endgültig betrachteten Wertfestsetzungen zu verstehen.[368]

Hierbei sind - unter Beachtung der ggf. verschlechterten Bonität des Schuldners - Höhe und Zeitpunkt der künftigen Zins- und Tilgungszahlungen zu schätzen. Diese Leistungen sind zumindest theoretisch mit dem **Effektivzinssatz** zu diskontieren, der im Zeitpunkt der Entstehung der originären Forderung vereinbart wurde. Rechnerisch kann das gleiche Ergebnis dadurch erreicht werden, dass der ursprüngliche Effektivzinssatz, bei unveränderter Struktur (Höhe und Zeitpunkt) der vereinbarten Zins- und Tilgungsleistungen, um einen Risikozuschlag aufgrund verschlechterter Bonität erhöht wird. Dieses zuletzt genannte Verfahren birgt große mathematische Schwierigkeiten und ist kaum praktizierbar.

Diese Barwertermittlung wird in der deutschen Bilanzierungspraxis als sehr aufwendig angesehen; daneben bestehen bei der Berücksichtigung von Bonitätseinflüssen aufgrund der Unsicherheit der Zeitpunkte und der Höhe der zukünftigen Zahlungen Bewertungsspielräume.[369] In der deutschen Bilanzierungspraxis erfolgt daher grundsätzlich **keine** Barwertberechnung, vielmehr wird auf die Summe der erwarteten Zahlungen des Schuldners abgestellt.[370]

---

[365] Vgl. Scherer, StBp 1997, 11; Hamacher/Seidel ua., Kza. 1250, 2 f. mit zahlreichen Beispielen.
[366] Vgl. Bieg (1998), 412; Hossfeld, RIW 1997, 137.
[367] Vgl. Schneider, BB 1995, 2155.
[368] Vgl. Krumnow ua., 2. Aufl., § 340e HGB Rn. 192.
[369] Vgl. Birck/Meyer, V 149.
[370] Vgl. Sittmann-Haury, 31 mwN.

Akut ausfallgefährdet bzw. **notleidend** sind Forderungen, bei denen mit Ausfällen gerechnet werden muss, dh. deren Rückzahlung und/oder Verzinsung ganz oder teilweise gefährdet erscheint. Die notleidenden Forderungen sind einzelwertzuberichtigen.

Uneinbringlich ist eine Forderung dann, wenn aller Wahrscheinlichkeit nach vom Schuldner bzw. von den Mitverpflichteten keine Zahlungen mehr zu erwarten und werthaltige Sicherheiten nicht vorhanden sind.[371] Uneinbringliche Forderungen sind auszubuchen. Diese Ausbuchung betrifft allerdings nicht das Außenverhältnis. Diese Forderungen sind mithin weiterhin auf Vermerkkonten außerhalb der Finanzbuchhaltung weiterzuführen.

Maßgebend für die Beurteilung sind grundsätzlich die Verhältnisse des Bilanzstichtags. Änderungen (wertbegründende Erkenntnisse), die erst nach dem Bilanzstichtag eingetreten sind, dürfen nicht berücksichtigt werden (ggf. kommt eine Lageberichterstattung gemäß § 289 Abs. 2 Nr. 1 HGB in Betracht). Hiervon zu unterscheiden sind sog. **wertaufhellende Erkenntnisse**, dh. Erkenntnisse, die zwar nach dem Bilanzstichtag erlangt wurden, denen aber ein Sachverhalt zugrunde liegt, der bereits am Bilanzstichtag eingetreten war. Diese wertaufhellenden Tatsachen sind als konkretisierende Anhaltspunkte bei der Wertfindung für die am Bilanzstichtag bestehenden Verhältnisse stets zu berücksichtigen.[372]

Einzelwertberichtigungen werden gelegentlich auch dergestalt vorgenommen, dass sie für gleichartige Forderungsgruppen (zB Kleinkredite, Teilzahlungskredite) pauschal ermittelt werden (sog. **pauschalierte Einzelwertberichtigungen**). Dabei werden Forderungen mit gleichartigen Risiken (zB Mahnstufen) in Gruppen zusammengefasst. Die Risiken der jeweiligen Gruppe werden in einem vereinfachten Verfahren durch pauschale Abschläge berücksichtigt, die sich idR an den Erfahrungen der Vergangenheit orientieren.[373]

4.3.5.2. Prüfung des Adressenausfallrisikos und des Kreditgeschäfts

4.3.5.2.1. Vorbemerkungen

Bezüglich der Prüfung der Adressenausfallrisiken und des Kreditgeschäfts ist der Prüfungsstandard IDW PS 522 zu beachten. Ziel der Prüfung der Organisation des Kreditgeschäfts einschließlich der Steuerungsinstrumente ist es zu erkennen, ob eine ordnungsgemäße Abwicklung des Kreditgeschäfts gewährleistet ist und ein entsprechend § 25a Abs. 1 KWG bzw. § 91 Abs. 2 AktG ausgestaltetes gesamtbankübergreifendes System zur Identifikation, Erfassung, Bewertung und Überwachung des Adressenausfallrisikos besteht (Gesamtbank-

---

[371] Vgl. Bieg (1998), 412.
[372] Vgl. Krumnow ua., 2. Aufl., § 340e HGB Rn. 171.
[373] Vgl. Krumnow ua., 2. Aufl., § 340e HGB Rn. 193.

steuerung).[374] Zur Bewertungsproblematik bei langfristigen Projektfinanzierungen wird auf die Ausführungen von Hoffmann verwiesen.[375]

4.3.5.2.2. Gegenstand und Umfang der Prüfung von Adressenausfallrisiken

Im Rahmen der Prüfung des Adressenausfallrisikos muss sich der Abschlussprüfer sowohl einen umfassenden Einblick in das Kreditgeschäft als solches, sowie die damit verbundenen adressenausfallbezogenen und operationalen Risiken, als auch in das interne Kontrollsystem einschließlich der internen Kontrollverfahren für Adressenausfallrisiken des Instituts verschaffen. Hierbei sind - ggf. mit jährlich wechselnden Schwerpunkten - alle Geschäftsarten und Geschäftsprozesse in die Kreditprüfung einzubeziehen, aus denen Adressenausfallrisiken resultieren können.

Die Kreditprüfung beinhaltet vor allem die Prüfung und Beurteilung:

- der ordnungsmäßigen Organisation des Kreditgeschäfts,
- der Angemessenheit und Wirksamkeit des internen Kontrollsystems einschließlich interner Kontrollverfahren für Adressenausfallrisiken und
- des Adressenausfallrisikos.

Der Umfang der Kreditprüfung wird vor allem von Art und Umfang der Adressenausfallrisiken und der mit dem Kreditgeschäft verbundenen operationalen Risiken sowie von der Angemessenheit und Wirksamkeit des internen Kontrollsystems einschließlich der internen Kontrollverfahren für Adressenausfallrisiken bestimmt.[376]

Dies schließt eine ausreichende Anzahl von **Einzelfallprüfungen** (Engagementprüfung) mit ein, deren Auswahl risikoorientiert erfolgen sollte. Dabei kann als Stichtag für die Engagementprüfung ein vor dem Bilanzstichtag liegendes Datum gewählt werden.[377] Der Umfang der Einzelfallprüfungen liegt im pflichtmäßigen Ermessen des Abschlussprüfers. Bei der Bemessung des Prüfungsumfangs und der Zusammensetzung der Stichprobe(n) sind unter dem Gesichtspunkt der Risikoidentifikation und -beurteilung die Ergebnisse der Prüfung der Kreditorganisation, der internen Kontrollverfahren und des internen Kontrollsystems zu berücksichtigen.

---

[374] Kritische Anmerkungen vgl. Hoffmann, DB 2000, 485 ff.
[375] Vgl. Hoffmann, DB 2000, 485 ff.
[376] Vgl. zum Risikomanagement im Kreditgeschäft, Schiller/Tytko, 66 ff.
[377] Dabei ist zu gewährleisten, dass wesentliche Veränderungen der Risikolage, der Organisation des Kreditgeschäfts einschließlich der internen Kontrollverfahren, des internen Kontrollsytems für Adressenausfallrisiken sowie alle sonstigen für die Urteilsbildung über die Angemessenheit der Bewertung der Forderungen wesentlichen Vorgänge, die dem Abschlussprüfer bis zum Abschluss der Prüfung bekannt werden, berücksichtigt werden.

Die in der Zeit zwischen dem vorgezogenen Prüfungsstichtag und dem Bilanzstichtag mit neu eingegangenen Engagements verbundenen Ausfallrisiken sind dann zu prüfen, wenn sie ihrem Risikogehalt nach von materieller Bedeutung sind. Entsprechendes gilt für bereits geprüfte Engagements, wenn sich bei diesen wesentliche Veränderungen der Risikolage ergeben haben. Dementsprechend kann über die Kreditprüfung auch in einem gesonderten Berichtsteil berichtet werden, wobei dann im Hauptteil des Prüfungsberichts auf den gesonderten Bericht hinzuweisen ist.

4.3.5.2.3. Prüfung der Organisation des Kreditgeschäfts unter Beachtung des IDW PS 522 und der MaK

4.3.5.2.3.1. Prüfung nach den Vorgaben des IDW PS 522

Zu prüfen sind sowohl die Bearbeitungsprozesse als auch die in diese Prozesse integrierten Kontrollenverfahren. Die Prüfung umfasst dabei nach IDW PS 522[378] ua. die nachfolgenden Bereiche:

Internes Kontrollsystem[379]
- Organisation des Risikosteuerungs- und Überwachungssystems,
- Ziele und Strategien im Zusammenhang mit Adressenausfallrisiken,
- Instrumente der Risikosteuerung und Risikoüberwachung,
- Einsatz von Kreditderivaten sowie die Übertragung von Forderungsbeständen auf Zweckgesellschaften (zB durch Securitisation) zur Steuerung des Adressenausfallrisikos,
- Verfahren zur Identifikation von Risiken,
- Bewertung von Risiken,
- Verfahren zur Bildung von Risikovorsorgen (Einzel-, Pauschal-, Länderwertberichtigungen).

Organisation des Kreditgeschäfts
- Risikostrategie der Unternehmensleitung,
- Organisationsunterlagen (zB Stellenbeschreibungen, Arbeitsanweisungen und Prozessbeschreibungen),
- Kompetenzordnung für die Kreditgewährung und den Abschluss von Handelsgeschäften,
- Bonitätsunterlagen und deren Auswertung,
- Bonitätsklassifizierung der Kreditnehmer,
- Kreditbearbeitung,
- Kreditüberwachung,

---

[378] Vgl. WPg 2002, 1254 ff.
[379] Zur Prüfung des internen Kontrollsystems vgl. auch IDW PS 260 *„Das interne Kontrollsystem im Rahmen der Abschlussprüfung"*.

- Mahnwesen,
- Bearbeitung von gefährdeten Krediten und von Abwicklungsengagements,
- Handhabung bei der Verwaltung, Bewertung und Überwachung von Sicherheiten,
- Angemessenheit der Personal- und Sachmittelausstattung,
- IT-gestütztes Informationssystem,
- Zentralisierung und Einbindung von Zweigstellen,
- Funktionsfähigkeit der Internen Revision,
- Einbindung der Adressenausfallrisiken in das gesamtinstitutsbezogene Überwachungssystem.

Bei der Prüfung des Kreditgeschäfts sind auch die gesetzlichen, aufsichtsrechtlichen oder satzungsmäßigen Bestimmungen maßgeblich. Besondere Beachtung finden dabei § 18 KWG sowie die von der Bundesanstalt hierzu veröffentlichten Schreiben. Darüber hinaus ist § 19 Abs. 2 KWG, der die **Kreditnehmereinheit** bzw. die **wirtschaftliche Risikoeinheit** regelt, zu beachten.

Neben der Beurteilung der Methoden zur Risikoidentifikation hat der Abschlussprüfer auch eine Beurteilung der Risiken hinsichtlich ihrer Bedeutung für das Kreditinstitut vorzunehmen (IDW PS 522).

Die Ergebnisse der Prüfung des internen Kontrollsystems sowie der Organisation des Kreditgeschäfts sind bei der Planung und Durchführung der Einzelengagementprüfungen zu berücksichtigen.

4.3.5.2.3.2. Beachtung der „Mindestanforderungen an das Kreditgeschäft der Kreditinstitute" (MaK)

(a) Gliederung und Aufbau der MaK

Die Bundesanstalt für Finanzdienstleistungsaufsicht (BaFin) hat am 20.12.2002 mit Rundschreiben 34/2002 (BA)[380] die MaK veröffentlicht.[381] Eine Übersicht über den Inhalt der MaK ist in Abb. 4.3 dargestellt. Für die Beurteilung der Einhaltung der MaK sind auch die vom

---

[380] Vgl. CMBS 4.345.
[381] Weiterführende Literatur: Becker, Kredit&Rating Praxis 5/2002, 17 ff.; Becker, BKR 2003, 316 ff.; Bölz/Füser/Weber, ÖBA 2002, 512 ff.; Gröning ua., 7 ff.; Groß, Die Bank 2003, 94 ff.; Hanenberg/Schneider, WPg 2001, 1058 ff.; Hannemann/Schneider/Hanenberg (Kommentierung), 1 ff.; Heinrich, in: Hofmann (Hrsg.), Basel II und MaK, 275 ff.; Hanenberg/Kreische/Schneider, WPg 2003, 396 ff.; Hofmann, ZIR 2003, 19 ff.; IIR-Arbeitskreis „Revision des Kreditgeschäfts", ZIR 2003, 72 ff. und 119 ff.; Meißner, Jan Enrico, Kredit & Rating Praxis 2/2003, 25 (Teil I) und 3/2003, 29 (Teil II); Schwarzhaupt/Gehrmann, Kredit&Rating Praxis 6/2002, 25 ff.; Suyter, WM 2002, 991 ff.; IIR Arbeitskreis „Revision des Kreditgeschäfts", ZIR 2002, 212 f.; Hoffmann, ZIR 2003, 19 ff.; Weis, BKR 2003, 183 ff.; Wimmer, BKR 2002, 1079 ff.

MaK-Fachgremium über die Internetseite der BaFin veröffentlichten Diskussionsergebnisse in den Protokollen zu beachten.

Ausschlaggebend für die Einführung der MaK waren nach Angaben der Bundesanstalt für Finanzdienstleistungsaufsicht (BaFin) die zahlreichen Krisenfälle von Kreditinstituten, die vor allem auf die mangelhafte Organisation und Handhabung des Kreditgeschäfts zurückzuführen waren. Darüber hinaus wird durch die BaFin die besonders wichtige Rolle von Banken als Finanzintermediäre in der Volkswirtschaft hervorgehoben sowie die Risiken, die mit Bankenschieflagen oder gar mit Bankeninsolvenzen verbunden sind. Neben den potenziellen Auswirkungen auf Einleger wird von der Aufsicht auch vor erforderlichen Restrukturierungskosten in den Banken und einer nachhaltigen Störung des gesamten Finanzsystems sowie vor einem möglichen Schaden für die Reputation des Finanzplatzes Deutschland gewarnt.

Kapitalanlagegesellschaften unterliegen aufgrund deren besonderer Geschäftsausrichtung und wegen bereits bestehender Spezialregelungen für die Sondervermögen nicht den MaK.

Abschnitt	Inhalt
1. Vorbemerkung	• Einleitende Ausführungen • Grundlage § 25a Abs. 1 KWG
2. Anwendungsbereich	• Alle Kreditinstitute • Definition des Kreditgeschäfts
3. Allgemeine Anforderungen	• Verantwortung der Geschäftsleitung • Kreditrisikostrategie • Rahmenbedingungen für das Kreditgeschäft • Organisationsrichtlinien • Qualifikation und Verhalten der Mitarbeiter • Kreditgeschäft in neuartigen Produkten oder in neuen Märkten • Anforderungen an die Dokumentation

4. Organisation des Kreditgeschäfts	• Funktionstrennung
	• Votierung
	• Anforderungen an die Prozesse
	  - Kreditgewährung
	  - Kreditweiterbearbeitung
	  - Kreditbearbeitungskontrolle
	  - Intensivbetreuung
	  - Behandlung von Problemkrediten
	  - Risikovorsorge

5. Risikoklassifizierungsverfahren	• Notwendige Grundvoraussetzungen • Anforderungen von Risikoklassifizierungsverfahren
6. Identifizierung, Steuerung und Überwachung der Risiken im Kreditgeschäft	• Allgemeine Systemanforderungen • Frühwarnsystem • Limitierung • Berichtswesen • Rechts- und Betriebsrisiken
7. Auslagerung	• Hinweis auf die gesetzlichen Anforderungen gemäß § 25a Abs. 2 KWG • Anwendung des Rundschreibens 11/2001
8. Prüfungen	• Interne Revision • Abschlussprüfer

Abb. 4.3: Mindestanforderungen an das Kreditgeschäft

Die MaK sind mit Veröffentlichung des Rundschreibens im Dezember 2002 in Kraft getreten. Den Kreditinstituten wurde für die Umsetzung ein Zeitraum bis zum 30.6.2004 (erste Stufe) eingeräumt. Notwendige Anpassungen im IT-Bereich sind bis zum 31.12.2005 (zweite Stufe) umzusetzen.

Die **Übermittlungsschreiben zu den MaK** haben generell erläuternden Charakter und beinhalten zugleich Hinweise für die Auslegung der MaK.

Über die erste Stufe der Umsetzung (Umsetzung bis zum 30.6.2004) hat der Abschlussprüfer iRd. Jahresabschlussprüfung zum 31.12.2004 im **Prüfungsbericht** zu berichten. Zum 31.12.2005 ist über die vollständige Umsetzung der MaK im Prüfungsbericht zu berichten. Damit sich die BaFin ein Bild über den Stand der Umsetzungsarbeiten verschaffen kann, bittet die BaFin die Abschlussprüfer, im Rahmen der Jahresabschlussprüfung zum 31.12.2003 über den Sachstand der Umsetzung zu berichten. Dabei ist über den aktuellen Stand der Implementierung sowie über den Zeitpunkt des voraussichtlichen Abschlusses der Umsetzungsarbeiten zu berichten.

Nach Tz. 95 der MaK hat sich der **Abschlussprüfer** einen umfassenden Einblick in das Kreditgeschäft und seine Organisation, der damit verbundenen Risiken sowie die internen Kontrollsysteme und -verfahren zu verschaffen und die Angemessenheit und Wirksamkeit der Prozesse und Verfahren zu beurteilen. Der Abschlussprüfer hat im **Prüfungsbericht** darzulegen, ob die Ausgestaltung des Kreditgeschäft des zu prüfenden Kreditinstituts den in den MaK formulierten Mindestanforderungen genügt. Dabei ist darauf hinzuweisen, in welchen Bereichen vom Kreditinstitut **Erleichterungen** in Anspruch genommen werden und ob diese Erleichterungen iSd. der MaK sachgerecht sind.[382]

(b) Einzelheiten zu den MaK

Geltungsbereich

Unter die Mindestanforderungen fallen **alle Kreditinstitute** i.S. v. § 1 Abs. 1 und § 53 Abs. 1 KWG, mit Ausnahme von Kapitalanlagegesellschaften nach dem KAGG. Die MaK gelten auch für (rechtlich unselbstständige) Zweigniederlassungen deutscher Kreditinstitute im Ausland. Zum Anwendungsbereich gehören damit auch inländische Banken, die Tochtergesellschaften ausländischer Unternehmen sind. Die MaK sind grundsätzlich auch von allen rechtlich unselbstständigen Zweigstellen von Unternehmen mit Sitz im Ausland zu beachten. Diese Zweigstellen gelten nach der Fiktion des § 53 Abs. 1 KWG als Kreditinstitute.[383] Ausgenommen davon sind jedoch nach § 53b KWG alle Zweigniederlassungen von Unternehmen mit Sitz in einem Staat des Europäischen Wirtschaftsraums (EWR). Diese Niederlassungen besitzen den sog. Europäischen Pass und werden damit von der Aufsichtsbehörde des jeweiligen Heimatlandes überwacht.

Das übergeordnete Kreditinstitut einer **Institutsgruppe** (§ 10a Abs. 2 KWG) muss für alle gruppenangehörigen Kreditinstitute ein gruppenübergreifendes Risikomanagement- und Risikoüberwachungssystem einrichten (Tz. 5).[384] Unabhängig von dieser Mindestanforderung sollten uE Kreditrisiken aus gruppenangehörigen Unternehmen, die nicht Kreditinstitut sind,

---

382 Zu den Erleichterungen (Öffnungsklauseln) vgl. Hannemann/Schneider/Hanenberg, 17 ff.
383 Vgl. Hannemann/Schneider/Hanenberg, 42.
384 Vgl. Hannemann/Schneider/Hanenberg, 43.

nicht vernachlässigt werden. Inwieweit eine Anwendung der MaK auf das Geschäft eines Finanzdienstleistungsinstituts (entsprechend) anzuwenden sachgerecht ist, muss der Entscheidung im Einzelfall vorbehalten bleiben.

Für **ausländische Tochtergesellschaften**, die Kreditinstitute sind, haben die MaK insoweit Gültigkeit, als diese in ein vom übergeordneten Kreditinstitut einzurichtendes gruppenübergreifendes Kreditrisikomanagementsystem einzubinden sind.

Gruppenübergreifendes Kreditrisikomanagement

Das **gruppenübergreifende Kreditrisikomanagement- und Kreditrisikoüberwachungssystem** muss dazu in der Lage sein, die Risiken der einzelnen Tochterbanken inklusive ihrer eigenen Risiken zusammenzufassen, zu beurteilen und - soweit erforderlich - zu steuern. Im Vordergrund des gruppenübergreifenden Systems steht in erster Linie eine Betrachtung der Risiken auf Portfolioebene. Die entsprechende Anforderung in MaK Tz. 5 Satz 3 bezieht sich nicht auf die Umsetzung der operativen Anforderungen der MaK (zB Anforderungen an die Prozesse).[385]

Bei der Umsetzung dieser Anforderung sollte insbesondere ein entsprechendes Reporting mit der Zielsetzung aufgebaut werden, beim übergeordneten Institut Transparenz über die Kreditrisiken der gesamten Gruppe einschließlich der relevanten Tochterunternehmen zu schaffen.

Im Einklang mit MaK Tz. 74 brauchen nur **wesentliche Risiken** von dem gruppenübergreifenden System erfasst zu werden. Insofern kann eine Tochterbank, deren Geschäftsaktivitäten im Kreditgeschäft von der Mutterbank als nicht wesentliches Risiko eingestuft werden, von der Anwendung des gruppenübergreifenden Kreditrisikomanagement- und Kreditrisikoüberwachungssystems ausgenommen werden. Die Definition „nicht wesentliche Risiken" obliegt dem Kreditinstitut.[386]

Sachlicher Anwendungsbereich – Kreditgeschäft iSd. § 19 KWG

Der **sachliche Anwendungsbereich** bezieht sich auf **alle Kreditgeschäfte** iSd. § 19 Abs. 1 KWG (Tz. 6). Hierzu rechnen die Bilanzaktiva und die außerbilanziellen Geschäfte mit Adressenausfallrisiken (einschließlich Derivate) sowie mit Länderrisiken behaftete Geschäfte. Die Anforderungen der MaK gelten für Handelsgeschäfte iSd. MaH sowie für Beteiligungen nur sinngemäß. Bei **Handelsgeschäften** und **Beteiligungen** kann daher von der Umsetzung einzelner Anforderungen der MaK abgesehen werden, soweit deren Umsetzung vor dem

---

[385] Vgl. BAFin, Protokoll über die Sitzung des MaK-Fachgremiums am 14.5.2003; Hannemann/ Schneider/Hanenberg, 43 ff.
[386] Vgl. BAFin, Protokoll über die Sitzung des MaK-Fachgremiums am 14.5.2003.

Hintergrund der Besonderheiten dieser Geschäftsarten nicht zweckmäßig ist (zB die Anforderungen zur Kreditverwendungskontrolle).

Bei **jeglicher Art von Beteiligungen** unabdingbar - unabhängig von deren konkreter Zielrichtung - ist die Formulierung einer klaren Beteiligungsstrategie und der Aufbau eines geeigneten Beteiligungscontrollings.[387] Soweit es sich um kreditnahe bzw. kreditsubstituierende Beteiligungen handelt, sind darüber hinaus grundsätzlich auch die aufbau- und ablauforganisatorischen Anforderungen der MaK maßgeblich.[388]

Vor dem Hintergrund der Öffnungsklausel in Tz. 24 der MaK, nach der eine vereinfachte Umsetzung der organisatorischen Anforderungen des Abschnitts 4 der MaK (Tz. 25 – Tz. 66) möglich ist, wenn es sich um Geschäft mit nur geringem Risikogehalt handelt, erscheint es vertretbar, bspw. bei den in § 19 Abs. 1 Satz 2 Nr. 1 KWG genannten Guthaben bei Zentralnotenbanken und Portgiroämtern, die MaK nur insoweit umzusetzen, wie dies unter Risikogesichtspunkten sinnvoll ist. Es ist jedoch eine Dokumentation der für das jeweilige Geschäft geltenden Bestimmungen und in Anspruch genommenen Erleichterungen erforderlich.

Die einzelnen Vorschriften sind auf alle **Kreditentscheidungen** im Zusammenhang mit Kreditgeschäften anzuwenden (Tz. 7). Kreditentscheidungen iSd. MaK sind:

- Neukredite, inkl. Entscheidungen über Beteiligungen,
- Gewährung von Überziehungen und Prolongationen,[389]
- Krediterhöhungen,
- Änderungen risikorelevanter Sachverhalte wie zB der gestellten Sicherheiten, des Verwendungszwecks,
- Festlegung kreditnehmerbezogener Limite,
- Festlegung von Adressenlimiten inklusive Kontrahenten- und Emittentenlimiten gemäß MaH.

Prolongationen sind nach MaK Tz. 7 als Kreditentscheidungen zu qualifizieren. Dabei wird nicht zwischen externen und internen Prolongationen (zB die interne Verlängerung von extern baw. zugesagten Krediten) differenziert. Interne „Überwachungsvorlagen" hingegen, die lediglich der Kreditüberwachung während der Kreditlaufzeit dienen, werden nicht von dem Begriff der Prolongation iSd. MaK erfasst. Für Prolongationen ist nach MaK Tz. 43 die Anwendung vereinfachter Verfahren möglich; so ist zB die Einholung zweiter Voten nicht erforderlich.[390]

In Kreditverträgen werden häufig Zinsbindungsfristen vereinbart, die nicht mit der Gesamtlaufzeit übereinstimmen. Entsprechende **Zinsanpassungen** innerhalb der Laufzeit können als

---

[387] Vgl. BAFin, Protokoll über die Sitzung des MaK-Fachgremiums am 10.7.2003.
[388] Vgl. BAFin, Protokoll über die Sitzung des MaK-Fachgremiums am 10.7.2003.
[389] Einzelheiten vgl. BAFin, Protokoll über die Sitzung des MaK-Fachgremiums am 14.5.2003.
[390] Vgl. BAFin, Protokoll über die Sitzung des MaK-Fachgremiums am 14.5.2003.

Bestandteil des Gesamtkreditvertrags angesehen werden, die vor Kreditvergabe (mit-) geprüft werden. eine gesonderte Kreditentscheidung liegt somit grundsätzlich nicht vor.[391]

Im Gegensatz dazu handelt es sich bei **Stundungen** nicht um von vornherein geplante Änderungen des Kreditverhältnisses. Zu einer Stundung kommt es idR im Vorfeld einer Sanierung; sie dient zB der kurzzeitigen Überbrückung der Zeit bis zu einer Sanierung und stellt somit eine Kreditentscheidung dar. Aus Risikogesichtspunkten wichtig ist hierbei, dass Stundungen nicht allein durch den Markt entschieden werden. Es soll vielmehr - in Abhängigkeit vom Risikogehalt der Entscheidung - zusätzlich ein unabhängiges Votum der Marktfolge eingeholt werden.

Verantwortung der Geschäftsleitung

Alle Geschäftsleiter sind – unabhängig von der internen Zuständigkeitsregelung – für die ordnungsgemäße Organisation des Kreditgeschäfts und deren Weiterentwicklung sowie die ordnungsgemäße Steuerung und Überwachung der Risiken aus dem Kreditgeschäft verantwortlich (Tz. 8). Hierzu müssen sie, die Risiken beurteilen und die erforderlichen Maßnahmen zu ihrer Begrenzung treffen können.

Kreditrisikostrategie

Die Kreditrisikostrategie soll eine Planung nach Branchenschwerpunkten, Größenklassen, geografischer Streuung, Kreditarten und der Verteilung auf Risikoklassen enthalten (Tz. 11 iVm. Tz. 68, 72, 82). Das Institut ist in den Kriterien für die Segmentierung grundsätzlich frei, soweit die gewählten Kriterien den Risiken angemessen sind. Insbesondere ist der Begrenzung struktureller Risiken im Kreditgeschäft und der Begrenzung von **Klumpenrisiken** Rechnung zu tragen. Die MaK enthalten keine Vorgaben, die eine Methode für die Quantifizierung vorschreiben.

Die Geschäftsleitung hat unter Berücksichtigung der **Risikotragfähigkeit** eine Kreditrisikostrategie für das Kreditinstitut festzulegen und jährlich zu überprüfen. Änderungen der Strategie sind zu dokumentieren und entsprechend zu kommunizieren. Die Kreditrisikostrategie muss aus der allgemeinen Unternehmensstrategie und den Unternehmenszielen abgeleitet werden und die geplante Entwicklung des Kreditgeschäfts umfassen.

Die Entwicklung und Formulierung einer Kreditrisikostrategie setzt eine dezidierte Ist-Aufnahme der **aktuellen Kreditportfolien**, der **aktuellen Limite** und deren Auslastung sowie der **Qualifikation der Mitarbeiter** und der verfügbaren **technologischen Ressourcen** voraus. Anschließend sind die künftigen Kreditportfolien und die Zielmärkte zu definieren und zu

---

[391] Vgl. BAFin, Protokoll über die Sitzung des MaK-Fachgremiums am 10.7.2003.

planen, woraus sich wiederum Einzel- und Strukturlimite sowie die notwendigen personellen, technologischen, methodischen und prozessualen Anpassungen ableiten.

Im Hinblick auf den Umfang und den **Detaillierungsgrad der Kreditrisikostrategie** können viele Faktoren eine Rolle spielen (zB Größe des Kreditinstituts, Geschäftsschwerpunkte, Risikogehalt der betriebenen Geschäfte, Marktumfeld). Die Detailtiefe der Strategie hängt insoweit von den jeweiligen institutsbezogenen Spezifika ab. Die BaFin betont die Notwendigkeit einer realistischen Strategieformulierung. Außerdem ist in angemessener Weise die Risikostreuung zu beachten. Im Rahmen der Festlegung der Strategie und deren laufenden Anpassung sind daher die Risikotragfähigkeit und die gegebenen personellen und technisch-organisatorischen Ressourcen zu berücksichtigen. Die Strategie hat ferner in einem Mindestumfang auch quantitative Angaben zu enthalten.

Die Strategie sollte in ein übergeordnetes Verfahren der **Gesamtbanksteuerung eingegliedert** werden (MaK Tz. 13). Die Einrichtung eines Verfahrens zur Gesamtbanksteuerung wird in den MaK nicht explizit gefordert. Eine Gesamtbanksteuerung fordert vielmehr § 25a Abs. 1 KWG. In MaK Tz. 13 handelt es sich um eine Empfehlung der BaFin iSd. anzustrebenden Ziels. Insoweit ist die **Kreditrisikostrategie** auch nicht zwingend in die Gesamtbanksteuerung einzugliedern, sie sollte aber mit der Gesamtbankstrategie im Einklang stehen.[392]

Spezialkreditinstitute engagieren sich naturgemäß überwiegend in bestimmten Geschäftsarten oder Kundengruppen. Insoweit gehen diese Institute gewusst gewisse Klumpenrisiken ein. Dies liegt in der Natur des Geschäfts dieser Institute. Ungeachtet dessen kann hier eine Risikostreuung durch die Anzahl der Engagements bzw. Kreditnehmer oder der finanzierten Objekte angenommen werden. Der Risikokonzentration ist bei diesen Instituten durch spezielle Bearbeitungs- und Verwertungsprozesse sowie durch entsprechende Größenbegrenzungen Rechnung zu tragen, die auf einer detaillierten Kenntnis der jeweiligen Geschäftsfelder und Märkte basieren und durch die die eingegangenen Risiken gesteuert und begrenzt werden. In der Kreditrisikostrategie dieser Institute ist festzuhalten, welche Klumpenrisiken das Spezialinstitut bewusst eingeht und wie mit diesen Risiken umzugehen ist. Der Umgang mit diesen Risiken bedarf einer bewussten Aufmerksamkeit.

Im Rahmen der Festlegung der Kreditrisikostrategie ist ua. die **Risikotragfähigkeit** des Kreditinstituts als wichtige Maßgröße für den Realitätsgrad der Strategie zu berücksichtigen. Der Begriff der Risikotragfähigkeit wird in den MaK nicht definiert.

In der Praxis wird im Hinblick auf die Bestimmung der Risikotragfähigkeit auf verschiedene Methoden zurückgegriffen, die unterschiedlich anspruchsvoll sind. Die BaFin gibt in diesem Zusammenhang keine konkrete Methode zur Darstellung der Risikotragfähigkeit vor.[393] Es empfiehlt sich, die Methode zur Berechnung der Risikotragfähigkeit und die Festlegung der

---

[392] Vgl. BAFin, Protokoll über die Sitzung des MaK-Fachgremiums am 14.5.2003.
[393] Vgl. BAFin, Protokoll über die Sitzung des MaK-Fachgremiums am 14.5.2003.

Verlustobergrenze ausgehend von der Geschäfts- und Risikopolitik des Instituts festzulegen. Hier dürfte eine vorherige Abstimmung mit dem Abschlussprüfer sachgerecht sein.

Die **Kreditrisikostrategie** ist jährlich dem **Aufsichtsorgan** (Aufsichtsrat) des Kreditinstituts **zur Kenntnis zu geben** (MaK Tz. 10). Originäre Adressaten sind dabei **sämtliche Mitglieder** des Aufsichtsorgans. Die alleinige Information eines „Kreditausschuses", der sich im Wesentlichen aus Aufsichtsratsmitgliedern zusammensetzt, ist nicht ausreichend. Damit werden alle Mitglieder des Aufsichtsorgans über die Geschäftspolitik des Kreditinstituts informiert, sodass sie ihre Kontrollfunktion sachgerecht wahrnehmen können. Die BaFin orientiert sich hierbei an § 90 AktG und den Corporate Governance-Grundsätzen, die auf eine Stärkung der Kontrollfunktion der Aufsichtsräte abzielen.[394]

Organisationsrichtlinien - Rahmenbedingungen

Die Geschäftsleitung hat sicherzustellen, dass das Kreditgeschäft nur innerhalb von **Rahmenbedingungen** (Organisationsrichtlinien) betrieben wird, die schriftlich fixiert und den betroffenen Mitarbeitern bekannt gemacht werden. Gleiches gilt für die Abläufe im Kreditgeschäft.

Diese Richtlinien sind - ebenso wie die Kreditrisikostrategie - **jährlich zu überprüfen** und gegebenenfalls zu aktualisieren. Die jährliche Überprüfung der Organisationsrichtlinien ist eine zwingende Vorschrift, bei der grundsätzlich keine Spielräume bestehen. Soweit die Organisationsrichtlinien und Anweisungen laufend an Veränderungen angepasst werden und die Aktualität von der Internen Revision in einem festgelegten Turnus überprüft wird, kann auf einen zusätzlichen formalen Aktualisierungsprozess verzichtet werden, wenn für die laufenden Änderungen eine Historie dokumentiert wird.

Besonderes Augenmerk ist auf die **Qualifikation der Mitarbeiter** zu legen, da sie über die erforderlichen Kenntnisse zur Beurteilung der Kreditrisiken der einzelnen Geschäfte und - unter Beachtung von Risikokorrelationen - der Kreditportfolien insgesamt verfügen müssen.

Neue Produkte bzw. Märkte

Ähnlich wie für Handelsgeschäfte sollen **neuartige Kreditgeschäfte** oder **Geschäfte auf neuen Märkten** nur dann durchgeführt werden, wenn sichergestellt ist, dass alle technischen und personellen Voraussetzungen gegeben sind, um das Geschäft sachgerecht in den Systemen und Rechenwerken des Instituts abzubilden. Voraussetzung hierzu ist ua. eine risikomerkmalsbezogene Katalogisierung der bereits bestehenden Kreditprodukte. Es empfiehlt sich ferner, einen sog. „Neue Produkte Prozess" als eigenständigen Kreditprozess zu implementieren und zu dokumentieren.

---

[394] Vgl. BAFin, Protokoll über die Sitzung des MaK-Fachgremiums am 14.5.2003.

Dokumentation

Jedes Kreditinstitut hat **standardisierte Kreditvorlagen** zu verwenden, soweit dies in Anbetracht der jeweiligen Geschäftsarten möglich und zweckmäßig ist (Tz. 20).

Sicherheiten, Sicherheitennachweise und Urkunden sind so zu verwahren, dass sie gegen Missbrauch geschützt sind (Tz. 22). Über die konkrete Handhabung dieser Problematik muss das Institut selbst entscheiden. Grundsätzlich sollten jedoch geeignete Schutzmaßnahmen vorhanden sein. So wäre zB - unter Abwägung der Kosten - denkbar, Kopien anzufertigen und diese räumlich getrennt zu verwahren.[395] Bei Sicherungsübereignungen (zB Kfz-Finanzierung) ist als Sicherheit die im Sicherungsvertrag vereinbarte Sicherungsübereignung anzusehen; die treuhänderische Verwahrung bspw. des Kfz-Briefs durch einen Händler ist damit zulässig.

Organisation des Kreditgeschäfts – Öffnungsklausel

Für die in Abschnitt 4 der MaK (Tz. 25 – 66) dargestellten Regelungen zur Organisation des Kreditgeschäfts (Funktionstrennung, Votierung, Anforderungen an die Prozesse) ist eine vereinfachte Umsetzung möglich, wenn es sich um Geschäfte mit nur geringem Risikogehalt handelt (Tz. 24), zB im standardisierte Mengengeschäft (Retailgeschäft). In den nachfolgenden Ausführungen wird bei den entsprechenden Anforderungen der MaK auf diese Erleichterungen eingegangen.

Die **Abgrenzungen zwischen risikorelevantem und nicht-risikorelevantem Kreditgeschäft** sind von jedem Kreditinstitut eigenverantwortlich und unter Risikogesichtspunkten festzulegen. Die BaFin äußerte sich in dieser Hinsicht nur insoweit, als dass das standardisierte Mengengeschäft als nicht-risikorelevant eingestuft werden kann.[396]

Sowohl die Definition des Begriffs „geringer Risikogehalt" als auch der Umfang, in dem Erleichterungsmöglichkeiten institutsindividuell ausgenutzt werden können, liegen damit im Ermessen des einzelnen Instituts. Eine generelle Bestimmung, welches Geschäft als weniger risikobehaftet iSd. der MaK anzusehen ist und welche Erleichterungen bzw. Vereinfachungen möglich sind, ist nicht sachgerecht. Denn hierfür sind ua. die Geschäfts- und Risikostruktur des Portfolios, die Risikotragfähigkeit und die organisatorischen Gegebenheiten des einzelnen Instituts maßgebend.

Klarstellend sei erwähnt, dass auch ein Institut, das ausschließlich standardisiertes Privatkunden-/Mengengeschäft betreibt, eine Unterscheidung in risikobehaftetes und weniger risikore-

---

[395] Vgl. BAFin, Protokoll über die Sitzung des MaK-Fachgremiums am 10.7.2003.
[396] Vgl. BAFin, Protokoll über die Sitzung des MaK-Fachgremiums am 14.5.2003.

levantes Geschäft vornehmen sollte.[397] So sind bspw. Fälle denkbar, in denen ein Kreditnehmer mehrere Kredite beantragt oder im Einzelfall auch bei schlechterer Risikoklassifizierung (Rating) ein Kredit gewährt wird, sodass eine rein standardisierte Betrachtung aus Risikosicht nicht ausreichend ist. Als Merkmal für die Unterscheidung können ua. die Einstufung in der Risikoklassifizierung (Rating), die Höhe des Engagements und die Kompetenzordnung oder – was empfehlenswert erscheint – eine Kombination dieser Kriterien herangezogen werden. Entscheidend ist jedoch, dass die Abgrenzungskriterien und Risikogesichtspunkte institutsindividuell[398] gewählt werden und nachvollziehbar sowie dokumentiert sind.

Organisation des Kreditgeschäfts - Funktionstrennung

Die MaK fordern eine klare **funktionale Trennung** der Bereiche „Markt" (Geschäfte werden initiiert, erstes Votum) und Marktfolge" (zweites Votum), und zwar bis auf Ebene der Geschäftsleitung (Tz. 25).

Die Überprüfung bestimmter – von der Geschäftsleitung unter Risikogesichtspunkten festzulegender – **Sicherheiten** ist außerhalb des Bereichs „Markt" durchzuführen (Tz. 28). Dies gilt auch für die **Risikovorsorge**. Die **Zuordnung aller anderen Kreditprozesse** liegt, soweit in den MaK nicht ausdrücklich etwas anderes vorgesehen ist, im Ermessen der Kreditinstitute (Tz. 28). Bei **DV-gestützter Kreditbearbeitung** ist die Funktionstrennung durch entsprechende Verfahren und Schutzmaßnahmen sicherzustellen (Tz. 29).

Die MaK bestimmen hinsichtlich der Überprüfung „bestimmter Sicherheiten" nichts Näheres. Es wird insbesondere nicht festgelegt, ob grundsätzlich bestimmte Sicherheitenarten (bspw. solche Sicherheiten, die selten hereingenommen werden) oder Sicherheiten ab einer bestimmten Höhe gemeint sind. Darüber hinaus wird nicht näher geregelt, was unter „Überprüfung" zu verstehen ist (zB rechtlicher Bestand der Sicherheit, Bewertung der Sicherheit). Damit kann jedes Institut eine eigene Definition unter Risikogesichtspunkten festlegen. Denkbar sind folgende Varianten:

- Selten vorkommende Sicherheitenarten, denn hier besteht ein Abwicklungsrisiko (unsachgemäße Bearbeitung wegen fehlender Routine).
- Häufig vorkommende Sicherheiten, da hier ein gewisses Klumpenrisiko bestehen kann.
- Engagements, die in einer schlechteren Risikoklasse bzw. Sicherheitenklasse eingestuft wurden.
- Sicherheitenarten, für die ein Verwertungsrisiko besteht (zB Spezialobjekte, Sonderanfertigungen).

Die **Überprüfung bestimmter** - von der Geschäftsleitung unter Risikogesichtspunkten festzulegender - **Sicherheiten** ist außerhalb des Bereiches Markt durchzuführen (MaK Tz. 28). Es

---

[397] So auch Bankenfachverband Rundschreiben 34/03, 6 mit weiteren Erläuterungen.
[398] Beispielsweise durch Vergleich der Ausfälle und des EWB-Bedarfs.

ist nach Ansicht der BaFin MaK-konform, wenn die Erstellung von **Wertgutachten** für bestimmte Sicherheiten von fachlich geeigneten Mitarbeitern aus dem Bereich Markt durchgeführt wird, solange eine marktunabhängige Überprüfung der Wertansätze iSe. Materiellen Plausibilitätsprüfung gewährleistet ist.[399]

Die unabhängige Überwachung der Risiken auf Portfolioebene sowie das unabhängige Berichtswesen sind außerhalb des Bereichs „Markt" wahrzunehmen (Kreditrisikocontrolling). Der neue Bereich **Kreditrisikocontrolling** ist damit außerhalb des Bereichs „Markt" anzusiedeln, allerdings ist es nicht erforderlich, die Bereiche „Marktfolge" und Kreditrisikocontrolling aufbauorganisatorisch voneinander zu trennen (MaK Tz. 25 ff.).

Im **Vertretungsfall** (MaK Tz. 27) kann der Geschäftsleiter Marktfolge entweder von einem anderen marktunabhängigen Geschäftsleiter oder von einem Bereichs- oder Abteilungsleiter aus seinem Vorstandsressort vertreten werden. Die Vertretung in der Linie des Geschäftsleiters Marktfolge ist unabhängig von der Anzahl der Geschäftsleiter möglich.[400]

Im Hinblick auf die Trennung der Bereiche Markt und Marktfolge bis einschließlich der Ebene der Geschäftsleitung sind sog. **Überkreuzzuständigkeiten** nicht zulässig. Eine Überkreuzzuständigkeit liegt vor, wenn zB bei einem Zwei-Personen-Vorstand der Geschäftsleiter A gleichzeitig für einen (Teil-) Markt-Bereich (Kunden A - K) und den Bereich Marktfolge (Kunden L - Z) und der Geschäftsleiter B für den (Teil-) Markt-Bereich (Kunden L - Z) und den Bereich Marktfolge (Kunden A - K) zuständig ist. Bei solchen Zuständigkeitsverteilungen sind Interessenkollisionen nicht auszuschließen. Sie sind daher nicht im Einklang mit dem Grundsatz der Funktionstrennung.

Die Frage, ob die **organisatorische Zuordnung des Handels iSd. MaH** in die Vorstandslinie des Geschäftsleiters **Marktfolge iSd. MaK** zulässig ist, muss verneint werden. Dies hat die BaFin nach einer Überprüfung des Sachverhalts eindeutig entschieden.[401] Eine klare Trennung ist schon deshalb erforderlich, weil auch Handelsgeschäften iSd. MaH (zB Unternehmensanleihen) erhebliche Adressenausfallrisiken innewohnen können. Eine solche Trennung lässt sich auch aus MaK Tz. 30 ableiten. Eine Differenzierung von Handel nach MaH und Markt nach MaK macht nach Ansicht der BaFin für die Zwecke der Verlautbarung bzw. des Rundschreibens keinen Sinn, da die Initiierung eines Handelsgeschäfts und das Votum des Bereichs Markt regelmäßig wirtschaftlich zusammenfallen. Im Einklang mit MaK Tz. 30 kann daher iRd. Festsetzung der Kontrahenten- bzw. Emittentenlimite das Votum des Bereichs Markt vom Handel wahrgenommen werden. Im Umkehrschluss kann folglich das marktunabhängige Votum nur aus dem Bereich Marktfolge stammen, der bis einschließlich der Ebene der Geschäftsleitung vom Bereich Markt und vom Handel zu trennen ist.

---

[399] Vgl. BAFin, Protokoll über die Sitzung des MaK-Fachgremiums am 12.12.2003
[400] Vgl. BAFin, Protokoll über die Sitzung des MaK-Fachgremiums am 14.5.2003.
[401] Vgl. BAFin, Protokoll über die Sitzung des MaK-Fachgremiums am 14.5.2003.

Das **marktunabhängige Votum** und die **Festsetzung des Limits** fallen somit im Bereich Marktfolge zusammen. Nach Abschnitt 3.2.1. der MaH sind die Limite von einer vom Handel unabhängigen Stelle - also in diesem Fall von der Marktfolge - festzusetzen. Insoweit sind mithin die Bereiche Markt und Handel vom marktunabhängigen Bereich bis einschließlich der Ebene der Geschäftsleitung zu trennen. Von einer klaren Trennung kann allenfalls dann abgesehen werden, wenn sich die Handelsaktivitäten eines Kreditinstituts auf Geschäfte konzentrieren, die unter Risikogesichtspunkten als nicht wesentlich einzustufen sind. Sollten solche Institute ihre Handelsaktivitäten in einem Maße ausweiten, dass sie als risikorelevant anzusehen sind, wäre auch die Funktionstrennung entsprechend umzusetzen.

Für **Geschäfte mit nur geringem Risikogehalt** (zB standardisiertes Retailgeschäft) sowie für Geschäfte, die von Dritten initiiert werden (zB über Handelsvertreter gewonnenes Geschäft, Fördergeschäft) kann von einer Trennung in „Markt" und „Marktfolge" abgesehen werden (Tz. 33).

Die **Abgrenzungen zwischen risikorelevantem und nicht-risikorelevantem Kreditgeschäft** sind von jedem Kreditinstitut eigenverantwortlich und unter Risikogesichtspunkten festzulegen. Die BaFin äußerte sich in dieser Hinsicht nur insoweit, als dass das standardisierte Mengengeschäft als nicht-risikorelevant eingestuft werden kann.[402]

Die Risikorelevanz kann auf der Basis verschiedener Faktoren bestimmt werden. Die Auswahl der konkreten Faktoren und Kriterien liegt im Ermessen des Instituts.[403] Im Hinblick auf die Frage, ob sich die Risikorelevanz nach dem Gesamtobligo des Kunden bzw. der Kreditnehmereinheit oder auf der Basis des Einzelantrags bestimmt, lässt sich sagen, dass sich aus Risikogesichtspunkten die **Orientierung am Gesamtobligo** des Kunden/der Kreditnehmereinheit anbietet. Dennoch sind in einem gewissen Umfang Bagatellgrenzen sachgerecht.[404] So sind Vereinfachungen bei einem zusätzlichen Kreditantrag über einen relativ geringen Betrag denkbar, auch wenn das Gesamtobligo des Kunden als risikorelevant eingestuft wird. Dem Problem einer möglichen schleichenden Erhöhung des Kreditbetrags wird dadurch begegnet, dass dieses spätestens bei der zumindest jährlich durchzuführenden Überprüfung der Risikoeinstufung auffallen sollte.

Ausgehend davon, dass es Kreditinstitute geben könnte, die bezogen auf das Einzelgeschäft lediglich nicht-risikorelevantes Kreditgeschäft betreiben, stellt sich die Frage, wo in einem derartigen Fall die **Methodenverantwortung** angesiedelt werden müsste, um den MaK hinsichtlich der Funktionstrennung gerecht zu werden. Analog des Falles eines Instituts, das sowohl risikorelevantes als auch nicht-risikorelevantes Geschäft betreibt, ist grundsätzlich eine Zuordnung der Methodenverantwortung zur gleichen Vorstandslinie wie das nicht-risikorelevante Geschäft denkbar.[405] Dennoch ist zu bedenken, welche Bedeutung in diesen

---

[402] Vgl. BAFin, Protokoll über die Sitzung des MaK-Fachgremiums am 14.5.2003.
[403] Vgl. BAFin, Protokoll über die Sitzung des MaK-Fachgremiums am 10.7.2003.
[404] Vgl. BAFin, Protokoll über die Sitzung des MaK-Fachgremiums am 10.7.2003.
[405] Vgl. BAFin, Protokoll über die Sitzung des MaK-Fachgremiums am 10.7.2003.

Fällen gerade der Methodenverantwortung zukommt. So wird dort, zB aufgrund der Verantwortung für das Rating, letztlich die Basis für die Entscheidung, welche Geschäfte überhaupt als risikorelevant einzustufen sind, gelegt. Insofern erscheint es aus Risikogesichtspunkten empfehlenswert, die Methodenverantwortung grundsätzlich außerhalb des Bereichs Markt anzusiedeln. Letztlich muss darüber jedoch im konkreten Einzelfall entschieden werden.[406] Die Bezeichnung „nicht-risikorelevantes Kreditgeschäft" darf auch nicht dazu verleiten, das Risiko des Segments als Ganzes zu unterschätzen. Die Risiken sind hier systematischer Art und liegen somit nicht auf der Ebene des Einzelgeschäfts, sondern auf Portfolioebene. Insofern kommt gerade hier dem Controlling (des Gesamtportfolios) aus Risikogesichtspunkten eine besondere Bedeutung zu.

Aufgrund der Organisationsstrukturen von Zweigniederlassungen deutscher Kreditinstitute im Ausland und der jeweiligen nationalen Gegebenheiten kann die strenge Umsetzung der Funktionstrennung bis auf die Ebene der Niederlassungsleitung problematisch sein, soweit diese Niederlassungen nur einen Niederlassungsleiter haben. Sowohl der Aufbau zusätzlicher Organisationseinheiten oder Funktionen in der Niederlassung als auch die Ansiedlung von Marktfolgefunktionen in der inländischen Zentrale verursachen einen nicht zu unterschätzenden zusätzlichen Aufwand. Es bietet sich hier an, einzelne Mitarbeiter der Niederlassung, die die Funktion der Marktfolge ausüben, funktional dem Leiter Marktfolge der inländischen Zentrale zu unterstellen.

Die aufbauorganisatorischen Anforderungen der MaK können bei **Krediten an (leitende) Mitarbeiter** oder **Mitglieder der Geschäftsleitung** regelmäßig nicht 1:1 umgesetzt werden. Dies liegt vor allem daran, dass es bei solchen Krediten an einem Marktbereich iSd. MaK fehlt. Die Initiierung geht von den Mitarbeitern aus. Durch die Mitwirkung einer geeigneten anderen Stelle ist in gewisser Hinsicht ein Kontrollmechanismus gegeben, der darauf hinwirkt, dass nichtvertretbare Kreditvergaben an (leitende) Mitarbeiter oder Geschäftsleiter vermieden werden können. Unberührt davon bleiben die gesetzlichen Anforderungen des § 15 KWG.[407]

Organisation des Kreditgeschäfts - Votierung

Eng verbunden mit der aufbauorganisatorischen Trennung (Funktionstrennung) der Bereiche „Markt" und „Marktfolge" sind die Mindestanforderungen an die **Votierung** (MaK Tz. 31 ff.). Grundsätzlich sind sowohl für Kreditentscheidungen als auch für turnusmäßige oder anlassbezogene Beurteilungen **zwei Voten** der Bereiche „Markt" und „Marktfolge" einzuholen.

Die Geschäftsleitung kann jedoch - in Abhängigkeit von der Größenordnung und dem Risikogehalt - für bestimmte Geschäftsarten festlegen, dass die Einholung **nur eines Votums** aus-

---

[406] Vgl. BAFin, Protokoll über die Sitzung des MaK-Fachgremiums am 10.7.2003.
[407] Vgl. BAFin, Protokoll über die Sitzung des MaK-Fachgremiums am 12.12.2003.

reichend ist. Letzteres gilt auch, wenn Geschäfte durch Dritte, zB Kreditvermittler, Handelsvertreter bei Bausparkassen uÄ, initiiert werden. Bei Letzteren wird wohl angenommen, dass kein Interessenkonflikt zwischen „Markt" (Akquisition des Kredits) und „Marktfolge" besteht.

Bei Kreditentscheidungen im **risikorelevanten Geschäft** sind zwei zustimmende Voten aus den Bereichen Markt und Marktfolge erforderlich. Im Hinblick auf die Darstellung der Voten sind unterschiedliche Ausgestaltungsformen möglich.[408] Die Voten können in zwei separaten Schriftstücken dargestellt werden. So ist es in der Praxis üblich, dass die Kreditvorlage inklusive der Markt-Votierung vom Bereich Markt erstellt, und dieser Vorlage im Bereich Marktfolge ein Beiblatt mit dem marktunabhängigen Votum beigefügt wird. Es sind aber auch zusammengefasste Darstellungen der Voten in einem Schriftstück möglich. In diesem Fall würde die (positive) marktunabhängige Votierung durch die Unterschrift des für die Votierung zuständigen Mitarbeiters zum Ausdruck kommen. Dabei darf es sich jedoch nicht um eine sog. Gefälligkeitsunterschrift handeln. Es ist davon auszugehen, dass der Überprüfung des marktunabhängigen Votums im Rahmen von Prüfungshandlungen der Internen Revision und des Abschlussprüfers (aber auch im Rahmen von Prüfungen nach § 44 KWG) eine große Bedeutung zukommen muss, sodass evtl. Gefälligkeitsunterschriften entdeckt werden bzw. auffallen müssen. Der Qualität und Unabhängigkeit des marktunabhängigen Votums ist ein hoher Stellenwert beizumessen. Diesem muss je nach Zuordnung der Kreditprozesse auf den Markt und den marktunabhängigen Bereich zumindest eine **materielle Plausibilitätsprüfung** zugrunde liegen. Darüber hinaus ist sicherzustellen, dass der für marktunabhängige Votierung zuständige Mitarbeiter Zugriff auf alle wesentlichen Kreditunterlagen besitzt.

Für Kreditentscheidungen hinsichtlich **bestimmter Geschäftsarten** oder **Kreditgeschäften unterhalb bestimmter Größenordnungen**, die unter Risikogesichtspunkten festzulegen sind, kann die Geschäftsleitung bestimmen, dass nur **ein Votum** erforderlich ist (Tz. 33). Vereinfachungen sind auch dann möglich, wenn Kreditgeschäfte von Dritten initiiert werden (zB Handelsvertreter bei Bausparkassen). Im Hinblick auf den möglichen Verzicht auf ein weiteres Votum können damit nach Tz. 33 der MaK zwei Arten von Erleichterungen unterschieden werden:

- risikoabhängige Erleichterungen und
- prozessabhängige Erleichterungen.[409]

Die **risikoabhängigen Erleichterungen** betreffen bestimmte Geschäftsarten oder Kreditgeschäfte unterhalb bestimmter Größenordnungen iSd. Tz. 33 Satz 1 MaK. Von den **prozessabhängigen Erleichterungen** sind dagegen Geschäfte betroffen, die von Dritten initiiert werden (Tz. 33 Satz 2). Die MaK nennen als Beispiele für derartige Dritte den Handelsvertreter bei Bausparkassen, Hausbanken mit Fördergeschäft, den Konsortialführer bei gemeinschaftlich vergebenen Engagements. Im Anschreiben zum Entwurf eines Rundschreibens über MaK

---

[408] Vgl. BAFin, Protokoll über die Sitzung des MaK-Fachgremiums am 14.5.2003.
[409] Vgl. BAFin, Protokoll über die Sitzung des MaK-Fachgremiums am 10.7.2003.

findet sich darüber hinaus noch der Hinweis auf das Geschäft der Bürgschaftsbanken. Bei allen Konstellationen ist jedoch zu berücksichtigen, dass angemessene und wirksame Kreditprozesse einzurichten sind.[410] So sollte bei risikorelevanten Kreditentscheidungen das im Kreditinstitut abzugebende weitere Votum grundsätzlich vertriebsunabhängig, also in der Marktfolge erfolgen.[411]

Die Anbahnung von Geschäften über eine **Leasinggesellschaft** ist mit der Initiierung durch Handelsvertreter vergleichbar. Mit dem Fragenkomplex der Initiierung durch Dritte muss jedoch äußerst vorsichtig umgegangen werden. Arbeiten beispielsweise die Vermittler auf Provisionsbasis, besteht grundsätzlich das Risiko, dass auch risikobehaftete Geschäfte vermittelt werden. Hier ist es zwingend erforderlich, die Vermittler und die Qualität (Güte) der vermittelten Geschäfte regelmäßig zu prüfen.

Die prozessabhängigen Erleichterungen sind grundsätzlich nur als Bestandsschutz für die og. Geschäftsmodelle gedacht. Sie sollen keinen Anreiz bieten, neue Geschäftsmodelle zu konstruieren, die dem einzigen Ziel dienen, die Anforderungen an die Organisation zu umgehen. Hier wäre eine risikobezogene Einzelfallprüfung erforderlich.[412]

Systementscheidungen bzw. –empfehlungen, wie bspw. im Privatkundengeschäft automatische Scoringsysteme, können als ein Votum angesehen werden, wenn die Entscheidungskriterien für ein solches Scoringsystem außerhalb des Bereichs „Markt" festgelegt werden.[413] Demzufolge kann bei Geschäften, die vom Institut als weniger risikorelevant eingestuft worden sind, ein Systemvotum als Grundlage für die Kreditentscheidung ausreichen. Soweit solche Scoringsysteme iRd. standardisierten und risikoarmen Privatkundengeschäfts eingesetzt werden, ist in diesem Fällen auch nur ein Votum erforderlich. Wird ein solches Geschäft zur weiteren Bearbeitung an einen Sachbearbeiter weitergeleitet, muss durch diesen entsprechend die Votierung erfolgen.

Dem **Votum durch die Marktfolge** wird allgemein ein **höheres Gewicht** beigemessen. Sofern daher ein Votum der Marktfolge mit Auflagen verbunden ist, empfiehlt es sich, zunächst eine Einigung mit dem Bereich „Markt" herbeizuführen. Erfolgt diese Einigung bzw. werden die Auflagen erfüllt, handelt es sich um ein zustimmendes Votum der Marktfolge. Gelingt es nicht, eine Einigung herbeizuführen, ist der Kredit abzulehnen oder auf eine höhere Kompetenzstufe zu eskalieren. Dieses Verfahren ist von jedem Kreditinstitut individuell festzulegen und in den Organisationsrichtlinien zu dokumentieren.

Die Regelungen zur Votierung schließen nicht aus, dass **jeder Geschäftsleiter** im Rahmen seiner Kompetenz **Kreditentscheidungen** treffen und Kundenkontakte wahrnehmen kann. Sollte in Einzelfällen die Entscheidung eines Geschäftsleiters von der Votierung abweichen oder wird die Kreditentscheidung durch den „Markt-Vorstand" getroffen, so ist dies gesondert

---

410 Vgl. BAFin, Protokoll über die Sitzung des MaK-Fachgremiums am 10.7.2003.
411 Vgl. BAFin, Protokoll über die Sitzung des MaK-Fachgremiums am 10.7.2003.
412 Vgl. BAFin, Protokoll über die Sitzung des MaK-Fachgremiums am 10.7.2003.
413 Vgl. Bankenfachverband Rundschreiben 34/03, 9.

im Risikobericht darzustellen (Tz. 32). Auch bei risikorelevanten Kreditentscheidungen, die von der gesamten Geschäftsleitung oder von mehreren Geschäftsleitern gemeinsam getroffen werden, ist grundsätzlich eine sachgerechte Bearbeitung sowie das Einholen zweier Voten aus den Fachbereichen erforderlich.[414]

Das Recht eines Geschäftsleiters im Rahmen seiner Krediteinzelkompetenz eigenständig Kreditentscheidungen zu treffen geht jedoch nicht automatisch auf seinen - unterhalb der Ebene der Geschäftsleitung angesiedelten - Vertreter über. Die Krediteinzelkompetenz kann nur durch einen Geschäftsleiter ausgeübt werden.[415]

Organisation des Kreditgeschäfts - Prozesse

Die MaK regeln Mindestanforderungen für die Abgrenzung, Gestaltung und Inhalte der einzelnen **Prozesse** (Tz. 36 ff.). Bei der Gestaltung der Prozesse ist die allgemeine Öffnungsklausel[416] in Tz. 24 zu beachten, wonach eine vereinfachte Umsetzung der Anforderungen möglich ist, wenn es sich um Geschäfte mit nur geringem Risikogehalt handelt, zB das standardisierte Mengengeschäft (Retailgeschäft). **Erleichterungen** sind hier vor allem im Bereich der regelmäßigen Überprüfungen der Ausfallrisiken einzelner Kredite und der Werthaltigkeit der Sicherheiten, ferner bei der Verwendung der Ergebnisse der Risikoklassifizierung für die Bepreisung einzelner Kredite denkbar.

Nach Tz. 40 sind zusätzliche Anforderungen an **Objekt- und Projektfinanzierungen** zu stellen, da diese besondere Risiken aufweisen können. Der Begriff dieser besonderen Finanzierungsformen wird in den MaK nicht näher erläutert. Bei diesen Finanzierungen werden bestimmte Gegenstände finanziert wobei die Kreditvergabe zT auf die Werthaltigkeit des finanzierten Objekts abgestellt wird. Bei Konsumentenkrediten und Investitionsfinanzierungen werden häufig auch bestimmte Objekte finanziert; diese weisen jedoch idR nicht die Risiken von Objekt- und Projektfinanzierungen iSd. MaK auf. Daher erscheint es sachgerecht, iRd. Kreditrisikostrategie die Konsumentenkredite bzw. Investitionsfinanzierungen von den Objekt- und Projektfinanzierungen ausdrücklich zu trennen.

Alle in den MaK vorgesehenen Kreditprozesse, die nicht ausdrücklich im **marktunabhängigen Bereich** anzusiedeln sind, können im Ermessen der Kreditinstitute auf die Bereiche Markt und den marktunabhängigen Bereich verteilt werden. Soweit die Prozesse einseitig im Bereich Markt konzentriert sind (zB bei sog. Teamlösungen oder bei auf Projektfinanzierungen spezialisierten Abteilungen), hat dem marktunabhängigen Votum zumindest eine materielle Plausibilitätsprüfung zugrunde zu liegen.[417]

---

414 Vgl. BAFin, Protokoll über die Sitzung des MaK-Fachgremiums am 10.7.2003.
415 Vgl. BAFin, Protokoll über die Sitzung des MaK-Fachgremiums am 10.7.2003.
416 Vgl. hierzu auch IIR Arbeitskreis „Revision des Kreditgeschäfts", ZIR 2003, 119 ff.
417 Vgl. BAFin, Protokoll über die Sitzung des MaK-Fachgremiums am 14.5.2003.

Im Rahmen der **materiellen Plausibilitätsprüfung** brauchen die bereits im Bereich Markt durchzuführenden Tätigkeiten nicht wiederholt werden Bei der materiellen Plausibilitätsprüfung steht vielmehr die Nachvollziehbarkeit und die Vertretbarkeit der Kreditentscheidung im Vordergrund. Dazu zählt die Überprüfung der Aussagekraft des Markt-Votums und inwieweit die Kreditvergabe der Höhe und der Form nach vertretbar ist. Die Intensität der materiellen Plausibilitätsprüfung hängt ferner von der Komplexität der zu beurteilenden Geschäfte ab. Der für die marktunabhängige Votierung zuständige Mitarbeiter muss dabei zumindest Zugang zu allen wesentlichen Kreditunterlagen besitzen.[418]

Die **Prozesse** für

- die Kreditbearbeitung (Kreditgewährung Tz. 45 ff. und Kreditweiterbearbeitung Tz. 50 ff.),
- die Kreditbearbeitungskontrolle (Tz. 54),
- die Intensivbetreuung (Tz. 56 f.),
- die Problemkreditbearbeitung (Tz. 58 ff.),
- die Risikovorsorge (Tz. 64)

sowie die damit verbundenen Aufgaben, Kompetenzen und Verantwortlichkeiten sind nach den allgemeinen Anforderungen an die Prozesse klar zu definieren und aufeinander abzustimmen (MaK Tz. 36). Die **Verantwortung** für deren Entwicklung und Qualität muss außerhalb des Bereichs Markt angesiedelt sein.

Alle für die Adressenausfallrisiken eines Engagements bedeutsamen Aspekte sind herauszuarbeiten und zu beurteilen, wobei die Intensität dieser Tätigkeiten vom Risikogehalt der Engagements abhängt (MaK Tz. 38). Bei der Beurteilung von Adressenausfallrisiken kann auch auf externe Quellen zurückgegriffen werden. Die ausschließlich Verwendung externer Quellen iRd. Kreditentscheidung ist möglich, soweit auf ihrer Grundlage eine sachgerechte Beurteilung der Risiken möglich ist.[419]

Nach Tz. 44 muss ein Verfahren eingerichtet werden, das sicherstellt, dass die zeitnahe **Einreichung von Kreditunterlagen** überwacht wird und das einen Mahnprozess für ausstehende Unterlagen beinhaltet. Diese Erfordernis ergibt sich auch bereits aus § 18 KWG. Zu beachten ist, dass es in Tz. 44 um die „erforderlichen Kreditunterlagen", dh. ggf. über die nach § 18 KWG notwendigen Unterlagen hinaus um weitere Unterlagen bspw. auch aufgrund vertraglicher Vereinbarungen einzureichende Unterlagen geht.

Die **Erfassung abgelehnter Kreditanträge** (MaK Tz. 46) ist in den MaK ausdrücklich als Empfehlung formuliert. Insoweit liegt es im Ermessen des Kreditinstituts, zu entscheiden, ob und ggf. in welchem Umfang abgelehnte Kreditanträge erfasst werden. Bei der Frage nach der

---

[418] Vgl. BAFin, Protokoll über die Sitzung des MaK-Fachgremiums am 14.5.2003.
[419] Vgl. BAFin, Protokoll über die Sitzung des MaK-Fachgremiums am 14.5.2003.

Zulässigkeit der Erfassung abgelehnter Kreditanträge ist der Rahmen des Datenschutzgesetzes zu berücksichtigen.[420]

Hängt der Sicherheitenwert maßgeblich von den Verhältnissen eines Dritten ab (bspw. Bürgschaft), so ist eine angemessene **Überprüfung des Adressenausfallrisikos des Dritten** durchzuführen (Tz. 48). Soweit es sich bei den Bürgen um Kommunen und bonitätsmäßig guten Banken handelt, kann die „angemessene Überprüfung" beschränkt werden, dh. es kann auf eine detaillierte und umfassende Analyse des Adressenausfallrisikos verzichtet werden, wenn bspw. ein entsprechendes Rating vorliegt. Die Gründe für eine vereinfachte Überprüfung in diesen Fällen sind eindeutig in den Kredit- bzw. Beleihungsrichtlinien festzulegen. Es sei aber klarstellend erwähnt, dass in diesen Fällen nicht völlig auf eine Überprüfung verzichtet werden kann, sie ist vielmehr in „angemessenem" Umfang durchzuführen.

Gemäß Tz. 56 der MaK sind in den Organisationsrichtlinien Kriterien festzulegen, wann ein Engagement einer **gesonderten Beobachtung (Intensivbetreuung)** zu unterziehen ist. Dabei sind nicht alle Geschäfte gleich zu behandeln. Es gilt vielmehr Tz. 76 analog, wonach bei der Anwendung von Verfahren zur **Früherkennung von Risiken** die Geschäftleitung bestimmen kann, dass bestimmte unter Risikogesichtspunkten festzulegende Arten von Kreditgeschäften oder Kreditgeschäfte unterhalb bestimmter Größenordnungen von der Anwendung des Verfahrens zur Früherkennung ausgenommen werden können.[421]

Neben Tz. 56 (**Intensivbetreuung**) sieht auch Tz. 58 (**Problemkreditbearbeitung**) vor, dass in den Organisationsrichtlinien **Kriterien festzulegen** sind, wann ein Engagement einer gesonderten Beobachtung bzw. der Problemkreditbearbeitung zu unterziehen ist. Die Entscheidung bezüglich der **konkreten Ausgestaltung** der Kriterien obliegt dem Kreditinstitut. Ob die Kriterien einen Automatismus statuieren oder ob es sich um Indikatoren handelt, auf deren Grundlage die Überprüfung durchgeführt wird, liegt im Ermessen des Kreditinstituts. Es ist jedoch ein konsistentes, nachvollziehbares Handeln basierend auf den in den Organisationsrichtlinien festgelegten Kriterien erforderlich. Dieses sollte außerdem unter der Prämisse geschehen, eine zügige Identifikation der problembehafteten Engagements zu erreichen, um möglichst frühzeitig geeignete Aktionen einleiten zu können. Die BaFin hält es für empfehlenswert, wenn die Marktfolge bei der Entscheidung über die Zuordnung in Richtung Intensivbetreuung bzw. Problemkreditbearbeitung involviert wird.[422] Die Festlegung sowie die regelmäßige Überprüfung der für den Übergang maßgeblichen Kriterien liegt nach MaK Tz. 36 außerhalb des Bereichs Markt.

Nach MaK Tz. 58 muss entweder die Federführung für den **Problemkreditbearbeitungsprozess** oder dessen Überwachung außerhalb des Bereichs Markt angesiedelt sein. Die damit einhergehende Zulässigkeit alternativer Ausgestaltungsformen wurde von der BaFin bestä-

---

[420] Vgl. BAFin, Protokoll über die Sitzung des MaK-Fachgremiums am 14.5.2003.
[421] Vgl. BAFin, Protokoll über die Sitzung des MaK-Fachgremiums am 10.7.2003; vgl. auch Vorsteher, Kredit & Rating Praxis 5/2003, 12.
[422] Vgl. BAFin, Protokoll über die Sitzung des MaK-Fachgremiums am 10.7.2003.

tigt.[423] Unter der „Federführung" ist insbesondere die Wahrnehmung von Kompetenzen im Rahmen des Problemkreditprozesses zu verstehen. Diese Kompetenzen können sich auf Entscheidungen über Sanierungskredite oder auf andere wichtige Entscheidungen beziehen. Der Begriff Federführung umfasst zB auch die Gesprächsführung für das Kreditinstitut iRd. Verhandlungen mit anderen an der Sanierung beteiligten Dritten.

Die „marktunabhängige Überwachung" bezieht sich hingegen in erster Linie auf laufende Kontrolltätigkeiten. Dazu zählt unter anderem die Durchsicht der Sanierungs- und Abwicklungskonzepte oder von Zwischenberichten über den Stand der Problemkreditbearbeitungsprozesse. Ferner sind iRd. Problemkreditbearbeitung anfallende Entscheidungen hinsichtlich ihrer Nachvollziehbarkeit und Vertretbarkeit iSd. materiellen Plausibilitätsprüfung zu überprüfen (zB bei Sanierungskrediten).

Im Hinblick auf die Federführung für den Problemkreditbearbeitungsprozess oder dessen Überwachung sind demnach unterschiedliche Modelle bzw. Ausgestaltungsmöglichkeiten denkbar. Dabei ist zu berücksichtigen, dass die Prozesse für die Problemkreditbearbeitung nach MaK Tz. 28 im Ermessen der Kreditinstitute auf die Bereiche Markt und den marktunabhängigen Bereich verteilt werden können.

Risikovorsorge

In den Rahmenbedingungen sind Kriterien für die Bildung von **Wertberichtigungen, Abschreibungen** und **Rückstellungen für das Kreditgeschäft** festzulegen. Dabei sind die angewandten Rechnungslegungsvorschriften zu beachten (Tz. 64). Es ist sicherzustellen, dass die Risikovorsorge **zeitnah** ermittelt und fortgeschrieben wird (zB quartalsweise).

Unter **zeitnaher Ermittlung und Fortschreibung** der Risikovorsorge ist nicht zwingend eine tagtägliche buchungstechnische Umsetzung zu verstehen, es sei denn, ein Institut ist hierzu in der Lage. Durch diese Anforderung soll vielmehr erreicht werden, dass Anträge auf Einzelwertberichtigungen grundsätzlich nicht erst im Dezember zu stellen sind (sog. Dezember-Inflation von EWB-Anträgen). Wenn Risikovorsorgebedarf unterjährig erkannt wird (zB im Rahmen von durchgeführten Risikoüberwachungen) muss dieser den zuständigen Kompetenzträgern mitgeteilt werden. Derzeit praktikabel erscheint eine mindestens vierteljährliche Zeitspanne.

Die Geschäftsleitung ist über einen „erheblichen" Risikovorsorgebedarf unverzüglich, dh. außerhalb des üblichen Turnus für den Risikobericht, zu informieren (Tz. 65 f.). Im Hinblick auf die Art der anzuwendenden Kriterien für die Risikovorsorge werden von der BaFin keine konkreten Kriterien vorgegeben. Eine Systematisierung nach US-amerikanischem Vorbild

---

[423] Vgl. BAFin, Protokoll über die Sitzung des MaK-Fachgremiums am 14.5.2003.

wird nicht gefordert. Die Kriterien sind insoweit von jedem Institut selbst unter Beachtung angewandter Rechnungslegungsnormen festzulegen.[424]

Risikoklassifizierungsverfahren

Abhängig vom Risikogehalt der Kreditgeschäfte sind sowohl im Rahmen der Kreditentscheidungen als auch bei turnusmäßigen oder anlassbezogenen Beurteilungen die Risiken eines Engagements mithilfe eines **Risikoklassifizierungsverfahrens** zu bewerten.

Eine **Überprüfung der Risikoeinstufung** ist auf jeden Fall jährlich durchzuführen (Tz. 41). Diese Bonitätsüberwachung während der Laufzeit des Kredits erfolgt im **standardisierten Privatkundengeschäft** idR durch einen bestimmten Überwachungsprozess, der beispielsweise die Auswertung von Negativinformationen, des Zahlungsverhaltens, Ratenrückstände, nicht eingelöste Lastschriften oder von Schufa-Meldungen beinhaltet. Dadurch ist grundsätzlich gewährleistet, dass negative Veränderungen in der Bonität und andere Gefährdungen frühzeitig erkannt werden können.

Die generelle **Pflicht zur jährlichen Beurteilung** der Risiken existiert jedoch - schon aus handelsrechtlichen Gründen - auch für Engagements, die aufgrund ihres geringen Risikogehalts nicht dem Risikoklassifizierungsverfahren unterliegen.[425] Allerdings kann in diesen Fällen die Beurteilungsintensität geringer ausfallen (vgl. Tz. 45 bzw. Tz. 51) und sich bspw. lediglich auf die Prüfung der Ordnungsmäßigkeit der Tilgung durch den Kreditnehmer erstrecken.

In diesem Zusammenhang ist es wichtig zu erwähnen, dass mit dem Begriff „Risikoklassifizierungsverfahren" nicht zwingend Ratingverfahren verbunden sind, wie sie der wahlweise anzuwendende IRB-Ansatz im Rahmen der neuen Basler Eigenmittelvorschriften („Basel II") vorsieht. Die geforderten Risikoklassifizierungsverfahren müssen lediglich eine formalisierte Abstufung von Bonitätseinschätzungen bewirken, um zu einer systematischen Kreditrisikobeurteilung zu gelangen.

Sofern Scoring- bzw. Ratingsysteme eingesetzt werden, sind diese regelmäßig hinsichtlich ihrer Trennschärfe zu untersuchen, wobei der Turnus grundsätzlich im Ermessen der Kreditinstitute liegt. Es sollten in den Organisationsrichtlinien Grenzen bzw. Kriterien festgelegt werden, ab wann eine Anpassung erforderlich wird. Durchgeführte Validierungen und Änderungen der Kriterien oder Parameter sind aus Gründen der Nachvollziehbarkeit zu dokumentieren.

---

[424] Vgl. BAFin, Protokoll über die Sitzung des MaK-Fachgremiums am 14.5.2003.
[425] Vgl. BAFin, Protokoll über die Sitzung des MaK-Fachgremiums am 10.7.2003.

Identifizierung, Steuerung und Überwachung der Kreditrisiken

Zur **Früherkennung** von Kreditrisiken sind auf Basis quantitativer und qualitativer Risikomerkmale Indikatoren zu entwickeln. Als mögliche Indikatoren können genannt werden (Tz. 76):[426]

- steigende Gesamtverschuldung,
- Eigenkapitalveränderungen,
- schwache wirtschaftliche Verhältnisse,
- hohe Mitarbeiterfluktuation,
- geändertes Informationsverhalten.

Im **Privatkundengeschäft** sind weitere Indikatoren bspw. negative Schufa-Nachmeldungen und Negativmerkmale aus der Kontoführung (Rücklastschriften, Überziehungen, Ratenrückstände). Im **Firmenkundengeschäft** können ferner die Verschlechterung bestimmter Bilanzwerte oder Kennzahlen sowie die verspätete Einreichung von Unterlagen zu den wirtschaftlichen Verhältnissen oder das Nichteinhalten von Prolongationsterminen auf negative Entwicklungen hindeuten.

Das System muss sicherstellen, dass risikorelevante Informationen unverzüglich an die Entscheidungsträger weitergeleitet werden. Die Verfahren müssen ggf. kurzfristig an sich ändernde Bedingungen angepasst werden (Tz. 74).

Im Einklang mit MaK Tz. 74 brauchen nur wesentliche Risiken von dem **gruppenübergreifenden System** erfasst zu werden. Insofern kann eine **Tochterbank**, deren Geschäftsaktivitäten im Kreditgeschäft von der Mutterbank als nicht wesentliches Risiko eingestuft werden, von der Anwendung des gruppenübergreifenden Kreditrisikomanagement- und Kreditrisikoüberwachungssystems ausgenommen werden. Die Definition „nicht wesentliche Risiken" obliegt dem Kreditinstitut.

Kern des Risikomanagement- und Überwachungssystems ist ein sich auf die Gesamtbank beziehendes **Adressenausfallrisikolimitsystem** zur Begrenzung der Kreditrisiken (Tz. 77 ff.). Es sollte sich dabei um Limite handeln, die die Adressenausfallrisiken „gleichnamig" machen; hierzu sind Volumenlimite weniger geeignet als bspw. VaR-Limite.

Ohne **kreditnehmerbezogenes Limit** (Kreditnehmerlimit, Kreditnehmereinheitlimit) - also ohne einen Kreditbeschluss - darf kein Geschäft abgeschlossen werden (Tz. 78). Alle Geschäfte sind unverzüglich auf die kreditnehmerbezogenen Limite anzurechnen.

Bei der Entwicklung eines Limitsystems stellt die Verknüpfung des Retail-Bereichs mit dem Wholesale/Investment-Bereich in einem Global-Limit-System sowie die geforderte zeitnahe Anrechnung ausgereichter/genehmigter Kredite auf die Limite die entscheidende Herausforde-

---

[426] Vgl. auch Vorsteher, Kredit & Rating Praxis 5/2003, 12 ff.

rung dar. Hierbei sind die personellen und technologischen Anforderungen nicht zu unterschätzen. Die Limitstruktur und die Risikotragfähigkeit sind mindestens jährlich von der Geschäftsleitung vor dem Hintergrund der gewählten Kreditrisikostrategie zu überprüfen.

Dar Kreditinstitut hat ein der Kompetenzordnung entsprechendes Verfahren einzurichten, in dem festgelegt ist, wie **Überziehungen** zu behandeln sind (Tz. 80). Überziehungen und die deswegen getroffenen Maßnahmen sind zu dokumentieren. Nach Tz. 7 iVm. Tz. 78 der MaK führt eine Kreditentscheidung immer zu einer internen Limitfestsetzung. Dabei kommt es nicht darauf an, ob es sich um die Festsetzung eines dem Kunden bekannten Limits (externes Limit) oder eines dem Kunden nicht bekannten Limits (internes Limit) handelt. Eine Überziehung stellt eine (genehmigte) Überschreitung eines Limits dar und ist nach Tz. 7 ebenfalls als Kreditentscheidung zu qualifizieren. Auch hier spielt es demnach keine Rolle, ob es sich um eine Überschreitung eines externen oder eines internen Limits handelt. Für Überziehungen können nach Tz. 43 auf der Grundlage klarer Regelungen vereinfachte Verfahren zur Anwendung kommen.[427]

Liquide Kreditprodukte, die auf den Sekundärmärkten wie Wertpapiere gehandelt werden (zB Loan Trading), zählen sowohl zum Anwendungsbereich der MaH als auch der MaK. Die Anforderungen der MaK sind nach Tz. 6 jedoch nur sinngemäß umzusetzen. Vor der Aufnahme der Handelstätigkeit sind im Einklang mit Abschnitt 3.2.1. Kontrahenten- bzw. Emittentenlimite festzusetzen. Im Hinblick auf die Festlegung von Emittentenlimiten können die Vereinfachungen nach Tz. 81 der MaK in Anspruch genommen werden.[428]

Berichtswesen

Der zumindest vierteljährlich zu erstellende **Risikobericht** hat wesentliche strukturelle Merkmale des Kreditgeschäfts abzubilden. Er ist der Geschäftsleitung und dem Aufsichtsorgan zuzuleiten (MaK Tz. 84 ff.). Nach Tz. 84 der MaK ist es erforderlich, dass eine vom Bereich „Markt" unabhängige Stelle einen Risikobericht zu erstellen hat, der der Geschäftsleitung zur Verfügung zu stellen ist. Die Geschäftsleitung wiederum hat „einen" Bericht an das Aufsichtsorgan weiterzuleiten. Die Berichte müssen nicht deckungsgleich sein.[429]

Im Rahmen der mindestens vierteljährlichen Risikoberichterstattung ist unter anderem über **Kreditentscheidungen** zu berichten, **die von einem Geschäftsleiter getroffen** werden, der nicht für den Bereich Markt zuständig ist. Die ggf. erforderlichen Berichtspflichten nach Tz. 85 i) der MaK beziehen sich nicht auf Kreditentscheidungen, die sämtliche Geschäftsleiter oder mehrere Geschäftsleiter treffen. Sie beziehen sich dem Wortlaut der Anforderung fol-

---

[427] Vgl. BAFin, Protokoll über die Sitzung des MaK-Fachgremiums am 14.5.2003.
[428] Vgl. BAFin, Protokoll über die Sitzung des MaK-Fachgremiums am 14.5.2003.
[429] Vgl. BAFin, Protokoll über die Sitzung des MaK-Fachgremiums am 14.5.2003.

gend nur auf Entscheidungen, die einzelne Geschäftsleiter im Rahmen ihrer bankintern festgelegten Krediteinzelkompetenz beschließen.[430]

Da gemäß MaK Tz. 86 über Ereignisse wesentlicher Bedeutung (ua. auch über die Entwicklung von Problemkrediten) bereits ad hoc zu berichten ist, ist ein zusätzliches Reporting bei Entscheidungen über Sanierungskredite, die von einem marktunabhängigen Geschäftsleiter im Rahmen seiner Entscheidungskompetenz getroffen werden, nicht zwingend erforderlich.[431]

(c) Durchzuführende Prüfungen und Prüfungsbericht

Zunächst schreiben die MaK vor, dass das Kreditgeschäft in angemessenen Abständen der Prüfung durch die **Interne Revision** zu unterziehen ist; hierzu zählt auch die Überprüfung der Einhaltung der MaK. Hierbei sind unter Beachtung der Grundsätze für eine risikoorientierte Prüfung auch Systemprüfungen (Aufbau- und Ablauforganisation; Risikomanagement und -controlling; internes Kontrollsystem) durchzuführen.

Der **Abschlussprüfer** hat sich einen **umfassenden Einblick**

- in das Kreditgeschäft und
- seine Organisation,
- die damit verbundenen Risiken sowie
- die internen Kontrollsysteme und -verfahren

zu verschaffen und die **Angemessenheit und Wirksamkeit** der

- Prozesse und
- Verfahren

zu beurteilen.

In diesem Zusammenhang hat der Abschlussprüfer unbeschadet der §§ 27 - 43 PrüfbV sowie des Unterabschnitts 2 des dritten Abschnitts der PrüfbV im **Prüfungsbericht** auch dazulegen, ob die Ausgestaltung des Kreditgeschäfts des zu prüfenden Instituts den in den MaK formulierten Mindestanforderungen genügt. Es ist auch darauf einzugehen, in welchen Bereichen vom Kreditinstitut Erleichterungen in Anspruch genommen werden und ob diese Erleichterungen iSd. MaK sachgerecht sind.

---

[430] Vgl. BAFin, Protokoll über die Sitzung des MaK-Fachgremiums am 14.5.2003.
[431] Vgl. BAFin, Protokoll über die Sitzung des MaK-Fachgremiums am 14.5.2003.

4.3.5.2.4. Prüfung von Einzelengagements

4.3.5.2.4.1. Einzelfallprüfung

Im Rahmen der Einzelfallprüfung ist festzustellen, ob die organisatorischen Vorgaben (Organisation des Kreditgeschäfts sowie internes Kontrollsystem) beachtet wurden.

Die **Engagementprüfung** wird regelmäßig auf Engagementprüfungsbogen (PC-gestützt) dokumentiert. Dabei sind sämtliche Angaben zu machen, die für die Beurteilung des Engagements von Bedeutung sein können.

Für die Einschätzung des Adressenausfallrisikos ist für bilanzielle Zwecke zum einen die Wahrscheinlichkeit maßgeblich, mit der ein Kreditnehmer seinen vertraglichen Leistungsverpflichtungen nicht mehr nachkommen kann (Ausfallwahrscheinlichkeit). Zum anderen ist zu beurteilen, welche Zahlungen nach Eintritt von Leistungsstörungen - unter Berücksichtigung der Werthaltigkeit von Sicherheiten - noch erwartet werden können (Recovery Rate).

Die **Ausfallwahrscheinlichkeit** kann primär anhand der wirtschaftlichen Verhältnisse des Kreditnehmers bzw. der Kreditnehmereinheit beurteilt werden. Soweit die wirtschaftlichen Verhältnisse eine vertragsmäßige Erfüllung des Kreditverhältnisses nicht (in ausreichendem Maße) erwarten lassen, spielt die Werthaltigkeit der Sicherheiten eine entscheidende Rolle.

Bei der Analyse der wirtschaftlichen Verhältnisse (Kapitaldienstfähigkeit) sind alle vom Institut vorgelegten Informationen zu berücksichtigen, die ihm einen Einblick in die Vermögens-, Finanz- und Ertragslage des Kreditnehmers (der Kreditnehmereinheit) ermöglichen. Bei der Beurteilung der Kapitaldienstfähigkeit spielen bei **gewerblichen Kreditnehmern** ua. die Geschäftsplanung, die Eigenkapitalausstattung, die Ertragslage, die Liquiditätslage, der Cashflow, die Qualität der Unternehmensleitung, die Produkttechnologie sowie die Marktstellung eine Rolle. Bei **privaten Kreditnehmern** sind die Einkommens- und Vermögensverhältnisse von entscheidender Bedeutung. Daneben ist das bisherige Zahlungsverhalten des Kreditnehmers, die Verwendung des Kredits sowie die Höhe der Gesamtverschuldung relevant.

Bei ausländischen Kreditnehmern ist ferner zu beurteilen, ob die Zahlungsmittel frei und ohne Beschränkungen an das Institut transferiert werden können (Länderrisiko).

Die **Bewertung der Sicherheiten**[432] hat um so größere Bedeutung, je schlechter die wirtschaftlichen Verhältnisse des Kreditnehmers bzw. der Kreditnehmereinheit sind bzw. je weniger die vorliegenden Unterlagen eine abschließende Beurteilung seiner wirtschaftlichen Verhältnisse zulassen. In diesem Zusammenhang sind auch Nettingvereinbarungen sowie die Sicherungswirkung von Kreditderivaten zu berücksichtigen. Die Sicherheiten sind sowohl hinsichtlich ihres **rechtlichen** und **tatsächlichen Bestands** als auch bezüglich des Barwerts

---

[432] Vgl. zur Bewertung von Kreditsicherheiten, Arbeitskreis „Bewertung von Kreditsicherheiten", 1 ff.

der voraussichtlichen **Verwertungserlöse** zu prüfen.[433] Sind der rechtliche und tatsächliche Bestand sowie die Werthaltigkeit der Sicherheiten nicht ausreichend nachgewiesen, müssen die Sicherheiten unberücksichtigt bleiben.

4.3.5.2.4.2. Offenlegung der wirtschaftlichen Verhältnisse nach § 18 KWG

Bei der Prüfung der **Offenlegung der wirtschaftlichen Verhältnisse** gemäß § 18 KWG sind die Anforderungen der BaFin zu beachten.[434]

Das **Verfahren der Offenlegung** vollzieht sich in drei Schritten:

(1) Einreichung der Unterlagen,
(2) Auswertung und
(3) Dokumentation.

Im **ersten Schritt** erfolgt die Offenlegung durch die zeitnahe Einreichung von Unterlagen. Die Art der Unterlagen sowie der Umfang sind abhängig von der Rechtsform des Kreditnehmers sowie ggf. von der Komplexität der eingereichten Unterlagen. Hierzu sind grundsätzlich Originalunterlagen einzureichen. Die Anfertigung von Kopien durch das Kreditinstitut ist möglich, wobei jedoch zu dokumentieren ist, dass die Originalunterlagen vorgelegen haben. Der **zweite Schritt** besteht in der Auswertung der eingereichten Unterlagen. Hierzu ist bankintern eine Analyse der Unterlagen vorzunehmen. Im **dritten Schritt** ist die Dokumentation der beiden vorangegangenen Schritte erforderlich.

Anhand der in der nachfolgenden Abbildung dargestellten Systematik kann die Offenlegungspflicht nach § 18 KWG geprüft werden.

---

[433] Es ist gemäß der verlustfreien Bewertung auf den erwarteten Verwertungserlös nach Abzug von Verwertungskosten abzustellen. Deshalb hat eine Abzinsung des voraussichtlichen Verwertungserlöses mittels eines fristadäquaten Marktzinssatzes zu erfolgen.

[434] Vgl. BAKred (heute BaFin) Rundschreiben 9/98 vom 7.7.1998, Rundschreiben 16/99 vom 29.11.1999, Rundschreiben 5/2000, Rundschreiben 1/2002; siehe auch Baechler-Troche, Kredit & Rating Praxis 3/2003, 19; Benz/Herzog, BBK Fach 26, 1185 ff.; Brogl/Hamblock-Gesinn, Kreditpraxis 6/1998, 28; Früh, WM 2002, 1912; Grigg, ZfgK 2000, 1198; IIR-Arbeitskreis „Revision des Kreditgeschäfts", ZIR 1999, 133; Meeh, WPK-Mitteilungen 1999, 221; Meißner, Kredit&Rating Praxis 5/2001, 22; Müller, A., StuB 2002, 1; Pitschas, WM 2000, 1121.

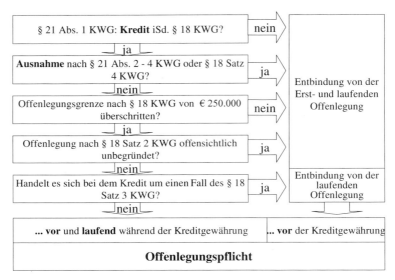

Abb. 4.4: Prüfung der Offenlegungspflicht nach § 18 KWG

Kredite iSd. § 18 KWG sind nach § 21 Abs. 1 Satz 1 Nr. 1 - 7 KWG:

- Gelddarlehen aller Art, entgeltliche erworbene Geldforderungen, Akzeptkredite sowie Forderungen aus Namensschuldverschreibungen mit Ausnahme der auf den Namen lautenden Pfandbriefe und Kommunalschuldverschreibungen;
- die Diskontierung von Wechseln und Schecks;
- Geldforderungen aus sonstigen Handelsgeschäften eines Instituts, ausgenommen die Forderungen aus Warengeschäften der Kreditgenossenschaften, sofern diese nicht über die handelsübliche Frist hinaus gestundet werden;
- Bürgschaften, Garantien und sonstige Gewährleistungen eines Instituts sowie die Haftung eines Instituts aus der Bestellung von Sicherheiten für fremde Verbindlichkeiten;
- die Verpflichtung, für die Erfüllung entgeltlich übertragener Geldforderungen einzustehen oder sie auf Verlangen des Erwerbers zurückzuerwerben;
- der Besitz eines Instituts an Aktien oder Geschäftsanteilen eines anderen Unternehmens, der mindestens 25 % des Kapitals (Nennkapital, Summe der Kapitalanteile) des Beteiligungsunternehmens erreicht, ohne dass es auf die Dauer des Besitzes ankommt;
- Gegenstände, über die ein Institut als Leasinggeber Leasingverträge abgeschlossen hat, abzüglich bis zum Buchwert des ihm zugehörigen Leasinggegenstands solcher Posten, die wegen der Erfüllung oder der Veräußerung von Forderungen aus diesem Leasingvertrag gebildet werden.

Nicht in § 21 Abs. 1 KWG erwähnt werden - anders als beim Kreditbegriff des § 19 Abs. 1 KWG - Derivate. Diese sind im Rahmen der von den MaH verlangten Kreditlimite zu erfassen.

Eine allgemeine Begriffsbestimmung des **Kreditnehmers** enthält das Kreditwesengesetz nicht. Für die Anwendung des § 18 KWG ermittelt die BaFin die Kreditnehmereigenschaft in erster Linie nach juristischen Gesichtspunkten, weshalb sie davon ausgeht, dass idR dasjenige Rechtssubjekt als Kreditnehmer (im In- oder Ausland ansässig) anzusehen ist, dem die Kreditvaluta zur Verfügung gestellt wurde und das sich dementsprechend zur Rückzahlung verpflichtet hat. § 19 Abs. 2 KWG fingiert, dass unter bestimmten Voraussetzungen mehrere an sich rechtlich selbstständige Kreditnehmer als ein einziger Kreditnehmer - sog. **Kreditnehmereinheit** - gelten. Die Offenlegungspflicht besteht dann, wenn die Summe aller Kredite an eine Kreditnehmereinheit zusammengerechnet über der Offenlegungsgrenze liegt. Die Offenlegungspflicht bezieht sich bei Kreditnehmereinheiten auf die gesamte Kreditnehmereinheit, dh. es sind grundsätzlich von sämtlichen der Kreditnehmereinheit zugehörigen Glieder entsprechende Unterlagen einzufordern, unabhängig davon, welchen Gliedern Kredit gewährt wird.[435] Einzelheiten hat die BaFin im Rundschreiben 9/98 (Abschnitt II.) veröffentlicht.

Die für § 18 KWG maßgebende **Offenlegungsgrenze** ist € 250.000. Nach den Grundsätzen ordnungsmäßiger Geschäftsführung hat sich das Institut bei Engagements auch unterhalb der Offenlegungsgrenze über die aus der Kreditvergabe resultierenden Risiken ein klares Bild zu verschaffen. Dies gilt insbesondere für solche Engagements, die in ihrer betragsmäßigen Höhe eine Grenze von 10 % des haftenden Eigenkapitals des kreditgewährenden Kreditinstituts erreichen oder überschreiten (siehe zur Offenlegungsfrist die nachfolgenden Ausführungen).[436]

Bei der **Errechnung der Offenlegungsgrenze** sind verschiedenartige und nacheinander gewährte Kredite an einen Kreditnehmer bzw. an eine Kreditnehmereinheit zusammenzurechnen. Maßgebend für die Ermittlung der Kredithöhe ist die Kreditzusage. Bei nicht revalutierbaren Krediten (zB Immobiliendarlehen) muss es jedoch nach teilweiser Tilgung zulässig sein, vom aktuellen Darlehensrest auszugehen, denn der ursprünglich zugesagte Darlehensnominalbetrag kann nicht mehr erreicht werden.[437] Zugunsten des Instituts bestehende Sicherheiten sowie Guthaben des Kreditnehmers bei dem Institut bleiben nach § 21 Abs. 1 Satz 2 KWG bei Ermittlung der Offenlegungsgrenze außer Betracht, ausgenommen Effektenlombard- und Avalkredite, falls ein Deckungsguthaben besteht.[438] Eine weitere Ausnahme sind nach § 21 Abs. 3 Nr. 1 KWG Realkredite, bei denen die grundpfandrechtlich gesicherten Teile, soweit sie in die Beleihungsgrenze von 60 % fallen, außer Betracht bleiben. Abzuziehen sind auch Guthaben auf Sicherheitenerlöskonten, da diese die Forderung tatsächlich bereits

---

[435] Vgl. Reischauer/Kleinhans, Kz. 115 § 18 KWG Rn. 9.
[436] Vgl. BAKred (heute BaFin) Rundschreiben 9/98 vom 7.7.1998, Fußnote 1.; vgl. hierzu auch BaFin RS 1/2002 vom 17.1.2002 sowie BaFin-Schr. vom 9.4.2002, www.bafin.de.
[437] Vgl. Früh, WM 2002, 1817.
[438] Vgl. Früh, WM 2002, 1817.

reduzieren und lediglich aus buchungstechnischen Gründen gesondert ausgewiesen werden.[439] Bereits geringfügige oder kurzfristige Überschreitungen der Offenlegungsgrenze begründen die Pflicht, sich die wirtschaftliche Verhältnisse offen legen zu lassen.[440] Die Offenlegung bei Krediten unterhalb der Offenlegungsgrenze richtet sich allein nach den Grundsätzen ordnungsmäßiger Geschäftsführung.

Bilanzierende Kreditnehmer haben den zeitlich **letzten Jahresabschluss** (sowie den Lagebericht), möglichst aber die Jahresabschlüsse (Lageberichte) der letzten drei Jahre vorzulegen. **Vorlage** bedeutet die körperliche Übergabe aller zur Offenlegung notwendigen Unterlagen, zumindest in Form einer vollständigen Kopie.[441] Unter den Begriff der Kopie fällt nach Ansicht der BaFin lediglich die Fotokopie, nicht die Abschrift von Jahresabschlüssen. Dies gilt auch für den Fall, dass die Abschrift vor Ort von zwei Kundenberatern unterschrieben wird.

Lässt der Kreditnehmer eine gesetzlich vorgesehene oder aber eine freiwillige Jahresabschlussprüfung vornehmen, muss sich das Institut den geprüften Jahresabschluss vorlegen lassen. Das Institut hat durch organisatorische Maßnahmen sicherzustellen, dass die Jahresabschlüsse innerhalb von 12 Monaten vorgelegt werden.[442]

Die **Vorlagefrist** bei der **Erstoffenlegung** beträgt damit 12 Monate. Bei der **laufenden Offenlegung** (Folgeoffenlegung) können zwischen dem Bilanzstichtag des letzten vorgelegten Jahresabschlusses und dem Datum der Einreichung des Jahresabschlusses für das Folgejahr bis zu höchstens 24 Monate liegen. Der Jahresabschluss zum 31.12.2002 genügt für die Erstoffenlegung bis längstens 31.12.2003; im Falle der laufenden Offenlegung kann der Jahresabschluss zum 31.12.2002, wenn er bis zum 31.12.2003 beim Institut vorliegt, bis zum 31.12.2004 ohne Heranziehung weiterer Unterlagen zur Erfüllung des § 18 Satz 1 KWG herangezogen werden.[443] Werden diese Fristen nicht eingehalten, hat das Institut auf jeden Fall **weitere Unterlagen** über Liquidität, Substanz und Erfolg des Kreditnehmers (Nachweise über Auftragsbestände, Umsatzzahlen, betriebswirtschaftliche Auswertungen, Umsatzsteuervoranmeldungen, Erfolgs- und Liquiditätspläne, Einkommensnachweise, Wirtschaftlichkeitsberechnungen des zu finanzierenden Vorhabens usw.) heranzuziehen. Wegen weiterer Einzelheiten - auch zu Objektgesellschaften, Abwicklungskrediten, Existenzgründungen - wird auf die einschlägigen Rundschreiben der BaFin verwiesen.[444]

Da der Risikogehalt einer **Prolongation** im Vergleich zu einem unbefristeten Kreditverhältnis nicht höher zu bewerten ist, sollen nach Ansicht der BaFin Prolongationen als Fall der laufenden Offenlegung angesehen werden, sofern bereits vor der Prolongation ein in offenlegungspflichtiger Höhe geführtes Kreditverhältnis bestand.[445]

---

[439] Vgl. Früh, WM 2002, 1817.
[440] Vgl. Reischauer/Kleinhans, Kz. 115 § 18 KWG Rn. 7.
[441] Vgl. BaFin-Schreiben vom 26.2.2002, www.bafin.de.
[442] Vgl. BAKred (heute BaFin) Rundschreiben 5/2000.
[443] Vgl. hierzu auch Früh, WM 2002, 1822.
[444] Eine Zusammenstellung der Offenlegungsunterlagen zeigt Meißner, Kredit&Rating Praxis 5/2001, 26.
[445] Vgl. BaFin Rundschreiben 1/2002 vom 17.1.2002, www.bafin.de.

Bei **Erhöhungen** eines bereits in offenlegungspflichtiger Höhe bestehenden Kreditverhältnisses führt dagegen die betragsmäßige Aufstockung in aller Regel zu einer Erhöhung des Risikogehalts, was eine zeitnahe Überprüfung der wirtschaftlichen Verhältnisse erforderlich werden lässt. Deshalb besteht im Falle der Krediterhöhung grundsätzlich eine Pflicht zur Erstoffenlegung mit Anwendung der 12 Monatsfrist (Erstoffenlegung). Lediglich bei Krediterhöhungen in Höhe von nicht mehr als 10 % des Gesamtengagements ist im Hinblick darauf, dass eine solche Krediterhöhung keine wesentliche Erhöhung des Risikogehalts beinhaltet, die Erstoffenlegung nach BaFin Rundschreiben 1/2002 nicht (mehr) zu verlangen. Die maximale Grenze für eine Krediterhöhung, welche nicht eine erneute Erstoffenlegung erfordert, beträgt - unter Berücksichtigung zwischenzeitlicher Tilgungen auf das Gesamtengagement - 110 % des bei der letzten Erstoffenlegung zugrunde liegenden Kreditengagements.[446] Krediterhöhungen innerhalb dieser Grenze gelten als unwesentlich iSd. Rundschreibens 1/2002, mit der Folge, dass die Bonität des Kreditnehmers weiterhin nach den Vorschriften der laufenden Offenlegung überwacht werden kann. Zu beachten ist jedoch, dass die gesetzliche Verpflichtung zur Erstoffenlegung der wirtschaftlichen Verhältnisse auch dann besteht, wenn das Gesamtengagement durch zwischenzeitliche Tilgungen unter die Summe von € 250.000 sinkt und nunmehr auf über € 250.000 erhöht werden soll.[447]

Abweichend von den Vorgaben des Rundschreibens 9/98 können daher bei Prolongationen und Erhöhungen um **nicht mehr als 10 %** eines bereits in offenlegungspflichtiger Höhe bestehenden Kreditengagements eines Kreditnehmers, die Regelungen über die laufende Offenlegung angewandt werden. Einschränkend gilt jedoch, dass in all den Fällen, in denen die eingereichten Unterlagen oder anderweitige Erkenntnisse der Bank Anlass zu Zweifeln an den wirtschaftlichen Verhältnissen geben, die Heranziehung weiterer geeigneter Unterlagen geboten ist.

Ungeachtet dessen hat das kreditgewährende Institut durch angemessene organisatorische Vorkehrungen dafür zu sorgen, dass ihm von bilanzierenden Kreditnehmern die Jahresabschlussunterlagen innerhalb von 12 Monaten nach dem Bilanzstichtag vorgelegt werden, sofern es sich um einen Fall der sog. Erstoffenlegung handelt. Bei der laufenden Offenlegung können dagegen zwischen dem Bilanzstichtag des letzten vorgelegten Jahresabschlusses und dem Datum der Einreichung des Jahresabschlusses für das Folgejahr im äußersten Fall bis zu 24 Monate liegen. Die Ausschöpfung der längstmöglichen Fristen sollte nach Ansicht der BaFin eher die Ausnahme sein.[448]

Von **nichtbilanzierenden Kreditnehmern** hat sich das Institut die Vermögens- und Einkommensverhältnisse offen legen zu lassen (Vermögensaufstellung, Überschussrechnung, Grundbuchauszüge, Einkommensteuerbescheide, Wirtschaftlichkeitsberechnung des zu finanzierenden Vorhabens).

---

[446] So ausdrücklich BaFin Ergänzung zum Rundschreiben 1/2002 vom 9.4.2002, www.bafin.de.
[447] Vgl. BaFin Ergänzung zum Rundschreiben 1/2002 vom 9.4.2002, www.bafin.de.
[448] Vgl. BaFin-Schreiben vom 3.2.2003, www.bafin.de.

Die Offenlegung hat auf ähnlich gesicherter Grundlage wie bei Krediten an bilanzierende Kreditnehmer zu erfolgen. Unverzichtbar sind daher nach Ansicht der BaFin[449] insofern die Einreichung des Einkommensteuerbescheids und die Aufstellung der Vermögenswerte und Verbindlichkeiten (Vermögensaufstellung). Hierzu gehört auch, sich diese und die weiteren Unterlagen zeitnah vorlegen zu lassen, um anhand dieser Unterlagen die Bonität beurteilen und ggf. bei Verschlechterungen geeignete Maßnahmen ergreifen zu können.[450]

Für die **Vermögensaufstellung** bedeutet dies, dass sich das Kreditinstitut diese **jährlich** in aktualisierter Fassung – insofern vergleichbar mit der Vorlage des Jahresabschlusses – vorlegen zu lassen hat. Auf die Frage, ob es sich um eine Erstoffenlegung oder eine laufende Offenlegung handelt, kommt es insofern nicht an.[451] Auch bei unwesentlichen Krediterhöhungen im Rahmen von 110 % des Gesamtengagements (siehe oben bei bilanzierenden Kreditnehmern) ist daher von nicht bilanzierenden Kreditnehmern die jährliche Vorlage der Vermögensaufstellung erforderlich. Eine Unterscheidung zwischen den Fristen der Erstoffenlegung und den Fristen der laufenden Offenlegung greift diesbezüglich nach Ansicht der BaFin nicht.[452]

Der **Einkommensteuerbescheid** nebst Einkommensteuererklärung sollten binnen zwölf Monaten ab Ende des Veranlagungszeitraums vorgelegt werden. Bei Lohn- oder Gehaltsempfängern sind deren Bezüge - soweit das kreditgebende Institut nicht das Lohn-/Gehaltskonto führt - durch eine Lohn- bzw. Gehaltsbescheinigung des Arbeitgebers nachzuweisen. Wegen weiterer Einzelheiten wird auf die Rundschreiben der BaFin verwiesen. Mit Rundschreiben 5/2000 hat die BaFin bei der Heranziehung von Einkommensteuererklärung und Vermögensaufstellung im Einzelfall einen auszuübenden Beurteilungsspielraum eingeräumt. Ein Institut kann danach auf die Heranziehung der Einkommensteuererklärung im Einzelfall dann verzichten, wenn aus dieser Unterlage keine weiteren beurteilungsrelevanten Erkenntnisse zu erwarten sind und andere aktuelle Nachweise über die wesentlichen Einkünfte des Kreditnehmers (zB Überschussrechnung, Gehaltsnachweis, Nachweise der Einkünfte aus Vermietung und Verpachtung) vorliegen. Bei der in jedem Falle erforderlichen Vermögensaufstellung kann im Einzelfall auf die Angabe einzelner Vermögenswerte verzichtet werden, sofern sämtliche Verbindlichkeiten (einschließlich Bürgschaften) sowie etwaige Beteiligungen des Kreditnehmers an Personen- und Kapitalgesellschaften angegeben sind und die dargelegten Vermögenspositionen im Übrigen ein hinreichend verlässliches Bild über die Vermögenssituation des Kreditnehmers vermitteln. Dieses vom Rundschreiben 9/98 abweichende Verfahren ist gesondert zu dokumentieren.

---

[449] Vgl. BaFin-Schreiben vom 3.2.2003, www.bafin.de.
[450] Vgl. BaFin-Schreiben vom 3.2.2003, www.bafin.de.
[451] Vgl. BaFin-Schreiben vom 3.2.2003, www.bafin.de.
[452] Vgl. BaFin-Schreiben vom 3.2.2003, www.bafin.de.

Bei der Offenlegung ist es dem Kreditnehmer nicht verwehrt, einzelne Daten in den von ihm vorgelegten Unterlagen unkenntlich zu machen, wenn dadurch die Durchführung der nach § 18 KWG erforderlichen Kreditwürdigkeitsprüfung nicht beeinträchtigt wird.[453]

Die vorgelegten Unterlagen sind durch das kreditgewährende Institut **auszuwerten**. Die Auswertung hat zukunftsgerichtet zu erfolgen; ggf. sind weitere Unterlagen anzufordern. Die Unterlagen sind auch auf Plausibilität und innere Widersprüche zu prüfen und ggf. mit anderen Erkenntnissen abzugleichen.

Die vorgelegten Unterlagen (ggf. vollständige Kopien), die Auswertung und das Auswertungsergebnis sind zu **dokumentieren**, dh. zu den Akten zu nehmen und mindestens sechs Jahre aufzubewahren.[454] Die Aktenlage muss allen für die Überprüfung der Kreditentscheidung zuständigen Stellen (Geschäftsleitung, Innenrevision, Abschlussprüfer, Bankenaufsicht) ein Urteil darüber ermöglichen, ob das Institut die Anforderungen des § 18 Satz 1 KWG erfüllt hat. Aus den Kreditakten müssen sich ferner die Herkunft und Authentizität der vorgelegten Unterlagen belegen lassen (Zeitpunkt des Eingangs, Übereinstimmung von Kopien mit dem Original).[455]

Im **Prüfungsbericht** sind Angaben über die Einhaltung der Offenlegungsvorschriften des § 18 KWG zu machen (§ 58 PrüfbV). § 58 Abs. 1 PrüfbV verlangt ausdrücklich, dass sämtliche **festgestellten Verstöße** gegen § 18 KWG aufzuführen sind. Die Fälle, in denen das Kreditinstitut vom Verlangen nach Offenlegung der wirtschaftlichen Verhältnisse abgesehen hat, sind darzulegen und ihre Übereinstimmung mit § 18 Satz 2 bis 4 KWG ist zu überprüfen (§ 58 Abs. 1 Satz 4 PrüfbV); Defizite, auch Zweifelsfälle, sind aufzuzeigen. Bei Krediten an verbundene Unternehmen, für die ein Konzernabschluss aufgestellt werden muss, sind die Fälle aufzuführen, bei denen nicht die Einzelabschlüsse der kreditnehmenden Unternehmen und der Konzernabschluss vorgelegen haben (§ 58 Abs. 2 PrüfbV).

Wird im Rahmen der Abschlussprüfung festgestellt, dass das Institut im Berichtszeitraum von den Rundschreiben der BaFin abgewichen ist, sind diese Abweichungen zu begründen und es ist darzustellen, ob in diesen Fällen § 18 KWG jeweils eingehalten wurde.[456] Im Prüfungsbericht ist unter Angabe der Gesamtzahl und des Gesamtvolumens der geprüften Kreditengagements anzugeben: Die Anzahl der Fälle, in denen § 18 KWG eingehalten wurde (differenziert nach den offen zu legenden Unterlagen), die Anzahl der Verstöße gegen § 18 KWG, der Anteil der Verstöße gegen § 18 KWG an der Gesamtzahl und am Gesamtvolumen der geprüften Kreditengagements (differenziert nach Art und Schwere der Verstöße). Es empfiehlt sich, diese Zusammenstellung nach dem Muster der Anlage 3 zu den Erläuterungen zur PrüfbV vorzunehmen.[457]

---

[453] Vgl. BAKred (heute BaFin) Rundschreiben 5/2000.
[454] Vgl. BAKred (heute BaFin) Rundschreiben 9/98.
[455] Vgl. Reischauer/Kleinhans, Kz. 115 § 18 KWG Rn. 30.
[456] Vgl. Erläuterungen zur PrüfbV, BAKred-Schr. (heute BaFin) vom 17.12.1998, CMBS 13.01a zu § 58.
[457] Vgl. BAKred-Schr. (heute BaFin) vom 17.12.1998, CMBS 13.01a Anlage 3.

4.3.5.2.4.3. Pflichtverletzungen bei der Kreditgewährung

In jüngster Zeit hat sich die Zahl der sich realisierenden Kreditrisiken rapide erhöht. Hierbei besteht die Gefahr, dass die Existenz eines Kreditinstituts gefährdet ist. Daher gewinn die Frage an Bedeutung, unter welchen Voraussetzungen die Mitglieder des Vorstands eines Kreditinstituts für fehlgeschlagene riskante Kreditgeschäfte zivilrechtlich haften. Diese Frage beschäftigt zunehmend die Gerichte.[458] Insgesamt kann gesagt werden, dass allein der Ausfall eines Kredits für sich alleine keinesfalls geeignet ist, eine Haftung von Vorstandsmitgliedern eines Kreditinstituts zu begründen.[459] Bei der Beurteilung dieser Frage ist auf den Sachverhalt des Einzelfalls abzustellen. Eine Haftbarmachung wird nur ausnahmsweise in Betracht kommen und zwar bspw. dann, wenn die Eingehung des mit der Kreditgewährung verbundenen Risikos rechtlich als unverantwortlich zu bewerten ist und damit die Grenzen des dem Organ zustehenden unternehmerischen Ermessens überschritten worden ist oder wenn der Risikoprognose keine ausreichenden Informationen zugrunde liegen.[460]

Der BGH hat mit Urteil vom 15.11.2001 (1 StR 185/01)[461] entschieden, dass für die **Pflichtverletzung** iSd. Missbrauchstatbestands des § 266 StGB bei einer Kreditvergabe maßgeblich ist, ob die Entscheidungsträger bei der Kreditvergabe ihre banktübliche Informations- und Prüfungspflicht bezüglich der wirtschaftlichen Verhältnisse des Kreditnehmers gravierend verletzt haben. Aus der **Verletzung der in § 18 Satz 1 KWG normierten Pflicht** zum Verlangen nach Offenlegung der wirtschaftlichen Verhältnisse können sich Anhaltspunkte dafür ergeben, dass der banktüblichen Informations- und Prüfungspflicht nicht ausreichend Genüge getan wurde. Der BGH führt ua. aus, dass bei einer Kreditvergabe - die ihrer Natur nach mit einem Risiko behaftet ist - die Risiken gegen die sich daraus ergebenden Chancen auf der Grundlage umfassender Informationen abzuwägen sind. Ist diese Abwägung sorgfältig vorgenommen worden, kann eine Pflichtverletzung iSd. § 266 StGB nicht deshalb angenommen werden, weil das Engagement später notleidend wird. Es entspricht anerkannten bankkaufmännischen Grundsätzen, Kredite nur nach umfassender und sorgfältiger Bonitätsprüfung zu gewähren. Die Vorschrift des § 18 KWG ist Ausfluss des anerkannten bankkaufmännischen Grundsatzes, Kredite nur nach umfassender und sorgfältiger Bonitätsprüfung zu gewähren und bei bestehenden Kreditverhältnissen laufend zu überwachen. Der BGH bezieht sich in seinen Ausführungen auf die von der BaFin (früher BAKred) veröffentlichten Rundschreiben und macht diese damit zum Gegenstand seiner Rechtsprechung. Insoweit kommt diesen Rundschreiben für die Frage der Pflichtverletzung der Geschäftsleiter eines Kreditinstituts Bedeutung zu.

Das LG Berlin hat mit Urteil vom 3.7.2002[462] erstmalig festgestellt, dass die unzureichende **Einrichtung eines Risikomanagementsystems** gemäß § 91 Abs. 2 AktG und § 25a Abs. 1

---

[458] Vgl. hierzu auch Kiethe, WM 2003, 861 Fußnote 2; Preußner/Zimmernann, AG 2002, 657 ff.
[459] Vgl Kiethe, WM 2003, 861.
[460] Vgl Kiethe, WM 2003, 869.
[461] Vgl. DStR 2002, 1190; DB 2002, 785.
[462] Vgl. LG Berlin, Urteil vom 3.7.2002, AG 2002, 682 f.

KWG einen wichtigen Grund darstellt, um das Anstellungsverhältnis zum Vorstand außerordentlich zu kündigen. Das Gericht betont hierbei die Gesamtverantwortung des Vorstands für diese Organisationsaufgabe und lässt den Einwand fehlender Ressortzuständigkeit für die Einrichtung eines solchen Überwachungssystems nicht gelten. Ferner kann sich der Vorstand nicht durch Feststellungen eines Abschlussprüfers zur Ordnungsmäßigkeit des Risikomanagements entlasten.[463] Die Vorwürfe bezogen sich neben Verstößen gegen § 18 KWG insbesondere auf die Verletzung der Pflichten zur Einrichtung eines Risikomanagement- und Risikofrüherkennungssystems im Kreditbereich.

4.3.5.2.5. Vorbereitung der Kreditprüfung durch das Institut

Der Abschlussprüfer hat die vorliegenden Unterlagen grundsätzlich **selbst auszuwerten** und die wirtschaftlichen Verhältnisse des Kreditnehmers eigenständig zu beurteilen. Bilanzauswertungen usw., die ein Kreditinstitut im Rahmen der Kreditgewährung bspw. zur Erfüllung von § 18 KWG erstellt haben muss, sind seitens des Kreditinstituts vorzulegen. Ob und in welchem Umfang er sich bei ihrer Auswertung auf Arbeitsergebnisse des Kreditinstituts stützen kann, hängt von der Qualität der vorliegenden Analysen, der Bedeutung des betreffenden Kreditengagements und von der Ordnungsmäßigkeit der Organisation des Kreditgeschäfts ab. Die Grundsätze der Verwendung von Arbeitsergebnissen Dritter sind entsprechend anzuwenden (IDW PS 320, IDW PS 321 und IDW PS 322).

4.3.5.2.6. Prüfung der Risiken der künftigen Entwicklung

Zu den Risiken der künftigen Entwicklung ist im Lagebericht Stellung zu nehmen. Die Angaben des Instituts zu den Adressenausfallrisiken im Lagebericht sind zu prüfen. Diesbezüglich sind die einschlägigen Prüfungsstandards des IDW und für den Konzernabschluss auch die des DRSC zu beachten.

4.3.5.2.7. Risikoklassen nach der PrüfbV

Überblick

Unter Berücksichtigung der Bonität des Schuldners und evtl. Mitverpflichteter, der Bewertung gestellter Sicherheiten sowie anderer Informationen lassen sich die Kredite für die Abschlussprüfung (§ 28 Abs. 4 PrüfbV) in folgende Risikoklassen (Risikogruppen) einteilen:

- Kredite ohne erkennbares Risiko,
- Kredite mit erhöhten latenten Risiken,
- wertberichtigte Kredite.

---

[463] Vgl. zur Besprechung des Urteils Preußner/Zimmermann, AG 2002, 657 ff.

Die Kategorisierung ist im Rahmen der Abschlussprüfung vorzunehmen. Dabei sind die einschlägigen Stellungnahmen des Instituts der Wirtschaftsprüfer zu beachten. Diese Kategorisierung kann auch für die Frage der Bewertung, insbesondere der Bildung von Einzelwertberichtigungen, herangezogen werden.

Für die **Zuordnung nach Risikoklassen** ist bei Kreditnehmereinheiten die jeweils schlechteste Risikokennziffer eines Einzelengagements innerhalb der Kreditnehmereinheit ausschlaggebend, es sei denn, dieses Einzelengagement ist von absolut untergeordneter (unwesentlicher) Bedeutung für die Kreditnehmereinheit.

Risikoklassen I bis III

(a) Kredite ohne erkennbares Risiko (Risikoklasse I)

„Kredite ohne erkennbares Risiko" sind zunächst Kredite mit einwandfreien wirtschaftlichen Verhältnissen der Kreditnehmer (solide Vermögens-, Finanz- und Ertragslage bzw. nachhaltige Kapitaldienstfähigkeit), unabhängig von der Art und der Werthaltigkeit der gestellten Sicherheiten (dies wird gelegentlich auch als Kategorie 1a bezeichnet).[464]

Zur Risikoklasse I behören bspw. Kredite an inländische Körperschaften und Anstalten des öffentlichen Rechts oder durch diese in vollem Umfang verbürgte Kredite sowie im **Realkreditgeschäft** Engagements mit einem Beleihungsauslauf von bis zu 60 %, die ordnungsgemäß bedient werden bzw. Engagements mit einem Beleihungsauslauf von mehr als 80 %, die ordnungsgemäß bedient werden und bei denen die aktuellen wirtschaftlichen Verhältnisse der Kreditnehmer offen gelegt bzw. geordnet sind.

Daneben gehören zu dieser Risikokategorie Kredite mit nicht völlig einwandfreien oder nicht abschließend beurteilbaren wirtschaftlichen Verhältnissen der Kreditnehmer (zB vorübergehende Ertragsschwäche bei guter Eigenkapitalausstattung, vorübergehender Liquiditätsengpass bei guter Vermögens- und Ertragslage) bei denen jedoch die Sicherheiten (Real- oder Personalsicherheiten) die Rückführung des Engagements zweifelsfrei gewährleisten (dies wird gelegentlich auch als Kategorie 1b bezeichnet).[465]

Hierzu gehören mithin Forderungen, wenn ihre fälligkeitsgerechte Rückzahlung gesichert erscheint, sei es durch eine uneingeschränkte Bonität des Schuldners oder durch einwandfreie Sicherheiten.[466] Mit anderen Worten: Kreditengagements, bei denen aufgrund der Ertragslage,

---

[464] Vgl. auch Müller, Th., 176.
[465] Vgl. Hossfeld, RIW 1997, 137. Hierzu zählen auch Kredite bei denen die nachhaltige Kapitaldienstfähigkeit gegeben ist, jedoch vereinzelt Negativmerkmale bei den wirtschaftlichen Verhältnissen erkennbar sind. Daneben können hier auch Kredite mit Bearbeitungsmängeln, die sich negativ auf die weitere Entwicklung des Engagements auswirken können, eingeordnet werden.
[466] Vgl. Hamacher/Seidel ua., Kza. 1250, 2.

der Vermögens- und Liquiditätslage der/des Schuldner/s oder aufgrund der gestellten Sicherheiten keine erkennbaren erhöhten Ausfallrisiken bestehen.

Derartige Forderungen sind am Bilanzstichtag grundsätzlich mit dem Nennwert anzusetzen. Latente Ausfallrisiken werden durch die Pauschalwertberichtigung berücksichtigt.

(b) Kredite mit erhöhten latenten Risiken (Risikoklasse II)

In die Kategorie „Kredite mit erhöhten latenten Risiken" fallen Kredite, die wegen erhöhter oder nicht abschließend beurteilbarer latenter Risiken einer besonders intensiven Beobachtung bedürfen, bei denen jedoch kein akutes Ausfallrisiko besteht, dh. noch keine Einzelwertberichtigung erforderlich erscheint.[467]

Dies sind vor allem Kredite, bei denen die wirtschaftlichen Verhältnisse der Kreditnehmer in Teilbereichen (Vermögens-, Finanz- oder Ertragslage) nicht völlig bedenkenfrei sind und der Wert der Sicherheiten die verbleibenden Risiken nicht völlig deckt. Darüber hinaus fallen hierunter Kredite, bei denen eine zeitnahe Beurteilung der wirtschaftlichen Verhältnisse der Kreditnehmer nicht möglich ist (zB mangels geeigneter aktueller Nachweise iSd. § 18 KWG) und die Sicherheiten nicht zweifelsfrei eine Rückführung des Engagements gewährleisten.

Dieser Kategorie sind ferner Kredite zuzurechnen, bei denen die wirtschaftlichen Verhältnisse der Kreditnehmer insgesamt (Vermögens-, Finanz- und Ertragslage) nicht völlig bedenkenfrei sind und die Realisierung der Sicherheiten problematisch werden kann oder aber die Sicherheitenstruktur hinsichtlich der Realisierbarkeit negativ zu beurteilen ist.

Bei diesen Krediten werden die Zins- und Tilgungsleistungen noch erbracht bzw. sind nur in geringem Maße rückständig. Aufgrund einer vorsichtigen Beurteilung kann der Kreditnehmer jedoch dauerhaft seinen Kapitaldienst nach marktüblichen Konditionen erbringen.

In diese Kategorie sind bspw. auch solche Engagements einzustufen, bei denen die Eigenkapitalverhältnisse und die Finanzierung des Schuldnerunternehmens zufrieden stellend sind, im letzten Geschäftsjahr aber ein Verlust eingetreten ist und sich die weitere Ertragsentwicklung nicht absehen lässt.[468] Entsprechendes gilt für den Fall, dass die Vermögens-, Finanz- und Ertragslage des Schuldnerunternehmens schlecht, der Kredit aber durch Sicherheiten gedeckt ist, deren Werthaltigkeit zwar wahrscheinlich aber nicht zweifelsfrei nachgewiesen ist.

Zusammenfassend: Kreditengagements mit einem Blankoanteil, denen aufgrund der wirtschaftlichen Verhältnisse der Kreditnehmer ein erhöhtes latentes, aber noch kein akutes Aus-

---

[467] Vgl. auch Müller, Th., 176; Hamacher/Seidel ua., Kza. 1250, 2.
[468] Vgl. Birck/Meyer, V 157; Hamacher/Seidel ua., Kza. 1250, 2.

fallrisiko beizumessen ist bzw. Kreditengagements, die wegen fehlender Unterlagen nicht abschließend beurteilbar sind.

Zur Risikoklasse II gehören im Realkreditgeschäft Engagements mit einem Beleihungsauslauf von mehr als 80 %, die ordnungsgemäß bedient werden und bei denen die wirtschaftlichen Verhältnisse nicht offen gelegt sind bzw. die Offenlegung als nicht befriedigend angesehen wird; Engagements mit Leistungsrückständen bzw. anhängigen Zwangsmaßnahmen, bei denen Darlehenssicherheiten das ausstehende Obligo des Kreditnehmers decken; Engagements, bei denen eine Verschlechterung der wirtschaftlichen Verhältnisse der Darlehensnehmer erwartet werden kann; Engagements mit Beleihungsobjekten, bei denen aufgrund der Lage und/oder ihres Zustands eine Sicherungswertminderung erwartet werden kann.

Diese Forderungen werden grundsätzlich mit dem Nennwert angesetzt. Das latente Ausfallrisiko dieser Kredite wird mittels der **Pauschalwertberichtigung** erfasst.

Ist die rechnerische Kapitaldienstfähigkeit (geringfügig oder vorübergehend) nicht mehr gegeben, liegen jedoch keine oder lediglich geringe Leistungsstörungen oder andere Negativmerkmale vor, ist das Engagement besonders zu überwachen und vorsichtig zu beurteilen. In solchen Fällen kann es bspw. vorkommen, dass der Kreditnehmer bei anderen Kreditgebern Kredit aufnimmt oder erhöht bzw. bei anderen Kreditgebern Leistungsstörungen bestehen. Eine Einstufung als „Kredit mit erhöhten latenten Risiken" ist in solchen Fällen nur dann sachgerecht, wenn mit hoher Wahrscheinlichkeit ausgeschlossen werden kann, dass nicht bei anderen Kreditgebern Leistungsstörungen vorliegen.

(c) Wertberichtigte Kredite (Risikoklasse III)

Als „wertberichtigte Kredite" sind solche Engagements einzustufen, die (akut) risikobehaftet oder uneinbringlich sind. Um eine Forderung als akut risikobehaftet bzw. uneinbringlich zu qualifizieren, muss eine hinreichende Ausfallwahrscheinlichkeit bestehen.[469] Als Forderungsausfall sind auch Ausfälle der vereinbarten Zinszahlungen anzusehen. Für diese Kredite sind **Einzelwertberichtigungen** erforderlich.

Akut ausfallgefährdet sind Kredite, bei denen aufgrund unzureichender wirtschaftlicher Verhältnisse der Kreditnehmer oder einer nicht ausreichenden Besicherung begründete Zweifel an der Einbringlichkeit bestehen. Als **Indizien** für das Vorliegen akuter Ausfallrisiken gelten bspw.:[470]

- Finanzielle Schwierigkeiten des Kreditnehmers.

---

[469] Vgl. auch Müller, Th., 177.
[470] Vgl. hierzu auch IAS 39.59 und 61 sowie die Ausführungen bei Scharpf/Luz, 757 ff.

Hierzu gehören bspw. Überziehungen eingeräumter Kreditlinien, permanentes Ansteigen bzw. tendenzielles Ansteigen der Verschuldung, Scheck- und Lastschriftrückgaben.
- Negative Auskünfte oder sonstige Negativmerkmale.
- Vertragsverletzungen des Kreditnehmers.
Zu nennen sind beispielhaft Ratenrückstände sowie sonstige Leistungsstörungen, insbesondere wenn sich der Schuldner in Zahlungsverzug befindet und nur schleppend zahlt; wenn er ohne Erfolg zur Zahlung gemahnt wurde.
- Zugeständnisse gegenüber dem Kreditnehmer, die auf dessen finanziellen Schwierigkeiten beruhen.
- Einzelwertberichtungen oder Ausbuchungen in den Vorjahren sowie weitere Erfahrungen mit dem Kreditnehmer aus der Vergangenheit, die auf eine verminderte Rückzahlung schließen lassen.
- Gegen den Schuldner wurde das Insolvenzverfahren eröffnet oder der Schuldner bestreitet das Bestehen der Forderung mit gewichtigen Gründen.
- Anzeichen für eine bevorstehende Insolvenz oder für einen Sanierungsfall.
Anzeichen sind bspw. verspätete Zahlungen oder eine bereits drohende Zahlungsunfähigkeit.

Uneinbringlich sind solche Kredite, deren Ausfall sehr wahrscheinlich ist oder feststeht. Bei diesen Krediten muss mit Ausfällen gerechnet werden, dh. die Rückzahlung des Kapitalbetrags und/oder die Zinszahlungen sind akut gefährdet.[471] Forderungen sind idR bspw. ganz oder teilweise uneinbringlich,[472] wenn

- im Insolvenzverfahren die Masse zur Begleichung der Forderung nicht ausreicht oder wenn ein Insolvenzantrag mangels Masse abgelehnt wurde,
- der Schuldner zu Recht die Verjährung geltend machen kann,
- der Schuldner ausgewandert ist und im Inland kein verwertbares Vermögen zurückgelassen hat,
- die Zwangsvollstreckung beim Schuldner ohne Erfolg geblieben ist und nicht e rwartet werden kann, dass sich seine Zahlungsfähigkeit in absehbarer Zeit bessert.

Eine Einzelwertberichtigung ist in diesen Fällen stets dann erforderlich, wenn mit einer - unter Berücksichtigung der Kapitaldienstfähigkeit des Kreditnehmers bzw. der Werthaltigkeit der Sicherheiten - vollständigen Rückführung des Engagements (einschließlich Zinsen) nicht mehr gerechnet werden kann. Allein die Herabstufung eines öffentlichen oder internen Ratings führt für sich betrachtet nicht ohne weiteres dazu, dass das Engagement als akut ausfallgefährdet eingestuft werden muss.

---

[471] Vgl. Hossfeld, RIW 1997, 167.
[472] Vgl. hierzu auch Hamacher/Seidel ua., Kza. 1250, 3.

Bewertungszeitpunkt

Die Forderungen sind auf den jeweiligen Bilanzstichtag zu bewerten. Dabei sind alle Umstände zu berücksichtigen, die ihren Wert aus der Sicht dieses Zeitpunkts bestimmen. Auch Kenntnisse, die das Institut zwischen dem Bilanzstichtag und dem späteren Bilanzaufstellungstag erlangt hat, sind heranzuziehen, wenn sie geeignet sind, den Wert, der der Forderung beizumessen war, genauer zu beleuchten (wertaufhellende Tatsachen).

4.3.5.2.8. Nachweis von Forderungen und Verbindlichkeiten durch externe Abstimmung

Zur Prüfung des Nachweises von Forderungen und Verbindlichkeiten sind **Saldenbestätigungen** bzw. **Saldenmitteilungen** einzuholen, wenn die Höhe der Forderungen und Verbindlichkeiten absolut und relativ von Bedeutung ist (vgl. ausführlich BFA 1/1981).[473]

Die Saldenabstimmung sollte für alle Geschäftsbereiche zu einem einheitlichen **Stichtag**, der nicht mit dem Bilanzstichtag übereinstimmen muss, durchgeführt werden. Hierauf kann verzichtet werden, wenn die Abstimmungszeitpunkte und die Abstimmungsgebiete durch eine neutrale Stelle (zB Interne Revision) unregelmäßig und ohne Vorankündigung bestimmt werden.[474]

Für den Bereich des Massengeschäfts ist es zulässig, den Nachweis durch den Versand von **Saldenmitteilungen** (Kontoauszügen) zu erbringen (BFA 1/1981). Bei diesen erhält das Institut keine Rückäußerung des Kunden, wenn der Geschäftspartner den ihm mitgeteilten Saldo nicht beanstandet. Anstatt Saldenbestätigungen können Saldenmitteilungen verwendet werden, wenn sich diese mindestens einmal jährlich auf den Gesamtbestand der Forderungen und Verbindlichkeiten erstrecken.

An die Stelle einer lückenlosen jährlichen Abstimmung aller Forderungen und Verbindlichkeiten kann eine Abstimmung in Stichproben treten, wenn sichergestellt ist, dass jedem Kontoinhaber im Laufe des Geschäftsjahres wenigstens ein Kontoauszug zugeleitet wird. Diese Kontoauszüge müssen fortlaufend nummeriert sein und jeweils den alten und den neuen Saldo des Kontos erkennen lassen. Bei ihrer Anfertigung und ihrem Versand muss der Grundsatz der **Funktionstrennung** beachtet worden sein.

Eine Abstimmung durch Übersendung von Saldenmitteilungen kann auch dann auf Stichproben beschränkt werden, wenn über jedes getätigte Einzelgeschäft unmittelbar nach dessen Abschluss gegenseitige schriftliche Bestätigungen zwischen den Geschäftspartnern ausgetauscht werden. Voraussetzung ist, dass entsprechend der MaH Handel, Abwicklung und

---

[473] Vgl. BFA 1/1981, WPg 1982, 130.
[474] Vgl. BFA 1/1981, WPg 1982, 130.

Buchung funktional getrennt sind und die Abstimmung der Einzelgeschäfte nur der Abwicklung obliegt.

Im **Ratenkreditgeschäft** ist eine Versendung von Saldenmitteilungen in Stichproben mit Rücksicht auf die häufigen Zahlungsvorgänge und der automatischen Mahnverfahren im Regelfall ausreichend.[475] Im **Sparverkehr** kann die Eintragung in das vorgelegte Sparbuch die Übersendung von Saldenmitteilungen ersetzen, wenn organisatorisch sichergestellt ist, dass dabei nur das auf dem Konto verzeichnete Guthaben in das Sparbuch eingetragen werden kann. Sparkonten, für die das Sparbuch im Laufe des Geschäftjahres nicht vorgelegen hat, oder bei denen dieses beim Kreditinstitut verwahrt wird, sind durch andere geeignete Verfahren abzustimmen.

Durch **Kontrollmaßnahmen** muss gewährleistet sein, dass sämtliche Saldenabstimmungsunterlagen vollständig und richtig ausgefertigt und grundsätzlich vollständig auf dem Postweg versandt werden. Soweit die Unterlagen in Stichproben versandt werden sollen, hat die neutrale Stelle auch die Einhaltung der vorgegebenen Stichprobe zu kontrollieren. Dabei ist darauf zu achten, dass Abwicklungskonten sowie ruhende und zum Stichtag ausgeglichene Konten (sog. Nullsalden) in angemessenem Umfang einbezogen werden.

Sofern in Ausnahmefällen Saldenabstimmungsunterlagen von dem Kontoinhaber oder seinem Vertreter nachweislich auf eigenen Wunsch **persönlich in Empfang** genommen werden, hat der Empfänger den Erhalt schriftlich zu bestätigen. Verwaltung und Übergabe dieser Unterlagen haben durch eine neutrale Stelle zu erfolgen. Saldenabstimmungsunterlagen, die an **Firmenkunden** gesandt werden, müssen an die Innenrevision oder Geschäftsleitung adressiert werden.

Es muss Vorsorge getroffen werden, dass eingehende Saldenbestätigungen, Reklamationen der Kontoinhaber nach Versand von Saldenmitteilungen sowie unzustellbare Saldenabstimmungsunterlagen der Internen Revision oder einer anderen neutralen Stelle zugehen.

Der Abschlussprüfer hat sich von der Wirksamkeit der Sicherungsvorkehrungen in allen Stadien des Abstimmungsvorgangs zu überzeugen. Wegen weiterer Einzelheiten wird auf die Ausführungen in BFA 1/1981[476] verwiesen.

---

[475] Vgl. BFA 1/1981, WPg 1982, 130.
[476] Vgl. BFA 1/1981, WPg 1982, 130.

4.3.5.2.9. Prüfung von Fazilitäten

Am gebräuchlichsten sind sog. Euronote-Facilities (Rahmenvereinbarungen) in Form der RUFs (Revolving Underwriting Facilities) und NIFs (Note-Issuance-Facilities). Diese Finanzierungsformen sind vielfach an die Stelle des herkömmlichen Kreditgeschäfts getreten. Diese Fazilitäten werden unter dem Bilanzstrich vermerkt.

Dabei handelt es sich um Arrangements, bei denen sich ein Schuldner bis zu einer Höchstgrenze revolvierend durch die Begebung kurzfristiger Schuldtitel (sog. Euronotes oder Einlagenzertifikate) finanzieren darf und dafür durch eine von Kreditinstituten bereit gestellte mittel- bis langfristige Standby- oder Back-up-Linie gegen das Platzierungsrisiko abgesichert ist.[477]

Durch ihr Underwriting gehen die Kreditinstitute die Verpflichtung ein, die bei Anlegern nicht abzusetzenden Notes zu einem vorher festgelegten, in der Regel auf einen variablen Referenzzins (zB Euribor) bezogenen Preis, auf eigene Rechnung zu übernehmen oder stattdessen dem Emittenten in gleicher Höhe einen Kredit zu vereinbarten Konditionen zu gewähren. Häufig wird im Rahmen von Euronotes-Fazilitäten dem Schuldner auch von vornherein ein Wahlrecht eingeräumt, sich entweder seinen Mittelbedarf im Wege der Emission oder durch Rückgriff auf eine im Rahmen der Fazilität alternativ verfügbare kurzfristige Kreditform abzudecken.

Mit seiner Verpflichtung, während der Laufzeit der Fazilität Notes zu übernehmen oder in irgendeiner Weise Kredit zu gewähren, übernimmt das betreffende Institut hinsichtlich des Notes-Emittenten von vornherein ein gesteigertes Kreditrisiko, das sich von dem einer herkömmlichen Kreditzusage wesentlich unterscheidet.

Daneben gibt es Fazilitäten, die keine Übernahmeverpflichtung des Kreditinstituts beinhalten, sondern lediglich eine Hilfestellung bei der Platzierung der Wertpapiere darstellen. Diese Art von Fazilitäten begründen keine weiteren Verpflichtungen des Kreditinstituts und werden hier nicht weiter betrachtet.

Für die Prüfung von Fazilitäten ist die Stellungnahme BFA 1/1987[478] zu beachten. Danach sind Fazilitäten den bankinternen Grundsätzen für eine ordnungsgemäße Kreditgewährung und -überwachung zu unterwerfen. Die Einhaltung der Grundsätze ist durch Kreditkontrollinstanzen und durch die Innenrevision zu prüfen. Die Organisation muss eine vollständige Erfassung derartiger Geschäfte bei Abschluss gewährleisten. Die Dokumentation muss so ausgestaltet sein, dass sich daraus alle für die Beurteilung der Geschäfte wesentlichen Umstände ergeben. Über die üblichen im Zusammenhang mit einer Kreditgewährung erforderlichen Informationen hinaus sind zur Beurteilung der Geschäfte Unterlagen und Nachweise erforderlich über:

---

[477] Vgl. BAKred-Schr. (heute BaFin) v. 2.6.1986, CMBS 3.36.
[478] Vgl. BFA 1/1987, WPg 1987, 301 ff. (aufgehoben (2000), aber inhaltlich weiterhin zutreffend).

- verantwortliche juristische Auswertung der meist sehr umfangreichen Verträge, Art der Verpflichtungen und Art etwaiger Escape-Klauseln,
- die Ausnutzung der Fazilität durch den Kunden im Zeitablauf,
- den Gesamtbestand an Fazilitäten und dessen Aufbereitung mit dem Ziel einer umfassenden Risikoanalyse,
- evtl. bestehende Weiterverkaufsverträge oder sonstige Sicherungsvereinbarungen.

4.3.5.2.10. Prüfung von Kreditderivaten

Durch den Abschluss von Kreditderivaten werden Kreditrisiken handelbar gemacht. Für den **Sicherungsgeber** entstehen daher neue Kreditrisiken hinsichtlich des Emittenten des Referenzaktivums. Der **Sicherungsnehmer** hat zu beachten, dass sein originäres Kreditrisiko möglicherweise aufgrund eines unvollkommenen Sicherungsgeschäfts nicht in vollem Umfang gesichert ist. Beide Parteien gehen durch den Abschluss von Kreditderivaten insoweit ein **Kontrahentenrisiko** ein, als Leistungen aus dem Vertrag noch nicht erbracht sind.[479]

Da sich der **Sicherungsgeber** bei wirtschaftlicher Betrachtungsweise in der gleichen Risikosituation befindet wie ein originärer Kreditgeber, ist es sachgerecht, hinsichtlich der Prüfung, Bilanzierung und Bewertung des Kreditrisikos die gleichen Maßstäbe anzuwenden.[480]

Droht für den Sicherungsgeber ernstlich die Inanspruchnahme aus einem Kreditderivat in Form einer Ausgleichszahlung, ist in entsprechender Höhe eine Rückstellung für drohende Verluste aus schwebenden Geschäften zu bilden. Die Bemessung der Rückstellung erfolgt nach den allgemeinen Grundsätzen für das Kreditrisiko.[481] Dem Kontrahentenrisiko ist gesondert Rechnung zu tragen.

4.3.5.2.11. Prüfungsbericht

Über die Prüfung des Kreditgeschäfts kann in einem Teilbericht gesondert berichtet werden (IDW PS 522). Im Prüfungsbericht ist auf einen Teilbericht hinzuweisen und auf inzwischen eingetretene wesentliche Veränderungen einzugehen. Es sind dabei die Angaben der §§ 52 ff. PrüfbV im Prüfungsbericht zu machen.

Im Prüfungsbericht sind die Grundzüge und Verfahren darzustellen, nach denen die Kreditprüfung vorgenommen wurde und zu welchen Ergebnissen der Abschlussprüfer gekommen ist (IDW PS 522, IDW PS 450). Hierzu gehören ua. Feststellungen zu der Prüfungsstrategie, den Prüfungsschwerpunkten und der Auswahl der geprüften Engagements sowie die zur Beurtei-

---

[479] Vgl. IDW RS BFA 1, FN 2002, 62.
[480] Vgl. IDW RS BFA 1, FN 2002, 65.
[481] Vgl. auch Ausschuss für Bilanzierung des Bundesverbandes deutscher Banken, WPg 2000, 687.

lung der Werthaltigkeit geprüfter Einzelengagements und des Adressenausfallrisiko herangezogenen Kriterien.

Strukturelle Schwerpunkte des Kreditgeschäfts sind im Hinblick auf die Risikotragfähigkeit zu beurteilen. Hierbei sind die vom Institut getroffenen Maßnahmen zur Steuerung der Risiken in die Beurteilung einzubeziehen. Gleiches gilt für den Umfang der Risikovorsorge in Form von Einzel- und Pauschalwertberichtigungen bzw. Rückstellungen sowie Vorsorgen für Länderrisiken.

Die Geschäftsprozesse des Kreditgeschäfts und die Verfahren und Kontrollen zur Begrenzung und Steuerung des Adressenausfallrisikos und des operationalen Risikos (vgl. auch § 25a Abs. 1 KWG) sind im Prüfungsbericht darzustellen und auf ihre Angemessenheit und Funktionsfähigkeit hin zu beurteilen. Dabei ist eine detaillierte Beschreibung einzelner Arbeitsabläufe im Regelfall nicht erforderlich (IDW PS 522). In diesem Zusammenhang ist über die Einbindung der Regelungen zur Steuerung, Überwachung und Kontrolle des Adressenausfallrisikos in das Gesamtrisikosystem des Kreditinstituts (Gesamtbanksteuerung) zu berichten. Dabei ist insbesondere einzugehen auf (IDW PS 522):

- das System zur Klassifizierung von Adressenausfallrisiken,
- die Organisationsstruktur und die Berichtspflichten im Zusammenhang mit der Risikosteuerung und -überwachung,
- die Art und Häufigkeit der Überprüfung von Kreditengagements und von Sicherheiten sowie
- die Risikoüberwachung.

Sofern das Adressenausfallrisiko durch mathematische oder statistische Verfahren wie zB Credit-Value-at-Risk laufend überwacht und gesteuert wird, soll der Abschlussprüfer zur Beurteilung der Angemessenheit der Gesamtrisikovorsorge hierauf Bezug nehmen. Auf die wesentlichen Annahmen der Rechenverfahren und die Ergebnisse von Stress-Tests sowie des Back-Testing ist einzugehen.

Über die nach § 25a Abs. 1 KWG zu implementierenden Regelungen zur Steuerung, Überwachung und Kontrolle des Adressenausfallrisikos hat der Abschlussprüfer im Hinblick auf ihre Einbindung in das Gesamtrisikosteuerungssystem des Kreditinstituts zu berichten. Dabei ist darzustellen, wie die Steuerung und Überwachung des Adressenausfallrisikos sowohl funktional als auch organisatorisch in die Gesamtbanksteuerung einbezogen ist (IDW PS 522).

Bezüglich der Berichterstattung über die Kreditprüfung für **bankaufsichtliche Zwecke** sind die Vorschriften der Prüfungsberichtsverordnung (PrüfbV) zu beachten. Sie betreffen sowohl die organisatorischen und strukturellen Merkmale des Kreditgeschäfts als auch die Darstellung und Beurteilung der bemerkenswerten Kreditengagements.

Wegen weiterer Einzelheiten wird auf die §§ 27 bis 36 PrüfbV verwiesen.[482] Bezüglich der besonderen Angaben zum Kreditgeschäft sind §§ 52 bis 58 PrüfbV zu beachten. Die für die Besprechung von bemerkenswerten Krediten und bemerkenswerten Kreditrahmenkontingenten relevanten Angaben finden sich in den §§ 59 bis 66 PrüfbV.[483]

Im Prüfungsbericht ist die **Entwicklung der Einzelwertberichtigungen**, der diesen entsprechenden **Rückstellungen** sowie der unversteuerten und der versteuerten **Pauschalwertberichtigungen** jeweils unter Angabe von Anfangsbestand, Verbrauch, Auflösung, Zuführung und Endbestand zu erläutern (§ 25 PrüfbV). Dabei ist auch auf Umsetzungen von einer Risikovorsorgeart in eine andere einzugehen. Die Grundsätze für die Ermittlung der Pauschalwertberichtigungen sind darzustellen. Darüber hinaus ist die Angemessenheit der Risikovorsorge zu beurteilen (§ 25 PrüfbV).

Über die **Redepflicht** des Abschlussprüfers nach § 321 Abs. 1 HGB hinaus ergibt sich aus § 29 Abs. 3 KWG eine gesonderte Berichterstattungspflicht ggü. der Bundesanstalt und der Deutschen Bundesbank.

Sofern das interne Kontrollsystem einschließlich der internen Kontrollverfahren für Adressenausfallrisiken erhebliche und nicht nur vereinzelte Mängel aufweist oder begründete Zweifel an der Angemessenheit der vom Kreditinstitut vorgenommenen Risikovorsorge bestehen, hat der Abschlussprüfer unter Berücksichtigung des Gesamtbildes zu prüfen, ob der **Bestätigungsvermerk** einzuschränken oder sogar zu versagen ist (IDW PS 522 iVm. IDW PS 400[484]).

Ungeachtet eines **vorverlegten Prüfungsverlaufs** sind für die Erteilung des **Bestätigungsvermerks** die Verhältnisse am Bilanzstichtag nach dem Stand der Erkenntnisse zum Zeitpunkt der Erteilung des Bestätigungsvermerks maßgebend (IDW PS 522).

4.3.5.3. Einzelheiten zur Bildung von Einzelwertberichtigungen

4.3.5.3.1. Überblick

Einzelwertberichtigungen sind aufgrund des in § 252 Abs. 1 Nr. 4 HGB kodifizierten Grundsatzes der Vorsicht zu bilden, um akuten Ausfallrisiken Rechnung zu tragen. Ein akutes Ausfallrisiko zeichnet sich dadurch aus, dass die vertragliche Beziehung zum Kreditnehmer (Kreditverhältnis) in der Form gestört ist, dass infolge der schwachen wirtschaftlichen Verhältnisse des Kreditnehmers ein vollständiger oder teilweiser Ausfall der Kapital- bzw. Zinsforderung droht. Dieser drohende Verlust muss zudem hinreichend wahrscheinlich sein. Die zweifelhaften Forderungen sind in der Bilanz mit ihrem wahrscheinlich einbringlichen Wert (unter

---

[482] Vgl. hierzu auch WPH Bd. I 2000 J Tz. 364 f.
[483] Vgl. hierzu auch WPH Bd. I 2000 J Tz. 373.
[484] Vgl. IDW PS 400, WPg 1999, 641 ff.

Berücksichtigung von Sicherheiten) anzusetzen. Die Differenz zum Buchwert stellt den Betrag der Einzelwertberichtigung dar.

Die erwarteten Tilgungen sind anhand von Informationen über die Bonität des Kreditnehmers zu schätzen.[485] Dadurch unterliegt die Wertfindung seitens des Instituts mehr oder minder stark subjektiven Einflüssen, wodurch ein Ermessensspielraum unvermeidbar ist. Ein Einzelwertberichtigungsbedarf ergibt sich dann, wenn die erwarteten Tilgungen (Zahlungen) zu gering sind, um die Forderung (einschließlich Zinsen und sonstigen Kosten) zu erfüllen.

Bei der Ermittlung der Einzelwertberichtigungen ist auch der vorsichtig geschätzte in angemessener Zeit realisierbare Wert der Sicherheiten zu berücksichtigen. Dieser Wert bildet die Untergrenze für den beizulegenden Wert der Forderung.

4.3.5.3.2. Wahrscheinlichkeit eines Ausfalls

Der **Ausfallwahrscheinlichkeit** muss durch eine angemessene Einzelwertberichtigung Rechnung getragen werden, deren Höhe von der Bonität des Schuldners bzw. des Mitverpflichteten und vom Wert der gestellten Sicherheiten abhängt. Bei der Abschätzung der Ausfallrisiken steht der dynamische Aspekt im Vordergrund. Es kommt damit in erster Linie darauf an, inwieweit der Kreditnehmer voraussichtlich in der Lage sein wird, das Engagement aus erwarteten künftigen Zuflüssen (Cashflow, Gehalt, sonstige Einnahmen usw.) zu bedienen. Dies wird als **Kapitaldienstfähigkeit** bezeichnet. Nur soweit dies nicht der Fall ist, muss darauf abgestellt werden, ob die Kreditrückführung aus dem Vermögen des Schuldners wahrscheinlich ist.[486]

Eine Einzelwertberichtigung kann nicht allein schon deshalb gebildet werden, weil in Zukunft ein Verlust aus einem Engagement nicht ausgeschlossen werden kann. Der Forderungsausfall muss vielmehr hinreichend wahrscheinlich sein. Allgemeingültige Aussagen darüber, unter welchen Umständen ein Forderungsverlust als wahrscheinlich angesehen werden muss, lassen sich wegen der in jedem Fall anders gelagerten Umstände nicht machen.

Bei „Krediten ohne erkennbares Risiko" kommt eine Einzelwertberichtigung nicht in Betracht. Die gleiche Behandlung erfahren im Regelfall „Kredite mit erhöhten latenten Risiken". Letztere bedürfen jedoch einer besonders intensiven Überwachung. Sie unterliegen einer genaueren Bonitätsüberwachung als Forderungen ohne erkennbare Risiken.[487] Akut risikobehaftete oder uneinbringliche Kredite sind einzelwertzuberichtigen. Diese Kredite sind der Kategorie „wertberichtigte Kredite" zuzurechnen.

---

[485] Vgl. auch Sittmann-Haury, 36.
[486] Ausführlich zur Einzelwertberichtigung vgl. Müller, Th., 167 ff.
[487] Vgl. Hossfeld, RIW 1997, 137.

Dies gilt unabhängig davon, ob sich der Schuldner der Forderung im Inland oder im Ausland befindet. Bei Forderungen an Schuldner im Ausland kann neben dem schuldnerbezogenen Ausfallrisiko, das unmittelbar in der Person der Schuldners begründet ist, noch das Länderrisiko[488] hinzukommen.

Die Einzelwertberichtigungen sind von dem Bilanzposten abzusetzen, in dem die wertberichtigte Forderung ausgewiesen ist.

4.3.5.3.3. Beurteilung der Kapitaldienstfähigkeit

Bei **Unternehmenskrediten** stellt die Analyse des Jahresabschlusses bzw. der betriebswirtschaftlichen Auswertungen die Grundlage für die Beurteilung der Kapitaldienstfähigkeit dar. Ergibt die Auswertung, dass die nachhaltig zu erwartenden Erträge abzüglich der nachhaltig zu erwartenden Aufwendungen (nachhaltiger Cashflow) den Kapitaldienst nicht decken, dh. die für die Rückführung der Kredits erforderlichen Mittel aus dem laufenden Betrieb voraussichtlich nicht erbracht werden können, ist von einer bestehenden Ausfallwahrscheinlichkeit auszugehen.[489] Bei Einzelunternehmen und Personengesellschaften sind die privaten Einkommens- und Vermögensverhältnisse der Kreditnehmer in die Beurteilung mit einzubeziehen.

Daneben ist festzustellen und zu beurteilen, ob eine Rückführung aus dem vorsichtig geschätzten Liquidationserlös gesichert ist. Solange die Rückführung aus einem Liquidationswert als gesichert angesehen werden kann, kann nicht von einem akuten Ausfallrisiko ausgegangen werden.

Zukünftige Entwicklungen sind so weit als möglich zu berücksichtigen. Zur Beurteilung der Frage, ob das Engagement zurückgeführt werden kann, sind daher auch Planbilanzen sowie Plan-Gewinn- und Verlustrechnungen heranzuziehen. Die Planrechnungen sind unter Anlegung strenger Maßstäbe auf ihre Plausibilität hin zu prüfen. Eine nachhaltige Verlustsituation mit der Aufzehrung erheblicher Teile des Eigenkapitals wird in aller Regel Zweifel an der Einbringlichkeit des Engagements begründen, sofern nicht überzeugende Anzeichen für eine Verbesserung der wirtschaftlichen Lage nachgewiesen werden können.[490] Die Branchenzugehörigkeit des Kreditnehmers ist ebenfalls zu berücksichtigen.

Bei **Privatpersonen** ist bspw. auf Informationen über zukünftige Einnahmen aus Lohn und Gehalt, Kapitalanlagen, Vermietung und Verpachtung und sonstige Einnahmen (zB nebenberufliche Tätigkeiten) sowie über zukünftige Ausgaben wie solche für die Lebenshaltung und Instandhaltung abzustellen. Daneben sind auch die Erkenntnisse aus der Geschäftsbeziehung einzubeziehen.

---

[488] Vgl. Schiller/Tytko, 186 ff.
[489] Ebenso Birck/Meyer, V 162.
[490] Vgl. BFA 1/1978, WPg 1978, 490.

4.3.5.3.4. Berücksichtigung von Sicherheiten und deren Prüfung

Allgemein gültige Grundsätze

Häufig sind Forderungen zB durch Grundpfandrechte, Sicherungsabtretungen, Bürgschaften, Garantien Dritter oder anderes gesichert. Je schlechter die wirtschaftlichen Verhältnisse des Kreditnehmers sind bzw. je weniger die vorliegenden Unterlagen eine abschließende Beurteilung seiner wirtschaftlichen Verhältnisse erlauben, desto größer ist die Bedeutung der Sicherheiten und deren Werthaltigkeit.

Sind solche Sicherheiten rechtsgültig und werthaltig, verhindern sie im Umfang ihrer Sicherungswirkung eine Minderung des Forderungswerts und damit sowohl die handelsrechtliche als auch die steuerliche Wertberichtigung.[491]

Bei der Bemessung der Einzelwertberichtigung ist daher der mögliche Verwertungserlös aus vorhandenen Sicherheiten zu berücksichtigen.[492] Dies hat zur Folge, dass bei einer Änderung des Werts der Sicherheiten auch der Betrag der Einzelwertberichtigung anzupassen ist.

Mit Urteil vom 1.12.1999 hat das Finanzgericht Baden-Württemberg[493] (rechtskräftig) entschieden, dass ein Darlehen insoweit abzuschreiben ist, als die dingliche Sicherheit nicht ausreichen wird, einen (teilweisen) Ausfall zu verhindern.

Die Bewertung der Sicherheiten richtet sich bei **Realsicherheiten** nach deren bei einem Verkauf erzielbarem Erlös abzüglich noch anfallender Verwertungsaufwendungen. Dabei ist zu beachten, dass in Abteilung II des Grundbuchs eingetragene vorrangige Rechte den Wert eines Grundpfandrechts entscheidend beeinflussen und bis zur Wertlosigkeit bzw. Unwirksamkeit des Pfandrechts führen können. Auch sog. Baulasten, die nicht im Grundbuch eingetragen werden, können den Wert beeinflussen (zB Einhaltung von Grenzabständen usw.). Unabhängig vom rechnerischen Wert dieser Belastungen ist ggf. auch zu prüfen, ob und inwieweit solche Lasten die Verwertbarkeit eines Sicherungsobjekts beeinträchtigen können.

Jedes Institut muss für eine ordnungsgemäße Kreditgewährung **Richtlinien**[494] für die Bewertung von Sicherheiten haben. Die Bewertung der Sicherheiten ist so vorsichtig vorzunehmen, dass der Wert der Sicherheiten auch im Verwertungsfalle erzielbar ist (verlustfreie Bewertung iSd. § 252 Abs. 2 Nr. 4 HGB). Es muss sich um den vorsichtig ermittelten Realisationswert (ggf. unter Berücksichtigung von Sicherheitsabschlägen) der Sicherheiten handeln. Werden die Beleihungswerte[495] zugrunde gelegt, sind nach den Grundsätzen ordnungsmäßiger Bilan-

---

[491] Vgl. hierzu mit zahlreichen Beispielen Hamacher/Seidel ua., Kza. 1250, 14 ff.
[492] Vgl. Schneider, BB 1995, 2155.
[493] Vgl. FG Baden-Württemberg, Außensenate Stuttgart, Urteil v. 1.12.1999, rkr., EFG 2000, 760.
[494] Zur Bewertung von Kreditsicherheiten vgl. Arbeitskreis „Bewertung von Kreditsicherheiten", 27 ff.
[495] Vgl. § 12 HBG.

zierung hiervon Abschläge zu machen, da die Sicherungswerte auch im Falle der zwangsweisen Verwertung zum angesetzten Wert realisierbar sein müssen.

Bei **Personalsicherheiten** bestimmt sich der Wert nach der Bonität des **Mitverpflichteten** (zB Bürge); für dessen Prüfung gelten die gleichen Maßstäbe wie bei der Prüfung der wirtschaftlichen Verhältnisse des Hauptschuldners.

Sind keine ausreichenden Unterlagen für die zweifelsfreie Beurteilung und Bewertung von Sicherheiten vorhanden, muss die Sicherheit als nicht bewertbar und der betreffende Kredit insoweit als **Blankokredit** angesehen werden.[496] Enthalten die Unterlagen des Instituts nicht sämtliche für die Beurteilung des Werts der Sicherheiten erforderlichen Angaben, sind Risikoabschläge vorzunehmen, die bis zur Nichtberücksichtigung der Sicherheiten reichen können.[497]

Besonderheiten bei zum Verkauf bestimmter Objekte

Als Ausgangspunkt der Ermittlung des Sicherungswerts von zum Verkauf bestimmten, aber noch nicht verkauften **Eigentumswohnungen** und **Eigenheimen** kann grundsätzlich der Preis dienen, den das Unternehmen als **Angebotspreis** vorgesehen hat, sofern nicht offensichtliche Anhaltspunkte dafür bestehen, dass dieser, auch auf längere Sicht, nicht erzielbar ist.[498]

Bei der **Schätzung des künftigen Verkaufspreises** sind die inzwischen abgewickelten Umsätze und die dabei gezahlten Preise zu berücksichtigen. Hat das Kreditinstitut die Verwertung der Objekte durch Preisnachlässe in anderer Form (zB durch Sonderkonditionen) gefördert, so können nur die entsprechend gekürzten Verkaufserlöse als Grundlage für die Ermittlung des Sicherungswerts der noch nicht verkauften Objekte dienen.

Zunächst ist es erforderlich, den voraussichtlichen Verkaufszeitpunkt vorsichtig unter Würdigung der Lage und der bisherigen Verkaufsabwicklung des Pfandobjekts zu schätzen. Der als Ausgangspunkt der Bewertung dienende, nach den Gesamtumständen künftig als erzielbar erscheinende Preis ist im Regelfall durch **Abzinsung** vom angenommenen Verkaufszeitpunkt auf seinen Wert am Bilanzstichtag zurückzuführen. Der dabei anzuwendende nachhaltige Zinssatz ist nach den gegebenen Verhältnissen unter Berücksichtigung der Refinanzierungskosten des Instituts zu bestimmen. Soweit die Refinanzierungszinsen bis zum Bilanzstichtag erheblich gesunken sind, ist die Berücksichtigung dieser gesunkenen Zinsen für die Abzinsung ggf. nicht vertretbar, da für die Abzinsung die nachhaltigen Refinanzierungskosten maßgeblich sind.

---

[496] Vgl. BFA 1/1978, WPg 1978, 490.
[497] Vgl. BFA 1/1978, WPg 1978, 490.
[498] Vgl. BFA 1/1974, WPg 1975, 147 und WPg 1976, 89.

Der so errechnete Wert ist noch um alle vom Kreditinstitut ggf. zu finanzierenden Aufwendungen für das Sicherungsobjekt, besonders um restliche Herstellungs- und Vertriebskosten zu vermindern und um evtl. Erträge (zB aus der Vermietung des Objekts) zu erhöhen.[499]

Als Anhaltspunkt für die Bewertung von verpfändeten **unbebauten Grundstücken** können grundsätzlich die Anschaffungskosten zuzüglich der Erschließungskosten herangezogen werden, sofern keine besonderen Gründe vorliegen, die eine planmäßige Verwertung in absehbarer Zeit beeinträchtigen. Kommt die vorgesehene Bebauung nicht mehr oder vorerst nicht in Betracht, oder sind die Marktpreise für ähnliche Grundstücke in vergleichbarer Lage nachhaltig gesunken, wird ein unter den Anschaffungskosten liegender Sicherungswert anzunehmen sein.[500]

Die Anschaffungskosten sind bei der Bewertung des Pfandobjekts dann nicht als Obergrenze anzusehen, wenn sie offensichtlich unter den derzeitigen Preisen für vergleichbare Grundstücke liegen oder wenn durch Bebauung die Realisierung eines höheren Werts sicher zu erwarten ist.[501] Die vorstehend bei Eigentumswohnungen und Eigenheimen zur Schätzung des Verwertungszeitpunkts und zur Abzinsung gemachten Ausführungen gelten für die Bewertung von unbebauten Grundstücken entsprechend.

Die vorstehend beschriebene Vorgehensweise schließt eine Bewertung nach dem **Ertragswertverfahren** nicht aus. Für eine stärkere Beachtung des Ertragswerts spricht die Vermietung der Pfandobjekte. Voraussetzung für die Anwendung des Ertragswertverfahrens ist, dass die Objekte weitgehend oder vollständig vermietet sind. Evtl. Leerstandsquoten sind sachgerecht zu berücksichtigen.

Die Forderungen sind bei unzureichender persönlicher Bonität des Kreditnehmers **wertzuberichtigen**, wenn der nach den vorstehenden Empfehlungen ermittelte Wert des als Sicherheit dienenden Pfandobjekts, nach Abzug der Vorlasten, zur Deckung der Kapital- und Zinsforderungen nach dem Stand am Bilanzstichtag nicht ausreicht.

Prüfung im Zusammenhang mit Sicherheiten

Je schlechter die wirtschaftlichen Verhältnisse des Kreditnehmers sind bzw. je weniger die vorliegenden Unterlagen eine abschließende Beurteilung seiner wirtschaftlichen Verhältnisse zulassen, desto größer ist die Bedeutung der Bewertung der Sicherheiten. Das über die erwarteten Sicherheitenerlöse hinaus verbleibende Nettorisiko ist dabei zu beurteilen, wobei Nettingvereinbarungen bzw. die Sicherungswirkung von Kreditderivaten zu berücksichtigen sind. Für die Prüfung sind die Grundsätze des IDW PS 522 *„Prüfung der Adressenausfallrisiken*

---

[499] Vgl. BFA 1/1974, WPg 1975, 147 und WPg 1976, 89.
[500] Vgl. BFA 1/1974, WPg 1975, 147 und WPg 1976, 89.
[501] Vgl. BFA 1/1974, WPg 1975, 147 und WPg 1976, 89.

und des Kreditgeschäfts von Kreditinstituten" zu beachten. Dabei gelten insbesondere folgende Überlegungen:

- Gegenstand der Prüfung der Sicherheiten ist sowohl der rechtliche und tatsächliche Bestand als auch der Barwert des voraussichtlich bei Verwertung erzielbaren Erlöses. Fehlt es bei dem Kreditinstitut an ausreichenden Beurteilungsunterlagen, können den Sicherheiten **keine** erwarteten Verwertungserlöse beigemessen werden.
- Die zur Beurteilung der Sicherheiten erforderlichen Unterlagen und Prüfungshandlungen richten sich nach der Art des Sicherungsgegenstands. Hängt der Wert der Sicherheit maßgeblich von den wirtschaftlichen Verhältnissen eines Dritten ab (zB Bürgschaft, Forderungsabtretung), so gelten für ihn im Allgemeinen die gleichen Maßstäbe wie bei der Prüfung der wirtschaftlichen Verhältnisse des Kreditnehmers.
- Ist der Wert der Sicherheit nach dem Wert eines Gegenstands zu beurteilen (zB Grundschuld, Pfandrecht, Sicherungsübereignung), müssen die Unterlagen des Kreditinstituts sämtliche erforderlichen Informationen enthalten, die eine Beurteilung erwarteter Verwertungserlöse durch den Abschlussprüfer in angemessener Zeit ermöglichen.
- Für die Bewertung von Sicherheiten ist gemäß dem Prinzip der verlustfreien Bewertung auf den erwarteten Verwertungserlös nach Abzug von Verwertungskosten abzustellen. Dies schließt eine Berücksichtigung des voraussichtlichen Verwertungszeitraums durch Abzinsung mit einem fristadäquaten Marktzinssatz ein.

Es kann erforderlich sein, dass sich der Abschlussprüfer durch **Augenschein** oder andere geeignete Maßnahmen vom tatsächlichen Vorhandensein der Sicherheiten und deren Werthaltigkeit überzeugt.

4.3.5.3.5. Einzelwertberichtigung bei Kreditversicherungen als Sicherheit

Bei versicherten Forderungen ist hinsichtlich der Bilanzierung zunächst zu unterscheiden, ob der Forderungsausfall am Bilanzstichtag bereits eingetreten ist oder ob der Ausfall lediglich wahrscheinlich ist.

Ist der Forderungsausfall bereits eingetreten, ist der ausgefallene Forderungsbetrag abzuschreiben. Gleichzeitig ist unter Beachtung der Versicherungsbedingungen (zB Höchstversicherungssumme, Selbstbehalt usw.) ein Anspruch ggü. der Versicherung zu aktivieren und selbstständig zu bewerten.

Ist demgegenüber der Ausfall der Forderung lediglich wahrscheinlich, ist die Kreditversicherung als Sicherheit zu berücksichtigen, es sei denn, es ist nach vernünftiger kaufmännischer Beurteilung mit einem Schadensausgleich nicht zu rechnen. Eine Abwertung der Forderung ist daher unter Berücksichtigung der Delkredere-Versicherung (Höchstversicherungssumme, Selbstbehalt usw.) vorzunehmen. Insoweit liegt zwischen der Forderung und der Kreditversicherung eine Bewertungseinheit vor.[502]

4.3.5.3.6. Kreditderivate als Sicherheiten

Mithilfe von Kreditderivaten lassen sich Kreditrisiken absichern und handeln, ohne das originäre Produkt (Forderung) liquidieren zu müssen. Die an eine Bewertungseinheit, dh. die an eine wirksame Absicherung zu stellenden Kriterien sind in der Diskussion.[503]

Wird ein Kreditderivat nachweislich zur Sicherung eines bestehenden Kreditrisikos eingesetzt und ist das eingesetzte Instrument (zB Credit Default Swap) hierzu objektiv geeignet, braucht der Sicherungsnehmer grundsätzlich keine Bewertung des Kreditderivats zum aktuellen Marktpreis durchzuführen.[504] Der Nachweis des Verwendungszwecks ist durch eine lückenlose Dokumentation der buchhalterischen Zuordnung zu führen. Die objektive Eignung ist nach IDW RS BFA 1 dann gegeben, wenn der gewünschte Sicherungszweck, die wirksame Übertragung des Kreditrisikos, erreicht wird. Dies wird in der Regel dann der Fall sein, wenn eine nicht ordnungs- und vertragsmäßige Bedienung des zugrunde liegenden Kreditengagements - unter Berücksichtigung der Ansprüche gegen den Sicherungsgeber - nicht zu Vermögensverlusten des Kreditgebers führt. Angesichts der dynamischen Entwicklung des Markts für Kreditderivate will der BFA hierfür keine starren Prinzipien vorgeben. Mindestvoraussetzungen sind jedoch eine einwandfreie Bonität des Sicherungsgebers, die Identität von Schuldner des bestehenden Kreditengagements und Emittent des Referenzaktivums sowie eine klare und eindeutige Vertragsgestaltung zwischen Sicherungsnehmer und Sicherungsgeber. Darüber hinaus können ggf. weitere Kriterien, wie zB die Übereinstimmung zwischen dem bestehenden Kreditengagement und dem Referenzaktivum hinsichtlich Laufzeit, Währung und Rang, erforderlich sein. Diese Kriterien sind im Laufe der Entwicklung des Markts für Kreditderivate sachgerecht weiter zu entwickeln und anzupassen.

Es ist zu empfehlen, sich diesbezüglich auch an den Anforderungen einer Risikominderung im Grundsatz I zu orientieren. Diese Kriterien sind ggf. nach vernünftiger kaufmännischer Beurteilung zu modifizieren, und an den wirtschaftlichen Sachverhalt im Einzelfall anzupassen.[505]

Auf eine aus Bonitätsgründen ggf. erforderliche Wertberichtigung des abgesicherten Grundgeschäfts kann verzichtet werden, wenn die Werthaltigkeit des Kreditderivats unstrittig ist. Ist das definierte Kreditereignis eingetreten, erhält der Sicherungsnehmer in der Regel vom Sicherungsgeber eine Ausgleichszahlung; das gesicherte Grundgeschäft ist bei Eintritt des Kreditereignisses sachgerecht wertzuberichtigen bzw. abzuschreiben. Die **erhaltene Aus-**

---

502 Vgl. zur Darstellung der Bewertungseinheit auch Müller, Th., 199.
503 Vgl. beispielsweise Müller, Th., 204 ff.; Krumnow ua., 2. Aufl., § 340e HGB Rn. 500 ff.
504 Vgl. IDW RS BFA 1, FN 2002, 61 ff.
505 Vgl. auch IDW RS BFA 1, FN 2002, 61 ff.; Ausschuss für Bilanzierung des Bundesverbandes deutscher Banken, WPg 2000, 677 ff.

gleichszahlung kompensiert bei einem wirksamen Sicherungsgeschäft diese Wertberichtigung bzw. Abschreibung. Der Ausweis der Ausgleichszahlung erfolgt in der Gewinn- und Verlustrechnung normalerweise im selben Posten wie die Wertberichtigung bzw. Abschreibung.[506]

4.3.5.3.7. Angemessene Höhe der Einzelwertberichtigung

Führt die Beurteilung der Ausfallwahrscheinlichkeit bei nicht ausreichenden Sicherheitenerlösen zur Annahme eines drohenden Ausfalls, ist eine bilanzielle Risikovorsorge zu treffen (IDW PS 522).

Die gebildete Risikovorsorge ist dann angemessen und ausreichend, wenn sie die wahrscheinlichen Vermögenseinbußen des Kreditinstituts zum Bilanzstichtag voraussichtlich vollständig abdeckt. Neben Einzelwertberichtigungen kommen zur Berücksichtigung von Risikovorsorgen auch Rückstellungen für drohende Verluste aus schwebenden Geschäften infrage (IDW PS 522). In welcher Form die Risikovorsorge bilanziell umgesetzt wird, hängt von der Art des zugrunde liegenden Geschäfts ab.

Bei der Ermittlung der Einzelwertberichtigung ist grundsätzlich auf das **Gesamtengagement des Kreditnehmers** und nicht auf den einzelnen Kredit abzustellen. Einzelwertberichtigungen werden auf die in Anspruch genommenen Beträge und nicht auf die (widerrufliche) Kreditzusage gebildet. Hat das Institut eine **unwiderrufliche Kreditzusage** erteilt, ist ggf. auf diese abzustellen (Bildung einer Rückstellung). Soweit sich die Einbringlichkeit einzelner Engagementteile unterschiedlich darstellt, sind die einzelnen Kreditteile gesondert zu bewerten.[507] Auch die anteiligen und noch nicht beglichenen Zinsen sind in die Einzelwertberichtigung einzubeziehen.

Die Höhe der zu bildenden Einzelwertberichtigung ergibt sich im Regelfall, wenn vom aktuellen Forderungsbestand bzw. der unwiderruflichen Kreditzusage (ggf. einschließlich Zinsen) die erwarteten Tilgungszahlungen sowie die aus der Verwertung von Sicherheiten erwarteten Zahlungen (einschließlich der Zahlungen der Mitverpflichteten) abgezogen werden. Der so ermittelte **Blankoanteil** (ungesicherte Betrag) ist grundsätzlich wertzuberichtigen. Das FG Baden-Württemberg hat mit Urteil vom 1.12.1999[508] entschieden, dass eine Forderung insoweit abgeschrieben werden kann, „... *als die dingliche Sicherheit nicht ausreichen wird, einen (teilweisen) Ausfall zu verhindern.*"

Die Einzelwertberichtigungen sind nur angemessen und ausreichend, wenn sie die wahrscheinlichen Vermögenseinbußen des Instituts vollständig zum Ausdruck bringen und die erwogenen Sanierungsmaßnahmen geeignet erscheinen, die Lage des Unternehmens ent-

---

[506] Vgl. IDW RS BFA 1, FN 2002, 64.
[507] Vgl. Birck/Meyer, V 160.
[508] Vgl. FG Baden-Württemberg, Außensenate Stuttgart, Urteil vom 1.12.1999, EFG 2000, 730 ff.

scheidend und nachhaltig zu verbessern.[509] Vom Grundsatz, dass in Höhe des **Blankoanteils** eine Einzelwertberichtigung zu bilden ist, kann nur in begründeten Ausnahmefällen abgewichen werden. Dies kann bspw. der Fall sein, wenn die nachhaltige Kapitaldienstfähigkeit teilweise gegeben ist (zB aufgrund eines Sanierungsplans) oder wenn bei abgrenzbaren Teilforderungen (zB bei Gewährleistungsansprüchen) nachgewiesen werden kann, dass deren Risikogehalt geringer ist als der des restlichen Engagements.

Auf die Bildung notwendiger Einzelwertberichtigungen kann auch nicht mit Rücksicht auf das Vorhandensein von Pauschalwertberichtigungen oder Vorsorgereserven (§ 340f HGB, § 26a KWG aF) verzichtet werden. Wird jedoch im fortgeschrittenen Stadium einer Abschlussprüfung neuer Einzelwertberichtigungsbedarf festgestellt und sind in ausreichendem Umfang Vorsorgereserven vorhanden, „... *so erscheint es vertretbar, den benötigten Betrag stiller Vorsorgereserven unter Verzicht auf entsprechende Buchungen in alter Rechnung auf die fehlenden Einzelwertberichtigungen anzurechnen.*" (IDW PS 522). Dies setzt jedoch voraus, dass die Vorsorgereserven von dem entsprechenden Bilanzposten abgesetzt sind und im **Prüfungsbericht** deutlich auf dieses Vorgehen und die darin liegende Bindung der Vorsorgereserven hingewiesen wird. Dieses Vorgehen kann jedoch nicht auf den „Fonds für allgemeine Bankrisiken" gemäß § 340g HGB angewandt werden.

Wird der Betrag der Vorsorgereserven nach § 340f HGB vom Kreditinstitut freiwillig im Jahresabschluss (Anhang) oder Lagebericht offen gelegt, sind derart gebundene Beträge abzusetzen (IDW PS 522).

In den Fällen, in denen ein Kreditinstitut die Adressenausfallrisiken zum Zwecke der Ermittlung der Risikovorsorge auf **Portfoliobasis** ermittelt, kann von einem Kreditinstitut auf die im Einzelfall notwendige Risikovorsorge nicht mit Hinweis auf **Portfolioeffekte** verzichtet werden (IDW PS 522).

Der Abschlussprüfer hat auch die Beurteilungsgrundlage des Kreditinstituts zur Ermittlung von künftigen Veränderungen in erwarteten Ausfallwahrscheinlichkeiten und Sicherheitenerlösen zu prüfen (IDW PS 522). Derartige latente Kreditrisiken sind durch Pauschalwertberichtigungen abzudecken, wobei die Stellungnahme BFA 1/1990 zu beachten ist.

Bei **zwischenzeitlichen Tilgungen** und bereits bestehender Einzelwertberichtigung stellt sich die Frage, ob die Tilgung nur zur Reduzierung der Forderung oder auch zu einer (Teil-) Auflösung der Einzelwertberichtigung führt. Hat sich bei der Beurteilung der Bonität (Zahlungsfähigkeit) des Kreditnehmers nichts geändert, ist die Forderung nach Ansicht des BFH um den vollen Betrag der Tilgung zu kürzen. Die Tilgung ist in diesem Fall als (Teil-) Zahlung der erwarteten Tilgungen anzusehen.[510] Die Einzelwertberichtigung ist nach dieser Ansicht hingegen dann aufzulösen, soweit die unveränderte Einzelwertberichtigung die verbleibende Forde-

---

[509] Vgl. BFA 1/1978, WPg 1978, 490.
[510] Vgl. BFH-Urteil vom 12.10.1995, WPg 1996, 560. Siehe auch Sittmann-Haury, 36.

rung unter Berücksichtigung des Werts der Sicherheiten übersteigen würde. Im Einzelfall kann ggf. auch eine andere Beurteilung sachgerecht sein.

4.3.5.3.8. Beibehaltungswahlrecht versus Wertaufholung in der Handelsbilanz

Das auch handelsrechtlich wirksame Wertaufholungsgebot des § 280 Abs. 1 HGB setzt das Wertbeibehaltungswahlrecht des § 253 Abs. 5 HGB für Institute grundsätzlich außer Kraft, da das Wertaufholungsgebot für sämtliche Institute gilt.

Das Wertaufholungsgebot des § 280 HGB ist nach § 340f Abs. 2 Satz 1 HGB auf die Forderungen an Kunden und Kreditinstitute sowie auf die Wertpapiere der Liquiditätsreserve **nicht** anwendbar. Damit werden bei Instituten erhebliche Teile der Aktiva dem handelsrechtlichen Wertaufholungsgebot des § 280 Abs. 1 HGB entzogen. Als Folge daraus entfällt hier auch die Angabepflicht des § 280 Abs. 3 HGB.[511] Nicht erforderlich ist, dass bei dem entsprechenden Posten Vorsorgereserven nach § 340f Abs. 1 HGB gebildet werden, es reicht allein die Möglichkeit der Bildung stiller Vorsorgereserven aus. Für die **Steuerbilanz** gilt diese Regelung jedoch nicht.

Ungeachtet dessen wird für die Handelsbilanz im Schrifttum zT davon ausgegangen, dass ebenfalls ein uneingeschränktes Wertaufholungsgebot gilt.[512] Aufgrund der unterschiedlichen Auffassungen wird man nicht zwingend verlangen können, dass ein Institut handelsrechtlich auf eine Wertaufholung verzichtet.

4.3.5.3.9. Einzelwertberichtigung auf Fremdwährungsforderungen

Werden die Einzelwertberichtigungen auf Fremdwährungsforderungen in der Bilanzwährung (also Euro) geführt, ändern sich die Einzelwertberichtigung bei Wechselkursveränderungen in ihrer Quote. Bei gleich bleibendem Ausfallrisiko ist dies nicht sachgerecht.[513]

Aus diesem Grund wird im Schrifttum empfohlen, die Wertberichtigung in Fremdwährung zu führen.[514] Dann ändert sich zwar der Euro-Bilanzwert der Wertberichtigung entsprechend dem Bilanzwert der Forderung, während die Wertberichtigung squote jedoch konstant bleibt.[515]

---

511 GlA Müller, Th., 188; Schneider, ZBB 2000, 126; aA Windmöller, ZfgK 2000, 24.
512 Vgl. Windmöller, ZfgK 2000, 24; Brinkmann, Bankinformation 3/2000, 64.
513 Vgl. Müller, Th., 187.
514 Vgl. Müller, Th., 187 mwN.
515 Vgl. Birck/Meyer, V 172 f.

4.3.5.3.10. Vorsorgemaßnahmen bei Kreditleihe und unwiderruflichen Kreditzusagen

Kreditleihe

Abschreibungen sowie Einzelwertberichtigungen sind nur auf tatsächlich in Anspruch genommene Kredite möglich. Bei **Kreditleihegeschäften** (Akzeptkredite, Avalkredite, Garantien usw.) ist bei einer erwarteten Inanspruchnahme eine Rückstellung bzw. eine Verbindlichkeit zu buchen. Die Eventualverbindlichkeit unter der Bilanz ist um die entsprechenden Beträge zu kürzen.

Dem Passivposten (Rückstellung oder Verbindlichkeit) steht aufgrund des Ersatzanspruchs gegenüber dem Kreditnehmer eine Rückgriffsforderung in gleicher Höhe gegenüber. Diese **Rückgriffsforderung** ist entsprechend der Vorgehensweise bei Forderungen auf ihre Einbringlichkeit hin zu prüfen und ggf. wertzuberichtigen.

Die Werthaltigkeit der Rückgriffsforderung ist nicht bereits bei der Ermittlung der Rückstellung bzw. Verbindlichkeit zu berücksichtigen, sondern erst im Rahmen der Bewertung der Rückgriffsforderung unter Beachtung der Werthaltigkeit von Sicherheiten.[516] Eine Ausnahme hiervon sind sog. **bargedeckte Avale**. Nach § 26 Abs. 2 Satz 2 RechKredV sind Eventualverbindlichkeiten nur anzugeben, sofern für sie keine zweckgebundenen Deckungsguthaben auszuweisen sind. Nur für den Fall der Bardeckung besteht bei drohender Inanspruchnahme insoweit keine Rückstellungserfordernis.[517]

Unwiderrufliche Kreditzusagen

Üblicherweise wird es möglich sein, von einer weiteren Inanspruchnahme der Kreditzusage Abstand zu nehmen, wenn sich die Bonität des Kreditnehmers verschlechtert hat. Besteht jedoch für das Kreditinstitut trotz beeinträchtiger Bonität des Kreditnehmers eine Verpflichtung, eine weitergehende Inanspruchnahme der Zusage zuzulassen, muss das bestehende Risiko auf andere Weise als durch die Bildung einer Einzelwertberichtigung zum Ausdruck kommen.

Soweit ein **unwiderruflich zugesagter Kredit** am Bilanzstichtag nicht voll in Anspruch genommen ist, kann eine Einzelwertberichtigung oder Abschreibung nur auf den in Anspruch genommenen (aktivierten) Teil der Forderung gebildet werden. Soweit dies der tatsächlichen Risikosituation nicht gerecht wird, muss dieser ggf. durch die Bildung einer (zusätzlichen) Rückstellung Rechnung getragen werden. Die weitere Vorgehensweise entspricht der bei der Kreditleihe.

---

[516] Vgl. Müller, Th., 192.
[517] Wegen weiterer Einzelheiten vgl. Müller, Th., 193.

Es wird auch für zulässig gehalten, sowohl bei der Kreditleihe als auch bei unwiderruflichen Kreditzusagen, anstatt einer Rückstellungsbildung die notwendige Verlustantizipation durch eine entsprechend höhere Dotierung der Einzelwertberichtigung auf bestehende Forderungen des Kunden vorzunehmen, vorausgesetzt, es sind im Einzelfall Forderungen in ausreichender Höhe vorhanden.[518]

4.3.5.3.11. Pauschalierte Einzelwertberichtigungen

Die Einzelbeurteilung von Engagements wird aus wirtschaftlichen Gründen idR nur für solche mit größerem Volumen durchgeführt, da die Schätzung der Höhe und Wahrscheinlichkeit der künftigen Tilgungsrückflüsse schwierig und aufwendig ist.[519] Vor allem im Teilzahlungs- und Ratenkreditgeschäft ist es wirtschaftlich nicht sinnvoll, jeden einzelnen Kredit individuell auf seine Ausfallrisiken hin zu beurteilen und zu bewerten.

Daher wird es im sog. **Massenkreditgeschäft**, das sich durch eine Vielzahl vergleichsweise kleinvolumiger und hinsichtlich ihres Ausfallrisikos homogener Kredite auszeichnet, als zulässig und mit den Grundsätzen ordnungsmäßiger Bilanzierung vereinbar angesehen, Kreditengagements mit gleichartigen rechtlichen und tatsächlichen Risiken in Gruppen zusammenzufassen und diese Gruppen dem entsprechenden Risiko gemäß zu bewerten. Dabei wird nicht mehr jede einzelne Forderung betrachtet. Da aber die Bildung der Risikogruppen auf konkrete (akute) Risiken der einzelnen Forderungen zurückgeht, wird diese Form der Risikovorsorge als pauschalierte Einzelwertberichtigung bezeichnet.[520]

Zur Ermittlung der pauschalierten Einzelwertberichtigung werden die anhand bestimmter Merkmale in Risikogruppen unterteilten Forderungen mithilfe statistischer Verfahren bewertet (zB Stichprobenerhebung mit anschließender Hochrechnung). Diese Verfahren setzen die Homogenität der einzelnen Risikogruppen (Schichten) voraus. Bei der Gruppenbildung wird dabei vor allem auf die Mahndatei abgestellt.

Die Praxis kennt hier eine Vielzahl von Methoden. Es werden zunehmend Methoden angewandt, die auf mathematisch-statistischen Methoden (zB neuronale Netze) beruhen.

4.3.5.3.12. Bildung von Einzelwertberichtigungen in der Steuerbilanz

Nach § 6 Abs. 1 Nr. 1 und Nr. 2 EStG ist für Teilwertabschreibungen in der Steuerbilanz bei Wirtschaftsgütern des Anlage- und Umlaufvermögens erforderlich, dass eine voraussichtlich dauernde Wertminderung vorliegt. Dies hat auch für die Bewertung von Forderungen Bedeutung. Für die Vorhersehbarkeit einer dauernden Wertminderung sind die Verhältnisse am

---

[518] Vgl. Birck/Meyer, V 161.
[519] Vgl. Sittmann-Haury, 37f. mwN.
[520] Vgl. Sittmann-Haury, 38 mwN.

Bilanzstichtag maßgebend. Aus Sicht des Bilanzstichtags muss mithin eine Einschätzung getroffen werden, wie sich das Kreditengagement voraussichtlich entwickeln wird. Eine voraussichtlich dauernde Wertminderung bedeutet ein voraussichtlich nachhaltiges Absinken des Werts des Wirtschaftsguts unter den maßgeblichen Buchwert. Eine nur vorübergehende Wertminderung reicht für eine Teilwertabschreibung nicht aus. Die Einschätzung der voraussichtlich dauernden Wertminderung muss in ausreichendem Maße schriftlich dokumentiert sein.

Soweit die oben dargestellten Kriterien für die Definition und Abgrenzung der **akuten Ausfallrisiken** bei Kundenforderungen im Rahmen der Bildung von Einzelwertberichtigungen beachtet werden, kann davon ausgegangen werden, dass es zwischen der Handels- und Steuerbilanz bei der Bildung von Einzelwertberichtigungen keine gravierenden Unterschiede geben wird.

Zentrales Kriterium für die Beantwortung der Frage, ob ein akutes Ausfallrisiko gegeben ist, ist auch für die Steuerbilanz die nachhaltige Kapitaldienstfähigkeit des Kreditnehmers. Kann ein Kreditnehmer nachhaltig seinen Kapitaldienst nicht mehr erbringen, ist das Engagement auch in der Steuerbilanz wertzuberichtigen.

4.3.5.3.13. Anhangangaben

Die Pflicht zur Erläuterung der vorgenommenen Einzelwertberichtigungen im Anhang ergibt sich aus § 284 Abs. 2 Nr. 1 HGB.

Wird der Betrag der Vorsorgereserven nach § 340f HGB freiwillig im Anhang oder Lagebericht offen gelegt, sind solche Beträge der Vorsorgereserven abzusetzen, die in einem fortgeschrittenen Stadium der Aufstellung des Jahresabschlusses aufgrund von neu festgestelltem Einzelwertberichtigungsbedarf unter Verzicht auf entsprechende Buchungen in alter Rechnung auf die fehlenden Einzelwertberichtigungen angerechnet wurden (IDW PS 522).

4.3.5.3.14. Einzelwertberichtigungen bei Zweigstellen ausländischer Institute

Die BaFin vertritt zur Bildung von Einzelwertberichtigungen inländischer Zweigstellen ausländischer Kreditinstitute, bei denen das ausländische Mutterunternehmen Haftungserklärungen übernommen hat, die Ansicht, dass dies nicht zur Unterlassung von Einzelwertberichtigungen bei der inländischen Zweigstelle berechtigt.[521] Derartige interne Gewährleistungen sind danach nicht dazu geeignet, auf die Bildung von Einzelwertberichtigungen zu verzichten. Die sich erklärende Hauptniederlassung ist Teil derselben rechtlichen Einheit wie die Zweigstelle.

---

[521] Vgl. BAK-Schr. v. 15.3.1983, CMBS 16.14.

4.3.5.3.15. Einzelwertberichtigungen bei ursprünglich marktgerecht verzinslichen Forderungen

Forderungen, die im Zeitpunkt ihrer Entstehung oder ihres Erwerbs effektiv **marktgerecht** verzinslich waren, können durch zwischenzeitliche Erhöhung der Marktzinsen (Renditen) minderverzinslich werden. Soweit diese Forderungen nach den in Kapitel 4.3.4. gemachten Ausführungen nicht von einer Abzinsung ausgenommen sind, erfolgt grundsätzlich eine zinsbedingte Bewertung.

Nach Ansicht von Spanier ua.[522] bestehen keine Bedenken, bei verhältnismäßig niedrigen Forderungen oder bei geringfügigen Differenzen zwischen dem marktüblichen und dem vereinbarten Zinssatz von einer Abzinsung unter dem Gesichtspunkt der Wesentlichkeit abzusehen. Ob dies allerdings, wie Spanier ua. bekunden, bei einer Zinsdifferenz von bis zu 1,5 %-Punkten noch gerechtfertigt ist, ist unter Beachtung des Grundsatzes der **Wesentlichkeit** im Einzelfall zu entscheiden.

Von Spanier ua.[523] wird folgende Vorgehensweise vorgeschlagen:

1. Ermittlung des Abzinsungsbetrags der unter- oder minderverzinslichen gesamten Forderung (vor Abzug einer evtl. Wertberichtigung).
2. Vergleich des unter 1. ermittelten Abzinsungsbetrags mit einer evtl. bereits bestehenden Einzelwertberichtigung.
3. Ist die Einzelwertberichtigung größer als der auf die Gesamtforderung ermittelte Abzinsungsbetrag, ist keine gesonderte Abzinsung zu berücksichtigen.
4. Besteht keine Einzelwertberichtigung bzw. ist die Einzelwertberichtigung kleiner als der ermittelte Abzinsungsbetrag, ist in Höhe der Differenz eine Abzinsung zu berücksichtigen.

Die von Spanier ua. vorgeschlagene Vorgehensweise, eine zinsbedingte Abwertung zu unterlassen, wenn der Abzinsungsbetrag kleiner/gleich einer bereits gebildeten bonitätsbedingten Einzelwertberichtigung ist, kommt nach der hier vertretenen Ansicht einschränkend nur dann in Betracht, wenn von einer **sofortigen Fälligkeit** bzw. **Fälligstellungsmöglichkeit** der Forderung ausgegangen werden kann.

Ist aufgrund der Umstände des Einzelfalls hingegen zu erwarten, dass der wertberichtigte Forderungsbetrag erst nach einer bestimmten Zeit (z.B. drei Jahre) dem Institut zufließen wird, weil bspw. aus der Verwertung einer Sicherheit keine vorherige Realisierung des Buchwerts der Forderung zu erwarten ist, ist der um die Einzelwertberichtigung geminderte Forderungsbetrag entsprechend abzuzinsen.

---

[522] Vgl. Spanier ua., B.II.4, 18.
[523] Vgl. Spanier ua., B.II.4, 18.

4.3.5.4. Zinsen auf notleidende Forderungen

Nach § 11 RechKredV sind anteilige Zinsen einer Forderung, also die Zinsen, die erst nach dem Bilanzstichtag fällig werden, aber bereits am Bilanzstichtag Forderungscharakter haben, zusammen mit der zugrunde liegenden Forderung zu aktivieren.

Kreditnehmer sind zuweilen nicht in der Lage, in Anspruch genommene Kredite (einschließlich der aufgelaufenen Zinsen) vereinbarungsgemäß zu bedienen. Bei notleidenden Forderungen ist grundsätzlich nicht nur die Rückzahlung des Kapitalbetrags gefährdet, sondern auch die Zinszahlungen. Soweit die Bedienung nicht aufgrund von Sicherheiten gewährleistet ist, stellt sich die Frage, ob die vereinbarten Zinsen in der Gewinn- und Verlustrechnung dennoch **einerseits als Erträge** zu vereinnahmen und **andererseits als Risikoaufwand** wertzuberichtigen bzw. abzuschreiben sind oder ob vom Ausweis eines ohnehin nicht zu realisierenden Ertrags von vorneherein abzusehen ist.[524] Aus diesem Grund werden Zinsen auf notleidende Forderungen entweder überhaupt nicht mehr aktiviert (ins Soll gestellt) oder, soweit sie aktiviert werden, wertberichtigt und insoweit gegen den Zinsertrag gebucht.[525]

Auch wenn Forderungen notleidend sind hat das Institut einen zivilrechtlichen Anspruch auf die vereinbarte Verzinsung. Für die Bilanzierung ist der wirtschaftliche Wert dieses Anspruchs relevant. Diese anteiligen Zinsen sind aber auf jeden Fall in die Beurteilung der Angemessenheit der Einzelwertberichtigung mit einzubeziehen.

Ist kein Zinsverzicht oder Zinsnachlass vereinbart, so genügen bloße Zweifel an der Einbringlichkeit des Zinsanspruchs nicht, um vom Bruttoprinzip abzuweichen und auf den Ausweis als Zinsertrag zu verzichten. Die Zinsen sind in diesen Fällen auch bei einzelwertberichtigten Forderungen durchzubuchen und als Ertrag zu vereinnahmen; gleichzeitig sind die Einzelwertberichtigungen entsprechend aufzustocken.[526]

Die (rückständigen) Zinsen auf notleidende Forderungen sind grundsätzlich **voll wertzuberichtigen**.[527] Die Wertberichtigung dieser Zinsen kann in begründeten Ausnahmefällen danach bemessen werden, in welcher Höhe die Zinsen erfahrungsgemäß tatsächlich ausfallen.

Insoweit als rückständige Zinsen aus Vorjahren nicht voll abgeschrieben bzw. wertberichtigt wurden, ist eine Angabe im **Prüfungsbericht** erforderlich (§ 30 PrüfbV). Dabei sind getrennt das Volumen der mehr als drei Monate rückständigen Zins- und Tilgungsleistungen und die noch nicht abgeschriebenen oder voll wertberichtigten Zinsen aus den Vorjahren anzugeben. Im Prüfbericht ist ferner das Volumen der nicht mehr aktivierten und nicht mehr als Zinsertrag in der GuV ausgewiesenen Zinsen anzugeben. Die Angabepflicht erstreckt sich

---

524 Vgl. Stellungnahme BFA 3/1977, WPg 1977, 464.
525 Vgl. Birck/Meyer, V 137.
526 Vgl. Spanier ua., B.II.4., 18.
527 Die Notwendigkeit der Vollabschreibung dieser Zinsen wird indirekt auch durch § 30 PrüfbV gefordert.

dabei nicht nur auf die bereits in der Vergangenheit mit Leistungsrückständen behafteten Forderungen, sondern auch auf diejenigen Forderungen, die erst im laufenden Geschäftsjahr uneinbringlich geworden sind.[528]

Kann mit einer Ertragsrealisierung mit an Sicherheit grenzender Wahrscheinlichkeit am Bilanzstichtag nicht mehr gerechnet werden, ist es sachgerecht und erforderlich, auf eine Buchung der anteiligen Zinsen von vorneherein zu verzichten.[529] Eine Buchung der Zinsen würde in diesem Fall eine Ertragskraft vortäuschen, die tatsächlich nicht vorhanden ist. Die Täuschung würde auch durch einen höheren Risikoaufwand, dessen offener Ausweis ggf. im Rahmen der Überkreuzkompensation vermieden werden kann, nicht verhindert. Voraussetzung für die Nichterfassung uneinbringlicher Zinsen in der Bilanz und der Gewinn- und Verlustrechnung ist nach Ansicht der BaFin,[530] *„dass die der Zinsberechnung zugrundeliegende Forderung wegen Uneinbringlichkeit bereits voll oder teilweise abgeschrieben bzw. wertberichtigt worden ist."* Bei einer erwarteten Uneinbringlichkeit von Zinsansprüchen ist mithin auf eine Aktivierung zu verzichten.[531] Eine Uneinbringlichkeit der Zinsen wird regelmäßig dann anzunehmen sein, wenn auch der ungesicherte Teil der Hauptforderung abgeschrieben oder wertberichtigt wurde.[532] Das heißt, die Kapitalforderung selbst muss zum Bilanzstichtag als ganz oder teilweise verloren angesehen werden, sodass auch eine Realisierung der Zinserträge mit an Sicherheit grenzender Wahrscheinlichkeit nicht mehr zu erwarten ist.[533]

Bloße Zweifel an der Einbringlichkeit des Zinsanspruchs genügen nicht, um auf den Ausweis als Zinsertrag zu verzichten. Vielmehr muss nach dem für den Erfolgsausweis geltenden Bruttoprinzip grundsätzlich der Ertrag aus der Kreditgewährung ausgewiesen werden.[534] Erst danach stellt sich die Frage, ob der Zinsanspruch vollwertig oder wertberichtigungsbedürftig ist.

Sofern **Baukredite** nur nach Maßgabe der für sie bestellten Sicherheiten zu beurteilen sind und die aus der Verwertung zu erwartenden Erlöse entsprechend der geschätzten Verwertungsdauer abgezinst wurden (BFA 1/1974), ist es folgerichtig, den so ermittelten Barwert in den Folgeperioden aufzuzinsen.[535]

Nach dem *„Mindestanforderungen an das Kreditgeschäft"* (MaK) ist jedes Kreditinstitut verpflichtet, Richtlinien zu erlassen, auf deren Grundlage unter Beachtung handelsrechtlicher Vorschriften Wertberichtigungen, Abschreibungen und Rückstellungen für das Kreditgeschäft (einschließlich Länderwertberichtigungen) zu bilden sind.

---

528 Vgl. BAK-Schreiben v. 10.1.1978, CMBS 13.10.
529 Vgl. BFA 3/1977, WPg 1977 464 f.; Spanier ua., B.II.4., 18.
530 Vgl. BAK-Schreiben v. 10.1.1978, CMBS 13.10.
531 Vgl. Müller, Th., 186.
532 Vgl. Müller, Th., 187 mwN.
533 Vgl. BAK-Schreiben v. 10.1.1978, CMBS 13.10.
534 Vgl. BFA 3/1977, WPg 1977, 464.
535 Vgl. Birck/Meyer, V 137.

4.3.5.5. Pauschalwertberichtigungen

4.3.5.5.1. Berücksichtigung des latenten Ausfallrisikos

Latente Kreditrisiken - insbesondere wegen möglichen künftigen Veränderungen in erwarteten Ausfallwahrscheinlichkeiten und Sicherheitenerlösen - sind durch Pauschalwertberichtigungen abzudecken (IDW PS 522). Die Bildung von Pauschalwertberichtigungen ist nach den handelsrechtlichen Grundsätzen ordnungsmäßiger Bilanzierung geboten (Pflicht); eine ausdrückliche gesetzliche Grundlage hierfür fehlt jedoch. Die Rechtsgrundlage für den Vorsorgegegenstand „latentes Risiko" ist jedoch in § 252 Abs. 1 Nr. 4 HGB geregelt, wonach *„alle vorhersehbaren Risiken"* - wozu auch das latente Kreditrisiko rechnet - zu berücksichtigen sind, selbst wenn sie erst nachträglich bekannt werden.[536] Die Bildung pauschaler Wertberichtigungen ist auch steuerlich anerkannt.[537]

Entsprechend den Einzelwertberichtigungen sind auch Pauschalwertberichtigungen den subjektiven Einschätzungen der Bilanzierenden unterworfen, da Pauschalwertberichtigungen mit einem pauschalen, geschätzten Prozentsatz des zu bewertenden Forderungsbestands angesetzt werden.[538] Dabei ist zu berücksichtigen, dass unterschiedliche Forderungsarten differenzierter Prüfungen hinsichtlich des Pauschbetrags bedürfen.[539] Daneben muss die Schätzung durch die objektiven Gegebenheiten des Kreditinstituts belegt sein.

Forderungen ohne erkennbares Risiko und solche mit erhöhten latenten Risiken sowie der nicht einzelwertberichtigte Teil der wertberichtigten Forderungen unterliegen einem latenten Kreditrisiko, das darin besteht, dass als nicht akut gefährdet angesehene Kredite oder Kreditteile zu einem nach dem Bilanzstichtag liegenden Zeitpunkt ganz oder teilweise ausfallen können. Es entspricht der allgemeinen Erfahrung, dass das latente Kreditrisiko vorhanden ist. Da kein Bezug zu einer bestimmten Forderung gegeben und eine Einzelwertberichtigung somit nicht möglich ist, muss für diese Forderungen eine Pauschalwertberichtigung gebildet werden.[540]

Die Ursache dieses (latenten) Risikos[541] liegt vor allem in der Ungewissheit über die (künftigen) wirtschaftlichen Verhältnisse des Kreditnehmers sowie in der Ungewissheit über die (nachhaltige) Werthaltigkeit von gestellten Sicherheiten.[542] Eine tatsächliche Kreditgefährdung wird für ein Institut stets mit einer zT erheblichen zeitlichen Verzögerung erkennbar.

---

[536] Vgl. Krumnow ua., 2. Aufl., § 340e HGB Rn. 200.
[537] Vgl. BFH-Urteil vom 16.7.1681, BStBl. 1981 II, 766 ff.
[538] Vgl. Böcking/Oldenburger in: MünchKomm. HGB § 340e HGB Rn. 38.
[539] Vgl. Böcking/Oldenburger in: MünchKomm. HGB § 340e HGB Rn. 38.
[540] Ausführlich zur Pauschalwertberichtigung vgl. Müller, Th., 233.
[541] Zur Definition des latenten Risikos vgl. Krumnow ua., 2. Aufl., § 340e HGB Rn. 205 ff.
[542] Vgl. Krumnow ua., 2. Aufl., § 340e HGB Rn. 205.

Da die individuelle Risikolage des Instituts nur einmal berücksichtigt werden soll, werden in die Pauschalwertberichtigung (allgemeine Risiken) nur die Forderungen einbezogen, die nicht bereits einzelwertberichtigt (spezielle Risiken) sind. Richtig ist es, die einzelwertberichtigten Forderungen mit ihren nicht wertberichtigten Kreditteilen in die Pauschalwertberichtigung einzubeziehen, weil diese weiterhin einem latenten Ausfallrisiko unterliegen. In die Pauschalwertberichtigung sind auch Eventualforderungen einzubeziehen. Pauschalwertberichtigungen sind auch dann zu bilden, wenn das Institut bereits Vorsorgereserven nach § 340f und/oder § 340g HGB gebildet hat.

Die Höhe der individuell zu ermittelnden Pauschalwertberichtigung kann unter Beachtung der Grundsätze der Bewertungsstetigkeit und der Willkürfreiheit grundsätzlich nach einem beliebigen Verfahren ermittelt werden, sofern dieses Verfahren objektiv nachvollziehbar ist. Pauschalwertberichtigungen werden allgemein mittels eines bestimmten Prozentsatzes des zu bewertenden Forderungsbestands ermittelt.

Sowohl die Finanzverwaltung[543] als auch der Bankenfachausschuss[544] haben Vorschläge zur Ermittlung der Pauschalwertberichtigung unterbreitet. Beide Vorschläge ähneln sich. Hinsichtlich der steuerlichen Anerkennung ist das BMF-Schreiben vom 10. Januar 1994[545] zu beachten. Diese vom BMF aufgestellten Regelungen gelten als Höchstwerte für die steuerliche Anerkennung von Pauschalwertberichtigungen. Für die handelsrechtliche Risikoberücksichtigung können diese Werte als Mindestvorsorge angesehen werden.[546]

Ebenso wie Einzelwertberichtigungen und Länderwertberichtigungen sind die Pauschalwertberichtigungen in der Bilanz **aktivisch von den verschiedenen Forderungsposten abzusetzen**. Sowohl Bestand als auch die Veränderungen der Einzelwertberichtigungen sind damit aus der Bilanz nicht erkennbar.

Während für die Ermittlung der Pauschalwertberichtigungen die Risikosituation des individuellen Kreditinstituts maßgeblich ist, decken die Vorsorgereserven nach § 340f HGB (vgl. Kapitel 4.6.) die allgemeinen Risiken im Kreditgewerbe ab. Folglich stehen beide Instrumente der Risikovorsorge selbstständig nebeneinander und beeinflussen nicht gegenseitig die Bemessungsgrundlage.[547] Bei der Bildung stiller Vorsorgereserven nach § 340f HGB handelt es sich um ein Wahlrecht, während Pauschalwertberichtigungen den allgemeinen Grundsätzen ordnungsmäßiger Bilanzierung Rechnung tragen.

---

543 Vgl. BMF v. 10.1.1994, BStBl. I 1994, 98; BMF-Schreiben vom 9.5.1995, BB 1995, 1475; BMF-Schreiben vom 26.11.1996; BStBl. I 1996, 1438; OFD München Vfg. vom 5.5.1997, BB 1997, 1253.
544 Vgl. BFA 1/1990, WPg 1990, 321.
545 Vgl. BMF v. 10.1.1994, BStBl. I 1994, 98.
546 Vgl. Böcking/Oldenburger in: MünchKomm. HGB § 340e HGB Rn. 39.
547 Vgl. Böcking/Oldenburger in: MünchKomm. HGB § 340e HGB Rn. 42.

4.3.5.5.2. Handelsrechtliche Pauschalwertberichtigungen

Nach den handelsrechtlichen Grundsätzen ist dem latenten Ausfallrisiko durch die Bildung von Pauschalwertberichtigungen Rechnung zu tragen. Grundsätzlich ist das latente Ausfallrisiko mithilfe von Prognoseverfahren für den Bestand am Bilanzstichtag nach den Verhältnissen zu diesem Zeitpunkt zu schätzen. Das latente Risiko wird dabei in der Praxis anhand der Erfahrungswerte aus der Vergangenheit ermittelt.

Technisch erfolgt die Bildung von Pauschalwertberichtigungen durch eine gruppenweise Zusammenfassung von Forderungen mit gleichartigen Risiken, auf die anschließend ein pauschaler Bewertungsabschlag vorgenommen wird.[548] Eine wertmäßige Berücksichtigung allgemeiner Geschäfts- oder Konjunkturrisiken ist nicht zulässig.

Grundsätzlich ist das von der Finanzverwaltung im BMF-Schreiben vom 10. Januar 1994 beschriebene Verfahren auch handelsrechtlich geeignet, das latente Risiko angemessen zu erfassen. Es bestehen jedoch verschiedene Schwachpunkte und Mängel an dem vom BMF vorgeschriebenen Verfahren.

Pauschalwertberichtigungen auf Forderungen sind in der handelsrechtlichen Bilanz nicht in einem eigenen Bilanzposten auszuweisen, sondern aktivisch von den betreffenden Bilanzposten abzusetzen. Entsprechendes gilt für die im Anhang anzugebende Fristengliederung nach Restlaufzeiten. Pauschalwertberichtigungen auf Eventualforderungen sind als Rückstellungen für ungewisse Verbindlichkeiten auszuweisen. Zur Angabepflicht der Bilanzierungs- und Bewertungsmethoden im Anhang zählt auch die Pauschalwertberichtigung.[549]

4.3.5.5.3. Ermittlung des Wertberichtigungssatzes

Der Prozentsatz der Pauschalwertberichtigungen für den Bilanzstichtag ist nach Ansicht des BMF aufgrund von Erfahrungen der Vergangenheit zu bemessen. Hierzu ist grundsätzlich der Durchschnitt des **tatsächlichen Forderungsausfalls** für die dem Bilanzstichtag vorangehenden fünf *Wirtschaftsjahre* und der Durchschnitt des **risikobehafteten Kreditvolumens** für die dem Bilanzstichtag vorangehenden fünf *Bilanzstichtage* zu ermitteln und ins Verhältnis zu setzen.[550]

Da nach der Anweisung des BMF der **tatsächliche Forderungsausfall** *„für die dem Bilanzstichtag vorangehenden fünf Wirtschaftsjahre"* maßgeblich ist, ist der tatsächliche Forderungsausfall des Wirtschaftsjahres, für das die Bilanz erstellt wird, mitzurechnen. Für die Pauschalwertberichtigung zum 31. Dezember 2004 sind mithin die tatsächlichen Forderungs-

---

548 Vgl. Wagener/Böcking/Freiling/Ernsting/Fitzner, 133.
549 Wurde diese (nur) in der steuerlich zulässigen Höhe gebildet, ist dies auch anzugeben.
550 Auch Stannigel, ZfgK 1989, 264; empfiehlt für die Berechnung des Durchschnittsbetrags der Kreditausfälle einen Zeitraum von fünf Jahren, um nicht durch extrem hohe oder extrem niedrige Jahresbeträge den Durchschnittsbetrag untypisch zu beeinflussen.

ausfälle der Wirtschaftsjahre 2000 bis 2004 relevant (vgl. Abb. 4.5). Zutreffender wäre es, wenn auch die Antizipation zukünftiger Forderungsausfälle wie bspw. aufgrund veränderter Konjunkturlage oder Risikostrukturen möglich wäre.[551]

Nach Ansicht des BMF umfasst der tatsächliche Forderungsausfall neben dem latenten auch das bereits erkennbare akute Ausfallrisiko, für das Einzelwertberichtigungen gebildet werden. Zur Begrenzung der Pauschalwertberichtigungen auf das latente Ausfallrisiko ist deshalb von dem ermittelten Durchschnitt des tatsächlichen Forderungsausfalls ein Abschlag von 40 % zu machen, höchstens jedoch der Betrag der Einzelwertberichtigungen zum betreffenden Bilanzstichtag.

Das **risikobehaftete Kreditvolumen** ist *„für die dem Bilanzstichtag vorangehenden fünf Bilanzstichtage"* zu ermitteln. Dies sind für den Bilanzstichtag 31. Dezember 2004 die Bilanzstichtage der Wirtschaftsjahre 1999 bis 2003 (vgl. Abb. 4.6).

4.3.5.5.4. Tatsächlicher und maßgeblicher Forderungsausfall

Als **tatsächlicher Forderungsausfall** gilt nach dem BMF-Schreiben vom 10. Januar 1994 der tatsächlich realisierte, wirtschaftliche Verlust der Forderung.[552] Forderungsausfälle, die auf Risiken beruhen, die nicht in der Person des Schuldners liegen (zB Transferrisiken oder Devisenrisiko), rechnen nicht zum tatsächlichen Forderungsausfall.

Die Finanzverwaltung geht damit offenkundig davon aus, dass **Länderrisiken** bereits durch pauschalierte Länderwertberichtigungen abgedeckt werden und ein Risiko nicht zweimal berücksichtigt werden soll. Dem ist entgegen zu halten, dass pauschalierte Länderwertberichtigungen nur für die am Bilanzstichtag erkennbaren Länderrisiken gebildet werden und keinesfalls latente Länderrisiken erfassen.[553] Dies wäre vielmehr Aufgabe einer Pauschalwertberichtigung.

BFA 1/1990 hingegen erwähnt Länderrisiken nicht; mithin sind diese nach Ansicht des Bankenfachausschusses bei der Ermittlung der Pauschalwertberichtigung entgegen dem BMF-Schreiben vom 10. Januar 1994 zu erfassen.

---

[551] Vgl. Krumnow, WM 1994, 1709; zum vorhandenen Datenbestand als empirische Basis für die Bestimmung von Pauschalwertberichtigungen vgl. Wisleitner, ÖBA 1995, 927.
[552] Von einem tatsächlichen Forderungsausfall ist nach dem BMF-Schreiben vom 10.1.1994 auszugehen, wenn die Forderung uneinbringlich geworden ist, dh., soweit nach vernünftiger kaufmännischer Beurteilung weder vom Schuldner noch von dritter Seite noch aus der Verwertung evtl. verbliebener Sicherheiten ein Zahlungseingang zu erwarten ist. Eine bestrittene Forderung muss hiernach ausgeklagt sein. Sicherheiten müssen verwertet sein, ohne dass ein Surrogat an die Stelle der ausgefallenen Forderung getreten ist. Umschuldungen oder Schuldnovationen führen daher nicht zu einem tatsächlichen Ausfall der Forderung, die der Umschuldung oder Novation zugrunde liegt.
[553] Vgl. Bieg (1998), 419.

Der tatsächliche Forderungsausfall entspricht dem Verbrauch von gebildeten Einzelwertberichtigungen zuzüglich der Direktabschreibungen und abzüglich der Eingänge abgeschriebener Forderungen des betreffenden Jahres. Der Verbrauch der Einzelwertberichtigungen misst sich nach Ansicht der Finanzverwaltung an der Ausbuchung einer Forderung.[554] Wird eine Forderung nicht ausgebucht und stattdessen eine Einzelwertberichtigung beibehalten, sind die Voraussetzungen für den „Verbrauch" von Einzelwertberichtigungen nach dem BMF-Schreiben vom 10. Januar 1994 nicht gegeben. In diesen Fällen kann ein auch bereits abschätzbarer Verlust einer Forderung noch nicht zum Zwecke der Ermittlung des tatsächlichen Forderungsausfalls iSd. der Verwaltungsanweisung vom 10. Januar 1994 berücksichtigt werden. Beträge zur Bildung von Einzelwertberichtigungen gehören danach nicht zum tatsächlichen Forderungsausfall.[555]

Kritisch anzumerken ist, dass sich die Ermittlung des tatsächlichen Forderungsausfalls nicht alleine an der buchhalterischen Behandlung durch die Bank ausrichten darf. Maßgeblich für die Bestimmung des Forderungsausfalls sollte vielmehr die Uneinbringlichkeit der Forderung sein.

	31.12.99	31.12.00	31.12.01	31.12.02	31.12.03	31.12.04
1. **Ermittlung des maßgeblichen Forderungsausfalls** Verbrauch an EWB durch Ausbuchung bereits einzelwertberichtigter Forderungen						
+ Direktabschreibungen von Forderungen						
- Eingänge auf abgeschriebene Forderungen						
= *Tatsächlicher Forderungsausfall*						
						T€
Summe der Forderungsausfälle 2000 - 2004 / 5						
- Abschlag 40 % (maximal EWB)						
= *Maßgeblicher Forderungsausfall*						

Abb. 4.5: Pauschalwertberichtigung 2004 - Tatsächlicher und maßgeblicher Forderungsausfall

Die Forderungsausfälle der Wirtschaftsjahre 2000 bis 2004 sind zu summieren und durch fünf zu dividieren. Hiervon ist sodann ein Abschlag von 40 % zu machen (höchstens jedoch der Betrag der Einzelwertberichtigungen[556] zum 31. Dezember 2004). Das Resultat ist der sog. **maßgebliche Forderungsausfall**.

Der durchschnittliche Forderungsausfall der Vergangenheit enthält auch Ausfälle, die nicht auf latente Risiken, sondern auf an den jeweiligen Jahresabschlussstichtagen erkennbare

---

[554] Vgl. BMF-Schreiben vom 9.5.1995, BB 1995, 1475.
[555] Vgl. Stannigel, ZfgK 1989, 264.
[556] Der Betrag - gemeint ist der Bestand und nicht die Zuführung - der Einzelwertberichtigungen ist abzuziehen, wenn dieser niedriger ist als 40 % des durchschnittlichen Forderungsausfalls.

Risiken zurückzuführen sind. Insofern werden bei der Ermittlung des durchschnittlichen Forderungsausfalls die latenten Risiken der Vergangenheit überzeichnet. Aus diesem Grund ist nach dem BMF-Schreiben vom 10. Januar 1994 ein Abschlag von 40 % zu machen. Die Höhe dieses Abschlags ist risikotheoretisch nicht zu begründen.[557] Er ist rein fiskalisch motiviert.

4.3.5.5.5. Risikobehaftetes Kreditvolumen

Das BMF-Schreiben vom 10. Januar 1994 nimmt bezüglich der Forderungen, für die eine Pauschalwertberichtigung gebildet werden darf, Bezug auf § 15 RechKredV. Nach Bieg[558] ist dies offenbar so zu deuten, dass nur für die im Aktivposten „4. Forderungen an Kunden" enthaltenen Forderungen eine Pauschalwertberichtigung gebildet werden darf. Dies würde bedeuten, dass sowohl Wechselforderungen (Aktivposten 2. b)) als auch die Forderungen an Kredit- und Finanzdienstleistungsinstitute nicht in die Ermittlung der Pauschalwertberichtigung einbezogen werden dürfen. Dies lässt sich risikotheoretisch nicht rechtfertigen, denn selbstverständlich unterliegen Wechselforderungen und Forderungen an Institute ebenfalls einem latenten Ausfallrisiko.[559]

Die Bezugnahme auf den Aktivposten „4. Forderungen an Kunden" würde ferner dazu führen, dass lediglich bilanzwirksame Geschäfte in die Berechnung eingehen und Eventualforderungen unberücksichtigt blieben. Die Stellungnahme BFA 1/1990 ist dagegen konsequenter, wenn sie vom Gesamtkreditvolumen des Instituts iSd. § 19 Abs. 1 KWG, erweitert um Erfüllungsrisiken aus nicht bilanzwirksamen Geschäften, ausgeht und damit alle Geschäfte mit latenten Ausfallrisiken einbezieht.

Aus dem Wortlaut des BMF-Schreibens vom 10. Januar 1994 *„zum risikobehafteten Kreditvolumen rechnen..."* leiten dagegen Krumnow ua.[560] ab, dass die Forderungen an Kunden nach § 15 RechKredV nicht abschließend als Ausgangsgröße des risikobehafteten Kreditvolumens geregelt sind. Vielmehr seien alle Kundenforderungen zu erfassen, denen ein in der Person des Schuldners liegendes Ausfallrisiko anhaftet. Hierzu gehörten nach dieser Ansicht auch die Eventualforderungen, die den vermerkpflichtigen Eventualverbindlichkeiten aus weitergegebenen Wechseln sowie aus Bürgschaften und Gewährleistungen gegenüberstehen.

Von den Kundenforderungen sind nach den BMF-Schreiben vom 10. Januar 1994 folgende Forderungen abzuziehen:

- Forderungen, die aus Gründen, die nicht in der Person des Schuldners liegen, wertberichtigt wurden (zB Transfer- und Devisenrisiko),

---

[557] Vgl. Bieg (1998), 419.
[558] Vgl. Bieg (1998), 418.
[559] Für Forderungen an Institute hat dies zuletzt die Krise asiatischer Finanzsysteme gezeigt.
[560] Vgl. Krumnow ua., 2. Aufl., § 340e HGB Rn. 225.

- Forderungen, die als sichere Forderungen anzusehen sind. Hierzu zählen Forderungen gegen öffentlich-rechtliche Körperschaften oder sonstige Körperschaften, für die eine Gebietskörperschaft als Gewährträger haftet; Forderungen gegen ausländische Staaten, ausländische Gebietskörperschaften oder sonstige ausländische Körperschaften und Anstalten des öffentlichen Rechts im OECD-Bereich; Forderungen, die durch eine der vorstehend genannten Stellen verbürgt oder in anderer Weise gewährleistet sind; Forderungen, für die eine Delkredere-Versicherung durch das Kreditinstitut abgeschlossen ist.

Bei Bausparkassen rechnen Forderungen aus Vor- und Zwischenkrediten für noch nicht zugeteilte Bauspardarlehen nur insoweit zum risikobehafteten Kreditvolumen, als sie die Bausparguthaben übersteigen. Soweit diese durch Bausparguthaben gedeckt sind, besteht kein Ausfallrisiko (Barsicherheit).

	31.12.99	31.12.00	31.12.01	31.12.02	31.12.03	31.12.04
2. Ermittlung des risikobehafteten Kreditvolumens						
Kundenforderungen						
- Forderungen an öffentlich-rechtliche Körperschaften (Bund, Länder, Gemeinden)						
- Forderungen an ausländische Staaten, Gebietskörperschaften usw. im OECD-Bereich						
- Forderungen, die durch eine der vorstehenden Institutionen garantiert sind						
- Forderungen, die durch eine Delkredere-Versicherung abgesichert sind						
= *Risikobehaftetes Kreditvolumen*						
Durchschnittliches risikobehaftetes Kreditvolumen $\frac{\text{Summe risikobehaftetes Kreditvolumen 1999 - 2003}}{5}$						T€

Abb. 4.6: Pauschalwertberichtigung 2004 - Risikobehaftetes Kreditvolumen

Nach der Stellungnahme BFA 1/1990 ist dagegen vom Gesamtkreditvolumen iSv. § 19 Abs. 1 KWG auszugehen, erweitert um Erfüllungsrisiken aus nicht bilanzwirksamen Geschäften. Abzusetzen sind solche Kredite, für die ein latentes Risiko nicht anzunehmen ist. Hierzu zählen bspw. grundsätzlich Forderungen gegen den Bund, ein Land, eine Gemeinde oder gegen eine sonstige inländische Körperschaft oder Anstalt des öffentlichen Rechts, für die eine Gebietskörperschaft als Gewährträger haftet. Gleichzustellen sind Forderungen, die durch eine der genannten Stellen verbürgt oder in anderer Weise gewährleistet sind.

Damit sind die Forderungen, die für die Ermittlung der Pauschalwertberichtigung auszuscheiden sind, nach BFA 1/1990 deutlich enger gefasst als nach dem BMF-Schreiben vom 10. Januar 1994. Darüber hinaus geht die Stellungnahme BFA 1/1990 vom Gesamtkreditvolumen aus. Die Vorgehensweise nach BFA 1/1990 entspricht den Grundsätzen ordnungsmäßiger Bilanzierung und ist risikotheoretisch korrekt.

4.3.5.5.6. Ermittlung des Pauschalwertberichtigungssatzes und der Pauschalwertberichtigung

Der ermittelte Wertberichtigungssatz für den betreffenden Bilanzstichtag ist auf das risikobehaftete Kreditvolumen des Bilanzstichtags anzuwenden. Dabei sind nach dem BMF-Schreiben vom 10. Januar 1994 einzelwertberichtigte Forderungen in vollem Umfang aus dem risikobehafteten Kreditvolumen auszuscheiden. Dies wird vom BMF damit begründet, dass eine bestimmte Forderung nur entweder einzeln oder pauschal wertberichtigt werden kann.

Dies ist risikotheoretisch nicht nachvollziehbar, denn der nicht einzelwertberichtigte Teil einer Forderung ist nach wie vor latent ausfallgefährdet. Dies führt nach Ansicht von Bieg [561] zu einer falschen Darstellung der Risikolage eines Instituts.

3. Ermittlung des Pauschalwertberichtigungssatzes	
$\dfrac{\text{Maßgeblicher Forderungsausfall} * 100}{\text{Durchschnittliches risikobehaftetes Kreditvolumen}}$	$X\%$
4. Ermittlung der Pauschalwertberichtigung zum Bilanzstichtag 31. Dezember 2004	T€
Risikobehaftetes Kreditvolumen zum 31. Dezember 2004 - Gesamtbetrag der einzelwertberichtigten Forderungen = Verbleibendes risikobehaftetes Kreditvolumen	
davon $X\%$ Pauschalwertberichtigung (vgl. unter 3.) = **Pauschalwertberichtigung zum 31. Dezember 2004**	

Abb. 4.7: Pauschalwertberichtigung 2004

Zutreffender ist die Vorgehensweise nach der Stellungnahme BFA 1/1990: Danach sind vom risikobehafteten Kreditvolumen lediglich die gebildeten Einzelwertberichtigungen abzuziehen.

Für Kreditinstitute in den neuen Ländern und in Berlin (Ost) war nach dem BMF-Schreiben vom 26. November 1996 [562] nicht zu beanstanden, wenn die Kreditinstitute bis einschließlich 1995 ihre Pauschalwertberichtigung nach einem festen Prozentsatz von 0,5 % bemaßen. Dies wurde vom BMF damit begründet, dass sich das Kreditgeschäft bei den betroffenen Kreditinstituten erst im Jahr 1991 entwickelt hat und für die Bemessung des Wertberichtigungs-

---

[561] Vgl. Bieg (1998), 420.
[562] Vgl. BMF-Schreiben vom 26.11.1996, BStBl. I 1996, 1438.

satzes auf den Erstbeginn des Kreditgeschäfts abzustellen ist. Diese Grundsätze wird man mithin auch bei **neu gegründeten Instituten** entsprechend anwenden können.

4.3.5.5.7. Anhangangaben

Über die Bildung von Pauschalwertberichtigungen ist nach der allgemeinen Vorschrift des § 284 Abs. 2 Nr. 1 HGB im Anhang zu berichten.[563]

4.3.5.5.8. Angaben im Prüfungsbericht

Das BAKred (jetzt BaFin) hat mit Schreiben vom 29. Januar 1992[564] gebeten, zu den Pauschalwertberichtigungen folgende Informationen im Prüfungsbericht zu geben:

- Hinweis darauf, ob sich die angewandte Methode zur Ermittlung der Pauschalwertberichtigung am Verfahren der Stellungnahme BFA 1/1990 orientiert oder ob ein anderes Verfahren angewandt wurde.
- Erläuterung der wesentlichen Bestandteile und der Methode, die zur Ermittlung der Kreditrisiken der Vergangenheit benutzt wurden.
- Angabe des Zeitraums, der für die Berechnung der Risikoquote maßgeblich war.
- Erläuterung der Methode und der wesentlichen Abzugsposten, die zur Ermittlung des risikobehafteten Kreditvolumens führen.
- Angabe des Pauschalwertberichtigungssatzes bzw. -betrags.

Sofern während des Geschäftsjahres oder während des Beobachtungszeitraums in Bezug auf Kreditrisiken außerordentliche Einflüsse sichtbar bzw. wirksam geworden sind, ist eine Darstellung ihrer Behandlung im Berechnungsverfahren erforderlich.

Verzichtet ein Institut völlig auf die Bildung von Pauschalwertberichtigungen, ist dazu eine Feststellung im Prüfungsbericht erforderlich, wobei die Gründe für ein solches Vorgehen aufzuführen und zu beurteilen sind.

4.3.5.6. Länderwertberichtigungen (Länderrisiko)

4.3.5.6.1. Definition des Länderrisikos

Das Länderrisiko drückt sich aus in der Gefahr, dass Forderungen aus grenzüberschreitenden Geschäften und/oder in Fremdwährung wegen hoheitlicher Maßnahmen ausfallen können

---

[563] Vgl. zu den Angaben auch Wagener/Böcking/Freiling/Ernsting/Fitzner, 133 ff.
[564] Vgl. BAKred-Schreiben (heute BaFin) vom 29.1.1992, FN 1992, 82 f.

(Transfer- und Konvertierungsrisiko).[565] Es beinhaltet die Zahlungsunfähigkeit oder fehlende Zahlungsbereitschaft desjenigen Lands, dem der Geschäftspartner zuzuordnen ist. Infolgedessen kann es aufgrund krisenhafter politischer oder ökonomischer Entwicklung in einem Land zu Transferproblemen und somit zu zusätzlichen Adressenausfallrisiken kommen. Dies haben die finanzwirtschaftlichen Krisen gezeigt (zB Indonesien 1997, Ukraine 1998, Argentinien 2001).

Nur bei Krediten an ausländische **staatliche Schuldner** ist das schuldnerbezogene Ausfallrisiko gleichzeitig auch das Länderrisiko. Eine über die Einzelwertberichtigung hinausgehende Berücksichtigung des Länderrisikos ist damit stets für nicht-staatliche Schuldner relevant.

Ebenso wie beim Bonitätsrisiko (Adressenausfallrisiko) ist auch beim Länderrisiko grundsätzlich zu unterscheiden zwischen den erkennbaren akuten Risiken, die eine Einzelwertberichtigung oder eine Rückstellung erforderlich machen, und den durch pauschale Länderwertberichtigungen zu begegnenden latenten Risiken.[566] In der Praxis werden die Länderwertberichtigungen häufig insgesamt in pauschalierter Form vorgenommen, wobei den akuten Länderrisiken in Form von höheren Prozentsätzen Rechnung getragen wird.

Bei der Länderwertberichtigung ist nicht auf jeden einzelnen Schuldner abzustellen. Bewertungsobjekt ist vielmehr das Forderungsbündel, das sich aus den gegen alle Schuldner in einem bestimmten Land gerichteten Forderungen zusammensetzt. Soweit es sich um nichtstaatliche Schuldner im Ausland handelt, stehen das Adressenausfallrisiko und das Länderrisiko nebeneinander. Bei mangelnder Bonität des Schuldners ist also zunächst eine Einzelwertberichtigung für das jeweilige Engagement zu bilden. Daneben unterliegt diese Forderung grundsätzlich auch einem Länderrisiko.

4.3.5.6.2. Erfassung des Länderrisikos mittels Länderwertberichtigungen

Dem **latenten** Länderrisiko wird in Form von **pauschalierten Einzelwertberichtigungen** (sog. Länderwertberichtigungen)[567] Rechnung getragen, die sich auf das Gesamtobligo der Kreditnehmer eines bestimmten Landes beziehen.[568] Hierzu muss jedes Institut unter Hinzuziehung eigener oder fremder Länderanalysen die jeweilige Höhe der zu bildenden Länder-

---

565 Vgl. Meybom/Reinhart, Die Bank 1999, 568; Bieg (1998), 414 f.; Hossfeld, RIW 1997, 137; Schlösser, StuB 2000, 143 ff.; Wagener, ZfgK 1995, 218; Hamacher/Seidel ua., Kza. 1250, 13 f.; Sittmann-Haury, 39 ff.
566 Vgl. BFA, Bericht über die 103. Sitzung, FN 1983, 4 und 39.
567 Literatur zur Länderwertberichtigung: Baxmann, ZfB 1990, 497; Berger, ZfB 1982, 96; Birck/Meyer, V 177 ff.; Dichtl/Köglmayr, ZfgK 1985, 390; Gündling/Everling; Die Bank 1993, 590; Fink, ÖBA 1995, 455; Fischwasser/Schmitt, ZfgK 1995, 214; Junga/Tussing, StBb 1991, 64; Klein/Bäcker, WiSt 1995, 191; Krumnow ua., 2. Aufl., § 340e HGB Rn. 240; Müller, Th., 262 f.; Schlösser, StuB 2000, 143; Schobert, StBp 1986, 73; Wagener, ZfgK 1995, 218 mwN; Hessisches FG Urteil vom 8.4.1981, EFG 1981, 439; Hessisches FG Urteil vom 16.9.1983, EFG 1983, 639; FG Hamburg, Vorlagebeschluss vom 22.4.1999, EFG 1999, 1026; hierzu siehe EuGH-Urteil vom 7.1.2003, DB 2003.
568 Ausführlich vgl. Birck/Meyer, V 177 ff.; Müller, Th., 262 ff.

wertberichtigungen ermitteln. Diese werden im Regelfall als Prozentsatz auf das **Gesamtkreditengagement** eines Instituts in einem Land ausgedrückt.

Ungeachtet dessen ist das individuelle Ausfallrisiko eines Schuldners im Ausland zunächst durch eine Einzelwertberichtigung zu erfassen. Bonitätsrisiko und Länderrisiko sind unterschiedliche Risikoarten, die risikotheoretisch nebeneinander bestehen und gleichzeitig schlagend werden können.[569]

Erst nachdem eine Einzelwertberichtigung für das schuldnerbezogene Ausfallrisiko gebildet wurde, ist dieses Engagement in das Gesamtobligo des entsprechenden Landes zur Ermittlung der Länderwertberichtigung einzubeziehen.[570] Das Nebeneinander beider Unterrisikoarten des Kreditrisikos darf jedoch nicht zu einer doppelten Erfassung von potenziellen negativen Erfolgsbeiträgen führen, die sich jeweils bei isolierter Betrachtung ergeben würden.[571]

4.3.5.6.3. Bemessungsgrundlage für die Länderwertberichtigungen

Als Bemessungsgrundlage für Länderwertberichtigungen kommen grundsätzlich sämtliche Ansprüche ggü. ausländischen Schuldnern in Betracht. Neben Buchforderungen und Wertpapieren sind insbesondere auch Ansprüche aus Eventualverbindlichkeiten und Geschäften mit derivativen Instrumenten einzubeziehen.[572] Es wird im Schrifttum empfohlen, die Bemessungsgrundlage für die Länderwertberichtigung am Kreditbegriff des § 19 Abs. 1 KWG auszurichten.[573]

Bereits aufgrund einer individuellen Bonitätsbeurteilung einzelwertberichtigte Forderungen sind nur mit ihrem Nettobetrag (Buchwert abzüglich Einzelwertberichtigung) in die Bemessungsgrundlage für die Länderwertberichtigung einzubeziehen.[574]

Der Gesamtbetrag des Länderobligos ist zudem um den Wert der gestellten und werthaltigen Sicherheiten (zB Bürgschaften, Garantien) zu vermindern.[575] Er ist zu erhöhen um die zugunsten der Länder mit einem höheren Länderrisiko gestellten Sicherheiten.[576]

An die Berücksichtigung von Sicherheiten sind hohe Anforderungen zu stellen. Sicherheiten können nur dann berücksichtigt werden, wenn sie auch den Fall des akuten Länderrisikos abdecken und nicht lediglich das kreditnehmerbezogene Bonitätsrisiko. Sicherheiten in dem

---

[569] Ebenso FG Hamburg, Vorlagebeschluss vom 22.4.1999, EFG 1999, 1027; Schlösser, StuB 2000, 147; EuGH-Urteil vom 7.1.2003, BB 2003, 355 ff., DB 2003, 181 ff.
[570] Vgl. ADS 6. Aufl. § 253 HGB Rn. 536.
[571] Vgl. Schlösser, StuB 2000, 147.
[572] Vgl. Krumnow ua., 2. Aufl., § 340e HGB Rn. 244.
[573] So Müller, Th., 264.
[574] GlA Müller, Th., 264 f.
[575] Vgl. Wagener, ZfgK 1995, 218.
[576] Vgl. Wagener, ZfgK 1995, 218.

betreffenden Land dürften als nicht werthaltig einzustufen sein, denn bei einem generellen Transferverbot können regelmäßig auch die Verwertungserlöse aus Sicherheiten nicht transferiert werden.[577]

4.3.5.6.4. Festlegung des Wertberichtigungssatzes

Überblick

Daneben ist der Wertberichtigungssatz zu bestimmen, der auf die Bemessungsgrundlage anzuwenden ist.[578] Für die Festlegung der Höhe des Wertberichtigungssatzes lassen sich keine allgemeingültige Angaben machen. Dies stellt das eigentliche Problem der Ermittlung von Länderwertberichtigungen dar.

Grundlage der Ermittlung bilden häufig interne[579] oder externe Länderratings.[580] Als Beispiele für das externe Rating von Ländern sind zu nennen: Institutional Investor's Credit Ratings, Euromoney Country-Risk, Foreland, Moody's Kapitalmarktrating sowie das Länderrating von Standard & Poor's. All diesen Verfahren haftet der Mangel an, dass die zur Beurteilung der Länderrisiken herangezogenen Indikatoren nur einer subjektiven Gewichtung unterzogen werden können und allenfalls eine Grundlage für die Bildung von Risikorangfolgen liefern. Die Frage nach der Höhe der erforderlichen Risikovorsorge wird damit nicht beantwortet.

Steuerliche Rechtsprechung und Verlautbarungen der Finanzverwaltung

In einem zum steuerlichen Bewertungsrecht ergangenen rechtskräftigen Urteil des Hessischen Finanzgerichts vom 8. April 1981[581] wird festgestellt, dass die Nichttransferierbarkeit einer Kapitalforderung einen besonderen Umstand darstellt, der eine Bewertung der Forderung unter dem Nennwert rechtfertigt, weil der Gläubiger über die Geldsumme, auf die sich seine Forderung bezieht, nicht frei verfügen kann. Die Finanzverwaltung hat mit BMF-Schreiben vom 23. April 1979[582] anerkannt, dass Devisentransferprobleme eines Landes bei der Bewertung von Forderungen gegenüber Schuldnern in dem betreffenden Land zu berücksichtigen sind. Dabei muss bei der Bewertung ein gewisser Spielraum akzeptiert werden.[583]

---

577 GlA Müller, Th., 265.
578 Vgl. auch Sittmann-Haury, 41 f.
579 Vgl. Fink, ÖBA 1995, 455; Berger, ZfB 1982, 96 ff.
580 Vgl. Gündling/Everling, Die Bank 1993, 590 ff.; Krumnow ua., 2. Aufl., § 340e HGB Rn. 251 f.; zum Länderbonitätsindex der L-Bank, Karlsruhe, vgl. Fünfle/Pfeifer, Die Bank 2002, 96 ff.
581 Vgl. Hessisches FG Urteil vom 8.4.1981, EFG 1981, 439.
582 Vgl. BMF-Schreiben vom 23.4.1979, BB 1979, 659.
583 Vgl. BMF-Schreiben vom 7.3.1983, WPg 1986, 137.

Mit Beschluss vom 22. April 1999 hat das Finanzgericht Hamburg[584] dem EuGH verschiedene Fragen zur Bildung von Drohverlustrückstellungen bzw. Länderwertberichtigungen für bestimmte Haftungsverhältnisse vorgelegt. In den dem Streitfall zugrunde liegenden Risk Subparticipation Agreements (Risiko-Unterbeteiligungs-Garantien, Aval-Gemeinschaftskredite) hat ein deutsches Kreditinstitut für seine Verpflichtungen ggü. dem anderen Kreditinstitut einzustehen, sofern der ausländische Schuldner (im Streitfall ansässig in Chile) seinen Verpflichtungen aus politischen oder ökonomischen Gründen ggü. dem anderen Kreditinstitut nicht nachkommen kann. Das Länderrisiko steht dabei neben dem allgemeinen Ausfallrisiko (Bonitätsrisiko) als weiterer Bestandteil des Kreditrisikos.[585] Damit vertritt das Finanzgericht Hamburg hinsichtlich der gesonderten Berücksichtigung des Länderrisikos eine andere Ansicht als das BMF im Schreiben vom 10. Januar 1994. Der EuGH hält es mit Urteil vom 7.1.2003[586] für zulässig, das Länderrisiko anhand eigener Erfahrungen und Informationen bzw. mittels Branchenerkenntnissen oder nach Rating-Tabellen sowie durch Kombination dieser Methoden mittels einer pauschaliert Einzelwertberichtigung zu erfassen. Daneben kann nach Ansicht des EuGH das nicht akute, sondern bloß latente Länderrisiko durch eine pauschale Wertberichtigung bzw. durch Bildung einer Rückstellung (Eventualverbindlichkeiten) erfasst werden.

Wertberichtigungssatz nach dem sog. „Hamburger Modell"

Schobert[587] befasst sich mit der Frage, wie Forderungen an ausländische Schuldner in Ländern mit hohem Transferrisiko bewertet werden können. Das von Schobert dargestellte Bewertungsverfahren stützt sich einmal auf die Länderbonität nach der Institutional Investors-Rangliste, die zweimal im Jahr veröffentlicht wird, und zum andern auf den vom Hessischen Finanzgericht mit dem sog. **Polen-Urteil** vom 16. September 1983[588] zugelassenen Wertberichtigungssatz von 50 % auf eine Polenforderung. Der Wertberichtigungssatz von 50 % entspricht einem Bonitätsindex für Polen am Jahresende 1981 von 16,3. Diese beiden Werte sind nach dem Vorschlag von Schobert Berechnungsgrundlage für die Ermittlung der höchstzulässigen Wertberichtigung für die späteren Bilanzierungszeitpunkte und für die verschiedenen Länder.

Polen	Bonitätsindex 09/1985	13,9	
	Ausgangswert 12/1981	16,3	2,4

Abb. 4.8: Länderwertberichtigung nach dem Polen-Urteil (Polen)

Das Rating von Institutional Investor's von Polen im September 1985 - maßgeblich für die Ermittlung der Länderwertberichtigung zum 31. Dezember 1985 - hat sich gegenüber 1981 um

---

584 Vgl. FG Hamburg, Vorlagebeschluss vom 22.4.1999, EFG 1999, 1026 ff.; BB 1999, 1866 (auszugsweise).
585 Vgl. ausführlich zum Vorlagebeschluss Schlösser, StuB 2000, 143 ff.
586 Vgl. EuGH-Urteil vom 7.1.2003, DB 2003, 181 ff., BB 2003, 355 ff.
587 Vgl. Schobert, StBp 1986, 73.
588 Vgl. Hessisches FG Urteil vom 16.9.1983, EFG 1983, 639.

2,4 verschlechtert. Damit ermittelt sich die höchstzulässige Länderwertberichtigung für Polen nach dem Vorschlag von Schobert mit 50 % - 2,4 % = 52,4 %.

Brasilien	Bonitätsindex 09/1985	30,9	
	Ausgangswert Polen	16,3	14,6

Abb. 4.9: Länderwertberichtigung nach dem Polen-Urteil (Brasilien)

Brasilien hat zum September 1985 einen Bonitätsindex von 30,9 %. Wird dieser dem Bonitätsindex von Polen in Höhe von 16,3 gegenüber gestellt, so ergibt sich ein Unterschiedsbetrag von 14,6. Da das Rating von Brasilien mit 30,9 ggü. Polen besser ist, ist der Unterschiedsbetrag vom für Polen zulässigen Wertberichtigungssatz von 50 % abzuziehen. Am Beispiel Brasilien ergibt sich nach dem Vorschlag von Schobert eine höchstzulässige Länderwertberichtigung zum 31. Dezember 1985 von 50 % - 14,6 % = 35,4 %.

Auch wenn gegen diese Ermittlungsmethode für den Wertberichtigungsbedarf Einwendungen zu erheben sind, so zB dass zwischen der vom Finanzgericht anerkannten Wertberichtigung von 50 % und dem Bonitätsindex von Polen von 16,3 keine direkte und zwangsläufige Verknüpfung besteht, kann diese Methode hilfsweise für die Bewertung verwendet werden.

Junga/Tussing[589] stellen ua. das sog. „**Hamburger Modell**" als Unterfall des oben vorgestellten Ranglistenverfahrens nach dem Polen-Urteil vor. Danach gilt die widerlegbare **Vermutung**, dass (a) Länder mit einem Rating von 50 und mehr nicht zu den Problemländern zählen und entsprechende Forderungen nicht einzelwertberichtigt werden und (b) ungesicherte Forderungen in Länder mit einem abnehmenden Rating unter 50 % in der Werteinschätzung durch gedachte Erwerber als abnehmend werthaltig gelten. Nach diesem Verfahren errechnet sich die höchstzulässige Länderwertberichtigung nach folgender Formel:

$$Länderwertberichtigung\ (\%) = 2 * (50 - niedrigere\ Ratingziffer)$$

Auf die obigen Beispiele von Polen und Brasilien kommen folgende Wertberichtigungen infrage:

Polen: WB = 2 * (50 - 13,9) = 72,2 %
Brasilien: WB = 2 * (50 - 30,9) = 38,2 %

Diese Versuche der Finanzverwaltung, die Länderrisikovorsorge rechenbar zu machen, sind nicht überzeugend. Beim sog. Hamburger Modell werden nur Ratingziffern kleiner 50 berücksichtigt. Die Bewertung nach dem sog. Polen-Urteil führt im Höchstfall zu einer Länderwertberichtigung von 66,3 %.[590]

---

[589] Vgl. Junga/Tussing, StBb 1991, 64.
[590] Vgl. Wagener, ZfgK 1995, 220 f.

Die auf dem **Sekundärmarkt** (zB für Brady Bonds[591]) feststellbaren Marktwerte für Auslandsforderungen können nur dann unmittelbar als Bewertungsmaßstab herangezogen werden, wenn von einem **funktionierenden Sekundärmarkt** ausgegangen werden kann.[592] Da dies nicht ausnahmslos für alle Auslandsforderungen gegeben ist, ist die Verwendung von Sekundärmarktpreisen als alleiniger Maßstab für die Bewertung des Länderrisikos nicht völlig problemlos; sie können aber stets als Orientierungshilfe dienen.[593] Aufgrund der Marktenge bzw. der geringen Marktliquidität wird das alleinige Abstellen auf Sekundärmarktpreise im Schrifttum abgelehnt, sodass diese lediglich als Indikator herangezogen werden können.[594]

Wertberichtigungssatz nach dem Entwurf eines BMF-Schreibens vom 19. Dezember 1997

Das Bundesfinanzministerium hat den im Zentralen Kreditausschuss vertretenen Kreditwirtschaftsverbänden mit Schreiben vom 19. Dezember 1997 den Entwurf eines BMF-Schreibens zugeleitet, in dem die Verwaltungsauffassung zur Risikovorsorge bei der Bewertung von Auslandsforderungen (sog. **„erweitertes Hamburger Modell"**) in der Steuerbilanz niedergelegt ist. Nach dem Entwurf ist das erweiterte Hamburger Modell rückwirkend auf alle noch offenen Veranlagungszeiträume anzuwenden.

Ein endgültiges Schreiben ist bislang nicht ergangen. Diese Verwaltungsregelung soll nochmals überprüft werden. Darüber hinaus hat das Bundesamt für Finanzen auf der Grundlage des Entwurfs **höchstzulässige Bandbreiten** der Länderwertberichtigungen für ausgewählte Länder errechnet und den Bankenverbänden für die jeweiligen Jahresabschlüsse mitgeteilt. Das Bundesamt für Finanzen gibt jährlich eine Übersicht mit den Wertberichtigungssätzen heraus.

Dieses Verfahren des BMF basiert im Vergleich zum oben dargestellten Hamburger Modell nicht nur auf den Länderratings des Institutional Investor, sondern berücksichtigt darüber hinaus die Ratings von Euromoney und Standard & Poor's. Die einzelnen Wertberichtigungsstufen werden dabei nach bestimmten Formeln in 10 %-Stufen ermittelt. Die widerlegbare Obergrenze für die höchstzulässige Länderwertberichtigung wird durch die höchste der ermittelten drei Bandbreiten bestimmt. Die anhand der Formeln ermittelten Werte sind auf die vorangehende Zehnerstelle ab- und die nachfolgende Zehnerstelle aufzurunden. Diese Rundung dient dazu, die Bandbreiten in Form von 10 %-Stufen zu ermitteln.

Nach dem Rating von **Institutional Investor** zählen Länder mit einem Rating von 50 und mehr nicht zu den Problemländern. Beträgt das Rating 50 oder weniger ergibt sich der Prozentsatz aus folgender Formel:

---

[591] Zu Brady Bonds ausführlich vgl. Fischwasser/Schmitt, ZfgK 1995, 214 ff.
[592] GlA Krumnow ua., 2. Aufl., § 340e HGB Rn. 252; Wagener, ZfgK 1995, 218; Baxmann, ZfB 1990, 497 ff.
[593] Vgl. auch Müller, Th., 272.
[594] Vgl. Sittmann-Haury, 42 mwN.

$$100 * \left(\frac{Rating*100}{50} \right)$$

Abweichungen bei der Ermittlung des Prozentsatzes nach **Euromoney** ergeben sich hinsichtlich der Ratingziffer, ab der Ausfallrisiken unterstellt werden. Diese ist bei Institutional Investor 50 und bei Euromoney 75. Die Formel lautet daher:

$$100 * \left(\frac{Rating*100}{75} \right)$$

Die Wertfindung nach **Standard & Poor's** basiert auf deren Rating. Für die mit AAA bis BBB bewerteten Länder kommen grundsätzlich keine Länderwertberichtigungen in Betracht. Ausfallrisiken werden nur bei einem Rating BBB- und schlechter angenommen.

BBB -, BB +	0 % bis 10 %
BB	10 % bis 20 %
BB -	20 % bis 30 %
B +, B	30 % bis 40 %
B -	40 % bis 50 %
CCC +, CCC	50 % bis 60 %
CCC -, CC +	60 % bis 70 %
CC -	70 % bis 80 %
C	80 % bis 90 %
C -	90 % bis 100 %
D	100 %

Nach dem Entwurf des BMF-Schreibens dürfen folgende Posten **nicht in die Bemessungsgrundlage für die Länderwertberichtigungen einbezogen** werden:

- Forderungen aus dem kommerziellen Geschäft (kurzfristige Handelsforderungen mit einer (Gesamt-) Laufzeit bis zu einem Jahr) und Geldhandelsforderungen,
- Forderungen aus im Rahmen von Umschuldungsvereinbarungen begebenen Restrukturierungsdarlehen,
- bereits aufgrund eines Adressenausfallrisikos wertberichtigte Kredite,
- rechtsverbindliche Kreditzusagen,
- Forderungen aus Neugeschäften, soweit nicht zu Sicherung von Altkrediten dienend
- Forderungen, soweit sie werthaltig und rechtlich durchsetzbar gesichert sind. Zu den gesicherten Forderungen einer Tochtergesellschaft rechnen nicht die Kredite, gegen deren Ausfall sich die Muttergesellschaft aus gesellschaftsrechtlichen Gründen verbürgt hat. Dagegen mindern betrieblich veranlasste Bürgschaftsverpflichtungen einer Muttergesellschaft das risikobehaftete Forderungsvolumen bei der Tochtergesellschaft.

- Schuldverschreibungen (zB Brady Bonds) und Anteile an Kapitalgesellschaften (zB aus Dept-Equity-Swaps) rechnen nicht zum risikobehafteten Forderungsvolumen und zwar auch dann nicht, wenn sie gegen risikobehaftete Forderungen getauscht wurden.

4.3.5.6.5. Angaben im Prüfungsbericht

Nach § 31 PrüfbV sind im **Prüfungsbericht** zum Länderrisiko Angaben zu machen. Danach ist der Umfang der von dem Institut eingegangenen Länderrisiken insgesamt und nach den Meldungen gemäß der Länderrisikoverordnung anzugeben sowie die Art ihrer Überwachung darzustellen und zu würdigen. Bezüglich der Mindestangaben wird auf § 31 Satz 3 PrüfbV verwiesen.

4.3.5.7. Bildung von Vorsorgereserven gemäß § 340f HGB (versteuerte Pauschalwertberichtigungen)

Zusätzliche Bildung von Vorsorgereserven

Neben Einzelwertberichtigungen und Pauschalwertberichtigungen ist es den **Kreditinstituten** und **Finanzdienstleistungsinstituten**[595] nach § 340f HGB erlaubt, in bestimmtem Umfang Vorsorgereserven auf bestimmte Forderungen und Wertpapiere zu bilden. Diese müssen nicht offen in der Bilanz oder im Anhang gezeigt werden (Stille Reserven). Damit soll für das allgemeine Branchenrisiko Vorsorge getroffen werden. Dies hat zur Folge, dass die Wertkorrekturen buchungstechnisch zwar einzelnen Bilanzposten zugeordnet werden, dass aber die abzudeckenden Risiken nicht ausschließlich in diesen Posten begründet liegen.[596] Die Bilanzposten dienen somit lediglich als Verrechnungsposten. Insoweit wird der Grundsatz der Einzelbewertung aufgehoben.

Ein Mindestumfang der Vorsorgereserven nach § 340f HGB ist nicht vorgeschrieben, sodass der Jahresabschluss bzw. Konzernabschluss eines Kreditinstituts auch bei fehlenden Vorsorgereserven - nicht hingegen beim Fehlen von notwendigen Einzelwertberichtigungen - ordnungsgemäß erstellt ist.

Anhangangaben bei Reserven gemäß § 253 Abs. 4 HGB - Auswirkungen auf den Bestätigungsvermerk?

Insbesondere Kreditinstitute des genossenschaftlichen Sektors haben zT versteuerte **Pauschalwertberichtigungen nach § 253 Abs. 4 HGB** (sog. Altreserven), die idR vom Posten

---

[595] Vgl. Hanenberg, WPg 1999, 87 der sich eindeutig für die Anwendung des § 340f HGB für Finanzdienstleistungsinstitute ausspricht.
[596] Vgl. Hossfeld, RIW 1997, 138.

„4. Forderungen an Kunden" abgesetzt sind. Nach Ansicht des IDW (IDW PS 400) sind diese Altreserven gemäß § 253 Abs. 4 HGB, wenn es sich um wesentliche Beträge handelt, betragsmäßig im **Anhang** anzugeben. Dies gilt jedoch nicht für die Vorsorgereserven gemäß § 340f HGB bzw. § 26 KWG aF.

Sofern diese Angabe im Anhang nicht vorgenommen wird, muss im Bestätigungsvermerk der Betrag der Altreserven gemäß § 253 Abs. 4 HGB genannt werden, nur so ist laut IDW PS 400 eine uneingeschränkt positive Gesamtaussage des Prüfungsurteils möglich.

Versteuerte Pauschalwertberichtigungen liegen nach Ansicht des Württembergischen Genossenschaftsverbands[597] dann in wesentlichem Umfang vor, wenn der Betrag mehr als 4 % der Summe der Bilanzposten Aktiva 4, 5 und 6 (soweit Liquiditätsreserve) oder 2 % der Bilanzsumme übersteigt.

Die Anhangangabe kann nach Ansicht des Württembergischen Genossenschaftsverbands dadurch vermieden werden, dass die Reserven gemäß § 253 Abs. 4 HGB in Vorsorgereserven nach § 340f HGB umgewidmet werden. Gleiches gilt nach der hier vertretenen Ansicht auch, wenn eine Auflösung und Einstellung in den „Fonds für allgemeine Bankrisiken" gemäß § 340g HGB erfolgt.

Die vorstehend geschilderte Ansicht des Württembergischen Genossenschaftsverbands wird hier jedoch nicht geteilt. Denn die Vorschriften des § 253 Abs. 4 HGB und des § 340f HGB bzw. § 26a KWG aF sind nach der hier vertretenen Ansicht nicht als gleichwertig anzusehen: Die Möglichkeit der Bildung von Abschreibungen nach § 253 Abs. 4 HGB besteht nicht für Kapitalgesellschaften, deren Jahresabschluss nach § 264 Abs. 2 HGB ein den tatsächlichen Verhältnissen entsprechendes Bild ... vermitteln muss; Kredit- und Finanzdienstleistungsinstitute haben hinsichtlich der Rechnungslegung die Vorschriften des § 264 Abs. 2 HGB zu beachten (§ 340a Abs. 1 HGB), insbesondere § 264 Abs. 2 HGB ist hiervon nicht ausgenommen; darüber hinaus gelten für Institute die speziellen Vorschriften, zu denen auch § 340f HGB gehört. Letztlich kommt beiden Vorschriften eine unterschiedliche Qualität zu.

Bezüglich des Verhältnisses der §§ 264 Abs. 2 HGB und 340f HGB zueinander und evtl. Auswirkungen auf den Bestätigungsvermerk im Hinblick auf die Vermittlung eines den tatsächlichen Verhältnissen entsprechendes Bild, handelt es sich um einen alten Streit, der bisher (zur Zeit des Formeltestats) eindeutig zugunsten der Bildung entsprechender Reserven ohne Einfluss auf den Bestätigungsvermerk entschieden wurde. Als Begründung zur alten Rechtslage bezüglich des zu erteilenden Bestätigungsvermerks wurden folgende stichhaltigen Gründe angeführt: Für Institute gilt sowohl die Vorschrift des § 264 Abs. 2 HGB als auch die des § 340f HGB; der Gesetzgeber hat bei der Richtlinienumsetzung hierin entweder keinen Widerspruch gesehen oder aber der letztgenannten Vorschrift als Lex specialis bewusst die höhere Priorität eingeräumt; somit schränkt § 264 Abs. 2 HGB die Möglichkeit des § 340f HGB bzw. § 26a KWG aF nicht ein und es kann daher letztlich auch keine Auswirkung auf den Bestäti-

---

[597] Vgl. Württembergischer Genossenschaftsverband, Information K 140/1999 vom 15.12.1999.

gungsvermerk geben. Diese Begründung zur alten Rechtslage hat auch heute hinsichtlich des Verhältnisses der § 264 Abs. 2 HGB und § 340f bzw. § 26a KWG aF zueinander nicht an Aktualität verloren.

Die Formulierung in IDW PS 400 Tz. 48 „... Gesellschaften, die aufgrund ihrer **Rechtsform** nicht verpflichtet sind ..." kann sich nicht auf Institute als **Branche** beziehen. Es würde dem Sinn der Vorschriften zur Bildung von stillen Vorsorgereserven widersprechen, eine betragsmäßige Angabe zu den Auswirkungen der auf dieser Grundlage gebildeten Reserven in den Anhang aufzunehmen.

4.3.5.8. Wertaufholungsgebot

Durch das Steuerentlastungsgesetz 1999/2000/2002 ist § 6 Abs. 1 Nr. 1 und Nr. 2 EStG dahingehend geändert worden, dass Teilwertabschreibungen nur noch zulässig sind, wenn eine voraussichtlich dauernde Wertminderung vorliegt. Maßgebend sind die Verhältnisse am Bilanzstichtag. Aus der Sicht des Bilanzstichtags muss mithin eine Einschätzung getroffen werden, wie sich das Kreditverhältnis voraussichtlich entwickeln wird. Entscheidend ist, dass die Einschätzung ausreichend schriftlich dokumentiert wird. Einzelheiten vgl. Kapitel 4.5.

Bei Wegfall der Gründe für eine Einzelwertberichtigung ist diese nach § 6 Abs. 1 Nr. 2 EStG zwingend aufzulösen. An die Beurteilung des Wegfalls der Gründe sind strenge Anforderungen zu stellen. Eine Auflösung der Einzelwertberichtigung kommt damit nur dann in Betracht, wenn sich die wirtschaftlichen Verhältnisse des Kreditnehmers wesentlich und erkennbar mit nachhaltiger Wirkung verbessert haben, sodass eine akute Gefährdung der Kapitaldienstfähigkeit unwahrscheinlich geworden ist. Gleiches gilt für den Fall, dass die gestellten Sicherheiten zweifelsfrei ausreichen, um das Engagement zurückzuführen.

Nach § 280 Abs. 1 HGB besteht auch ein handelsrechtliches Wertaufholungsgebot. Dieses Wertaufholungsgebot ist jedoch insoweit eingeschränkt, als nach § 340f Abs. 2 HGB ein niedrigerer Wertansatz für Vermögensgegenstände, die gemäß § 340f Abs. 1 HGB für die Bildung einer Vorsorgereserve zur Verfügung stehen, beibehalten werden darf.[598]

4.3.5.9. Ausbuchung von Forderungen

Forderungen sind auszubuchen, wenn sie erloschen sind, was durch Erfüllung (§ 362 BGB), Aufrechnung (§ 389 BGB) oder Erlass (§ 397 BGB) erfolgen kann. In diesem Zusammenhang stellt insbesondere der Abgang von Forderungen aufgrund von Asset Backed Transaktionen ein Problem dar. Die Forderungen sind dann auszubuchen, wenn der Verkäufer der Forderungen kein Ausfallrisiko mehr trägt. Verbleibt das Ausfallrisiko dagegen beim Forderungsver-

---

[598] Vgl. Schneider, ZBB 2000, 126, ungeachtet dessen wird für die Handelsbilanz zT davon ausgegangen, dass ebenfalls ein uneingeschränktes Wertaufholungsgebot gilt; Windmöller, ZfgK 2000, 24.

käufer, bspw. durch den Kauf nachrangiger Anteile der Zweckgesellschaft oder die Gewährung einer Garantie ggü. der Zweckgesellschaft, ist die Transaktion einem unechten Factoring vergleichbar als Kreditgeschäft und nicht als Verkauf zu sehen, sodass die Forderungen nicht auszubuchen sind.[599]

Uneinbringliche Forderungen, bei denen aller Wahrscheinlichkeit nach vom Schuldner bzw. aus der Verwertung von Sicherheiten keine Zahlungen mehr zu erwarten sind, müssen ebenfalls ausgebucht werden (sog. Direktabschreibungen).[600] Dies ist bspw. dann der Fall, wenn die Forderung endgültig verloren ist (zB Insolvenz[601] des Schuldners, eidesstattliche Versicherung). Dabei ist ggf. auch lediglich ein Teil der Forderung in Höhe der tatsächlichen Ausfallquote auszubuchen.

In der Praxis werden für die „Ausbuchung" zwei Vorgehensweisen angewendet. Zum einen die Direktabschreibung und zum anderen die vollständige Wertberichtigung. Beides Mal handelt es sich um eine aktivische Kürzung des Buchwerts der Forderung. In der Bilanz ist nicht ersichtlich, welche Variante das Institut angewendet hat. Wurde vor einer Direktabschreibung bereits eine Einzelwertberichtigung gebildet, ist zunächst diese Einzelwertberichtigung zu verbrauchen.

Sofern nicht eindeutige rechtliche Gründe vorliegen, ist die Entscheidung, ob eine Forderung notleidend oder uneinbringlich ist, von der Wahrscheinlichkeitsbeurteilung des kreditgebenden Instituts abhängig.[602]

Im Regelfall hat die Ausbuchung einer Forderung keine Erfolgswirksamkeit, denn für derartige Forderungen sind normalerweise bereits in ausreichendem Umfang Einzelwertberichtigungen gebildet worden. Mit der Ausbuchung wird die Forderung gegen die Einzelwertberichtigung aufgerechnet (Verbrauch von Einzelwertberichtigungen).

Die Entscheidung, eine Forderung als uneinbringlich einzustufen und abzuschreiben bzw. auszubuchen, berührt nicht das Außenverhältnis zwischen kreditgewährendem Institut und dem Schuldner. Diese Forderungen sind nach der Ausbuchung als **Vormerkkonten** außerhalb der Finanzbuchhaltung weiterzuführen, denn das Institut verzichtet mit der Ausbuchung nicht auf seinen Rechtsanspruch. Solange die ausgebuchte Forderung rechtlich noch Bestand hat und das Institut nur die geringsten Hoffnungen hegt, dass der als unwahrscheinlich eingeschätzte Fall einer Besserung der wirtschaftlichen Verhältnisse des Schuldners eintreten könnte, wird es diese Forderung auf statistischen Vormerkkonten außerhalb der Finanzbuchhaltung weiterführen.[603]

---

[599] Vgl. Sittmann-Haury, 26 mwN.
[600] Vgl. auch Müller, Th., 177.
[601] Zu den Insolvenztatbeständen vgl. Wengel, DStR 2001, 1769 ff.
[602] Vgl. Müller, Th., 177.
[603] Vgl. auch Müller, Th., 177.

Auch dann, wenn eine Forderung aus rechtlichen oder tatsächlichen Gründen nicht durchsetzbar ist oder nicht durchgesetzt werden soll, muss diese uneinbringliche Forderung ausgebucht werden.

Eine Ausbuchung, die lediglich mit der Verjährung der Forderung begründet wird, ist nicht zulässig.[604] **Zinsen** auf ausgebuchte Forderungen sollten nicht mehr aktiviert werden.

Gehen auf ausgebuchte Forderungen in späteren Perioden Zahlungen ein, so sind sie als Eingänge auf abgeschriebene Forderungen voll erfolgswirksam im Jahr des Eingangs. In der Gewinn- und Verlustrechnung gehen solche Beträge in die sog. Überkreuzkompensation (§ 340f Abs. 3 HGB) ein, soweit sie nicht mit zunächst ausstehenden Zinsen verrechnet werden.

4.3.5.10. Abzug von Wertberichtigungen bei der Fristengliederung im Grundsatz II

Nach dem Rundschreiben 18/99 des BAKred (jetzt BaFin) vom 22. Dezember 1999 ist beim Abzug der gesamten Einzel- und Pauschalwertberichtigungen sowie der Länderwertberichtigungen die den Zahlungsmitteln zugrunde liegende Laufzeitstruktur so genau wie möglich zu berücksichtigen. Das bedeutet im einfachsten Fall, dass der Abzug der Wertberichtigungen von den betreffenden Aktiva entsprechend den jeweiligen Anteilen der den einzelnen Laufzeitbändern zuzuordnenden Aktiva am Gesamtbestand der Aktiva vorzunehmen ist, auf die Wertberichtigungen gebildet worden sind.

Vorsorgereserven gemäß § 340f HGB sind nicht als Wertberichtigungen iSd. Grundsatz II anzusehen und bleiben deshalb unberücksichtigt.

4.3.5.11. Überkreuzkompensation in der Gewinn- und Verlustrechnung

Die Aufwendungen und Erträge aus der Anwendung des § 340f Abs. 1 HGB (Bildung und Auflösung von Vorsorgereserven), aus Geschäften mit Wertpapieren der Liquiditätsreserve, Aufwendungen aus Abschreibungen sowie Erträge aus Zuschreibungen zu diesen Wertpapieren dürfen nach § 340f Abs. 3 HGB mit den Aufwendungen aus Abschreibungen und Wertberichtigungen auf Forderungen, Zuführungen zu Rückstellungen für Eventualverbindlichkeiten und für Kreditrisiken sowie mit den Erträgen aus Zuschreibungen zu Forderungen oder aus deren Eingang nach teilweiser oder vollständiger Abschreibung und aus Auflösungen von Rückstellungen für Eventualverbindlichkeiten und für Kreditrisiken verrechnet werden und in der Gewinn- und Verlustrechnung als

---

[604] Vgl. Scherer, StBp 1997, 12 mwN.

- „Abschreibungen und Wertberichtigungen auf Forderungen und bestimmte Wertpapiere sowie Zuführungen zu Rückstellungen im Kreditgeschäft" oder als
- „Erträge aus Zuschreibungen zu Forderungen und bestimmten Wertpapieren sowie aus der Auflösung von Rückstellungen im Kreditgeschäft"

ausgewiesen werden. Eine teilweise Saldierung ist nach § 32 RechKredV nicht zulässig; möglich ist daher nur entweder eine **vollständige Kompensation** oder der Bruttoausweis.

4.3.6. Forderungen in ausländischer Währung

Forderungen in ausländischer Währung können bei einem Institut dadurch entstehen, das bspw. ein Darlehen gewährt wird, das der jeweilige Schuldner in ausländischer Währung tilgen muss. Für die Währungsumrechnung ist § 340h HGB maßgeblich (vgl. Kapitel 4.8.).

4.3.7. Forderungen mit Sonderausstattung

Gelegentlich werden Forderungen (Wertpapiere) durch den Schuldner mit Zusatzerklärungen versehen, die den Wert dieser Vermögensgegenstände beeinflussen. Das bekannteste Beispiel sind Wertpapiere (Schuldverschreibungen) mit Sonderausstattung (vgl. Kapitel 4.4.5.1.).
Bei Forderungen kann dies bspw. bei unverzinslichen Darlehen der Fall sein, bei denen der Schuldner anstelle von Zinsen andere Leistungen verspricht. Ein Beispiel für diese Art von Darlehen sind Mitarbeiterdarlehen. Für eine Bewertung zum Nennwert ist ua. erforderlich, dass eine konkrete, mit der Darlehensgewährung zusammenhängende Verpflichtung des Schuldners besteht.

4.4. Bewertung und Prüfung von Wertpapierbeständen

4.4.1. Überblick

Kredit- und Finanzdienstleistungsinstitute haben den Wertpapierbestand sowohl für Zwecke der Bewertung als auch im Hinblick auf den Ausweis von Aufwendungen und Erträgen aus Wertpapieren in der Gewinn- und Verlustrechnung (Ausnahme: laufende Erträge aus Wertpapieren, zB Zinsen oder Dividenden) in drei Gruppen aufzuteilen (vgl. Abb. 4.10).

Nach § 340e Abs. 1 Satz 2 HGB müssen Institute Wertpapiere grundsätzlich nach den Vorschriften für das Umlaufvermögen bewerten, wenn sie nicht dazu bestimmt sind, dauernd dem Geschäftsbetrieb zu dienen. Andernfalls rechnen die Wertpapiere ausnahmsweise zum Anlagevermögen.

Die Zuordnung der Wertpapiere zu der jeweiligen Gruppe, die von dem Verwendungszweck der Wertpapiere abhängig ist, setzt Zuordnungsentscheidungen beim Erwerb voraus, die zu dokumentieren sind. Daneben wird eine getrennte buchmäßige Erfassung der Wertpapierkategorien verlangt.

Wertpapierkategorie	Bewertung nach HGB	GuV-Ausweis der Bewertungs- und Veräußerungsergebnisse
Wertpapiere des Handelsbestands	Nach den für das Umlaufvermögen geltenden Vorschriften (§ 340e Abs. 1 Satz 2 HGB)	Formblatt 2: - Aufwendungen Nr. 3 - Erträge Nr. 5 Pflicht zur Verrechnung (§ 340c Abs. 1 HGB)
Wertpapiere des Anlagevermögens	Nach den für das Anlagevermögen geltenden Vorschriften (§ 340e Abs. 1 Satz 2 HGB)	Formblatt 2: - Aufwendungen Nr. 8 - Erträge Nr. 7 Wahlrecht zur Verrechnung (§ 340c Abs. 2 HGB iVm. § 33 RechKredV)
Wertpapiere der Liquiditätsreserve	Mit einem niedrigeren als dem nach § 253 Abs. 1 Satz 1, Abs. 3 HGB vorgeschriebenen Wert (§ 340f Abs. 1 HGB)	Formblatt 2: - Aufwendungen Nr. 7 - Erträge Nr. 6 Wahlrecht zur Verrechnung (§ 340f Abs. 3 HGB, § 32 RechKredV)

Abb. 4.10: Drei Wertpapierkategorien bei Instituten

Aufwendungen und Erträge aus Wertpapieren des **Handelsbestands** sind nach § 340c Abs. 1 HGB zwingend zu verrechnen; der Saldo ist in der Gewinn- und Verlustrechnung entweder als „Nettoertrag aus Finanzgeschäften" oder „Nettoaufwand aus Finanzgeschäften" auszuweisen. Für Finanzdienstleistungsinstitute sowie für Kreditinstitute, soweit Letztere Skontroführer iSd. § 8b Abs. 1 Satz 1 BörsG und nicht Einlagenkreditinstitut iSd. § 1 Abs. 3d Satz 1 KWG sind, gilt aufgrund der Ausnahme von der Anwendung des § 340c Abs. 1 HGB der Bruttoausweis; sie weisen getrennte Posten für „Aufwendungen aus Finanzgeschäften" und „Ertrag aus Finanzgeschäften" aus.

Dagegen besteht für die Verrechnung der Aufwendungen und Erträge aus den Wertpapieren, die wie Anlagevermögen bewertet werden, sowie bei denen der **Liquiditätsreserve**, ein Wahlrecht. Eine teilweise Verrechnung der Aufwendungen und Erträge ist nicht möglich. Die bilanzpolitische Attraktivität der Bestände der Liquiditätsreserve wird dadurch erhöht, dass sie gemäß § 340f Abs. 1 HGB bei der Bildung von Vorsorgereserven berücksichtigt werden können.

Weder das HGB noch die RechKredV enthalten Regeln für die Abgrenzung der Bestände. Die Eingruppierung der Wertpapiere in die drei Kategorien kann nach den Grundsätzen ordnungsmäßiger Bilanzierung nicht willkürlich erfolgen. Sie hat sich vielmehr an der **Zweckbestimmung** der Wertpapiere zu orientieren. Die Zuordnungsentscheidung erfolgt bei Abschluss der Geschäfte. Diese ist Voraussetzung für eine ordnungsgemäße Buchung und den Nachweis der einzelnen Wertpapierbestände. Die Kriterien für die Abgrenzung der Wertpapierbestände müssen schriftlich dokumentiert und für einen sachverständigen Dritten jederzeit nachvollziehbar sein.

Die Abgrenzung des Handelsbestands gegenüber der Liquiditätsreserve und dem Anlagebestand lässt sich durch den engen Bezug zum Tagesgeschäft sowie zu den Anforderungen nach den MaH verhältnismäßig gut objektivieren. Die Abgrenzung zwischen Wertpapieren der Liquiditätsreserve und des Anlagevermögens ist hingegen viel stärker durch subjektive Zuordnungskriterien geprägt. Von ausschlaggebender Bedeutung ist hier die Zweckbestimmung, die bei ein und demselben Wertpapier durchaus so oder so begründbar sein kann.[605] Eine retrograde Zuordnung ist nicht möglich.

Die Grundsätze ordnungsmäßiger Bilanzierung fordern neben eindeutigen Kriterien für die Abgrenzung der Bestände auch eine **buchhalterische Trennung der Bestände**. Dies ist erforderlich, um eine eindeutige Identifizierung der Anschaffungskosten, der an den Bilanzstichtagen notwendigen Abwertungen, der Fortschreibung der Buchwerte, der maximal möglichen Reservenbildung gemäß § 340f Abs. 1 HGB bzw. etwaiger Wertaufholungen für die verschiedenen Wertpapierbestände zu gewährleisten.

Die Wertpapiere verbleiben zunächst einmal so lange in einer Wertpapierkategorie, bis die zuständigen Stellen des Instituts beschließen, dass diese Wertpapiere einem anderen Zweck dienen sollen. Wird die Zweckbestimmung von Wertpapieren des Handelsbestands bzw. der Liquiditätsreserve dahingehend geändert, dass sie künftig als solche des Anlagevermögens zu behandeln sind, muss eine **Umwidmung** mit Umgliederung stattfinden, die - ebenso wie bei

---

[605] Vgl. Krumnow, ZfbF 1995, 894.

Industrie- und Handelsunternehmen - im Anlagenspiegel darzustellen ist. Diese Umwidmung kann im Anlagenspiegel sowohl als „Zugang" wie auch als „Umbuchung" gezeigt werden. Eine Umwidmung ist auch in umgekehrter Richtung möglich. Solche Umwidmungen erfordern stets eine tragfähige Begründung, da sie dem Willkürverbot nach den Grundsätzen ordnungsmäßiger Bilanzierung unterliegen, sodass sie als grundsätzlicher außergewöhnlicher Vorgang anzusehen sind. Ein ständiger ergebnispolitisch motivierter bzw. begründeter Wechsel ist nicht zulässig.[606]

Nachdem im **Anhang** der Betrag der nicht mit dem Nennwert bewerteten börsenfähigen Wertpapiere zu bestimmten Posten nach § 35 Abs. 1 Nr. 2 RechKredV ebenso anzugeben ist wie die Grundsätze, nach denen die so bewerteten Wertpapiere von den mit dem Niederstwert bewerteten börsenfähigen Wertpapieren abgegrenzt worden sind, dürfte eine weitere Erläuterung im Anhang nicht notwendig sein. Insbesondere dürften Erläuterungen im Anhang zu Änderungen in der Zweckbestimmung von Wertpapieren nur in Ausnahmefällen erforderlich werden.

Eine Verpflichtung zur **Bewertungsstetigkeit** (§ 252 Abs. 1 Nr. 6 HGB) besteht bei Änderungen in der Zweckbestimmung von Wertpapieren nicht, da Art- und Funktionsgleichheit als Voraussetzungen für die Anwendung der Bewertungsstetigkeit nicht vorliegen.[607]

Eine ähnliche Abgrenzung der Wertpapierbestände ist auch für bankaufsichtliche Zwecke in § 1 Abs. 12 KWG vorgeschrieben. Für aufsichtsrechtliche Zwecke wird zwischen dem **Handelsbuch** und dem **Anlagebuch** unterschieden. Die Abgrenzung hat nach sog. institutsinternen nachprüfbaren Kriterien zu erfolgen.[608] Dem Handelsbuch werden im Regelfall die Wertpapiere des bilanziellen Handelsbestands zugeordnet, während der handelsrechtliche Anlagebestand und die Wertpapiere der Liquiditätsreserve dem Anlagebuch zugerechnet werden.

4.4.2. Wertpapiere des Handelsbestands

4.4.2.1. Zuordnung zum Handelsbestand

Welche Wertpapiere zum sog. bilanziellen Handelsbestand gehören, definiert das Gesetz nicht. Die Abgrenzung zwischen Wertpapieren des Handelsbestands und den anderen Wertpapierkategorien hängt von der **Disposition** des einzelnen Kreditinstituts ab, wobei institutsindividuelle Gegebenheiten zu berücksichtigen sind. Dabei müssen entsprechende Abgrenzungskriterien durch **interne Richtlinien** festgelegt werden, die im Rahmen der Plausibilität nachprüfbar sein müssen.[609] Im Ergebnis bleibt es jedem Institut überlassen, festzulegen,

---

[606] Ebenso Krumnow, ZfbF 1995, 895.
[607] Im Ergebnis ebenso Prahl, WPg 1991, 441
[608] Vgl. BAKred (heute BaFin), Rundschreiben 17/99 vom 8.12.1999.
[609] Vgl. Stellungnahme des IDW, WPg 1987, 529 und ZKA, Die Bank 1988, 454.

welche der erworbenen Wertpapiere es für Handelszwecke zu halten gedenkt. Der Umfang des Handelsbestands hängt letztlich vom Umfang der Handelsaktivitäten eines Instituts im Wertpapierbereich ab. Ein Ermessensspielraum besteht im Wesentlichen nur darüber, wie aktiv ein Institut sich im Wertpapierhandel betätigen will.[610]

Dem Handelsbestand sind nur solche Wertpapiere zuzurechnen, die mit der Absicht angeschafft wurden, einen **Eigenhandelserfolg** zu erzielen, dh. die dem Eigenhandel dienen, denn in der Regierungsbegründung zum Gesetzentwurf zu § 340f HGB wird gesagt, es handele sich „... *dabei um einen von dem Kreditinstitut zu bestimmenden Bestand an Wertpapieren, den es vorhält, um seinen Wertpapierhandel zu betreiben.*"[611] Das Hauptmerkmal für die Abgrenzung des Handelsbestands von den anderen Wertpapierbeständen ist die Absicht, mit diesen Wertpapieren einen Eigenhandelserfolg zu erzielen. Im Gegensatz zu Geschäften im Kundeninteresse werden die Eigenhandelsgeschäfte im Eigeninteresse abgeschlossen.

Die Absicht zur Erzielung eines Eigenhandelserfolgs muss im Erwerbszeitpunkt bestehen. Die Zuordnungsentscheidung muss nachprüfbar und in geeigneter Weise dokumentiert sein (zB auf dem Händlerticket und/oder durch eine getrennte Bestandsführung). In diesem Zusammenhang ist auch von Bedeutung, dass die Wertpapiere (kurzfristig) handelbar sein müssen, dh. im Hinblick auf die praktische Durchführbarkeit für diese Wertpapiere grundsätzlich ein **hinreichend liquider Markt** bestehen muss. Die hinreichende Marktliquidität kann sich dabei auf die Glattstellbarkeit aller darin enthaltenen Risiken beziehen.

Die Weiterveräußerungsabsicht allein stellt kein Kriterium für den Eigenhandel dar. Auch Gegenstände des Handelsbestands können bis zur Endfälligkeit gehalten werden.[612] Wertpapiere des Anlagebestands bzw. der Liquiditätsreserve können dementsprechend auch vor ihrer Fälligkeit verkauft werden. Für eine Zuordnung zum Handelsbestand ist nicht Voraussetzung, dass die Geschäfte in nachhaltigem Umfang getätigt werden. Auch nur gelegentliche Wertpapiergeschäfte im Eigenhandelsbereich gehören zum Handelsbestand. Entscheidend ist lediglich die Absicht, mit den Wertpapieren einen Eigenhandelserfolg erzielen zu wollen.

Der Handelsbestand zeichnet sich ua. dadurch aus, dass er nur der Verantwortung der Organisationseinheit „Handel" unterliegt. Der Umfang des Handelsbestands wird dabei auch durch die von der Geschäftsleitung genehmigten Limite für den Wertpapierhandel vorgegeben. Mit Abschluss eines Wertpapiergeschäfts, das der Verantwortung des Handels unterliegt, erfolgt eine unmittelbare Zuordnung zum Handelsbestand. Die Kompetenzen des Handels sind im Rahmen der nach den MaH erforderlichen Anweisungen zu dokumentieren.

Hinsichtlich der Bestimmung des Umfangs des Handelsbestands kann damit auch auf die nach den MaH erforderlichen **Rahmenbedingungen** sowie auf die in den einschlägigen Anweisungen und Richtlinien für den Handel festgelegten Abgrenzungskriterien zurückgegriffen

---

[610] Vgl. Krumnow, ZfbF 1995, 894.
[611] Vgl. BR-Drs. 616/89, 23.
[612] Vgl. Krumnow ua., 2. Aufl., § 340c HGB Rn. 28.

werden. Die Abgrenzung der dem Handel zuzurechnenden Geschäfte nach den MaH ist grundsätzlich auch für die Frage der Abgrenzung des Handelsbestands für Bilanzierungszwecke relevant.

Wertpapiere, die zum Zweck der **Kurspflege** an- bzw. verkauft werden, können dem Handelsbestand zugeordnet werden. Wertpapiere, die im Rahmen von **Arbitragegeschäften** erworben wurden, sowie erworbene, aus **eigenen Emissionen** stammende Wertpapiere, wobei im Fall eigener Aktien ein Ausweis im hierfür vorgesehenen Aktivposten „Eigene Aktien oder Anteile" erfolgen muss, sind regelmäßig dem Handelsbestand zuzurechnen.[613] Geschäfte zur **Absicherung von Risiken im Handelsbestand** sind ebenfalls dem Handelsbestand zuzuordnen.

Sämtliche Aktivitäten in fremdem Namen scheiden aus dem Bereich der Eigenhandelsgeschäfte aus, weil sie ausschließlich auf **Kundenaufträgen** und nicht auf einem Eigeninteresse basieren.[614] Ebenso gehören diejenigen Aktivitäten nicht zum Eigenhandel, die zwar im eigenen Namen aber für fremde Rechnung durchgeführt werden. Ob ein Geschäft im Kundeninteresse durchgeführt wird, entscheidet sich danach, ob der Dienstleistungscharakter ggü. dem Kunden oder das Eigeninteresse überwiegt. **Tafelgeschäfte**, die in den Eigenbestand erworben oder aus dem Eigenbestand verkauft werden, rechnen regelmäßig zum Handelsbestand.[615]

Da der **Eigenhandelserfolg** im Posten „Nettoertrag/Nettoaufwand aus Finanzgeschäften" auszuweisen ist, sind aufgrund eines Umkehrschlusses sämtliche Wertpapiere, deren Erfolgsbestandteile in diesem Posten gezeigt werden, solche des Handelsbestands. Insoweit ist die im Schrifttum geäußerte Ansicht, die Abgrenzung zwischen Handelsbestand und Liquiditätsreserve, bleibt dem Ermessen des Instituts überlassen,[616] eingeschränkt.

Es empfiehlt sich, die **Abgrenzung** des bilanziellen Handelsbestands in Übereinstimmung mit der Abgrenzung des **bankaufsichtlichen Handelsbuchs** gemäß § 1 Abs. 12 KWG vorzunehmen.[617]

Da seitens der BaFin für die Abgrenzung zwischen bankaufsichtsrechtlichem Handelsbuch und Anlagebuch grundsätzlich von einem Gleichlauf der bankaufsichtsrechtlichen Abgrenzung des Handelsbuchs gegen das Anlagebuch mit der handelsrechtlichen Abgrenzung des Handelsbestands gegen Anlagevermögen und Liquiditätsreserve ausgegangen wird,[618] ist hinsichtlich der Frage, welche Beträge im „Nettoertrag/Nettoaufwand aus Finanzgeschäften" ausgewiesen werden, besondere Sorgfalt angebracht.

---

[613] So jedenfalls Bieg (1998), 355.
[614] Vgl. Krumnow ua., 2. Aufl., § 340c HGB Rn. 20.
[615] Vgl. Lemmer, Die Bank 1999, 620.
[616] Vgl. Bieg (1998), 438.
[617] Vgl. hierzu auch Zerwas/Hanten, ZBB 2000, 44 ff.; Luz/Scharpf, 59 ff.; Rundschreiben 17/99 des BAKred (heute BaFin) vom 8.12.1999.
[618] Vgl. BAKred (heute BaFin), Rundschreiben 17/99.

4.4.2.2. Bewertung

Die Wertpapiere des Handelsbestands sind nach dem strengen Niederstwertprinzip des § 253 Abs. 3 HGB zu bewerten (vgl. Kapitel 4.2.3.).

Soweit die Voraussetzungen erfüllt sind, werden die Geschäfte im Eigenhandelsbereich nach den Grundsätzen der **Portfoliobewertung** bewertet. Die Portfoliobewertung und deren Voraussetzung sind ausführlich dargestellt bei Scharpf/Luz.[619]

Im Rahmen der Risikosteuerung von Handelsbeständen (Portfoliobetrachtung) kommt dem einzelnen Geschäft oder Finanzinstrument oftmals keine eigenständige Bedeutung zu. Das Institut steuert seine Preisrisiken idR nicht auf Einzelgeschäftsebene, vielmehr werden auf der Grundlage von Risikofaktoren aus unterschiedlichen bilanziellen (zB Wertpapiere, Forderungen usw.) und außerbilanziellen Finanzinstrumenten (zB Derivate) Portfolien gebildet. Gegenstand der Risikosteuerung ist demnach das Portfolio als Ganzes bzw. die den Wert des Portfolios bestimmenden Risikofaktoren. Die tragenden Bewertungsprinzipien des Handelsgesetzbuches (Anschaffungskosten-, Einzelbewertungs-, Realisations- und Imparitätsprinzip) sind daher konsequenterweise nicht mehr auf das einzelne Finanzinstrument, sondern auf das Portfolio als Ganzes anzuwenden. Diese kompensatorische Bewertung (Bewertungseinheit auf Portfoliobasis, Portfoliobewertung) wird nach hM unter Berücksichtigung der MaH dann für zulässig erachtet, wenn die im Schrifttum[620] hierfür genannten Voraussetzungen erfüllt sind. Im Rahmen der kompensatorischen Bewertung werden dabei die nicht realisierten Gewinne mit den ebenfalls nicht realisierten Verlusten bis zur sog. Nulllinie verrechnet (kompensiert) und nur ein darüber hinaus gehender nicht realisierter Verlust auf Portfolioebene ergebniswirksam erfasst wohingegen ein Gewinnüberhang aufgrund des Imparitätsprinzips (auf Portfolioebene angewandt) außen vor bleibt. Dabei kann es bei strikter Einhaltung der Bedingungen an die Portfoliobewertung auch sachgerecht sein, dass realisierte Verluste in engen Grenzen mit unrealisierten Gewinnen zur Verrechnung kommen. Denn das Realisationsprinzip ändert seine Bedeutung wirtschaftlich sinnvoll, wenn es nicht mehr auf das einzelne Finanzinstrument, sondern auf das Portfolio als Ganzes angewendet wird. Ausschlaggebend ist das Ausmaß, in dem Bewertungsgewinne oder -verluste sicher bzw. objektivierbar und nachprüfbar sind (Prinzip des quasisicheren Anspruchs).

Entscheidend ist dabei, dass die in der Rechnungslegung abgebildete Portfoliostruktur tatsächlich auf die Risikosteuerung des Instituts ausgerichtet ist. Die nicht realisierten Gewinne (schwebenden Gewinnreserven) dürfen bei einer solchen Vorgehensweise keinem nennenswerten Adressenausfallrisiko unterliegen.

Die Praxis bildet diese schwebende Gewinnreserven bzw. die in die Portfoliobewertung sachgerechterweise einbezogenen realisierten Verluste zT auch über einen **Ausgleichsposten** ab.

---

[619] Vgl. Scharpf/Luz, 313 ff.
[620] Vgl. Scharpf/Luz, 313 ff.; ebenso Krumnow ua. 2. Aufl. § 340e HGB Rn. 328 ff.

4.4.2.3. Wertaufholungsgebot

Da die Wertpapiere des Handelsbestands nicht in den Anwendungsbereich des § 340f Abs. 1 HGB fallen, für den die Ausnahmeregelung des § 340f Abs. 2 HGB gilt, ist das Wertaufholungsgebot des § 280 Abs. 1 HGB auf die Wertpapiere des Handelsbestands uneingeschränkt anzuwenden (vgl. Kapitel 4.5.).

4.4.2.4. Nettoausweis in der Gewinn- und Verlustrechnung von Kreditinstituten

Die Unterschiede der Erträge und Aufwendungen aus **Eigenhandelsgeschäften**[621] mit Wertpapieren, Finanzinstrumenten, Devisen und Edelmetallen, der Erträge aus Zuschreibungen und der Aufwendungen aus Abschreibungen bei diesen Vermögensgegenständen sowie die Aufwendungen für die Bildung von Drohverlustrückstellungen aus diesen Geschäften und die Erträge aus der Auflösung dieser Rückstellungen müssen nach § 340c Abs. 1 HGB zwingend saldiert in einem Posten, entweder als

- „Nettoertrag aus Finanzgeschäften" oder als
- „Nettoaufwand aus Finanzgeschäften"

in der Gewinn- und Verlustrechnung ausgewiesen werden.[622] Damit spiegelt sich in diesem Posten der Gewinn- und Verlustrechnung das Ergebnis der Eigenhandelsaktivitäten wider. Bei **Hedgegeschäften**, bei denen das Grundgeschäft ein Eigenhandelsgeschäft iSd. § 340c Abs. 1 HGB darstellt, erstreckt sich aufgrund des wirtschaftlichen Zusammenhangs beider Geschäfte der Anwendungsbereich der Eigenhandelsvorschrift auch auf die Sicherungsgeschäfte.

Eigenhandelsgeschäfte werden mit dem Ziel der (kurzfristigen) Gewinnerzielung durch Ausnutzung von aktuellen oder zu erwartenden Preis- und Wertdifferenzen abgeschlossen. Die kurzfristige Realisierbarkeit bildet für das Eigenhandelsgeschäft zwar keine notwendige Voraussetzung, sie ist dennoch typisch für diese Art von Geschäften. Von den Eigenhandelsgeschäften sind die **Kundengeschäfte** (Dienstleistungsgeschäft: Auftragshandel, Emissionsgeschäft) abzugrenzen.

Die laufenden Erträge wie Zinsen bzw. Erträge mit Zinscharakter, Dividenden usw. aus Wertpapieren und Finanzinstrumenten des Handelsbestands werden regelmäßig nicht in diesem Posten, sondern als laufende Erträge ausgewiesen.[623] Sind allerdings bspw. die Zinsen selbst

---

[621] Zum Begriff des Eigenhandels vgl. auch Böcking/Oldenburger/Sittmann-Haury, in: MünchKomm. HGB § 340c HGB Rn. 9 ff.
[622] Vgl. auch Krumnow, ZfbF 1995, 894.
[623] Vgl. BR-Drs. 616/89, 20

der primäre Handelsgegenstand, ist es auch zulässig, den Gesamterfolg im Handelsergebnis auszuweisen.[624] Dies wird am ehesten bei derivativen Finanzinstrumenten der Fall sein.

Im Rahmen der Eigenhandelsgeschäfte anfallende **Anschaffungsnebenkosten** sind als unmittelbar im Zusammenhang mit dem Erwerb stehende Aufwendungen gemäß § 255 HGB grundsätzlich zu aktivieren. Von diesem Grundsatz kann abgewichen werden, soweit die Nebenkosten in Relation zum Kaufpreis unwesentlich sind oder ihre Ermittlung unverhältnismäßig hohe Kosten verursacht. In diesem Fall sind die Anschaffungsnebenkosten aus Eigenhandelsgeschäften Aufwendungen iSv. § 340c Abs. 1 Satz 1 HGB.[625]

In das Nettoergebnis aus Finanzgeschäften fließen danach die in Abb. 4.11 aufgeführten Aufwendungen und Erträge ein.

Eigenhandel	Aufwendungen	Erträge
- Wertpapiere - Derivative Finanzinstrumente - Devisen - Edelmetalle	- Kursverluste bzw. Bewertungsverluste - Abschreibungen - Bildung von Rückstellungen für diese Geschäfte	- Kursgewinne bzw. Bewertungsgewinne - Zuschreibungen zu diesen Vermögensgegenständen - Auflösung von Rückstellungen für diese Geschäfte

Abb. 4.11: Nettoertrag/Nettoaufwand aus Eigenhandelsgeschäften

Daneben sind im Eigenhandelsergebnis auch die oben genannten Erfolgsbestandteile aus dem Handel mit Schuldscheindarlehen, Namensschuldverschreibungen und Buchforderungen auszuweisen.

Die genannten Ergebnisbestandteile sind bei Kreditinstituten im Regelfall im „Nettoertrag/Nettoaufwand aus Finanzgeschäften" zwingend zu saldieren. Der sich daraus ergebende Saldo ist entweder als Ertrag oder als Aufwand in der Gewinn- und Verlustrechnung zu zeigen.

Die Einbeziehung von **Refinanzierungskosten** in das Handelsergebnis scheitert ggf. an einer willkürfreien Zuordnung dieser Refinanzierungskosten zum Handelsbestand. Soweit in Ausnahmefällen eine eindeutige, willkürfreie und direkte Zuordnung der Refinanzierungsmittel zu einem bestimmten Bestand an Wertpapieren des Handelsbestands zweifelsfrei möglich ist, kann eine Einbeziehung der Refinanzierungskosten in das Handelsergebnis in Betracht kommen. Nicht in den Saldierungsbereich einzubeziehen sind **Personal-** sowie allgemeine **Sachaufwendungen**, auch wenn diese im Eigenhandelsbereich anfallen.

---

[624] So Krumnow ua., 2. Aufl., § 340c HGB Rn. 7.
[625] Vgl. Böcking/Oldenburger/Sittmann-Haury, in: MünchKomm. HGB § 340c HGB Rn. 44.

Der Posten „Nettoertrag/Nettoaufwand aus Finanzgeschäften" ist im Rahmen des Gesamtsaldos aller in § 34 Abs. 2 Nr. 1 RechKredV genannten Posten nach geografischen Märkten im Anhang aufzugliedern, soweit sich die Märkte aus der Sicht des Kreditinstituts organisatorisch voneinander unterscheiden.

4.4.2.5. Bruttoausweis in der Gewinn- und Verlustrechnung bestimmter Institute

§ 340c Abs. 1 HGB ist nicht anzuwenden auf Finanzdienstleistungsinstitute und Kreditinstitute, soweit Letztere Skontroführer im Sinne des § 8 b Abs. 1 Satz 1 BörsG und nicht Einlagenkreditinstitute iSd. § 1 Abs. 3d Satz 1 KWG sind (§ 340 Abs. 4 Satz 2 HGB). Die Fußnoten 7 der Formblätter 2 und 3 spezifizieren die Posten der Gewinn- und Verlustrechnung wie folgt:

- Finanzdienstleistungsinstitute, sofern sie nicht Skontroführer iSd. § 8b Abs. 1 Satz 1 BörsG sind, haben die folgenden Posten aufzuführen:

    „Aufwand aus Finanzgeschäften" sowie
    „Ertrag aus Finanzgeschäften"

- Institute (Kredit- und Finanzdienstleistungsinstitute), die Skontroführer iSd. § 8b Abs. 1 Satz 1 BörsG und nicht Einlagenkreditinstitute iSd. § 1 Abs. 3d Satz 1 KWG sind, haben die folgenden Posten in der Gewinn- und Verlustrechnung aufzuführen:

    „Aufwand aus Finanzgeschäften
    davon:
    a) Wertpapiere
    b) Futures
    c) Optionen
    d) Kursdifferenzen aus Aufgabegeschäften"[626]

und

   „Ertrag aus Finanzgeschäften
    davon:
    a) Wertpapiere
    b) Futures
    c) Optionen
    d) Kursdifferenzen aus Aufgabegeschäften"

Damit sind anders als bei den übrigen Instituten die Erträge und Aufwendungen aus Finanzgeschäften in der Gewinn- und Verlustrechnung brutto auszuweisen. Dies setzt voraus, dass die jeweils erzielten Erträge bzw. Aufwendungen gesondert, erfasst werden.

---

[626] Zu Aufgabegeschäften vgl. Ruland, 132 f.

4.4.3. Wertpapiere der Liquiditätsreserve

4.4.3.1. Zuordnung zur Liquiditätsreserve

Welche Wertpapiere zur Liquiditätsreserve gehören, ist im Gesetz negativ definiert. Die Liquiditätsreserve umfasst nach § 340f Abs. 1 HGB solche Wertpapiere, die nicht wie Anlagevermögen behandelt werden, und auch nicht solche, die Teile des Handelsbestands sind. Es handelt sich damit um den „Restbestand".

Als Kriterium für die Zuordnung zur Liquiditätsreserve wird man in aller Regel neben der Vorsorge für Liquiditätsrisiken die Absicht, laufende Erträge zu erzielen, ansehen können. Wertpapiere der Liquiditätsreserve unterliegen nicht der Verantwortung der organisatorischen Einheit „Handel". Es wird empfohlen, die Wertpapiere der Liquiditätsreserve der Zuständigkeit eines handelsunabhängigen Gremiums zu unterstellen.

4.4.3.2. Bewertung

Die Wertpapiere der Liquiditätsreserve sind nach dem für das Umlaufvermögen geltenden strengen Niederstwertprinzip des § 253 Abs. 3 HGB zu bewerten.[627] Bezüglich weiterer Einzelheiten zur Bewertung nach den Grundsätzen für das Umlaufvermögen wird auf Kapitel 4.2.3. verwiesen.

Darüber hinaus dürfen diese Wertpapiere nach § 340f Abs. 1 HGB mit einem niedrigeren als dem nach § 253 Abs. 1 Satz 1, Abs. 3 HGB vorgeschriebenen oder zugelassenen Wert angesetzt werden, soweit dies nach vernünftiger kaufmännischer Beurteilung zur Sicherung gegen die besonderen Risiken des Geschäftszweigs der Kreditinstitute notwendig ist (vgl. Kapitel 4.6.).

4.4.3.3. Wertaufholungsgebot

Das Wertaufholungsgebot des § 280 Abs. 1 HGB ist auf Wertpapiere der Liquiditätsreserve nicht anzuwenden (§ 340f Abs. 2 HGB), da diese Wertpapiere in den Anwendungsbereich des § 340f Abs. 1 HGB fallen.[628] Ungeachtet dessen wird für die Handelsbilanz zT davon ausgegangen, dass ebenfalls ein uneingeschränktes Wertaufholungsgebot gilt.[629] Wegen weiterer Einzelheiten wird auf Kapitel 4.5. verwiesen.

---

[627] Vgl. auch Hossfeld, RIW 1997, 143.
[628] Vgl. Schneider, ZBB 2000, 126.
[629] Vgl. Windmöller, ZfgK 2000, 24; Brinkmann, Bankinformation 3/2000, 64.

4.4.3.4. Erfolgsausweis in der Gewinn- und Verlustrechnung (Überkreuzkompensation)

Die Aufwendungen und Erträge aus der Anwendung des § 340f Abs. 1 HGB (Bildung und Auflösung von Vorsorgereserven), aus Geschäften mit Wertpapieren der Liquiditätsreserve, Aufwendungen aus Abschreibungen sowie Erträge aus Zuschreibungen zu diesen Wertpapieren **dürfen** nach § 340f Abs. 3 HGB mit den Aufwendungen aus Abschreibungen auf Forderungen, Zuführungen zu Rückstellungen für Eventualverbindlichkeiten und für Kreditrisiken sowie mit den Erträgen aus Zuschreibungen zu Forderungen oder aus deren Eingang nach teilweiser oder vollständiger Abschreibung und aus Auflösungen von Rückstellungen für Eventualverbindlichkeiten und für Kreditrisiken **verrechnet** werden und in der Gewinn- und Verlustrechnung als

- „Abschreibungen und Wertberichtigungen auf Forderungen und bestimmte Wertpapiere sowie Zuführungen zu Rückstellungen im Kreditgeschäft" oder als
- „Erträge aus Zuschreibungen zu Forderungen und bestimmten Wertpapieren sowie aus der Auflösung von Rückstellungen im Kreditgeschäft"

ausgewiesen werden. Eine teilweise Saldierung ist nach § 32 RechKredV nicht zulässig; möglich ist daher nur entweder eine vollständige Kompensation oder der Bruttoausweis.

In diese Verrechnung gehen jedoch nicht die laufenden Erträge (zB Zinsen, Dividenden) aus dem Kreditgeschäft und den Wertpapieren der Liquiditätsreserve ein. Diese werden im Zinsergebnis bzw. als laufende Erträge aus Aktien usw. ausgewiesen.

Unter „Abschreibungen" sind nicht nur endgültige Abschreibungen zu verstehen, sondern auch Zuführungen zu Wertberichtigungen. Für „Zuschreibungen" gilt Entsprechendes.

Wie Abb. 4.12 zeigt, sind die Aufwendungen und Erträge aus Wertpapieren der Liquiditätsreserve - einschließlich Abschreibungen und Zuschreibungen - mit den Bewertungsänderungen im Kreditgeschäft - einschließlich der Bildung und Auflösung der Vorsorge für allgemeine Bankrisiken - kompensierbar (sog. Überkreuzkompensation).

Geschäftsbereich	Aufwendungen	Erträge
- Wertpapiere der Liquiditätsreserve - Forderungen an Kreditinstitute - Forderungen an Kunden	- Bildung von Vorsorgereserven nach § 340f HGB - Kursverluste - Abschreibungen auf Wertpapiere - Abschreibungen und Wertberichtigungen auf Forderungen - Zuführung zu Rückstellungen für Eventualverbindlichkeiten und Kreditrisiken	- Auflösung von Vorsorgereserven nach § 340f HGB - Kursgewinne - Zuschreibungen zu Wertpapieren - Zuschreibungen zu Forderungen - Eingang ganz/teilweise abgeschriebener Forderungen - Auflösung von Rückstellungen für Eventualverbindlichkeiten und Kreditrisiken

Abb. 4.12: Erfolgsausweis der Wertpapiere der Liquiditätsreserve

Der Vollständigkeit wegen sei erwähnt, dass die Zuführungen und Auflösungen zum „Fonds für allgemeine Bankrisiken" gemäß § 340g HGB nicht in die Überkreuzkompensation eingeht (Einzelheiten vgl. Kapitel 4.7).

4.4.4. Wertpapiere des Anlagevermögens

4.4.4.1. Bedeutung der Anlagewertpapiere

Erwirbt ein Institut einerseits Wertpapiere und andererseits Forderungen mit marktgerechter Effektivverzinsung und erhöht sich anschließend das Zinsniveau, so werden diese Vermögenswerte unterschiedlich bewertet: Während der Wertansatz der Forderungen durch die Erhöhung des Marktzinses nicht berührt wird, ermäßigt sich der Niederstwert der Wertpapiere. Sind zudem die Wertpapiere kongruent refinanziert, verschärft sich das Problem zusätzlich.

Durch die Zuordnung der Wertpapiere zum Anlagevermögen kann erreicht werden, dass diese Papiere, sofern es sich um eine vorübergehende Wertminderung handelt, nicht zwingend auf den Niederstwert abgewertet werden müssen (§ 253 Abs. 2 Satz 3 HGB). Stille Vorsorgereserven gemäß § 340f HGB sind bei Anlagewertpapieren nicht zulässig.

4.4.4.2. Zuordnung zum Anlagevermögen

Gemäß § 340e Abs. 1 Satz 2 HGB haben Institute Wertpapiere grundsätzlich nach den Vorschriften für das Umlaufvermögen zu bewerten, es sei denn, sie sind dazu bestimmt, dauernd dem Geschäftsbetrieb zu dienen. Damit können Wertpapiere lediglich als Ausnahmetatbestand dem Anlagevermögen zugerechnet werden (vgl. Kapital 4.2.2.2.).[630] Das ausschlaggebende Kriterium für „Wertpapiere, die wie Anlagevermögen behandelt werden" ist wie bei den anderen Posten des Finanzanlagevermögens auch, die **Daueranlageabsicht**. Bei den wie Anlagevermögen behandelten Wertpapieren handelt es sich um eine Restposition des Finanzanlagevermögens, in der alle Wertpapiere (des Anlagevermögens) erfasst werden, die weder dem Beteiligungsausweis iSd. § 271 Abs. 1 HGB unterliegen noch zu den Anteilen an verbundenen Unternehmen iSd. § 271 Abs. 2 HGB zählen.

Wertpapiere, die wie Anlagevermögen behandelt werden, sind damit solche, die dazu bestimmt sind, **dauernd dem Geschäftsbetrieb zu dienen** (§ 340e Abs. 1 HGB iVm. § 247 Abs. 2 HGB). Eine objektivierte Betrachtungsweise ist zur Bestimmung dieses Bestands nicht möglich. Die Fristigkeit eines Wertpapiers oder das Halten von Wertpapieren über einen längeren Zeitraum können allenfalls Anhaltspunkte für die dauernde Zweckbestimmung sein; notwendige bzw. hinreichende Voraussetzungen stellen diese Kriterien nicht dar.

Der Umstand, dass Wertpapiere über einen längeren Zeitraum gehalten werden, reicht nicht für die Annahme aus, diese Wertpapiere wie Anlagevermögen zu behandeln und deshalb nach den für das Anlagevermögen geltenden Vorschriften zu bewerten. Ebenso wenig können aus in der Praxis verwendeten Bezeichnungen, wie zB Sonderbestand, gesperrter Bestand, Sekretariatsbestand uÄ, unwiderlegbare Rückschlüsse auf eine Zugehörigkeit der Wertpapierbestände zum Anlagevermögen gezogen werden.

Die Zuordnung zum Anlagevermögen setzt voraus, dass die Wertpapiere keinen Beschränkungen unterliegen (zB aus vertraglichen Vereinbarungen), die der Daueranlageabsicht entgegenstehen. Bei Wertpapieren mit begrenzter Laufzeit ist die Restlaufzeit zum Erwerbs- bzw. Umwidmungszeitpunkt ein Kriterium für die Qualifikation als Anlage- oder Umlaufvermögen. Nach IDW RS VFA 2[631] werden Wertpapiere, die bei Erwerb oder Änderung der Zweckbestimmung (Umwidmung) eine Restlaufzeit (nicht Ursprungslaufzeit) von nicht mehr als einem Jahr aufweisen, stets als Umlaufvermögen anzusehen sein. Bei einer Restlaufzeit von bis zu einem Jahr wird man nach hM nicht von Daueranlageabsicht sprechen können.

Das Institut muss im Erwerbszeitpunkt bzw. zeitnah zum Erwerbszeitpunkt entscheiden, ob ein Wertpapier dem Anlage- oder Umlaufvermögen zuzuordnen ist (vgl. Kapital 4.2.2.2.). Diese Zweckbestimmung muss für jeden Posten von erworbenen Wertpapieren individuell erfolgen. Durch eine depotmäßige Trennung der Wertpapiere des Anlagevermögens von den anderen Wertpapierbeständen wird erreicht, dass nicht für alle Wertpapiere eines Emittenten gleicher Art und Gattung eine einheitliche Zuordnung erfolgen muss. Es reicht ein Rahmenbeschluss der Geschäftsleitung, der mindestens das Volumen, die Ausstattung der zu erwerbenden Wertpapiere (Art, Gattung, Konditionen) sowie den zeitlichen Rahmen des Erwerbs

---

[630] Vgl. Hossfeld, RIW 1997, 139.
[631] Vgl. IDW RS VFA 2, FN 2002, 211.

beinhaltet. Eine Entscheidung über eine Zuordnung zum Anlagebestand wird damit nicht in das Belieben eines Händlers gestellt.

Die **Zweckbestimmung** von Wertpapierbeständen, dauernd dem Geschäftsbetrieb zu dienen, setzt eine aktenkundig zu machende Entscheidung der **zuständigen Stellen** voraus.[632] Dies dürfte idR ein Beschluss der gesetzlichen Vertreter (Geschäftsleiter) sein. Hierzu reicht ein **Rahmenbeschluss** der Geschäftsleitung.[633] Ein solcher Rahmenbeschluss muss zumindest das Volumen, die Ausstattung der zu erwerbenden Wertpapiere (Art, Gattung, Konditionen) sowie den zeitlichen Rahmen des Erwerbs beinhalten. Die Entscheidung der Zuordnung zum Anlagebestand kann damit bspw. nicht in das Belieben eines Händlers gestellt sein. Die Aufteilung von Wertpapieren in solche des Anlage- und Umlaufvermögens muss ferner buchhalterisch belegt werden. Dementsprechend hat die erstmalige Zuordnung zum Anlagebestand - wie bereits erwähnt - grundsätzlich zeitnah zum Erwerb eines Wertpapiers zu erfolgen.

Zum jeweiligen Abschlussstichtag ist zu prüfen, ob die vorgenommene Zweckbestimmung noch den objektiven Gegebenheiten zum Abschlussstichtag entspricht. An einer einmal getroffenen Entscheidung über die Zuordnung der Wertpapiere ist so lange festzuhalten, bis eine Änderung der Zweckbestimmung durch neue, nachprüfbare Tatsachen begründet werden kann. Umwidmungen sind damit zulässig, wenn sie sachlich begründet sind und nicht willkürlich erfolgen (vgl. auch Kapital 4.2.2.2.).

Im Übrigen gelten die von der BaFin (BAKred) mit Schreiben vom 15. November 1965 festgelegten Grundsätze weiterhin. Liegt eine entsprechende Entscheidung der zuständigen Organe (Einzelentscheidung oder Rahmenbeschluss) nicht vor, dürfen danach die Wertpapiere nicht nach den für das Anlagevermögen geltenden Vorschriften bewertet werden. Sie sind dann wie Umlaufvermögen nach dem strengen Niederstwertprinzip zu bewerten.

Diese Wertpapiere verbleiben so lange in der Kategorie der wie Anlagevermögen behandelten Wertpapiere, bis die zuständigen Stellen des Kreditinstituts beschließen, dass diese Wertpapiere nicht mehr der dauernden Vermögensanlage dienen, sondern dem sog. Handelsbestand oder der Liquiditätsreserve zugeordnet werden sollen (Umwidmung). Eine Umwidmung mit dem Ziel der Gestaltung des Ausweises in der Gewinn- und Verlustrechnung ist grundsätzlich nicht möglich.

Darüber hinaus muss die **Haltefähigkeit** gegeben sein.[634] Denn bei angespannter Liquidität besteht die Gefahr, dass das Institut in naher Zukunft bspw. zum Verkauf der Wertpapiere, die es eigentlich dem Anlagevermögen zuordnen möchte, gezwungen ist. Ist die Haltefähigkeit nicht gegeben, sind die Wertpapiere wie Umlaufvermögen zu bewerten.

---

[632] Vgl. BR-Drs. 11/6275, Begr. zu § 340e HGB.
[633] Vgl. IDW RS VFA 2, FN 2002, 212.
[634] GlA Hossfeld, RIW 1997, 139.

4.4.4.3. Organisatorische Vorkehrungen

Die Identifikation der Wertpapiere des Anlagevermögens muss zweifelsfrei möglich und für einen sachverständigen Dritten nachvollziehbar sein. Der Nachweis muss durch eine buchhalterisch von den anderen Beständen getrennte Bestandführung geführt werden.

4.4.4.4. Wertpapiere des Anlagevermögens und Grundsatz II

Nach dem Rundschreiben 18/99 des BAKred (jetzt BaFin) vom 22. Dezember 1999 setzt die Einstufung von Wertpapieren gemäß § 3 Abs. 1 Nr. 5 Grundsatz II als Liquidität erster Klasse grundsätzlich voraus, dass die Wertpapiere zum strengen Niederstwertprinzip, dh. wie Vermögensgegenstände des Umlaufvermögens bewertet werden.

Ob Wertpapiere dem Anlagebestand zugerechnet werden können, hängt auch von der Liquiditätslage des Instituts ab. Wertpapiere können dann nicht „dauernd" gehalten werden, wenn sie zur Aufrechterhaltung der Zahlungsbereitschaft veräußert werden müssen.

4.4.4.5. Bewertung

Wertpapiere, die wie Anlagevermögen behandelt werden, sind nach dem gemilderten Niederstwertprinzip des § 253 Abs. 2 HGB zu bewerten.[635] Bei einer voraussichtlich dauernden Wertminderung sind die Wertpapiere wie Vermögensgegenstände des Umlaufvermögens nach dem strengen Niederstwertprinzip zu bewerten. Handelt es sich hingegen um eine nur vorübergehende Wertminderung, können die Papiere wahlweise nach dem gemilderten Niederstwertprinzip bewertet werden.

Hier stellt sich die Frage, wann eine Wertminderung voraussichtlich von Dauer ist. In Analogie zu Forderungen ist stets dann von einer dauernden Wertminderung auszugehen, wenn sich die Bonität des Emittenten nachhaltig verschlechtert hat.[636] Schwieriger ist die Frage bei festverzinslichen Wertpapieren, wenn die Marktzinsen angestiegen sind. Eine dauernde Wertminderung wird von Hossfeld[637] dann angenommen, *„... wenn bei Papieren mit langer Restlaufzeit und niedriger Verzinsung zu erwarten ist, dass ihre Verzinsung dauerhaft unter dem Marktzinsniveau liegen wird."* Für die Beantwortung der Fragen für die Bilanzierung in der Steuerbilanz ist das BMF-Schreiben vom 29. Februar 2000 zu beachten.

---

[635] Ausführlich vgl. Hossfeld, RIW 1997, 141.
[636] Vgl. Birck/Meyer, V 108.
[637] Vgl. Hossfeld, RIW 1997, 141.

4.4.4.6. Wertaufholungsgebot

Da die Wertpapiere des Anlagebestands nicht in den Anwendungsbereich des § 340f Abs. 1 HGB fallen, für den die Ausnahmeregelung des § 340f Abs. 2 HGB gilt, ist das Wertaufholungsgebot des § 280 Abs. 1 HGB auf die Wertpapiere des Anlagevermögens uneingeschränkt anzuwenden. Wegen Einzelheiten wird auf Kapitel 4.5. verwiesen.

4.4.4.7. Erfolgsausweis in der Gewinn- und Verlustrechnung

Die Aufwendungen aus Abschreibungen auf Beteiligungen, Anteile an verbundenen Unternehmen und wie Anlagevermögen behandelte Wertpapiere **dürfen** gemäß § 340c Abs. 2 HGB mit den Erträgen aus Zuschreibungen zu solchen Vermögensgegenständen verrechnet werden. Sie sind in der Gewinn- und Verlustrechnung entweder als

- „Abschreibungen und Wertberichtigungen auf Beteiligungen, Anteile an verbundenen Unternehmen und wie Anlagevermögen behandelte Wertpapiere" oder als
- „Erträge aus Zuschreibungen zu Beteiligungen, Anteilen an verbundenen Unternehmen und wie Anlagevermögen behandelten Wertpapieren"

auszuweisen. Es steht den Instituten aufgrund des Wahlrechts jedoch auch frei, die Aufwendungen bzw. Erträge brutto auszuweisen. In diese Verrechnung dürfen auch die Aufwendungen und Erträge aus Geschäften mit solchen Vermögensgegenständen einbezogen werden.

Geschäftsbereich	Aufwendungen	Erträge
Finanzanlagen - Beteiligungen - Anteile an verbundenen Unternehmen - Wertpapiere des Anlagevermögens	- Abschreibungen auf Finanzanlagen Wahlrecht: - Verluste aus dem Abgang von Finanzanlagen	- Zuschreibungen zu Finanzanlagen Wahlrecht: - Erträge aus dem Abgang von Finanzanlagen

Abb. 4.13: Erfolgsausweis bei Wertpapieren des Anlagevermögens

Hier umfasst der Begriff der „Abschreibungen" auch Zuführungen zu Wertberichtigungen. Für „Zuschreibungen" gilt Entsprechendes.

§ 33 Satz 3 RechKredV schreibt ausdrücklich vor, dass eine teilweise Verrechnung nicht zulässig ist. Der nach einer Kompensation verbleibende Saldo ist dann entweder als Ertrag oder als Aufwand auszuweisen.

Nachdem die Aufwendungen und Erträge aus den **Geschäften mit diesen Vermögensgegenständen**, dh. die Buchgewinne und -verluste gemäß § 340c Abs. 2 Satz 2 HGB, nicht in die

Kompensation einbezogen zu werden brauchen, ist das in § 33 Satz 3 RechKredV normierte Verbot einer teilweisen Kompensation zunächst unklar.

Hinsichtlich der Kompensation der Buchgewinne und -verluste besteht nach § 340c Abs. 2 Satz 2 HGB ein Wahlrecht, diese einzubeziehen. Gleichzeitig erlaubt § 33 Satz 3 RechKredV entweder nur die vollständige Verrechnung oder den Bruttoausweis. Würde man nun § 33 Satz 3 RechKredV dahingehend auslegen, dass, falls eine Kompensation durchgeführt wird, in diese auch die Buchgewinne und -verluste einzubeziehen sind, so ginge das Wahlrecht des § 340c Abs. 2 Satz 2 HGB „ins Leere". Daher kann § 33 Satz 3 RechKredV iVm. § 340c Abs. 2 Satz 2 HGB nur so verstanden werden, dass im Falle einer fakultativen Kompensation von Buchgewinnen und -verlusten diese nur vollständig einbezogen werden können.[638]

Wie die obigen Ausführungen zeigen, ist nach § 340c Abs. 2 HGB auch die Kompensation von Aufwendungen und Erträgen aus solchen Finanzanlagen möglich, die nicht in Wertpapieren verbrieft sind.

Schuldscheindarlehen des Anlagevermögens erfüllen die Kriterien des § 7 RechKredV für Wertpapiere nicht. Deshalb können die Veräußerungsgewinne- bzw. -verluste oder Aufwendungen aus Abschreibungen nicht in den Ausgleich des Ergebnisses der Finanzanlagen iSv. § 340c Abs. 2 HGB einbezogen werden.[639]

4.4.4.8. Ausweis in der Bilanz

Die Wertpapiere des Anlagevermögens werden - abgesehen von den Beteiligungen und Anteilen an verbundenen Unternehmen - in der Bilanz nicht gesondert herausgestellt, sondern mit den übrigen Wertpapierbeständen (Handelsbestand und Liquiditätsreserve) zusammen in dem jeweils für Wertpapiere vorgesehenen Bilanzposten ausgewiesen. Damit ist die Zusammensetzung der Wertpapiere entsprechend den drei Kategorien nicht erkennbar.

4.4.5. Bilanzierung und Bewertung von Wertpapieren in Sonderfällen

4.4.5.1. Wertpapiere mit Sonderausstattung

Häufig werden Wertpapiere (und Forderungen) vom Emittenten (Schuldner) mit Zusatzerklärungen versehen, die den Wert dieser Vermögensgegenstände beeinflussen. Das bekannteste Beispiel sind Wertpapiere (Schuldverschreibungen) mit Sonderausstattung.

Schuldverschreibungen werden von den Emittenten dabei mit einer außerhalb der Wertpapierurkunde niedergelegten Zusage verkauft, die Papiere vor Ablauf ihrer Laufzeit, oft

---

[638] Vgl. Krumnow ua., 2. Aufl., § 340c HGB Rn. 212.
[639] GlA Böcking/Oldenburger/Sittmann-Haury, in: MünchKomm. HGB § 340c HGB Rn. 68.

schon nach kurzer oder mittlerer Frist, zum Nennwert zurückzunehmen. Wegen der Zusage vorzeitiger Rücknahme sind diese Papiere nicht mehr mit den Papieren derselben Gattung vergleichbar, die an der Börse gehandelt werden.

Ihr **Marktwert** ist wegen der von den Emissionsbedingungen abweichenden kürzeren Laufzeit höher als der Marktwert (Börsenpreis) der Papiere ohne Sonderausstattung. Da für Papiere mit Sonderausstattung kein Börsenkurs ermittelt wird, ergibt sich ihr Marktwert aus der Effektivverzinsung von Wertpapieren, die hinsichtlich der Bonität des Emittenten, der Nominalverzinsung und der Restlaufzeit mit den zu bewertenden Papieren vergleichbar sind (sog. Renditekurs).[640]

4.4.5.2. Wertpapiere in sog. „geschlossenen Reihen"

Unter Wertpapieren in sog. „geschlossenen Reihen" werden Emissionen verstanden, die vom Emittenten an einen bestimmten geschlossenen Abnehmerkreis verkauft werden. Diese Papiere werden zwar an der Börse notiert, es finden aber in der Regel keine oder nur geringe Umsätze zu nicht marktgerechten Konditionen statt.

Der amtlich notierte Kurs solcher Papiere kann deshalb nicht als Börsen- oder Marktpreis im Sinne von § 253 Abs. 3 HGB angesehen werden. Solche Wertpapiere sind ebenso wie die Papiere, für die ein Börsenkurs nicht festgesetzt wurde, mit einem Marktwert zu bewerten, der durch den Renditekurs (vgl. oben Wertpapiere mit Sonderausstattung) bestimmt wird.[641]

4.4.5.3. Auflösung stiller Reserven durch Veräußerungsgeschäfte

Stille Reserven werden gelegentlich auch in der Kreditwirtschaft dadurch realisiert, dass Vermögenswerte, deren Zeitwert über den Anschaffungskosten liegt, veräußert werden. Ist die Absicht der Ergebnisgestaltung, dh. die Gewinnrealisierung durch Auflösung stiller Reserven, primäres Motiv für diese Geschäfte, so wird manchmal die Veräußerung zwar in Kauf genommen, jedoch der Rückerwerb des betreffenden Aktivums in näherer oder späterer Zukunft für wünschenswert angesehen oder sogar schon vertraglich vorgesehen oder ermöglicht. Die in der Praxis anzutreffenden Vertragsgestaltungen werfen die Frage auf, ob stille Reserven unter den gegebenen Umständen als realisiert angesehen werden können (vgl. im Detail BFA 2/1982[642]). Die nachfolgend dargestellten Grundsätze gelten jedoch nicht nur für Wertpapiere, sondern für sämtliche Vermögensgegenstände.

Eine **Realisierung** kann nur angenommen werden, wenn der Erwerber durch den Verkauf die uneingeschränkte Verfügungsgewalt über die ihm übertragenen Vermögenswerte erhält. Ins-

---

[640] Vgl. BFA 2/1971, WPg 1972, 46 (aufgehoben (2000), aber inhaltlich weiterhin zutreffend).
[641] Vgl. BFA 2/1971, WPg 1972, 46 (aufgehoben (2000), aber inhaltlich weiterhin zutreffend).
[642] Vgl. BFA 2/1982, WPg 1982, 548.

besondere muss er einerseits alle mit den übernommenen Vermögenswerten verbundenen Chancen wahrnehmen können und andererseits evtl. Risiken tragen, dh. zumindest das wirtschaftliche Eigentum muss auf den Erwerber übergegangen sein. **Nebenabreden**, die Chancen und Risiken faktisch aufheben, dürfen nicht bestehen.

Dies gilt vor allem für Vereinbarungen, durch die der Käufer ein **Rückgaberecht** zu einem im Voraus bestimmten Preis erhält. Daher scheidet eine über die Anschaffungskosten hinausgehende Realisierung aus, wenn der Verkauf des Objekts im Zuge eines - echten oder unechten - Pensionsgeschäfts vor sich geht (§ 340b HGB). Der im Zusammenhang mit einer Pensionsvereinbarung festgelegte Preis kann nicht als Objektivierung des Vermögenswerts durch den Markt angesehen werden, weil der Pensionsnehmer angesichts der Rücknahmeverpflichtung des Veräußerers grundsätzlich auch einen überhöhten Preis akzeptieren kann, ohne ein Risiko einzugehen.

Bei Vereinbarung einer **Rückerwerbsoption** des Verkäufers wird es entscheidend von den vereinbarten Bedingungen abhängen, ob der im Zuge des Veräußerungsgeschäfts angefallene Gewinn trotz der Option als realisiert angesehen werden kann. Dies setzt vor allem voraus, dass der vereinbarte Preis angemessen war. Weiterhin darf keine Vereinbarung vorliegen, die aus der Option faktisch eine Rücknahmeverpflichtung machen würde.

Die Gewinnrealisierung ist in solchen Fällen dann fraglich, wenn davon auszugehen ist, dass sich die Vertragsparteien bereits beim Verkauf darüber einig waren, dass ein Rückerwerb erfolgen soll und dass es sich somit bei den Transaktionen wirtschaftlich um ein Darlehensgeschäft handelt, bei dem der betreffende Vermögensgegenstand als Sicherheit dient.

Bei allen der **Realisierung von stillen Reserven** dienenden Transaktionen muss der Verkaufspreis bei vernünftiger kaufmännischer Beurteilung unter den obwaltenden Umständen plausibel erscheinen. Offensichtlich überhöhte oder nicht plausible Preise lassen es zweifelhaft erscheinen, ob tatsächlich ein Verkauf gewollt war und nicht etwa ein Pensionsgeschäft. Für den Fall, dass der Verkäufer den Kaufpreis finanziert, muss dies zu marktgerechten Konditionen geschehen. Bei einer nicht marktgerechten Verzinsung muss davon ausgegangen werden, dass ein Teil des Veräußerungsgewinns zur Deckung der Minderverzinsung bestimmt ist. Insoweit ist die aus der Finanzierung resultierende Forderung wegen Minderverzinslichkeit wertzuberichtigen.

Grundsätzlich kann eine Gewinnrealisierung im Fall eines **Verkaufs an ein Konzernunternehmen** oder an andere verbundene Unternehmen nicht ausgeschlossen werden. Beide beteiligten Unternehmen haben indes in Fällen dieser Art besonders sorgfältig darauf zu achten, dass Leistung und Gegenleistung ausgeglichen sind und den Kriterien entsprechen, wie sie für einen Verkauf an Dritte bzw. für einen Erwerb von Dritten gelten würden. Andernfalls würden sich Zweifel an der Ernsthaftigkeit des Geschäfts ergeben und die Realisierung des Veräußerungsgewinns infrage gestellt sein.

Birck/Meyer[643] halten es zur Realisierung von stillen Reserven für zulässig, *„... wenn Wertpapiere zum **Börsen- oder Marktpreis** verkauft und im gleichen Zeitpunkt zum gleichen Preis wieder zurückgekauft werden."* Hierbei müssen die Transaktionen nach dieser Ansicht nicht nur buchmäßig, sondern auch tatsächlich ausgeführt werden, wobei sowohl Verkaufs- als auch Kaufkosten anfallen. Die Börsen- oder Marktpreise dürfen weder vom Verkäufer noch vom Käufer beeinflusst sein.

Handelt es sich bei den übertragenen Vermögensgegenständen um **börsengehandelte Wertpapiere** und werden die Geschäfte (Verkauf und Rückkauf) zum jeweils aktuellen Börsenkurs **über die Börse abgewickelt**, ist die Frage der Gewinnrealisierung nach der hier vertreten Ansicht weniger kritisch zu sehen. Eine Gewinnrealisierung wird hier auch dann grundsätzlich nicht zu beanstanden sein, wenn die Transaktionen an der Börse innerhalb eines Tages stattfinden, es sei denn, das offenkundig alleinige Ziel der Transaktion ist eine Ergebnisgestaltung. Der Veräußerungsgewinn ist in diesen Fällen aufgrund des Vorliegens der Börsenkurse grundsätzlich ausreichend objektiviert. Werden die Geschäfte hingegen nicht über eine Börse abgewickelt, kann eine Gewinnrealisierung angenommen werden, wenn es sich um ein Transaktionsvolumen handelt, das aufgrund seines Umfangs nicht den Börsenkurs beeinflussen könnte, und wenn die vereinbarten Preise dem aktuellen Börsenpreis entsprechen; zusätzlich müssen solche Transaktionen für den Käufer zu dessen üblichen Geschäften gehören.

4.4.6. Bewertung der Wertpapiere in der Steuerbilanz

Nach § 6 Abs. 1 Nr. 1 und Nr. 2 EStG idF des Steuerentlastungsgesetzes 1999/2000/2002[644] erfordert der Ansatz des niedrigeren Teilwerts mit Wirkung ab dem ersten nach dem 31. Dezember 1998 endenden Wirtschaftsjahr (Erstjahr) in der Steuerbilanz - unabhängig von der Zuordnung zu den drei Wertpapierbeständen - eine **voraussichtlich dauernde Wertminderung**. Daneben ist das bislang geltende Wertbeibehaltungswahlrecht aufgehoben und stattdessen ein striktes Wertaufholungsgebot eingeführt worden.[645] Wegen weiterer Einzelheiten wird auf Kapitel 4.5.2. verwiesen.

4.4.7. Umwidmung von Wertpapieren

Die Zuordnung zu einer der Wertpapierkategorien muss grundsätzlich im Zeitpunkt der Anschaffung erfolgen. Sie steht im Ermessen jedes Instituts. Daraus ergibt sich, dass eine spätere

---

[643] Vgl. Birck/Meyer, V 42 f.
[644] Vgl. BGBl. I, 402; BStBl. I, 304.
[645] Vgl. hierzu ua. Arbeitskreis Externe Unternehmensrechnung der Schmalenbach-Gesellschaft für Betriebswirtschaft e.V., DB 2000, 681; BMF-Schreiben vom 29.2.2000, DStR 2000, 470; Brinkmann, Bankinformation 3/2000, 61; Fleischmann, StuB 2000, 230; Kusterer, DStR 2000, 1083; Prinz, DStR 2000, 661; Schneider, ZBB 2000, 121; Schorr, Bankinformation 12/1999, 58; Windmöller, ZfgK 2000, 24.

Umwidmung in eine andere Wertpapierkategorie gesetzlich nicht verboten ist, sofern sich die Zweckbestimmung nicht willkürlich geändert hat.[646]

Ein Umwidmung von Wertpapieren des Handelsbestands in Wertpapiere der Liquiditätsreserve bzw. des Anlagevermögens und umgekehrt ist damit grundsätzlich zulässig. Entsprechendes gilt für Umwidmungen zwischen den Wertpapieren des Anlagevermögens und denen der Liquiditätsreserve. Die Grenze der Umwidmung wird letztlich durch das **Willkürverbot** vorgegeben.

Die Umwidmung kann stets dann erfolgen, wenn der mit dem Wertpapier verfolgte **Zweck** sich entsprechend **geändert** hat. Beabsichtigt die Geschäftsleitung, bislang im Handelsbestand gehaltene Wertpapiere aus strategischen Überlegungen auf Dauer zu halten, müssen diese in den Anlagebestand umgewidmet werden.[647] In diesem Fall darf **keine kurzfristige Veräußerung** oder **volumenmäßig gravierende Umschichtung** dieser Bestände in naher Zukunft erfolgen, es sei denn, dass plausible, am Bilanzstichtag unvorhersehbare Gründe für eine neuerliche Umgruppierung sprechen. Darüber hinaus muss das Institut finanziell in der Lage sein, die Bestände während der beabsichtigten Dauer tatsächlich zu halten.

Eine Umwidmung wird von der hM auch dann für möglich gehalten, wenn ein Institut erkennt, dass es die Abschreibungen, die sich aufgrund der Marktentwicklung im Handels- oder Liquiditätsreservebestand ergeben, in seiner Erfolgsrechnung nicht mehr verkraften kann.[648] In solchen Fällen erscheint es nach der Gesetzesbegründung zum Bankbilanzrichtlinie-Gesetz legitim, dass eine Änderung der Zweckbestimmung aktenkundig gemacht wird, die Wertpapiere umgebucht und nach dem gemilderten Niederstwertprinzip bewertet werden. Eine willkürliche Umwidmung - möglicherweise mit einer Rückgängigmachung kurz nach dem Bilanzstichtag - ist aber unzulässig. Zu beachten sind in solchen Fällen die unten näher beschriebenen Anhangangaben gemäß § 35 Abs. 1 Nr. 2 RechKredV.

Entschließt sich bspw. ein Institut andererseits, ein Wertpapier, das es über längere Zeit mit Dauerbesitzabsicht als strategisches Investment gehalten hat, in kleinen Tranchen über die Börse abzugeben, kann es ebenfalls sachgerecht sein, diese Wertpapiere aus dem wie Anlagevermögen behandelten Bestand bzw. aus der Liquiditätsreserve herauszunehmen, sobald der Veräußerungsbeschluss gefasst ist.[649] Voraussetzung für eine Umwidmung in den Handelsbestand ist jedoch, dass sich die Zweckbestimmung entsprechend geändert hat. Das Institut muss diese **nachvollziehbar** dahingehend geändert haben, dass mit den in Rede stehenden Wertpapieren zukünftig Handel getrieben werden soll.

Dies bedeutet jedoch nicht, immer dann, wenn der Beschluss gefasst wird, Bestände des Anlagevermögens zu veräußern, diese vor der Veräußerung automatisch in den Handelsbestand

---

[646] GlA Krumnow ua., 2. Aufl., § 340e HGB Rn. 34.
[647] Entsprechend der Umgliederung vom bankaufsichtlichen Handelsbuch in das bankaufsichtliche Anlagebuch.
[648] Vgl. Krumnow ua., 2. Aufl., § 340e HGB Rn. 36.
[649] Vgl. Krumnow ua., 2. Aufl., § 340e HGB Rn. 34.

zu übernehmen. Nur dann, wenn das Institut beschließt, in den betreffenden Wertpapieren Handel zu treiben, dh. die Bestände anonym und in kleinen Beträgen über die Börse zu veräußern, ist ein Umbuchen aus dem Liquiditätsbestand oder dem wie Anlagevermögen behandelten Bestand in den Handelsbestand zulässig.[650] Handel bedeutet in diesem Zusammenhang aber nicht nur, dass die Bestände abgebaut werden, sondern es bedeutet auch, dass das Institut entsprechende Wertpapiere an- und verkauft. Dies in der Absicht, Handelsgewinne zu erzielen. Eine Umwidmung lediglich mit dem Ziel, die einschlägigen Ertrags- bzw. Aufwandsposten der Gewinn- und Verlustrechnung zu „gestalten", ist nicht gerechtfertigt und damit nicht statthaft.

Voraussetzung für eine Umwidmung ist eine schriftlich **dokumentierte Entscheidung** der zuständigen Gremien. Da stets entweder der Anlagebestand oder der Liquiditätsbestand von einer Umwidmung betroffen ist und die Entscheidung über diese Bestände entweder der Geschäftsleitung oder einem Gremium unterliegen, in dem die Geschäftsleitung vertreten ist, ist für eine Umwidmung de facto stets ein Beschluss der Geschäftsleitung bzw. des entsprechenden Gremiums erforderlich. Dies gilt auch bei Umwidmungen vom oder in den Handelsbestand. Die Umwidmung ist in dem Beschluss zu begründen, um willkürliche Umwidmungen auszuschließen. Die Umwidmungskurse und die Auswirkungen der Umwidmung auf den Ausweis in der Gewinn- und Verlustrechnung sind in dem Beschluss zwecks Nachvollziehbarkeit durch einen sachverständigen Dritten (Interne Revision, Abschlussprüfer) darzustellen.

Die Umwidmung ist **buchhalterisch nachzuvollziehen**, indem die umgewidmeten Wertpapiere in den entsprechenden Bestand (Nebenbuchhaltung) umzubuchen sind. Nach der Umwidmung muss eine Ableitung der Wertpapierkategorien aus der Buchhaltung (Nebenbuchhaltung) möglich sein.

Da eine Umwidmung kein Umsatzakt am Markt darstellt, kann sie auch **keine Gewinnrealisierung** auslösen.[651] Umwidmungen erfolgen damit stets zu historischen **Anschaffungskosten** bzw. zu **Buchwerten**. Eine Umwidmung zu aktuellen Marktpreisen ist nicht möglich, denn im Fall eines höheren aktuellen Marktkurses würde ein Verstoß gegen das Realisationsprinzip vorliegen. Im Fall niedrigerer aktueller Marktkurse würden die Aufwendungen aus Abschreibungen nicht in dem Posten der Gewinn- und Verlustrechnung ausgewiesen, in dem die Aufwendungen entsprechend der Aufteilung der Wertpapierbestände nach Umwidmung aufgrund des bestehenden Junktims zwischen Wertpapierbestand und GuV-Ausweis auszuweisen wären.

Der Grundsatz der **Bewertungsstetigkeit** (§ 252 Abs. 1 Nr. 6 HGB) kommt nicht zur Anwendung, da mit einer Umwidmung nicht die Bewertungsmethode beeinflusst wird. Mit einer Umwidmung wird der zugrunde liegende Sachverhalt, auf den eine bestimmte Bewertungsmethode anzuwenden ist, geändert. Die **Darstellungsstetigkeit** (§ 340a Abs. 1 HGB iVm.

---

[650] GIA Krumnow ua., 2. Aufl., § 340e HGB Rn. 34.
[651] GIA Krumnow ua., 2. Aufl., § 340e HGB Rn. 35.

§ 265 Abs. 1 HGB) kann nicht greifen, da die drei Wertpapierbestände aus der Bilanz nicht unmittelbar ersichtlich sind.[652]

Da der Ausweis der Wertpapiere in der Bilanz nicht von ihrer Zugehörigkeit zum Handelsbestand, zur Liquiditätsreserve oder zu dem wie Anlagevermögen behandelten Bestand abhängt, wird der **Vorjahresausweis** durch eine Umwidmung einzelner Wertpapiere nicht berührt. Ändern wird sich jedoch der entsprechende Ausweis in der Gewinn- und Verlustrechnung.

Da in dem wohl wesentlichsten Fall der Umwidmung von Wertpapieren in den Bestand des Anlagevermögens[653] bei gleichzeitiger Bewertung wie Anlagevermögen per se eine **Anhangangabe** nach § 35 Abs. 1 Nr. 2 RechKredV erforderlich ist, ist in den anderen Fällen nur bei wesentlichen Auswirkungen von Umwidmungen die Notwendigkeit einer Anhangangabe zu prüfen. Dies kann bspw. bei folgenden Fällen notwendig sein:

- Ausweis eines „Nettoertrag aus Finanzgeschäften" mithilfe einer Umwidmung von Wertpapieren der Liquiditätsreserve mit entsprechender positiver Ergebnisauswirkung in den Handelsbestand.
- Ausweis eines „Nettoertrags aus Finanzgeschäften" mithilfe einer Umwidmung von Wertpapieren des Handelsbestands in die Liquiditätsreserve im Fall negativer Ergebnisauswirkungen vor dem Hintergrund der Möglichkeit der Überkreuzkompensation mit Erträgen aus der Auflösung von Rückstellungen für Kreditrisiken.

4.4.8. Bilanzierung beim Bondstripping

4.4.8.1. Darstellung des Bondstripping

Als Bondstripping wird das Trennen der Zinsscheine vom Mantel einer Anleihe bezeichnet.[654] Seit 1997 ist bei bestimmten Bundesanleihen die Trennung von Kapital- und Zinsansprüchen und deren getrennter Handel, sowie auch die Rekonstruktion gestrippter Anleihen zugelassen. „Stripping" steht für STRIPS, dh. „**S**eperate **T**rading of **R**egistered **I**nterest and **P**rincipal of **S**ecurities".[655]

Anleihen, die gestrippt werden können, sind in **drei Teilen** handelbar:

---

[652] Vgl. Krumnow ua., 2. Aufl., § 340e HGB Rn. 37 und 38.
[653] Die Veränderungen sind im Anlagenspiegel nachzuvollziehen.
[654] Vgl. Ruland, 231 ff.
[655] Literatur zum Bondstripping *allgemein*: Köpf, ZfgK 1997, 1108; Kußmaul, BB 1998, 1868, 2083 und 2236; Scheuerle, DB 1997, 1839; Vogt, Die Bank 1998, 424; Weiss, Die Bank 1997, 338.
Zur *Bilanzierung* des Bondstripping vgl. IDW RH BFA 1.001 sowie Göttgens, WPg 1998, 567 ff.
Zur *steuerlichen Behandlung* des Bondstripping vgl. BMF-Schreiben vom 3.9.1997, DB 1997, 1951; OFD München, Vfg. vom 23.2.1998, WPg 1998, 479; Harenberg, NWB Fach 3, 10145; Kußmaul, BB 1998, 2083; Scheuerle, DB 1997, 1839; Weiss, Die Bank 1997, 338.

- Die ursprüngliche Anleihe mit Stammrecht und Zinsansprüchen (= Anleihe cum).
- Der getrennte Anleihemantel ohne die Zinsansprüche (= Anleihe ex, Kapital-Strip).
- Die einzelnen Zinsansprüche (= Zins-Strips). Ein Handel aller Zinsansprüche aus einer Anleihe (= Zinsscheinbogen) ist nicht vorgesehen.

Betrachtet man eine trennbare Bundesanleihe mit einer (Rest-) Laufzeit von 10 Jahren und jährlicher Zinszahlung, so kann man daraus durch Bondstripping ein Portfolio aus 11 Zerobonds machen: nämlich der Anleihe ex (Anleihemantel ohne Zinsansprüche) sowie 10 Zins-Strips (einzelne Zinsansprüche). In der Praxis werden jedoch gelegentlich der Anleihemantel sowie der letzte Zinsanspruch zu einem Zerobond zusammengefasst.[656]

Für die voneinander getrennten Bestandteile werden eigene Wertpapier-Kennnummern (WKN) vergeben. Weil der isolierte Anleihemantel keine Zinsen mehr erbringt und bei Fälligkeit zum Nennwert eingelöst wird, wird er abgezinst (diskontiert) veräußert bzw. erworben. Entsprechendes gilt für die vom Anleihemantel getrennten einzelnen Zinsscheine. Es handelt sich damit faktisch um Zerobonds.

Eine einmal gestrippte Anleihe (Kapital-Strip und Zins-Strips) kann wieder zu einer Anleihe cum, also zu einem Stammrecht mit Zinsansprüchen zusammengefügt (rekonstruiert) werden. Die **Rekonstruktion** (Rebundling) ist nur Kreditinstituten für den Eigenbestand erlaubt.[657] Andere Anleger können eine Rekonstruktion faktisch erreichen, indem sie sämtliche Komponenten einer gestrippten Anleihe (Kapital-Strip und sämtliche Zins-Strips) an ein Kreditinstitut veräußern und eine Anleihe cum erwerben.

4.4.8.2. Grundsätze der Bilanzierung von Zerobonds

Im Zeitpunkt des **Erwerbs** eines Zerobonds ist dieser beim Erwerber mit seinen Anschaffungskosten (ggf. zuzüglich Anschaffungsnebenkosten) zu aktivieren. Die jeweils aufgrund der kapitalabhängigen Effektivzinsberechnung ermittelte Zinsforderung ist zum Bilanzstichtag hinzuzuaktivieren und als Zinsertrag zu buchen.

Der **Emittent** hingegen passiviert den jeweils dem Anleihegläubiger geschuldeten Betrag, der sich aus dem bei der Emission erhaltenen (abgezinsten) Ausgabebetrag zuzüglich der aufgrund einer kapitalabhängigen Effektivzinsberechnung ermittelten Zinsschuld zusammensetzt.[658]

---

656 Vgl. Köpf, ZfgK 1997, 1108.
657 Die Beschränkung auf Kreditinstitute hat steuerliche Motive; vgl. Scheuerle, DB 1997, 1839.
658 Vgl. auch Eisele/Knobloch, DStR 1993, 577 ff.; Schiestl, ÖBA 1991, 114.

4.4.8.3. Bilanzierung des Bondstripping beim Inhaber

4.4.8.3.1. Zeitpunkt der Trennung

Der Bankenfachausschuss beim IDW hat mit seinem Rechnungslegungshinweis „Bilanzielle Behandlung des Bondstripping" (IDW RH BFA 1.001)[659] zu den Bilanzierungs- und Bewertungsfragen Stellung genommen.[660]

Grundsätzlich keine Gewinnrealisation bei der Trennung

Nach dem Realisationsprinzip werden Gewinne nur durch einen Umsatzakt realisiert. Die Trennung der Anleihe cum in den Kapital-Strip und die Zins-Strips beruht lediglich auf der Entscheidung des Investors, die nicht mit einem Umsatzakt verbunden ist. Daran ändert auch die Tatsache nichts, dass die einzelnen Strips eine eigene Wertpapier-Kennnummer erhalten. Dies bedeutet, dass die alleinige Trennung sowie depotmäßige Umbuchung der entstehenden Strips **keine Gewinnrealisation** auslöst.

Erst mit der tatsächlichen Veräußerung aller oder einiger der entstehenden Strips werden Dritte zur Kaufpreisfixierung objektivierend eingebunden, was gemeinhin als handelsrechtliches Indiz für einen zur Gewinnrealisierung berechtigenden Umatzvorgang gilt.[661]

Als pragmatische Ausnahme hat der BFA allenfalls für **Anleihen im Handelsbestand** die Möglichkeit eingeräumt, die entstehenden und zur zeitnahen Weiterveräußerung bestimmten Strips mit ihren aktuellen Marktwerten zu bewerten.[662] Voraussetzung hier ist jedoch, dass der Buchwert der Anleihe cum und die Summe der Marktwerte der Strips lediglich geringfügig voneinander abweichen.

Aufteilung des Buchwerts der Anleihe cum beim Stripping

Das Bondstripping stellt einen internen Akt dar, der - wie oben dargestellt - keinen zur Gewinnrealisation berechtigenden eigenständigen Charakter aufweist. Die Summe der **Buchwerte** der Strips muss daher dem Buchwert der gestrippten Anleihe entsprechen.[663] Dies gilt unabhängig davon, in welchem Wertpapierbestand sich die Anleihe befindet. Etwaige **stille Reserven** sind dabei anteilig auf die Strips zu übertragen.[664]

---

[659] Vgl. IDW RH BFA 1.0001, WPg 1998, 1009 f.
[660] Zur Kommentierung dieses Rechnungslegungshinweises vgl. Göttgens, WPg 1998, 567 ff.
[661] Vgl. Göttgens, WPg 1998, 569.
[662] Vgl. IDW RH BFA 1.001 Tz. (8), WPg 1998, 1009.
[663] Vgl. Göttgens, WPg 1998, 569.
[664] Vgl. IDW RH BFA 1.001 Tz. (4), WPg 1998, 1009.

Das angewendete Verfahren zur Aufteilung des Buchwerts auf die einzelnen Strips muss willkürfrei sein und stetig angewandt werden.[665] Der BFA hat für die Aufteilung kein bestimmtes mathematisches Verfahren vorgegeben. Auch Näherungslösungen sind damit im Rahmen der Grundsätze ordnungsmäßiger Buchführung zulässig. Der IDW RH BFA 1.001 enthält zur Erleichterung der praktischen Anwendung zwei Verfahrensbeispiele, die den Anforderungen genügen: Die „Methode der internen Buchwertrendite" sowie die „Methode der aktuellen Marktwertrendite".[666]

Nach der **Methode der internen Buchwertrendite** wird in einem ersten Schritt die interne Rendite der Anleihe cum zum Strippingzeitpunkt auf Basis des Buchwerts der Anleihe, der Zins- und Tilgungszahlungen sowie der Restlaufzeit ermittelt. In einem zweiten Schritt werden dann die zukünftigen Zahlungsströme (Anleihe ex, jede einzelne Zinszahlung) anhand der so ermittelten internen Rendite auf den Stripzeitpunkt abgezinst (Barwert).[667]

Die Buchwertaufteilung kann alternativ auch nach der **Methode der aktuellen Marktwertrendite** erfolgen. Die Aufteilung erfolgt dabei nach Maßgabe der aktuellen internen Rendite, die auf Basis der Marktwerte der einzelnen Strips und der Restlaufzeit der gestrippten Anleihe errechnet wird. Der Buchwert der Anleihe cum wird somit im Verhältnis der jeweiligen Marktwerte auf die Strips verteilt.[668] Ebenso wie die Methode der internen Buchwertrendite ermöglicht auch die marktwertbasierte Methode die erfolgsneutrale Trennung der Anleihe cum.

Bezahlte Stückzinsen und anteilige Zinsen gemäß § 11 RechKredV

Die vom Erwerber der Anleihe cum beim Erwerb gezahlten Stückzinsen werden grundsätzlich nicht mit dem Kapitalstamm aktiviert. Sie stellen eine unabhängige Forderung dar, die im Zeitpunkt des nächsten Zinstermins fällig und von den Kuponerträgen gekürzt wird.

Die Stückzinsen werden deshalb nicht auf die einzelnen Zins-Strips aufteilt, sondern beim nächstfälligen Zins-Strip berücksichtigt.[669] Entsprechendes gilt für die zwischen dem letzten Zinstermin und dem Stripzeitpunkt entstandenen anteiligen Zinsen iSd. § 11 RechKredV.

---

[665] Vgl. IDW RH BFA 1.001 Tz. (5), WPg 1998, 1009.
[666] Ausführlich mit Beispielen vgl. Göttgens, WPg 1998, 570 ff.
[667] Als nachteilig kann angesehen werden, dass dabei sämtliche Cashflows, unabhängig von ihrer Laufzeit, mit einem identischen Zinssatz abgezinst werden.
[668] Ausführlich mit Beispielen vgl. Göttgens, WPg 1998, 570 f.
[669] Vgl. IDW RH BFA 1.001 Tz. (3), WPg 1998, 1009.

4.4.8.3.2. Bilanzierung und Bewertung der Strips

Strips im Bestand

Die im Bestand befindlichen Strips stellen - wie oben dargestellt - faktisch Zerobonds dar. Deren bilanzielle Behandlung richtet sich damit grundsätzlich nach der Stellungnahme HFA 1/1986 „Zur Bilanzierung von Zero-Bonds".[670] Danach sind die Strips mit den Anschaffungskosten zuzüglich der anteiligen Zinsforderung zu bewerten, sofern nicht ein niedrigerer Stichtagskurs eine Niederstwertabschreibung verlangt. Bei der Bewertung ist das Wertaufholungsgebot des § 280 HGB in Abhängigkeit von der Bestandszuordnung zu beachten (vgl. Kapitel 4.5.).

Bei der Bewertung entsprechend den Grundsätzen für Zerobonds kann eine im Stripzeitpunkt berechnete interne Rendite der gestrippten Anleihe als „Quasi-Emissionsrendite" betrachtet werden, mit deren Hilfe die anteilige Zinsforderung ermittelt wird.[671]

Berücksichtigung von Marktwerteffekten bei bestehenden Bewertungseinheiten

Es ist grundsätzlich nicht möglich, eine über die Aufzinsung der Zerobonds hinausgehende Aufwertung (zB aufgrund höherer Börsenkurse) - wegen Verstoßes gegen das Realisationsprinzip - zu berücksichtigen.[672]

Der BFA lässt es jedoch zu, dass im Rahmen von allgemein anerkannten Bewertungseinheiten diese stillen Reserven kompensatorisch berücksichtigt werden können.[673]

Erwerb und Veräußerung von Strips

Von Dritten erworbene Strips sind wie andere erworbene Zerobonds zu Anschaffungskosten zu aktivieren und nach den allgemeinen Grundsätzen zu bilanzieren und zu bewerten. Die Anschaffungskosten sind jährlich um die auf Basis einer Erwerbsrendite berechneten anteiligen Zinsansprüche zu erhöhen. Die Erwerbsrendite lässt sich aus dem bezahlten Kaufpreis, der Restlaufzeit und dem Kapitalbetrag ermitteln.[674]

Die Veräußerung stellt im Gegensatz zur Trennung der Anleihe einen Veräußerungsvorgang dar, der zur Gewinn- bzw. Verlustrealisation führt. Je nach Buchwert und Veräußerungserlös

---

[670] Vgl. WPg 1986, 248 ff.
[671] Vgl. IDW RH BFA 1.001 Tz. (9), WPg 1998, 1010.
[672] Zu Bewertungseinheiten vgl. Krumnow ua., 2. Aufl., § 340e HGB Rn. 108 ff.
[673] Vgl. IDW RH BFA 1.001 Tz. (10), WPg 1998, 1010; zu Bewertungseinheiten vgl. Krumnow ua., 2. Aufl., § 340e HGB Rn. 108 ff.
[674] Vgl. IDW RH BFA 1.001 Tz. (11), WPg 1998, 1010.

kommt es zu Kursgewinnen oder Kursverlusten, die in Abhängigkeit von der Zuordnung zu den verschiedenen Wertpapierbeständen zu buchen sind.

4.4.8.3.3. Rekonstruktion getrennter Anleihen

Wie oben dargestellt wurde, kann eine Anleihe aus den einzelnen Strips wieder rekonstruiert werden. Hierfür gelten bezüglich der Gewinnrealisation die für die Trennung angestellten Überlegungen sinngemäß. Dies bedeutet, dass die Rekonstruktion **keinen Realisationstatbestand** darstellt, sodass sich hieraus keine Erfolgswirkungen ergeben.[675] Die Bewertung rekonstruierter Anleihen richtet sich nach den allgemeinen Bewertungsgrundsätzen.

Sofern die Rekonstruktion zum Zweck einer sich unmittelbar anschließenden Veräußerung erfolgt, dürfte es nach Göttgens[676] dem Realisationsprinzip nicht entgegenstehen, wenn aus Vereinfachungsgründen der Kursgewinn oder -verlust als Differenz zwischen den Buchwerten der einzelnen Strips und dem Veräußerungserlös der Anleihe ermittelt wird.

4.4.8.4. Bilanzierung des Bondstripping beim Emittenten

Passivierung der emittierten Anleihe

Der Emittent hat auf das Stripping einer von ihm emittierten Anleihe keinen Einfluss. Häufig hat er von diesem Vorgang auch keine Kenntnis. Eine eigene Passivierungspflicht für die Zins-Strips besteht nicht.[677]

Die einzelnen Zins-Strips stellen für den Emittenten Zinsaufwand dar, der in den Perioden zu verrechnen ist, in denen dieser Aufwand als Entgelt für die Zurverfügungstellung des Anleihekapitals anfällt. Die Tatsache, dass durch das Stripping neben dem Kapital auch die einzelnen Kuponzahlungen handelbar geworden sind, begründet nach Ansicht des BFA für sich gesehen keine Passivierungspflicht für die einzelnen Zins-Strips.[678]

In der Bilanz des Emittenten ist nach wie vor der Rückzahlungsbetrag der (gestrippten) Anleihe anzusetzen. Dem stehen die Grundsätze für die Passivierung von Zerobonds[679] nicht entgegen, weil diese Grundsätze lediglich auf einen originär begebenen Zerobond anzuwenden sind.[680]

---

[675] Vgl. IDW RH BFA 1.001 Tz. (13) und (14), WPg 1998, 1010.
[676] Vgl. Göttgens, WPg 1998, 572.
[677] Vgl. IDW RH BFA 1.001 Tz. (15), WPg 1998, 1011.
[678] Vgl. IDW RH BFA 1.001 Tz. (15), WPg 1998, 1011.
[679] Vgl. HFA 1/1986, WPg 1986, 248 ff.
[680] Vgl. IDW RH BFA 1.001 Tz. (16), WPg 1998, 1011.

Erwerb eigener (gestrippter) Schuldverschreibungen

Erwirbt der Emittent einen einzelnen Strip, muss der passivierte Buchwert der Anleihe um den anteiligen, auf den erworbenen Strip entfallenden Buchwert vermindert werden, es sei denn, es ist eine Wiederbegebung beabsichtigt.[681] Die Differenz zwischen diesem anteiligen Buchwert und dem für den Strip bezahlten Kaufpreis ist ergebniswirksam zu erfassen.

Der BFA hält es für sachgerecht, den Buchwert der Anleihe nach der Methode der internen Buchwertrendite aufzuteilen. Die Buchwerte der weiterhin zu passivierenden Strips sind nach den Grundsätzen für Zerobonds fortzuführen.

Ist eine Wiederbegebung beabsichtigt, ist ein erworbener Strip als Wertpapier mit seinen Anschaffungskosten zu aktivieren und an den folgenden Bilanzstichtagen nach den für einen Erwerber geltenden Regeln zu bilanzieren.

4.4.9. Bilanzierung sog. strukturierter Produkte

4.4.9.1. Definition

Strukturierte Produkte sind Vermögensgegenstände mit Forderungscharakter (zB Kredite, Schuldscheindarlehen, Anleihen) bzw. Verbindlichkeiten, die im Vergleich zu den nicht strukturierten Produkten hinsichtlich ihrer Verzinsung, ihrer Laufzeit und/oder ihrer Rückzahlung besondere Ausstattungsmerkmale aufweisen. Die Ausgestaltung strukturierter Produkte besteht idR darin, dass das zinstragende Kassainstrument mit einem oder mehreren derivativen Finanzinstrumenten (zB Swap, Forward, Future, Option, Cap, Floor, Swaption) zu einer rechtlichen und wirtschaftlichen Einheit verbunden ist. Hierzu zählen zB:

- Anleihen bzw. Schuldscheindarlehen mit Schuldnerkündigungsrechten[682] bzw. Gläubigerkündigungsrechten[683] sowie mit Schuldnererhöhungsrechten.[684]
- Capped Floating Rate Notes, Floor Floating Rate Notes sowie Collared Floating Rate Notes (Mini-Max-Floater),[685]
- Step-up-Anleihen,[686]
- Reverse Floating Rate Notes,[687]
- Anleihen und Schuldscheindarlehen mit Währungswahlrecht,[688]
- Aktienanleihen (Reverse Convertibles),[689]

---

[681] Vgl. IDW RH BFA 1.001 Tz. (17), WPg 1998, 1011.
[682] Vgl. Scharpf/Luz, 654 ff.; Bertsch, KoR 2003, 555 f.; Eisele/Knobloch, ZfbF 2003, 749 ff.
[683] Vgl. Scharpf/Luz, 656 f.
[684] Vgl. Scharpf/Luz, 658 f.; Bertsch, KoR 2003, 556 f.
[685] Vgl. Scharpf/Luz, 660 ff.
[686] Vgl. Scharpf/Luz, 662 f.
[687] Vgl. Scharpf/Luz, 664 f.
[688] Vgl. Scharpf/Luz, 666.

- Wandel- und Pflichtwandelanleihen.[690]

Ein Erwerb oder Verkauf der einzelnen Bestandteile eines strukturierten Produkts ist im Regelfall nicht möglich. Der Einstufung als strukturiertes Produkt steht nicht entgegen, dass insbesondere die derivativen Bestandteile durch entsprechende Sicherungsgeschäfte gegen Marktwertschwankungen abgesichert werden können oder ihrerseits zur Sicherung herangezogen werden.

Nicht Gegenstand dieser Ausführungen ist die Bilanzierung strukturiert gestalteter Eigenkapitalinstrumente beim **Emittenten**, insbesondere Wandelanleihen. Strukturierte Verbindlichkeiten sind entsprechend strukturierten Vermögenswerten bilanziell abzubilden.

4.4.9.2. Dokumentation (Nebenbuchhaltung)

Die derivativen Bestandteile strukturierter Produkte sind - unabhängig von ihrer bilanziellen Behandlung - ua. auch für Zwecke des Risikomanagements wie sonstige schwebende Geschäfte zu dokumentieren. Die Aufzeichnungen des Bilanzierenden müssen den Geschäftspartner, den Nominalbetrag, den Abschlusstag, die Fälligkeit, den Abschlusskurs und ggf. die vereinbarten Zinssätze, die Basispreise und die Optionslaufzeiten jedes einzelnen Geschäftes erkennen lassen. Aus den Aufzeichnungen sind außerdem der Gesamtbetrag der schwebenden Lieferansprüche und Lieferverpflichtungen aus Termingeschäften bzw. der bedingten Lieferansprüche und Lieferverpflichtungen aus Optionen, geordnet nach Fälligkeiten, nachzuweisen. Auch das Vorliegen von Sicherungsgeschäften ist zu dokumentieren.

---

[689] Vgl. Scharpf/Luz, 666 f. mit einem Bilanzierungsbeispiel 688 ff.; Bertsch, KoR 2003, 557 f.
[690] Vgl. Häuselmann, BB 2003, 1531ff.; derselbe BB 2000, 139 ff.; Dipplinger/Loistl/Neufeld, Die Bank 1998, 120 ff.

4.4.9.3. Bilanzierung strukturierter Produkte nach dem Rechnungslegungshinweis des Bankenfachausschusses

Für die Bilanzierung stellt sich die Frage, ob die derivativen Bestandteile getrennt vom zinstragenden Kassainstrument bilanziert und bewertet werden müssen. Nach IDW RH BFA 1.003 gilt Folgendes:

- **Bilanzierung als einheitlicher Vermögensgegenstand oder Schuld**
  Strukturierte Produkte sind grundsätzlich als ein einheitlicher Vermögensgegenstand zu bilanzieren. In Abhängigkeit vom jeweiligen Kassainstrument sind die allgemeinen Bewertungs- und Bilanzierungsregeln für Forderungen bzw. Wertpapiere anzuwenden. Soweit ein verlässlicher Börsen- oder Marktpreis nicht vorliegt, sind die beizulegenden Werte der einzelnen Bestandteile anhand anerkannter Bewertungsmodelle zu ermitteln und zu einem Gesamtwert des strukturierten Produkts zusammenzufassen.
  Unabhängig von den für die getrennte Bilanzierung geltenden Kriterien ist bei strukturierten Produkten des Handelsbestands die einheitliche Bilanzierung sachgerecht, da hier der Eigenhandelserfolg aus dem kurzfristig gehaltenen Bestand im Vordergrund steht.
- **Getrennte Bilanzierung von Kassainstrument und Derivat**
  Die Bestandteile strukturierter Produkte sind unter Beachtung der jeweils maßgeblichen handelsrechtlichen Grundsätze getrennt als einzelne Vermögensgegenstände und Schulden bzw. Derivate zu bilanzieren und zu bewerten, wenn eine der folgenden Voraussetzungen erfüllt ist:
  1. Bindung eines Kassainstruments mit einem - oder mehreren - derivativen Finanzinstrument(en), die einem über das Zinsrisiko hinausgehenden Marktpreisrisiko unterliegen;[691] dies gilt insbesondere, wenn von der Währung des Kassainstruments abweichende Währungsrisiken (Währungsbestände bzw. künftige Währungs-Cashflows) bzw. Aktienkursrisiken (Aktienbestände bzw. Short-Positionen) begründet werden, ungeachtet der Tatsache, ob die Abwicklung durch physische Lieferung oder Cash-Settlement erfolgt (zB Finanzinstrumente mit Rückzahlungswahlrecht in Aktien bzw. Währungen, Finanzinstrumente mit aktienindexabhängiger Rückzahlung; Wandel- und Pflichtwandelanleihen, Aktienanleihen sowie Umtauschanleihen[692]),
  2. das eingesetzte Kapital wird neben dem Bonitätsrisiko des Emittenten durch weitere Risiken gefährdet (zB mit Wetterderivaten kombinierte Anleihen, Credit Linked Notes),
  3. es besteht die Möglichkeit einer Negativverzinsung (zB Reverse Floater ohne Mindestverzinsung),

---

[691] Dieser Gedankengang wird von Eisele/Knobloch, ZfbF 2003, 752 abgelehnt, da der Bilanzausweis nicht primär der Differenzierung von Risikoarten diene. Auch entfalte der Ausweis keine Wirkung auf die Ansatzfrage.

[692] Der Ansicht von Häuselmann, BB 2002, 2434, der für sog. Umtauschanleihen und für Aktienanleihen eine einheitliche Bilanzierung vorschlägt, kann nicht gefolgt werden. Siehe auch OFD München/Nürnberg, Vfg. vom 22.8.2000, BB 2000, 2628 f.

4. es liegen Vereinbarungen zur Verlängerung der Laufzeit vor, wobei die Verzinsung im Zeitpunkt der Verlängerung nicht an die aktuellen Marktkonditionen angepasst wird.[693]

Die einzelnen Bestandteile sind mit ihrem jeweiligen Anteil am Gesamtanschaffungspreis zu erfassen. Darin enthaltene Optionsprämien sind gemäß Stellungnahme BFA 2/1995 „*Bilanzierung von Optionsgeschäften*"[694] zu behandeln. Die Gegenwerte dieser Optionsprämien stellen ein Zinsregulativ zur laufenden Verzinsung des Kassainstruments dar und können demzufolge als Rechnungsabgrenzungsposten erfasst werden (§ 340e Abs. 2 HGB).[695]

- **Geschlossene Positionen und Sicherungsgeschäfte**
  Soweit die Marktpreisrisiken aus den derivativen Bestandteilen strukturierter Produkte nachweislich durch den Abschluss entsprechender Sicherungsgeschäfte ausgeschlossen oder fixiert werden, sind die gesicherten derivativen Bestandteile sowie die Sicherungsgeschäfte kompensatorisch zu bewerten mit der Folge, dass Bewertungsgewinne bis zur Höhe gegenüberstehender Bewertungsverluste zu verrechnen sind.[696] Je nach Art des Geschäfts kommt ggf. ein Verzicht auf Abschreibungen oder Rückstellungsdotierungen in Betracht. Dies gilt auch für derivative Bestandteile einheitlich bilanzierter strukturierter Produkte.
  Wenn die einzelnen Bestandteile strukturierter Produkte im Rahmen des Risikomanagements verschiedenen Portfolien des Handelsbestands zugeordnet sind, ist eine derartige Verrechnung innerhalb des Portfolios ebenfalls zulässig.
  Es ist sachgerecht, die mit dem Marktpreisrisikotransfer der derivativen Bestandteile durch Abschluss von Sicherungsgeschäften fixierte Marge in der Gewinn- und Verlustrechnung periodengerecht als Korrekturposten zum laufenden Zinsertrag des Vermögensgegenstands bzw. zum laufenden Zinsaufwand der Verbindlichkeit zu behandeln.

Dem **Emittentenausfallrisiko** ist gesondert Rechnung zu tragen. Für die Bilanzierung von **strukturierten Verbindlichkeiten** sind die Grundsätze für die Bilanzierung strukturierter Produkte beim Erwerber/Gläubiger entsprechend anzuwenden.

Im Rahmen der Angaben und Erläuterungen zu den Bilanzierungs- und Bewertungsmethoden (§ 284 Abs. 2 HGB) im **Anhang** ist auch die Behandlung strukturierter Produkte darzustellen. Bestehende branchenspezifische Angabepflichten (zB § 36 RechKredV) sind zu beachten.

Credit Linked Notes bestehen aus der Kombination eines Credit Default Swap und eines verzinslichen Schuldtitels. Sie sind nach IDW RH BFA 1.001 strukturierte Produkte, was bedeutet, dass grundsätzlich eine getrennte Bilanzierung und Bewertung dieser Bestandteile

---

[693] Bertsch, KoR 2003, 554 vertritt die Ansicht, dass Anleihen/Schuldverschreibungen mit Schuldner- oder Gläubigerprolongationsrecht(en) sog. einfache strukturierte Produkte sind, die nicht getrennt zu bilanzieren sind. Er begründet dies damit, dass sich diese Produkte aus denselben Bestandteilen zusammensetzen wie Anleihen bzw. Schuldscheindarlehen mit Schuldner- oder Gläubigerkündigungsrechten.
[694] Vgl. WPg 1995, 421 ff.
[695] Vgl. auch OFD München/Nürnberg, Vfg. vom 22.8.2000, BB 2000, 2628 ff.
[696] Zu den Möglichkeiten und Techniken des Hedging bei diesen Produkten vgl. Scharpf/Luz, 654 ff.

erforderlich ist. Aus Vereinfachungsgründen und unter Beachtung von **Wesentlichkeitsaspekten** sieht der Standard aber auch die Möglichkeit vor, die Credit Linked Note nicht aufzuspalten. Die Frage, ob ein Kreditrisiko wesentlich ist, kann auch anhand der von der BaFin (Bundesaufsichtsamt für das Versicherungswesen) entwickelten Überlegungen zum Einsatz von Kreditderivaten bei Versicherungsunternehmen entschieden werden.[697] Folgt man dieser einheitlichen Bilanzierung, ist der gesamte Kupon im Zinsergebnis zu buchen.

Andererseits sieht der Rechnungslegungsstandard IDW RS BFA 1[698] zur Bilanzierung von Kreditderivaten vor, dass Prämienzahlungen für Credit Default Swaps dann nicht im Provisionsergebnis zu erfassen sind, wenn deren Zinscharakter überwiegt. Dies dürfte bspw. dann der Fall sein, wenn dem Credit Default Swap lediglich **eine Adresse** als Reference Asset zugrunde liegt und die Credit Linked Note nachgewiesenermaßen als Ersatzgeschäft für einen ansonsten gewährten Kredit an diese Adresse erworben wurde. Das Kreditrisiko kann auch dann als nicht wesentlich angesehen werden, wenn sich ein Kreditereignis nur auf die Höhe der Zinsen auswirken kann und eine werthaltige Kapitalgarantie für das eingesetzte Kapital gegeben ist (vgl. auch die Ausführungen in Kapitel 6.2.1.2.2.1.).

Die in IDW RH BFA 1.003 aufgeführten Beispiele, bei deren Vorliegen eine getrennte Bilanzierung vorzunehmen ist,[699] zeigen die Intention des BFA für den Fall, dass es sich um die Verbindung eines Kassainstruments mit einem - oder mehreren - derivativen Finanzinstrumenten(en) handelt, die einem über das Zinsrisiko hinausgehenden Marktpreisrisiko unterliegen. Die Beispiele zielen ausnahmslos darauf ab, dass sich dieses über das Zinsrisiko hinausgehende Marktpreisrisiko auf den Rückzahlungsbetrag auswirken muss, um zu einer getrennten Bilanzierung zu kommen. Soweit sich dieses zusätzliche Marktpreisrisiko bei einer vorhandenen Garantie des eingesetzten Kapitals (d.h. das eingesetzte Kapital wird neben dem Bonitätsrisiko des Emittenten nicht durch weitere Risiken gefährdet) nur auf die Höhe der zu zahlenden Zinsen auswirkt, kann es sachgerecht sein, die für Credit Linked Notes dargestellte Vorgehensweise anzuwenden.

---

[697] Nach dem Rundschreiben des BAV vom 12.4.2002 zu Anlagen in Asset-Backed-Securities und Credit Linked Notes durch Versicherungsunternehmen, vgl. bav.bund.de, ist das in diesen Instrumenten eingebettete Kreditrisiko nicht von wesentlicher Bedeutung, wenn mindestens ein externes Investment-Grade-Rating einer anerkannten Ratingagentur vorliegt. Dies ist nicht ausreichend, wenn andere Umstände oder Risiken eine abweichende negative Beurteilung des Kreditrisikos nahe legen oder ein Specultive-Grade-Rating einer anderen anerkannten Ratingagentur vorliegt. Liegt kein externes Investment-Grade-Rating vor, müssen die Bonität des Collateral Pools bzw. des Referenzaktivum oder -portoflio sowie das Ausfallrisiko der gesamten Anlage nachprüfbar positiv beurteilt werden. Bei einem Forderungsausfall im Collateral Pool oder dem Eintritt eines Kreditereignisses bei dem Referenzaktivum oder -portfolio muss eine Hebelwirkung im Hinblick auf die Rückzahlung ausgeschlossen sein.
[698] Vgl. IDW RS BFA 1, FN 2002, 61 ff.
[699] Vgl. IDW RH BFA 1.003 Rn. 7, ersten Punkt: „(z.B. Finanzinstrumente mit Rückzahlungswahlrecht in Aktien bzw. Währungen, Finanzinstrumente mit aktienindexabhängiger Rückzahlung). Nach Bertsch, KoR 2003, 554 kommt es ebenfalls auf die Frage an, ob sich die entsprechenden eingebetteten Derivate auf den Rückzahlungsbetrag auswirken; dies zeigen die Beispiele, die er nennt.

Die derivativen Bestandteile von strukturierten Produkten können dann direkt dem Handelsbestand zugeordnet werden, wenn die Risiken aus den eingebetteten Derivaten im Rahmen der Risikosteuerung des Handels gesteuert werden.

Die Bilanzierung von Wandel- bzw. Pflichtwandelanleihen beim Gläubiger richtet sich nach den oben dargestellten Grundsätzen. Soweit sich diese Anleihen beim Emittenten auf Aktien Dritter (außerhalb des Konzerns) beziehen, sind sie ebenfalls nach den hier dargestellten Grundsätzen zu bilanzieren und zu bewerten. Liegen diesen Anleihen jedoch eigene Aktien des Emittenten zugrunde, richtet sich die Bilanzierung nach den Grundsätzen des § 272 Abs. 2 Nr. 2 HGB.

4.4.10. Agio und Disagio bei Schuldverschreibungen

Bei Agien bzw. Disagien ist zu unterscheiden zwischen solchen mit und solchen ohne Zinscharakter. Die nachfolgenden Ausführungen werden nur zu den Agien bzw. Disagien gemacht, die zweifelsfrei **Zinscharakter** haben. Das Disagio wird nach hM als laufzeitabhängig und Zinskorrektiv für einen niedrigeren Nominalzins betrachtet, dh. das Disagio ist eine zusätzliche Vergütung für die Kapitalüberlassung (Zusatzzins). Für ein Agio gilt Entsprechendes mit umgekehrtem Vorzeichen.

Nominell unverzinsliche Wertpapiere (sog. Zerobonds) werden zu einem deutlich unter dem Nennwert liegenden Preis (Barwert) gehandelt. Die Differenz zum Nennwert (= Disagio) hat Zinscharakter. Bei Zerobonds ist der Unterschied zwischen Nennwert und den Anschaffungskosten (Barwert) zeitanteilig zuzuschreiben. Bei vorzeitigem Verkauf bzw. Rückgabe hat der Gläubiger Anspruch auf die bis zu diesem Zeitpunkt verdienten Zinsen.

Die Überlegungen, die für nominell unverzinsliche Wertpapiere gelten, sind nach verschiedenen Ansichten im Schrifttum für nominell minderverzinsliche Wertpapiere ebenfalls anzuwenden, wenn diese zu marktgerechten Effektivzinsen mit einem entsprechenden Disagio erworben wurden.[700] Das Disagio ist hier als Zusatzzins zu betrachten und zu verteilen, indem eine entsprechende Zuschreibung auf den Buchwert der Wertpapiere vorgenommen wird. In der Gewinn- und Verlustrechnung sind diese Beträge als Zinsertrag auszuweisen. Das auf die Periode entfallende anteilige Disagio stellt einen Teil des realisierten Zinsertrags dar, der als nachträgliche (zusätzliche) Anschaffungskosten zu aktivieren ist; ein Verstoß gegen das Anschaffungskostenprinzip liegt darin nach Ansicht von Birck/Meyer[701] nicht. In der Bilanzierungspraxis wird diesbezüglich allerdings ein Aktivierungswahlrecht angenommen, von dem regelmäßig kein Gebrauch gemacht wird.[702]

---

[700] Vgl. Birck/Meyer, V 272; Hossfeld, RIW 1997, 141.
[701] Vgl. Birck/Meyer, V 273.
[702] Vgl. Birck/Meyer, V 273; Hossfeld, RIW 1997, 141 f.

Eine voraussichtliche dauernde Wertminderung mit der Folge der Abwertung findet auch insoweit statt, als festverzinsliche Wertpapiere über dem Nennwert angekauft, aber nur mit dem Nennwert eingelöst werden (Über-pari-Erwerb, Erwerb mit Agio). Das Agio ist anteilig abzuschreiben.[703]

Eine Bruttobilanzierung mit zeitanteiliger Vereinnahmung des Disagios wie sie § 340e Abs. 2 HGB für Forderungen vorsieht, wird von den überwiegenden Meinungen im Schrifttum jedoch abgelehnt, die Vereinnahmung des Disagios erfolgt danach nicht zeitanteilig, sondern erst bei Endfälligkeit des Wertpapiers.

Wirtschaftlich ist die Gleichsetzung von Forderungen und Schuldverschreibungen hinsichtlich der Bilanzierung und Bewertung in Ausnahmefällen gerechtfertigt, wenn bereits von vornherein feststeht, dass die Schuldverschreibungen über die gesamte Laufzeit gehalten werden und die Realisierung des Disagios sichergestellt ist. Damit scheiden Handelsaktivitäten für diese Bilanzierung aus.

Nur in dem Ausnahmefall, dass für ein Wertpapier bereits bei Erwerb feststeht, dass es bis zur Endfälligkeit im Bestand bleibt, liegt wirtschaftlich eine mit § 340e Abs. 2 HGB vergleichbare Situation vor wie bei Forderungen.

4.4.11. Interne Geschäfte (Internal Deals)

4.4.11.1. Gründe für den Abschluss interner Geschäfte

Institute sind aufgrund ihrer Geschäftstätigkeit dem Marktpreisrisiko, und insbesondere dem Zinsrisiko ausgesetzt. Traditionell wird dabei zwischen ihrer Funktion im originären Kredit- und Einlagengeschäft (Nichthandelsbestand; Asset-Liability-Management) und ihrer Funktion als „Risikomakler" für die übrigen Marktteilnehmer (Handelsbestand; Trading) unterschieden.[704]

Die **portfolioorientierten Handelsaktivitäten** bedingen eine eindeutige und konsequente Zuweisung von **Produktmandaten**.[705] Nur die das Produktmandat innehabende Stelle darf ggü. dem Markt als Kontrahent auftreten, während die anderen Nutzer des Produkts mit eben dieser Stelle (intern) kontrahieren müssen.[706] So lassen sich Spezialisierungsvorteile nutzen und zudem Transaktionskosten einsparen, weil bspw. die Geld-/Briefspanne im eigenen Hause verbleibt. Gleichzeitig werden Bonitätsrisiken reduziert, da interne Kontraktpartner nicht ausfallen können.

---

[703] GlA Birck/Meyer, V 108; Hossfeld, RIW 1997, 141.
[704] Vgl. Elkart/Schaber, 401 ff.
[705] Vgl. Elkart/Schaber, 406 f.
[706] Vgl. Elkart/Schaber, 406 f. mwN.

Das **Zinsänderungsrisiko** wird üblicherweise auf Ebene der Gesamtbank gesteuert und begrenzt. Das Marktmandat, dh. der Auftritt des Instituts ggü. den übrigen Marktteilnehmern konzentriert sich auf eine oder wenige Einheiten. Häufig ist das Marktmandat bei der Handelsabteilung.

Sowohl aus wirtschaftlichen als auch aus rechtlichen Erwägungen (§ 25a KWG) muss jedes Institut im Rahmen seiner Risikosteuerung eine umfassende Risikomanagementstrategie auf Gesamtinstitutsebene (sog. Gesamtbanksteuerung) einrichten und weiterentwickeln. Zur Steuerung des (Netto-) Risikos im Nichthandelsbestand werden vor allem derivative Finanzinstrumente (zB Zinsswaps) eingesetzt. In diesem Zusammenhang hat es sich als sachgerecht erwiesen, dass sich das Management des Nichthandelsbestands zur Risikosteuerung desselben an den „Risikomakler" bspw. des Zinsrisikos (zB Händler für Zinsswaps) im eigenen Haus bzw. im eigenen Konzern wendet, der das entsprechende Marktmandat hat.

Dadurch kommt eine interne Transaktion zustande, mittels der das zu steuernde Risiko (zB Zinsrisiko) vom Nichthandelsbestand in den Handelsbestand transferiert wird, um es dort zu allokieren und seinerseits auf Nettobasis durch den Handel zu steuern. Ist der Handelsbereich allein berechtigt, am Markt aufzutreten, sind interne Geschäfte zwingend notwendig.

Interne Geschäfte[707] sind Geschäftsabschlüsse über Wertpapiere und andere Finanzinstrumente zwischen rechtlich unselbstständigen organisatorischen Einheiten innerhalb der rechtlichen Einheit eines Instituts oder auf Konzernebene zwischen unterschiedlichen Unternehmen des Konzerns. Dies kommt bspw. vor, wenn die organisatorische Einheit, die für die Aktiv-/Passivsteuerung zuständig ist (Treasury), mit der organisatorischen Einheit, die für den Swaphandel (Trading) zuständig ist, einen Zinsswap abschließt.

Gegenstand sog. interner Geschäfte können nur Finanzinstrumente sein, die auch mit externen Kontraktpartnern gehandelt werden können. An die Stelle von externen Geschäftsbestätigungen treten interne Abstimmungsprozesse.

Der Kontraktabschluss wird im handelsrechtlichen Jahresabschluss von beiden Einheiten unterschiedlich behandelt. In der Aktiv-/Passivsteuerung (Steuerung des allgemeinen Zinsänderungsrisikos) wird der Zinsswap, wenn er im Rahmen einer Bewertungseinheit[708] oder der Aktiv-/Passivsteuerung eingesetzt ist, nicht bewertet, im Handel hingegen wird der Zinsswap bewertet und geht ggf. in ein Swapportfolio ein.

Darüber hinaus können interne Geschäfte auch zwischen verschiedenen Handelseinheiten getätigt werden.

Interne Geschäfte haben den **Zweck** der Zuordnung der Risiken zu den jeweils verantwortlichen organisatorischen Einheiten. Ferner dienen sie der innerbetrieblichen Abgrenzung

---

[707] Vgl. Wittenbrink/Göbel, Die Bank 1997, 271; Kaltenhauser/Begon, ZfgK 1998, 1191.
[708] Zu Bewertungseinheiten vgl. Krumnow ua., 2. Aufl., § 340e HGB Rn. 108 ff.

von Ergebnissen, der verbesserten Risikosteuerung und nicht zuletzt der Vermeidung von (externen) Kosten. Sie können als Geschäfte zwischen den verschiedenen Handelsbeständen und zwischen Handelsbeständen und Nichthandelsbeständen vorkommen.

Diese Geschäfte haben nach den Grundsätzen ordnungsmäßiger Bilanzierung grundsätzlich keinen Einfluss auf die Vermögens-, Finanz- und Ertragslage des Unternehmens, insbesondere sind die sich aus diesen Geschäften ergebenden Gewinne und Verluste nicht als realisiert anzusehen, denn die Risiken werden durch diese Geschäfte lediglich innerhalb dieses Unternehmens kompetenzmäßig neu verteilt. Durch den Abschluss dieser Transaktionen zu marktgerechten Bedingungen ist sichergestellt, dass keine Gewinne/Verluste aus internen Transaktionen erfasst werden. Daher ist unerlässlich, dass diese Geschäfte nur zu marktgerechten Konditionen eingegangen werden.

4.4.11.2. Überlegungen zur bilanziellen Behandlung interner Geschäfte

Die oben dargestellte Sichtweise führt indes häufig zu Konflikten mit der innerbetrieblichen Arbeitsteilung. Insbesondere im Risikomanagement dürfen diese Geschäfte nicht aus der Positionsführung eliminiert werden, was häufig zu dem Wunsch führt, die Geschäfte auch für bilanzielle Zwecke nicht eliminieren zu müssen.

Bei **internen Geschäften zwischen verschiedenen Handelsbeständen** ergibt sich hinsichtlich der Bilanzierung Folgendes: Die Cashflows aus einem internen Geschäft werden aufgrund der Gegenläufigkeit und dem saldierten Ausweis des Handelsergebnisses in der Gewinn- und Verlustrechnung automatisch saldiert. Für die Bewertungsergebnisse gilt grundsätzlich Analoges.

Für **interne Geschäfte zwischen Handelsbeständen und Nichthandelsbeständen** zeigt sich hingegen Folgendes: Die Cashflows aus diesen Geschäften saldieren sich in der Gewinn- und Verlustrechnung nicht, weil sie in unterschiedlichen Posten auszuweisen sind. Das Jahresergebnis wird aber insgesamt aufgrund der Cashflows nicht beeinflusst. Angenommen, im Handelsbestand findet eine Portfoliobewertung (Marktbewertung mit Verrechnung sämtlicher Bewertungsergebnisse der Finanzinstrumente eines Portfolios) statt, im Nichthandelsbestand hingegen wird das Finanzinstrument nicht bewertet (zB Aktiv-/Passivsteuerung), wird dadurch möglicherweise das Jahresergebnis beeinflusst.

Um in diesen Fällen von einer Eliminierung der internen Kontrakte absehen zu können wird gelegentlich wie folgt argumentiert:[709]

- Die internen Geschäfte haben im Handelsbestand reine Stellvertreterfunktion.

---

[709] Vgl. Elkart/Schaber, 407 f.

Man müsse davon ausgehen, dass mit der Bewertung des dem Handelsbestand zugeordneten Geschäfts eigentlich stellvertretend die Risikoposition aus dem externen originären Finanzinstrument des Nichthandelsbestands bewertet wird.
- Die internen Geschäfte werden vom Handel zu marktgerechten Konditionen abgeschlossen.

Dies bedeutet, dass die Geschäfte nur zu exakt den gleichen Konditionen und unter Anwendung identischer Bewertungsmodelle im Vergleich zu Transaktionen mit externen Dritten abgeschlossen werden dürfen. Es müssen identische Parameter und Buchungszeitpunkte sowie identische Abgrenzungsverfahren verwendet werden.

Dies führt im Handel zu demselben Ergebnis wie ein externes Geschäft, insoweit unterscheide sich das interne Geschäft hinsichtlich der Ergebnisauswirkung nicht von einem externen Geschäft.

- Die internen Geschäfte weisen ein gegenläufiges identisches Risiko für beide Geschäftseinheiten auf.
- Diese Geschäfte werden stets eindeutig dokumentiert und nur aufgrund von für beide Einheiten verbindlichen Regeln für die Zulässigkeit sowie nach Genehmigung durch die Geschäftsleitung abgeschlossen.

Ein Gestaltungsmissbrauch wird damit ausgeschlossen. Denn interne Geschäfte dürfen nicht zum alleinigen Zweck der Ergebnisoptimierung abgeschlossen werden.

- Die internen Geschäfte werden durchgehend auf dieselbe Art und Weise abgewickelt und aufgezeichnet wie externe Geschäfte.
- Die internen Geschäfte werden stets mindestens genauso intensiv überwacht und kontrolliert wie die externen Geschäfte.
- Eine ordnungsgemäße Erfassung sämtlicher internen Geschäfte im Rechenwerk auf separaten Bestands- und Erfolgskonten sei möglich und durchgehend gewährleistet.

In diesem Zusammenhang wird von den Befürwortern der Berücksichtigung interner Geschäfte die Einhaltung folgender **Voraussetzungen** verlangt:

- Das Institut muss ein eindeutig definiertes und implementiertes Risikomanagement- und Risikocontrollingsystem haben.
- Die internen Geschäfte dürfen nicht von dem Bereich mit dem Marktzugang angestoßen werden, sie dürfen vielmehr nur zum Zweck der Risikoallokation abgeschlossen werden. Die Handelseinheit muss aktiv am Markt handeln, sie darf nicht nur als Einheit für interne Geschäfte dienen.
- Die Ergebnisse aus internen Geschäften müssen separierbar sein (zB auf eigenen Konten). Es dürfen insbesondere keine Geschäfte abgeschlossen werden, die zu Periodenverschiebungen führen (und es damit zu Ergebnisverschiebungen kommen kann).
- Aus den Buchungsunterlagen müssen die für den Abschluss des jeweiligen Geschäfts relevanten Daten hervorgehen (zB Geschäftsart, Fälligkeit, Kontrahenten, Portfolio- bzw. Hedge-Zusammenhang). Die internen Geschäfte müssen als solche gekennzeichnet sein.
- Änderungen oder Stornierungen sind zu dokumentieren und zu kontrollieren.
- Forderungen und Verbindlichkeiten aus internen Geschäften sind zu „konsolidieren".

- Gezahlte/erhaltene Prämien aus internen Geschäften dürfen nicht aktiviert/passiviert werden.
- Interne Geschäfte dürfen nur zu marktgerechten Kursen getätigt werden. Diese sind in die Kontrolle marktgerechter Kurse einzubeziehen. Es müssen identische Parameter und Buchungszeitpunkte sowie identische Abgrenzungsverfahren verwendet werden.
- Die Handelseinheit muss funktional unabhängig von den anderen Einheiten sein und die Anforderungen der MaH erfüllen.
- Sämtliche internen Geschäfte werden auf die Risikolimite angerechnet. Die Einhaltung muss durch interne Kontrollsysteme überwacht werden.
- Die Kompetenzen zum Abschluss interner Geschäfte sind eindeutig festgelegt.
- Die internen Geschäfte müssen als Bestandteil des internen Kontrollsystems regelmäßig zwischen den organisatorischen Einheiten abgestimmt werden.
- Die Bewertung eines internen Sicherungsgeschäfts folgt den Regeln für die Bilanzierung von Bewertungseinheiten.[710]
- Realisierte und unrealisierte Ergebnisse werden in die Porfoliobewertung (bis zur Nulllinie) einbezogen.
- Es müssen sämtliche weiteren Voraussetzungen hinsichtlich einer umfassenden ordnungsgemäßen Erfassung, Einbeziehung in die Limite, Dokumentation, Überwachung und Kontrolle gegeben sein.
  Aus Sicht der Handelseinheit dürfen sich - insgesamt gesehen - interne und externe Transaktionen nicht unterscheiden.
  Die offene Risikoposition der Handelseinheit muss als strategische Positionierung der Handelseinheit qualifiziert werden können. Dies muss sich aus der Dokumentation (Anweisungen, Richtlinien, Beschlüsse usw.) des Instituts zweifelsfrei ergeben.

Das handelsrechtliche Schrifttum spricht sich zunehmend für die Anerkennung von internen Geschäften aus.[711] Nach Elkart/Schaber[712] sorgen die in der Literatur genannten Voraussetzungen für die Berücksichtigung interner Geschäfte, bspw. dass diese wie externe Geschäfte dokumentiert und bewertet sowie auf die Limitvorgaben iRd. Risikosteuerung angerechnet werden, für die erforderliche Objektivierung. Elkart/Schaber kommen zu dem Ergebnis „*Ein unter diesen Voraussetzungen entstandener Bewertungsgewinn kann unter Risikogesichtspunkten in gleichem Ausmaß als realisiert gelten wie der im Zusammenhang mit einer Forderung aus Lieferungen und Leistungen ausgewiesene Gewinn*".

Im **Anhang** ist über interne Geschäfte (Transaktionen) zu berichten (zB im Rahmen der Bilanzierungs- und Bewertungsmethoden). Es bietet sich an, die sich aufgrund der unterschiedlichen Bewertung der Finanzinstrumente ergebenden Erfolgsbeiträge, sofern sie wesentlich sind, im Anhang offen zu legen.

---

[710] Zu Bewertungseinheiten vgl. Krumnow ua., 2. Aufl., § 340e HGB Rn. 108 ff.
[711] Vgl. Elkart/Schaber, 407 mwN.
[712] Vgl. Elkart/Schaber, 416.

Umwidmungen von Wertpapieren zwischen Handelsbestand, Liquiditätsreserve und Anlagebestand sind nach den für die Umwidmung aufgestellten Regeln vorzunehmen und hinreichend zu dokumentieren. Die Übertragung erfolgt grundsätzlich zum Buchwert.

4.4.12. Anhangangaben

Der Posten „Nettoertrag/Nettoaufwand aus Finanzgeschäften" ist im Rahmen des Gesamtsaldos aller in § 34 Abs. 2 Nr. 1 RechKredV genannten Posten nach geografischen Märkten im Anhang aufzugliedern, soweit sich die Märkte aus der Sicht des Kreditinstituts organisatorisch voneinander unterscheiden.

Der Betrag der nicht mit dem Niederstwert bewerteten börsenfähigen Wertpapiere ist gemäß § 35 Abs. 1 Nr. 2 RechKredV jeweils für die Posten „5. Schuldverschreibungen und andere festverzinsliche Wertpapiere" und „6. Aktien und andere nicht festverzinsliche Wertpapiere" im Anhang anzugeben.

Es ist dabei auch anzugeben, in welcher Weise die so bewerteten Wertpapiere von den mit dem Niederstwert bewerteten börsenfähigen Wertpapieren abgegrenzt worden sind. Ob hier als Abgrenzungskriterien - so wie dies gelegentlich empfohlen wird - regelmäßig die Restlaufzeit und/oder die Nominalverzinsung heranzuziehen ist, ist fraglich. Die Abgrenzung der Wertpapiere des Anlagevermögens hängt nämlich primär von der Zweckbestimmung und der Haltefähigkeit ab.

Soweit sog. **interne Geschäfte** nicht vollständig eliminiert worden sind, sind die sich aufgrund der unterschiedlichen Bewertung der Finanzinstrumente ergebenden Erfolgsbeiträge, sofern sie wesentlich sind, im Anhang offen zu legen.

Darüber hinaus können im Zusammenhang mit Wertpapieren folgende Anhangangaben in Betracht kommen:

- Angabe der (un-) verbrieften Forderungen an verbundene Unternehmen und Unternehmen, mit denen ein Beteiligungsverhältnis besteht (§ 3 Nr. 1 RechKredV).
- Angabe der in jedem Posten enthaltenen nachrangigen Vermögensgegenstände (§ 4 Abs. 2 RechKredV).
- Angabe der in Schuldverschreibungen und anderen festverzinslichen Wertpapieren sowie in begebenen Schuldverschreibungen enthaltenen Beträge, die im folgenden Geschäftsjahr fällig werden (§ 9 Abs. 3 Nr. 2 RechKredV).
- Anlagenspiegel für Wertpapiere des Anlagevermögens (§ 34 Abs. 3 RechKredV).
- Aufgliederung der in den Aktivposten Nr. 5 bis 8 enthaltenen börsenfähigen Wertpapieren nach börsennotierten und nicht börsennotierten Wertpapieren (§ 35 Abs. 1 Nr. 1 RechKredV).
- Angabe des Gesamtbetrags der Vermögensgegenstände und Schulden in Fremdwährung (§ 35 Abs. 1 Nr. 6 RechKredV).

- Angabe des Gesamtbetrags der als Sicherheit übertragenen Vermögensgegenstände zu allen Verbindlichkeiten- und Eventualverbindlichkeitsposten (§ 35 Abs. 5 RechKredV).
- Angaben zu Wertpapiertermingeschäften (§ 36 RechKredV).
- Angabe der angewandten Bilanzierungs- und Bewertungsmethoden (§ 284 Abs. 2 Nr. 1 HGB).
- Angabe zur Fremdwährungsumrechnung im Jahresabschluss (§ 284 Abs. 2 Nr. 2 HGB).
- Angaben zum Anteilsbesitz (§ 285 Nr. 11 HGB).
- Angabe des Buchwerts der verpensionierten Vermögensgegenstände (§ 340b Abs. 4 HGB).

4.4.13. Prüfung und Prüfungsbericht

4.4.13.1. Prüfung der Wertpapiere und (derivativen) Finanzinstrumente

4.4.13.1.1. Allgemeine Prüfungshandlungen

Die Prüfung der Wertpapiere im Rahmen der Abschlussprüfung umfasst neben der Prüfung der zutreffenden Abgrenzung der verschiedenen Bestände, die sich daraus ergebenden Konsequenzen für die Bewertung sowie den Ausweis der Erfolgskomponenten in der Gewinn- und Verlustrechnung.

In diesem Zusammenhang ist auch festzustellen, ob die Wertpapiere entsprechend den internen Kriterien gemäß § 1 Abs. 12 KWG zutreffend dem Handelsbuch bzw. dem Anlagebuch zugeordnet werden.

Für **Wertpapierpensions- und -leihgeschäfte** zeigt Roth[713] eine anschauliche Darstellung der durchzuführenden Prüfungshandlungen auf.

4.4.13.1.2. Prüfung der Prozesse

Die Prüfung der Geschäftsprozesse erfolgt zweckmäßigerweise im Rahmen der Prüfung der „Mindestanforderungen an das Betreiben von Handelsgeschäften der Kreditinstitute" (MaH).[714]

Im Rahmen der Prüfung der **organisatorischen Maßnahmen** ist ua. festzustellen, welche Maßnahmen getroffen wurden (Funktionstrennung, Arbeitsanweisungen, Stellenbeschreibungen, Kompetenzregelungen, Zugriffsbeschränkungen, Datensicherung, Notfallplanung usw.), und ob die Einhaltung dieser Sicherungsmaßnahmen durch ausreichende Kontrollen gewährleistet ist.

---

[713] Vgl. Roth, ZIR 2003, 26 ff.
[714] Vgl. hierzu auch Scharpf/Luz, 15 ff.

Der Abschlussprüfer muss sich aufgrund einer kritischen Durchsicht der Dokumentation der Prozesse im Handel bzw. Treasury (zB Arbeitsanweisungen, Richtlinien, Stellenbeschreibungen, Aufbau- und Ablauforganisation usw.) ua. einen Überblick und ein Verständnis über folgende Fragestellungen verschaffen:

- Risikostrategien und Ziele im Handel bzw. Treasury (insbesondere hinsichtlich des Liquiditäts-, Kredit- und Marktpreisrisikos),
- Organisationsform,
- Funktionen, Qualifikationen, Aufgaben und Verantwortungsbereiche der einzelnen Mitarbeiter,
- von der Geschäftsleitung zugelassene (Finanz-) Märkte, (Finanz-) Produkte, Kontrahenten (einschließlich der Kontrahentenlimite),
- Entlohnungssystem,
- angewandte Verfahren zur Identifikation und Analyse der als relevant erkannten Risiken,
- angewandte Methoden zur Quantifizierung dieser Risiken und Feststellung der maximal akzeptierten Ausprägung (Limite),
- Maßnahmen zur Bewältigung bzw. Steuerung der Risiken,
- Art und Umfang des Reportings,
- Aufgaben und Tätigkeiten der Internen Revision sowie
- Vorgaben für die externe Rechnungslegung.

Nachdem sich der Abschlussprüfer einen Überblick über die Dokumentation und die Prozesse verschafft hat, bieten sich folgende weitere Prüfungshandlungen an:

- Feststellung, ob und wenn ja, zu welchen Fehlern es in der Vergangenheit gekommen ist.
- Prüfung der organisatorischen Maßnahmen hinsichtlich ihrer Eignung einschließlich des erforderlichen Detaillierungsgrads von Anweisungen. Auch im Hinblick auf die Maßnahmen, die gewährleisten, dass nur Geschäfte zu marktgerechten Konditionen abgeschlossen werden. Hieran schließt sich die Prüfung der Einhaltung der getroffenen Maßnahmen an.
- Feststellung, ob die internen Kontrollen grundsätzlich geeignet sind, Fehler zu verhindern oder zu entdecken.
- Feststellung, welche strategischen und operativen Ziele durch das Management vorgegeben und ob diese eingehalten wurden (nach den verschiedenen Risiken im Finanzbereich).
Dabei ist auch die Risikomanagementphilosophie festzustellen (zB Verzicht auf Sicherung, konsequente Absicherung jeder Position, graduelle Sicherung, Trading, Arbitrage, Spekulation).
- Prüfung der Planung im Handel bzw. Treasury.
- Prüfung der zutreffenden und vollständigen Erfassung sämtlicher Finanzinstrumente.

- Feststellung, ob der Grundsatz der funktionalen Trennung hinsichtlich der Funktionen Geschäftsabschluss, Abwicklung und Kontrolle sowie Rechnungswesen bzw. Controlling beachtet ist.
- Feststellung welche Maßnahmen für einen evtl. Personalausfall getroffen sind.
- Prüfung, ob hinsichtlich der eingesetzten IT ausreichende Zugriffskontrollen stattfinden, eine Notfallplanung besteht und die Datenbestände regelmäßig gesichert werden.
- Feststellung, welche Prüfungen die Interne Revision durchgeführt hat und mit welchen Ergebnissen. Dabei ist darauf zu achten, ob die Interne Revision sämtliche Bereiche im Handel bzw. Treasury in ausreichendem Umfang geprüft hat.

4.4.13.1.3. Prüfung der Wertpapiere bzw. Finanzgeschäfte

Die Prüfung der Wertpapiere bzw. Finanzgeschäfte umfasst die Prüfung der Zugänge, der Abgänge und des Bestands anhand von Geschäftsbestätigungen. Hierzu gehört auch die Feststellung, ob die in der Bestandsführung (Nebenbuchhaltung) erfassten Daten der einzelnen Geschäfte richtig sind. Dies erfolgt sowohl anhand der Händlerzettel als auch anhand der Geschäftsbestätigungen. Dabei ist darauf zu achten, ob für jedes Geschäft ein Händlerzettel erstellt wurde und ob auf dem Händlerzettel sämtliche Daten erfasst sind. Die Händlerzettel sind zu nummerieren und verantwortlich abzuzeichnen.

Jedes Geschäft ist im vorgesehenen Umfang von der Abwicklung zu kontrollieren. Dabei ist auf Hinweise für ungewöhnliche Geschäfte zu achten.

Anlässlich der Prüfung ist festzustellen, ob bei den im Bestand befindlichen Wertpapieren und Finanzinstrumenten neben Marktpreisrisiken auch Kreditrisiken bestehen und ob für diese ggf. in ausreichendem Umfang Wertberichtigungen bzw. Rückstellungen gebildet sind. Die Saldenbestätigungen sind mit den Unterlagen des zu prüfenden Unternehmens abzustimmen.

Die Prüfung umfasst weiterhin die Ermittlung, ob die Bestände laut Nebenbuchhaltung mit den im Rechnungswesen **valutagerecht** gebuchten Beständen in regelmäßigen Abständen abgestimmt werden.

Die Feststellung der zutreffenden Bewertung der Wertpapiere bzw. Finanzinstrumente ist eine der zentralen Prüfungshandlungen. Dabei ist für den Fall, dass das zu prüfende Unternehmen die Bestände selbst bewertet, festzustellen, ob die eingesetzte Software nach allgemein anerkannten Algorithmen rechnet. Dabei ist darauf zu achten, dass aktuelle Marktdaten (zB Zinsstrukturkurven, Volatilitäten) verwendet werden. Die erforderlichen Wertberichtigungen bzw. Rückstellungen sind in ausreichendem Umfang zu bilden.

Bei Sicherungstransaktionen ist zudem festzustellen, welchen wirtschaftlichen Hintergrund diese haben. Dies schließt die Prüfung mit ein, ob spekulative Transaktionen als Sicherungsgeschäfte ausgegeben werden.

Hinsichtlich des Anhangs ist zu prüfen, ob die Angaben zutreffend, ausreichend und aussagefähig sind. Die Prüfung des Lageberichts umfasst die Feststellung, ob die Ausführungen ein den tatsächlichen Verhältnissen entsprechendes Bild vermitteln und ob in zutreffender Weise auf die Risiken der künftigen Entwicklung eingegangen wird.

4.4.13.1.4. Prüfung von Hedge-Geschäften

Die Durchführung von Sicherungstransaktionen sowie die Frage der Bildung von Bewertungseinheiten[715] kann sehr komplex sein. Daher muss der Abschlussprüfer zunächst ein Verständnis für die Ziele und Absicherungsstrategien, die abgesicherten Risiken, die verwendeten Finanzinstrumente sowie die Prozesse des zu prüfenden Unternehmens zur Durchführung von Absicherungstransaktionen sowie deren Buchung gewinnen. Hierbei kann eine Zusammenstellung aller Grund- und Sicherungsgeschäfte sachdienlich sein.

Sodann hat er die als wirksam beurteilten Kontrollen zu prüfen, die eingerichtet sind, um den Sicherungserfolg zu gewährleisten bzw. die zutreffende buchhalterische Behandlung zu sichern. Hier sind auch sog. analytische Prüfungshandlungen und die Prüfung von Buchungen im neuen Geschäftsjahr hilfreich.

Hieran schließt sich die Prüfung der Details an, die aufgrund der Risikobeurteilung des Prüfungsgebiets als notwendig erachtet werden (zB Einsicht in Reports, Prüfung der Saldenbestätigungen, der Vollständigkeit, der Zugänge, der realisierten Gewinne/Verluste, der Kompensationen usw.).

Eine zentrale Maßnahme ist die Prüfung der Wirksamkeit von Absicherungen. Dabei ist festzustellen, ob die Kriterien für die Bildung von Bewertungseinheiten[716] eingehalten sind. In diesem Zusammenhang ist darauf zu achten, ob Sicherungszusammenhänge, bspw. durch Glattstellungen, Gegengeschäfte usw., vorzeitig aufgehoben wurden; dies kann ein Indiz für spekulative Geschäfte sein.

Die Prüfung der Kreditwürdigkeit der Geschäftspartner ist dann verhältnismäßig unproblematisch, wenn es sich dabei nur um erstklassige Banken handelt.

4.4.13.1.5. Prüfung interner Geschäfte

Da eine unabhängige Bestätigung (Saldenabstimmung) mit Dritten nicht gegeben ist, unterliegen diese Geschäfte besonderen Prüfungsrisiken. Die Prüfung interner Geschäfte muss sich auf alle Prozesse erstrecken, die der Sicherstellung der identischen Behandlung interner und externer Transaktionen mit Derivaten dienen.

---

[715] Zu Bewertungseinheiten vgl. Krumnow ua., 2. Aufl., § 340e HGB Rn. 108 ff.
[716] Zu Bewertungseinheiten vgl. Krumnow ua., 2. Aufl., § 340e HGB Rn. 108 ff.

Die **Prüfungsmaßnahmen** umfassen insbesondere:

- Es ist zu prüfen, ob das Institut Rahmenbedingungen für interne Geschäfte erstellt hat und diese implementiert und eingehalten worden sind.
- Liegt aufseiten des initiierenden Kontraktpartners (zB Treasury) eine zweckentsprechende und vollständige Dokumentation über den Zweck der Transaktion vor?
- Werden Händlerzettel erstellt, die sämtliche auch für externe Geschäfte erforderlichen Daten enthalten und als internes Ticket gekennzeichnet sind?
- Sind die kontrahierenden (internen) Kontraktpartner nach den Vorgaben der Geschäftsleitung zum Abschluss interner Geschäfte legitimiert?
- Werden die internen Geschäfte auf sämtliche einschlägigen Limite zeitnah angerechnet?
- Wird die Marktgerechtigkeit der Konditionen kontrolliert, zB durch die Prüfung der Eingabeparameter in Bewertungsmodelle und/oder Vergleich interner Geschäfte mit ähnlichen externen Transaktionen, die zeitgleich abgeschlossen wurden?
- Prüfung, dass aus der Anwendung unterschiedlicher Bewertungsmodelle, Parameter oder Verbuchung zu unterschiedlichen Zeitpunkten seitens der Kontraktpartner keine Ergebnisrealisation oder Ergebnisverschiebungen (zB close outs) resultieren.
- Feststellung, ob die Anhangangaben angemessen sind.
- Feststellung, ob die Prüfung interner Transaktionen Gegenstand des Prüfungsplans der Innenrevision ist.
- Die Ergebnisauswirkungen aus internen Derivaten sollten ermittelbar und begründbar sein.

An die Stelle der Saldenbestätigung tritt der Abgleich der internen Dokumentation des internen Geschäfts beider Kontraktpartner (umfassender Reconciliation Process), z.B. hinsichtlich der Einhaltung der Verfahren zu Dokumentation, Überwachung und Abstimmung interner Transaktionen.

Im Prüfungsbericht sind die internen Transaktionen und deren Auswirkungen sowie die hier bestehenden internen Regelungen in geschlossener Form darzustellen.

4.4.13.1.6. Einholung von Saldenbestätigungen

Jährlich sind bei den Kontrahenten Saldenbestätigungen einzuholen bzw. an die Kontrahenten Saldenmitteilungen zu versenden. In dieses Verfahren sind auch solche Kontrahenten in angemessenem Umfang einzubeziehen, bei denen am Bilanzstichtag keine schwebenden Geschäfte bestehen (sog. Nullsalden).

Das Einholen von Saldenbestätigungen für alle oder ausgewählte Kontraktpartner stellt einen leistungsfähigen Prüfungsschritt dar, vorausgesetzt, er wird auf einer sog. „all contract-basis" pro Kunde durchgeführt. Dadurch können insbesondere Transaktionen identifiziert werden, die entweder nicht oder falsch erfasst wurden.

4.4.13.2. Prüfungsbericht

Der Abschlussprüfer hat im Prüfungsbericht über die Bewertung der Wertpapiere eingehend Stellung zu nehmen. Diese Angaben ergeben sich aus § 14 Abs. 2 Nr. 1 PrüfbV für die **Darstellung der Vermögenslage** (stille Reserven, einschließlich Kursreserven, Verfügungsbeschränkungen; Bewertung wie Anlagevermögen und die Höhe der vermiedenen Abschreibungen).

Darüber hinaus sind Angaben nach § 26 Abs. 3 PrüfbV bei der **Darstellung der Liquiditätslage** erforderlich (verpfändete oder anderen Verfügungsbeschränkungen unterliegende Wertpapiere; Rückübertragungsverpflichtungen zB aus Pensionsgeschäften).

Weitere Angaben sind nach § 49 PrüfbV zum Posten „4. Schuldverschreibungen und andere festverzinsliche Wertpapiere" sowie zum Posten „5. Aktien und andere nicht festverzinsliche Wertpapiere" notwendig.

In einem gesonderten Abschnitt ist über die **Handelsgeschäfte** zu berichten (§ 11 PrüfbV). Dabei ist auf folgende Tatbestände einzugehen:

- Die Organisation und das Kontrollsystem der Handelsgeschäfte in Geldmarktgeschäften, Wertpapieren, Devisen, Schuldscheinen, Namensschuldverschreibungen, Edelmetallen und Derivaten ist darzustellen und deren Ordnungsmäßigkeit zu beurteilen. Insbesondere ist über die Einhaltung der MaH sowie der Anforderungen an Mitarbeitergeschäfte, soweit Letztere nicht einer Prüfung nach § 36 WpHG unterliegen, zu berichten (§ 11 Abs. 1 PrüfbV).
- Bei Devisengeschäften ist außerdem über bereits abgewickelte Geschäfte zu berichten, soweit sich Auffälligkeiten ergeben haben (§ 11 Abs. 2 Satz 1 PrüfbV).
- Die Methode der Bewertung der Währungsposition ist darzulegen und die Ordnungsmäßigkeit der Bewertung ist zu bestätigen. Es ist darzulegen, ob die notwendigen Rückstellungen gebildet worden sind (§ 11 Abs. 2 Satz 2 und 3 PrüfbV).
- Über Derivate oder vergleichbare bilanzunwirksame Geschäfte ist entsprechend der Risikolage zu berichten, und zwar auch insoweit, als die Geschäfte am Bilanzstichtag bereits abgewickelt waren (§ 11 Abs. 3 PrüfbV). Die jeweilige Bewertungsmethode ist darzulegen und die Ordnungsmäßigkeit der Bewertung ist zu bestätigen. Es ist ferner darzulegen, ob die notwendigen Rückstellungen gebildet worden sind.
- Bei nicht depotprüfungspflichtigen Instituten, die das Finanzkommissionsgeschäft oder den Eigenhandel betreiben, ist über die Ordnungsmäßigkeit der Erfüllung von Lieferverpflichtungen aus Verkaufsgeschäften zu berichten.

4.4.13.3. Prüfung des Wertpapierdienstleistungsgeschäfts

Gemäß § 36 WpHG ist das Wertpapierdienstleistungsgeschäft und Wertpapiernebendienstleistungsgeschäft bei Wertpapierdienstleistungsunternehmen (§ 2 Abs. 4 WpHG) jährlich zu prüfen. Für die Prüfung sind die einschlägigen Schreiben, Hinweise, Rundschreiben und Richtlinien der BaFin (BAWe und BAKred) zu beachten.[717]

Bei der Prüfung des Wertpapierdienstleistungsgeschäfts sind zunächst die Vorschriften des Wertpapierhandelsgesetzes (WpHG) zu beachten. Daneben ist die *„Verordnung über die Prüfung der Wertpapierdienstleistungsunternehmen nach § 36 des Wertpapierhandelsgesetzes (Wertpapierdienstleistungs-Prüfungsverordnung - WpDPV)"* vom 6.1.1999 zu beachten.[718]

Die Prüfung bei Finanzdienstleistungsunternehmen richtet sich nach IDW PS 521 *„Die Prüfung des Wertpapierdienstleistungsgeschäfts nach § 36 WpHG bei Finanzdienstleistungsinstituten"*. Dieser Prüfungsstandard enthält auch eine Mustergliederung für Prüfungsberichte.

Darüber hinaus sind bei der Prüfung folgende Normen anzuwenden:

- Wertpapierhandel-Meldeverordnung (WpHMV),[719]
- Wohlverhaltensrichtlinie,[720]
- Compliance-Richtlinie,[721]
- Bekanntmachung der BaFin (BAKred und BAWe) über Anforderungen an Verhaltensregeln für Mitarbeiter von Kredit- und Finanzdienstleistungsinstituten in Bezug auf Mitarbeitergeschäfte.[722]

Der Prüfungspflicht unterliegen neben Finanzdienstleistungsunternehmen auch bestimmte Kreditinstitute sowie Zweigstellen ausländischer Unternehmen iSv. § 53 Abs. 1 Satz 1 KWG, unabhängig von ihrem Sitz innerhalb oder außerhalb der EU. Die Prüfung wird im Regelfall nicht im Rahmen der Abschlussprüfung durchgeführt. Den Zeitpunkt des Beginns der jährlich durchzuführenden WpHG-Prüfung[723] legt der Prüfer im Rahmen seines pflichtgemäßen Ermessens fest. Wegen weiterer Einzelheiten wird auf den Prüfungshinweis des Bankenfachausschusses sowie die einschlägigen Gesetze und Verordnungen, Richtlinien, Rundschreiben sowie Bekanntmachungen der BaFin (BAWe bzw. BAKred) verwiesen.

---

[717] Abgedruckt bei CMBS 18.
[718] Vgl. BGBl. I 1999, 4 ff.
[719] Vgl. BGBl. I 1995, 2094 ff., zuletzt geändert durch Art. 1 der Verordnung zur Änderung der Wertpapier-Meldeverordnung v. 17.3.1998, BGBl. I 1998, 519 ff.
[720] Vgl. BAnz. Nr. 131 v. 15.7.2000, 13790.
[721] Vgl. BAnz. Nr. 210 v. 6.11.1999, 18453.
[722] Vgl. BAnz. Nr. 131 v. 15.7.2000, 13.
[723] Zur WpHG-Prüfung vgl. Ruland, 1 ff.

Die WpDPV enthält neben Bestimmungen zum Prüfungszeitpunkt und -zeitraum sowie zu Art und Umfang der Prüfung insbesondere auch Vorschriften für den Inhalt des Prüfungsberichts über die Prüfung nach § 36 WpHG.

Die Prüfung nach § 36 WpHG findet einmal **jährlich** statt (§ 36 Abs. 1 WpHG). Sie kann, muss aber nicht, zusammen mit der Depotprüfung[724] durchgeführt werden. Der Prüfer wird vom zu prüfenden Institut bestellt, die Bestellung muss spätestens zum Ablauf des Geschäftsjahres erfolgen, auf das sich die Prüfung bezieht (§ 36 Abs. 1 WpHG). Vor Erteilung des Auftrags hat das Wertpapierdienstleistungsunternehmen den Prüfer beim BAWe anzuzeigen (§ 36 Abs. 2 WpHG).

Der **Prüfungszeitraum** umfasst idR den Zeitraum zwischen dem Stichtag der letzten Prüfung und dem Stichtag der folgenden Prüfung (§ 2 Abs. 2 WpDPV). Der **Prüfungsstichtag** ist vom Prüfer nach pflichtmäßigem Ermessen festzulegen (§ 2 Abs. 2 WpDPV). Der **Prüfungsbeginn** ist der BaFin, die an den Prüfungen teilnehmen kann, mitzuteilen (§ 36 Abs. 3 WpHG). Die BaFin kann einen anderen Prüfungsbeginn bestimmen (§ 2 Abs. 1 WpDPV).

Gegenstand der Prüfung sind gemäß § 36 Abs. 1 Satz 1 WpHG:

- die Prüfung der Einhaltung der Meldepflichten nach § 9 WpHG,
- die Prüfung der Einhaltung der in Abschnitt 5 des WpHG (§§ 31 - 37a WpHG) geregelten Pflichten (sog. Wohlverhaltensregeln).

Die BaFin (BAWe) kann ggü. dem Wertpapierdienstleistungsunternehmen den Inhalt der Prüfung näher bestimmen und insbesondere auch **Prüfungsschwerpunkte** festlegen, die der Prüfer zu berücksichtigen hat (§ 36 Abs. 3 WpHG).

Die Prüfung bezieht sich grundsätzlich auf alle Teilbereiche der Wertpapierdienstleistungen und -nebendienstleistungen sowie des Meldewesens nach § 9 WpHG. Der Prüfer kann - unter Beachtung der von der BaFin (BAWe) vorgegebenen Prüfungsschwerpunkte - selbst Schwerpunkte setzen; allerdings müssen sämtliche Teilbereiche innerhalb eines angemessenen Zeitraums eingehend geprüft werden. Die Prüfung kann grundsätzlich als Systemprüfung mit Funktionstests durchgeführt werden (§ 3 Abs. 2 WpDPV). Bestehen Zweifel darüber, ob die festgestellten Mängel wesentlich sind, ist die BaFin (BAWe) unverzüglich zu unterrichten.

Über die Prüfung nach § 36 WpHG ist ein Prüfungsbericht zu erstellen. Dieser ist der BaFin und der zuständigen Hauptverwaltung der Deutschen Bundesbank einzureichen. Der Bericht kann gemeinsam mit dem Bericht über die Depotprüfung und die Depotbankprüfung erstattet werden. Bei der Erstellung des Prüfungsberichts sind die §§ 4, 5 WpDPV zu beachten. Die Prüfungsergebnisse sind in einem Fragebogen, der der WpDPV als Anlage beigefügt ist, dem Prüfungsbericht beizufügen (§ 4 Abs. 6 WpDPV). Besondere Anforderungen an den Prüfungsbericht enthält ferner § 5 WpDPV.

---

[724] Zur Depotprüfung vgl. Ruland, 43 ff.

Bei schwerwiegenden Verstößen gegen die Gegenstände der Prüfung ist die BaFin unverzüglich zu unterrichten (§ 29 Abs. 3 WpHG).

Für die **Gliederung des Prüfungsberichts** enthält die WpDPV keine besonderen Vorschriften. Eine Mustergliederung enthält der Anhang zu IDW PS 521.

4.4.13.4. Prüfungs- und Berichtspflichten nach § 23 Abs. 3 WpHG

§§ 21 ff. WpHG schreiben verschiedene Meldepflichten vor, die vom Erreichen/Überschreiten bzw. Unterschreiten bestimmter Grenzen der Stimmrechte abhängen. Die BaFin kann auf schriftlichen Antrag gemäß § 23 Abs. 2 WpHG zulassen, dass Stimmrechte aus Aktien der börsennotierten Gesellschaft bei der Berechnung des Stimmrechtsanteils unberücksichtigt bleiben. Hierzu muss der Antragsteller bestimmte Voraussetzungen erfüllen. Zu diesen Voraussetzungen gehört ua., dass das Institut die betreffenden Aktien im **Handelsbestand** hält oder zu halten beabsichtigt und darlegt, dass mit dem Erwerb der Aktien nicht beabsichtigt ist, auf die Geschäftsführung der Gesellschaft Einfluss zu nehmen (§ 23 Abs. 1 Nr. 2 und Nr. 3 WpHG).

Der Abschlussprüfer hat nach § 23 Abs. 3 WpHG bei der Prüfung des Jahresabschlusses des Instituts, dem diese Befreiung erteilt wurde, in einem **gesonderten Vermerk** festzustellen, ob das Institut die Vorschriften des § 23 Abs. 1 Nr. 2 und Nr. 3 oder des Abs. 2 Nr. 1 und Nr. 2 WpHG beachtet hat, und diesen Vermerk zusammen mit dem Prüfungsbericht den gesetzlichen Vertretern des Instituts vorzulegen. Das Unternehmen ist verpflichtet, den (gesondert zu erteilenden) Vermerk des Abschlussprüfers zusammen mit dem Prüfungsbericht unverzüglich der Bundesanstalt vorzulegen (§ 23 Abs. 3 Satz 2 WpHG).

Neben dem gesonderten Vermerk empfiehlt es sich, die Angaben auch im **Prüfungsbericht** zu wiederholen und auf den gesonderten Vermerk zu verweisen. Bei Unternehmen nach § 53b KWG, die nicht der Jahresabschlussprüfung unterliegen, sollte eine Einbeziehung des gesonderten Vermerks in den Bericht über die Wertpapierhandelsprüfung zulässig sein.

In diesem Zusammenhang sind folgende Sachverhalte zu prüfen:

- Zunächst ist festzustellen, ob die Bestände (Handelsbestand, Liquiditätsreserve und Anlagebestand) durch sachgerechte interne Regelungen wie Arbeitsanweisungen usw. sowie durch ausreichende organisatorische Maßnahmen bis hin zur getrennten Bestandsführung zweifelsfrei voneinander abgegrenzt sind. Nur so ist gewährleistet, dass festgestellt werden kann, ob die betreffenden Aktien im Handelsbestand gehalten werden oder beabsichtigt ist, diese im Handelsbestand zu halten.
- Daneben ist festzustellen, ob das Institut die Stimmrechte tatsächlich nicht ausgeübt hat (§ 23 Abs. 1 Nr. 3, Abs. 2 Nr. 2 WpHG).

Darüber hinaus ist zu prüfen,

- ob der Handelsbestand kontenmäßig von dem Dauerbestand getrennt gehalten wurde,
- ob auf den Konten des Handelsbestands Umsatz stattfand,
- ob es sich dabei um „echten" Umsatz zur Erbringung von Wertpapierdienstleistungen handelt oder ob nur „Scheingeschäfte" getätigt wurden,
- ob die Anzahl der nichtberücksichtigten Stimmrechte unter Berücksichtigung einer angemessenen Liquiditätsreserve nicht außer Verhältnis zu dem Zuschnitt der Geschäftstätigkeit des zu prüfenden Unternehmens und dem tatsächlichen Umsatz steht,
- ob für den Fall, dass sich insofern kein Missverhältnis zeigt, hierfür auch in zeitlicher Hinsicht eine hinreichende Begründung besteht,
- ob die Nichtberücksichtigung der Stimmrechte zu einer Irreführung des Publikums geführt haben kann, insbesondere ob mit den von der bei der Berechnung des Stimmrechtsanteils nicht berücksichtigten Beständen Pakethandel auf eigene Rechnung betrieben wurde.

Diese Feststellungen sind in den **Prüfungsbericht** unter Angabe der konkreten Umstände aufzunehmen.

4.4.13.5. Informationspflichten bei Kundengeschäften

Wertpapierdienstleistungsunternehmen (§ 2 Abs. 4 WpHG) sind ua. verpflichtet

- von ihren Kunden Angaben über ihre Erfahrungen oder Kenntnisse in Geschäften, die Gegenstand von Wertpapierdienstleistungen oder Wertpapiernebendienstleistungen sein sollen, über ihre mit den Geschäften verfolgten Ziele und über ihre finanziellen Verhältnisse zu verlangen (§ 31 Abs. 2 Nr. 1 WpHG),
- seinen Kunden alle zweckdienlichen Informationen mitzuteilen (§ 31 Abs. 2 Nr. 2 WpHG),

soweit dies zur Wahrung der Interessen der Kunden und im Hinblick auf Art und Umfang der beabsichtigten Geschäfte erforderlich ist. Wegen der weiteren besonderen Verhaltensregeln vgl. § 32 WpHG.

Die allgemeinen Verhaltensregeln des § 31 WpHG beinhalten die Verpflichtung, dem Kunden diejenigen Informationen mitzuteilen, die dieser für die von ihm beabsichtigten Geschäfte benötigt.[725] Hierzu gehören bspw. Informationen über die Berechnung, Höhe und Art der Kosten, ggf. zu erbringende Sicherheitsleistungen (Margins) und etwaige anderer Zahlungspflichten. Zu den für Kunden zweckdienlichen Informationen zählen auch die Aufklärung des Kunden über die Eigenschaften und Risiken der von dem Kunden gewünschten Anlageformen

---

[725] Einzelheiten vgl. Anlage 2 zum Schreiben des BAWe v. 20.7.1998, CMBS 18.12.

sowie der Hinweis auf andere erhebliche Umstände, zB die Möglichkeit der Limitierung von Aufträgen. Die Aufklärung des jeweiligen Kunden muss zutreffend, vollständig und unmissverständlich sein. Sie ist so zu gestalten, dass hinsichtlich des Inhalts und der Form der Aufklärung die Kenntnisse bzw. Erfahrungen sowie das jeweilige Aufklärungsbedürfnis des Kunden in Bezug auf die betreffenden Anlageformen berücksichtigt wird.[726]

Die besonderen Verhaltensregeln des § 32 WpHG nennen für bestimmte Bereiche des Wertpapierdienstleistungsgeschäfts geltende Verbote. Untersagt sind etwa Anlageempfehlungen, die nicht mit den Interessen des Kunden übereinstimmen, und Geschäfte, die Nachteile für den Kunden zur Folge haben können. Dazu zählen etwa Eigengeschäfte aufgrund der Kenntnis von Kundenaufträgen (Frontrunning) oder die häufige Umschichtung von Vermögenswerten allein aus Provisionsinteresse (Churning).

Weitere Einzelheiten zur Konkretisierung der §§ 31 und 32 WpHG für das **Kommissionsgeschäft**, den **Eigenhandel für andere** und das **Vermittlungsgeschäft** der Wertpapierdienstleistungsunternehmen hat die BaFin in einer Richtlinie dargelegt.[727]

Mit Urteil vom 16.5.2001 hat das Kammergericht[728] entschieden, dass eine Bank ihren Kunden vor dem Erwerb sog. **Reverse Convertibles** (Aktienanleihen) schriftlich über die damit verbundenen Risiken aufklären muss, da die damit verbundenen Risiken denen eines Verkäufers eines Put gleichstehen.

4.4.14. Bankaufsichtliche Abgrenzung der Wertpapierbestände

Die Abgrenzung des sog. bankaufsichtlichen Handelsbuchs vom sog. Anlagebuch ist mittels sog. interner Kriterien vorzunehmen (§ 1 Abs. 12 KWG). Einzelheiten hierzu finden sich bei Luz/Scharpf[729] sowie in Rundschreiben und Verlautbarungen der BaFin (BAKred), auf die an dieser Stelle verwiesen wird.

Diese Abgrenzung ist iRd. Prüfung des Grundsatz I zu prüfen.

---

[726] Vgl. Schreiben des BAWe v. 20.7.1998, CMBS 18.12.
[727] Vgl. Richtlinie des BAWe vom 9.5.2000, CMBS 18.19.
[728] Vgl. Kammergericht, Urteil vom 16.5.2001, WM 2001, 1369; BKR 2001, 42 ff.; ZBB 2001, 360 ff.; zur Frage, ob die Aktienanleihe ein Börsentermingeschäft ist vgl. Schwark, WM 2001, 1973; zu den Aufklärungspflichten vgl. Dötsch/Kellner, WM 2001, 1994; zur Einordnung der Aktienanleihe als Termingeschäft vgl. Müller, ZBB 2001, 363 ff.
[729] Vgl. Luz/Scharpf, 59 ff.

4.5. Wertaufholungsgebot

4.5.1. Handelsrechtliche Regelung

4.5.1.1. Gesetzliche Regelung

§ 280 Abs. 1 HGB sieht auch für Institute unter bestimmten Voraussetzungen eine Pflicht zur **Zuschreibung** auf der Aktivseite der Bilanz vor, wenn die Gründe für bestimmte, in der Vergangenheit vorgenommene, nicht planmäßige Abschreibungen weggefallen sind. Im Falle einer nach § 280 Abs. 2 HGB unterlassenen Wertaufholung sind nach § 280 Abs. 3 HGB im Anhang bestimmte Angaben zu machen. Ausnahmen bzw. Einschränkungen hiervon bestehen bei Instituten aufgrund § 340f Abs. 2 HGB (vgl. unten). Das Wertaufholungsgebot des § 280 HGB gilt für Institute unabhängig von ihrer Rechtsform. Zur Wertaufholung bei der Währungsumrechnung vgl. Walter[730]

Von diesen Zuschreibungen sind **Bilanzberichtigungen** zu unterscheiden. Diese können bei allen Aktivposten als reine Korrektur eines Abschreibungsfehlers vorkommen. Eine tatsächliche Werterhöhung besteht nicht.

Falls bei einem Vermögensgegenstand eine Abschreibung nach § 253 Abs. 2 Satz 3 oder Abs. 3 HGB oder § 254 Satz 1 HGB vorgenommen worden ist und sich in einem späteren Geschäftsjahr herausstellt, dass die Gründe dafür nicht mehr bestehen, so ist der Betrag dieser Abschreibung im Umfang der Werterhöhung unter Berücksichtigung der Abschreibungen, die inzwischen vorzunehmen gewesen wären, zuzuschreiben (§ 280 Abs. 1 HGB).

Von einer Zuschreibung kann in der Handelsbilanz dann abgesehen werden, wenn der niedrigere Wertansatz bei der steuerrechtlichen Gewinnermittlung beibehalten werden kann und wenn Voraussetzung für die Beibehaltung ist, dass der niedrigere Wertansatz auch in der Handelsbilanz beibehalten wird (§ 280 Abs. 2 HGB). Dies ist derzeit - wie die nachfolgenden Ausführungen zur steuerrechtlichen Regelung zeigen - nicht der Fall, sodass der Verzicht auf eine Wertaufholung nach dieser Vorschrift nicht (mehr) möglich ist.

4.5.1.2. Voraussetzungen der Wertaufholung in der Handelsbilanz

Nach § 280 Abs. 1 HGB müssen für eine Wertaufholung drei Voraussetzungen **kumulativ** erfüllt sein:[731]

- Es müssen Abschreibungen nach § 253 Abs. 2 Satz 3 oder Abs. 3 HGB oder § 254 Satz 1 HGB vorgenommen worden sein.
- Die Gründe für diese Abschreibungen müssen später weggefallen sein.

---

[730] Vgl. Walter, BB 2002, 1257 ff.
[731] Vgl. hierzu und zur Wertaufholung nach IAS Fischer/Wenzel, WPg 2001, 597 ff.

- Der Wegfall der Abschreibungsgründe muss festgestellt worden sein.

Das Institut muss in einem früheren Geschäftsjahr entweder bei einem Vermögensgegenstand des **Anlagevermögens** außerplanmäßige Abschreibungen nach § 253 Abs. 2 Satz 3 HGB auf den am Abschlussstichtag beizulegenden Wert oder bei einem Vermögensgegenstand des **Umlaufvermögens** eine Abschreibung nach § 253 Abs. 3 HGB auf den niedrigeren Börsen- oder Marktpreis bzw. den aus anderen Gründen beizulegenden niedrigeren Wert vorgenommen haben. § 253 Abs. 4 HGB ist auf Kreditinstitute nicht anwendbar (§ 340a iVm. § 279 Abs. 1 Satz 1 HGB).

§ 280 Abs. 1 HGB setzt weiter voraus, dass die Gründe für eine Abschreibung der vorgenannten Art in einem späteren Geschäftsjahr nicht mehr bestehen. Eine Wertaufholung hat nicht erst dann zu erfolgen, wenn sämtliche wertmindernden Gründe weggefallen sind. Es genügt im Extremfall, dass nur einer der Abschreibungsgründe nicht mehr besteht, sofern sich dadurch bereits ein höherer Wert des Vermögensgegenstands ergibt. Wurde eine Forderung bspw. aus mehreren Gründen abgeschrieben (Schuldner zahlt schleppend, sein Unternehmen gehört einer kritischen Branche an, der Schuldner hat ferner einen Produktionsausfall und die Sicherheiten sind nicht ausreichend werthaltig), so ist die Wertaufholung bereits dann vorzunehmen, wenn einer dieser Gründe nicht mehr fortbesteht.[732]

Zwischenzeitlich eingetretene Wertsteigerungen des Vermögensgegenstands, die auf anderen Ursachen basieren und bei Fortbestehen der ursprünglichen Gründe für die Abschreibung diese ganz oder teilweise kompensieren, dürfen nicht berücksichtigt werden.

Um festzustellen, ob in späteren Geschäftsjahren die Gründe für eine in früheren Geschäftsjahren vorgenommenen Abschreibung noch bestehen, sind die betreffenden Vermögensgegenstände grundsätzlich zu jedem Bilanzstichtag auf mögliche Wertsteigerungen hin zu überprüfen.

Der **Umfang** der Wertaufholung ist in zweifacher Hinsicht begrenzt. Zum einen bildet beim abnutzbaren Anlagevermögen der Betrag, der sich nach dem Abschreibungsplan ohne die außerplanmäßige Abschreibung ergeben hätte, die Wertobergrenze. Beim nicht abnutzbaren Anlagevermögen und beim Umlaufvermögen darf maximal bis zu den ursprünglichen Anschaffungs- und Herstellungskosten zugeschrieben werden. Zum anderen darf bei teilweisem Wegfall der Abschreibungsgründe nur in diesem Umfang eine Werterhöhung erfasst werden.

Wertaufholungen sind gemäß § 280 HGB auf den Umfang von Werterhöhungen begrenzt, dh. es ist unzulässig, bei einer geänderten Zweckbestimmung vom Umlaufvermögen in das Anlagevermögen durch Zuschreibungen über den Zeitwert am Bilanzstichtag mit der Begründung hinauszugehen, dass dadurch die Niederstwertabschreibungen rückgängig gemacht werden,

---

[732] Vgl. BeBiKo 5. Aufl. § 280 HGB Rn. 6.

die bei einer Zugehörigkeit zum Anlagevermögen von vornherein nicht hätten vorgenommen werden brauchen.[733]

4.5.1.3. Einschränkung aufgrund § 340f HGB

Das Wertaufholungsgebot des § 280 HGB wird dadurch eingeschränkt, dass nach § 340f Abs. 2 HGB ein niedrigerer Wertansatz für die Vermögensgegenstände, die gemäß § 340f Abs. 1 HGB für die Bildung einer Vorsorge für allgemeine Bankrisiken zur Verfügung stehen, beibehalten werden darf (Forderungen an Kunden, Forderungen an Kreditinstitute, Wertpapiere der Liquiditätsreserve).[734]

Im Umkehrschluss gilt § 280 HGB für die nicht zu der Bewertungsbasis des § 340f Abs. 1 HGB zählenden Vermögensgegenständen, also insbesondere für die **Wertpapiere des Handelsbestands** und die **Wertpapiere, die wie Anlagevermögen behandelt werden**.[735]

In § 340f Abs. 2 Satz 1 HGB wird nicht, wie man meinen könnte, verlangt, dass es sich um Abwertungen nach § 340f Abs. 1 HGB handeln muss. Vielmehr ist für die Nichtanwendbarkeit des § 280 HGB nach dem Wortlaut des Gesetzes lediglich Voraussetzung, dass es sich um „*... die in Absatz 1 bezeichneten Vermögensgegenstände ...*" handelt. Daher dürfen grundsätzlich auch andere Abwertungen als die für Vorsorgereserven bei den in § 340f Abs. 1 HGB einzeln aufgeführten Vermögensgegenständen beibehalten werden.[736]

Nachdem § 280 HGB gemäß § 340f Abs. 2 HGB in seiner Gesamtheit für Vermögensgegenstände, die in § 340f Abs. 1 HGB genannt sind, nicht anzuwenden ist, entfällt insoweit auch eine Anhangangabe nach § 280 Abs. 3 HGB.

Ungeachtet dessen wird für die Handelsbilanz zT davon ausgegangen, dass ebenfalls ein uneingeschränktes Wertaufholungsgebot gilt.[737] Man wird, da die Rechtslage nicht ganz zweifelsfrei erscheint, für die Handelsbilanz auch Wertaufholungen bei den in § 340f Abs. 1 HGB genannten Vermögensposten zulassen müssen.

4.5.1.4. Eigenkapitalanteil bei einer Zuschreibung

§ 58 Abs. 2a AktG und § 29 Abs. 4 GmbHG sehen vor, dass

- der Vorstand und Aufsichtsrat einer AG bzw.

---

[733] Vgl. IDW RS VFA 2, WPg 2002, 476 (Tz. 25).
[734] GlA Wiedmann, 2. Aufl., § 340f HGB Rn. 17 mwN.
[735] GlA Böcking/Nowak, in: MünchKomm. HGB § 340f HGB Rn. 34.
[736] Ebenso Schneider, ZBB 2000, 126; Böcking/Nowak, in: MünchKomm. HGB § 340f HGB Rn. 34.
[737] Vgl. Windmöller, ZfgK 2000, 24; Brinkmann, Bankinformation 3/2000, 64.

- die Geschäftsführer mit Zustimmung des Aufsichtsrats oder der Gesellschafter einer GmbH

den Eigenkapitalanteil von Wertaufholungen im Rahmen der Gewinnverwendung in die anderen Gewinnrücklagen einstellen können, ohne dass ihre sonstigen Gewinnverwendungskompetenzen dadurch beeinträchtigt werden. Der Betrag dieser Rücklagen ist entweder in der Bilanz gesondert auszuweisen oder im Anhang anzugeben. [738]

Die Bildung einer Wertaufholungsrücklage darf maximal in Höhe des **Eigenkapitalanteils** der aus der Wertaufholung herrührenden Zuschreibungen erfolgen. Eine geringere Zuführung ist zulässig.[739] Für den nicht ausgeschöpften Teil der maximalen Zuführung ist eine spätere Nachholung nicht möglich.

Wenn wegen eines steuerlichen Verlusts keine Steuern anfallen, eine zusätzliche Steuerbelastung aus der Zuschreibung also nicht entsteht, kann die vollständige Zuschreibung in die Rücklage eingestellt werden.[740] ADS [741] halten zur Berechnung des Eigenkapitalanteils, angesichts der Tatsache, dass § 58 Abs. 2a AktG bzw. § 29 Abs. 4 GmbHG die Rücklagenbildung ermöglicht, die Anwendung des Thesaurierungssteuersatzes für sachgerecht.

Im Gegensatz zu Wertaufholungserträgen, die in der **Gewinn- und Verlustrechnung** vor dem Jahresergebnis ausgewiesen werden, ist die Bildung der Wertaufholungsrücklage gemäß § 158 Abs. 1 Nr. 4.d) AktG zusammen mit den sonstigen Einstellungen in die anderen Gewinnrücklagen zu zeigen. Eine direkte Einstellung ohne Berührung der Gewinn- und Verlustrechnung ist nicht zulässig.[742]

4.5.1.5. Anhangangaben

Im Anhang ist der Betrag der im Geschäftsjahr aus **steuerlichen Gründen** unterlassenen Zuschreibungen nach § 280 Abs. 3 HGB anzugeben und hinreichend zu begründen. Besonderheiten ergeben sich aufgrund § 340f Abs. 2 HGB für die in § 340f Abs. 1 HGB aufgeführten Vermögensgegenstände.

Hinsichtlich der Ermittlung des **Betrags** der „im Geschäftsjahr unterlassenen Zuschreibungen" iSd. § 280 Abs. 3 HGB besteht in der Literatur keine Einigkeit. Unterschiedliche Auffassungen bestehen dahingehend, ob lediglich die Zuschreibungen gemeint sind, für die sich in dem betreffenden Berichtsjahr herausstellt, dass die seinerzeitigen Abschreibungsgründe entfallen sind, oder ob auch solche Zuschreibungen in die Berichtspflicht einzube-

---

[738] Vgl. § 58 Abs. 2a Satz 2 AktG, § 29 Abs. 4 Satz 2 GmbHG.
[739] Vgl. BeBiKo 5. Aufl. § 280 HGB Rn. 39.
[740] Vgl. ADS 6. Aufl. § 58 AktG Rn. 91.
[741] Vgl. ADS 6. Aufl. § 58 AktG Rn. 90.
[742] Vgl. ADS 6. Aufl. § 58 AktG Rn. 107.

ziehen sind, die bereits in früheren Geschäftsjahren unterlassen und bisher noch nicht nachgeholt wurden.[743]

Im Anhang ist der Betrag der im Geschäftsjahr aus steuerlichen Gründen unterlassenen Zuschreibungen **hinreichend zu begründen**.

4.5.1.6. Latente Steuern

Werden handelsrechtliche Abschreibungen auf den niedrigeren beizulegenden Wert vorgenommen bzw. beibehalten, die steuerlich nicht zulässig sind, ist die Frage der Bilanzierung aktiver latenter Steuern nach § 274 Abs. 2 HGB relevant.[744] Für die Aktivierung latenter Steuern besteht ein Wahlrecht. Die Kreditwirtschaft steht der Inanspruchnahme dieses Wahlrechts nicht uneingeschränkt positiv gegenüber.[745]

Da es sich bei Vorsorgereserven nach § 340f HGB um ein langfristig orientiertes Instrument zur Sicherung gegen das allgemeine, latente Branchenrisiko handelt, ist der vorübergehende Charakter der Wertdifferenz zu verneinen.[746] Der Ansatz aktiver latenter Steuern scheidet damit für Vorsorgereserven aus.

4.5.1.7. Bankaufsichtliche Konsequenzen aus der Wertaufholung

Die gemäß § 10 Abs. 2b Satz 1 Nr. 7 KWG unter bestimmten Voraussetzungen als **Ergänzungskapital** anerkennungsfähigen nicht realisierten Reserven[747] werden sich aufgrund der zwingenden Wertaufholung vermindern.

Ein **Unterschiedsbetrag** verbleibt stets in den Fällen, in denen der aktuelle Marktwert über den historischen Anschaffungskosten liegt, da nach § 253 Abs. 1 HGB die Anschaffungskosten die Bewertungsobergrenze darstellen.

Etwas anderes kann für die Wertpapiere der Liquiditätsreserve gelten, für die die Bestimmung in § 340f Abs. 2 HGB in Anspruch genommen und auf eine Wertaufholung verzichtet wird.

In Höhe des Unterschiedsbetrags zwischen einem höheren Marktwert zum Bilanzstichtag und dem Buchwert (Anschaffungskosten) können nicht realisierte Reserven iSd. § 10 Abs. 2b Satz 1 Nr. 7 KWG vorliegen. Diese können, soweit die Voraussetzungen erfüllt sind, in Höhe von 35 % als Ergänzungskapital anerkannt werden.

---

[743] Zu den verschiedenen Auffassungen vgl. HdR 4. Aufl. § 280 HGB Rn. 83 ff.
[744] Ausführlich zu latenten Steuern vgl. Rabeneck/Reichert, DStR 2002, 1366 ff. und 1409 ff.
[745] So weist bspw. Schorr, Bankinformation 12/1999, 60, darauf hin, „.... *dass allgemein die Inanspruchnahme dieser Bilanzierungshilfe als bilanzpolitische Schwachstelle empfunden wird.*"
[746] GlA Böcking/Nowak, in: MünchKomm. HGB § 340f HGB Rn. 26.
[747] Ausführlich zur Anerkennung nicht realisierter Reserven vgl. Luz/Scharpf, 130 ff.

Soweit sich einerseits die nicht realisierten Reserven aufgrund des Wertaufholungsgebots verringern, erhöht sich andererseits der Jahresüberschuss um den Betrag der Zuschreibungen abzüglich der darauf entfallenden Steuern. Wird das Ergebnis in die Gewinnrücklagen eingestellt, wirkt sich dies erhöhend auf das **Kernkapital** aus. Werden die entsprechenden Beträge hingegen ausgeschüttet, ergibt sich insgesamt gesehen eine Verminderung des haftenden Eigenkapital.

An dieser Stelle erhebt sich die Frage, wie sich dieser Sachverhalt während des Zeitraums zwischen Bilanzaufstellung und Feststellung des Jahresabschlusses darstellt, wenn sich die Wertpapiere zwar nach wie vor im Bestand des Instituts befinden, die in ihnen enthaltenen nicht realisierten Reserven sich mit der Bilanzerstellung (aufgrund der Wertaufholung) jedoch vermindern. Inwieweit die Erhöhung des Jahresüberschusses zu einer Ausschüttung führt, oder in die Gewinnrücklagen eingestellt wird, wird letztlich erst mit der Feststellung des Jahresabschlusses entschieden. Da es derzeit keine Regelung hinsichtlich dieser Frage gibt, muss davon ausgegangen werden, dass die im Anhang des letzten festgestellten Jahresabschlusses nicht realisierten Reserven unter Beachtung der Grenzen des § 10 Abs. 4a KWG bis zur Feststellung des Jahresabschlusses unverändert als Ergänzungskapital anzuerkennen sind.

Der Vollständigkeit wegen sei darauf hingewiesen, dass Institute, die dem haftenden Eigenkapital nicht realisierte Reserven nach § 10 Abs. 2b Satz 1 Nr. 6 oder 7 KWG zurechnen, den Betrag, mit dem diese Reserven dem haftenden Eigenkapital zugerechnet werden, im **Anhang** anzugeben haben (§ 340c Abs. 3 HGB).

4.5.2. Steuerrechtliche Regelung

4.5.2.1. Gesetzliche Regelung

Nach § 6 Abs. 1 Nr. 1 und Nr. 2 EStG idF des Steuerentlastungsgesetzes 1999/2000/2002[748] erfordert der Ansatz des niedrigeren Teilwerts mit Wirkung ab dem ersten nach dem 31. Dezember 1998 endenden Wirtschaftsjahr (Erstjahr) in der Steuerbilanz eine **voraussichtlich dauernde Wertminderung**. Daneben ist das bislang geltende Wertbeibehaltungswahlrecht aufgehoben und stattdessen ein striktes Wertaufholungsgebot eingeführt worden.[749]

Zur Sicherung einer dem Unternehmen verbleibenden, ausreichenden Liquidität kann der Gewinn, der im Erstjahr aus der Anwendung der Neuregelung entsteht, auf fünf Jahre verteilt

---

[748] Vgl. BGBl. I, 402; BStBl. I, 304.
[749] Vgl. hierzu ua. Arbeitskreis Externe Unternehmensrechnung der Schmalenbach-Gesellschaft für Betriebswirtschaft e.V., DB 2000, 681; BMF-Schreiben vom 29.2.2000, DStR 2000, 470; Brinkmann, Bankinformation 3/2000, 61; Fleischmann, StuB 2000, 230; Fischer/Wenzel, WPg 2001, 601 ff.; Kusterer, DStR 2000, 1083; Prinz, DStR 2000, 661; Schirmer, StBp 2000, 161; Schneider, ZBB 2000, 121; Schorr, Bankinformation 12/1999, 58; Windmöller, ZfgK 2000, 24; Kölpin, StuB 2000, 917 ff.

werden (§ 52 Abs. 16 EStG). Zu den sich daraus ergebenden Fragen hat das Bundesministerium der Finanzen mit Schreiben vom 29. Februar 2000 Stellung genommen.[750] Damit geht § 280 Abs. 2 HGB, nach dem von einer Zuschreibung (Wertaufholung) in der Handelsbilanz dann abgesehen werden kann, wenn der niedrigere Wertansatz bei der steuerrechtlichen Gewinnermittlung beibehalten werden kann, ins Leere.

4.5.2.2. Folgen der Änderung der Rechtslage im Vergleich zur Situation vor dem Steuerentlastungsgesetz 1999/2000/2002

Nach der handelsrechtlichen Vorschrift muss eine Zuschreibung nur *„im Umfang der Werterhöhung"* vorgenommen werden. Dagegen kommt es bei dem steuerlichen Wertaufholungsgebot auf eine Werterhöhung grundsätzlich nicht an. Vielmehr ist der Steuerpflichtige grundsätzlich unabhängig von der tatsächlichen Werterhöhung gezwungen, zu jedem Bilanzstichtag zur Bewertungsobergrenze zurückzukehren. Dieser Verpflichtung entgeht er nur, wenn und soweit ihm der Nachweis einer voraussichtlich dauernden Wertminderung gelingt.

Für das **Anlagevermögen** wirkt sich - abgesehen von der planmäßigen Abschreibung - nur noch die handelsrechtliche Abschreibungspflicht im Falle voraussichtlich dauernder Wertminderung auf die Steuerbilanz aus.[751]

Für das **Umlaufvermögen** schlagen handelsrechtliche Abschreibungen grundsätzlich nur dann noch auf die Steuerbilanz durch, wenn die Wertminderung voraussichtlich von Dauer ist.[752] Während in der Handelsbilanz im Umlaufvermögen alle Wertminderungen erfasst werden, führen in der Steuerbilanz nur noch dauernde Wertminderungen zu einer Teilwertabschreibung.[753]

4.5.2.3. Voraussichtlich dauernde Wertminderung (BMF-Schreiben vom 29. Februar 2000)

Eine voraussichtlich dauernde Wertminderung[754] bedeutet ein voraussichtlich nachhaltiges Absinken des Werts des Wirtschaftsguts unter den maßgeblichen Buchwert. Die Wertminderung ist voraussichtlich nachhaltig, wenn der Steuerpflichtige hiermit aus der Sicht am Bilanzstichtag aufgrund objektiver Anzeichen ernsthaft zu rechnen hat.

Für Wirtschaftsgüter des **abnutzbaren Anlagevermögens** kann von einer voraussichtlich dauernden Wertminderung ausgegangen werden, wenn der Wert des jeweiligen Wirtschafts-

---

[750] Vgl. DStR 2000, 470.
[751] Vgl. Schneider, ZBB 2000, 124 f.
[752] Vgl. Schneider, ZBB 2000, 124 f.
[753] Vgl. Schirmer, StBp 2000, 167 f.
[754] Vgl. DStR 2000, 470; Kusterer, DStR 2000, 1083.

guts zum Bilanzstichtag mindestens für die halbe Restnutzungsdauer unter dem planmäßigen Restbuchwert liegt.

Bei Wirtschaftsgütern des **nichtabnutzbaren Anlagevermögens** ist grundsätzlich darauf abzustellen, ob die Gründe für eine niedrigere Bewertung voraussichtlich anhalten werden. Kursschwankungen von börsennotierten Wertpapieren des Anlagevermögens stellen eine nur vorübergehende Wertminderung dar. Sie berechtigen demnach nicht zum Ansatz eines niedrigeren Teilwerts; eine Abwertung ist nur bis auf die Höhe des künftigen Einlösungsbetrags möglich.

Da Wirtschaftsgüter des **Umlaufvermögens** nicht dazu bestimmt sind, dem Betrieb auf Dauer zu dienen, sondern stattdessen regelmäßig für den Verkauf oder den Verbrauch gehalten werden, kommt dem Zeitpunkt der Veräußerung oder Verwendung für die Bestimmung einer voraussichtlich dauernden Wertminderung eine besondere Bedeutung zu. Hält die Minderung zum Bilanzstichtag bis zum Zeitpunkt der Aufstellung der Bilanz oder dem vorangegangenen Verkaufs- oder Verbrauchszeitpunkt an, so ist die Wertminderung voraussichtlich von Dauer. Zusätzliche Erkenntnisse bis zu diesen Zeitpunkten sind zu berücksichtigen. Allgemeine Marktentwicklungen (zB Kursschwankungen von börsennotierten Wertpapieren des Umlaufvermögens) sind zusätzliche Erkenntnisse und als solche in die Beurteilung einer voraussichtlich dauernden Wertminderung am Bilanzstichtag einzubeziehen. Eine Abwertung kann jedoch nur bis zum Wert am Bilanzstichtag vorgenommen werden.

4.5.2.4. Folgen für die Bewertung in der Handelsbilanz

Bezüglich der Bewertung von **Forderungen aus dem Kreditgeschäft** mit Kunden und Instituten, insbesondere für die Bildung von Einzelwertberichtigungen sowie Länderwertberichtigungen, ergeben sich nach hM durch das Steuerentlastungsgesetz keine wesentlichen Änderungen.[755] Bereits bislang wurde für die Bildung von Einzelwertberichtigungen als entscheidendes Kriterium der nachhaltige Wegfall der Kapitaldienstfähigkeit bzw. die nicht ausreichende Werthaltigkeit der Sicherheiten angesehen. Entscheidende Bedeutung für die steuerliche Anerkennung kommt der Dokumentation der Gründe für die Wertberichtigung zu. Mithin ist auf eine angemessene und lückenlose Dokumentation dieser Gründe zu achten.

Hinsichtlich der Pflicht zur Wertaufholung wird hier die Ansicht vertreten, dass diese im Gegensatz zur Steuerbilanz für die in § 340f Abs. 1 HGB genannten Vermögenswerte in der Handelsbilanz unterbleiben kann (vgl. die Ausführungen in Kapitel 4.5.1.3.).

Hinsichtlich des Eigenbestands der **Wertpapiere** (Depot A) ist Folgendes festzuhalten:[756]

---

[755] Vgl. Windmöller, ZfgK 2000, 25; Schorr, Bankinformation 12/1999, 58 f.
[756] Vgl. auch die Ausführungen bei Fleischmann, StuB 2000, 230 ff.

- Wertpapiere des **Umlaufvermögens** sind nach den handelsrechtlichen Bewertungsregeln zwingend auf den niedrigeren Börsen- oder Marktpreis bzw. beizulegenden Wert abzuschreiben.
  Aufgrund des BMF-Schreibens vom 29. Februar 2000[757] ist für die Steuerbilanz die Kursentwicklung bis zur Aufstellung der Bilanz als zusätzliche Erkenntnis zu berücksichtigen. Beläuft sich der Kurs zwischen Bilanzstichtag und Bilanzaufstellung auf einem höheren Niveau als zum Bilanzstichtag ist eine Abwertung nur bis zu diesem höheren Niveau möglich. Nur insoweit wird die Wertminderung in der Steuerbilanz als von Dauer anerkannt.
- Die dem **Anlagevermögen** zuzurechnenden Wertpapiere können, da die Wertminderung idR voraussichtlich nicht von Dauer ist, trotz niedrigerem Börsen- oder Marktpreis bzw. beizulegendem Wert wahlweise auch mit ihren Anschaffungskosten bilanziert werden. In der Praxis werden diese Wertpapiere jedoch grundsätzlich mit dem niedrigeren Wert angesetzt.
  Nach dem BMF-Schreiben vom 29. Februar 2000[758] werden die Kursschwankungen dieser Wertpapiere voraussichtlich steuerlich nicht mehr anerkannt. Eine Abwertung ist bei diesen Wertpapieren jedoch bis zur Höhe des künftigen Einlösungsbetrags möglich. Dies bedeutet, dass bei Anschaffungskosten von 102 % und einem Marktwert zum Bilanzstichtag von 98 % bei einem künftigen Einlösungsbetrag von 100 % (Nennwert) eine Abwertung nur bis auf den Wert von 100 % möglich ist.
- Für Wertpapiere der **Liquiditätsreserve** enthält § 340f Abs. 2 HGB eine Besonderheit. Ansonsten erforderliche Wertaufholungen dürfen nach dieser Vorschrift im Gegensatz zur Steuerbilanz in der Handelsbilanz weiterhin beibehalten werden.

Dies zeigt, dass es künftig zwischen der Bewertung in der Handels- und Steuerbilanz sowohl bei den Forderungen als auch bei den Wertpapieren Abweichungen geben kann. Zur Vermeidung dieser Unterschiede wird im Schrifttum bspw. die Realisation von Verlusten durch Verkauf von Wertpapieren bzw. deren Umwidmung vom Umlauf- in das Anlagevermögen empfohlen.[759]

---

[757] Vgl. DStR 2000, 470.
[758] Vgl. DStR 2000, 470.
[759] So bspw. Fleischmann, StuB 2000, 233; Schorr, Bankinformation 12/1999, 60.

4.6. Vorsorge für allgemeine Bankrisiken (§ 340f HGB)

4.6.1. Anwendungsbereich des § 340f HGB

§ 340f HGB regelt die Bildung stiller Vorsorgereserven für allgemeine Bankrisiken.[760] Nachdem **Finanzdienstleistungsinstitute** iSd. § 1 Abs. 1a KWG gemäß § 340 Abs. 4 Satz 1 HGB dieselben Bilanzierungsregeln anzuwenden haben wie Kreditinstitute, steht - zumindest formal gesehen - die Anwendung des § 340f HGB nunmehr neben den Kreditinstituten auch den Finanzdienstleistungsinstituten offen.[761] Folgt man dieser Ansicht, kann nicht mehr allein von bankspezifischen Möglichkeiten der Bildung von Vorsorgereserven gesprochen werden.

Die Vorsorgereserven nach § 340f HGB ersetzen grundsätzlich nicht die für die jeweiligen Vermögenspositionen vorzunehmenden Einzelwertberichtigungen, Pauschalwertberichtigungen bzw. Länderwertberichtigungen oder Abschreibungen auf den niedrigeren Börsenkurs. Nur in Ausnahmefällen dürfen die stillen Vorsorgereserven auf unterlassene Einzelwertberichtigungen angerechnet werden; wird in einem fortgeschrittenen Stadium der Aufstellung des Jahresabschlusses neuer Einzelwertberichtigungsbedarf festgestellt, so erscheint es vertretbar, den benötigten Betrag von den Vorsorgereserven nach § 340f HGB unter Verzicht auf entsprechende Buchungen in alter Rechnung auf die fehlenden Einzelwertberichtigungen anzurechnen (IDW PS 522). Dies setzt voraus, dass die Vorsorgereserven in der Bilanz von dem entsprechenden Posten abgesetzt sind und im Prüfungsbericht deutlich auf dieses Verfahren und die darin liegende Bindung der Vorsorgereserven hingewiesen wird. Wird der Betrag der Vorsorgereserven nach § 340f HGB freiwillig im Jahrsabschluss oder Lagebericht offen gelegt, sind derart gebundene Beträge abzusetzen (IDW PS 522). Eine entsprechende Nutzung des Fonds für allgemeine Bankrisiken nach § 340g HGB ist nicht möglich.

4.6.2. Überblick über die Vorschrift des § 340f HGB

Mit § 340f HGB, der die Bildung der Vorsorgereserven regelt, wurden alle Möglichkeiten, die Artikel 37 Abs. 2 der Bankbilanzrichtlinie den Mitgliedstaaten für die Bildung von Vorsorgereserven für allgemeine Bankrisiken einräumt, in nationales Recht übernommen.[762]

Damit müssen Kreditinstitute (und Finanzdienstleistungsinstitute) aller Rechtsformen die stillen Vorsorgereserven[763] einheitlich nach einer Rechtsnorm bilanzieren (§ 340f HGB),

---

[760] Literatur zur Bildung von Vorsorgereserven: Becker, ZfgK 1980, 430; Bieg (1998), 428; Bieg, WPg 1986, 257 und 299; Birck, WPg 1964, 415; Faisst, ZfgK 1981, 668; Frankenberger, Bankinformation 2/1993, 19; Hartmann, BB 1989, 1936; Hölscher, DBW 1995, 45; Köllhöfer, Die Bank 1986; Krumnow, ZfbF 1995, 891 ff.; Krumnow ua., 2. Aufl., § 340f HGB; Mauch, FB 2000, 476; Müller, ZfgK 1981, 672; Spieth, WPg 1986, 528; Starke, ZfgK 1981, 162; Süchting, WPg 1965, 256; Varnholt, Schweizer Treuhänder 1996, 455; Waschbusch, ZfbF 1994, 1046.
[761] Vgl. Bieg (1998), 428.
[762] Kritisch vgl. Neuss/Schaber, ZfbF 1996, 396 ff.

während vor In-Kraft-Treten des Bankbilanzrichtlinie-Gesetzes für Kapitalgesellschaften und für Nicht-Kapitalgesellschaften unterschiedliche Regelungen bestanden (§ 26a KWG bzw. § 253 Abs. 4 HGB).[764] § 340f HGB wirkt faktisch als Ausschüttungssperre, wodurch ein zusätzlicher Gläubigerschutz erreicht werden soll.

§ 340f Abs. 1 HGB bestimmt, welche Vermögensgegenstände als Grundlage für die Bildung von Vorsorgereserven dienen und bis zu welchem Höchstbetrag Reserven gelegt werden können; § 340f Abs. 2 HGB regelt, dass der niedrigere Wertansatz trotz des Wertaufholungsgebots des § 280 Abs. 1 HGB beibehalten werden darf. Die Vorsorgereserven sowie die Einzelwertberichtigungen auf die in § 340f Abs. 1 HGB genannten Vermögensgegenstände dürfen in der Handelsbilanz zudem zeitlich unbegrenzt beibehalten werden, da das Wertaufholungsgebot des § 280 HGB auf die in § 340f Abs. 1 HGB bezeichneten Vermögensgegenstände vollumfänglich nicht anzuwenden ist.

Die sog. **Überkreuzkompensation** ist in § 340f Abs. 3 HGB normiert.[765] Im **Anhang** brauchen Angaben über die Bilanzierungs- und Bewertungsmethoden nach § 340f Abs. 4 HGB insoweit nicht gemacht zu werden, als die Bildung bzw. Auflösung der Vorsorgereserven dadurch aufgedeckt werden würde. Damit handelt es sich um sog. stille Reserven.

Im Übrigen soll gemäß Artikel 48 der Bankbilanzrichtlinie der Ministerrat auf Vorschlag der Kommission fünf Jahre nach der spätesten Anwendung der neuen Vorschriften - also 1998 - alle nationalen Wahlrechte überprüfen, ob sie aufgrund der zwischenzeitlich gesammelten Erfahrungen mit den Zielen der Harmonisierung übereinstimmen.

4.6.3. Technik der Bildung und Auflösung der Vorsorgereserven

Nach dem Wortlaut des § 340f Abs. 1 Satz 1 HGB sind nicht Risiken aus bestimmten Aktivposten der Grund für die Bildung der Vorsorgereserven. Der niedrigere Wertansatz ist vielmehr anzusetzen, „*...soweit dies nach vernünftiger kaufmännischer Beurteilung zur Sicherung gegen die besonderen Risiken des Geschäftszweigs der Kreditinstitute notwendig ist.*"

Damit berührt die Bildung und Auflösung dieser Vorsorgereserven nicht bestimmte Kredit- oder Wertpapiergeschäfte. Die Bildung sowie die Auflösung der Vorsorgereserven erfolgt vielmehr durch **pauschalen Abzug vom jeweiligen Bilanzposten**. Insoweit wird der Grundsatz der Einzelbewertung aufgegeben.[766] Die neu gebildeten bzw. aufgelösten Vorsorgereserven des § 340f Abs. 1 Satz 1 HGB sind zwingend direkt bei den einzelnen Posten der Bemessungsgrundlage zu berücksichtigen.[767] Ein passivischer Ausweis ist nicht möglich.

---

[763] Zu den verschiedenen Arten von stillen Reserven siehe Böcking/Nowak, in: MünchKomm. HGB § 340f HGB Rn. 1 ff.: Stille Zwangsreserven, stille Schätzreserven und stille Zweckreserven.
[764] Vgl. hierzu auch Böcking/Nowak, in: MünchKomm. HGB § 340f HGB Rn. 5; zu den stillen Reserven im Jahresabschluss von Kreditinstituten nach altem und neuem Recht vgl. Hartmann, BB 1989, 1936.
[765] Vgl. hierzu auch Mauch, FB 2000, 476.
[766] Zutreffend Bieg (1998), 429.
[767] Vgl. auch Krumnow ua., 2. Aufl., § 340f HGB Rn. 37.

Es kann flexibel entschieden werden, von welchen der Vermögenspositionen - Forderungen an Kreditinstitute oder Kunden und bestimmte Wertpapiere - die Vorsorgereserve ganz oder teilweise aktivisch abgesetzt wird.[768] Dies lässt sich daraus ableiten, dass sich die Höchstgrenze von 4 % für die Vorsorgereserven nicht auf die jeweiligen Einzelposten, sondern auf die genannten Forderungen und Wertpapiere insgesamt bezieht. Dies impliziert auch, dass der abgezogene Betrag von Jahr zu Jahr unterschiedlich sein kann, dh. von Jahr zu Jahr je nach Gestaltungswillen neu zugeordnet werden kann.[769]

Mithin können mithilfe der Vorsorgereserven **Bilanzstrukturen** beeinflusst werden. Entsprechendes gilt für die Auflösung der Vorsorgereserven. Es besteht lediglich insoweit eine Beschränkung, als eine „... *nachträgliche bilanzoptisch bedingte Verlagerung bereits verrechneter stiller Vorsorgereserven innerhalb der Bewertungsbasis ... als mit dem Grundsatz der Bilanzkontinuität nicht vereinbar abgelehnt"* wird.[770] Nach Krumnow ua.[771] wäre eine ausreichende Begründung für Reservenumschichtungen schon, dass die Platzierung der stillen Reserven evtl. neue Risikoschwerpunkte in etwa wiederspiegeln soll.

Aus der Bilanz ist weder der Bestand noch die Veränderung der Vorsorgereserven ersichtlich. Damit steht den Instituten ferner ein Instrument zur Verfügung, das es ihnen ermöglicht, ihre naturgemäß schwankenden **Periodenergebnisse** für den externen Adressaten zu verstetigen. Die Vorsorgereserven stellen somit eine Dispositionsgröße im Rahmen der handelsrechtlichen Jahresabschlusspolitik dar.

4.6.4. Steuerliche Behandlung der Vorsorgereserven

Eine § 340f HGB entsprechende Vorschrift kennt das Steuerrecht nicht. Damit ist die Berücksichtigung der Vorsorgereserven in der Steuerbilanz nicht möglich. Es handelt sich bei den Vorsorgereserven nach § 340f HGB demnach um sog. versteuerte (pauschale) Wertberichtigungen.[772]

Da es sich bei den Vorsorgereserven um ein langfristig orientiertes Instrument der Sicherung gegen das allgemeine, latente Branchenrisiko handelt, ist der vorübergehende Charakter der Wertdifferenz, der eine Bildung **aktiver latenter Steuern** ermöglichen würde, zu verneinen.[773] Ferner würde - wie Böcking/Nowak[774] zutreffend ausführen - ein steuerlicher Ausgleichsposten Rückschlüsse auf die Höhe der stillen Vorsorgereserven erlauben, was dem Normzweck des § 340f HGB widersprechen könnte, denn der Posten ist im Anhang zu erläu-

---

768 Vgl. Krumnow, Die Bank 1988, 302; Krumnow ua., 2. Aufl., § 340f HGB Rn. 38.
769 Ebenso Krumnow ua., 2. Aufl., § 340f HGB Rn. 38.
770 Vgl. Bieg (1998), 447; ähnlich auch Krumnow ua., 2. Aufl., § 340f HGB Rn. 38.
771 Vgl. Krumnow ua., 2. Aufl., § 340f HGB Rn. 38.
772 Vgl. hierzu ausführlich Böcking/Nowak, in: MünchKomm. HGB § 340f HGB Rn. 25 f.
773 So jedenfalls Böcking/Nowak, in: MünchKomm. HGB § 340f HGB Rn. 26.
774 Vgl. Böcking/Nowak, in: MünchKomm. HGB § 340f HGB Rn. 26.

tern (§ 274 Abs. 2 Satz 2 HGB). Dabei müssen die maßgeblichen Gründe für das Bestehen latenter Steuerentlastungen genannt werden.

4.6.5. Berechnungsgrundlage für die Vorsorgereserven

Institute dürfen nach § 340f Abs. 1 HGB

- Forderungen an Kreditinstitute (Aktiva 3),
- Forderungen an Kunden (Aktiva 4),
- Schuldverschreibungen und andere festverzinsliche Wertpapiere (Aktiva 5),
- Aktien und andere nicht festverzinsliche Wertpapiere (Aktiva 6)

mit einem niedrigeren als dem nach § 253 Abs. 1 Satz 1, Abs. 3 HGB vorgeschriebenen oder zugelassenen Wert ansetzen, soweit dies

- nach vernünftiger kaufmännischer Beurteilung
- zur Sicherung gegen die besonderen Risiken des Geschäftszweigs der Kreditinstitute

notwendig ist.[775] Die der Berechnung der „Globalabschreibung" zugrunde gelegten Wertpapiere (Aktivposten 5 und 6) dürfen dabei weder wie Anlagevermögen behandelt werden noch Teil des Handelsbestands sein. Die im Aktivposten „2. Schuldtitel öffentlicher Stellen und Wechsel, die zur Refinanzierung bei Zentralnotenbanken zugelassen sind" ausgewiesenen Posten rechnen nicht zur Bemessungsgrundlage für die Bildung der Vorsorgereserven.

Hinsichtlich der Zuordnung der Posten Aktiva „3. Forderungen an Kreditinstitute" und „4. Forderungen an Kunden" zur Bemessungsgrundlage gibt es keine Probleme. Dies kann für die Wertpapierposten Aktiva „5. Schuldverschreibungen und andere festverzinsliche Wertpapiere" und „6. Aktien und andere nicht festverzinsliche Wertpapiere" nicht so ohne weiteres gesagt werden. Diese müssen nach den drei Wertpapierkategorien (Anlagebestand, Liquiditätsreserve und Handelsbestand) untergliedert werden.

Der Zuordnung von Wertpapieren zum **Handelsbestand** (vgl. Kapitel 4.4.2.) kommt besondere Bedeutung zu, da Wertpapiere des Handelsbestands nicht zur Reservenbildung zur Verfügung stehen. Nach dem Wortlaut des § 340f Abs. 1 Satz 1 HGB dürfen ferner Wertpapiere, **die wie Anlagevermögen behandelt werden** (Vgl. Kapitel 4.4.4.), nicht niedriger bewertet werden.

---

[775] Vgl. zur „vernünftigen kaufmännischen Beurteilung" und zu den „Risiken des Geschäftszweigs" Böcking/Nowak, in: MünchKomm. HGB § 340f HGB Rn. 15 ff.

Wertpapiere, die in den Aktivposten „7. Beteiligungen" und „8. Anteile an verbundenen Unternehmen" ausgewiesen sind, sind dem Finanzanlagevermögen zuzurechnen, und können damit ebenfalls nicht in die Bemessungsgrundlage einbezogen werden.[776]

Die Bildung von Vorsorgereserven nach § 340f HGB kann im Zusammenhang mit dem Aktivposten „2. Schuldtitel öffentlicher Stellen und Wechsel ..." ebenfalls nicht erfolgen. Nach der EG-Bankbilanzrichtlinie beschränkt § 340f HGB die Möglichkeit der Bildung von Vorsorgereserven auf die Aktivposten 3, 4 sowie 5 und 6 für solche Wertpapiere, die der Liquiditätsreserve zugeordnet sind. Insoweit ist eine Zuordnung von Wertpapieren im Aktivposten 2. zur Liquiditätsreserve nicht relevant.[777] Hieraus folgt, dass Wertberichtigungen/Abschreibungen des Aktivpostens 2. in der Gewinn- und Verlustrechnung als „Sonstige betriebliche Aufwendungen" zu erfassen sind, soweit sie nicht ausnahmsweise zum Eigenhandel gehören. Entsprechendes gilt auch für Wechsel. Zulässig erscheint nach Krumnow ua.[778] auch, die Aufwendungen für Vorsorgen wegen bonitätsbedingten Ausfallrisiken (einschließlich Pauschalwertberichtigungen) bei Wechselbeständen des Aktivposten 2 in der Gewinn- und Verlustrechnung unter „Abschreibungen und Wertberichtigungen ... im Kreditgeschäft" auszuweisen, wenn der Wechselkredit des Einreichers zugrunde gelegt wird.

4.6.6. Wie Anlagevermögen behandelte Wertpapiere

Das Gesetz macht hinsichtlich der Wortwahl einen (formalen) Unterschied zwischen Vermögensgegenständen, die

- nach den für das Anlagevermögen geltenden Vorschriften zu **bewerten** sind (vgl. § 340e Abs. 1 HGB) und solchen, die
- wie Anlagevermögen **behandelt** werden (vgl. §§ 340c Abs. 2, 340f Abs. 1, 340h Abs. 1 HGB).

Ob dies bedeutet, dass ein Unterschied zwischen Vermögensgegenständen besteht, die nach den für das Anlagevermögen geltenden Vorschriften **bewertet** werden und solchen, die wie Anlagevermögen **behandelt** werden, geht zunächst nicht eindeutig aus dem Gesetz hervor.

Denkbar wäre, dass **Vermögensgegenstände, die wie Anlagevermögen behandelt werden** solche sind, die aufgrund Ihrer Zweckbestimmung dem Anlagevermögen zuzuordnen sind, und zwar unabhängig davon, wie sie bewertet werden (Niederstwert oder ein höherer Wert).

Für die Beantwortung dieser Frage kann Artikel 37 Abs. 2a EG-Bankbilanzrichtlinie herangezogen werden. Danach muss es sich um Wertpapiere handeln, *„die unter die Aktivposten 5 und 6 fallen und nicht wie Finanzanlagen ... **bewertet** werden"* und die nicht gleichzeitig Teil

---

[776] Ebenso Bieg (1998), 434.
[777] Vgl. Krumnow ua., 2. Aufl., § 13 RechKredV Rn. 22 ff. mwN.
[778] Vgl. Krumnow ua., 2. Aufl., § 13 RechKredV Rn. 25.

des Handelsbestands sind. Damit werden Beteiligungen und Anteile an verbundenen Unternehmen aufgrund der Bezugnahme auf die Aktivposten 5 und 6 nicht als Wertpapiere iSd. Artikel 37 Abs. 2a der EG-Bankbilanzrichtlinie angesehen. In § 340f Abs. 1 HGB wird ebenso auf die Aktivposten 5 und 6 Bezug genommen, denn die in § 340f Abs. 1 HGB genannten Schuldverschreibungen und anderen festverzinslichen Wertpapiere werden im Aktivposten 5 und die Aktien und anderen nicht festverzinslichen Wertpapiere im Aktivposten 6 ausgewiesen. Da davon auszugehen ist, dass der deutsche Gesetzgeber keine einschränkende Umsetzung des Artikels 37 der EG-Bankbilanzrichtlinie haben wollte, muss man zu dem Ergebnis kommen, dass es sich bei den in § 340f Abs. 1 HGB genannten Wertpapieren um solche handelt, die aufgrund ihrer Zweckbestimmung solche des Anlagevermögens sein können, nicht aber zwingend wie Anlagevermögen bewertet dh. auch mit dem Niederstwert angesetzt werden können.[779]

Es sind damit die dem **Anlagevermögen zugeordneten Wertpapiere** gemeint. Irgendeine Beziehung zur Bewertung der Wertpapiere wird durch die Formulierung „*wie Anlagevermögen behandelte Wertpapiere*" nicht hergestellt.[780] Die durch einen entsprechenden Beschluss dem Anlagevermögen zugeordneten Wertpapiere werden nicht allein deswegen zu Umlaufvermögen und damit zum Bestandteil der Bemessungsgrundlage für die Vorsorgereserven, dass sie mit dem ihnen am Bilanzstichtag beizulegenden niedrigeren Wert angesetzt und damit wie Umlaufvermögen bewertet werden.[781]

4.6.7. Höchstbetrag und Wertbeibehaltungswahlrecht

Die Höhe der Vorsorgereserven darf 4 % des **Gesamtbetrags** (Gesamtwertansatz) der oben genannten Vermögensgegenstände, der sich bei deren Bewertung nach § 253 Abs. 1 Satz 1, Abs. 3 HGB - also der üblichen handelsrechtlichen Bewertungsvorschriften für diese Vermögensgegenstände des Umlaufvermögens und vor der Bildung der Vorsorgereserven - ergibt, nicht übersteigen.

In diesem Zusammenhang wurden für die bisher gemäß § 26a KWG aF bzw. § 253 Abs. 4 HGB gebildeten Wertberichtigungen Übergangsvorschriften erlassen (Art. 31 Abs. 2 Satz 2 EGHGB).

---

[779] Vgl. hierzu auch die Ausführungen von Krumnow, Die Bank 1988, 303.
[780] Vgl. Bieg (1998), 436.
[781] Ebenso Bieg (1998), 436.

Durch die Formulierung „*vier vom Hundert des Gesamtbetrags*" wird der Bezug zu einzelnen Bilanzposten vermieden. Das bedeutet, dass

- bei den **Einzelnen** der genannten Aktivposten durchaus eine Überschreitung der 4 %-Grenze möglich ist, solange die stillen Reserven nach § 340f HGB insgesamt die 4 %-Grenze nicht überschreiten und
- unabhängig von der tatsächlichen Bewertung eine fiktive Bemessungsgrundlage zur Ermittlung des Höchstbetrags der Vorsorgereserven (4 %-Klausel) bestimmt werden muss.

Eine Anrechnung der nach § 26a KWG gebildeten Reserven auf die 4 %-Grenze der Vorsorgereserven, die nach § 340f HGB gebildet werden, sieht das Gesetz nicht vor. Nach Artikel 31 Abs. 2 Satz 2 EGHGB können die stillen Reserven gemäß § 26a KWG vielmehr zeitlich und betraglich unbegrenzt fortgeführt werden.[782]

Ein niedrigerer Wertansatz nach § 340f Abs. 1 HGB darf gemäß § 340f Abs. 2 Satz 1 HGB unbegrenzt **beibehalten** werden, denn das Wertaufholungsgebot des § 280 HGB ist auf die Vermögensgegenstände, die in § 340f Abs. 1 HGB genannt sind, nicht anzuwenden. Dies entspricht den mit den institutsspezifischen stillen Reserven verfolgten Zielsetzungen. Nur so lassen sich Schwankungen der Periodenergebnisse nivellieren.[783]

Eine einmal gebildete Vorsorgereserve nach § 340f HGB darf auch dann beibehalten werden, wenn an einem späteren Bilanzstichtag die Höchstgrenze von 4 % deshalb überschritten wird, weil sich die nach § 253 Abs. 1 Satz 1, Abs. 3 HGB bewerteten Bestände lediglich wertmäßig vermindert haben.[784] Dies folgt aus dem Wertbeibehaltungswahlrecht des § 340f Abs. 2 Satz 1 HGB.[785]

§ 340f HGB unterliegt grundsätzlich auch **nicht** dem Grundsatz der **Bewertungsstetigkeit** des § 252 Abs. 1 Nr. 6 HGB, denn die Vorsorgereserven sind nach vernünftiger kaufmännischer Beurteilung zu bilden;[786] ihre Vornahme und Auflösung ist an keine bestimmte Methode gebunden, sodass schon aus diesem Grund - ebenso wie bei den Abschreibungen iSd. § 253 Abs. 4 HGB - für die Anwendung des § 252 Abs. 1 Nr. 6 HGB kein Raum ist. Es liegen also insoweit weder Ausnahmen von einem Bewertungsgrundsatz gem. § 252 Abs. 2 HGB noch Änderungen der Bilanzierungs- bzw. Bewertungsmethoden iSd. § 284 Abs. 2 Nr. 1 und Nr. 3 HGB vor. Nur insoweit, als die Ermessensentscheidungen bei der Bildung der Vorsorge-

---

[782] Ebenso Prahl, WPg 1991, 439.
[783] So Bieg (1998), 444.
[784] GlA Göttgens/Schmelzeisen, 7; aA Bieg (1998), 445, der eine anteilige Auflösung der stillen Reserven verlangt; Krumnow ua., 2. Aufl., § 340f HGB Rn. 24 halten dies für vertretbar, wenn auch nicht ganz unproblematisch.
[785] AA Böcking/Nowak, in: MünchKomm. HGB § 340f HGB Rn. 36.
[786] GlA Bieg (1998), 445.

reserven in Ausnahmefällen nach einem bestimmten Verfahren ausgeübt werden sollten, soll § 252 Abs. 1 Nr. 6 HGB zu beachten sein.[787]

Klarstellend sei auf Folgendes hingewiesen: Nachdem den Instituten kein Mindestbetrag an Vorsorgereserven vorgeschrieben ist, kann auf die Bildung von Vorsorgereserven auch verzichtet werden. Darüber hinaus können in Vorjahren gebildete Vorsorgereserven uneingeschränkt wieder aufgelöst werden. Damit wird den Instituten für die Bildung der Reserven eine Spielraum von 0 % bis 4 % der Bemessungsgrundlage nach freiem Ermessen eingeräumt.[788]

4.6.8. Überkreuzkompensation

Müssten die Bildung und Auflösung von Vorsorgereserven in der Gewinn- und Verlustrechnung offen (brutto) gezeigt werden, würde es sich nicht mehr um stille Vorsorgemaßnahmen handeln. Aus diesem Grund besteht nach § 340f Abs. 3 HGB die Möglichkeit der sog. Überkreuzkompensation. Damit hat der Gesetzgeber eine erhebliche Einschränkung des Bruttoprinzips (§ 246 Abs. 2 HGB) zugelassen.[789]

Aufwendungen und Erträge aus der Anwendung des § 340f Abs. 1 HGB (Bildung und Auflösung von Vorsorgereserven),[790] aus Geschäften mit Wertpapieren, die weder wie Anlagevermögen behandelt werden noch Teil des Handelsbestands sind, Aufwendungen aus Abschreibungen sowie Erträge aus Zuschreibungen zu diesen Wertpapieren **dürfen** nach § 340f Abs. 3 HGB mit den Aufwendungen aus Abschreibungen auf Forderungen, Zuführungen zu Rückstellungen für Eventualverbindlichkeiten und für Kreditrisiken sowie mit den Erträgen aus Zuschreibungen zu Forderungen oder aus deren Eingang nach teilweiser oder vollständiger Abschreibung und aus Auflösungen von Rückstellungen für Eventualverbindlichkeiten und für Kreditrisiken verrechnet und in der Gewinn- und Verlustrechnung in einem Aufwands- oder Ertragsposten („Abschreibungen und Wertberichtigungen auf Forderungen und bestimmte Wertpapiere sowie Zuführungen zu Rückstellungen im Kreditgeschäft" bzw. „Erträge aus Zuschreibungen zu Forderungen und bestimmten Wertpapieren sowie aus der Auflösung von Rückstellungen im Kreditgeschäft") ausgewiesen werden.

Die Inanspruchnahme des Saldierungswahlrechts des § 340f Abs. 3 HGB setzt nicht die Bildung bzw. die Auflösung von Vorsorgereserven im betreffenden Geschäftsjahr voraus.[791] Damit können realisierte und buchmäßige Ergebnisse des Kreditbereichs und der Wertpapiere des Liquiditätsbestands miteinander verrechnet in der Gewinn- und Verlustrechnung gezeigt

---

[787] Vgl. SABI 2/1987, WPg 1988, 48, Abschnitt 2.
[788] Vgl. Bieg (1998), 444.
[789] Vgl. ausführlich Mauch, FB 2000, 476.
[790] Zu den kompensationsfähigen Aufwendungen und Erträgen vgl. auch Krumnow ua., 2. Aufl., § 340f HGB Rn. 40 f.
[791] GlA Bieg (1998), 450.

werden. In diese Verrechnung gehen jedoch nicht die **laufenden Erträge** aus dem Kreditgeschäft und den Wertpapieren der Liquiditätsreserve ein.

Eine teilweise Saldierung ist nach § 32 RechKredV nicht zulässig; es ist daher alternativ nur eine **vollständige** Kompensation oder der Bruttoausweis möglich. Es besteht also nur die Wahl zwischen Brutto- oder Nettoausweis.

4.6.9. Wegfall des Wertaufholungsgebots gemäß § 340f Abs. 2 HGB

Nach § 340f Abs. 1 HS 2 HGB ist „*§ 280 (HGB) ... auf die in Absatz 1 bezeichneten Vermögensgegenstände nicht anzuwenden.*" Damit kommt § 280 HGB nach der hier vertretenen Ansicht in seiner Gesamtheit für Vermögensgegenstände, die gemäß § 340f Abs. 1 HGB als Bemessungsgrundlage für die Bildung stiller Vorsorgereserven dienen können, nicht zur Anwendung. Mithin ist der überwiegende Teil der Vermögensgegenstände, bei denen die Wertaufholung nach § 280 HGB eine Rolle spielen kann, der Anwendung des § 280 HGB entzogen.[792] Dies gilt auch für Anhangangaben nach § 280 Abs. 3 HGB.

Nachdem diese Ansicht sich bislang noch nicht als einheitlich herrschende Meinung herausgebildet hat, wird man auch eine **Wertaufholung zulassen** müssen. Einzelheiten vgl. Kapitel 4.5.

4.6.10. Anhangangaben

Der Betrag der Vorsorgereserven und deren Berechnungsgrundlage können von Jahr zu Jahr geändert werden, ohne dass im Anhang hierüber Angaben zu machen sind, denn über die Bildung und Auflösung von Vorsorgereserven sowie über vorgenommene Kompensationen in der Gewinn- und Verlustrechnung nach § 340f Abs. 4 HGB besteht keine Angabepflicht. Der Verzicht auf diese Angabe ist normzweckkonform, da jede Erklärung über die Bildung, Auflösung oder Verrechnung der Vorsorgereserven nach § 340f HGB deren stillen Charakter konterkarieren würde.

Zusätzliche Anhangangaben aufgrund des § 264 Abs. 2 HGB sind nicht erforderlich. Da sich § 264 Abs. 2 HGB an den nationalen Bewertungswahlrechten orientiert und die missbräuchliche Ausnutzung von Bewertungswahlrechten ausschließt, § 340f HGB ebenso wie § 26a KWG aber keine willkürliche Bewertung erlaubt,[793] sind im Anhang keine Angaben zu

---

[792] Vgl. Krumnow ua., 2. Aufl., § 340f HGB Rn. 23 f.; Böcking/Nowak, in: MünchKomm. HGB § 340f HGB Rn. 34.

[793] Vgl. Szagunn/Wohlschiess, § 26a KWG, Rn. 6

den stillen Reserven nach § 340f HGB erforderlich.[794] Der Jahresabschluss entspricht insoweit ohne zusätzliche Angaben dem in § 264 Abs. 2 HGB geforderten Bild.[795]

Von der grundsätzlichen Befreiung zur Berichterstattung ist jedoch abzusehen, wenn die Bildung bzw. Auflösung stiller Reserven dazu führt, dass das tatsächliche Bild der Vermögens-, Finanz- und Ertragslage extrem verzerrt wird, insbesondere dann, wenn ein Verlustabschluss zu einem Gewinnabschluss „gedreht" wird.[796] Grundsätzlich gewinnt das Informationsrecht der Bilanzleser mit der Höhe der Ergebniskorrektur durch die Bildung bzw. Auflösung stiller Reserven an Bedeutung.

Der Vollständigkeit halber sei noch erwähnt, dass der Vorstand eines Kreditinstituts in der Rechtsform der Aktiengesellschaft von der Verpflichtung nach § 176 Abs. 1 Satz 3 AktG freigestellt ist, in der Hauptversammlung zu einem Jahresfehlbetrag oder einem Verlust, der das Jahresergebnis wesentlich beeinflusst hat, Stellung zu nehmen.[797]

Wird der Betrag der Vorsorgereserven nach § 340f HGB freiwillig im Jahresabschluss oder Lagebericht offen gelegt, sind die Beträge abzusetzen, die unter Verzicht auf entsprechende Buchungen in alter Rechnung auf die fehlenden Einzelwertberichtigungen anzurechnen sind. Eine derartige Vorgehensweise ist nach IDW PS 522 ausnahmsweise zulässig, wenn in einem fortgeschrittenen Stadium der Aufstellung des Jahresabschlusses neuer Einzelwertberichtigungsbedarf festgestellt wird und der benötigte Betrag von den Vorsorgereserven nach § 340f HGB abgesetzt wird.

4.6.11. Vorsorgereserven und latente Steuern im Einzelabschluss

Klarstellend sei ausdrücklich darauf hingewiesen, dass hier nur Ausführungen zum Einzelabschluss gemacht werden. Für den Konzernabschluss ist ergänzend DRS 10 zu beachten.[798]

Die Vorsorgereserven nach den §§ 340f und 340g HGB stellen sog. quasi-permanente Differenzen dar. Solche Differenzen sind im handelsrechtlichen **Einzelabschluss** nach hM nicht in die Steuerabgrenzung einzubeziehen. Quasi-permanente Bewertungsunterschiede in Handels- und Steuerbilanz gleichen sich im Zeitablauf formal zwar wieder aus. Die Umkehrung über die Zweischneidigkeit der Bilanzierung erfolgt jedoch nicht gleichsam automatisch, sondern bedarf einer unternehmerischen Disposition. Im Extremfall kommt es zur Umkehrung erst mit der Liquidation des Instituts bzw. der betreffenden Vermögenswerte.

---

[794] Mit Köllhofer, Die Bank 1986, 556, wird man sogar die Frage aufwerfen können, ob ein Bankabschluss nicht erst dann einen true and fair view gibt, wenn auch im Hinblick auf § 26a KWG Vorsorge getroffen wurde. Dies gilt auch für § 340f HGB.
[795] Vgl. auch die Ausführungen von Meyer, ZfgK 1987, 438 ff. und Krag, ZfgK 1988, 374 f.
[796] Vgl. Böcking/Nowak, in: MünchKomm. HGB § 340f HGB Rn. 30 mwN.
[797] Nach dem Wortlaut des § 176 AktG bezieht sich dies nur auf Kreditinstitute.
[798] Vgl. hierzu auch FN 2003, 22; zu latenten Steuern vgl. Rabeneck/Reichert, DStR 2002, 1366 ff. und 1409 ff.

Die Einbeziehung der quasi-permanenten Differenzen in die Steuerabgrenzung nach dem sog. Timing-Konzept, das dem HGB als Grundlage dient, ist mithin ausgeschlossen. Insofern kann auch keine Analogie zwischen zeitlichen Abweichungen aus der Bildung von Vorsorgereserven und sog. revolvierenden zeitlichen Unterschieden, die in die Steuerabgrenzung einbezogen werden, gesehen werden. Im Gegensatz zu den revolvierenden zeitlichen Unterschieden sollen die Vorsorgereserven für das allgemeine Branchenrisiko Vorsorge treffen und werden lediglich buchungstechnisch (zufällig) bestimmten, als Verrechnungsposten dienenden Bilanzposten zugeordnet.

Erst recht in keinem Zusammenhang mit einzelnen Bilanzposten steht der Sonderposten „Fonds für allgemeine Bankrisiken" gemäß § 340g HGB. Dieser Posten unterliegt keiner Bewertung. Die Zuführungen zu diesem Posten und die Erträge aus dessen Auflösung sind in der Gewinn- und Verlustrechnung vor dem Jahresüberschuss bzw. -fehlbetrag auszuweisen.

Eine (teilweise) Rückgängigmachung der Bildung von Vorsorgereserven durch die Aktivierung eines entsprechenden Steuerabgrenzungspostens konterkariert deren Wirkung auch aus bankaufsichtlicher Perspektive. Aus Sicht des bilanzierenden Instituts wird die gleiche Wirkung aus der Bildung von Vorsorgereserven bei gleichzeitiger (fragwürdiger) Aktivierung eines Steuerabgrenzungspostens - und zwar ohne Außenwirkung - erzielt, wenn stattdessen die Vorsorgereserven in entsprechend geringerem Umfang gebildet werden. Sollte dieser „Ausweg" nicht möglich sein, etwa weil die Vorsorgereserven zur Vermeidung entsprechender Wertberichtigungen reserviert sind - was eigentlich nur in Bezug auf neu auftretenden Wertberichtigungsbedarf im fortgeschrittenen Stadium einer Abschlussprüfung zulässig ist -, würde dies nur zusätzlich unterstreichen, dass die Aktivierung eines Steuerabgrenzungspostens im Zusammenhang mit der Bildung von Vorsorgereserven aus bankaufsichtlicher Sicht bedenklich ist.

Im Zusammenhang mit DRS 10 (Latente Steuern im Konzernabschluss) hat der HFA in seiner 185. Sitzung Folgendes beschlossen:[799] *„Die Vermutung des § 342 Abs. 2 HGB bezieht sich nicht auf den handelsrechtlichen Einzelabschluss. Der DRS hat eine Anwendung von DRS 10 im Einzelabschluss auch nicht empfohlen. Vor diesem Hintergrund hat der Abschlussprüfer die Anwendung von nicht mit den handelsrechtlichen Vorschriften übereinstimmenden Regelungen des DRS 10 im Einzelabschluss zu beanstanden."*

4.6.12. Vorsorgereserven und haftendes Eigenkapital

Die stillen Vorsorgereserven nach § 340f HGB können dem haftendem Eigenkapital (Ergänzungskapital) zugerechnet werden (§ 10 Abs. 2b Satz 1 Nr. 1 KWG). Die Vorsorgereserven sind nur aufgrund einer geprüften und festgestellten Bilanz berücksichtigungsfähig. Sie sind mithin während des Geschäftsjahres statischer Natur.

---

[799] Vgl. IDW HFA, Berichterstattung über Sitzungen, FN 2003, 22.

Die ursprünglich nach § 26a KWG aF gebildeten Vorsorgereserven - die sog. Altreserven - sind, obwohl sie materiell den Vorsorgereserven des § 340f HGB entsprechen, nicht als haftendes Eigenkapital in § 10 Abs. 2b Satz 1 Nr. 1 KWG genannt. Um als haftendes Eigenkapital anerkannt werden zu können, müssen sie entweder den Vorsorgereserven nach § 340f HGB zugeordnet oder als offene Rücklagen bzw. „Fonds für allgemeine Bankrisiken" ausgewiesen werden.[800]

4.6.13. Prüfung der Vorsorgereserven

Im Rahmen der Prüfung des Jahresabschlusses ist festzustellen, ob die Vorschriften des § 340f HGB beachtet worden sind. Dies gilt insbesondere für die Vermögensgegenstände für die Vorsorgereserven gebildet werden können sowie für die Begrenzung auf 4 % der Bemessungsgrundlage. Gleiches gilt für die Überkreuzkompensation.

Darüber hinaus ist bei der Prüfung des haftenden Eigenkapitals darauf zu achten, dass die einschlägigen Bestimmungen beachtet worden sind und die Eigenmittel im Prüfungsbericht gemäß § 22 PrüfbV dargestellt sind.

Wird ausnahmsweise in einem fortgeschrittenen Stadium der Aufstellung des Jahresabschlusses neuer Einzelwertberichtigungsbedarf festgestellt und unter Verzicht auf entsprechende Buchungen nach IDW PS 522 in alter Rechnung von den Vorsorgereserven nach § 340f HGB abgesetzt, ist im Prüfungsbericht deutlich auf dieses Verfahren und die darin liegende Bindung der Vorsorgereserven hinzuweisen (IDW PS 522).

---

[800] Vgl. ausführlich Luz/Scharpf, 127 ff.

4.7. Fonds für allgemeine Bankrisiken (§ 340g HGB)

4.7.1. EG-Rechtliche Vorgaben

Da Deutschland von der in Artikel 37 der EG-Bankbilanzrichtlinie vorgesehenen Möglichkeit der Bildung von stillen Vorsorgereserven Gebrauch machte, musste gemäß Artikel 38 der Bankbilanzrichtlinie auch ein besonderer Posten

„Fonds für allgemeine Bankrisiken"

vorgesehen werden. Dieser Sonderposten ist in § 340g HGB geregelt. Die **Bilanzgliederung** nach dem Formblatt 1 sieht vor, dass dieser Posten als Passiva Nr. 11 unmittelbar vor dem Eigenkapital ausgewiesen wird, wodurch der Kapitalcharakter zum Ausdruck kommt.

4.7.2. Voraussetzungen für die Bildung des Postens

In diesen Posten dürfen sowohl von Kredit- als auch Finanzdienstleistungsinstituten[801] gemäß § 340g Abs. 1 HGB Beträge eingestellt werden, soweit dies

- nach vernünftiger kaufmännischer Beurteilung
- wegen der besonderen Risiken des Geschäftszweigs der Kreditinstitute

notwendig ist. Damit folgt § 340g HGB den gleichen Zielsetzungen wie § 340f HGB. Abgesichert werden soll das allgemeine Branchenrisiko; eine Verwendung der offenen Vorsorgereserven für Einzelbewertungsmaßnahmen ist nicht vorgesehen (IDW PS 522). Im Gegensatz zu § 340f HGB handelt es sich um eine offene Risikovorsorge (zusätzliches Nettokapital). Der Bilanzleser kann diese Reserven aus der Bilanz erkennen.

Die Voraussetzung nach § 340g Abs. 1 HGB sind mit denen des § 340f Abs. 1 HGB deckungsgleich.[802] Insoweit kann auf die Ausführungen zu den Vorsorgereserven verwiesen werden (Einzelheiten vgl. Kapitel 4.6.). Die beiden Normen **unterscheiden** sich jedoch hinsichtlich der Bemessungsgrundlage, der Beschränkung der Reservenbildung, dem Eigenkapitalcharakter der gebildeten Reserve sowie der Erkennbarkeit der Reserve.

Anders als die Vorsorgereserven nach § 340f HGB ist der Fonds für allgemeine Bankrisiken nach § 340g HGB nicht an bestimmte Vermögenswerte gebunden; die Relevanz einer Bemessungsgrundlage entfällt.

---

[801] Für die Anwendbarkeit des § 340g HGB für Finanzdienstleistungsinstitute spricht sich eindeutig Hanenberg, WPg 1999, 88, aus.
[802] Vgl. Wiedmann, 2. Aufl., § 340g HGB Rn. 5 ff.

Die Einstellung in den Fonds für allgemeine Bankrisiken ist grundsätzlich auch dann möglich, wenn sich in der Handelsbilanz vor Dotierung des Postens bereits ein **Verlust** ergibt. Das Gesetz sieht nichts Gegenteiliges vor. Inwieweit eine Einstellung von Beträgen in solchen Fällen in den Fonds sinnvoll ist, ist im Einzelfall zu beurteilen. Das **haftende Eigenkapital** ändert sich dadurch nicht, da diesem Posten ein entsprechender Bilanzverlust gegenübersteht, sodass sich die Dotierung und der (höhere) Bilanzverlust (Abzug vom haftenden Eigenkapital) neutralisieren.

Die Einstellung von Beträgen in den „Fonds für allgemeine Bankrisiken" ist **neben** der Bildung von Einzel- und Pauschalwertberichtigungen und der Vorsorgereserven gemäß § 340f HGB in beliebiger Höhe möglich.[803] Es findet auch keine Anrechnung auf den Höchstbetrag von 4 % nach § 340f Abs. 1 Satz 2 HGB statt. Abgesehen von der *„vernünftigen kaufmännischen Beurteilung wegen der besonderen Risiken des Geschäftszweigs"* gibt es keinerlei gesetzliche Beschränkung.

Eine völlige Willkür dürfte jedoch aufgrund des Wunsches der Anteilseigner der Institute nach unveränderten, möglichst sogar steigenden Gewinnausschüttungen ausgeschlossen sein.[804] Neben der **Willkürfreiheit** wird mithin insbesondere die **gesellschaftsrechtliche Treuepflicht** gegenüber den Anteilseignern ein zu berücksichtigender Aspekt sein.[805]

Der Fonds beinhaltet keine Vorsorge für bestimmte Risiken, auch nicht für latente Risiken. Der Posten bezieht sich vielmehr auf die Vorsorge für das allgemeine Unternehmenswagnis, er kann mithin auch von Finanzdienstleistungsinstituten gebildet werden.

4.7.3. Höhe des Sonderpostens

Der in den Sonderposten eingestellte Betrag muss nach vernünftiger kaufmännischer Beurteilung zur Sicherung gegen die besonderen Risiken des Geschäftszweigs der Kreditinstitute notwendig sein. Die praktische Grenze der Dotierungsmöglichkeit ergibt sich aus der Höhe des jeweiligen Jahresergebnisses.

Hinsichtlich der **Höhe** des Postens unterliegt der Sonderposten nach § 340g HGB im Gegensatz zur Bildung von aktivisch abzusetzenden Vorsorgereserven gemäß § 340f HGB keinen weiteren Beschränkungen mehr. Eine Bindung an bestimmte Vermögensgegenstände besteht, wie oben bereits erwähnt, nicht.

---

[803] Ebenso Claussen, DB 1991, 1132; Prahl, WPg 1991, 439; WPH Bd. I 2000 J Tz. 219.
[804] So jedenfalls Waschbusch, Die Bank 1994, 166.
[805] Vgl. Wiedmann, 2. Aufl., § 340g HGB Rn. 6.

4.7.4. Ausweis von Zuführungen und Auflösungen in der Gewinn- und Verlustrechnung

Die Aufwendungen aus der Zuführung zum Sonderposten oder die Erträge aus der Auflösung des Sonderpostens sind nach § 340g Abs. 2 HGB in der Gewinn- und Verlustrechnung **gesondert** auszuweisen. Dabei ist lediglich der Saldo der Zuweisungen und Entnahmen gesondert zu zeigen.[806] In den für die Gliederung der Gewinn- und Verlustrechnung geltenden Formblättern 2 und 3 ist hierfür kein eigener Posten vorgesehen.

Weder im HGB noch in der RechKredV ist geregelt, ob der Ausweis in einem eigenen Posten zu erfolgen hat, oder ob der Ausweis in einem Unterposten - beispielsweise zum Posten, in dem die Überkreuzkompensation gemäß § 340f Abs. 3 HGB[807] erfolgt - vorgenommen werden kann. Beide Möglichkeiten wird man als zulässig ansehen müssen.[808] Waschbusch[809] und Wiedmann[810] schlagen einen gesonderten Ausweis in einem als „Aufwendungen aus der Zuführung zum Fonds für allgemeine Bankrisiken" oder „Zuführungen zum Fonds für allgemeine Bankrisiken" bzw. „Ertrag aus der Auflösung des Fonds für allgemeine Bankrisiken" bezeichneten Posten vor. Nach Krumnow ua.[811] sind diese Posten jeweils nach den ordentlichen Aufwendungen bzw. Erträgen in der Gewinn- und Verlustrechnung zu zeigen.

Die Einstellung von Beträgen in diesen Sonderposten ist nicht Teil der Beschlussfassung über die Ergebnisverwendung, sodass Vorschriften über die Ergebnisverwendung - wie etwa § 58 AktG oder § 29 GmbHG - nicht anzuwenden sind.[812] Über die Bildung und Auflösung offener Reserven entscheidet die Geschäftsleitung des Instituts im Rahmen der Gewinnermittlung.[813]

4.7.5. Behandlung in der Steuerbilanz

Die Aufwendungen bzw. Erträge aus der Zuführung bzw. Auflösung des Sonderpostens gemäß § 340g HGB sind in gleicher Weise wie die Bildung und Auflösung der Vorsorgereserven gemäß § 340f HGB steuerlich irrelevant. Der Sonderposten stellt damit versteuerte Rücklagen dar.[814]

---

[806] Ebenso Bergmann, Bankinformation 3/1987, 56; Prahl, WPg 1991, 439.
[807] Vgl. Abschnitt 4.6.
[808] GlA Waschbusch, Die Bank 1994, 166.
[809] Vgl. Waschbusch, Die Bank 1994, 166.
[810] Vgl. Wiedmann, 2. Aufl., § 340g HGB Rn. 8.
[811] Vgl. Krumnow ua., 2. Aufl., § 340g HGB Rn. 13.
[812] Vgl. BR-Drs. 616/89, 23; dem schließen sich Krumnow ua., 2. Aufl., § 340g HGB Rn. 10 an; nicht eindeutig Böcking/Nowak, in: MünchKomm. HGB § 340g HGB Rn. 5 mwN und einer Darstellung der verschiedenen Literaturmeinungen.
[813] GlA WPH Bd. I 2000 J Tz. 219.
[814] Vgl. auch Müller, Th., 317.

4.7.6. Haftendes Eigenkapital

Nach § 10 Abs. 2a Satz 1 Nr. 7 KWG ist der Sonderposten für allgemeine Bankrisiken nach § 340g HGB Bestandteil des haftenden Eigenkapitals (Kernkapital). Die Höhe des zu berücksichtigenden Sonderpostens ergibt sich aus dem letzten (festgestellten) Jahresabschluss.[815]

4.7.7. Prüfung des Sonderpostens

Die Prüfung des Sonderpostens erstreckt sich darauf, ob die Voraussetzungen des § 340g HGB eingehalten sind, insbesondere, ob die **Zuführungen** und **Auflösungen** zutreffend in der Gewinn- und Verlustrechnung ausgewiesen sind.

Im Rahmen der Prüfung des Sonderpostens ist auch auf die zutreffende Behandlung bei der Ermittlung des **haftenden Eigenkapitals** zu achten.

---

[815] Vgl. Luz/Scharpf, 118.

4.8. Fremdwährungsumrechnung gemäß § 340h HGB

4.8.1. Überblick

Sämtliche auf fremde Währung lautende Vermögensposten und Schulden (Verbindlichkeiten und Rückstellungen), einschließlich der Eventualforderungen und -verbindlichkeiten sowie der Ansprüche und Verpflichtungen aus Devisentermingeschäften, unterliegen dem Wechselkursrisiko. Zu den Änderungen aufgrund des Übergangs von der Preis- auf die Mengennotierung vgl. Kapitel 4.8.15.

Vermögensgegenstände lauten auf eine ausländische Währung, wenn mit ihnen künftig Einzahlungen in ausländischer Währung verbunden sind, zB Fremdwährungsforderungen und Sorten, sowie wenn der Vermögensgegenstand gegen Euro veräußerbar wäre, ein gleichartiger Vermögensgegenstand aber nur im Ausland beschaffbar ist, zB Grundstücke im Ausland, Beteiligungen an ausländischen Unternehmen und Wertpapiere mit nicht auf Euro lautendem Nennwert.[816]

Auf eine ausländische Währung lauten Verbindlichkeiten, sofern ein Unternehmen zu sicheren bzw. wahrscheinlichen Auszahlungen in ausländischer Währung verpflichtet ist.[817] Eine Fremdwährungsverbindlichkeit liegt vor, wenn die Verpflichtung dem Grund und der Höhe nach in ausländischer Währung sicher bestimmt werden kann, obwohl der auf Euro lautende Erfüllungsbetrag bei flexiblen Währungskursen unsicher ist. Eine auf fremde Währung lautende Rückstellung stellt eine Verpflichtung zu künftigen Fremdwährungszahlungen dar, die dem Grund und/oder der Höhe nach unsicher ist.[818]

Rechnungsabgrenzungsposten sind keine Vermögensgegenstände bzw. Schulden; daher fallen sie nicht unter den Regelungsbereich des § 340h HGB. Gleiches gilt für aktive latente Steuern, Ingangsetzungs- und Erweiterungsaufwendungen und den derivativen Firmenwert sowie Sonderposten mit Rücklageanteil.[819]

Devisentermingeschäfte sind schwebende Geschäfte und damit grundsätzlich nicht zu bilanzieren. Lediglich wenn ein negativer Erfolgsbeitrag aus dem schwebenden Geschäft erwartet wird, ist eine Rückstellung für drohende Verluste aus schwebenden Geschäften zu bilden.

Die eigentliche Verpflichtung zur Umrechnung von Fremdwährungsposten ergibt sich aus § 244 HGB, der die Aufstellung des Jahresabschlusses in deutscher Sprache und in Euro bzw. Deutscher Mark fordert.

---

[816] Vgl. Böcking/Benecke in: MünchKomm. HGB § 340h HGB Rn. 1.
[817] Vgl. Böcking/Benecke in: MünchKomm. HGB § 340h HGB Rn. 5.
[818] Vgl. Böcking/Benecke in: MünchKomm. HGB § 340h HGB Rn. 5.
[819] GlA Böcking/Benecke in: MünchKomm. HGB § 340h HGB Rn. 7.

Vor In-Kraft-Treten des Bankbilanzrichtlinie-Gesetzes gab es in Deutschland weder eine gesetzliche Regelung für die Umrechnung von auf ausländische Währung lautenden Vermögensgegenständen und Schulden noch für die Abrechnung von am Bilanzstichtag nicht abgewickelten Devisenkassa- und Devisentermingeschäften.

Unter Beachtung der allgemeinen Bewertungsgrundsätze lag Methodenvielfalt vor, wobei die Methodenbestimmtheit und -stetigkeit als Grundsätze ordnungsmäßiger Bilanzierung zu wahren waren.

Der HFA[820] hat im Jahre 1986 den Entwurf einer Verlautbarung zur Währungsumrechnung im Jahres- und Konzernabschluss verabschiedet, die auf Unternehmen sämtlicher Wirtschaftszweige anwendbar ist.

Der BFA hat mit der Stellungnahme BFA 3/1995 „*Währungsumrechnung bei Kreditinstituten*" die Grundsätze zur Erfassung der Währungsgeschäfte im Rechnungswesen sowie zur Umrechnung von Währungsposten nach § 340h Abs. 1 HGB sowie zur Behandlung von Ergebnissen aus der Währungsumrechnung nach § 340h Abs. 2 HGB festgelegt.

Die in § 340h HGB normierten Vorschriften zur Währungsumrechnung beziehen sich ausschließlich auf Vermögensgegenstände und Schulden sowie auf am Bilanzstichtag noch nicht abgewickelte Kassa- und Termingeschäfte. Das Gesetz geht dabei nicht auf die Erstbuchung und damit auf die Ermittlung der Euro-Anschaffungskosten von Vermögensgegenständen bzw. die erstmalige Einbuchung von Schulden ein. Es kann daher diesbezüglich die bisherige Bilanzierungspraxis unverändert angewendet werden.

Die Systematik des § 340h Abs. 1 HGB für die Umrechnung von auf fremde Währung lautenden

- Vermögensgegenständen,
- Schulden,
- noch nicht abgewickelte Devisenkassageschäften und
- Termingeschäften

stellt sich wie in Abb. 4.14 aufgeführt dar.

---

[820] Vgl. IDW HFA, WPg 1986, 664 ff.

Vermögensgegenstände			Schulden	Nicht abgewickelte Kassageschäfte	Termingeschäfte
Anlagevermögen		Umlaufvermögen			
Nicht in derselben Währung besonders gedeckt		Besondere Deckung in derselben Währung			
Keine Deckung	einfache Deckung	*„andere Vermögensgegenstände"*			
Anschaffungskurs		Kassakurs am Bilanzstichtag			Terminkurs

Abb. 4.14: Währungsumrechnung nach § 340h Abs. 1 HGB[821]

Eine formale Trennung der Vermögensgegenstände in solche des Anlagevermögens und des Umlaufvermögens enthält das Formblatt für die Bilanz der Institute nicht. Die Vermögensgegenstände sind jedoch in solche des Umlaufvermögens und solche des Anlagevermögens einzuteilen. Dabei können in ein und demselben Bilanzposten sowohl Vermögensgegenstände, die wie Umlaufvermögen als auch solche, die wie Anlagevermögen zu behandeln sind, ausgewiesen werden.

Nach Claussen[822] und Finne[823] stellen die Vorschriften des § 340h HGB für Unternehmen anderer Branchen Grundsätze ordnungsmäßiger Bilanzierung dar und sind daher auf diese analog anzuwenden. Dieser Auffassung ist nach der hier vertretenen Ansicht zu folgen, wenn Unternehmen anderer Branchen ihre Währungsgeschäfte auf dieselbe Art und Weise betreiben wie ein Institut. Denn es ist nicht begründbar, ein und denselben Sachverhalt in Abhängigkeit der Branchenzugehörigkeit des Bilanzierenden unterschiedlich zu bilanzieren.[824] Entsprechendes wird bereits für die Bilanzierung von Pensionsgeschäften nach § 340b HGB angenommen.

Nach Au[825] zeichnet sich eine - der wirtschaftlichen Betrachtungsweise entsprechende - branchenübergreifende Modifikation des Realisationsprinzips in der Weise ab, dass die Bilanzierung zu Marktwerten (Stichtagskursen) unter strengen (Deckungs-) Voraussetzungen als ein Ausnahmetatbestand zum herkömmlich zwingend abgeleiteten Anschaffungswertprinzip interpretiert werden muss.

---

[821] In Anlehnung an Bieg (1998), 497.
[822] Vgl. Claussen, DB 1991, 1132.
[823] Vgl. Finne, DB 1992, 339.
[824] Dieser Ansicht scheint Bieg (1998), 494 f., folgen zu wollen.
[825] Vgl. Au, 194 f. mwN.

Nach herrschender Auffassung[826] wird die Währungsumrechnung zu den Bewertungsmethoden gerechnet. Grundsätzlich sind daher insbesondere das Realisationsprinzip, das Vorsichtsprinzip (Imparitätsprinzip) und der Grundsatz der Einzelbewertung zu beachten. Nach Bieg[827] ist die Währungsumrechnung als eine Mischform aus Bewertungs- und reinem Transformationsvorgang anzusehen.

Für die Währungsumrechnung im Jahresabschluss von Instituten gilt nach § 340h Abs. 1 HGB grundsätzlich der Stichtagskassakurs. § 340h HGB lässt offen, ob und wann Geld-, Brief- oder Mittelkurse anzuwenden sind. Nur für wie Anlagevermögen behandelte Vermögensgegenstände, die nicht in derselben Währung besonders gedeckt sind, ist Näheres bestimmt: sie sind mit dem Anschaffungskurs in Euro umzurechnen. Nicht abgewickelte Termingeschäfte sind zum Terminkurs am Bilanzstichtag anzusetzen.

Verluste aus der Währungsumrechnung sind nach § 340h Abs. 2 HGB stets in der Gewinn- und Verlustrechnung zu berücksichtigen. Gewinne müssen zumindest dann ergebniswirksam vereinnahmt werden, wenn auf Fremdwährung lautende Vermögensgegenstände, Schulden oder Termingeschäfte durch Schulden, Vermögensgegenstände oder Termingeschäfte in derselben Währung besonders gedeckt sind. Durch § 340h HGB wird ausdrücklich festgelegt, dass Kurssicherungen bilanziell als Bewertungseinheit[828] anzusehen sind.

Die Umrechnung von auf fremde Währung lautenden Aufwendungen und Erträgen - wie zB Zinsen, Provisionen, Löhne und Gehälter - wird vom Regelungsinhalt des § 340h HGB nicht berührt, sodass diesbezüglich die allgemeinen Grundsätze anzuwenden sind.

4.8.2. Umrechnung von Bilanzbeständen

4.8.2.1. Gesetzliche Regelung

In § 340h Abs. 1 HGB werden die Regelungen des Artikel 39 Abs. 1 und 2 der EG-Bankbilanzrichtlinie mit der Maßgabe übernommen, dass für die Währungsumrechnung die Anwendung der Zeitbezugsmethode vorgeschrieben wird, soweit dies nach der Bankbilanzrichtlinie zulässig ist.[829]

4.8.2.2. Nicht besonders gedecktes Anlagevermögen

Vermögensgegenstände des **Anlagevermögens** sind gemäß § 340h Abs. 1 HGB mit ihren **Anschaffungskursen** umzurechnen, soweit sie weder durch Verbindlichkeiten noch durch

---

[826] Vgl. BFA 3/1995, FN 1995, 427.
[827] Vgl. Bieg (1998), 494.
[828] Zu Bewertungseinheiten vgl. Krumnow ua., 2. Aufl., § 340e HGB Rn. 108 ff.
[829] Vgl. BR-Drs. 616/89, 24.

Termingeschäfte in derselben Währung besonders gedeckt sind. Ihr Anschaffungswert wird somit einmalig am Anschaffungstermin zum Anschaffungskurs in Euro transferiert. Diese Vermögensgegenstände des Anlagevermögens bleiben mithin solange zu diesem Wert bilanziert, wie nicht eine planmäßige oder außerplanmäßige Abschreibung stattfindet. Da eine hiervon abweichende, spätere Umrechnung nicht vorgenommen wird, entstehen auch keine Umrechnungserträge bzw. -aufwendungen.

Die Verpflichtung, ungedeckte Vermögensgegenstände des Anlagevermögens zu historischen Anschaffungskursen umzurechnen, dürfte vor allem Beteiligungen an ausländischen Unternehmen sowie ausländischen Grundbesitz, aber auch immaterielle Vermögenswerte betreffen.

4.8.2.3. Andere Vermögensgegenstände und Schulden

Auf ausländische Währung lautende **Vermögensgegenstände des Umlaufvermögens** und **Schulden** sowie am Bilanzstichtag nicht abgewickelte Kassageschäfte sind mit dem **Stichtagskassakurs** umzurechnen. Der Stichtagskurs ist auch für die Umrechnung von auf fremde Währung lautende Vermögensgegenstände des Anlagevermögens maßgebend, die in derselben Währung besonders gedeckt sind. Die Anschaffungskosten in Fremdwährung sind mit dem Kassakurs zum Bilanzstichtag umzurechnen.

Die Vorschrift ist auch auf die Umrechnung von **Optionspreisen**, die auf fremde Währung lauten, anzuwenden. Bei **Futures** für ausländische Währung sind nur die Ausgleichszahlungen (Variation Margins) und Sicherheitsleistungen (Initial Margins) in Währung umzurechnen.

Der Begriff der Schulden, den § 340h Abs. 1 Satz 2 HGB verwendet, umfasst sowohl die **Verbindlichkeiten** als auch die **Rückstellungen mit Verpflichtungscharakter**.[830] Nach Auffassung von Hartung[831] ist die in § 340h Abs. 1 Satz 2 HGB geforderte Stichtagskursumrechnung auf **Aufwandsrückstellungen** nicht anzuwenden, weil diesen keine ungewissen Verbindlichkeiten zugrunde liegen und diesen damit auch kein Schuldcharakter zukommt. Vielmehr sind auf Aufwandsrückstellungen die allgemeinen branchenunabhängigen Grundsätze zur Währungsumrechnung anzuwenden.

Verbindlichkeiten und Rückstellungen sind ebenfalls mit dem Kassakurs des Bilanzstichtags umzurechnen. An späteren Bilanzstichtagen ist das Höchstwertprinzip zu beachten. Maßgebend ist der Tageswert der Schulden in Fremdwährung, der zum Stichtagskurs umzurechnen ist.

---

[830] Vgl. Hartung, RIW 1991, 757 ff., der davon ausgeht, dass die Umsetzung in nationales Recht insoweit, als Rückstellungen auch mit dem Stichtagskurs umzurechnen sind, nicht richtlinienkonform erfolgt ist.
[831] Vgl. Hartung, RIW 1991, 759.

Ein Problem kann dann auftreten, wenn zB Verbindlichkeiten in Fremdwährung mittels einer gekauften **Kaufoption** gegen das Währungsrisiko (steigender Währungskurs) gesichert wurden. Der Fremdwährungslieferanspruch aus der Kaufoption steht unter der Bedingung der Ausübung der Option. Damit kann - obwohl die Verbindlichkeit mit dem höheren Kurs anzusetzen ist - keine korrespondierende Fremdwährungsforderung mit dem höheren Kurs bewertet werden, weil diese Fremdwährungsforderung noch nicht existiert. Diese entsteht erst mit der Ausübung der Kaufoption.

4.8.2.4. Unterschiedliche Behandlung des Anlagevermögens

In Abhängigkeit davon, ob Vermögensgegenstände des Anlagevermögens in derselben Währung besonders gedeckt sind oder nicht, sind diese entweder mit den Kassakursen zum Bilanzstichtag oder mit den Anschaffungskursen zu bewerten.

Die unterschiedliche Vorgehensweise beim Anlagevermögen kann insbesondere „ *... zu offensichtlich unbilligen Ergebnissen führen"*,[832] wenn bei einem über den jeweiligen Anschaffungskursen liegenden Kassakurs am Bilanzstichtag ein **nicht** *„besonders gedeckter"*, wohl aber *„einfach gedeckter"* Vermögensgegenstand des Anlagevermögens zu historischen Anschaffungskursen und die der Deckung dienende Verbindlichkeit zum Stichtagskurs umzurechnen sind. Dann ergibt sich nämlich aus der Umrechnung der Verbindlichkeit zum über ihrem Anschaffungskurs liegenden Stichtagskurs ein Aufwand, der nach § 340h Abs. 2 HGB zwingend erfolgswirksam in der Gewinn- und Verlustrechnung zu erfassen ist.[833]

Ob allerdings der Ansicht von Naumann[834] gefolgt werden kann, wonach entgegen dem Wortlaut des Gesetzes Vermögensgegenstände des Anlagevermögens, die in derselben Währung lediglich einfach gedeckt sind, ebenfalls mit dem Stichtagskurs umzurechnen sind, ist offen.[835] Würde man dieser Auffassung folgen, wäre die Ausnahmevorschrift des § 340h Abs. 1 Satz 1 HGB lediglich auf wie Anlagevermögen behandelte Vermögensgegenstände anzuwenden, für die weder eine einfache Deckung noch eine besondere Deckung besteht. Langenbucher[836] lehnt dies zwar grundsätzlich ab, da dies gegen den eindeutigen Gesetzeswortlaut verstoßen würde, hält aber den Vorschlag von Naumann in begründeten Ausnahmefällen für zulässig.

Für die besondere Deckung im Zusammenhang mit dem Anlagevermögen muss ein entsprechender Nachweis vorliegen.[837]

---

[832] Vgl. Naumann (1992), 57.
[833] Vgl. auch Krumnow ua., 2. Aufl., § 340h HGB Rn. 23.
[834] Vgl. Naumann (1992), 58.
[835] Bieg (1998), 498 f. spricht von einem eindeutigen Gesetzesverstoß.
[836] Vgl. HdR, 5. Aufl., Kap. 6, 653.
[837] Vgl. BFA 3/1995, FN 1995, 427.

4.8.2.5. Anschaffungskosten in Fremdwährung

Die Euro-Anschaffungskosten ergeben sich aus den Anschaffungskosten in der fremden Währung und dem dafür aufgewendeten Euro-Betrag zum Anschaffungszeitpunkt (Zeitpunkt der Erstverbuchung).[838]

Erfolgt der Erwerb zunächst durch eine Kreditaufnahme in der Fremdwährung oder wird der Kaufpreis gestundet (kreditiert), ist also ein Gegenwert in Euro nicht vorhanden, so ist den Euro-Anschaffungskosten regelmäßig der Wechselkurs im Zeitpunkt der **Erstverbuchung** zugrunde zu legen (Anschaffungskurs iSv. § 340h Abs. 1 Satz 1 HGB).[839]

Wird die zunächst bestehende **besondere Deckung** bei Vermögensgegenständen des Anlagevermögens zu einem späteren Zeitpunkt aufgehoben, ergeben sich die Euro-Anschaffungskosten aus dem Buchwert in Fremdwährung und dem Eindeckungskurs (hilfsweise dem aktuellen Kassakurs) im Zeitpunkt der Aufhebung der besonderen Deckung.[840]

4.8.2.6. Abschreibungen auf Anlagevermögen

Nicht in derselben Währung besonders gedecktes Anlagevermögen

Vermögensgegenstände des abnutzbaren Anlagevermögens sind planmäßig abzuschreiben. Planmäßige Abschreibungen abnutzbarer Vermögensgegenstände des Anlagevermögens, die nicht besonders gedeckt sind, sind auf der Grundlage der (historischen) Euro-Anschaffungskosten zu berechnen.[841]

Die Abschreibungsbeträge können jedoch auch, weil es zum gleichen Ergebnis führt, auf der Grundlage der historischen Anschaffungskosten in Fremdwährung ermittelt und mit dem historischen Anschaffungskurs umgerechnet werden.

In derselben Währung besonders gedecktes Anlagevermögen

Planmäßige Abschreibungen auf in derselben Währung besonders gedeckte abnutzbare Vermögensgegenstände des Anlagevermögens sind auf der Grundlage ihrer historischen Anschaffungskosten in Fremdwährung zu berechnen und sodann mit dem Kassakurs des Bilanzstichtags umzurechnen.[842]

---

[838] Vgl. BFA 3/1995, FN 1995, 428.
[839] Vgl. BFA 3/1995, FN 1995, 428.
[840] Vgl. Bieg (1998), 498.
[841] Vgl. BFA 3/1995, FN 1995, 428.
[842] Vgl. Bieg (1998), 500.

Außerplanmäßige Abschreibungen

Zur Bewertung der Vermögensgegenstände des Anlagevermögens, insbesondere zur Zulässigkeit von außerplanmäßigen Abschreibungen, wird auf die Ausführungen in Kapitel 4.2.2. verwiesen.

Außerplanmäßige Abschreibungen sind iRd. § 340e Abs. 1 HGB für **nicht besonders gedeckte** Vermögensgegenstände des Anlagevermögens, nach den allgemeinen Grundsätzen vorzunehmen, wenn und soweit der Euro-Buchwert über dem Euro-Tageswert liegt. Der Euro-Tageswert ermittelt sich aus dem mit dem Kassakurs des Bilanzstichtags umgerechneten Tageswert in Fremdwährung.[843]

Für in derselben Währung **besonders gedecktes Anlagevermögen** sind außerplanmäßige Abschreibungen durch Vergleich der historischen Anschaffungskosten in Fremdwährung mit dem aktuellen Marktwert in Fremdwährung zu bestimmen und die Umrechnung in Euro im Rahmen der Bilanzierung zum Kassakurs des Bilanzstichtags vorzunehmen.[844]

Ausweis der Abschreibungen in der Gewinn- und Verlustrechnung

In der Gewinn- und Verlustrechnung sind die Umrechnungsergebnisse von Anlagevermögen bei dem Posten zu berücksichtigen, bei dem die sonstigen Bewertungsergebnisse des umgerechneten Bilanzpostens oder Geschäfts ausgewiesen werden.[845]

4.8.2.7. Methodisches Vorgehen bei der Bewertung der anderen Vermögensgegenstände und Schulden

Sämtliche auf ausländische Währung lautende Vermögensgegenstände und Schulden mit Ausnahme der Vermögensgegenstände des Anlagevermögens, die nicht besonders gedeckt sind, sind am Bilanzstichtag zunächst in der jeweiligen Währung nach den allgemeinen Grundsätzen zu bewerten. Hierbei sind die für den jeweiligen Vermögensgegenstand bzw. die jeweilige Schuld maßgeblichen allgemeinen Bewertungsvorschriften zu beachten.

Der sich danach ergebende Wert ist nach § 340h Abs. 1 Satz 2 HGB anschließend mit dem **Kassakurs** des Bilanzstichtags in Euro umzurechnen (Stichtagskurs).

4.8.2.8. Abschreibungen auf Umlaufvermögen

---

[843] Vgl. BFA 3/1995, FN 1995, 428.
[844] Vgl. Treuarbeit (Hrsg.), 141.
[845] Vgl. BFA 3/1995, FN 1995, 428.

Zum Umlaufvermögen zählen nach § 340e Abs. 1 Satz 2 HGB insbesondere Forderungen und Wertpapiere, aber auch andere Vermögensgegenstände, sofern sie nicht dazu bestimmt sind, dauernd dem Geschäftsbetrieb zu dienen.

Außerplanmäßige Abschreibungen auf Vermögensgegenstände des Umlaufvermögens werden durch Vergleich der Anschaffungskosten in Fremdwährung mit dem sich am Bilanzstichtag aus einem Börsen- oder Marktpreis ergebenden Wert in Fremdwährung oder dem beizulegenden Wert in Fremdwährung ermittelt.

Aufgrund des Niederstwertprinzips ist der niedrigere Wert (Anschaffungskosten in Fremdwährung bzw. Börsen- oder Marktpreis in Fremdwährung) maßgeblich und mit dem Stichtagskurs zum Bilanzstichtag umzurechnen. Eine Abschreibung ist dann erforderlich, wenn der Euro-Buchwert über dem so ermittelten Wert liegt.

In der Gewinn- und Verlustrechnung sind die Umrechnungsergebnisse von Umlaufvermögen bei dem Posten zu berücksichtigen, bei dem die sonstigen Bewertungsergebnisse des umgerechneten Bilanzpostens oder Geschäfts ausgewiesen werden.[846]

Für **Adressenausfallrisiken** muss in Form von Einzelwertberichtigungen bilanzielle Vorsorge getroffen werden. Der in Inlandswährung zu bemessende Betrag richtet sich bei Fremdwährungsansprüchen sowohl nach dem nominalen Ausfall in Fremdwährung als auch nach dem maßgeblichen Fremdwährungskurs.

4.8.2.9. Nicht abgewickelte Kassageschäfte über Devisen

Bei Devisenkassageschäften erfolgt die Lieferung der Devisen usancemäßig spätestens zwei Geschäftstage nach Abschluss des Geschäfts. Liegt der Bilanzstichtag zwischen dem Tag des Geschäftsabschlusses und dem Tag der Erfüllung des Kassageschäfts, hat das Institut Devisenlieferansprüche bzw. -verpflichtungen. Es handelt sich dabei um Devisenforderungen bzw. -verbindlichkeiten. Aus diesem Grund schreibt § 340h Abs. 1 Satz 2 HGB vor, dass nicht abgewickelte (Devisen-) Kassageschäfte, entsprechend der Bewertung von Devisenforderungen bzw. -verbindlichkeiten, mit dem Kassakurs am Bilanzstichtag in Euro umzurechnen sind.

4.8.2.10. Umrechnungskurs für Bilanzbestände und noch nicht abgewickelte Kassageschäfte (Geld-, Brief- oder Mittelkurs)

Nach § 340h Abs. 1 Satz 2 HGB sind die auf ausländische Währung lautenden Vermögensgegenstände und Schulden sowie die noch nicht abgewickelten Devisenkassageschäfte - wie bereits erwähnt - mit dem Kassakurs des Bilanzstichtags umzurechnen.

---

[846] Vgl. BFA 3/1995, FN 1995, 428.

Weder im Gesetz noch in der Gesetzesbegründung finden sich Hinweise, welcher Kurs als Anschaffungs-, Kassa- oder Terminkurs zur Bewertung heranzuziehen ist. Grundsätzlich kommen hierfür der Geldkurs, der Briefkurs oder der Mittelkurs (arithmetisches Mittel aus Geld- und Briefkurs) infrage.[847]

In der Praxis werden idR sämtliche relevanten Fremdwährungsgeschäfte zum **Mittelkurs** umgerechnet.[848] Aus Vereinfachungsgründen können dabei die im Bankenhandel üblichen Kursspannen vernachlässigt und anstelle der örtlichen Kassamittelkurse ein einheitlicher Stichtagskurs verwendet werden.[849] § 340h HGB gibt keinen Anlass, von dieser bereits bislang praktizierten Vorgehensweise abzurücken.[850] Eine Umrechnung zum Geld- oder Briefkurs kommt dann in Betracht, wenn eine offene Währungsposition vorliegt, Eindeckungen nur zum Geld- oder Briefkurs möglich sind und das Umrechnungsergebnis durch die abweichende Handhabung erheblich beeinflusst wird.[851]

Das Stichtagsprinzip, das sich in der Anwendung der Kassakurse zum Bilanzstichtag widerspiegelt, wird im Zusammenhang mit der Währungsumrechnung nicht durch § 253 Abs. 3 Satz 3 HGB durchbrochen, gemäß dem bei Vermögensgegenständen des Umlaufvermögens Abschreibungen aufgrund zukünftiger Wertschwankungen (erweitertes Stichtagsprinzip) vorgenommen werden dürfen. Denn § 340h HGB geht als Lex specialis der allgemeinen Regelung des § 253 Abs. 3 Satz 3 HGB rechtssystematisch vor. Zur Bildung stiller Reserven bei Kreditinstituten kann auf die §§ 340f und 340g HGB verwiesen werden.[852]

Bei **Zufallskursen** hält Hartung[853] trotz der Eindeutigkeit der Gesetzesformulierung eine Eliminierung der Kursschwankungen für angebracht und befürwortet damit für diesen Ausnahmefall eine Durchbrechung des strengen Stichtagsprinzips.

4.8.2.11. Bewertung von Sortenbeständen

Auch Sorten sind nach § 340h HGB mit dem Stichtagskurs zu bewerten. Hierfür kommen sowohl der Briefkurs (Mengennotierung) als auch der Mittelkurs infrage.

Unbeschadet des Grundsatzes, dass Sortenbestände zum Umlaufvermögen rechnen und daher nach dem Niederstwertprinzip zu bewerten sind, bestehen im Allgemeinen keine Bedenken, im Jahresabschluss von Kreditinstituten die verschiedenen Sortenbestände jeweils zu einem einheitlichen Kurs anzusetzen. Für diese Art der Bewertung lässt sich anführen, dass der

---

[847] Vgl. Langenbucher, ZfgK 1995, 118.
[848] Vgl. Birck/Meyer, V 447.
[849] Vgl. Naumann (1992), 56.
[850] So auch Langenbucher, ZfgK 1995, 118.
[851] Vgl. Treuarbeit (Hrsg.), 142.
[852] Vgl. Hartung, RIW 1991, 756; aA Gebhardt/Breker, DB 1991, 1533.
[853] Vgl. Hartung, RIW 1991, 756.

starke Umschlag der Sortenbestände und das deshalb kaum feststellbare Mischungsverhältnis des jeweiligen Bestands die Ermittlung des Niederstwerts in der Regel nicht zumutbar oder sogar unmöglich machen.

4.8.3. Umrechnung von nicht abgewickelten Termingeschäften

4.8.3.1. Überblick

Termingeschäfte sind Geschäfte, bei denen zwischen Geschäftsabschluss und Erfüllung eine Zeitspanne von mehr als zwei Tagen liegt bzw. die usancemäßig keine Kassageschäfte sind.

Nicht abgewickelte Termingeschäfte sind nach § 340h Abs. 1 Satz 3 HGB zum Terminkurs am Bilanzstichtag umzurechnen. Es ist stets der Terminkurs zu verwenden, der mit dem Fälligkeitsdatum des jeweils umzurechnenden Termingeschäfts korrespondiert. Zur Ermittlung von Aufwendungen bzw. Erträgen aus der Umrechnung von Termingeschäften werden die vertraglichen Konditionen den am Bilanzstichtag geltenden Marktverhältnissen, die sich im Terminkurs des Bilanzstichtags widerspiegeln, gegenübergestellt.

4.8.3.2. Keine Bewertung von Termingeschäften zur Absicherung von Zinsaufwendungen bzw. -erträgen

Eine Bewertung der Termingeschäfte muss nach Bieg[854] unterbleiben, wenn diese Geschäfte der Absicherung von Zinsaufwendungen und -erträgen, wie etwa bei währungskongruenter Refinanzierung, dienen; hier sind die gesicherten Zinsen mit dem jeweiligen Sicherungskurs umzurechnen.[855] Es ist auch zulässig, die Zinsen in die Währungsposition einzubeziehen.

4.8.3.3. Anwendung des Geld-, Brief- oder Mittelkurses

Maßgebend für die Umrechnung ist - in entsprechender Anwendung der Stellungnahme des BFA 1/1975 - der **Terminmittelkurs** des Bilanzstichtags für die Restlaufzeit des Termingeschäfts. Es kann jedoch auch sachgerecht sein, den Geld- bzw. Briefkurs als Bewertungsmaßstab zu verwenden, insbesondere wenn die Verwendung des Mittelkurses zu nicht vertretbaren Ergebnissen führt.

---

[854] Vgl. Bieg (1998), 504 mwN.
[855] GlA Birck/Meyer, V 439.

4.8.3.4. Umrechnung zum ungespaltenen bzw. gespaltenen Terminkurs

Überblick

Die Umrechnung von Termingeschäften ist nach der Gesetzesbegründung auf zwei Wegen möglich:

- Der vereinbarte Terminkurs kann mit dem (ungespaltenen) Terminkurs für die jeweilige Restlaufzeit am Bilanzstichtag verglichen werden.
Dieses Vorgehen führt insbesondere bei der Bewertung von nicht im Zusammenhang mit zinstragenden Bilanzposten oder Swaparbitragetransaktionen stehenden Termingeschäften zu zutreffenden Ergebnissen.[856] Soweit für die jeweilige Restlaufzeit keine entsprechenden Terminkurse am Markt unmittelbar festzustellen sind, können diese rechnerisch bestimmt werden.
- Der Terminkurs kann auch in seine Bestandteile (Kassakurs und Swapsatz) aufgespalten werden. Beide Bestandteile werden bei der Ergebnisermittlung getrennt berücksichtigt. Diese Vorgehensweise ist insbesondere bei der Absicherung zinstragender Posten sowie bei mit Swaparbitragegeschäften[857] in Zusammenhang stehenden Termingeschäften sachgerecht.

Ungespaltener Terminkurs

Die Aufspaltung des Terminkurses in Kassakurs und Swapsatz - mit gleichzeitig anteiliger Realisierung der Swaperfolge - bei Devisentermingeschäften, die zwar der Kurssicherung zukünftiger Zahlungen, aber **nicht der Absicherung zinstragender Posten** dienen, darf grundsätzlich nicht erfolgen.[858] In diesen Fällen bestimmt der **ungespaltene Terminkurs** bei Kontraktabschluss entweder die Anschaffungskosten eines aktivierungspflichtigen Gegenstands oder den in der Gewinn- und Verlustrechnung zu erfassenden Aufwand bzw. Ertrag.

Gespaltener Terminkurs

Bei der **Absicherung zinstragender Positionen** sowie bei **Swaparbitragegeschäften** mittels Termingeschäften haben Swaperträge bzw. -aufwendungen den Charakter von Zusatzzinsen oder einer Zinsminderung.[859] Die Regelung des § 340h Abs. 1 Satz 3 HGB „ ... *schließt nicht aus, den Terminkurs in seine Bestandteile Kassakurs und Swapsatz für die Restlaufzeit der Geschäfte aufzuteilen; in diesem Falle sind die vereinbarten Swapbeträge (Deports, Reports)*

---

[856] Vgl. BFA 3/1995, FN 1995, 428.
[857] Zu Swaparbitragegeschäften vgl. Birck/Meyer, V 440f.; Krumnow ua., 2. Aufl., § 340h HGB Rn. 51; Hafner, Die Bank 1983, 204.
[858] Vgl. hierzu Birck/Meyer, V 439.
[859] Vgl. Birck/Meyer, V 438, 439.

zeitanteilig abzugrenzen."[860] Daher ist der Swapsatz bei der Absicherung zinstragender Posten und Swaparbitragegeschäften nach hM wie Zins laufzeitanteilig als Aufwand oder Ertrag zu verteilen.[861]

Veränderungen des Kassakurses (Kassabasis) sind iRd. Währungsumrechnung durch Vergleich der kontrahierten Kassabasis mit dem Kassakurs am Bilanzstichtag zu ermitteln.[862] Die Umrechnung des dem Termingeschäft zugrunde liegenden Währungsbetrags erfolgt dann faktisch zum Kassakurs des Bilanzstichtags. In der Gewinn- und Verlustrechnung sind die Umrechnungsergebnisse bei dem Posten auszuweisen, bei dem die sonstigen Bewertungsergebnisse des umgerechneten Geschäfts ausgewiesen werden. Umrechnungsergebnisse, die Transaktionen des Eigenhandels betreffen, sind mithin im Ergebnis aus Finanzgeschäften iSd. § 340c Abs. 1 HGB zu erfassen.

Der abzugrenzende **Swapsatz** (Deport, Report), der sich als Differenz aus dem Terminkurs und dem Kassakurs bei Abschluss des Geschäfts ergibt, ist über ein Swapbestandskonto in der **Bilanz** zu aktivieren bzw. zu passivieren.

In § 340h HGB wird nicht geregelt, ob der Deport oder Report vorausbezahlter (Rechnungsabgrenzungsposten) oder nachbezahlter (Sonstige Vermögensgegenstände bzw. Verbindlichkeiten) **Quasizins** ist. Das Termingeschäft ist formaljuristisch kein Dauerschuldverhältnis, sondern grundsätzlich ein Fixgeschäft; demnach besteht keine (rechtlich) erbrachte Vorleistung des Bilanzierenden, der eine noch nicht erbrachte Gegenleistung des Geschäftspartners gegenübersteht.[863] In dieser Hinsicht kann der abzugrenzende Swapsatz nicht als Rechnungsabgrenzungsposten eingestuft werden.[864] Der Ausweis des Swapbestandskontos muss daher unter den Posten „Sonstige Vermögensgegenstände" oder „Sonstige Verbindlichkeiten" erfolgen.[865]

Es wird auch als zulässig angesehen, dass sämtliche positiven und negativen Kassakursdifferenzen aus der Umrechnung aller Termingeschäfte, Währungsswaps und Zins-/Währungsswaps und der Bewertung von Devisenswapgeschäften (Swaparbitragegeschäften) miteinander verrechnet werden und der jeweilige Saldo im Aktivposten „15. Sonstige Vermögensgegenstände" bzw. im Passivposten „5. Sonstige Verbindlichkeiten" ausgewiesen wird.[866]

In der **Gewinn- und Verlustrechnung** ist der entsprechende Ertrag bzw. Aufwand im Zinsergebnis zu erfassen (§ 28 Satz 2 und § 29 Satz 2 RechKredV).[867] Es wird auch als zulässig angesehen, Swapaufwendungen als Korrektur des Zinsertrags und Swaperträge als Korrektur

---

[860] BR-Drs. 616/89, 24.
[861] Vgl. BFA 3/1995, FN 1995, 428; ausführlich hierzu vgl. Bezold, WPg 1985, 321 ff.; Burkhardt, 166.
[862] Vgl. BFA 3/1995, FN 1995, 428.
[863] Vgl. Burkhardt, 169.
[864] GlA Bieg (1998), 504.
[865] Vgl. Bezold, WPg 1985, 327; Naumann (1992), 61; Kuhner, DB 1992, 1438.
[866] Vgl. BFA 3/1995, FN 1995, 428; Bieg (1998), 504.
[867] Vgl. Naumann (1992), 61; Kuhner, DB 1992, 1435 ff. (mit einem ausführlichen Beispiel).

des Zinsaufwands zu buchen.[868] Swapaufwendungen bzw. -erträge, die iRv. Swaparbitragegeschäften abgeschlossen werden, sind nicht im Zinsergebnis, sondern im „Nettoertrag/Nettoaufwand aus Finanzgeschäften" auszuweisen.[869]

4.8.3.5. Ermittlung des Terminkurses

Der Devisenterminkurs setzt sich aus dem Kassakurs (Kassabasis) und dem sog. Swapsatz zusammen.[870] Bei freien Märkten wird der Swapsatz praktisch ausschließlich vom Zinsunterschied zwischen den jeweiligen Währungen für Geldanlagen bzw. -aufnahmen gleicher Laufzeit bestimmt.

Der **Swapsatz** ist mithin der Nettoaufwand oder -ertrag aus dem Zins der per Kasse gekauften und bis zur Fälligkeit des Termingeschäfts angelegten Währung und der per Kasse verkauften und bis zur Fälligkeit des Termingeschäfts aufgenommenen Gegenwährung. Er wird in „Stellen" ausgedrückt.[871] Dabei entsprechen 100 Stellen einem Pfennig.[872] Grundsätzlich ist der Swapsatz ein ökonomischer Nutzungsausgleich für unterschiedliche Zinsertragsmöglichkeiten in den einzelnen Währungen.[873]

$$Swapsatz = Kassakurs - Terminkurs$$

Der Terminkurs (= Kassakurs +/- Swapsatz) bei **Preisnotierung** oder **direkter Notierung** (bei der der Inlandspreis pro Einheit(en) ausländischer Währung ausgedrückt wird wie zB 1,6580 DEM/1 USD) - dies ist die vor der Umstellung auf den Euro bis zum 31. Dezember 1998 übliche Notierung gewesen - errechnet sich nach folgender Formel:

$$Terminkurs_{Preisnotierung} = K + K * \frac{(i_{Inland} - i_{Ausland}) * T}{1 + i_{Ausland} * T}$$

Dabei sind:

K = Kassakurs (Preisnotierung) der Währung im Bewertungszeitpunkt (zB 1,6580 DEM/1 USD)
i_{Inland} = Laufzeitgerechter Zinssatz im Inland (zB 3 % = 0,03)
$i_{Ausland}$ = Laufzeitgerechter Zinssatz im Ausland (zB 5 % = 0,05)
T = Laufzeit des Termingeschäfts in Jahren entsprechend der Zinskonvention (zB act./360) am jeweiligen Markt (zB 90/360 = 0,25 Jahre)

---

[868] Vgl. BFA 3/1995, FN 1995, 429.
[869] Vgl. BFA 3/1995, FN 1995, 429.
[870] Vgl. Scharpf/Luz, 112 ff.; Lipfert, WISU 1982, 228 und 282 ff.
[871] Vgl. auch Usczapowski, 308.
[872] Vgl. Hartschuh, 53
[873] Vgl. Burkhardt, 153

Bei einem Kassakurs von 1,6580 DEM/USD, einem 3-Monatszins in der BRD in Höhe von 3 % bzw. in den USA in Höhe von 5 % sowie einer Laufzeit von 90 Tagen ergibt sich ein Terminkurs von 1,6499 DEM/USD.

$$\text{Terminkurs}_{Preisnotierung} = 1{,}6580 + 1{,}6580 * \frac{(0{,}03 - 0{,}05)*0{,}25}{1 + 0{,}05*0{,}25} = 1{,}6499$$

Die Swapstellen belaufen sich im vorstehenden Beispiel auf ./. 0,0081; der Terminkurs ist also um 0,0081 DEM/USD geringer als der Kassakurs. Dies zeigt: Liegt der DEM-Zins unter dem USD-Zins, führt dies zu einem Abschlag (Deport) vom Kassakurs. Entsprechend gilt umgekehrt: Ist der DEM-Zins höher als der USD-Zins, so ergibt sich ein Aufschlag (Report) auf den Kassakurs.

Bei der seit dem 1. Januar 1999 üblichen Kursnotierung in der Form der **Mengennotierung** oder **indirekter Notierung** (bei der die Auslandwährung pro Einheit der Inlandswährung dargestellt wird, zB 1,1796 USD/1 EUR) stellt sich der Terminkurs wie folgt dar.

$$\text{Terminkurs}_{Mengennotierung} = K + K * \frac{(i_{Ausland} - i_{Inland})*T}{1 + i_{Inland}*T}$$

Dabei sind:

K	=	Kassakurs (Mengennotierung) der Währung im Bewertungszeitpunkt (zB USD 1,1796/1 EUR).
i_{Inland}	=	Laufzeitgerechter Zinssatz im Inland (zB 3 % = 0,03)
$i_{Ausland}$	=	Laufzeitgerechter Zinssatz im Ausland (zB 5 % = 0,05)
T	=	Laufzeit des Termingeschäfts entsprechend der Zinskonventionen (zB act./360) in Jahren (zB 90/360 = 0,25 Jahre)

Ein Kassakurs bei Preisnotierung mit 1,6580 DEM/USD entspricht einer Mengennotierung in Höhe von 1,1796 USD/EUR. Bei ansonsten gleichen Verhältnissen ergibt sich ein Terminkurs in Höhe von 1,1855 USD/EUR.

$$\text{Terminkurs}_{Mengennotierung} = 1{,}1796 + 1{,}1796 * \frac{(0{,}05 - 0{,}03)*0{,}25}{1 + 0{,}03*0{,}25} = 1{,}1855$$

Bei der Mengennotierung ergibt sich ein Aufschlag (Report) auf den Kassakurs. Dies liegt daran, dass der inländische Zins niedriger ist als der USD-Zins. Wäre der inländische Zins höher als der USD-Zins, ergebe sich ein Abschlag (Deport).

Diese Beispiele zeigen Folgendes: Ändert sich der inländische und/oder der ausländische Zins, so ändern sich die Swapstellen. Mithin unterliegen Devisentermingeschäfte und auch Devisen-Futures neben dem Währungsrisiko auch einem Zinsrisiko.

4.8.3.6. Reststellenbewertung

Werden Termingeschäfte, die im Zusammenhang mit zinstragenden Positionen oder Swaparbitragegeschäften stehen, mit dem aufgespaltenen Terminkurs bewertet, so sind die vereinbarten Swapbeträge zeitanteilig abzugrenzen.

Obwohl das Gesetz die Verwendung des gespaltenen Terminkurses erlaubt und die Gesetzesbegründung für diesen Fall die zeitanteilige Realisation der Swapstellen vorsieht, finden sich im Gesetz keine Vorschriften darüber, wie den Veränderungen des internationalen Zinsgefälles, die in der Veränderung der Swapsätze zum Ausdruck kommen, Rechnung zu tragen ist.

Durch geeignete Verfahren wie zB der **Reststellenbewertung** ist nach der Stellungnahme BFA 3/1995 zu untersuchen, „ *... ob am Bilanzstichtag aus der fristenmäßigen Schließung der Posten Verluste drohen und hierfür Rückstellungen zu bilden sind.*"[874]

Im Rahmen der Reststellenbewertung ist festzustellen, ob die auf die Restlaufzeit entfallenden Teile der Swapbeträge noch den Marktverhältnissen am Bilanzstichtag entsprechen, dh. die vereinbarten Swapbeträge sind jeweils für eine Währung mit den am Bilanzstichtag geltenden Marktsätzen zu vergleichen. Bei zwischenzeitlich eingetretenen Änderungen der Zinssätze der betroffenen Währungen und demzufolge eingetretenen Änderungen der Swapsätze, ergeben sich bei einem Vergleich mit den aus den Marktsätzen errechneten Beträgen (= Reststellenbewertung) positive oder negative Differenzen. Hier handelt es sich um eine besondere Ausprägung des Zinsänderungsrisikos.

Positive Differenzen sind aufgrund des Imparitätsprinzips nicht zu berücksichtigen, während negative Differenzen durch eine Rückstellungsbildung zu erfassen sind. Dabei ist nicht auf das einzelne Geschäft, sondern auf die Gesamtheit der Zinsänderungsrisiken abzustellen.[875] In der Praxis hat sich ein Verfahren etabliert, bei dem jeweils für eine Währung die vereinbarten Swapbeträge für alle Geschäfte mit den am Bilanzstichtag geltenden Marktsätzen verglichen werden.[876]

Gegen eine solche generelle Rückstellungspflicht sprechen sich Krumnow ua.[877] und der Ausschuss für Bilanzierung des BdB[878] aus.

---

[874] Vgl. BFA 3/1995, FN 1995, 428; Birck/Meyer, V 440.
[875] Vgl. Birck/Meyer, V 440.
[876] Vgl. Krumnow ua., 2. Aufl., § 340h HGB Rn. 47.
[877] Vgl. Krumnow ua., 2. Aufl., § 340h HGB Rn. 48.
[878] Vgl. Ausschuss für Bilanzierung des BdB (1993), 105.

4.8.4. Erfolgswirksamkeit von Umrechnungsdifferenzen

4.8.4.1. Anwendung des Realisationsprinzips

Gewinne aus Termingeschäften sind grundsätzlich erst am Erfüllungstag bzw. am Termin der vertragsmäßigen Leistung als realisiert zu betrachten.[879] Wechselkursbedingte Erträge können erst realisiert werden, wenn Ansprüche und Verpflichtungen aus dem Schuldverhältnis erfüllt sind.[880]

Erfolge aus der bloßen Umrechnung noch nicht vollständig abgewickelter Fremdwährungsgeschäfte stellen am Bilanzstichtag grundsätzlich lediglich Wertänderungen am ruhenden Vermögen dar.[881] Der gelegentlich im Schrifttum geäußerten Ansicht, bereits mit dem Schließen einer offenen Position sei der sich aus der Differenz der Entstehungskurse errechnete Gewinn realisiert, kann hier nicht gefolgt werden.[882]

Der Gesetzgeber hat in § 340h Abs. 2 HGB zT hiervon abweichende Zeitpunkte definiert. Damit wird der Realisationszeitpunkt vorverlagert. Dies gilt jedoch nur für die explizit in § 340h HGB genannten Fälle und unter den dort aufgeführten Voraussetzungen. Eine Übertragung dieser Bestimmungen auf die Realisation von Erträgen aus anderen Geschäften ist nicht möglich. Der Gesetzgeber hat mit § 340h HGB kein verändertes Verständnis vom Realisationsprinzip entwickelt.[883]

4.8.4.2. Gesetzliche Regelung des § 340h Abs. 2 HGB

§ 340h Abs. 1 HGB regelt ausschließlich die Währungsumrechnung von Bilanzbeständen und schwebenden Kassa- und Termingeschäften, nicht jedoch die Berücksichtigung von Differenzen aus der Währungsumrechnung in der Gewinn- und Verlustrechnung.

Die Frage der Erfolgswirksamkeit der Umrechnungsergebnisse aus der Veränderung des nach § 340h Abs. 1 HGB bei der Bewertung am Bilanzstichtag maßgeblichen Wechselkurses (Kassa- bzw. Terminkurs) gegenüber dem bei der Erstverbuchung bzw. am vorigen Bilanzstichtag herangezogenen Wechselkurs ist in § 340h Abs. 2 HGB geregelt.[884]

Die Systematik der erfolgswirksamen Erfassung von Aufwendungen und Erträgen aus der Währungsumrechnung zeigt Abb. 4.15. Dabei sind die Deckungskriterien stets auf Bestände in derselben Währung zu beziehen.

---

[879] Vgl. Hartung, RIW 1990, 638.
[880] Vgl. Lührmann, DStR 1998, 390.
[881] Vgl. Lührmann, DStR 1998, 390 mwN.
[882] Vgl. ua. Birck/Meyer, V 444.
[883] Ausführlich vgl. Lührmann, DStR 1998, 391.
[884] Vgl. BFA 3/1995, FN 1995, 428.

Aufwendungen	Erträge		
	Besondere Deckung in derselben Währung	*Einfache Deckung in derselben Währung*	*Keine Deckung (offene Position)*
Stets zwingende Berücksichtigung in der GuV	Stets zwingende Berücksichtigung in der GuV	Wahlrecht der Berücksichtigung in der GuV, soweit die Erträge einen nur vorübergehend wirksamen Aufwand ausgleichen	Verbot der Berücksichtigung in der GuV
§ 340h Abs. 2 Satz 1 HGB	§ 340h Abs. 2 Satz 2 HGB	§ 340h Abs. 2 Satz 3 HGB	§ 340h Abs. 2 Satz 4 HGB

Abb. 4.15: Behandlung von Ergebnissen der Währungsumrechnung

4.8.4.3. Behandlung von Aufwendungen aus der Währungsumrechnung

Aufwendungen aus der Währungsumrechnung sind nach § 340h Abs. 2 Satz 1 HGB stets erfolgswirksam zu berücksichtigen. Diese Vorschrift ist Ausdruck des in § 252 Abs. 1 Nr. 4 HGB verankerten Imparitätsprinzips, wonach alle vorhersehbaren Verluste, die bis zum Abschlussstichtag entstanden sind, einbezogen werden müssen.[885]

4.8.4.4. Behandlung von Erträgen aus der Währungsumrechnung

Erträge aus der Umrechnung **besonders gedeckter Geschäfte** sind gemäß § 340h Abs. 2 Satz 2 HGB ebenfalls stets erfolgswirksam zu vereinnahmen. Dies gilt für sämtliche Umrechnungsgewinne aus besonders gedeckten Geschäften; es ist also nicht zwischen Anlagevermögen, Umlaufvermögen oder schwebenden Geschäften zu unterscheiden.[886]

Damit wird sichergestellt, „ *... dass der wirtschaftliche Erfolg der Bewertungseinheit, bestehend aus Grund- und Deckungsgeschäft, im Geschäftsjahr seiner Entstehung erfasst wird.*"[887] Nach Bieg[888] ist dies „ *... gerechtfertigt, da bei zwei Bilanzpositionen bzw. Geschäften, die in einem besonderen Deckungsverhältnis stehen, der Erfolg der Bewertungseinheit bereits in der Periode des Geschäftsabschlusses feststeht.*" Wurden besonders gedeckte Geschäfte zu unterschiedlichen Kursen abgeschlossen, führen die Vorschriften des § 340h Abs. 2 Satz 1 und 2 HGB dazu, dass der von Anfang an feststehende Erfolg (Nettoaufwand bzw. -ertrag) bereits im Geschäftsjahr, in dem die Position geschlossen wird, vereinnahmt wird.[889]

---

[885] Vgl. Bieg (1998), 505.
[886] Vgl. HdR, 5. Aufl., Kap. 4, 105.
[887] So Bieg (1998), 507; zu Bewertungseinheiten vgl. Krumnow ua., 2. Aufl., § 340e HGB Rn. 108 ff.
[888] Vgl. Bieg (1998), 507.
[889] So Bieg (1998), 508.

Erträge aus der Umrechnung **einfach gedeckter Geschäfte** können nach § 340h Abs. 2 Satz 3 HGB wahlweise erfolgswirksam behandelt werden, um einen nur „ ... *vorübergehend wirksamen Aufwand aus den zur Deckung dienenden Geschäften auszugleichen.*"[890] Nach § 340h Abs. 2 Satz 1 HGB ist der Aufwand aus der Währungsumrechnung des Gegengeschäfts ebenfalls zwingend in der Gewinn- und Verlustrechnung zu berücksichtigen.

Geht man davon aus, dass ein Aufwand aufgrund einer Kursveränderung üblicherweise nur von **vorübergehender Dauer** ist, räumt § 340h Abs. 2 Satz 3 HGB ein Wahlrecht ein, den aus der Umrechnung resultierenden Ertrag in Höhe des korrespondierenden Aufwands in der Gewinn- und Verlustrechnung zu erfassen. Der den korrespondierenden Aufwand übersteigende Teil des Umrechnungsertrags ist erfolgsneutral zu behandeln und daher in einen passiven Ausgleichsposten einzustellen.[891] Wird hingegen von dem Wahlrecht kein Gebrauch gemacht, schlägt sich in der Gewinn- und Verlustrechnung nur der Aufwand nieder. In diesem Fall ist der gesamte Umrechnungsertrag durch die Einstellung in einen passiven Ausgleichsposten zu neutralisieren. Da die Risikosteuerung eines Instituts im Regelfall auf die Absicherung von Währungsrisiken ausgerichtet ist, wird das Wahlrecht wohl stets im Sinne einer Kompensation auszuüben sein.

Eine nur partielle Kompensation des Aufwands aus der Währungsumrechnung durch nur teilweise Berücksichtigung entsprechender Erträge ist mit dem true and fair view nicht zu vereinbaren.[892] Die nur teilweise Verrechnung dürfte nur in begründeten Ausnahmefällen zulässig sein.[893]

Die gewählte Vorgehensweise der Behandlung unrealisierter Umrechnungserträge aus einfach gedeckten Währungsgeschäften ist im Rahmen der Angabe über die Grundlagen der Fremdwährungsumrechnung im **Anhang** anzugeben (§ 284 Abs. 2 Nr. 2 HGB).[894]

§ 340h Abs. 1 Sätze 2 und 3 HGB schließt in den Regelungsbereich Vermögensgegenstände, Schulden, schwebende Termingeschäfte sowie noch nicht abgewickelte Kassageschäfte ein, § 340h Abs. 2 Satz 2 HGB bezieht sich dagegen lediglich auf Vermögensgegenstände, Schulden und Termingeschäfte, nicht jedoch auf schwebende Kassageschäfte. Daraus könnte gefolgert werden, Erträge aus in derselben Währung besonders gedeckten, noch nicht abgewickelten Kassageschäften seien nicht zwingend in der Gewinn- und Verlustrechnung zu berücksichtigen. Ein Verrechnungswahlrecht von Erträgen aus noch nicht abgewickelten Kassageschäften wird hier jedoch nicht befürwortet, weil die Erträge denen aus schwebenden Termingeschäften wirtschaftlich gleichzusetzen sind. Noch nicht abgewickelte Kassageschäfte sind vielmehr in den Regelungsumfang des § 340h Abs. 2 HGB einzubeziehen.

---

[890] Vgl. BFA 3/1995, FN 1995, 428.
[891] Vgl. Krumnow ua., 2. Aufl., § 340h HGB Rn. 74.
[892] GlA Bieg (1998), 512.
[893] Vgl. HdR, 5. Aufl., Kap. 4, 106.
[894] Vgl. HdR, 5. Aufl., Kap. 4, 106.

In § 340h Abs. 2 Satz 4 HGB stellt der Gesetzgeber klar, dass in allen anderen Fällen - es handelt sich um sog. **offene Positionen** - Erträge aus der Währungsumrechnung nicht vereinnahmt werden dürfen, und zwar auch nicht in Form einer Verrechnung mit Aufwendungen aus der Währungsumrechnung. Dies entspricht dem in § 252 Abs. 1 Nr. 4 HGB kodifizierten Realisationsprinzip.

4.8.5. Währungsidentität

§ 340h HGB verlangt für das Vorliegen einer geschlossenen Position als Grundvoraussetzung eine Deckung in **derselben Währung**. Dies gilt zum einen für die Frage, ob das Anlagevermögen nach § 340h Abs. 1 HGB mit Anschaffungs- oder mit Stichtagskursen umzurechnen ist, und zum anderen für die Frage, ob nach § 340h Abs. 2 Sätze 2 und 3 HGB in der Gewinn- und Verlustrechnung ein positiver wechselkursbedingter Erfolgsbeitrag auszuweisen ist.

Die Forderung nach einer strikten Währungsidentität trägt - wie Hartung[895] zutreffend bemerkt - „ ... sicherlich dem objektiven Charakter bilanzrechtlicher Gewinnermittlung in besonderem Maße Rechnung." Dies entspricht auch dem Gebot vorsichtiger Gewinnermittlung.[896]

Damit scheiden **Cross-Currency-Hedges** auch dann aus, wenn in der Vergangenheit zwischen den Währungen hohe Korrelationen festgestellt werden. Das Gesetz verlangt die perfekt negative Korrelation, wie sie nur bei gegenläufigen Geschäften in ein und derselben Währung erreicht wird.[897]

4.8.6. Besondere Deckung und einfache Deckung

4.8.6.1. Überblick

Die Frage, ob eine besondere Deckung oder nur eine einfache Deckung vorliegt, ist zunächst für die Umrechnung von Vermögensgegenständen des **Anlagevermögens** von Relevanz. Besonders gedeckte Vermögensgegenstände des Anlagevermögens sind zum **Kassakurs** des Bilanzstichtags, die übrigen Vermögensgegenstände des Anlagevermögens zum **Anschaffungskurs** umzurechnen.

Darüber hinaus hat diese Frage für die **Vereinnahmung von Umrechnungserträgen** entscheidende Bedeutung. Umrechnungserträge aus in derselben Währung besonders gedeckten

---

[895] Vgl. Hartung, RIW 1991, 762, der jedoch davon ausgeht, dass das Gebot der Währungsidentität nicht richtlinienkonform ist.
[896] Zu den unterschiedlichen Auffassungen bezüglich der Frage der Währungsidentität vgl. Au, 184.
[897] Vgl. Krumnow ua., 2. Aufl., § 340h HGB Rn. 44.

Positionen müssen im Gegensatz zu solchen aus einfach gedeckten Positionen stets erfolgswirksam verrechnet werden. Erträge aus einfach gedeckten Positionen können in bestimmter Höhe, Erträge aus nicht gedeckten Positionen dürfen überhaupt nicht in der Gewinn- und Verlustrechnung erfasst werden (vgl. Abb. 4.15).

Für die Begriffe „besondere Deckung" und „einfache Deckung" hat der Gesetzgeber keine Legaldefinition vorgesehen. Im Schrifttum herrscht hinsichtlich der Abgrenzung beider Begriffe keine einheitliche Ansicht. Die sehr enge Ansicht stellt auf das Vorliegen eines perfekten Micro-Hedges ab. Die weitergehende Auffassung sieht das Kriterium der besonderen Deckung, das im subjektiven Zuordnungsbereich des jeweiligen Instituts liegt, dann als erfüllt an, wenn das Institut „ ... *das Währungsrisiko über eine Währungsposition steuert und die einzelnen Währungsposten in die Währungsposition übernimmt.*"[898]

Versteht man die besondere Deckung (vgl. Kapitel 4.8.6.3.) als einen Spezialfall der sog. einfachen Deckung, so muss die besondere Deckung neben den Kriterien der einfachen Deckung weitere Kriterien erfüllen (vgl. Kapitel 4.8.6.4.).[899] Dies vor dem Hintergrund, dass bei einfachen Deckung eine Verrechnung von Erträgen und Aufwendungen bis zur sog. Nulllinie, wohingegen bei der besonderen Deckung ggf. eine Nettogewinnrealisierung möglich ist.

4.8.6.2. Neutralisierung des Wechselkursrisikos

Währungsrisiken bei Aktiva und Passiva sowie bei schwebenden Geschäften entstehen dadurch, dass der Kurs im Zeitpunkt der Bilanzierung, Abwicklung bzw. Veräußerung von einem hier als Referenzkurs bezeichneten Kurs abweichen kann.[900] Der Referenzkurs kann der Kurs im Zeitpunkt der Entstehung bzw. Einbuchung einer Forderung, Verbindlichkeit oder eines schwebenden Geschäfts sein.

Ein Kursänderungsrisiko besteht grundsätzlich dann nicht, wenn ein betragsmäßig identisches Gegengeschäft per Kassa oder Termin in derselben Währung abgeschlossen wird.[901] Die Auswirkungen von Wechselkursänderungen auf die beiden Geschäfte gleichen sich in dem Fall (nahezu) vollständig aus.

Wechselkursveränderungen können folglich nur dann zu Verlusten führen, wenn die Summe aller Forderungen einschließlich der Terminforderungen in einer bestimmten Währung vom Gesamtbetrag der entsprechenden Verbindlichkeiten einschließlich der Terminverbindlichkeiten abweicht (sog. offene Währungsposition).[902] Unterschiedliche Fälligkeitstermine der verschiedenen Bestandteile einer geschlossenen Devisenposition führen grundsätzlich solange nicht zu einem Wechselkursrisiko, wie es gelingt, zeitliche Inkongruenzen durch geeignete

---

[898] Vgl. BFA 3/1995, FN 1995, 427.
[899] Vgl. Bieg (1998), 515.
[900] Vgl. Scharpf/Luz, 272.
[901] Ebenso Au, 183.
[902] Vgl. auch Sommer, DStR 1994, 1276 ff.

Anschlussgeschäfte zu überbrücken. Bei Währungen, für die ein hinreichend liquider Markt besteht, kann grundsätzlich angenommen werden, dass dies gegeben ist.

Die Stellungnahme BFA 3/1995[903] führt zutreffend aus, dass das Wechselkursrisiko durch **einzelne** Geschäfte beseitigt werden oder sich iRd. **gesamten**, in einer Währung getätigten Geschäfte (Währungsposition) ganz oder teilweise aufheben kann. Maßgebend für die Beurteilung, ob ein Wechselkursänderungsrisiko besteht, ist die Zusammenfassung aller bilanzwirksamen und bilanzunwirksamen Geschäfte zur Gesamtposition je Währung, ohne Rücksicht auf die Fälligkeit der einzelnen Geschäfte. Vor diesem Hintergrund sieht der BFA offenkundig die Frage, wann eine besondere Deckung gegeben ist.

Dabei wird vom BFA unterstellt, dass **zeitliche Inkongruenzen** durch Anschlusssicherungsgeschäfte jederzeit und im erforderlichen Umfang tatsächlich auch beseitigt werden.[904] Diese Fiktion kann aber nur gelten, soweit für das Institut jederzeit ein uneingeschränkter Marktzugang besteht und der Markt in der betreffenden Währung stets liquide ist. Darüber hinaus muss das Institut von dieser Möglichkeit tatsächlich Gebrauch machen, dh. die Handels- bzw. Risikosteuerungsphilosophie muss auf der Steuerung der gesamten Währungsposition basieren. Die **Kosten** derartiger Anschlussgeschäfte werden vor allem durch das Zinsniveau für die betroffene Währung bestimmt.

4.8.6.3. Voraussetzungen für die sog. einfache Deckung

Eine sog. geschlossene Position wird im Allgemeinen stets die Kriterien für die einfache Deckung erfüllen.[905]

Der Begriff „geschlossene Position" wird Allgemein auch mit den Begriffen „Bewertungseinheit" bzw. „kompensatorische Bewertung" gleichgesetzt.[906] Bewertungseinheiten werden bei Instituten nach Risikogesichtspunkten gebildet. Bei der Berücksichtigung von Geschäften im Rahmen einer sog. einfachen Deckung genügt es grundsätzlich, „ *... wenn jeweils aus einzelnen Fremdwährungen bestehende Positionen gebildet werden, die viele einzelne deckungsfähige Geschäfte vereinigen.* "[907] Wird mithin das Fremdwährungsrisiko im Rahmen des Risikomanagements eines Instituts auf der Grundlage einer sog. **Währungsposition** gesteuert, ist dies bei diesem Institut zumindest als einfache Deckung anzusehen.

Darüber hinaus kommen für die einfache Deckung selbstverständlich sämtliche Geschäfte in Betracht, die in eine Bewertungseinheit in der Form eines **Micro-Hedges** einzubeziehen sind.

---

903 Vgl. BFA 3/1995, FN 1995, 427.
904 Die Kosten derartiger Anschlusssicherungsgeschäfte werden vor allem durch das Zinsniveau für die betroffene Währung bestimmt.
905 Siehe hierzu die Ausführungen bei Bieg (1998), 515 ff.; Au, 183.
906 Zu Bewertungseinheiten vgl. Krumnow ua., 2. Aufl., § 340e HGB Rn. 108 ff.
907 Vgl. Krumnow ua., 2. Aufl., § 340h HGB Rn. 36.

Swaparbitragegeschäfte[908] stellen kein absolut risikoloses Arbitragegeschäft dar. Im Rahmen dieser Geschäfte wird nämlich ein sich veränderndes internationales Zinsgefälle erwartet. Längerfristige Devisentermingeschäfte werden dabei durch kürzerfristige gegenläufige Devisentermingeschäfte in derselben Währung abgesichert.[909] Tritt die Erwartung ein, profitiert das Institut aus den veränderten Swapsätzen. Nach der hier vertretenen Ansicht sind Swaparbitragegeschäfte bis zur fristenkongruenten Absicherung des Ursprungsgeschäfts für die Restlaufzeit einfach gedeckt, aber nicht besonders gedeckt.[910]

Entgegen der sonstigen Bilanzierung von Bewertungseinheiten, für die kein Wahlrecht, sondern eine Pflicht[911] besteht, hat der Gesetzgeber bei der kompensatorischen Verrechnung im Rahmen der einfachen Deckung ein **Wahlrecht** vorgesehen. Damit verbleibt den Instituten hier ein großer Gestaltungsspielraum. Es handelt sich um eine gesetzlich kodifizierte Möglichkeit der Unterbewertung.[912] Da insoweit die Informationsfunktion des Jahresabschlusses eingeschränkt sein kann, ist im Einzelfall zu prüfen, inwieweit zusätzlich Angaben im Anhang erforderlich sind.

Bei einer Bewertungseinheit[913] werden die Bewertungsgewinne bzw. -verluste aus den Grundgeschäften mit denen der Sicherungsgeschäfte kompensiert (sog. kompensatorische Bewertung). Die Voraussetzungen, die an das Vorliegen einer Bewertungseinheit gestellt werden, sind nicht einheitlich. Diesbezüglich wird auf die Ausführungen bei Scharpf/Luz[914] verwiesen. Scharpf/Luz stellen die Kriterien, die für die kompensatorische Bewertung vorliegen müssen, für die verschiedenen Marktrisiken umfassend dar (vgl. Abb. 4.16).

Neben der vom Gesetz verlangten **Währungsidentität** wird man für eine einfache Deckung aber weder absolute **Betragsidentität** noch absolute **Fristenkongruenz** verlangen können.

Kursänderungsrisiken bestehen insofern nicht, als sich innerhalb einer Währung Ansprüche und Verpflichtungen betragsmäßig ausgleichen.[915] Insoweit als die Ansprüche die Verpflichtungen bzw. die Verpflichtungen die Ansprüche innerhalb einer Währung übersteigen, hat eine streng imparitätische Bewertung stattzufinden. Die (einfache oder besondere) Deckung erstreckt sich auf die Währungsposten insofern, als sie sich betragsmäßig decken.

---

[908] Zu Swaparbitragegeschäften vgl. Birck/Meyer, V 440 f.; Krumnow ua., 2. Aufl., § 340h HGB Rn. 51; Hafner, Die Bank 1983, 204; Lipfert, WISU 1982, 228 und 282.

[909] Zwischenzeitlich anfallende Liquiditätsspitzen aus notwendigen Kassazwischengeschäften werden nicht als realisierte Gewinne oder Verluste gebucht, sondern in aktivische oder passivische Korrekturposten der Bilanz eingestellt, bis diese bei Fälligkeit des zugehörigen Termingeschäfts ausgebucht werden. Dies entspricht dem in BFA 2/1993, WPg 1993, 518 geregelten Sachverhalt der Behandlung von Erfolgsbeiträgen bei Anschlusssicherungsgeschäften; diese Erfolgsbeiträge können erfolgsneutral als Anschaffungskosten für das Anschlusssicherungsgeschäft behandelt werden.

[910] GlA Krumnow ua., 2. Aufl., § 340h HGB Rn. 51.

[911] Ausführlich zur Bewertungseinheit vgl. Scharpf/Luz, 276 ff.

[912] Vgl. Krumnow ua., 2. Aufl., § 340h HGB Rn. 38.

[913] Zu Bewertungseinheiten vgl. Krumnow ua., 2. Aufl., § 340e HGB Rn. 108 ff.

[914] Vgl. Scharpf/Luz, 278 ff.

[915] Vgl. HFA, WPg 1986, 665.

Fristenkongruenz als Hedgekriterium ist zweifellos erforderlich, um das Zinsänderungsrisiko und das Liquiditätsrisiko auszuschließen, hat aber für die (einfache oder besondere) Deckung in derselben Währung keine Bedeutung, soweit Fristenunterschiede zwischen Ansprüchen und Verpflichtungen durch Anschlussgeschäfte überbrückt werden können.[916] Ist der Markt allerdings für eine Fremdwährung derart beschränkt, dass das bilanzierende Institut mit einer gewissen Wahrscheinlichkeit keine (geeigneten) Anschlussgeschäfte tätigen kann, dann ist das Kriterium der Fälligkeitsidentität zu beachten.[917]

Das Schleswig-Holsteinische Finanzgericht hat mit Urteil vom 15.3.2000 (Rev. eingelegt, Az. des BFH I R 87/00)[918] wie folgt entschieden: *„Hat eine Bank für ihre Fremdwährungsgeschäfte Kurssicherungsgeschäfte abgeschlossen, so sind diese Geschäfte auch dann als sog. geschlossene Position zu Bewertungseinheiten zusammenzufassen, wenn die Absicherung lediglich global hinsichtlich der Gesamtposition der einzelnen Währungen erfolgt und hinsichtlich der Fälligkeit der jeweiligen Forderung bzw. Verbindlichkeit keine exakte Fristenkongruenz besteht."*

§ 340h Abs. 2 Satz 3 HGB beschränkt die Vereinnahmung von Erträgen sowohl quantitativ auf die Höhe der korrespondierenden Aufwendungen aus der Umrechnung von gedeckten Posten in dieser Währung als auch qualitativ dahingehend, dass diese Aufwendungen nur „vorübergehend wirksam" sein dürfen.[919] Die qualitative Einschränkung ist dahingehend zu verstehen, dass die Posten **deckungsfähig** sein müssen.[920] Eine Verlustkompensation kann danach dann nicht greifen, wenn es an der Gewissheit mangelt, dass sich Währungsverluste und Währungsgewinne in absehbarer Zeit durch Zahlungsvorgänge ausgleichen.

Zur Frage der **Deckungsfähigkeit** hat sich der Hauptfachausschuss beim IDW im Jahr 1986 geäußert.[921] Danach sind bilanzwirksame Devisengeschäfte sowie Ansprüche und Verpflichtungen aus schwebenden Devisengeschäften deckungsfähig, wenn die aus diesen Geschäften später resultierenden Zahlungsvorgänge betragsmäßig unveränderlich feststehen.

Grundstücken, Beteiligungen und Aktien wird die Eigenschaft der Deckungsfähigkeit abgesprochen, wenn und soweit es an der Sicherheit fehlt, dass sich Währungskursgewinne und -verluste zu einem bestimmten Zahlungszeitpunkt durch Zahlungsvorgänge ausgleichen.

Eine pauschale Ablehnung der Deckungsfähigkeit von Vermögensgegenständen des Anlagevermögens ist jedoch verfehlt. Der Gesetzgeber geht in § 340h HGB vielmehr auch beim Anlagevermögen von einer grundsätzlichen Deckungsfähigkeit aus.

---

[916] Ebenso Au, 185.
[917] GlA Au, 185.
[918] Vgl. EFG 2000, 1057.
[919] Vgl. Krumnow ua., 2. Aufl., § 340h HGB Rn. 42.
[920] Zur Deckungsfähigkeit vgl. Bieg (1998), 516 ff.
[921] Vgl. HFA, WPg 1986, 665; Birck/Meyer, V 436 ff.

	Die Voraussetzungen für die Bildung von Bewertungseinheiten ...	... werden konkretisiert durch
1.	Bestehen eines Zins-, Währungs- oder sonstigen Preisrisikos	• Der unrealisierte Verlust muss quantifizierbar sein. • Grundsätzlich ist das einzelne Marktrisiko für das Gesamtunternehmen zu ermitteln. • Unter bestimmten Voraussetzungen ist auch eine Risikoermittlung auf der Ebene dezentraler Einheiten (zB Handelsgruppen) möglich.
2.	Herstellung eines wirtschaftlichen Zusammenhangs zwischen Grund- und Sicherungsgeschäften	• Umfang, Zulässigkeit und/oder Zweck des Sicherungsgeschäfts werden vom Grundgeschäft bestimmt. • Es muss eine Sicherungsstrategie (Handelsphilosophie) bestehen (eindeutige Zuordnung von Grund- und Sicherungsgeschäften). • Die Sicherung aufgrund der Sicherungsstrategie ist durchzuhalten (Durchhaltewahrscheinlichkeit, kein widersprüchliches Verhalten). • Entsprechende Dokumentation der Strategie und gesonderte Erfassung der Geschäfte.
3.	Hinreichende Konkretisierung der Gewinnchancen	• Die Verlustkompensation muss sich grundsätzlich aus rechtsverbindlich abgeschlossenen Geschäften ableiten lassen.
4.	Homogene Beeinflussung von Gewinnchance und Verlustrisiko	• Auf Verlustrisiko und Gewinnchance müssen identische Einflussfaktoren wirken (gleiche Entstehungsursachen und Risikoart). • Keine „Überkreuzkompensation" von Chancen und Risiken unterschiedlicher Risikoarten.
5.	Negative Korrelation	• Das Sicherungsgeschäft muss das Risiko des Unternehmens verringern. • Der Eintritt eines Verlusts muss zwangsläufig einen Gewinn beim anderen Geschäft nach sich ziehen. • Vollständige negative Korrelation (- 1) ist die Ausnahme (zB primär im Devisenbereich).
6.	Vollständige Kompensation	• Bei Fälligkeitsunterschieden muss die weitere Sicherungsabsicht sowie ein liquider Markt für (Anschluss-) Sicherungsgeschäfte bestehen.
7.	Relativierung durch Restrisiken	• Es dürfen allenfalls latente Bonitätsrisiken bestehen. • Die erwarteten Zahlungen aus dem Grund- und dem Sicherungsgeschäft dürfen nicht wesentlich durch andere Risiken beeinträchtigt sein.

Abb. 4.16: Voraussetzungen für die Bildung von Bewertungseinheiten

Nicht deckungsfähig sind Eventualverbindlichkeiten und Eventualansprüche in Fremdwährung, da diese nicht mit hinreichender Sicherheit zu Zahlungen führen. Rückstellungen in Fremdwährung sind nur in dem Umfang deckungsfähig, in dem mit hinreichender Sicherheit mit einer Zahlung gerechnet werden kann. Zur Deckungsfähigkeit von Optionen und Indexgeschäften wird auf die Ausführungen bei Bieg[922] verwiesen.

Festverzinsliche Wertpapiere, die auf Fremdwährung lauten, können, je nach dem, um welchen Bestand es sich handelt (Handelsbestand, Liquiditätsreserve oder Anlagebestand) mit ihrem Buchwert oder mit ihrem Rückzahlungswert als Deckung angesetzt werden.[923] Mit welchem Wert sie einzubeziehen sind hängt davon ab, ob sie alsbald veräußert oder bis zur Endfälligkeit gehalten werden. Entsprechendes gilt für **Forderungen** und **Verbindlichkeiten** in Fremdwährung. Es ist zulässig, auch die künftigen Zinsansprüche bzw. Zinsverpflichtungen in die Devisenposition einzubeziehen.

Obwohl bei **Aktien** regelmäßig ein „Zahlungszeitpunkt" nur im Falle der Liquidation gegeben ist, können diese im Regelfall veräußert und dadurch ein Zahlungsvorgang ausgelöst werden. Aus diesem Grund ist es sachgerecht, Aktien des Handelsbestands und ggf. auch der Liquiditätsreserve als deckungsfähig anzusehen; Aktien des Anlagebestands hingegen sollten wie Beteiligungen behandelt werden.[924]

Für die unter den sonstigen Vermögensgegenständen und sonstigen Verbindlichkeiten ausgewiesenen Fremdwährungsbeträge ist im Einzelfall zu entscheiden, ob sie deckungsfähig sind oder nicht.

4.8.6.4. Voraussetzungen für die sog. besondere Deckung

Bei der besonderen Deckung, dh. bei der Bewertung von Währungsgeschäften mit dem Kurs zum Bilanzstichtag und einer erfolgswirksamen Buchung sämtlicher Umrechnungsgewinne und -verluste, handelt es sich im Ergebnis um eine Bewertung zum Fair Value entsprechend IAS 21 bzw. IAS 39.

4.8.6.4.1. Gesetzentwurf zum Bankbilanzrichtlinie-Gesetz

Voraussetzung für eine besondere Deckung ist nach dem Regierungsentwurf, dass ein **spezielles Deckungsgeschäft** für umzurechnende Vermögensgegenstände, Schulden oder Geschäfte abgeschlossen oder eine **besondere Beziehung** zwischen Vermögensgegenständen

---

[922] Vgl. Bieg (1998), 517 f.
[923] Vgl. Birck/Meyer, V 437.
[924] Vgl. Birck/Meyer, V 437.

oder Schulden hergestellt worden ist.[925] Es ist unschädlich, wenn mehrere gegenläufige Geschäfte zur besonderen Deckung eines großen Geschäfts dienen.

Der Gesetzgeber wollte das höchstmögliche Maß an Vorsicht verankern, welches die EG-Bankbilanzrichtlinie zulässt. Die Ausführungen in der Gesetzesbegründung sind jedoch für die Ausfüllung des Begriffs der „besonderen Deckung" wenig hilfreich. Die Begründung zum Regierungsentwurf wird im Schrifttum zum Teil dahingehend ausgelegt, dass nur eine Bewertungseinheit in der Form des sog. Micro-Hedge die Voraussetzungen erfüllt.[926] Im Vorgriff auf die Ausführungen in Kapitel 4.8.6.4.4. wird dem widersprochen.

4.8.6.4.2. Interpretationen im Schrifttum

Bei der Auslegung des Begriffs „besondere Deckung" muss berücksichtigt werden, dass diese die Möglichkeit einer erfolgswirksamen Vereinnahmung nicht realisierter Erträge einräumt. Dies im Gegensatz zur einfachen Deckung jedoch nicht nur bis zur sog. Nulllinie, sondern in vollem Umfang, was im Ergebnis zu einer Nettogewinnrealisierung führen kann. Dies macht nach Bieg[927] eine „*... enge Auslegung der über die besondere Deckung entscheidenden Merkmale erforderlich.*"

Das vom Gesetzgeber gewollte höchstmögliche Maß an Vorsicht kann dadurch erreicht werden, dass zwischen Grund- und Deckungsgeschäft eine Korrelation von (nahezu) -1 besteht, dh. bei einer Kurserhöhung (Kurssenkung) muss einem Verlust aus dem Grundgeschäft ein entsprechender Ertrag aus dem Deckungsgeschäft gegenüberstehen. Die nach § 340h Abs. 2 Satz 2 HGB in der Gewinn- und Verlustrechnung zu berücksichtigenden Erträge aus der Währungsumrechnung müssen objektivierbar und so gut wie sicher sein. Dies kann dadurch erreicht werden, dass die Geschäfte nicht nur währungsidentisch sind, sondern dass darüber hinaus Laufzeit- oder **Fristenidentität** besteht.[928] Von der Fristenidentität kann ggf. dann abgewichen werden, wenn die Handels- bzw. Risikomanagementphilosophie die aktive Steuerung des Währungsrisikos auf der Grundlage einer Währungsposition durch Anschlusssicherungsgeschäfte vorsieht und die Währung hinreichend liquide ist.[929]

Nach Bieg[930] ist grundsätzlich eine Fristenabweichung zulässig, soweit die Absicht besteht, ein die Position erneut schließendes Anschlussgeschäft nach Ablauf eines in die besondere Deckung einbezogenen Geschäfts abzuschließen, und gleichzeitig sichergestellt ist, dass dies

---

[925] Vgl. BR-Drs. 616/89, 24.
[926] Vgl. Hartung, RIW 1991, 760; Rixen, Die Bank 1990, 641; im Ergebnis ebenso Prahl, WPg 1991, 409; Gebhardt/Breker, DB 1991, 1535; Langenbucher, ZfgK 1995, 120.
[927] Vgl. Bieg (1998), 515.
[928] Vgl. Scharpf/Sohler, 110; Krumnow ua., 2. Aufl., § 340h HGB Rn. 32 f. und 43.
[929] So BFA 3/1995, FN 1995, 427.
[930] Vgl. Bieg (1998), 524.

auch möglich sein wird. Die zwingende Fristenkongruenz wird auch von Treuarbeit (Hrsg.)[931] abgelehnt.

Die Fristenkongruenz offensichtlich ebenfalls ablehnend, unterstellt der Bankenfachausschuss,[932] dass es einem Institut möglich ist, zeitliche Inkongruenzen durch entsprechende Anschlussgeschäfte zu beseitigen und dass es von dieser Möglichkeit Gebrauch macht. Hat mithin ein Institut in der Vergangenheit solche Inkongruenzen nicht durch Anschlussgeschäfte beseitigt, spricht dies gegen das Vorhandensein einer besonderen Deckung.

Da nach Au[933] neben den für die einfache Deckung dargestellten Kriterien keine weiteren objektiv nachprüfbaren oder wirtschaftlich gerechtfertigten Kriterien für eine besondere Deckung existieren, kann das bilanzierende Institut darüber bestimmen, ob und zwischen welchen Positionen eine besondere Deckung vorliegt; demzufolge könne das Kriterium der besonderen Deckung nur im subjektiven Zuordnungsbereich des jeweiligen Instituts liegen. Um Rechtssicherheit zu erlangen wird man - so Au - das Geltendmachen einer besonderen Deckung zwischen verschiedenen Transaktionen an strenge Dokumentationsverpflichtungen binden müssen.

Löw/Lorenz[934] weisen lediglich darauf hin, dass eine besondere Deckung jedenfalls dann vorliege, wenn sich die einzelnen gegenläufigen Fremdwährungsgeschäfte im Hinblick auf Währung, Betrag und Fälligkeit entsprechen. Darüber hinaus gelten nach BFA 3/1995 auch jene Posten, deren Währungsrisiko zusammengefasst über eine Währungsposition gesteuert werden, als besonders gedeckt.

4.8.6.4.3. Bankenfachausschuss beim IDW

Der Bankenfachausschuss beim IDW[935] geht davon aus, dass das Kriterium „besondere Deckung" nur im **subjektiven Zuordnungsbereich des jeweiligen Instituts** liegt. Denkbar sei zB, dass ein Institut dieses Kriterium dann als erfüllt ansieht, wenn es das Währungsrisiko über eine Währungsposition steuert und die einzelnen Währungsposten in die Währungsposition übernimmt.

Es erscheint nach Ansicht des BFA aber auch möglich, dass einzelne Geschäfte gesondert behandelt werden oder verschiedene Währungsposten in verschiedenen Abteilungen/örtlichen Organisationseinheiten geführt werden. In Einzelfällen (zB bei geringfügigem Währungsgeschäft) wird nach Ansicht des BFA auch anzuerkennen sein, dass Fristengleichheit als Kriterium der besonderen Deckung gewählt wird.

---

[931] Vgl. Treuarbeit (Hrsg.), 140.
[932] Vgl. BFA 3/1995, FN 1995, 427.
[933] Vgl. Au, 185 f.
[934] Vgl. Löw/Lorenz, KoR 2002, 235.
[935] Vgl. BFA 3/1995, FN 1995, 427.

Da es sich um subjektive Zuordnungen handelt, ist darauf zu achten, dass das Kriterium willkürfrei definiert wird und die Festlegung und die Durchführung auch im Zeitablauf objektiv nachvollziehbar sind.[936] Da es sich um ein Bewertungsverfahren handelt, gilt das Gebot der Bewertungsstetigkeit mit der Folge, dass ein einmal gewähltes Verfahren nur unter den Voraussetzungen des § 252 Abs. 2 HGB geändert werden kann.[937]

4.8.6.4.4. Eigene Ansicht

Die in der Stellungnahme BFA 3/1995 dargestellten Vorgehensweisen zur Neutralisierung des Währungsrisikos - zum einen Steuerung des Währungsrisikos im Rahmen der Gesamtposition je Währung (Währungsposition), zum anderen gesonderte Betrachtung einzelner Geschäfte sowie im Einzelfall auch Fristenidentität - zeigen auf, dass es bei der Frage der Herstellung einer besonderen Deckung maßgeblich auf die individuelle Situation des Instituts und damit im Ergebnis auf dessen **Handelsphilosophie** sowie dessen **tatsächliche Risikosteuerung im Rahmen der MaH** ankommt. Vereinfachend kann man die Handelspraxis wie folgt systematisieren:

- Institute mit sehr geringem Devisengeschäft werden, insbesondere auch aus Gründen des Risikomanagements, Devisengeschäfte bspw. 1:1 durchhandeln. Hierbei wird jedes einzelne Geschäft glattgestellt bzw. abgesichert.
- Andere Institute stellen ihre Devisengeschäfte nicht auf der Basis jedes einzelnen Geschäfts glatt, sondern lassen die verschiedenen Devisengeschäfte während des Tages auflaufen und stellen diese auf kumulierter Basis im Rahmen der von der Geschäftsleitung genehmigten Limite einmal oder mehrmals pro Tag glatt.
- Institute mit umfangreichem Devisengeschäft steuern das Währungsrisiko im Rahmen einer aktiv geführten Währungsposition je Währung.

So wird es vorkommen, dass beim einen Institut eine besondere Deckung aufgrund einer Gegenüberstellung von zwei einzelnen Geschäften (zB beim 1:1-Durchhandeln) und beim anderen Institut aufgrund der Steuerung des Währungsrisikos im Rahmen einer Währungsposition gegeben ist. Dies hängt ab von den Handelsphilosophien und der praktizierten Risikosteuerung im Währungsbereich der Institute. Es ist auch denkbar, dass in ein und demselben Institut - je nach Zweck der Geschäfte - beide Varianten vorkommen können.

Insoweit liegt das Kriterium der besonderen Deckung - wie sich die Stellungnahme BFA 3/1995 zutreffend ausdrückt - in der Tat *„im subjektiven Zuordnungsbereich des jeweiligen Kreditinstituts"*, dh. die Frage nach dem Vorliegen einer besonderen Deckung ist nach der dokumentierten internen Risikosteuerung im Rahmen der MaH und der dort niedergelegten (Handels-) Strategien zu entscheiden, die ihrerseits im Entscheidungsbereich des Instituts liegen.

---

[936] Vgl. BFA 3/1995, FN 1995, 427.
[937] Vgl. BFA 3/1995, FN 1995, 427.

Selbstverständlich müssen hierbei auch die Voraussetzungen für die Bildung von Bewertungseinheiten (Portfoliobewertung) - und damit der einfachen Deckung - gegeben sein, weil ansonsten keine kompensatorische Bewertung möglich ist. Jeder andere Versuch, die besondere Deckung von der einfachen Deckung abzugrenzen, muss letztlich scheitern.

Es ist daher über die einfache Deckung hinaus ergänzend erforderlich, dass

- der Beschluss für die Bildung einer besonderen Deckung von den zuständigen Organen in der Form getroffen und entsprechend dokumentiert wird, dass die Handelsstrategie(n) in den nach den MaH erforderlichen Rahmenbedingungen dokumentiert werden,[938]
- die Bilanzbestände/schwebenden Geschäfte entsprechend gekennzeichnet bzw. betragsmäßig gesondert erfasst werden,[939]
- sowohl die Situation des bilanzierenden Unternehmens als auch die des Kontrahenten erwarten lassen, dass die Durchhalteabsicht tatsächlich realisiert werden kann und es nicht zu Ausfällen kommt, die eine kompensatorischen Bewertung unmöglich machten.

Inhaltlich folgen Böcking/Benecke[940] diesem Vorschlag. Nach deren Ansicht müssen vor dem Hintergrund des Objektivierungsgrundsatzes ebenfalls weitere Anforderungen erfüllt werden, die eine Übernahme der intern gebildeten Bewertungseinheit in die externe Rechnungslegung objektivieren und somit sicherstellen, dass für die Bewertungseinheit tatsächlich ein besonderes Deckungsverhältnis besteht. In dem dokumentierten Beschluss muss die Handelsphilosophie sowie die Konzeption der Risikosteuerung zum Ausdruck kommen. Durch den aktenkundigen Beschluss der zuständigen Organe, in dem die gedeckten Positionen bzw. Geschäfte gekennzeichnet sind, muss gewährleistet werden, dass besondere Deckungsverhältnisse objektiv und ohne willkürliche Widmung durch den Bilanzierungspflichtigen bestimmt werden. Insbesondere wenn eine ursprüngliche Fristenidentität nicht vorliegt, aber die Absicht zu Anschlusssicherungsgeschäften besteht, ist die Dokumentationspflicht unverzichtbar.

Für den Fall, dass das Währungsrisiko im Rahmen von Währungspositionen aktiv gesteuert wird, spielt die nach den MaH erforderlichen Dokumentation eine entscheidende Rolle, insbesondere die sog. Rahmenbedingungen und die ergänzenden Arbeitsanweisungen und -richtlinien. Aus diesen muss zweifelsfrei hervorgehen, wie das Institut das Währungsrisiko steuert.

Für sich über mehrere Abschlussstichtage erstreckende Fremdwährungsgeschäfte, für die einmal die Verbindung in Form besonderer Deckung hergestellt worden ist, wird man für Folgestichtage grundsätzlich das **Stetigkeitsprinzip** des § 252 Abs. 1 Nr. 6 HGB zu beachten haben.[941]

---

[938] GlA Bieg (1998), 522.
[939] GlA Bieg (1998), 522.
[940] Vgl. Böcking/Benecke in: MünchKomm. HGB § 340h HGB Rn. 12 ff.
[941] Vgl. ebenso Krumnow ua., 2. Aufl., § 340h HGB Rn. 35; HdR, 5. Aufl., Kap. 4, 106.

4.8.7. Offene Positionen

Eine offene Position liegt vor, wenn weder eine „besondere Deckung" noch eine „einfache Deckung" besteht.

Auf offene Positionen ist das Imparitätsprinzip anzuwenden: Negative Umrechnungsdifferenzen werden als Aufwand verrechnet, Erträge aus positiven Umrechnungsdifferenzen bleiben dagegen unberücksichtigt (§ 340h Abs. 2 Satz 4 HGB).

An den bereits bisher geltenden allgemeinen Grundsätzen zur Bilanzierung offener Positionen hat sich durch § 340h HGB nichts geändert.

4.8.8. Ausweis von Umrechnungsdifferenzen in der Gewinn- und Verlustrechnung

4.8.8.1. Allgemeine Ausweisregel

Die Umrechnungsergebnisse sind in der Gewinn- und Verlustrechnung grundsätzlich bei dem Posten zu berücksichtigen, bei dem die sonstigen Bewertungsergebnisse des umgerechneten Bilanzpostens oder Geschäfts ausgewiesen werden.[942]

4.8.8.2. Transaktionen des Eigenhandels

Für den Ausweis der erfolgswirksam zu behandelnden Umrechnungsdifferenzen in der Gewinn- und Verlustrechnung stehen für **Kreditinstitute** bei Transaktionen des Eigenhandels die Posten „Nettoaufwand aus Finanzgeschäften" bzw. „Nettoertrag aus Finanzgeschäften" zur Verfügung (§ 340c Abs. 1 HGB).[943] Sämtliche in diesen Posten auszuweisenden Aufwendungen und Erträge sind zu saldieren, sodass sich entweder ein Nettoaufwand oder ein Nettoertrag ergibt.

Finanzdienstleistungsinstitute, sofern sie nicht Skontroführer iSd. § 8b Abs. 1 Satz 1 BörsG sind, haben die Beträge aus Eigenhandelstransaktionen nicht wie Kreditinstitute saldiert, sondern **brutto** als „Aufwand aus Finanzgeschäften" bzw. „Ertrag aus Finanzgeschäften" in der Gewinn- und Verlustrechnung zu zeigen.

Institute, die Skontroführer iSd. § 8b Abs. 1 Satz 1 BörsG und nicht Einlagenkreditinstitute iSd. § 1 Abs. 3d KWG sind, haben die Beträge ebenfalls unsaldiert auszuweisen. Darüber

---

[942] Vgl. BFA 3/1995, FN 1995, 428.
[943] Vgl. Bieg, ZfbF 1988, 153.

hinaus müssen diese Institute sowohl zu dem Aufwand- als auch zu dem Ertragsposten verschiedene Davon-Vermerke machen.

Swapaufwendungen und -erträge aus Termingeschäften, die im Zusammenhang mit **Swaparbitragegeschäften** abgeschlossen wurden, sind ebenfalls im Eigenhandelsergebnis und nicht im Zinsergebnis zu zeigen.[944]

4.8.8.3. Aufwendungen bzw. Erträge aus abgegrenzten Swapbeträgen

Die sich aus der Aufspaltung des Terminkurses ergebenden **Swapaufwendungen** und **-erträge** sind Bestandteil des Zinsergebnisses und demnach in den Posten „Zinsaufwendungen" bzw. „Zinserträge" auszuweisen (§§ 28, 29 RechKredV), soweit sie der Sicherung von zinstragenden Bilanzposten dienen.[945]

Es ist jedoch auch zulässig, in diesen Fällen Swapaufwendungen als Korrektur des Zinsertrags bzw. Swaperträge als Korrektur des Zinsaufwands zu buchen, je nach dem, welche Posten gesichert worden sind.[946] Damit wird verhindert, dass Aufwendungen bzw. Erträge aus gesicherten Geschäften als Zinsertrag bzw. Zinsaufwand, der gegenläufige Erfolgsbeitrag aus dem Sicherungsgeschäft dagegen als Aufwand bzw. Ertrag aus Finanzgeschäften ausgewiesen werden.

4.8.9. Ertragsneutralisierung in der Bilanz

Dürfen sich positive Differenzen (Erträge) aus der Währungsumrechnung, obwohl die Währungsposten mit Stichtagskursen zu bewerten sind, erfolgsmäßig nicht in der Gewinn- und Verlustrechnung auswirken, so stellt sich die Frage, durch welche Maßnahmen sich die aus der Stichtagskursumrechnung ergebenden Höherbewertungen von Aktiva bzw. niedrigeren Bewertungen von Passiva neutralisieren lassen. Solche erfolgsneutral zu haltenden Umrechnungsdifferenzen haben ihren Ursprung in der Umrechnung von auf ausländische Währung lautenden Vermögensgegenständen, Schulden oder schwebenden Geschäften, die entweder überhaupt nicht gedeckt sind oder nur einfach, nicht aber besonders gedeckt sind.

Da § 340h Abs. 1 HGB nur den Kassa- bzw. Terminkurs am Bilanzstichtag als Umrechnungsgröße nennt, dürfen mangels gesetzlicher Grundlage keine **Zwischenkurse**, die bspw. die nicht erlaubte oder gewollte Ertragsrealisierung gerade noch verhindern, verwendet werden.[947]

---

[944] Vgl. BFA 3/1995, FN 1995, 429.
[945] Vgl. BFA 3/1995, FN 1995, 429.
[946] Vgl. BFA 3/1995, FN 1995, 429.
[947] GlA Naumann (1992), 89.

Zur Neutralisierung von Umrechnungserträgen aus Bilanzposten ist die Bildung eines passiven Ausgleichspostens unumgänglich.[948] Das Formblatt sieht für diesen Ausgleichsposten keinen eigenständigen Bilanzposten vor. Sowohl Rübel[949] („Rücklage für Wechselkursrisiken") als auch Naumann[950] („Sonderposten aus der Währungsumrechnung") und Gebhardt/Breker[951] („Sonderposten für unrealisierte Erträge aus Wechselkursänderungen") schlagen die Schaffung eines neuen, im Gliederungsschema bisher nicht vorgesehenen Passivpostens vor. Eine Verteilung der Umrechnungserträge auf verschiedene Bilanzposten ist nicht zu empfehlen.

Der Bankenfachausschuss[952] spricht sich im Sinne der herrschenden Praxis für einen Ausweis im Posten „Sonstige Verbindlichkeiten" aus, wobei positive und negative Kassakursdifferenzen aus der Umrechnung saldiert werden dürfen.

4.8.10. Bilanzielle Behandlung von Umrechnungsdifferenzen bei Termingeschäften

Schwebende Geschäfte werden grundsätzlich nicht in der Bilanz ausgewiesen. Da das Gesetz die Umrechnung mit dem Terminkurs am Bilanzstichtag vorschreibt und hieraus auch erfolgswirksam zu behandelnde Umrechnungsdifferenzen resultieren, stellt sich die Frage, auf welchen Bestandskonten die Aufwendungen und Erträge gegengebucht werden müssen.

Die sich aus der Umrechnung von schwebenden Termingeschäften ergebenden negativen Differenzen sind ebenso wie positive Differenzen im Falle besonderer Deckung stets erfolgswirksam in der Gewinn- und Verlustrechnung zu berücksichtigen. Aus der Umrechnung einfach gedeckter Termingeschäfte sich ergebende positive Differenzen dürfen dagegen nicht uneingeschränkt in der Gewinn- und Verlustrechnung berücksichtigt werden.

Aus der Umrechnung von Terminbeständen resultierende, erfolgsneutral zu behandelnde Differenzen bleiben außer Ansatz. Folglich entfällt in diesem Fall auch die Notwendigkeit einer bilanziellen Neutralisation.[953]

Soweit noch nicht abgewickelte Termingeschäfte erfolgswirksam umgerechnet werden, können ebenfalls positive und negative Kassakursdifferenzen aus dieser Umrechnung und der Bewertung von Swaparbitragegeschäften verrechnet werden; der Saldo ist unter den „Sonstigen Vermögensgegenständen"[954] bzw. „Sonstigen Verbindlichkeiten" auszuweisen.[955]

---

[948] Vgl. Naumann (1992), 91; Gebhardt/Breker, DB 1991, 1533; Birck/Meyer, V 442 und 447, schlagen für das bisherige Recht im Falle einer Stichtagskursumrechnung für die Neutralisierung von Erträgen vor, einen Korrekturposten zu bilden.
[949] Vgl. Rübel, 305.
[950] Vgl. Naumann (1992), 93.
[951] Vgl. Gebhardt/Breker, DB 1991, 1533.
[952] Vgl. BFA 3/1995, FN 1995, 428.
[953] Vgl. Naumann (1992), 96
[954] Vgl. Lührmann, DStR 1998, 388.

4.8.11. Umrechnung von Aufwendungen und Erträgen

Die Umrechnung von auf Fremdwährung lautenden Aufwendungen und Erträgen wird in § 340h HGB nicht geregelt. Die Umrechnung erfolgt daher nach den allgemein geltenden Grundsätzen.

Unterjährig gehen zahlungsmäßig abgewickelte Aufwendungen und Erträge mit den jeweiligen Tageskursen in die Gewinn- und Verlustrechnung ein. Sonst werden sie zu periodischen Durchschnittskursen in Euro umgerechnet.[956]

Für vorbereitende Abschlussbuchungen wird man entweder ebenfalls Durchschnittskurse respektive den geltenden Stichtagskurs oder - wie zB bei Abschreibungen - auch den historischen Anschaffungskurs heranziehen.

4.8.12. Prolongation von Devisengeschäften

Die Prolongation von Devisentermin- oder -optionsgeschäften zum Kurs bzw. Basispreis des ursprünglichen Geschäfts ist nach den MaH nur zulässig, sofern

a) die Geschäftsleitung oder eine von ihr dazu autorisierte Stelle des Kreditinstituts den Abschluss solcher Geschäfte ausdrücklich genehmigt hat,
b) die Prolongation auf ausdrücklichen und schriftlichen Wunsch eines Kunden ohne Kreditinstitutseigenschaft erfolgt,
c) der Prolongation nachweislich ein Waren- oder Dienstleistungsgeschäft zugrunde liegt,
d) der Kunde verpflichtet ist, auf Anforderung der Bank entsprechende Unterlagen zum Nachweis der unter c) genannten Voraussetzungen vorzulegen,
e) für den Fall eines Gewinns aus den Kassateilen der zu unterschiedlichen Kursen abgeschlossenen Swapgeschäfte eine entsprechende Rückstellung gebildet wird; für den Fall eines Verlusts kann im Interesse einer ergebnisneutralen Abwicklung der Transaktion ein Ausgleichsposten in entsprechender Höhe aktiviert werden,
f) mit der Prolongation eine Laufzeit von insgesamt sechs Monaten nach der Ursprungsfälligkeit des Devisentermin- oder Devisenoptionsgeschäfts nicht überschritten wird; wird das Geschäft um mehr als sechs Monate prolongiert, hat der Kunde der Bank das Grundgeschäft im Einzelnen darzulegen und die Notwendigkeit der Prolongation nachzuweisen; dem Kunden ist eine Mitteilung über den Gewinn bzw. Verlust aus der Prolongation zu machen;
g) die Prolongation ausschließlich mit dem ursprünglichen Kreditinstitut erfolgt.

---

[955] Vgl. Gebhardt/Breker, DB 1991, 1538; Naumann (1992), 98; BFA 3/1995, FN 1995, 428.
[956] Vgl. Birck/Meyer, V 448.

Die unter a) bis e) genannten Voraussetzungen gelten auch für Devisentermingeschäfte, die zu nicht marktgerechten Bedingungen vorzeitig erfüllt werden.

Mittels Prolongationsgeschäften werden idR Devisentermingeschäfte in der Weise prolongiert, dass mit dem Kontrahenten ein Swapgeschäft zur ursprünglichen Kassabasis vereinbart wird. Die Prolongation erfolgt zum ursprünglichen Fälligkeitszeitpunkt des Termingeschäfts unter Berücksichtigung der aktuellen Terminab- oder -aufschläge und der Zinsen, die der Kontrahent der Bank für den Prolongationszeitraum schuldet oder welche sie ihm zu vergüten hat.

Der Hintergrund für diese Geschäfte ist im Regelfall ein zeitlich verspäteter Ein- bzw. Ausgang von Fremdwährungszahlungen aus Warengeschäften oder Dienstleistungen beim Kunden. Die Abwicklung erfolgt durch Devisenswapgeschäfte, dh. den gleichzeitigen Kassakauf und Terminverkauf bzw. vice versa.

Die aus der Abwicklung der Kassageschäfte resultierenden **Gewinne** und **Verluste** schlagen sich unmittelbar in der Gewinn- und Verlustrechnung nieder. Da aber nur eine ergebnismäßige Verlagerung zwischen den Rechnungsperioden auftritt, sind die Ergebnisse im Jahresabschluss, sinnvollerweise auch in den monatlichen Erfolgsrechnungen, zu neutralisieren.[957]

Zwingend vorgeschrieben ist die Bildung von Rückstellungen für **Kassazwischengewinne**, da sonst das Institut im Jahresabschluss fiktive Gewinne vereinnahmen würde.[958] Die Bewertung des schwebenden, gegenläufigen Termingeschäfts ergibt zwar (automatisch) einen Bewertungsverlust, es ist jedoch sicherzustellen, dass diese Verluste nicht mit anderen aus (normalen) Handelsgeschäften resultierenden Gewinnen verrechnet werden und somit die Bildung der erforderlichen Rückstellung entfallen würde.

Für den Fall von **Kassazwischenverlusten** wird iSd. Vorsichtsprinzips nunmehr durch die MaH ein Wahlrecht zur Bildung eines aktiven Ausgleichspostens, der eine ergebnisneutrale Behandlung der in der Gewinn- und Verlustrechnung enthaltenen Verluste gewährleistet, eingeräumt. Dem aktiven Ausgleichsposten liegen die aus der Bewertung der Termingeschäfte resultierenden Gewinne zugrunde, die sich durch die Einstellung eines Ausgleichsposten in der Gewinn- und Verlustrechnung niederschlagen. Im Sinne eines periodengerechten Ergebnisausweises und der korrekten wirtschaftlichen Abbildung der Erfolge aus Prolongationsgeschäften ist eine Neutralisierung der Kassaverluste vorzunehmen.

Zur Vermeidung einer Bilanzaufblähung sollte eine Verrechnung der Gewinne und Verluste erfolgen und in Höhe des Überhangs ein aktiver oder passiver Ausgleichsposten gebildet werden. Der **Ausweis** hat unter „Sonstige Vermögensgegenstände" bzw. „Sonstige Verbindlichkeiten" zu erfolgen.

---

[957] Vgl. C&L Deutsche Revision (Hrsg.), 177.
[958] Vgl. Birck/Meyer, V 443.

4.8.13. Kompensatorische Bewertung in der Steuerbilanz

Die Frage der Zulässigkeit einer kompensatorischen Bewertung, wie sie § 340h HGB zur Abbildung von Risikoabsicherungsgeschäften (Deckung) kennt, wird im Schrifttum seit langem diskutiert. Diese Diskussion hat durch den nicht veröffentlichten Gerichtsbescheid des BFH vom 19.3.2002 (Az. I R 87/00) neuen Antrieb erhalten.[959]

Der BFH hatte über die Zulässigkeit der kompensatorischen Bewertung von Fremdwährungsforderungen und -verbindlichkeiten im Jahr 1981, die Teile sog. Macro-Hedges waren, zu entscheiden. Im handelsrechtlichen Jahresabschluss der Klägerin wurden auf der Grundlage der seinerzeit geltenden Stellungnahme des BFA 1/1975 Bewertungseinheiten für gegenläufige Fremdwährungspositionen gebildet, die eine Fälligkeit innerhalb eines Geschäftsjahres hatten. Die Klägerin begehrte für die steuerliche Gewinnermittlung eine Aufspaltung der Bewertungseinheiten und damit eine Einzelbewertung der zugrunde liegenden Positionen. Der BFH hat sich im Revisionsverfahren den vorgebrachten Argumenten der Klägerin im Gerichtsbescheid angeschlossen. Nach Ansicht des BFH müssten sich für eine kompensatorische Bewertung die einzelnen Fremdwährungsbeträge betrags- und fristenidentisch in Form sog. Micro-Hedges gegenüberstehen.

Klarstellend sei erwähnt, dass sich die Bilanzierung und Bewertung von Währungsgeschäften bei Instituten in der Handelsbilanz nach § 340h HGB richtet. Handelsrechtlich ist die Möglichkeit zur Durchführung von Anschlusssicherungsgeschäften zum Ausgleich von Fälligkeitsunterschieden und der Wille des Bilanzierenden zur Aufrechterhaltung des Sicherungszusammenhangs über den Abschlussstichtag hinaus entscheidend.

4.8.14. Anhangangaben

Pflichtangaben

Die nach § 284 Abs. 2 Nr. 2 HGB erforderlichen Angaben zu den Grundlagen der Währungsumrechnung sollten nach BFA 3/1995[960] mindestens folgende Angaben umfassen:

- Grundsätze zur Ermittlung der Währungsposition,
- Abgrenzungskriterien der besonderen Deckung,
- Hinweis auf die Ausübung des Wahlrechts zur Spaltung des Terminkurses und der Abgrenzung von Swapstellen,
- Hinweis auf die Ausübung des Wahlrechts nach § 340h Abs. 2 Satz 3 HGB bei nicht besonderer Deckung.

---

[959] Vgl. hierzu Hahne, BB 2003, 1943 ff. und Christiansen, DStR 2003, 264 ff.
[960] Vgl. BFA 3/1995, FN 1995, 429.

Daneben sind nach § 35 Abs. 1 Nr. 6 RechKredV im Anhang **jeweils** der

- Gesamtbetrag der Vermögensgegenstände und der
- Gesamtbetrag der Schulden,

die auf Fremdwährung lauten, in Euro anzugeben. Eine Saldierung ist nicht möglich.

Darüber hinaus verlangt § 36 RechKredV, dass in den Anhang eine **Aufstellung** über die Arten von am Bilanzstichtag noch nicht abgewickelten fremdwährungs-, zinsabhängigen und sonstigen **Termingeschäften**, die lediglich ein Erfüllungsrisiko sowie Währungs-, Zins- und/oder sonstige Marktpreisänderungsrisiken aus offenen und im Falle eines Adressenausfalls auch aus geschlossenen Positionen beinhalten, aufzunehmen. Dabei ist für die **Termingeschäfte in fremder Währung** anzugeben, ob ein wesentlicher Teil davon zur Deckung von Zins-, Wechselkurs- oder Marktpreisschwankungen abgeschlossen wurde und ob ein wesentlicher Teil davon auf Handelsgeschäfte entfällt.[961]

In diesem Zusammenhang ist ferner auf die Angaben nach § 35 Abs. 3 Nr. 2.a) RechKredV (zu jeder 10 % des Gesamtbetrags der nachrangigen Verbindlichkeiten übersteigenden Mittelaufnahme ist ua. die Währung anzugeben) und § 34 Abs. 2 Nr. 1 RechKredV (Aufgliederung verschiedener Posten der Gewinn- und Verlustrechnung nach geographischen Märkten) zu verweisen.

Daneben kommt eine Angabepflicht nach § 35 Abs. 1 Nr. 4 RechKredV in Betracht. Danach sind die wichtigsten Einzelbeträge, die in den Bilanzposten „Sonstige Vermögensgegenstände" und „Sonstige Verbindlichkeiten" enthalten sind, offen zu legen, sofern sie für die Beurteilung des Jahresabschlusses nicht unwesentlich sind.

Freiwillige Angaben

Der Bundesverband deutscher Banken (BdB) hat mit Schreiben vom 7. Dezember 1994 an die Geschäftsleitungen der Banken „Empfehlungen des Ausschusses für Bilanzierung des Bundesverbandes deutscher Banken für die Berichterstattung über das Finanzderivategeschäft im Rahmen der externen Rechnungslegung von Kreditinstituten"[962] mit der Bitte übersandt, diese im Interesse der Verbesserung der Publizität und Vergleichbarkeit künftig zu beachten. Dieser Empfehlung sind eine Reihe von Kreditinstituten gefolgt. Im Dezember 1995 hat sich der Bundesverband in einem weiteren Schreiben „Marktrisikopublizität: Empfehlungen des Ausschusses für Bilanzierung des Bundesverbandes deutscher Banken für die Offenlegung quantitativer Angaben zum Marktrisikopotential im Geschäftsbericht"[963] an seine Mitglieder gewandt.

---

[961] Zu Einzelheiten vgl. Scharpf/Luz, 792.
[962] Vgl. Ausschuss für Bilanzierung des Bundesverbandes deutscher Banken, WPg 1995, 1.
[963] Vgl. WPg 1996, 64.

Im vom BdB empfohlenen Berichtsschema für quantitative Angaben, das institutsindividuell festzulegen ist, soll der Geschäftsumfang und die Fristigkeit des Derivategeschäfts durch Angabe von nach Restlaufzeitbändern gegliederten Kontraktvolumina je Derivateart eines in § 36 RechKredV genannten Risikobereichs und möglichst auch durch eine zusammengefasste Angabe des Marktwerts der einzelnen Instrumentenkategorien kenntlich gemacht werden.[964]

Der Verband hat darauf hingewiesen, dass sich der empfohlene Publizitätsrahmen eng an internationale Standards anlehne, aber so flexibel gehalten sei, dass institutsindividuellen Besonderheiten und zukünftigen geschäftlichen Entwicklungen Rechnung getragen werden könne.

Grundsätzlich wird der relative Umfang des Derivategeschäfts für den Grad der Berichtsintensität maßgebend sein müssen. Ungeachtet unternehmensindividueller Gegebenheiten werden aber für eine aussagefähige Berichterstattung bestimmte Angaben unverzichtbar sein, wenn auch die Herausbildung allgemein anerkannter Grundsätze keineswegs als abgeschlossen angesehen werden kann.

Der BdB empfiehlt, neben den Angaben zu den Bilanzierungs- und Bewertungsmethoden auch die quantitativen Angaben in den **Anhang** aufzunehmen. Qualitative Charakterisierungen, wie die Darstellung der Geschäftsentwicklung, Grundsätze der Geschäftspolitik sowie der praktizierten Risikoerfassungs- und Überwachungsmethoden, sollten dagegen im **Lagebericht** erfolgen.[965]

Die vom Ausschuss für Bilanzierung des Bundesverbandes deutscher Banken ausgesprochenen Empfehlungen wurden 1999 durch die Kommission für Bilanzierung des Bundesverbandes Öffentlicher Banken Deutschlands (VÖB)[966] ergänzt.[967]

4.8.15. Prüfung der Währungsgeschäfte

Neben der ordnungsmäßigen Erfassung der Währungsgeschäfte muss der Abschlussprüfer die Entwicklung und die Risiken der Währungsgeschäfte prüfen und darüber eingehend berichten.[968] Daneben hat er die Bewertung der Währungsgeschäfte sowie den sachgerechten Ausweis in der Bilanz und in der Gewinn- und Verlustrechnung zu prüfen.

---

[964] Vgl. Rohardt, WPg 1996, 220.
[965] Zu Einzelheiten vgl. Scharpf/Luz, 797.
[966] Vgl. WPg 1999, 118 ff.
[967] Ausführlich mit Abbildungen vgl. Scharpf/Luz, 804 ff.
[968] Vgl. BFA 3/1995, FN 1995, 429.

4.8.15.1. Erfassung der Währungsgeschäfte im Rechnungswesen

Institute müssen die vollständige, richtige und zeitnahe Erfassung sämtlicher Währungsgeschäfte durch hinreichende organisatorische Vorkehrungen gewährleisten.[969] Dies gilt nicht nur für Kassageschäfte. Auch die aus nicht bilanzwirksamen Geschäften (zB Devisentermin- und Optionsgeschäften) resultierenden Lieferansprüche und Lieferverpflichtungen sind unverzüglich im Rechnungswesen zu erfassen. Die Aufzeichnungen müssen so geführt werden, dass ein sachverständiger Dritter sie innerhalb angemessener Zeit nachvollziehen kann.

Die **Aufzeichnungen** müssen zumindest

- den Geschäftspartner,
- den Betrag,
- den Abschlusstag,
- die Fälligkeit,
- den Abschlusskurs,
- die vereinbarten Zinssätze (Swapsatz) und ggf.
- die Basispreise und
- die Optionslaufzeiten

jedes **einzelnen Geschäftes** erkennen lassen. Aus den Aufzeichnungen muss darüber hinaus der Gesamtbetrag der Währungsforderungen und -verbindlichkeiten sowie der schwebenden Lieferansprüche und Lieferverpflichtungen aus Kassa- und aus Termingeschäften, gegliedert nach Währungen und nach Fälligkeiten, zu ermitteln sein.

Da die Bewertung sowie die Erfassung der Gewinne aus der Währungsumrechnung davon abhängen, ob eine sog. einfache Deckung oder eine sog. besondere Deckung vorliegt, ist auch das Vorliegen einer einfachen bzw. einer besonderen Deckung zu dokumentieren.

4.8.15.2. Anwendung der Mindestanforderungen an das Betreiben von Handelsgeschäften (MaH)

Devisengeschäfte und Geschäfte in (Währungs-) Derivaten, die im eigenen Namen und für eigene oder fremde Rechnung abgeschlossen werden, unterliegen den „Mindestanforderungen an das Betreiben von Handelsgeschäften der Kreditinstitute" (MaH) vom 23. Oktober 1995.[970] Gleiches gilt für Geschäfte mit Wertpapieren in Währung.[971]

---

[969] Vgl. BFA 3/1995, FN 1995, 426.
[970] Abgedruckt in CMBS 4.270.
[971] Ausführlich zu den MaH vgl. Scharpf/Luz, 15 ff.; zum Risikomanagement sowie zu den organisatorischen Erfordernissen vgl. Scharpf/Luz, 64 ff., Scharpf (1998), 11 ff. und Scharpf (1999), 177 ff.

Die Bestimmungen der MaH sind mit Ausnahme der Regelungen in Abschnitt „6.1 Valutagerechte Buchung von Wertpapierkassageschäften" auf Kommissionsgeschäfte ohne Selbsteintritt in (Währungs-) Derivaten nicht anzuwenden. Kommissionsgeschäfte ohne Selbsteintritt in Devisen, die nachweislich unverzüglich durch ein Gegengeschäft mit dem Zentralinstitut glattgestellt werden, sind vorbehaltlich der Regelungen im Abschnitt „3.3 Rechtliche Risiken" von der Anwendung des Abschnitts „3. Risiko-Controlling und Risiko-Management" der MaH ausgenommen. Im Übrigen sind die MaH auf Devisengeschäfte uneingeschränkt anzuwenden.

Die MaH sind sowohl von Kredit- als auch von Finanzdienstleistungsinstituten sowie von Kapitalanlagegesellschaften anzuwenden. Besonders zu beachten sind die Bestimmungen der MaH zu folgenden Themenbereichen:

- Festlegung von Rahmenbedingungen,
- marktgerechte Bedingungen,
- Aufbewahrung von Geschäftsunterlagen,
- Risikocontrolling und -management,
- Organisation der Handelstätigkeit.

Währungsgeschäfte unterliegen in erster Linie dem Wechselkursänderungsrisiko. Daneben hat das Zinsänderungsrisiko und das Erfüllungsrisiko eine wesentliche Bedeutung. Im Zusammenhang mit Währungsgeschäften unterliegt jedes Institut selbstverständlich auch den organisatorischen und rechtlichen Risiken.

Das sog. Transaktionsrisiko umfasst sowohl das reine Kursrisiko (Wechselkursrisiko) als auch das Swapsatzrisiko (Zinsänderungsrisiko). Das **Kursrisiko** besteht immer dann, wenn das Unternehmen eine offene Währungsposition hat. Bei einer geschlossenen Währungsposition wird dagegen ein Kursverlust aufgrund einer Kursveränderung stets durch einen entsprechenden Kursgewinn ausgeglichen.[972] Während das Kursrisiko das Risiko der offenen Position ist, entsteht das **Swapsatzrisiko** innerhalb einer betragsmäßig geschlossenen Position, wenn die Fälligkeiten der Liefer- und Abnahmeverpflichtungen nicht übereinstimmen, dh. die Terminkurse für die unterschiedlichen Fälligkeiten unterschiedlich hoch sind. Dies ist ein Zinsänderungsrisiko.[973]

Diese Geschäfte sind ferner mit einem von der Bonität des Geschäftspartners abhängigen **Erfüllungsrisiko** verbunden. Die Prüfung und Überwachung der Bonität der Geschäftspartner hat nach den hierfür allgemein geltenden Regeln zu erfolgen. Es ist insbesondere darauf zu achten, dass sämtliche Geschäfte unverzüglich auf die entsprechenden Limite angerechnet werden. Bei Termingeschäften spielt auch die Frage eine Rolle, ob der Geschäftspartner Einwendungen aus der Art des Geschäfts (zB Differenzeinwand) geltend machen kann.

---

[972] Vgl. Scharpf/Luz, 112.
[973] Vgl. Scharpf/Luz, 112.

Die Prüfung der Währungsgeschäfte umfasst auch die Prüfung des internen Kontrollsystems einschließlich der Einhaltung von Arbeitsanweisungen und der Beachtung des Prinzips der Funktionstrennung sowie die Prüfung, ob die durchgeführten Geschäfte nach der Satzung bzw. dem Gesellschaftsvertrag zulässig sind.[974] Darüber hinaus ist das Risikocontrolling und das Risikomanagement zu prüfen.

4.8.15.3. Bewertung der Devisengeschäfte

Zur Prüfung der Bewertung der Währungsgeschäfte sind die Zins- und Währungsverhältnisse des Bilanzstichtags heranzuziehen. Nicht quotierte Terminkurse sind zu berechnen.[975] Zur Ermittlung der Terminkurse vgl. Kapitel 4.8.3.6. Hierbei ist darauf zu achten, dass korrekte Daten (Kassakurse, Zinsstrukturkurven) verwendet werden.

4.8.15.4. Prüfungsbericht

Nach § 11 PrüfbV ist in einem besonderen Abschnitt des Prüfungsberichts die **Organisation** und das **Kontrollsystem** des Handelsgeschäfts in Devisen darzustellen und deren Ordnungsmäßigkeit zu beurteilen, insbesondere ist über die Einhaltung der MaH sowie der Anforderungen an **Mitarbeitergeschäfte** (soweit Letztere nicht einer Prüfung nach § 36 WpHG unterliegen) zu berichten. Die Berichterstattung erfolgt üblicherweise in dem Abschnitt, in dem über Handelsgeschäfte berichtet wird.

Bei Devisen ist außerdem über bereits **abgewickelte Geschäfte** zu berichten, soweit sich **Auffälligkeiten** ergeben haben (§ 11 Abs. 2 PrüfbV). Im Rahmen der Berichterstattung nach § 11 Abs. 1 und 2 PrüfbV werden von der BaFin auch Ausführungen erwartet über die Entwicklung der Devisengeschäfte und über den Verlauf bei bereits abgewickelten Devisengeschäften unter Angabe der Volumensänderungen und unter dem Aspekt des bewussten Eingehens von Währungsrisiken.[976]

Die **Methode der Bewertung** der Währungspositionen ist darzulegen und die Ordnungsmäßigkeit der Bewertung ist zu bestätigen (§ 11 Abs. 2 Satz 2 PrüfbV).[977] Es ist ferner darzulegen, ob die notwendigen Rückstellungen gebildet worden sind. Falls kompensierende Bewertungen vorgenommen wurden, sind im Rahmen der Berichterstattung die maßgeblichen Kriterien für die Zuordnung darzustellen und Angaben über die Höhe der verrechneten Aufwendungen und Erträge zu machen.[978] Soweit Überhänge aus unrealisierten Gewinnen verbleiben, ist eine Aussage zur ertragswirksamen Behandlung zu treffen.

---

[974] Vgl. BFA 3/1995, FN 1995, 429.
[975] Vgl. BFA 3/1995, FN 1995, 429.
[976] Vgl. Erläuterungen zur PrüfbV, CMBS 13.01a, 7j.
[977] So auch BFA 3/1995, FN 1995, 429.
[978] Vgl. Erläuterungen zur PrüfbV, CMBS 13.01a, 7i.

Im Prüfungsbericht sind die Ergebnisse der Prüfung des internen Kontrollsystems und der Erfassung der Währungsgeschäfte darzustellen. Ferner ist die Art und der Umfang der Währungsgeschäfte und der Stand der Positionen am Bilanzstichtag darzustellen.[979]

Im Zusammenhang mit der Berichterstattung über die Positionen ist zu den im Währungsgeschäft enthaltenen **Bonitäts- und Währungsrisiken** kritisch Stellung zu nehmen.[980]

Über **auffällige Einzelgeschäfte**, insbesondere zu marktabweichenden Kursen, muss berichtet werden.[981]

Die **Prüfungshandlungen** nach § 11 PrüfbV können zu einem vorgezogenen Prüfungsstichtag durchgeführt werden, der nicht länger als vier Monate vor dem Bilanzstichtag liegen darf.[982] In diesen Fällen ist in dem Bericht auf wesentlichen Änderungen bis zum Bilanzstichtag hinzuweisen.

4.8.16. Neuerungen durch Einführung der Mengennotierung

Mengen- und Preisnotierung

Anstelle der DEM-Preisnotierung werden die Devisenkurse des Euro seit dem 01.01.1999 als Mengennotierung zu einem Euro dargestellt. Da bei der Mengennotierung der Euro als feste Bezugsgröße dient, ergeben sich bei der Mengennotierung bezüglich der Devisenkassa-, Devisentermin- und Devisenoptionsgeschäfte eine Reihe von Neuerungen, die nachfolgend kurz dargestellt werden.[983]

Bei der Preisnotierung wird der Inlandspreis für eine (bzw. hundert oder tausend) Einheit(en) ausländischer Währung notiert. Bei der Mengennotierung wird dagegen diejenige Menge ausländischer Währung angegeben, die notwendig ist, um eine Einheit der inländischen Währung (ein Euro) zu kaufen oder zu verkaufen.[984]

Die Kursspannen zwischen Geld- und Briefkurs werden demzufolge bei der Mengennotierung entgegen der Preisnotierung nicht in Inlandswährung, sondern in Fremdwährungseinheiten ausgewiesen.

---

[979] Vgl. BFA 3/1995, FN 1995, 429.
[980] Vgl. BFA 3/1995, FN 1995, 429.
[981] Vgl. BFA 3/1995, FN 1995, 429.
[982] Vgl. Erläuterungen zur PrüfV, CMBS 13.01a, 7i.
[983] Ein Euro entspricht 1,95583 DEM.
[984] Vgl. Commerzbank, 20 ff.; Schiller/Marek, FB 2001, 197.

Kassageschäfte

Zwischen Handels- und Liefertag liegen bei Devisenkassageschäften im Regelfall zwei Geschäftstage. Gegenüber der Preisnotierung haben sich bei Devisenkassageschäften für Kassakäufe und -verkäufe von Fremdwährung aufgrund der Mengennotierung folgende Änderungen ergeben:

- **Kassakauf von Fremdwährung**
  Will die Bank Fremdwährung (zB USD) kaufen, muss sie Inlandwährung verkaufen. Für die Umrechnung in Inlandswährung (EUR) muss bei der Mengennotierung hierzu der Fremdwährungsbetrag (zB USD) durch den **EUR-Geldkurs** dividiert werden (Preisnotierung: Fremdwährungsbetrag multipliziert mit Briefkurs).
- **Kassaverkauf von Fremdwährung**
  Will die Bank Fremdwährung (zB USD) verkaufen, muss sie Inlandwährung kaufen. Für die Umrechnung in Inlandswährung (EUR) muss bei der Mengennotierung der Fremdwährungsbetrag durch den **EUR-Briefkurs** dividiert werden (Preisnotierung: Fremdwährungsbetrag multipliziert mit Geldkurs).

Devisentermingeschäfte

Der Devisenterminkurs setzt sich zusammen aus dem aktuellen Kassakurs und dem Swapsatz, bei dem es sich um einen Aufschlag (Report) oder einen Abschlag (Deport) vom Kassakurs handeln kann. Der Swapsatz ist in erster Linie durch die Zinsstruktur im Inland und im Ausland beeinflusst. Zur Ermittlung des Terminkurses vgl. Kapitel 4.8.3.6.

Mit der Umstellung auf die Mengennotierung hat sich die Zuordnung von Aufschlag (positiver Swapsatz) und Abschlag (negativer Swapsatz) umgekehrt.

- **Auslandszins > Inlandszins**
  Ein höherer ausländischer Zinssatz (zB für USD) im Vergleich zum inländischen Zinssatz (EUR) bewirkt bei der Mengennotierung einen **Aufschlag** bzw. Report (Preisnotierung: Abschlag).
- **Auslandszins < Inlandszins**
  Ein niedrigerer ausländischer Zinssatz (zB für CHF) im Vergleich zum inländischen Zinssatz (EUR) führt bei der Mengennotierung zu einem **Abschlag** bzw. Deport (Preisnotierung: Aufschlag).

Für die Kurssicherung eines künftigen **Zahlungseingangs in Fremdwährung** (dies führt zu einem künftigen Verkauf der Fremdwährung) sind nunmehr die Termin-Briefkurse (Preisnotierung: Geldkurse) heranzuziehen. Wird hingegen ein **Zahlungsausgang in Fremdwährung** gesichert, sind Termin-Geldkurse zu verwenden.

Devisenoptionen

Die durch die Mengennotierung bedingte Umkehr der Begriffe hat auch im Bereich der Devisenoptionen ihre logische Fortsetzung. Die Begriffe Call und Put beziehen sich nunmehr auf den Euro (Preisnotierung: Fremdwährung).

- **Absicherung eines künftigen Fremdwährungseingangs**
  Künftige Zahlungseingänge in Fremdwährung (zB USD) werden nunmehr mittels Kauf eines EUR-Calls (Preisnotierung: Kauf eines USD-Put) auf Termin gesichert.
- **Absicherung eines künftigen Fremdwährungsausgangs**
  Künftige Zahlungsverpflichtungen in Fremdwährung (zB USD) werden bei Mengennotierung mittels Kauf eines EUR-Put (Preisnotierung: Kauf eines USD-Call) gegen Währungsrisiken auf Termin gesichert.

Darüber hinaus wird die für den Kauf einer Option erforderliche **Prämie** jetzt in Fremdwährung fällig.

Kursfeststellungen

Mit der Einführung des Euro wurde die amtliche Devisenkursfeststellung eingestellt. Seit Anfang 1999 stellen primär die privaten Großbanken individuell in einem jeweils eigenen „internen Fixing" repräsentative Marktkurse fest. Die einzelne Bank tätigt zu diesen Kursen Geschäfte mit ihren Kunden.

Darüber hinaus ermitteln Geschäftsbanken aus dem **öffentlich-rechtlichen** sowie dem **genossenschaftlichen Bankensektor** gemeinsame Referenzkurse (sog. Euro-FX: USD, JPY, GBP, CHF, CAD, NOK, DKK und SEK). Sie melden hierzu nach einem fest vorgegebenen Verfahren über eine spezielle Handelsplattform eines elektronischen Informationssystems die von ihnen festgestellten Mittelkurse. Nachdem die beiden höchsten und niedrigsten Mittelkurse je Währung gestrichen wurden, wird das arithmetische Mittel errechnet.

Unabhängig von den Geschäftsbanken werden vom **Europäischen System der Zentralbanken** Devisenkurse ermittelt. Diese Kurse kommen idR nicht bei der Abrechnung von Kundenaufträgen infrage. Sie werden eher dann verwendet, wenn ein „amtlicher" Devisenkurs erforderlich ist, also etwa bei der Bewertung im Jahresabschluss.[985]

---

[985] Vgl. auch Schiller/Marek, FB 2001, 199 f.

4.9. Bewertung der Verbindlichkeiten und Rückstellungen

4.9.1. Gültigkeit der allgemeinen Rechnungslegungsregeln für Institute

Handelsbilanz

Für die Bewertung der Verbindlichkeiten und Rückstellungen gelten die allgemeinen Vorschriften des HGB. Mit Ausnahme der Umrechnung von Währungsschulden, für die § 340h HGB zu beachten ist, ergeben sich aus dem Bankbilanzrichtlinie-Gesetz keine Besonderheiten gegenüber dem bisherigen Rechnungslegungsrecht.

Verbindlichkeiten sind daher zu ihrem Rückzahlungsbetrag, Rentenverpflichtungen, für die eine Gegenleistung nicht mehr zu erwarten ist, zu ihrem Barwert und Rückstellungen nur in Höhe des Betrags anzusetzen, der nach vernünftiger kaufmännischer Beurteilung notwendig ist.

Der **Rückzahlungsbetrag** von Verbindlichkeiten ist idR identisch mit dem Betrag, zu dem die Verbindlichkeiten eingegangen wurden (Verfügungsbetrag, Ausgabebetrag). Ein **höherer** Rückzahlungsbetrag kann sich aus einem Auszahlungsdisagio oder einem Rückzahlungsagio ergeben. Ein (ausnahmsweise) **niedrigerer** Rückzahlungsbetrag kann aus einem Rückzahlungsdisagio resultieren. Durch Änderung der Kapitalmarktverhältnisse wird der Rückzahlungsbetrag einer Verbindlichkeit nicht berührt. Maßgebend ist grundsätzlich der Betrag, der bei normaler Abwicklung der Verbindlichkeit zu zahlen ist.[986] Können in der Zukunft noch Schwankungen des Rückzahlungsbetrags auftreten, wie bspw. bei Währungsverbindlichkeiten oder Sachleistungsverbindlichkeiten, so sind zunächst die Verhältnisse im Zeitpunkt der Einbuchung zugrunde zu legen. Spätere Entwicklungen, die zu einem höheren Rückzahlungsbetrag führen, sind bei der Bewertung zu berücksichtigen.[987]

Auszahlungsdisagio und Rückzahlungsagio (Rückzahlungsbetrag > Verfügungsbetrag) **dürfen** mittels eines aktiven Rechnungsabgrenzungspostens aktivisch abgegrenzt werden (§ 250 Abs. 3 HGB). Ein Rückzahlungsdisagio (Rückzahlungsbetrag < Verfügungsbetrag) ist nach den Grundsätzen ordnungsmäßiger Bilanzierung in Form eines passiven Rechnungsabgrenzungspostens zu passivieren (§ 250 Abs. 2 HGB) und anteilig während der Laufzeit der Verbindlichkeit zu vereinnahmen.

Die **Abzinsung** unverzinslicher oder niedrig verzinslicher Verbindlichkeiten ist in der Handelsbilanz grundsätzlich nicht zulässig. Bei Verbindlichkeiten mit steigender Verzinsung ist ggf. eine Rückstellung zu bilden.

Zerobonds sind beim Emittenten nur mit dem Betrag zu passivieren, der am Bilanzstichtag geschuldet wird (Nettomethode), dh. dem Ausgabebetrag zuzüglich der aufgrund einer kapi-

---

[986] Vgl. ADS 6. Aufl. § 253 HGB Rn. 73.
[987] Vgl. ADS 6. Aufl. § 253 HGB Rn. 75.

talabhängigen Effektivverzinsung vermittelten Zinsschuld, die bis zum Bilanzstichtag entstanden ist.

Steuerbilanz

Verbindlichkeiten sind in der Steuerbilanz seit dem Wirtschaftsjahr 1999 grundsätzlich mit 5,5 % abzuzinsen (§ 6 Abs. 1 Nr. 3 EStG).[988] Ausgenommen sind Verbindlichkeiten mit einer (Rest-) Laufzeit von weniger als 12 Monaten, verzinsliche Verbindlichkeiten sowie Verbindlichkeiten, die auf einer Anzahlung oder Vorausleistung beruhen. Verzinsliche Verbindlichkeiten liegen vor, wenn ein Zinssatz von mehr als 0 % vereinbart ist. Die Vereinbarung eines Zinssatzes nahe 0 % kann im Einzelfall als missbräuchliche Gestaltung iSd. § 42 AO zu beurteilen sein.[989]

Hat der Darlehensgeber mit dem Darlehensnehmer keine Verzinsung im vorstehenden Sinne vereinbart, das Darlehen aber unter einer Auflage gewährt, nach der die Vorteile aus der Zinslosigkeit dem Darlehensnehmer nicht verbleiben, unterbleibt die Abzinsung.[990] Eine derartige Auflage entspricht in ihrem wirtschaftlichen Gehalt einer Zinsvereinbarung.[991]

Da bei Instituten Verbindlichkeiten im Regelfall verzinslich sind, kommt in diesen Fällen keine Abzinsung in Betracht. Verbindlichkeiten gelten auch dann als verzinslich, wenn ein Zinssatz, der deutlich unter 5,5 % liegt, vereinbart ist. Es wird auch eine sehr geringe Verzinsung akzeptiert, es sei denn, es liegt ein offensichtlicher Gestaltungsmissbrauch iSd. § 42 AO vor.[992] Zur Abzinsung von Gesellschafterdarlehen hat van de Loo[993] Stellung genommen.

Zur voraussichtlich dauernden Werterhöhung von Verbindlichkeiten bei (Wechsel-) Kursschwankungen hat sich das BMF mit Schreiben vom 12.8.2002[994] geäußert. Bei Währungsverbindlichkeiten ist danach für die Rückzahlungsverpflichtung grundsätzlich der Wert zum Zeitpunkt des Entstehens der Verbindlichkeit maßgeblich. Nur unter der Voraussetzung einer voraussichtlich dauernden Erhöhung des Kurswerts kann an den nachfolgenden Bilanzstichtagen der höhere Kurs angesetzt werden. Eine voraussichtlich dauernde Erhöhung des Kurswerts einer Verbindlichkeit liegt nur bei einer nachhaltigen Erhöhung des Wechselkurses ggü.

---

[988] Vgl. Beiser, DB 2001, 296.
[989] Vgl. BMF-Schreiben vom 23.8.1999, BStBl. 1999 I, 818.
[990] Die mit der Gewährung von Darlehen zur Förderung des sozialen Wohnungsbaus, des Wohnungsbaus für Angehörige des öffentlichen Dienstes und des Bergarbeiterwohnungsbaus oder anderer Förderprogramme im Bereich des Wohnungswesens verbundenen Auflagen, die den Darlehensnehmer insbesondere dazu verpflichten, die geförderten Wohnungen nur bestimmten Wohnungssuchenden zu überlassen (Belegungsbindung) oder Vorteile aus der Zinslosigkeit in Form von preisgünstigen Mieten an Dritte weiterzugeben, sind als Auflage in diesem Sinne zu verstehen; derartige Darlehen sind nicht abzuzinsen; vgl. BMF-Schreiben vom 23.8.1999, BStBl. 1999 I, 818.
[991] Vgl. BMF-Schreiben vom 23.8.1999, BStBl. 1999 I, 818.
[992] Vgl. hierzu auch van de Loo, DStR 2000, 509.
[993] Vgl. van de Loo, DStR 2000, 509.
[994] Vgl. BMF-Schreiben vom 12.8.2002, BStBl. 2002 I, 793 f.; DB 2002, 1738 f.

dem Kurs bei Entstehung der Verbindlichkeit vor. Die Änderung ist nach Ansicht des BMF voraussichtlich nachhaltig, wenn der Steuerpflichtige hiermit aus Sicht des Bilanzstichtags aufgrund objektiver Anzeichen ernsthaft rechnen muss. Auf den Devisenmärkten übliche Wechselkursschwankungen berechtigen nach Ansicht des BMF nicht zu einem höheren Ansatz der Verbindlichkeit.

Für Wirtschaftsjahre, die nach dem 31. Dezember 1996 enden, sind **Drohverlustrückstellungen** in der Steuerbilanz nicht mehr anerkannt (§ 5 Abs. 4a EStG iVm. § 52 Abs. 13 EStG). Damit kommt der Abgrenzung zwischen Verbindlichkeits- und Drohverlustrückstellung eine besondere Bedeutung zu.

Nach § 6 Abs. 1 Nr. 3a EStG sind **Rückstellungen** insbesondere unter Berücksichtigung folgender Grundsätze anzusetzen:

- Bewertung von gleichartigen Verpflichtungen auf der Grundlage der Erfahrungen in der Vergangenheit (§ 6 Abs. 1 Nr. 3a Buchstabe a) EStG).
- Bewertung von Sachleistungsverpflichtungen mit den Einzelkosten und den angemessenen Teilen der notwendigen Gemeinkosten (§ 6 Abs. 1 Nr. 3a Buchstabe b) EStG).
- Rückstellungsmindernde Berücksichtigung von künftigen Verlusten, die mit der Erfüllung der Verpflichtung voraussichtlich verbunden sein werden (§ 6 Abs. 1 Nr. 3a Buchstabe c) EStG).
- Zeitanteilige und gleichmäßige Ansammlung von Rückstellungen, für deren Entstehen im wirtschaftlichen Sinne der laufende Betrieb ursächlich ist (§ 6 Abs. 1 Nr. 3a Buchstabe d) EStG).
- Abzinsung von Rückstellungen (§ 6 Abs. 1 Nr. 3a Buchstabe e) EStG).

Die Abzinsung von Rückstellungen in der **Steuerbilanz** erfolgt wie bei Verbindlichkeiten grundsätzlich mit einem Zinssatz in Höhe von 5,5 %. Von der Abzinsung ausgenommen sind Rückstellungen deren (Rest-) Laufzeit am Bilanzstichtag weniger als 12 Monate beträgt oder die verzinslich sind. Bei Sachleistungsverpflichtungen erstreckt sich der Abzinsungszeitraum bis zum voraussichtlichen Beginn der Erfüllung.

Aufgrund der vorstehend aufgeführten Abweichungen zwischen Handels- und Steuerbilanz wird der nach den steuerrechtlichen Vorschriften zu versteuernde Gewinn regelmäßig höher als das handelsrechtliche Ergebnis sein. Dadurch ist der dem Geschäftsjahr zuzurechnende Steueraufwand zu hoch. Dieser zu hohe Steueraufwand wird sich voraussichtlich in späteren Geschäftsjahren wieder ausgleichen. Damit liegen regelmäßig die Voraussetzungen für die (freiwillige) Bildung eines aktiven Abgrenzungspostens für **latente Steuern** vor (§ 274 Abs. 2 HGB).

4.9.2. Über- und unterverzinsliche Verbindlichkeiten

Der **Zeitwert** („Marktwert") bzw. der steuerliche Teilwert einer Verbindlichkeit hängt ua. davon ab, ob sich die marktüblichen Konditionen gegenüber dem Zeitpunkt des Eingehens der Verbindlichkeit geändert haben. Sieht man von anderen Einflussfaktoren ab, ergibt sich der rechnerische Wert einer Darlehensverbindlichkeit aus dem Barwert ihrer künftigen Zins- und Tilgungszahlungen.[995] Wird das Darlehen im Betrachtungszeitpunkt (Bilanzstichtag) marktüblich verzinst, stimmt der Barwert mit dem Nennbetrag des Darlehens überein.

Liegt die tatsächliche Nominalverzinsung des Darlehens (zB 6 %) unter dem Marktzinsniveau (zB 7 %), handelt es sich also um eine unterverzinsliche Verbindlichkeit, ergibt die Barwertermittlung einen unter dem Nennwert liegenden Wert.[996]

Ist die Verbindlichkeit im Zeitablauf deshalb überverzinslich geworden, weil die Marktzinsen (zB 5 %) im Vergleich zum vereinbarten Zins (zB 6 %) gesunken sind, ist der Barwert der Verbindlichkeit über den Nennwert gestiegen.

Der Ansatz eines niedrigeren Zeitwerts, der sich bei ursprünglich marktgerecht vereinbarter Verzinsung aufgrund im Zeitablauf angestiegener Marktzinsen ergeben hat, ist aufgrund des Realisationsprinzips nicht zulässig, da der Ansatz des niedrigeren Barwerts zum Ausweis zukünftiger Erträge führen würde. **Unterverzinsliche** (unverzinsliche und niedrig verzinsliche) **Verbindlichkeiten** sind daher stets zu ihrem (höheren) Rückzahlungsbetrag anzusetzen.

Ist die Verbindlichkeit bei ursprünglich marktgerecht vereinbarter Verzinsung mittlerweile überverzinslich geworden, weil sich das Niveau der Marktzinsen (zB 5 %) gegenüber den vereinbarten Nominalzinsen (zB 6 %) gesenkt hat, liegt - wie oben bereits erwähnt - der Zeitwert bzw. Teilwert („Marktwert") in Form des Barwerts sämtlicher künftigen Zins- und Tilgungszahlungen über dem Anschaffungswert (Rückzahlungsbetrag, Nennwert) der Verbindlichkeit. Stehen dieser **Überverzinslichkeit** keine anderen **Vorteile** gegenüber, stellt sie grundsätzlich einen drohenden Verlust (höherer Teilwert der Verbindlichkeit) dar, denn ein gedachter Erwerber des Unternehmens würde den höheren Zeitwert der Verbindlichkeit kaufpreismindernd berücksichtigen.[997]

---

[995] Nach Oestreicher, BB 1993, Beilage 12 zu Heft 18, 10 erfolgt die Abzinsung der einzelnen Zahlungen mithilfe der internen Verzinsung des durchschnittlich gebundenen Kapitals.
[996] Ein gedachter Erwerber des Unternehmens würde die Unterverzinslichkeit dadurch berücksichtigen, dass er eine entsprechend niedrigere Verbindlichkeit zum Ansatz bringen, dh. mehr für das Unternehmen bezahlen würde.
[997] Vgl. Moxter, WPg 1984, 406; zT aA ADS 6. Auflage § 253 HGB Rn. 78.

In der Bilanzierungspraxis werden derzeit für diese Mehrzinsen (Barwert der Mehrzinsen) **keine Rückstellungen** gebildet.[998] Diese Nichtberücksichtigung kann aus den folgenden Überlegungen abgeleitet werden.[999]

- Auf der Aktivseite wird das Imparitätsprinzips durch das Niederstwertprinzip konkretisiert. Für die Bewertung von Schulden ist dementsprechend das Höchstwertprinzip maßgebend. Im Gegensatz zur Aktivseite nimmt das HGB bei Schulden keine typisierende Trennung zwischen „strengem" und „gemildertem" Höchstwertprinzip vor, sodass die Verlustantizipation ausschließlich aus dem Imparitätsprinzip abzuleiten ist.[1000]
- Gleichzeitig ist zu beachten, dass für die Berücksichtigung der Verlustgefahr aus veränderten Marktzinsen bei Verbindlichkeiten keine strengeren Maßstäbe gelten können als bei schwebenden Geschäften. Deshalb muss man annehmen, dass es in der vernünftigen kaufmännischen Beurteilung des bilanzierenden Kaufmanns liegt, inwieweit im Einzelfall die vorzeitige Rückzahlung einer Verbindlichkeit zum höheren Zeitwert droht.[1001]
- Nur wenn die Wertsteigerung eines Passivums dazu führt, dass der künftige Abgang dieses Passivums verlustträchtig ist, muss der Verlust bereits am Bilanzstichtag antizipiert werden.[1002]

Nach der Stellungnahme IDW RS HFA 4 zu „*Zweifelsfragen zum Ansatz und zur Bewertung von Drohverlustrückstellungen*"[1003] handelt es sich bei Kreditverträgen um schwebende Geschäfte.[1004] Da der Schuldner Empfänger der Leistung (Nutzungsüberlassung des Kapitals) ist, handelt es sich bei Kreditgeschäften beim Schuldner um ein schwebendes Beschaffungsgeschäft iSd. IDW RS HFA 4 über nicht bilanzierungsfähige Leistungen (Nutzungsüberlassung).[1005]

Für diese ist eine Drohverlustrückstellung nur dann zu bilden, wenn der Beitrag der Gegenleistung zum Unternehmenserfolg hinter dem Wert der vom Bilanzierenden zu erbringenden Leistung zurückbleibt.[1006] Da der Beitrag der Gegenleistung zum Unternehmenserfolg[1007] mangels Ertragszurechenbarkeit nicht hinreichend objektivierbar ist, kommt die Bilanzierung einer Drohverlustrückstellung nur bei vollends fehlender oder nicht nennenswerter Nutzungs- oder Verwertungsmöglichkeit in Betracht. Eine an den Wiederbeschaffungskosten (aktueller Marktzins) orientierte Bewertung der Gegenleistung ist nach Tz. 32 des IDW RS HFA 4 nicht

---

[998] Siehe BeBiKo 5. Auflage § 253 HGB Rn. 60; ADS 6. Auflage § 253 HGB Rn. 78; der BFH lehnt diese Rückstellung offensichtlich ab, BFH-Urteil v. 25.2.1986, BStBl. II 1986, 465 hier 466.
[999] Ausführlich bei Oestreicher, BB 1993, Beilage 12 zu Heft 18, 11 f.
[1000] Vgl. Oestreicher, BB 1993, Beilage 12 zu Heft 18, 11 f.
[1001] Vgl. Moxter, WPg 1984, 407.
[1002] Vgl. Moxter, WPg 1984, 406.
[1003] Vgl. IDW RS HFA 4, FN 2000, 290 ff.
[1004] Vgl. IDW RS HFA 4, Rn. 3, FN 2000, 290 ff.
[1005] Vgl. hierzu auch Kessler, WPg 1996, 2 ff.
[1006] Vgl. IDW RS HFA 4, Rn. 32, FN 2000, 290 ff.
[1007] Dies ist der Beitrag, den die Verbindlichkeit aus ihrer Funktion als Verbindlichkeit (Refinanzierung) für den Unternehmenserfolg bringt.

sachgerecht. Mithin scheidet eine Drohverlustrückstellung stets dann aus, wenn die Verbindlichkeit ursprünglich marktgerecht verzinslich war, im Laufe der Zeit aufgrund sich ändernder Marktgegebenheiten jedoch eine Überverzinslichkeit eingetreten ist.

Bei Verbindlichkeiten, deren Barwert aufgrund einer nominellen Überverzinslichkeit über dem Rückzahlungsbetrag liegt, ergibt sich indessen nur dann ein Abgangsverlust, wenn diese Verbindlichkeit nicht bis zum planmäßigen Rückzahlungszeitpunkt gehalten wird, dh. ein Abgangsverlust droht nur bei voraussichtlicher vorzeitiger Tilgung zu einem über dem ursprünglichen Erfüllungsbetrag liegenden Betrag.[1008] Dies entspricht einer Vorfälligkeitsentschädigung. Ist ein derartiger Fall gegeben, muss die Verbindlichkeit zu dem nunmehr höheren Rückzahlungsbetrag passiviert und damit ein Verlust realisiert werden.[1009] Entsprechendes gilt für die Bildung einer Rückstellung, wenn lediglich die Absicht zur vorzeitigen Ablösung besteht.[1010]

Ist andererseits jedoch beabsichtigt und zu erwarten, dass die Verbindlichkeit planmäßig im vereinbarten Rückzahlungszeitpunkt getilgt wird, so bleibt es beim Ansatz des ursprünglichen Rückzahlungsbetrags, weil insoweit keine Abgangsverluste drohen.

Erkauft sich das Unternehmen jedoch bestimmte Vorteile durch die Überverzinslichkeit der Verbindlichkeiten (zB günstige Einkaufsbedingungen) und bestehen diese Vorteile voraussichtlich dauerhaft über die Laufzeit des Kredits, bedarf es keiner Berücksichtigung dieser Mehrzinsen.[1011] Handelt es sich um einen einmaligen Vorteil, muss dieser abgegrenzt und über die Laufzeit der Verbindlichkeit verteilt werden.[1012] Besteht der Vorteil in der Minderung des Kaufpreises zu aktivierender Vermögensgegenstände, so ist der Barwert der Mehrzinsen Bestandteil der Anschaffungskosten der Vermögensgegenstände. Dieser Barwert der Mehrzinsen ist in eine Rückstellung einzustellen.[1013]

Ob für überverzinsliche Verbindlichkeiten eine Drohverlustrückstellung zu bilden ist oder diese Verbindlichkeiten aufzuwerten sind, hängt - wie oben bereits gesagt - davon ab, inwieweit eine vorzeitige Tilgung und damit Abgangsverluste drohen.[1014] Es gilt so gesehen bei den Passiva nichts anderes als bei den Aktiva: Aktiva, die einen unter dem Anschaffungswert liegenden Stichtagswert haben, bei denen aber keine Abgangsverluste drohen (weil es sich um Anlagevermögen handelt und die Wertminderung nur vorübergehend ist), müssen nicht abgewertet werden. Der Bilanzierende hat daher im Einzelfall zu prüfen, inwieweit bei einer Verbindlichkeit die vorzeitige Tilgung und damit die Verlustrealisierung droht. Nur wenn das Prinzip der Unternehmensfortführung (going concern) aufgegeben ist, wenn also die Unter-

---

[1008] Vgl. Moxter, WPg 1984, 406; Oestreicher, BB 1993, Beilage 12 zu Heft 18, 11; Birck/Meyer, V 325; Böcking/Oldenburger, in: MünchKomm. HGB § 340e HGB Rn. 49.
[1009] Vgl. Birck/Meyer, V 324.
[1010] Vgl. Birck/Meyer, V 326.
[1011] Vgl. ADS 6. Auflage § 253 HGB Rn. 80.
[1012] Vgl. BeBiKo 5. Auflage § 253 HGB Rn. 62.
[1013] Vgl. ADS 6. Auflage § 253 HGB Rn. 80; BeBiKo 5. Auflage § 253 HGB Rn. 62.
[1014] Vgl. Moxter, WPg 1984, 406 mwN.

nehmenszerschlagung unmittelbar ansteht, kann davon ausgegangen werden, dass für sämtliche überverzinslichen Verbindlichkeiten eine Aufwertungspflicht besteht.

Bei **Verbindlichkeiten mit steigenden Zinsen** können insbesondere in jenen Perioden, die mit durch höhere Zinssätze erhöhten Ausgaben belastet sind, Verluste auftreten, wenn diese Ausgaben erst in den späteren Perioden als Aufwand verrechnet werden. Für die Bilanzierung wird auf das diesbezügliche Schrifttum verwiesen.[1015] Der BFH hat mit Urteil vom 20.1.1993[1016] die Bildung einer Rückstellung ebenso abgelehnt wie die Bildung eines passiven Rechnungsabgrenzungsposten. Auch die Finanzverwaltung hält in diesem Zusammenhang die Bildung einer Rückstellung für nicht zulässig, da kein Erfüllungsrückstand vorliege.[1017] Die Zahlung der „Mehrzinsen" in einem Folgejahr sei weder rechtlich noch wirtschaftlich im Vorjahr verursacht, sie gelte auch nichts Vergangenes ab.

4.9.3. Besonderheiten bei Kredit- und Finanzdienstleistungsinstituten

Unabhängig von der Höhe der Verzinsung und den Veränderungen des Zinsniveaus werden die Verbindlichkeiten zum Rückzahlungsbetrag, der grundsätzlich mit dem Nominalwert übereinstimmt, bilanziert (§ 253 Abs. 1 Satz 2 HGB). Windmöller[1018] weist in diesem Zusammenhang darauf hin, dass der Bewertung verzinslicher Verbindlichkeiten unausgesprochen die gleichen Überlegungen zugrunde liegen, die auch für die Bewertung der Buchforderungen in Bankbilanzen dominieren.

Entscheidend für den Wertansatz einer Verbindlichkeit sei nicht die Höhe der individuellen Verzinsung, sondern die **Zinsspanne** aus dem gesamten verzinslichen Geschäft.[1019] Das „Verlustrisiko" der hochverzinslichen Geldaufnahme sei letztlich durch ein hochverzinsliches Aktivum gedeckt.[1020]

Die Verzinslichkeit von Aktiva und Passiva spielt bei Kreditinstituten eine ungleich größere Rolle als bei Unternehmen anderer Branchen. Der Grund ist darin zu sehen, dass nahezu sämtliche Produkte (Aktiva und Passiva), mit denen Kreditinstitute handeln, monetärer Natur und damit idR auch verzinslich sind.

Entscheidend für die Tätigkeit bzw. den wirtschaftlichen Erfolg der Kreditinstitute ist die zu erzielende Marge zwischen den Erträgen aus Mittelanlagen und den Refinanzierungskosten. Für die Generierung einer Zinsmarge bieten sich heute verschiedene Möglichkeiten. Unter Berücksichtigung der wirtschaftlichen Betrachtungsweise lässt sich diese nicht nur aus klassi-

---

[1015] Vgl. Kalveram, WPg 1990, 538; Scholz, WPg 1973, 53 ff.; Scheiterle, WPg 1983, 558 ff.
[1016] Vgl. BFH-Urteil v. 20.1.1993, DB 1993, 1061.
[1017] Vgl. OFD Frankfurt v. 17.7.1991, StLex 3, 5-6, 1209.
[1018] Vgl. Windmöller, FS Moxter, 891.
[1019] GlA Böcking/Oldenburger, in: MünchKomm. HGB § 340e HGB Rn. 50.
[1020] Zur Berücksichtigung des Zinsänderungsrisikos vgl. auch Müller, Th., 282 ff.

schen Einlagen- und Kreditgeschäften erzielen, sondern auch durch den Einsatz von Finanzderivaten (zB Zinsswaps).[1021]

Insbesondere für Kreditinstitute, deren Bilanz fast ausschließlich aus verzinslichen Aktiva und Passiva besteht, hat das Zinsänderungsrisiko und dessen Steuerung eine erhebliche (existenzielle) Bedeutung. Hier stellt sich die Frage, welches das Bewertungsobjekt (die Bewertungseinheit) ist, das zur Entscheidung der Frage betrachtet werden muss, ob ein Verlust droht.

Eine direkte Zuordnung einzelner Aktiva und Passiva kann in diesem Zusammenhang sinnvoll nur dann erfolgen, wenn diese Zuordnung den tatsächlichen Verhältnissen entspricht, nachweisbar ist und sich auch im Zeitablauf durch Tilgungen usw. nicht geändert hat.[1022] Dies ist bspw. bei Krediten mit fest kontrahierten Margen (zB durchlaufende Kredite), bei denen Laufzeit, Zinssatz und Tilgung exakt aufeinander abgestimmt sind, denkbar.[1023] Solche Verhältnisse können auch bei der Ausreichung langfristiger Kredite aus bestimmten Reihen oder Serien von Anleihen gegeben sein.

Im Regelfall ist eine solche Zuordnung bei Kreditinstituten nicht möglich und auch nicht sinnvoll. Auf eine Abwertung von unterverzinslichen Forderungen bzw. auf eine Aufwertung bzw. Bildung von Drohverlustrückstellungen für überverzinsliche Verbindlichkeiten wird daher nach derzeit hM bei Kreditinstituten dann verzichtet, wenn der Erfolgssaldo aus dem Aktiv- und Passivgeschäft positiv ist.[1024] Aufgrund der Komplexität der Beziehungen zwischen der Mittelbeschaffung und -verwendung wird vielmehr die Gesamtheit der zinstragenden Passiva der Gesamtheit der zinstragenden Aktiva gegenübergestellt. Eine Rückstellung wird nur dann gebildet, wenn aus dem gesamten zinstragenden Geschäft unter Berücksichtigung der offenen und der geschlossenen Positionen ein Verlust in Form einer negativen Zinsmarge droht.

Für die zuletzt genannte Vorgehensweise spricht, dass durch diese *„einheitliche Betrachtung willkürliche Zuordnungen vermieden werden."*[1025] Der BFA hat ebenfalls darauf hingewiesen, dass als Grundlage für die Beurteilung der Zinsrisiken eines Kreditinstituts nur eine Zusammenfassung aller zinstragenden Geschäfte und aller einem Zinsrisiko unterliegenden Posten in Betracht kommen kann.[1026] Diesem Verfahren steht der Grundsatz der Einzelbewertung nicht entgegen, da es sich nicht um die Bewertung einzelner Vermögensgegenstände oder Schulden handelt, sondern um die Bemessung einer Drohverlustrückstellung.

[1021] Vgl. Naumann (1995), 72 ff.
[1022] Vgl. Birck/Meyer, V 350; Krumnow ua., 2. Aufl., § 340e HGB Rn. 277.
[1023] Vgl. Birck/Meyer, V 350; Krumnow ua., 2. Aufl., § 340e HGB Rn. 277.
[1024] Vgl. Birck/Meyer, V 349 f.; Scholz, 133; Schwarze, 137; Krumnow ua., 2. Aufl., § 340e HGB Rn. 280; zur steuerlichen Sichtweise vgl. Hamacher/Seidel ua., Kza. 1250, 13.
[1025] Vgl. Krumnow ua., 2. Aufl., § 340e HGB Rn. 280.
[1026] Vgl. BFA, FN 1986, 447 f.

4.9.4. Verbriefte (börsennotierte) Verbindlichkeiten (Anleihen)

Hinsichtlich der Bilanzierung zum Rückzahlungsbetrag bestehen gegenüber der Bilanzierung der oben dargestellten Verbindlichkeiten keine Besonderheiten. Bei börsennotierten Wertpapieren schlägt sich ein gegenüber der Erstverbuchung verändertes Marktzinsniveau im Börsenkurs nieder. Der Marktwert konkretisiert die Höhe der ggf. drohenden Abgangsverluste, die sich aus der vorzeitigen Einlösung der Anleihen und Schuldverschreibungen zum höheren Kurswert ergeben können.

Die Berücksichtigung eines höheren Kurswerts aufgrund geänderter Marktzinsen kommt hier ebenso wie bei den übrigen Verbindlichkeiten solange nicht in Betracht, wie davon auszugehen ist, dass eine vorzeitige Rückzahlung nicht stattfindet.[1027]

4.9.5. Ausbuchung von Verbindlichkeiten

Verbindlichkeiten, die mit an Sicherheit grenzender Wahrscheinlichkeit **nicht erfüllt** werden müssen, dürfen weder in der Handelsbilanz noch in der Steuerbilanz passiviert werden.[1028]

Mit Urteil vom 3.6.1992[1029] hat der BFH klargestellt, dass das Merkmal *„mit an Sicherheit grenzender Wahrscheinlichkeit"* nur dann erfüllt ist, wenn aufgrund der konkreten Umstände des Einzelfalls feststeht, dass die Verbindlichkeit nicht mehr erfüllt werden muss. Im Allgemeinen sei allerdings davon auszugehen, dass der Gläubiger von seinen Rechten Gebrauch machen wird. In einem weiteren Urteil vom 9.2.1993[1030] hat der BFH angeführt, dass diese Grundsätze auch für den Fall bereits verjährter Ansprüche und für die Frage gelten, ob noch mit einer Erfüllung durch den Schuldner zu rechnen ist. Eine Schuld dürfe dann nicht mehr bilanziert werden, wenn sich der Schuldner entschlossen habe, die Einrede der Verjährung zu erheben. Dasselbe gelte auch, wenn anzunehmen sei, dass er sich auf die Verjährung berufen werde.

Bei **Sparkonten**, auf denen in der Vergangenheit über einen längeren Zeitraum hinweg weder Ein- noch Auszahlungen erfolgten, kommt es darauf an, ob das Kreditinstitut insoweit noch damit rechnen muss, dass der Kunde seine Einlage zurückfordert. Unter diese Gruppe fallen jedoch nicht Spareinlagen, bei denen der Kunde jährlich unter Vorlage seines Sparbuchs die Zinsen nachtragen lässt, daneben aber keine weiteren Einzahlungen tätigt oder Auszahlungen vornimmt; denn **Zinsgutschriften** sind als neue Einlagen und damit als Einzahlungen anzusehen, wenn sie auf Verlangen des Gläubigers in das vorgelegte Sparbuch eingetragen werden.[1031]

[1027] Vgl. Oestreicher, BB 1993, Beilage 12 zu Heft 18, 14.
[1028] Vgl. BFH-Urteil v. 22.1.1988, BStBl. II 1989, 359; BFH-Urteil v. 3.6.1992, BFH/NV 1992, 741; BFH-Urteil v. 9.2.1993, DB 1993, 1549.
[1029] Vgl. BFH-Urteil v. 3.6.1992, BFH/NV 1992, 741.
[1030] Vgl. BFH-Urteil v. 9.2.1993, DB 1993, 1549.
[1031] Vgl. Erlass des FM Mecklenburg-Vorpommern v. 22.9.1992, WPg 1992, 734 f.

Bei langjährig fehlenden Ein- und Auszahlungen ist mit hoher Wahrscheinlichkeit nicht zu erwarten, dass die Kunden künftig ihren Rückforderungsanspruch zur Rückzahlung von Spareinlagen geltend machen. Die Verpflichtung des Kreditinstituts zur Rückzahlung von Spareinlagen verliert in diesen Fällen ihre wirtschaftliche Bedeutung.

Die Kundeneinlagen sind deshalb nach Ansicht des Finanzministeriums Mecklenburg-Vorpommern[1032] einschließlich aufgelaufener Zinsen auszubuchen, und zwar spätestens 30 Jahre nach der letzten Ein- oder Auszahlung. Es steht den Kreditinstituten jedoch frei, die Spareinlagen bereits zu einem früheren Zeitpunkt auszubuchen; die Finanzverwaltung kann eine frühere Ausbuchung dagegen nicht verlangen.

Für die Ermittlung des auszubuchenden Betrags ist ggf. eine Schätzung aufgrund der Erfahrungen der Vergangenheit zulässig, da es sich um einen Gesamtbestand gleichartiger Verbindlichkeiten mit jeweils geringem Nennwert handelt.[1033] Das FG Münster[1034] lässt eine Passivierung nur noch in Höhe der wirtschaftlichen Belastung zu, wobei diese durch eine Schätzung (zB durch Vergangenheitswerte) des noch wirtschaftlich gebotenen Schuldbetrags zu erfolgen hat. Im Revisionsurteil des BFH vom 27.3.1996[1035] geht der BFH davon aus, dass kein Erfahrungssatz besteht, wonach sämtliche Verbindlichkeiten nach 30 Jahren auszubuchen sind. Andererseits bestehe aber auch kein Erfahrungssatz, wonach alle Forderungen aus Sparkonten, die weniger als 30 Jahre nicht bewegt wurden, noch geltend gemacht werden. Sparbücher werden auch nach einer Pause von 30 Jahren noch zur Auszahlung vorgelegt. Eine Ausbuchung hat - so der BFH - dann zu erfolgen, wenn die Verbindlichkeit keine wirtschaftliche Belastung mehr darstellt. Dies ist dann der Fall, wenn mit einer Geltendmachung der Forderung durch den Gläubiger mit an Sicherheit grenzender Wahrscheinlichkeit nicht mehr zu rechnen ist. Dieser Betrag der über 30 Jahre nicht bewegten Sparbücher ist durch **Schätzung** zu ermitteln. Der BFH hat hier einen Anteil von 10 % der über 30 Jahre nicht bewegten Sparkonten als Verbindlichkeiten anerkannt, die noch geltend gemacht werden.

4.9.6. Rückstellungen

Die Bildung von Rückstellungen erfolgt bei Instituten nach denselben Grundsätzen wie für andere Unternehmen. Diese sind in Höhe des Betrags anzusetzen, der nach vernünftiger kaufmännischer Beurteilung notwendig ist (§ 253 Abs. 1 Satz 2 HGB). Dieser Wert gilt grundsätzlich auch steuerlich.[1036] Rückstellungen dürfen nach den handelsrechtlichen Vor-

---

[1032] Vgl. FM Mecklenburg-Vorpommern, Erlass v. 22.9.1992, WPg 1992, 735.
[1033] Vgl. FG Münster, Urteil v. 21.10.1994, EFG 1995, 116 (Rev. eingelegt, Az. BFH I R 3/95); BFH-Urteil v. 27.3.1996 I R 3/95, BStBl. II, 471.
[1034] Vgl. FG Münster, Urteil v. 27.3.1995, WPg 1996, 529.
[1035] Vgl. BFH-Urteil v. 27.3.1996, BStBl. II, 470 ff.
[1036] Zu Einzelfragen vgl. Hamacher/Seidel ua., Kza. 1270, 16 ff.

schriften nur dann abgezinst werden, soweit die ihnen zugrunde liegenden Verbindlichkeiten einen Zinsanteil enthalten (§ 253 Abs. 1 Satz 2 HGB).[1037]

[1037] Zur Abzinsung von Rückstellungen in der Steuerbilanz vgl. Rogall/Spengel, BB 2000, 1234 ff.

4.10. Bilanzierung und Prüfung von Wertpapierleihegeschäften

4.10.1. Begriff der Wertpapierleihe

Bei der Wertpapierleihe überträgt der **Verleiher** dem Entleiher Anleihepapiere oder Aktien für eine bestimmte Zeit aus seinem Bestand. Der **Entleiher** verpflichtet sich, nach Ablauf der Leihfrist, Wertpapiere gleicher Ausstattung und Menge zurückzuübertragen (Gattungsschuld). Die Rückgabe der identischen Wertpapiere (dh. derselben Stückenummern) wäre in der Praxis nicht durchführbar. Werden festverzinsliche Wertpapiere verliehen, müssen Papiere des gleichen Emissionsdatums, gleichen Nennbetrags, gleicher Laufzeit und gleicher Verzinsung zurückgegeben werden. Bei Aktien müssen Emittent und Gattung (zB Inhaber- oder Vorzugsaktien) der zurückgegebenen Aktien identisch sein.[1038]

Wertpapierdarlehen können zu verschiedenen **Zwecken** eingesetzt werden.[1039] Der **Verleiher** verbessert mit der Wertpapierleihe die Rendite seines Portfolios. Der **Entleiher** kann mit den entliehenen Wertpapieren Lieferverzögerungen, vor allem im grenzüberschreitenden Wertpapiergeschäft, überbrücken.[1040] Die Wertpapierleihe wird über verschiedene Stellen (Euroclear, CEDEL, Clearstream) technisch abgewickelt.[1041]

Rechtlich handelt es sich nach hM um ein (entgeltliches) **Sachdarlehen** iSd. § 607 BGB. Der Verleiher (Darlehensgeber) ist verpflichtet, dem Entleiher (Darlehensnehmer) die Wertpapiere zu übereignen. Der **Entleiher** tritt in alle Rechte aus den Wertpapieren ein. Er ist als uneingeschränkter Alleineigentümer in der Verwendung der Wertpapiere frei.[1042] Ihm stehen zB das Dividendenrecht, das Stimmrecht usw. zu. Er ist als juristischer Eigentümer auch berechtigt, über die Wertpapiere zu verfügen, er kann die Wertpapiere weiterverleihen, verkaufen oder verpfänden. Ein Gegenwert für die Wertpapiere wird im Gegensatz zum Pensionsgeschäft idR nicht gewährt.

Der Entleiher wird zwar juristischer Eigentümer der Wertpapiere, das Recht und die Erträge aus den Wertpapieren (Dividenden, Bezugsrechte, Zinsen) verbleibt aufgrund der vertraglichen Vereinbarungen idR beim **Verleiher**. Der Verleiher ist dazu vertraglich so gestellt, als sei er nach wie vor Eigentümer der verliehenen Wertpapiere geblieben. Das Risiko eines Kursverlusts geht bei der Wertpapierleihe zulasten des Verleihers.

Als **Gegenleistung** für die leihweise Überlassung der Wertpapiere bezahlt der Entleiher dem Verleiher ein Entgelt. Dieses wird iRd. organisierten Wertpapierleihe pauschal bemessen,

---

[1038] Zur Wertpapierleihe vgl. BAK-Schreiben vom 25.8.1987, CMBS 16.18; BAK-Schreiben vom 8.5.1995, CMBS 3.77; BeBiKo 5. Aufl. § 246 HGB Rn. 150 ff.; Bieg (1998), 161 ff.; Edelmann/Eller, 4 ff.; Häuselmann/Wiesenbart, DB 1990, 2129; Krumnow ua., 2. Aufl., § 340b HGB Rn. 61 ff.; Oho/Hülst, DB 1992, 2582; Prahl/Naumann, WM 1992, 1173.
[1039] Vgl. Edelmann/Eller, 12 ff.; Bieg (1998), 169; Oho/Hülst, DB 1992, 2582.
[1040] Vgl. Hamacher, Die Bank 1990, 34.
[1041] Vgl. Edelmann/Eller, 32.
[1042] Vgl. Oho/Hülst, DB 1992, 2583.

orientiert sich im Übrigen an den Interessen der Vertragsparteien. Die Vergütung für den Verleiher setzt sich zusammen aus der Leihgebühr sowie einer evtl. Ausgleichszahlung für vereinnahmte Erträge aus den verliehenen Wertpapieren.[1043]

Die Wertpapierleihe ist **kein Bankgeschäft** iSd. § 1 Abs. 1 KWG, da die Leihe anderer vertretbarer Sachen (außer Geld) nicht Gegenstand des KWG ist. Die Wertpapierleihe ist auch keine Finanzdienstleistung iSd. § 1 Abs. 1a KWG. Die Aufnahme und die Einstellung des Betreibens der Wertpapierleihe ist damit lediglich ein anzeigepflichtiger Tatbestand iSd. § 24 Abs. 1 Nr. 9 KWG; Eine Erlaubnis iSd. § 32 KWG zum Betreiben von Bankgeschäften bzw. Finanzdienstleistungen ist nicht erforderlich.

4.10.2. Abgrenzung zum Pensionsgeschäft

Vom **unechten Pensionsgeschäft** unterscheidet sich die Wertpapierleihe dadurch, dass der Pensionsnehmer nicht verpflichtet, sondern nur berechtigt ist, die Wertpapiere zurückzuübertragen, wohingegen der Entleiher bei der Wertpapierleihe stets zur Rückgabe verpflichtet ist.

Beim **echten Pensionsgeschäft** werden die Wertpapiere wie bei der Wertpapierleihe zivilrechtlich auf den Pensionsnehmer übertragen, der sich gleichzeitig verpflichtet, die erhaltenen Wertpapiere zu einem bestimmten oder vom Pensionsgeber zu bestimmenden Zeitpunkt zurückzuübertragen. Das echte Pensionsgeschäft ist ein Kassaverkauf, der mit einem Termingeschäft verknüpft wird. Die Wertpapierleihe hingegen stellt ein Sachdarlehen iSd. § 607 BGB dar. Für die Unterscheidung ist entscheidend, ob die Wertpapiere entgeltlich veräußert und entgeltlich zurückübertragen werden (= echtes Pensionsgeschäft) oder ob beide Übertragungsvorgänge unentgeltlich erfolgen und lediglich ein Entgelt für die Nutzungsüberlassung bezahlt wird (= Wertpapierleihe).[1044] Nach Bieg[1045] kann sich allerdings eine andere Beurteilung ergeben, wenn der Entleiher dem Verleiher Barsicherheiten zur Verfügung stellt.

Entsprechend einem echten Pensionsgeschäft trägt das **Risiko** eines Kursverlusts der Verleiher. Im Gegensatz zum Pensionsgeschäft trägt der Verleiher (Darlehensgeber) das Ausfallrisiko seines Kontrahenten, während der Pensionsgeber für die hingegebenen Papiere sofort den jeweiligen Kaufpreis erhält.

Während sich beim Pensionsgeschäft der Pensionsgeber Liquidität verschaffen will (das echte Pensionsgeschäft ist wirtschaftlich eine Kreditaufnahme mit Sicherungsübereignung), will sich der Darlehensnehmer bei der Wertpapierleihe in erster Linie die entsprechenden Stücke beschaffen.[1046]

[1043] Vgl. Oho/Hülst, DB 1992, 2583.
[1044] Vgl. BdF, Schreiben vom 3.4.1990, DStR 1990, 713.
[1045] Vgl. Bieg (1998), 162 f.
[1046] Vgl. Häuselmann/Wiesenbart, DB 1990, 2130.

Beim Pensionsgeschäft wird der Interessenausgleich über die Gestaltung des Kaufpreises und nicht wie beim Wertpapierleihgeschäft über ein besonderes Leihentgelt (zzgl. Ausgleichszahlung für die Erträge aus dem verliehenen Wertpapier) herbeigeführt. Der Pensionsnehmer und der Pensionsgeber vereinbaren für jede Transaktion jeweils ein Entgelt, sodass ein Kaufpreis und ein Rückkaufpreis vereinbart werden. Eine Ausgleichszahlung für vereinnahmte Erträge während der Laufzeit des Pensionsgeschäfts sind jedoch nicht charakteristisch für ein typisches Wertpapierpensionsgeschäft.[1047]

4.10.3. Bilanzierung und Bewertung

4.10.3.1. Bilanzierung und Bewertung beim Verleiher (Darlehensgeber)

Wechsel des wirtschaftlichen Eigentums

Bei der Wertpapierleihe wechselt nach hM das wirtschaftliche Eigentum vom Verleiher auf den Entleiher.[1048] Bei Gewährung als Darlehen geht das zivilrechtliche Eigentum an den überlassenen Gegenständen auf den Darlehensnehmer über.[1049] Die Sachgefahr trägt der Darlehensnehmer.[1050] Aus diesem Grund hat der Verleiher die Wertpapiere auszubuchen und eine gleich hohe Forderung (Lieferanspruch) einzubuchen.[1051] Die International Accounting Standards folgen dem jedoch nicht.

Diese Ansicht ist nicht unumstritten. Im Schrifttum wird zT auch die Ansicht vertreten, das wirtschaftliche Eigentum sei beim Verleiher geblieben.[1052] Eine Zurechnung zum Darlehensgeber könnte jedoch dann infrage kommen, wenn das Sachdarlehen gegen Geldsicherheit erfolgt, da in diesem Fall kein relevanter Unterschied zu echten Pensionsgeschäften verbleibt.[1053]

Ungeachtet dessen seien hier kurz die Argumente angeführt, die für einen Verbleib des wirtschaftlichen Eigentums beim Verleiher sprechen:

- Kein endgültiger Übergang der Chancen und Risiken aus den Wertpapieren auf den Entleiher - nur Nutzungsübergang.

[1047] Vgl. Oho/Hülst, DB 1992, 2583.
[1048] Vgl. Häuselmann/Wiesenbart, DB 1990, 2130; BAK-Schreiben vom 25.8.1987, CMBS 16.18; BAK-Schreiben vom 8.5.1995, CMBS 3.77; Bieg (1998), 162.
[1049] Vgl. ADS 6. Aufl. § 246 HGB Tz. 354.
[1050] Vgl. ADS 6. Aufl. § 246 HGB Tz. 355.
[1051] Vgl. BAK-Schreiben vom 25.8.1987, CMBS 16.18.
[1052] Vgl. BeBiKo 5. Aufl. § 246 HGB Rn. 150; im Ergebnis auch Krumnow ua., 2. Aufl., § 340b HGB Rn. 65 ff.; Schmid/Mühlhäuser, BB 2001, 2611 ff.
[1053] Vgl. ADS 6. Aufl. § 246 HGB Tz. 356.

- Kein Ausschluss des Verleihers von der Einwirkungsmöglichkeit auf die Wertpapiere für deren gewöhnliche Nutzungsdauer.
- Kein umfassender Übergang des Insolvenzrisikos vom Verleiher auf den Entleiher.
- Der Entleiher erlangt keine einseitig rechtlich geschützte, auf den Erwerb der Wertpapiere gerichtete Rechtsposition, die ihm gegen seinen Willen nicht mehr entzogen werden kann.
- Nach dem Rahmenvertrag für Wertpapierleihgeschäfte stehen Zinsen, Dividenden, sonstige Ausschüttungen und Bezugsrechte grundsätzlich dem Verleiher zu. Es bestehen kurzfristige Kündigungsmöglichkeiten der Vertragsparteien. Der Entleiher ist im Falle von Umtausch-, Abfindungs- oder sonstigen öffentlichen Kaufangeboten zur Rückübertragung der Wertpapiere verpflichtet.

Die Abwägung der gegenläufigen Argumente und die Entscheidung für oder gegen einen Übergang des wirtschaftlichen Eigentums auf den Entleiher dürfte bei Berücksichtigung der angeführten Argumente zur Verneinung des Wechsels des wirtschaftlichen Eigentums ausfallen.[1054] Dem folgt die hM jedoch noch nicht.

Das von Schmid/Mühlhäuser[1055] angeführte Argument für einen Abgang der verliehenen Wertpapiere in der Handelsbilanz des Verleihers, der steuerrechtliche Begriff des wirtschaftlichen Eigentums sei insoweit vom handelsrechtlichen Begriff der wirtschaftlichen Vermögenszugehörigkeit zu unterscheiden, vermag indes nicht zu überzeugen. Hier wird vielmehr die Ansicht vertreten, dass für die handelsrechtliche Zurechenbarkeit der durch das Steuerrecht geprägte Begriff des wirtschaftlichen Eigentums entscheidend ist.

Bilanzausweis bei Abschluss des Wertpapierleihegeschäfts

Der Verleiher (Darlehensgeber) hat, sobald die Wertpapiere an den Entleiher verliehen werden, als Ersatz für die verliehenen und auszubuchenden Wertpapiere einen **Rückübertragungsanspruch** zu bilanzieren. Dieser ist je nach der Person des Entleihers (Darlehensnehmers) grundsätzlich unter den „Forderungen an Kunden" (Geschäfte mit CEDEL und Kunden) oder unter den „Forderungen an Kreditinstitute" (Geschäfte mit Clearstream, Euroclear) auszuweisen. Ein Ausweis unter den „Sonstigen Vermögensgegenständen" scheidet regelmäßig aus.[1056]

Die fristenmäßige Zuordnung richtet sich nach der Vertragsdauer und nicht nach der (Rest-)Laufzeit der verliehenen Wertpapiere.[1057]

[1054] So auch Schmid/Mühlhäuser, BB 2001, 2613.
[1055] Vgl. Schmid/Mühlhäuser, BB 2001, 2613.
[1056] Vgl. Krumnow ua., 2. Aufl., § 340b HGB Rn. 73 ff.
[1057] Vgl. BAK-Schreiben vom 25.8.1987, CMBS 16.18; aA Bieg (1998), 162 f.

Werden im Rahmen von Wertpapierleihegeschäften **Sicherheiten** geleistet, sind diese entsprechend § 246 Abs. 1 Satz 2 und 3 HGB bilanziell zu berücksichtigen.

Gewinnrealisierung und Bewertung bei Geschäftsabschluss

Die Übertragung der Wertpapiere führt einerseits zu einem Abgang bisher bilanzierter Wertpapiere und zu einem Zugang einer Forderung auf Rückübertragung dieser Wertpapiere.[1058] Es stellt sich mithin wie bei einem Tausch die Frage, ob ein gewinnrealisierender Umsatzakt vorliegt. Die Frage der Gewinnrealisierung beim Verleiher ist das zentrale Rechnungslegungsproblem bei Wertpapierleihegeschäften.

Auch wenn man nach Vorstehendem den Ausweis der Wertpapiere bei dem Darlehensnehmer (und damit einen Abgang der Wertpapiere beim Verleiher) befürwortet, bedeutet dies nicht, dass der Vorgang beim Verleiher (Darlehensgeber) zur Gewinnrealisierung führt. Zwar stellt sich die Frage der Gewinnrealisierung, da der Vermögensgegenstand - anders als bei echten Pensionsgeschäften - aus der Bilanz des Verleihers ausscheidet. Sie ist jedoch eindeutig zu verneinen, auch wenn man die Bilanzierung der verliehenen Wertpapiere beim Entleiher (Darlehensnehmer) nicht infrage stellt.[1059]

Das Realisationsprinzip fordert einen Umsatzakt, der die Gewinnentstehung als sicher erscheinen lässt. Bei der Vereinbarung eines Sachdarlehens fehlt es nicht nur an einer Kaufpreisvereinbarung; auch die vereinbarte Rückübertragung der verliehenen Wertpapiere steht der Gewinnentstehung entgegen, da der Vermögensgegenstand nur vorübergehend und nicht auf Dauer aus dem Vermögen des Verleihers ausscheidet.[1060]

Hieraus folgt, dass der Verleiher (Darlehensgeber) den Rückübertragungsanspruch (höchstens) mit dem **Buchwert des übertragenen Vermögensgegenstands** anzusetzen hat. Das Wertpapierleihegeschäft führt damit zu einem erfolgsneutralen Aktivtausch zwischen den bisher angesetzten Wertpapieren und der entstandenen Sachdarlehensforderung.

Das BdF hat mit seinem Schreiben vom 3. April 1990[1061] die gleiche Ansicht vertreten. Bei Darlehenshingabe sind zunächst die betreffenden Wertpapiere mit dem Buchwert auszubuchen und eine gleich hohe Sachforderung als Surrogat für die Wertpapiere einzubuchen, womit auf eine Gewinnrealisierung zu verzichten sei. Außer der wirtschaftlichen Surrogatfunktion werden jedoch vom BdF keine Gründe für seine Auffassung genannt. Die Gewinnrealisierung ist nicht Zweck des Geschäfts, da die Wertpapiere wirtschaftlich nicht aus dem Betriebsvermögen des Verleihers ausscheiden sollen.[1062] Das BdF schließt sich im Ergebnis der hM im Schrifttum an.

[1058] Vgl. Häuselmann/Wiesenbart, DB 1990, 2131.
[1059] Vgl. ADS 6. Aufl. § 246 HGB Tz. 358; Oho/Hülst, DB 1992, 2584; Schmid/Mühlhäuser, BB 2001, 2614.
[1060] Vgl. ADS 6. Aufl. § 246 HGB Tz. 358.
[1061] Vgl. BdF, Schreiben vom 3.4.1990, DStR 1990, 713.
[1062] Vgl. Hamacher, Die Bank 1990, 37.

Bewertung am Bilanzstichtag

Wegen ihres Surrogatcharakters sind auf die Sachforderung (Rückforderungsanspruch) an den Entleiher (Darlehensnehmer) beim Verleiher (Darlehensgeber) die Bewertungsvorschriften anzuwenden, die für die verliehenen Wertpapiere maßgeblich wären.[1063]

Die für die verliehenen Wertpapiere vorgenommene Zuordnung zum Anlage- bzw. Umlaufvermögen bleibt erhalten.[1064] Dies bedeutet, dass die Sachforderung so zu bewerten ist, als ob es sich - je nach der ursprünglichen Zuordnung - um Wertpapiere des Anlagevermögens oder solche des Umlaufvermögens (Liquiditätsreserve oder Handelsbestand) handelt.

Der Verleiher (Darlehensgeber) hat die Forderungen aus dem Rückgabeanspruch dann wertzuberichtigen, wenn und soweit die Gefahr besteht, dass der Entleiher (Darlehensschuldner) seiner Rückgabeverpflichtung ganz oder teilweise nicht nachkommt.

Erstreckt sich die Laufzeit des Wertpapierleihegeschäfts über den Bilanzstichtag, ist zur Abgrenzung von Leiheerträgen (Nutzungsentgelt), eine entsprechende Forderung zu erfassen.

Die dargestellte Bilanzierungsweise eröffnet dem Verleiher bilanzpolitische Möglichkeiten. Dies gilt insbesondere iRd. Durchschnittskursbewertung von Wertpapieren.[1065] Durch den fingierten Abgang der Wertpapiere gehen die verliehenen Werte nicht mehr in die Durchschnittskursbewertung ein. Damit ergeben sich bei einem nachfolgenden Verkauf von Wertpapieren andere realisierte Erfolge, als wenn kein Wertpapierleihegeschäft durchgeführt worden wäre.

Bildung von Vorsorgereserven gemäß § 340f HGB

Mit dem Verleihen der Wertpapiere entsteht eine Sachforderung, die in den Posten „Forderungen an Kunden" bzw. „Forderungen an Kreditinstitute" auszuweisen ist. Beide Posten sind Bestandteil der Bemessungsgrundlage für die Bildung von Vorsorgereserven gemäß § 340f Abs. 1 HGB. Mithin stellt sich die Frage, ob eine Sachforderung aus der Wertpapierleihe in die Bemessungsgrundlage gemäß § 340f Abs. 1 HGB eingeht oder nicht.

Waren die verliehenen Wertpapiere der Liquiditätsreserve zugeordnet gewesen, wird die Möglichkeit der Bildung von Vorsorgereserven gemäß § 340f HGB nicht eingeschränkt, weil die Aktivposten „Forderungen an Kunden" sowie „Forderungen an Kreditinstitute" ebenfalls der Bemessungsgrundlage des § 340f Abs. 1 HGB angehören.

[1063] Vgl. Bieg (1998), 163.
[1064] Vgl. Häuselmann/Wiesenbart, DB 1990, 2132.
[1065] Vgl. Prahl/Naumann, WM 1992, 1173 ff.

Anders ist es hingegen, wenn die verliehenen Wertpapiere solche des Handelsbestands bzw. des Anlagebestands waren. Hier stellt sich die Frage, ob diese mit der Wertpapierleihe und dem damit verbundenen Ausweis einer Sachforderung unter den Kreditinstituts- bzw. Kundenforderungen indirekt in die Bemessungsgrundlage des § 340f Abs. 1 HGB eingehen. Da die Sachforderung lediglich Surrogatcharakter hat und letztlich wie die zugrunde liegenden Wertpapiere bewertet wird, kommt nach Bieg[1066] eine Einbeziehung in die Bemessungsgrundlage des § 340f Abs. 1 HGB nicht in Betracht. Wendet man hingegen § 340f Abs. 1 HGB wörtlich an, dh. geht man vom Bilanzausweis der betreffenden Bilanzposten aus, so kann man auch zu einem anderen Ergebnis kommen.

Buchung bei Rückübertragung

Beim Verleihen der Wertpapiere findet ein erfolgsneutraler Aktivtausch zwischen bisher angesetzten Wertpapieren und der entstehenden Sachforderung statt. Zum Ende eines Wertpapierleihegeschäfts ist spiegelbildlich ein erfolgsneutraler Aktivtausch zwischen Sachdarlehensforderung und den zurückübertragenen Wertpapieren vorzunehmen. Bei Rückübertragung sind die Wertpapiere zu den fortgeführten Anschaffungskosten (Buchwert der Sachforderung) wieder einzubuchen.[1067]

Aufwendungen und Erträge beim Verleiher (Darlehensgeber)

Aus der Bewertung der Sachforderung resultierende **Wertberichtigungen** bzw. Abschreibungen und **Zuschreibungen** werden in der Gewinn- und Verlustrechnung als Erfolge aus den verliehenen Wertpapieren ausgewiesen.[1068] Sie werden mithin dort erfasst, wo diese Beträge entsprechend der jeweiligen Wertpapierkategorie ohne Wertpapierleihe ausgewiesen worden wären.[1069]

Die während der Dauer der Wertpapierleihe auf die verliehenen Wertpapiere entfallenden **Zins-** und **Dividendenzahlungen** stehen zivilrechtlich dem Entleiher (Darlehensnehmer) als Eigentümer zu. Sie werden auch an diesen bezahlt, sofern er die Wertpapiere noch im Bestand hat. Die Erträge aus den darlehensweise überlassenen Wertpapieren sind dem Entleiher auch ertragsteuerlich zuzurechnen.[1070] Wurden die Wertpapiere weitergegeben, stehen die Erträge dem jeweiligen Eigentümer zu.

Soweit die Wertpapiere nicht vor der Fälligkeit der Erträge zurückgegeben werden, erhält der Verleiher (Darlehensgeber) zum Ausgleich der entgangenen Erträge vom Entleiher (Darlehensnehmer) **Kompensationszahlungen**. Diese Ausgleichszahlungen sind nur ein wirt-

---

[1066] Bieg (1998), 163 f.
[1067] Vgl. ADS 6. Aufl. § 246 HGB Tz. 359.
[1068] Vgl. Krumnow ua., 2. Aufl., § 340b HGB Rn. 79.
[1069] Vgl. Bieg (1998), 164.
[1070] Vgl. Oho/Hülst, DB 1992, 2584.

schaftliches Äquivalent für die aufseiten des Entleihers erzielten Wertpapiererträge und evtl. Steuerguthaben.

Diese Ausgleichszahlungen werden beim Verleiher aus Gründen des true and fair view wie die ansonsten von ihm auszuweisenden originären Wertpapiererträge erfasst und ausgewiesen („Zinserträge", „Laufende Erträge").[1071] Falls erforderlich, ist eine Abgrenzung der Erträge zum Bilanzstichtag vorzunehmen.

Das vom Entleiher an den Verleiher bezahlte **Entgelt** für die Wertpapierleihe ist beim Verleiher - ggf. auf die Laufzeit des Geschäfts abgegrenzt - als Provisionsertrag in der Gewinn- und Verlustrechnung zu erfassen.[1072] Da es sich bei der Leiheprovision um eine laufzeitabhängige Zahlung handelt, wird in der Praxis zT der Ausweis im Zinsergebnis vorgezogen.

Anhangangaben

Weder das Gesetz noch die RechKredV verlangen besondere Angaben zu Wertpapierleihegeschäften. Ob, wie Häuselmann/Wiesenbart[1073] verlangen, die Bilanzierungs- und Bewertungsmethoden anzugeben (§ 284 Abs. 2 Nr. 1 HGB) sind, ist nicht eindeutig.[1074] Ausdrücklich verlangt wird dies nicht.

§ 35 Abs. 1 Nr. 2 RechKredV, der die Angabe der nicht mit dem Niederstwert bewerteten börsenfähigen Wertpapiere in den Aktivposten „Schuldverschreibungen und andere festverzinsliche Wertpapiere" und „Aktien und andere nicht festverzinsliche Wertpapiere" vorschreibt, ist nach der nicht unumstrittenen Ansicht von Bieg[1075] auf die Sachforderung nicht anzuwenden.[1076] Die Angabepflicht beziehe sich - so Bieg - nur auf Wertpapiere des Anlagevermögens, die in den genannten Posten ausgewiesen werden und nicht auf die als Surrogat unter den Forderungen ausgewiesenen Sachforderungen. Kritisch anzumerken ist zu dieser Ansicht, dass ein Institut bereits durch ein kurzfristiges Ausleihen der betroffenen Wertpapiere diese Angabe im Anhang umgehen könnte. Aus diesem Grund halten Krumnow ua.[1077] die Angabe zu Recht für erforderlich.

[1071] Vgl. Häuselmann/Wiesenbart, DB 1990, 2132.
[1072] Vgl. Bieg (1998), 164.
[1073] Vgl. Häuselmann/Wiesenbart, DB 1990, 2132.
[1074] Bieg (1998), 164, hält diese Angaben nicht für erforderlich.
[1075] Vgl. Bieg (1998), 165.
[1076] AA Krumnow ua., 2. Aufl., § 340b HGB Rn. 79.
[1077] Vgl. Krumnow ua., 2. Aufl., § 340b HGB Rn. 79.

4.10.3.2. Bilanzierung und Bewertung beim Entleiher (Darlehensnehmer)

Wirtschaftliches Eigentum

Das wirtschaftliche Eigentum an den Wertpapieren ist bei der Wertpapierleihe nach hM auf den Entleiher übergegangen. Dies entspricht der Bilanzierung eines Darlehens (Sachdarlehens). Die Überlassung der Wertpapiere iRd. Leihe bedeutet damit für den Entleiher den Erwerb sowohl des rechtlichen als auch des wirtschaftlichen Eigentums.[1078] Wegen weiterer Einzelheiten wird auf die Ausführungen zur Bilanzierung beim Verleiher verwiesen.

Bilanzausweis bei Abschluss des Wertpapierleihegeschäfts

Der Entleiher (Darlehensnehmer) aktiviert die Wertpapiere im Umlaufvermögen und weist in gleicher Höhe eine Sachleistungsverpflichtung als Verbindlichkeit aus. Beim Entleiher kommt es damit zu einer Bilanzverlängerung.

Die **Wertpapiere** werden entsprechend ihrer Ausstattung unter den Wertpapierposten der Bilanz, also entweder als „Schuldverschreibungen und andere festverzinsliche Wertpapiere" oder als „Aktien und andere nicht festverzinsliche Wertpapiere" ausgewiesen.

Die **Verpflichtung zur Rückgabe** ist in gleicher Höhe als „Verbindlichkeit gegenüber Kreditinstituten" (Leihe im System von Euroclear, Clearstream) oder als „Verbindlichkeit gegenüber Kunden" (Leihe im System von CEDEL oder mit Kunden) zu erfassen.

Die Einordnung in die **Fristengliederung** erfolgt bei den Wertpapieren und der Verbindlichkeit nach der Laufzeit des Wertpapierleihegeschäfts.[1079]

Reicht die Leihefrist über den Bilanzstichtag hinaus, sind die Erträge bzw. Aufwendungen aus der Wertpapierleihe ggf. zeitanteilig abzugrenzen und entsprechend als Forderungen bzw. Verbindlichkeit auszuweisen.

Bewertung bei Geschäftsabschluss (Anschaffungskosten)

Der Darlehensnehmer aktiviert den Gegenstand mit dem Verkehrswert, dh. bei Wertpapieren mit dem Kurswert, zum Zeitpunkt des Erwerbs und passiviert seine Herausgabeverpflichtung in gleicher Höhe.[1080] Die Anschaffungskosten ergeben sich damit in Höhe des Werts der eingegangenen Sachdarlehensverbindlichkeit, welche sich nach dem Kurswert der Wertpapiere am Übernahmetag bemisst.

[1078] Vgl. Häuselmann/Wiesenbart, DB 1990, 2132.
[1079] Vgl. Bieg (1998), 165.
[1080] Vgl. ADS 6. Aufl. § 246 HGB Tz. 357; BAK-Schreiben vom 25.8.1987, CMBS 16.18.

Bewertung am Bilanzstichtag

Solange sich die Gegenstände im Bestand des Darlehensnehmers befinden, müssen Änderungen des Werts der Wertpapiere nicht berücksichtigt werden:[1081] Bei Wertsteigerungen über die Anschaffungskosten ist eine Höherbewertung ohnehin ausgeschlossen; Wertminderungen brauchen nicht nachvollzogen zu werden, da Vermögensgegenstand und Herausgabepflichtung eine **Bewertungseinheit** bilden.[1082] Alternativ können die Wertänderungen der Wertpapiere erfasst und die Verbindlichkeit in gleicher Höhe angepasst werden, wobei sich die Erfolgswirkungen innerhalb eines Postens der Gewinn- und Verlustrechnung kompensieren.[1083]

Nach anderer Ansicht,[1084] der hier nicht zugestimmt wird, hat der Entleiher die Wertpapiere bei fallenden Kursen auf den niedrigeren Börsen- oder Marktpreis abzuschreiben. Gleichzeitig darf die Rückgabeverpflichtung nicht ertragswirksam berichtigt werden, was mit dem Vorsichtsprinzip begründet wird. Hier wird implizit unterstellt, dass für die Berücksichtigung einer Bewertungseinheit ein Wahlrecht besteht. Dies ist jedoch abzulehnen.[1085]

Hat der Entleiher (Darlehensnehmer) die Wertpapiere dagegen weiterveräußert und muss er sie damit später wiederbeschaffen, ist die Sachleistungsverpflichtung nach dem Höchstwertprinzip mit dem ursprünglich passivierten Betrag oder den höheren Wiederbeschaffungskosten des Gegenstands zu bewerten, weil die Wertpapiere zu den nunmehr ggf. gestiegenen Kursen wieder beschafft werden müssen. Die Verbindlichkeit ist daher bei gestiegenen Kursen entsprechend erfolgswirksam zu erhöhen, was der typischen Konstellation des Leerverkaufs[1086] von Wertpapieren entspricht, bei dem sich der Verkäufer die Wertpapiere zu Lieferzwecken beschaffen muss.[1087] Denn das Risiko, sich zu höheren Kursen eindecken zu müssen, um die Lieferverbindlichkeit aus dem Darlehen erfüllen zu können, ist bilanziell durch eine entsprechende Bewertung zu berücksichtigen. Die Bildung einer Rückstellung für drohende Verluste scheidet aus.[1088]

Inwieweit zwischen vorhandenen anderen Beständen an Wertpapieren (sog. Altbeständen) und der Rückgabeverpflichtung eine Bewertungseinheit gebildet werden kann, ist nicht abschließend diskutiert. Soweit die Voraussetzungen für die Bildung von Bewertungs-

---

[1081] AA Häuselmann/Wiesenbart, DB 1990, 2133, die sich für eine imparitätische Einzelbewertung aussprechen.
[1082] Vgl. BAK-Schreiben vom 25.8.1987, CMBS 16.18; ADS 6. Aufl. § 246 HGB Tz. 357. Zu Bewertungseinheiten vgl. Krumnow ua., 2. Aufl., § 340e HGB Rn. 108 ff.
[1083] So jedenfalls Bieg (1998), 166; Krumnow ua., 2. Aufl., § 340b HGB Rn. 83.
[1084] Vgl. Häuselmann/Wiesenbart, DB 1990, 2133.
[1085] Mit ausführlicher Begründung vgl. Scharpf/Luz, 276 ff.
[1086] Zu Leerverkäufen vgl. Ruland, 159.
[1087] Vgl. Häuselmann/Wiesenbart, DB 1990, 2133.
[1088] GlA Häuselmann/Wiesenbart, DB 1990, 2133; aA Krumnow ua., 2. Aufl., § 340b HGB Rn. 83.

einheiten[1089] gegeben sind, dürfte jedoch wenig gegen eine Bewertung der Rückgabeverpflichtung unter Berücksichtigung des Buchwerts der Deckungsbestände sprechen.[1090]

Bei gefallenen Kursen ist dagegen weiterhin der höhere Wert der Verbindlichkeit anzusetzen, da sich die für den Schuldner positive Kursdifferenz erst bei der Eindeckung mit den Wertpapieren zum günstigeren Kurs realisieren würde.[1091] Eine Verminderung der Verbindlichkeit verbietet das Vorsichtsprinzip.

Aufwendungen und Erträge beim Entleiher (Darlehensnehmer)

In der Gewinn- und Verlustrechnung werden die Erfolge aus der Bewertung zum Bilanzstichtag als „Nettoertrag/Nettoaufwand aus Finanzgeschäften" bzw. als „Ertrag/Aufwand aus Finanzgeschäften" gezeigt, soweit Wertpapierleihegeschäfte im Zusammenhang mit Handelsgeschäften abgeschlossen werden. Dies dürfte der Regelfall sein.

Bei der Wertpapierleihe wird der Entleiher - wie oben bereits dargestellt - sowohl zivilrechtlicher als auch wirtschaftlicher Eigentümer. Die laufenden Erträge aus den darlehensweise überlassenen Wertpapieren fließen mithin dem Entleiher zu. Dies gilt auch für die Zurechnung der Einkünfte nach dem Einkommensteuerrecht.[1092]

Die dem Entleiher als Eigentümer zufließenden Erträge aus den Wertpapieren, sind im Regelfall ggü. dem Verleiher mittels **Ausgleichszahlungen** zu kompensieren. Häuselmann/ Wiesenbart[1093] sprechen sich hinsichtlich der vereinnahmten Erträge und der zu leistenden Ausgleichszahlung für einen Bruttoausweis unter den „Zinserträgen" bzw. „Zinsaufwendungen" aus. Da es sich beim Entleiher um durchlaufende Posten handelt, kann die Darstellung in der Gewinn- und Verlustrechnung auch netto erfolgen.[1094]

Sind die Wertpapiere weitergegeben worden, gehört die Kompensationszahlung im Regelfall zum „Nettoertrag/Nettoaufwand aus Finanzgeschäften" bzw. zum „Aufwand aus Finanzgeschäften", wenn die Wertpapierleihe mit Transaktionen des Handelsbestands im Zusammenhang steht.[1095] Ein Ausweis im „Zinsaufwand" könnte bei festverzinslichen Wertpapieren gerechtfertigt sein, wenn die zuvor erfolgte Weiterveräußerung einen entsprechenden Zinsertrag (Stückzinsen) erbrachte.

[1089] Vgl. Scharpf/Luz, 272 ff.
[1090] So wohl auch Häuselmann/Wiesenbart, DB 1990, 2133.
[1091] Vgl. BAK-Schreiben vom 25.8.1987, CMBS 16.18.
[1092] Vgl. Oho/Hülst, DB 1992, 2584.
[1093] Vgl. Häuselmann/Wiesenbart, DB 1990, 2133.
[1094] GlA Krumnow ua., 2. Aufl., § 340b HGB Rn. 85.
[1095] Vgl. Krumnow ua., 2. Aufl., § 340b HGB Rn. 85.

Ein evtl. Unterschiedsbetrag zwischen vereinnahmten Erträgen und Ausgleichzahlung ist als „Zinsertrag" bzw. „Laufender Ertrag" zu erfassen.[1096] Das an den Verleiher zu zahlende Nutzungsentgelt (Leihegebühr) ist Provisionsaufwand.

Falls die Leihefrist über den Bilanzstichtag hinweg reicht, ist ggf. eine zeitanteilige Abgrenzung vorzunehmen.

Anhangangaben

Im Anhang des Entleihers sind nach Bieg[1097] keine Angaben zu machen. Häuselmann/ Wiesenbart[1098] fordern hingegen die Angabe der gewählten Bilanzierungs- und Bewertungsmethoden, namentlich die Angabe der kongruenten Bewertung von entliehenen Wertpapieren und Sachdarlehensverbindlichkeit.

4.10.4. Ertragsteuerliche Behandlung der Wertpapierleihe

Ertragsteuerlich relevant ist insbesondere die Frage, ob durch die Leihe beim Verleiher eine Gewinnrealisation stattfindet oder nicht.[1099] Das BdF[1100] hat sich eindeutig gegen eine Gewinnrealisation beim Verleiher ausgesprochen.[1101] Beim Verleiher (Darlehensgeber) tritt an die Stelle der Wertpapiere eine Forderung auf Wertpapiere gleicher Art, Güte und Menge. Die Sachforderung ist das Surrogat für die Sache selbst. Unter diesem Blickwinkel ist die Sachforderung mit dem Buchwert der hingegebenen Wertpapiere anzusetzen. Eine Gewinnrealisation aufgrund der ggf. in den Wertpapieren enthaltenen stillen Reserven tritt durch diesen Aktivtausch nicht ein. Dies gilt nach wie vor.[1102]

Der Verleiher (Darlehensgeber) hat den Rückgabeanspruch ggf. wertzuberichtigen, wenn und soweit die Gefahr besteht, dass der Entleiher (Schuldner) seiner Rückgabeverpflichtung nicht nachkommt. Die steuerliche Anerkennung der Wertberichtigung setzt voraus, dass es sich um eine voraussichtlich dauernde Wertminderung handelt (§ 6 Abs. 1 Nr. 2 EStG). Eine dauernde Wertminderung kann stets dann angenommen werden, wenn zum Bilanzerstellungszeitpunkt eine Werterhöhung noch nicht eingetreten ist.[1103]

[1096] Vgl. Bieg (1998), 167.
[1097] Vgl. Bieg (1998), 167.
[1098] Vgl. Häuselmann/Wiesenbart, DB 1990, 2133.
[1099] Zur steuerlichen Behandlung der Wertpapierleihe vgl. BdF, Schreiben vom 3.4.1990, DStR 1990, 713; Häuselmann, DB 2000, 495 ff.; Hamacher, Die Bank 1990, 34 ff.; Mühlhäuser/Stoll, DStR 2002, 1597 ff.; Wagner, StBp 1992, 173 ff.; Schmid/Mühlhäuser, BB 2001, 2614.
[1100] Vgl. BdF, Schreiben vom 3.4.1990, DStR 1990, 713.
[1101] Vgl. auch Schmid/Mühlhäuser, BB 2001, 2614.
[1102] Vgl. Häuselmann, DB 2000, 496.
[1103] Vgl. Häuselmann, DB 2000, 497.

Für die Bewertung der Rückgabeverpflichtung des Entleihers (Darlehensnehmers) ist zu beachten, dass nur eine „dauernde Wertsteigerung" der hereingenommenen Wertpapiere eine Zuschreibung der Verbindlichkeit erlaubt (§ 6 Abs. 1 Nr. 3 iVm. § 6 Abs. 1 Nr. 2 EStG).[1104]

Negative Erfolgsbeiträge aus Wertpapierleihegeschäften führen nicht zu einer eingeschränkten **Verlustverrechnung** nach § 15 Abs. 4 EStG.[1105] Zur Gewinnrealisation bei bestimmten **Gestaltungsmöglichkeiten** (zB vorhandener Aktienbestand und Wertpapierleihe, Wertpapierleihe und Put bzw. Call, konzerninterne Wertpapierleihe, Wertpapierleihe und Untergang der zugrunde liegenden Wertpapiere, Wertpapierleihe und Kurssicherungsgeschäft) wird auf die Ausführungen bei Schmid/Mühlhäuser[1106] verwiesen.

4.10.5. Prüfung der Wertpapierleihe

Die Prüfung der Wertpapierleihe im Rahmen des Jahresabschlusses erfolgt zweckmäßigerweise im Zusammenhang mit der Prüfung der Wertpapiere (vgl. Kapitel 4.4.13.) und Forderungen (Kapitel 4.3.5.2.).[1107]

[1104] Vgl. Häuselmann, DB 2000, 497.
[1105] GlA Häuselmann, DB 2000, 497.
[1106] Vgl. Schmid/Mühlhäuser, BB 2001, 2615.
[1107] Vgl. auch Roth, ZIR 2003, 26 ff.

4.11. Übergangsbestimmungen für die Bewertung

Artikel 31 EGHGB enthält die notwendigen Übergangsbestimmungen für die Bewertung. Diese Vorschrift ist Artikel 24 EGHGB nachgebildet, der die Übergangsbestimmungen zur Bewertung für das Bilanzrichtlinien-Gesetz enthält. Die Kommentierungen zu Artikel 24 EGHGB können daher zur Beantwortung von Zweifelsfragen grundsätzlich herangezogen werden.

Der Artikel 31 EGHGB regelt:

- die Voraussetzungen, unter denen die Buchwerte von Vermögensgegenständen fortgeführt werden dürfen, die wie Anlagevermögen bewertet werden (Abs. 1);
- die Bestimmungen für die Vermögensgegenstände des Umlaufvermögens, die im Jahresabschluss für das am 31. Dezember 1992 endende oder laufende Geschäftsjahr enthalten sind (Abs. 2). Die bis zur Anwendung des neuen Rechts gebildeten Vorsorgereserven sollen weitergeführt werden können; [1108]
- die Verwendung von Erträgen, die sich aus höheren Wertansätzen ergeben (Abs. 3);
- die Neuordnung der Passivseite, insbesondere im Hinblick auf die Nachholung von Rückstellungen (Abs. 4);
- die Angaben, die bei der erstmaligen Anwendung nicht gemacht zu werden brauchen (Abs. 5);
- Erleichterungen zur Aufstellung des Anlagenspiegels bei der erstmaligen Anwendung des neuen Rechts (Abs. 6).

Die nach Artikel 31 EGHGB bestehenden Wahlrechte beziehen sich auf den jeweiligen Einzelposten. Sie können daher unterschiedlich ausgeübt werden.

Die nach § 26a KWG aF gebildeten Vorsorgen können gemäß Artikel 31 Abs. 2 Satz 2 EGHGB unverändert fortgeführt werden; im HGB ist keine Regelung vorgesehen, die zur Auflösung dieser Vorsorgereserven zwingt. Ebenso werden in Artikel 31 Abs. 2 Satz 2 EGHGB zur Fortführung der Reserven keine Einschränkungen gemacht.

Daher ist es auch nicht erforderlich, dass die Vermögensgegenstände, von denen die Vorsorgereserven abgesetzt wurden, künftig noch vorhanden sein müssen. Dies wäre auch nicht mit den Prinzipien der Bildung dieser Vorsorgereserven vereinbar. Es handelt sich nämlich nicht um Pauschal- oder Einzelwertberichtigungen. Vielmehr wurde mit § 26a KWG das Prinzip der Einzelbewertung faktisch aufgehoben, denn die *„besonderen Risiken ... der Kreditinstitute"* sind keine der Höhe nach annähernd bestimmbare Größe, etwa vergleichbar den in § 253 Abs. 3 HGB erwähnten, in nächster Zukunft zu erwartender Wertschwankungen, die einen niedrigeren Wertansatz rechtfertigen.

[1108] Vgl. BR-Drs. 616/89, 30.

Bei den in § 26a KWG angesprochenen Risiken kann es sich auch nicht um Tatbestände handeln, die aufgrund von Zweifeln an der Einbringlichkeit ohnehin einen niedrigeren Wertansatz erfordern. Da die Vorsorgereserven nach § 26a KWG unverändert beibehalten werden dürfen, werden sie auch nicht auf die Vorsorge für allgemeine Bankrisiken nach § 340f HGB, die nach neuem Recht gebildet werden kann, angerechnet.

Obwohl § 253 Abs. 4 HGB in der Übergangsregelung nicht ausdrücklich genannt ist, werden Institute, die die Vorsorgereserven nicht aufgrund von § 26a KWG, sondern nach § 253 Abs. 4 HGB gebildet haben, diese ebenso unverändert fortführen können.

Zusätzliche Anhangangaben aufgrund des § 264 Abs. 2 HGB sind nicht erforderlich. Da sich § 264 Abs. 2 HGB an den nationalen Bewertungswahlrechten orientiert und die missbräuchliche Ausnutzung von Bewertungswahlrechten ausschließt, § 26a KWG aber seinerseits keine willkürliche Bewertung erlaubt,[1109] sind im **Anhang** keine Angaben zu den stillen Reserven nach § 26a KWG bzw. § 253 Abs. 4 HGB erforderlich.[1110]

[1109] Vgl. Szagunn/Wohlschiess, § 26a KWG, Rn. 6 (410).
[1110] Vgl. hierzu auch die Ausführungen von Meyer, ZfgK 1987, 438 ff. und Krag, ZfgK 1988, 374 f.

5. Einzelheiten zu den Posten der Bilanz

5.1. Überblick

Die Bilanz ist in Kontoform aufzustellen. Dabei richtet sich die Reihenfolge der Aktiv- und der Passivposten nach dem Prinzip des abnehmenden Liquiditätsgrads. Die Aktivseite ist nicht in Anlage- und Umlaufvermögen aufzugliedern.

Die RechKredV[1111] sieht für die Gliederung der Bilanz ein Formblatt vor (§ 2 Abs. 1 RechKredV). Für bestimmte Arten von Kreditinstituten und Finanzdienstleistungsinstituten (Letztere sind seit dem 1.1.1998 unter die Aufsicht der BaFin gestellt) sind die in der RechKredV und in den Fußnoten zu Formblatt 1 bezeichneten Besonderheiten zu beachten.

Verschiedene bankaufsichtliche Vorschriften (zB Eigenmittelvorschriften des § 10 KWG, Grundsatz I und II, Kreditvorschriften § 19 KWG) nehmen Bezug auf das durch die RechKredV vorgegebene Gliederungsschema.

Die RechKredV ist außer für Kreditinstitute auch für Finanzdienstleistungsinstitute uneingeschränkt anwendbar. Ein solches Vorgehen dient bankaufsichtlichen Belangen und trägt zur Erhaltung möglichst einheitlicher Aufsichtsstandards bei. Die Aufsicht muss in der Lage sein, sich ein zutreffendes Bild von der wirtschaftlichen Lage der Finanzdienstleistungsinstitute zu machen.

Die RechKredV wurde mit der *„Ersten Verordnung zur Änderung der Verordnung über die Rechnungslegung der Kreditinstitute"* vom 18.6.1993[1112] geändert. Die Änderung bezog sich im Wesentlichen auf die Neufassung des § 21 Abs. 4 RechKredV, der nunmehr definiert, welche Gelder als Spareinlagen auszuweisen sind, einschließlich der Anpassung der einschlägigen Passivposten.

Mit Artikel 3 § 2 des Stückaktiengesetzes[1113] vom 25.3.1998 wurden im Formblatt 1 im Aktivposten „14. Eigene Aktien oder Anteile" nach dem Wort „*Nennbetrag*" die Worte „*/gegebenenfalls rechnerischer Wert*" eingefügt. Dies war im Zuge der Einführung von Stückaktien erforderlich geworden.

Durch Artikel 4 § 3 des Euro-Einführungsgesetzes vom 9.6.1998[1114] wurden in den Formblättern 1 bis 3 einschließlich der Fußnoten zu den einzelnen Posten der Bilanz und der Gewinn- und Verlustrechnung die Bezeichnungen „*DM*" durch „*Euro*" ersetzt.

[1111] Bekanntmachung der Neufassung der Verordnung über die Rechnungslegung der Kreditinstitute und Finanzdienstleistungsinstitute vom 11. Dezember 1998, BGBl I 1998, 3658.
[1112] Vgl. BGBl. 1993 I, 924.
[1113] Vgl. BGBl. I, 590 ff., 583.
[1114] Vgl. BGBl. I, 1242 ff., 1248.

Darüber hinaus wurden in § 39 RechKredV die Absätze 7 und 8 eingefügt, die Übergangsregelungen für die Bilanzierung in Euro enthalten.

Mit der „*Zweiten Verordnung zur Änderung der Verordnung über die Rechnungslegung von Kreditinstituten*" vom 11.12.1998[1115] wurde die RechKredV geändert, weil sie fortan auch für Finanzdienstleistungsinstitute verbindlich anzuwenden ist, die seit dem 1.1.1998 unter der Aufsicht der BaFin und der Deutschen Bundesbank stehen. Für Finanzdienstleistungsinstitute haben sich ab diesem Zeitpunkt auch die Rechnungslegungsvorschriften zT gravierend geändert. Damit wurden gleichzeitig die Voraussetzungen für die Gewährleistung eines bankaufsichtlichen Anzeige- und Meldewesens geschaffen. Für Finanzdienstleistungsinstitute bestehen ggü. den Kreditinstituten eine Reihe von Abweichungen im Bilanzausweis sowie im Ausweis in der Gewinn- und Verlustrechnung. Aber auch für Kreditinstitute gab es hinsichtlich des Ausweises eine Reihe von Änderungen, insbesondere bezüglich verschiedener Darunter-Vermerke. Gleichzeitig wurde erstmals geregelt, wie Immobilien auszuweisen sind, die im Rahmen von sog. Rettungserwerben angeschafft wurden.

Die RechKredV sieht einige spezifische Anpassungen für Finanzdienstleistungsinstitute vor, die die Lesbarkeit der Bilanz und der Gewinn- und Verlustrechnung erleichtern sollen.[1116] Diese werden nachfolgend bei den einzelnen Posten der Bilanz bzw. der Gewinn- und Verlustrechnung dargestellt.

Mit Artikel 8 Abs. 4 des Mietrechtsreformgesetzes vom 19.6.2001[1117] wurde in § 21 Abs. 4 Satz 1 Nr. 3 der RechKredV die Angabe „*§ 550b*" durch die Angabe „*§ 551*" ersetzt.

Im Rahmen des Euro-Bilanzgesetzes vom 10.12.2001[1118] wurde in § 15 Abs. 3 Satz 2 RechKredV die Angabe „*Satz 2*" gestrichen. Materiell bedeutender ist die Änderung des § 21 Abs. 4 Satz 2 RechKredV. Dort wurde die Angabe „*3 000 Deutsche Mark*" durch die Angabe „*2 000 Euro*" ersetzt.

Kreditinstitute mit Bausparabteilung haben die für Bausparkassen vorgesehenen besonderen Posten in ihre Bilanz zu übernehmen (§ 2 Abs. 1 RechKredV).

Forderungen und Verbindlichkeiten sind nicht in der Bilanz, sondern im Anhang nach ihrer **Fristigkeit** zu gliedern. Mit Ausnahme der Verpflichtung, bei einigen wenigen Posten die täglich fälligen Beträge auszuweisen, ist in der Bilanz selbst keine tiefer gehende Fristengliederung vorgesehen.

[1115] Vgl. BGBl. 1998 I, 3654.
[1116] Vgl. Hanenberg, WPg 1999, 93 f.
[1117] Vgl. BGBl. I, 1149 ff., 1174.
[1118] Vgl. BGBl. 2001 I, 3414.

Neben den sich aus der RechKredV ergebenden Änderungen ist zu beachten, dass für den Bilanzausweis eine Reihe von Vorschriften des allgemeinen Rechnungslegungsrechts zu beachten sind. Diese Vorschriften sind in Abb. 5.1 aufgeführt.

§§ HGB	Allgemeine Vorschriften zum Bilanzausweis
265 Abs. 2	In der Bilanz (und in der Gewinn- und Verlustrechnung) ist zu jedem Posten der entsprechende Betrag des Vorjahrs anzugeben. Sind die Beträge nicht vergleichbar bzw. wird der Vorjahresbetrag angepasst, so ist dies im Anhang anzugeben und zu erläutern
265 Abs. 5	Eine weitere Untergliederung der Posten bzw. die Hinzufügung neuer Posten ist zulässig
268 Abs. 1	Die Bilanz darf unter Berücksichtigung der vollständigen oder teilweisen Verwendung des Jahresergebnisses aufgestellt werden
268 Abs. 3	Ausweis eines Aktivpostens „Nicht durch Eigenkapital gedeckter Fehlbetrag"
268 Abs. 6	Gesonderter Ausweis eines in den aktiven Rechnungsabgrenzungsposten aufgenommenen Disagios oder Anhangangabe
274 Abs. 1	Gesonderter Ausweis einer Rückstellung für passive latente Steuern oder Anhangangabe
281 Abs. 1 Satz 2	Angabe der Vorschriften für die Bildung von Wertberichtigungen oder Anhangangabe

Abb. 5.1: Allgemeine Vorschriften zum Bilanzausweis

Darüber hinaus sieht die RechKredV bzw. das Bankbilanzrichtlinie-Gesetz Besonderheiten zum Verrechnungsverbot (§ 246 Abs. 2 HGB) und zum Vermerk der Haftungsverhältnisse (§ 268 Abs. 7 iVm. § 251 HGB) vor. Kreditinstitute müssen die in § 268 Abs. 2 HGB verlangten Angaben (Bruttoanlagenspiegel) in modifizierter Form im Anhang machen (§ 34 Abs. 3 RechKredV).

In der Bilanz (und der Gewinn- und Verlustrechnung) ist zu jedem Posten der entsprechende **Betrag des vorhergehenden Geschäftsjahrs** anzugeben (§ 265 Abs. 2 HGB).

Die **Zusammenfassung von mit kleinen Buchstaben versehenen Posten** nach § 2 Abs. 2 Satz 1 Nr. 2 RechKredV führt zu einer Verlagerung von grundsätzlich in der Bilanz und der Gewinn- und Verlustrechnung zu machenden Angaben in den Anhang.

Für die in den Anhang verlagerten Einzelposten der Bilanz und Gewinn- und Verlustrechnung sind ebenfalls die Vorjahreszahlen anzugeben. Die Pflicht zur Angabe von Vorjahreszahlen gilt auch für Untergliederungen von Posten, auch in Form von Darunter-Vermerken, sowie für Angaben, die anstatt in der Bilanz oder in der Gewinn- und Verlustrechnung im Anhang gemacht werden. Die Vergleichbarkeit der Beträge kann durch Erläuterung im Anhang nach § 265 Abs. 2 Satz 2 HGB oder durch Anpassung und Erläuterung nach § 265 Abs. 2 Satz 3 HGB hergestellt werden.

Eine **weitere Untergliederung** der Posten ist zulässig; dabei ist jedoch die vorgeschriebene Gliederung zu beachten (§ 265 Abs. 5 HGB).

Neue Posten dürfen dem Gliederungsschema hinzugefügt werden, wenn ihr Inhalt nicht von einem vorgeschriebenen Posten gedeckt wird (§ 265 Abs. 5 HGB). Für folgende Sachverhalte sieht das HGB zwingend eine Ergänzung der Gliederung vor:

- Aufwendungen für die Ingangsetzung und Erweiterung des Geschäftsbetriebs (§ 269 HGB),
- Aufwendungen für die Währungsumstellung (Art. 44 EGHGB),
- Aktivische latente Steuern (§ 274 Abs. 2 HGB).

KGaA und **GmbH** müssen ihre Bilanzen um folgende Posten erweitern:

- von GmbH-Gesellschaftern eingeforderte Nachschüsse und Ausweis einer entsprechenden Kapitalrücklage (§ 42 Abs. 2 GmbHG),
- Ausleihungen, Forderungen und Verbindlichkeiten gegenüber GmbH-Gesellschaftern (§ 42 Abs. 3 GmbHG; wahlweise auch im Anhang),
- Einzahlungsverpflichtungen persönlich haftender Gesellschafter einer KGaA (§ 286 Abs. 2 Satz 3 AktG),
- nicht durch Vermögenseinlagen gedeckter Verlustanteil persönlich haftender Gesellschafter einer KGaA (§ 286 Abs. 2 Satz 3 AktG).

Anteilige Zinsen und **ähnliche das Geschäftsjahr betreffende Beträge**, die erst nach dem Bilanzstichtag fällig werden, aber bereits am Bilanzstichtag bei Kreditinstituten den Charakter von bankgeschäftlichen und bei Finanzdienstleistungsinstituten den Charakter von für diese Institute typischen Forderungen oder Verbindlichkeiten haben, sind demjenigen Posten der Aktiv- oder Passivseite zuzuordnen, dem sie zugehören (§ 11 RechKredV).

Die **mit kleinen Buchstaben versehenen Posten der Bilanz** (und der Gewinn- und Verlustrechnung) können nach § 2 Abs. 2 RechKredV **zusammengefasst** werden, wenn

- sie einen Betrag enthalten, der für die Vermittlung eines den tatsächlichen Verhältnissen entsprechenden Bildes iSd. § 264 Abs. 2 HGB nicht erheblich ist, oder
- dadurch die Klarheit der Darstellung vergrößert wird; in diesem Fall müssen die zusammengefassten Posten im Anhang gesondert ausgewiesen werden.

Eine solche Zusammenfassung wird im Bilanzformblatt in der Praxis nur selten gemacht. In den der Deutschen Bundesbank und der BaFin einzureichenden Bilanzen ist eine Zusammenfassung von Posten nicht zulässig (§ 2 Abs. 2 Satz 2 RechKredV).

Die verbrieften und unverbrieften **Forderungen an verbundene Unternehmen** bzw. **Unternehmen, mit denen ein Beteiligungsverhältnis** besteht, sind bei den Aktivposten

- Forderungen an Kreditinstitute (Aktiva 3),
- Forderungen an Kunden (Aktiva 4) und
- Schuldverschreibungen und andere festverzinsliche Wertpapiere (Aktiva 5)

als Unterposten in der Bilanz jeweils gesondert auszuweisen oder im Anhang in der Reihenfolge der betroffenen Posten anzugeben (§ 3 RechKredV).

Die verbrieften und unverbrieften **Verbindlichkeiten gegenüber verbundenen Unternehmen** bzw. **Unternehmen, mit denen ein Beteiligungsverhältnis** besteht, sind bei den Passivposten

- Verbindlichkeiten gegenüber Kreditinstituten,
- Verbindlichkeiten gegenüber Kunden,
- Verbriefte Verbindlichkeiten und
- Nachrangige Verbindlichkeiten

als Unterposten in der Bilanz jeweils gesondert auszuweisen oder im Anhang in der Reihenfolge der betroffenen Posten anzugeben (§ 3 RechKredV).

Ausleihungen, Forderungen und Verbindlichkeiten gegenüber Gesellschaftern sind von Kreditinstituten in der Rechtsform der **GmbH** in der Regel als solche jeweils gesondert auszuweisen oder im Anhang anzugeben. Werden sie unter anderen Posten ausgewiesen, so muss diese Eigenschaft vermerkt werden (§ 42 Abs. 3 GmbHG).

Nachrangige Vermögensgegenstände sind auf der Aktivseite bei dem jeweiligen Posten oder Unterposten gesondert auszuweisen (§ 4 Abs. 2 Satz 1 RechKredV). Die Angaben können anstatt in der Bilanz auch im Anhang in der Reihenfolge der betroffenen Posten gemacht werden (§ 4 Abs. 2 Satz 2 RechKredV). **Nachrangige Verbindlichkeiten** sind zusammengefasst im Passivposten „9. Nachrangige Verbindlichkeiten" auszuweisen.

Zu jedem Posten der in der Bilanz ausgewiesenen Verbindlichkeiten und der unter dem Strich vermerkten Eventualverbindlichkeiten ist im Anhang jeweils der **Gesamtbetrag der als Sicherheit übertragenen Vermögensgegenstände** anzugeben (§ 35 Abs. 5 RechKredV).

Im Rahmen der Darstellung der einzelnen Bilanzposten werden bankaufsichtsrechtliche Besonderheiten, insbesondere hinsichtlich der haftenden Eigenmittel sowie hinsichtlich der Anzeigevorschriften kurz dargestellt. Im Rahmen der Prüfung des Jahresabschlusses empfiehlt es sich, die Einhaltung der entsprechenden bankaufsichtsrechtlichen Normen mit zu prüfen.

5.2. Aktivseite

5.2.1. Barreserve (Aktiva 1)

5.2.1.1. Postenbezeichnung

Die Postenbezeichnung lautet nach dem Formblatt 1 wie folgt:

> *1. Barreserve*
> *a) Kassenbestand*
> *b) Guthaben bei Zentralnotenbanken*
>   *darunter:*
>   *bei der Deutschen Bundesbank .... Euro*
> *c) Guthaben bei Postgiroämtern*

Der Aktivposten „1. Barreserve" ist für alle Kreditinstitute und Finanzdienstleistungsinstitute einheitlich geregelt.

Weder mit der Ersten noch mit der Zweiten Verordnung zur Änderung der RechKredV wurde die Postenbezeichnung im Bilanzformblatt geändert.

5.2.1.2. Posteninhalt

5.2.1.2.1. RechKredV

Der Posteninhalt ist in § 12 RechKredV näher definiert. Aufgrund der Zweiten Verordnung zur Änderung der RechKredV vom 11.12.1998 wurde durch die Neufassung des Abs. 2 ua. eine Anpassung an die geldpolitischen Instrumente und Verfahren des Europäischen Systems der Zentralbanken (ESZB) und damit einhergehende Rechtsänderungen vorgenommen.

Es wurde klargestellt, dass die Einlagenfazilität der Deutschen Bundesbank nicht zu den täglich fälligen Guthaben zählt, obwohl „über Nacht" überschüssige Guthaben bei der Deutschen Bundesbank verzinslich angelegt werden können. Die in § 12 Abs. 2 RechKredV genannte „Spitzenrefinanzierungsfazilität" tritt an die Stelle des früheren Lombardkredits.

5.2.1.2.2. Unterposten: Kassenbestand (Aktiva 1.a))

Als Kassenbestand sind **gesetzliche Zahlungsmittel** einschließlich der ausländischen Noten und Münzen (Sorten) sowie **Postwertzeichen** und **Gerichtsgebührenmarken** auszuweisen (§ 12 Abs. 1 Satz 1 RechKredV). Es muss sich stets um **gültige** Zahlungsmittel, Wertzeichen und Gebührenmarken handeln. Dies gilt auch für ausländische

Wertzeichen und Gebührenmarken, da diese von § 12 Abs. 1 RechKredV nicht explizit ausgeschlossen sind. Darüber hinaus sind auch **Bargeldbestände in Automaten** zu berücksichtigen. Gleiches gilt für **Wertvorräte** wie bspw. Frankiermöglichkeiten.

Gedenkmünzen, bei denen es sich um gesetzliche Zahlungsmittel handelt, sind dann als Kassenbestand auszuweisen, wenn diese zum Nennbetrag ausgegeben wurden.

Zu einem höheren Betrag als dem Nennwert erworbene **Gedenkmünzen** sowie generell **Goldmünzen**, auch wenn es sich um gesetzliche Zahlungsmittel handelt, und **Barrengold** sind im Posten „15. Sonstige Vermögensgegenstände" zu erfassen (§ 12 Abs. 1 Satz 2 RechKredV). Goldmünzen dürfen auch dann nicht als Kassenbestand ausgewiesen werden, wenn es sich um gesetzliche Zahlungsmittel handelt, die nicht zu einem höheren Betrag als dem Nennwert erworben wurden. Gleiches gilt auch für **Silbermünzen**, die keine gesetzlichen Zahlungsmittel sind, und Bestände an anderen **Edelmetallen** (zB Platin). Für **Medaillen** gilt Entsprechendes. Auch diese sind im Posten „15. Sonstige Vermögensgegenstände" und nicht als Kassenbestand auszuweisen.

5.2.1.2.3. Unterposten: Guthaben bei Zentralnotenbanken (Aktiva 1.b))

5.2.1.2.3.1. Täglich fällige Guthaben

Als Guthaben bei Zentralnotenbanken dürfen **nur** täglich fällige Guthaben einschließlich der täglich fälligen Fremdwährungsguthaben bei Zentralnotenbanken der Niederlassungsländer des Instituts ausgewiesen werden (§ 12 Abs. 2 Satz 1 RechKredV).

Täglich fällig sind Guthaben, über die jederzeit ohne vorherige Kündigung verfügt werden kann oder für die eine Laufzeit oder Kündigungsfrist von 24 Stunden oder von einem Geschäftstag vereinbart worden ist einschließlich sog. Tagesgelder und Gelder mit täglicher Kündigung (§ 8 Abs. 3 RechKredV).

5.2.1.2.3.2. Niederlassungsländer

Als Niederlassungsländer gelten die Länder (einschließlich des Hauptniederlassungslands), in denen das Institut Bankgeschäfte betreibt oder Finanzdienstleistungen erbringt, Dienstleistungen anbietet oder aus anderen Gründen präsent ist; die **Form der Niederlassung** (zB Niederlassung, Zweigstelle, Repräsentanz) ist unbeachtlich.[1119]

[1119] Vgl. Deutsche Bundesbank (2002), 27; WPH Bd. I 2000 J Tz. 90.

Bieg[1120] vertritt hingegen die Ansicht, dass Länder, in denen ein Institut lediglich Repräsentanzen unterhält, keine Niederlassungsländer sind. Dieser Ansicht ist nicht zu folgen.

5.2.1.2.3.3. Einzelfragen

Die den **Mindestreserven** unterliegenden Mittel gelten als frei verfügbar.[1121] Zu den im Aktivposten 1.b) auszuweisenden Beträgen gehören damit auch die bei der Deutschen Bundesbank unterhaltenen Mindestreserveguthaben.

Hier sind nicht nur Guthaben bei der Deutschen Bundesbank auszuweisen, sondern **sämtliche Guthaben bei Zentralnotenbanken** der Niederlassungsländer (vgl. oben).

Die **nicht jederzeit verfügbaren** (Termineinlagen, auf bestimmte Zeit angelegten) Guthaben bei Zentralnotenbanken sind im Posten „3. Forderungen an Kreditinstitute" auszuweisen. Das gilt auch für Forderungen an Zentralnotenbanken in Ländern, in denen das bilanzierende Institut keine Niederlassung hat.[1122]

Andere Guthaben wie Übernachtguthaben im Rahmen der Einlagefazilität der Deutschen Bundesbank sowie Forderungen an die Deutsche Bundesbank aus Devisenswapgeschäften, Wertpapierpensionsgeschäften und Termineinlagen sind im Posten Aktiva „3. Forderungen an Kreditinstitute" auszuweisen (§ 12 Abs. 2 Satz 2 RechKredV).

Bei Zentralnotenbanken in Anspruch genommene Kredite wie Übernachtkredite iRd. Spitzenrefinanzierungsfazilität der Deutschen Bundesbank oder andere täglich fällige Darlehen dürfen nicht von Guthaben abgesetzt werden, sondern sind im Passivposten „1. Verbindlichkeiten gegenüber Kreditinstituten" als täglich fällige Verbindlichkeiten auszuweisen (§ 12 Abs. 2 Satz 3 RechKredV). Damit werden einerseits die bei der Zentralbank gehaltenen Guthaben und andererseits die Verpflichtungen in voller Höhe brutto ausgewiesen.

5.2.1.2.3.4. Darunter-Vermerk „bei der Deutschen Bundesbank"

Bei dem Aktivposten „1.b) Guthaben bei Zentralnotenbanken" ist ein Darunter-Vermerk „bei der Deutschen Bundesbank" zu machen. Hier sind die in diesem Posten ausgewiesenen Guthaben bei der Deutschen Bundesbank zu zeigen. Soweit das Institut ausschließlich Guthaben bei der Deutschen Bundesbank hat, ist der Ausweis im Aktivpos-

---

[1120] Vgl. Bieg (1998), 191.
[1121] Vgl. Begründung der EG-Kommission zum Richtlinienvorschlag, BR-Drs. 139/81 vom 3.4.1981, zu Artikel 11; ebenso Schwartze, 175 f.
[1122] Vgl. Bieg, ZfbF 1988, 27; Schimann, WPg 1985, 162.

ten 1.b) und im Darunter-Vermerk identisch. Der Darunter-Vermerk kann nicht weggelassen werden.

5.2.1.2.4. Unterposten: Guthaben bei Postgiroämtern (Aktiva 1.c))

Auch in diesem Posten dürfen nur täglich fällige Guthaben (§ 8 Abs. 3 RechKredV) einschließlich der täglich fälligen Fremdwährungsguthaben der Postgiroämter der Niederlassungsländer des Instituts ausgewiesen werden (§ 12 Abs. 2 RechKredV).

Postgiroämter iSd. Vorschrift sind Institutionen, die nicht als Kreditinstitut iSd. § 14 RechKredV gelten. Guthaben bei der **Deutschen Postbank AG** sind als Forderungen an Kreditinstitute auszuweisen. In verschiedenen EU-Staaten werden zurzeit noch Postscheckämter von den EU-Bankrechtsvorschriften ausgenommen. Soweit das Institut in einem dieser EU-Staaten eine Niederlassung hat, kann der Ausweis im Aktivposten 1.c) relevant werden.

5.2.1.3. Bewertung

Die Bestände sind grundsätzlich zum Nennwert zu bewerten. Die Bewertung von Fremdwährungsguthaben sowie die Bewertung von Noten und Münzen aus Ländern, die nicht der EWU angehören, erfolgt - da es sich um Vermögensgegenstände in fremder Währung handelt - nach den Vorschriften des § 340h HGB. Es wird diesbezüglich auch die Ansicht vertreten, dass diese zu Anschaffungskosten bzw. dem niedrigeren Börsen- oder Marktpreis anzusetzen sind. Lassen sich die Anschaffungskosten nicht oder nur mit hohem Aufwand ermitteln, können die Bestände auch mit dem Preis bewertet werden, den das Institut am Bilanzstichtag erzielen könnte.[1123]

Grundsätzlich besteht bei den hier auszuweisenden Guthaben kein Ausfallrisiko. Es ist jedoch darauf hinzuweisen, dass bei den in Niederlassungsländern des Instituts in Fremdwährung gehaltenen Guthaben bei Zentralnotenbanken und Postgiroämtern ein **Währungsrisiko** besteht und ein **Länderrisiko** nicht auszuschließen ist. Bei Letzterem handelt es sich um eine Form des Ausfallrisikos, das darin besteht, dass Tilgungs- und Zinszahlungen von Schuldnern durch hoheitliche Maßnahmen des ausländischen Staates verhindert werden (Transferrisiko).

[1123] Vgl. DSGV, HK 320000, 1.

5.2.1.4. Anhangangaben

Die **Fremdwährungsbeträge** sind in die Angabe des Gesamtbetrags der Vermögensgegenstände, die auf Fremdwährung lauten, jeweils in Euro, einzubeziehen (§ 35 Abs. 1 Nr. 6 RechKredV).

5.2.1.5. Prüfung des Postens

Es sind die bei Flüssigen Mitteln sowie Guthaben bei Kreditinstituten allgemein **üblichen Prüfungshandlungen** durchzuführen; insbesondere sind die Bestandsnachweise auf Richtigkeit und Vollständigkeit zu prüfen. Es ist zu prüfen, ob die einzelnen Beträge zutreffend ausgewiesen werden. Diesbezüglich wird auch auf die vorstehenden Ausführungen verwiesen, deren Beachtung stets zu prüfen ist.

Dabei ist ferner darauf zu achten, dass im bilanzierten Kassenbestand keine unverbuchten Belege, Vorschusszettel, eingelösten Reiseschecks uÄ enthalten sind. Vor Durchführung der Bestandsaufnahme sind mithin etwa im Kassenbestand vorhandene geldgleiche Werte zulasten derjenigen Konten auszubuchen, auf denen die Gegenwerte vereinnahmt sind. Im Kassenbestand befindliche Belege sind vor Bestandsaufnahme zu buchen.

Sämtliche Kassen (Haupt- und Zweigstellen) sind zweckmäßigerweise zu einem einheitlichen Zeitpunkt aufzunehmen. Auf **Kassendifferenzen** ist zu achten; sie sind in alter Rechnung zu bereinigen. Es ist insbesondere festzustellen, ob die Interne Revision den Ursachen für diese Kassendifferenzen nachgegangen ist.

Der **Nachweis** der Bestände erfolgt durch Inventurprotokolle (zB Kassenprotokoll) sowie durch Kontoauszüge zum Bilanzstichtag. Unterwegs befindliche Zahlungen sind festzustellen und ggf. zu berücksichtigen.

Daneben ist die **Bewertung** zu prüfen. Dabei sind auf Fremdwährung lautende Bestände nach § 340h HGB zu bewerten (vgl. Kapitel 4.8.).

Von der **Internen Revision** angefertigte Revisionsberichte sollten eingesehen werden, insbesondere hinsichtlich der Ordnungsmäßigkeit der Kassenführung.

Der **Prüfungsbericht** muss die in § 48 PrüfbV verlangten Angaben enthalten:

- Darstellung im Vergleich mit dem Vorjahr,
- Erläuterung der Zusammensetzung.

Auf wesentliche stille Reserven ist - falls es solche ausnahmsweise bei der Barreserve geben sollte - im Prüfungsbericht hinzuweisen.

Es empfiehlt sich, die im Anhang zu machenden Angaben im Prüfungsbericht zu nennen.

5.2.2. Schuldtitel öffentlicher Stellen und Wechsel, die zur Refinanzierung bei Zentralnotenbanken zugelassen sind (Aktiva 2)

5.2.2.1. Postenbezeichnung

Die Postenbezeichnung lautet nach dem Formblatt 1 wie folgt:

> 2. *Schuldtitel öffentlicher Stellen und Wechsel, die zur Refinanzierung bei Zentralnotenbanken zugelassen sind*
> *a) Schatzwechsel und unverzinsliche Schatzanweisungen sowie ähnliche Schuldtitel öffentlicher Stellen*
> *darunter:*
> *bei der Deutschen Bundesbank refinanzierbar ... Euro*
> *b) Wechsel*
> *darunter:*
> *bei der Deutschen Bundesbank refinanzierbar ... Euro*

Der Aktivposten „2. Schuldtitel öffentlicher Stellen und Wechsel, die zur Refinanzierung bei Zentralnotenbanken zugelassen sind" ist für alle Kreditinstitute und Finanzdienstleistungsinstitute einheitlich geregelt.

Weder mit der Ersten noch mit der Zweiten Verordnung zur Änderung der RechKredV wurde die Postenbezeichnung im Bilanzformblatt geändert.

5.2.2.2. Posteninhalt

5.2.2.2.1. RechKredV

Der Posteninhalt ist in § 13 RechKredV näher umschrieben. In § 13 Abs. 1 Satz 2 RechKredV wurde mit der Zweiten Verordnung zur Änderung der RechKredV vom 11.12.1998 Folgendes eingefügt: „*gegebenenfalls im Unterposten „Anleihen und Schuldverschreibungen von öffentlichen Emittenten" (Aktivposten Nr. 5 Buchstabe b Doppelbuchstabe ba),*". Gleichzeitig wurden die Absätze 2 und 3 des § 13 RechKredV neu gefasst.

Nachdem das Fehlen einer ausdrücklichen Definition der Geldmarktpapiere in Verbindung mit § 13 Abs. 1 Satz 2 RechKredV zu Schwierigkeiten geführt hatte, musste dem bislang durch klarstellende Hinweise der Deutschen Bundesbank abgeholfen werden. Die Klarstellung ist nunmehr in § 13 Abs. 1 Satz 2 RechKredV erfolgt. Durch diese Änderungen wurde der korrekte Ausweis von Schuldtiteln öffentlicher Stellen ermöglicht, die nicht das Kriterium für Geldmarktpapiere erfüllen. Durch die Änderungen in § 13 Abs. 2 sowie Abs. 3 Satz 1 und 3 RechKredV werden notwendige Anpassungen an das ESZB sowie zum Zwecke der Übereinstimmung mit der Bilanzstatistik vorgenommen.

5.2.2.2.2. Voraussetzungen für den Postenausweis

Unter diesem Posten sind nach § 13 Abs. 1 Satz 1 RechKredV

- Schatzwechsel,
- unverzinsliche Schatzanweisungen sowie
- ähnliche Schuldtitel öffentlicher Stellen und
- Wechsel

auszuweisen, die

- unter Diskontabzug hereingenommen wurden und
- zur Refinanzierung bei den Zentralnotenbanken der Niederlassungsländer zugelassen sind.

Die Schatzwechsel, unverzinslichen Schatzanweisungen, ähnliche Schuldtitel öffentlicher Stellen und Wechsel sind im Aktivposten 2. **unabhängig von ihrer Laufzeit** auszuweisen, wenn sie die vorstehenden Bedingungen erfüllen.[1124] Nach Ansicht von Spanier ua.[1125] sind dagegen hier nur solche Posten auszuweisen, deren ursprüngliche Laufzeit ein Jahr nicht überschreitet.

Unter **Diskontabzug** hereingenommen bedeutet, dass der Zinsertrag beim Ankauf in Form einer Abzinsung des Erfüllungsbetrags verrechnet (abgezogen) wird. Unter Diskont ist allgemein die Abzinsung des Erfüllungsbetrags zu verstehen. Diese Voraussetzung erfüllen auch Zerobonds (Null-Kupon-Anleihen) öffentlicher Stellen. Dem Diskontabzug ist ein Agio bei der Einlösung gleichzusetzen.[1126]

Die hier auszuweisenden Aktiva müssen zur **Refinanzierung bei den Zentralnotenbanken der Niederlassungsländer** (vgl. Kapitel 5.2.1.2.3.2.) des Instituts zugelassen sein.[1127] Diese Bedingung soll der Zielsetzung der Bilanz, Einblick in die Liquiditätslage zu geben, Rechnung tragen. Sie dient dazu, dass hier nur liquiditätsnahe Vermögenswerte ausgewiesen werden. Als refinanzierbar gelten auch die Wechsel und Schuldtitel, die zur Sicherung von Offenmarkt- und Übernachtkrediten an Zentralnotenbanken ver-

---

[1124] GlA Bieg (1998), 196.
[1125] Vgl. Spanier ua., B.II.2., 3.
[1126] Vgl. WPH Bd. I 2000 J Tz. 94.
[1127] Vgl. Europäische Zentralbank (2000), 4 ff.

pfändet werden können.[1128] Der Ausweis ist damit wesentlich von den kreditpolitischen Maßnahmen der Zentralnotenbanken abhängig. Einzelheiten zur Refinanzierung iRd. ESZB vgl. Kapitel 5.2.2.3.

5.2.2.2.3. Unterposten: Schuldtitel öffentlicher Stellen (Aktiva 2.a))

Schuldtitel öffentlicher Stellen, die die vorstehenden Bedingungen (Hereinnahme unter Diskontabzug **und** Zulassung zur Refinanzierung) erfüllen, werden im Aktivposten 2.a) ausgewiesen. Als ähnliche Schuldtitel öffentlicher Stellen können hier ua. auch Auslandstitel wie Treasury Bills oder Bons de Trésor ausgewiesen werden, wenn sie die Voraussetzungen der Hereinnahme unter Diskontabzug und Zulassung zur Refinanzierung bei der Zentralnotenbank erfüllen.

Soweit Schuldtitel öffentlicher Stellen mindestens eine der Voraussetzungen des § 13 Abs. 1 Satz 1 RechKredV (Hereinnahme unter Diskontabzug **oder** Zulassung zur Refinanzierung) **nicht** erfüllen, ist zwischen börsenfähigen und nicht börsenfähigen Wertpapieren zu unterscheiden (§ 13 Abs. 1 Satz 2 RechKredV):

- **Börsenfähige** Schuldtitel öffentlicher Stellen sind - je nachdem, ob es sich um Geldmarktpapiere handelt oder nicht - im Posten „5.a) aa) Geldmarktpapiere von öffentlichen Emittenten" oder ggf. im Posten „5.b) ba) Anleihen und Schuldverschreibungen von öffentlichen Emittenten" auszuweisen.
- Sind die Wertpapiere **nicht börsenfähig**, müssen sie im Posten „4. Forderungen an Kunden" ausgewiesen werden.

Mit dem Verbot des Ausweises im Aktivposten 2. wird dem niedrigeren Liquiditätsgrad dieser Papiere Rechnung getragen.[1129] Als **börsenfähig** gelten nach § 7 Abs. 2 RechKredV Wertpapiere, die die Voraussetzungen einer Börsenzulassung erfüllen; für Schuldverschreibungen genügt es, dass alle Stücke einer Emission hinsichtlich Verzinsung, Laufzeitbeginn und Fälligkeit einheitlich ausgestattet sind.

Als **Geldmarktpapiere** gelten alle Schuldverschreibungen und anderen festverzinslichen Wertpapiere unabhängig von ihrer Bezeichnung, sofern ihre ursprüngliche Laufzeit ein Jahr nicht überschreitet (§ 16 Abs. 2a RechKredV). Dabei kommt es auf die Ursprungslaufzeit und nicht auf die Restlaufzeit an.

Im Aktivposten 2. sind auch die Wertpapiere auszuweisen, die zwar die abstrakte Refinanzierbarkeit aufweisen, tatsächlich aber nicht bei der Zentralnotenbank liquidiert

---

[1128] Vgl. WPH Bd. I 2000 J Tz. 94.
[1129] Vgl. Bieg (1998), 198.

werden können, weil bspw. die Refinanzierungskontingente des Instituts ausgeschöpft sind.[1130]

Öffentliche Stellen sind nach § 13 Abs. 1 Satz 3 RechKredV öffentliche Haushalte (Bund, Länder, Gemeinden, Kommunale Zweckverbände) einschließlich ihrer Sondervermögen. Öffentliche Stellen im Ausland sind ausländische Regierungen oder ausländische Gebietskörperschaften.[1131] Hierunter fallen jedoch nicht internationale bzw. supranationale Organisationen wie zB die Weltbank, Osteuropabank oder die BIZ. Zum Begriff der **Niederlassungsländer** vgl. Kapitel 5.2.1.2.3.2. Die vom Bund und seinen Sondervermögen sowie den Ländern in Umlauf gebrachten Schuldtitel sind stets refinanzierbar bei der Deutschen Bundesbank.[1132]

5.2.2.2.4. Unterposten: Wechsel (Aktiva 2.b))

Als Wechsel sind die aus dem Diskontgeschäft (§ 1 Abs. 1 Satz 2 Nr. 3 KWG) stammenden Wechselabschnitte (unter Diskontabzug hereingenommene, bei der Zentralnotenbank refinanzierbare Wechsel) auszuweisen, ohne Rücksicht auf die Anzahl der Wechselverpflichteten und auf die Stellung des Einreichers in der Reihe der Wechselverpflichteten (sog. Diskontwechsel).[1133] Ausländische Wechsel gehören dazu, wenn sie mindestens den wechselrechtlichen Anforderungen des Ausstellungslandes entsprechen. (Art. 90 WG).

Angekaufte Wechsel, die die Voraussetzungen des § 13 Abs. 1 Satz 1 RechKredV nicht erfüllen, sind entweder im Posten „3. Forderungen an Kreditinstitute" oder „4. Forderungen an Kunden" auszuweisen (§ 14 Satz 1 und 2, § 15 Abs. 1 Satz 1 und 3 RechKredV). Die Zuordnung zu einem dieser Bilanzposten orientiert sich am Einreicher, nicht am Bezogenen, da der Ankauf der Wechsel im Rahmen eines dem Einreicher gewährten Diskontkredits erfolgte.

Den **Kunden nicht abgerechnete** Wechsel, **Solawechsel** und **eigene Ziehungen**, die beim bilanzierenden Institut hinterlegt sind (Depot- oder Kautionswechsel), sind ebenfalls nicht als Wechsel im Aktivposten 2.b) zu bilanzieren (§ 13 Abs. 4 RechKredV).

Wechsel werden bei der Deutschen Bundesbank nicht mehr rediskontiert, sondern in ein **Pfanddepot** als Sicherheit eingestellt (vgl. Kapitel 5.2.2.3.). Sie bleiben auch nach ihrer Verpfändung in diesem Posten ausgewiesen (§ 246 Abs. 1 Satz 2 HGB).

[1130] Vgl. Bieg (1998), 198.
[1131] Vgl. auch Boos/Fischer/Schulte-Mattler, § 20 KWG Rn. 8 ff.
[1132] Vgl. Spanier ua., B.II.2., 3.
[1133] Vgl. Birck/Meyer, II 170; WPH Bd. I 2000 J Tz. 92.

Die **Laufzeit** der Wechsel ist grundsätzlich unbeachtlich. Die Zentralnotenbanken fordern jedoch idR eine bestimmte Mindest- bzw. Höchstlaufzeit als Voraussetzung für die Refinanzierbarkeit (vgl. Kapitel 5.2.2.3.). Nur wenn diese zum Bilanzstichtag gegeben ist, sind die Wechsel hier auszuweisen.

Werden Wechsel am 30.12. fällig und fällt dieser Tag auf einen Samstag oder Sonntag, so gilt als Fälligkeitstag der nächstfolgende Werktag. Das Gleiche gilt für am 31.12. fällige Abschnitte. Diese Abschnitte sind noch als Wechselbestand zu bilanzieren.[1134]

Mit wesentlichen **Formfehlern** behaftete Wechsel sind nicht als Wechsel, sondern im Aktivposten „3. Forderungen an Kreditinstitute" oder „4. Forderungen an Kunden" zu erfassen. Sie gelten nach dem Wechselgesetz nicht als Wechsel. Etwas anderes gilt für den Fall, dass zwischen den Beteiligten vereinbart wird, dass die Urkunde vervollständigt werden darf. Dann ist der Inhaber befugt, die Urkunde jederzeit zu einem Wechsel zu ergänzen. Hier ist es geboten, die Abschnitte auch vor der Ergänzung bereits als Wechsel anzusehen und, soweit refinanzierbar, im Posten 2.b) auszuweisen.[1135]

Eigene Akzepte entstehen durch die Inanspruchnahme eines eingeräumten Akzeptkredits. Hier akzeptiert die Bank einen von ihrem Kunden auf sie gezogenen Wechsel, wodurch die Bank im Außenverhältnis zur Einlösung des Wechsels verpflichtet ist. Im Innenverhältnis hat der Kunde die Verpflichtung, den Gegenwert vor Fälligkeit anzuschaffen. Die Forderung gegenüber dem Kunden ist im Aktivposten „4. Forderungen an Kunden" erfasst. Die Einlösungsverpflichtung der Bank - dh. der Wechsel an sich - wird im Passivposten 3.b) „andere verbriefte Verbindlichkeiten" ausgewiesen. Der **Bestand** an eigenen Akzepten, dh. eigene Akzepte, die diskontiert werden, wobei der Gegenwert unter Abzug von Zinsen dem Kunden auf seinem Kontokorrentkonto zur Verfügung gestellt wird, ist ebenfalls nicht im Posten „b) Wechsel" auszuweisen; er ist mit dem Nominalbetrag von den im Umlauf befindlichen eigenen Akzepten und Solawechseln abzusetzen (Passivposten 3.b); § 22 Abs. 4 Satz 2 RechKredV). Das Kreditinstitut ist hier sowohl Gläubiger als auch Schuldner der Wechselforderung, wodurch es ansonsten eine Forderung und eine entsprechende Verbindlichkeit an sich selbst ausweisen würde.

Nicht abgerechnete eigene Akzepte sind, soweit sie sich im Bestand des Kreditinstituts befinden, nicht in der Bilanz auszuweisen (§ 13 Abs. 4 Satz 2 RechKredV). Dies entspricht der Behandlung der nicht abgerechneten im Bestand befindlichen eigenen Ziehungen; dies gilt auch für nicht abgerechnete im Bestand befindliche Solawechsel des Kreditinstituts.

Inkassowechsel - dies sind Wechsel, die vom Kreditinstitut zum Einzug hereingenommen und dem Einreicher zum Nennwert („Einzug vorbehalten") gutgeschrieben werden - sind, soweit sie innerhalb von 30 Tagen ab Einreichung zur Vorlage bestimmt

---

[1134] Vgl. Bergmann ua., B.II.3., 4.
[1135] Vgl. Krumnow ua., 2. Aufl., § 13 RechKredV Rn. 7.

und dem Einreicher bereits gutgeschrieben worden sind, im Aktivposten „15. Sonstige Vermögensgegenstände" auszuweisen (§ 20 Satz 2 RechKredV).[1136] Soweit die Fälligkeit mehr als 30 Tage nach der Einreichung liegt, sind die Inkassowechsel je nach Einreicher im Posten „3. Forderungen an Kreditinstitute" oder „4. Forderungen an Kunden" auszuweisen. Dem Einreicher nicht gutgeschriebene Inkassowechsel sind nicht bilanzierungsfähig.

Versandwechsel wurden vom bilanzierenden Kreditinstitut vor dem Verfalltag zum Einzug weitergegeben.[1137] Da es sich bei diesen Wechseln sowohl um Diskont- als auch um Inkassowechsel handeln kann, gelten die für diese Wechselarten oben dargestellten Ausweisregeln. Birck/Meyer[1138] ziehen jedoch aus abwicklungstechnischen Gründen einen einheitlichen Ausweis unter dem Posten „3. Forderungen an Kreditinstitute" vor, was hier ebenfalls als zulässig angesehen wird.[1139] Versandwechsel sind nicht unter dem Bilanzstrich im Posten „Eventualverbindlichkeiten aus weitergegebenen abgerechneten Wechseln" aufzuführen, da sich § 26 Abs. 1 Satz 1 RechKredV nur auf weiterverkaufte Wechsel bezieht.

Rückwechsel, das sind bei Fälligkeit nicht eingelöste Wechsel, sind in der Regel im Posten „3. Forderungen an Kreditinstitute" bzw. „4. Forderungen an Kunden" zu zeigen.

Eigene Ziehungen sind Wechsel, bei denen das bilanzierende Kreditinstitut Aussteller und ein Kunde bzw. ein anderes Kreditinstitut Wechselbezogener ist. Sie sind zum einen nach abgerechneten und nicht abgerechneten Abschnitten und zum anderen nach Bestandswechseln und Wechseln im Umlauf zu unterscheiden.

Im Aktivposten 2.b) werden nur solche eigenen Ziehungen ausgewiesen, die abgerechnet sind und sich noch im Bestand des Kreditinstituts befinden und zur Refinanzierung zugelassen sind. Befinden sich abgerechnete Abschnitte nicht mehr im Bestand, sondern im Umlauf, sind sie als „Eventualverbindlichkeiten aus weitergegebenen abgerechneten Wechseln" unter dem Bilanzstrich auszuweisen.

Nicht abgerechnete im Bestand befindliche eigene Ziehungen werden wie andere zur Sicherheit hinterlegte Wechsel nicht in der Bilanz des bilanzierenden Kreditinstituts ausgewiesen (§ 13 Abs. 4 Satz 2 RechKredV).

Wurden **nicht abgerechnete eigene Ziehungen** hingegen **weitergegeben**, sind sie also im Umlauf, müssen sie im Passivposten „1. Verbindlichkeiten gegenüber Kreditinstituten" erfasst werden.

[1136] Inkassowechsel werden nicht unter Diskontabzug hereingenommen.
[1137] Vgl. Bieg (1998), 202.
[1138] Vgl. Birck/Meyer, II 174.
[1139] So auch Bieg (1998), 202.

Soweit das Kreditinstitut sämtliche Wechselverpflichteten privatschriftlich von ihren Verpflichtungen aus dem Wechsel freistellt, liegt im Regelfall eine Buchforderung und kein Wechsel vor.

Nicht eingelöste Wechsel mit Fälligkeit im alten Jahr, deren Protestfrist von zwei Werktagen erst im neuen Jahr endet, können bis zum Ablauf der Protestfrist entweder als Wechselbestand behandelt oder im Aktivposten 3. bzw. 4. ausgewiesen werden. Liegt die Fälligkeit dagegen im neuen Jahr, so müssen sie auch dann als Wechselbestand bilanziert werden, wenn sie später zu Protest gehen.[1140]

5.2.2.2.5. Darunter-Vermerk „bei der Deutschen Bundesbank refinanzierbar"

Im Vermerk zum Unterposten „a) Schatzwechsel und unverzinsliche Schatzanweisungen sowie ähnliche Schuldtitel öffentlicher Stellen" sind als bei der Deutschen Bundesbank refinanzierbar alle im Bestand befindlichen Schatzwechsel und unverzinslichen Schatzanweisungen und ähnliche Schuldtitel öffentlicher Stellen auszuweisen, die bei der Deutschen Bundesbank refinanzierungsfähig sind (§ 13 Abs. 2 RechKredV). Bei diesem Darunter-Vermerk kommt es ausschließlich auf die abstrakte Refinanzierungsfähigkeit an.[1141] Sämtliche vom Bund, seinen Sondervermögen sowie den Ländern in Umlauf gebrachten Schuldtitel sind stets bei der Deutschen Bundesbank refinanzierbar.[1142]

Im Vermerk zum Unterposten „b) Wechsel" sind als bei der Deutschen Bundesbank refinanzierbar alle im Bestand befindlichen Wechsel auszuweisen, die bei der Deutschen Bundesbank refinanzierungsfähig sind, sofern die Beleihung nicht durch bekannt gegebene Regelungen der Deutschen Bundesbank ausgeschlossen ist (§ 13 Abs. 3 RechKredV). Zum Bestand gehören auch die zur Besicherung von Offenmarkt- und Übernachtkrediten verpfändeten Wechsel. Sind die Bedingungen für die Refinanzierbarkeit zwar formal gegeben, ist die Beleihung jedoch „durch bekannt gegebene Regelungen der Deutschen Bundesbank ausgeschlossen" (§ 13 Abs. 3 Satz 1 RechKredV), sind die Abschnitte nicht in den Darunter-Vermerk aufzunehmen (vgl. hierzu Kapitel 5.2.2.3.). Im Darunter-Vermerk sind ausschließlich die bei der Deutschen Bundesbank refinanzierungsfähigen Wechsel, einschließlich der Wechsel im Pfanddepot, auszuweisen.

Bei der Frage der Zulassung zur Refinanzierung bei den Zentralnotenbanken und bei der Deutschen Bundesbank kommt es allein auf die **abstrakte Refinanzierungsfähigkeit** -

---

[1140] Vgl. Bergmann ua., B.II.2., 4.
[1141] Vgl. Bieg (1998), 197.
[1142] Vgl. Spanier ua., B.II.2., 3.

dh. die bloße Möglichkeit einer Refinanzierung - an und nicht darauf, ob zB das Institut seine Refinanzierungskontingente bereits ausgeschöpft hat.[1143]

5.2.2.3. Refinanzierung im Rahmen des ESZB

Die Refinanzierungsmöglichkeiten bei der Deutschen Bundesbank haben sich seit Januar 1999 geändert. Seit diesem Zeitpunkt stellt die Deutsche Bundesbank im Rahmen des Europäischen Systems der Zentralbanken (ESZB) den Kreditinstituten Liquidität zur Verfügung (Offenmarktgeschäfte, Fazilitäten).[1144]

Die Besicherung der Liquiditätsbereitstellung erfolgt im Wege des **Pfandkredits**. Die **Sicherheiten** (Wertpapiere, Handelswechsel und Kreditforderungen) werden einem Pfanddepot zugeführt, das en bloc der Besicherung aller Arten von Notenbankkrediten dient. Die einzelnen Sicherheiten sind nicht an bestimmte Refinanzierungsgeschäfte gebunden. Sie können jederzeit flexibel disponiert und ausgetauscht werden, solange der gesamte Pfandbestand zur Besicherung aller ausstehenden Notenbankkredite ausreicht.

Die Sicherheiten werden in „Kategorie-1-Sicherheiten" und „Kategorie-2-Sicherheiten" unterschieden:

- **Kategorie-1-Sicherheiten**
  Marktfähige Schuldtitel, die von der EZB festgelegte, einheitliche und im gesamten Euro-Währungsraum geltende Zulassungskriterien erfüllen.
- **Kategorie-2-Sicherheiten**
  Weitere marktfähige und auch nicht marktfähige Sicherheiten, die für die nationalen Finanzmärkte und Bankensysteme von besonderer Bedeutung sind und für die die nationalen Zentralbanken (NZB) die Zulassungskriterien auf Basis von EZB-Mindeststandards festlegen. Zu dieser Kategorie gehören auch Handelswechsel und Kreditforderungen.

Aus den sog. „Allgemeinen Regelungen"[1145] der Europäischen Zentralbank selbst kann nicht unmittelbar entnommen werden, ob ein bestimmter Finanztitel oder eine Gruppe von Finanzaktiva den Status „Refinanzierbar im ESZB" hat oder nicht. Ein Verzeichnis der Sicherheiten wird im Internet unter www.ecb.int bzw. www.bundesbank.de (MFIs and Assets) veröffentlicht.

Der Pfandbestand im Sicherheitenpool - also auch die darin enthaltenen Wechsel und Kreditforderungen (sog. Wirtschaftskredite) - wird täglich neu bewertet.

[1143] GlA Spanier ua., B.II.2., 3 f.
[1144] Vgl. ausführlich Europäische Zentralbank (2000), 4 ff.
[1145] Vgl. Europäische Zentralbank (2000), 40 ff.

Die Namen der für Handelswechsel und Kreditforderungen infrage kommenden **notenbankfähigen Wirtschaftsunternehmen** werden nicht veröffentlicht. Auf Anfrage bei der zuständigen Hauptverwaltung der Deutschen Bundesbank wird den Kreditinstituten Auskunft über die Notenbankfähigkeit gegeben, wenn konkrete Absichten bestehen, Forderungen gegen Unternehmen bzw. Wechsel mit der Unterschrift eines Unternehmens als Pfand einzureichen.[1146]

Die Anforderungen an notenbankfähige Wirtschaftskredite (Wechsel und Kreditforderungen) hat ua. die Landeszentralbank in Baden-Württemberg mit Rundschreiben Nr. 17/98 vom 31.7.1998 mitgeteilt.

- Wechsel und Kreditforderungen müssen auf **Euro** lauten.
- Die **Restlaufzeit** bei Hereinnahme muss mindestens einen Monat betragen (bei Wechseln bis zum Verfalltag, nicht bis zum gesetzlichen Zahlungstag gerechnet) und darf bei Wechseln sechs Monate, bei Kreditforderungen zwei Jahre nicht überschreiten.
- Während für Wechsel ein **Mindestbetrag** nicht festgelegt ist, müssen Kreditforderungen auf mindestens 10.000 EUR lauten.
- Die Schuldner aus Wirtschaftskrediten müssen **Nichtbankunternehmen** (Wirtschaftsunternehmen des nicht-finanziellen Sektors) oder **wirtschaftlich Selbstständige** sein und ihren **Sitz im Inland** haben.

Die Bundesbank prüft die **Notenbankfähigkeit** anhand von Jahresabschlüssen (Bilanz, Gewinn- und Verlustrechnung, ggf. Anhang). Die Jahresabschlussunterlagen werden auf Bitte der Bundesbank im Regelfall von den Unternehmen selbst vorgelegt. Falls ein Kreditinstitut vom betreffenden Unternehmen zur Weitergabe an die Bundesbank ermächtigt wurde, nimmt die Bundesbank die Unterlagen auch von diesem Kreditinstitut entgegen.

Für refinanzierungsfähige **Handelswechsel** verlangt die Bundesbank nicht mehr, dass sie auf Warenlieferungen oder Dienstleistungen beruhen. Als Handelswechsel gelten vielmehr alle Wechsel, die die Unterschrift eines Nichtbank-Unternehmens oder wirtschaftlich Selbstständigen mit Sitz im Inland tragen.[1147] Dabei stützt sich die Eignung eines Wechsels als notenbankfähige Sicherheit ausschließlich auf die Bonität dieses Nichtbank-Verpflichteten (Wechselschuldners). Auf die frühere dritte Unterschrift wird somit verzichtet. Bankakzepte, Solawechsel und Debitorenziehungen können deshalb ohne die früheren Einschränkungen als Sicherheiten dienen. Nach wie vor ist aber auch der traditionelle, vom Warenlieferanten auf seinen Abnehmer gezogene Drei-Unterschriften-Wechsel als Sicherheit geeignet. Als Wechselschuldner gilt bei Zwei-Unterschriften-Wechseln der inländische Nichtbank-Verpflichtete, bei Drei-Unterschriften-

---

[1146] Vgl. LZB in Baden-Württemberg, Schr. v. 21.10.1998.
[1147] Insoweit sind Spanier ua., B.II.2., 4, unklar, wenn sie davon ausgehen, dass nur „echte Handelswechsel" refinanziert werden.

Wechseln der Bezogene oder (falls dieser kein notenbankfähiger inländischer Nichtbank-Verpflichteter ist) der Aussteller, ersatzweise ein notenbankfähiger Indossant.[1148] Einzelheiten ergeben sich aus dem „Merkblatt für die Form und Beleihung geeigneter Wechsel" aus den AGB der Deutschen Bundesbank.

Wechsel mit **ausländischen Zahlungsverpflichteten** (zB Promissory Notes oder traditionelle vom inländischen Exporteur auf seinen ausländischen Abnehmer gezogene Auslandswechsel) sind nur dann als Sicherheiten geeignet, wenn sie die Unterschrift eines notenbankfähigen inländischen Wechselschuldners tragen; die Bonität des ausländischen Verpflichteten wird nicht mehr geprüft. Zwischen Inlands- und Auslandswechseln wird nicht mehr nach dem Sitz des Zahlungsverpflichteten, sondern nach der Zahlbarstellung unterschieden:

- Im Inland zahlbare Wechsel (sog. Inlandswechsel), müssen (soweit sie von der Bundesbank eingezogen werden) bei einer Stelle der Bundesbank oder bei einem Kreditinstitut an einem Bankplatz zahlbar sein.
- Beim Geschäftspartner selbst zahlbare Inlandswechsel können auch an Nebenplätzen zahlbar gestellt sein.
- Im Ausland zahlbare Wechsel (sog. Auslandswechsel) müssen den Bestimmungen in den „Mitteilungen der Deutschen Bundesbank" (zB bezüglich zugelassener Zahlungsländer) entsprechen.

Zur **Verpfändung** von Wechseln bedarf es einer Verpfändungsabrede zwischen dem Kreditinstitut und der Bundesbank sowie der Übergabe der Wechsel. Im Inland zahlbare Wechsel müssen dabei mit Blankoindossament, im Ausland zahlbare Wechsel mit Vollindossament („An Deutsche Bundesbank" ohne Angabe eines Orts) versehen sein.

Als **Kreditforderungen** können sämtliche Forderungen an notenbankfähige Wirtschaftsunternehmen und wirtschaftlich Selbstständige verpfändet werden, soweit sie deutschem Recht unterliegen und vor einem deutschen Gericht einklagbar sind. Beschränkungen nach der Kreditform oder nach dem Verwendungszweck bestehen dabei nicht.[1149] Verpfändet können zB auch Ratenkredite oder gewerbliche Realkredite werden, soweit einer Verpfändung nicht gesetzliche oder satzungsmäßige Vorschriften oder vertragliche Vereinbarungen entgegenstehen (wie zB bei Hypothekendarlehen, die der Deckung von Pfandbriefen dienen). Ausgeschlossen sind hingegen - aus rechtlichen und praktischen Gründen - Kontokorrentkredite. Die vom Kreditschuldner gestellten Sicherheiten verbleiben beim Kreditinstitut.

Die Verpfändung von Kreditforderungen bedarf einer Einverständniserklärung des Kreditschuldners gegenüber der kreditgewährenden Bank, weil der Deutschen Bundes-

---

[1148] Vgl. LZB in Baden-Württemberg, Rundschreiben Nr. 17/98, 4 f.
[1149] Vgl. LZB Baden-Württemberg, Rundschreiben Nr. 17/98, 5.

bank dabei kreditgeschäftliche Daten übermittelt werden, die dem Bankgeheimnis und ggf. den Bestimmungen des Bundesdatenschutzgesetzes unterliegen.

Abb. 5.2 zeigt zusammengefasst, welche **Bedingungen** Handelswechsel und Kreditforderungen erfüllen müssen, um als Sicherheit im Rahmen der Refinanzierung bei der Deutschen Bundesbank anerkannt zu werden.[1150]

	Handelswechsel	Kreditforderungen (Handel und Industrie)
Mindestlaufzeit	1 Monat	1 Monat
Maximale Restlaufzeit	6 Monate	24 Monate
Mindestbetrag	nicht erforderlich	10.000 €
Währung	Euro	Euro
Sitz des Schuldners	Deutschland	Deutschland
Bonitätsbeurteilung des Unternehmens	Mindestens ein Wechselmitverbundener muss von der Deutschen Bundesbank als notenbankfähig eingestuft sein	Schuldner der Kreditforderung muss von der Deutschen Bundesbank als notenbankfähig eingestuft sein
Bewertung	Abzinsung mit dem 3-M-Euribor-Satz	Nennwert
Bewertungsabschlag	2 %	10 % bei Restlaufzeit bis 6 Monaten; 20 % bei Restlaufzeiten von 6 bis 24 Monaten
Weitere Bedingungen	Wechselinkasso durch die Deutsche Bundesbank	Gewährung nach deutschem Recht, keine Kontokorrentkredite

Abb. 5.2: Notenbankfähigkeit von Handelswechseln und Kreditforderungen

5.2.2.4. Bewertung

Die Schuldtitel öffentlicher Stellen und Wechsel sind mit dem um den Diskont verminderten Betrag anzusetzen (Anschaffungskosten). Der Ansatz zum Nominalwert unter gleichzeitiger Passivierung des Diskonts unter den Rechnungsabgrenzungsposten ist nicht zulässig.[1151]

Der Bewertung (Aufzinsung) ist der beim Erwerb berechnete Diskontsatz zugrunde zu legen. Eine Erhöhung der Zinssätze für Geldmarktpapiere bzw. der Ankaufsätze für

---

[1150] Siehe auch Internetseite der Deutschen Bundesbank, www.bundesbank.de.
[1151] Vgl. WPH Bd. I 2000 J Tz. 96.

Wechsel ergibt einen geringeren Wert dieser Papiere. Bei der Bewertung zum Bilanzstichtag ist dies durch eine entsprechend höhere Abzinsung (für die Restlaufzeit nach dem Bilanzstichtag) zu berücksichtigen. Der Abzinsungsbetrag ist vom Nominalwert abzuziehen.

Der BFH[1152] hat entschieden, dass die im Rahmen eines typischen Wechseldiskontgeschäfts durch eine Bank erworbenen Wechsel und Forderungen mit den Anschaffungskosten zu aktivieren sind (diskontierter Betrag). Der zeitanteilige Diskont gehört nach Ansicht des BFH nicht zu den (nachträglichen) Anschaffungskosten. Bilanzsteuerrechtliche Vorschriften erlauben es nach Ansicht des BFH daher nicht, den auf die Zeit zwischen dem Erwerb des Wechsels und dem Bilanzstichtag rechnerisch entfallenden Diskont in der Steuerbilanz anzusetzen. Der BFH ließ es jedoch ausdrücklich offen, ob für Geschäftsjahre, die nach dem 31.12.1992 beginnen, etwas anders gilt. Der Ansicht des BFH ist in der Handelsbilanz nicht zu folgen.[1153]

Eine Bildung von **Vorsorgereserven** nach § 340f HGB kann im Zusammenhang mit dem Aktivposten 2. nicht erfolgen. Nach der EG-Bankbilanzrichtlinie beschränkt § 340f HGB die Möglichkeit der Bildung von Vorsorgereserven auf die Aktivposten 3., 4. sowie 5. und 6. für solche Wertpapiere, die der Liquiditätsreserve zugeordnet sind. Insoweit ist eine Zuordnung von Wertpapieren im Aktivposten 2. zur Liquiditätsreserve nicht relevant.[1154] Hieraus folgt konsequenterweise, dass Wertberichtigungen/Abschreibungen des Aktivpostens 2. in der Gewinn- und Verlustrechnung als „Sonstige betriebliche Aufwendungen" zu erfassen sind, soweit sie nicht ausnahmsweise zum Eigenhandel gehören. Entsprechendes gilt auch für Wechsel. Zulässig erscheint nach Krumnow ua.[1155] auch, die Aufwendungen für Vorsorgen wegen bonitätsbedingten Ausfallrisiken (einschließlich Pauschalwertberichtigungen) bei Wechselbeständen des Aktivpostens 2. in der Gewinn- und Verlustrechnung unter „Abschreibungen und Wertberichtigungen ... im Kreditgeschäft" auszuweisen, wenn der Wechselkredit des Einreichers zugrunde gelegt wird.

5.2.2.5. Anhangangaben

Die Fremdwährungsbeträge sind in die Angabe des Gesamtbetrags der Vermögensgegenstände, die auf Fremdwährung lauten, jeweils in Euro einzubeziehen (§ 35 Abs. 1 Nr. 6 RechKredV).

[1152] Vgl. BFH-Urteil v. 26.4.1995, DB 1995, 1541 ff.; Vorinstanz FG Baden-Württemberg, Außensenate Stuttgart, Urteil vom 27.5.1994, EFG 1995, 110 ff.
[1153] Ebenso Moxter, BB 1995, 1997 ff.; Plewka/Krumbholz, DB 1996, 342 wollen die Grundsätze des BFH-Urteils zum Wechseldiskont auf das Disagio bei Zerobonds übertragen, was hier als nicht zulässig angesehen wird.
[1154] Vgl. Krumnow ua., 2. Aufl., § 13 RechKredV Rn. 23 ff. mwN.
[1155] Vgl. Krumnow ua., 2. Aufl., § 13 RechKredV Rn. 25.

Ferner sind Angaben nach § 284 Abs. 2 Nr. 1 und 2 HGB zu den angewandten Bilanzierungs- und Bewertungsmethoden erforderlich. Abweichungen hiervon müssen ebenfalls angegeben und begründet werden, ihr Einfluss auf die Vermögens-, Finanz- und Ertragslage ist gesondert darzustellen. Die Grundlage für die Währungsumrechnung nach § 284 Abs. 2 Nr. 2 HGB ist anzugeben.

Darüber hinaus kommen Angaben über den Buchwert von in Pension gegebenen Vermögensgegenständen in Betracht (§ 340b Abs. 4 HGB).

5.2.2.6. Bankaufsichtliche Besonderheiten

Die im Aktivposten 2. ausgewiesenen Bilanzaktiva stellen grundsätzlich Kredite iSd. § 19 KWG dar, soweit § 20 KWG hiervon keine Ausnahmen vorsieht. Insoweit sind bezüglich dieser Kredite die Groß- und Millionenkreditvorschriften zu beachten (Einzelheiten vgl. Kapitel 5.2.4.6.).

5.2.2.7. Prüfung des Postens

Es sind die für Wertpapiere, Forderungen sowie für Wechsel allgemein üblichen Prüfungshandlungen durchzuführen. Es ist darauf zu achten, dass sämtliche in diesem Posten ausgewiesenen Beträge die Voraussetzungen des § 13 RechKredV erfüllen. Diesbezüglich wird auch auf die vorstehenden Ausführungen verwiesen, deren Beachtung stets zu prüfen ist.

Der **Nachweis** erfolgt durch Inventurprotokolle bzw. durch Depotauszüge der Verwahrstellen zum Bilanzstichtag. Die Bestandsnachweise sind auf Richtigkeit und Vollständigkeit zu prüfen.

Die **Bewertung** ist zu prüfen. Auf Fremdwährungsposten ist § 340h HGB anzuwenden (vgl. Kapitel 4.8.). Bei Wechseln sind die für die Bewertung von Forderungen geltenden Grundsätze zu beachten.

Bei von ausländischen öffentlichen Stellen ausgegebenen Titeln bzw. bei Wechseln, die auf eine Fremdwährung lauten, kann ein Währungsrisiko sowie ein Länderrisiko bestehen. Bezüglich der Wertberichtigungen ist zu prüfen, ob sie in ausreichender Höhe gebildet wurden.

Verfügungsbeschränkungen bei Einzelposten sind festzuhalten. Über Art und Umfang von Verfügungsbeschränkungen ist im Rahmen der Darstellung der Vermögenslage im Prüfungsbericht zusammenfassend zu berichten (§ 14 Abs. 2 Nr. 1 PrüfbV).

Bei Wechseln ist ferner festzustellen, ob diese mit **Formfehlern** behaftet sind. Die **Abgrenzung des Diskonts** ist zu prüfen. Das **Gesamtwechselobligo** ist zu ermitteln.

Hinsichtlich der **Darunter-Vermerke** ist darauf zu achten, dass die Voraussetzungen für die Refinanzierbarkeit erfüllt sind.

Von der **Internen Revision** angefertigte Revisionsberichte sollten eingesehen werden, insbesondere hinsichtlich der Ordnungsmäßigkeit der Bestandsführung.

Der **Prüfungsbericht** muss die in § 48 PrüfbV verlangten Angaben enthalten:

- Darstellung im Vergleich mit dem Vorjahr,
- Erläuterung der Zusammensetzung.

Auf wesentliche stille Reserven ist - falls es solche ausnahmsweise im Aktivposten 2. geben sollte - im Prüfungsbericht hinzuweisen.

Zu den unter Diskontabzug hereingenommenen Wechseln sind Angaben über die **Abgrenzung des Diskonts** zu machen (§ 49 Ziff. 1 PrüfbV). Das **Gesamtwechselobligo** sollte angegeben werden. Gebildete **Wertberichtigungen** sind darzustellen.

Im Prüfungsbericht sind ferner Hinweise auf Ausweis- und Bewertungsänderungen gegenüber dem Vorjahr zu machen. Daneben ist auf Verfügungsbeschränkungen bei einzelnen Posten hinzuweisen. Über Art und Umfang von Verfügungsbeschränkungen ist ferner im Rahmen der Darstellung der Vermögenslage im Prüfungsbericht zusammenfassend zu berichten (§ 14 Abs. 2 Nr. 1 PrüfbV).

Es empfiehlt sich, die im Anhang zu machenden Angaben hier zu nennen.

5.2.3. Forderungen an Kreditinstitute (Aktiva 3)

5.2.3.1. Postenbezeichnung

Die allgemeine Postenbezeichnung lautet nach dem Formblatt 1 wie folgt:

> *3. Forderungen an Kreditinstitute*
> *a) täglich fällig*
> *b) andere Forderungen*

Forderungen an **verbundene Unternehmen** bzw. Forderungen an **Unternehmen, mit denen ein Beteiligungsverhältnis** besteht, sind als Unterposten in der Bilanz jeweils gesondert auszuweisen (§ 3 Satz 1 Nr. 1 und Nr. 2 RechKredV). Die Angaben können wahlweise auch im Anhang in der Reihenfolge der betroffenen Posten gemacht werden.

Kreditinstitute in der Rechtsform der GmbH müssen **Forderungen gegenüber Gesellschaftern** gesondert ausweisen oder im Anhang angeben (§ 42 Abs. 3 GmbHG).

Realkreditinstitute und Bausparkassen haben als Spezialkreditinstitute den Aktivposten „3. Forderungen an Kreditinstitute" nach der Fußnote 1 zum Formblatt 1 zu untergliedern:

- Realkreditinstitute (Hypothekenbanken, Schiffspfandbriefbanken und öffentlich-rechtliche Grundkreditanstalten)

    > *3. Forderungen an Kreditinstitute*
    > *a) Hypothekendarlehen*
    > *b) Kommunalkredite*
    > *c) andere Forderungen*
    >   *darunter:*
    >   *täglich fällig ... Euro*
    >   *gegen Beleihung von Wertpapieren ... Euro*

- Bausparkassen

    > *3. Forderungen an Kreditinstitute*
    > *a) Bauspardarlehen*
    > *b) Vor- und Zwischenfinanzierungskredite*
    > *c) sonstige Baudarlehen*
    > *d) andere Forderungen*
    >   *darunter*
    >   *täglich fällig ... Euro*

Für die anderen Kreditinstitute und Finanzdienstleistungsinstitute bestehen keine zusätzlichen Anforderungen an die Gliederung.

Weder mit der Ersten noch mit der Zweiten Verordnung zur Änderung der RechKredV wurde die Postenbezeichnung im Bilanzformblatt geändert.

5.2.3.2. Posteninhalt

5.2.3.2.1. RechKredV

Den Inhalt dieses Postens regelt § 14 RechKredV; dieser wurde mit der Zweiten Verordnung zur Änderung der RechKredV vom 11.12.1998 geändert. In § 14 Satz 1 RechKredV wurde nach dem Wort *„Bankgeschäfte"* Folgendes eingefügt: *„sowie alle Forderungen von Finanzdienstleistungsinstituten"*. Danach sind alle Forderungen der Finanzdienstleistungsinstitute gegenüber Kreditinstituten, unabhängig davon, woraus sie resultieren, hier auszuweisen, soweit sie nicht unter anderen Posten einzuordnen sind.

Nach Art. 15 der EG-Bankbilanzrichtlinie, der in § 14 RechKredV umgesetzt wurde, haben Kreditinstitute alle Forderungen aus Bankgeschäften ggü. Kreditinstituten im Aktivposten „3. Forderungen an Kreditinstitute" auszuweisen. Nach Art. 2 Abs. 1 der EG-Bankbilanzrichtlinie beziehen sich deren Vorschriften aber nur auf Einlagenkreditinstitute. Der Begriff des Einlagenkreditinstituts ist in Art. 1 der Ersten Bankrechtskoordinierungsrichtlinie definiert und stimmt mit dem Begriff des Einlagenkreditinstituts in § 1 Abs. 3d KWG überein. Von den Richtlinienvorgaben konnte abgewichen werden, da Finanzdienstleistungsinstitute keine Einlagenkreditinstitute sind. Somit können sämtliche Forderungen von Finanzdienstleistungsinstituten an Kreditinstitute unter dem Aktivposten 3. ausgewiesen werden, soweit sie nicht gemäß § 14 RechKredV unter anderen Posten einzuordnen sind. Eine Beschränkung auf Bankgeschäfte ist nicht erforderlich.[1156] Diese Regelung ist geeignet, ein den tatsächlichen Verhältnissen entsprechendes Bild der Vermögens-, Finanz- und Ertragslage der Finanzdienstleistungsinstitute zu vermitteln.

5.2.3.2.2. Voraussetzungen für den Postenausweis

5.2.3.2.2.1. Überblick

Nach § 14 Satz 1 RechKredV sind die in diesem Posten auszuweisenden Beträge danach zu unterscheiden, ob es sich beim bilanzierenden Institut um ein Kreditinstitut oder um ein Finanzdienstleistungsinstitut handelt:

- Bei Kreditinstituten sind alle Arten von Forderungen aus Bankgeschäften hier zu erfassen.

[1156] Finanzdienstleistungsinstitute dürfen ohnehin keine Bankgeschäfte iSd. § 1 Abs. 1 KWG betreiben.

- Bei Finanzdienstleistungsinstituten sind dagegen alle Forderungen hier einzuordnen.

Der Hinweis in § 14 Satz 4 RechKredV, wonach § 7 RechKredV unberührt bleibt, stellt klar, dass der Wertpapierbegriff vorgeht, hier also nur Forderungen an Kreditinstitute auszuweisen sind, die nicht den Wertpapierbegriff des § 7 RechKredV erfüllen.

Kurzgefasst lässt sich sagen, dass in diesem Posten Forderungen an Kreditinstitute auszuweisen sind, die weder börsenfähig ausgestaltet sind, noch bei Zentralnotenbanken der Niederlassungsländer refinanziert werden können.

5.2.3.2.2.2. Besonderheiten beim Ausweis bei Kreditinstituten als Bilanzierende

In diesem Posten sind bei **Kreditinstituten**[1157] „ *... alle Arten von Forderungen aus Bankgeschäften"*[1158] an in- und ausländische Kreditinstitute einschließlich der von Kreditinstituten eingereichten Wechsel auszuweisen, soweit es sich nicht um bei Zentralnotenbanken der Niederlassungsländer zur Refinanzierung zugelassene Wechsel (Wechsel iSd. Aktivpostens 2.b)) oder um börsenfähige Schuldverschreibungen iSd. Aktivpostens „5. Schuldverschreibungen und andere festverzinsliche Wertpapiere" handelt (§ 14 Satz 1 RechKredV).

Die ausdrückliche Einschränkung bei Kreditinstituten auf Forderungen *„aus Bankgeschäften"* führt nach Bieg[1159], der sich auf die Regelung in Art. 15 der EG-Bankbilanzrichtlinie beruft, zum Ausweis der aus anderen Geschäften mit Kreditinstituten entstandenen Forderungen grundsätzlich im Aktivposten „4. Forderungen an Kunden".[1160]

Dem folgt die herrschende Meinung nicht. Da nach § 15 Abs. 1 Satz 1 RechKredV Kunden Nichtbanken sind, wird danach die Ansicht vertreten, dass Forderungen aus Geschäften, die keine Bankgeschäfte iSd. § 14 Abs. 1 Satz 1 RechKredV sind, als „Sonstige Vermögensgegenstände" auszuweisen sind.[1161] Da allein das Bestehen einer Forderung, die nicht aus dem Bankgeschäft stammt, das betreffende Kreditinstitut nicht zur Nichtbank macht, erscheint für diese Fälle ein Ausweis unter den „Sonstigen Vermögensgegenständen" als bessere Alternative. Da andererseits nur wenige Ansprüche

---

[1157] Zu den Kreditinstituten zählen auch Bausparkassen, die Deutsche Postbank AG sowie alle öffentlich-rechtlichen Kreditinstitute.
[1158] Bankgeschäfte iSd. § 1 KWG zuzüglich der banktypischen Dienstleistungsgeschäfte.
[1159] Vgl. Bieg, ZfbF 1988, 27; Bieg (1998), 210 f.
[1160] Vgl. glA Spanier ua., B.II.3., 8.
[1161] Dies räumen auch Bieg (1998), 211 sowie BeckHdR B 900 Rn. 115, ein; glA Krumnow ua., 2. Aufl., § 14 RechKredV Rn. 3; Bieg in: MünchKomm HGB § 340a HGB Rn. 48.

gegen andere Kreditinstitute vorstellbar sind, denen keine Bankgeschäfte zugrunde liegen, ist diese Frage wohl eher von theoretischer Bedeutung.[1162]

5.2.3.2.2.3. Besonderheiten beim Ausweis bei Finanzdienstleistungsinstituten als Bilanzierende

Mit der Zweiten Verordnung zur Änderung der RechKredV wurde folgende Ergänzung in § 14 Satz 1 RechKredV eingefügt: *„sowie alle Forderungen von Finanzdienstleistungsunternehmen"*. Danach sind alle Forderungen der **Finanzdienstleistungsinstitute** gegenüber Kreditinstituten, unabhängig davon, ob sie aus Bank- oder Finanzdienstleistungsgeschäften resultieren oder nicht, in diesem Posten auszuweisen, soweit sie nicht gemäß § 14 RechKredV unter anderen Posten einzuordnen sind.

Eine Beschränkung des Ausweises auf bankgeschäftliche Forderungen würde bei Finanzdienstleistungsinstituten ins Leere gehen, da diese keine Bankgeschäfte betreiben dürfen. Die Folge wäre, dass Forderungen gegenüber Kreditinstituten nicht in dem dafür vorgesehenen Spezialposten ausgewiesen werden könnten, was die Darstellung eines den tatsächlichen Verhältnissen entsprechenden Bildes der Vermögens-, Finanz- und Ertragslage erheblich beeinträchtigen würde.

Dies steht im Einklang mit Artikel 15 iVm. Artikel 2 Abs. 1 der EG-Bankbilanzrichtlinie, die insoweit nur für Einlagenkreditinstitute verlangt, dass in diesem Posten alle Forderungen aus Bankgeschäften zu erfassen sind. Finanzdienstleistungsinstitute sind keine Einlagenkreditinstitute.

Im Übrigen gelten die vorstehend und nachfolgend dargestellten Vorschriften des § 14 RechKredV auch für Finanzdienstleistungsinstitute.

5.2.3.2.2.4. Begriff des Kreditinstituts iSd. § 14 RechKredV

Im Gegensatz zu Art. 15 Abs. 2 der EG-Bankbilanzrichtlinie regelt § 14 RechKredV nicht, was als Kreditinstitut iSd. Vorschrift zu verstehen ist. **Kreditinstitute** iSd. § 14 Satz 1 RechKredV sind alle Unternehmen, die Bankgeschäfte iSd. § 1 Abs. 1 Satz 2 KWG betreiben (§ 340 Abs. 1 HGB iVm. § 1 Abs. 1 KWG).

Hierzu gehört auch die Deutsche Postbank AG. Seit ihrer Umwandlung in eine Aktiengesellschaft zum 1.1.1995 ist § 12 Abs. 2 Satz 1 RechKredV auf die bei ihr unterhaltenen täglich fälligen Guthaben nicht mehr anwendbar. Deren Ausweis hat nicht mehr unter der Barreserve, sondern unter den täglich fälligen Forderungen an Kreditinstitute zu erfolgen. Gleiches gilt für täglich fällige Guthaben bei Postbanken anderer Niederlassungsländer, soweit diese nicht eine Sonderstellung besitzen, die der der bisherigen Postgiroämter in Deutschland vergleichbar ist.

[1162] So auch Bieg (1998), 210.

Zu den Kreditinstituten gehören ferner:[1163]

- alle Unternehmen mit Sitz in EU-Staaten, die gemäß Art. 3 Abs. 7 der Ersten Bankrechtskoordinierungsrichtlinie im Amtsblatt der EG aufgeführt sind, also alle in EU-Staaten als Kreditinstitute zugelassenen Unternehmungen; hierzu zählen auch deren Zweigstellen in Drittstaaten;
- private und öffentliche Unternehmen mit Sitz außerhalb der EU, sofern sie im Sitzland als Kreditinstitut zugelassen sind und auf sie die Begriffsbestimmung des Art. 1 der Ersten Bankrechtskoordinierungsrichtlinie zutrifft; ihre Tätigkeit muss mithin darin bestehen, Einlagen oder andere rückzahlbare Gelder des Publikums entgegenzunehmen und Kredite für eigene Rechnung zu gewähren;
- alle Zentralnotenbanken;
- alle nationalen und internationalen Einrichtungen mit Bankcharakter (zB BIZ, Weltbank, Afrikanische Entwicklungsbank, Anden-Entwicklungsbank, Asiatische Entwicklungsbank, Europäische Entwicklungsbank, Inter-Amerikanische Entwicklungsbank, Islamische Entwicklungsbank, Karibische Entwicklungsbank, Nordische Entwicklungsbank, Ostafrikanische Entwicklungsbank, Osteuropäische Entwicklungsbank, Regionale Bank für die wirtschaftliche Integration Mittelamerikas).

Forderungen an Kapitalanlagegesellschaften selbst sind stets als Forderungen an Kreditinstitute auszuweisen, weil die Kapitalanlagegesellschaft ein Kreditinstitut ist. Die Praxis weist die Forderungen an das einzelne Sondervermögen (Fonds) hingegen als Forderungen an Kunden aus. Dies ist sachgerecht.

Finanzdienstleistungsinstitute (§ 1 Abs. 1a KWG), Finanzunternehmen (§ 1 Abs. 3 KWG) sowie Wertpapierhandelsunternehmen und Wertpapierhandelsbanken (§ 1 Abs. 3d KWG) gehören nicht zu den Kreditinstituten iSd. § 14 Satz 1 RechKredV.[1164]

5.2.3.2.2.5. Anteilige Zinsen

In diesem Posten sind nach § 11 RechKredV auch die **abgegrenzten (anteiligen) Zinsen** und **ähnliche das Geschäftsjahr betreffende Beträge** auszuweisen, die erst nach dem Bilanzstichtag fällig werden, aber bereits am Bilanzstichtag bei Kreditinstituten den Charakter von bankgeschäftlichen und bei Finanzdienstleistungsinstituten den Charakter von für diese Institute typische Forderungen haben (Einzelheiten vgl. Kapitel 3.8.). Zur Erfassung von Zinsen auf **notleidende Forderungen** vgl. Kapitel 4.3.5.4.

[1163] Vgl. Krumnow ua., 2. Aufl., § 14 RechKredV, Rn. 6; Bieg (1998), 208 f.
[1164] Vgl. WPH Bd. I 2000 J Tz. 100.

5.2.3.2.2.6. Guthaben bei Zentralnotenbanken und Postgiroämtern

Nicht täglich fällige Guthaben einschließlich Fremdwährungsguthaben bei **Zentralnotenbanken** und **Postgiroämtern** der Niederlassungsländer sind ebenfalls hier auszuweisen (§ 12 Abs. 2 Satz 1 RechKredV). Gleiches gilt für Guthaben bei Zentralnotenbanken bzw. Postgiroämtern in Ländern, in denen das bilanzierende Kreditinstitut keine Niederlassung hat, unabhängig davon, ob es sich um täglich fällige Guthaben handelt oder nicht.[1165] Die **nicht jederzeit verfügbaren** (Termineinlagen, auf bestimmte Zeit angelegten) Guthaben bei Zentralnotenbanken sind ebenfalls unter Posten „3. Forderungen an Kreditinstitute" auszuweisen.

Als Forderungen an Kreditinstitute sind auch andere Guthaben wie Übernachtguthaben iRd. Einlagenfazilität der Deutschen Bundesbank aus Devisenswapgeschäften und Wertpapierpensionsgeschäften auszuweisen (§ 12 Abs. 2 Satz 2 RechKredV). Dabei dürfen bei Zentralnotenbanken in Anspruch genommene Kredite nicht von den Guthaben abgesetzt werden; sie sind als Verbindlichkeiten gegenüber Kreditinstituten auszuweisen (§ 12 Abs. 2 Satz 3 RechKredV).

5.2.3.2.2.7. Schuldverschreibungen und ähnliche Forderungen

Sofern sich die Ansprüche gegen Kreditinstitute richten, gehören nach § 14 Satz 3 und 5 RechKredV zu den hier auszuweisenden Forderungen auch Forderungen aus Schuldverschreibungen und ähnliche Forderungen, die die Voraussetzungen des Wertpapierbegriffs (§ 7 RechKredV) - vor allem wegen fehlender Börsenfähigkeit - nicht erfüllen. Dies sind insbesondere:

- Namensschuldverschreibungen,
- nicht börsenfähige Inhaberschuldverschreibungen,
- Orderschuldverschreibungen, die nicht Teile einer Gesamtemission sind,
- nicht börsenfähige Orderschuldverschreibungen, die Teile einer Gesamtemission sind,
- Namensgeldmarktpapiere,
- nicht börsenfähige Inhabergeldmarktpapiere,
- Namensgenussscheine,[1166]
- nicht börsenfähige Inhabergenussscheine,
- andere nicht in Wertpapieren verbriefte rückzahlbare Genussscheine,
- Bausparguthaben aus abgeschlossenen Bausparverträgen und
- Soll-Salden aus Effektengeschäften und Verrechnungskonten.

[1165] Vgl. Bieg, ZfbF 1988, 27.
[1166] Zur Aktivierung von Vergütungen für Genussrechte vgl. Kapitel 5.2.5.2.2.7.

Nicht in Wertpapieren verbriefte Genussrechte, die nicht rückzahlbar sind, sind dem Aktivposten „15. Sonstige Vermögensgegenstände" zuzuordnen (§ 20 Satz 4 RechKredV).

5.2.3.2.2.8. Wechsel

Im Aktivposten 3. sind ferner Wechsel auszuweisen:[1167]

- Wechsel, die von Kreditinstituten eingereicht wurden, soweit ein Ausweis im Aktivposten 2.b), insbesondere wegen **mangelnder Refinanzierungsfähigkeit**, nicht infrage kommt.
- Abgerechnete **eigene Ziehungen** auf ein Kreditinstitut im Bestand, die nicht zur Refinanzierung zugelassen sind (§ 14 Satz 1 RechKredV).
- Von den **à forfait** (unter Verzicht auf den Regressanspruch gegen den Einreicher) eingereichten Wechseln sind nach § 14 Satz 2 RechKredV diejenigen hier auszuweisen, die von Kreditinstituten akzeptiert sind, soweit es sich nicht um Wechsel handelt, die zur Refinanzierung bei Zentralnotenbanken der Niederlassungsländer zugelassen sind (Wechsel iSd. Aktivpostens 2.b)). Abweichend von der üblichen Handhabung bei Wechseln ist hier der Bezogene für die Positionszuordnung maßgebend, da bei diesen idR aus Außenhandelsgeschäften stammenden Wechseln der Einreicher von seiner Wechselhaftung befreit wird, also nur der Bezogene haftet.[1168]
- **Inkassowechsel**, die mehr als 30 Tage nach der Einreichung fällig sind und dem einreichenden Kreditinstitut bereits - unter „Eingang vorbehalten" - gutgeschrieben wurden; dies gilt auch für Schecks und sonstige Inkassopapiere, die dem einreichenden Kreditinstitut bereits gutgeschrieben wurden (§ 20 Satz 2 und 3 RechKredV).
- **Versandwechsel**.
- **Rückwechsel**, soweit sie vormals von einem Kreditinstitut eingereicht wurden.

5.2.3.2.2.9. Wertpapierleihe- und Pensionsgeschäfte

Wertpapierleihegeschäfte im System des Deutschen Kassenvereins sind vom Verleiher (Darlehensgeber) ebenfalls als Forderungen an Kreditinstitute auszuweisen, da der Kontrahent ein Kreditinstitut ist (Einzelheiten vgl. Kapital 4.10.). Gleiches gilt für Wertpapierdarlehen, deren Darlehensnehmer ein Kreditinstitut ist. Hier sind auch auf Gold und andere Edelmetalle lautende Forderungen aus Leihgeschäften einzuordnen. Bei

---

[1167] Für die Abgrenzung, ob ein Wechsel unter den Forderungen an Kunden oder Forderungen an Kreditinstitute auszuweisen ist, ist grundsätzlich auf den Einreicher und nicht auf den Bezogenen abzustellen.; vgl. Krumnow ua., 2. Aufl., § 14 RechKredV Rn. 7.
[1168] So Bieg (1998), 212.

einer Wertpapierleihe wird die Höhe der Buchforderung durch den Buchwert des verliehenen Vermögenswerts bestimmt.

Darüber hinaus gehören zum Posten „Forderungen an Kreditinstitute" auch Forderungen aus echten Pensionsgeschäften (Einzelheiten vgl. Kapitel 3.2.). Nach der sich aus § 340b HGB ergebenden **Definition der Pensionsgeschäfte**, kann es sich nur dann um ein solches handeln, wenn folgende Grundvoraussetzungen kumulativ gegeben sind:[1169]

- Der Pensionsgeber ist ein Institut oder ein Kunde (Nichtbank), dh. Pensionsgeber kann faktisch nicht nur ein Institut sein.
- Es sind Vereinbarungen über die Rückübertragung des Pensionsgegenstands getroffen worden.
  Die Vereinbarungen müssen den Pensionsgegenstand selbst bestimmen. Die Vereinbarung einer Rückübertragung eines anderen, aber gleichwertigen Gegenstands führt nicht zu einem Pensionsgeschäft.
- Die Gegenleistung besteht in der Zahlung eines Geldbetrags.
  Ist als Gegenleistung die Übertragung eines anderen Vermögensgegenstands vereinbart, so liegt ein Tauschgeschäft und kein Pensionsgeschäft vor.[1170]
- Die vertragliche Gegenleistung für die Rücknahme des Vermögensgegenstands besteht ebenfalls in der Zahlung eines im Voraus vereinbarten Geldbetrags.

Nach dem Vorliegen zusätzlicher Voraussetzungen ist zwischen echten und unechten Pensionsgeschäften zu unterscheiden.

Echte Pensionsgeschäfte
- Der Pensionsnehmer ist zur Rückübertragung des empfangenen Vermögensgegenstands verpflichtet. Der Pensionsgeber muss demzufolge den Pensionsgegenstand zurücknehmen.
- Der Rücknahmezeitpunkt ist entweder im Voraus bestimmt, oder die Bestimmung dieses Zeitpunkts ist dem Pensionsgeber überlassen.

[1169] Vgl. DSGV (Hrsg.), Anhang 11.

[1170] Es handelt sich bspw. um ein Tauschgeschäft, wenn das Institut Forderungen gegen Übernahme von Schuldverschreibungen „in Pension" gibt. Technisch werden diese Geschäfte als „Verkauf" der Forderung und als „Ankauf" der Wertpapiere abgewickelt, wirtschaftlich handelt es sich jedoch um einen Tausch. Eine ggf. bestehende Rücknahmeverpflichtung für die im Tausch hingegebenen Forderungen ist mithin auch nicht als Eventualverbindlichkeit unter dem Bilanzstrich im Posten 1.a) zu vermerken. Es kommt vielmehr für ein auf diese Art beim ursprünglichen Forderungsinhaber verbleibendes Bonitätsrisiko ein Vermerk unter dem Bilanzstrich im Posten 1.b) in Betracht; vgl. DSGV (Hrsg.), Anlage 11, 2.

Unechte Pensionsgeschäfte
- Der Pensionsgeber ist zur Rücknahme des übertragenen Vermögensgegenstands verpflichtet, ohne dass eine Rückübertragungsverpflichtung des Pensionsnehmers besteht (Rückgaberecht des Pensionsnehmers).
- Der Rückgabezeitpunkt ist entweder im Voraus bestimmt oder die Bestimmung dieses Zeitpunkts ist dem Pensionsnehmer überlassen.

Devisentermingeschäfte, Börsentermingeschäfte und ähnliche Geschäfte sind selbst dann nicht den Pensionsgeschäften zuzuordnen, wenn für sie sämtliche Merkmale der Definition des Pensionsgeschäfts zutreffen. Die Ausgabe eigener Schuldverschreibungen auf abgekürzte Zeit (sog. Wertpapiere mit Sonderausstattung) gilt nicht als Pensionsgeschäft.

5.2.3.2.2.10. Kompensationen und Unterkonten

Unterhält ein Kredit- oder Finanzdienstleistungsinstitut mehrere Konten bei demselben Kreditinstitut, so sind diese zu **kompensieren**, soweit die Voraussetzungen des § 10 RechKredV gegeben sind (Einzelheiten vgl. Kapitel 3.4.2.). Eine Kompensation zwischen Forderungen und Verbindlichkeiten verschiedener Währungen ist nicht zulässig.

Konten, die lediglich der besseren Übersicht dienen (zB Interimskonten für die Abrechnung von Lastschriften oder Sparbriefen), haben den Charakter von Unterkonten. Sie sind mit dem Saldo des Kontokorrentkontos zusammenzufassen.

5.2.3.2.2.11. Treuhandkredite

Kredite, die ein Institut als **Treuhänder** im eigenen Namen, aber für fremde Rechnung begeben hat, sind im Aktivposten „9. Treuhandvermögen" auszuweisen und in einem Darunter-Vermerk „Treuhandkredite" besonders kenntlich zu machen. Die Gesamtbeträge sind im Anhang nach den Aktivposten des Formblatts aufzugliedern.

Ein Treuhandkredit liegt nur dann vor, wenn die Mittel vom Auftraggeber voll zur Verfügung gestellt wurden und das Kreditinstitut keinerlei Eigenrisiko aus dem Kreditverhältnis trägt (Einzelheiten vgl. Kapitel 3.3.2.).

Trägt das Kreditinstitut über die ordnungsgemäße Verwaltung des Engagements hinaus ein Eigenrisiko oder werden die Mittel vom Auftraggeber nicht voll zur Verfügung gestellt, handelt es sich um originäre Forderungen des Kreditinstituts, die - soweit der Schuldner des Kredits ein Kreditinstitut ist - im Aktivposten 3. auszuweisen sind.

Ist das bilanzierende Institut hingegen **Treugeber**, dh. werden anderen Kreditinstituten ohne deren Haftung Beträge zur Verfügung gestellt, die diese an Endkreditnehmer (Nichtbanken) weiterreichen, stellt sich die Frage, wie das Institut als Treugeber diese

Beträge auszuweisen hat: als Forderungen an Kreditinstitute oder als Forderungen an Kunden.[1171] Nach § 6 Abs. 1 Satz 4 RechKredV gilt als Schuldner bei Treuhandkrediten die Stelle, an die das bilanzierende Kreditinstitut die Gelder unmittelbar ausreicht. Nachdem dies ein anderes Kreditinstitut ist, sind diese Beträge beim Treugeber als „Forderungen an Kreditinstitute" auszuweisen.

5.2.3.2.2.12. Gemeinschaftsgeschäfte

Bei Gemeinschaftskrediten (vgl. Kapitel 3.5.) hat jedes beteiligte oder unterbeteiligte Kreditinstitut nur seinen eigenen Anteil an dem Kredit in die Bilanz aufzunehmen, soweit es die Mittel zur Verfügung gestellt hat (§ 5 RechKredV).

5.2.3.2.2.13. Kein Ausweis von Kreditzusagen

Die Forderungen an Kreditinstitute sind ebenso wie die Forderungen an Kunden (§ 15 Abs. 1 letzter Satz RechKredV) mit der Summe der **in Anspruch genommenen Kredite**, nicht mit der Summe der Kreditzusagen auszuweisen. Soweit es sich um unwiderrufliche Kreditzusagen handelt, kommt ein Ausweis unter dem Bilanzstrich infrage.

5.2.3.2.3. Unterposten: Täglich fällig (Aktivposten 3.a))

Als täglich fällig (Unterposten 3.a)) sind die Forderungen auszuweisen, über die jederzeit ohne vorherige Kündigung verfügt werden kann oder für die eine Laufzeit oder Kündigungsfrist von 24 Stunden oder von einem Geschäftstag vereinbart worden ist.

Bei Realkreditinstituten und Bausparkassen sind die täglich fälligen Forderungen bei dem Unterposten „andere Forderungen" in einem Darunter-Vermerk auszugliedern.

5.2.3.2.4. Unterposten: Andere Forderungen (Aktivposten 3.b))

Die nicht täglich fälligen Forderungen sind unter den anderen Forderungen (Aktivposten 3.b)) auszuweisen. Die anderen Forderungen im Unterposten b) sind mit Ausnahme der darin enthaltenen Bausparguthaben im Anhang weiter nach Restlaufzeiten aufzugliedern (§ 9 Abs. 1 Nr. 1 und Abs. 2 RechKredV).

1171 Zur früheren Rechtslage vgl. Birck/Meyer, II 185 f.

5.2.3.3. Bewertung

Die Forderungen an Kreditinstitute werden nach § 253 Abs. 1 Satz 1 HGB mit den Anschaffungskosten angesetzt, soweit nicht Abschreibungen bzw. Wertberichtigungen auf den niedrigeren beizulegenden Wert erforderlich sind (§ 253 Abs. 3 Satz 2 HGB). Zu Einzelheiten der Bewertung von Forderungen wird auf Kapitel 4.3. verwiesen. Uneinbringliche Forderungen sind abzuschreiben. Zur Abgrenzung zwischen Wertpapieren und Forderungen vgl. Kapitel 3.6.

Hiervon abweichend dürfen Forderungen gemäß § 340e Abs. 2 HGB iRd. Nominalwertbilanzierung mit ihrem Nennbetrag angesetzt werden, soweit der Unterschiedsbetrag zwischen dem Nennbetrag und dem Auszahlungsbetrag bzw. den Anschaffungskosten Zinscharakter hat (Einzelheiten vgl. Kapitel 4.3.3.).

Zur Bewertung von Forderungen aus **Pensionsgeschäften** wird auf Kapitel 3.2. und zu Forderungen aus **Wertpapierleihegeschäften** auf Kapitel 4.10. verwiesen.

Auszuweisen ist der in Anspruch genommene Kredit, nicht die Summe der Kreditzusagen. Diese Beträge sind zu kürzen um zwingend vorzunehmende Verrechnungen iSd. § 10 RechKredV, Einzelwertberichtigungen, Pauschalwertberichtigungen, Länderwertberichtigungen und Vorsorgereserven nach § 340f HGB bzw. nach § 26a KWG aF.

Anteilige Zinsen sind nach § 11 RechKredV zu ermitteln und ebenfalls in diesem Posten auszuweisen. Zur Berücksichtigung von Zinsen auf notleidende Forderungen vgl. Kapitel 4.3.5.4. Zinsen, Provisionen, Porti und Spesen für das abgelaufene Geschäftsjahr müssen in alter Rechnung auf den Konten gebucht werden. Dies gilt auch für Kündigungs- und Festgelder.

Namensschuldverschreibungen sind wie Forderungen zu bewerten (vgl. Kapitel 4.3.). Etwaige Unterschiedsbeträge zwischen den Anschaffungskosten und dem Rückzahlungswert können nach § 340e Abs. 2 HGB über einen Rechnungsabgrenzungsposten abgegrenzt und auf die Laufzeit verteilt werden.

Schuldscheindarlehen, die zu Handelszwecken erworben wurden, sind mit den Anschaffungskosten zu aktivieren. Der beizulegende Wert ist anhand der zum Bilanzstichtag geltenden Zinsstruktur zu ermitteln.

Posten, die auf **Fremdwährung** lauten, sind nach § 340h HGB zu bewerten (Einzelheiten vgl. Kapitel 4.8.). Forderungen, die in **Gold** oder **anderen Edelmetallen** zu begleichen sind, sind entsprechend mit den Anschaffungskosten oder mit dem niedrigeren Tageswert anzusetzen.

Forderungen an Kreditinstitute sind Bestandteil der Bemessungsgrundlage für die Ermittlung der **Vorsorgereserven** nach § 340f HGB (Einzelheiten vgl. Kapitel 4.6.).

Sofern bei Bausparvorratsverträgen die Abschlussgebühr für den Bausparvertrag von der Bausparkasse nicht so lange gestundet wird, bis das Institut den Bausparvertrag weiterverkauft hat, ist diese Teil der aktivierungspflichtigen Anschaffungskosten.[1172] Kann die Abschlussgebühr beim Verkauf des Bausparvertrags oder der Rückgabe an die Bausparkasse nicht realisiert werden, ist sie zu diesem Zeitpunkt als Aufwand zu verrechnen.

Abschlussgebühren für Bausparverträge, die eigenen Finanzierungszwecken dienen sollen, sind nach Bergmann ua.[1173] als Rechnungsabgrenzungsposten zu aktivieren und nach Darlehensgewährung durch die Bausparkasse zeitanteilig aufzulösen. Nachdem Bausparkassen die vereinnahmten Abschlussgebühren nicht anteilig abgrenzen können (vgl. Kapitel 5.2.16.2.2.7.) ist davon auszugehen, dass dies für verausgabte Abschlussgebühren ebenfalls nicht zulässig ist (vgl. Kapitel 5.2.16.2.2.8.).

5.2.3.4. Anhangangaben

Forderungen an **verbundene Unternehmen** bzw. Forderungen an **Unternehmen, mit denen ein Beteiligungsverhältnis** besteht, sind als Unterposten in der Bilanz jeweils gesondert auszuweisen (§ 3 Satz 1 Nr. 1 und Nr. 2 RechKredV). Die Angaben können wahlweise auch im Anhang in der Reihenfolge der betroffenen Posten gemacht werden.

Bezüglich **nachrangiger Forderungen** (§ 4 Abs. 2 RechKredV) wird auf Kapitel 3.7. verwiesen. Sie sind auf der Aktivseite bei den jeweiligen Posten oder Unterposten auszuweisen. Die Angaben können alternativ auch im Anhang in der Reihenfolge der betroffenen Posten gemacht werden.

Kreditinstitute in der Rechtsform der GmbH müssen **Forderungen gegenüber Gesellschaftern** gesondert ausweisen oder im Anhang angeben (§ 42 Abs. 3 GmbHG).

Die **Fremdwährungsbeträge** sind in die Angabe des Gesamtbetrags der Vermögensgegenstände, die auf Fremdwährung lauten, jeweils in Euro, einzubeziehen (§ 35 Abs. 1 Nr. 6 RechKredV).

Bei **echten Pensionsgeschäften** hat der Pensionsgeber den Buchwert der in Pension gegebenen Vermögensgegenstände im Anhang anzugeben (§ 340b Abs. 4 HGB).

Die in diesem Bilanzposten enthaltenen, auf das **Leasinggeschäft** entfallenden Beträge sind gemäß § 25 Abs. 1 Nr. 3 RechKredV ebenfalls im Anhang anzugeben.

[1172] Vgl. Bergmann ua., B.II.3., 7.
[1173] Vgl. Bergmann ua., B.II.3., 7.

Soweit Forderungen an Kreditinstitute von einem Institut als **Treuhänder** im eigenen Namen, für fremde Rechnung gehalten werden, sind sie nicht im Posten „Forderungen an Kreditinstitute" sondern im Aktivposten „9. Treuhandvermögen" auszuweisen, und in einem Darunter-Vermerk „Treuhandkredite" besonders kenntlich zu machen. Im Anhang sind diese Forderungen bei der Aufgliederung des Gesamtbestands des Treuhandvermögens unter dem Posten „Forderungen an Kreditinstitute" zu zeigen.

Die im Unterposten „b) andere Forderungen" ausgewiesenen Forderungen an Kreditinstitute sind nach § 9 Abs. 1 Satz 1 Nr. 1 iVm. Abs. 2 RechKredV, mit Ausnahme der Bauspargutheben aus abgeschlossenen Bausparverträgen, nach ihrer **Restlaufzeit** aufzugliedern. Die anteiligen Zinsen brauchen nicht in die Fristengliederung aufgenommen zu werden (§ 11 RechKredV).

Zu den zusätzlichen Anhangangaben bei **Bausparkassen, Genossenschaften, genossenschaftlichen Zentralbanken,** der **Deutschen Genossenschaftsbank** (jetzt DZ-Bank) und **Sparkassen** wird auf § 35 Abs. 1 Nr. 8 bis Nr. 13 RechKredV verwiesen.

Ferner sind Angaben nach § 284 Abs. 2 Nr. 1 und 2 HGB zu den angewandten Bilanzierungs- und Bewertungsmethoden erforderlich. Abweichungen hiervon müssen ebenfalls angegeben und begründet werden, ihr Einfluss auf die Vermögens-, Finanz- und Ertragslage ist gesondert darzustellen. Die Grundlage für die Währungsumrechnung nach § 284 Abs. 2 Nr. 2 HGB ist anzugeben.

5.2.3.5. Bankaufsichtliche Besonderheiten

5.2.3.5.1. Groß- und Millionenkreditanzeigen

Die im Aktivposten 3. ausgewiesenen Bilanzaktiva stellen grundsätzlich Kredite iSd. § 19 KWG dar, soweit § 20 KWG hiervon keine Ausnahmen vorsieht. Insoweit sind bezüglich dieser Kredite die Groß- und Millionenkreditvorschriften zu beachten (Einzelheiten vgl. Kapitel 5.2.4.6.).

5.2.3.5.2. Abzüge vom haftenden Eigenkapital

Soweit in diesem Posten Forderungen aus Genussrechten bzw. längerfristigen nachrangigen Verbindlichkeiten ausgewiesen werden, die gegenüber Unternehmen bestehen, an denen das Institut beteiligt ist, kann es zu einem Abzug vom haftenden Eigenkapital kommen (vgl. Kapitel 5.2.7.5.1.).[1174]

[1174] Ausführlich hierzu vgl. Bellavite-Hövermann/Hintze/Luz/Scharpf, 114 ff.

5.2.3.5.3. Abzüge vom Kernkapital

Bestimmte Kredite an (maßgebliche) Kapitaleigner und stille Gesellschafter sind vom Kernkapital abzuziehen. Bei den vom Kernkapital abzuziehenden Krediten ist folgende Unterscheidung vorzunehmen:

- Kredite, die dem **Inhaber** oder den **persönlich haftenden Gesellschaftern** gewährt werden (§ 10 Abs. 2a Satz 1 Nr. 1 und Nr. 2 KWG),
- Kredite an den **Kommanditisten**, den **Gesellschafter einer GmbH**, den **Aktionär**, den **Kommanditaktionär** oder den **Anteilseigner an einem Institut des öffentlichen Rechts** (§ 10 Abs. 2a Satz 2 Nr. 4 KWG) und
- Kredite an **stille Gesellschafter** (§ 10 Abs. 2a Satz 2 Nr. 5 KWG).

Der Abzug der Kredite, die dem **Inhaber** oder den **persönlich haftenden Gesellschaftern** gewährt werden, ist nach § 10 Abs. 2a Satz 1 Nr. 1 und Nr. 2 KWG uneingeschränkt vom Kernkapital vorzunehmen. Damit soll verhindert werden, dass die Verminderung des Kernkapitals aufgrund von Entnahmen durch eine alternative Kreditgewährung umgangen wird. Zu den abzuziehenden Krediten gehört auch ein Nostroguthaben bei einem anderen Institut, das persönlich haftender Gesellschafter des Instituts ist.[1175]

Die Kreditgewährung an **andere, besonders einflussreiche Gesellschafter** ist in § 10 Abs. 2a Satz 2 Nr. 4 und Nr. 5 KWG geregelt. Als besonders einflussreiche Gesellschafter werden solche angesehen, denen mehr als 25 % des Kapitals oder der Stimmrechte zustehen. Der Abzug dieser Kredite erfolgt unter der **Nebenbedingung**, dass diese nicht banküblich gesichert sind oder nicht marktmäßig verzinst werden. Damit soll die indirekte Rückgewähr des Eigenkapitals durch Kreditgewährung zu **Sonderkonditionen** an Gesellschafter oder sonstige Eigentümer verhindert werden, die besonderen Einfluss auf das Institut haben. Diese Kreditgewährungen werden nachfolgend näher dargestellt. Ist die Nebenbedingung des § 10 Abs. 2a Satz 2 Nr. 4 oder Nr. 5 KWG (nicht marktmäßige Bedingungen, nicht bankübliche Sicherung) nicht gegeben, sind die Kredite an diesen Gesellschafterkreis nicht abzuziehen.[1176] Wegen weiterer Einzelheiten wird auf Kapital 5.2.7.5.3. sowie die dort zitierte Literatur verwiesen.

5.2.3.6. Prüfung des Postens

Es sind die für Forderungen an Kreditinstitute sowie ggf. für Wechsel allgemein üblichen Prüfungshandlungen durchzuführen. Es ist darauf zu achten, dass sämtliche in diesem Posten ausgewiesenen Beträge die Voraussetzungen des § 14 RechKredV

[1175] Vgl. ausführlich Bellavite-Hövermann/Hintze/Luz/Scharpf, 61 ff.
[1176] Zu den marktmäßigen Bedingungen sowie zur banküblichen Besicherung vgl. Bellavite-Hövermann/Hintze/Luz/Scharpf, 64 f.

erfüllen. Diesbezüglich wird auch auf die vorstehenden Ausführungen verwiesen, deren Beachtung stets zu prüfen ist.

Die Forderungen an Kreditinstitute sind durch **Saldenbestätigungen** oder **Tagesauszüge** nachzuweisen (vgl. auch Kapitel 4.3.5.2.7.). Übergreifende Posten sind zu vermerken. Es sind die Bestandnachweise auf Richtigkeit und Vollständigkeit zu prüfen. **CpD-Konten** sind darüber hinaus hinsichtlich ihrer Altersstruktur durchzusehen.

Daneben ist die **Bewertung** zu prüfen (Bonität der Schuldnerinstitute). Auch bei Wechseln sind die für die Bewertung von Forderungen geltenden Grundsätze zu beachten (vgl. Kapitel 4.3.).

Bei Beträgen, die auf eine **Fremdwährung** lauten, kann ein Währungsrisiko sowie ein Länderrisiko bestehen. Bezüglich der Wertberichtigungen - einschließlich Länderwertberichtigungen - ist zu prüfen, ob sie in ausreichender Höhe gebildet wurde. Die Bewertung von Fremdwährungsposten erfolgt nach § 340h HGB (vgl. Kapitel 4.8.).

Verfügungsbeschränkungen sind festzuhalten. Über Art und Umfang von Verfügungsbeschränkungen ist im Rahmen der Darstellung der Vermögenslage im Prüfungsbericht zusammenfassend zu berichten (§ 14 Abs. 2 Nr. 1 PrüfbV).

Pensionsgeschäfte sind daraufhin zu prüfen, ob diese Geschäfte buchhalterisch und bilanziell zutreffend abgebildet werden.

Bei Wechseln ist die **Abgrenzung des Diskonts** ist zu prüfen. Das **Gesamtwechselobligo** ist zu ermitteln. Die abgegrenzten Zinsen sind hinsichtlich ihrer korrekten Ermittlung zu prüfen.

Von der **Internen Revision** angefertigte Revisionsberichte sollten eingesehen werden, insbesondere hinsichtlich der Ordnungsmäßigkeit der Bestandsführung.

Der **Prüfungsbericht** muss die in § 48 PrüfbV verlangten Angaben enthalten:

- Darstellung im Vergleich mit dem Vorjahr,
- Erläuterung der Zusammensetzung.

Auf evtl. bestehende wesentliche stille Reserven ist im Prüfungsbericht hinzuweisen.

Darüber hinaus sind im Prüfungsbericht nach § 49 Nr. 2 PrüfbV

- Angaben über den Kreis der Schuldner (in-/ausländische Kreditinstitute, öffentlich-rechtliche Kreditinstitute, Genossenschaftsbanken, verbundene Unternehmen usw.),
- Angaben über den Anteil der ungesicherten Forderungen an andere Institute aus bei diesen unterhaltenen, nur der Geldanlage dienenden Guthaben, die spätestens in drei Monaten fällig sind (Geldhandelskredite) sowie
- Angaben zur Höhe der Forderungen an Bausparkassen aus Bausparverträgen

zu machen. Soweit Finanzderivate der Absicherung von Marktpreis- bzw. Kreditrisiken der Forderungen dienen, sollte hierauf hingewiesen werden.

Im Prüfungsbericht sind ferner Hinweise auf Ausweis- und Bewertungsänderungen gegenüber dem Vorjahr zu machen.

Daneben ist auf **Verfügungsbeschränkungen** bei einzelnen Posten hinzuweisen. Über Art und Umfang von Verfügungsbeschränkungen ist darüber hinaus im Rahmen der Darstellung der Vermögenslage im Prüfungsbericht zusammenfassend zu berichten (§ 14 Abs. 2 Nr. 1 PrüfbV).

Es empfiehlt sich, im Prüfungsbericht die für den Anhang erforderlichen Angaben darzustellen.

5.2.4. Forderungen an Kunden (Aktiva 4)

5.2.4.1. Postenbezeichnung

Die allgemeine Postenbezeichnung lautet nach dem Formblatt 1 wie folgt:

> 4. *Forderungen an Kunden*
> *darunter:*
> *durch Grundpfandrechte gesichert ... Euro*
> *Kommunalkredite ... Euro*

Der Aktivposten 4. ist bei Universalinstituten nicht zu untergliedern.

Forderungen an **verbundene Unternehmen** bzw. Forderungen an **Unternehmen, mit denen ein Beteiligungsverhältnis** besteht sind als Unterposten in der Bilanz jeweils gesondert auszuweisen (§ 3 Satz 1 Nr. 1 und Nr. 2 RechKredV). Die Angaben können wahlweise auch im Anhang in der Reihenfolge der betroffenen Posten gemacht werden.

Kreditinstitute in der Rechtsform der GmbH müssen **Forderungen gegenüber Gesellschaftern** gesondert ausweisen oder im Anhang angeben (§ 42 Abs. 3 GmbHG).

Realkreditinstitute und **Bausparkassen** haben als Spezialkreditinstitute den Aktivposten „4. Forderungen an Kunden" nach der Fußnote 2 zum Formblatt 1 wie folgt zu untergliedern:

- Realkreditinstitute (Hypothekenbanken, Schiffspfandbriefbanken und öffentlich-rechtliche Grundkreditanstalten)

> 4. *Forderungen an Kunden*
> *a) Hypothekendarlehen*
> *b) Kommunalkredite*
> *c) andere Forderungen*
> *darunter:*
> *gegen Beleihung von Wertpapieren ... Euro*

Schiffshypotheken dürfen unter der Bezeichnung „durch Schiffshypotheken gesichert" gesondert vermerkt werden, wenn sie die in § 15 Abs. 4 RechKredV näher bezeichneten Voraussetzungen erfüllen.

- Bausparkassen

> 4. *Forderungen an Kunden*
> *a) Baudarlehen*
> *aa) aus Zuteilungen (Bauspardarlehen)*
> *ab) zur Vor- und Zwischenfinanzierung*

> *ac) sonstige*
> *darunter:*
> *durch Grundpfandrechte gesichert ... Euro*
> *b) andere Forderungen*

Kreditgenossenschaften, die das Warengeschäft betreiben, haben zusätzlich den Darunter-Vermerk „Warenforderungen ... Euro" einzufügen:

> *4. Forderungen an Kunden*
> *darunter:*
> *durch Grundpfandrechte gesichert ... Euro*
> *Kommunalkredite ... Euro*
> *Warenforderungen ... Euro*

Damit weist der Aktivposten 4. bei diesen Instituten ggf. drei Darunter-Vermerke auf.

Finanzdienstleistungsinstitute sowie Kreditinstitute, sofern letztere **Skontroführer** iSd. § 8b Abs. 1 Satz 1 des Börsengesetzes und nicht Einlagenkreditinstitute iSd. § 1 Abs. 3d Satz 1 KWG sind, haben nach der Fußnote 2 den Posten „4. Forderungen an Kunden" in der Bilanz wie folgt zu darzustellen:

> *4. Forderungen an Kunden*
> *darunter:*
> *an Finanzdienstleistungsinstitute ... Euro*

Mit der Zweiten Verordnung zur Änderung der RechKredV vom 11.12.1998 wurde der Ausweis bzw. die Postenbezeichnung in der Bilanz (Fußnote 2 zum Formblatt 1) geändert. Danach haben Finanzdienstleistungsinstitute und Kreditinstitute, die als Skontroführer - ohne Einlagenkreditinstitut zu sein - tätig sind, bei den Forderungen an Kunden den Darunter-Vermerk „an Finanzdienstleistungsinstitute ... Euro" auszuweisen. Ein weiterer Darunter-Vermerk ist nicht erforderlich. Finanzdienstleistungsinstitute, sowie die unter diese Regelung fallenden Kreditinstitute, haben idR keine Erlaubnis zum Betreiben des Kreditgeschäfts, wodurch die im Formblatt vorgesehenen Darunter-Vermerke ohnehin obsolet wären.

Aus der Höhe des Darunter-Vermerks im Verhältnis zum Aktivposten 4. insgesamt ist die wirtschaftliche Verflechtung der Finanzdienstleistungsinstitute untereinander erkennbar. Es ist davon auszugehen, dass diese Forderungen im Wesentlichen aus Provisionsvorschüssen, Provisionsrückforderungen und Ansprüchen auf kassierte, aber noch nicht abgeführte Beträge bestehen.

5.2.4.2. Posteninhalt

5.2.4.2.1. RechKredV

Der Posteninhalt ist in § 15 RechKredV geregelt. Mit der Ersten Verordnung zur Änderung der RechKredV vom 18.6.1993 wurde in § 15 Abs. 5 RechKredV das Wort „Kreditinstitute" jeweils durch das Wort „Kreditanstalten" ersetzt.

Mit der Zweiten Verordnung zur Änderung der RechKredV vom 11.12.1998 wurde § 15 RechKredV selbst nicht geändert. Mit dem Euro-Bilanzgesetz wurde in § 15 Abs. 3 Satz 2 RechKredV die Angabe „Satz 2" gestrichen.

5.2.4.2.2. Voraussetzungen für den Postenausweis

5.2.4.2.2.1. Ausweis aller Arten von Forderungen an Nichtbanken

In diesem Posten sind **alle Arten** von Vermögensgegenständen einschließlich der von Kunden eingereichten Wechsel auszuweisen, die Forderungen an in- und ausländische **Nichtbanken** (Kunden) darstellen, soweit es sich nicht um bei Zentralnotenbanken der Niederlassungsländer (vgl. hierzu Kapitel 5.2.1.2.3.2.) zur Refinanzierung zugelassene Wechsel (Wechsel iSd. Aktivpostens 2.b)) oder um börsenfähige Schuldverschreibungen iSd. Aktivpostens „5. Schuldverschreibungen und andere festverzinsliche Wertpapiere" handelt (§ 15 Abs. 1 Satz 1 RechKredV). Zu beachten ist in diesem Zusammenhang, dass die von Kunden eingereichten nicht bei den Zentralnotenbanken der Niederlassungsländer refinanzierbaren **Wechsel** ebenfalls hier zuzuordnen sind.

Bei Forderungen an Kunden macht § 15 Abs. 1 RechKredV keine Einschränkung dahingehend, dass es sich um Forderungen aus Bankgeschäften handeln muss.[1177] Der Aktivposten 4. kann daher grundsätzlich auch Forderungen an Kunden enthalten, die nicht aus Bankgeschäften stammen.[1178] Es muss sich aber stets um Forderungen handeln, die gegenüber Kunden bestehen, denn § 15 Abs. 1 Satz 1 RechKredV verlangt ausdrücklich, dass es sich um „Forderungen an in- und ausländische Nichtbanken (Kunden)" handelt.[1179] Hierzu zählen nach mittlerweile hM grundsätzlich nicht zB Schadenersatzansprüche oder Steuerrückforderungen; diese sind unter den „Sonstigen Vermögensgegenständen" zu erfassen.

Forderungen an Kapitalanlagegesellschaften selbst sind als Forderungen an Kreditinstitute auszuweisen, weil die Kapitalanlagegesellschaft ein Kreditinstitut ist. Die **Forderungen an das einzelne Sondervermögen** (Fonds) werden dagegen als Forde-

---

[1177] Vgl. Schwartze, 176.
[1178] Vgl. Bieg, ZfbF 1988, 27; wegen der Abgrenzungsprobleme vgl. die Ausführungen zu Aktivposten „15. Sonstige Vermögensgegenstände".
[1179] GlA Schimann, WPg 1985, 165.

rungen an Kunden ausgewiesen. Diese von der Praxis gewählte Vorgehensweise ist sachgerecht. Entsprechendes gilt auch für den Ausweis von Verbindlichkeiten.

Zusammengefasst lässt sich sagen, dass in diesem Posten Forderungen an Nichtbanken (Kunden) auszuweisen sind, die weder börsenfähig ausgestaltet sind, noch bei Zentralnotenbanken der Niederlassungsländer refinanziert werden können. Der Hinweis in § 15 Abs. 1 Satz 2 RechKredV, wonach § 7 RechKredV unberührt bleibt, stellt klar, dass der Wertpapierbegriff vorgeht, hier also nur Forderungen an Nichtbanken auszuweisen sind, die nicht den Wertpapierbegriff des § 7 RechKredV erfüllen.

Mithin sind in diesem Posten alle **Buchkredite**, die in laufender Rechnung, als private und gewerbliche Darlehen (einschließlich rückständiger Nebenleistungen), als Ratenkredite (TZ-Kredite, Kleinkredite, Anschaffungsdarlehen) oder als Warenkontokorrent geführt werden, auszuweisen. Unbeachtlich sind hierbei Wertstellung, Zahlungsziele und banktypische Vorbehalte (zB „E.v.") sowie die Herkunft der Mittel. Dazu gehören auch durchgeleitete Kredite mit vollem oder teilweisem Kreditobligo, ua. auch Programmkredite mit teilweiser Haftungsfreistellung für Investitionen in den neuen Bundesländern.[1180]

Zu **Treuhandkrediten**, für die das bilanzierende Institut kein Kreditobligo übernimmt, wird auf die nachfolgenden Ausführungen verwiesen.

5.2.4.2.2.2. Begriff des Kunden iSd. § 15 RechKredV

Kunden iSd. § 15 RechKredV sind in- und ausländische Nichtbanken (§ 15 Abs. 1 Satz 1 RechKredV). Die Vorschrift bezeichnet diese in einem Klammerzusatz. Zwischen Kredit- und Finanzdienstleistungsinstituten gibt es hinsichtlich des Ausweises der Forderungen an (Verbindlichkeiten gegenüber) Kunden keine Unterschiede.[1181] Im Unterschied zu Banken ist bei Finanzdienstleistungsinstituten jedoch ein Darunter-Vermerk „an Finanzdienstleistungsinstitute" erforderlich.

Hier wird die Ansicht vertreten, dass es sich bei den im Aktivposten 4. auszuweisenden Forderungen um solche aus der **Geschäftsbeziehung mit dem Kunden handeln** muss. Mithin sind bspw. Steuererstattungsansprüche ebenso unter den „Sonstigen Vermögensgegenständen" auszuweisen wie Schadenersatzansprüche an ein Versicherungsunternehmen, mit dem gleichzeitig auch eine Geschäftsbeziehung besteht. Dies dient dem besseren Einblick in die Vermögens-, Finanz- und Ertragslage.

[1180] Vgl. Bergmann ua., B.II.4., 9.
[1181] Vgl. Hanenberg, WPg 1999, 93.

Gleiches gilt für den Verkauf von Anlagegegenständen, Verwertung von Altmaterial, Gehaltsvorschüsse und andere Ansprüche, die nicht im Geschäftsverkehr mit dem Kunden entstanden sind.[1182]

Da Finanzdienstleistungsinstitute keine Bankgeschäfte betreiben dürfen, müssen sie Forderungen und Verbindlichkeiten gegenüber Kreditinstituten nicht dahingehend differenzieren, ob sie sich auf Bankgeschäfte beziehen oder aus sonstigen Geschäftsaktivitäten resultieren; für Finanzdienstleistungsinstitute wurde der Ausweis im Bilanzposten „Forderungen an Kunden" („Verbindlichkeiten gegenüber Kunden") jeweils um den Darunter-Vermerk „an Finanzdienstleistungsinstitute" („gegenüber Finanzdienstleistungsinstituten") erweitert. Diese weitergehende Differenzierung setzt wie bei Kreditinstituten eine Zuordnung der Kunden im Hinblick auf das Kriterium Finanzdienstleistungsinstitut voraus. Wie bei Kreditinstituten stellt sich auch bei Finanzdienstleistungsinstituten die Frage der Abgrenzung der Forderungen an bzw. Verbindlichkeiten gegenüber Kunden einerseits und den sonstigen Forderungen bzw. Verbindlichkeiten andererseits. Diese Frage tritt bei Finanzdienstleistungsinstituten bspw. im Rahmen der Handelsabwicklung mit Börseneinrichtungen in den Vordergrund, wenn diese Finanzdienstleistungsinstitute entsprechende Forderungen oder Verbindlichkeiten im Zusammenhang mit erbrachten Sicherheitsleistungen oder für Nutzungsentgelte auszuweisen haben.

5.2.4.2.2.3. Berücksichtigung von Zinsen einschließlich anteiliger Zinsen

Werden Personenkonten auf einen vor dem Bilanzstichtag liegenden Tag zinsmäßig abgeschlossen, sind die unberücksichtigt gebliebenen Zinsen insgesamt für die Zeit zwischen Zinsabrechnungs- und Bilanzstichtag anhand einer Forschreibung zu ermitteln. Eine Saldierung ist nicht möglich. Diese Beträge sind den entsprechenden Unterposten bzw. Darunter-Vermerken zuzuordnen; sie dürfen nicht als Rechnungsabgrenzungsposten ausgewiesen werden.[1183]

In diesem Posten sind nach § 11 RechKredV auch die **abgegrenzten (anteiligen) Zinsen** und **ähnliche das Geschäftsjahr betreffende Beträge** auszuweisen, die erst nach dem Bilanzstichtag fällig werden, aber bereits am Bilanzstichtag bei Kreditinstituten den Charakter von bankgeschäftlichen und bei Finanzdienstleistungsinstituten den Charakter von für diese Institute typische Forderungen haben (Einzelheiten vgl. Kapitel 3.8.).

Zur Erfassung von Zinsen auf **notleidende (einzelwertberichtigte) Forderungen** vgl. Kapitel 4.3.5.4. Werden Zinsen bei einzelwertberichtigten Forderungen weiterhin dem Konto belastet und als Zinsertrag ausgewiesen, sind die Einzelwertberichtigungen regel-

---

[1182] Vgl. Bergmann ua., B.II.4., 10.
[1183] Vgl. Bergmann ua., B.II.4., 11.

mäßig um diese gebuchten Zinserträge aufzustocken, dh. die Zinsen sind mit wertzuberichtigen. Rückständige Zinsen auf notleidende Forderungen sind damit im Regelfall grundsätzlich voll wertzuberichtigen.

Insoweit als rückständige Zinsen aus Vorjahren nicht voll abgeschrieben bzw. wertberichtigt wurden, ist eine Angabe im Prüfungsbericht erforderlich (§ 30 PrüfbV).

Hat das Institut durch Vertrag mit dem Schuldner für bestimmte Forderungen auf die Zinsen ganz oder für einen bestimmten Zeitraum verzichtet, dürfen diesen Konten keine Zinsen mehr belastet werden. Bei einem Zinsverzicht ist es nicht möglich, die Zinsen zunächst zu buchen und sodann wertzuberichtigen.

5.2.4.2.2.4. Kein Ausweis der Kreditzusagen

In § 15 Abs. 1 Satz 5 RechKredV wird klargestellt, dass nur die Summe der **in Anspruch genommenen Kredite** und nicht die Summe der Kreditzusagen angesetzt werden darf. Soweit es sich um unwiderrufliche Kreditzusagen handelt, kommt ein Ausweis unter dem Bilanzstrich infrage.

5.2.4.2.2.5. Treuhandkredite

Kredite, die ein Institut als **Treuhänder** im eigenen Namen, aber für fremde Rechnung begeben hat, sind im Aktivposten „9. Treuhandvermögen" auszuweisen und in einem Darunter-Vermerk „Treuhandkredite" besonders kenntlich zu machen. Die Gesamtbeträge sind im Anhang nach den Aktivposten des Formblatts aufzugliedern. Ein Treuhandkredit liegt nur dann vor, wenn die Mittel vom Auftraggeber voll zur Verfügung gestellt wurden und das Kreditinstitut keinerlei Eigenrisiko aus dem Kreditverhältnis trägt (Einzelheiten vgl. Kapitel 3.3.2.).

Trägt das Kreditinstitut über die ordnungsgemäße Verwaltung des Engagements hinaus ein Eigenrisiko **oder** werden die Mittel vom Auftraggeber nicht voll zur Verfügung gestellt, handelt es sich um originäre Forderungen des Kreditinstituts, die - soweit der Schuldner des Kredits ein Kunde ist - im Aktivposten 4. auszuweisen sind.

5.2.4.2.2.6. Treuhandzahlungen im Rahmen von Vereinbarungen mit anderen Instituten

Werden bei einem **Rahmen-Treuhandvertrag** bspw. mit einer Bausparkasse oder Hypothekenbank sog. Treuhandgelder vor Erfüllung der Auflagen aus dem Treuhandvertrag (zB bezüglich der Sicherstellung oder der Erfüllungen anderer Voraussetzungen) an den Endkreditnehmer ausgezahlt, wird dem Endkreditnehmer gegenüber ein neues Kreditverhältnis begründet; diese Forderung wird auf eigene Rechnung als **Zwischen-**

kredit gewährt und ist somit im Posten „Forderungen an Kunden" auszuweisen.[1184] Ein Ausweis im Aktivposten „9. Treuhandvermögen" kommt nicht in Betracht, da bis zur Erfüllung der Auflagen das wirtschaftliche Risiko vom bilanzierenden Institut getragen wird.

Alternativ erscheint nach Ansicht von Bergmann ua.[1185] ein Ausweis der vorzeitigen Verfügung über Treuhandzahlungen unter dem Bilanzstrich als Eventualverbindlichkeit dann als zulässig, wenn der Treugeldgeber der vorzeitigen Weitergabe unter der Voraussetzung zugestimmt hat, dass der Treuhänder die Gewährleistung für die Erfüllung aller Auszahlungsvoraussetzungen übernimmt.

5.2.4.2.2.2.7. Gemeinschaftsgeschäfte

Bei Gemeinschaftskrediten (vgl. Kapitel 3.5.) hat jedes beteiligte oder unterbeteiligte Kreditinstitut nur seinen eigenen Anteil an dem Kredit in die Bilanz aufzunehmen, soweit es die Mittel zur Verfügung gestellt hat (§ 5 RechKredV).

5.2.4.2.2.2.8. Schuldverschreibungen und ähnliche Forderungen

Zu den Forderungen an Kunden gehören auch die in § 14 Satz 3 RechKredV bezeichneten Papiere (§ 15 Abs. 1 Satz 4 RechKredV), sofern sich die Ansprüche gegen Nichtbanken (Kunden) richten. Es handelt sich insbesondere um Schuldverschreibungen und ähnliche Forderungen, die die Voraussetzungen des Wertpapierbegriffs (§ 7 RechKredV) - vor allem wegen fehlender Börsenfähigkeit - nicht erfüllen. Dies sind im Einzelnen:

- Namensschuldverschreibungen,
- nicht börsenfähige Inhaberschuldverschreibungen,
- Orderschuldverschreibungen, die nicht Teile einer Gesamtemission sind,
- nicht börsenfähige Orderschuldverschreibungen, die Teile einer Gesamtemission sind,
- Namensgeldmarktpapiere,
- nicht börsenfähige Inhabergeldmarktpapiere,
- Namensgenussscheine,[1186]
- nicht börsenfähige Inhabergenussscheine,
- andere nicht in Wertpapieren verbriefte rückzahlbare Genussscheine,
- Soll-Salden aus Effektengeschäften und Verrechnungskonten.

[1184] Vgl. BAK-Schr. v. 18.12.1997, Az. I 3 – 236 – 2/95; Bergmann ua., B.II.4., 10.
[1185] Vgl. Bergmann ua., B.II.4., 10.
[1186] Zur Aktivierung von Vergütungen für Genussrechte vgl. Kapitel 5.2.5.2.2.7.

Nicht in Wertpapieren verbriefte Genussrechte, die nicht rückzahlbar sind, sind im Aktivposten „15. Sonstige Vermögensgegenstände" auszuweisen (§ 20 Satz 4 RechKredV).

5.2.4.2.2.9. Schuldtitel öffentlicher Stellen

Als Forderungen an Kunden sind ferner nicht börsenfähige Schatzwechsel, unverzinsliche Schatzanweisungen (U-Schätze) und ähnliche Schuldtitel (zB Zerobonds, Commercial Papers, Treasury Bills und Bons de Trésor) auszuweisen, die nicht im Aktivposten „2.a) Schatzwechsel und unverzinsliche Schatzanweisungen sowie ähnliche Schuldtitel öffentlicher Stellen" auszuweisen sind (§ 13 Abs. 1 Satz 2 RechKredV). Diese Schuldtitel öffentlicher Stellen können mangels Börsenfähigkeit nicht im Aktivposten 5. erfasst werden und sind deshalb dem Aktivposten 4. zuzuordnen.

5.2.4.2.2.10. Forderungen aus dem Warengeschäft

Darüber hinaus sind hier auch Forderungen aus dem **eigenen** Warengeschäft auszuweisen (§ 15 Abs. 1 Satz 4 RechKredV). Dies kommt vor allem bei Kreditgenossenschaften vor. Diese haben zum Posten Forderungen in der Bilanz zusätzlich einen Darunter-Vermerk „Warenforderungen" einzutragen.[1187]

5.2.4.2.2.11. Wechsel

Im Aktivposten 4. sind - entsprechend dem Ausweis im Posten „3. Forderungen an Kreditinstitute" - ferner Wechsel auszuweisen:[1188]

- Die von Kunden eingereicht wurden, soweit ein Ausweis im Aktivposten 2.b), insbesondere wegen ihrer **mangelnden Refinanzierungsfähigkeit**, nicht infrage kommt (§ 15 Abs. 1 Satz 1 RechKredV).
- Abgerechnete **eigene Ziehungen** auf einen Kunden im Bestand, die nicht zur Refinanzierung zugelassen sind (§ 15 Abs. 1 Satz 1 RechKredV).
- Von den **à forfait** (unter Verzicht auf den Regressanspruch gegen den Einreicher) eingereichten Wechseln sind nach § 14 Satz 2 RechKredV diejenigen hier auszuweisen, die von Kunden akzeptiert sind, soweit es sich nicht um Wechsel handelt, die zur Refinanzierung bei Zentralnotenbanken der Niederlassungsländer zugelassen sind (Wechsel iSd. Aktivpostens 2.b)). Abweichend von der üblichen Handhabung bei Wechseln ist hier der Bezogene für die Posi-

---

[1187] Vgl. Fußnote 2 zum Bilanzformblatt.
[1188] Für die Abgrenzung, ob ein Wechsel unter den Forderungen an Kunden oder Forderungen an Kreditinstitute auszuweisen ist, ist grundsätzlich auf den Einreicher und nicht auf den Bezogenen abzustellen.; vgl. Krumnow ua., 2. Aufl., § 14 RechKredV Rn. 7.

tionszuordnung maßgebend, da bei diesen idR aus Außenhandelsgeschäften stammenden Wechseln der Einreicher von seiner Wechselhaftung befreit wird, also nur der Bezogene haftet.[1189]
- **Inkassowechsel**, die mehr als 30 Tage nach der Einreichung fällig sind und dem einreichenden Kunden bereits - unter „Eingang vorbehalten" - gutgeschrieben wurden; dies gilt auch für Schecks und sonstige Inkassopapiere, die dem einreichenden Kunden bereits gutgeschrieben wurden (§ 20 Satz 2 und 3 RechKredV).
- **Rückwechsel**, soweit sie vormals von einem Kunden eingereicht wurden.

5.2.4.2.2.2.12. Wertpapierleihe- und Pensionsgeschäfte

Wertpapierleihegeschäfte mit Kunden oder Euroclear sind vom Verleiher (Darlehensgeber) als „Forderungen an Kunden" auszuweisen, da der Kontrahent kein Kreditinstitut ist (Einzelheiten vgl. Kapitel 4.10.).

Darüber hinaus gehören zum Posten „Forderungen an Kunden" auch Forderungen aus echten Pensionsgeschäften (Einzelheiten vgl. Kapitel 3.2. und 5.2.3.2.2.9.).

5.2.4.2.2.13. Forderungen aus dem Leasinggeschäft

Ferner sind hier **Forderungen aus dem Leasinggeschäft** gegenüber Kunden (Nichtbanken) zu erfassen; hier nicht zu erfassen sind jedoch die körperlichen Leasinggegenstände.

Unter den Forderungen an Kunden sind nach § 15 Abs. 1 Satz 1 RechKredV „alle Arten von Vermögensgegenständen ... auszuweisen, die Forderungen ... darstellen". Da die fortgeführten Anschaffungskosten (Buchwerte) der (körperlichen) **Leasinggegenstände** zwar Vermögensgegenstände aber keine Forderungen sind, kommt ein Ausweis der Leasinggegenstände unter den „Forderungen an Kunden" nicht in Betracht. Für diese Auffassung spricht auch die Regelung des § 35 Abs. 1 Nr. 3 RechKredV. Danach ist der auf das Leasinggeschäft entfallende Betrag zu **jedem davon betroffenen Posten der Bilanz** im Anhang anzugeben. Der Verordnungsgeber unterstellt damit, dass die das Leasinggeschäft betreffenden Vermögensgegenstände (Schulden) in verschiedenen Aktivposten (Passivposten) enthalten sein können.

Die BaFin ist der Auffassung, dass ein Kreditinstitut Leasinggüter wegen ihres besonderen Charakters in einem gesonderten Posten mit der Bezeichnung „Vermietete Anlagen" oder mit ähnlichen Bezeichnungen ausweisen sollte, sofern die Leasinggüter nach den

---

[1189] So Bieg (1998), 212.

allgemeinen Grundsätzen in der Bilanz des Leasinggebers anzusetzen sind.[1190] Nur bei untergeordneter Bedeutung der Leasinggüter kommt nach Ansicht der BaFin eine Einbeziehung in den Posten „Sonstige Vermögensgegenstände" in Betracht.

Hier wird daher vorgeschlagen, Leasinggegenstände gesondert auszuweisen; dies erscheint unter dem Gesichtspunkt der Aussagefähigkeit der Rechnungslegung nicht nur sinnvoll, sondern ist gemäß § 265 Abs. 5 Satz 2 HGB auch möglich. Nach § 265 Abs. 5 Satz 2 HGB dürfen der Bilanzgliederung neue Posten hinzugefügt werden, wenn ihr Inhalt nicht von einem vorgeschriebenen Posten gedeckt wird. Haben die Leasinggeschäfte nur einen geringen Umfang, erscheint es vertretbar, die körperlichen Gegenstände dem Aktivposten „15. Sonstige Vermögensgegenstände" zuzuordnen.

5.2.4.2.2.2.14. Kompensationen und Unterkonten

Unterhält ein Kredit- oder Finanzdienstleistungsinstitut mehrere Konten für denselben Kunden, so sind diese zu **kompensieren**, soweit die Voraussetzungen des § 10 RechKredV gegeben sind (Einzelheiten vgl. Kapitel 3.4.2.). Eine Kompensation zwischen Forderungen und Verbindlichkeiten verschiedener Währungen ist nicht zulässig. Ausgeschlossen ist eine Kompensation auch für Sperrguthaben und Spareinlagen. Die Kompensation hat für den Bereich Bilanzierung, Mindestreserve und Bilanzstatistik einheitlich zu erfolgen.[1191]

Bei der sog. **englischen Buchungsmethode** ist nur der sich ergebende Saldo (zwischen der Belastung des gesamten Kreditbetrags auf einem Kreditsonderkonto und der Gutschrift auf einem laufenden Konto) als Kreditinanspruchnahme auszuweisen.

Konten, die lediglich der besseren Übersicht dienen (zB Interimskonten für die Abrechnung von Lastschriften oder Sparbriefen), haben den Charakter von Unterkonten. Sie sind mit dem Saldo des Kontokorrentkontos zusammenzufassen.

5.2.4.2.2.2.15. Veräußerung von Forderungen im Rahmen von Asset Backed Securities-Transaktionen

Bei der Veräußerung von Forderungen im Rahmen von ABS- und ähnlichen Transaktionen überträgt ein Institut unverbriefte Forderungen auf eine Zweckgesellschaft, die ihrerseits Wertpapiere oder Schuldscheine zur Finanzierung der übernommenen Forderungen emittiert.

Die bilanziellen Auswirkungen einer ABS- oder ähnlichen Transaktion für das veräußernde Institut hängen von den iRd. Veräußerung getroffenen Vereinbarungen ab. Für

---

[1190] Vgl. BAKred-Schr. v. 1.9.1972, CMBS 16.06.
[1191] GIA Spanier ua., B.II.7., 12.

die handelsrechtliche Bilanzierung ist der Rechnungslegungsstandard des IDW RS HFA 8 „*Zweifelsfragen der Bilanzierung von asset backed securities-Gestaltungen oder ähnlichen securitisation-Transaktionen*" zu beachten. In diesem Standard sind die für die Rechnungslegung nach HGB maßgeblichen Grundsätze, insbesondere für die Ausbuchung von Forderungen, dargestellt.[1192]

Hinsichtlich des Zuordnungskriteriums hat sich das IDW der hM angeschlossen. Entsprechend der für das echte Factoring vertretenen Auffassung geht nach hM in der Literatur das wirtschaftliche Eigentum der Forderungen auch bei Asset-Backed-Transaktionen nur auf den Käufer über, sofern dieser das Bonitätsrisiko (Forderungsausfallrisiko) übernimmt.[1193] Verbleibt dies hingegen beim Verkäufer, liegt nach dieser Auffassung entsprechend der zivilrechtlichen Einordnung, auch wirtschaftlich ein durch Forderungsabtretung besichertes Darlehen vor (unechtes Factoring). Die Forderungen sind dann weiterhin beim Verkäufer zu bilanzieren; hierzu korrespondierend hat er eine Verbindlichkeit auszuweisen.

Der BFH hat mit Urteil vom 5.5.1999[1194] entschieden, dass die Forfaitierung künftiger Forderungen nur dann als Kauf und nicht als Darlehensverhältnis zu behandeln ist, wenn das Bonitätsrisiko vollständig auf den Käufer übergeht. Verbleibt dagegen das Bonitätsrisiko (damit die Delkrederehaftung) hinsichtlich der abgetretenen Forderungen (teilweise) beim Verkäufer, liegt eine sog. unechte Forfaitierung vor. Die Zahlung des „Kaufpreises" stellt dann eine bloße Vorfinanzierung der Forderungen dar, deren Abtretung lediglich erfüllungshalber erfolgt. In diesem Fall ist nach Ansicht des BFH von einem Darlehensverhältnis auszugehen.

Der HFA hat in seiner 190. Sitzung beschlossen, die Stellungnahme zu ABS-Transaktionen im Abschnitt zur Behandlung des Reserve- oder Garantiekontos um folgende Tz. 39a zu ergänzen:

„*Wenn dagegen anstelle eines Kaufpreisabschlags mit Besserungsvereinbarung eine Gestaltung vereinbart wird, bei der der Kaufpreis das Ausfallrisiko nicht berücksichtigt (Verkauf zum Nennbetrag/Barwert), der Verkäufer aber eine Garantie für die Bonitätsrisiken übernimmt und die Garantie auf denjenigen Höchstbetrag beschränkt wird, der dem angemessenen Kaufpreisabschlag entspricht (vgl. Tz. 16 Abs. 1 sowie zweites Aufzählungszeichen), ist der Kaufpreisanspruch in voller Höhe zu aktivieren. Für die Verpflichtung aus der Garantie ist eine angemessene Risikovorsorge zu bilden. Sie entspricht im Regelfall dem Vorsorgebetrag, der ohne Verkauf der Forderungen hätte gebildet werden müssen. Der Differenzbetrag zwischen der gebildeten Risikovorsorge*

[1192] Vgl. hierzu auch Rist, StuB 2003, 385 ff.; kritisch Dreyer/Schmid/Kronat, BB 2003, 91 ff.
[1193] So auch der BFH mit Urteil v. 5.5.1999, WM 1999, 1763 ff.
[1194] Vgl. BFH-Urteil vom 5.5.1999, WM 1999, 1763 ff.

und dem Höchstbetrag der Garantie ist als Eventualverbindlichkeit (§251 HGB) auszuweisen. Als Sicherheit für den Forderungskäufer (Inhaber des Garantieanspruchs) kann vereinbart werden, dass der maximale Garantiebetrag gesondert angelegt wird und nur solche Beträge, die zur Risikoabdeckung nicht mehr benötigt werden, an den Verkäufer ausgezahlt werden (wegen der Besonderheiten bei revolvierenden Transaktionen vgl. Tz. 31). Eine solche Vereinbarung hindert die Aktivierung der Forderung auch dann nicht, wenn die Anlage nicht bei einem Dritten erfolgt, sondern auf einem Reserve- oder Garantiekonto, das zugunsten des Verkäufers bei dem Käufer verzinslich geführt wird."

Die Aufnahme dieser Regelung soll den Unternehmen die Möglichkeit geben, die über die erwartete Ausfallquote der verkauften Forderungen hinausgehende Belastung der Gewinn- und Verlustrechnung aufgrund der Nichtaktivierungsfähigkeit eines auf einem Reservekonto verbuchten Kaufpreisabschlags zu vermeiden.

Das Unternehmen verkauft hier die Forderungen nicht mit einem angemessenen offenen Kaufpreisabschlag, sondern zu ihrem Nominalwert. Statt des offenen Abschlags gewährt der Veräußerer dem Erwerber eine Ausfallgarantie, deren Höhe (Maximalbetrag) ebenfalls den Angemessenheitskriterien des IDW RS HFA 8 entspricht. Zur Besicherung des Zahlungsanspruchs aus der Garantie hinterlegt der Veräußerer eine Barsicherheit in Höhe des maximalen Garantiebetrags. Dieser Betrag wird über die Laufzeit zugunsten des Veräußerers verzinst. Der Veräußerer kann die Auszahlung der hinterlegten Mittel an sich verlangen, wenn und soweit feststeht, dass der Betrag zur Erfüllung der Garantieleistung nicht mehr benötigt wird. Der Garantiebetrag kann bei einer Bank angelegt und an den Käufer verpfändet werden. Alternativ – und aus Kostengründen idR. gewünscht – kann vereinbart werden, dass der Käufer den Garantiebetrag verwaltet.

Wird die Garantie als ein angemessener (verdeckter) Kaufpreisabschlag iSv. IDW RS HFA 8 qualifiziert, ist der Forderungsverkauf als *true sale* zu behandeln. Der Verkäufer hat in Höhe der erwarteten künftigen Ausfälle (maximal aber iHd. gegebenen Garantie) eine Risikovorsorge in Form einer Rückstellung zu bilden. Diese dürfte normalerweise demjenigen Betrag entsprechen, der ohne Verkauf der Forderungen als Abschreibung/Wertberichtigung hätte gebildet werden müssen. Der Differenzbetrag zwischen der konkret zu bildenden Risikovorsorge (Rückstellung) und dem maximalen Garantierisiko ist dann als Eventualverbindlichkeit gemäß § 251 HGB auszuweisen.

5.2.4.2.2.2.16. Veräußerung von (künftigen) Zinsansprüchen aus Forderungen

Gelegentlich werden die Zinsansprüche von ggü. dem Marktzinsniveau höher verzinslichen Forderungen verkauft, ohne dass die Forderung selbst mitverkauft wird. Es handelt sich hierbei um einen mit dem Bondstripping vergleichbaren Sachverhalt, der grundsätzlich nach den Regeln des IDW RH BFA 1.001[1195] bilanziell abzubilden ist. Es ist jedoch stets zu prüfen, ob beim Verkauf künftiger Zinsansprüche eine Sachverhaltsgestaltung ähnlich dem Recouponing vorliegt (vgl. 5.2.16.2.2.12.), und ob die durch den Verkauf der künftigen Zinsansprüche generierten Zahlungen als sofort realisiert angesehen werden können.

Zinsforderungen für künftige Perioden sind nicht aktivierungsfähig, da die Leistung des Instituts, nämlich die Überlassung des Kapitals zur Nutzung, insoweit noch nicht erbracht worden ist. Dieser Sachverhalt liegt dann anders, wenn solche (künftigen) Zinsforderungen an einen Dritten verkauft werden. An die Stelle der nicht aktivierungsfähigen künftigen Zinsforderungen tritt dann der zu aktivierende Verkaufspreis. Andererseits verliert die nicht mitverkaufte Kapitalforderung (Stammrecht) an Wert, da sie künftig unverzinslich ist. Für den Fall, dass der Marktzins im Verkaufszeitpunkt höher oder niedriger als die Nominalverzinsung der Forderung ist, realisiert das verkaufende Institut einen Verlust bzw. einen Gewinn.

Diese Grundsätze gelten auch für den Fall entsprechend, dass der Käufer Teilbeträge der künftigen Zinsen – unabhängig davon, ob diese bei ihm eingehen oder nicht – an das verkaufende Institut abzuführen hat.

5.2.4.3. Darunter-Vermerke

5.2.4.3.1. Darunter-Vermerk „durch Grundpfandrechte gesichert"

Als durch Grundpfandrechte gesichert sind nur Forderungen zu vermerken, für die dem bilanzierenden Institut Grundpfandrechte bestellt, verpfändet oder abgetreten worden sind und die den Erfordernissen der §§ 11, 12 Abs. 1 und 2 HBG entsprechen (es sich also um Realkredite handelt), jedoch unabhängig davon, ob sie zur Deckung ausgegebener Schuldverschreibungen dienen oder nicht (§ 15 Abs. 2 Satz 1 RechKredV). Dies gilt auch dann, wenn die Grundpfandrechte weiter verpfändet oder abgetreten werden.[1196] Diese im Realkreditgeschäft gewährten Kredite sind durch die besondere Art der Besicherung tendenziell mit einem geringeren Risiko behaftet.

Ferner sind in diesem Darunter-Vermerk solche zweckgebundene Realkredite auszuweisen, für die das Grundpfandrecht ausnahmsweise unmittelbar zugunsten der refinanzierenden Stelle eingetragen wurde.[1197] Das Grundpfandrecht muss in diesem Fall jedoch zugunsten des bilanzierenden Kreditinstituts abgetreten worden sein.

[1195] Vgl. IDW RH BFA 1.001, WPg 1998, 1009 f.
[1196] Vgl. Bergmann ua., B.II.4., 11.
[1197] So Bergmann ua., B.II.4., 11.

In den Darunter-Vermerk dürfen nicht sämtliche durch Grundpfandrechte gesicherten Forderungen aufgenommen werden. Die Aufnahme in diesen Vermerk setzt vielmehr voraus, dass die einschlägigen Vorschriften des HBG eingehalten sind. Damit ist vor allem gemeint, dass die Beleihung 60 % des Beleihungswerts nicht übersteigen darf (Beleihungsauslauf 60 %).

Bei **Bausparkassen** müssen die Baudarlehen für die Aufnahme in den Darunter-Vermerk hinsichtlich ihrer grundpfandrechtlichen Besicherung den Erfordernissen des § 7 Abs. 1 BSG entsprechen (Beleihungsauslauf 80 %, vgl. Kapitel 5.2.4.3.5.).

Als Beleihungswert ist der Wert anzusetzen, der „ ... *den durch sorgfältige Ermittlung festgestellten Verkaufswert*" nicht übersteigt (§ 12 Abs. 1 HBG). Bei der Wertermittlung sind dabei die dauernden Eigenschaften des Grundstücks und der Ertrag zu berücksichtigen, welchen das Grundstück bei ordnungsmäßiger Wirtschaft jedem Besitzer nachhaltig gewähren kann (§ 12 Abs. 1 HBG). Eine Beleihung an erster Rangstelle im Grundbuch ist dabei jedoch nicht erforderlich, wenn die Beleihung (einschließlich Vorlasten) bei höchstens 60 % (Bausparkassen 80 %) ausläuft.

Es dürfen nur inländische oder in anderen Mitgliedstaaten der Europäischen Gemeinschaften belegene Grundstücke beliehen werden. Soweit nicht inländische Grundstücke beliehen werden, müssen die jeweiligen innerstaatlichen Rechtsvorschriften für die dingliche Belastung von Grundstücken beachtet werden. An die Nachweispflicht sind besondere Anforderungen zu stellen, insbesondere sind die Voraussetzungen für jede Einzelforderung nachzuweisen.

Realkredite können auch bereits vor Fertigstellung eines Objekts vorliegen, wenn die Darlehensauszahlungen streng nach Baufortschritt vorgenommen werden. Dabei muss das Grundpfandrecht aber bereits von Anbeginn eingetragen sein.[1198]

Soweit bei einer Forderung (Gesamtforderung 100 GE) nur ein Teilbetrag (bspw. 90 GE) den Erfordernissen des Hypothekenbankgesetzes entspricht (also bei einem Beleihungsauslauf von 90 %) stellt sich die Frage, welcher Betrag vermerkt werden darf. Hier wird der im 60 %-Rahmen liegende Teil der Forderung (60 GE) als sog. Ia-Hypothek bezeichnet, der darüber hinausgehende Betrag von 30 GE ist die sog. Ib-Hypothek.

Durch Grundpfandrechte gesicherte Forderungen, die in Höhe des die zulässige Beleihungsgrenze (60 %; Bausparkassen 80 %) übersteigenden Betrags (Ib-Hypothekendarlehen) durch eine Bürgschaft oder Gewährleistung der öffentlichen Hand gesichert sind, sind ebenfalls als grundpfandrechtlich gesichert zu vermerken (§ 15 Abs. 2 Satz 3 RechKredV). Somit ist bei Vorliegen einer entsprechenden Gewährleistung der öffentlichen Hand ggf. der gesamte Betrag des Kredits als grundpfandrechtlich gesichert zu vermerken.

[1198] Vgl. Bergmann ua., B.II.4., 11.

Die ausdrückliche Verpflichtung, den kommunal verbürgten Ib-Darlehensanteil als grundpfandrechtlich gesichert zu vermerken, spricht nach mittlerweile hM dafür, die innerhalb der 60 %igen Beleihung liegenden Teilbeträge einer Forderung (Ia-Hypothek) in den Vermerk einzubeziehen, soweit sie den Erfordernissen der §§ 11 und 12 Abs. 1 und 2 HBG bzw. § 7 Abs. 1 BSG entsprechen.[1199] Damit ist nach der hier vertretenen Ansicht der 60 % (Bausparkassen 80 %) des Beleihungswerts ausmachende Teilbetrag des Realkredits in den Darunter-Vermerk einzubeziehen (sog. unechtes Realkreditsplitting), soweit dieser grundpfandrechtlich gesichert ist, dh. entspricht nur ein Teilbetrag eines Kredits den genannten Erfordernissen, kann dieser Teilbetrag in den Vermerk einbezogen werden. Mit diesem **unechten Realkreditsplitting** erfüllt die Bankbilanz ihre Informationsaufgabe besser als wenn der grundpfandrechtlich abgesicherte Teilbetrag nicht in dem Darunter-Vermerk erschiene.[1200]

§ 15 Abs. 2 RechKredV gilt für **öffentlich-rechtliche Kreditanstalten** mit der Maßgabe, dass anstelle der Erfordernisse der §§ 11 und 12 Abs. 1 und 2 HBG die Vorschriften des Gesetzes über die Pfandbriefe und verwandten Schuldverschreibungen öffentlich-rechtlicher Kreditinstitute anzuwenden sind (§ 15 Abs. 5 RechKredV). Der wesentlichste Unterschied ist darin zu sehen, dass damit für den Darunter-Vermerk bei öffentlich-rechtlichen Kreditanstalten die Beleihungsgrenze von 60 % des Beleihungswerts nicht anzuwenden ist.

5.2.4.3.2. Darunter-Vermerk „Kommunalkredite"

Als Kommunalkredite sind alle Forderungen zu vermerken, die an inländische Körperschaften und Anstalten des öffentlichen Rechts gewährt wurden oder für die eine solche Körperschaft oder Anstalt die volle (dh. 100 %ige) Gewährleistung übernommen hat, unabhängig davon, ob sie zur Deckung ausgegebener Schuldverschreibungen dienen oder nicht (§ 15 Abs. 3 Satz 1 RechKredV). Diese im Kommunalkreditgeschäft gewährten Kredite sind durch die besondere Art der Besicherung nur mit einem geringen Risiko behaftet.

[1199] Vgl. Krumnow ua., 2. Aufl., § 15 RechKredV Rn. 7 ff.; glA Bieg (1998), 219.
[1200] So Bieg (1998), 219.

In diesem Darunter-Vermerk sind mithin folgende Kredite zu erfassen:

- Ausleihungen an den Bund, die Länder, die politischen Gemeinden, Gemeindeverbände und an sonstige inländische Körperschaften des öffentlichen Rechts (zB Kirchengemeinden, Realgemeinden, Wasser- und Bodenverbände) und Anstalten des öffentlichen Rechts (zB öffentlich-rechtliche Versicherungsanstalten).
- Ausleihungen an andere Kreditnehmer gegen volle (100 %ige) Gewährleistung (zB Bürgschaft oder Garantie) durch inländische Körperschaften oder Anstalten des öffentlichen Rechts. Hierzu gehören auch befristete Ausfallbürgschaften von Gemeinden und Eigenkapitalhilfedarlehen, für die der Bund eine Ausfallgarantie übernommen hat.

Als Kommunalkredite sind auch Kredite gemäß § 5 Abs. 1 Nr. 1 und Abs. 2 HBG auszuweisen (§ 15 Abs. 3 Satz 2 RechKredV). Damit sind Darlehen an einen anderen **Mitgliedstaat der Europäischen Gemeinschaft** und seine Regionalregierungen oder örtlichen Gebietskörperschaften, die die in § 5 HBG genannten Voraussetzungen erfüllen, den Darlehen an inländische Körperschaften und Anstalten des öffentlichen Rechts gleichgestellt.

Voraussetzung für die Einordnung von Ausleihungen an **andere Kreditnehmer** als Kommunalkredit ist eine den Kreditbetrag, die Zinsverpflichtungen und die vereinbarten Nebenleistungen voll erfassende Gewährleistung einer Körperschaft oder Anstalt des öffentlichen Rechts. Kredite, bei denen nur der Kreditbetrag selbst oder allein die Zinsverpflichtungen mit einer öffentlichen Gewährleistung unterlegt sind, sind nicht voll gewährleistet und fallen deswegen nicht unter den Darunter-Vermerk. In derartigen Fällen ist weder der Teilbetrag noch der Gesamtbetrag auszugliedern.[1201]

„Volle Gewährleistung" bedeutet jedoch nicht, dass das **gesamte Darlehen** durch eine kommunale Gewährleistung abgesichert sein muss. Soweit für einen **Teilkreditbetrag**, einschließlich der daraus entstehenden Zinsverpflichtungen und vereinbarten Nebenleistungen, eine kommunale Gewährleistung vorliegt, ist der entsprechende in Anspruch genommene Teilbetrag in dem Darunter-Vermerk auszuweisen, dh. auch teilverbürgte Kredite sind in den Ausgliederungsvermerk „Kommunalkredite" aufzunehmen.

Ist ein Kommunalkredit in vollem Umfang zugleich Realkredit, ist ein Ausweis im Darunter-Vermerk „Kommunalkredite" im Regelfall vorzuziehen.

Bei Ib-Hypothekendarlehen ist der die zulässige Beleihungsgrenze übersteigende Betrag, wenn er durch eine Bürgschaft oder Gewährleistung der öffentlichen Hand gesichert ist, nicht hier, sondern unter dem Vermerk „durch Grundpfandrechte gesichert" zu vermerken (§ 15 Abs. 2 Satz 3 RechKredV).

[1201] Vgl. Bieg (1998), 220.

5.2.4.3.3. Darunter-Vermerk „durch Schiffshypotheken gesichert"

Schiffshypotheken dürfen unter der Bezeichnung „durch Schiffshypotheken gesichert" gesondert vermerkt werden, wenn sie den Erfordernissen des § 10 Abs. 1, 2 Satz 1 und Abs. 4 Satz 2, des § 11 Abs. 1 und 4 sowie des § 12 Abs. 1 und 2 des Schiffsbankgesetzes entsprechen (§ 15 Abs. 4 RechKredV).

Im Gegensatz zu den durch Grundpfandrechte gesicherten Darlehen besteht bei den durch Schiffshypotheken gesicherten Krediten keine Pflicht zum Ausweis in einem Darunter-Vermerk, es handelt sich vielmehr um ein **Wahlrecht**. Voraussetzungen für die Aufnahme in den Darunter-Vermerk sind:

- das beliehene Schiff muss in ein öffentliches Register eingetragen sein (§ 10 Abs. 1 Schiffsbankgesetz),
- die Beleihung darf 60 % des Werts des Schiffs nicht übersteigen (§ 10 Abs. 2 Schiffsbankgesetz), der nach bestimmten Regeln zu ermitteln ist (§ 12 Abs. 1 und 2 Schiffsbankgesetz),
- das Schiff muss in der durch § 11 Abs. 1 und 4 Schiffsbankgesetz bestimmten Weise versichert sein.

Für die Beleihung ausländischer Schiffe gelten besondere Vorschriften (§ 10 Abs. 4 Schiffsbankgesetz).

5.2.4.3.4. Besonderheiten bei Realkreditinstituten

Realkreditinstitute haben die „Forderungen an Kunden" in drei Unterposten aufzugliedern (vgl. Kapitel 5.2.4.1.):

> *a) Hypothekendarlehen*
> *b) Kommunalkredite*
> *c) andere Forderungen*
>   *darunter:*
>   *durch Beleihung von Wertpapieren ... Euro*

Der Posteninhalt **„b) Kommunalkredite"** orientiert sich an § 15 Abs. 3 HBG. Für den Posteninhalt des Unterpostens **„a) Hypothekendarlehen"** enthält die RechKredV keine Definition. Hier sind alle Forderung eines Realkreditinstituts auszuweisen, für die dem bilanzierenden Realkreditinstitut Hypotheken oder Grundschulden (Grundpfandrechte) bestellt, verpfändet oder abgetreten wurden, ohne dass es dabei auf die Beleihungsgrenze von 60 % des Beleihungswerts ankommt.[1202] In den Unterposten sind damit Forderungen in voller Höhe des in Anspruch genommenen und grundpfandrechtlich gesicherten Betrags einzubeziehen. Da die RechKredV diesbezüglich keine expliziten Regelungen enthält, dürfte es auch zulässig sein, in diesen Unterposten nur die Beträge einzubeziehen, die bei Universalbanken im Darunter-Vermerk „durch Grundpfanderechte gesichert" nach § 15 Abs. 2 RechKredV aufgenommen werden.[1203]

5.2.4.3.5. Besonderheiten bei Bausparkassen

Bausparkassen haben den Aktivposten „Forderungen an Kunden" in folgende Unterposten aufzugliedern (vgl. Kapitel 5.2.4.1.):

> *a) Baudarlehen*
> *aa) aus Zuteilungen (Bauspardarlehen)*
> *ab) zur Vor- und Zwischenfinanzierung*
> *ac) sonstige*
> *darunter:*
> *durch Grundpfandrechte gesichert ... Euro*
> *b) andere Forderungen*

Der Darunter-Vermerk „durch Grundpfandrechte gesichert" bezieht sich nach dem Wortlaut (und Schriftbild) der Fußnote 2 zum Formblatt 1 auf den Unterposten „ac) sonstige" Baudarlehen. In der Fußnote zum Formblatt 1 ist der Darunter-Vermerk in der *„Bekanntmachung der Neufassung der Verordnung über die Rechnungslegung der Kreditinstitute und Finanzdienstleistungsinstitute"* vom 11.12.1998[1204] im Gegensatz zur *„Verordnung über die Rechnungslegung der Kreditinstitute"* vom 10.2.1992[1205] bei dem Unterposten „ac) sonstige" eingerückt. Damit hat sich möglicherweise gegenüber der ursprünglichen Rechtslage eine Änderung ergeben. Da zudem weder in der Ersten noch in der Zweiter Verordnung zur Änderung der RechKredV diese Änderung explizit angesprochen wird, stellt sich aber die Frage, ob es sich bei der Veröffentlichung des Formblatts 1 mit der Bekanntmachung der Neufassung der RechKredV im Jahre 1998 um ein Redaktionsversehen handelt? Diese Frage ist nicht eindeutig zu beantworten.

Handelt es sich bei der Veröffentlichung des Formblatts 1 durch die Bekanntmachung der Neufassung der RechKredV im Jahre 1998 wie vorstehend erwähnt um ein Redaktionsversehen, hätte sich an der bisherigen Rechtslage nicht geändert. Der Darunter-Vermerk bezieht sich in diesem Fall auf den gesamten Unterposten „a) Baudarlehen".

[1202] Vgl. Krumnow ua., 2. Aufl., § 15 RechKredV Rn. 12.
[1203] So Bieg (1998), 221 f.
[1204] Vgl. BGBl. I 1998, 3658 ff., 3674.
[1205] Vgl. BGBl. I 1992, 203.

Nachdem in § 15 Abs. 2 Satz 2 RechKredV auf § 7 Abs. 1 Bausparkassengesetz verwiesen wird - der insbesondere einen Beleihungsauslauf der grundpfandrechtlich gesicherten Baudarlehen bis 80 % des Beleihungswerts zulässt - umfasst der für die sonstigen Baudarlehen vorgesehene Darunter-Vermerk „durch Grundpfandrechte gesichert" solche Darlehen an Kunden, die bis 80 % des Beleihungswerts durch Grundpfandrechte gesichert sind.

5.2.4.3.6. Besonderheiten bei Kreditgenossenschaften mit Warenverkehr

Bei Kreditgenossenschaften mit Warenverkehr sind Forderungen an die Warenzentrale, an sonstige Abnehmer und an Kunden aufgrund von Warenlieferungen und bankfremden Dienstleistungen, die nicht in die laufende Rechnung übernommen, sondern auf besonderen Warenforderungskonten gebucht werden (die nicht als Kontokorrentkonto geführt werden), in einem Darunter-Vermerk „Warenforderungen" zu erfassen.[1206]

Nicht in diesen Vermerk aufzunehmen sind Warenforderungen, die über das handelsübliche Zahlungsziel hinaus befristet sind, wenn zB aufgrund besonderer Vereinbarungen eine wesentlich spätere Fälligkeit als für andere, gleichartige Warenforderungen vereinbart wurde.[1207]

Im Überschreibungsverfahren übernommene Warenforderungen werden im Zeitpunkt der Übernahme zu Geldforderungen (Novation) und dürfen deshalb nicht als Warenforderungen ausgewiesen werden.[1208]

5.2.4.4. Bewertung

§ 15 Abs. 1 letzter Satz RechKredV bestimmt, dass nur die Summe der in Anspruch genommenen Kredite, nicht die Summe der Kreditzusagen, angesetzt werden darf. Anzusetzen sind im Regelfall die **Anschaffungskosten**, ggf. vermindert um Tilgungen (vgl. Kapitel 4.3.2.). Daneben ist auch die sog. **Nominalwertbilanzierung** zulässig (vgl. Kapitel 4.3.3.).

Die Anschaffungskosten bzw. der Nennwert sind ggf. um

- Verrechnungen iSd. § 10 RechKredV sowie um
- Einzelwertberichtigungen (vgl. Kapitel 4.3.5.3.),
- Pauschalwertberichtigungen (vgl. Kapitel 4.3.5.5.),

[1206] Vgl. Bergmann ua., B.II.4., 12.
[1207] Vgl. Bergmann ua., B.II.4., 12.
[1208] Vgl. Bergmann ua., B.II.4., 12.

- Länderwertberichtigungen (vgl. Kapitel 4.3.5.6.) und evtl.
- Vorsorgereserven nach § 340f HGB (vgl. Kapitel 4.6.) bzw. § 26a KWG aF

zu kürzen. Wegen weiterer Bewertungsfragen (zB anteiligen Zinsen, Namensschuldverschreibungen, Fremdwährungsforderungen usw.) kann auf die Ausführungen zur Bewertung von Forderungen an Kreditinstitute in Kapitel 5.2.3.3. verwiesen werden.

Im Vergleich zu den Forderungen an Kreditinstitute hat das **Ausfallrisiko** bei Forderungen an Kunden normalerweise eine andere Bedeutung. Das Ausfallrisiko ist zwar grundsätzlich stichtagsbezogen zu ermitteln, von der Natur her jedoch keine rein stichtagsbezogene Größe, sondern Ergebnis der aktuellen und künftigen Zahlungsfähigkeit des Kunden (Schuldners). Ausgangspunkt für ein Ausfallrisiko ist die nicht mehr nachhaltig gegebene Kapitaldienstfähigkeit. Der Höhe nach richtet sich die **Einzelwertberichtigung** grundsätzlich nach dem ungesicherten Betrag (Blankoanteil) der ausfallgefährdeten Forderung. Inwieweit Kreditzusagen bei der Bemessung der Risikovorsorge einbezogen werden müssen, ist im Einzelfall zu entscheiden. Eine Einzelwertberichtigung, die nicht den vollen Blankoanteil abdeckt, ist nur dann zulässig, wenn zumindest eine teilweise gesicherte Kapitaldienstfähigkeit erwartet wird.

Eine **länderrisikobehaftete Forderung** kann, nach Abzug der banküblich bewerteten Sicherheiten, unabhängig von der Bonität des betrachteten Schuldners keine höhere Bewertung erfahren, als die Ansprüche gegenüber dem jeweiligen Land.[1209]

Schuldscheindarlehen und andere Forderungen, die dem **Handelsbestand** zugeordnet werden, sind mit ihren Anschaffungskosten anzusetzen. Eine Abwertung erfolgt für den Fall, dass der beizulegende Wert, der anhand der Zinsstruktur ermittelt wurde, niedriger ist.

Zur Bewertung der Forderungen an Kunden wird ergänzend auch auf Kapitel 4.3., zur Bewertung von Forderungen aus Pensionsgeschäften auf Kapitel 3.2. und zu Forderungen aus Wertpapierleihegeschäften auf Kapitel 4.10. verwiesen. Der Beurteilung von Einzelwertberichtigungen, der Ermittlung der Pauschal- und Länderwertberichtigungen ist im Rahmen der Bewertung besondere Aufmerksamkeit zu widmen.

Zur Berücksichtigung der **Verzinsung** von Forderungen vgl. Kapitel 4.3.4., zu Zinsen auf notleidende Forderungen vgl. Kapitel 4.3.5.4. Zum handelsrechtlichen und steuerrechtlichen Wertaufholungsgebot vgl. Kapitel 4.3.5.8., 4.5. sowie 4.6.9.

Nach der hier vertretenen Ansicht, ist das **Wertaufholungsgebot** auf Forderungen an Kunden nicht anzuwenden (vgl. Kapitel 4.5.,.4.6.9.,.4.3.5.8.). Daraus folgt, dass ein Institut einen einmal nach § 253 Abs. 3 HGB gewählten niedrigeren Wertansatz in der Handelsbilanz beibehalten darf, auch wenn die Gründe für den niedrigeren Wertansatz

---

[1209] Vgl. Spanier ua., B.II.4., 16.

entfallen sind. Voraussetzung für die Beibehaltung des niedrigeren Wertansatzes ist die Identität der zu bewertenden Forderung zu den jeweiligen Bilanzstichtagen. Dies dürfte bei Darlehen und Abwicklungskrediten gegeben sein. Nimmt das Institut in der Handelsbilanz das Beibehaltungsrecht wahr, führt dies zu einer Abweichung zwischen Handels- und Steuerbilanz.

5.2.4.5. Anhangangaben

Forderungen an **verbundene Unternehmen** bzw. Forderungen an **Unternehmen, mit denen ein Beteiligungsverhältnis** besteht, sind als Unterposten in der Bilanz gesondert auszuweisen (§ 3 Satz 1 Nr. 1 und Nr. 2 RechKredV). Die Angaben können wahlweise auch im Anhang in der Reihenfolge der betroffenen Posten gemacht werden.

Bezüglich **nachrangiger Forderungen** (§ 4 RechKredV) wird auf Abschnitt 3.7. verwiesen. Bezüglich der Anhangangaben zu **Forderungen gegenüber Gesellschaftern**, zu **Fremdwährungsforderungen**, zu Forderungen aus **echten Pensionsgeschäften**, zu Forderungen aus dem **Leasinggeschäft**, zu **Treuhandkrediten** sowie zur **Restlaufzeitengliederung** (nach § 9 Abs. 3 Nr. 1 RechKredV sind die im Aktivposten 4. enthaltenen Forderungen mit unbestimmter Laufzeit ebenfalls anzugeben) wird auf die Ausführungen in Kapitel 5.2.3.4. verwiesen. Die Anhangangaben für Forderungen an Kreditinstitute gelten gleichermaßen auch für Forderungen an Kunden.

Ferner sind Angaben nach § 284 Abs. 2 Nr. 1 und 2 HGB zu den angewandten Bilanzierungs- und Bewertungsmethoden erforderlich. Abweichungen hiervon müssen ebenfalls angegeben und begründet werden, ihr Einfluss auf die Vermögens-, Finanz- und Ertragslage ist gesondert darzustellen. Die Grundlage für die Währungsumrechnung nach § 284 Abs. 2 Nr. 2 HGB ist anzugeben.

5.2.4.6. Bankaufsichtliche Besonderheiten

5.2.4.6.1. Großkredite

Handelsbuch- und Nichthandelsbuchinstitute haben die Großkreditbestimmungen der §§ 13 bis 13b KWG iVm. der GroMiKV und der Anzeigeverordnung zu beachten. Die Großkreditvorschriften sind auf inländische Kredit- und Finanzdienstleistungsinstitute sowie auf Zweigstellen (§ 53 KWG) ausländischer Kreditinstitute oder Eigenhändler in Deutschland, sofern sie nicht unter die Regelungen des Europäischen Passes fallen, anwendbar.[1210]

[1210] Vgl. Merkblatt der Deutschen Bundesbank für die Abgabe der Groß- und Millionenkreditanzeigen nach §§ 13 bis 14 KWG, Stand September 1998, CMBS 2.11.b.

Bezüglich der in § 19 KWG definierten Kredite, die keine Kredite iSd. §§ 13 bis 13b KWG sind, wird auf § 20 Abs. 1 KWG verwiesen. Die bei den Anzeigen nach § 13 Abs. 1, § 13a Abs. 1 und § 13b Abs. 1 KWG nicht zu berücksichtigenden Kredite sind in § 20 Abs. 2 KWG genannt. Die bei der Berechnung der Auslastung der Obergrenze nach § 13 Abs. 3 und § 13a Abs. 3 bis 5 KWG nicht zu berücksichtigenden Kredite sind in § 20 Abs. 3 KWG aufgeführt.

Die Methodik zur Prüfung der Anzeigepflichten bei Großkrediten ist in Anlage 2 zum *„Merkblatt der Deutschen Bundesbank für die Abgabe der Groß- und Millionenkreditanzeigen nach §§ 13 bis 14 KWG"*[1211] dargestellt.

Großkredite sind Kredite an einen Kreditnehmer, die insgesamt 10 % des haftenden Eigenkapitals des Instituts erreichen oder übersteigen (§ 13 Abs. 1, § 13a Abs. 1 KWG). Soweit die Voraussetzungen des § 64d KWG erfüllt sind, beträgt diese Grenze 15 %. Die Großkreditbestimmungen gelten auch für Institutsgruppen (§ 13b KWG). Für Großkredite bestehen Anzeigevorschriften, die das Institut zu beachten hat.

Gemeinschaftskredite oder Anteile an Gemeinschaftskrediten sind bei den Anzeigen nach § 13 KWG zusammen mit anderen Krediten des jeweiligen Kreditgebers an denselben Kreditnehmer anzuzeigen.

Überschreiten die Großkredite die Großkrediteinzelobergrenze (§ 13 Abs. 3 KWG) bzw. Anlagebuch-/Gesamtbuch-Großkrediteinzelobergrenze (§ 13a Abs. 3 und 4 KWG) sind die Überschreitungsbeträge mit haftendem Eigenkapital zu unterlegen, das für die Kapitalunterlegung nach dem Grundsatz I nicht mehr zur Verfügung steht.

Für die Definition des Begriffs „Kredit" nach §§ 13 bis 13b KWG sind die §§ 19 und 20 KWG zu beachten. Wegen Einzelheiten vgl. auch *„Merkblatt der Deutschen Bundesbank für die Abgabe der Groß- und Millionenkreditanzeigen nach §§ 13 bis 14 KWG"*.[1212]

5.2.4.6.2. Millionenkredite

Kreditinstitute, Eigenhändler (Finanzdienstleistungsinstitut iSd. § 1 Abs. 1a Satz 2 Nr. 4 KWG), Factoringunternehmen (Finanzunternehmen iSd. § 1 Abs. 3 Satz 1 Nr. 2 KWG) und die in § 2 Abs. 2 KWG genannten Unternehmen und Stellen (Kreditanstalt für Wiederaufbau, Sozialversicherungsträger, Bundesanstalt für Arbeit, Versicherungsunternehmen, Unternehmensbeteiligungsgesellschaften) haben Millionenkredite (1,5 Mio. Euro) nach den Vorschriften des § 14 KWG iVm. der GroMiKV und der Anzeigenver-

---

[1211] Abgedruckt in CMBS 2.11.b.
[1212] Abgedruckt in CMBS 2.11.b.

ordnung zu melden.¹²¹³ Zweigstellen von Unternehmen mit Sitz im Ausland gelten nach § 53 Abs. 1 KWG als Kredit- bzw. Finanzdienstleistungsinstitut. Auch Zweigniederlassungen von Einlagenkreditinstituten und Wertpapierhandelsbanken mit Sitz in einem anderen Staat des EWR (§ 53b KWG) müssen nach § 53b Abs. 3 KWG Millionenkreditanzeigen abgeben.

Übergeordnete Unternehmen iSd. § 13b Abs. 2 KWG haben zugleich für die gruppenangehörigen Unternehmen iSd. § 13b Abs. 2 KWG - soweit diese nicht selbst anzeigepflichtig sind - die Millionenkredite deren Kreditnehmer anzuzeigen (§ 14 Abs. 1 Satz 2 KWG).

Anzuzeigen sind von den Kreditgebern diejenigen Kreditnehmer (Kreditnehmereinheiten), deren Verschuldung (in Anspruch genommene oder sonst geschuldete Beträge) bei ihnen zu irgend einem Zeitpunkt während des Quartals 1,5 Mio. Euro oder mehr betragen hat.

Gemeinschaftskredite oder Anteile an Gemeinschaftskrediten sind bei den Anzeigen nach § 14 KWG zusammen mit anderen Krediten des jeweiligen Kreditgebers an denselben Kreditnehmer anzuzeigen. Bei Gemeinschaftskrediten, die 1,5 Mio. Euro erreichen oder überschreiten, besteht eine Anzeigepflicht für alle beteiligten Kreditgeber. Die Anzeigepflicht besteht auch dann, wenn der Anteil des einzelnen Kreditgebers 1,5 Mio. Euro nicht erreicht. Bei Gemeinschaftskrediten, die 1,5 Mio. Euro nicht erreichen, wird die Anzeigepflicht für einen beteiligten Kreditgeber nur dann ausgelöst, wenn der auf ihn entfallende Anteil an dem Gemeinschaftskredit zusammen mit anderen eigenen Krediten an denselben Kreditnehmer 1,5 Mio. Euro erreicht oder überschreitet.¹²¹⁴

Für die Definition des Begriffs „Kredit" nach § 14 KWG sind die §§ 19 und 20 KWG zu beachten. Wegen Einzelheiten vgl. auch *„Merkblatt der Deutschen Bundesbank für die Abgabe der Groß- und Millionenkreditanzeigen nach §§ 13 bis 14 KWG".*¹²¹⁵

Die Kredite nach § 19 Abs. 1 KWG, die nicht als Kredit iSd. § 14 KWG gelten, sind in § 20 Abs. 6 KWG aufgeführt. Hierzu zählen ua. Anteile an anderen Unternehmen (Aktien, Beteiligungen, Anteile an verbundenen Unternehmen, Genossenschaftsanteile) unabhängig von ihrem Bilanzausweis, sowie Wertpapiere des Handelsbestands. Vermögensanteile typischer und atypischer stiller Gesellschafter, Genussrechte und nachrangige Forderungen sind nicht als Anteile an anderen Unternehmen anzusehen und deshalb meldepflichtig. Als Wertpapiere des Handelsbestands wird man im Regelfall die Wertpapiere des Handelsbuchs iSd. § 1 Abs. 12 KWG zu verstehen haben. Weitere Ausnahmen enthält § 49 GroMiKV.

[1213] Vgl. Merkblatt der Deutschen Bundesbank für die Abgabe der Groß- und Millionenkreditanzeigen nach §§ 13 bis 14 KWG, Stand September 1998, CMBS 2.11.b.
[1214] Weitere Einzelheiten vgl. Merkblatt der Deutschen Bundesbank, CMBS 2.11.b.
[1215] Abgedruckt in CMBS 2.11.b.

5.2.4.6.3. Abzüge vom Kernkapital bzw. vom haftenden Eigenkapital

Abzug von Genussrechten und Nachrangverbindlichkeiten

Soweit in diesem Posten Forderungen aus Genussrechten bzw. längerfristigen nachrangigen Verbindlichkeiten ausgewiesen werden, die gegenüber Unternehmen bestehen, an denen das Institut beteiligt ist, kann es zu einem Abzug vom haftenden Eigenkapital kommen (vgl. Kapitel 5.2.7.5.2.).[1216]

Abzug von Krediten an Kapitalgeber

Bestimmte Kredite an (maßgebliche) Kapitaleigner und stille Gesellschafter sind vom Kernkapital abzuziehen. Bei den vom Kernkapital abzuziehenden Krediten ist folgende Unterscheidung vorzunehmen:

- Kredite, die dem **Inhaber** oder den **persönlich haftenden Gesellschaftern** gewährt werden (§ 10 Abs. 2a Satz 1 Nr. 1 und Nr. 2 KWG),
- Kredite an den **Kommanditisten**, den **Gesellschafter einer GmbH**, den **Aktionär**, den **Kommanditaktionär** oder den **Anteilseigner an einem Institut des öffentlichen Rechts** (§ 10 Abs. 2a Satz 2 Nr. 4 KWG) und
- Kredite an **stille Gesellschafter** (§ 10 Abs. 2a Satz 2 Nr. 5 KWG).

Der Abzug der Kredite, die dem **Inhaber** oder den **persönlich haftenden Gesellschaftern** gewährt werden, ist nach § 10 Abs. 2a Satz 1 Nr. 1 und Nr. 2 KWG uneingeschränkt vom Kernkapital vorzunehmen. Damit soll verhindert werden, dass die Verminderung des Kernkapitals aufgrund von Entnahmen durch eine alternative Kreditgewährung umgangen wird. Zu den abzuziehenden Krediten gehört auch ein Nostroguthaben bei einem anderen Institut, das persönlich haftender Gesellschafter des Instituts ist.[1217]

Die Kreditgewährung an **andere, besonders einflussreiche Gesellschafter** ist in § 10 Abs. 2a Satz 2 Nr. 4 und Nr. 5 KWG geregelt. Als besonders einflussreiche Gesellschafter werden solche angesehen, denen mehr als 25 % des Kapitals oder der Stimmrechte zustehen. Der Abzug dieser Kredite erfolgt unter der **Nebenbedingung**, dass diese nicht banküblich gesichert sind oder nicht marktmäßig verzinst werden. Damit soll die indirekte Rückgewähr des Eigenkapitals durch Kreditgewährung zu **Sonderkonditionen** an Gesellschafter oder sonstige Eigentümer verhindert werden, die besonderen Einfluss auf das Institut haben. Diese Kreditgewährungen werden nachfolgend näher dargestellt.

[1216] Ausführlich hierzu vgl. Bellavite-Hövermann/Hintze/Luz/Scharpf, 114 ff.
[1217] Vgl. ausführlich Bellavite-Hövermann/Hintze/Luz/Scharpf, 61 ff. mwN.

Erfolgt die Kreditgewährung an diese Kapitaleigner hingegen zu marktmäßigen Bedingungen **und** gleichzeitig gegen banktübliche Sicherheiten, sind die Kredite an diesen Gesellschafterkreis nicht abzuziehen.[1218] Wegen weiterer Einzelheiten wird auf Kapitel 5.2.7.5.3. sowie die dort zitierte Literatur verwiesen.

5.2.4.7. Prüfung des Postens

Es sind die bei Forderungen allgemein üblichen Prüfungshandlungen vorzunehmen. Es ist darauf zu achten, dass sämtliche in diesem Posten ausgewiesenen Beträge die Voraussetzungen des § 15 RechKredV erfüllen. Diesbezüglich wird auch auf die vorstehenden Ausführungen verwiesen, deren Beachtung stets zu prüfen ist.

Die Forderungen an Kunden sind durch Saldenlisten zu belegen und grundsätzlich durch Saldoanerkenntnisse **nachzuweisen** (Einzelheiten vgl. Kapitel 4.3.5.2.7.). Einzelwertberichtigte Forderungen sowie die gebildeten **Einzelwertberichtigungen** sind gesondert nachzuweisen. Die **Bestandsnachweise** sind auf Vollständigkeit hin zu prüfen.

Soweit Forderungen wertberichtigt wurden, sind durch das Institut die Ausfallwahrscheinlichkeiten sowie die voraussichtlich realisierbaren Beträge der ausstehenden Forderungen einschließlich der Werte der Sicherheiten, in den Kreditakten nachvollziehbar zu dokumentieren. Aus den Unterlagen des Instituts (Protokolle, Kreditakten usw.) muss sich ergeben, aus welchen Gründen eine Einzelwertberichtigung erforderlich ist und wie sich der Betrag zum Bilanzstichtag errechnet. Die Einzelwertberichtigungen sind auf ihre Angemessenheit hin zu untersuchen. Zur Prüfung des Adressenausfallrisikos (Kreditprüfung) wird auf Kapitel 4.3.5.1. verwiesen.

Die **Länderwertberichtigung** ist auf Angemessenheit hin zu untersuchen. **Fremdwährungsposten** sind auf ihre zutreffende Bewertung nach § 340h HGB zu prüfen (vgl. Kapitel 4.8.).

Verfügungsbeschränkungen sind festzuhalten. Über Art und Umfang von Verfügungsbeschränkungen ist im Rahmen der Darstellung der Vermögenslage im Prüfungsbericht zusammenfassend zu berichten (§ 14 Abs. 2 Nr. 1 PrüfbV).

Pensionsgeschäfte sowie **Asset Backed Transaktionen** sind daraufhin zu prüfen, ob diese Geschäfte buchhalterisch und bilanziell zutreffend abgebildet werden.

Die **abgegrenzten Zinsen** sind hinsichtlich ihrer zutreffenden Ermittlung zu untersuchen. Die Alterstruktur sowie die Klärung von **CpD-Konten** ist zu prüfen.

[1218] Zu den marktmäßigen Bedingungen sowie zur bankrüblichen Besicherung vgl. Bellavite-Hövermann/ Hintze/Luz/Scharpf, 64 f. mwN.

Von der **Internen Revision** angefertigte Revisionsberichte sollten eingesehen werden, insbesondere hinsichtlich der Ordnungsmäßigkeit von Kreditvergabe, Kreditverwaltung, Sicherheitenbewertung, Beleihungswertermittlung, Mahnwesen, Abwicklung, Einhaltung aufsichtsrechtlicher Normen (Großkredit-, Millionenkreditvorschriften, § 18 KWG usw.).

Die Anzeigevorschriften für **Groß- und Millionenkredite** sind üblicherweise ein eigenständiges Prüfungsgebiet. Ungeachtet dessen sollte man sicherstellen, dass sämtliche relevanten Kredite iSd. §§ 19 und 20 KWG erfasst werden.

Der **Prüfungsbericht** muss die in § 48 PrüfbV verlangten Angaben enthalten:

- Darstellung im Vergleich mit dem Vorjahr,
- Erläuterung der Zusammensetzung.

Auf wesentliche stille Reserven ist im Prüfungsbericht hinzuweisen. Soweit Finanzderivate der Absicherung von Marktpreis- bzw. Kreditrisiken der Forderungen dienen, sollte hierauf hingewiesen werden.

Der Prüfungsbericht muss nach § 49 Nr. 3 PrüfbV darüber hinaus folgende Angaben enthalten:

- Angaben über Einzelwertberichtigungen, abgesetzte unversteuerte und versteuerte Pauschalwertberichtigungen und Vorsorgereserven nach § 340f HGB (§ 26a KWG aF).
- Angabe der Forderungen, die nicht aus einer Darlehensgewährung herrühren, insbesondere von Warenforderungen und angekauften Forderungen.
- Bei Inanspruchnahme der Ausnahmevorschrift des § 20 Abs. 3 Satz 2 Nr. 4 und 5 KWG oder des § 21 Abs. 3 Nr. 1 und 2 KWG Darlegung, ob die betreffenden Kredite den Erfordernissen des § 12 Abs. 1 und 2 HBG oder § 10 Abs. 1 und 2 Satz 1 und 2 Schiffsbankgesetz entsprechen, insbesondere, ob der Wertermittlung diesen Vorschriften entsprechende Beleihungsrichtlinien zugrunde liegen.
- Bei Bausparkassen zusätzlich:
Angabe der Forderungen an Bausparer aus Abschlussgebühren.

Bei **ABS-Transaktionen** sowie ähnlichen Transaktionen sind die in § 63 PrüfbV genannten Angaben zu machen.

Im Prüfungsbericht ist ferner darzulegen, ob die **gebildeten Wertberichtigungen** (Einzelwertberichtigungen, Pauschalwertberichtigungen, Länderwertberichtigungen) ausreichend bemessen sind (§ 65 Abs. 3 PrüfbV). Liegen dem getroffenen Urteil unvollständige Unterlagen zugrunde, ist anzugeben, zu welchen Sachverhalten Unterlagen fehlen (§ 65 Abs. 5 PrüfbV); ist dies bei einem nicht unerheblichen Teil der Kredite der Fall, so ist hierauf in der „Zusammenfassenden Schlussbemerkung" hinzuweisen.

Bei Instituten, die in nicht unerheblichem Umfang langfristige Darlehen mit festen Tilgungsvereinbarungen gewähren, ist insoweit unter Angabe der Darlehensbeträge über **Zins- und Tilgungsrückstände** gemäß § 30 PrüfbV zu berichten. Es empfiehlt sich, beim langfristigen Darlehensgeschäft mit festen Tilgungsvereinbarungen rückständige Zinsen und Tilgungen im Verhältnis zum Zins- bzw. Tilgungssoll des Berichtsjahres im Prüfungsbericht darzustellen.

Im Übrigen wird auf die Berichtspflichten der §§ 27 - 36 sowie §§ 52 - 66 PrüfbV zum Kreditgeschäft hingewiesen.

Es empfiehlt sich, die für den Anhang erforderlichen Angaben im Prüfungsbericht zu nennen.

5.2.5. Schuldverschreibungen und andere festverzinsliche Wertpapiere (Aktiva 5)

5.2.5.1. Postenbezeichnung

Die Postenbezeichnung lautet nach dem Formblatt 1 wie folgt:

> 5. *Schuldverschreibungen und andere festverzinsliche Wertpapiere*
>   *a) Geldmarktpapiere*
>   *aa) von öffentlichen Emittenten*
>   *darunter:*
>   *beleihbar bei der Deutschen Bundesbank ... Euro*
>   *ab) von anderen Emittenten*
>   *darunter:*
>   *beleihbar bei der Deutschen Bundesbank ... Euro*
>   *b) Anleihen und Schuldverschreibungen*
>   *ba) von öffentlichen Emittenten*
>   *darunter:*
>   *beleihbar bei der Deutschen Bundesbank ... Euro*
>   *bb) von anderen Emittenten*
>   *darunter:*
>   *beleihbar bei der Deutschen Bundesbank ... Euro*
>   *c) eigene Schuldverschreibungen*
>   *Nennbetrag ... Euro*

Forderungen an **verbundene Unternehmen** bzw. Forderungen an **Unternehmen, mit denen ein Beteiligungsverhältnis** besteht sind als Unterposten in der Bilanz jeweils gesondert auszuweisen (§ 3 Satz 1 Nr. 1 und Nr. 2 RechKredV). Die Angaben können wahlweise auch im Anhang in der Reihenfolge der betroffenen Posten gemacht werden.

Kreditinstitute in der Rechtsform der GmbH müssen **Forderungen gegenüber Gesellschaftern** gesondert ausweisen oder im Anhang angeben (§ 42 Abs. 3 GmbHG).

Der Aktivposten „5. Schuldverschreibungen und andere festverzinsliche Wertpapiere" ist für alle Kreditinstitute und Finanzdienstleistungsinstitute iSv. § 1 KWG einheitlich geregelt. Weder für Realkreditinstitute noch für Bausparkassen bestehen Besonderheiten.

Mit der Zweiten Verordnung zur Änderung der RechKredV vom 11.12.1998 wurde das Formblatt jeweils bei den Unterposten a) aa) und ab) sowie b) ba) durch den Darunter-Vermerk „beleihbar bei der Deutschen Bundesbank ... Euro" ergänzt. Es handelte sich um eine redaktionelle Klarstellung, wonach der Darunter-Vermerk des Unterpostens b) bb) auch bei den übrigen Unterposten erforderlich ist.

5.2.5.2. Posteninhalt

5.2.5.2.1. RechKredV

Der Inhalt des Aktivpostens 5. ist in § 16 RechKredV detailliert geregelt. § 16 RechKredV wurde mit der Zweiten Verordnung zur Änderung der RechKredV vom 11.12.1998 erheblich geändert und ergänzt. In § 16 Abs. 1 Satz 1 RechKredV wurden die Wörter „*Geldmarktpapiere (commercial paper, euro-notes, certificates of deposit, bons de caisse und ähnliche verbriefte Rechte*" durch die Wörter „*verbriefte Rechte (wie zum Beispiel commercial paper, euro-notes, certificates of deposit, bons de caisse*" ersetzt. Ein in § 16 RechKredV neu eingefügter Abs. 2a definiert den Begriff der Geldmarktpapiere. Durch diese Änderungen werden bislang bestehende Abgrenzungsprobleme vermieden.

Die Änderung des § 16 Abs. 3 Satz 1 RechKredV, wonach als bei der Deutschen Bundesbank beleihbar solche Wertpapiere zu vermerken sind, die bei der Deutschen Bundesbank refinanzierbar sind, diente der Anpassung an das ESZB sowie zum Zwecke der Übereinstimmung mit der Bilanzstatistik. Mit der Einfügung des Abs. 5 wurde klargestellt, dass bezüglich § 16 Abs. 1 bis 2a und 4 RechKredV die Definition des Begriffs Wertpapiere in § 7 RechKredV unberührt bleibt.

5.2.5.2.2. Voraussetzungen für den Postenausweis

5.2.5.2.2.1. Überblick

Als Schuldverschreibungen und andere **festverzinsliche Wertpapiere** sind nach § 16 Abs. 1 RechKredV die folgenden Rechte auszuweisen, wenn sie **börsenfähig** sind und nicht Schatzwechsel, unverzinsliche Schatzanweisungen und andere Schuldtitel öffentlicher Stellen sind, die unter Diskontabzug hereingenommen wurden und zur Refinanzierung bei den Zentralnotenbanken der Niederlassungsländer zugelassen sind (dh. nicht in Aktivposten 2.a) auszuweisen sind):

- festverzinsliche Inhaberschuldverschreibungen,
- Orderschuldverschreibungen, die Teile einer Gesamtemission sind,
- Schatzwechsel,
- Schatzanweisungen,
- andere verbriefte Rechte (wie zB Commercial Papers, Euro-Notes, Certificates of Deposit, Bons de Caisse),
- Kassenobligationen,
- Schuldbuchforderungen und
- vor Fälligkeit hereingenommene Zinsscheine.

5.2.5.2.2.2. Wertpapiere

In § 16 Abs. 5 RechKredV wird ausdrücklich darauf hingewiesen, dass bezüglich § 16 Abs. 1 bis 2a und Abs. 4 RechKredV die Definition des Begriffs „Wertpapiere" des § 7 RechKredV unberührt bleibt, dh. es muss sich bei den hier auszuweisenden Ansprüchen stets um Wertpapiere iSd. § 7 RechKredV handeln (vgl. Kapitel 3.6.). Soweit die Voraussetzungen im Einzelnen hierfür (ggf. auch nur teilweise) nicht erfüllt sind, sind die Ansprüche als Forderungen an Kunden bzw. an Kreditinstitute zu erfassen.

Der Aktivposten 5. umfasst hinsichtlich Art und Befristung sowie bezüglich der Person des Emittenten unterschiedlichste Wertpapiere, wie zB Bundesanleihen, Bundesobligationen, Pfandbriefe, Kommunalschuldverschreibungen, sonstige Bankschuldverschreibungen sowie Anleihen in- und ausländischer Unternehmen. Hierzu gehören ggf. auch sog. **strukturierte Produkte** wie zB Anleihen und Schuldscheindarlehen mit Schuldner- oder Gläubigerkündigungsrechten bzw. mit Schuldnererhöhungsrechten, Capped oder Floor Floating Rate Notes, Step-up-Anleihen, Reverse Floating Rate Notes.[1219] Zur (getrennten) Bilanzierung von strukturierten Produkten vgl. die Ausführungen bei Scharpf/Luz[1220] und IDW RH BFA 1.003[1221] sowie Kapitel 4.4.9.

Aber auch **Optionsanleihen** und **Wandelschuldverschreibungen** einschließlich Pflichtwandelanleihen[1222] sind im Aktivposten 5. zu erfassen. Gleiches gilt für **Credit Linked Notes**, soweit es sich nicht um Schuldscheindarlehen oder Namensschuldverschreibungen handelt; diese sind in Abhängigkeit vom Emittenten in den Aktivposten 3. bzw. 4. auszuweisen.

Wie die vorstehenden Beispiele zeigen, sind im Aktivposten 5. ausschließlich **Gläubigerpapiere** auszuweisen, die den Charakter von Wertpapieren iSd. § 7 RechKredV haben. Dies bedeutet, dass dem Emittenten vom Erwerber der Papiere Fremdkapital zur Verfügung gestellt wird, das der Emittent dem Ersterwerber oder seinem Rechtsnachfolger am Ende der vereinbarten Laufzeit zurückzuzahlen hat.

Anteilspapiere, die eine gesellschaftsrechtliche Beziehung des Ersterwerbers bzw. dessen Rechtsnachfolgers zu einem anderen Unternehmen verbriefen, sind in den Aktivposten 6., 7. oder 8. auszuweisen. Dabei wird dem Emittenten Eigenkapital zur Verfügung gestellt, wofür der Eigentümer des Papiers eine erfolgsabhängige Vergütung erwartet.

[1219] Ausführlich mit zahlreichen Beispielen und der Darstellung der Bilanzierung und Bewertung vgl. Scharpf/Luz, 653 ff.; entgegen der Ansicht von Häuselmann, BB 2003, 1535, sind auch Wandelanleihen bzw. Pflichtwandelanleihen nach IDW RH BFA 1.003 bilanziell abzubilden.
[1220] Vgl. Scharpf/Luz, 653 ff.
[1221] Vgl. WPg 2001, 916 ff.
[1222] Vgl. Häuselmann, BB 2003, 1535.

5.2.5.2.2.3. Börsenfähigkeit

Wesentliches Abgrenzungskriterium zu den als Forderungen auszuweisenden Gläubigerrechten ist die **Börsenfähigkeit** iSd. § 7 Abs. 2 RechKredV. Als börsenfähig gelten Wertpapiere, die die Voraussetzungen einer **Börsenzulassung** erfüllen; bei Schuldverschreibungen genügt es, dass alle Stücke einer Emission hinsichtlich Verzinsung, Laufzeitbeginn und Fälligkeit einheitlich ausgestattet sind (§ 7 Abs. 2 RechKredV). Einzelheiten zur Börsenfähigkeit sind in Kapitel 3.6.2. dargestellt.

Nicht börsenfähige Inhaberpapiere werden nicht als Wertpapiere, sondern als Buchforderungen in den Aktivposten 3. oder 4. ausgewiesen, so zB auf den Namen lautende Papiere.

5.2.5.2.2.4. Festverzinslichkeit

Die im Aktivposten 5. auszuweisenden Wertpapiere müssen festverzinslich sein. Der Begriff der Festverzinslichkeit ist in § 16 RechKredV nicht definiert, sondern anhand von Beispielen verdeutlicht. Voraussetzung ist demnach nicht ein für die Gesamtlaufzeit des Gläubigertitels nominell fixierter, unveränderlicher Zins. Auch die Festschreibung eines Zinssatzes bis zur Wandlung von Wandelschuldverschreibungen[1223] bzw. bis zum Ziehen der Option bei Optionsanleihen ist als Festverzinslichkeit anzusehen.

Festverzinslich bedeutet, dass ein bestimmter Zinssatz für die gesamte bzw. eine bestimmte Laufzeit beziffert ist; unbeachtlich ist, ob die Zinsen periodisch gezahlt oder thesauriert und mit den Zinseszinsen am Laufzeitende zusammen mit dem Kapitalbetrag ausbezahlt werden. Die Festverzinsung kann auch in Gestalt eines Disagios bei der Emission oder eines Agios bei der Rückzahlung geleistet werden.[1224] Eine Darstellung der als festverzinslich geltenden Wertpapiere findet sich auch in Kapitel 3.6.4.

Als festverzinslich gelten neben Null-Kupon-Anleihen aber auch Wertpapiere, die mit einem veränderlichen Zinssatz ausgestattet sind, sofern dieser an eine bestimmte Referenzgröße, zB an einen Interbankenzinssatz oder an einen Euro-Geldmarktsatz, gebunden ist (§ 16 Abs. 2 RechKredV); Beispiele hierfür sind **Floating Rate Notes** oder entsprechend der Geld- oder Kapitalmarktlage verzinsliche **Indexanleihen**.

Null-Kupon-Anleihen (Zerobonds) sind Anleihen, auf die keine periodischen Zinszahlungen geleistet werden, sondern deren Gegenleistung für die Kapitalüberlassung durch einen gegenüber dem Ausgabebetrag erhöhten Rücknahmebetrag am Ende der Laufzeit beglichen wird. Sie werden idR diskontiert, dh. mit dem Barwert einer zugrunde liegen-

---

[1223] Vgl. Schlitt/Seiler/Singhof, AG 2003, 254 ff. zu den Gestaltungsmöglichkeiten bei Wandelschuldverschreibungen.
[1224] Vgl. WPH Bd. I 2000 J Tz. 108.

den Verzinsung ausgegeben und bei Fälligkeit zum Nominalbetrag zurückgenommen. Gleiches gilt für Schatzwechsel und unverzinsliche Schatzanweisungen.

Ferner gelten Schuldverschreibungen, die einen anteiligen Anspruch auf Erlöse aus einem gepoolten Forderungsvermögen verbriefen, als festverzinsliche Wertpapiere (§ 16 Abs. 2 RechKredV). Es handelt sich hier in erster Linie um sog. **Asset-Backed-Securities**.

Schuldverschreibungen des Ausgleichsfonds Währungsumstellung, die aus der Umwandlung gegen ihn gerichteter Ausgleichsforderungen entstanden sind, sind als „Ausgleichsforderungen gegen die öffentliche Hand" (Aktivposten 10.) auszuweisen, unabhängig davon, ob das bilanzierende Institut die Schuldverschreibungen aus dem Umtausch eigener Ausgleichsforderungen oder als Erwerber von einem anderen Institut oder einem Außenhandelsbetrieb erlangt hat (§ 19 Satz 2 RechKredV).

5.2.5.2.2.5. Verpfändung von Wertpapieren

Im Aktivposten 5. sind dem Institut gehörende Wertpapiere auszuweisen. Eine Verpfändung oder Sicherungsübereignung der Wertpapiere hindert nicht den Ausweis in diesem Posten (§ 246 Abs. 1 HGB). Gesetzliche oder vertragliche Einschränkungen der Fungibilität sind für den Ausweis im Aktivposten 5. ohne Belang; in solchen Fällen können jedoch Angaben im Anhang geboten sein.[1225]

Verfügungsbeschränkungen, mithin auch Verpfändungen und andere Sicherungsübereignungen oder Ähnliches sind im **Prüfungsbericht** anzugeben (vgl. Kapitel 5.2.5.6.).

5.2.5.2.2.6. Fälligkeit der Wertpapiere

Schuldverschreibungen sind nur dann im Aktivposten 5. auszuweisen, wenn sie noch nicht fällig sind. **Verloste** oder **gekündigte**, aber am Bilanzstichtag oder am ersten Arbeitstag danach noch nicht einlösbare Schuldverschreibungen gelten als noch nicht fällig;[1226] diese sind daher auch dem Aktivposten 5. zuzuordnen.

Fällige Schuldverschreibungen und andere festverzinsliche Wertpapiere sind dagegen nicht im Aktivposten 5., sondern im Aktivposten „15. Sonstige Vermögensgegenstände" auszuweisen; Entsprechendes gilt für fällige Zinsscheine (§ 20 Satz 2 RechKredV).[1227]

[1225] Vgl. Krumnow ua., 2. Aufl., § 16 RechKredV Rn. 3.
[1226] Vgl. WPH Bd. I 2000 J Tz. 108; Krumnow ua., 2. Aufl., § 16 RechKredV Rn. 3.
[1227] Vgl. WPH Bd. I 2000 J Tz. 108; glA Bieg (1998), 231; aA trotz des eindeutigen Wortlauts des § 20 Satz 2 RechKredV Bergmann ua., B.II.5, 22, die diese Beträge im Aktivposten 5. ausweisen wollen.

Verloste oder gekündigte Schuldverschreibungen, die am Bilanzstichtag oder am ersten Arbeitstag danach einlösbar sind, gelten als fällig; sie müssen damit im Aktivposten „15. Sonstige Vermögensgegenstände" ausgewiesen werden (§ 20 Satz 2 RechKredV).

5.2.5.2.2.7. Zinsscheine und anteilige Zinsen (Stückzinsen), Vergütungen für Genussrechte

Anteilige Zinsen

In diesem Posten sind nach § 11 RechKredV auch die **abgegrenzten (anteiligen) Zinsen** und **ähnliche das Geschäftsjahr betreffende Beträge** auszuweisen, die erst nach dem Bilanzstichtag fällig werden, aber bereits am Bilanzstichtag bei Kreditinstituten den Charakter von bankgeschäftlichen und bei Finanzdienstleistungsinstituten den Charakter von für diese Institute typischen Forderungen haben (Einzelheiten vgl. Kapitel 3.8.).

Vor Fälligkeit hereingenommene Zinsscheine

Vor Fälligkeit hereingenommene **Zinsscheine** sind ebenfalls im Aktivposten 5. auszuweisen (§ 16 Abs. 1 Satz 2 RechKredV). Fällige Zinsscheine sind hingegen dem Aktivposten „15. Sonstige Vermögensgegenstände" zuzuordnen (§ 20 Satz 2 RechKredV).

Stückzinsen

Stückzinsen, die beim Erwerb von festverzinslichen Wertpapieren gesondert vergütet werden, sind nicht Bestandteil der Anschaffungskosten der Wertpapiere, da der Anspruch durch Einlösen der Zinsscheine getilgt wird. Es handelt sich vielmehr um Anschaffungskosten einer Zinsforderung, dh. einen gesondert erworbenen Zinsanspruch. Diese Stückzinsen sind beim Erwerb der Wertpapiere ebenfalls im Aktivposten 5. zu erfassen (§ 11 RechKredV). Die Stückzinsen dürfen weder als Rechnungsabgrenzungsposten noch als sonstige Vermögensgegenstände ausgewiesen werden.[1228] Sie sind vielmehr zusammen mit dem jeweiligen Wertpapier dem hierfür vorgesehenen Unterposten zuzuordnen. Soweit festverzinsliche Wertpapiere in Ausnahmefällen ohne Verrechnung von Stückzinsen „flat" gehandelt werden, kommt eine Stückzinsverrechnung nicht in Betracht; die Anschaffungskosten bemessen sich in diesen Fällen in Höhe des Kaufpreises, ggf. zuzüglich Nebenkosten.

[1228] Vgl. Krumnow ua., 2. Aufl., § 16 RechKredV Rn. 21.

Vergütungen (Zinsen) für Genussscheine

Der BFH hat mit Urteil vom 18.12.2002[1229] entschieden, dass ein abgelaufenes Jahr betreffende **Zinsansprüche aus Genussrechten** auch dann in der **(Steuer-) Bilanz** des Gläubigers zu aktivieren und damit als Ertrag zu vereinnahmen sind, wenn nach den formalen Genussrechtsbedingungen der Schuldner die Ansprüche nicht bedienen muss, solange hierdurch bei ihm ein Bilanzverlust entstehen oder sich erhöhen würde.[1230] Eine solche Vereinbarung wirkt sich nach Ansicht des BFH nicht auf die Entstehung, sondern nur auf die Fälligkeit des Zinsanspruchs aus, sofern die Genussrechtsbedingungen vorsehen, dass die Bedienung der Genussrechte nachzuholen ist, sobald die wirtschaftliche Lage des Emittenten dies zulässt. Nach Weber-Grellet[1231] ist es hingegen zutreffenderweise fraglich, ob die Verlustklausel nur eine Fälligkeitsbestimmung ist, denn die Verlustklausel wirke sich nicht nur auf den Zeitpunkt der Leistung aus, sondern könne ganz zum Erlöschen des Anspruchs führen (zur handelsrechtlichen Behandlung vgl. nachfolgend). Zum Ausweis in der Gewinn- und Verlustrechnung vgl. Kapitel 6.2.1.2.2.5.

Für die **handelsrechtliche Bilanzierung** ist diesbezüglich die Ergänzung der Stellungnahme IDW HFA 1/1994[1232] zu beachten. Danach gilt, dass der Zeitpunkt der Ertragsrealisation iSd. § 252 Abs. 1 Nr. 4 HGB davon abhängt, wann dem Genussrechtsinhaber nach den Genussrechtsbedingungen ein hinreichend sicherer Anspruch auf die Vergütung zusteht. Zunächst kommt eine **Vereinnahmung von Vergütungen aus Genussrechten** zum Abschlussstichtag des Genussrechtsinhabers nur dann in Betracht, wenn dieser die Genussrechte spätestens zu diesem Stichtag zu bilanzieren hat. Sehen die Genussrechtsbedingungen eine feste (Mindest-) Vergütung vor, ist diese beim Genussrechtsinhaber nach allgemeinen Grundsätzen pro rata temporis realisiert.

Hängt - was aufgrund der Anforderungen des § 10 Abs. 5 KWG für die Anerkennung als Ergänzungskapital üblich ist - die Vergütung von dem **Entstehen von Jahresüberschüssen** (ggf. auch in bestimmter Höhe) oder vom **Ausweis eines Bilanzgewinns** beim Genussrechtsemittenten ab, ist eine Vereinnahmung der Vergütung in dem Geschäftsjahr des Genussrechtsinhabers vorzunehmen, für das der Genussrechtsemittent die Vergütung schuldet (phasengleiche Vergütungsvereinnahmung), wenn die folgenden Bedingungen kumulativ erfüllt sind (soweit eine der nachfolgenden Bedingungen nicht erfüllt ist, ist die phasengleiche Vereinnahmung nicht möglich):[1233]

- Das Geschäftsjahr des Genussrechtsemittenten endet nicht nach dem Geschäftsjahr des Genussrechtsinhabers.

[1229] Vgl. BFH-Urteil vom 18.12.2002, BB 2003, 841 ff.
[1230] Vgl. auch Weber-Grellet, BB 2004, 36.
[1231] Vgl. Weber-Grellet, BB 2004, 36.
[1232] Vgl. WPg 1998, 891 und FN 1998, 523.
[1233] Vgl. WPg 1998, 891 und FN 1998, 523.

- Bis zur Beendigung der Prüfung des Jahresabschlusses des Genussrechtsinhabers müssen das Entstehen des Vergütungsanspruchs und seine Höhe hinreichend gesichert sein. Dies ist jedenfalls dann erfüllt, wenn ein Beschluss über die Feststellung eines ordnungsgemäß aufgestellten Jahresabschlusses für den Genussrechtsemittenten vorliegt, der einen entsprechenden Jahresüberschuss ausweist. Eine Vereinnahmung vor der Feststellung des Jahresabschlusses des Genussrechtsemittenten ist nur zulässig, wenn im Einzelfall - bspw. durch Ankündigung im Rahmen einer Bilanzpressekonferenz - der Vergütungsanspruch und seine Höhe hinreichend gesichert sind.

Da die Vergütung im Regelfall allein in Abhängigkeit vom Entstehen entsprechender Jahresüberschüsse oder vom Ausweis eines Bilanzgewinns kraft Vereinbarung geschuldet wird, muss der Genussrechtsinhaber nicht in der Lage sein, eine bestimmte Ergebnisverwendung beim Genussrechtsemittenten durchzusetzen. Eine herrschende Stellung des Genussrechtsinhabers über den Genussrechtsemittenten sowie ein Vorschlag über die Gewinnverwendung beim Genussrechtsemittenten sind daher für eine phasengleiche Vereinnahmung derart jahresüberschussabhängiger oder bilanzgewinnabhängiger Vergütungen nicht erforderlich.

Hängt die Vergütung von der Höhe der beschlossenen Dividende ab, erscheint es sachgerecht, eine phasengleiche Vereinnahmung der Genussrechtsvergütung in Anlehnung an die von der höchstrichterlichen Rechtsprechung für die phasengleiche Vereinnahmung von Dividendenerträgen aufgestellten ergänzenden Anforderungen nur unter der weiteren Voraussetzung als zulässig anzusehen, dass der Genussrechtsinhaber am Abschlussstichtag in der Lage ist, eine entsprechende Ergebnisverwendung beim Genussrechtsemittenten durchzusetzen.

Ist dagegen in einer Verlustsituation des Emittenten die Entstehung des Anspruchs aufgeschoben oder sind Genussrechtsvergütungen nur dann zu leisten, wenn die wirtschaftliche Lage des Emittenten dies zulässt, handelt es sich nach der hier vertretenen Ansicht um bedingte Ansprüche, die vor Eintritt der Bedingung nicht aktiviert werden dürfen, weil es an der hinreichenden Sicherheit ihrer Entstehung mangelt.[1234]

Zu Frage der Entstehung der **Verpflichtung zur Zinszahlung** in solchen Fällen vgl. Kapital 5.3.10.2.2.7.

[1234] Vgl. HFA 1/1994, Abschn. 3.2, dritter Spiegelstrich, zu den Aktivierungsvoraussetzungen.

5.2.5.2.3. Unterposten

5.2.5.2.3.1. Unterscheidung nach öffentlichen Emittenten und nicht-öffentlichen Emittenten

Die Unterposten „a) Geldmarktpapiere" und „b) Anleihen und Schuldverschreibungen" sind ihrerseits jeweils wieder in die Unterposten „von öffentlichen Emittenten" und „von anderen Emittenten" aufzugliedern. Die Emissionen der öffentlichen Haushalte und deren Sondervermögen (§ 13 Abs. 1 Satz 3 RechKredV) sind im Unterposten „von öffentlichen Emittenten", die Emissionen von Kreditinstituten und anderen nicht-öffentlichen Emittenten gemeinsam im Unterposten „von anderen Emittenten" auszuweisen.

Es ist davon auszugehen, dass zwischen den Begriffen „öffentliche Stellen" (§ 13 Abs. 1 letzter Satz RechKredV) und „öffentliche Emittenten" kein sachlicher Unterschied besteht. Entsprechend ist der Begriff **„öffentliche Emittenten"** wie in § 13 Abs. 1 letzter Satz RechKredV als öffentliche Haushalte einschließlich ihrer Sondervermögen zu verstehen.[1235] Er umfasst damit den Bund und seine Sondervermögen, die Länder einschließlich der Stadtstaaten, die Gemeinden und Gemeindeverbände sowie kommunale Zweckverbände. Sparkassen und Landesbanken sowie andere eigenständige Rechtsträger fallen jedoch nicht hierunter. **Ausländische öffentliche Emittenten** sind ausländische Regierungen und sonstige ausländische Gebietskörperschaften.[1236]

Börsenfähige Schuldtitel öffentlicher Stellen (zB Schatzwechsel, unverzinsliche Schatzanweisungen), die nicht die in § 13 Abs. 1 Satz 1 RechKredV genannten Voraussetzungen (Hereinnahme unter Diskontabzug, Zentralnotenbankfähigkeit) erfüllen, sind in den Unterposten „Geldmarktpapiere von öffentlichen Emittenten" einzustellen (§ 13 Abs. 1 Satz 2 RechKredV).[1237] Sind diese Wertpapiere nicht börsenfähig, müssen sie im Posten „4. Forderungen an Kunden" ausgewiesen werden (§ 13 Abs. 1 Satz 2 RechKredV).

5.2.5.2.3.2. Unterposten „a) Geldmarktpapiere"

Die Abgrenzung zwischen dem Ausweis im Unterposten a) oder b) ist nach der ursprünglich vereinbarten Laufzeit der Wertpapiere vorzunehmen. Als Geldmarktpapiere gelten - unabhängig von ihrer Bezeichnung - alle Schuldverschreibungen und anderen festverzinslichen Wertpapiere, deren ursprüngliche Laufzeit ein Jahr nicht überschreitet (§ 16 Abs. 2a RechKredV). Dabei kommt es nach dem eindeutigen Wortlaut der RechKredV auf die Ursprunglaufzeit und nicht auf die Restlaufzeit an. Wesentliches Abgrenzungsmerkmal zu den als Forderungen auszuweisenden Ansprüchen ist die Börsenfähigkeit von Geldmarktpapieren, die als gegeben angesehen wird, wenn alle Stücke

---

[1235] GlA Bieg (1998), 240; Bergmann ua., B.II.5, 23.
[1236] Vgl. WPH Bd. I 2000 J Tz. 110.
[1237] Vgl. Bieg, ZfbF 1988, 22; Schimann, DB 1987, 1499; Bauer, WM 1987, 866.

einer Emission hinsichtlich Verzinsung, Laufzeitbeginn und Fälligkeit einheitlich ausgestattet sind.

Im Unterposten „a) Geldmarktpapiere" sind mithin auszuweisen:

- Schatzwechsel und Schatzanweisungen, soweit sie nicht unter dem Aktivposten 2.a) auszuweisen sind.
- Schuldverschreibungen der EZB.
- Gestrippte Schuldverschreibungen (Kapitalstrips und Zinsstrips), sofern die ursprüngliche Laufzeit der Anleihe ein Jahr einschließlich nicht überschreitet.
- Andere Geldmarktpapiere wie zB Commercial Papers, Euro-Notes, Certificates of Deposit, Bons de Caisse.

Commercial Papers sind in Deutschland als Schuldverschreibungen ausgestaltet, die von bonitätsmäßig einwandfreien Adressen unter Abzug eines Diskonts vom Nennbetrag emittiert werden. Sie sind Inhaberpapiere, voll fungibel und haben einen festen Rückzahlungstermin. Der Schwerpunkt der Laufzeiten liegt bei bis zu 90 Tagen.[1238] International sind sie mit die wichtigsten Geldmarktpapiere.

Euro-Notes sind Finanzierungsvarianten am Euromarkt.[1239] Häufigste Ausprägungen sind Revolving Underwriting Facility (RUF) und Note Issuance Facility (NIF). Es handelt sich hierbei um die Verknüpfung von Elementen des Konsortialkredits (feste und langfristige Zusage) mit denen einer Anleihefinanzierung (wertpapiermäßige Unterlegung).

Certificates of Deposits (sog. Einlagenzertifikate) sind von einer Bank ausgestellte, nicht börsennotierte Zertifikate, die die Einlage von Geld für eine bestimmte Zeit zu einem bestimmten Zinssatz bestätigen. Sie entstehen durch die Verbriefung von Termineinlagen bei Banken.[1240] Sie lauten idR auf den Inhaber und sind uneingeschränkt durch Einigung und Übergabe übertragbar. Vergleichbar sind **Bons de Caisse** ausgestattet.

[1238] Vgl. auch Krumnow ua., 2. Aufl., § 16 RechKredV Rn. 17.
[1239] Vgl. auch Krumnow ua., 2. Aufl., § 16 RechKredV Rn. 18.
[1240] Vgl. Krumnow ua., 2. Aufl., § 16 RechKredV Rn. 16.

5.2.5.2.3.3. Unterposten „b) Anleihen und Schuldverschreibungen"

In diesem Unterposten sind die Anleihen und Schuldverschreibungen auszuweisen, die eine ursprüngliche Laufzeit von einem Jahr oder länger haben, und damit nicht als Geldmarktpapiere zu erfassen sind. Hierzu zählen insbesondere:

- festverzinsliche Inhaberschuldverschreibungen,
- Orderschuldverschreibungen, die Teile einer Gesamtemission sind,
- Kassenobligationen,
- Industrieobligationen,
- Schuldbuchforderungen
- Anleihen und Schuldverschreibungen mit nicht terminierter Endfälligkeit (sog. ewige Renten).

Darüber hinaus sind hier auch vor Fälligkeit hereingenommene sowie getrennt handelbare Zinsscheine auszuweisen. Zunächst sind hier sämtliche festverzinslichen Inhaberschuldverschreibungen[1241] auszuweisen. Dies gilt unabhängig davon, wer die Wertpapiere emittiert hat und unter welcher Bezeichnung sie gehandelt werden. Für die Zuordnung zu den festverzinslichen Wertpapieren ist es auch nicht von Bedeutung, ob die Papiere im Inland oder Ausland bzw. von inländischen oder ausländischen Emittenten ausgegeben wurden oder ob es sich um auf Euro oder auf eine ausländische Währung lautende Anleihen oder um eine Doppelwährungsanleihe handelt.[1242]

Zu den festverzinslichen Schuldverschreibungen zählen auch die als Inhaberpapiere ausgestalteten **Options-** und **Wandelschuldverschreibungen**. Bezugsrechte aus Wandelschuldverschreibungen sind ebenso im Aktivposten 5. auszuweisen wie die gemeinsam mit Optionsanleihen gehandelten Optionsscheine. **Optionsscheine**, die hingegen von der Anleihe abgetrennt worden sind, sind im Aktivposten „6. Aktien und andere festverzinsliche Wertpapiere" zu erfassen.

Gewinnschuldverschreibungen zählen bei entsprechender Ausstattung zu den Inhaberpapieren.[1243] Es kann auch ein Ausweis im Aktivposten „6. Aktien und andere nicht festverzinsliche Wertpapiere" infrage kommen. Zur Abgrenzung dieser Papiere zu den Anteilsrechten vgl. die Ausführungen bei Bieg.[1244]

Namensschuldverschreibungen sowie **Orderschuldverschreibungen**, die nicht Teil einer Gesamtemission sind, sind in Abhängigkeit vom Schuldner nicht im Aktivposten 5., sondern entweder als Forderungen an Kreditinstitute oder Forderungen an Kunden auszuweisen. Eine Ausnahme bilden **ausländische Namensgeldmarktpapiere**, die wie

---

[1241] Zur rechtlichen Ausgestaltung vgl. Krumnow ua., 2. Aufl., § 16 RechKredV Rn. 4.
[1242] Vgl. Bieg (1998), 232.
[1243] So Bieg (1998), 232.
[1244] Vgl. Bieg (1998), 234 f. mwN.

Inhaberpapiere gehandelt werden. Sie zählen zu den Wertpapieren (§ 7 Abs. 1 Satz 2 RechKredV) und sind deswegen im Aktivposten 5. auszuweisen.

Kassenobligationen sind idR mit einer festen Laufzeit und einem festen Zinssatz ausgestattet. Sie werden hauptsächlich von Spezialinstituten, wie bspw. KfW, Deutsche Ausgleichsbank oder Girozentralen, dem Bund und den Ländern ausgegeben und sind vornehmlich für den Erwerb durch Banken und andere Großanleger bestimmt und daher groß gestückelt.

Schuldbuchforderungen sind Darlehensforderungen gegen den Staat, für die keine Schuldverschreibungen ausgestellt sind. Sie werden vielmehr nur durch Eintragung in das Staatsschuldbuch beurkundet und als Wertrechte gehandelt.

Schuldscheindarlehen sind Forderungen, für die Beweisurkunden (Schuldscheine) ausgestellt sind. Sie können durch Abtretung übertragen werden. Sie sind stets als Buchforderungen zu behandeln, was zu einem Ausweis im Aktivposten 3. oder 4. führt.

Sparbriefe sind nach ihrer rechtlichen Ausgestaltung zu unterscheiden. Im Regelfall handelt es sich um Namensschuldverschreibungen, die als Buchforderungen zu behandeln sind. Im Ausland werden Sparbriefe zT als Wertpapiere an der Börse gehandelt; diese sind nach § 7 Abs. 2 RechKredV Wertpapiere und damit im Aktivposten 5. auszuweisen.

5.2.5.2.3.4. Unterposten „c) eigene Schuldverschreibungen"

Eigene Schuldverschreibungen sind Schuldverschreibungen, die von dem bilanzierenden Institut selbst ausgegeben und wieder angekauft worden sind. Die zurückgekauften börsenfähigen Schuldverschreibungen eigener Emissionen sind in den Unterposten „c) eigene Schuldverschreibungen" aufzunehmen (§ 16 Abs. 4 RechKredV), wobei der Nennbetrag gesondert zu vermerken ist. **Stückzinsen** auf eigene Schuldverschreibungen sind ebenfalls hier auszuweisen.

Vom Rückkauf eigener Schuldverschreibungen ist die endgültige **Tilgung** zu unterscheiden. Im Falle der Tilgung ist ein Wiederverkauf der Papier nicht zulässig; die Stücke sind vielmehr zu entwerten oder zu vernichten. Diese Tilgungsstücke sind nicht aktivisch auszuweisen, sondern vom Passivposten „3.a) begebene Schuldverschreibungen" abzusetzen.

Der Bestand an nicht börsenfähigen eigenen Schuldverschreibungen ist ebenfalls vom Passivposten „3.a) begebene Schuldverschreibungen" abzusetzen. Diese sind wie Tilgungsstücke zu behandeln.

5.2.5.2.4. Wertpapierleihe und Pensionsgeschäfte

Wertpapierleihe

Bei der Wertpapierleihe überträgt der Verleiher das juristische und nach hM auch das wirtschaftliche Eigentum an den Wertpapieren auf den Entleiher.

Hat das Institut die Wertpapiere im Rahmen eines Wertpapierleihegeschäfts übernommen, weist es diese in seiner Bilanz aus (vgl. Kapitel 4.10.3.2.) Für den Fall, dass das Institut die Wertpapiere verliehen hat, sind die Wertpapiere auszubuchen und eine Sachforderung einzubuchen (vgl. Kapitel 4.10.3.1.).

Unechtes Pensionsgeschäft

Ist das Institut Pensionsnehmer, kommt ein Ausweis der Wertpapiere in seiner Bilanz nur in Betracht, wenn es sich um ein unechtes Pensionsgeschäft handelt (vgl. Kapitel 3.2.3.2.2. sowie 5.2.3.2.2.9.).

Hat das Institut die Wertpapiere im Rahmen eines unechten Pensionsgeschäfts veräußert (Pensionsgeber), sind die Wertpapiere auszubuchen (vgl. Kapitel 3.2.3.2.1.). Der Pensionsgeber hat den für den Fall der Rückübertragung vereinbarten Betrag als Eventualverbindlichkeit unter der Bilanz zu vermerken.

Echtes Pensionsgeschäft

Bei echten Pensionsgeschäften verbleiben die Wertpapiere in der Bilanz des Pensionsgebers (vgl. Kapitel 3.2.3.1.1. sowie 5.2.3.2.2.9.). Der Pensionsgeber hat in Höhe des für die Übertragung erhaltenen Betrags eine Verbindlichkeit gegenüber dem Pensionsnehmer auszuweisen. Ist für die Rückübertragung ein höherer oder ein niedrigerer Betrag vereinbart, so ist der Unterschiedsbetrag über die Laufzeit des Pensionsgeschäfts zu verteilen (§ 340b Abs. 4 HGB). Außerdem hat der Pensionsgeber den Buchwert der in Pension gegebenen Vermögensgegenstände im Anhang anzugeben.

Der Pensionsnehmer darf beim echten Pensionsgeschäft die von ihm in Pension genommenen Wertpapiere nicht in seiner Bilanz ausweisen; er hat vielmehr in Höhe des für die Übertragung gezahlten Betrags eine Forderung an den Pensionsgeber in seiner Bilanz auszuweisen. Ist für die Rückübertragung ein höherer oder ein niedrigerer Betrag vereinbart, so ist der Unterschiedsbetrag über die Laufzeit des Pensionsgeschäfts zu verteilen.

5.2.5.2.5. Trennung von Mantel und Zinskupons (Bondstripping)

Bestimmte Anleihen können in Mantel und Zinskupons getrennt werden. Die so getrennten STRIPS können separat gehandelt werden. Sie stellen Zerobonds dar und sind entsprechend zu behandeln. Einzelheiten vgl. 4.4.8.

Die Kapital- und Zinsstrips können später auch wieder zusammengefügt werden. Das Stripping selbst oder die Rekonstruktion führen zu keiner Erfolgswirkung.

5.2.5.2.6. Darunter-Vermerk „beleihbar bei der Deutschen Bundesbank"

Als beleihbar bei der Deutschen Bundesbank sind nur solche Wertpapiere zu vermerken, die bei der Deutschen Bundesbank refinanzierungsfähig sind. Einzelheiten zur Refinanzierung bei der Deutschen Bundesbank werden in Kapitel 5.2.2.3. dargestellt.

Die in diesem Darunter-Vermerk zu erfassenden Wertpapiere sind mit dem **Bilanzwert** und nicht mit dem Nennwert zu vermerken (§ 16 Abs. 3 RechKredV).

5.2.5.3. Bewertung

Für die Bewertung der Wertpapiere sind die drei Kategorien Handelsbestand, Anlagebestand und Liquiditätsreserve zu unterscheiden (vgl. Kapitel 3.6.6., 4.4.2., 4.4.3. und 4.4.4.). Für die Abgrenzung dieser Bestände sind institutsinterne, plausible und nachprüfbare Regelungen zu treffen und schriftlich zu dokumentieren. Diese institutsinternen Abgrenzungskriterien müssen auch dem handelsrechtlichen Verbot willkürlicher Umwidmung Rechnung tragen. Die Entscheidung über die Zuordnung der Wertpapiere zu den einzelnen Kategorien ist bei deren Erwerb zu treffen; erfolgsneutrale Umwidmungen sind nur unter weiteren Voraussetzungen möglich.

Diese Kategorisierung hat neben der Bewertung auch für den Ausweis der Aufwendungen und Erträge, die Bemessungsgrundlage für die Bildung von Vorsorgereserven nach § 340f HGB und die Anwendung des Wertaufholungsgebots Bedeutung. Sie hat weiterhin im Regelfall auch für die Ermittlung des Volumens zwecks Zuordnung eines Instituts als Handelsbuchinstitut bzw. Nicht-Handelsbuchinstitut iSd. § 1 Abs. 12 KWG Relevanz.

Werden **stille Vorsorgereserven** nach § 340f HGB auf den Aktivposten 5. gebildet, ist darauf zu achten, dass diese nur auf die Wertpapiere der Liquiditätsreserve gebildet werden dürfen (vgl. Kapitel 4.6.).

Die Wertpapiere des **Handelsbestands** und der **Liquiditätsreserve** werden nach den Vorschriften für das Umlaufvermögen (Niederstwertprinzip) bewertet (vgl. Kapitel 4.4.2. und 4.4.3.). Dh. sie sind mit ihren Anschaffungskosten oder dem niedrigeren

Börsen- oder Marktpreis bzw. mit dem niedrigeren beizulegenden Wert anzusetzen. Notwendige Kurswertabschreibungen können nicht durch Pauschalwertberichtigungen ersetzt werden. Bei Wertpapieren des **Anlagevermögens** richtet sich die Bewertung nach dem sog. gemilderten Niederstwertprinzip (vgl. Kapitel 4.4.4.).[1245] Zur Frage der Dauerhaftigkeit von Wertminderungen vgl. Kapitel 4.2.2.7.

Hinsichtlich der Behandlung und zeitanteiligen Realisierung von **Disagien** bzw. **Agien** bei festverzinslichen Wertpapieren sind die in Kapitel 4.4.10. dargestellten Regeln zu beachten.

Bei **verlosten** und **gekündigten Wertpapieren** erfolgt die Bewertung grundsätzlich nicht mehr zum Tageskurs, sondern zum Rückzahlungskurs.[1246]

Bezüglich der Bewertung von **Wertpapieren mit Sonderausstattung**, von **Wertpapieren in sog. geschlossenen Reihen** sowie zur **Auflösung stiller Reserven von Wertpapieren in Sonderfällen** wird auf die Ausführungen in Kapitel 4.4.5. verwiesen.

Bei der **Umwidmung von Wertpapieren** sind die in Kapitel 4.4.7. dargestellten Grundsätze zu beachten.

Die Bilanzierung sog. **strukturierter Produkte** richtet sich nach den in Kapitel 4.4.9. dargestellten Regeln. Zu den bilanziell problematischen strukturierten Produkten gehören bspw. sog. Aktienanleihen (Cash or Share-Anleihen, Reverse Convertibles), Credit Linked Notes, Reverse Floater ohne Mindestverzinsung, Anleihen mit Rückzahlungswahlrecht in einer anderen Währung.

Wertpapiere in Fremdwährung sind nach § 340h HGB zu bewerten (vgl. Kapitel 4.8.). Ein evtl. Abwertungsbedarf ergibt sich, wenn der Wert aus dem in Währung notierten Preis der Wertpapiere und dem Devisenkurs zum Bilanzstichtag unter dem Buchwert liegt.

Null-Kupon-Anleihen sind mit ihren Anschaffungskosten zuzüglich der jeweils aufgrund der kapitalabhängigen Effektivzinsberechnung ermittelten Zinsforderung anzusetzen. Bei einem niedrigeren Stichtagskurs ist bei Anleihen, die nach den Vorschriften für das Umlaufvermögen zu bewerten sind, aufgrund des Niederstwertprinzips eine Abwertung vorzunehmen.

Die Bewertung von aus dem **Bondstripping** hervorgegangenen Kapital- und Zinsstrips erfolgt nach den Regeln der Bewertung von Null-Kupon-Anleihen. Eine Aufteilung des Buchwerts der ursprünglichen Anleihe kann im Verhältnis der jeweiligen Marktwerte

---

[1245] Vgl. hierzu auch IDW RS VFA 2, WPg 2002, 475; VFA zur Bewertung von Kapitalanlagen, FN 2002, 667;
[1246] Vgl. Krumnow ua., 2. Aufl., § 16 RechKredV Rn. 3.

der Kapital- und Zinsstrips erfolgen. Erworbene Strips sind mit ihren Anschaffungskosten zu aktivieren. Für die Ermittlung der für die Aufzinsung maßgeblichen Rendite wird die interne Rendite zum Anschaffungszeitpunkt ermittelt (weitere Einzelheiten vgl. Kapitel 4.4.8.).

Zur Bilanzierung von **Bewertungseinheiten** im Rahmen von Sicherungsgeschäften wird auf die ausführlichen Darstellungen bei Scharpf/Luz[1247] hingewiesen.

Die Einbuchung **zurückgekaufter eigener Schuldverschreibungen**, die am Markt aufgekauft wurden und zum Wiederverkauf bestimmt sind, erfolgt zu Anschaffungskosten. Die Bewertung erfolgt zu Anschaffungskosten bzw. zum niedrigeren Börsen- oder Marktpreis bzw. zum niedrigeren beizulegenden Wert.

Soweit Stücke zum Zweck der Tilgung zurückerworben werden (mit Entwertung, körperlicher Vernichtung der Stücke) und ein Wiederinverkehrbringen ausgeschlossen ist, sind diese Stücke vom Passivposten abzusetzen. Dies erfolgt dergestalt, dass vom Passivposten der Rückzahlungsbetrag (idR der Nennbetrag) der zur Tilgung erworbenen Stücke abgesetzt wird und eine evtl. Differenz zu den Anschaffungskosten erfolgswirksam zu buchen ist.

5.2.5.4. Anhangangaben

Forderungen an **verbundene Unternehmen** bzw. Forderungen an **Unternehmen, mit denen ein Beteiligungsverhältnis** besteht sind als Unterposten in der Bilanz gesondert auszuweisen (§ 3 Satz 1 Nr. 1 und Nr. 2 RechKredV). Die Angaben können wahlweise auch im Anhang in der Reihenfolge der betroffenen Posten gemacht werden.

Bezüglich **nachrangiger Forderungen** (§ 4 RechKredV) wird auf Abschnitt 3.7. verwiesen. Kreditinstitute in der Rechtsform der GmbH müssen **Forderungen gegenüber Gesellschaftern** gesondert ausweisen oder im Anhang angeben (§ 42 Abs. 3 GmbHG).

Wertpapiere, die dazu bestimmt sind, dauernd dem Geschäftsbetrieb zu dienen, sind dem **Anlagevermögen** zuzuordnen und nach den für das Anlagevermögen geltenden Vorschriften zu bewerten (§ 340e Abs. 1 HGB). Die in § 268 Abs. 2 HGB verlangten Angaben (Anlagenspiegel) sind für die in § 340e Abs. 1 HGB genannten Vermögensgegenstände - also auch für Wertpapiere des Anlagevermögens - im Anhang zu machen (§ 34 Abs. 3 RechKredV).

[1247] Vgl. Scharpf/Luz, 272 ff. sowie ebenda bei den einzelnen Sicherungsprodukten.

Die im Aktivposten „5. Schuldverschreibungen und andere festverzinsliche Wertpapiere" enthaltenen **börsenfähigen** Wertpapiere sind im Anhang nach börsennotierten und nicht börsennotierten Wertpapieren aufzugliedern (§ 35 Abs. 1 Nr. 1 RechKredV).

Im Anhang ist ferner der Betrag der **nicht mit dem Niederstwert bewerteten** börsenfähigen Wertpapiere anzugeben; es ist auch anzugeben, in welcher Weise die so bewerteten Wertpapiere von den mit dem Niederstwert bewerteten börsenfähigen Wertpapieren abgegrenzt worden sind (§ 35 Abs. 1 Nr. 2 RechKredV).

Nach § 9 Abs. 3 Nr. 2 RechKredV sind die im Aktivposten 5. enthaltenen Beträge, die im Folgejahr nach dem Bilanzstichtag fällig werden, anzugeben. Diesbezüglich ist für die Zinsen und Schuldverschreibungen gesondert zu entscheiden.[1248]

Darüber hinaus kommen Angaben nach § 284 Abs. 2 Nr. 1 und 3 HGB zu den angewandten **Bilanzierungs- und Bewertungsmethoden** infrage. **Abweichungen** hiervon müssen ebenfalls angegeben und begründet werden; ihr Einfluss auf die Vermögens-, Finanz- und Ertragslage ist gesondert darzustellen.

Die **Grundlagen der Umrechnung in Euro** sind nach § 284 Abs. 2 Nr. 2 HGB anzugeben, wenn der Jahresabschluss Posten enthält, denen Beträge in Fremdwährung zugrunde liegen.

Angaben über die Bildung stiller **Vorsorgereserven** nach § 340f HGB sind nicht erforderlich (§ 340f Abs. 2 HGB).

Daneben ist noch auf die **Aufgliederung** des Gesamtbetrags verschiedener Posten der Gewinn- und Verlustrechnung **nach geografischen Märkten** nach § 34 Abs. 2 Nr. 1 RechKredV hinzuweisen, soweit sich diese Märkte vom Standpunkt der Organisation des Instituts wesentlich unterscheiden.

Soweit **Termingeschäfte** mit Wertpapieren getätigt werden, hat die Anhangangabe nach § 36 RechKredV Relevanz. Diesbezüglich haben die Bankenverbände Empfehlungen ausgesprochen, die ua. bei Scharpf/Luz[1249] umfassend dargestellt sind.

Soweit Wertpapiere im Rahmen von **echten Pensionsgeschäften** übertragen wurden, hat der Pensionsgeber den Buchwert der in Pension gegebenen Wertpapiere im Anhang anzugeben (§ 340b Abs. 4 HGB).

[1248] Vgl. Krumnow ua., 2. Aufl., § 16 RechKredV Rn. 27 iVm. § 7 RechKredV Rn. 16 f.
[1249] Vgl. Scharpf/Luz, 796 ff.

5.2.5.5. Bankaufsichtliche Besonderheiten

5.2.5.5.1. Nicht realisierte Reserven als haftendes Eigenkapital

Berücksichtigung als Ergänzungskapital

Nach § 10 Abs. 2b Satz 1 Nr. 6 und Nr. 7 iVm. Abs. 4a bis 4c KWG können **nicht realisierte Reserven** in Wertpapieren und Immobilien als Ergänzungskapital anerkannt werden.

Dem Ergänzungskapital können die nicht realisierten Reserven bei Anlagebuchpositionen in Höhe von 35 % des Unterschiedbetrags zwischen Buchwert (zuzüglich Vorsorgereserven) und dem Kurswert notierter Wertpapiere zugerechnet werden. Wegen Einzelheiten vgl. die Ausführungen bei Bellavite-Hövermann/Hintze/Luz/Scharpf.[1250]

Dies gilt für alle im Inland ansässigen Institute, unabhängig davon, ob sie den Grundsatz I einhalten müssen oder nicht. Dies ist insbesondere für Wertpapierhandelsunternehmen relevant, die § 10 Abs. 9 KWG beachten müssen und nicht in den Anwendungsbereich des Grundsatz I fallen.

Das haftende Eigenkapital von Zweigstellen von Instituten mit Sitz in sog. Drittstaaten wird nach § 53 Abs. 2 Nr. 4 KWG ermittelt. Nicht realisierte Reserven können diese Zweigstellen nicht nutzen.

Die nicht realisierten Reserven im Wertpapier- und Immobilienbereich von Finanzunternehmen, die selbst nicht der Solvenzaufsicht der BaFin unterliegen, können dann genutzt werden, wenn ein Finanzunternehmen in die bankaufsichtliche Konsolidierung nach § 10a KWG einbezogen wird.

Zwingende Voraussetzung für die Anerkennung der nicht realisierten Reserven als Ergänzungskapital ist die **Offenlegung** im Anhang des Jahresabschlusses (§ 340c Abs. 3 HGB).

Festsetzung eines Korrekturpostens gemäß § 10 Abs. 3b KWG bei Verminderung der Neubewertungsreserven

Ist erkennbar, dass sich die bislang berücksichtigten und im Anhang des letzten Jahresabschlusses ausgewiesenen nicht realisierten Reserven im Immobilienbereich bzw. Wertpapierbereich in nennenswertem Umfang vermindert haben, kann die BaFin einen

---

[1250] Vgl. Bellavite-Hövermann/Hintze/Luz/Scharpf, 70 ff.

(negativen) Korrekturposten auf das Ergänzungskapital ansetzen (§ 10 Abs. 3b KWG).[1251]

Anzeigepflichten im Zusammenhang mit nicht realisierten Reserven

Die **Berechnung** der nicht realisierten Reserven ist der BaFin und der Deutschen Bundesbank unverzüglich nach ihrem Abschluss unter Angabe der maßgeblichen Wertansätze offen zu legen (§ 10 Abs. 4a Satz 4 KWG iVm. § 3 AnzV).

Falls sich die nicht realisierten Reserven ggü. der letzten für den Schluss eines Geschäftsjahres festgestellten Bilanz um 10 % oder mehr des haftenden Eigenkapitals des Instituts vermindert haben, ist der BaFin und der zuständigen Hauptverwaltung der Deutschen Bundesbank hiervon Mitteilung zu machen.[1252]

Prüfung der nicht realisierten Reserven bei der Jahresabschlussprüfung

Im Rahmen der Abschlussprüfung ist auch die ordnungsmäßige Ermittlung der nicht realisierten Reserven zu prüfen. Der Ansatz nicht realisierter Reserven ist im Prüfungsbericht zu erläutern und zu beurteilen (§ 22 Abs. 3 PrüfbV).

5.2.5.5.2. Groß- und Millionenkreditvorschriften

Die im Aktivposten 5. ausgewiesenen Bilanzaktiva stellen grundsätzlich Kredite iSd. § 19 KWG dar, soweit § 20 KWG hiervon keine Ausnahmen vorsieht. Insoweit sind bezüglich dieser Kredite die Groß- und Millionenkreditvorschriften zu beachten (Einzelheiten vgl. Kapitel 5.2.4.6.).

Es ist zu beachten, dass Wertpapiere des **Handelsbestands** nach § 20 Abs. 6 Nr. 4 KWG nicht als Kredite iSd. § 14 KWG gelten. Der Begriff „Handelsbestand" wird sich für die Auslegung im Rahmen des KWG an die Zuordnung zum Handelsbuch nach § 1 Abs. 12 KWG orientieren. Zu den Wertpapieren des Handelsbestands zählen demnach Aktien, Zertifikate, die Aktien vertreten, Schuldverschreibungen, Genussscheine, Optionsscheine und andere Wertpapiere, die mit Aktien oder Schuldverschreibungen vergleichbar sind. Der Wert dieser Wertpapiere unterliegt hohen Schwankungen, sodass ihre Erfassung die tatsächliche Verschuldungshöhe eines potenziellen Millionenkreditnehmers verzerren würde.[1253]

[1251] Vgl. Bellavite-Hövermann/Hintze/Luz/Scharpf, 60.
[1252] Einzelheiten vgl. Bellavite-Hövermann/Hintze/Luz/Scharpf, 97.
[1253] Vgl. Boos/Fischer/Schulte-Mattler, § 20 KWG Rn. 43.

5.2.5.5.3. Besonderheiten bei Finanzdienstleistungsinstituten

Da sowohl die aufsichtsrechtlichen Begrenzungsnormen als auch die Prüfungs- und Berichtspflichten nach der PrüfbV von der Art und dem Umfang der erbrachten Finanzdienstleistungen abhängen, kommt der Struktur der erbrachten Finanzdienstleistungen vor dem Hintergrund der von der BaFin erteilten **Erlaubnis** eine besondere Bedeutung zu.

Im Hinblick auf die damit verbundenen Erleichterungen ist bei Finanzdienstleistungsinstituten daher zu prüfen, ob sich das Institut **Eigentum oder Besitz an Kundengeldern oder Kundenwertpapieren** verschafft bzw. verschaffen kann oder ob ein **Handel in Finanzinstrumenten auf eigene Rechnung** vorliegt.[1254] Von dieser Einstufung hängen nicht nur Art und Umfang der aufsichtsrechtlichen Pflichten sondern auch die weitergehenden Prüfungs- und Berichtspflichten nach §§ 44 bis 47 PrüfbV ab.

Es können sich insbesonders dort praktische Probleme in der Abgrenzung ergeben, wo zwischen dem Finanzdienstleistungsinstitut und dem Kunden individuelle Vereinbarungen getroffen werden. Ein Grenzbereich hinsichtlich der Befugnis, sich Eigentum oder Besitz an Kundengeldern zu verschaffen, kann bspw. dann gegeben sein, wenn fällige Provisionen durch den Finanzportfolioverwalter auf Basis eines Abbuchungsauftrags eingezogen werden und damit die Verfügungsmacht ohne Widerspruchsrecht auf den Finanzdienstleister übergeht.[1255] Vom Betreiben des Eigenhandels ist dann auszugehen, wenn kurzfristige Kursschwankungen zur Erzielung eines Handelserfolgs ausgenutzt werden.

5.2.5.5.4. Berücksichtigung von Bewertungseinheiten im Grundsatz II

Die BaFin anerkennt nur solche (börsennotierte) gegen Zinsrisiken gesicherte Wertpapiere als Liquidität erster Klasse im Grundsatz II, die im Rahmen von Micro-Hedges zusammen mit einer darauf bezogenen kongruenten Zinsaustauschvereinbarung (Zinsswap) eine Bewertungseinheit bilden (synthetisch erzeugter Floater). Die Möglichkeit der Anerkennung von Macro-Hedges und Portfolioansätzen verneint die BaFin.[1256]

[1254] Vgl. IDW PS 520 Rn. 25.
[1255] Vgl. IDW PS 520 Rn. 25.
[1256] Vgl. BaFin-Schr. vom 13.9.2002, www.bafin.de.

5.2.5.6. Prüfung des Postens

Es sind die für Wertpapiere allgemein üblichen Prüfungshandlungen durchzuführen. Es ist darauf zu achten, dass sämtliche in diesem Posten ausgewiesenen Beträge die Voraussetzungen des § 16 RechKredV erfüllen. Diesbezüglich wird auch auf die vorstehenden Ausführungen verwiesen, deren Beachtung stets zu prüfen ist.

Der **Nachweis** erfolgt durch Inventurprotokolle bzw. durch Depotauszüge der Verwahrstellen zum Bilanzstichtag. Dabei ist darauf zu achten, dass Tresorbestände vollständig aufgenommen werden. Ggf. muss sich der Prüfer, falls Anlass gegeben ist, vom Vorhandensein der Wertpapiere überzeugen. Die Bestandnachweise sind insbesondere auf Richtigkeit und Vollständigkeit zu prüfen.

Darüber hinaus ist zu prüfen, ob die einzelnen Wertpapiere zutreffend bewertet sind. Die **Bewertung** richtet sich nach den Wertpapierkategorien Handelsbestand, Anlagebestand und Liquiditätsreserve. Diesbezüglich wird auf die vorstehenden Ausführungen verwiesen. Soweit Wertpapiere wie Anlagevermögen bewertet wurden, ist zudem festzustellen, ob die Voraussetzungen hierfür erfüllt sind.

Die **eigenen Schuldverschreibungen** sind daraufhin zu prüfen, ob die internen Bestimmungen hierfür eingehalten und der Bilanzausweis zutreffend ist. Soweit zurückgekaufte Stücke mit dem Passivposten verrechnet werden, ist festzustellen, ob diese Stücke vernichtet wurden. In Rechnungsabgrenzungsposten ausgewiesene Disagiorestposten für diese Stücke sind aufzulösen.

Bewertungseinheiten (einschließlich Portfolien) ist im Rahmen der Prüfung besondere Aufmerksamkeit zu schenken. Dabei ist zunächst festzustellen, ob die Voraussetzungen für die Bewertungseinheit gegeben sind, sodann ist die Bewertung zu prüfen.[1257]

Bei **Zuschreibungen** auf Wertpapiere ist festzustellen, ob diese bis maximal zu den Anschaffungskosten erfolgt sind. Bei **Wertaufholungen** ist festzustellen, ob die Voraussetzungen erfüllt sind (vgl. Kapitel 4.5.).

Bei **Fremdwährungsposten** ist § 340h HGB zu beachten (vgl. Kapitel 4.8.). In Fremdwährung ausgegebene Titel unterliegen neben dem Währungsrisiko häufig auch einem Länderrisiko.

Bezüglich der **Länderwertberichtigungen** ist zu prüfen, ob sie in ausreichender Höhe gebildet wurde.

[1257] Ausführlich vgl. Scharpf/Luz, 272 ff.

Verfügungsbeschränkungen bei Einzelposten sind festzuhalten. Über Art und Umfang von Verfügungsbeschränkungen ist im Rahmen der Darstellung der Vermögenslage im Prüfungsbericht zusammenfassend zu berichten (§ 14 Abs. 2 Nr. 1 PrüfbV).

Bezüglich **Wertpapierleihegeschäften** und **Wertpapierpensionsgeschäften** ist festzustellen, ob diese bilanziell zutreffend abgebildet werden.

Die **Zinsabgrenzung** sowie die Buchung der Erträge und Aufwendungen ist zu prüfen.

Hinsichtlich der **Darunter-Vermerke** ist darauf zu achten, dass die Voraussetzungen für die Refinanzierbarkeit erfüllt sind.

Die diesen Posten betreffenden **bankaufsichtlichen Besonderheiten** sind zu prüfen. Hier empfiehlt es sich, die für den allgemeinen Teil des Prüfungsberichts notwendigen Daten und Informationen festzuhalten.

Von der **Internen Revision** angefertigte Revisionsberichte sollten eingesehen werden, insbesondere hinsichtlich der Ordnungsmäßigkeit der Bestandsführung, der Einhaltung der MaH-Bestimmungen sowie der Ordnungsmäßigkeit der Bewertung.

Wird das Institut von Maklern im Rahmen von **Aufgabegeschäften**[1258] in Anspruch genommen, ist die Buchung und Kontrolle auf rechtzeitige Schließung der Geschäfte durch den Makler von hoher Relevanz.

Der **Prüfungsbericht** muss die in § 48 PrüfbV verlangten Angaben enthalten:

- Darstellung im Vergleich mit dem Vorjahr,
- Erläuterung der Zusammensetzung,
- auf wesentliche stille Reserven (Kursreserven, Einlöseserven) ist hinzuweisen.

Soweit Finanzderivate der Absicherung von Marktpreis- bzw. Kreditrisiken der Wertpapiere dienen, sollte hierauf hingewiesen werden.

[1258] Vgl. zu Aufgabegeschäften Ruland, 132 ff.

§ 49 Nr. 4 PrüfbV verlangt im Prüfungsbericht darüber hinaus:

- Angaben über die Bewertung,
- Angaben über abgesetzte unversteuerte und versteuerte Pauschalwertberichtigungen und Vorsorgereserven nach § 340f HGB,
- bei Zuordnung von Wertpapieren zum Anlagevermögen, Angabe der Errechnung des Abschreibungsbedarfs, der bei Erfassung der Wertpapiere im Umlaufvermögen entstanden wäre.

Nach § 22 Abs. 3 PrüfbV ist der Ansatz nicht realisierter Reserven auf seine Richtigkeit zu prüfen, im Prüfungsbericht zu erläutern und zu beurteilen.

Darüber hinaus empfiehlt es sich, weitere Angaben zu machen:

- Hinweis auf Ausweis- und/oder Bewertungsänderungen,
- Angabe von Emittenten, auf die wesentliche Teile der Unterposten entfallen,
- Nenn- und Bilanzwerte, der dem Anlagevermögen zugerechneten Wertpapiere,
- Angabe, zu welchen Kursen auf ausländische Währung lautende Wertpapiere umgerechnet wurden,
- Nenn- bzw. Bilanzwert von Wertpapieren, die verpfändet wurden oder anderen Verfügungsbeschränkungen unterliegen,
- Fälligkeiten der Wertpapiere unter Angabe der Nominal- und Buchwerte.

Es empfiehlt sich, die für den Anhang relevanten Angaben im Prüfungsbericht zu nennen.

5.2.6. Aktien und andere nicht festverzinsliche Wertpapiere (Aktiva 6)

5.2.6.1. Postenbezeichnung

Die Postenbezeichnung lautet nach dem Formblatt 1 wie folgt:

> 6. *Aktien und andere nicht festverzinsliche Wertpapiere*

Der Aktivposten „6. Aktien und andere nicht festverzinsliche Wertpapiere" ist für alle Kredit- und Finanzdienstleistungsinstitute iSv. § 1 KWG einheitlich geregelt.

Weder mit der Ersten noch mit der Zweiten Verordnung zur Änderung der RechKredV wurde der Postenausweis im Bilanzformblatt geändert.

5.2.6.2. Posteninhalt

5.2.6.2.1. RechKredV

Der Posteninhalt ist in § 17 RechKredV geregelt. Weder mit der Ersten noch mit der Zweiten Verordnung zur Änderung der RechKredV wurde der Posteninhalt geändert.

5.2.6.2.2. Voraussetzung für den Postenausweis

5.2.6.2.2.1. Überblick

In diesem Posten sind die **Eigenbestände** an folgenden Wertpapieren (§ 7 Abs. 1 RechKredV) auszuweisen (§ 17 RechKredV):

- Aktien,
- Zwischenscheine,
- Investmentanteile,
- Optionsscheine,
- Gewinnanteilscheine,
- als Inhaber- oder Orderpapiere ausgestaltete börsenfähige Genussscheine,[1259]
- vor Fälligkeit hereingenommene Gewinnanteilscheine,
- andere nicht festverzinsliche Wertpapiere, soweit sie börsennotiert sind.

In diesem Posten sind Anteilspapiere, die eine gesellschaftsrechtliche Beziehung des Ersterwerbers bzw. dessen Rechtsnachfolgers zu einem anderen Unternehmen verbriefen, soweit sie nicht in den Aktivposten 7. oder 8. auszuweisen sind, zu erfassen. Dabei

---

[1259] Zur Aktivierung von Vergütungen für Genussrechte vgl. Kapitel 5.2.5.2.2.7.

wird dem Emittenten Eigenkapital zur Verfügung gestellt, wofür der Eigentümer des Papiers eine erfolgsabhängige Vergütung erwartet. Ansonsten sind hier die Wertpapiere auszuweisen, die nicht festverzinslich sind.

5.2.6.2.2.2. Wertpapiere iSd. § 7 RechKredV

Die im Aktivposten 6. auszuweisenden Anteilswerte müssen stets Wertpapiere iSd. § 7 RechKredV sein. Aktien, Zwischenscheine, Investmentanteile, Optionsscheine und Gewinnanteilscheine sind stets als Wertpapiere anzusehen, unabhängig davon, ob sie börsenfähig oder börsennotiert sind. Bei den als Inhaber- oder Orderpapieren ausgestalteten Genussscheinen kommt es dagegen auf die Börsenfähigkeit an.

Andere nicht festverzinsliche Wertpapiere sind unter diesem Posten nur auszuweisen, soweit sie börsennotiert sind. Zu Letzteren gehören bspw. Bezugsrechte auf Aktien, Partizipationsscheine oder Liquidationsanteilscheine. Als **börsennotiert** gelten nach § 7 Abs. 3 RechKredV Wertpapiere, die an einer deutschen Börse zum amtlichen Handel oder zum geregelten Markt zugelassen sind, außerdem Wertpapiere, die an ausländischen Börsen zugelassen sind oder gehandelt werden (Einzelheiten vgl. Kapitel 3.6.3.).

5.2.6.2.2.3. Aktien und Zwischenscheine

Aktien sind unter diesem Posten nur auszuweisen, soweit es sich nicht um Beteiligungen oder Anteile an verbundenen Unternehmen handelt. Insoweit geht der Ausweis in den Aktivposten 7. und 8. dem Ausweis im Aktivposten 6. vor (§ 17 RechKredV). Aktien sind hier unabhängig davon auszuweisen, ob sie börsennotiert sind oder nicht. Aktien, deren Stimmrechte gebunden sind oder Dritten zustehen, sind im Aktivposten 6. auszuweisen, es sei denn es handelt sich aufgrund weiterer Absprachen tatsächlich um Kredite.[1260]

Zwischenscheine sind auf den Namen lautende Aktienersatzpapiere, die bis zur drucktechnischen Fertigstellung der Aktien an die Zeichner ausgegeben wurden. Zwischenscheine sind Anteilscheine, die den Aktionären vor der Ausgabe der Aktien erteilt werden (§ 8 Abs. 6 AktG). Sie müssen zwingend auf den Namen lauten (§ 10 Abs. 3 AktG), denn Zwischenscheine auf den Inhaber sind nichtig (§ 10 Abs. 4 AktG).

5.2.6.2.2.4. Investmentanteile

Zu den Investmentanteilen gehören auch verbriefte Anteile an offenen Immobilienfonds. Investmentanteile sind in Deutschland idR nicht börsengehandelt. In jüngster Zeit haben sich aber auch auf dem deutschen Markt **börsengehandelte Investmentfonds** - sog.

[1260] Vgl. Krumnow ua., 2. Aufl., § 17 RechKredV Rn. 7.

Exchange Trades Funds (ETF) - etabliert.[1261] ETF sind Fondsanteile, deren Handel und Abwicklung wie bei Aktien erfolgt. Da sie sich üblicherweise auf Indizes beziehen (Indexfonds), werden sie vielfach auch als Indexaktien bezeichnet.

Bilanziell werden die Investmentanteile (einschließlich Spezialfonds) selbst und nicht die im Fonds (Sondervermögen) gehaltenen Vermögensgegenstände erfasst. Investmentanteile werden im Regelfall im Aktivposten 6. ausgewiesen.

Anteile an geschlossenen Immobilienfonds sind je nach der rechtlichen Ausgestaltung unter den Aktivposten „7. Beteiligungen", „12. Sachanlagen" oder „15. Sonstige Vermögensgegenstände" auszuweisen.[1262]

Für den Erwerb von Investmentanteilen gilt wie für alle anderen Vermögenswerte das sog. Anschaffungskostenprinzip. Die **Anschaffungskosten** entsprechen dem Ausgabe- bzw. Kaufpreis zuzüglich der Nebenkosten. Ein **Ausgabeaufschlag** ist rechtlich unselbständiger Teil des Ausgabepreises und damit Bestandteil des Kaufpreises. Zum Erwerb von Anteilscheinen im Tauschwege (zB Einbringung von Wertpapieren in ein Sondervermögen) vgl. Häuselmann.[1263] Zur Bewertung vgl. die nachfolgenden Ausführungen.

Der Ausgabepreis von Investmentanteilen wird meist in der Weise ermittelt, dass der Inventarwert einen **Ertragsausgleich** für die bis zum Ausgabebetrag angefallenen Erträge umfasst. Werden Anteilscheine im Laufe eines Geschäftsjahres erworben, hat der Anleger die bis zum Erwerbstag im Fonds angefallenen Erträge als sog. Ertragsausgleich im Tagespreis der Anteilscheine mitzubezahlen. Die Ertragsausgleichsbeträge werden dem Anleger nicht gesondert in Rechnung gestellt, sondern sind in den jeweiligen Tagespreisen der Investmentanteilsscheine enthalten. Die Zurechnung des Ertragsausgleichs erfolgt jedoch nur intern, sodass eine Aufteilung in ein Stammrecht und anteilige Erträge - wie bei Aktien - nicht vorgenommen werden kann.[1264] Der gezahlte Ertragsausgleich kann insoweit nicht wie Stückzinsen behandelt werden.[1265]

Der Anspruch auf **Ausschüttungen** eines Fonds ist zu aktivieren, wenn er nach den Vertragsbedingungen entstanden ist.[1266] Handelsrechtlich erfolgt die Vereinnahmung von Ausschüttungen mit der Entstehung des Rechtsanspruchs auf Auszahlung, dh. nach entsprechender **Beschlussfassung über die Ausschüttung** zu dem in den Vertragsbedingungen oder von der Kapitalanlagegesellschaft festgesetzten Ausschüttungstag.[1267] Die Tatsache, dass in den Vertragsbedingungen den Anteilscheininhabern ein Anspruch

---

[1261] Vgl. hierzu Häuselmann, FB 2003, 177 ff.
[1262] Vgl. auch DSGV (Hrsg.), Anlage 25.
[1263] Vgl. Häuselmann, BB 1992, 317.
[1264] Vgl. Birck/Meyer, V 269; Häuselmann, FB 2003, 178.
[1265] Vgl. Häuselmann, FB 2003, 178.
[1266] Vgl. BFH-Urteil v. 18.5.1994, BB 1995, 91; Häuselmann, BB 1992, 319 ff.; zur ertragsteuerlichen Behandlung der Erträge vgl. auch Fleischmann, StuB 2002, 216.
[1267] Vgl. Häuselmann, FB 2003, 178 mwN; ders. BB 1992, 319.

auf Ausschüttung der im Geschäftsjahr vereinnahmten Zinsen und Dividenden eingeräumt wird, ändert daran nichts.[1268]

Bei **Spezialfonds** können die Grundsätze über die phasengleiche Vereinnahmung keine Realisierung des Ertrags begründen, auch wenn dem Anleger im de facto entscheidenden Anlageausschuss die Stimmenmehrheit zukommt.[1269] Hier setzt die Vereinnahmung auch einen entstandenen Rechtsanspruch auf Auszahlung voraus.

Bei Sondermögen, die ihre laufenden Erträge nicht (**Thesaurierungsfonds**) oder nur zum Teil ausschütten (**gemischte Fonds**), findet zum Ende des Geschäftsjahres des Fonds steuerlich eine „fiktive Ausschüttung" statt, dh. die Erträge gelten - im Gegensatz zum Handelsrecht - steuerlich als zugeflossen und sind somit zu versteuern. Mangels Zufluss tritt bei thesaurierenden Fonds handelsrechtlich eine erfolgswirksame Vereinnahmung erst mit Verkauf oder Rückgabe der Investmentanteile ein. Daher muss der Tatsache Rechnung getragen werden, dass durch diese Zuflussfiktion schon Erträge versteuert wurden, die handelsrechtlich durch einen Abgangsertrag bei Veräußerung oder Rückgabe der Anteilscheine nochmals der Versteuerung unterworfen würden. Hierzu wird im Schrifttum in der Steuerbilanz ein **aktiver Ausgleichsposten** vorgeschlagen.[1270] Das von Birck/Meyer[1271] geforderte Wahlrecht bzw. die Pflicht zur Zuschreibung in Höhe der nicht ausgeschütteten Erträge ist wegen Verstoßes gegen das Realisations- und Anschaffungskostenprinzip abzulehnen.[1272] Selbst bei sog. Garantiefonds, bei denen von der KAG zum Geschäftsjahresende ein bestimmter erreichbarer Anteilwert garantiert wird, kann nichts anderes gelten.[1273]

Nach § 40 InvG ist die **Übertragung aller Vermögensgegenstände eines Sondervermögens** in ein anderes Sondervermögen unter bestimmten Bedingungen zulässig. Das Umtauschverhältnis bestimmt sich nach dem Verhältnis der Nettoinventarwerte des übernommenen und des aufnehmenden Sondervermögens zum Zeitpunkt der Übernahme. Die neuen Anteile des übernehmenden Sondervermögens gelten bei den Anlegern des übertragenden Sondervermögens mit Beginn des dem Übertragungsstichtag folgenden Tags als ausgegeben. Steuerlich gelten nach § 14 InvStG die Anteile an dem übernommenen Sondervermögen, die zu einem Betriebsvermögen gehören, als zum Buchwert veräußert und die an ihre Stelle tretenden Anteile als mit diesem Wert angeschafft. Die Verschmelzung von Investmentfonds erfolgt somit zwingend erfolgsneutral; ein Wahlrecht für den Ansatz der neuen Anteile zum Teilwert besteht nicht.

Da der Umtausch von Anteilen im Verhältnis ihrer Nettoinventarwerte, also im Verhältnis der Zeitwerte zu erfolgen hat, stellt sich für die Handelsbilanz die Frage, ob bei der

---

[1268] Vgl. Häuselmann, FB 2003, 178 mwN.
[1269] Vgl. Häuselmann, BB 1992, 319; Weber/Böttcher/Griesemann, WPg 2002, 905 ff.
[1270] Vgl. Häuselmann, BB 1992, 320 f. mwN.
[1271] Vgl. Birck/Meyer, V 269.
[1272] Ebenso Häuselmann, BB 1992, 321.
[1273] Vgl. Häuselmann, BB 1992, 321.

Übertragung aller Vermögensgegenstände eines Sondervermögens in ein anderes die bei Tauschgeschäften zulässigen drei Methoden[1274], nämlich die Buchwertfortführung, die Gewinnrealisierung und die ergebnisneutrale Behandlung wahlweise zur Anwendung kommen können. Die ergebnisneutrale Methode, bei der die neuen Anteile insoweit höher bewertet werden, um die mit dem Tausch ausgelöste Ertragsteuerbelastung zu neutralisieren[1275], läuft allerdings aufgrund der steuerrechtlichen Erfolgsneutralität nach § 14 InvStG ins Leere.

Eine Gewinnrealisierung ist insoweit fragwürdig, als die Übertragung zwischen Sondervermögen durchgeführt wird, deren Anteile von denselben Inhabern gehalten werden. Es fehlt die Absicht eines Umsatzakts (mit Dritten) und damit auch die Gewinnerzielungsabsicht.[1276] Außerdem ist zweifelhaft, ob im Rahmen der Übertragung zwischen Sondervermögen materiell überhaupt etwas „getauscht" wird, da nach § 40 Satz 1 Nr. 3 InvG die Anlagegrundsätze und -grenzen nach den Vertragsbedingungen für das übertragende und das aufnehmende Sondervermögen nicht wesentlich voneinander abweichen dürfen.

5.2.6.2.2.5. Genussscheine

Als Inhaber- oder Orderpapiere ausgestaltete **börsenfähige** Genussscheine sind im Aktivposten 6. auszuweisen.

Nicht als Wertpapiere verbriefte Genussrechte, die nicht rückzahlbar sind, sind im Aktivposten „15. Sonstige Vermögensgegenstände" zu erfassen (§ 20 Satz 4 RechKredV). Namensgenussscheine, nicht börsenfähige Inhaber- oder Ordergenussscheine sowie nicht in Wertpapieren verbriefte rückzahlbare Genussrechte sind je nach Emittent entweder im Aktivposten 3. oder 4. auszuweisen.

Zur Realisierung bzw. zur Aktivierung von **Vergütungen für Genussrechte** vgl. Kapitel 5.2.5.2.2.7.

5.2.6.2.2.6. Optionsscheine

Als Wertpapiere verbriefte Optionsscheine sind im Aktivposten 6. auszuweisen. Dies gilt auch für Optionsscheine, die von Optionsanleihen getrennt worden sind.

Nicht verbriefte Optionsrechte sind hingegen nach hM im Aktivposten „15. Sonstige Vermögensgegenstände" zu erfassen.[1277]

[1274] Vgl. ADS 6. Aufl. § 255 Tz. 89.
[1275] Vgl. ADS 6. Aufl. § 255 Tz. 92.
[1276] Vgl. ADS 6. Aufl. § 255 Tz. 89.
[1277] Nach Bieg (1998), 243 sind auch nicht verbriefte Optionsrechte im Aktivposten 6. auszuweisen.

5.2.6.2.2.7. Gewinnanteilscheine

Im Aktivposten 6. sind auch die vor Fälligkeit hereingenommenen Gewinnanteilscheine auszuweisen. Zum Bilanzstichtag bzw. zum ersten auf den Bilanzstichtag folgenden Geschäftstag einlösbare Gewinnanteilscheine sind hingegen im Aktivposten „15. Sonstige Vermögensgegenstände" zu erfassen (§ 20 Satz 2 RechKredV). Im Aktivposten 6. sind nicht nur die Gewinnanteilscheine aus eigenen Anteilsbeständen, sondern auch die Einreichern gutgeschriebenen Gewinnanteilscheine auszuweisen.

5.2.6.2.2.8. Handelsbestand an Aktien von Beteiligungsunternehmen

Aktien von Beteiligungsunternehmen und verbundenen Unternehmen, die dem Handelsbestand zuzuordnen sind oder aus anderen Gründen nur kurze Zeit gehalten werden sollen, müssen im Aktivposten 6. und nicht zusammen mit den als Beteiligung bzw. Anteile an verbundenen Unternehmen anzusehenden Aktien (§ 271 Abs. 1 HGB) im Aktivposten 7. bzw. 8. ausgewiesen werden, da keine Beteiligungsabsicht vorliegt. Dies dient dem Informationsbedürfnis und geht zweifelsfrei aus dem eindeutigen Wortlaut des § 17 Satz 1 RechKredV hervor.

Bieg[1278] unterschiedet für den Ausweis nach börsennotierten und nicht börsennotierten Aktien von Beteiligungsunternehmen bzw. verbundenen Unternehmen. Börsennotierte Aktien, die dem Umlaufvermögen zuzurechnen sind, sind im Aktivposten 6. und nicht börsennotierte Aktien sind im Aktivposten „15. Sonstige Vermögensgegenstände" zu zeigen.

Diese Aktien sind jedoch dann im Aktivposten 7. oder 8. auszuweisen, wenn die Anteilsrechte dem Anlagevermögen zuzurechnen sind, wenn also entweder das bilanzierende Institut eine Dauerhalteabsicht verfolgt oder ihm das längerfristige Halten wirtschaftlich möglich ist bzw. sich eine Veräußerungsabsicht des Instituts nicht realisieren lässt.[1279]

5.2.6.2.2.9. Rettungserwerbe von Aktien

Im Aktivposten 6. sind auch Bestände aus der vorübergehenden Übernahme von fremden Aktien und anderen nicht festverzinslichen Wertpapieren zur Rettung von Kreditforderungen auszuweisen.[1280]

[1278] Vgl. Bieg (1998), 245.
[1279] Vgl. Bieg (1998), 245 f.
[1280] Vgl. Birck/Meyer, V 86.

5.2.6.2.2.10. Treuhandgeschäfte

Wertpapiere, die ein Institut als **Treuhänder** im eigenen Namen, aber für fremde Rechnung begeben hat, sind nicht im Aktivposten 6., sondern im Aktivposten „9. Treuhandvermögen" auszuweisen. Die Gesamtbeträge sind im Anhang nach den Aktivposten des Formblatts aufzugliedern (Einzelheiten vgl. Kapitel 3.3.).

5.2.6.3. Bewertung

Bezüglich der Bewertung von Wertpapieren sowie der Behandlung von Pensions- und Wertpapierleihegeschäften wird auf die Ausführungen zum Aktivposten 3. bzw. 5. verwiesen. Eine ausführliche Darstellung der Bewertung von Wertpapieren findet sich in Kapitel 4.4., Pensionsgeschäfte sind in Kapitel 3.2. und Wertpapierleihegeschäfte in Kapitel 4.10. beschrieben.

Zur Frage der **Dauerhaftigkeit von Wertminderungen** vgl. ausführlich Kapitel 4.2.2.7. Bei einer voraussichtlich dauernden Wertminderung sind Abschreibungen obligatorisch.

Bei Ausübung von **Bezugsrechten** im Rahmen von Kapitalerhöhungen sind die jungen Aktien mit dem Ausgabebetrag zuzüglich des von den alten Aktien abzusetzenden Bezugsrechts zu aktivieren (vgl. auch Kapitel 5.2.7.3.). Wegen der Ermittlung des Werts des Bezugsrechts wird auf die allgemeine Kommentarliteratur verwiesen.

Anteile an einem **Fonds** sind selbstständige Vermögensgegenstände und als solche zu bilanzieren, nicht hingegen die durch die Anteilscheine repräsentierten Gegenstände des Sondervermögens.[1281] Anteilscheine sind als selbstständige Wirtschaftsgüter nach Maßgabe des § 253 HGB zu bewerten. Zum Erwerb von Anteilscheinen im Wege des Tausches bspw. bei der Einbringung von Wertpapieren in ein Sondervermögen vgl. Häuselmann.[1282] Zu **Ertragsvereinnahmung** bei Investmentanteilen vgl. Kapitel 5.2.6.2.2.4.

Die Bewertung von **Investmentanteilen** erfolgt nach deren Kategorisierung (Anlage-, Handelsbestand oder Liquiditätsreserve), dh. nach deren Anschaffungskosten bzw. dem niedrigeren Rücknahmekurs. Ein **Ausgabeaufschlag** ist Bestandteil der Anschaffungskosten. Der **Rücknahmepreis** ergibt sich aus dem jeweiligen Tageskurs des Sondervermögens, geteilt durch die Anzahl der umlaufenden Anteile. Ob es sich um in- oder ausländische Investmentanteile handelt, ist für die handelsrechtliche Bilanzierung und Bewertung ohne Bedeutung.

[1281] Vgl. Häuselmann, FB 2003, 178.
[1282] Vgl. Häuselmann, BB 1992, 317.

Werden **Anteile an Spezialfonds** als **Anlagevermögen** behandelt, gilt grundsätzlich das gemilderte Niederstwertprinzip. Fällt der Wert des Spezialfonds im Rahmen der Folgebewertung unter die Anschaffungskosten bzw. den letzten ausgewiesenen Buchwert, ist bei einer voraussichtlich dauernden Wertminderung eine Abschreibung vorzunehmen.

Bergmann ua.[1283] sprechen sich wahlweise auch für eine Bewertung anhand des Verkaufspreises (Erwerbskurs) aus (erhöht um einen Aufschlag zur Deckung der anteiligen Anschaffungskosten sowie der Ausgabekosten). Soweit eine dauernde Wertminderung erkennbar ist, ist nach Bergmann ua. auf den niedrigeren Rücknahmepreis abzuschreiben.

Für thesaurierende Investmentfonds gilt nach Bergmann ua.[1284] Folgendes: Obwohl wegen des Anschaffungskostenprinzips (§ 253 Abs. 1 HGB) eine Aktivierung der nicht zur Kostendeckung oder Ausschüttung verwendeten Einnahmen des Fonds beim Fondsinhaber während der Haltedauer grundsätzlich nicht in Betracht kommt, sprechen sich Bergmann ua. dafür aus, im Hinblick auf die abweichende steuerliche Behandlung die jährlichen Erträge, die steuerlich als zugeflossen und zur Wiederanlage verwendet gelten, als nachträgliche Anschaffungskosten zu aktivieren (Obergrenze ist der Rücknahmepreis am ersten Geschäftstag nach der Ertragsgutschrift des Fonds für dessen abgelaufenes Geschäftsjahr). Dem ist nicht zuzustimmen. Nach der hier vertretenen Ansicht - die der hM entspricht - kommt eine solche Aktivierung der thesaurierten Erträge in der Handelsbilanz wegen des Anschaffungskostenprinzips nicht in Betracht.

Sind **Investmentanteile** dem Anlagevermögen zugeordnet, ist eine Abschreibung bei voraussichtlich dauernder Wertminderung geboten. Da diese bei Fonds nur schwer bestimmbar ist, wird von Spanier ua.[1285] bei Rentenfonds eine Abschreibung in Höhe von mindestens 50 %, bei Anteilen an Aktien- und gemischten Fonds eine Abschreibung von mindestens 75 % der Differenz zwischen Buchwert und niedrigerem Ausgabepreis am Bilanzstichtag als regelmäßig notwendig erachtet. Diese Vorgehensweise widerspricht der vom Versicherungsfachausschuss beim IDW vorgeschlagenen und auch hier empfohlenen Vorgehensweise (vgl. hierzu Kapitel 4.2.2.7.). Bei Investmentanteilen, die bis zum Zeitpunkt der Bilanzaufstellung veräußert werden oder deren Veräußerung beabsichtigt ist, sind anstelle der Ausgabepreise die Rücknahmepreise abzüglich der Veräußerungskosten bei der Bewertung zugrunde zu legen.

Institute können für die im Aktivposten 6. ausgewiesenen Bestände, die der Liquiditätsreserve zuzurechnen sind, **Vorsorgereserven** nach § 340f HGB bilden.

[1283] Vgl. Bergmann ua., B.II.6., 34.
[1284] Vgl. Bergmann ua., B.II.6., 34.
[1285] Vgl. Spanier ua.; B.II.6., 38.

5.2.6.4. Anhangangaben

Im Anhang ist eine **Aufgliederung** der im Aktivposten „6. Aktien und andere nicht festverzinsliche Wertpapiere" enthaltenen börsenfähigen Wertpapiere nach börsennotierten und nicht börsennotierten Wertpapieren zu machen (§ 35 Abs. 1 Nr. 1 RechKredV).

Ferner ist im Anhang der Betrag der **nicht mit dem Niederstwert bewerteten** börsenfähigen Wertpapiere anzugeben; es ist auch anzugeben, in welcher Weise die so bewerteten Wertpapiere von den mit dem Niederstwert bewerteten börsenfähigen Wertpapieren abgegrenzt worden sind (§ 35 Abs. 1 Nr. 2 RechKredV).

Wertpapiere, die dazu bestimmt sind, dauernd dem Geschäftsbetrieb zu dienen, sind nach den für das Anlagevermögen geltenden Vorschriften zu bewerten (§ 340e Abs. 1 HGB). Die in § 268 Abs. 2 HGB verlangten Angaben sind für die in § 340e Abs. 1 HGB genannten Vermögensgegenstände und damit auch für die hier auszuweisenden Wertpapiere im Anhang zu machen (§ 34 Abs. 3 RechKredV).

Soweit Wertpapiere im Rahmen von **echten Pensionsgeschäften** übertragen wurden, hat der Pensionsgeber den Buchwert der in Pension gegebenen Wertpapiere im Anhang anzugeben (§ 340b Abs. 4 HGB).

Darüber hinaus sind Angaben nach § 284 Abs. 2 Nr. 1 und 2 HGB zu den angewandten Bilanzierungs- und Bewertungsmethoden erforderlich. Abweichungen hiervon müssen ebenfalls angegeben und begründet werden, ihr Einfluss auf die Vermögens-, Finanz- und Ertragslage ist gesondert darzustellen. Die Grundlage für die Währungsumrechnung nach § 284 Abs. 2 Nr. 2 HGB ist anzugeben.

Nachrangige Vermögenswerte sind auf der Aktivseite bei den jeweiligen Posten gesondert auszuweisen; dies kann alternativ durch eine Anhangangabe in der Reihenfolge der betroffenen Posten erfolgen (§ 4 RechKredV).

Soweit Wertpapiere Gegenstand von **Termingeschäften** (einschließlich Optionsgeschäften) sind, sind Anhangangaben nach § 36 RechKredV erforderlich.

Daneben ist die **Aufgliederung des Gesamtbetrags** verschiedener Posten der Gewinn- und Verlustrechnung nach **geografischen Märkten** nach § 34 Abs. 2 Nr. 1 RechKredV vorzunehmen, soweit sich diese Märkte vom Standpunkt der Organisation des Instituts wesentlich unterscheiden.

5.2.6.5. Bankaufsichtliche Besonderheiten

5.2.6.5.1. Bedeutende Beteiligungen

Eine **bedeutende Beteiligung** besteht, wenn unmittelbar oder mittelbar über ein oder mehrere Tochterunternehmen oder ein gleichartiges Verhältnis oder durch Zusammenwirken mit anderen Personen oder Unternehmen mindestens 10 % des Kapitals oder der Stimmrechte eines Unternehmens gehalten werden oder wenn auf die Geschäftsführung des Unternehmens, an dem eine Beteiligung besteht, ein maßgeblicher Einfluss ausgeübt werden kann (§ 1 Abs. 9 Satz 1 KWG). Vor diesem Hintergrund ist die Angabe nach § 49 Nr. 5.b) PrüfbV (Anteile von mindestens 10 %) im Prüfungsbericht zu sehen.

Für die Berechnung des Anteils der Stimmrechte gilt § 22 Abs. 1 und 3 WpHG (§ 1 Abs. 9 Satz 2 KWG).

Die mittelbar gehaltenen Beteiligungen sind den mittelbar beteiligten Personen und Unternehmen in vollem Umfang - und nicht anteilig entsprechend dem durchgerechneten Anteil - zuzurechnen (§ 1 Abs. 9 Satz 3 KWG).

Der Ausweis ist für den Beteiligungsbegriff des § 1 Abs. 9 KWG unerheblich, auf die Beteiligungsabsicht oder auf die Dauer des Anteilsbesitzes kommt es nicht an. Mithin sind auch Anteile zu berücksichtigen, die im Aktivposten 6. ausgewiesen sind. Vermögenseinlagen stiller Gesellschafter bleiben außer Betracht.[1286]

Einlagenkreditinstitute dürfen an Unternehmen, die weder Institute, Finanzunternehmen oder Versicherungsunternehmen noch Unternehmen mit bankbezogenen Hilfsdiensten sind, keine bedeutende Beteiligung halten, deren Anteil am Nennkapital dem Betrag nach 15 % des haftenden Eigenkapitals übersteigt (§ 12 Abs. 1 Satz 1 KWG). Sämtliche bedeutende Beteiligungen dürfen insgesamt 60 % des haftenden Eigenkapitals nicht übersteigen (§ 12 Abs. 1 Satz 2 KWG). Das Einlagenkreditinstitut darf diese Grenzen mit Zustimmung der BaFin überschreiten. Die über die Grenze hinausgehenden Beteiligungen, bei Überschreitung beider Grenzen der höhere Betrag, ist mit haftendem Eigenkapital zu unterlegen. Dies gilt auch für Institutsgruppen (§ 12 Abs. 2 KWG).

§ 12 KWG regelt alle bedeutenden Engagements, die dem Finanzanlagevermögen zugeordnet sind. Hierzu gehören zunächst Beteiligungen iSd. § 271 HGB, aber auch Anteile, die nach § 340e Abs. 1 HGB zum **Anlagevermögen** rechnen.[1287] Bellavite-Hövermann[1288] leitet dies daraus ab, dass der Wortlaut des § 12 KWG ausdrücklich auf „Anteile" und nicht auf „Beteiligungen" abstellt. Anteile des Handelsbestands bzw. der

---

[1286] Einzelheiten vgl. BAKred-Schr. v. 27.5.1994.
[1287] Vgl. Bellavite-Hövermann, FB 2001, 454.
[1288] Vgl. Bellavite-Hövermann, FB 2001, 454.

Liquiditätsreserve sowie Rettungserwerbe fallen dagegen nicht in den Anwendungsbereich des § 12 KWG.

5.2.6.5.2. Nicht realisierte Reserven

Nach § 10 Abs. 2b Satz 1 Nr. 7 KWG können dem haftenden Eigenkapital die im Anhang des letzten festgestellten Jahresabschlusses ausgewiesenen nicht realisierten Reserven nach Maßgabe des § 10 Abs. 4a und 4c KWG bei Anlagebuchpositionen in Höhe von 35 % des Unterschiedbetrags zwischen Buchwert (zuzüglich Vorsorgereserven) und dem Kurswert bei **Wertpapieren**, die an einer Wertpapierbörse zum Handel zugelassen sind, bzw. dem veröffentlichten Rücknahmepreis von bestimmten **Investmentanteilen** zugerechnet werden. Wegen weiterer Einzelheiten wird auf die Ausführungen in Kapitel 5.2.5.5. verwiesen.

5.2.6.5.3. Groß- und Millionenkreditvorschriften

Die im Aktivposten 6. ausgewiesenen Bilanzaktiva stellen grundsätzlich Kredite iSd. § 19 KWG dar, soweit § 20 KWG hiervon keine Ausnahmen vorsieht. Insoweit sind bezüglich dieser Kredite die Groß- und Millionenkreditvorschriften zu beachten (Einzelheiten vgl. Kapitel 5.2.4.6.).

Es ist aber zu beachten, dass Anteile an anderen Unternehmen unabhängig von ihrem Bilanzausweis sowie Wertpapiere des Handelsbestands keine Kredite iSd. § 14 KWG sind (§ 20 Abs. 6 Nr. 3 und 4 KWG). Im Rahmen der Großkreditregelungen sind sie jedoch zu berücksichtigen.

Zu den Anteilen an anderen Unternehmen zählen insbesondere Aktien, Beteiligungen und Genossenschaftsanteile. Genussrechte und nachrangige Forderungen sowie Vermögenseinlagen typischer und atypischer stiller Gesellschafter werden dagegen von der Ausnahmeregelung nicht erfasst und sind damit meldepflichtig.[1289]

Der Begriff „Handelsbestand" wird sich für die Auslegung im Rahmen des KWG an die Zuordnung zum Handelsbuch nach § 1 Abs. 12 KWG orientieren. Zu den Wertpapieren des Handelsbestands zählen demnach Aktien, Zertifikate, die Aktien vertreten, Schuldverschreibungen, Genussscheine, Optionsscheine und andere Wertpapiere, die mit Aktien oder Schuldverschreibungen vergleichbar sind. Der Wert dieser Wertpapiere unterliegt hohen Schwankungen, sodass ihre Erfassung die tatsächliche Verschuldungshöhe eines potenziellen Millionenkreditnehmers verzerren würde.[1290]

[1289] Vgl. Boos/Fischer/Schulte-Mattler, § 20 KWG Rn. 42.
[1290] Vgl. Boos/Fischer/Schulte-Mattler, § 20 KWG Rn. 43.

5.2.6.5.4. Abzüge vom haftenden Eigenkapital

Soweit in diesem Posten Forderungen aus Genussrechten ausgewiesen werden, die gegenüber Unternehmen bestehen, an denen das Institut beteiligt ist, kann es zu einem Abzug vom haftenden Eigenkapital kommen (vgl. Kapitel 5.2.7.5.1.).[1291]

5.2.6.6. Prüfung des Postens

Es sind die für Wertpapiere allgemein üblichen Prüfungshandlungen durchzuführen. Es ist darauf zu achten, dass sämtliche in diesem Posten ausgewiesenen Beträge die Voraussetzungen des § 17 RechKredV erfüllen. Diesbezüglich wird auch auf die vorstehenden Ausführungen verwiesen, deren Beachtung stets zu prüfen ist.

Der **Nachweis** erfolgt durch Inventurprotokolle bzw. durch Depotauszüge der Verwahrstellen zum Bilanzstichtag. Dabei ist darauf zu achten, dass Tresorbestände vollständig aufgenommen werden. Ggf. muss sich der Prüfer, falls Anlass gegeben ist, vom Vorhandensein der Wertpapiere überzeugen. Es sind die Bestandnachweise auf Richtigkeit und Vollständigkeit zu prüfen.

Die ebenfalls zu prüfende **Bewertung** richtet sich nach den Wertpapierkategorien Handelsbestand, Anlagebestand und Liquiditätsreserve. Diesbezüglich wird auf die Ausführungen in Kapitel 4.4.2., 4.4.3. und 4.4.4. verwiesen. Soweit Wertpapiere wie Anlagevermögen bewertet wurden, ist zudem festzustellen, ob die Voraussetzungen hierfür erfüllt sind.

Bei **Zuschreibungen** auf Wertpapiere ist festzustellen, ob diese bis maximal zu den Anschaffungskosten erfolgt ist.

Den **Bewertungseinheiten** ist im Rahmen der Prüfung besondere Aufmerksamkeit zu schenken. Dabei ist zunächst festzustellen, ob die Voraussetzungen für die Bewertungseinheit gegeben sind, sodann ist die Bewertung zu prüfen.

Hinsichtlich **Fremdwährungsposten** ist § 340h HGB zu beachten (vgl. Kapitel 4.8.). Bei in Fremdwährung ausgegebenen Titeln kann neben dem Währungsrisiko ein Länderrisiko bestehen. Bezüglich der Länderwertberichtigungen ist zu prüfen, ob sie in ausreichender Höhe gebildet wurden.

Verfügungsbeschränkungen bei Einzelposten sind festzuhalten. Über Art und Umfang von Verfügungsbeschränkungen ist im Rahmen der Darstellung der Vermögenslage im Prüfungsbericht zusammenfassend zu berichten (§ 14 Abs. 2 Nr. 1 PrüfbV).

[1291] Ausführlich hierzu vgl. Bellavite-Hövermann/Hintze/Luz/Scharpf, 114 ff.

Bezüglich **Wertpapierleihegeschäften** und **Wertpapierpensionsgeschäften** ist festzustellen, ob diese bilanziell zutreffend abgebildet werden.

Die diesen Posten betreffenden **bankaufsichtlichen Besonderheiten** sind zu prüfen. Hier empfiehlt es sich, die für den allgemeinen Teil des Prüfungsberichts notwendigen Daten und Informationen festzuhalten.

Die PrüfbV schreibt explizit vor, dass die Einhaltung des § 12 KWG zu prüfen und im Prüfungsbericht zu dokumentieren ist (§ 52 PrüfbV).[1292] Dabei ist festzustellen, ob sich eine Überschreitung ggf. im Rahmen der Zustimmung der BaFin gehalten hat und ob das Einlagenkreditinstitut die nach § 12 Abs. 1 Satz 5 KWG vorgeschriebene Unterlegung bei seinen bankaufsichtlichen Meldungen während des Berichtszeitraums durchgängig berücksichtigt hat.

Von der **Internen Revision** angefertigte Revisionsberichte sollten eingesehen werden, insbesondere hinsichtlich der Ordnungsmäßigkeit der Bestandsführung.

Der **Prüfungsbericht** muss die in § 48 PrüfbV verlangten Angaben enthalten:

- Darstellung im Vergleich mit dem Vorjahr,
- Erläuterung der Zusammensetzung,
- auf wesentliche stille Reserven (Kursreserven, Einlösereserven) ist hinzuweisen.

Soweit Finanzderivate der Absicherung von Marktpreis- bzw. Kreditrisiken der Wertpapiere dienen, sollte hierauf hingewiesen werden.

§ 49 Nr. 5 PrüfbV verlangt darüber hinaus:

- Angaben über die Bewertung,
- Angaben über abgesetzte (unversteuerte und versteuerte) Pauschalwertberichtigungen und über Vorsorgereserven nach § 340f HGB,
- bei Zuordnung von Wertpapieren zum Anlagevermögen Angaben zur Errechnung des Abschreibungsbedarfs, der bei Erfassung der Wertpapiere im Umlaufvermögen entstanden wäre,
- Angabe der einzelnen Anteile an Kapitalgesellschaften, die mindestens den zehnten Teil des Kapitals (Nennbetrag, Summe der Kapitalanteile) oder der Stimmrechte dieser Gesellschaften ausmachen sowie Angabe des Buchwerts dieser Anteile insgesamt,

---

[1292] Vgl. Bellavite-Hövermann, FB 2001, 455.

- Angabe einer Begründung, falls Anteilsbesitz unter diesem Posten und entgegen der Vermutung des § 271 Abs. 1 Satz 3 HGB nicht unter dem Posten „Beteiligungen" ausgewiesen ist.

Nach § 22 Abs. 3 PrüfbV ist der Ansatz **nicht realisierter Reserven** auf seine Richtigkeit zu prüfen, im Prüfungsbericht zu erläutern und zu beurteilen.

Im Prüfungsbericht von Einlagenkreditinstituten sind die Unternehmen außerhalb des Finanzsektors nach Firma und Sitz aufzulisten, bei denen der Anteilsbesitz des Einlageninstituts während des Berichtszeitraums die Schwelle des § 12 Abs. 1 Satz 1 KWG überstiegen hat (§ 52 Abs. 2 PrüfbV). Dabei ist jeweils der Stand der Beteiligung (Nennkapital, Summe der Kapitalanteile, Stimmrechte) am Bilanzstichtag anzugeben. Die Anteile, die nicht dazu bestimmt waren, durch Herstellung einer dauernden Verbindung zum eigenen Geschäftsbetrieb zu dienen, sowie die Anteile, die unter § 64a KWG fallen, sind in je einem Darunter-Vermerk abzugrenzen; die Einschätzung durch das Institut ist auf ihre Stichhaltigkeit zu beurteilen.

Darüber hinaus empfiehlt es sich, weitere Angaben zu machen:

- Hinweis auf Ausweis- und/oder Bewertungsänderungen,
- Angabe von Emittenten, auf die wesentliche Teile des Bestands entfallen,
- Nenn- und Bilanzwerte, der dem Anlagevermögen zugerechneten Wertpapiere,
- Angabe, zu welchen Kursen auf ausländische Währung lautende Wertpapiere umgerechnet wurden,
- Nenn- bzw. Bilanzwert von Wertpapieren, die verpfändet wurden oder anderen Verfügungsbeschränkungen unterliegen.

5.2.7. Beteiligungen (Aktiva 7)

5.2.7.1. Postenbezeichnung

Die allgemeine Postenbezeichnung nach dem Formblatt 1 lautet:

> 7. *Beteiligungen*
> *darunter:*
> *an Kreditinstituten ... Euro*
> *an Finanzdienstleistungsinstituten ... Euro*

Institute in genossenschaftlicher Rechtsform und genossenschaftliche Zentralbanken haben den Aktivposten „7. Beteiligungen" nach der Fußnote 4 zum Formblatt 1 zu untergliedern.

> 7. *Beteiligungen*
> *a) Beteiligungen*
> *darunter:*
> *an Kreditinstituten ... Euro*
> *an Finanzdienstleistungsinstituten ... Euro*
> *b) Geschäftsguthaben bei Genossenschaften*
> *darunter:*
> *bei Kreditgenossenschaften ... Euro*
> *bei Finanzdienstleistungsinstituten ... Euro*

Für die anderen Kredit- und Finanzdienstleistungsinstitute iSd. § 1 KWG bestehen keine zusätzlichen Anforderungen an die Bilanzgliederung.

Mit der Zweiten Verordnung zur Änderung der RechKredV vom 11.12.1998 wurde zur allgemeinen Postenbezeichnung der Darunter-Vermerk: „an Finanzdienstleistungsinstituten" eingefügt.

Gleiches gilt für den Bilanzvermerk bei Instituten in genossenschaftlicher Rechtsform sowie für genossenschaftliche Zentralbanken für beide Unterposten. Da nicht ausgeschlossen ist, dass auch Finanzdienstleistungsinstitute in Form einer eingetragenen Genossenschaft geführt werden, vollzieht diese Änderung die Einbeziehung der Finanzdienstleistungsinstitute in die Rechnungslegungsvorschriften der Kreditinstitute.

5.2.7.2. Posteninhalt

5.2.7.2.1. RechKredV

Der Inhalt des Aktivpostens „7. Beteiligungen" enthält in § 18 RechKredV lediglich bezüglich Instituten in der Rechtsform der eingetragenen Genossenschaft und genossenschaftlichen Zentralbanken eine Sonderregelung. Danach haben diese Institute entgegen der allgemeinen Regelung in § 271 Abs. 1 Satz 5 HGB Geschäftsguthaben bei Genossenschaften als Beteiligungen auszuweisen (§ 18 Satz 1 RechKredV). In diesem Fall ist die Postenbezeichnung, wie in Fußnote 4 zu Formblatt 1 aufgeführt, anzupassen (§ 18 Satz 2 RechKredV).

Mit der Zweiten Verordnung zur Änderung der RechKredV vom 11.12.1998 wurde in § 18 RechKredV das Wort „Kreditgenossenschaften" durch „Institute in der Rechtsform der eingetragenen Genossenschaft" ersetzt. Eine materielle Änderung stellt dies jedoch nicht dar.

5.2.7.2.2. Voraussetzungen für den Postenausweis

5.2.7.2.2.1. Begriff der Beteiligung

Der Begriff der Beteiligung ist in § 271 Abs. 1 HGB abschließend definiert: Beteiligungen sind **Anteile** an anderen **Unternehmen**, die bestimmt sind, dem **eigenen Geschäftsbetrieb** durch Herstellung einer dauernden Verbindung zu jenen Unternehmen **zu dienen**.

Maßgebend ist, dass durch eine dauernde Verbindung zu einem anderen Unternehmen der eigene Geschäftsbetrieb gefördert wird. Dies heißt jedoch nicht, dass eine Beteiligung nur dann vorliegen kann, wenn beabsichtigt ist, auf die Geschäftsführung des anderen Unternehmens Einfluss zu nehmen; andererseits genügt es nicht, wenn nur eine angemessene Verzinsung der Einlage angestrebt wird.

Es ist unerheblich, ob die Anteile in Wertpapieren verbrieft sind oder nicht (§ 271 Abs. 1 Satz 2 HGB). Bei den hier auszuweisenden Posten handelt es sich um Mitgliedschaftsrechte, die sowohl Vermögens- als auch Verwaltungsrechte umfassen.

Gläubigerrechte (schuldrechtliche Vereinbarungen), die betragsmäßig und üblicherweise auch terminlich festgelegte Zahlungsansprüche beinhalten, zählen nicht zu den Anteilen, somit auch nicht zu den Beteiligungen. Auch wenn bei Darlehensverhältnissen die Rückzahlungsverpflichtung wie bspw. bei ewigen Renten fehlt, handelt es sich nicht um Anteile iSd. § 271 Abs. 1 HGB.[1293]

Im Zweifel liegt eine Beteiligung an einer **Kapitalgesellschaft** bei einem Anteilsbesitz von mehr als 20 % vor; dabei sind die Zurechnungsbestimmungen des § 16 Abs. 2 und 4 AktG anzuwenden, dh. Anteile, die einem abhängigen Unternehmen gehören, sind dem herrschenden Unternehmen zuzurechnen (§ 271 Abs. 1 Satz 3 und 4 HGB).[1294]

[1293] Vgl. HdR 5. Aufl. § 271 HGB Rn. 11.
[1294] Vgl. ausführlich und mwN WPH Bd. I 2000 F Tz. 170 ff.

Die gesetzliche Vermutung des Vorliegens einer Beteiligung ist widerlegbar, da die Anteile dem eigenen Geschäftsbetrieb durch Herstellung einer dauernden Verbindung zu jenen Unternehmen zu dienen haben, also eine **Beteiligungsabsicht** vorliegen muss. Beteiligungsabsicht bedeutet, dass die Gesellschaft mit der Beteiligung mehr verfolgt, als die Absicht einer Kapitalanlage gegen angemessene Verzinsung und dass diese Absicht auch tatsächlich realisiert wird. Für die Frage der Beurteilung der Beteiligungsabsicht wird auf die allgemeine Kommentarliteratur verwiesen.[1295]

Die hM[1296] unterscheidet nach typischer und atypischer **stiller Beteiligung**. Typische stille Beteiligungen gehören danach nicht zu den Beteiligungen, weil die Einlage in das Eigentum des Kaufmanns übergeht, es sich also um ein Gläubigerrecht handelt. Ist dagegen bei einer atypischen stillen Beteiligung die Kapitaleinlage aufgrund der Gewährung von Kontroll- und Mitspracherechten einem Gesellschaftsrecht vergleichbar oder stark angenähert (steuerliche Mitunternehmerschaft), handelt es sich um einen Anteil. Das für stille Beteiligungen Gesagte gilt auch für **Genussrechte**.[1297]

Bei **Personenhandelsgesellschaften** liegt für die Gesellschafter stets eine Beteiligung an der Gesellschaft vor; auf die Höhe der Beteiligungsquote kommt es dabei nicht an.[1298] Wobei Ausnahmen bspw. bei Kommanditanteilen an einer Publikums-KG bestehen können. Handelsrechtlich stellt die Beteiligung an einer Personengesellschaft unstreitig einen einheitlichen und selbstständigen Vermögensgegenstand dar. Sofern die Voraussetzungen des § 247 Abs. 2 HGB erfüllt sind, sind die Anteile an Personengesellschaften als Finanzanlagen entweder als Beteiligungen oder – bei Vorliegen der Voraussetzungen des § 272 Abs. 2 HGB – als Anteile an verbundenen Unternehmen auszuweisen. Zur Vereinnahmung des **Gewinnanteils** vgl. Kapital 6.2.3.2.2.3. **Verlustanteile** aus der Beteiligung an der Personengesellschaft sind beim Gesellschafter grundsätzlich bilanziell nicht zu erfassen, es sei denn, dass durch die Verluste der beizulegende Wert der Beteiligung unter die Anschaffungskosten gefallen ist (außerplanmäßige Abschreibung).[1299]

Es muss sich bei der Beteiligung ferner um **Anteile an einem anderen Unternehmen** handelt. Hierzu zählen auch Wirtschaftseinheiten, die iSd. funktionalen Unternehmungsbegriffs als selbstständige Träger unternehmerischer Planungs- und Entscheidungsgewalt anzusehen sind und in abgrenzbarer Weise eigenständige erwerbswirtschaftliche Ziele im Rahmen einer nach außen hin auftretenden Organisation verfolgen. Mithin gehören hierzu auch **Stiftungen, Körperschaften und Anstalten des öffentli-**

[1295] Vgl. ua. Bieg (1998), 246 f.; Krumnow ua., 2. Aufl., § 340c HGB Rn. 173 ff.
[1296] Vgl. stellvertretend Bieg (1998), 248 f.; WPH Bd. I 2000 F Tz. 170 unterscheidet dagegen nicht zwischen typischer und atypischer stiller Beteiligung.
[1297] Vgl. IDW HFA 1/1994, WPg 1994, 419 ff., Ergänzung WPg 1998, 891; hierzu HdR 5. Aufl. § 266 HGB Rn. 167 ff. und § 272 HGB Rn. 232 ff.; Wengel, DStR 2001, 1316 ff.
[1298] Vgl. WPH Bd. I 2000 F Tz. 171 mwN; Dietel, DStR 2003, 2140 ff.
[1299] Ausführlich vgl. Dietel, DStR 2003, 2140.

chen Rechts sowie **Gesellschaften des bürgerlichen Rechts**; sie dürfen allerdings nicht nur ideelle Ziele verfolgen. Aber auch Anteile an **geschlossenen Immobilienfonds** können als Beteiligung zu qualifizieren sein.[1300]

Hat ein bilanzierendes Kreditinstitut für ein anderes Unternehmen **Patronatserklärungen** abgegeben, sind seine Anteile daran nach BFA 1/1977 idR als Beteiligung auszuweisen.

Liegt eine Beteiligung vor, so ist stets zu prüfen, ob nicht auch der Tatbestand eines **verbundenen Unternehmens** iSd. § 271 Abs. 2 HGB gegeben ist. Ist dies der Fall, geht der Ausweis unter „8. Anteile an verbundenen Unternehmen" vor.[1301] Die im Aktivposten „8. Anteile an verbundenen Unternehmen" ausgewiesenen Anteile stellen eine Teilmenge der gesamten Beteiligungen dar. Diese Teilmenge zeichnet sich gegenüber den übrigen Beteiligungen durch eine engere Definition aus.[1302]

Zum Ausweis des **Handelsbestands** an Aktien von Beteiligungsunternehmen wird auf die Darstellung zum Aktivposten „6. Aktien und andere nicht festverzinsliche Wertpapiere" in Kapitel 5.2.6.2.2.8. verwiesen. Der Handelsbestand wird nicht im Aktivposten 7., sondern im Aktivposten „6. Aktien und andere nicht festverzinsliche Wertpapiere" ausgewiesen. Gleiches gilt für Anteile, die **kurzfristig veräußerbar** sind (zB Anteile der Liquiditätsreserve), weil diese die Beteiligungsdefinition (Dauerhalteabsicht) nicht erfüllen.[1303]

Die Qualifizierung als Beteiligung ist für den Ausweis der laufenden Erträge sowie für den Ausweis der Zu- bzw. Abschreibungen in der **Gewinn- und Verlustrechnung** von Bedeutung.

5.2.7.2.2.2. Besonderheiten für Genossenschaftsanteile

Genossenschaftsanteile gelten außerhalb des genossenschaftlichen Sektors grundsätzlich nicht als Beteiligung (§ 271 Abs. 1 Satz 5 HGB). Die Genossenschaftsanteile sind grundsätzlich im Aktivposten „15. Sonstige Vermögensgegenstände" auszuweisen.

Entgegen dieser Bestimmung sind bei Instituten in der Rechtsform der **Genossenschaft** und bei **genossenschaftlichen Zentralbanken** auch Geschäftsguthaben bei Genossenschaften in einem Unterposten zum Posten „7. Beteiligungen" auszuweisen (§ 18 Satz 1 RechKredV). Die Postenuntergliederung ist dann entsprechend der Fußnote 4 zu Formblatt 1 anzupassen (vgl. Kapitel 5.2.7.1.).

[1300] Vgl. DSGV (Hrsg.), Anlage 25.
[1301] Vgl. WPH Bd. I 2000 F Tz. 172.
[1302] Vgl. Bieg, ZfbF 1988, 25.
[1303] GlA Krumnow ua., 2. Aufl., § 340c HGB Rn. 182.

5.2.7.2.2.3. Beteiligungen mit konsortialer Bindung (Gemeinschaftsgeschäfte)

Auf Beteiligungen mit konsortialer Bindung sind die für **Gemeinschaftsgeschäfte** geltenden Grundsätze grundsätzlich entsprechend anzuwenden (§ 5 Satz 4 RechKredV). Für den Bilanzausweis gemeinschaftlich erworbener Beteiligungen ergeben sich im Rahmen des § 5 RechKredV keine Besonderheiten. Diesbezüglich wird auf Kapitel 3.5.8. verwiesen.

§ 5 RechKredV schreibt vor, die gemeinschaftlich erworbene Beteiligung in dem Bilanzposten, der sich nach dem Gesetz ergibt, nur in Höhe des quotalen Anteils des einzelnen Instituts zu bilanzieren. Daher ist es nach Krumnow ua.[1304] faktisch unerheblich, ob konsortiale Bindungen bestehen.

5.2.7.2.2.4. Treuhänderisch gehaltene Beteiligungen

Die Motive für das treuhänderische Halten von Beteiligungen sind durchaus vielfältig. Sie reichen von Entlastungsinteressen über die Bündelung von Gesellschaftermacht und die Überwindung von Beteiligungshindernissen bis hin zur sachgerechten Gestaltung einer Gesellschafternachfolge oder zur Kreditsicherung.[1305]

Nach § 6 Abs. 1 RechKredV sind Vermögensgegenstände, also auch Beteiligungen, die ein Institut im eigenen Namen, aber für fremde Rechnung hält, in die Bilanz des Instituts aufzunehmen. Die Gesamtbeträge sind in der Bilanz im Posten „9. Treuhandvermögen" auszuweisen und im Anhang nach den Aktiv- und Passivposten des Formblatts aufzugliedern (Einzelheiten vgl. Kapitel 3.3.2.).

Verwaltet eine Gesellschaft treuhänderisch Gesellschaftsanteile, führt dies bilanzrechtlich **nicht** zu einer Beteiligung.[1306] Hier fehlt die Beteiligungsabsicht. Mithin sind treuhänderisch gehaltene Gesellschaftsanteile zwar im Aktivposten „9. Treuhandvermögen" auszuweisen, bei der Darstellung im Anhang jedoch nicht als „Beteiligung" zu zeigen.

5.2.7.2.3. Darunter-Vermerke

Zum Aktivposten 7. sind zwei Darunter-Vermerke vorgesehen: „an Kreditinstituten" sowie „an Finanzdienstleistungsinstituten". Institute in der Rechtsform der Genossen-

---

[1304] Vgl. Krumnow ua., 2. Aufl., § 5 RechKredV Rn. 13.
[1305] Vgl. Armbrüster, GmbHR 2001, 942 ff.
[1306] Vgl. Roß, 187; zur treuhänderisch gehaltenen GmbH-Beteiligung vgl. Armbrüster, GmbHR 2001, 941 ff.

schaft sowie genossenschaftliche Zentralbanken müssen bei beiden Unterposten zum Aktivposten 7. diese Darunter-Vermerke anbringen.

Kreditinstitute sind Unternehmen, die Bankgeschäfte iSd. § 1 Abs. 1 Satz 2 Nr. 1 bis 12 KWG gewerbsmäßig oder in einem Umfang betreiben, der einen in kaufmännischer Weise eingerichteten Geschäftsbetrieb erfordert (§ 1 Abs. 1 Satz 1 KWG). Zum Begriff des Kreditinstituts vgl. auch Kapitel 5.2.3.2.2.4.[1307]

Finanzdienstleistungsinstitute sind Unternehmen, die Finanzdienstleistungen iSd. § 1 Abs. 1a Satz 2 Nr. 1 bis 7 KWG für andere gewerbsmäßig oder in einem Umfang erbringen, der einen in kaufmännischer Weise eingerichteten Geschäftsbetrieb erfordert, und die keine Kreditinstitute sind (§ 1 Abs. 1a Satz 1 KWG). Leasing- sowie Factoringunternehmen fallen ebenso wie Beteiligungsholdings nicht unter diesen Darunter-Vermerk, da es sich bei diesen Unternehmen um Finanzunternehmen iSd. § 1 Abs. 3 KWG handelt.[1308]

5.2.7.3. Bewertung

Beteiligungen an **Kapitalgesellschaften** sind mit den Anschaffungskosten einschließlich Nebenkosten zu aktivieren. Kapitalerhöhungen aus Gesellschaftsmitteln führen nicht zu einer Änderung des Wertansatzes in der Bilanz; in diesem Fall ändert sich nur der Nennbetrag der Beteiligung.

Hat das Beteiligungsunternehmen **Bezugsrechte** ausgegeben, die vom bilanzierenden Institut verkauft werden, führt dies zu einer entsprechenden Minderung des Beteiligungsansatzes. Ähnlich wie Kapitalrückzahlungen ieS führen auch Erlöse aus dem **Verkauf** von Bezugsrechten bei Beteiligungen an Aktiengesellschaften zu einer Minderung des bisherigen Beteiligungsansatzes. Das Bezugsrecht auf junge Aktien ist nach hM nicht Ertrag der alten Aktien, sondern stellt einen Teil des in den alten Aktien verkörperten Stammrechts dar. Für die Berechnung der Wertminderung (Buchwert des Bezugsrechts) hat sich zwischenzeitlich die sog. **Gesamtwertmethode** als sachgerecht durchgesetzt. Anhand dieser Methode wird die Wertminderung der vorhandenen Aktien als Teil des Bezugsrechtserlöses nach dem Verhältnis des Buchwerts zum Kurswert der alten Aktien ermittelt:

$$Buchwert\ des\ Bezugsrechts\ (BR) = \frac{Kurswert\ BR * Buchwert\ Altaktie}{Kurswert\ Altaktie}$$

Bei **Bezug junger Aktien** ist der Vorgang erfolgsneutral. Im Anlagegitter ist der Buchwert des Bezugsrechts weder Zugang noch Abgang. Die Übertragung des Buchwerts des

---

[1307] Vgl. Bellavite-Hövermann/Hintze/Luz/Scharpf, 10 ff.
[1308] Vgl. Bellavite-Hövermann/Hintze/Luz/Scharpf, 16 ff.

Bezugsrechts wirkt sich nur auf die Wertansätze der einzelnen Anteile aus. Bei **Veräußerung des Bezugsrechts** ergibt sich ggf. ein Buchgewinn (Veräußerungserlös ./. Buchwert des BR).

Beteiligungen an **Personenhandelsgesellschaften** sind ebenfalls mit ihren Anschaffungskosten einzubuchen. Die Beteiligung ist mit dem geleisteten Betrag zuzüglich eingeforderter Beträge zu aktivieren. Eine Resteinzahlungsverpflichtung ist zu passivieren. Gewinnanteile sind bei Personenhandelsgesellschaften im Regelfall insoweit realisiert. Aufgrund von vertraglichen Vereinbarungen bzw. den jeweiligen gesetzlichen Bestimmungen kann der Gewinnanteil auch unter den Beteiligungen zu erfassen sein.[1309]

Soweit der **beizulegende Wert** von Beteiligungen gesunken ist, ist zunächst festzustellen, ob es sich um eine voraussichtlich dauernde Wertminderung handelt oder nicht. Bei voraussichtlich dauernden Wertminderungen besteht eine Abschreibungspflicht, bei nur vorübergehender Wertminderung besteht ein Abschreibungswahlrecht (§ 253 Abs. 2 Satz 3 iVm. § 340e Abs. 1 Satz 3 HGB). Materiell entspricht diese Regelung § 279 Abs. 1 Satz 2 HGB, der für Institute jedoch nicht anwendbar ist.[1310] Für die Frage der Ermittlung des beizulegenden Werts hält die Theorie der Unternehmensbewertung die am Zukunftserfolg des Bewertungsobjekts orientierten Verfahren bereit; dies sind vorrangig das Ertragswert- und das „Discounted Cashflow"-Verfahren. Die Stellungnahme zur Rechnungslegung IDW RS HFA 10[1311] nimmt zu bestimmten Problemen der Beteiligungsbewertung Stellung, klammert jedoch auch einige aus. Ist ein nach anerkannten Grundsätzen der Unternehmensbewertung ermittelter **Ertragswert** einer Beteiligung niedriger als deren Buchwert, so ist die Beteiligung - da diese Wertminderung ex definitione dauerhaft ist - grundsätzlich auf den (niedrigeren) Ertragswert abzuschreiben. Ist der Börsen- oder Marktpreis einer Beteiligung zwar niedriger als deren Buchwert, aber höher als der Ertragswert, so kann die Abschreibung der Beteiligung dann auf den Börsen- oder Marktpreis beschränkt werden, wenn das bilanzierende Unternehmen die im Ertragswert nicht berücksichtigten Vorteile/Chancen/Synergien plausibel darlegen und nachweisen kann. Dabei sind strenge Anforderungen an die Nachweise zu stellen.

Geschäftsguthaben bei Genossenschaften sind mit den eingezahlten Beträgen sowie, solange die Anteile noch nicht voll einbezahlt sind, einschließlich der anzurechnenden Gutschriften (bspw. aus Dividenden, genossenschaftlichen Rückvergütungen) anzusetzen. Eine Abwertung kommt bei Geschäftsguthaben im Regelfall nicht in Betracht.

[1309] Vgl. IDW HFA 1/1991, WPg 1991, 334 ff.
[1310] Vgl. Krumnow ua., 2. Aufl., § 340e HGB Rn. 45 f.
[1311] Vgl. IDW RS HFA 10, WPg 2003, 1257 f.; vgl. auch Franken/Schulte, BB 2003, 2675 ff.

5.2.7.4. Anhangangaben

Für Beteiligungen sind die in § 268 Abs. 2 HGB verlangten Angaben im Anhang zu machen (§ 34 Abs. 3 RechKredV). Bezüglich weiterer Einzelheiten zum **Anlagenspiegel**, insbesondere zur Möglichkeit, die Zuschreibungen, Abschreibungen und Wertberichtigungen auf Beteiligungen, Anteile an verbundene Unternehmen sowie auf andere Wertpapiere, die wie Anlagevermögen behandelt werden, mit denen anderer Posten zusammenzufassen, wird auf die Ausführungen zum Anhang verwiesen.

Im Anhang sind ferner Name und Sitz anderer Unternehmen anzugeben, von denen das Kreditinstitut oder eine für Rechnung des Kreditinstituts handelnde Person mindestens den fünften Teil der Anteile besitzt; außerdem sind der Anteil am Kapital, das Eigenkapital und das letzte Jahresergebnis dieser Unternehmen anzugeben (§ 285 Nr. 11 HGB). Diese Angaben dürfen statt im Anhang auch in einer Aufstellung des Anteilsbesitzes gesondert gemacht werden (§ 287 HGB).

Daneben ist nach § 285 Nr. 11a HGB der Name, Sitz und die Rechtsform der Unternehmen anzugeben, deren unbeschränkt haftender Gesellschafter das Institut ist. Auch diese Angabe darf statt im Anhang in einer Aufstellung des Anteilsbesitzes gesondert gemacht werden (§ 287 HGB).

§ 340a Abs. 4 HGB verlangt darüber hinaus folgende Anhangangaben:

- alle Mandate in gesetzlich zu bildenden Aufsichtsgremien von großen Kapitalgesellschaften (§ 267 Abs. 3 HGB), die von gesetzlichen Vertretern oder anderen Mitarbeitern wahrgenommen werden,
- alle Beteiligungen an großen Kapitalgesellschaften, die 5 % der Stimmrechte überschreiten.

Die im Posten „Beteiligungen" enthaltenen **börsenfähigen Wertpapiere** sind im Anhang nach börsennotierten und nicht börsennotierten Wertpapieren aufzugliedern (§ 35 Abs. 1 Nr. 1 RechKredV).

Der Gesamtbetrag der Vermögensgegenstände, die auf **Fremdwährung** lauten, ist im Anhang in Euro anzugeben (§ 35 Abs. 1 Nr. 6 RechKredV).

Darüber hinaus kommen Angaben nach § 284 Abs. 2 Nr. 1 und 3 HGB zu den angewandten **Bilanzierungs- und Bewertungsmethoden** infrage. **Abweichungen** hiervon müssen ebenfalls angegeben und begründet werden; ihr Einfluss auf die Vermögens-, Finanz- und Ertragslage ist gesondert darzustellen.

5.2.7.5. Bankaufsichtliche Besonderheiten

5.2.7.5.1. Begrenzung bedeutender Beteiligungen

Einlagenkreditinstitute dürfen an Unternehmen, die weder Institute, Finanzunternehmen oder Versicherungsunternehmen noch Unternehmen mit bankbezogenen Hilfsdiensten sind, keine bedeutende Beteiligung iSd. § 1 Abs. 9 KWG halten, deren Anteil am Nennkapital dem Betrag nach 15 % des haftenden Eigenkapitals übersteigt (§ 12 Abs. 1 Satz 1 KWG). Sämtliche bedeutende Beteiligungen dürfen insgesamt 60 % des haftenden Eigenkapitals nicht übersteigen (§ 12 Abs. 1 Satz 2 KWG).

Das Einlagenkreditinstitut darf diese Grenzen mit Zustimmung der BaFin überschreiten. Die über die Grenze hinausgehenden Beteiligungen, bei Überschreitung beider Grenzen der höhere Betrag, ist mit haftendem Eigenkapital zu unterlegen. Dies gilt auch für Institutsgruppen (§ 12 Abs. 2 KWG). Wegen weiterer Einzelheiten wird auf die Ausführungen in Kapitel 5.2.6.5. verwiesen.

5.2.7.5.2. Abzug von Beteiligungen vom haftenden Eigenkapital

Beteiligungen über 10 %

Nach § 10 Abs. 6 KWG sind bestimmte Beteiligungen, Forderungen aus längerfristigen nachrangigen Verbindlichkeiten und Genussrechten sowie Vermögenseinlagen stiller Gesellschafter von der Summe aus Kern- und Ergänzungskapital abzuziehen. Es handelt sich gemäß § 10 Abs. 6 Satz 1 Nr. 1 bis Nr. 4 KWG um Kapitalüberlassungen an Institute, ausgenommen Kapitalanlagegesellschaften und Finanzunternehmen, an denen das Institut zu **mehr als 10 %** beteiligt ist, in Form von:[1312]

- Beteiligungen,
- Forderungen aus längerfristigen nachrangigen Verbindlichkeiten,
- Forderungen aus Genussrechten,
- Vermögenseinlagen stiller Gesellschafter.

Der Begriff „Beteiligung" ist inhaltlich in § 271 HGB geregelt. Er gilt grundsätzlich auch für die Abzugsregelung in § 10 Abs. 6 KWG. Dies bedeutet, dass der **Handelsbestand** an Aktien von Beteiligungsunternehmen nicht zu berücksichtigen ist. Dies hat die BaFin mit Rundschreiben 14/99 vom 4.11.1999 ausdrücklich klargestellt.[1313] Danach brauchen Aktien und sonstiger Anteilsbesitz nicht in den Abzug nach § 10 Abs. 6 Satz 1 KWG einbezogen zu werden, wenn sie dem **Handelsbuch** zugeordnet werden (Wahlrecht). Die Abgrenzung des Anlage- vom Handelsbuch muss entsprechend § 1

[1312] Ausführlich vgl. Bellavite-Hövermann/Hintze/Luz/Scharpf, 115 ff.
[1313] Vgl. CMBS 4.322.

Abs. 12 KWG ordnungsgemäß vorgenommen und dokumentiert worden sein, um einen Missbrauch zu verhindern.[1314]

Der **Abschlussprüfer** hat diese Abgrenzung zu prüfen. Es empfiehlt sich, im Prüfungsbericht darauf hinzuweisen, dass das Institut das Wahlrecht, den dem Handelsbuch (Handelsbestand) zugeordneten Anteilsbesitz nicht in die Abzugsregelung einzubeziehen, wahrgenommen hat.

Beteiligungen an Kapitalanlagegesellschaften, die zwar nach § 1 Abs. 1 Satz 2 Nr. 6 KWG Kreditinstitute sind, brauchen nicht vom haftenden Eigenkapital abgezogen zu werden.

Bei der Berechnung der **Beteiligungsquote** werden nur Beteiligungen iSd. § 271 HGB berücksichtigt. Die Beteiligungsquote ist in entsprechender Anwendung des § 16 Abs. 2 AktG bei Kapitalgesellschaften nach dem Verhältnis des Gesamtnennbetrags der dem beteiligten Unternehmen gehörenden Anteile zum Nennkapital zu bestimmen.[1315] Dabei sind beim Beteiligungsunternehmen eigene Anteile und von einem anderen für Rechnung des Beteiligungsunternehmens gehaltene Anteile vom Nennkapital abzusetzen. Bei Personengesellschaften ist auf die nach Gesetz (§§ 155 Abs. 1, 161 Abs. 2 HGB) oder Gesellschaftsvertrag (Stand der Kapitalkonten bzw. ggf. Festkonten oder auch uU vom Stand der Kapitalkonten unabhängige Beteiligungsverhältnisse der Gesellschafter) für die Bemessung der Beteiligungsquoten maßgeblichen Regularien abzustellen. Vermögenseinlagen stiller Gesellschafter und mittelbare Beteiligungen bleiben bei der Berechnung der Beteiligungsquote nach § 10 Abs. 6 Satz 1 Nr. 1 bis Nr. 4 KWG (früher § 10 Abs. 6a Satz 1 Nr. 4 KWG) unberücksichtigt.[1316]

Eine **Ausnahme** vom Abzug besteht für Beteiligungen, wenn ein Institut die Anteile eines anderen Instituts oder Finanzunternehmens nur vorübergehend besitzt, um dieses Unternehmen finanziell zu stützen (bspw. bei einer Sanierung). Auf Antrag kann die BaFin in diesem Fall zulassen, dass der Abzug vom haftenden Eigenkapital unterbleibt (§ 10 Abs. 6 Satz 1 Nr. 1 KWG).

Abzuziehen ist der **volle Buchwert** der entsprechenden Kapitalüberlassung. Während bei der Berechnung der Beteiligungsquote also vom Nennwert auszugehen ist, ist bei der Berechnung des Abzugsbetrags vom Buchwert auszugehen.

[1314] Insoweit missverständlich Boos/Fischer/Schulte-Mattler, § 10 KWG Rn. 126.
[1315] Vgl. BAKred-Schr. v. 28.12.1993, CMBS 4.248c.
[1316] Vgl. BAKred-Schr. v. 28.12.1993, CMBS 4.248c.

Beteiligungen bis höchstens 10 %

Die Abzugsregelung des § 10 Abs. 6 Satz 1 Nr. 5 lit. a) bis d) KWG bezieht sich auf Kapitalüberlassungen in Form von

- Beteiligungen,
- Forderungen aus (längerfristigen) nachrangigen Verbindlichkeiten,
- Forderungen aus Genussrechten und
- Vermögenseinlagen als stiller Gesellschafter

an Instituten, ausgenommen Kapitalanlagegesellschaften, und Finanzunternehmen, an denen das Institut mit höchstens 10 % beteiligt ist.

Forderungen aus nachrangigen Verbindlichkeiten und Genussrechten sowie stille Beteiligungen an Instituten (ohne Kapitalanlagegesellschaften) und Finanzunternehmen sind hier mithin nur relevant, wenn das Institut an diesen Unternehmen **nicht** oder nur in Höhe von **höchstens 10 %** des Kapitals dieser Unternehmen beteiligt ist. Klarstellend sei darauf hingewiesen, dass der Abzug für Forderungen aus Genussrechten und nachrangigen Verbindlichkeiten bzw. für Vermögenseinlagen stiller Gesellschafter unter den weiteren genannten Bedingungen auch dann zu erfolgen hat, wenn das Institut an dem anderen Institut keine Beteiligung an dessen Grund- bzw. Stammkapital hält.

Abzuziehen ist der **Gesamtbetrag** der Beteiligungen und Forderungen gemäß § 10 Abs. 6 Satz 1 Nr. 5 lit. a) bis d) KWG, *„soweit er 10 vom Hundert des haftenden Eigenkapitals des Instituts vor Abzug der Beträge nach den Nummern 1 bis 4 und nach dieser Nummer übersteigt"*.

Verlangt wird hier also nicht der vollständige Abzug. Vom haftenden Eigenkapital abzusetzen ist lediglich der Gesamtbetrag der Beteiligungen und der anderen einbezogenen Kapitalüberlassungen, der 10 % des haftenden Eigenkapitals des bilanzierenden Instituts übersteigt, das sich vor Abzug der in Nr. 1 bis Nr. 5 des § 10 Abs. 6 KWG verlangten Abzüge ergibt.

Voraussetzung für den Abzug ist mithin, dass der Gesamtbetrag der in § 10 Abs. 6 Satz 1 Nr. 5 lit. a) bis lit. d) KWG aufgeführten Aktiva 10 % des haftenden Eigenkapitals übersteigt. Der Abzug ist nur in Höhe des die Grenze von 10 % übersteigenden Betrags vorzunehmen. Diese Regelung wirkt praktisch wie ein Freibetrag in Höhe von 10 % des haftenden Eigenkapitals.[1317]

Die **Beteiligungsquote** ist auch hier wie bei § 10 Abs. 6 Satz 1 Nr. 1 bis 4 KWG zu errechnen.[1318] Während für den **Abzug** nach § 10 Abs. 6 Satz 1 Nr. 5 KWG vom Buch-

---

[1317] Vgl. Bellavite-Hövermann/Hintze/Luz/Scharpf, 119 ff.
[1318] Vgl. BAKred-Schr. v. 28.12.1993, CMBS 4.248c.

wert auszugehen ist, wird die Beteiligungsquote nach dem Nennwert der Anteile berechnet.

Vermeidung des Abzugs

Nach § 10 Abs. 6 Satz 2 und 3 KWG sind Beteiligungen vom Abzug ausgenommen, wenn sie **pflichtweise** oder **freiwillig** in die **Konsolidierung** nach §§ 10a, 13b Abs. 3 Satz 1 KWG und, für den Beteiligungsbestand am 1.01.1993 vorbehaltlich des § 64a KWG, nach § 12 Abs. 2 Satz 1 und 2 KWG einbezogen werden.[1319] Die sonstigen abzugspflichtigen Eigenkapitalbestandteile gemäß § 10 Abs. 6 Nr. 2 bis 4 KWG sind aber abzuziehen.

Nach § 10 Abs. 6 Satz 3 KWG haben die Institute die Möglichkeit, bei unmittelbaren **Beteiligungen zwischen 10 % und 50 %** im Einzelfall den Abzug der Beteiligung durch freiwillige Konsolidierung zu vermeiden.

Dabei kann das Institut grundsätzlich auch jede mittelbare Beteiligung einbeziehen, die es grundsätzlich nicht abzuziehen hätte, soweit andernfalls ein nachgeordnetes Unternehmen für sie Abzüge von seinem haftenden Eigenkapital (und damit auch das übergeordnete Institut von dem haftenden Eigenkapital der Gruppe) nach § 10 Abs. 6 Satz 1 Nr. 1 bis Nr. 4 oder Nr. 5 KWG vorzunehmen hätte.[1320] Wegen weiterer Einzelheiten wird auf die Ausführungen bei Bellavite-Hövermann/Hintze/Luz/Scharpf[1321] verwiesen.

Die Regelung des § 10 Abs. 6 Satz 3 KWG erfasst grundsätzlich nur Beteiligungen in Höhe von (mehr als) 10 %[1322] bis 50 % des Kapitals des Beteiligungsunternehmens. Vom Wortlaut der Vorschrift werden dagegen **Beteiligungen unter 10 %** nicht erfasst.[1323] Denn nur Beteiligungen von mehr als 10 % werden als solche nach § 10 Abs. 6 abgezogen. Wohingegen Beteiligungen bis 10 % nicht als solche einen Abzugstatbestand erfüllen, sondern nur, soweit sie zusammen mit anderen nach § 10 Abs. 6 Satz 1 Nr. 5 KWG abzugsrelevanten Instrumenten den Freibetrag von 10 % des haftenden Eigenkapitals (vor Abzug der Beträge nach § 10 Abs. 6 KWG) übersteigen.

[1319] Einzelheiten vgl. BAKred-Schr. v. 28.12.1993, CMBS 4.248c.
[1320] Weitere Einzelheiten vgl. BAKred-Schr. v. 28.12.1993, CMBS 4.248c.
[1321] Vgl. Bellavite-Hövermann/Hintze/Luz/Scharpf, 120 f.
[1322] Bereits die Berücksichtigung von Kapitalanteilen in Höhe von genau 10 % geht über den Wortlaut des § 10 Abs. 6 Satz 3 KWG hinaus. Diese ist den Instituten jedoch von der Bankenaufsicht vor dem Hintergrund der Regelung nach der 4. KWG-Novelle zugebilligt worden.
[1323] Siehe auch Bellavite-Hövermann/Hintze/Luz/Scharpf, 436 Abb. C. 12. Dort ist nur bei Beteiligungen über 10 bis 50 % anstelle des Abzugsverfahrens eine freiwillige Konsolidierung zulässig.

5.2.7.5.3. Abzug der Kredite an maßgebliche Kapitaleigner und stille Gesellschafter

Kredite an Kapitaleigner und stille Gesellschafter können in verschiedenen Aktivposten enthalten sein. Nur bei Instituten in der Rechtsform der GmbH sind Forderungen gegen Gesellschafter gemäß § 42 Abs. 3 GmbHG gesondert auszuweisen oder im Anhang zur Bilanz und Gewinn- und Verlustrechnung anzugeben; werden sie unter anderen Posten ausgewiesen, so muss diese Eigenschaft vermerkt werden.

Angaben zur Marktüblichkeit der Konditionen oder zur Banküblichkeit der Besicherung sind nach § 42 Abs. 3 GmbHG nicht vorgeschrieben. Bei Instituten anderer Rechtsformen sind keine entsprechenden Angaben zu machen.

Bei den vom **Kernkapital** abzuziehenden Krediten ist folgende Unterscheidung vorzunehmen:

- Kredite, die dem **Inhaber** oder den **persönlich haftenden Gesellschaftern** gewährt werden (§ 10 Abs. 2a Satz 1 Nr. 1 und Nr. 2 KWG),
- Kredite an den **Kommanditisten**, den **Gesellschafter einer GmbH**, den **Aktionär**, den **Kommanditaktionär** oder den **Anteilseigner an einem Institut des öffentlichen Rechts** (§ 10 Abs. 2a Satz 2 Nr. 4 KWG) und
- Kredite an **stille Gesellschafter** (§ 10 Abs. 2a Satz 2 Nr. 5 KWG).

Der Abzug der Kredite, die dem **Inhaber** oder den **persönlich haftenden Gesellschaftern** gewährt werden, ist nach § 10 Abs. 2a Satz 1 Nr. 1 und Nr. 2 KWG uneingeschränkt vom Kernkapital vorzunehmen. Damit soll verhindert werden, dass die Verminderung des Kernkapitals aufgrund von Entnahmen durch eine alternative Kreditgewährung umgangen wird. Zu den abzuziehenden Krediten gehört auch ein Nostroguthaben bei einem anderen Institut, das persönlich haftender Gesellschafter des Instituts ist.[1324]

Die Kreditgewährung an **andere, besonders einflussreiche Gesellschafter** ist in § 10 Abs. 2a Satz 2 Nr. 4 und Nr. 5 KWG geregelt. Als besonders einflussreiche Gesellschafter werden solche angesehen, denen mehr als 25 % des Kapitals oder der Stimmrechte zustehen. Der Abzug dieser Kredite erfolgt unter der **Nebenbedingung**, dass diese nicht banküblich gesichert sind oder nicht marktmäßig verzinst werden. Damit soll die indirekte Rückgewähr des Eigenkapitals durch Kreditgewährung zu **Sonderkonditionen** an Gesellschafter oder sonstige Eigentümer verhindert werden, die besonderen Einfluss auf das Institut haben.

[1324] Vgl. ausführlich Bellavite-Hövermann/Hintze/Luz/Scharpf, 61 ff.

Ist die Nebenbedingung des § 10 Abs. 2a Satz 2 Nr. 4 oder Nr. 5 KWG (nicht marktmäßige Bedingungen, nicht bankübliche Sicherung) nicht gegeben, sind die Kredite an diesen Gesellschafterkreis nicht abzuziehen.[1325]

Ist hingegen zwischen **Kreditierung** und Aufbringung von Eigenmitteln ein **finaler Zusammenhang** festzustellen, so scheidet eine Berücksichtigung der fraglichen Positionen bei den Eigenmitteln bereits aufgrund des Verbots der Eigenfinanzierung aus, ohne dass es auf die Tatbestandsvoraussetzungen des § 10 Abs. 2a Satz 2 Nr. 4 KWG ankommt.

Zu den verschiedenen Arten von Krediten iSd. § 19 Abs. 1 KWG hat die BaFin mit Schreiben vom 8.4.1986 hinsichtlich des Abzugs nach § 10 KWG Stellung genommen.[1326] Normalerweise ist hier nur die Erfassung von Krediten geboten, die sich auf der Aktivseite der Bilanz niederschlagen und damit die Kapitaleinzahlung aufheben. Relevant sind aber auch **Haftungsübernahmen**, die der Kreditaufnahme von Gesellschaftern bei anderen Instituten dienen. **Kreditzusagen** führen dagegen nicht zum Abzug. Ausgenommen sind auch Forderungen aus reinen **Zahlungsverkehrsvorgängen**.[1327] Im selben Schreiben ist die Ansicht der BaFin zum Abzug von Krediten an Kreditnehmereinheiten dargestellt.

Der **Abzugsbetrag** richtet sich grundsätzlich nach der Höhe der Inanspruchnahme des Kredits. Wegen weiterer Einzelheiten wird auf das Schreiben der BaFin (vormals BAKred) vom 8.4.1986 verwiesen.[1328]

Das Institut hat der BaFin und der Deutschen Bundesbank unverzüglich jeden Kredit **anzuzeigen**, der nach § 10 Abs. 2 Satz 2 Nr. 4 oder 5 KWG abzuziehen ist (§ 10 Abs. 8 KWG). Dabei hat es die gestellten Sicherheiten und die Kreditbedingungen anzugeben. Werden die gestellten Sicherheiten oder die Kreditbedingungen rechtsgeschäftlich geändert, hat unverzüglich eine erneute Anzeige zu erfolgen. Dabei sind die entsprechenden Änderungen anzugeben.

Das Institut muss bei der Frage, ob die Konditionen für die den Anteilseignern bzw. stillen Gesellschaftern gewährten Kredite marktgerecht sind, alle für die Konditionengestaltung wesentlichen Gesichtspunkte - wie bspw. Art und Größe des Kredits sowie Bonität des Kreditnehmers - und die durch sorgfältige Untersuchungen festgestellten jeweiligen Marktverhältnisse zum Vergleich heranziehen.

[1325] Zu den marktmäßigen Bedingungen sowie zur banküblichen Besicherung vgl. Bellavite-Hövermann/Hintze/Luz/Scharpf, 64 f.
[1326] Vgl. CMBS 4.202.
[1327] Vgl. wegen weiterer Einzelheiten Bellavite-Hövermann/Hintze/Luz/Scharpf, 65 f.
[1328] Vgl. CMBS 4.202.

Dem Abschlussprüfer obliegt es, das Urteil des Instituts auf seine Vertretbarkeit hin zu überprüfen und im **Prüfungsbericht** hierzu eingehend Stellung zu nehmen.[1329] Als objektiven Anhaltspunkt für die Beurteilung der Marktmäßigkeit der Konditionen kann der Prüfer dabei die in der Zinsstatistik der Deutschen Bundesbank veröffentlichten Angaben zugrunde legen, die nach Kreditart und Laufzeit differenziert sind.

5.2.7.5.4. Anzeigepflichten im Zusammenhang mit Beteiligungen

Unmittelbare Beteiligungen

Institute haben der BaFin und der Deutschen Bundesbank die Übernahme und die Aufgabe einer **unmittelbaren** Beteiligung an einem anderen Unternehmen sowie Veränderungen in der Höhe der Beteiligung anzuzeigen (§ 24 Abs. 1 Nr. 3 KWG). Die Meldepflicht erfasst sämtliche in- und ausländischen Unternehmen, unabhängig davon, ob sie dem Finanzsektor angehören oder nicht.[1330]

Als unmittelbare Beteiligung iSd. § 24 Abs. 1 Nr. 3 KWG gilt das Halten von mindestens 10 % des Kapitals oder der Stimmrechte des Unternehmens. Veränderungen dieser Beteiligungen sind anzuzeigen, wenn durch die Änderungen folgende Schwellenwerte über- oder unterschritten werden: 20 %, 33 % und 50 % Anteil am Kapital oder an den Stimmrechten oder wenn das Unternehmen ein Tochterunternehmen iSd. § 1 Abs. 7 KWG wird oder nicht mehr ist (§ 9 Abs. 2 AnzV). Die Anzeigen sind bei jeder Über- oder Unterschreitung abzugeben, auch wenn sie bereits früher gemeldet worden sind.[1331]

Die BaFin verzichtet bis auf weiteres auf die Anzeige von Beteiligungen, deren Nennwert den Gegenwert von 50.000 ECU nicht überschreitet, sofern die Beteiligung höchstens 20 % der Kapitalanteile oder Stimmrechte ausmacht.[1332]

Daneben ist nach § 9 Abs. 1 Satz 2 AnzV jeweils auf den 31. Dezember eine **Sammelanzeige** der unmittelbaren Beteiligungen abzugeben. Hierfür besteht eine Frist bis zum 15. Juni des Folgejahres.

Dabei kommt es weder auf den bilanziellen Ausweis, noch auf die Höhe des Beteiligungsbuchwerts an. Gleiches gilt für die Beteiligungsabsicht. Anteile, die zB im Rahmen einer Kapitalerhöhung oder einer Börsenplatzierung nur vorübergehend übernommen werden, sind danach zu melden, wenn die Beteiligungsquote von 10 % überschritten wird. In die Ermittlung der **Beteiligungsquote** sind - anders als nach § 10 Abs. 6

[1329] Vgl. BAKred-Schreiben vom 8.4.1986, CMBS 4.202.
[1330] Vgl. Bellavite-Hövermann, 20 ff.
[1331] Einzelheiten vgl. Rundschreiben 7/98 des BAKred v. 26.5.1998, CMBS 2.04.a.
[1332] Vgl. Rundschreiben 7/98 des BAKred v. 26.5.1998, CMBS 2.04.a.

Satz 1 KWG - nicht nur die dem **Anlagebuch** zugeordneten Anteile einzubeziehen, sondern auch alle Anteile, die im **Handelsbuch** gehalten werden.[1333]

Beteiligungen in Form einer **stillen Gesellschaft** sind für sich allein nicht meldepflichtig, selbst wenn sie als atypische stille Gesellschaft ausgestaltet sind. Sie vermitteln unabhängig von der Form der Ausgestaltung der stillen Gesellschaft keine Anteile an dem Unternehmen. Stille Gesellschaften sind allerdings dann meldepflichtig, wenn sie ggf. in Verbindung mit anderen Beteiligungen (gesellschaftsrechtlichen Anteilen) mindestens 10 % der Stimmrechte am Beteiligungsunternehmen vermitteln.[1334]

Treuhänderisch gehaltene Anteile oder Stimmrechte sind sowohl dem Treugeber als auch dem Treuhänder zuzurechnen. Bei der Anzeige ist auf das Treuhandverhältnis hinzuweisen.

Zu den meldepflichtigen Beteiligungen zählen auch Unterbeteiligungen an Beteiligungen anderer Unternehmen. Das unterbeteiligte Institut muss seine Unterbeteiligung anzeigen, soweit diese zusammen mit anderen direkten Beteiligungen oder treuhänderisch gehaltenen Beteiligungen die Beteiligungsquote von 10 % bzw. die für die Änderungsanzeigen maßgeblichen Quoten übersteigt.

Mittelbare Beteiligungen

Mittelbare Beteiligungen sind nicht nach § 24 Abs. 1 Nr. 3 KWG anzeigepflichtig. Für mittelbare Beteiligungen ist eine **Sammelanzeige** gemäß § 24 Abs. 1a Satz 1 Nr. 1 KWG nach dem Stand vom 31.12. zu erstatten. Für diese Sammelanzeige besteht eine Frist bis zum 15.06. des Folgejahres (§ 14 AnzV).

Anzuzeigende mittelbare Beteiligungen sind Anteile am Kapital oder an Stimmrechten in Höhe von mindestens 10 %, vermittelt auf jeder Stufe durch ein Tochterunternehmen iSd. § 1 Abs. 7 KWG (§ 14 Abs. 2 Satz 1 Nr. 1 iVm. Abs. 3 AnzV).

Die mittelbar gehaltenen Kapitalanteile oder Stimmrechte sind den mittelbar beteiligten Unternehmen jeweils in vollem Umfang zuzurechnen (§ 14 Abs. 2 Satz 2 AnzV). Auf Verlangen der BaFin oder der zuständigen Hauptverwaltung der Deutschen Bundesbank sind in diese Aufstellung auch die mittelbaren Beteiligungen nach § 14 Abs. 2 Satz 1 Nr. 2 AnzV aufzunehmen.[1335]

[1333] Vgl. Boos/Fischer/Schulte-Mattler, § 10 KWG Rn. 35.
[1334] Vgl. Rundschreiben 7/98 des BAKred v. 26.5.1998, CMBS 2.04.a.
[1335] Einzelheiten vgl. Rundschreiben 7/98 des BAKred v. 26.5.1998, CMBS 2.04.a.

5.2.7.5.5. Nicht realisierte Reserven

Nach § 10 Abs. 2b Satz 1 Nr. 7 KWG können dem Ergänzungskapital die im Anhang des letzten festgestellten Jahresabschlusses ausgewiesenen nicht realisierten Reserven nach Maßgabe des § 10 Abs. 4a und 4c KWG bei Anlagebuchpositionen in Höhe von 35 % des Unterschiedbetrags zwischen Buchwert (zuzüglich Vorsorgereserven) und

- dem Kurswert bei Wertpapieren, die an einer Wertpapierbörse zum Handel zugelassen sind,
- dem nach § 11 Abs. 2 BewG festzustellenden Wert (gemeiner Wert) bei nicht notierten Wertpapieren, die Anteile an zum Verbund der Kreditgenossenschaften oder der Sparkassen gehörenden Kapitalgesellschaften mit einer Bilanzsumme von mindestens 20 Mio. DEM verbriefen,

zugerechnet werden. Wegen Einzelheiten wird auf Kapital 5.2.5.5. verwiesen.

Nicht realisierte Reserven in Beteiligungen können angerechnet werden, sofern sie in **notierten Wertpapieren** verbrieft sind. Dies gilt auch für den Fall, dass Beteiligungen an Kredit- und Finanzdienstleistungsinstituten und Finanzunternehmen gemäß § 10 Abs. 6 KWG zugleich vom haftenden Eigenkapital abgezogen werden.

Voraussetzung für die Nutzung nicht realisierter Reserven in **Verbundanteilen** ist ua., dass die Kapitalanteile verbrieft sind. Damit werden Verbundunternehmen in der Rechtsform der Aktiengesellschaft erfasst. Die BAFin hat mit nicht veröffentlichtem Schreiben vom 31.3.1999 Vorschaltholdinggesellschaften, die Beteiligungen an Verbundunternehmen halten, auch in der Rechtsform der GmbH als vom Regelungsinhalt des § 10 Abs. 2b Satz 1 lit. b) KWG erfasst angesehen.

5.2.7.5.6. Eigenmittelausstattung von Institutsgruppen

Beteiligungen, die als Tochterunternehmen iSd. § 1 Abs. 7 KWG zu qualifizieren sind, die selbst Institute, Finanzunternehmen oder Unternehmen mit bankbezogenen Hilfsdiensten sind, sind sog. nachgeordnete Unternehmen iSd. § 10a KWG und damit in die **bankaufsichtliche Zusammenfassung** (Konsolidierung) als Institutsgruppe einzubeziehen. Institutsgruppen müssen insgesamt - ebenso wie jedes einzelne Institut - angemessene Eigenmittel haben.[1336]

Tochterunternehmen iSd. § 1 Abs. 7 KWG sind Unternehmen, die als Tochterunternehmen iSd. § 290 HGB gelten oder auf die ein beherrschender Einfluss ausgeübt werden kann, ohne dass es auf die Rechtsform und den Sitz ankommt. Soweit ein

---

[1336] Ausführlich zur bankaufsichtlichen Konsolidierung vgl. Bellavite-Hövermann/Hintze/Luz/Scharpf, 22 f. mwN.

Unternehmen nicht als Tochterunternehmen iSd. § 290 HGB gilt, ist es ungeachtet dessen trotzdem als Tochterunternehmen iSd. § 1 Abs. 7 KWG zu qualifizieren, wenn die Möglichkeit eines beherrschenden Einflusses besteht (zB Personalunion in den Organen).

Die bankaufsichtliche Zusammenfassung auf Gruppenebene ist von der **handelsrechtlichen Konsolidierung** unabhängig. Die haftenden Eigenmittel werden dabei ohne Berücksichtigung der in der handelsrechtlichen Konzernbilanz ausgewiesenen Kapitalbestandteile ermittelt. Die Ermittlung der Eigenmittel auf Gruppenebene vollzieht sich vielmehr durch Zusammenfassung (Addition) der Eigenmittel der in die Institutsgruppe bzw. Finanzholdinggruppe einzubeziehenden Unternehmen nach den Regeln des § 10a Abs. 6 KWG (Vollkonsolidierung) bzw. nach § 10a Abs. 7 KWG (Quotenkonsolidierung). Damit können bspw. die in der Konzernbilanz abweichend von der Summe der Einzelbilanzen gebildeten Vorsorgereserven nach § 340f HGB nicht als haftendes Eigenkapital berücksichtigt werden. Berücksichtigungsfähig ist allein die Summe der in den Bilanzen der einzelnen Institute gebildeten Vorsorgereserven.

5.2.7.5.7. Groß- und Millionenkreditvorschriften

Die im Aktivposten 7. ausgewiesenen Bilanzaktiva stellen grundsätzlich Kredite iSd. § 19 KWG dar, soweit § 20 KWG hiervon keine Ausnahmen vorsieht. Insoweit sind bezüglich dieser Kredite die Groß- und Millionenkreditvorschriften zu beachten (Einzelheiten vgl. Kapitel 5.2.4.6.).

Zu beachten ist, dass **Anteile an anderen Unternehmen** unabhängig von ihrem Bilanzausweis **nicht** als Kredite iSd. § 14 KWG gelten (§ 20 Abs. 6 Nr. 3 KWG). Zu den Anteilen an anderen Unternehmen zählen insbesondere Aktien, Beteiligungen und Genossenschaftsanteile. Genussrechte und nachrangige Forderungen sowie Vermögenseinlagen typischer und atypischer stiller Gesellschafter werden dagegen von der Ausnahmeregelung nicht erfasst und sind damit meldepflichtig.[1337]

5.2.7.6. Prüfung des Postens

Es sind die für Beteiligungen üblichen Prüfungshandlungen durchzuführen. Es ist insbesondere darauf zu achten, dass die in diesem Posten ausgewiesenen Beträge die Voraussetzungen des § 18 RechKredV sowie des § 271 HGB erfüllen.

Der **Nachweis** erfolgt durch vertragliche Unterlagen, Depotauszüge, Handelsregisterauszüge, Bestätigungen der Beteiligungsgesellschaften ua. Die Bestandsnachweise sind auf Vollständigkeit und Richtigkeit zu prüfen. Diese sind auch mit der der Vollständig-

---

[1337] Vgl. Boos/Fischer/Schulte-Mattler, § 20 KWG Rn. 42.

keitserklärung ggf. anzuhängenden Liste abzugleichen. Bei Durchsicht dieser Unterlagen ist darauf zu achten, ob Optionsgeschäfte oder sonstige Nebenabreden vereinbart sind.

Im Zusammenhang mit den Bestandnachweisen ist auch darauf zu achten, ob noch **nicht voll eingezahlte Anteile** an Kapital- oder Personenhandelsgesellschaften bestehen.

Soweit **Unternehmensverträge** iSd. §§ 291 und 292 AktG (Beherrschungsverträge, Ergebnisabführungsverträge, Gewinngemeinschaften, Teilgewinnabführungsverträge, Betriebsverpachtungs- oder -überlassungverträge) bestehen, ist festzustellen, ob diese wirksam abgeschlossen wurden.

Soweit es Unternehmen gibt, die von dem geprüften Institut abhängig sind, ist Einsicht in den **Abhängigkeitsbericht** zu nehmen. Hierbei ist festzustellen, ob ggf. Rückstellungen wegen Nachteilsausgleich (§ 311 AktG) zu bilden sind.

Bezüglich der im Geschäftsjahr **neu erworbenen Anteile** ist festzustellen, ob diese aus der Umwandlung von (eingefrorenen) Krediten resultieren bzw. ob die Angemessenheit des Kaufpreises geprüft wurde.

Soweit **Bestimmungen des Gesellschaftsvertrags** bzw. der Satzung des bilanzierenden Instituts bei Erwerb oder Veräußerung von Beteiligungen zu beachten sind, ist die Einhaltung dieser Bestimmungen zu prüfen. Dies gilt auch für mittelbar erworbene Beteiligungen.

Zur Beurteilung der zutreffenden **Bewertung** müssen ggf. die Satzungen bzw. die Gesellschaftsverträge sowie die Jahresabschlüsse und Lageberichte der Beteiligungsunternehmen eingesehen werden. Bei wesentlichen Beteiligungen ist auch in die Prüfungsberichte Einsicht zu nehmen. Aufgrund dieser Unterlagen muss die Werthaltigkeit des Beteiligungsansatzes beurteilt werden. Hierbei kann ggf. auch auf Ergebnisse der Kreditprüfung zurückgegriffen werden.

Die Buchung der **Beteiligungserträge** ist zu prüfen.

Bezüglich Beteiligungen in **Fremdwährung** ist § 340h HGB zu beachten (vgl. Kapitel 4.8.). Dabei ist besonders darauf zu achten, ob sich aufgrund von Wechselkursänderungen nachhaltige Wertminderungen ergeben haben.

Verfügungsbeschränkungen sind festzuhalten. Über Art und Umfang von Verfügungsbeschränkungen ist im Rahmen der Darstellung der Vermögenslage im Prüfungsbericht zusammenfassend zu berichten (§ 14 Abs. 2 Nr. 1 PrüfbV).

Es ist darüber hinaus zu prüfen, ob das Institut die nach dem AktG und dem WpHG erforderlichen **Meldungen** ihrer Beteiligungen an andere Unternehmen über die Beteiligungshöhe (Erhöhung, Verminderung) gemacht hat.

Die **personellen Verflechtungen** zwischen dem geprüften Institut und den Beteiligungsunternehmen sind im Hinblick auf erforderliche Anzeigen zu prüfen.

Die diesen Posten betreffenden **bankaufsichtlichen Besonderheiten** sind zu prüfen. Hier empfiehlt es sich, die für den allgemeinen Teil des Prüfungsberichts notwendigen Daten und Informationen festzuhalten.

Es ist auch festzustellen, ob eine Einbeziehungspflicht in die **bankaufsichtliche Zusammenfassung** nach § 10a KWG besteht.

Die Einhaltung des § 12 KWG ist zu prüfen und im Prüfungsbericht zu dokumentieren (§ 52 PrüfbV). Dabei ist festzustellen, ob sich eine Überschreitung ggf. im Rahmen der Zustimmung der BaFin gehalten hat und ob das Einlagenkreditinstitut die nach § 12 Abs. 1 Satz 5 KWG vorgeschriebene Unterlegung bei seinen bankaufsichtlichen Meldungen während des Berichtszeitraums durchgängig berücksichtigt hat.

Im Rahmen der Prüfung der Beteiligungen ist auch festzustellen, ob die **Abzüge vom haftenden Eigenkapital** gemäß § 10 Abs. 6 KWG zutreffend vorgenommen und die **Anzeigepflichten** des § 24 KWG beachtet wurden.

Von der **Internen Revision** angefertigte Revisionsberichte sollten eingesehen werden. Hieraus lassen sich ggf. Erkenntnisse für die Prüfung des Jahresabschlusses gewinnen.

Der **Prüfungsbericht** muss die in § 48 PrüfbV verlangten Angaben enthalten:

- Darstellung im Vergleich mit dem Vorjahr,
- Erläuterung der Zusammensetzung,
- Hinweis auf wesentliche stille Reserven (Kursreserven, Einlösereserven).

§ 49 Nr. 6 PrüfbV verlangt darüber hinaus:

- Die Angabe der gehaltenen Beteiligungen unter Nennung des jeweiligen
  - Buch- und ggf. Nennwerts,
  - prozentualen Anteils am Kapital (Nennkapital, Summe der Kapitalanteile),
  - der Veränderungen gegenüber dem Vorjahr (Zu- und Abgänge, Zu- und Abschreibungen),

  soweit diese Angaben nicht in der Zusammenstellung nach § 26 Abs. 5 Satz 1 und 2 PrüfbV enthalten sind.
- Die aus der einzelnen Beteiligung im Berichtsjahr vereinnahmten Erträge, wenn sich dies nicht aus einer Anlage zum Prüfungsbericht ergibt.
- Für Bausparkassen zusätzlich:
  - Angabe des prozentualen Anteils der Beteiligung am haftenden Eigenkapital der Bausparkasse, und
  - Feststellung, ob die Erfordernisse des § 4 Abs. 1 Nr. 6 BauSparkG erfüllt sind.

- Für Hypothekenbanken zusätzlich:
  - Feststellung, ob die Voraussetzungen des § 5 Abs. 1 Nr. 7 HBG für den Erwerb vorlagen einschließlich der
  - Angabe der für den Gesamtbetrag aller Beteiligungen vorgeschriebenen Höchstgrenze.
- Für Schiffpfandbriefbanken zusätzlich:
  - Feststellung, ob die Voraussetzungen des § 5 Abs. 1 Nr. 9 Schiffsbankgesetz für den Erwerb vorlagen einschließlich der
  - für den Gesamtbetrag aller Beteiligungen sowie solcher an ausländischen Schiffsfinanzierungsinstituten vorgeschriebenen Höchstgrenzen.

Nach § 22 Abs. 3 PrüfbV ist der Ansatz **nicht realisierter Reserven** als haftendes Eigenkapital auf seine Richtigkeit zu prüfen, im Prüfungsbericht zu erläutern und zu beurteilen. Dies erfolgt üblicherweise zusammengefasst im Allgemeinen Teil des Prüfungsberichts.

Im Prüfungsbericht von Einlagenkreditinstituten sind die **Unternehmen außerhalb des Finanzsektors** nach Firma und Sitz aufzulisten, bei denen der Anteilsbesitz des Einlageninstituts während des Berichtszeitraums die Schwelle des § 12 Abs. 1 Satz 1 KWG überstiegen hat (§ 52 Abs. 2 PrüfbV). Dabei ist jeweils der Stand der Beteiligung (Nennkapital, Summe der Kapitalanteile, Stimmrechte) am Bilanzstichtag anzugeben. Die Anteile, die nicht dazu bestimmt waren, durch Herstellung einer dauernden Verbindung dem eigenen Geschäftsbetrieb zu dienen, sowie die Anteile, die unter § 64a KWG fallen, sind in je einem Darunter-Vermerk abzugrenzen; die Einschätzung durch das Institut ist auf ihre Stichhaltigkeit zu beurteilen.

Für die Berichterstattung im Allgemeinen Teil des Prüfungsberichts ist im Rahmen der **Darstellung der Liquiditätslage** auf die Angabepflichten des § 26 Abs. 5 PrüfbV hinzuweisen.

Darüber hinaus empfiehlt es sich, folgende Angaben zu machen:

- Hinweis auf die Erfüllung der Mitteilungspflichten nach dem AktG, WpHG und KWG,
- Ausweis- und Bewertungsänderungen gegenüber dem Vorjahr.

In den Fällen, in denen entgegen der Beteiligungsvermutung (Anteil 20 %) Anteilsbesitz nicht im Bilanzposten „Beteiligungen" ausgewiesen ist, sollte der Abschlussprüfer aufklärende Ausführungen im Prüfungsbericht machen.[1338]

Darüber hinaus empfiehlt es sich, die für den Anhang relevanten Angaben im Prüfungsbericht zu nennen.

[1338] Vgl. BAK-Schreiben v. 3.7.1975, CMBS 16.08.

5.2.8. Anteile an verbundenen Unternehmen (Aktiva 8)

5.2.8.1. Postenbezeichnung

Die Postenbezeichnung nach dem Formblatt 1 lautet:

*8. Anteile an verbundenen Unternehmen
darunter
an Kreditinstituten ... Euro
an Finanzdienstleistungsinstituten ... Euro*

Der Aktivposten „8. Anteile an verbundenen Unternehmen" ist für alle Kredit- und Finanzdienstleistungsinstitute iSv. § 1 KWG einheitlich geregelt.

Mit der Zweiten Verordnung zur Änderung der RechKredV vom 11.12.1998 wurde die Postenbezeichnung um einen weiteren Darunter-Vermerk *„an Finanzdienstleistungsinstituten"* ergänzt.

5.2.8.2. Posteninhalt

5.2.8.2.1. RechKredV

Die RechKredV enthält für den Posteninhalt des Aktivpostens 8. keine Regelungen. Mithin sind für den Postenausweis die allgemein geltenden Regelungen des HGB maßgeblich.

5.2.8.2.2. Voraussetzungen für den Postenausweis

5.2.8.2.2.1. Begriff der verbundenen Unternehmen

Verbundene Unternehmen sind solche Unternehmen, die als Mutter- oder Tochterunternehmen (§ 290 HGB) in den Konzernabschluss eines Mutterunternehmens nach den Vorschriften über die Vollkonsolidierung einzubeziehen sind, das als oberstes Mutterunternehmen den am weitesten gehenden Konzernabschluss aufzustellen hat, auch wenn die Aufstellung unterbleibt, oder das einen befreienden Konzernabschluss nach § 291 HGB oder nach einer nach § 292 HGB erlassenen Rechtsverordnung aufstellt oder aufstellen könnte (§ 271 Abs. 2 HGB).

Die zwei Unternehmen können dabei zueinander in einem Mutter-Tochter-Verhältnis stehen, aber bspw. auch Tochterunternehmen eines gemeinsamen Mutterunternehmens sein. Wann ein Unternehmen ein Mutter- oder Tochterunternehmen ist, bestimmt sich nach § 290 HGB. Tochterunternehmen, die nach § 295 HGB oder § 296 HGB nicht einbezogen werden, sind ebenfalls verbundene Unternehmen.

Die Anteile können, müssen aber nicht in Wertpapieren verkörpert sein.[1339] Es kommen in Betracht: Aktien, GmbH-Anteile, Einlagen persönlich haftender Gesellschafter und Kommanditeinlagen, Beteiligungen als stiller Gesellschafter oder Genossenschaftsanteile.[1340]

Die von einem Kreditinstitut gehaltenen Anteile am eigenen Mutterunternehmen sind ebenfalls als Anteile an verbundenen Unternehmen auszuweisen.

Überschneidet sich der Begriff des „verbundenen Unternehmens" mit dem der „Beteiligung" iSd. § 271 Abs. 1 HGB, gehören also Unternehmensanteile sowohl zu der einen als auch zu der anderen Gruppe, hat die Zuordnung zum Aktivposten „8. Anteile an verbundenen Unternehmen" Vorrang.

5.2.8.2.2.2. Anteile des Umlaufvermögens

Entgegen der Handhabung bei Beteiligungen müssten nach dem strengen Wortlaut des § 271 Abs. 2 HGB, der nicht auf die Dauerhalteabsicht abstellt, grundsätzlich sämtliche Aktien (auch solche des Handelsbestands) von verbundenen Unternehmen im Aktivposten „8. Anteile an verbundenen Unternehmen" ausgewiesen werden, denn die Funktion der Wertpapiere bei dem bilanzierenden Unternehmen ist anders als bei dem Aktivposten „7. Beteiligungen" unerheblich.

Andererseits „*würde der Ausweis von Anteilen des Umlaufvermögens in dieser Position den Informationswert des Jahresabschlusses verfälschen*".[1341] Daher empfiehlt es sich, Anteile an verbundenen Unternehmen, die dem Handelsbestand (bzw. der Liquiditätsreserve, soweit es solche bei verbundenen Unternehmen gibt) zuzurechnen sind, und bei denen es sich um Wertpapiere iSd. § 7 RechKredV handelt im Aktivposten „6. Aktien und andere nicht festverzinsliche Wertpapiere" auszuweisen. Nicht börsennotierte Anteile an verbundenen Unternehmen sind nach Bieg[1342] dem Aktivposten „15. Sonstige Vermögensgegenstände" zuzuordnen. Die von Bieg vertretene Ansicht kann aufgrund der Gesetzessystematik nur dahingehend verstanden werden, dass Anteile an verbundenen Unternehmen, bei denen es sich nicht um Wertpapiere iSd. § 7 RechKredV handelt und die dem Handelsbestand bzw. der Liquiditätsreserve zuzurechnen sind (falls es solche überhaupt gibt), unter den sonstigen Vermögensgegenständen zu zeigen sind.

[1339] Vgl. WPH Bd. I 2000 F Tz. 166.
[1340] Vgl. WPH Bd. I 2000 F Tz. 166.
[1341] Vgl. Bieg (1998), 259.
[1342] Vgl. Bieg (1998), 259.

5.2.8.2.2.3. Bildung einer Rücklage nach § 272 Abs. 4 Satz 4 HGB

Nach § 272 Abs. 4 HGB ist eine Rücklage für eigene Anteile mit dem Betrag zu bilden, der dem auf der Aktivseite der Bilanz für die eigenen Anteile anzusetzenden Betrag entspricht. Diese Rücklage ist nach § 272 Abs. 4 Satz 4 HGB auch für Anteile eines herrschenden oder eines mit Mehrheit beteiligten Unternehmens zu bilden. Das Bestehen einer beherrschenden Stellung oder mehrheitlichen Beteiligung richtet sich nach den aktienrechtlichen Regeln der §§ 16, 17 AktG; eine wechselseitige Beteiligung (§ 19 AktG) wird nur erfasst, wenn zugleich §§ 16 und 17 AktG erfüllt sind.

Aufgrund des Normzwecks setzt die Bildung der Rücklage für eigene Anteile einen entgeltlichen Erwerb der Anteile bzw. Anschaffungskosten voraus.

5.2.8.2.3. Darunter-Vermerke

Entsprechend dem Ausweis im Aktivposten „7. Beteiligungen" sind im Aktivposten „8. Anteile an verbundenen Unternehmen" ebenfalls zwei Darunter-Vermerke vorgesehen. Wegen Einzelheiten vgl. Kapitel 5.2.7.2.3.

5.2.8.3. Bewertung

Anteile an verbundenen Unternehmen sind mit den Anschaffungskosten zu bewerten, soweit nicht Abschreibungen nach § 253 Abs. 2 Satz 3 HGB in Betracht kommen. Wegen weiterer Einzelheiten wird auf die Ausführungen zu Beteiligungen in Kapitel 5.2.7.3. verwiesen.

5.2.8.4. Anhangangaben

Im Anhang sind die gleichen Angaben zu machen wie zum Aktivposten „7. Beteiligungen" (Anlagenspiegel, Aufstellung des Anteilsbesitzes, Aufgliederung der börsenfähigen Wertpapiere usw.). Wegen Einzelheiten vgl. Kapitel 5.2.7.4.

Darüber hinaus kommen Angaben nach § 284 Abs. 2 Nr. 1 und 3 HGB zu den angewandten **Bilanzierungs- und Bewertungsmethoden** infrage. **Abweichungen** hiervon müssen ebenfalls angegeben und begründet werden; ihr Einfluss auf die Vermögens-, Finanz- und Ertragslage ist gesondert darzustellen.

5.2.8.5. Bankaufsichtliche Besonderheiten

Bezüglich der **Begrenzung bedeutender Beteiligungen**, des **Abzugs von Krediten** an maßgebliche Kapitaleigner und stille Gesellschafter vom Kernkapital und **Beteiligun-**

gen vom haftenden **Eigenkapital**, der **Anzeigepflichten** sowie der Anrechnung **nicht realisierter Reserven** als haftendes Eigenkapital wird auf die Ausführungen in Kapitel 5.2.7.5. verwiesen.

Tochterunternehmen iSd. § 1 Abs. 7 KWG, die selbst Institute, Finanzunternehmen oder Unternehmen mit bankbezogenen Hilfsdiensten sind, sind sog. nachgeordnete Unternehmen iSd. § 10a KWG und damit in die **bankaufsichtliche Zusammenfassung** (Konsolidierung) als Institutsgruppe einzubeziehen. Institutsgruppen müssen insgesamt - ebenso wie jedes einzelne Institut - angemessene Eigenmittel haben.[1343] Wegen weiterer Einzelheiten wird auf Kapitel 5.2.7.5.6. verwiesen.

Die im Aktivposten 7. ausgewiesenen Bilanzaktiva stellen grundsätzlich Kredite iSd. § 19 KWG dar, soweit § 20 KWG hiervon keine Ausnahmen vorsieht. Insoweit sind bezüglich dieser Anteile (Kredite) grundsätzlich die **Groß- und Millionenkreditvorschriften** zu beachten (Einzelheiten vgl. Kapitel 5.2.4.6.).

Zu beachten ist, dass Anteile an anderen Unternehmen (vgl. Kapitel 5.2.7.5.7.) unabhängig von ihrem Bilanzausweis **nicht** als Kredite iSd. § 14 KWG gelten (§ 20 Abs. 6 Nr. 3 KWG). Diese Anteile sind damit im Rahmen der Millionenkreditanzeigen nicht zu berücksichtigen.

5.2.8.6. Prüfung des Postens

Die Prüfung des Postens „8. Anteile an verbundenen Unternehmen" orientiert sich an der Prüfung des Postens „7. Beteiligungen" (vgl. Kapitel 5.2.7.6.).

Zusätzlich ist zu prüfen, ob für die von einem Institut gehaltenen Anteile eines herrschenden oder mit Mehrheit beteiligten Unternehmens die **Rücklage für eigene Aktien** nach § 272 Abs. 4 Satz 4 HGB gebildet worden ist.

Der **Prüfungsbericht** muss die in § 48 PrüfbV verlangten Angaben enthalten:

- Darstellung im Vergleich mit dem Vorjahr,
- Erläuterung der Zusammensetzung,
- Hinweis auf wesentliche stille Reserven (Kursreserven, Einlösereserven).

[1343] Ausführlich zur bankaufsichtlichen Konsolidierung vgl. Bellavite-Hövermann/Hintze/Luz/Scharpf, 22 f. mwN.

§ 49 Nr. 7 PrüfbV verlangt darüber hinaus:

- Die Angabe der einzelnen Anteile unter Nennung des jeweiligen
  - Buch- und ggf. Nennwerts
  - prozentualen Anteils am Kapital (Nennkapital, Summe der Kapitalanteile) sowie
  - der Änderungen ggü. dem Vorjahr (Zu-/Abgänge, Zu-/Abschreibungen) soweit diese Angaben nicht in der Zusammenstellung nach § 26 Abs. 5 Satz 1 und 2 PrüfbV enthalten sind.
- Die Angabe der aus der einzelnen Beteiligung im Berichtsjahr vereinnahmten Erträge, wenn sich dies nicht aus einer Anlage zum Prüfungsbericht ergibt.

Nach § 22 Abs. 3 PrüfbV ist der Ansatz **nicht realisierter Reserven** als haftendes Eigenkapital auf seine Richtigkeit zu prüfen, im Prüfungsbericht zu erläutern und zu beurteilen. Dies erfolgt üblicherweise zusammengefasst für sämtliche Neubewertungsreserven im Allgemeinen Teil des Prüfungsberichts.

Im Prüfungsbericht von **Einlagenkreditinstituten** sind die Unternehmen außerhalb des Finanzsektors nach Firma und Sitz aufzulisten, bei denen der Anteilsbesitz des Einlageninstituts während des Berichtszeitraums die Schwelle des § 12 Abs. 1 Satz 1 KWG überstiegen hat (§ 52 Abs. 2 PrüfbV). Dabei ist jeweils der Stand der Beteiligung (Nennkapital, Summe der Kapitalanteile, Stimmrechte) am Bilanzstichtag anzugeben. Die Anteile, die nicht dazu bestimmt waren, durch Herstellung einer dauernden Verbindung zum eigenen Geschäftsbetrieb zu dienen, sowie die Anteile, die unter § 64a KWG fallen, sind in je einem Darunter-Vermerk abzugrenzen; die Einschätzung durch das Institut ist auf ihre Stichhaltigkeit zu beurteilen.

Für die Berichterstattung im Allgemeinen Teil des Prüfungsberichts ist im Rahmen der **Darstellung der Liquiditätslage** auf die Angabepflichten des § 26 Abs. 5 PrüfbV hinzuweisen.

Darüber hinaus empfiehlt es sich, folgende Angaben zu machen:

- Hinweis auf die Erfüllung der Mitteilungspflichten nach dem AktG, WpHG und KWG,
- Ausweis- und Bewertungsänderungen gegenüber dem Vorjahr,
- Nennung der für den Anhang relevanten Angaben.

5.2.9. Treuhandvermögen (Aktiva 9)

5.2.9.1. Postenbezeichnung

Die Postenbezeichnung nach dem Formblatt lautet:

> 9. *Treuhandvermögen*
> *darunter:*
> *Treuhandkredite ... Euro*

Der Aktivposten „9. Treuhandvermögen" ist für alle Kredit- und Finanzdienstleistungsinstitute iSv. § 1 KWG einheitlich geregelt.

Weder mit der Ersten noch mit der Zweiten Verordnung zur Änderung der RechKredV wurde der Postenausweis im Bilanzformblatt geändert.

5.2.9.2. Posteninhalt

5.2.9.2.1. RechKredV

Der Posteninhalt ist in § 6 RechKredV geregelt. Mit der Zweiten Verordnung zur Änderung der RechKredV wurde in § 6 Abs. 1 Satz 1 und Abs. 3 jeweils das Wort „Kreditinstitut" durch das Wort „Institut" ersetzt. Diese Änderung berücksichtigt die Einbeziehung der Finanzdienstleistungsinstitute in die RechKredV. Sie sieht den sowohl Kreditinstitute als auch Finanzdienstleistungsinstitute umfassenden Begriff „Institut" vor.

5.2.9.2.2. Voraussetzungen für den Postenausweis

Der Gesamtbetrag der Vermögensgegenstände, die ein Institut im **eigenen Namen, aber für fremde Rechnung** hält, ist in seine Bilanz aufzunehmen und unter dem Aktivposten „9. Treuhandvermögen" auszuweisen. Es handelt sich um Vermögensgegenstände, bei denen das Eigentum bei einem Dritten (Treugeber) liegt, das Institut aber im eigenen Namen handelt. Dabei beschränkt sich die **Haftung** auf das sog. Verwaltungsrisiko, dh. das Abweichen von Weisungen des Treugebers.

Der Darunter-Vermerk „Treuhandkredite" ist auch dann erforderlich, wenn der hier auszuweisende Betrag dem Gesamtbetrag des Aktivpostens 9. entspricht. Wegen weiterer Einzelheiten wird auf die Ausführungen in Kapitel 3.3. verwiesen.

Der Passivposten „4. Treuhandverbindlichkeiten" ist in derselben Höhe auszuweisen wie der Aktivposten „9. Treuhandvermögen". Dies ergibt sich aus dem Wesen der

Treuhandverhältnisse. Entsprechendes gilt jeweils auch für die Darunter-Vermerke „Treuhandkredite".

Hierunter fallen in erster Linie treuhänderisch gehaltene Beteiligungen und Treuhandkredite (früher: durchlaufende Kredite, vgl. die nachfolgenden Ausführungen); es sind aber auch treuhänderisch gehaltene Wertpapiere oder Grundstücke möglich.

Werden bspw. bei einem **Treuhand-Rahmenvertrag** sog. Treuhandgelder vor Erfüllung der Auflagen aus dem Treuhandvertrag (zB hinsichtlich der Besicherung) an den Endkreditnehmer ausgezahlt, stellen diese Kredite **Zwischenkredite** an den Kunden dar. Sie dürfen damit nicht im Aktivposten „9. Treuhandvermögen" ausgewiesen werden; der Ausweis muss vielmehr im Aktivposten „4. Forderungen an Kunden" erfolgen (vgl. auch Kapitel 5.2.4.2.2.6.). Dies ist damit zu begründen, dass das Kreditinstitut in einem derartigen Fall bis zur Erfüllung der Auflagen das wirtschaftliche Risiko (Ausfallrisiko) trägt.[1344]

Sog. **Verwaltungskredite**, dh. Kredite, die in fremdem Namen und für fremde Rechnung gewährt werden, sind nicht zu bilanzieren. Nach § 6 Abs. 3 RechKredV dürfen Treuhandgeschäfte, im fremden Namen und für fremde Rechnung nicht in die Bilanz aufgenommen werden (Vollmachtstreuhand). Bei Verwaltungskrediten handelt es sich um eine solche Vollmachtstreuhand.

Verwaltet ein Institut treuhänderisch **Gesellschaftsanteile**, führt dies bilanzrechtlich nicht zu einer Beteiligung oder zu einer Unternehmensverbindung gemäß § 271 Abs. 2 HGB (verbundene Unternehmen).[1345] Es fehlt an der Beteiligungsabsicht.

5.2.9.2.3. Darunter-Vermerk „Treuhandkredite"

Treuhandkredite, dh. Kredite, die ein Kreditinstitut im eigenen Namen aber für fremde Rechnung gewährt hat, und bei denen die ausgeliehenen Mittel dem bilanzierenden Kreditinstitut vom Auftraggeber zur Verfügung gestellt wurden und sich die Haftung des bilanzierenden Kreditinstituts auf die ordnungsgemäße Verwaltung der Ausleihungen und die Abführung der Zins- und Tilgungszahlungen beschränkt, sind in der Bilanz im Vermerk „darunter: Treuhandkredite" auszuweisen. Als **Schuldner** gilt bei Treuhandkrediten die Stelle, an die das bilanzierende Kreditinstitut die Gelder unmittelbar ausreicht.

Das Kreditinstitut gewährt den (Treuhand-) Kredit zwar in eigenem Namen, hat auch den Kreditvertrag mit dem Kreditnehmer selbst abzuschließen, handelt aber ansonsten nur für Rechnung des Treugebers, dh. die vom Treugeber erhaltenen Beträge werden an

---

[1344] Vgl. Bergmann ua., B.II.9., 45.
[1345] Vgl. Roß, 187.

den Kreditnehmer weitergeleitet und für den Treugeber verwaltet. Das Kreditinstitut trägt mithin kein - auch nicht ein teilweises - Kreditrisiko aus dem Kreditverhältnis. Es haftet aber für die ordnungsgemäße, dem Treuhandvertrag entsprechende Kreditgewährung sowie für die ordnungsgemäße Verwaltung der Kredite durch die Überwachung der Sicherheiten und die termingerechte Einziehung und Abführung der Zins- und Tilgungsbeträge. Entscheidend ist, dass die Kredite nicht, auch nicht teilweise, unter Eigenrisiko ausgereicht werden, dh. das Kreditinstitut darf keinerlei Ausfallrisiko aus dem Kreditverhältnis mit dem Endkreditnehmer tragen. Trägt das Kreditinstitut hingegen ein (auch nur teilweises) Ausfallrisiko aus dem einzelnen Kreditverhältnis, wird man i.d.R. nicht mehr von einem Handeln „für fremde Rechnung" ausgehen können.[1346]

Trägt das Kreditinstitut über die ordnungsgemäße Verwaltung des Engagements hinaus ein Eigenrisiko oder werden die Mittel vom Auftraggeber nicht voll zur Verfügung gestellt, handelt es sich um originäre Forderungen des Kreditinstituts, die - entsprechend dem Schuldner - im Aktivposten 3. oder 4. auszuweisen sind.

Übernimmt das Kreditinstitut im Rahmen des Treuhandkreditgeschäfts beispielsweise eine **Bürgschaft** bzw. Garantie, ist unerheblich, ob es sich wirtschaftlich um einen **First Loss** handelt oder ob sich die Bürgschaft bzw. Garantie auf einen bestimmten Prozentsatz des Kredits beschränkt. Handelt es sich wirtschaftlich um einen Frist Loss, ist zweifelsfrei, dass es sich nicht um Treuhandkredite iSd. § 6 RechKredV handeln kann; das Kreditinstitut hat hier ein eigenes Kreditrisiko übernommen. Bezieht sich die Bürgschaft bzw. Garantie auf einen **bestimmten Prozentsatz** (zB 10 %) **eines jeden einzelnen** an den Endkreditnehmer weitergereichten **Kredit** gilt vom Ergebnis her nach der hier vertretenen Ansicht ebenfalls nichts anderes. Treuhandkredite sind Geld- oder Sachdarlehen, die ein Institut aus Mitteln, die ihm ein Dritter zur Verfügung stellt, im eigenen Namen, aber für fremde Rechnung gewährt, unter der Voraussetzung, dass sich die Haftung des Treuhänders auf die ordnungsgemäße Verwaltung der Darlehen und die Abführung der Zins- und Tilgungsleistungen beschränkt.[1347] Bei einer weitergehenden Haftung des durchleitenden Instituts, die sich nicht auf die ordnungsgemäße Verwaltung der Ausleihungen und die Abführung der Zins- und Tilgungsleistungen an den Treugeber beschränkt, besteht ein Weiterleitungskredit; das weiterleitende Kreditinstitut hat hier mehr als nur die treuhänderische Haftung übernommen.[1348] Entscheidend ist, dass das weiterleitende Kreditinstitut die Kredite unter Eigenrisiko ausgereicht hat. Es handelt sich mithin bei einer solchen Bürgschafts- bzw. Garantieübernahme nicht mehr um Treuhandkredite, sondern um Weiterleitungskredite, die in der Bilanz nicht als Treuhandkredite gezeigt werden können.

[1346] Vgl. Krumnow ua., 2. Aufl., § 6 RechKredV, Rn. 24.
[1347] So Deutsche Bundesbank, Merkblatt für die Abgabe der Groß- und Millionenkreditanzeigen nach §§ 13 bis 14 KWG, September 1998, abgedruckt in: Reischauer/Kleinhans, Kza. 148, 58, Gliederungspunkt 1.1.10.).
[1348] Vgl. Deutsche Bundesbank, Merkblatt für die Abgabe der Groß- und Millionenkreditanzeigen nach §§ 13 bis 14 KWG, September 1998, abgedruckt in: Reischauer/Kleinhans, Kza. 148, 58, Gliederungspunkt 1.1.10.).

Die beiden Darunter-Vermerke zum Aktivposten 9. und zum Passivposten 4. müssen ebenso wie die Bilanzposten gleich hoch sein. Soweit Mittel für die Gewährung von Treuhandkrediten am Bilanzstichtag zwar aufgenommen, aber noch nicht an den Endkreditnehmer weitergeleitet wurden, sind diese unter den Verbindlichkeiten zu zeigen; die aus der vorübergehenden Anlage stammenden Gelder, Wertpapiere usw. sind den entsprechenden Aktivposten zuzuordnen.[1349]

§ 6 Abs. 2 RechKredV sieht keine weitere Untergliederung der Treuhandkredite vor; da sie jedoch Teil des Gesamtbetrags des Treuhandvermögens und der Treuhandverbindlichkeiten sind, sind sie gemäß § 6 Abs. 1 RechKredV nach den Aktiv- und Passivposten des Bilanzformblatts aufzugliedern.

5.2.9.3. Bewertung

Die Bewertung von Treuhandvermögen bzw. Treuhandverbindlichkeiten ist gesetzlich nicht geregelt. Einzelheiten vgl. Kapital 3.3. Im Regelfall wird die Bewertung zu Anschaffungskosten bzw. zum Nennwert erfolgen.

Bei drohender Inanspruchnahme wegen nicht vertragsgemäßer Verwaltung des Treuhandvermögens ist ggf. eine Rückstellung zu bilden.

5.2.9.4. Anhangangaben

Der Gesamtbetrag des Aktivpostens „9. Treuhandvermögen" ist im Anhang nach den betroffenen Aktivposten aufzugliedern (§ 6 Abs. 1 Satz 2 RechKredV). Unterposten der Bilanz sind neben den sog. Hauptposten ebenfalls „Posten des Formblatts". Daher genügt nicht nur eine Aufgliederung nach den Hauptposten des Formblatts; die Aufgliederung bezieht sich vielmehr auch auf die Unterposten der Bilanz.[1350] Die Aufgliederung nach den Darunter-Vermerken ist nicht erforderlich, allerdings auch nicht untersagt.

Obwohl nach § 6 Abs. 2 RechKredV keine weitere Untergliederung der Treuhandkredite vorgesehen ist, sind diese, da sie Teil des Gesamtbetrags des Treuhandvermögens und der Treuhandverbindlichkeiten sind, gemäß § 6 Abs. 1 RechKredV ebenfalls nach den Aktiv- und Passivposten des Bilanzformblatts aufzugliedern.[1351]

[1349] Vgl. WPH Bd. I 2000 J Tz. 67.
[1350] Vgl. WPH Bd. I 2000 J Tz. 66; aA Krumnow ua., 2. Aufl., § 6 RechKredV Rn. 22.
[1351] So jedenfalls WPH Bd. I 2000 J Tz. 67.

Anzugeben ist auch der Gesamtbetrag der Vermögensgegenstände und der Gesamtbetrag der Schulden, die auf **Fremdwährung** lauten (§ 35 Abs. 1 Nr. 6 RechKredV).

5.2.9.5. Bankaufsichtliche Besonderheiten

5.2.9.5.1. Treuhandkredite

Bei Treuhandkrediten (§ 1 Abs. 6 GroMiKV) berücksichtigt nur der Treugeber, der die Mittel dem Treuhänder zur Durchleitung an den Einzelkreditnehmer zur Verfügung stellt, den Kredit für die Zwecke der §§ 13 bis 14 KWG, und zwar als Kredit an den Einzelkreditnehmer (§ 12 GroMiKV).[1352]

Obwohl bei einem Treuhandkredit formal zwei Kreditverhältnisse (Treugeber - Treuhänder; Treuhänder - Endkreditnehmer) vorliegen, trägt nur der Treugeber das Kreditrisiko. Entsprechend diesem Sachverhalt fingiert § 12 GroMiKV auch lediglich einen Kredit des Treugebers an den Endkreditnehmer als Kredit für die Zwecke der §§ 13 bis 14 KWG. § 12 GroMiKV ist nur anwendbar, wenn sämtliche Vorgaben des Treugebers eingehalten werden. Zur Behandlung bei den Groß- und Millionenkreditanzeigen wird auf das „Merkblatt für die Abgabe der Groß- und Millionenkreditanzeigen nach §§ 13 bis 14 KWG" der Deutschen Bundesbank verwiesen.[1353]

Die BaFin hat klargestellt, dass der Kredit im Rahmen der Millionenkreditanzeigen erst mit der Auszahlung der Gelder an den Endkreditnehmer zu berücksichtigen ist.[1354] Die Bereitstellung der Gelder auf dem Treuhandkonto ist entsprechend der Regelung in § 49 Nr. 2 GroMiKV, wonach Kreditzusagen nicht als Kredite für Zwecke des § 14 KWG gelten, für den Millionenkreditbereich nicht anzeigerelevant. Dies gilt auch dann, wenn dem Endkreditnehmer die Auszahlung der Gelder bereits verbindlich zugesagt worden ist.

Bei der **Auszahlung** von Treuhandkrediten **vor Erfüllung der Auflagen** handelt der Treuhänder auf eigene Rechnung und muss deshalb zunächst einen eigenen Kredit an den Endkreditnehmer anzeigen. Formal gesehen müsste der Treugeber zusätzlich einen Kredit an den Treuhänder anzeigen, wenn er im Fall der Insolvenz des Treuhänders kein Aussonderungsrecht hat, sondern auf die Konkursmasse angewiesen ist.[1355] Dies ist dem Treugeber jedoch nur dann möglich, wenn er Kenntnis von der Auszahlung des Kredits vor Erfüllung der Auflagen hat.

[1352] Vgl. auch Merkblatt der Deutschen Bundesbank für die Abgabe der Groß- und Millionenkreditanzeigen nach §§ 13 bis 14 KWG; CMBS 2.11.b, 435 f.

[1353] Vgl. Deutsche Bundesbank, Merkblatt für die Abgabe der Groß- und Millionenkreditanzeigen nach §§ 13 bis 14 KWG, September 1998, abgedruckt in: Reischauer/Kleinhans, Kza. 148, 58, Gliederungspunkt 1.1.10.).

[1354] Vgl. Erläuterungen zu § 12 GroMiKV, CMBS 2.11.a.

[1355] So jedenfalls Boos/Fischer/Schulte-Mattler, § 14 KWG Rn. 29.

Die bloße **Zurverfügungstellung der Gelder auf einem Treuhandkonto** ist entsprechend § 49 Nr. 2 GroMiKV nicht anzeigepflichtig.[1356] Die Anzeigepflicht entsteht - wie oben bereits erwähnt - erst durch die Auszahlung an den Endkreditnehmer.

5.2.9.5.2. Weiterleitungskredite

Für **Weiterleitungskredite** gilt Folgendes: Der Kreditgeber (A), der die Mittel dem weiterleitenden Kreditgeber (B) zur Verfügung stellt, hat einen Kredit an den weiterleitenden Kreditgeber (B) anzuzeigen. Der weiterleitende Kreditgeber (B) zeigt den Kredit an denjenigen Kreditnehmer (C) an, an den er die Gelder unmittelbar ausreicht, auch wenn dieser Kreditnehmer (C) die Mittel an einen Endkreditnehmer (D) weiterleitet.[1357]

Im **Grundsatz I** sind bei Weiterleitungskrediten nur die Teilbeträge aufzunehmen, für die das meldende Institut das Kreditrisiko trägt, damit das Risiko nicht überzeichnet wird.

5.2.9.6. Prüfung des Postens

Es ist darauf zu achten, dass die ausgewiesenen Beträge die Anforderungen des § 6 RechKredV erfüllen. Der aktivisch ausgewiesene Betrag muss dem passivisch ausgewiesenen Betrag entsprechen.

Der **Nachweis** von Treuhandkrediten ergibt sich aus den zu führenden Saldenlisten, die mit dem Treugeber abzustimmen sind. Anderes Treuhandvermögen wie bspw. Beteiligungen wird anhand vertraglicher Unterlagen belegt.

Die Prüfung der Unterscheidung, ob Kredite als **Treuhandkredite** oder als Forderungen an Kunden bzw. Kreditinstitute auszuweisen sind, erfolgt anhand der Kreditunterlagen. In diesem Zusammenhang ist auch festzustellen, ob die Treuhandkredite in zutreffender Weise im Rahmen des **Anzeige- und Meldewesens** behandelt werden.

Es ist insbesondere festzustellen, ob das Institut das Treuhandvermögen entsprechend den vertraglichen Vereinbarungen verwaltet hat. Bestehen Anzeichen, dass die Treugeber Ansprüche an das Institut wegen nicht ordnungsgemäßer Verwaltung des Treuhandvermögens stellen können, ist eine Rückstellung zu bilden.

Bei **Finanzportfolioverwaltern** ist im Hinblick auf die Qualifikation des verwalteten Vermögens als Treuhandvermögen eine Beurteilung der Vertragsverhältnisse mit den

---

[1356] Vgl. Boos/Fischer/Schulte-Mattler, § 14 KWG Rn. 29.
[1357] Vgl. auch Deutsche Bundesbank, Merkblatt für die Abgabe der Groß- und Millionenkreditanzeigen nach §§ 13 bis 14 KWG, September 1998, abgedruckt in: Reischauer/Kleinhans, Kza. 148, 58, Gliederungspunkt 1.1.10.).

Kunden vorzunehmen.[1358] Dabei ist die reine **Verwaltungstreuhand** (handeln in fremdem Namen und für fremde Rechnung) von der **Ermächtigungstreuhand** (handeln in eigenem Namen und für fremde Rechnung) abzugrenzen. Da bei Letzterer das Treuhandvermögen in eigenem Namen und für fremde Rechnung gehalten wird, kann hinsichtlich der für dieses Treuhandvermögen getätigten Anschaffungs- und Veräußerungsgeschäfte eine Qualifikation als Finanzkommissionsgeschäft iSd. § 1 Abs. 1 Satz 2 Nr. 4 KWG und damit eine Einordnung des Instituts als Kreditinstitut infrage kommen. Sollte dies der Fall sein, kann eine Anzeige nach § 29 Abs. 3 KWG erforderlich werden. Der Sachverhalt ist stets im Prüfungsbericht darzustellen.

Der **Prüfungsbericht** muss die in § 48 PrüfbV verlangten Angaben enthalten:

- Darstellung im Vergleich mit dem Vorjahr,
- Erläuterung der Zusammensetzung.

Weitere Angaben im Prüfungsbericht werden von der PrüfbV nicht verlangt.

Es empfiehlt sich, die für den Anhang relevanten Angaben im Prüfungsbericht darzustellen.

[1358] Vgl. IDW PS 520 Rn. 20, FN 2001, 426.

5.2.10. Ausgleichsforderungen gegen die öffentliche Hand einschließlich Schuldverschreibungen aus deren Umtausch (Aktiva 10)

5.2.10.1. Postenbezeichnung

Die Postenbezeichnung nach dem Formblatt lautet:

> *10. Ausgleichsforderungen gegen die öffentliche Hand einschließlich Schuldverschreibungen aus deren Umtausch*

Der Aktivposten „10. Ausgleichsforderungen gegen die öffentliche Hand einschließlich Schuldverschreibungen aus deren Umtausch" ist für alle Kredit- und Finanzdienstleistungsinstitute iSv. § 1 KWG einheitlich geregelt.

Die Postenbezeichnung wurde weder mit der Ersten noch mit der Zweiten Verordnung zur Änderung der RechKredV geändert.

5.2.10.2. Posteninhalt

5.2.10.2.1. RechKredV

Der Posteninhalt wird in § 19 RechKredV geregelt. Mit der Zweiten Verordnung zur Änderung der RechKredV vom 11.12.1998 wurde in § 19 RechKredV das Wort „berichtende" durch das Wort „bilanzierende" ersetzt. Es handelt sich hierbei um eine redaktionelle Klarstellung.

Hier sind sowohl Ausgleichsforderungen aus der Währungsreform 1948 als auch aus der Währungsunion 1990 gemäß § 40 DMBilG auszuweisen.

5.2.10.2.2. Voraussetzungen für den Postenausweis

5.2.10.2.2.1. Ausgleichsforderungen aus den Währungsumstellungen 1948 und 1990

Im Aktivposten 10. sind die **Ausgleichforderungen aus der Währungsumstellung von 1948**[1359] sowie **Ausgleichforderungen gegenüber dem Ausgleichsfonds Währungsumstellung**[1360] auszuweisen (§ 19 Satz 1 RechKredV). Die Forderungen werden sukzessive getilgt.

[1359] Vgl. ausführlich Birck/Meyer, II 241.
[1360] Zu näheren Ausführungen zu den Ausgleichsforderungen vgl. Elkart/Pfitzer, 1 ff.

Die Forderungen resultieren aus der Tatsache, dass bei beiden Währungsumstellungen insbesondere Forderungen der Kreditinstitute mit einem höheren Prozentsatz abgewertet wurden als die Verbindlichkeiten. Um den sich hieraus ergebenden Verlust an haftendem Eigenkapital zu verhindern, wurden den Kreditinstituten Ausgleichsforderungen gegen die öffentliche Hand eingeräumt.[1361]

Obwohl nach dem Wortlaut des § 19 Satz 2 RechKredV bei einem Dritterwerb lediglich Schuldverschreibungen in diesem Posten auszuweisen sind, sehen Krumnow ua.[1362] keinen Grund, nicht auch erworbene Ausgleichsforderungen hier auszuweisen, zumal dies nach altem Recht auch für die Ausgleichsforderungen aus der Währungsumstellung 1948 gelten hat.

Die **Ausgleichsforderungen von 1948** sind im Regelfall mit 3 % verzinsliche Schuldbuchforderungen gegen die öffentliche Hand. Sie werden seit dem 1.1.1956 halbjährlich nachträglich zum 30.6. und 31.12. mit 0,5 % zuzüglich ersparter Zinsen getilgt. Die normale Laufzeit endete danach am 31.12.2002.

Die **Ausgleichsforderungen von 1990** bestehen gegenüber dem Ausgleichsfonds Währungsumstellung. Der Ausgleichsfonds Währungsumstellung (Anstalt des öffentlichen Rechts) beruht auf dem DDR-Gesetz über die Errichtung des Ausgleichsfonds Währungsumstellung vom 13.9.1990[1363]. Bei den Ausgleichsforderungen gegenüber dem Ausgleichsfonds Währungsumstellung handelt es sich um die den Geldinstituten und Außenhandelsbetrieben der ehemaligen DDR aufgrund der Währungsumstellung zugeteilten Forderungen.

Rückständige Zinsen sind zusammen mit der Kapitalforderung auszuweisen. Ebenso die am Bilanzstichtag fälligen, aber erst im neuen Jahr erhaltenen **Tilgungsraten**.

5.2.10.2.2.2. In Schuldverschreibungen umgewandelte Ausgleichsforderungen

Hierzu zählen auch **Schuldverschreibungen des Ausgleichsfonds Währungsumstellung**, die aus der Umwandlung gegen ihn gerichteter Ausgleichsforderungen entstanden sind, unabhängig davon, ob das bilanzierende Institut die Schuldverschreibungen aus dem Umtausch eigener Ausgleichsforderungen oder als Erwerber von einem anderen Institut oder einem Außenhandelsbetrieb erlangt hat (§ 19 Satz 2 RechKredV).[1364]

Im Zuge der Währungsunion von 1990 bestand für Kreditinstitute in den neuen Bundesländern als Inhaber solcher Ausgleichsforderungen die Möglichkeit, diese in handelbare

---

[1361] Vgl. Bieg (1998), 260.
[1362] Vgl. Krumnow ua., 2. Aufl., § 19 RechKredV Rn. 2.
[1363] Vgl. GBl. I, 1487.
[1364] Vgl. auch BAK-Schreiben v. 1.11.1991, CMBS 16.24.

Schuldverschreibungen des Ausgleichsfonds Währungsumstellung umzutauschen (§ 8 Abs. 2 BUZAV).

Die hier trotz ihres Wertpapiercharakters auszuweisenden Schuldverschreibungen des Ausgleichsfonds Währungsumstellung stammen aus der Umwandlung von Ausgleichsforderungen. Die Umwandlung ist auf Antrag der Gläubiger der Ausgleichsforderungen vorzunehmen. Die Schuldverschreibungen sind Wertpapiere iSd. § 7 Abs. 1 RechKredV. Der Ausweis im Aktivposten 10. geht dem Ausweis im Aktivposten 5. vor.

5.2.10.2.2.3. Verpfändung von Ausgleichsforderungen

Soweit Ausgleichsforderungen an ein anderes Institut mit der Maßgabe der unbeschränkten Weiterverpfändung (zB für die Kreditaufnahme seitens dieses anderen Instituts) verpfändet wurden, ist ein entsprechender Vermerk im Passivposten „1. Eventualverbindlichkeiten, c) Haftung aus der Bestellung von Sicherheiten für fremde Verbindlichkeiten" erforderlich.

5.2.10.2.2.4. Gekündigte Ausgleichsforderungen

Soweit in Schuldverschreibungen umgewandelte Ausgleichsforderungen gegenüber dem Ausgleichsfonds Währungsumstellung gekündigt werden, stellt sich die Frage, in welchem Aktivposten diese auszuweisen sind. Nach § 20 RechKredV sind fällige Schuldverschreibungen grundsätzlich im Aktivposten „15. Sonstige Vermögensgegenstände" auszuweisen. Unter „fällig" werden Schuldverschreibungen verstanden, wenn sie am auf den Bilanzstichtag folgenden Geschäftstag einlösbar sind.

Alternativ können die in Schuldverschreibungen umgewandelten Ausgleichsforderungen nach der hier vertretenen Ansicht zum Bilanzstichtag auch weiterhin im Aktivposten „10. Ausgleichsforderungen gegen die öffentliche Hand einschließlich Schuldverschreibungen aus deren Umtausch" ausgewiesen werden. Dies wird mit der in § 19 RechKredV festgelegten Sonderstellung der Ausgleichsforderungen begründet, denn auch in Schuldverschreibungen umgewandelte Ausgleichsforderungen werden nicht im Aktivposten „5. Schuldverschreibungen und andere festverzinsliche Wertpapiere", sondern weiterhin im Aktivposten 10. erfasst. Insoweit stellt § 19 RechKredV sowohl gegenüber § 16 RechKredV als auch gegenüber § 20 RechKredV **Lex specialis** dar. Nach dem Sinn und Zweck des § 19 RechKredV ist zu schließen, dass Ausgleichsforderungen grundsätzlich in einem eigenen Posten auszuweisen sind.

Erfolgt der Ausweis von gekündigten und fälligen Schuldverschreibungen aus Ausgleichsforderungen weiterhin im Aktivposten 10., ist eine **Anhangangabe** erforderlich, in der das Volumen und der Fälligkeitstermin der betroffenen Schuldverschreibungen darzustellen ist.

5.2.10.3. Bewertung

Nach Art. 8 § 4 Abs. 4 der Anlage 1 zu dem Vertrag über die Schaffung einer Währungs-, Wirtschafts- und Sozialunion vom 18.5.1990[1365] sind die Forderungen gegen den Ausgleichsfond in den Bilanzen zum Nennwert anzusetzen. Eine Abwertung wegen Minderverzinslichkeit kommt somit nicht in Betracht. Eine bonitätsbedingte Abwertung dürfte ebenfalls ausscheiden.

Die erworbenen Ausgleichsforderungen und Schuldverschreibungen sind mit ihren Anschaffungskosten anzusetzen (§ 255 Abs. 1 HGB).

Die Schuldverschreibungen sind im Regelfall nicht dem Handelsbestand, sondern der Liquiditätsreserve zuzurechnen.[1366] Sollen sie bis zur Tilgung gehalten werden, kommt auch eine Zuordnung zu den Wertpapieren des Anlagevermögens in Betracht.

Die in Schuldverschreibungen umgewandelten Ausgleichsforderungen sind als Inhaberpapiere fungibel und besitzen als börsennotierte Papiere einen hohen Liquiditätsgrad. Sie sind nach Ansicht der BaFin *„mit den ursprünglichen Ausgleichsforderungen nicht mehr gleichzusetzen und sollten wie vergleichbare Wertpapiere in der Bilanz nach dem Niederstwertprinzip bewertet werden."* [1367]

5.2.10.4. Anhangangaben

Wertpapiere, die dazu bestimmt sind, dauernd dem Geschäftsbetrieb zu dienen, sind dem **Anlagevermögen** zuzuordnen und nach den für das Anlagevermögen geltenden Vorschriften zu bewerten (§ 340e Abs. 1 HGB). Die in § 268 Abs. 2 HGB verlangten Angaben (Anlagenspiegel) sind für die in § 340e Abs. 1 HGB genannten Vermögensgegenstände - also auch für Wertpapiere des Anlagevermögens - im Anhang zu machen (§ 34 Abs. 3 RechKredV).

Im Anhang ist ferner der Betrag der **nicht mit dem Niederstwert bewerteten** börsenfähigen Wertpapiere anzugeben; es ist auch anzugeben, in welcher Weise die so bewerteten Wertpapiere von den mit dem Niederstwert bewerteten börsenfähigen Wertpapieren abgegrenzt worden sind (§ 35 Abs. 1 Nr. 2 RechKredV).

Darüber hinaus kommen Angaben nach § 284 Abs. 2 Nr. 1 und 3 HGB zu den angewandten **Bilanzierungs- und Bewertungsmethoden** infrage. **Abweichungen** hiervon

---

[1365] Vgl. Reischauer/Kleinhans, Kza. 930, 11.
[1366] So jedenfalls Bieg (1998), 261.
[1367] Vgl. BAK-Schreiben v. 1.11.1991, CMBS 16.24.

müssen ebenfalls angegeben und begründet werden; ihr Einfluss auf die Vermögens-, Finanz- und Ertragslage ist gesondert darzustellen.

5.2.10.5. Bankaufsichtliche Besonderheiten

Ausgleichsforderungen sind gemäß Art. 8 § 4 Abs. 1 der Anlage 1 zu dem Vertrag über die Schaffung einer Währungs-, Wirtschafts- und Sozialunion zwischen der Bundesrepublik Deutschland und der Deutschen Demokratischen Republik vom 18.5.1990[1368] wie Direktforderungen an den Bund zu behandeln.

5.2.10.6. Prüfung des Postens

Es sind die für Forderungen und Wertpapiere üblichen Prüfungshandlungen durchzuführen. Es insbesondere darauf zu achten, dass die in diesem Posten ausgewiesenen Forderungen und Schuldverschreibungen § 19 RechKredV erfüllen.

Der **Nachweis** erfolgt bei im Schuldbuch eingetragenen Ausgleichsforderungen von 1948 durch Bestätigungen über den Anfangsbestand. Tilgungen werden nicht im Schuldbuch eingetragen. Diese ergeben sich aus den Abrechnungen (Tilgung und Zinsen). Das Gleiche gilt - vorbehaltlich der endgültigen Zuteilung - auch für die Ausgleichsforderungen von 1990.

Der Ausweis ist mit den Schuldbuchauszügen, Tilgungsplänen bzw. den Abrechnungen abzustimmen. Es empfiehlt sich, anhand der Abrechnungen eine Bestandsfortschreibung vorzunehmen.

Die **Bewertung** der Ausgleichsforderungen und Schuldverschreibungen ist entsprechend der für Forderungen bzw. Wertpapiere maßgeblichen Regeln zu prüfen.

Die zu buchenden **Zinsen** sind zu ermitteln.

Verfügungsbeschränkungen bei Einzelposten sind festzuhalten. Über Art und Umfang von Verfügungsbeschränkungen ist im Rahmen der Darstellung der Vermögenslage im Prüfungsbericht zusammenfassend zu berichten (§ 14 Abs. 2 Nr. 1 PrüfbV).

[1368] Vgl. BGBl. 1990 II, 518, Reischauer/Kleinhans, Kza. 930, 10 ff..

Der **Prüfungsbericht** muss die in § 48 PrüfbV verlangten Angaben enthalten:

- Darstellung im Vergleich mit dem Vorjahr,
- Erläuterung der Zusammensetzung,
- Hinweis auf wesentliche stille Reserven (Kursreserven, Einlösereserven).

Besondere Angaben im Prüfungsbericht sind nach der PrüfbV nicht verlangt. Es empfiehlt sich jedoch, die Tilgungsbeträge und Zinsen des Geschäftsjahres darzustellen und die für den Anhang relevanten Daten und Informationen im Prüfungsbericht zu nennen.

5.2.11. Immaterielle Anlagewerte (Aktiva 11)

5.2.11.1. Postenbezeichnung

Die Postenbezeichnung lautet nach dem Formblatt 1 wie folgt:

11. Immaterielle Anlagewerte

Der Aktivposten „11. Immaterielle Anlagewerte" ist für alle Institute iSv. § 1 KWG einheitlich geregelt.

Untergliederungen bzw. Darunter-Vermerke des Postens „Immaterielle Anlagewerte" sind weder im Bilanzformblatt noch in der RechKredV vorgesehen. Nach Krumnow ua.[1369] ist für „Aktivierte Aufwendungen für die Ingangsetzung und Erweiterung des Geschäftsbetriebs" sowie für den aktivierten derivativen Geschäfts- oder Firmenwert in der Bilanz eine gesonderte Nennung zumindest in Form eines Darunter-Vermerks erforderlich.

Die Bezeichnung des Bilanzpostens wurde weder mit der Ersten noch mit der Zweiten Verordnung zur Änderung der RechKredV geändert.

5.2.11.2. Posteninhalt

5.2.11.2.1. RechKredV

Die RechKredV bestimmt nicht, was im Aktivposten 11. auszuweisen ist. Für den Bilanzausweis sind mithin die allgemeinen Vorschriften des HGB sowie § 340e Abs. 1 HGB maßgeblich.

5.2.11.2.2. Voraussetzung für den Postenausweis

Nach dem Wortlaut des Bilanzpostens („**Anlagewerte**") sind im Aktivposten 11. nur immaterielle Vermögensgegenstände auszuweisen, die dem **Anlagevermögen** zuzuordnen sind. Demzufolge sind immaterielle Vermögensgegenstände, die nicht dazu bestimmt sind, dauernd dem Geschäftsbetrieb zu dienen (**Umlaufvermögen**), dem Aktivposten „15. Sonstige Vermögensgegenstände" zuzuordnen.[1370]

[1369] Vgl. Krumnow ua., 2. Aufl., Erläuterungen zu Aktivposten Nr. 11 „Immaterielle Anlagewerte", Rn. 4.
[1370] Zur Abgrenzung materieller von immateriellen Vermögenswerten vgl. Kählert/Lange, BB 1993, 613 ff.

Für eine solche Zuordnung spricht, dass immaterielle Vermögensgegenstände des Umlaufvermögens trotz ihrer sachlichen Gleichstellung mit den immateriellen Vermögensgegenständen des Anlagevermögens **funktional** den sonstigen Vermögensgegenständen des Umlaufvermögens gleichgestellt sind. Es ist sachgerecht und aussagefähiger, erworbene oder selbst erstellte immaterielle Vermögensgegenstände des Umlaufvermögens unter den „Sonstigen Vermögensgegenständen" auszuweisen. Dies ist bspw. bei erworbenen Optionsrechten der Fall.

Bei den im Aktivposten 11. auszuweisenden erworbenen immateriellen Vermögensgegenständen des Anlagevermögens kann es sich ua. um folgende immaterielle Werte handeln, die im Übrigen auch in § 340e Abs. 1 HGB genannt sind:

- **Konzessionen und gewerbliche Schutzrechte:**
  Konzessionen, Patente, Lizenzen, Urheber- und Verlagsrechte, Warenzeichen ua.;
- **ähnliche Rechte:**
  Zuteilungsquoten, Kontingente, Syndikatsrechte, Nutzungsrechte (Wohn- und Belegungsrechte uÄ), Durchleitungs- und Wegerechte, Nießbrauchrechte, Wettbewerbsverbote, EDV-Software, Optionsrechte zum Beteiligungserwerb;
- **ähnliche Werte:**
  ungeschützte Erfindungen, Know-how, Kundenkarteien, Film- und Tonaufzeichnungen, Archive.

Lizenzen an solchen Rechten und Werten gehören ebenfalls zu den immateriellen Vermögensgegenständen.

Veränderungen (Zu- und Abgänge, Zu- und Abschreibungen) bei den immateriellen Anlagewerten sind im **Anlagenspiegel** (Anhang) darzustellen.

Auch ein entgeltlich erworbener und wahlweise aktivierter **Geschäfts- oder Firmenwert** (§ 255 Abs. 4 HGB) ist in diesen Posten aufzunehmen. Gleiches gilt für geleistete Anzahlungen auf immaterielle Anlagewerte.[1371] Den Ansatz eines Geschäfts- oder Firmenwerts regelt § 255 Abs. 4 HGB. Es handelt sich um ein Aktivierungswahlrecht. Eine Teilaktivierung ist ebenfalls zulässig.[1372]

Für immaterielle Vermögensgegenstände des Anlagevermögens, die nicht entgeltlich erworben wurden, darf ein Aktivposten nicht angesetzt werden (§ 248 Abs. 2 HGB). Für entgeltlich erworbene immaterielle Vermögensgegenstände besteht grundsätzlich Ansatzpflicht (§ 246 Abs. 1 HGB).

[1371] Vgl. WPH Bd. I 2000 J Tz. 118; Mujkanovic, BB 1994, 894; Schuhmann, StBp 1994, 50.
[1372] Vgl. WPH Bd. I 2000 E Tz. 359.

Die bilanzielle Behandlung von **EDV-Software** ist bisher nicht abschließend geklärt. Offen ist insbesondere die Frage der Einordnung als materieller (Sachanlagen) oder immaterieller Vermögenswert (Immaterielle Anlagewerte).[1373]

Insbesondere **Systemsoftware**, die der Basissteuerung der Systeme dient, weist zT einen derart engen Zusammenhang mit der Hardware auf, dass sie als Nebenkosten der Hardware-Ausstattung angesehen werden kann; ohne diese Software ist die Hardware nicht betriebsbereit. Systemprogramme bieten keine spezifischen Lösungen anwendungsbezogener Aufgaben, sondern bewirken - als Teil der technischen Grundausstattung - den Einsatz und die Koordination sämtlicher Bestandteile einer DV-Anlage) sog. Betriebssystem).[1374] Hier kommt ggf. ein Ausweis zusammen mit der Hardware im Sachanlagevermögen in Betracht.

Bei sog. **Anwenderprogrammen** ist zwischen Individual- und Standardsoftware zu unterscheiden. Von **Standardsoftware** kann man stets dann sprechen, wenn es sich um Computerprogramme vergleichbar einem Massenprodukt ohne vorgegebene Anforderungen seitens des Nutzers handelt.

Individualsoftware, die für das jeweilige Institut eigens entwickelt bzw. zugeschnitten wurde, ist grundsätzlich als immaterieller Anlagewert zu erfassen.[1375] Unter Individualsoftware versteht man Programme, die für einen speziellen Verwendungszweck eines konkreten Anwenders erstellt worden sind.[1376] Unter diese Kategorie fällt auch Standardsoftware, die umfassend an die individuellen Bedürfnisse eines Nutzers angepasst werden muss, wenn infolge der Anpassung von der Erstellung einer neuen Individualsoftware ausgegangen werden muss. Entscheidend für die Zuordnung ist mithin die Frage, wo die Trennlinie zwischen geringfügigen Programmänderungen iS von allgemeinen Anpassungs- und Installationsmaßnahmen und signifikanten Modifikationen zB des Quellcodes zu ziehen ist.[1377]

Standardisierte Anwendungssoftware kann als materieller Vermögenswert im Posten „Sachanlagen" ausgewiesen werden. Bei standardisierter Anwendungssoftware handelt es sich nach mittlerweile hM um Sachen iSd. § 90 BGB und damit um körperliche Gegenstände.

Hier ist ggf. im Einzelfall zu klären, ob die Ausgestaltung der Programme bzw. die Formulierung der Softwareverträge einen Ausweis unter den immateriellen Anlagewerten rechtfertigen. Die BaFin akzeptiert eine solche Entscheidung des Instituts, wenn der

---

[1373] Vgl. auch Treiber, DStR 1993, 887; Peter, DB 2003, 1341 ff.
[1374] Vgl. Peter, DB 2003, 1342.
[1375] GlA Wagener/Böcking/Freiling/Ernsting/Fitzner, 57.
[1376] Vgl. Peter, DB 2003, 1342.
[1377] Vgl. Peter, DB 2003, 1342.

Abschlussprüfer sie bestätigt und der BaFin keine Anhaltspunkte für einen Gestaltungsmissbrauch bekannt sind.[1378]

Für die entgeltlich erworbenen immateriellen Anlagewerte besteht grundsätzlich Aktivierungspflicht (§ 246 Abs. 1 HGB). Nicht entgeltlich erworbene immaterielle Anlagewerte dürfen dagegen nicht in der Bilanz angesetzt werden (§ 248 Abs. 2 HGB). Bei immateriellen Vermögensgegenständen des Umlaufvermögens ist es hingegen nach den allgemeinen Grundsätzen für die Bilanzierung unerheblich, ob sie entgeltlich erworben oder selbst erstellt wurden.

Immaterielle Anlagewerte unterliegen idR einer laufenden Wertminderung. Sie sind daher planmäßig abzuschreiben (§ 253 Abs. 2 HGB). Auf einen aktivierten Geschäfts- oder Firmenwert sind ebenfalls Abschreibungen vorzunehmen (§ 255 Abs. 4 Satz 2 und 3 HGB).

In diesem Posten sind auch die **„Aufwendungen für die Ingangsetzung und Erweiterung des Geschäftsbetriebs"** auszuweisen, soweit sie aktiviert werden.[1379]

5.2.11.3. Bewertung

Für die Bewertung gelten die Grundsätze für die Bewertung des Anlagevermögens. Die entgeltlich erworbenen immateriellen Anlagewerte sind mit ihren **Anschaffungskosten** anzusetzen. Soweit sie einer laufenden Wertminderung unterliegen, sind sie **planmäßig abzuschreiben**. Dabei ist die Nutzungsdauer vorsichtig zu schätzen. **Außerplanmäßige Abschreibungen** nach § 253 Abs. 2 Satz 3 HGB sind vorzunehmen, wenn eine voraussichtlich dauernde Wertminderung vorliegt.

Zuschreibungen (nach außerplanmäßigen Abschreibungen) sind grundsätzlich geboten (§ 280 HGB). Ob die Voraussetzungen für eine Zuschreibung vorliegen, muss im Einzelfall festgestellt werden; diese dürften nur in Ausnahmefällen erfüllt sein.

Der angesetzte Betrag eines **Geschäfts-** oder **Firmenwerts** ist in jedem folgenden Geschäftsjahr handelsrechtlich zu mindestens einem Viertel (pauschale Abschreibung) durch Abschreibungen zu tilgen. Die Abschreibung des Geschäfts- oder Firmenwerts kann aber auch planmäßig auf die Geschäftsjahre verteilt werden (planmäßige Abschreibung), in denen er voraussichtlich genutzt wird. Die zuletzt genannte Vorgehensweise soll es den Instituten ermöglichen, in der Handelsbilanz möglichst gleichlautend mit der Steuerbilanz abzuschreiben. Ist aber abzusehen, dass der Geschäfts- oder Firmenwert nur eine kürzere Zeit als 15 Jahre genutzt werden kann, so muss handelsrecht-

---

[1378] Vgl. BAKred-Schr. v. 28.12.1993, Reischauer/Kleinhans, Kza. 281 Nr. 18, 64.
[1379] Vgl. Krumnow ua., 2. Aufl., Erläuterung zum Aktivposten Nr. 11, Rn. 7.

lich entsprechend der kürzeren Nutzungsdauer abgeschrieben werden. Ggf. müssen auch außerplanmäßige Abschreibungen vorgenommen werden.

Bei der pauschalen Abschreibung von jährlich einem Viertel des angesetzten Betrags kann in jedem Jahr der verbleibende Restwert voll abgeschrieben werden, während bei der planmäßigen Abschreibung über einen längeren Zeitraum das Stetigkeitsgebot zu beachten ist.[1380]

5.2.11.4. Anhangangaben

Für immaterielle Anlagewerte sind die in § 268 Abs. 2 HGB (Anlagenspiegel) verlangten Angaben im Anhang zu machen (§ 34 Abs. 3 RechKredV). Wegen weiterer Einzelheiten zum **Anlagenspiegel** wird auf die Ausführungen zum Anhang verwiesen.

Wird die **Abschreibung des Geschäfts- oder Firmenwerts** nach § 255 Abs. 4 Satz 3 HGB planmäßig auf die Geschäftsjahre verteilt, in denen er voraussichtlich genutzt wird, sind im Anhang die Gründe dafür zu nennen (§ 285 Nr. 13 HGB). Unabhängig davon sind nach § 284 Abs. 2 Nr. 1 HGB die Methoden der Bilanzierung und Bewertung anzugeben.

Darüber hinaus kommen Angaben nach § 284 Abs. 2 Nr. 1 und 3 HGB zu den angewandten **Bilanzierungs- und Bewertungsmethoden** infrage. **Abweichungen** hiervon müssen ebenfalls angegeben und begründet werden; ihr Einfluss auf die Vermögens-, Finanz- und Ertragslage ist gesondert darzustellen.

5.2.11.5. Bankaufsichtliche Besonderheiten

Vom **Kernkapital** sind die im Aktivposten „Immaterielle Anlagewerte" ausgewiesenen immateriellen Vermögensgegenstände abzuziehen (§ 10 Abs. 2a Satz 2 Nr. 2 KWG). Maßgeblich ist der aktuelle buchmäßige Bestand.[1381] Ein Abzug der unter anderen Posten (zB Sonstige Vermögensgegenstände) ausgewiesenen immateriellen Vermögensgegenstände des Umlaufvermögens ist nicht vorgesehen.[1382]

Unterjährig errechnete anteilige (zB monatliche) Abschreibungen können nach Ansicht der BaFin **nicht** berücksichtigt werden, auch wenn sie tatsächlich auf den einschlägigen Hauptbuchkonten (zB monatlich) aufwandswirksam gebucht werden.[1383] Im Gegensatz zu Zu- und Verkäufen von immateriellen Vermögensgegenständen, die dynamisch

---

[1380] Vgl. WPH Bd. I 2000 E Tz. 361.
[1381] Vgl. BAKred-Schr. v. 28.12.1993, CMBS 4.248c.
[1382] Vgl. mit Begründung Scharpf (1993), 117.
[1383] AA Bellavite-Hövermann/Hintze/Luz/Scharpf, 59.

berücksichtigt werden, stellen die Abschreibungen nach Ansicht der BaFin unterjährig keinen Abfluss dar und dürfen dementsprechend nicht dynamisch gehandhabt werden. Die immateriellen Vermögensgegenstände sind insoweit unverändert als Abzugsposten anzusetzen, solange die Abschreibungen nicht durch Feststellung des Jahresabschlusses wirksam werden. Die BaFin begründet dies ua. damit, dass im Falle eines etwaigen Bilanzverlustes die dynamische Handhabung der Abschreibungen auf immaterielle Vermögensgegenstände zu einer zeitlichen Verzögerung bei der Berechnung des Kernkapitals führen würde. Die Verringerung des Aktivpostens würde bei dieser Vorgehensweise - so die BaFin - sofort wirksam, während der korrespondierende Aufwand und damit die Erhöhung des Abzugsposten „der Bilanzverlust" erst zeitversetzt mit Feststellung des Jahresabschlusses realisiert würde.

Werden im Laufe des Jahres immaterielle Anlagewerte erworben oder veräußert, wirkt sich dies sofort auf die Höhe des Abzugs aus.[1384]

Die BaFin akzeptiert bei **Standardsoftware** die Bilanzierung unter einem anderen Posten als den „Immateriellen Anlagewerten", wenn der Abschlussprüfer sie bestätigt und der BAFin keine Anhaltspunkte für einen Gestaltungsmissbrauch vorliegen.[1385] Insoweit entfällt dann ein Abzug vom haftenden Eigenkapital.

Zu den nach § 10 Abs. 2a Satz 2 Nr. 2 KWG abzuziehenden Vermögensgegenständen gehört auch ein gemäß § 269 HGB unter der Bezeichnung „Aufwendungen für die Ingangsetzung und Erweiterung des Geschäftsbetriebs" gebildeter Bilanzposten.[1386]

5.2.11.6. Prüfung des Postens

Es sind die für immaterielle Vermögensgegenstände allgemein üblichen Prüfungshandlungen durchzuführen. Es ist darauf zu achten, dass die in diesem Posten ausgewiesenen Beträge die Voraussetzungen erfüllen. Diesbezüglich wird auf die vorstehenden Ausführungen verwiesen, deren Beachtung stets zu prüfen ist.

Der zutreffende Ausweis von **Standardsoftware** ist vor dem Hintergrund der Ansicht der BaFin zur Vermeidung des Abzugs vom haftenden Eigenkapital zu prüfen und zu bestätigen.

Der **Nachweis** erfolgt anhand von Vertragsunterlagen, Rechnungen sowie aufgrund der Wertfortschreibungen in der Anlagenbuchhaltung. Die Bestandsnachweise sind auf Vollständigkeit hin zu prüfen.

[1384] Vgl. Bellavite-Hövermann/Hintze/Luz/Scharpf, 59.
[1385] Vgl. BAKred-Schr. v. 28.12.1993, CMBS 4.248c.
[1386] Vgl. Szagunn/Haug/Ergenzinger, § 10 KWG Rn. 51; BAKred-Schr. v. 28.12.1993, CMBS 4.248c.

Hinsichtlich der **Bewertung** sind die vorgenommenen planmäßigen und außerplanmäßigen Abschreibungen auf Richtigkeit und Angemessenheit zu prüfen.

Der **Prüfungsbericht** muss die in § 48 PrüfbV verlangten Angaben enthalten:

- Darstellung im Vergleich mit dem Vorjahr,
- Erläuterung der Zusammensetzung,
- Hinweis auf wesentliche stille Reserven (Kursreserven, Einlösereserven).

Besondere Angaben im Prüfungsbericht sind nach der PrüfbV nicht verlangt. Im Prüfungsbericht ist der zutreffende Ausweis von **Standardsoftware** zu bestätigen.

Es wird empfohlen, die für den Anhang geforderten Angaben im Prüfungsbericht darzustellen.

5.2.12. Sachanlagen (Aktiva 12)

5.2.12.1. Postenbezeichnung

Die Postenbezeichnung nach dem Formblatt 1 lautet wie folgt:

12. Sachanlagen

Der Aktivposten „12. Sachanlagen" ist für alle Kredit- und Finanzdienstleistungsinstitute iSv. § 1 KWG einheitlich geregelt.

Es sind im Formblatt weder Untergliederungen - wie sie bspw. in § 266 Abs. 2 A.II. HGB vorgesehen sind - noch Darunter-Vermerke zum Aktivposten „12. Sachanlagen" vorgesehen. Vor dem Hintergrund, dass die Sachanlagen bei Instituten im Regelfall keine wesentliche Bedeutung haben, ist dies sachgerecht.

Die Bezeichnung des Bilanzpostens wurde weder mit der Ersten noch mit der Zweiten Verordnung zur Änderung der RechKredV geändert.

5.2.12.2. Posteninhalt

5.2.12.2.1. RechKredV

Die RechKredV enthält, abgesehen von den Bestimmungen zum Ausweis von im Kreditgeschäft erworbenen Grundstücken und Gebäuden (§ 20 Satz 5 RechKredV), keine Bestimmungen für den Posteninhalt des Aktivpostens 12. Insoweit gelten die allgemeinen Vorschriften des HGB.[1387] Dies gilt auch für die Frage des Zeitpunkts von Zu- und Abgängen.

Mit der Zweiten Verordnung zur Änderung der RechKredV vom 11.12.1998 wurde in § 20 RechKredV ein Satz 5 eingefügt: *„Zur Verhütung von Verlusten im Kreditgeschäft erworbene Grundstücke und Gebäude dürfen, soweit sie nicht im Posten Nr. 12 „Sachanlagen" ausgewiesen sind, im Posten 15 „Sonstige Vermögensgegenstände" nur ausgewiesen werden, wenn sie sich nicht länger als fünf Jahre im Bestand des bilanzierenden Instituts befinden."*

[1387] Vgl. WPH Bd. I 2000 F Tz. 149 ff. sowie die einschlägigen Kommentierungen.

5.2.12.2.2.2. Voraussetzungen für den Postenausweis

5.2.12.2.2.2.1. Überblick

Der Posteninhalt deckt sich mit dem Bilanzposten „Sachanlagen" gemäß § 266 Abs. 2 A.II. HGB.[1388] Im Aktivposten 12. sind mithin folgende Sachanlagen auszuweisen:

- Grundstücke, grundstücksgleiche Rechte und Bauten einschließlich der Bauten auf fremden Grundstücken,
- technische Anlagen und Maschinen,
- andere Anlagen,
- Betriebs- und Geschäftsausstattung,
- geleistete Anzahlungen und Anlagen im Bau.

Der Posten umfasst praktisch das **Grundvermögen** des Instituts einschließlich der **Bauten**, soweit es dazu bestimmt ist, dauernd dem Geschäftsbetrieb zu dienen. Für Immobilien, die im Rahmen von Rettungserwerben erworben wurden, enthält § 20 Satz 5 RechKredV eine Zuordnungsfiktion.

5.2.12.2.2.2.2. Grundvermögen

Grundstücke sind alle bebauten und unbebauten Grundstücke des Instituts, die ihm gehören oder in seinem wirtschaftlichen Eigentum stehen. **Gebäude** sind zusammen mit den Grundstücken auszuweisen. Zu Letzteren rechnen auch Einrichtungen, die wirtschaftlich als Teil des Gebäudes anzusehen sind, weil sie seiner Nutzung dienen.

Erbbaurechte sind ebenfalls hier auszuweisen. Bei diesen gilt das aufgrund dieses Rechts errichtete Bauwerk als wesentlicher Bestandteil des Erbbaurechts und ist Eigentum des Erbbauberechtigten. Eine Einmalzahlung des Erbbauberechtigten stellt Anschaffungskosten des Erbbaurechts dar und gehört mithin zum Aktivposten 12. Die Abschreibung richtet sich nach der Vertragsdauer. Die Verpflichtung aus einem laufend zu entrichtenden Erbbauzins wird nicht passiviert und als Erbbaurecht insoweit auch nicht aktiviert.

Zu den **Bauten** gehören zum einen die Bürogebäude des Instituts, aber auch Kanalbauten und Außenanlagen wie Parkplätze, Straßen usw. Als Bauten auf fremden Grundstücken sind Wohn- und Geschäftsbauten auszuweisen, die aufgrund eines obligatorischen Vertrags (zB Pacht) errichtet worden sind, ohne dass dem bilanzierenden Institut ein dingliches Recht am Grund und Boden zusteht; ob diese Bauten wesentlicher Bestandteil des Grundstücks werden oder nicht, ist hierbei unerheblich.

[1388] Vgl. WPH Bd. I 2000 J Tz. 119.

Auch **Anzahlungen** auf im Bau befindliche Gebäude sowie auf gekaufte Grundstücke und Gebäude sind hier zuzuordnen.

Bereits aufgrund der Postenbezeichnung müssen die hier bilanzierten Grundstücke und Gebäude dem Anlagevermögen zuzurechnen sein. Damit sind in diesem Posten einerseits Grundstücke und Gebäude, die dem Geschäftsbetrieb bzw. der Kapitalanlage dienen, andererseits Grundstücke und Gebäude, die zur Vermeidung von Kreditverlusten erworben wurden und bei denen keine Absicht der Weiterveräußerung besteht, die also letztlich eine Kapitalanlage darstellen, auszuweisen.[1389]

Immobilien, die dem Umlaufvermögen zuzuordnen sind, sind dagegen im Aktivposten „15. Sonstige Vermögensgegenstände" auszuweisen.

Der Ausweis von **Anteilen an geschlossenen Immobilienfonds** in der Form der Bruchteilsgemeinschaft im Aktivposten „12. Sachanlagen" wird von Bergmann ua.[1390] befürwortet.

5.2.12.2.2.2.3. Leasingvermögen

Soweit dem Institut in nennenswertem Umfang Gegenstände im Rahmen von **Leasingverträgen** zuzurechnen sind, empfiehlt sich, diese beweglichen Vermögensgegenstände entweder in einem gesonderten Aktivposten oder aber im Aktivposten 15. auszuweisen.[1391] Verleaste Vermögensgegenstände dienen nicht dem eigenen Geschäftsbetrieb.

5.2.12.2.2.2.4. Betriebs- und Geschäftsausstattung

Als **Betriebs- und Geschäftsausstattung** sind neben den beweglichen Anlagegegenständen, wie zB Büroeinrichtung, Kraftfahrzeuge, Kantinen- und Kücheneinrichtungen, Büromaschinen einschließlich Personalcomputer und EDV-Anlagen, auch die sog. Betriebsvorrichtungen zu erfassen. **Standardsoftware** kann ebenfalls im Aktivposten 12. ausgewiesen werden. Zur Betriebs- und Geschäftsausstattung rechnen auch **bauliche Veränderungen an fremden Gebäuden** (Aus-, Ein- und Umbauten).

5.2.12.2.2.2.5. Rettungserwerbe

Mit § 20 Satz 5 RechKredV wird der Ausweis der Rettungserwerbe von Immobilien explizit geregelt. Solche Grundstücke und Gebäude waren bislang schon im Wesentli-

---

[1389] Vgl. Bieg (1998), 266.
[1390] Vgl. Bergmann ua., B. II.12., 53.
[1391] Vgl. Krumnow ua., 2. Aufl., Erläuterung zum Aktivposten Nr. 12 „Sachanlagen" Rn. 5.

chen im Aktivposten „15. Sonstige Vermögensgegenstände" ausgewiesen, doch stellt die Regelung des § 20 Satz 5 RechKredV einen einheitlichen Ausweis sicher. Der Ausweis im Aktivposten 15. wird damit, soweit nicht ein Ausweis unter den Sachanlagen erfolgt, auf solche Immobilien beschränkt, die sich nicht länger als fünf Jahre im Bestand befinden. Spätestens nach fünf Jahren ist grundsätzlich eine Umgliederung in die Sachanlagen vorzunehmen.

Ein Ausweis im Aktivposten 12. hat stets dann zu erfolgen, wenn diese Immobilien dazu bestimmt sind, dauernd dem Geschäftsbetrieb zu dienen. Dies wird durch § 20 Satz 5 RechKredV für den Fall unterstellt, dass sich die Rettungserwerbe länger als fünf Jahre im Bestand befinden.[1392]

Bei einer längeren Verweildauer wird ein Ausweis im Sachanlagevermögen erforderlich (Daueranlageabsicht). Allerdings haben die Institute jederzeit die Möglichkeit, Grundstücke und Gebäude umzuwidmen, um so einen Ausweis im Sachanlagevermögen zu verhindern. Dies sollte nach Ablauf von fünf Jahren aber nur dann geschehen, wenn die konkrete Absicht der Veräußerung besteht und diese auch mit hinreichender Verlässlichkeit in absehbarer Zeit erfolgen wird. Andernfalls wäre die Regelung in das Belieben des bilanzierenden Instituts gestellt.

Die **Erfassung** (Einbuchung) des in der Zwangsversteigerung erworbenen Grundstücks erfolgt grundsätzlich nach Erteilung des Zuschlags in der Zwangsversteigerung.[1393] Der Übergang des Eigentums am Grundstück erfolgt automatisch mit dem Wirksamwerden des Zuschlags. Der Zuschlag ist ein rechtsbegründender staatlicher Hoheitsakt, über den das Vollstreckungsgericht durch Beschluss entscheidet. Für den Fall, dass gegen den Zuschlagsbeschluss von den an der Zwangsversteigerung Beteiligten Beschwerde eingelegt worden oder zu erwarten ist, ist es zweckmäßig, die Buchung zunächst bis zur Erledigung der Beschwerde auszusetzen (Beschwerdefrist beträgt zwei Wochen).[1394] Besteht am Bilanzstichtag begründete Aussicht oder steht bei der Bilanzerstellung fest, dass einer bereits eingelegten Beschwerde stattgegeben wird, ist statt des Grundstücks noch die Forderung in die Bilanz aufzunehmen.

5.2.12.3. Bewertung

Die Bewertung erfolgt zu Anschaffungskosten. Soweit die Sachanlagen selbst erstellt worden sind, sind die Herstellungskosten maßgeblich (§ 253 Abs. 1 Satz 1 HGB). Abnutzbare Sachanlagen sind planmäßig abzuschreiben (§ 253 Abs. 2 Satz 1 HGB). Außerplanmäßige Abschreibungen müssen vorgenommen werden, wenn es sich um eine voraussichtlich dauernde Wertminderung handelt (§ 253 Abs. 2 Satz 3 HGB). Für den

---

[1392] Zu den Anschaffungskosten dieser Grundstücke vgl. Scharpf, DB 1987, 755; vgl. auch DSGV (Hrsg.), Anlage 19; Kolbinger, BB 1993, 2119 ff.
[1393] Vgl. Scharpf, DB 1987, 755; Kolbinger, BB 1993, 2119.
[1394] GlA Kolbinger, BB 1993, 2119.

Bereich der Immobilien wird allgemein die Ansicht vertreten, dass dann wenn keine konkreten Erwartungen bestehen, dass sich eine Wertminderung nicht innerhalb eines Zeitraums von drei bis fünf Jahren wieder ausgleicht, von einer Dauerhaftigkeit auszugehen ist.

Bezüglich der Ermittlung der Anschaffungs- und Herstellungskosten sowie der Vornahme von Abschreibungen gelten die allgemeinen handelsrechtlichen Bewertungsvorschriften. Insoweit ergeben sich für Institute keine Besonderheiten.

Die **Anschaffungskosten** von im Weg der Zwangsversteigerung zur **Rettung von Forderungen erworbenen Immobilien** setzen sich wie folgt zusammen:[1395]

1. Kosten der Zwangsversteigerung (Gerichtskosten, Eintragungsgebühren usw.),
2. abgelöste und übernommene Vorlasten,
3. Grunderwerbsteuer[1396] sowie
4. die durch das Grundstück gesicherte eigene Forderung einschließlich der Zinsen bis zum Zuschlag und zwar unter Berücksichtigung der Anschaffungskosten 1. bis 3. bis zur Höhe des Verkehrswerts (vorsichtig geschätzter Tageswert).[1397] Dies gilt auch für bereits wertberichtigte Forderungen.

Die vom Zuschlag bis zum Verteilungstermin zu zahlenden Zinsen sind nicht zu aktivieren, sondern als laufender Grundstücksaufwand zu buchen, denn das Eigentum geht grundsätzlich mit dem Zuschlag auf den Ersteher über.

Die im Rahmen einer **Zwangsversteigerung** zur Rettung von Forderungen erworbenen Grundstücke sind ggf. mit ihrem niedrigeren beizulegenden Wert anzusetzen. Der beizulegende Wert hat zum Zwecke der verlustfreien Bewertung retrograd zu erfolgen. Ausgangspunkt ist der voraussichtliche Verkaufspreis; dieser ist um die Vermarktungs- und Vertriebskosten (Provisionen, Inserate usw.) sowie um zukünftige Kosten für die Behebung von Mängeln und Kosten der Fertigstellung zu vermindern. Der voraussichtliche Veräußerungserlös ist aus der Sicht der Verhältnisse des Bilanzstichtags für den Zeitpunkt der voraussichtlichen Veräußerung zu schätzen.[1398] Nicht berücksichtigungsfähig sind nach Ansicht des BFH[1399] die Fixkosten des Instituts, die ohnehin anfallen würden. Schuldzinsen für die Finanzierung des Objekts können ebenfalls nicht berücksichtigt werden. Gleiches gilt für den Abzug eines Unternehmergewinns mit der Be-

---

[1395] Vgl. Scharpf, DB 1987, 756; Kolbinger, BB 1993, 2119.
[1396] Gegenleistung ist das Meistgebot einschließlich der bestehen bleibenden Rechte (§ 9 Abs. 1 Nr. 4 GrEStG). Zum Erwerb durch das Kreditinstitut gesellschaftsrechtlich verbundenen Verwertungsgesellschaften vgl. BFH-Urteil v. 8.11.2000, DB 2001, 418 sowie FinMin. Niedersachsen, Erlass v. 17.7.2001, DB 2001, 2227.
[1397] Der Verkehrswert nach § 74a ZVG stellt nicht ohne weiteres den für Bilanzierungszwecke gesuchten Verkehrswert dar.
[1398] Vgl. BFH-Urteil v. 9.11.1994, BStBl. II 1995, 336 ff., 337.
[1399] Vgl. BFH-Urteil v. 9.11.1994, BStBl. II 1995, 336 ff., 337.

gründung, dass die Erzielung eines Gewinns beim An- und Verkauf von Grundstücken durch Institute zur Rettung notleidender Kredite nicht bezweckt ist.

5.2.12.4. Anhangangaben

Für die Sachanlagen sind die in § 268 Abs. 2 HGB (Anlagenspiegel) verlangten Angaben im Anhang zu machen (§ 34 Abs. 3 RechKredV). Wegen weiterer Einzelheiten zum **Anlagenspiegel** wird auf die Ausführungen zum Anhang verwiesen.

Zum Aktivposten „12. Sachanlagen" sind nach § 35 Abs. 2 RechKredV im Anhang mit ihrem jeweiligen Gesamtbetrag anzugeben:

- die vom Kreditinstitut im Rahmen seiner eigenen Tätigkeit genutzten Grundstücke und Bauten,
- die Betriebs- und Geschäftsausstattung.

Darüber hinaus kommen grundsätzlich auch Angaben nach § 284 Abs. 2 Nr. 1 und 3 HGB zu den angewandten **Bilanzierungs- und Bewertungsmethoden** infrage. **Abweichungen** hiervon müssen ebenfalls angegeben und begründet werden; ihr Einfluss auf die Vermögens-, Finanz- und Ertragslage ist gesondert darzustellen.

5.2.12.5. Bankaufsichtliche Besonderheiten

Nach § 10 Abs. 2b Satz 1 Nr. 6 und Nr. 7 iVm. Abs. 4a bis 4c KWG können **nicht realisierte Reserven** in Wertpapieren und Immobilien als Ergänzungskapital anerkannt werden.

Dem Ergänzungskapital können die nicht realisierten Reserven bei Immobilien in Höhe von 45 % des Unterschiedsbetrags zwischen Buchwert und dem Beleihungswert zugerechnet werden. Wegen Einzelheiten vgl. die Ausführungen bei Bellavite-Hövermann/Hintze/Luz/Scharpf[1400] (vgl. auch Kapitel 5.2.5.5.1.). Für die Berücksichtigung von Rettungserwerben hat die BaFin besondere Regelungen erlassen.[1401]

5.2.12.6. Prüfung des Postens

Es sind die für Sachanlagen allgemein üblichen Prüfungshandlungen durchzuführen. Insbesondere ist darauf zu achten, dass die in diesem Posten ausgewiesenen Beträge die

---

[1400] Vgl. Bellavite-Hövermann/Hintze/Luz/Scharpf, 70 ff., 82 ff.
[1401] Vgl. BAKred-Schreiben v. 3.6.1993, CMBS 4.248.

Voraussetzungen erfüllen. Diesbezüglich wird auf die vorstehenden Ausführungen verwiesen, deren Beachtung stets zu prüfen ist.

Der **Nachweis** erfolgt mittels Vertragsunterlagen, Grundbuchauszügen, Grundbuchbenachrichtigungen, Rechnungen sowie aufgrund der Wertfortschreibungen in der Anlagenbuchhaltung. Die Bestandsnachweise sind auf Vollständigkeit hin zu prüfen. Es empfiehlt sich, für die dem Institut gehörenden Grundstücke Grundbuchauszüge bzw. Grundbuchbenachrichtigungen vorlegen zu lassen. Anhand dieser Unterlagen kann festgestellt werden, ob das Institut Eigentümer ist. Ggf. muss sich der Prüfer von dem tatsächlichen Vorhandensein der Sachanlagen durch Inaugenscheinnahme überzeugen.

Soweit **satzungsmäßige Bestimmungen** für den Erwerb, die Erweiterung und die Veräußerung zu beachten sind, ist deren Einhaltung zu prüfen.

Hinsichtlich der **Bewertung** ist festzustellen, ob die Anschaffungs- und Herstellungskosten der während des Geschäftsjahres zugegangenen Sachanlagen zutreffend ermittelt worden sind. Daneben sind die plan- und außerplanmäßigen Abschreibungen auf Richtigkeit bzw. Angemessenheit zu prüfen. In diesem Zusammenhang ist auch festzustellen, ob Zuschüsse zutreffend abgebildet wurden.

In diesem Zusammenhang sind auch die ggf. gebildeten **§ 6b-Rücklagen** zu prüfen.

Daneben sind die mit den Sachanlagen (Immobilien, Betriebs- und Geschäftsausstattung usw.) zusammenhängenden **Aufwendungen** bzw. **Erträge** (zB Mieten, Instandhaltungsaufwendungen usw.) zu prüfen.

Der **Prüfungsbericht** muss die in § 48 PrüfbV verlangten Angaben enthalten:

- Darstellung im Vergleich mit dem Vorjahr,
- Erläuterung der Zusammensetzung,
- Hinweis auf wesentliche stille Reserven.

Darüber hinaus sind nach § 49 Nr. 8 PrüfbV folgende Berichtsangaben notwendig:

- Darstellung der Entwicklung des Bestands an Grundstücken und Gebäuden unter Angabe von
  - Anfangsbestand,
  - Zugang,
  - Abgang,
  - Zuschreibung,
  - Abschreibung und
  - Endbestand.
  Auch wenn § 49 Nr. 8 PrüfbV dies nicht ausdrücklich verlangt, ist es sachgerecht, auch die Entwicklung des Bestands der Betriebs- und Geschäftsausstattung entsprechend den Grundstücken und Gebäuden darzustellen.

- Angabe der dem bankfremden Geschäft zuzurechnenden Beträge.
- Bei Bausparkassen zusätzlich:
  Angabe des Bestands der im Kreditgeschäft übernommenen Grundstücke und Gebäude sowie Feststellung, ob die Voraussetzungen des § 4 Abs. 4 BauSparG für den Erwerb vorliegen.
- Bei Hypothekenbanken zusätzlich:
  Angabe, ob die Voraussetzungen des § 5 Abs. 4 HBG für den Erwerb vorliegen.
- Bei Schiffpfandbriefbanken zusätzlich:
  Feststellung, ob die Voraussetzungen des § 5 Abs. 4 und 5 Schiffsbankgesetz für den Erwerb vorliegen.

Darüber hinaus sollten im Prüfungsbericht folgende allgemeine Angaben gemacht werden:

- Hinweise auf Ausweis- und Bewertungsänderungen ggü. dem Vorjahr.
- Angabe über evtl. Belastungen sowie über den bestehenden Versicherungsschutz.
- Angabe der auf einen Rettungserwerb zurückgehenden Immobilien unter Angabe des Verwertungsergebnisses (entsprechend § 49 Nr. 9 PrüfbV).
- Angabe der Buchgewinne und -verluste bei der Veräußerung von Sachanlagen.
- Angabe der Erträge und Aufwendungen der vermieteten Immobilien.
- Nennung der für den Anhang erforderlichen Daten und Informationen.

5.2.13. Ausstehende Einlagen (Aktiva 13)

5.2.13.1. Postenbezeichnung

Die Postenbezeichnung nach dem Formblatt 1 lautet wie folgt:

> *13. Ausstehende Einlagen auf das gezeichnete Kapital*
> *darunter:*
> *eingefordert ... Euro*

Der Aktivposten „13. Ausstehende Einlagen auf das gezeichnete Kapital" ist für alle Kredit- und Finanzdienstleistungsinstitute iSv. § 1 KWG einheitlich geregelt. Gegenüber Industrieunternehmen bestehen keine Besonderheiten. Die eingeforderten Einlagen sind in der Bilanz in einem Darunter-Vermerk „darunter: eingefordert" besonders kenntlich zu machen.

Die Bezeichnung des Bilanzposten wurde weder im Rahmen der Ersten noch der Zweiten Verordnung zur Änderung der RechKredV geändert.

5.2.13.2. Posteninhalt

5.2.13.2.1. RechKredV

Die RechKredV enthält keine Bestimmungen zum Inhalt des Aktivpostens 13. Für den Bilanzausweis gelten mithin die allgemeinen Vorschriften des § 272 Abs. 1 HGB.

5.2.13.2.2. Voraussetzungen für den Postenausweis

Als ausstehende Einlagen wird der Differenzbetrag zwischen dem gezeichneten Kapital und dem eingezahlten Kapital bezeichnet. Sie sind zu bilanzieren, weil ein Anspruch der Gesellschaft auf diese noch nicht erbrachten Einlagen besteht (§ 272 Abs. 1 HGB).

Ausstehende Einlagen auf das gezeichnete Kapital sind rechtlich Forderungen der Gesellschaft an ihre Gesellschafter. Nach § 272 Abs. 1 Satz 2 HGB sind bei Kapitalgesellschaften und damit auch bei Instituten die ausstehenden Einlagen auf das gezeichnete Kapital auf der Aktivseite gesondert auszuweisen; die davon eingeforderten Einlagen sind zu vermerken.

Wirtschaftlich stellen die ausstehenden Einlagen vor ihrer Einforderung einen Korrekturposten zum Passivposten „Gezeichnetes Kapital" dar.

Die **nicht eingeforderten** ausstehenden Einlagen dürfen auch von dem Posten „Gezeichnetes Kapital" offen abgesetzt werden; in diesem Fall ist der verbleibende Betrag als Posten „Eingefordertes Kapital" in der Hauptspalte der Passivseite auszuweisen; außerdem ist der **eingeforderte** aber noch nicht eingezahlte Betrag unter den Forderungen gesondert auszuweisen und entsprechend zu bezeichnen (§ 272 Abs. 1 Satz 3 HGB). Auch für Institute ist damit der Nettoausweis des § 272 Abs. 1 Satz 3 HGB zulässig.[1402]

Die eingeforderten Einlagen sind bei Instituten zweckmäßigerweise nicht in einem eigenen Posten, sondern unter den sonstigen Vermögensgegenständen auszuweisen.[1403]

Bei der Aktiengesellschaft können die ausstehenden Einlagen Bareinlagen und ausnahmsweise (§ 36a Abs. 2 Satz 2 AktG) auch Sacheinlagen sein. Bei der GmbH hingegen kann es sich nur um Bareinlagen handeln, weil Sacheinlagen bereits vor der Anmeldung zum Handelsregister zu bewirken sind (§§ 7 Abs. 3, 56a GmbHG).

Die ausstehenden (Bar-) Einlagen können bei der Aktiengesellschaft und der GmbH höchstens 75 % des gezeichneten Kapitals ausmachen, weil mindestens 25 % eingezahlt werden müssen (§ 36a Abs. 1 AktG; § 7 Abs. 2 GmbHG).

Wenn sich bei einer mehrgliederigen GmbH innerhalb von drei Jahren nach Eintragung in das Handelsregister alle Anteile in der Hand eines Gesellschafters oder daneben in der Hand der Gesellschaft vereinigen, sind innerhalb von drei Monaten seit der Vereinigung alle Geldeinlagen voll einzuzahlen oder Sicherheiten zu bestellen (§ 19 Abs. 4 GmbHG). Bei Nichteinhaltung dieser Verpflichtung kann die Auflösung der GmbH drohen (§ 60 Abs. 1 Nr. 6 GmbHG).

Ausstehende Einlagen auf **Vorratsaktien** (§ 56 AktG) sind ebenfalls hier auszuweisen.

Nebenleistungsansprüche gegenüber Anteilseignern (zB §§ 55, 61 AktG, § 3 Abs. 2 GmbHG), Nachschüsse (§ 42 Abs. 2 GmbHG) und Zuzahlungen gehören nicht hierher.

Ein Gesellschafter einer GmbH, der den auf die Stammeinlage eingeforderten Betrag nicht zur rechten Zeit einzahlt, ist zur Entrichtung von **Verzugszinsen** von Rechts wegen verpflichtet (§ 20 GmbHG).

Aktionäre, die den eingeforderten Betrag nicht rechtzeitig einzahlen, haben ihn vom Eintritt der Fälligkeit an mit 5 % zu verzinsen (§ 63 Abs. 2 AktG). Die Geltendmachung eines weiteren Schadens ist nicht ausgeschlossen.

[1402] Vermutlich anderer Ansicht WPH Bd. I 2000 J Tz. 120, da hier von einem Pflichtposten für Institute gesprochen wird.
[1403] Vgl. Krumnow ua., 2. Aufl., Erläuterungen zum Aktivposten Nr. 13, Rn. 1.

5.2.13.2.3. Darunter-Vermerk „eingefordert"

Der Darunter-Vermerk „eingefordert ... Euro" ist auch zu machen, wenn am Bilanzstichtag keine ausstehenden Einlagen eingefordert waren. In diesem Fall ist als Wert Null anzugeben.

Eingefordert ist das gezeichnete Kapital bei der Aktiengesellschaft dann, wenn der Vorstand zur Leistung aufgefordert hat und dies in den Gesellschaftsblättern bekannt gemacht worden ist (§ 63 Abs. 1 AktG). Die Satzung kann hiervon abweichende Regelungen enthalten. Keiner besonderen Aufforderung zur Einzahlung bedarf es, wenn die Satzung bzw. der Kapitalerhöhungsbeschluss feste Zahlungstermine vorsieht.

Bei der GmbH obliegt die Einforderung von Einzahlungen auf die Stammeinlage gemäß § 46 Nr. 2 GmbHG der Gesellschafterversammlung. Durch den Gesellschaftsvertrag können ebenfalls feste Zahlungstermine vorgesehen sein. Es ist auch möglich, dass im Gesellschaftsvertrag die Befugnis zur Einforderung auf die Geschäftsführer übertragen wird.

5.2.13.3. Bewertung

Ausstehende Einlagen sind wie alle anderen Forderungen zu bewerten. Die ausstehenden Einlagen sind entsprechend ihrem wirklichen Wert, also unter Berücksichtigung der Zahlungsfähigkeit der Gesellschafter bzw. der Ersatzverpflichteten (§ 65 AktG, §§ 22, 24 GmbHG) zu bewerten. Dabei ist zu berücksichtigen, dass nach § 65 AktG sowie §§ 22, 24 GmbHG auch die übrigen Gesellschafter bzw. „Vormänner" zur Einzahlung verpflichtet sind und die Anteile ggf. zum Börsen- oder Marktpreis verkauft werden dürfen.

Für den Fall des § 65 Abs. 3 AktG, § 23 GmbHG, dh. den Anteilsverkauf bei nicht zu erlangender Zahlung, kommt es auf den Veräußerungswert der Anteile an.

Wird die Forderung unter dem Nennwert bewertet, ist zunächst der Nennbetrag in der Bilanz zu vermerken; evtl. Wertminderungen ist durch eine offene aktivische Absetzung Rechnung zu tragen, die gesondert in der Bilanz auszuweisen oder im Anhang anzugeben ist, da ansonsten ein unzutreffender Eindruck von der Höhe der geleisteten Kapitaleinlagen vermittelt wird.[1404]

[1404] Vgl. WPH Bd. I 2000 F Tz. 136.

5.2.13.4. Anhangangaben

Bezüglich des Aktivpostens 13. sind von Instituten im Anhang keine besonderen Angaben gefordert. Falls eine Forderung (vgl. Kapitel 5.2.13.3.) unter dem Nennwert anzusetzen ist, dürfte es erforderlich sein, dies im Anhang darzustellen und ggf. zu begründen.

5.2.13.5. Bankaufsichtliche Besonderheiten

Die von Dritten (also auch von den Gesellschaftern) zur Verfügung gestellten Eigenmittel können nach § 10 Abs. 1 Satz 7 KWG im Rahmen der Ermittlung des haftenden Eigenkapitals nur insoweit berücksichtigt werden, als sie dem Institut **tatsächlich zugeflossen** sind. Damit ist das Prinzip der effektiven Kapitalaufbringung ausdrücklich im Kreditwesengesetz verankert. Daher sind die ausstehenden Einlagen am **Kernkapital** zu **kürzen**.

Das eingezahlte Kapital ist nur zu berücksichtigen, wenn die betreffenden Beträge dem Institut tatsächlich zugeflossen und nicht wieder abgeflossen sind. Die materielle Beweislast, dass die Eigenmittel dem Institut tatsächlich zugeflossen sind, obliegt dem Institut.

Mit der 6. KWG-Novelle wurde ferner die Dynamisierung des haftenden Eigenkapitals eingeführt.[1405] Dynamisierung bedeutet, dass Kapitalbestandteile bereits zum Zeitpunkt ihres Zuflusses als Eigenmittel berücksichtigt werden können. Die Dynamisierung erfasst auch das eingezahlte Kapital (Dotationskapital, Stammkapital, Grundkapital, Geschäftsguthaben). Das Kapital sowie die Rücklagen können sich unterjährig durch Einzahlungen erhöhen und durch Rückzahlungen vermindern.

5.2.13.6. Prüfung des Postens

Die für ausstehende Einlagen allgemein üblichen Prüfungshandlungen sind durchzuführen. Es ist darauf zu achten, dass für die in diesem Posten ausgewiesenen Beträge die Voraussetzungen erfüllt sind. Diesbezüglich wird auf die vorstehenden Ausführungen verwiesen.

Die **Bonität** säumiger Gesellschafter ist zu prüfen. Diesbezüglich wird auf die obigen Ausführungen verwiesen.

Bei der GmbH ist die Einhaltung der §§ 20 bis 25 GmbHG, bei der Aktiengesellschaft ist die Einhaltung der §§ 63 bis 66 AktG zu prüfen. Bei nicht rechtzeitiger Einzahlung

---

[1405] Vgl. ausführlich Bellavite-Hövermann/Hintze/Luz/Scharpf, 33 ff.

haben die Aktionäre (§ 63 Abs. 2 AktG) bzw. Gesellschafter (§ 20 GmbHG) **Verzugszinsen** zu leisten.

Die Satzung bzw. der Gesellschaftsvertrag ist einzusehen, um festzustellen, ob bezüglich ausstehender Einlagen besondere Regelungen getroffen worden sind.

Der **Prüfungsbericht** muss die in § 48 PrüfbV verlangten Angaben enthalten:

- Darstellung im Vergleich mit dem Vorjahr,
- Erläuterung der Zusammensetzung.

Weitere Berichtsangaben sieht die PrüfbV nicht vor.

5.2.14. Eigene Aktien oder Anteile (Aktiva 14)

5.2.14.1. Postenbezeichnung

Die Postenbezeichnung lautet nach dem Formblatt wie folgt:

14. Eigene Aktien oder Anteile
Nennbetrag/gegebenenfalls rechnerischer Wert ... Euro

Der Aktivposten „14. Eigene Aktien oder Anteile" ist für alle Kredit- und Finanzdienstleistungsinstitute iSv. § 1 KWG einheitlich geregelt. Gegenüber Industrieunternehmen bestehen - abgesehen vom Vermerk des Nennbetrags bzw. geringsten Werts - keine Besonderheiten.

Mit Artikel 3 § 2 des Stückaktiengesetzes vom 25.3.1998[1406] wurden im Formblatt 1 im Aktivposten „14. Eigene Aktien oder Anteile" nach dem Wort *„Nennbetrag"* die Worte *„/gegebenenfalls rechnerischer Wert"* eingefügt. Dies war im Zuge der Einführung von Stückaktien erforderlich geworden.

5.2.14.2. Posteninhalt

5.2.14.2.1. RechKredV

Die RechKredV enthält keine Vorschriften hinsichtlich des Posteninhalts. Für den Bilanzausweis sind daher die allgemeinen Vorschriften des HGB maßgeblich.

5.2.14.2.2. Voraussetzungen für den Postenausweis

In diesem Posten sind die eigenen Aktien oder Anteile auszuweisen (§ 265 Abs. 3 Satz 2 HGB). Der Nennbetrag (geringster Wert) ist gesondert anzugeben. Ein Ausweis unter anderen Posten ist unzulässig.[1407] Der Posteninhalt stimmt mit dem Bilanzposten für Nichtbanken in § 266 Abs. 2 B.III.2. HGB überein.

Die Notwendigkeit zur Bilanzierung eigener Anteile kann nur bei Kapitalgesellschaften auftreten. Eigene Anteile liegen vor, wenn sich im Eigentum der bilanzierenden AG bzw. KGaA ihre eigenen Aktien oder im Eigentum der bilanzierenden GmbH ihre eigenen Geschäftsanteile befinden.

[1406] Vgl. BGBl. I, 590 ff., 583.
[1407] Vgl. WPH Bd. I 2000 J Tz. 121.

Erwirbt eine AG (KGaA) entgegen den gesetzlichen Vorschriften eigene Aktien, so hat dies keinen Einfluss auf den Ausweis der eigenen Anteile, da die Wirksamkeit des dinglichen Rechtsgeschäfts hierdurch nicht berührt wird (§ 71 Abs. 4 AktG).

Entsprechendes gilt für den Erwerb voll eingezahlter GmbH-Anteile durch die GmbH (§ 33 Abs. 2 Satz 3 GmbHG). Erwirbt demgegenüber die GmbH eigene Geschäftsanteile, auf welche die Einlagen noch nicht vollständig geleistet sind, so ist das dingliche Übertragungsgeschäft nichtig; in diesem Fall kommt nur der Ausweis eines Bereicherungsanspruchs unter den „Sonstigen Vermögensgegenständen" in Betracht.

Hat ein Kreditinstitut auf der Aktivseite der Bilanz eigene Anteile bilanziert, so muss in Höhe des aktivierten Betrags eine **Rücklage für eigene Anteile** gebildet werden (§ 272 Abs. 4 HGB). Erfolgt der Erwerb eigener Aktien nach § 71 Abs. 1 Nr. 6 oder Nr. 8 AktG mit dem Zweck der Einziehung, entfällt die Bildung einer Rücklage für eigene Aktien. In diesem Fall gelten die Regelungen des § 272 Abs. 1 Satz 4 bis 6 HGB.

Anteile, die zur **Einziehung** bestimmt sind und der Gesellschaft **unentgeltlich** zur Verfügung gestellt werden (§ 237 Abs. 3 Nr. 1 AktG), sind nicht auszuweisen.

Eigene Aktien und Anteile sind stets im Aktivposten 14. auszuweisen. Dies gilt unabhängig von der Zielsetzung (zB Handel mit eigenen Aktien) mit der das bilanzierende Institut die Anteile erworben hat und auch unabhängig von seinen wirtschaftlichen Möglichkeiten (Veräußerungsmöglichkeit, Haltevermögen).

5.2.14.2.3. Angabe des Nennbetrags bzw. des geringsten Werts

Im Unterschied zum Postenausweis von Nichtinstituten müssen Institute beim Aktivposten 14. den **Nennbetrag** der eigenen Aktien oder Anteile beim Bilanzposten angeben. Damit ergibt sich eine Information über die Quote der im Bestand gehaltenen eigenen Aktien oder Anteile.

Eine vergleichbare Information ergibt sich auch beim Erwerb eigener nennwertloser Aktien (Stückaktien), da in diesem Fall der rechnerische bzw. **geringste Wert** der gehaltenen eigenen Aktien anzugeben ist; dieser entspricht dem sich bei Division des gezeichneten Kapitals durch die Anzahl der ausgegebenen Aktien ergebenden Betrag.

5.2.14.3. Bewertung

Die eigenen Aktien oder Anteile sind mit ihren Anschaffungskosten anzusetzen. Bei der Bewertung ist wie bei anderen Wertpapieren des Umlaufvermögens das Niederstwertprinzip § 253 Abs. 3 Satz 1 und 2 HGB) zu beachten; auf eine hiernach erforderliche Abwertung kann auch unter Hinweis auf eine zu bildende oder bereits vorhandene Rücklage für eigene Aktien gemäß § 272 Abs. 4 HGB nicht verzichtet werden.

Eine Bewertung der eigenen Anteile unter den Anschaffungskosten und dem ggf. niedrigeren Börsenkurs oder beizulegenden Wert am Abschlussstichtag kann zB erforderlich sein, wenn eigene Aktien den Arbeitnehmern mit Kursabschlag angeboten werden.

Die Höhe der **Rücklage für eigene Anteile** bestimmt sich ausschließlich nach der Bewertung der eigenen Anteile auf der Aktivseite der Bilanz (§ 272 Abs. 4 Satz 1 HGB). Werden die eigenen Anteile am Bilanzstichtag des Zugangsjahres zu Anschaffungskosten bewertet, ist somit eine Rücklage in dieser Höhe zu bilden.[1408] Werden die eigenen Anteile aufgrund des Niederstwertprinzips abgewertet, ist in Höhe der Abwertung die Rücklage aufzulösen.[1409] Bei Wertaufholungen gemäß § 280 HGB ist sie entsprechend zu erhöhen.

5.2.14.4. Anhangangaben

Im Anhang haben ausschließlich Institute in der Rechtsform der **AG** und **KGaA** - nicht jedoch in der Rechtsform der GmbH - die in § 160 Abs. 1 Nr. 2 AktG verlangten Angaben zu machen. Danach müssen im Anhang zum Bestand, zum Erwerb und/oder der Veräußerung im Geschäftsjahr detaillierte Angaben gemacht werden.

5.2.14.5. Bankaufsichtliche Besonderheiten

5.2.14.5.1. Abzug vom haftenden Eigenkapital

Die von Dritten (einschließlich den Gesellschaftern) zur Verfügung gestellten Eigenmittel können nach § 10 Abs. 1 Satz 7 KWG nur insoweit berücksichtigt werden, als sie dem Institut **tatsächlich zugeflossen** sind. Eine **Finanzierung** der von Dritten zur Verfügung gestellten Eigenmittel durch das Institut selbst ist nicht möglich.

Das eingezahlte Kapital ist nur zu berücksichtigen, wenn die betreffenden Beträge dem Institut tatsächlich zugeflossen und nicht wieder abgeflossen sind. Die materielle Beweislast, dass die Eigenmittel dem Institut tatsächlich zugeflossen sind, obliegt dem Institut.

Aus diesem Grund sind **eigene Aktien** grundsätzlich vom Kernkapital abzuziehen.[1410] Eine besondere Abzugsregelung hierzu ist in § 10 KWG nicht erforderlich. Aufgrund

---

[1408] Vgl. BeBiKo. 5. Aufl. § 272 HGB Rn. 123.
[1409] Vgl. BeBiKo. 5. Aufl. § 272 HGB Rn. 125.
[1410] Vgl. auch BAKred-Schr. v. 8.4.1988, CMBS 4.221.

der Dynamisierung des haftenden Eigenkapitals wirkt sich der Erwerb eigener Aktien sofort auf die Höhe des Kernkapitals aus.

Da das Kreditwesengesetz **Vorzugsaktien** dem Ergänzungskapital zurechnet (§ 10 Abs. 2b Satz 1 Nr. 2 KWG), ist nach der Teleologie des Gesetzes jedenfalls seit der 6. KWG-Novelle evident, dass der Grundsatz der effektiven Kapitalaufbringung nur einen Abzug eigener Vorzugsaktien beim Ergänzungskapital gebietet.[1411]

An dieser Stelle stellt sich die Frage, mit welchem **Wert** die eigenen Anteile abzuziehen sind. Infrage kommen grundsätzlich die Anschaffungskosten, der Buchwert, der aktuelle Marktwert oder der anteilige Wert am eingezahlten Kapital (Nennwert) und den Kapitalrücklagen, soweit die Anteile ursprünglich mit einem Agio begeben wurden. Im Hinblick auf den effektiv in Abzug zu bringenden Betrag muss nach dem Sinn und Zweck der Vorschrift zur effektiven Kapitalaufbringung der richtige Wert der **anteilige Wert am eingezahlten Kapital** (Nennwert) **einschließlich der Kapitalrücklagen** (ursprüngliches Agio) sein.[1412] Soweit die Aktien mit unterschiedlichen Ausgabebeträgen (Agio) emittiert worden sind, sind - folgt man dieser Vorgehensweise - die eigenen Aktien mit einem (gewichteten) Durchschnittswert für das je Aktie dem Institut zugeflossene Kapital abzuziehen.[1413] Nach Ansicht der BaFin[1414] ist jedoch der Abzug zum Buchwert zu berücksichtigen.[1415]

Der im Rahmen der 6. KWG-Novelle neu eingefügte § 10 Abs. 1 Satz 8 KWG ergänzt das Prinzip der effektiven Kapitalaufbringung. Danach stehen Eigenmittel eines Instituts, die von einem **Tochterunternehmen** des Instituts oder von einem Dritten, der für Rechnung des Instituts oder des Tochterinstituts handelt, erworben werden, dem Rückerwerb von Eigenmitteln durch das Institut gleich, es sei denn, dass die entsprechenden Eigenmittel dem Institut tatsächlich zugeflossen bzw. erhalten geblieben sind.

Diese Regelung gilt für die **Inpfandnahme von eigenen Aktien** und Anteilen entsprechend. Eine entsprechende Regelung war vor In-Kraft-Treten der 6. KWG-Novelle durch Verweis auf die §§ 71a, 71d und 71e AktG nur für Genussrechte und nachrangige Verbindlichkeiten im Kreditwesengesetz enthalten. Dabei war jedoch der Gegenbeweis, dass diese Mittel dem Institut noch effektiv zur Verfügung stehen, nicht zulässig.

Der Begriff des **Tochterunternehmens** ist in § 1 Abs. 7 KWG definiert und umfasst unabhängig von Rechtsform und Sitz Tochterunternehmen iSd. § 290 HGB, also vor

---

[1411] Vgl. Bellavite-Hövermann/Hintze/Luz/Scharpf, 27 mwN.
[1412] Vgl. Schork, § 10 KWG Rn. 25.
[1413] Vgl. Bellavite-Hövermann/Hintze/Luz/Scharpf, 27 mwN.
[1414] Vgl. BAKred-Schr. v. 8.4.1988, CMBS 4.221.
[1415] Das BAKred begründet dies ua. auch unter Hinweis auf Art. 34 Abs. 2 Nr. 9 der Richtlinie des Europäischen Parlaments und des Rates über die Aufnahme und Ausübung der Tätigkeit der Kreditinstitute v. 18.9.2000, CMBS 22.23.

allem Mehrheitsbeteiligungen, sowie Unternehmen, auf die ein beherrschender Einfluss ausgeübt werden kann.

§ 10 Abs. 1 Satz 8 KWG verlagert im Falle des Erwerbs von Anteilen und Haftungsmittelbestandteilen durch einen zwar im eigenen Namen, jedoch für Rechnung des Instituts handelnden Dritten, durch ein abhängiges oder im Mehrheitsbesitz stehendes Unternehmen oder einen Dritten, der im eigenen Namen, jedoch für Rechnung eines abhängigen oder eines im Mehrheitsbesitz stehenden Unternehmen handelt, die **materielle Beweislast** auf das Institut dafür, dass die entsprechenden Eigenmittel dem Institut effektiv zugeflossen sind.[1416]

5.2.14.5.2. Wertpapieraufsicht

Das Institut, das sich zum Erwerb eigener Aktien entschließt, unterliegt nach dem Schreiben des BAWe vom 28.6.1999[1417] folgenden Regelungen des AktG und des WpHG, die Mitteilungspflichten gegenüber dem BAWe und die Publizität betreffen:

- Unterrichtung des BAWe über den Beschluss der Hauptversammlung (§ 71 Abs. 3 Satz 3 AktG),
- Veröffentlichung und Mitteilung kursbeeinflussender Tatsachen:
  - Ad-hoc-Tatsachen (§ 125 WpHG)
  - Insidertatsachen (§ 13 WpHG),
- Veröffentlichungspflicht der börsennotierten Gesellschaft (§ 25 WpHG),
- Mitteilungspflichten der Inhaber von Stimmrechtsanteilen, wenn die Gesellschaft eigene Aktien zurückkauft (§ 21 WpHG).

Wegen Einzelheiten hierzu wird auf das vorgenannte Schreiben des BAWe verwiesen.

5.2.14.6. Prüfung des Postens

Die für eigene Aktien und Anteile üblichen Prüfungshandlungen sind vorzunehmen. Es ist darauf zu achten, dass in diesem Posten sämtliche eigenen Aktien und Anteile erfasst werden. In diesem Zusammenhang ist zu prüfen, ob der Nennbetrag bzw. der geringste Wert in der Bilanz angegeben ist.

Der **Nachweis** erfolgt durch Depotauszüge, Verträge usw.

[1416] Vgl. Beck/Samm, § 10 KWG Rn. 41.
[1417] Vgl. CMBS 18.17.

Die **Bewertung** der eigenen Aktien und Anteile ist zu prüfen. Es ist darauf zu achten, dass der evtl. niedrigere Börsen- oder Marktpreis bzw. der niedrigere beizulegende Wert zutreffend ermittelt wurde.

Die Einhaltung der §§ 71 bis 71e AktG (Aktiengesellschaften) bzw. die Einhaltung des § 33 GmbHG (Gesellschaften mit beschränkter Haftung) sind zu prüfen. In diesem Zusammenhang sind auch die sich aus dem Schreiben vom 28.6.1999 des BAWe ergebenden Pflichten zu prüfen.[1418]

Verfügungsbeschränkungen bei Einzelposten sind festzuhalten. Über Art und Umfang von Verfügungsbeschränkungen ist im Rahmen der Darstellung der Vermögenslage im Prüfungsbericht zusammenfassend zu berichten (§ 14 Abs. 2 Nr. 1 PrüfbV).

Von besonderer Wichtigkeit ist die Feststellung, ob die eigenen Aktien und Anteile unverzüglich vom **haftenden Eigenkapital** (Kernkapital) in Abzug gebracht worden sind.

Daneben ist darauf zu achten, dass eine **Rücklage für eigene Aktien** gebildet worden ist.

Der **Prüfungsbericht** muss die in § 48 PrüfbV verlangten Angaben enthalten:

- Darstellung im Vergleich mit dem Vorjahr,
- Erläuterung der Zusammensetzung.

Weitere Berichtsangaben sieht die PrüfbV nicht vor.

[1418] Vgl. CMBS 18.17.

5.2.15. Sonstige Vermögensgegenstände (Aktiva 15)

5.2.15.1. Postenbezeichnung

Die Postenbezeichnung lautet nach dem Formblatt 1 wie folgt:

15. Sonstige Vermögensgegenstände

Der Aktivposten „15. Sonstige Vermögensgegenstände" ist für alle Kredit- und Finanzdienstleistungsinstitute iSv. § 1 KWG einheitlich geregelt. Untergliederungen bzw. Darunter-Vermerke sind weder im Bilanzformblatt noch in der RechKredV vorgesehen.

Die Bezeichnung des Bilanzpostens wurde weder im Rahmen der Ersten noch der Zweiten Verordnung zur Änderung der RechKredV geändert.

5.2.15.2. Posteninhalt

5.2.15.2.1. RechKredV

Der Posteninhalt des Aktivpostens 15. ist in § 20 RechKredV näher umschrieben. Mit der Zweiten Verordnung zur Änderung der RechKredV vom 11.12.1998 wurde ein Satz 5 in § 20 RechKredV angefügt. *„Zur Verhütung von Verlusten im Kreditgeschäft erworbene Grundstücke und Gebäude dürfen, soweit sie nicht im Posten Nr. 12. „Sachanlagen" ausgewiesen sind, im Posten Nr. 15 „Sonstige Vermögensgegenstände" nur ausgewiesen werden, wenn sie sich nicht länger als fünf Jahre im Bestand des bilanzierenden Instituts befinden."*

Damit wird der Ausweis der Rettungserwerbe von Immobilien explizit geregelt. Diese Grundstücke und Gebäude sind zwar bislang schon im Wesentlichen im Aktivposten „15. Sonstige Vermögensgegenstände" ausgewiesen worden, doch stellt die nunmehr getroffene Regelung einen einheitlichen Ausweis sicher. Dies gilt in gleicher Weise auch für die Monatliche Bilanzstatistik der Deutschen Bundesbank. Ein Ausweis dieser Grundstücke und Gebäude im Aktivposten „12. Sachanlagen" geht dem Ausweis im Aktivposten 15. vor (vgl. auch Kapitel 5.2.12.2.2.5.).

5.2.15.2.2. Voraussetzungen für den Postenausweis

5.2.15.2.2.1. Überblick

Der Aktivposten 15. dient als Sammelposten, in dem nicht nur Forderungen und andere Vermögensgegenstände auszuweisen sind, die einem anderen Aktivposten nicht zugeordnet werden können, sondern auch solche, deren Ausweis in dieser Position in § 20 Satz 2 bis 4 RechKredV oder in anderen Vorschriften der RechKredV ausdrücklich gefordert wird. Dies bedeutet, dass der Ausweis unter den anderen Aktivposten dem Ausweis im Aktivposten 15. stets vorgeht.

Unter den Ausweis im Aktivposten 15. fallen insbesondere alle Forderungen aus Geschäften mit Nichtbanken. Das können im Einzelnen bspw. sein:

- **Forderungen an das Finanzamt** aus überzahlten Steuern,
- **Schadenersatzansprüche**,
- **Ansprüche aus Rückdeckungsversicherungen** in Höhe des versicherungsmäßigen Deckungskapitals zuzüglich gutgeschriebener Gewinnguthaben,
- Ansprüche auf **Investitionszulagen**,
- **Lohn-, Gehalts- und Reisekostenvorschüsse**.

Probleme bei der Zuordnung zu diesem Posten werden sich insbesondere dann ergeben, wenn ein Schuldner der og. Forderungen gleichzeitig Kunde des bilanzierenden Kreditinstituts ist. Im Interesse der Darstellung eines den tatsächlichen Verhältnissen entsprechenden Bildes der Vermögens-, Finanz- und Ertragslage (§ 264 Abs. 2 HGB) ist im Zweifel der Ausweis unter den „Sonstigen Vermögensgegenständen" vorzuziehen. Ein Vermerk der Mitzugehörigkeit bzw. eine Anhangangabe nach § 265 Abs. 3 Satz 1 HGB ist nur erforderlich, wenn dies zur Aufstellung eines klaren und übersichtlichen Jahresabschlusses erforderlich ist.

Daneben sind auch Forderungen an Kreditinstitute im Aktivposten 15. auszuweisen, die nicht aus dem Bankgeschäft stammen. Dieser Ausweis konkurriert allerdings mit dem in der EG-Bankbilanzrichtlinie geforderten Ausweis im Aktivposten „Forderungen an Kunden".

Als weitere hier auszuweisende Vermögensgegenstände sind beispielhaft zu nennen:

- **Gedenkmünzen**, die zu einem höheren Betrag als dem Nennwert erworben wurden (§ 12 Abs. 1 Satz 2 RechKredV),
- **Goldmünzen**, auch wenn es sich um gesetzliche Zahlungsmittel handelt (§ 12 Abs. 1 Satz 2 RechKredV),
- **Barrengold** (§ 12 Abs. 1 Satz 2 RechKredV),
- **Silbermünzen**, die keine gesetzlichen Zahlungsmittel sind,
- **andere Edelmetallbestände** (zB Platin),
- **Leasinggegenstände**, sofern das Leasinggeschäft nur einen geringen Umfang hat,[1419]
- **Warenbestände** (außer den Handelswaren der Kreditgenossenschaften, die diese im Aktivposten „6a. Warenbestand" auszuweisen haben),

---

[1419] Zur Bilanzierung beim Leasinggeber vgl. IDW HFA 1/1989, WPg 1989, 625 sowie Grewe, WPg 1990 161 ff..

- zum eigenen Verbrauch bestimmte **Hilfs- und Betriebsstoffe** (zB Heizöl, Treibstoff usw.),
- erworbene **Optionen** (Call oder Put), soweit es sich nicht um börsenfähige Optionsscheine handelt, einschließlich der Prämienzahlungen für **Zinsbegrenzungsvereinbarungen** (Caps und Floors); bei Prämien für Caps und Floors kommt ein Ausweis als Rechnungsabgrenzungsposten in Betracht, wenn sie Sicherungszwecken dienen (vgl. Kapitel 5.2.16.2.2.1.3.),
- andere **immaterielle Vermögenswerte** des Umlaufvermögens, unabhängig davon, ob sie entgeltlich erworben wurden oder nicht (§ 248 Abs. 2 HGB); der entgeltliche Erwerb als Voraussetzung für einen Bilanzansatz gilt nur für immaterielle Vermögensgegenstände des Anlagevermögens,
- **Variation Margins** im Rahmen von Futuresgeschäften,
- antizipative Posten der Rechnungsabgrenzung, soweit es sich nicht um anteilige Zinsen handelt (§ 11 RechKredV); dies sind zB Miet- und Pachterträge des abgelaufenen Geschäftsjahres, die erst im kommenden Geschäftsjahr zu Einzahlungen führen,
- Vorauszahlungen, soweit sie nicht unter den Rechnungsabgrenzungsposten zu erfassen sind,
- verlorene Baukostenzuschüsse, Zuschüsse für den Straßenbau und sonstige Zuschüsse, die dem Institut kein Eigentum, sondern nur ein Nutzungsrecht verschaffen.
- **Immobilienzertifikate**, wenn nicht ein Ausweis unter den „Beteiligungen" oder „Sachanlagen" in Betracht kommt,
- **nicht in Wertpapieren verbriefte Beteiligungen**, wenn sie nicht dazu bestimmt sind, dauernd dem Geschäftsbetrieb zu dienen.[1420]

Bei derivativen Finanzinstrumenten, insbesondere bei Swaps[1421] und Forward Rate Agreements[1422] kommt für verschiedenste Tatbestände ein Ausweis im Aktivposten 15. in Betracht.

[1420] Vgl. Krumnow ua., 2. Aufl., § 20 RechKredV Rn. 13.
[1421] Vgl. Scharpf/Luz, 486 ff.
[1422] Vgl. Scharpf/Luz, 528 ff.

5.2.15.2.2.2. Einzugspapiere

Im Aktivposten „15. Sonstige Vermögensgegenstände" sind auch die in § 20 Satz 2 RechKredV ausdrücklich genannten **Einzugspapiere** auszuweisen:

- **Schecks**
  Unter den zum Inkasso eingereichten Schecks dürfen nur auf andere Institute gezogene Schecks (auch Kauf- und Tankschecks) ausgewiesen werden. Die eingereichten und auf das bilanzierende Institut gezogenen Schecks werden, sofern sie dem Aussteller noch nicht belastet sind, nicht ausgewiesen. Schecks auf das eigene Institut, die mangels Deckung zurückgegeben werden (sog. Rückschecks), dürfen nicht als Scheckbestand ausgewiesen werden; sie sind dem Einreicher wieder zu belasten.
  Die auf das bilanzierende Institut gezogenen Schecks, sind, sofern sie dem Aussteller bereits belastet sind, als Verminderung der täglich fälligen Forderungen an Kunden oder Kreditinstitute bzw. als Erhöhung der täglich fälligen Verbindlichkeiten ggü. Kunden oder Kreditinstituten ausgewiesen.[1423]
  Vor dem Bilanzstichtag und am Bilanzstichtag an andere Banken weitergegebene Schecks, die von diesen nicht mehr in alter Rechnung gutgeschrieben worden sind, können entweder in alter Rechnung diesen Banken belastet oder ggf. als Überhangposten berücksichtigt oder noch als Scheckbestand bilanziert werden.[1424]
- **Fällige Schuldverschreibungen**
  Es sind Stücke aus Nostrobeständen des bilanzierenden Instituts auszuweisen, die zum Bilanzstichtag oder am ersten auf den Bilanzstichtag folgenden Geschäftstag einlösbar sind. Gleiches gilt für Papiere aus verwalteten Kundendepots und aus dem Inkassogeschäft, wenn dem Kunden bereits eine Gutschrift (unter Vorbehalt des Einzugs) erteilt worden ist.
- **Zins- und Gewinnanteilscheine**
  Zu Gewinnanteilscheinen (Nostrobestände und verwaltete Kundendepots, wenn sie dem Kunden gutgeschrieben wurden) zählen nicht nur Dividendenscheine, sondern auch die Ertragsscheine von Investmentfonds.
- **Inkassowechsel**
  Als Inkassowechsel sind alle Wechsel anzusehen, bei denen die Bank lediglich den Einzug übernommen hat, ohne sich darüber hinaus wechselrechtlich zu verpflichten.[1425] Sie sind hier zu erfassen, wenn sie unter üblichem Vorbehalt dem Einreicher gutgeschrieben wurden.

[1423] Vgl. Bieg (1998), 261 f.
[1424] Vgl. Bergmann ua., B.II.13., 66.
[1425] Vgl. Bergmann ua., B.II.13., 66.

- **Sonstige Inkassopapiere**
  Zu den sonstigen Inkassopapieren zählen bspw. auch Lastschriften, Einzugsquittungen und Reiseschecks.
  Bei Reiseschecks kommt ein Ausweis im Aktivposten 15. in Betracht, wenn solche Papiere ggü. dem Vorleger eingelöst und mit dem ausgebenden Institut noch nicht abgerechnet wurden. Kommissionsbestände an Reiseschecks sind hingegen nicht zu bilanzieren.
  Lastschriften sind solche, bei denen sich der Zahlungsverpflichtete entweder ggü. dem Institut (Abbuchungsauftrag) oder ggü. dem Zahlungsempfänger (Einzugsermächtigung) bereit erklärt, den Betrag der Lastschrift von seinem Konto abbuchen zu lassen. Werden Lastschriften nicht eingelöst, sind sie wie Rückschecks zu behandeln.
  Bei Einzugsquittungen liegt eine entsprechende Vereinbarung vor. Sie sind häufig wechselähnlich ausgestaltet.

§ 20 Satz 2 RechKredV nennt zwei **Voraussetzungen** für den Ausweis der Einzugspapiere als sonstige Vermögensgegenstände: diese müssen innerhalb von **30 Tagen** ab Einreichung zur Vorlage bestimmt und dem **Einreicher** bereits gutgeschrieben worden sein. Dies gilt auch dann, wenn sie unter dem Vorbehalt des Eingangs gutgeschrieben worden sind (§ 20 Satz 2 und 3 RechKredV).

Die Bedingung der 30-Tage-Frist bezieht sich wörtlich auf alle Einzugspapiere. Im Schrifttum werden unterschiedliche Ansichten vertreten, dh. es ist nicht zweifelsfrei, auf welche Einzugspapiere sich diese Einschränkungen beziehen. Mit der überwiegenden Meinung[1426] wird hier die Ansicht vertreten, dass sich diese Voraussetzungen (30 Tage Laufzeit ab Einreichung, dem Einreicher bereits gutgeschrieben) nur auf Schecks, Inkassowechsel und sonstige Inkassopapiere beziehen.

Fällige Schuldverschreibungen sowie Zins- und Gewinnanteilscheine sind nur dann im Aktivposten 15. auszuweisen, wenn sie von einer Zahlstelle bis zum Bilanzstichtag oder zum ersten auf den Bilanzstichtag folgenden Geschäftstag einlösbar wären. Ansonsten sind diese Einzugspapiere in dem Aktivposten auszuweisen, in dem die Wertpapiere erfasst sind. Dies ist entweder der Aktivposten 5. oder 6.

Da die Einzugspapiere innerhalb von 30 Tagen ab ihrer Einreichung - also nicht gerechnet ab dem Bilanzstichtag - zur Vorlage bestimmt sein müssen, besitzen diese Papiere einen hohen Liquiditätsgrad, der jedoch in der Bilanz nicht zum Ausdruck kommt, da für den Aktivposten 15. keine Untergliederungen bzw. Darunter-Vermerke vorgesehen sind.

[1426] Vgl. Krumnow ua., 2. Aufl., § 20 RechKredV Rn. 3 f.; Bieg (1998), 262 f.; Bergmann ua., B.II.13., 66.

Soweit die Einzugspapiere - vom Tag ihrer Einreichung an gerechnet - erst zur späteren Vorlage bestimmt sind, dürfen sie auch dann nicht als sonstige Vermögensgegenstände ausgewiesen werden, wenn sie vom Bilanzstichtag ab gerechnet innerhalb von 30 Tagen fällig sind. Diese Einzugspapiere sind vielmehr in Abhängigkeit vom Schuldner entweder als „Forderungen an Kunden" oder „Forderungen an Kreditinstitute" zu zeigen; wobei als Schuldner der Einreicher anzusehen ist.

Weitere Voraussetzung für den Ausweis im Aktivposten 15. ist, dass die Einzugspapiere **ohne Diskontabzug** zum Einzug hereingenommen und dem Einreicher, wenn auch nur unter Vorbehalt des Eingangs (§ 20 Satz 3 RechKredV), bis zum Bilanzstichtag bereits **gutgeschrieben** worden sind. Dies bedeutet im Umkehrschluss, dass Einzugspapiere, die nur zur Gutschrift nach Eingang des Gegenwerts angenommen wurden, nicht in der Bilanz ausgewiesen werden dürfen; sie sind jedoch auf Vormerkkonten zu erfassen.

5.2.15.2.2.3. Genussrechte

Im Aktivposten 15. sind nach der ausdrücklichen Vorschrift des § 20 Satz 4 RechKredV auch die **nicht in Wertpapieren verbrieften** Genussrechte auszuweisen, soweit diese **nicht rückzahlbar** sind. Da es sich hierbei um nicht rückzahlbare Genussrechte handeln muss, dürfte es sich bei den hier auszuweisenden Beträgen eher um Ausnahmefälle handeln.

Namensgenussscheine, als Inhaber- oder Orderpapiere ausgestaltete, aber nicht börsenfähige Genussscheine sowie rückzahlbare, nicht in Wertpapieren verbriefte Genussscheine sind in Abhängigkeit des Schuldners als „Forderungen an Kunden" (§ 15 Abs. 1 Satz 4 RechKredV) bzw. „Forderungen an Kreditinstitute" (§ 14 Satz 3 RechKredV) auszuweisen.

Börsenfähige Genussscheine, die als Inhaber- oder Orderpapiere ausgestaltet sind, müssen wegen ihrer Eigenschaft als Wertpapiere (§ 7 Satz 1 RechKredV) im Aktivposten 6. ausgewiesen werden (§ 17 Satz 1 RechKredV).

Zur Realisierung und zur Aktivierung von **Vergütungen für Genussrechte** vgl. Kapitel 5.2.5.2.2.7.

5.2.15.2.2.4. Rettungserwerbe

Der Ausweis im Aktivposten 15. wird, soweit nicht ein Ausweis in den Sachanlagen erfolgt, auf solche Immobilien beschränkt, die sich nicht länger als fünf Jahre im Bestand befinden. Bei einer längeren Verweildauer ist zwingend der Ausweis unter den Sachanlagen vorgeschrieben. Gleiches gilt für den Fall, dass bereits bei Erwerb eine Daueranlageabsicht bestand; dies ist zB dann anzunehmen, wenn die im Rahmen des Rettungserwerbs zugegangenen Immobilien nicht veräußert werden sollen, sondern beabsichtigt ist, diese bspw. durch Vermietung uam. zu nutzen. Zur Bewertung von im Wege der Zwangsversteigerung erworbenen Immobilien wird auf Scharpf[1427] verwiesen.

Ungeachtet dessen ist es dem Institut jederzeit möglich, die im Aktivposten 15. ausgewiesenen Rettungserwerbe in das Sachanlagevermögen umzuwidmen. Dies ist bspw. dann möglich, wenn sich zu einem Bilanzstichtag herausstellt, dass die Grundstücke und Gebäude auf Dauer gehalten werden sollen.

Umgekehrt ist es auch möglich, Grundstücke und Gebäude von den Sachanlagen in die sonstigen Vermögensgegenstände umzuwidmen, um so einen Ausweis im Sachanlagevermögen zu verhindern. Dies sollte nach Ablauf der fünf Jahre aber nur dann geschehen, wenn die konkrete Absicht der Veräußerung besteht und diese auch mit hinreichender Verlässlichkeit in absehbarer Zeit erfolgen wird.

5.2.15.2.2.5. Fremdwährungsumrechnung

Die sich aus der Fremdwährungsumrechnung (vgl. Kapitel 4.8.) von schwebenden Termingeschäften ergebenden negativen Differenzen sind ebenso wie positive Differenzen im Falle besonderer Deckung stets erfolgswirksam in der Gewinn- und Verlustrechnung zu berücksichtigen (§ 340h Abs. 2 HGB). Aus der Umrechnung einfach gedeckter aber nicht besonders gedeckter Termingeschäfte sich ergebende positive Differenzen dürfen nicht uneingeschränkt in der Gewinn- und Verlustrechnung berücksichtigt werden.

Verluste aus der Umrechnung sind stets in eine Drohverlustrückstellung einzustellen. Der sich bei der Währungsumrechnung besonders gedeckter Termingeschäfte ergebende **Nettoertrag** muss in einen Aktivposten eingestellt werden, da sonst der Absicherungszusammenhang nicht dargestellt werden könnte. Der aktive Ausgleichsposten ist unter den „Sonstigen Vermögensgegenständen" gesondert auszuweisen. Im Anhang ist die Erläuterung dieses Ausgleichspostens (§ 35 Abs. 1 Nr. 4 RechKredV) erforderlich.

5.2.15.2.2.6. Genossenschaftsanteile sowie GmbH-Anteile

Genossenschaftsanteile sind hier auszuweisen, wenn es sich bei dem bilanzierenden Institut nicht um ein Institut in der Rechtsform der eingetragenen Genossenschaft oder um eine genossenschaftliche Zentralbank handelt (§ 18 RechKredV).

Der Ausweis von GmbH-Anteilen kann nicht hier erfolgen. Sie sind ggf. im Aktivposten „7. Beteiligungen" auszuweisen.[1428]

[1427] Vgl. Scharpf, DB 1987, 755 ff.; DSGV (Hrsg.), Anlage 19.
[1428] Vgl. BAK-Schreiben v. 3.7.1975, CMBS 16.08.

5.2.15.3. Bewertung

Die Bewertung erfolgt grundsätzlich zu den Anschaffungskosten unter Beachtung des strengen Niederstwertprinzips.

Für **Münzen** sind die Kurswerte zum Bilanzstichtag maßgeblich. **Forderungen** sind nach den hierfür geltenden Regeln zu bewerten (vgl. Kapitel 4.3.); bei diesen kommt es auf die Bonität des Schuldners an. Bei zweifelhafter Bonität des Schuldners sind Einzelwertberichtigungen zu bilden.

Für die Bewertung von **Optionen**, **Zinsbegrenzungsvereinbarungen** und **Futures** sind die hierfür entwickelten Grundsätze zu beachten.[1429]

Schecks sind mit dem Nennwert anzusetzen. Eine niedrigere Bewertung kommt bspw. in Betracht, wenn ein in alter Rechnung angekaufter Scheck in neuer Rechnung mangels Deckung zurückgegeben wird und ein Rückgriff auf den Aussteller bzw. Einreicher nicht möglich ist.

Die Bewertung fälliger Schuldverschreibungen, Zins- und Gewinnanteilsscheine ist mit dem Einlösungsbetrag (netto) vorzunehmen. Ein bisher niedrigerer Bilanzansatz kann beibehalten werden.

5.2.15.4. Anhangangaben

Bei einer GmbH sind **Forderungen an Gesellschafter**, die nicht gesondert ausgewiesen werden, zu vermerken oder im Anhang anzugeben (§ 42 Abs. 3 GmbHG).

Bei einer KGaA sind unter § 89 AktG fallende **Forderungen gegen einen persönlich haftenden Gesellschafter** oder andere in § 286 Abs. 2 Satz 4 AktG bezeichnete Personen zu vermerken.

Werden unter den „Sonstigen Vermögensgegenständen" Beträge für Vermögensgegenstände ausgewiesen, die erst nach dem Abschlussstichtag rechtlich entstehen, so müssen Beträge, die einen größeren Umfang haben, im Anhang erläutert werden (§ 268 Abs. 4 Satz 2 HGB).

Im Anhang sind auch die **wichtigsten Einzelbeträge** anzugeben, sofern sie für die Beurteilung des Jahresabschlusses nicht unwesentlich sind. Die Beträge und ihre Art sind zu erläutern (§ 35 Abs. 1 Nr. 4 RechKredV). Der auf das **Leasinggeschäft** entfallende Betrag ist anzugeben (§ 35 Abs. 1 Nr. 3 RechKredV).

[1429] Vgl. Scharpf/Luz, 398 ff., 564 ff., 636 ff.

Der Gesamtbetrag der Vermögensgegenstände, die auf **Fremdwährung** lauten, ist im Anhang anzugeben (§ 35 Abs. 1 Nr. 6 RechKredV).

Bezüglich **nachrangiger Vermögensgegenstände** (§ 4 RechKredV) wird auf die Ausführungen in Abschnitt 3.7. verwiesen.

Der **Pensionsgeber** hat bei echten Pensionsgeschäften den Buchwert der in Pension gegebenen Vermögensgegenstände im Anhang anzugeben (§ 340b Abs. 4 HGB).

5.2.15.5. Bankaufsichtliche Besonderheiten

5.2.15.5.1. Kein Abzug immaterieller Vermögensgegenstände des Umlaufvermögens vom haftenden Eigenkapital

Immaterielle Vermögensgegenstände, die nicht dazu bestimmt sind, dauernd dem Geschäftsbetrieb zu dienen (Umlaufvermögen), sind dem Aktivposten „15. Sonstige Vermögensgegenstände" zuzuordnen.

Vom Kernkapital sind nur die im Aktivposten „Immaterielle Anlagewerte" ausgewiesenen immateriellen Vermögensgegenstände abzuziehen (§ 10 Abs. 2a Satz 2 Nr. 2 KWG). Maßgeblich ist der aktuelle buchmäßige Bestand. Ein Abzug der unter anderen Posten (zB sonstige Vermögensgegenstände) ausgewiesenen immateriellen Vermögensgegenstände des Umlaufvermögens ist nicht erforderlich.[1430]

5.2.15.5.2. Nicht realisierte Reserven bei Rettungserwerben

Nach § 10 Abs. 2b Satz 1 Nr. 6 KWG kommen für die Ermittlung der nicht realisierten Reserven im Immobilienbereich „Grundstücke, grundstücksgleiche Rechte und Gebäude" infrage. Diese Immobilien sind in der Bilanz sowohl in den Aktivposten „Sachanlagen" als auch „Sonstige Vermögensgegenstände" auszuweisen. Im Posten „Sachanlagen" sind die Immobilien auszuweisen, die dem Geschäftsbetrieb dauernd zu dienen bestimmt sind (§ 247 HGB). Der Posten „Sonstige Vermögensgegenstände" enthält die übrigen Immobilien.

Die nicht realisierten Reserven sind in Höhe von 45 % des Unterschiedsbetrags zwischen dem Buchwert und dem Beleihungswert als Ergänzungskapital anzurechnen. Die Beleihungswerte der Immobilien sind mindestens alle drei Jahre durch Bewertungsgutachten zu ermitteln (§ 10 Abs. 4b KWG).

[1430] Vgl. mit Begründung Scharpf (1993), 117.

Während des Dreijahreszeitraums brauchen zur **Rettung von Forderungen** erworbene Grundstücke, soweit sie alsbald wieder veräußert werden sollen und dementsprechend im Posten „Sonstige Vermögensgegenstände" ausgewiesen werden, beim Erwerb nicht sofort bewertet zu werden. Sie gehen jedoch spätestens zum nächsten turnusmäßigen Dreijahrestermin (dies kann auch der auf den Erwerb folgende Stichtag sein) in die Ermittlung der Neubewertungsreserven mit ein.[1431]

Diese Immobilien enthalten beim Erwerb regelmäßig keine stillen Reserven. Negative stille Reserven sind bei diesen Immobilien zumindest beim Erwerb ebenfalls unwahrscheinlich, da sie im Jahresabschluss entsprechend verlustfrei bewertet werden müssen.

5.2.15.5.3. Millionenkreditvorschriften

§ 49 GroMiKV hat den Katalog des § 20 Abs. 6 KWG, der für Zwecke der Millionenkreditanzeigen nach § 14 KWG Ausnahmen macht, erweitert. Nach § 49 Nr. 1 GroMiKV sind Verfügungen über „Eingang vorbehalten" gutgeschriebene Beträge aus dem Lastschrifteinzugsverfahren nicht als Kredit iSd. § 14 KWG zu berücksichtigen.

Diese Beträge werden von einer Berücksichtigung iRd. § 14 KWG ausgenommen, da es sich hierbei lediglich um Usancekredite handelt. Mit Nichteinlösen des Einzugspapiers sind diese Beträge jedoch unverzüglich als Kredit zu berücksichtigen, soweit nicht auf dem zu belastenden Konto des Einreichers ein Guthaben besteht.[1432] Maßgeblich ist dabei der Zeitpunkt, zu dem das Kreditinstitut Kenntnis von der Nichteinlösung erhält, die körperliche Wiedervorlage des geplatzten Einzugspapiers darf nicht abgewartet werden.[1433]

5.2.15.6. Prüfung des Postens

Die für sonstige Vermögensgegenstände allgemein üblichen Prüfungshandlungen sind durchzuführen. Insbesondere ist darauf zu achten, dass die in diesem Posten ausgewiesenen Beträge die Voraussetzungen erfüllen. Diesbezüglich wird auf die vorstehenden Ausführungen verwiesen.

Die sonstigen Vermögensgegenstände sind in geeigneter Art und Weise nachzuweisen. Der **Nachweis** erfolgt üblicherweise durch Inventare, Vertragsunterlagen, Schriftwechsel, Bescheide, Aktenvermerke, Bestätigungen uam. Die weitergegebenen Einzugspapiere sind durch Einreichungsbelege und Gutschriften in neuer Rechnung zu belegen. Die Bestandsnachweise sind auf Vollständigkeit hin zu prüfen.

[1431] Vgl. BAKred-Schr. v. 3.6.1993, CMBS 4.248.
[1432] Vgl. BAKred-Schreiben v. 10.7.1996, CMBS 4.288.
[1433] Einzelheiten vgl. Boos/Fischer/Schulte-Mattler, § 49 GroMiKV Rn. 3.

Die **Bewertung** ist unter Berücksichtigung der oben gemachten Ausführungen zu prüfen. Evtl. Einzelwertberichtigungen sind auf ihre Angemessenheit hin zu beurteilen.

Der **Prüfungsbericht** muss die in § 48 PrüfbV verlangten Angaben enthalten:

- Darstellung im Vergleich mit dem Vorjahr,
- Erläuterung der Zusammensetzung,
- Hinweis auf wesentliche stille Reserven.

Darüber hinaus sind die in § 49 Nr. 9 PrüfbV verlangten Angaben zu machen:

- Darstellung der Entwicklung der zur Rettung von Forderungen erworbenen und dem Umlaufvermögen zugerechneten Grundstücke und Gebäude (sog. Rettungserwerbe) unter Angabe von
  - Anfangsbestand,
  - Zugang,
  - Abgang,
  - Zuschreibung,
  - Abschreibung sowie
  - Endbestand.
- Gewinne und Verluste, die sich beim Wiederverkauf von im Berichtsjahr und in früheren Jahren übernommenen Sicherungsobjekten ergeben haben.
- Bei Bausparkassen zusätzlich:
  Angabe, ob die Voraussetzungen des § 4 Abs. 4 BauSparG für den Erwerb vorlagen.
- Bei Hypothekenbanken zusätzlich:
  Angabe, ob die Voraussetzungen des § 5 Abs. 4 HBG für den Erwerb vorlagen.
- Bei Schiffspfandbriefbanken zusätzlich:
  Angabe, ob die Voraussetzungen des § 5 Abs. 4 und 5 Schiffsbankgesetz für den Erwerb vorlagen.

Es empfiehlt sich, die für den Anhang relevanten Daten und Informationen im Prüfungsbericht zu nennen.

5.2.16. Rechnungsabgrenzungsposten (Aktiva 16)

5.2.16.1. Postenbezeichnung

Die Postenbezeichnung lautet nach dem Formblatt wie folgt:

> 16. Rechnungsabgrenzungsposten

Realkreditinstitute haben diesen Posten gemäß der Fußnote 5 zum Formblatt 1 zu untergliedern:

> 16. Rechnungsabgrenzungsposten
> a) aus dem Emissions- und Darlehensgeschäft
> b) andere

Für Bausparkassen, Kreditgenossenschaften, genossenschaftliche Zentralbanken und Sparkassen bestehen keine zusätzlichen Anforderungen.

Weder die Erste noch die Zweite Verordnung zur Änderung der RechKredV haben bezüglich der Postenbezeichnung im Bilanzformblatt eine Änderung gebracht.

Ist bei der sog. Nominalwertbilanzierung von Forderungen nach § 340e Abs. 2 HGB der Nennbetrag niedriger als der Ausgabebetrag oder die Anschaffungskosten, so darf der Unterschiedsbetrag in den aktiven Rechnungsabgrenzungsposten eingestellt werden; er ist in seiner jeweiligen Höhe entweder in der Bilanz oder im Anhang anzugeben (§ 340e Abs. 2 Satz 3 HGB).

Gemäß § 268 Abs. 6 HGB sind die jeweiligen Unterschiedsbeträge (Disagio) in der Bilanz oder im Anhang anzugeben, die sich bei Verbindlichkeiten ergeben, deren Rückzahlungsbetrag höher als der Ausgabebetrag ist. Der gesonderte Ausweis steht damit in Verbindung, dass das Disagio auch einen Korrekturposten zu den auf der Passivseite mit ihrem Erfüllungsbetrag ausgewiesenen Verbindlichkeiten darstellt.

5.2.16.2. Posteninhalt

5.2.16.2.1. RechKredV

Die RechKredV enthält keine Bestimmungen über den Ausweis im Aktivposten „16. Aktive Rechnungsabgrenzung". Mithin sind hierfür die Vorschriften des HGB maßgeblich. Für den passiven Rechnungsabgrenzungsposten enthält § 23 RechKredV Bestimmungen.

5.2.16.2.2. Voraussetzungen für den Postenausweis

5.2.16.2.2.1. Allgemeine Regelung im HGB und Steuerrecht

Die Regelungen im Steuerrecht (§ 5 Abs. 5 Satz 1 Nr. 1 und 2 EStG) entsprechen den handelsrechtlichen Vorschriften zu den aktiven und passiven transitorischen Rechnungsabgrenzungsposten (§ 250 Abs. 1 Satz 1 und Abs. 2 HGB). Die Rechnungsabgrenzung soll auf solche Ausgaben/Einnahmen vor dem Abschlussstichtag beschränkt sein, die Aufwand/Ertrag für eine **bestimmte Zeit** nach dem Abschlussstichtag darstellen.

Rechnungsabgrenzungsposten dienen der **periodengerechten Erfolgsermittlung**. Als Rechnungsabgrenzungsposten sind auf der Aktivseite Ausgaben vor dem Abschlussstichtag auszuweisen, soweit sie Aufwand für eine bestimmte Zeit nach diesem Tag darstellen (§ 250 Abs. 1 HGB). Zulässig ist nur die Aktivierung transitorischer Posten im engeren Sinne. Transitorische Posten im weiteren Sinne (zB Werbefeldzug) dürfen nicht bilanziert werden.

Unzulässig ist auch der Ansatz von **antizipativen** Rechnungsabgrenzungsposten, also die Aktivierung von Erträgen (oder Passivierung von Aufwendungen), die erst nach dem Bilanzstichtag zu Einnahmen (bzw. Ausgaben) führen, als Rechnungsabgrenzungsposten. Solche Abgrenzungen sind aber nicht generell unzulässig; sie kommen vielmehr bspw. als Zinsabgrenzung vor, die jedoch nicht als Rechnungsabgrenzungsposten darzustellen ist.

Zu den **transitorischen** Abgrenzungsposten gehören zB Vorauszahlungen von Miete, Pacht, Versicherungsprämien, Beiträgen, Gebühren, Kraftfahrzeugsteuern uÄ. Insbesondere für Kreditinstitute spielt hier die Abgrenzung von **Ausgabedisagien** eine erhebliche Rolle. Diese Beträge sind zeitanteilig zulasten des Periodenerfolgs abzuschreiben.[1434]

Die Aktivierung setzt grundsätzlich einen **Zahlungsvorgang** vor dem Abschlussstichtag voraus. Hierzu zählen bare und unbare Zahlungsvorgänge sowie die Hingabe von Schecks, Wechseln uam.

Die Ausgabe muss Aufwand für eine **bestimmte Zeit** nach dem Abschlussstichtag darstellen. Das Merkmal des bestimmten Zeitraums muss sich unmittelbar aus dem Sachverhalt ergeben. Anfang und Ende des Zeitraums müssen eindeutig festliegen, dh. kalendermäßig bestimmt oder aus anderen Größen eindeutig ablesbar sein. Es genügt nicht, wenn das Ende des Zeitraums durch ein künftiges, terminlich noch ungewisses Ereignis bestimmt wird.

[1434] Beispiele vgl. Birck/Meyer, II 391 ff.

5.2.16.2.2.2. Kriterium der „bestimmten Zeit"

Nur solche Beträge sind abzugrenzen, die Ertrag (bzw. Aufwand) für eine bestimmte Zeit nach dem Bilanzstichtag darstellen. Damit wollte der Gesetzgeber von der Bildung eines Rechnungsabgrenzungspostens bspw. Reklameaufwendungen, Entwicklungs- und sonstige Kosten ausnehmen, von denen nicht sicher ist, ob und wann sie Ertrag bringen. Der bestimmte Zeitraum kann sich ggf. auch über mehrere Jahre erstrecken. Rechnungsabgrenzungsposten können daher über mehrere Geschäftsjahre reichen.

5.2.16.2.2.3. Disagio bei Verbindlichkeiten (Emissionsdisagio)

Ist der Rückzahlungsbetrag (Nominalbetrag) einer Verbindlichkeit (Buchverbindlichkeit oder verbriefte Verbindlichkeit) höher als der Ausgabebetrag (Emissionserlös), so **darf** der Unterschiedsbetrag (Emissionsdisagio, Disagio, Damnum) in den aktiven Rechnungsabgrenzungsposten aufgenommen werden. Nach dem Wortlaut des Gesetzes handelt es sich handelsrechtlich um ein **Wahlrecht**. Steuerrechtlich handelt es sich um eine Aktivierungspflicht.[1435]

Der Unterschiedsbetrag ist in der Folge durch **planmäßige jährliche Abschreibungen** zu tilgen (§ 250 Abs. 3 HGB) und in der Bilanz **gesondert auszuweisen** oder im Anhang anzugeben (§ 268 Abs. 6 HGB). Die Verbindlichkeit selbst ist mit dem Rückzahlungsbetrag zu passivieren.

Ein (Emissions-) Disagio entsteht, wenn die nach den (Emissions-) Kreditbedingungen vom Kreditnehmer (Emittenten) zu entrichtenden laufenden Zinszahlungen kleiner als der Marktzinssatz für vergleichbare Finanzierungen sind, denn diese Unterverzinsung beeinflusst den Ausgabebetrag (Emissionserlös). Finanzwirtschaftlich ist das (Emissions-) Disagio ein Korrektiv zu den nicht marktgerechten Konditionen der Mittelaufnahme.[1436] Nach hM ist das Disagio damit als vorweg entrichteter Zins eine *„Ausgabe vor dem Abschlussstichtag"*, die - entsprechend der Laufzeit bzw. Zinsbindungsfrist der Verbindlichkeit - Aufwand für eine bestimmte Zeit iSd. § 250 Abs. 1 Satz 1 HGB darstellt.

Nach Birck/Meyer[1437] ergibt sich für die Handelsbilanz entgegen des eindeutigen Wortlauts des § 250 Abs. 3 HGB eine **Aktivierungspflicht**, da nach § 243 Abs. 1 HGB der

---

[1435] Vgl. zur Steuerbilanz Hahne, DB 2003, 1398, der nachzuweisen versucht, dass ein Emissionsdisagio in der Steuerbilanz nicht aktiviert werden darf. Hahne qualifiziert die Aktivierung eines Disagios in der Handelsbilanz als Bilanzierungshilfe. Damit ist nach Ansicht von Hahne ein aktiviertes Disagio für die Steuerbilanz nicht relevant. Das Emissionsdisagio stelle demnach nach den steuerrechtlichen Gewinnermittlungsvorschriften in voller Höhe einen abziehbaren Aufwand im Jahr der Emission dar.
[1436] Vgl. auch Hahne, DB 2003, 1397 ff.
[1437] Vgl. Birck/Meyer, V 405 f.

Jahresabschluss nach den Grundsätzen ordnungsmäßiger Bilanzierung aufzustellen ist. Die Grundsätze ordnungsmäßiger Bankbilanzierung würden nach Ansicht von Birck/Meyer verletzt, wenn ein bei Banken so wesentlicher Posten wie das Disagio nicht aktiviert, sondern als Aufwand verrechnet würde. Erst recht wäre es - so Birck/Meyer weiter - ein Verstoß gegen § 264 Abs. 2 Satz 1 HGB.

Entsprechend dem Charakter eines Zusatzzinses ist der abgegrenzte Betrag auf die Zeit zu verteilen, in der das aufgenommene Kapital zum vereinbarten Festzins zur Verfügung steht (Laufzeit oder kürzere Zinsbindungsfrist).

Sinkt der Marktzins nach der Aufnahme eines Darlehen, kann eine Veranlassung zu einer vorzeitigen **außerplanmäßigen Teilauflösung** des ursprünglich zu marktgerechten Bedingungen vereinbarten Disagios bestehen.[1438]

Außerplanmäßige Auflösungen müssen dann vorgenommen werden, wenn die korrespondierenden Verbindlichkeiten ganz oder teilweise vorzeitig zurückgezahlt werden oder die Laufzeit verkürzt wird.

Ausgabekosten von Verbindlichkeiten zählen wegen ihres Einmalcharakters und ihrer Unabhängigkeit von der Laufzeit der Verbindlichkeit nicht zum Unterschiedsbetrag.[1439] **Kosten der Geldbeschaffung**, wie zB Abschluss-, Bearbeitungs-, Verwaltungs- und ähnliche Gebühren, unterscheiden sich vom Disagio dadurch, dass die Geldbeschaffungskosten Einmalcharakter haben und von der Laufzeit der Verbindlichkeit unabhängig sind, sodass eine Einstufung als Rechnungsabgrenzungsposten entfällt und statt dessen **handelsrechtlich** eine sofortige Aufwandsverrechnung stattfindet.[1440]

Der BFH hat für die **Steuerbilanz** mit Urteil vom 19.1.1978[1441] anders entschieden; er rechnet diese Beträge (Abschluss-, Bearbeitungs- Verwaltungsgebühren) dem Disagio zu und hat für die Steuerbilanz eine Aktivierung vorgeschrieben.

Das Finanzgericht Baden-Württemberg folgt dem BFH mit seinem Urteil vom 13.11.2002[1442] und führt die Anwendung sogar fort. Danach sind eine bei Auszahlung des Darlehens einbehaltene Bearbeitungsgebühr und **Risikoprämie für die vorzeitige Tilgungserlaubnis** auf den Zinsfestschreibungszeitraum aktiv und degressiv nach der Zinsstaffelmethode abzugrenzen. Dabei verkennt das Finanzgericht, dass es sich bei der Risikoprämie für die vorzeitige Tilgungsmöglichkeit um eine vom Darlehensnehmer bezahlte Optionsprämie für einen Put (Rückzahlung des Darlehensbetrags) handelt; er hat also mit der Tilgungsmöglichkeit einen Put erworben. Nach den einschlägigen

---

[1438] Vgl. WPH Bd. I 2000 E Tz. 201; aA Birck/Meyer, V 407 f.
[1439] Vgl. Ballwieser, in: MünchKomm. HGB § 250 HGB Rn. 20.
[1440] Vgl. HdR 5. Aufl., § 250 HGB Rn. 76.
[1441] Vgl. BFH-Urteil vom 19.1.1978, BStBl. II 1978, 2621.
[1442] Vgl. FG Baden-Württemberg, Außensenate Freiburg, Urteil vom 13.11.2002, EFG 2003, 379 f.

Bilanzierungsregeln der Stellungnahme IDW BFA 2/1995, der auch in der Steuerbilanz gefolgt wird, können bezahlte Optionsprämien nicht in einen Rechnungsabgrenzungsposten eingestellt und ratierlich erfolgswirksam erfasst werden. Diese bezahlten Optionsprämie ist vielmehr zu aktivieren und erst bei Ausübung (Inanspruchnahme der Tilgungsmöglichkeit) bzw. Verfall der Option erfolgswirksam zu buchen. Mithin kann dem Urteil des Finanzgerichts zumindest handelsrechtlich nicht gefolgt werden.

Die sofortige Aufwandsverrechnung gilt für Aufwendungen, die bei Darlehensaufnahme durch Zahlungen an Dritte entstehen (zB Provisionen). Mit ihnen ist keine Vertragsleistung des Kreditgebers verbunden. Beide Posten sind laufender Aufwand.

Die **steuerrechtlichen Vorschriften** lassen nur eine planmäßige und keine außerplanmäßigen Auflösungen zu. Bei Umschuldung ist das alte Disagio nur insoweit abzuschreiben, als es bei wirtschaftlicher Betrachtung nicht als zusätzliche Gegenleistung für das neue Darlehen anzusehen ist.[1443]

5.2.16.2.2.2.4. Nominalwertbilanzierung von Forderungen

Abweichend von § 253 Abs. 1 Satz 1 HGB dürfen **Hypothekendarlehen** und **andere Forderungen** mit ihrem Nennbetrag angesetzt werden, soweit der Unterschiedsbetrag zwischen dem Nennbetrag und dem Auszahlungsbetrag oder den Anschaffungskosten Zinscharakter hat (§ 340e Abs. 2 Satz 1 HGB). Ist der **Nennbetrag** niedriger als der Auszahlungsbetrag oder die Anschaffungskosten, so **darf** der Unterschiedsbetrag in den Rechnungsabgrenzungsposten auf der Aktivseite aufgenommen werden; er ist planmäßig aufzulösen und in seiner jeweiligen Höhe in der Bilanz oder im **Anhang gesondert anzugeben** (§ 340e Abs. 2 Satz 3 HGB). Wegen Einzelheiten zur Nominalwertbilanzierung vgl. Kapitel 4.3.3.

Es ist die jeweilige **Summe** der aktivischen Unterschiedsbeträge iSd. § 340e Abs. 2 HGB auszuweisen. Da eine Verrechnung aktivischer und passivischer Unterschiedsbeträge iSd. § 340e Abs. 2 HGB weder im Gesetz noch in der RechKredV ausdrücklich vorgesehen ist, ist hier das Verrechnungsverbot des § 246 Abs. 2 HGB zu beachten.

Es ist nicht zulässig, die Unterschiedsbeträge nach § 340e Abs. 2 HGB mit denen nach § 268 Abs. 6 iVm. § 250 Abs. 3 HGB zusammenzufassen. Denn der Unterschiedsbetrag nach § 250 Abs. 3 HGB resultiert aus Verbindlichkeiten, während § 340e Abs. 2 HGB Hypothekendarlehen und andere Forderungen betrifft. Hätte der Gesetzgeber eine Zusammenfassung der gesondert auszuweisenden Unterschiedsbeträge für zulässig gehalten, wäre eine entsprechende Anweisung in § 340e Abs. 2 HGB erforderlich gewesen.

[1443] Vgl. BFH-Urteil v. 13.3.1974, BStBl. 1974 II, 359.

5.2.16.2.2.5. Verausgabte Bürgschaftsprovisionen

Gebührenausgaben eines Instituts für die Übernahme einer Bürgschaft oder Gewährleistung durch ein anderes Kreditinstitut sind, soweit sie die folgenden Geschäftsjahre betreffen, als aktive Rechnungsabgrenzungsposten abzugrenzen.[1444]

Es handelt sich hierbei nicht um die besonders geregelten Aufwendungen des § 250 Abs. 3 HGB (Disagio), sondern um einen eigenständig anzusetzenden Rechnungsabgrenzungsposten.

Entsprechend der Bilanzierung von verausgabten Bürgschaftsprovisionen hat auch die Bilanzierung von Prämienzahlungen für **Credit Default Swaps** zu erfolgen, die nachweislich für Sicherungszwecke abschlossen wurden und die hierfür objektiv geeignet sind.[1445] Die Prämienzahlungen sind nach RS BFA 1 *„- wie die Kreditzinsen auf das zugrundeliegende Kreditgeschäft - nach den allgemeinen Grundsätzen über die Laufzeit des Geschäfts zu verteilen."* Wie bei Bürgschaften und Garantien sollen nach RS BFA 1 die Prämienzahlungen unter den Provisionsaufwendungen ausgewiesen werden, es sei denn, dass der Zinscharakter überwiegt.[1446]

5.2.16.2.2.6. Emittierte Nullkuponanleihen

Nullkuponanleihen sind Anleihen, auf die keine periodischen Zinszahlungen geleistet werden, sondern deren Gegenleistung für die Kapitalüberlassung durch einen ggü. dem Ausgabebetrag erhöhten Rückzahlungsbetrag am Ende der Laufzeit beglichen wird.

Der Bilanzausweis von begebenen Nullkuponanleihen (Zerobonds) wird durch § 22 Abs. 2 Satz 3 RechKredV normiert. Danach sind derartige Papiere einschließlich der anteiligen Zinsen (§ 11 RechKredV) auszuweisen. Die Bildung eines Rechnungsabgrenzungspostens scheidet damit aus (sog. Nettomethode). Dies entspricht auch der durch die Stellungnahme HFA 1/1986 vorgesehenen Bilanzierung.[1447] Entsprechend ausgestaltete **Sparbriefe** und ähnliche Titel dürften unabhängig davon, ob sie Inhaber- oder Namenspapiere darstellen, ebenso zu behandeln sein.[1448]

Bei der in § 22 Abs. 2 Satz 3 RechKredV vorgesehenen **Nettomethode** wird zunächst der Ausgabebetrag (Verfügungsbetrag) der Verbindlichkeit passiviert. Als Rückzahlungsbetrag (§ 253 Abs. 1 Satz 2 HGB) ist der Ausgabebetrag zuzüglich der bis zum

---

[1444] Vgl. BFH-Urteil v. 19.1.1978, BStBl. 1978 II, 262.
[1445] Vgl. RS BFA 1, FN 2002, 61 ff.
[1446] Vgl. hierzu auch Ausschuss für Bilanzierung des Bundesverbandes deutscher Banken, WPg 2000, 687.
[1447] Vgl. IDW HFA 1/1986, WPg 1986, 248.
[1448] Vgl. Bieg /1998), 284; Bergmann ua., B.II.14, 69.

Bilanzstichtag aufgelaufenen Zinsen anzusehen. Zu den folgenden Bilanzstichtagen ist daher der Ausgabebetrag um die zeitanteiligen, aufwandswirksam zu verrechnenden Zinsen zu erhöhen. Ausgabebetrag und Zinsverpflichtung sind dabei als einheitliche Schuld anzusehen, da die zuzurechnende Zinsverpflichtung Bestandteil der Hauptschuld wird.

Entgegen des eindeutigen Wortlauts des § 22 Abs. 2 Satz 3 RechKredV hält Bieg[1449] die Bruttomethode, dh. den Ausweis des Rückzahlungsbetrags bei Fälligkeit und die Bildung eines Rechnungsabgrenzungspostens für aussagefähiger.

5.2.16.2.2.7. Abschlussgebühren bei von Instituten abgeschlossenen Bausparverträgen

Soweit das Institut bei einer Bausparkasse einen Bausparvertrag abgeschlossen und hierfür eine Abschlussgebühr entrichtet hat, ist diese nach Ansicht von Bergmann ua.[1450] als aktiver Rechnungsabgrenzungsposten zu erfassen.

Nachdem für die von einer Bausparkasse vereinnahmten Abschlussgebühren mangels der „bestimmten Zeit" bzw. mangels der „Mindestlaufzeit" kein Rechnungsabgrenzungsposten gebildet werden kann, dürfte dies für von einem Institut verausgabte Abschlussgebühren ebenfalls nicht zulässig sein.

5.2.16.2.2.8. Degressive Leasingraten beim Leasingnehmer

In einem vor den Finanzgerichten verhandelten Streitfall hatte der Steuerpflichtige (verschleißträchtige und wertmindernde) **Produktionsmaschinen** mit degressiv gestaffelten Leasingraten geleast. Das Finanzamt berief sich auf ein älteres Urteil zum Immobilienleasing und wollte die Summe der während der vertraglichen Laufzeit geschuldeten Raten in jährlich gleich bleibenden Beträgen (linear) auf die Laufzeit verteilen. Der BFH hat mit seinem Urteil vom 12.8.1982[1451] zum Immobilienleasing die Vereinbarung degressiver Leasingraten bilanzrechtlich nicht anerkannt und eine Linearisierung verlangt. Beim Leasingnehmer sollte dies durch Aktivierung der sich während der Anfangsphase der Grundmietzeit ergebenden Differenzbeträge zwischen den Durchschnittsmietraten und der vertraglich vereinbarten Mietraten in einem Rechnungsabgrenzungsposten und dessen anschließende Auflösung in der Endphase des Vertrags erreicht werden.

Nach dem BFH-Urteil vom 28.2.2001[1452] kann für degressive Raten beim Leasing **beweglicher Wirtschaftsgüter des Anlagevermögens** im Gegensatz zum Immobilien-

---

[1449] Vgl. Bieg (1998), 284.
[1450] Vgl. Bergmann ua., B.II.14., 69.
[1451] Vgl. BFH-Urteil v. 12.8.1982, DB 1982, 2383.
[1452] Vgl. BFH-Urteil v. 28.2.2001, DB 2001, 1457.

leasing beim Leasingnehmer regelmäßig kein aktiver Rechnungsabgrenzungsposten gebildet werden (Abgrenzung zum BFH-Urteil vom 12.8.1982).[1453] Beim Mobilienleasing ist die lineare Verteilung der Leasingraten im Gegensatz zum Immobilienleasing nicht zwingend, denn der Wert des Überlassungsanspruchs kann bei Mobilienleasing durchaus degressiv verlaufen, wobei von sinkenden Nutzungswerten (technische Abnutzung, wirtschaftliche Überholung) auszugehen ist. Der BFH stützt seine Beurteilung allein auf die allgemeine Erfahrung, dass automatisierte Maschinen regelmäßig einer besonders starken Wertminderung unterliegen.[1454]

Seine mit Urteil vom 12.8.1982 zum **Immobilienleasing** aufgestellten Grundsätze ließ der BFH jedoch unberührt. Eine **lineare Verteilung** der Leasingraten kann hier gerechtfertigt sein. Zur Frage der gleichmäßigen Verteilung der Leasingraten, wenn die degressiven Leasingraten einmalig wegen Zinskonversion angepasst werden müssen, vgl. OFD-Verfügung vom 19.7.2001.[1455]

5.2.16.2.2.9. Pensionsgeschäfte

Aktive Rechnungsabgrenzungsposten ergeben sich bei echten Pensionsgeschäften beim Pensionsgeber, wenn bei der Rückübertragung ein höherer Betrag fällig wird. Einzelheiten vgl. Kapitel 3.2.3.1.1.

5.2.16.2.2.10. Upfront-Zahlungen bei Zinsswaps

Mit Upfront-Zahlungen werden marktabweichende Konditionen eines Swaps vergütet, dh. es wird der positive bzw. negative Marktwert vergütet, der sich aufgrund der Vereinbarung von marktabweichenden Konditionen bereits bei Vertragsabschluss ergibt.

Die Einmalzahlung entspricht bei einem Zinsswap im Regelfall wirtschaftlich einem **Disagio** bzw. **Agio**. Eine sofortige erfolgswirksame Buchung der Upfront-Zahlung kommt daher nicht in Betracht.

Einmalige Zinszahlungen bei Abschluss des Swapgeschäfts, die dazu dienen, den gewünschten Effektivzins darzustellen und zu einem marktkonformen Austausch mit dem Swappartner zu kommen, sind daher auf der Grundlage des vereinbarten Effektivzinses über die Laufzeit des Swaps aktivisch bzw. passivisch abzugrenzen. Bei Beträgen, die nicht umfangreich sind, kann aus Gründen der Wesentlichkeit auch eine lineare Verteilung sachgerecht sein.[1456]

[1453] Vgl. BFH-Urteil v. 12.8.1982, DB 1982, 2383; vgl. auch HdR 4. Aufl., Grundlagen Rn. 504 ff.
[1454] Vgl. auch Weber-Grellet, BB 2002, 36.
[1455] Vgl. OFD-Verfügung vom 19.7.2001, DStR 2001, 1702 f.; ebenso BMF-Schreiben vom 28.6.2002, DStR 2002, 1395.
[1456] Vgl. Scharpf/Luz, 487 f. mwN.

Ein Ausweis als transitorischer Rechnungsabgrenzungsposten kommt jedoch nur für vorschüssige Zinszahlungen (Upfront-Zahlung) infrage. Förschle[1457] empfiehlt, diese Einmalzahlungen als sonstige Vermögensgegenstände bzw. als sonstige Verbindlichkeiten auszuweisen und pro rata temporis als Zinsaufwand oder Zinsertrag (Zinskorrektur) aufzulösen. Da derartige Upfront-Zahlungen den Charakter eines Disagios bzw. Agios haben, wird hier dafür plädiert, diese Zahlungen über aktive bzw. passive Rechnungsabgrenzungsposten auf die Laufzeit des Swapgeschäfts zu verteilen. Die Auflösungsbeträge sind in denselben Posten der Gewinn- und Verlustrechnung zu buchen wie die Zinszahlungen aus dem Swapgeschäft.[1458]

Einmalzahlungen am Ende der Laufzeit des Swaps (Balloon Payments) werden während der Laufzeit des Swaps ratierlich zugunsten/zulasten des Zinsergebnisses aus dem zugrunde liegenden Geschäft aufgebaut.[1459] Diese werden entweder im Posten „Sonstige Vermögensgegenstände" oder im Posten „Sonstige Verbindlichkeiten" ausgewiesen.

5.2.16.2.2.2.11. Upfront-Zahlungen bei Währungsswaps

Soweit es sich bei Upfront-Zahlungen bei Währungsswaps faktisch um ein Disagio bzw. Agio handelt, ist entsprechend der Vorgehensweise bei Zinsswaps zu verfahren. Dies ist dann der Fall, wenn die im Währungsswap vereinbarten Zinsen nicht marktgerecht sind.

Bisweilen kommt es jedoch vor, dass marktabweichende Konditionen dahingehend vereinbart werden, dass der für die Schlusstransaktion relevante Kurs vom Kassakurs bei Vertragsabschluss abweicht, insoweit also eine marktabweichende Kursvereinbarung besteht. Da diese marktabweichende Kondition nicht zinsbedingt ist, kann die hierfür zu leistende bzw. zu empfangende Upfront-Zahlung nicht als Rechnungsabgrenzungsposten erfasst werden. Im Ergebnis handelt es sich hierbei vielmehr um Vorauszahlungen zum Ausgleich der künftig bei der Schlusstransaktion maßgeblichen Kursrelation. Diese können nicht als Rechnungsabgrenzungsposten auf die Laufzeit des Vertrags verteilt werden. Sie sind vielmehr als Anzahlung unter den „sonstigen Vermögensgegenständen" bzw. „sonstigen Verbindlichkeiten" auszuweisen.

[1457] Vgl. BeBiKo 5. Aufl. § 246 HGB Rn. 141
[1458] Vgl. Scharpf/Luz, 487 mwN.
[1459] Vgl. BeBiKo 5. Aufl. § 246 HGB Rn. 141

5.2.16.2.2.12. Close-out-, Recouponing- und Revalutierungs-Vereinbarungen bei Zinsderivaten und ähnliche Transaktionen

Darstellung der Geschäfte

Beim sog. **Close-out** handelt es sich um Aufhebungsverträge, die die gegenseitigen Rechte und Pflichten der Kontraktpartner eines Zinsswap erlöschen lassen (Vertragsauflösung). Die noch ausstehenden Leistungen der Kontraktpartner aus dem Zinsswap werden bewertet und durch eine Ausgleichszahlung einer Partei ausgeglichen.

Beim sog. **Recouponing** - das ebenfalls vor allem bei Swapgeschäften vorkommt – handelt es sich um Transaktionen, bei denen der ursprüngliche Vertrag im Gegensatz zum Close-out nicht aufgelöst wird, sondern lediglich die Festsatzseite im Swap an die aktuellen Marktbedingungen angepasst wird. Für die Anpassung an die Marktbedingungen werden Ausgleichszahlungen in Höhe des zu diesem Zeitpunkt bestehenden Marktwerts des Swap geleistet. Ein Recouponing kann faktisch auch mittels Close-out und zeitgleichem Neuabschluss eines derivativen Zinsgeschäfts (Close-out mit Anschlussgeschäften) zu aktuellen Marktbedingungen dargestellt werden (sog. wirtschaftliches Recouponing).

Bei sog. **Revalutierungen** von derivativen Zinsgeschäften werden die Konditionen, idR der Laufzeitbeginn des zugrunde liegenden Forward Zinsswap, zwischen den Vertragspartnern neu vereinbart; das Laufzeitende bleibt idR unverändert. Im Ergebnis wird ein bestehender Forward Swap lediglich mit verändertem Laufzeitbeginn fortgesetzt. Die ausstehenden Leistungen werden bewertet und idR durch die Anpassung der Zinssätze, aber auch durch Ausgleichszahlungen ausgeglichen. Es handelt sich um einen mit dem Recouponing vergleichbaren Sachverhalt. Ziel einer Revalutierung kann auch sein, den Laufzeitbeginn des zugrunde liegenden Zinsswap hinauszuschieben, um so ansonsten anfallende Nettozinszahlungen zu vermeiden.

Daneben gibt es Sachverhalte, die den vorstehend dargestellten Transaktionen ähnlich sind. Dies sind bspw. die sog. Margenvereinnahmung oder der Verkauf von zukünftigen Zinsforderungen.

Unter einer sog. **Margenvereinnahmung** werden hier Sachverhalte verstanden, bei denen bspw. dem Kunden ein variabel verzinslicher Kredit (zB 3-M-Euribor) gewährt und zeitgleich mit diesem Kunden ein Zinsswap vereinbart wird, der die variable Verzinsung des Kredits synthetisch zu einer Festsatzverzinsung (zB 5 %, einschließlich kundenspezifischer Marge) macht („Kundenswap"). Zeitgleich wird mit einem Kreditinstitut ein Gegenswap zu denselben Festsatzkonditionen wie im Zinsswap mit dem Kunden (also zB 5 %) vereinbart; die hier vereinbarte Kondition weicht (aufgrund der höheren Kundenmarge) von der ab, die ansonsten mit dem Kreditinstitut vereinbart worden wäre (zB 4,5 %). Die abweichenden Konditionen werden durch eine Upfront-Zahlung an das bilanzierende Kreditinstitut ausgeglichen. Das Kreditgeschäft mit dem Kunden bleibt weiterhin im Bestand, jedoch mit einer reduzierten oder sogar ohne

Marge. Die sofortige Vereinnahmung der Upfront-Zahlung wird von den Anwendern bspw. dahingehend begründet, dass beide Zinsswaps dem Handelsbestand zugeordnet würden. Durch den Gegenswap werde sodann der „Kundenswap" geschlossen, was zu einer sofortigen Realisierung des positiven Marktwerts des Gegenswap in Höhe der Upfront-Zahlung führe.

Beim **Verkauf von zukünftigen Zinsforderungen** werden die Zinsen späterer Perioden bspw. aus gewährten Krediten vorfristig verkauft (vgl. hierzu Kapitel 5.2.4.2.2.16.).

Bei zu marktgerechten Konditionen abgeschlossenen Swaps (anfänglicher Markwert von Null) ergibt sich aufgrund des sich im Zeitablauf im Regelfall ändernden Marktzinsniveaus ein positiver oder negativer Marktwert. Die eben dargestellten Vereinbarungen ermöglichen es, diese positiven bzw. negativen Marktwerte mit dem Vertragspartner auszugleichen. Entsprechendes gilt für den Fall, dass von vornherein vom aktuellen Marktniveau abweichende Zinsen vereinbart und durch Upfront-Zahlungen ausgeglichen werden.

Beurteilung der Geschäfte

Die Realisierung von positiven Marktwerten bei Zinsswaps bedeutet in der Regel die Vorwegnahme von künftigen Zinserträgen. Dies führt zu einer Beeinflussung der Gewinn- und Verlustrechnung in den nachfolgenden Perioden. Im Extremfall kann dies sogar dazu führen, dass ein Kreditinstitut aus dem Zinsgeschäft nur noch negative Margen erwirtschaftet. Liegen die Gründe für solche Maßnahmen nicht in einer Änderung der bislang verfolgten Strategie bzw. in einer begründeten vorzeitigen Auflösung einer Sicherungsbeziehung, sondern sind diese Maßnahmen in **erster Linie bilanzpolitisch motiviert** (zB Ergebnisgestaltungen, dh. positive bzw. negative Ergebnisveränderung; sog. Earnings Management), ist ggf. die buchhalterische Behandlung durch das Institut kritisch zu hinterfragen.

Bei der sog. Margenvereinnahmung muss kritisch geprüft werden, ob die Zuordnung des Kunden- und des Gegenswap zum Handelsbestand zulässig ist. Die Zuordnung zum Handelsbestand wird zB mit dem Rundschreiben der BaFin 17/1999 (IV. Ziff. 1.2) begründet, wonach geschlossene Positionen einem Verkauf gleichzusetzen seien. Nach der hier vertretenen Ansicht ist die Aussage in diesem Rundschreiben vor dem Hintergrund der Frage des zeitlichen Verbleibens von Geschäften des Handelsbuchs zu sehen, wenn es um die Beantwortung der Frage geht, was unter kurzfristiger Nutzung von Preisschwankungen iSd. § 1 Abs. 12 Satz 1 Nr. 1 KWG zu verstehen ist. Der „Kundenswap" ist mit Abschluss per se ein Geschäft des Anlagebuchs. Eine automatische Umwidmung in das Handelsbuch bzw. in den Handelsbestand ist nicht möglich. Da im dargestellten Sachverhalt der Zinsswap in einem gewollten Zusammenhang mit einem dem Nichthandelsbestand zugeordneten Geschäft (Kredit) besteht, ist eine Zuordnung des Swap zum Nichthandelsbestand sachgerecht. Die Bildung einer geschlossenen Position durch Abschluss des Gegenswap führt mithin nicht dazu, dass aus dem „Kundenswap" des Anlagebuchs automatisch ein Swap des Handelsbuchs wird. Für die Zuordnung zum Handels- bzw. Anlagebuch ist der Verwendungszweck maßgebend (Handelsbuch: Absicht der Erzielung kurzfristiger Handelserfolge). Die Annahme einer automatischen Zuordnung des Kundenswap zum Handelsbuch bzw. Handelsbestand würde bedeuten, dass jedes Nicht-Handelsbuchinstitut, das auf diese Weise sein Zinsrisiko steuert, automatisch zum Handelsbuchinstitut würde. Bezüglich des Gegenswap hat das Kreditinstitut grundsätzlich das Wahlrecht, diesen Swap dem Handelsbuch/Handelsbestand oder dem Anlagebuch (Bankbuch) zuzuordnen. Nur wenn der Zweck die Erzielung kurzfristiger Handelserfolge ist, ist eine Zuordnung zum Handelsbuch sachgerecht. Eine sofortige Realisierung der Marge im dargestellten Sachverhalt würde dazu führen, dass der Ertrag aus dem Verkauf des Bonitätsunterschieds resultiert. Das Kreditinstitut gibt das Bonitätsrisiko aber durch den korrespondierenden Swap nicht ab, sondern steuert damit lediglich das Zinsrisiko.

Die Bilanzierung richtet sich in diesen Fällen nach den nachstehend dargestellten Grundsätzen. Es besteht die Gefahr, dass die gegebenen Gestaltungsmöglichkeiten und bestehenden Regelungslücken genutzt werden, um die Außendarstellung der Vermögens-, Finanz- und Ertragslage zu beeinflussen. Infolgedessen ergibt sich für die Jahresabschlussadressaten ein eingeschränkter Einblick in die tatsächliche Lage des Unternehmens.

Wird durch derartige Vereinbarungen zum Beispiel ein positiver Marktwert realisiert, bedeutet dies die Vorwegnahme von künftigen Zinserträgen. Die im Rahmen einer Revalutierung vermiedenen (Netto-) Zinsaufwendungen/-erträge werden idR auf die Restlaufzeit des zugrunde liegenden Zinsswap verteilt. Diese Maßnahmen führen zu einer Beeinflussung der Gewinn- und Verlustrechnung in den nachfolgenden Jahren. Im Extremfall kann dies dazu führen, dass sich aus dem Zinsgeschäft zukünftig negative Margen ergeben. Ein Verstoß gegen den Grundsatz der Willkürfreiheit ist insbesondere dann anzunehmen, wenn alleiniger Zweck der Vereinbarungen die Verbesserung der Ertragslage ist und ein wirtschaftlich vernünftiger Grund wie bspw. die Änderung der bislang verfolgten Strategie bzw. die Auflösung eines zugehörigen Grundgeschäfts nicht erkennbar ist.

Die genannten Transaktionen haben für die Rechnungslegung von Geschäften des **Handelsbestands** keine Relevanz, da diese insgesamt der Marktbewertung unterliegen.

Bilanzierung bei Close-out

Beim Close-out führt die vorzeitige Veräußerung derivativer Zinsgeschäfte zu Ausgleichszahlungen, die im Jahresabschluss erfolgswirksam berücksichtigt werden (Realisationsprinzip). Dies entspricht der Behandlung von Vorfälligkeitsentschädigungen im Jahresabschluss.

Davon abweichend ist bei vorzeitiger Auflösung von derivativen Zinsgeschäften insbesondere der Grundsatz der Willkür zu prüfen. Danach kann es, entgegen der formellen Anwendung des Realisationsprinzips erforderlich werden, eine Periodisierung der Ausgleichszahlung durch die Bildung eines Rechnungsabgrenzungspostens und dessen Auflösung über die Restlaufzeit des vorzeitig beendeten derivativen Zinsgeschäfts vorzunehmen. In diesen Fällen ist aufgrund der wirtschaftlichen Betrachtungsweise der Periodisierung der Ergebnisse im Sinne eines true and fair view Vorrang zu geben. Damit würde der Aufgabenstellung des Jahresabschlusses entsprochen werden, nach der einerseits ein den tatsächlichen Verhältnissen entsprechendes Bild der Vermögens-, Finanz- und Ertragslage des Unternehmens vermittelt werden soll und andererseits die nachhaltig erzielbaren bzw. anfallenden Ergebnisse Extrapolationsbasis für die zukünftige Ertragslage sein sollen.

Für das Close-out mit Anschlussgeschäften (wirtschaftliches Recouponing) gelten die Aussagen zum Recouponing.

Die Ausgleichzahlungen im Rahmen von Close-out-Vereinbarungen bei derivativen Zinsgeschäften sind grundsätzlich im Zinsergebnis zu erfassen. Zulässig ist auch, wenn die Ausgleichszahlung mit dem bei gleichzeitiger Veräußerung zB des Wertpapiers als Grundgeschäft erzielten Kursgewinn bzw. –verlust oder einer bereits gebildeten Drohverlustrückstellung verrechnet und unter den GuV-Positionen Risikovorsorgesaldo oder Finanzanlagesaldo ausgewiesen wird.

Bilanzierung bei Recouponing

Der Kontrakt bleibt mit veränderten Konditionen bestehen, sodass die Ausgleichszahlungen keinen Umsatzvorgang am Markt begründen. Da eine sofortige Erfolgswirksamkeit nicht mit dem Realisationsprinzip vereinbar ist, ist eine Abgrenzung der Ausgleichszahlung durch die Bildung eines Rechnungsabgrenzungspostens und dessen Auflösung über die Restlaufzeit des derivativen Zinsgeschäfts erforderlich.

Bilanzierung bei Revalutierung

Aus dem Kontrakt bestehen weiterhin gegenseitigen Bindungen zwischen den Vertragspartnern. Insoweit ist zu beachten, dass die Zinserträge bzw. -aufwendungen periodengerecht entsprechend dem ursprünglich abgeschlossenen Vertrag abzugrenzen sind. Bei ggf. auftretenden Ausgleichszahlungen ist durch die Bildung eines Rechnungsabgrenzungspostens eine Periodisierung entsprechend dem ursprünglich abgeschlossenen derivativen Zinsgeschäft vorzunehmen. Soweit im Zusammenhang mit der Revalutierung Recouponing-Gestaltungen auftreten, gelten die entsprechenden Ausführungen zum Recouponing.

Bilanzierung bei der sog. Margenvereinnahmung

Eine sofortige Vereinnahmung der Upfront-Zahlung aus dem Gegenswap ist nur insoweit zulässig, als es sich bei beiden Geschäften zulässigerweise um Geschäfte des Handelsbestands (Handelsbuchs) handelt. Hier ist eine ratierliche Vereinnahmung durch die Bildung eines Rechnungsabgrenzungspostens nicht erforderlich.

In allen anderen Fällen ist die Upfront-Zahlung mittels eines Rechnungsabgrenzungspostens auf die Laufzeit der Zinsswaps zu verteilen und ratierlich zu vereinnahmen. Soweit aus diesen (oder vergleichbaren) Sachverhalten eine negative Zinsmarge aus dem zinstragenden Geschäft des Kreditinstituts resultiert, ist ggf. eine entsprechende Rückstellung zu bilden.

Angaben im Anhang und im Lagebericht

Zu den Angaben im **Anhang** über die Behandlung von derivativen Geschäften iRd. allgemeinen Berichterstattung über Bilanzierungs- und Bewertungsmethoden (§ 284 Abs. 2 Nr. 1 HGB) gehört auch die Berichterstattung über die Vorgehensweise bei vorzeitiger Auflösung, bei Recouponing oder bei Abschluss vergleichbarer Geschäfte. Wiechen die angegebenen bzw. im Vorjahr angewandten Methoden der Behandlung dieser Transaktionen von den aktuellen Methoden ab, sind Angaben nach § 284 Abs. 2 Nr. 3 HGB erforderlich. Führen besondere Umstände dazu, dass der Jahresabschluss kein den tatsächlichen Verhältnissen entsprechendes Bild der Finanz-, Vermögens- und Ertragslage vermittelt, sind zudem Angaben nach § 264 Abs. 2 HGB erforderlich.

Im **Lagebericht** sind solche Angaben berichtspflichtig, die für die Lage des jeweiligen Instituts wesentlich sind. Zu den Angaben über die Grundsätze des Finanzmanagements sowie zu den Geschäften über derivative Geschäfte gehört auch die Darstellung der oben genannten Transaktionen. Insbesondere die Darstellung der Ertragslage ist so zu gestalten, dass Zeit- und Unternehmensvergleiche trotz Vorliegens von Sondereinflüssen - zB aufgrund der oben genannten Transaktionen - möglich sind; mithin sind diese Transaktionen bei Wesentlichkeit darzulegen. Dabei ist auch auf die Fähigkeit des Instituts einzugehen, künftige Erträge und Margen zu erwirtschaften. Sofern die erwarteten künftigen Erträge und Margen wesentlich von den in der Vergangenheit erzielten Erträgen und Margen abweichen, ist dies anzugeben.

Prüfung derartiger Transaktionen

Da die oben dargestellten Transaktionen nicht unbedingt aus der Bilanz und der Gewinn- und Verlustrechnung ersichtlich sind, hat der Prüfer durch geeignete Maßnahmen sicherzustellen, dass solche Maßnahmen erkannt und hinsichtlich ihres Umfangs beurteilt werden. Dies kann dadurch vorgenommen werden, dass einschlägige Protokolle (Vorstandssitzungen, Ausschusssitzungen) sowie die Zinskonten durchgesehen werden.

Empfehlenswert sind auch analytische Prüfungshandlungen im Rahmen der Prüfung des Zinsüberschusses.

Der Abschlussprüfer hat sich insbesondere ein Bild darüber zu verschaffen, ob für die nach derartigen Transaktionen verbleibenden Geschäfte eine negative Gesamtzinsspanne vorliegt und somit eine Rückstellung erforderlich wird. Er hat im Prüfungsbericht über derartige Transaktionen zu berichten (sachverhaltsgestaltende Maßnahmen iSd. § 321 Abs. 4 Satz 4 HGB).

Anhaltspunkte für Willkür bei derartigen Transaktionen können bspw. folgende Umstände sein: Wesentliche Beeinflussung des Zins- und Bewertungsergebnisses ggü. dem Zustand ohne Vornahme derartiger Transaktionen; signifikante Verschlechterung der Zinsmarge aus dem verbleibenden Geschäft; verstärkte Durchführung solcher Geschäfte ggü. dem Vorjahr, Hinweise auf primär bilanzpolitischen Charakter solcher Transaktionen; Close-out-Geschäfte mit zeitnahen Anschlussgeschäften.

5.2.16.2.2.13. Prämien für Zinsbegrenzungsvereinbarungen

Die für die **Absicherung von Zinsrisiken** dienenden Caps und Floors, bei denen es sich um eine Serie von europäischen Zinsoptionen mit zunehmend längerer Vorlaufzeit handelt, entrichteten Prämien können, soweit es sich um Zinssicherungsgeschäfte handelt, als Rechnungsabgrenzungsposten ausgewiesen und auf die Laufzeit der Zinsbegrenzungsvereinbarung verteilt werden.[1460]

Dem hat das FG München in seinem Urteil vom 25.3.2003 (Rev. eingelegt, Az. BFH I R 33/03)[1461] nicht widersprochen. Im entschiedenen Sachverhalt ging es um Zinsbegrenzungsvereinbarungen, die in keinem Zusammenhang mit einem ggf. abzusichernden Grundgeschäft stehen. Das FG führt aus, dass ein als aktiver Rechnungsabgrenzungsposten zu behandelnder **laufzeitabhängiger Aufwand** dann vorliegt, wenn sich der wirtschaftliche Gehalt allein in der Abdeckung eines laufzeitbezogenen Risikos erschöpft. Dies gilt nach Ansicht des FG namentlich dann, wenn – etwa bei einer zu sichernden Darlehensverpflichtung – die Begrenzung darin besteht, dass der Kreditnehmer von vornherein lediglich Zinsen bis zur Höhe des vereinbarten Höchstzinssatzes schuldet.

Das **Nutzungspotenzial** ist von der Anzahl der (verbleibenden) Zinsvergleichszeitpunkte abhängig.[1462] Eine Verteilung der Prämie kann im Grunde nur auf die Anzahl der

---

[1460] Vgl. ausführlich Scharpf/Luz, 567; Spanier ua., B.II.14., 77; Rau, DStR 2003, 1771 spricht sich für eine lineare Verteilung aus.
[1461] Vgl. FG München, Urteil vom 25.3.2003, Rev. eingelegt (Az. BFH I R 33/03), EFG 2003, 1072 ff.; Anmerkungen von Räthke, StuB 2004, 34; Räthke hält bei Stillhalter den Ausweis als Rechnungsabgrenzungsposten für zulässig.
[1462] Vgl. Scharpf/Luz, 569 f.

noch verbleibenden Zinsvergleichszeitpunkte (Fixing) planmäßig erfolgen; sie wird aus Vereinfachungsgründen häufig linear vorgenommen. Dabei ist jedoch zu beachten, dass auf die Anzahl der tatsächlichen Fixingtage abzustellen ist. Die erste Ausbuchung ist am ersten Fixing vorzunehmen (Ausübung der ersten Teiloption).

Werden die Zinsbegrenzungsvereinbarungen zu Sicherungszwecken abgeschlossen, ist es sachgerecht, die Beträge aus der Verteilung der Prämien in der Gewinn- und Verlustrechnung in das Zinsergebnis zu buchen.[1463]

5.2.16.3. Bewertung

Rechnungsabgrenzungsposten sind im Allgemeinen einer Bewertung nicht zugänglich. Bewertet werden Vermögensgegenstände und Schulden. Rechnungsabgrenzungsposten hingegen werden zu jedem Bilanzstichtag neu berechnet. Sie dienen lediglich der periodengerechten Erfolgsabgrenzung.

5.2.16.4. Anhangangaben

Nach § 340e Abs. 2 Satz 3 HGB sind die jeweiligen Unterschiedsbeträge aus der Nominalwertbilanzierung von Forderungen, wenn sie nicht in der Bilanz angegeben wurden, im Anhang anzugeben.

Gemäß § 268 Abs. 6 HGB sind die jeweiligen Unterschiedsbeträge in der Bilanz oder im Anhang anzugeben, die sich bei Verbindlichkeiten ergeben, deren Rückzahlungsbetrag höher als der Ausgabebetrag ist.

5.2.16.5. Prüfung des Postens

Es sind die für Rechnungsabgrenzungsposten allgemein üblichen Prüfungshandlungen durchzuführen. Es ist darauf zu achten, dass die in diesem Posten ausgewiesenen Beträge die og. Voraussetzungen erfüllen. Diesbezüglich wird auf die obigen Ausführungen verwiesen.

Der **Nachweis** erfolgt ua. durch Vertragsunterlagen, Schriftwechsel, Bestätigungen usw. Neben der Prüfung des sachgerechten Nachweises ist insbesondere die Richtigkeit der **Auflösung** der Einzelbeträge zu prüfen. Hierbei ist auch festzustellen, ob die Abgrenzungsposten des Vorjahres zulasten der richtigen Erfolgskonten aufgelöst wurden.

[1463] Vgl. Scharpf/Luz, 571 f.

Zinsswap- und ähnliche Zinsgeschäfte sind daraufhin zu prüfen, ob Close-out-, Recouponing- sowie Revalutierungs-Vereinbarungen bzw. ähnliche Transaktionen zutreffend bilanziell abgebildet worden sind. Anhaltspunkte für Willkür, und damit idR keine sofortige Ertragsrealisierung bei der Vereinnahmung von bspw. positiven Marktwerten, bei derartigen Transaktionen könnten insbesondere sein:

- Wesentliche Beeinflussung des Zins- bzw. Bewertungsergebnisses gegenüber dem Zustand ohne Vornahme derartiger Transaktionen.
- Signifikante Verschlechterung der Zinsmarge aus den verbliebenen Geschäften.
- Verstärkte Durchführung solcher Geschäfte gegenüber früheren Jahren.
- Hinweise darauf, dass die Transaktionen im Wesentlichen bilanzpolitischen Charakter haben. Ein Indiz hierfür könnte zum Beispiel sein, wenn die Risikolage des zinstragenden Geschäfts der Bank insgesamt bzw. der betreffenden Portfolios im Zusammenwirken mit Neugeschäften (weitgehend) unverändert geblieben ist.
- Close-out-Geschäfte mit zeitnahen Anschlussgeschäften.

Der **Prüfungsbericht** muss die in § 48 PrüfbV verlangten Angaben enthalten:

- Darstellung im Vergleich mit dem Vorjahr,
- Erläuterung der Zusammensetzung.

Außerdem hat der Abschlussprüfer gemäß dem Gesetz zur weiteren Reform des Aktien- und Bilanzrechts, zu Transparenz und Publizität (Transparenz- und Publizitätsgesetz) im Prüfungsbericht darauf einzugehen, welchen Einfluss sachverhaltsgestaltende Maßnahmen auf die Darstellung der Vermögens-, Finanz- und Ertragslage im geprüften Jahresabschluss haben. Zu Einzelheiten wird auf IDW PS 450 *„Grundsätze ordnungsmäßiger Berichterstattung bei Abschlussprüfungen"* verwiesen.

5.2.17. Nicht durch Eigenkapital gedeckter Fehlbetrag (Aktiva 17)

5.2.17.1. Postenbezeichnung

Die Postenbezeichnung lautet nach dem Formblatt 1 wie folgt:

17. Nicht durch Eigenkapital gedeckter Fehlbetrag

Der Aktivposten „17. Nicht durch Eigenkapital gedeckter Fehlbetrag" ist für alle Kredit- und Finanzdienstleistungsinstitute iSv. § 1 KWG einheitlich geregelt.

Für KGaAs gelten institutsunabhängig zusätzliche Vorschriften. Soweit der Verlust den Kapitalanteil übersteigt und keine Zahlungsverpflichtung der Gesellschafter besteht, haben KGaAs den Betrag als „Nicht durch Vermögenseinlagen gedeckter Verlustanteil persönlich haftender Gesellschafter" zu bezeichnen und gemäß § 268 Abs. 3 HGB auszuweisen (§ 286 Abs. 2 Satz 3 AktG).

An dieser Stelle sei auf § 92 Abs. 1 AktG hingewiesen, nach dem der Vorstand eines Instituts in der Rechtsform der Aktiengesellschaft unverzüglich die Hauptversammlung einzuberufen hat, wenn bei der Aufstellung des Jahresabschlusses oder einer Zwischenbilanz oder bei pflichtgemäßem Ermessen anzunehmen ist, dass ein Verlust in Höhe der Hälfte des Grundkapitals besteht.

5.2.17.2. Posteninhalt

Ist das (buchmäßige) Eigenkapitel durch Verluste aufgebraucht, so muss ein Überschuss der Passivposten über die Aktivposten nach § 268 Abs. 3 HGB am Schluss der Bilanz auf der Aktivseite gesondert ausgewiesen werden.

Soweit also das Eigenkapital durch Verluste (Jahresfehlbetrag, Verlustvortrag, Bilanzverlust) aufgebraucht ist, dh. die Summe der Unterposten a) bis d) des Passivpostens „12. Eigenkapital" negativ würde, ist der übersteigende Betrag am Schluss der Bilanz unter der Bezeichnung „17. Nicht durch Eigenkapital gedeckter Fehlbetrag" auszuweisen (§ 268 Abs. 3 HGB). Dieser Ausweis dürfte im Regelfall nur bei Instituten vorkommen, die sich in der Liquidation befinden.

Der aktivisch auszuweisende Fehlbetrag unterscheidet sich von den ausstehenden Einlagen und den eigenen Anteilen dadurch, dass er keinen Doppelcharakter als Korrekturposten zum Eigenkapital und Vermögensgegenstand besitzt. Er ist vielmehr eine sich rein rechnerisch ergebende **Korrekturgröße zum Eigenkapital**, die weder als Vermögensgegenstand noch als Bilanzierungshilfe anzusehen ist und auch nicht mit dem Jahresfehlbetrag bzw. Bilanzverlust des Geschäftsjahres verwechselt werden darf.

Der Ausweis eines aktivischen Fehlbetrags berührt nicht die Pflicht zum gesonderten Ausweis aller übrigen Eigenkapitalposten (§ 266 Abs. 1 Satz 2 HGB).

5.2.17.3. Anhang

Das Gesetz sieht keine Erläuterungspflicht im Anhang für diesen Posten vor. Eine Erläuterung der bilanziellen Überschuldung wird jedoch nach allgemeinen Grundsätzen zweckmäßig oder sogar notwendig sein.

5.2.17.4. Bankaufsichtliche Besonderheiten

Ein Institut bzw. dessen Abschlussprüfer haben eine Reihe von Anzeigepflichten im Verlustfall. Aufgrund dieser Anzeigepflichten kann die BaFin rechtzeitig reagieren und ggf. sogar das Institut schließen. Im Übrigen ist festzuhalten, dass ein Bilanzverlust vom Kernkapital abzuziehen ist.

5.2.17.4.1. Anzeigepflichten des Instituts

Es besteht die Pflicht zur Anzeige eines **Verlusts** in Höhe von 25 % des haftenden Eigenkapitals (nicht der Eigenmittel).[1464] Die BaFin kann nach § 10 Abs. 3b KWG auf das haftende Eigenkapital einen **Korrekturposten** festsetzen, insbesondere um noch nicht bilanzwirksam gewordene Verluste zu berücksichtigen. Eine Mitteilung nach § 24 Abs. 1 Nr. 5 KWG kann die Festsetzung eines solchen Korrekturpostens nach sich ziehen. Damit wird dem Umstand Rechnung getragen, dass der Verlust als Abzugstatbestand nicht dynamisiert ist, sondern an den Bilanzausweis (Zwischenbilanzverlust, Bilanzverlust) anknüpft.

Im Rahmen der 6. KWG-Novelle neu in das KWG aufgenommen wurde die Pflicht zur Anzeige des **Absinkens des Anfangskapitals** unter die Mindestanforderungen nach § 33 Abs. 1 Satz 1 Nr. 1 KWG sowie die Anzeigepflicht bei **Wegfall einer geeigneten Versicherung** nach § 33 Abs. 1 Satz 2 KWG (§ 24 Abs. 1 Nr. 10 KWG). Diese Anzeigepflichten sind erforderlich, um eine zeitnahe Information der BaFin und der Deutschen Bundesbank über diese Tatsachen, die zu einer Aufhebung der Erlaubnis nach § 35 Abs. 2 Satz 1 Nr. 3 KWG führen können, zu gewährleisten.[1465]

[1464] Vgl. Bellavite-Hövermann, 65 ff.
[1465] Einzelheiten vgl. Bellavite-Hövermann, 70 ff.

Treten während des laufenden Geschäftsjahres Bestands- oder Wertänderungen bei den der Anerkennung des **freien Vermögens** zugrunde liegenden Vermögenswerte um mehr als 20 % des Wertansatzes auf, ist die BaFin unverzüglich zu benachrichtigen.[1466]

5.2.17.4.2. Anzeigepflicht des Prüfers

Der Abschlussprüfer hat der BaFin und der Deutschen Bundesbank unverzüglich anzuzeigen, wenn ihm bei der Prüfung Tatsachen bekannt werden, welche die Einschränkung oder Versagung des Bestätigungsvermerks rechtfertigen, den Bestand des Instituts gefährden oder seine Entwicklung wesentlich beeinträchtigen können oder die schwerwiegende Verstöße der Geschäftsleiter gegen Gesetz, Satzung oder Gesellschaftsvertrag erkennen lassen (§ 29 Abs. 3 KWG). Es handelt sich um eine branchenspezifische Anzeigepflicht, die ergänzend neben die sog. **Redepflicht** des Abschlussprüfers nach § 321 HGB tritt. Die Berichterstattung hat noch vor Beendigung der Prüfung zu erfolgen. Dies soll eine frühzeitige Information der Bankenaufsicht über drohende Gefahren oder Missstände sicherstellen und eine umgehende Entscheidung der BaFin hinsichtlich des weiteren Vorgehens ermöglichen.[1467]

Tatsachen, die den Bestand des Instituts gefährden oder seine Entwicklung wesentlich beeinträchtigen können liegen bspw. dann vor, wenn ernsthaft damit zu rechnen ist, dass das Institut aufgrund der schlechten Vermögens-, Liquiditäts- und Ertragslage in absehbarer Zeit den Geschäftsbetrieb nicht mehr fortführen kann. Welche Tatbestände hierunter zu fassen sind, lässt sich nicht allgemein sagen. Es dürften jedoch vor allem die Tatsachen relevant sein, die zum Erlöschen oder Aufheben der Erlaubnis nach § 32 KWG führen können (vgl. § 35 KWG). Dies ist bspw. dann gegeben, wenn nicht ausreichendes Anfangskapital zur Verfügung steht (§ 33 Abs. 1 Satz 1 Nr. 1 KWG).

Zu den schwerwiegenden Verstößen der Geschäftsleiter gegen Gesetz usw. rechnen Verstöße gegen Vorschriften des Kreditwesengesetzes und ergänzende Verordnungen. Damit hat der Prüfer bspw. auch bei schwerwiegenden Verstößen gegen die Eigenmittelvorschriften einschließlich des Grundsatzes I und II eine Anzeige gemäß § 29 Abs. 3 KWG zu erstatten.

5.2.17.4.3. Abzug des Bilanzverlusts vom Kernkapital

Der im Passivposten „Bilanzverlust" des letzten (festgestellten) Jahresabschlusses ausgewiesene Betrag ist bei der Ermittlung des haftenden Eigenkapitals vom Kernkapital abzuziehen (§ 10 Abs. 2a Satz 2 Nr. 1 KWG). Entsprechendes gilt auch für einen (Bilanz-) Verlust (sog. Zwischenverlust), der in einem sog. Zwischenabschluss ermittelt

---

[1466] Vgl. BAKred-Schr. v. 29.6.1963, CMBS 4.26.
[1467] Vgl. Bellavite-Hövermann/Hintze/Luz/Scharpf, 31.

wurde (§ 10 Abs. 3 Satz 2 KWG). Der Bilanzverlust ist mithin ein statischer Bestandteil des haftenden Eigenkapitals.

5.2.17.5. Prüfung des Postens

Bei Instituten in der Rechtsform der Aktiengesellschaft ist festzustellen, ob der Vorstand den Pflichten des § 92 AktG nachgekommen ist.

Darüber hinaus ist bei einer Verlustsituation stets zu untersuchen, ob eine Anzeige nach § 29 Abs. 3 KWG erforderlich ist.

5.2.18. Nicht unmittelbar im Formblatt enthaltene Aktivposten

5.2.18.1. Warenbestand bei Kreditgenossenschaften (Aktiva 6a)

Kreditgenossenschaften, die das Warengeschäft betreiben, haben nach dem Aktivposten „6. Aktien und andere nicht festverzinsliche Wertpapiere" den Posten „6a. Warenbestand" einzufügen.[1468]

Hier sind die zum Verkauf bestimmten Handelswaren, bei eigener Herstellung auch die unfertigen und fertigen Erzeugnisse, auszuweisen.[1469] Nicht zum Verkauf bestimmte Vorräte an Hilfs- und Betriebsstoffen sind dagegen im Aktivposten „15. Sonstige Vermögensgegenstände" zu zeigen. Hinsichtlich der Zugangsbilanzierung gelten die für Vorräte allgemein geltenden Grundsätze. Im Übrigen wird auf die allgemeine Kommentarliteratur zur Bilanzierung von Vorräten verwiesen.

5.2.18.2. Aufwendungen für die Währungsumstellung (Aktiva 11a)

Im Zusammenhang mit der Einführung des Euro als gemeinsame Währung der Europäischen Währungsunion hat der Gesetzgeber in Art. 44 EGHGB vorübergehend die Möglichkeit eingeräumt, **„Aufwendungen für die Währungsumstellung auf den Euro"** als Bilanzierungshilfe zu aktivieren. Diese Aktivierung ist jedoch nur insoweit zulässig, als es sich um selbst erstellte immaterielle Vermögensgegenstände des Anlagevermögens handelt, dh. die Aufwendungen müssen zu einem oder mehreren immateriellen Vermögensgegenständen geführt haben. Aufgrund dieser Vorschrift fallen unter diese Norm in erster Linie selbst erstellte Softwareprogramme. Aktivierbar sind auch Aufwendungen auf vorhandene immaterielle Vermögensgegenstände des Anlagevermögens, soweit es sich um Herstellungsaufwand handelt.

Nicht aktivierbar sind hingegen die Aufwendungen für die Entwicklung neuer Formulare, für die Reorganisation der Betriebsabläufe, für Schulungsveranstaltungen usw. Angesetzt werden dürfen die Herstellungskosten; dabei ist auch ein teilweiser Ansatz der Herstellungskosten möglich.

Eine Nachholung nicht aktivierter Beträge in Folgejahren ist nicht zulässig. In Art. 44 Abs. 1 Satz 5 EGHGB ist eine Ausschüttungssperre vorgeschrieben, die der Bestimmung des § 269 HGB bei Aktivierung von Ingangsetzungskosten entspricht.

Wird vom Ansatz (Bilanzierungshilfe) der „Aufwendungen für die Währungsumstellung auf den Euro" Gebrauch gemacht, sind die aktivierten Aufwendungen in den folgenden Geschäftsjahren mit mindestens einem Viertel durch Abschreibungen zu tilgen (Art. 44

[1468] Vgl. Fußnote 3 zu Formblatt 1.
[1469] Vgl. Bergmann ua., B.II.6a., 37.

Abs. 1 Satz 3 EGHGB). Höhere Abschreibungen oder ein früherer Beginn der Abschreibungen sind zulässig und unter dem Gesichtspunkt der Vorsicht sogar erwünscht.[1470]

Dieser Aktivposten ist im Formblatt als Aktivposten 11a. nach dem Posten Immaterielle Anlagewerte auszuweisen (§ 39 Abs. 8 Satz 2 RechKredV).

Die Bilanzierungshilfe „Aufwendungen für die Währungsumstellung auf Euro" ist im **Anhang** zu erläutern (Art. 44 Abs. 1 Satz 4 EGHGB).

Zur Abzugspflicht der „Aufwendungen für die Währungsumstellung auf den Euro" entsprechend dem Abzug anderer immaterieller Anlagewerte vom haftenden Eigenkapital hat sich die BaFin noch nicht geäußert.

5.2.18.3. Aktive Steuerabgrenzung (§ 274 Abs. 2 HGB)

Unter den Voraussetzungen des § 274 Abs. 2 HGB darf als **Bilanzierungshilfe** auf der Aktivseite ein Abgrenzungsposten in Höhe der voraussichtlichen Steuerentlastung nachfolgender Geschäftsjahre gebildet werden.

Übt ein Kreditinstitut das Ansatzwahlrecht aus, stellt sich die Frage nach dem Ort des Ausweises und der Bezeichnung des Postens. § 274 Abs. 2 Satz 2 HGB verlangt, dass der Posten unter entsprechender Bezeichnung gesondert auszuweisen und im Anhang zu erläutern ist.

Es bietet sich ein **Ausweis** vor oder nach dem Aktivposten „16. Rechnungsabgrenzungsposten" unter entsprechender Bezeichnung (zB „Steuerabgrenzungsposten nach § 274 Abs. 2 HGB") an. Dies weist auf den Abgrenzungscharakter des Postens hin. Nicht zulässig ist eine Zusammenfassung des Abgrenzungspostens mit dem Posten „Sonstige Vermögensgegenstände", da der latente Steueranspruch keinen Vermögensgegenstand darstellt.

Wurde der Steuerabgrenzungsposten bilanziert, so besteht für den dadurch entstehenden Gewinn eine **Ausschüttungssperre** (§ 274 Abs. 2 Satz 3 HGB).

Der Steuerabgrenzungsposten ist um entsprechende Beträge aufzulösen, sobald die Steuerentlastung eintritt oder mit ihr voraussichtlich nicht mehr zu rechnen ist (§ 274 Abs. 2 Satz 4 HGB). Die Vorschrift über die **Stetigkeit** der Bewertung (§ 252 Abs. 1 Nr. 6 HGB) ist auf den Steuerabgrenzungsposten nicht anwendbar, er kann daher vor Eintritt der in § 274 Abs. 2 HGB genannten Fälle jederzeit ganz oder teilweise aufgelöst werden.

[1470] Vgl. WPH Bd. I 2000 E Tz. 366.

Wegen Einzelheiten zur **Berechnung** des aktiven Steuerabgrenzungspostens wird auf die einschlägigen Kommentierungen zu § 274 HGB verwiesen.

5.2.18.4. Aufwendungen für die Ingangsetzung und Erweiterung des Geschäftsbetriebs (§ 269 HGB)

Die Aufwendungen für die Ingangsetzung und Erweiterung des Geschäftsbetriebs dürfen, soweit sie ansonsten nicht bilanzierungsfähig sind, als Bilanzierungshilfe aktiviert werden (§ 269 Satz 1 HGB); der Posten ist in der Bilanz unter der Bezeichnung „Aufwendungen für die Ingangsetzung und Erweiterung des Geschäftsbetriebs" auszuweisen und im Anhang zu erläutern (§ 269 Satz 1 HGB).

Werden solche Aufwendungen in der Bilanz ausgewiesen, so dürfen Gewinne nur ausgeschüttet werden, wenn die nach der Ausschüttung verbleibenden jederzeit auflösbaren Gewinnrücklagen zuzüglich eines Gewinnvortrags und abzüglich eines Verlustvortrags dem angesetzten Betrag mindestens entsprechen (§ 269 Satz 2 HGB).

Die Entwicklung dieses Postens ist im **Anlagenspiegel** darzustellen (§ 268 Abs. 2 HGB).[1471] Wegen weiterer Einzelheiten wird auf die einschlägigen Kommentierungen zu § 269 HGB verwiesen.

[1471] Vgl. die Ausführungen in Abschnitt 7.3.

5.3. Passivseite

5.3.1. Verbindlichkeiten gegenüber Kreditinstituten (Passiva 1)

5.3.1.1. Postenbezeichnung

Die Postenbezeichnung lautet nach dem Formblatt 1 wie folgt:

1. Verbindlichkeiten gegenüber Kreditinstituten
   a) täglich fällig
   b) mit vereinbarter Laufzeit oder Kündigungsfrist

Der Passivposten 1. ist bei Universalkreditinstituten und Finanzdienstleistungsinstituten in die Unterposten „a) täglich fällig" und „b) mit vereinbarter Laufzeit oder Kündigungsfrist" zu untergliedern. Realkreditinstitute und Bausparkassen müssen als Spezialkreditinstitute den Passivposten 1. gemäß Fußnote 6 zu Formblatt 1 wie folgt untergliedern:

- **Realkreditinstitute** (Hypothekenbanken, Schiffspfandbriefbanken und öffentlich-rechtliche Grundkreditanstalten)

   1. Verbindlichkeiten gegenüber Kreditinstituten
      a) begebene Hypotheken-Namenspfandbriefe
      b) begebene öffentliche Namenspfandbriefe
      c) andere Verbindlichkeiten
         darunter:
         täglich fällig ... Euro
         zur Sicherstellung aufgenommener Darlehen an den Darlehensgeber ausgehändigte Hypotheken-Namenspfandbriefe ... Euro
         und öffentliche Namenspfandbriefe ... Euro

- **Bausparkassen**

   1. Verbindlichkeiten gegenüber Kreditinstituten
      a) Bauspareinlagen
         darunter:
         auf gekündigte Verträge ... Euro
         auf zugeteilte Verträge ... Euro
      b) andere Verbindlichkeiten
         darunter:
         täglich fällig ... Euro

Mit der Ersten Verordnung zur Änderung der RechKredV vom 18.6.1993 wurden in dem die Realkreditinstitute betreffenden Text der Fußnote 6 in Buchstabe a) das Wort „Namenspfandbriefe" durch das Wort „Hypotheken-Namenspfandbriefe" und in Buchstabe c) die

Wörter „ausgehändigte Namenspfandbriefe" durch die Wörter „ausgehändigte Hypotheken-Namenspfandbriefe" ersetzt.

Verbindlichkeiten gegenüber **verbundenen Unternehmen** bzw. **Unternehmen, mit denen ein Beteiligungsverhältnis besteht**, sind als Unterposten in der Bilanz jeweils gesondert auszuweisen (§ 3 Satz 1 Nr. 3 und 4 RechKredV). Die Angaben können wahlweise auch im Anhang in der Reihenfolge der betroffenen Posten gemacht werden.

Kreditinstitute in der Rechtsform der GmbH müssen **Verbindlichkeiten gegenüber Gesellschaftern** gesondert ausweisen oder im Anhang angeben (§ 42 Abs. 3 GmbHG).

5.3.1.2. Posteninhalt

5.3.1.2.1. RechKredV

Der Posteninhalt ist in § 21 RechKredV geregelt. Mit § 21 RechKredV wurde Art. 18 der EG-Bankbilanzrichtlinie in nationales Recht umgesetzt. § 21 RechKredV bestimmt in Abs. 1, welche Beträge als Verbindlichkeiten gegenüber Kredit- und Finanzdienstleistungsinstituten im Passivposten 1. auszuweisen sind. In Abs. 2 wird normiert, welche Beträge als Verbindlichkeiten gegenüber Kunden im Passivposten 2. zu zeigen sind. Abs. 3 regelt den Ausweis von Treuhandzahlungen, während Abs. 4 den Begriff der „Spareinlagen" definiert.

Durch die Zweite Verordnung zur Änderung der RechKredV vom 11.12.1998 wurden in § 21 Abs. 1 Satz 1 RechKredV nach dem Wort „*Bankgeschäften*" folgende Wörter eingefügt: „*sowie alle Verbindlichkeiten von Finanzdienstleistungsinstituten*". In § 21 Abs. 3 Satz 1 RechKredV wurde das Wort „*Kreditinstitut*" durch das Wort „*Institut*" und in § 21 Abs. 3 Satz 2 RechKredV die Wörter „*empfangende Kreditinstitut*" durch die Wörter „*empfangende Institute*" ersetzt. § 21 Abs. 4 RechKredV, der den Begriff „Spareinlagen" definiert, wurde neu gefasst.

5.3.1.2.2. Voraussetzungen für den Postenausweis

5.3.1.2.2.1. Überblick

In diesem Posten sind bei **Kreditinstituten** alle Arten von Verbindlichkeiten aus Bankgeschäften sowie alle Verbindlichkeiten von **Finanzdienstleistungsinstituten** gegenüber in- und ausländischen Kreditinstituten auszuweisen, sofern es sich nicht um verbriefte Verbindlichkeiten (Passivposten 3.) handelt (§ 21 Abs. 1 Satz 1 RechKredV). Im Passivposten sind mithin sämtliche **Buchkredite** zu erfassen. Die Formulierung des § 21 Abs. 1 Satz 1 Rech-

KredV macht den Passivposten 1. entsprechend dem Aktivposten „3. Forderungen an Kreditinstitute" zum **Residualposten**.[1472]

Nach § 21 Abs. 1 Satz 1 RechKredV geht der Ausweis **verbriefter Verbindlichkeiten** im Passivposten „3. Verbriefte Verbindlichkeiten" dem Ausweis im Passivposten „1. Verbindlichkeiten gegenüber Kreditinstituten" vor. Insoweit entscheidet der den Umfang des Passivposten 3. regelnde § 22 RechKredV auch über den Inhalt des Passivpostens 1.

Entsprechendes gilt für **nachrangige Verbindlichkeiten** gegenüber Kreditinstituten. Handelt es sich bei den Verbindlichkeiten gegenüber Kreditinstituten um nachrangige Verbindlichkeiten, sind diese im Passivposten „9. Nachrangige Verbindlichkeiten" auszuweisen.

5.3.1.2.2.2. Besonderheiten beim Ausweis beim bilanzierenden Kreditinstitut

Im Passivposten „1. Verbindlichkeiten gegenüber Kreditinstituten" sind bei dem bilanzierenden Kreditinstitut grundsätzlich alle Arten von Verbindlichkeiten aus **Bankgeschäften** gegenüber in- und ausländischen Kreditinstituten ausgewiesen, ausgenommen verbriefte Verbindlichkeiten, die im Passivposten 3. auszuweisen sind. Dies entspricht der Bestimmung in § 14 RechKredV zum Ausweis der Forderungen an Kreditinstitute. Damit stellen sich für den Passivposten 1. dieselben Abgrenzungsprobleme wie für den Aktivposten 3.

Die ausdrückliche Einschränkung auf Verbindlichkeiten „**aus Bankgeschäften**" führt nach Bieg[1473] zum Ausweis der aus **Nichtbankgeschäften** entstandenen Verbindlichkeiten gegenüber Kreditinstituten im Passivposten „2. Verbindlichkeiten gegenüber Kunden". Da nach § 21 Abs. 2 Satz 1 RechKredV unter dem Begriff Kunden Nichtbanken zu verstehen sind, wird hier mit der hM entgegen Bieg die Ansicht vertreten, dass Verbindlichkeiten aus Geschäften, die keine Bankgeschäfte iSd. § 21 Abs. 1 Satz 1 RechKredV sind, als „Sonstige Verbindlichkeiten" auszuweisen sind.[1474]

Für den Ausweis im Passivposten 1. kommt es daher nicht auf die Art der Verbindlichkeiten an, entscheidend ist, dass sie aus den Geschäften des Kreditinstituts resultieren. Es kann sich somit beispielsweise um Verbindlichkeiten aus dem Geldhandel oder um Verbindlichkeiten aus Kreditaufnahmen bei einem anderen Kreditinstitut handeln.

5.3.1.2.2.3. Besonderheiten beim Ausweis beim bilanzierenden Finanzdienstleistungsinstitut

Entgegen den Kreditinstituten, die hier alle Arten von Verbindlichkeiten aus Bankgeschäften gegenüber Kreditinstituten auszuweisen haben, müssen Finanzdienstleistungsinstitute **alle Verbindlichkeiten** gegenüber in- und ausländischen Kreditinstituten im Passivposten 1.

[1472] Vgl. Bieg (1998), 270.
[1473] Vgl. Bieg, ZfbF 1988, S. 27.
[1474] GlA WPH Bd. I 2000 J Tz. 126; Krumnow ua., 2. Aufl., § 21 RechKredV Rn. 4.

erfassen. Ausgenommen sind verbriefte Verbindlichkeiten, die im Passivposten 3. auszuweisen sind.

Bei einem Finanzdienstleistungsinstitut kann der Postenausweis bereits aufgrund der Tatsache, dass diese keine Bankgeschäfte betreiben dürfen, nicht auf Verbindlichkeiten aus Bankgeschäften beschränkt sein. Daher haben Finanzdienstleistungsinstitute grundsätzlich alle Verbindlichkeiten gegenüber Kreditinstituten im Passivposten 1. auszuweisen, es sei denn, diese sind verbrieft.

5.3.1.2.2.4. Begriff des Kreditinstituts iSd. § 21 RechKredV

Über den Posteninhalt der Verbindlichkeiten gegenüber Kreditinstituten entscheidet der Kreditinstitutbegriff. Während die Art. 15 und 18 der EG-Bankbilanzrichtlinie, die den Ausweis der Forderungen an Kreditinstitute bzw. der Verbindlichkeiten gegenüber Kreditinstituten regeln, wortgleiche Definitionen des Kreditinstitutsbegriffs enthalten, findet sich in der RechKredV weder für den Aktivposten „3. Forderungen an Kreditinstitute" noch für den Passivposten „1. Verbindlichkeiten gegenüber Kreditinstituten" eine derartige Definition.

Kreditinstitute iSd. § 21 Satz 1 RechKredV sind alle Unternehmen, die Bankgeschäfte iSd. § 1 Abs. 1 Satz 2 KWG betreiben (§ 340 Abs. 1 HGB iVm. § 1 Abs. 1 KWG). Hierzu gehört auch die Deutsche Postbank AG und Bausparkassen, nicht jedoch Wohnungsunternehmen mit Spareinrichtung (§ 1 Satz 2 RechKredV).[1475] Zu den Kreditinstituten gehören ferner:[1476]

- Alle Unternehmen mit Sitz in EU-Staaten, die gemäß Art. 3 Abs. 7 der Ersten Bankrechtskoordinierungsrichtlinie im Amtsblatt der EG aufgeführt sind, also alle in EU-Staaten als Kreditinstitute zugelassenen Unternehmungen; hierzu zählen auch deren Zweigstellen in Drittstaaten.
- Private und öffentliche Unternehmen mit Sitz außerhalb der EU, sofern sie im Sitzland als Kreditinstitut zugelassen sind, und auf sie die Begriffsbestimmung des Art. 1 der Ersten Bankrechtskoordinierungsrichtlinie zutrifft; ihre Tätigkeit muss mithin darin bestehen, Einlagen oder andere rückzahlbare Gelder des Publikums entgegenzunehmen und Kredite für eigene Rechnung zu gewähren.
- Zentralnotenbanken.
- Alle nationalen und internationalen Einrichtungen mit Bankcharakter (zB BIZ, Weltbank, Afrikanische Entwicklungsbank, Anden-Entwicklungsbank, Asiatische Entwicklungsbank, Europäische Entwicklungsbank, Inter-Amerikanische Entwicklungsbank, Islamische Entwicklungsbank, Karibische Entwicklungsbank, Nordische Entwicklungsbank, Ostafrikanische Entwicklungsbank, Osteuropäische Entwicklungsbank, Regionale Bank für die wirtschaftliche Integration Mittelamerikas).

[1475] Vgl. Bergmann ua., B.III.1., 1.
[1476] Vgl. Krumnow ua., 2. Aufl., § 14 RechKredV, Rn. 6.; Bieg (1998), 208 f.

Der Begriff „Kreditinstitut" ist für den Verbindlichkeitsposten (Passiva 1) gleich zu definieren wie für die Forderungen (Aktiva 3).

Finanzdienstleistungsinstitute (§ 1 Abs. 1a KWG), Finanzunternehmen (§ 1 Abs. 3 KWG) sowie Wertpapierhandelsunternehmen und Wertpapierhandelsbanken (§ 1 Abs. 3d KWG) gehören nicht zu den Kreditinstituten iSd. § 21 RechKredV.[1477]

5.3.1.2.2.5. Habensalden aus Effektengeschäften und Verrechnungskonten

Zu den Verbindlichkeiten gegenüber Kreditinstituten gehören auch **Habensalden** aus Effektengeschäften und aus Verrechnungskonten, die der Abwicklung von Zahlungsvorgängen dienen (§ 21 Abs. 1 Satz 2 RechKredV). Verrechnungskonten werden bspw. geführt, um der Abwicklung der laufenden Zahlungsvorgänge, dem Austausch von Schecks, Lastschriften, Überweisungen usw. zu dienen.

5.3.1.2.2.6. Anteilige Zinsen

Anteilige Zinsen für Verbindlichkeiten gegenüber Kreditinstituten sind zusammen mit den Kapitalbeträgen auszuweisen (§ 11 RechKredV). Dies gilt auch für ihre Zuordnung zu den Unterposten. Im Übrigen wird auf Kapitel 3.8. verwiesen.

Nach § 268 Abs. 5 Satz 3 HGB sind die in den Verbindlichkeitsposten enthaltenen Beträge, die erst nach dem Abschlussstichtag rechtlich entstehen, im Anhang zu erläutern, soweit sie einen größeren Umfang haben. Hierbei handelt es sich um antizipative Posten, die keine anteiligen Zinsen darstellen, weil Letztere nach § 11 RechKredV bei den Bilanzposten auszuweisen sind, zu dem sie gehören.[1478]

Die anteiligen Zinsen brauchen nicht in die Restlaufzeitengliederung aufgenommen zu werden (§ 11 Satz 3 RechKredV). Einzelheiten vgl. Kapitel 3.1.3. und 3.8.

5.3.1.2.2.7. Wechsel

Als Verbindlichkeiten gegenüber Kreditinstituten sind ferner Verbindlichkeiten aus **verkauften Wechseln** einschließlich eigener Ziehungen auszuweisen, die den Kreditnehmern nicht abgerechnet worden sind (§ 21 Abs. 1 Satz 2 RechKredV).

Werden Wechselabschnitte, die den Kreditnehmern nicht abgerechnet worden sind, von dem bilanzierenden Kreditinstitut zum Zweck der Refinanzierung an ein anderes Institut weitergegeben (diskontiert), hat dies keine Verringerung des Wechselbestands zur Folge (ein solcher

---

[1477] Vgl. WPH Bd. I 2000 J Tz. 126 iVm. Tz. 100.
[1478] GlA Krumnow ua., 2. Aufl., § 21 RechKredV Rn. 28.

war nicht vorhanden). Dem Zuwachs an liquiden Mitteln ist vielmehr eine entsprechende Verbindlichkeit gegenüberzustellen.[1479]

In der Regel handelt es sich bei diesen Wechselabschnitten um eigene Ziehungen des Kreditinstituts. Es kommt aber auch vor, dass nicht abgerechnete Solawechsel der Kunden an die Order des Kreditinstituts oder sonstige Depotwechsel an ein anderes Kreditinstitut zum Diskont weitergegeben werden.

5.3.1.2.2.8. Namensschuldverschreibungen und ähnliche Verbindlichkeiten

Nach § 21 Abs. 1 Satz 1 RechKredV geht der Ausweis verbriefter Verbindlichkeiten im Passivposten 3. dem Ausweis im Passivposten 1. vor. Insoweit entscheidet der den Umfang des Passivposten 3. regelnde § 22 RechKredV auch über den Inhalt des Passivpostens 1. Obwohl bereits aus den Formulierungen des § 22 RechKredV klar erkennbar ist, dass als verbriefte Verbindlichkeiten nur diejenigen auszuweisen sind, für die nicht auf den Namen lautende übertragbare Urkunden ausgestellt sind, nennt § 21 Abs. 1 Satz 2 RechKredV ausdrücklich

- Namensschuldverschreibungen,
- Orderschuldverschreibungen, die nicht Teile einer Gesamtemission sind,
- Namensgeldmarktpapiere,

die bei Kredit- und Finanzdienstleistungsinstituten im Passivposten 1. auszuweisen sind, soweit sie gegenüber Kreditinstituten bestehen.

5.3.1.2.2.9. Treuhandzahlungen

Verbindlichkeiten aus sog. Treuhandzahlungen, die einem Kreditinstitut dadurch entstehen, dass ihm von einem anderen Kreditinstitut (zB einer Bausparkasse) Beträge zugunsten eines namentlich genannten Kunden mit der Maßgabe überwiesen werden, sie diesem erst auszuzahlen, nachdem er bestimmte Auflagen (zB Sicherstellung des Kredits durch Grundpfandrechte) erfüllt hat, sind grundsätzlich im Passivposten „2. Verbindlichkeiten gegenüber Kunden" auszuweisen, auch wenn die Verfügungsbeschränkung noch besteht (§ 21 Abs. 3 Satz 1 RechKredV).

Ist nach dem Vertrag mit dem die Treuhandzahlung überweisenden Kreditinstitut nicht der Kunde, sondern das bilanzierende Kreditinstitut selbst der Schuldner, muss die Verbindlichkeit dagegen im Passivposten „1. Verbindlichkeiten gegenüber Kreditinstituten" erfasst werden (§ 21 Abs. 3 RechKredV).

[1479] Vgl. Birck/Meyer, II 294.

5.3.1.2.2.10. Treuhandverbindlichkeiten

Treuhänderisch gehaltene Verbindlichkeiten sind im Passivposten „4. Treuhandverbindlichkeiten" auszuweisen und im Anhang dem zugehörigen Passivposten zuzuordnen (§ 6 RechKredV). Einzelheiten vgl. Kapitel 3.3. Ungeachtet dessen geht für die unter § 21 Abs. 3 RechKredV fallenden Verbindlichkeiten der Ausweis im Passivposten 1. bzw. 2. vor, denn § 21 Abs. 3 RechKredV ist Lex specialis zu § 6 RechKredV.

5.3.1.2.2.11. Wertpapierleihe und Pensionsgeschäfte

Verbindlichkeiten aus Wertpapierleihegeschäften sind im Passivposten 1. auszuweisen, wenn der Darlehensgeber ein Kreditinstitut ist oder das Geschäft im System des Deutschen Kassenvereins stattfindet. Für Pensionsgeschäfte gilt Entsprechendes. Einzelheiten vgl. Kapitel 3.2. und 4.10.

5.3.1.2.2.12. Weitere Verbindlichkeiten gegenüber Kreditinstituten

Neben den oben bereits genannten Verbindlichkeiten gegenüber Kreditinstituten sind folgende Verbindlichkeiten dem Passivposten 1. zuzuordnen:

- Verbindlichkeiten gegenüber der Deutschen Bundesbank aus Offenmarktkrediten, aus Übernachtkrediten im Rahmen der Spitzenrefinanzierungsfazilität sowie aus Devisenswapgeschäften.
- Von Banken hereingenommene zweckgebundene Mittel, soweit hiermit ein volles oder anteiliges Kreditobligo verbunden ist.
- Bei Banken aufgenommene Darlehen sowie unter Banken gehandelte Tages-, Ultimo- und sonstige Termingelder.
- Einlagen von Bausparkassen, auch sog. Interimsguthaben aus noch nicht abgeführten Geldeingängen für Bausparkassen.
- Zwischenkredite (von Bausparkassen) des Instituts als Kreditnehmer.
- Rückständige Nebenleistungen (Zinsen, Verzugszinsen usw.) und rückständige Tilgungen aus von Kreditinstituten aufgenommenen langfristigen Darlehen.
- Eingegangene Zins- und Tilgungsbeträge der Kreditnehmer von Treuhandkrediten, die am Bilanzstichtag noch nicht an den Treugeber abgeführt sind, wenn dieser ein Kreditinstitut ist.
- Auf Fremdwährung, Gold oder andere Edelmetalle gerichtete Verbindlichkeiten gegenüber Kreditinstituten.
- Zinsverpflichtungen aus Swapgeschäften mit anderen Kreditinstituten.

Verbindlichkeiten gegenüber **Kapitalanlagegesellschaften** selbst sind stets als Verbindlichkeiten gegenüber Kreditinstituten auszuweisen, weil die Kapitalanlagegesellschaft ein

Kreditinstitut ist. Die Praxis weist die Verbindlichkeiten gegenüber dem einzelnen Sondervermögen (Fonds) hingegen als Verbindlichkeiten gegenüber Kunden aus.

5.3.1.2.2.13. Kreditgenossenschaften mit Warengeschäft

Kredite, die bei das Warengeschäft betreibenden Kreditgenossenschaften ausschließlich der Finanzierung des Warengeschäfts und/oder anderer Nebenbetriebe dienen, sind nicht im Passivposten 1., sondern im Passivposten „2a. Verpflichtungen aus Warengeschäften und aufgenommenen Warenkrediten" auszuweisen.[1480]

Dienen sie sowohl dem Bankgeschäft als auch den anderen Geschäftszweigen (zB Warengeschäft), wie dies bspw. bei Baudarlehen für ein Geschäftsgebäude der Fall ist, das beiden Geschäftszweigen dient, erfolgt dagegen ein Ausweis im Passivposten 1.

5.3.1.2.2.14. Kompensationen und Unterkonten

Unterhält ein Kredit- oder Finanzdienstleistungsinstitut mehrere Konten bei demselben Kreditinstitut, so sind diese zu **kompensieren**, soweit die Voraussetzungen des § 10 RechKredV gegeben sind (Einzelheiten vgl. Kapitel 3.4.2.).

Ein getrennter Ausweis kommt bei mehreren Kontokorrentkonten dann in Betracht, wenn aufgrund ausdrücklicher Vereinbarung kein einheitliches Kontokorrent vorliegt. Eine Kompensation zwischen Forderungen und Verbindlichkeiten verschiedener Währungen ist nicht zulässig.

Verrechnungskonten, die lediglich der besseren Übersicht dienen (zB Interimskonten für die Abrechnung von Lastschriften oder Sparbriefen), haben den Charakter von Unterkonten. Sie sind mit dem Saldo des Kontokorrentkontos zusammenzufassen.

5.3.1.2.3. Unterposten

Im Unterposten a) sind die täglich fälligen Verbindlichkeiten gegenüber Kreditinstituten auszuweisen. Als **täglich fällig** sind solche Verbindlichkeiten auszuweisen, über die jederzeit ohne vorherige Kündigung verfügt werden kann oder für die eine Laufzeit oder Kündigungsfrist von 24 Stunden oder von einem Geschäftstag vereinbart worden ist (§ 8 Abs. 3 RechKredV). Einzelheiten vgl. Kapitel 3.1.

Im Unterposten b) sind Verbindlichkeiten gegenüber Kreditinstituten mit vereinbarter Laufzeit oder Kündigungsfrist anzugeben. Einzelheiten vgl. Kapitel 3.1.

[1480] Vgl. Bergmann ua., III.B.1., 2.

5.3.1.2.4. Besonderheiten bei Realkreditinstituten

Realkreditinstitute weisen im Passivposten „1. Verbindlichkeiten gegenüber Kreditinstituten" die begebenen Hypotheken-Namenspfandbriefe[1481] im Unterposten a) und die begebenen öffentlichen Namenspfandbriefe im Unterposten b) aus. Die restlichen Verbindlichkeiten gegenüber Kreditinstituten werden als andere Verbindlichkeiten im Unterposten c) gezeigt.

Beim Unterposten „c) andere Verbindlichkeiten" sind bei Realkreditinstituten die täglich fälligen Verbindlichkeiten auszugliedern. Ferner sind die zur Sicherstellung aufgenommener Darlehen an den Darlehensgeber ausgehändigten Hypotheken-Namenspfandbriefe und öffentlichen Namenspfandbriefe in einem Darunter-Vermerk beim Unterposten c) anzugeben.

Die Verbindlichkeiten mit vereinbarter Laufzeit oder Kündigungsfrist sind im Anhang nach Restlaufzeiten aufzugliedern (§ 9 Abs. 1 Satz 2 RechKredV).

5.3.1.2.5. Besonderheiten bei Bausparkassen

Bausparkassen zeigen im Passivposten „1. Verbindlichkeiten gegenüber Kreditinstituten" zum einen die Bauspareinlagen von Kreditinstituten (Unterposten a)) sowie die anderen Verbindlichkeiten (Unterposten b)).

Beim Unterposten „a) Bauspareinlagen" sind zwei Darunter-Vermerke zu machen: „auf gekündigte Verträge" sowie „auf zugeteilte Verträge". Der Unterposten „b) andere Verbindlichkeiten" ist mit dem Darunter-Vermerk „täglich fällig" zu versehen. Die Darunter-Vermerke weisen die Einlagen aus, die kurzfristig zurückzuzahlen sind. Selbst wenn bei den Darunter-Vermerken keine Beträge auszuweisen sind, können diese nicht entfallen. Sie weisen dann einen Betrag von Null aus.

Bausparkassen brauchen die Bauspareinlagen nicht nach Restlaufzeiten zu gliedern (§ 9 Abs. 1 Satz 2 RechKredV).[1482] Da der Zeitpunkt der Zuteilung von vornherein nicht exakt feststeht, die Bausparkassen vor der Zuteilung eines Bausparvertrags auch keine verbindlichen Zusagen über den Zeitpunkt der Zuteilung geben dürfen,[1483] wäre die Gliederung der Bauspareinlagen nach Restlaufzeiten ohnehin auch nur schwer möglich.

Eine vorsichtige Schätzung der Restlaufzeit könnte allenfalls dann vorgenommen werden, wenn der Bausparvertrag kurz vor der Zuteilung steht und die Bausparkasse die Zuteilung auf einen bestimmten Termin angekündigt hat. Eine derartige Angabe macht aber wenig Sinn.

[1481] Vgl. auch Grieger, Immobilien & Finanzierung 2003, 546 ff.
[1482] Ausführlich vgl. Scharpf, DStR 1995, 504 ff.
[1483] Vgl. § 4 Abs. 5 BSG, sowie BAK-Schreiben v. 5.10.1977, CMBS 9.26.

5.3.1.3. Bewertung

Verbindlichkeiten sind nach § 253 Abs. 1 Satz 2 HGB mit ihrem Rückzahlungsbetrag anzusetzen. Ist der Rückzahlungsbetrag (Erfüllungsbetrag) höher als der Ausgabebetrag, so darf der Unterschiedsbetrag in einen aktiven Rechnungsabgrenzungsposten eingestellt werden, der durch planmäßige Auflösung auf die Laufzeit der Verbindlichkeit zu verteilen ist (§ 250 Abs. 3 HGB). Weitere Einzelheiten hierzu vgl. Kapitel 5.2.16.2.2.3.

Ist der Rückzahlungsbetrag hingegen niedriger als der Verfügungsbetrag, so ist der Unterschiedsbetrag auf die Laufzeit der Verbindlichkeit durch Bildung eines passiven Rechnungsabgrenzungspostens zu verteilen.

Waren Verbindlichkeiten bei Vertragsabschluss markgerecht verzinst und ist das Zinsniveau zwischenzeitlich gesunken, sind also die Verbindlichkeiten überverzinslich geworden, so ist für die **Überverzinslichkeit** im Regelfall keine Drohverlustrückstellung zu bilden.[1484] Weitere Einzelheiten vgl. Kapitel 4.9.2.

Nullkuponanleihen (Zerobonds) sind nach hM nach der sog. Nettomethode auszuweisen, dh. der Ausgabebetrag ist aufzuzinsen. Dies sieht für den Ausweis verbriefter Verbindlichkeiten § 22 Abs. 2 Satz 2 RechKredV für Nullkuponanleihen ausdrücklich vor. Dies gilt jedoch unabhängig vom jeweiligen Bilanzposten.

Bei **abgezinsten Sparbriefen** kann ebenso verfahren werden. Bei diesen ist es aber auch möglich, den bei Einlösung fälligen Nennbetrag zu passivieren und den Unterschiedsbetrag (Abzinsungsbetrag) als aktiven Rechnungsabgrenzungsposten auszuweisen und zeitanteilig aufzulösen.[1485]

Verbindlichkeiten, die mit an Sicherheit grenzender Wahrscheinlichkeit nicht erfüllt werden müssen, dürfen nicht mehr in der Bilanz passiviert werden (vgl. Kapitel 4.9.5.).

5.3.1.4. Anhangangaben

Verbindlichkeiten gegenüber **verbundenen Unternehmen** bzw. **Unternehmen, mit denen ein Beteiligungsverhältnis besteht**, sind als Unterposten in der Bilanz jeweils gesondert auszuweisen (§ 3 Satz 1 Nr. 3 und 4 RechKredV). Die Angaben können wahlweise auch im Anhang in der Reihenfolge der betroffenen Posten gemacht werden.

Kreditinstitute in der Rechtsform der GmbH müssen **Verbindlichkeiten gegenüber Gesellschaftern** gesondert ausweisen oder im Anhang angeben (§ 42 Abs. 3 GmbHG).

[1484] Vgl. IDW RS HFA 4, FN 2000, 290 ff.
[1485] Vgl. Bergmann ua., B.III.1, 4.

Bezüglich weiterer Anhangangaben für Bausparkassen, Genossenschaften, genossenschaftlichen Zentralbanken, die DZ-Bank und Sparkassen wird auf die Ausführungen zum Anhang verwiesen.

Die Beträge im Unterposten „b) mit vereinbarter Laufzeit oder Kündigungsfrist" sind im Anhang nach Restlaufzeiten zu gliedern (§ 9 Abs. 1 Satz 1 Nr. 3 RechKredV). Für Bausparkassen und Realkreditinstitute gilt dies entsprechend. Bauspareinlagen brauchen dagegen nicht nach Restlaufzeiten aufgegliedert zu werden (§ 9 Abs. 1 Satz 2 RechKredV).

Sind im Passivposten 1. Verbindlichkeiten ausgewiesen, die erst nach dem Bilanzstichtag rechtlich entstehen (sog. **antizipative Verbindlichkeiten**), müssen Beträge größeren Umfangs im Anhang erläutert werden (§ 268 Abs. 5 Satz 3 HGB). Diese Erläuterungspflicht bezieht sich nach hM nicht auf die anteiligen Zinsen, da diese nach § 11 RechKredV bei dem Bilanzposten auszuweisen sind, zu dem sie gehören.[1486]

5.3.1.5. Prüfung des Postens

Es sind die für Verbindlichkeiten gegenüber Kreditinstituten allgemein üblichen Prüfungshandlungen durchzuführen. Es ist insbesondere darauf zu achten, dass sämtliche in diesem Posten ausgewiesenen Beträge die Voraussetzungen des § 21 RechKredV erfüllen. Diesbezüglich wird auf die vorstehenden Ausführungen verwiesen.

Der **Nachweis** der Verbindlichkeiten gegenüber Kreditinstituten erfolgt durch Saldenbestätigungen bzw. Kontoauszüge. Überhängende Posten sind zu vermerken. Die Bestandsnachweise sind auf Richtigkeit und Vollständigkeit zu prüfen. **CpD-Konten** sind darüber hinaus hinsichtlich ihrer Altersstruktur durchzusehen.

Bei der Prüfung des Postens ist darauf zu achten, dass **Zinsen, Provisionen** usw. für das abgelaufene Geschäftsjahr in alter Rechnung gebucht werden. Die **Zinsabgrenzung** ist zu prüfen.

Die **Bewertung** ist zu prüfen. Bei Beträgen, die auf **Fremdwährung** lauten, richtet sich die Bewertung nach § 340h HGB (vgl. Kapitel 4.8.).

Die von der **Internen Revision** angefertigten Prüfungsberichte sollten eingesehen werden.

Der **Prüfungsbericht** muss die in § 48 PrüfbV verlangten Angaben enthalten:

- Darstellung im Vergleich mit dem Vorjahr,
- Erläuterung der Zusammensetzung.

[1486] GlA Krumnow ua., 2. Aufl., § 21 RechKredV Rn. 28; aA Bieg (1998), 272.

Im Prüfungsbericht sind nach § 50 Nr. 1 PrüfbV ferner folgende Angaben zu machen:

- Angaben über die **Struktur**, insbesondere über den **Kreis der Gläubiger** sowie über **bedeutende Absatzpartner**, unter Hinweis
  - auf auffällige Fluktuationen während des Berichtsjahres,
  - auf ausgegebene auf den Namen lautende Einlagenzertifikate und andere Namensschuldverschreibungen sowie
  - auf besondere Abrufrisiken.
- Entfallen auf ein Kreditinstitut insgesamt mehr als 10 % der Verbindlichkeiten gegenüber Kreditinstituten, so ist darauf hinzuweisen.
- Angabe der Verbindlichkeiten aus zweckgebundenen Mitteln, insbesondere derjenigen Verbindlichkeiten, bei denen der Kreditgeber die Ausleihung an im Einzelnen bezeichnete Kreditnehmer oder an einen bezeichneten Kreis von Kreditnehmern für einen bestimmten Zweck vorgeschrieben hat sowie Mittel, die dem Kreditinstitut nach bereits durchgeführter Kreditgewährung zur Refinanzierung zur Verfügung gestellt wurden.
- Angabe der Verbindlichkeiten, die durch eigene Vermögenswerte oder hereingenommene Sicherheiten besichert werden.

Es empfiehlt sich, die für den Anhang relevanten Angaben im Prüfungsbericht zu nennen.

5.3.2. Verbindlichkeiten gegenüber Kunden (Passiva 2)

5.3.2.1. Postenbezeichnung

Die Postenbezeichnung lautet nach dem Formblatt 1 wie folgt:

> 2. *Verbindlichkeiten gegenüber Kunden*
>   *a) Spareinlagen*
>   *aa) mit vereinbarter Kündigungsfrist von drei Monaten*
>   *ab) mit vereinbarter Kündigungsfrist von mehr als drei Monaten*
>   *b) andere Verbindlichkeiten*
>   *ba) täglich fällig*
>   *bb) mit vereinbarter Laufzeit oder Kündigungsfrist*

Der Passivposten 2. ist bei Universalkreditinstituten in die Unterposten „a) Spareinlagen" sowie „b) andere Verbindlichkeiten" zu untergliedern. Diese sind ihrerseits nach ihrer Kündigungsfrist bzw. Fälligkeit weiter zu untergliedern. Die Beträge in den Unterposten a) ab) sowie b) bb) sind im Anhang nach Restlaufzeiten zu gliedern (§ 9 Abs. 1 Nr. 4 und 5 RechKredV).

Mit der Ersten Verordnung zur Änderung der RechKredV vom 18.6.1993 wurde der Unterposten „a) Spareinlagen" neu gefasst. Gleichzeitig wurde die Definition der Spareinlagen in § 21 Abs. 4 RechKredV übernommen.

Realkreditinstitute und Bausparkassen müssen als Spezialkreditinstitute den Passivposten 2. gemäß Fußnote 7 zu Formblatt 1 wie folgt untergliedern:

- **Realkreditinstitute** (Hypothekenbanken, Schiffspfandbriefbanken und öffentlich-rechtliche Grundkreditanstalten)

> 2. *Verbindlichkeiten gegenüber Kunden*
>   *a) begebene Hypotheken-Namenspfandbriefe*
>   *b) begebene öffentliche Namenspfandbriefe*
>   *c) Spareinlagen*
>   *ca) mit vereinbarter Kündigungsfrist von drei Monaten*
>   *cb) mit vereinbarter Kündigungsfrist von mehr als drei Monaten*
>   *d) andere Verbindlichkeiten*
>   *darunter:*
>   *täglich fällig ... Euro*
>   *zur Sicherstellung aufgenommener Darlehen an den Darlehensgeber ausgehändigte Hypotheken-Namenspfandbriefe ... Euro*
>   *und öffentliche Namenspfandbriefe ... Euro*

- **Bausparkassen**

  > 2. *Verbindlichkeiten gegenüber Kunden*
  > *a) Einlagen aus dem Bauspargeschäft und Spareinlagen*
  > *aa) Bauspareinlagen*
  > *darunter:*
  > *auf gekündigte Verträge ... Euro*
  > *auf zugeteilte Verträge ... Euro*
  > *ab) Abschlusseinlagen*
  > *ac) Spareinlagen mit vereinbarter Kündigungsfrist von drei Monaten*
  > *ad) Spareinlagen mit vereinbarter Kündigungsfrist von mehr als drei Monaten*
  > *b) andere Verbindlichkeiten*
  > *ba) täglich fällig*
  > *bb) mit vereinbarter Laufzeit oder Kündigungsfrist*

Bauspareinlagen gelten nicht als Spareinlagen iSd. § 21 Abs. 4 RechKredV (§ 21 Abs. 4 Satz 4 RechKredV).

Finanzdienstleistungsinstitute sowie Kreditinstitute, sofern Letztere **Skontroführer** iSd. § 8b Abs. 1 Satz 1 des Börsengesetzes und nicht Einlagenkreditinstitut iSd. § 1 Abs. 3d Satz 1 KWG sind, haben den Passivposten 2. wie folgt zu untergliedern:

> 2. *Verbindlichkeiten gegenüber Kunden*
> *darunter:*
> *gegenüber Finanzdienstleistungsinstituten ... Euro*

Mit der Ersten Verordnung zur Änderung der RechKredV wurde neben der Neufassung des Unterpostens „a) Spareinlagen" für Universalbanken auch die Fußnote 7 betreffend den Bilanzausweis von Spareinlagen bei Realkreditinstituten und Bausparkassen geändert. Gleichzeitig wurde der Postenausweis bzw. die Darunter-Vermerke bei Realkreditinstituten entsprechend der Änderung zum Passivposten 1. angepasst.

Im Rahmen der Zweiten Verordnung zur Änderung der RechKredV vom 11.12.1998 wurde die Fußnote 7 betreffend des Postenausweises bei Finanzdienstleistungsinstituten sowie Kreditinstituten, soweit Letztere Skontroführer und nicht Einlagenkreditinstitute sind, bezüglich des Postenausweises bei diesen Instituten geändert. Der Passivposten 2. ist bei diesen Instituten nur durch einen Darunter-Vermerk „gegenüber Finanzdienstleistungsinstituten" zu untergliedern.

Verbindlichkeiten gegenüber **verbundenen Unternehmen** bzw. **Unternehmen, mit denen ein Beteiligungsverhältnis besteht**, sind als Unterposten in der Bilanz jeweils gesondert auszuweisen (§ 3 Satz 1 Nr. 3 und 4 RechKredV). Die Angaben können wahlweise auch im Anhang in der Reihenfolge der betroffenen Posten gemacht werden.

Kreditinstitute in der Rechtsform der GmbH müssen **Verbindlichkeiten gegenüber Gesellschaftern** gesondert ausweisen oder im Anhang angeben (§ 42 Abs. 3 GmbHG).

5.3.2.2. Posteninhalt

5.3.2.2.1. RechKredV

Der Posteninhalt ist in § 21 RechKredV geregelt. § 21 RechKredV bestimmt in Abs. 2, welche Beträge als Verbindlichkeiten gegenüber Kunden im Passivposten 2. auszuweisen sind. Abs. 3 regelt den Ausweis von Treuhandzahlungen, während Abs. 4 den Begriff der „Spareinlagen" definiert.

Mit der Ersten Verordnung zur Änderung der RechKredV vom 18.6.1993 wurde § 21 Abs. 4 RechKredV neu gefasst; in diesem Zusammenhang ist § 39 Abs. 6 RechKredV als Übergangsregelung eingefügt worden. Mit dieser Änderung wurde der Begriff **„Spareinlagen"** in der RechKredV definiert. In § 21 Abs. 4 RechKredV sind nunmehr die Bestimmungen enthalten, die früher in §§ 21 bis 22a KWG aF zu finden waren. Die Vorschriften des Kreditwesengesetzes über den Sparverkehr sind zeitgleich durch die 4. KWG-Novelle aufgehoben worden.

Durch die Zweite Verordnung zur Änderung der RechKredV vom 11.12.1998 wurde in § 21 Abs. 3 Satz 1 RechKredV das Wort „*Kreditinstitut*" durch das Wort „*Institut*" und in § 21 Abs. 3 Satz 2 RechKredV die Wörter „*empfangende Kreditinstitut*" durch die Wörter „*empfangende Institute*" ersetzt.

In § 21 Abs. 4 Satz 1 Nr. 3 RechKredV wurde durch Artikel 8 Abs. 4 des Mietrechtsreformgesetzes vom 19.6.2001[1487] die Angabe „*§ 550b*" durch „*§ 551*" ersetzt.

Durch Artikel 7 des Euro-Bilanzgesetzes wurde in § 21 Abs. 4 Satz 2 RechKredV die Angabe „*3 000 Deutsche Mark*" durch die Angabe „*2 000 Euro*" ersetzt.

5.3.2.2.2. Voraussetzungen für den Postenausweis

5.3.2.2.2.1. Überblick

Als Verbindlichkeiten gegenüber Kunden sind **alle Arten** von Verbindlichkeiten gegenüber in- und ausländischen Nichtbanken (Kunden) auszuweisen, sofern es sich nicht um verbriefte Verbindlichkeiten (Passivposten 3.) handelt (§ 21 Abs. 2 Satz 1 RechKredV). Im Passivposten 2. sind mithin **Buchkredite** zu erfassen.

[1487] Vgl. BGBl. I, 1149 ff., 1174.

Die Formulierung des § 21 Abs. 2 Satz 1 RechKredV macht den Passivposten 2. entsprechend dem Aktivposten „4. Forderungen an Kunden" bzw. entsprechend dem Passivposten „1. Verbindlichkeiten gegenüber Kreditinstituten" zu einem **Residualposten**.

Nach § 21 Abs. 2 Satz 1 RechKredV geht der Ausweis **verbriefter Verbindlichkeiten** im Passivposten „3. Verbriefte Verbindlichkeiten" dem Ausweis im Passivposten „2. Verbindlichkeiten gegenüber Kunden" vor. Insoweit entscheidet der den Umfang des Passivposten 3. regelnde § 22 RechKredV auch über den Inhalt des Passivpostens 2. Dies entspricht der Regelung für den Ausweis im Passivposten „1. Verbindlichkeiten gegenüber Kreditinstituten".

Entsprechendes gilt wie bei den Verbindlichkeiten gegenüber Kreditinstituten auch für **nachrangige Verbindlichkeiten** gegenüber Kunden. Handelt es sich um nachrangige Verbindlichkeiten, sind diese im Passivposten „9. Nachrangige Verbindlichkeiten" auszuweisen.

Da § 21 Abs. 1 RechKredV den Ausweis im Passivposten „1. Verbindlichkeiten gegenüber Kreditinstituten" bei Kreditinstituten als Bilanzierende ausdrücklich auf Verbindlichkeiten „aus Bankgeschäften" beschränkt, müssen nach Bieg[1488] im Passivposten „2. Verbindlichkeiten gegenüber Kunden" die aus **anderen Geschäften mit Kreditinstituten** resultierenden Verbindlichkeiten ausgewiesen werden. Diese Ansicht wird hier mit der hM nicht geteilt. Diese Verbindlichkeiten sind vielmehr als sonstige Verbindlichkeiten zu zeigen.

Verbindlichkeiten gegenüber Kapitalanlagegesellschaften selbst sind stets als Verbindlichkeiten gegenüber Kreditinstituten auszuweisen, weil die Kapitalanlagegesellschaft ein Kreditinstitut ist. Die Praxis weist die Verbindlichkeiten gegenüber dem einzelnen **Sondervermögen** (Fonds) hingegen als Verbindlichkeiten gegenüber Kunden aus.

5.3.2.2.2.2. Begriff des Kunden iSd. § 21 Abs. 2 RechKredV

Kunden iSd. § 21 Abs. 2 RechKredV sind in- und ausländische Nichtbanken (§ 21 Abs. 2 Satz 1 RechKredV). Die Vorschrift bezeichnet diese in einem Klammerzusatz. Sie entspricht der Regelung in § 15 Abs. 1 Satz 1 RechKredV. Daher kann auch die Ansicht vertreten werden, dass Verbindlichkeiten aus Geschäften, die keine Bankgeschäfte oder Finanzdienstleistungen sind, also nicht im Rahmen des Geschäfts mit Kunden entstanden sind, als „Sonstige Verbindlichkeiten" auszuweisen sind.

Hier wird daher - entsprechend der für Forderungen an Kunden geltenden Bestimmung - die Ansicht vertreten, dass es sich bei den im Passivposten 2. auszuweisenden Verbindlichkeiten um solche aus der Geschäftsbeziehung mit dem Kunden handeln muss. Mithin sind bspw. Steuerverbindlichkeiten ebenso unter den „Sonstigen Verbindlichkeiten" auszuweisen wie Schadenersatzverbindlichkeiten an einen Dritten, mit dem gleichzeitig auch eine Geschäfts-

---

[1488] Vgl. Bieg, ZfbF 1988, 27.

beziehung besteht. Dies dient dem besseren Einblick in die Vermögens-, Finanz- und Ertragslage.

Gleiches gilt für Verbindlichkeiten aus dem Kauf von Anlagegegenständen, Gehaltsverbindlichkeiten sowie Verbindlichkeiten aus Sozialversicherungsbeiträgen und abzuführender Lohn- bzw. Kirchensteuer usw. und andere Verpflichtungen, die nicht im Geschäftsverkehr mit dem Kunden entstanden sind.

Verbindlichkeiten gegenüber **Nichtkunden** sind stets den „Sonstigen Verbindlichkeiten" zuzuordnen.

5.3.2.2.2.3. Anteilige Zinsen

Anteilige Zinsen für Verbindlichkeiten gegenüber Kunden sind zusammen mit den Kapitalbeträgen auszuweisen. Dies gilt auch für ihre Zuordnung zu den Unterposten. Im Übrigen wird auf Kapitel 3.8. verwiesen.

Werden Personenkonten auf einen vor dem Bilanzstichtag liegenden Tag zinsmäßig abgeschlossen, so sind die unberücksichtigt gebliebenen Zinsen insgesamt für die Zeit zwischen Zinsabrechnungs- und Bilanzstichtag anhand einer Fortschreibung zu ermitteln.[1489] Eine Saldierung ist nicht zulässig. Diese Beträge sind den entsprechenden Unterposten zuzuordnen. Ein Ausweis als Rechnungsabgrenzungsposten ist nicht möglich.

Aufgelaufene Zinsen bei Fest- und Kündigungsgeldern sind ebenfalls dem betreffenden Unterposten zuzuordnen. Hierbei handelt es sich um anteilige Zinsen iSd. § 11 RechKredV.

Nach § 268 Abs. 5 Satz 3 HGB sind die in den Verbindlichkeitsposten gegenüber Kunden enthaltenen Beträge, die erst nach dem Abschlussstichtag rechtlich entstehen, im Anhang zu erläutern, soweit sie einen größeren Umfang haben. Dabei handelt es sich um antizipative Posten, die keine anteiligen Zinsen darstellen, weil Letztere nach § 11 RechKredV bei den Bilanzposten auszuweisen sind, zu dem sie gehören.[1490] Insoweit ist eine Erläuterung entbehrlich.

Die anteiligen Zinsen brauchen nicht in die Restlaufzeitengliederung aufgenommen zu werden (§ 11 Satz 3 RechKredV). Einzelheiten vgl. Kapitel 3.1.3. und 3.8.

[1489] Vgl. Bergmann ua., B.III.2., 9.
[1490] GlA Krumnow ua., 2. Aufl., § 21 RechKredV Rn. 28; aA Bieg (1998), 274.

5.3.2.2.2.2.4. Namensschuldverschreibungen und andere Verbindlichkeiten

Nach § 21 Abs. 2 Satz 1 RechKredV geht der Ausweis verbriefter Verbindlichkeiten im Passivposten 3. dem Ausweis im Passivposten 2. vor. Insoweit entscheidet der den Umfang des Passivposten 3. regelnde § 22 RechKredV auch hier über den Posteninhalt mit.

Obwohl bereits aus den Formulierungen des § 22 RechKredV klar erkennbar ist, dass als verbriefte Verbindlichkeiten nur diejenigen auszuweisen sind, für die nicht auf den Namen lautende übertragbare Urkunden ausgestellt sind, nennt § 21 Abs. 2 Satz 2 RechKredV ausdrücklich

- Namensschuldverschreibungen,
- Orderschuldverschreibungen, die nicht Teile einer Gesamtemission sind,
- Namensgeldmarktpapiere,
- Sperrguthaben und
- Abrechnungsguthaben der Anschlussfirmen im Teilzahlungsfinanzierungsgeschäft, soweit der Ausweis nicht unter dem Passivposten „1. Verbindlichkeiten gegenüber Kreditinstituten" vorzunehmen ist, sowie
- „Anweisungen im Umlauf"

die bei Kredit- und Finanzdienstleistungsinstituten hier auszuweisen sind, soweit sie gegenüber Kunden bestehen.

Hierzu zählen auch vom bilanzierenden Kreditinstitut ausgegebene Sparbriefe, Wachstumszertifikate, befristete Einlagen (Kündigungs- und Festgelder), Tagesgelder sowie Einlagen in laufender Rechnung wie bspw. Kontokorrent-, Giro- und Gehaltskonten. **Wachstumszertifikate** sind je nach ihrer rechtlichen Ausgestaltung entweder Spareinlagen mit vereinbarter Kündigungsfrist von drei Monaten oder aber Termineinlagen. Verbindlichkeiten aus ausgegebenen **Sparbriefen** sind im Unterposten „b) andere Verbindlichkeiten" auszuweisen.

5.3.2.2.2.2.5. Treuhandzahlungen

Verbindlichkeiten, die einem Institut dadurch entstehen, dass ihm von einem anderen Institut (zB von einer Bausparkasse) Beträge zugunsten eines namentlich bekannten Kunden mit der Maßgabe überwiesen werden, sie diesem erst auszuzahlen, nachdem er bestimmte Auflagen erfüllt hat (sog. Treuhandzahlungen), sind im Passivposten „2. Verbindlichkeiten gegenüber Kunden" auszuweisen (§ 21 Abs. 3 Satz 1 RechKredV). Dies gilt auch für den Fall, dass die Verfügungsbeschränkung noch besteht.

Das auftraggebende Kreditinstitut behält sich idR das Recht vor, den zu treuen Händen überwiesenen Betrag bei Nichterfüllung der Auflagen bis zu einem bestimmten Zeitpunkt zurückzufordern.

Damit gilt, dass Institute zu treuen Händen zugunsten eines Kunden überwiesene Beträge (sog. Treuhandzahlungen), die nur unter Erfüllung bestimmter Sicherungsauflagen (zB Eintragung von Grundpfandrechten als Sicherheiten, Einreichen von Beleihungsunterlagen) an den Kunden ausgezahlt werden dürfen, in der Regel aber bereits einem mit einem Sperrvermerk versehenen, auf den Namen des Kunden lautenden Konto gutgeschrieben wurden, auch dann im Passivposten 2. auszuweisen sind, wenn das überweisende Institut bei Nichterfüllung der Treuhandauflagen einen Rückerstattungsanspruch hat.

Eine Ausnahme besteht nur dann, wenn nach dem Vertrag mit dem die Treuhandzahlung überweisenden Kreditinstitut nicht der Kunde, sondern das empfangende Institut der Schuldner ist (§ 21 Abs. 3 Satz 2 RechKredV). In diesem Fall erfolgt der Ausweis im Passivposten „1. Verbindlichkeiten gegenüber Kreditinstituten".

Die Bestimmung des § 21 Abs. 3 RechKredV ist zu § 6 RechKredV Lex specialis, dh. der Ausweis im Passivposten 2. bzw. 1. hat Vorrang vor einem Ausweis im Passivposten „Treuhandverbindlichkeiten".

5.3.2.2.2.6. Wertpapierleihe und Pensionsgeschäfte

Verbindlichkeiten aus Wertpapierleihegeschäften sind im Passivposten 2. zu erfassen, wenn sie gegenüber Kunden oder Euroclear bestehen.[1491] Für Pensionsgeschäfte gilt Entsprechendes. Einzelheiten vgl. Kapitel 3.2. und 4.10.

5.3.2.2.2.7. Spareinlagen

Als Spareinlagen sind nur **unbefristete Gelder** auszuweisen, die den Erfordernissen des § 21 Abs. 4 RechKredV entsprechen. **Sicht-** und **Termineinlagen** sind mithin dem Unterposten „andere Verbindlichkeiten" zuzuordnen.

Spareinlagen müssen die **vier Voraussetzungen** des § 21 Abs. 4 Satz 1 Nr. 1 bis Nr. 4 RechKredV kumulativ erfüllen:

1. sie sind durch Ausfertigung einer Urkunde, insbesondere eines Sparbuchs, als Spareinlagen gekennzeichnet;
2. sie sind nicht für den Zahlungsverkehr bestimmt (eine Verfügung durch Überweisung, Lastschrift, Scheck oder Kreditkarte darf nicht gestattet sein);
3 sie werden nicht von Kapitalgesellschaften, Genossenschaften, wirtschaftlichen Vereinen, Personenhandelsgesellschaften oder von Unternehmen mit Sitz im Ausland mit vergleichbarer Rechtsform angenommen, es sei denn, diese Unternehmen dienen gemeinnützigen, mildtätigen oder kirchlichen Zwecken oder es handelt sich bei den

---

[1491] Vgl. Häuselmann/Wiesenbart, DB 1990, S. 2132; BAK-Schreiben vom 25.8.1987, abgedruckt in: CMBS 16.18.

von diesen Unternehmen angenommenen Geldern um Sicherheiten gemäß § 551 BGB (Mietkautionen) oder § 14 Abs. 4 des Heimgesetzes (Spareinlagen dürfen damit nicht für die Verwendung in Geschäftsbetrieben bestimmt sein);
4. sie weisen eine Kündigungsfrist von mindestens drei Monaten auf (die Vereinbarung einer längeren Kündigungsfrist ist ebenso möglich wie die Vereinbarung einer Kündigungssperrfrist).

Spareinlagen haben nunmehr keine gesetzliche Kündigungsfrist mehr. Sie müssen jedoch eine **Mindestkündigungsfrist** von drei Monaten haben.

Spareinlagen, die dem Kunden das Recht einräumen, über seine Einlagen mit einer Kündigungsfrist von drei Monaten bis zu einem bestimmten Betrag, der jedoch **pro Sparkonto** und **Kalendermonat** EUR 2.000 nicht überschreiten darf, ohne Kündigung zu verfügen, schließen deren Einordnung als Spareinlagen iSd. Vorschrift nicht aus (§ 21 Abs. 4 Satz 2 RechKredV). Ohne vorherige Kündigung darf die Verfügung über höchstens EUR 2.000 pro Kalendermonat erfolgen. Dies ermöglicht auch eine Verfügung innerhalb kurzer Zeit (zB am 31.3. und am 1.4. jeweils über EUR 2.000).

Die Pflicht zur Berechnung von **Vorschusszinsen** ist in § 21 Abs. 4 RechKredV nicht explizit enthalten. Damit bleibt es dem einzelnen Kreditinstitut überlassen, in welcher Weise es im Einzelfall auf Verfügungen vor Fälligkeit reagieren will. Will das Kreditinstitut Vorschusszinsen berechnen, muss dies in den Allgemeinen Geschäftsbedingungen vorgesehen sein.

Da hier ein Maximalbetrag festgelegt wurde, können Kreditinstitute für Spareinlagen mit einer Kündigungsfrist von drei Monaten auch einen geringeren Betrag als EUR 2.000 vereinbaren, über den ohne Kündigung verfügt werden kann, ohne dass die Einlagen die Eigenschaft als Spareinlagen verlieren. Im Gegensatz hierzu kann für andere Spareinlagen, dh. für solche mit einer längeren Kündigungsfrist, keine derartige Verfügungsmöglichkeit ohne Kündigung vereinbart werden, ohne dass sie dadurch die Spareinlageneigenschaft verlieren würden.

Eine Einordnung als Spareinlage ist nach dem Wortlaut des § 21 Abs. 4 Satz 2 RechKredV nur dann zugelassen, wenn die Verfügungsmöglichkeit des Kunden auf EUR 2.000 je Kalendermonat begrenzt ist. Eine Verfügung über den Freibetrag hinaus, führt jedoch nicht dazu, dass die auf diesem Sparkonto verbleibende Einlage in der Bilanz nicht mehr als Spareinlage ausgewiesen werden darf.[1492] Entsprechendes gilt, wenn das Kreditinstitut im Einzelfall auf eine Vorschusszinsberechnung verzichtet.

Geldbeträge, die aufgrund von **Vermögensbildungsgesetzen** geleistet werden, gelten als Spareinlagen (§ 21 Abs. 4 Satz 3 RechKredV).

[1492] Vgl. Lange, BB 1993, 1680.

Bauspareinlagen gelten nicht als Spareinlagen iSd. § 21 Abs. 4 RechKredV (§ 21 Abs. 4 Satz 4 RechKredV). Bauspareinlagen weisen eine besondere Ausgestaltung auf, auf die die Sparverkehrsvorschriften nicht passen.

Vor dem 1.7.1993 begründete Spareinlagen nach § 21 KWG aF[1493] und dafür gutgeschriebene oder danach gutzuschreibende Zinsen gelten weiterhin als Spareinlagen, wenn für sie die Voraussetzungen des § 21 Abs. 4 Satz 1 Nr. 1 und Nr. 2, Satz 2 RechKredV zutreffen und sie die Vorschriften des § 22 Abs. 1 Satz 1 und Abs. 2 KWG aF erfüllt haben (§ 39 Abs. 6 RechKredV). Damit muss für diese Spareinlagen eine Urkunde ausgefertigt und sie dürfen nicht für den Zahlungsverkehr bestimmt sein. Darüber hinaus muss die Voraussetzung zutreffen, dass die Möglichkeit der Verfügung über höchstens EUR 2.000 pro Sparkonto und pro Kalendermonat ohne Kündigung zutrifft. Die Übergangsregelung verlangt jedoch nicht, dass die Altspareinlagen die Voraussetzungen des § 21 Abs. 4 Satz 1 Nr. 3 und 4 RechKredV erfüllen müssen.

Hierdurch ist ein zeitlich unbefristeter Bestandsschutz für die früher begründeten Spareinlagen geschaffen worden, die die nunmehr geltenden Voraussetzungen hinsichtlich des Verbots, Spareinlagen für den Geschäftsbetrieb zu verwenden bzw. hinsichtlich der Mindestkündigungsfrist von drei Monaten nicht erfüllen.

Zur **Ausbuchung** von über längere Zeit nicht bewegten Sparkonten vgl. Kapitel 4.9.5.

5.3.2.2.2.8. Kompensationen und Unterkonten

Wegen Einzelheiten wird auf Kapitel 5.3.1.2.2.14. verwiesen.

5.3.2.2.2.9. Stillhalterpositionen in Optionen

Bieg[1494] fordert, Stillhalterpositionen in Eurex-Optionen im Passivposten „2. Verbindlichkeiten gegenüber Kunden" auszuweisen. Danach sei dieser Posten nicht nur zu wählen, wenn der Kontraktpartner eine Nichtbank ist (zB Eurex Clearingstelle), sondern auch wenn der Kontraktpartner ein Kreditinstitut ist. Er begründet dies damit, dass Optionsgeschäfte nicht zu den Bankgeschäften iSd. § 1 KWG zählen, somit also die Stillhalterverpflichtung (Prämie) nicht im Passivposten „1. Verbindlichkeiten gegenüber Kreditinstituten" ausgewiesen werden könne. Dem ist nicht zuzustimmen. Hier wird mit der hM und BFA 2/1995 ein Ausweis von Stillhaltergeschäften als sonstige Verbindlichkeit gefordert.

[1493] In der Fassung der Bekanntmachung vom 11.7.1985, BGBl. I, 1472.
[1494] Vgl. Bieg (1998), 281.

5.3.2.2.3. Unterposten

Im Passivposten „2. Verbindlichkeiten gegenüber Kunden" sind die Spareinlagen iSd. § 21 Abs. 4 RechKredV separat im Unterposten „a) Spareinlagen" auszuweisen, der seinerseits wiederum in Abhängigkeit von der vereinbarten Kündigungsfrist zu untergliedern ist.

Im Unterposten „b) andere Verbindlichkeiten" sind die Verbindlichkeiten gegenüber Kunden auszuweisen, die nicht die Voraussetzungen des § 21 Abs. 4 RechKredV für Spareinlagen erfüllen. Dieser Unterposten ist wiederum in die täglich fälligen Verbindlichkeiten und in die Verbindlichkeiten mit vereinbarter Laufzeit oder Kündigungsfrist zu untergliedern.

Als täglich fällig sind solche Verbindlichkeiten auszuweisen, über die jederzeit ohne vorherige Kündigung verfügt werden kann oder für die eine Laufzeit oder Kündigungsfrist von 24 Stunden oder von einem Geschäftstag vereinbart worden ist (§ 8 Abs. 3 RechKredV; Einzelheiten vgl. Kapitel 3.1.).

5.3.2.2.4. Besonderheiten bei Realkreditinstituten

Realkreditinstitute weisen im Passivposten „2. Verbindlichkeiten gegenüber Kunden" - entsprechend den Verbindlichkeiten gegenüber Kreditinstituten - im Unterposten a) die begebenen Hypotheken-Namenspfandbriefe und im Unterposten b) die begebenen öffentlichen Namenspfandbriefe aus.

Die Spareinlagen werden im Unterposten c) erfasst und entsprechend der Regelung für Universalbanken nach der vereinbarten Kündigungsfrist untergliedert.

Die restlichen Verbindlichkeiten gegenüber Kunden werden als andere Verbindlichkeiten im Unterposten d) gezeigt. Im Unterposten „d) andere Verbindlichkeiten" sind bei Realkreditinstituten die täglich fälligen Verbindlichkeiten auszugliedern. Ferner sind die zur Sicherstellung aufgenommener Darlehen an den Darlehensgeber ausgehändigten Hypotheken-Namenspfandbriefe und öffentlichen Namenspfandbriefe in einem Darunter-Vermerk beim Unterposten d) anzugeben. Die Verbindlichkeiten mit vereinbarter Laufzeit oder Kündigungsfrist sind im Anhang nach Restlaufzeiten aufzugliedern (§ 9 Abs. 1 Satz 2 RechKredV).

5.3.2.2.5. Besonderheiten bei Bausparkassen

Bausparkassen zeigen im Passivposten „2. Verbindlichkeiten gegenüber Kunden" im Unterposten „a) Einlagen aus dem Bauspargeschäft und Spareinlagen" die Bauspareinlagen, einschließlich der Abschlusseinlagen und der Spareinlagen von Kunden sowie im Unterposten „b) andere Verbindlichkeiten" die übrigen Verbindlichkeiten gegenüber Kunden.

Entsprechend der Regelung zum Passivposten 1. sind zu den Bauspareinlagen zwei Darunter-Vermerke zu machen: zum einen „auf gekündigte Verträge" und zum anderen „auf zugeteilte

Verträge". Diese Darunter-Vermerke zeigen auf, welche Bauspareinlagen von der Bausparkasse zeitnah zurückzuzahlen sind.

Entsprechend der Bestimmungen für Universalbanken sowie Realkreditinstitute sind die Spareinlagen nach der vereinbarten Kündigungsfrist zu gliedern.

5.3.2.2.6. Besonderheiten bei Finanzdienstleistungsinstituten und skontroführenden Kreditinstituten

Finanzdienstleistungsinstitute sowie Kreditinstitute, sofern Letztere Skontroführer iSd. § 8b Abs. 1 Satz 1 BörsG und nicht Einlagenkreditinstitute iSd. § 1 Abs. 3d Satz 1 KWG sind, müssen keine Untergliederung des Passivpostens vornehmen. Diese Institute haben vielmehr die Verbindlichkeiten gegenüber Finanzdienstleistungsinstituten in einem Darunter-Vermerk zu zeigen.

5.3.2.3. Bewertung

Zur Bewertung der Verbindlichkeiten gegenüber Kunden wird auf die Ausführungen in Kapitel 5.3.1.3. sowie 4.9. verwiesen.

5.3.2.4. Anhangangaben

Verbindlichkeiten gegenüber **verbundenen Unternehmen** bzw. **Unternehmen, mit denen ein Beteiligungsverhältnis besteht**, sind als Unterposten in der Bilanz jeweils gesondert auszuweisen (§ 3 Satz 1 Nr. 3 und 4 RechKredV). Die Angaben können wahlweise auch im Anhang in der Reihenfolge der betroffenen Posten gemacht werden.

Kreditinstitute in der Rechtsform der GmbH müssen **Verbindlichkeiten gegenüber Gesellschaftern** gesondert ausweisen oder im Anhang angeben (§ 42 Abs. 3 GmbHG).

Zur **Fristengliederung** wird auf Kapitel 3.1. verwiesen. Im Anhang ist ferner der Gesamtbetrag der für diese Verbindlichkeiten **als Sicherheit übertragenen Vermögensgegenstände** anzugeben (§ 35 Abs. 5 RechKredV).

5.3.2.5. Prüfung des Postens

Es sind die für Verbindlichkeiten gegenüber Kunden allgemein üblichen Prüfungshandlungen durchzuführen. Es ist insbesondere darauf zu achten, dass sämtliche in diesem Posten ausgewiesenen Beträge die Voraussetzungen des § 21 Abs. 2 RechKredV erfüllen. Diesbezüglich wird auf die vorstehenden Ausführungen verwiesen. Es ist festzustellen, ob die als **Spareinla-**

gen ausgewiesenen Beträge die Voraussetzungen des § 21 Abs. 4 und des § 39 Abs. 6 RechKredV erfüllen.

Bei Kreditinstituten, denen eine inhaltlich begrenzte **Erlaubnis zum Betreiben des Einlagengeschäfts** erteilt worden ist, ist zu prüfen, ob die Verbindlichkeiten besichert sind (§ 50 Nr. 2 PrüfbV).

Der **Nachweis** der Verbindlichkeiten gegenüber Kreditinstituten erfolgt durch Saldenbestätigungen bzw. Kontoauszüge. Überhängende Posten sind zu vermerken. Die Bestandsnachweise sind auf Richtigkeit und Vollständigkeit zu prüfen. **CpD-Konten** sind darüber hinaus hinsichtlich ihrer Altersstruktur durchzusehen. Ggf. ist der Versand der Kontoauszüge zu prüfen.

Bei der Prüfung des Postens ist darauf zu achten, dass **Zinsen**, **Provisionen** usw. für das abgelaufene Geschäftsjahr in alter Rechnung gebucht werden. Die **Zinsabgrenzung** ist zu prüfen.

Die **Bewertung** ist zu prüfen. Bei Beträgen, die auf **Fremdwährung** lauten, richtet sich die Bewertung nach § 340h HGB (vgl. Kapitel 4.8.).

Die von der **Internen Revision** angefertigten Prüfungsberichte sollten eingesehen werden.

Der **Prüfungsbericht** muss die in § 48 PrüfbV verlangten Angaben enthalten:

- Darstellung im Vergleich mit dem Vorjahr,
- Erläuterung der Zusammensetzung.

Im Prüfungsbericht sind nach § 50 Nr. 2 PrüfbV ferner folgende Angaben zu machen:

- Angabe der Verbindlichkeiten aus zweckgebundenen Mitteln, insbesondere derjenigen Verbindlichkeiten, bei denen der Kreditgeber die Ausleihung an im Einzelnen bezeichnete Kreditnehmer oder an einen bezeichneten Kreis von Kreditnehmern für einen bestimmten Zweck vorgeschrieben hat sowie Mittel, die dem Kreditinstitut nach bereits durchgeführter Kreditgewährung zur Refinanzierung zur Verfügung gestellt wurden.
- Angabe der Verbindlichkeiten, die durch eigene Vermögenswerte oder hereingenommene Sicherheiten besichert werden.
- Angaben über die Struktur, insbesondere über den Kreis der Gläubiger sowie über bedeutende Absatzpartner unter Hinweis
    - auf auffällige Fluktuationen während des Berichtsjahres,
    - auf ausgegebene auf den Namen lautende Einlagenzertifikate und andere Namensschuldverschreibungen
    - auf Abrufrisiken.
- Eine Größenklassengliederung ist zu erstellen.
- Entfallen auf einen Kunden insgesamt mehr als 10 % der Verbindlichkeiten gegenüber Kunden oder übersteigen bei den dem Einlagensicherungsfonds des Bundes-

verbandes deutscher Banken e.V. angeschlossenen Instituten die Einlagen eines Kunden die Sicherungsgrenze der freiwilligen Sicherungseinrichtung, so ist hierauf gesondert hinzuweisen.
- Feststellung, ob die als Spareinlagen ausgewiesenen Beträge die Voraussetzungen des § 21 Abs. 4 und des § 39 Abs. 6 RechKredV erfüllen.
- Bei Kreditinstituten, denen eine inhaltlich begrenzte Erlaubnis zum Betreiben des Einlagengeschäfts erteilt worden ist, Feststellung, ob die Verbindlichkeiten besichert sind.
- Angabe von Art und Umfang etwaiger über den Umfang der Erlaubnis hinausgehender Verbindlichkeiten aus dem Einlagengeschäft sowie
- Erläuterung der übrigen Verbindlichkeiten.

5.3.3. Verbriefte Verbindlichkeiten (Passiva 3)

5.3.3.1. Postenbezeichnung

Die Postenbezeichnung lautet nach dem Formblatt 1 wie folgt:

> 3. *Verbriefte Verbindlichkeiten*
>   *a) begebene Schuldverschreibungen*
>   *b) andere verbriefte Verbindlichkeiten*
>   *darunter:*
>   *Geldmarktpapiere ... Euro*
>   *eigene Akzepte und Solawechsel im Umlauf ... Euro*

Der Passivposten ist bei Universalkreditinstituten, Bausparkassen sowie bei Finanzdienstleistungsinstituten in die Unterposten „a) begebene Schuldverschreibungen" und „b) andere verbriefte Verbindlichkeiten" zu untergliedern.

Realkreditinstitute müssen als Spezialkreditinstitute den Passivposten 3. gemäß Fußnote 9 zu Formblatt 1 wie folgt untergliedern:

> 3. *Verbriefte Verbindlichkeiten*
>   *a) begebene Schuldverschreibungen*
>   *aa) Hypothekenpfandbriefe*
>   *ab) öffentliche Pfandbriefe*
>   *ac) sonstige Schuldverschreibungen*
>   *b) andere verbriefte Verbindlichkeiten*
>   *darunter:*
>   *Geldmarktpapiere ... Euro*

Kreditgenossenschaften, die das Warengeschäft betreiben, haben gemäß Fußnote 9 zu Formblatt 1 zu dem Darunter-Vermerk „eigene Akzepte und Solawechsel im Umlauf" zusätzlich einen weiteren Darunter-Vermerk „aus dem Warengeschäft ... Euro" einzufügen.

> 3. *Verbriefte Verbindlichkeiten*
>   *a) begebene Schuldverschreibungen*
>   *b) andere verbriefte Verbindlichkeiten*
>   *darunter:*
>   *Geldmarktpapiere ... Euro*
>   *eigene Akzepte und Solawechsel im Umlauf ... Euro*
>   *darunter: aus dem Warengeschäft ... Euro*

Es handelt sich bei dem aufgrund der Fußnote 9 vorgesehenen Darunter-Vermerk um einen solchen zum Darunter-Vermerk „eigene Akzepte und Solawechsel im Umlauf".

Weder mit der Ersten noch mit der Zweiten Verordnung zur Änderung der RechKredV wurde die Postenbezeichnung im Bilanzformblatt geändert.

Verbindlichkeiten gegenüber **verbundenen Unternehmen** bzw. **Unternehmen, mit denen ein Beteiligungsverhältnis besteht**, sind als Unterposten in der Bilanz jeweils gesondert auszuweisen (§ 3 Satz 1 Nr. 3 und 4 RechKredV). Die Angaben können wahlweise auch im Anhang in der Reihenfolge der betroffenen Posten gemacht werden.

Kreditinstitute in der Rechtsform der GmbH müssen **Verbindlichkeiten gegenüber Gesellschaftern** gesondert ausweisen oder im Anhang angeben (§ 42 Abs. 3 GmbHG).

5.3.3.2. Posteninhalt

5.3.3.2.1. RechKredV

Der Posteninhalt ist in § 22 RechKredV geregelt. § 22 RechKredV wurde weder mit der Ersten noch mit der Zweiten Verordnung zur Änderung der RechKredV nennenswert geändert. Lediglich in Abs. 4 Satz 1 wurde das Wort „Kreditinstitut" durch das Wort „Institut" ersetzt.

Diese Änderung berücksichtigt die Einbeziehung der Finanzdienstleistungsinstitute in die RechKredV und sieht daher den sowohl Kreditinstitute als auch Finanzdienstleistungsinstitute umfassenden Begriff „Institut" vor.

5.3.3.2.2. Voraussetzungen für den Postenausweis

5.3.3.2.2.1. Überblick

Im Gegensatz zu den in den Passivposten 1. und 2. auszuweisenden Verbindlichkeiten, bei denen dem bilanzierenden Institut die Gläubiger bekannt sind, sind dem Institut bei den im Passivposten 3. auszuweisenden Verbindlichkeiten die Gläubiger unbekannt.

Als verbriefte Verbindlichkeiten sind Schuldverschreibungen und diejenigen Verbindlichkeiten auszuweisen, für die nicht auf den Namen lautende übertragbare Urkunden ausgestellt sind (§ 22 Abs. 1 RechKredV). Dies sind diejenigen Schuldtitel, die

- in (Schuld-) Urkunden verbrieft sind,
- übertragbar sind und
- nicht auf den Namen des Gläubigers lauten.

Unter **übertragbaren Urkunden** werden in Urkunden gefasste Forderungen verstanden, bei denen die Durchsetzbarkeit der Forderung an den Bestand des Papiers geknüpft ist und die als Inhaber- oder Orderpapiere ausgestattet sind.[1495] Hierbei handelt es sich um Wertpapiere bzw. um Legitimationsurkunden, dh. Urkunden, bei deren Vorlage der Schuldner nicht zur Leistung verpflichtet ist, sich aber durch Leistung an den Inhaber befreien kann. Bei diesen übertragbaren Urkunden kann mit der Urkunde auch die Forderung übertragen werden.

Auf die **Börsenfähigkeit** kommt es für den Ausweis unter den verbrieften Verbindlichkeiten nicht an. Die Schuldtitel müssen auch nicht die **Wertpapierdefinition** des § 7 RechKredV erfüllen. Insoweit ist keine Analogie zu den im Aktivposten 5. auszuweisenden Schuldverschreibungen und anderen festverzinslichen Wertpapiere gegeben.

Als verbriefte Verbindlichkeiten sind im Passivposten 3. nur Inhaberpapiere sowie die Orderpapiere auszuweisen, die Teile einer Gesamtemission sind. Die übrigen Orderschuldverschreibungen sind in Abhängigkeit vom Gläubiger entweder dem Passivposten 1. oder 2. zuzuordnen.

Für die handelsrechtliche Bilanzierung eines **Emissionsdisagios** bei einem emittierenden Institut ist auf die für alle Kaufleute geltenden Vorschriften abzustellen (§ 250 Abs. 3 HGB).[1496]

5.3.3.2.2.2. Nullkuponanleihen

Der Ausweis von Nullkuponanleihen wird durch § 22 Abs. 2 Satz 3 RechKredV explizit geregelt. Zerobonds sind einschließlich der anteiligen Zinsen auszuweisen (§ 22 Abs. 2 Satz 3 RechKredV). Zero-Bonds sind nach hM mit dem Betrag zu passivieren, der den Anleihegläubigern unabhängig von der Fälligkeit am Bilanzstichtag geschuldet wird (Nettomethode).[1497]

Dies ist idR der Ausgabebetrag zuzüglich der aufgrund einer kapitalabhängigen Effektivzinsberechnung ermittelten Zinsschuld zum Bilanzstichtag. Ausgabebetrag und Zinsverpflichtung sind dabei als einheitliche Schuld (Rückzahlungsbetrag iSd. § 253 Abs. 1 Satz 2 HGB) anzusehen, da die zuzurechnende Zinsverpflichtung Bestandteil der Hauptschuld wird.[1498] Dementsprechend ist die anteilige Zinsverpflichtung dem Ausgabebetrag jährlich zuzuschreiben.

[1495] Vgl. Krumnow ua., 2. Aufl., § 22 RechKredV Rn. 5.
[1496] Vgl. auch Hahne, Die Bank 2003, 598 ff.
[1497] AA Bieg (1998), 284, der die Bruttomethode für zutreffender hält.
[1498] Vgl. HFA 1/1986, WPg 1986, 248

5.3.3.2.2.3. Fällige und anteilige Zinsen

Fällige sowie anteilige Zinsen sind zusammen mit den verbrieften Verbindlichkeiten auszuweisen. Für anteilige Zinsen von Nullkuponanleihen wird dies in § 22 Abs. 2 Satz 3 RechKredV ausdrücklich klargestellt. Einzelheiten vgl. Kapitel 3.8.

Bei der Begebung von Schuldverschreibungen wird das Gesamtvolumen der Emission in der Regel nicht vollständig mit Beginn des Zinslaufs platziert, sondern sukzessive unter Verrechnung von Stückzinsen veräußert. Die beim Verkauf bzw. beim Rückkauf von eigenen Schuldverschreibungen vereinnahmten bzw. aufgewendeten Stückzinsen sind dem Zinsaufwand für begebene Schuldverschreibungen gutzuschreiben bzw. zu belasten.[1499] Insoweit handelt es sich nicht um eine unzulässige Saldierung, sondern um eine Korrektur des tatsächlichen Zinsaufwands.

Werden eigene begebene Schuldverschreibungen bspw. zur Kurspflege zurückgenommen, stellen die für den Zeitraum des Eigenbesitzes angefallenen Zinsen nach Bergmann ua.[1500] Zinserträge aus eigenen Schuldverschreibungen dar, die als solche auszuweisen sind. Dieser Ansicht kann hier nicht gefolgt werden. Diese Zinsen korrigieren nach der hier vertretenen Ansicht den Zinsaufwand, denn Zinsen für eigene Verbindlichkeiten können nicht als Zinsertrag erfasst werden.

5.3.3.2.2.4. Namensschuldverschreibungen und andere hier nicht auszuweisende Verbindlichkeiten

Namensschuldverschreibungen und Namensgeldmarktpapiere sind in Abhängigkeit vom Gläubiger unter den Verbindlichkeiten gegenüber Kreditinstituten (Passivposten 1.) bzw. Kunden (Passivposten 2.) auszuweisen (§ 21 Abs. 1 und 2 RechKredV). Eine **Ausnahme** bilden ausländische Geldmarktpapiere, soweit sie zwar formalrechtlich Namenspapiere sind, aber wie Inhaberpapiere an Börsen gehandelt werden; sie können als verbriefte Verbindlichkeiten ausgewiesen werden.[1501]

Da Schuldscheine keine übertragbaren Urkunden, sondern beweiserleichternde Dokumente sind, die die ansonsten dem Gläubiger zufallende Beweislast über die Kreditbeziehung auf den Schuldner verlagern, sind **Schuldscheindarlehen** ebenfalls nicht hier auszuweisen. Sie sind in Abhängigkeit vom Gläubiger entweder im Passivposten 1. oder 2. auszuweisen. Im Übrigen ist bei Schuldscheindarlehen der jeweilige Gläubiger bekannt.

Sparbriefe lauten in der Regel auf den Namen und sind nicht in übertragbaren Urkunden verbrieft. Da diese im Regelfall von Kunden erworben werden, sind Sparbriefe normalerweise im Passivposten 2. zu zeigen.

[1499] Vgl. Bergmann ua., B.III.3, 16.
[1500] Vgl. Bergmann ua., B.III.3, 16.
[1501] Vgl. Krumnow ua., 2. Aufl., § 22 RechKredV Rn. 4; Bieg (1998), 281 f. mwN.

Der Ausweis von **Orderschuldverschreibungen**, die nicht Teile einer Gesamtemission sind, hat nach der ausdrücklichen Vorschrift des § 21 Abs. 1 Satz 2, Abs. 2 Satz 2 RechKredV je nach Gläubiger in den Passivposten 1. oder 2. zu erfolgen.

5.3.3.2.2.5. Nachrangige verbriefte Verbindlichkeiten

Nachrangige verbriefte Verbindlichkeiten (§ 4 Abs. 1 RechKredV) werden zusammen mit den anderen nachrangigen (unverbrieften) Verbindlichkeiten im Passivposten „9. Nachrangige Verbindlichkeiten" zusammengefasst. Dieser Posten enthält damit sowohl verbriefte als auch nicht verbriefte nachrangige Verbindlichkeiten. Der Charakter der Nachrangigkeit geht der Verbriefung vor.

Entsprechendes gilt für begebene verbriefte Genussrechte, die gemeinsam mit den begebenen unverbrieften Genussrechten im Passivposten „10. Genussrechtskapital" auszuweisen sind.

5.3.3.2.2.6. Vom Institut emittierte Credit Linked Notes

Die Bilanzierung von Credit Linked Notes basiert auf der Kombination von zwei Geschäften (verzinsliches Wertpapier bzw. Forderung und Credit Default Swap). Die Behandlung der/des emittierten Schuldverschreibung/Schuldscheindarlehens folgt den allgemeinen Bilanzierungsregeln für die Passivposten „Verbriefte Verbindlichkeiten" bzw. „Verbindlichkeiten gegenüber Kreditinstituten/Kunden", je nachdem, ob die Credit Linked Note als Wertpapier oder als Forderung ausgestaltet ist.[1502] Die Bilanzierung des Credit Default Swap (Sicherungsnehmerposition) richtet sich nach den für diese Geschäfte aufgestellten Regeln. Sofern der Grundsatz der Wesentlichkeit nicht verletzt wird, kann der gesonderte Ausweis der impliziten Sicherungsnehmerposition unterbleiben (vgl. auch Kapitel 4.4.9.).

5.3.3.2.2.7. Vom Institut emittierte Wandelanleihen, Optionsanleihen, Pflichtwandelanleihen, Exchangeables sowie Aktienanleihen

(a) Beschreibung dieser Anleiheformen

Wandelanleihen, Optionsanleihen, Pflichtwandelanleihen, Exchangeables sowie Aktienanleihen sind sog. **strukturierte Produkte**. Strukturierte Produkte sind Vermögensgegenstände (zB Anleihen) bzw. Verbindlichkeiten, die im Vergleich zu den nicht strukturierten Produkten hinsichtlich ihrer Verzinsung, ihrer Laufzeit und/oder ihrer Rückzahlung besondere Ausstattungsmerkmale aufweisen. Die Besonderheit besteht hier in der Rückzahlung, die in Aktien erfolgen kann oder muss.

[1502] Vgl. IDW RS BFA 1, FN 2002, 64; Auerbach/Spöttle, 224 ff.; Ausschuss für Bilanzierung des BdB, WPg 2000, 687 ff.

Klassische **Wandelanleihen** bieten für den Gläubiger ein Umtauschrecht in Aktien des Emittenten (§ 221 AktG), wobei die Emission mit marktüblichen Zinsen und einem offenen Aufgeld (Agio) oder alternativ minderverzinslich (verdecktes Agio) begeben werden können und bei Wandlung je nach Ausgestaltung der Anleihe keine, eine feste oder eine variable Zuzahlung auf die Aktien erforderlich wird.[1503]

Optionsanleihen sind Anleihen, denen - im Regelfall in Gestalt eines getrennt handelbaren Optionsscheins - zugunsten des Gläubigers ein Bezugsrecht auf Aktien des Emittenten beigegeben wird (§ 221 Abs. 1 AktG).

Pflichtwandelanleihen sind Anleihen, bei denen der Inhaber am Ende des Wandlungszeitraums berechtigt und verpflichtet ist, die Schuldverschreibung in Aktien des Emittenten zu wandeln.[1504] Dh. die Rückzahlung erfolgt in Aktien des Emittenten.

Daneben gibt es sog. **Exchangeables** (Umtauschanleihen), bei denen die Wandlung durch den Gläubiger in Aktien Dritter - also nicht solche des Emittenten der Anleihe - erfolgt bzw. erfolgen kann. Der Ausgleich für das Wahlrecht des Gläubigers wird vergleichbar wie bei Wandelanleihen abgegolten. Daher liegen die dem Gläubiger gezahlten Zinsen idR unter dem vergleichbaren Marktzinsniveau bei Emission, weil mit der Minderverzinslichkeit der ansonsten vom Gläubiger zu entrichtende Kaufpreis für die eingebettete Option ratierlich abgegolten wird.

Sog. **Aktienanleihen** oder Reverse Convertibles bieten nicht dem Gläubiger, sondern dem Emittenten das Recht, die Anleihe wahlweise in Aktien Dritter zu tilgen. Gleichzeitig erhält der Gläubiger eine entsprechend höhere Verzinsung seines eingesetzten Betrags, wodurch dieses Wandlungsrecht des Emittenten abgegolten wird.

(b) Standard-Wandelanleihen und Optionsanleihen

Standard-Wandelanleihen (Convertibles) und Optionsanleihen bieten für den Investor (Gläubiger) das Recht, anstatt der Rückzahlung des Nominalbetrags der Anleihe, wahlweise Aktien des Emittenten als Rückzahlung zu verlangen. Es handelt sich bei diesem Wahlrecht aufseiten des Investors um eine Kaufoption (Long Call). Dementsprechend geht der Emittent die Position eines Short Call ein.

Hierfür ist der Investor bereit, ein Entgelt zu bezahlen. Dies kann bspw. darin zum Ausdruck kommen, dass er ein offenes Ausgabeaufgeld (Agio) entrichtet oder eine unterhalb des Marktzinsniveaus liegende Verzinsung (verdecktes Aufgeld) akzeptiert. Es ist auch eine Kombination aus offenem und verdecktem Aufgeld möglich.

[1503] Zu Rechtsfragen und Gestaltungsmöglichkeiten vgl. Schlitt/Seiler/Singhof, AG 2003, 254 ff.; zu den Kontraktstrukturen vgl. Schäfer, FB 2002, 514 ff.
[1504] Zu den Rechtsfragen vgl. Schlitt/Seiler/Singhof, AG 2003, 254 ff.

Im Falle einer **Standard-Wandelanleihe** verspricht der Emittent die Rückzahlung eines Geldbetrags und nicht die Lieferung von Aktien. Nur im Falle der Ausübung des Wandlungsrechts durch den Anleihegläubiger wird die Bartilgungsverpflichtung des Emittenten durch die Verpflichtung zur Lieferung von Aktien ersetzt.

Standard-Wandelanleihen bzw. Optionsanleihen sind - soweit sie mit einem offenen Agio bzw. mit einer Verzinsung, die unter dem aktuellen Zinsniveau liegt ausgegeben werden - beim Emittenten gemäß § 272 Abs. 2 Nr. 2 HGB in (1) eine normalverzinsliche Verbindlichkeit (Emissionsbetrag) und (2) ein Options- bzw. Wandlungsrecht zu zerlegen.

Die **Verbindlichkeit** aus der Anleihe ist mit dem **Rückzahlungsbetrag** anzusetzen. Die Differenz zwischen dem Rückzahlungsbetrag und dem Emissionsbetrag, der auf die Anleihe entfällt, stellt ein **Disagio** dar, das aktiviert oder unmittelbar aufwandswirksam gebucht werden darf (§ 250 Abs. 3 HGB).[1505] Ist ein Rückzahlungsagio vereinbart, ist die Verbindlichkeit einschließlich dieses Betrags, dh. zum Erfüllungsbetrag zu passivieren.

Der bei der Ausgabe der Schuldverschreibung für das **Wandlungsrecht** (Short Call) erzielte Betrag (offenes Agio, verdecktes Agio in Form der Minderverzinslichkeit) ist in die **Kapitalrücklage** einzustellen. Wegen der Begründung der Bilanzierung und Bewertung kann auf die allgemeine Kommentierung zu § 272 HGB verwiesen werden. Handelt es sich hierbei um ein **Ausgabeagio**, ist dieses unmittelbar in die Kapitalrücklage einzustellen. Wird hingegen eine marktabweichende **geringere Verzinsung** vereinbart, kann der Zeichnungsbetrag (Emissionsbetrag) für die Wandelanleihe bzw. Optionsanleihe wie nachfolgend beschrieben aufgeteilt werden. Diese **Aufteilung** kann bspw. nach der **Restwertmethode** dergestalt vorgenommen werden, dass zunächst der Betrag ermittelt wird, der - unter Berücksichtigung der aktuellen Marktkondition (einschließlich Credit Spread des Emittenten) - für eine reine Anleihe (Verbindlichkeit) mit einem entsprechenden Nominalzins zu zahlen wäre (Emissionsbetrag). Das Entgelt für die Option (Wandlungsrecht) ergibt sich als Differenz zwischen dem Preis für die Wandelanleihe (Zeichnungsbetrag) und dem vorstehend genannten Betrag (Emissionsbetrag) für die reine Anleihe (Verbindlichkeit). Die Aufteilung kann aber auch im Verhältnis der Marktwerte der normalverzinslichen Verbindlichkeit und des Wandlungsrechts vorgenommen werden (**Marktwertmethode**). Diee Aufteilung führt nicht zu einer Erfolgsrealisierung.

Eine Dotierung der Kapitalrücklage pro rata temporis in Höhe des jährlich vom Anleihezeichner geleisteten Zinsverzichts (Differenz zwischen dem effektiven Kapitalmarktsatz zum Ausgabezeitpunkt und der Nominalverzinsung der Anleihe bezogen auf den Nominalwert) entspricht nicht dem wirtschaftlichen Gehalt des Sachverhalts und ist daher abzulehnen.

Um die Inhaber von Wandelanleihen bei der Wandlung mit Aktien zu bedienen, gibt es verschiedene Möglichkeiten: Schaffung eines **bedingten Kapital** gemäß § 192 Abs. 2 Nr. 1 AktG bzw. eines **genehmigten Kapital** gemäß §§ 202 f. AktG, aber auch der **Erwerb eigener**

[1505] Vgl. Wiese/Dammer, DStR 1999, 869 f.

Aktien aufgrund einer Ermächtigung der Hauptversammlung gemäß § 71 Abs. 1 Nr. 8 AktG.[1506] Die Bedienung von Wandlungsrechten durch die Gesellschaft mit solchermaßen erworbenen eigenen Aktien ist zulässig.[1507] Es ist schließlich auch denkbar, dass die Gesellschaft Aktienbezugsrechte durch **Vereinbarung mit Dritten**, die im Besitz bereits bestehender Aktien der Gesellschaft sind, sichert. In diesem Fall ist sicherzustellen, dass die Vereinbarung mit dem Dritten über die Lieferung der Aktien nicht mit §§ 71 ff. AktG kollidiert.[1508]

Die Zuweisung zu den Rücklagen ist damit nicht nur bei der **Ausgabe neuer Aktien** vorzunehmen, sondern auch für den Fall, dass die Gesellschaft iRd. § 71 Abs. 1 Nr. 8 AktG bereits existierende **eigene Aktien** angekauft hat und diese nunmehr über eine Wandelanleihe **wieder platziert**. Der Verkauf von bereits existierenden eigenen Aktien kommt wirtschaftlich einer Kapitalerhöhung gleich und kann somit nicht anders behandelt werden wie die Ausgabe neuer (junger) Aktien aufgrund einer formalen Kapitalerhöhung. Vor diesem Hintergrund kann der von Häuselmann[1509] vertretenen anders lautenden Ansicht nicht gefolgt werden. Die einschlägigen Kommentierungen zu § 221 AktG geben jedenfalls keinen entsprechenden Hinweis, der die Ansicht von Häuselmann stützen könnte. Darüber hinaus spricht § 272 Abs. 2 Nr. 2 AktG nicht von „Wandelanleihen iSd. § 221 AktG",[1510] sondern neutral von dem „.... *Betrag, der bei der Ausgabe von Schuldverschreibungen für Wandlungsrechte und Optionsrechte zum Erwerb von Anteilen erzielt wird.*" Handelsbilanzrechtlich bedeutet dies, dass Anleihen, die auf den Bezug „alter" Aktien gerichtet sind, ebenso behandelt werden wie Anleihen mit einem Recht auf den Bezug „junger" Aktien.

Falls das Wandlungs- bzw. Optionsrecht auf den Bezug von Aktien nicht ausgeübt wird, verbleibt der Betrag in der Kapitalrücklage. Eine Umbuchung in die GuV ist nach hM nicht möglich.

Zum **Zeitpunkt der Wandlung** ist der passivierte Anleihebetrag in das „gezeichnete Kapital" und ggf. die „Kapitalrücklage" umzubuchen. Da das gezeichnete Kapital zum Nennbetrag auszuweisen ist, ist der verbleibende Differenzbetrag zu der im Umwandlungszeitpunkt passivierten Anleiheverbindlichkeit in die Kapitalrücklage gemäß § 272 Abs. 2 Nr. 1 HGB einzustellen.[1511]

[1506] Ausführlich vgl. Schlitt/Seiler/Singhof, AG 2003, 256 ff.; Wiese/Dammer, DStR 1999, 867.

[1507] Vgl. Schlitt/Seiler/Singhof, AG 2003, 256. Dies gilt jedenfalls dann, wenn im Ermächtigungsbeschluss zur Ausgabe von Wandelanleihen ausdrücklich vorgesehen ist, dass die Umtausch- bzw. Bezugsrechte auch aus dem Bestand eigener Aktien bedient werden können. Allerdings ist die Ermächtigung zum Erwerb eigener Aktien auf höchstens 18 Monate befristet und volumenmäßig auf einen Betrag begrenzt, der 10 % des Grundkapitals nicht übersteigen darf. Die Befristung führt praktisch dazu, dass die Ermächtigung auf jeder Hauptversammlung erneuert werden muss, sofern der Emittent nicht bereits über eine ausreichende Anzahl eigener Aktien verfügt. Außerdem müssen die in § 71 Abs. 2 Satz 2 AktG vorgesehenen bilanziellen Beschränkungen beachtet werden.

[1508] Einzelheiten vgl. Schlitt/Seiler/Singhof, AG 2003, 257 ff.

[1509] Vgl. Häuselmann, BB 2000, 140.

[1510] Auch für die Anwendbarkeit des § 221 AktG bei Optionsanleihen auf bereits existierende Aktien ist die Ansicht im Schrifttum nicht einheitlich, vgl. Busch, AG 1999, 58 ff.

[1511] Vgl. Häuselmann, BB 2003, 1534.

(c) Pflichtwandelanleihen (Mandatory Convertibles)

Die **reine Pflichtwandelanleihe** unterscheidet sich von der Standard-Wandelanleihe dadurch, dass kein Wahlrecht für die Wandlung, sondern vielmehr eine **Wandlungspflicht zu einem fest vorbestimmten Tauschkurs** gesondert vereinbart wird. Diese Pflicht zur Wandlung kann ihrerseits verschieden ausgestaltet sein.

Daneben kann es auch **kombinierte Pflichtwandelanleihen** geben, die **sowohl eine Pflichtwandlung** (am Ende der Laufzeit) als auch ein **Wahlrecht zur Wandlung** (während der Laufzeit) durch den Emittenten oder den Investor vorsehen. In diesem Fall handelt es sich um eine **Kombination** aus einer Standardwandelanleihe und einer Pflichtwandelanleihe, dh. der Emittent hat eine Verbindlichkeit, kombiniert mit einem Terminverkauf und einer Option auf Aktien; in Abhängigkeit von der Position desjenigen, der neben der Pflichtwandlung (am Ende der Laufzeit) die Wandlung während der Laufzeit (ständig oder zu bestimmten Zeitpunkten) wahlweise verlangen kann, handelt es sich bei dem Wandlungswahlrecht aufseiten des Emittenten um einen Long Put (Wahlrecht des Emittenten) oder um einen Short Call (Wahlrecht des Investors) auf Aktien. Die Optionspositionen des Investors sind hierzu invers: bei einem Wahlrecht zur Wandlung durch den Emittenten hat der Investor die Position eines Short Put; hat er hingegen selbst das Wahlrecht zur Wandlung, liegt beim Investor ein Long Call auf Aktien vor.

Darüber hinaus sind auch **Pflichtwandelanleihevarianten** wie bspw. **Mandatory Convertibles** denkbar, die so ausgestaltet sind, dass es einen **unteren Kurs** (maximales Wandlungsverhältnis) sowie einen **oberen Kurs** (minimales Wandlungsverhältnis) gibt, zu denen getauscht wird. Befindet sich der aktuelle Kurs am Wandlungstermin zwischen diesen beiden Kursen, wird zum am Wandlungstag **aktuell festgestellten Kurs** getauscht (mittleres Wandlungsverhältnis). Diese Anleihe beinhaltet neben (1) einer normalverzinslichen Verbindlichkeit, ferner (2) bezogen auf den unteren Wandlungskurs (maximales Wandlungsverhältnis) für den Emittenten einen Long Put und (3) für den oberen Wandlungskurs (minimales Wandlungsverhältnis) aus Sicht des Emittenten einen Short Call auf eigene Aktien.[1512] Die Optionspositionen des Investors sind hierzu wiederum invers (Short Put und Long Call). Beide Optionen haben jeweils die gleiche Laufzeit, aber unterschiedliche Ausübungspreise (Strikes). Diese Kombination von Optionen wird zT auch als Bandbreitenoption bezeichnet. Diese Variante einer Pflichtwandelanleihe unterscheidet sich aufseiten des Emittenten von der sog. reinen Pflichtwandelanleihe dadurch, dass sie keinen Terminverkauf zu einem fixierten Preis beinhaltet, sondern vielmehr eine Kombination aus Optionen. Der Tauschkurs (Wandlungsverhältnis) steht hier nicht von vornherein fest, sondern ist in einer bestimmten Bandbreite variabel.

[1512] Vgl. Dipplinger/Loistl/Neufeld, Die Bank 1998, 120 ff.

Bilanziell stellen sich beim **Emittenten** folgende Fragen. Zu einem die Frage hinsichtlich des **Ausweises der erhaltenen Mittel** in der Bilanz als Verbindlichkeit oder als Eigenkapital und zum anderen die Frage, ob und ggf. wie eine **Aufteilung des Emissionsbetrags** auf den ggf. als (normalverzinsliche) Verbindlichkeit zu passivierenden Betrag und das/die Derivat/e bzw. wie die bilanzielle Abbildung der eingebetteten Derivate zu erfolgen hat.

Klarstellend sei erwähnt, dass die Problematik der Einstellung von Beträgen in die Kapitalrücklage gemäß § 272 Abs. 2 Nr. 2 HGB nur dann entsteht, wenn der **Investor** (Gläubiger) für ihm zustehende Rechte oder Vergünstigungen (Wandlungsrecht des Investors, Vorteile hinsichtlich des Tauschkurses im Vergleich zum aktuellen Kurs bei Emission) einen bestimmten Betrag an den Emittenten (einmalig bzw. verteilt auf die Laufzeit bspw. in Form einer geringeren Verzinsung) bezahlen muss.

Es ist - entgegen der Ansicht von Häuselmann[1513] - grundsätzlich nicht möglich, bei einer Pflichtwandelanleihe anzunehmen, dass ein Gläubigerumtauschrecht keinen eigenständigen Wert hat. Nur sofern bei einer reinen Pflichtwandelanleihe der Terminverkauf beim Emittenten zum Zeitpunkt der Emission einen (Markt-) Wert von Null hat, ist für eine Aufteilung des Emissionswerts der Anleihe selbstverständlich kein Raum. Bei der Vereinbarung marktgerechter Konditionen ist dies der (Regel-) Fall. Weicht der Wert des Terminverkaufs hingegen zugunsten des Emittenten von Null ab, d.h. der Investor (Gläubiger) bezahlt für das Termingeschäft einen Betrag an den Emittenten (bspw. bei einem vom aktuellen Aktienkurs abweichenden Tauschkurs bzw einer entsprechenden Wandlungsrelation im Zeitpunkt der Emission), kann dieser Betrag (Marktwert) nicht von vornherein vernachlässigt werden. Dieser Betrag ist dann grundsätzlich wie bei einem Optionsrecht in die Kapitalrücklage einzustellen.

Zur Beurteilung der Frage nach dem **Ausweis des Emissionsbetrags** als Verbindlichkeit bzw. Eigenkapital bietet die Stellungnahme IDW HFA 1/1994 *„Zur Behandlung von Genussrechten im Jahresabschluss von Kapitalgesellschaften"*[1514] sowie die vom HFA hierzu veröffentlichten Ergänzungen[1515] Hinweise. Die in der Stellungnahme des HFA dargestellten Grundsätze, gegen die im Wesentlichen im Schrifttum keine Bedenken bestehen, sind zwar auf den Ausweis von Genussrechtskapital bei Kreditinstituten nicht direkt anwendbar, da hier für Genussrechtskapital ein eigenständiger Posten im Bilanzgliederungsschema vorgesehen ist, ungeachtete dessen aber für die Beurteilung der Abgrenzung von Verbindlichkeiten und Eigenkapital sowie für die Frage nach der Behandlung von Aufwendungen und Erträgen durchaus geeignet.[1516]

Die Bilanzierung sog. **strukturierter Produkte** ist in IDW RH BFA 1.003[1517] näher beschrieben.[1518] Strukturierte Produkte iSd. IDW RH BFA 1.003 sind Vermögensgegenstände

---

[1513] Verallgemeinernd Häuselmann, BB 2003, 1534.
[1514] Vgl. IDW HFA 1/1994, WPg 1994, 419.
[1515] Vgl. Ergänzung zur Stellungnahme HFA 1/1994, FN 1998, 523 f. und WPg 1998, 891 (Ergänzung)
[1516] So auch HdR 5. Aufl. § 272 HGB Rn. 239.
[1517] Vgl. IDW RH BFA 1.003, FN 2001, 375 ff.
[1518] Vgl. hierzu Scharpf, FB 1999, 21 ff.; Scharpf/Luz, 2001, 653 ff.

(zB Anleihen) bzw. Verbindlichkeiten, die im Vergleich zu den nicht strukturierten Produkten hinsichtlich ihrer Verzinsung, ihrer Laufzeit und/oder ihrer Rückzahlung besondere Ausstattungsmerkmale aufweisen. Soweit es um die bilanzielle Abbildung der in eine Wandelanleihe **eingebetteten Derivate** beim **Emittenten** geht, ist IDW RH BFA 1.003 nicht unmittelbar anwendbar, da deren Wert bei Emission idR gemäß § 272 Abs. 2 Nr. 2 HGB in die Kapitalrücklage einzustellen ist.[1519] Beim **Investor** ist der vorstehend genannte Rechnungslegungshinweis des BFA dagegen uneingeschränkt auch auf Wandelanleihen anzuwenden.

Nach Häuselmann[1520] ist es grundsätzlich gerechtfertigt, auf beide Ausgestaltungen von Wandelanleihen (Standard- und Pflichtwandelanleihen) die gleichen Bilanzierungsgrundsätze anzuwenden.

Die Tatsache, dass es bei einem normalen Lauf der Dinge zur Ausgabe von Aktien und damit zur Nichtrückzahlung der erhaltenen Mittel kommt, führt nach Häuselmann[1521] nicht dazu, dass schon vor dem Zeitpunkt der Wandlung bzw. des Abschlusses des Zeichnungsvertrags auf Aktien ein Eigenkapitalinstrument vorliegt. Dementsprechend hat der Emittent vor der Wandlung wie bei Standard-Wandelanleihen eine **Geldverbindlichkeit** zu passivieren.

Dies wird damit begründet, dass ein Anleihegläubiger bis zum Zeitpunkt der Wandlung keine Gesellschaftsrechte hat und wie jeder andere Fremdkapitalgeber behandelt wird. Ungeachtet dessen, dass ein Anleihegläubiger vor der Wandlung wirtschaftlich an der Wertentwicklung der zugrunde liegenden Aktien beteiligt ist, wird er im Insolvenzfall des Emittenten wie jeder andere Gläubiger behandelt. Selbst wenn die Anleihebedingungen im Insolvenzfall eine automatische Pflichtwandlung vorsehen, ändert dies nichts daran, sondern bestärkt vielmehr die These, dass bis zu diesem Bedingungseintritt ein Fremdkapitalverhältnis vorliegt.[1522] Die Wandelanleihe enthält nur einen schuldrechtlichen Anspruch auf den Erwerb von Mitgliedschaftsrechten. Selbst die Ausübung des Wandlungsrechts macht den Anleihegläubiger nicht zum Aktionär. Gesellschafter wird er erst mit der Ausgabe von Bezugsaktien (§ 200 AktG).

Obwohl man wegen der Pflichtwandlung am Laufzeitende der Anleihe wirtschaftlich den Charakter eines vorbezahlten Terminverkaufs von Aktien zusprechen kann, können die zugeflossenen Geldmittel nach Häuselmann zu Recht schwerlich als Anzahlung oder Vorleistung auf Eigenkapital qualifiziert werden. Denn auch Voreinzahlungen auf Eigenkapital im Falle einer Kapitalerhöhung sind handelsrechtlich bis zur effektiven Begründung der Gesellschafterstellung als Fremdverbindlichkeit zu behandeln.

Es ist - so Häuselmann - auch nicht gerechtfertigt, aufgrund eines Vergleichs der Pflichtwandelanleihe mit einem sog. Bezugsrecht auf junge Aktien ohne Schuldverschreibung (sog.

[1519] Vgl. IDW RH BFA 1.003, FN 2001, 375 ff. Rn. 2.
[1520] Vgl. Häuselmann, BB 2003, 1532.
[1521] Vgl. Häuselmann, BB 2003, 1531 ff.
[1522] Vgl. Häuselmann, BB 2003, 1531 ff.

naked warrant) unter Heranziehung des § 272 Abs. 2 Nr. 2 HGB die gesamten erhaltenen Mittel der Kapitalrücklage zuzuweisen.

Die **Aufteilung einer reinen Pflichtwandelanleihe in eine Verbindlichkeit und ein Termingeschäft für bilanzielle Zwecke** ist - wie oben bereits erwähnt - dann faktisch nicht möglich und auch nicht notwendig, wenn das in der **reinen Pflichtwandelanleihe** eingebettete Termingeschäft (Terminverkauf von Aktien) - wie bei zu marktgerechten Konditionen abgeschlossenen Termingeschäften üblich - bei Emission der Anleihe einen Marktwert von Null hat. Wird der in die Anleihe eingebettete Terminverkauf auf eigene Aktien hingegen zu Konditionen vereinbart, die bei Emission der Anleihe zu einem von Null abweichenden und für den Emittenten günstigen (Markt-) Wert führt (der Gläubiger der Anleihe für die Wandlung also etwas bezahlt),[1523] ist nach der hier vertretenen Ansicht entsprechend der Bilanzierung für Standard-Wandelanleihen zu verfahren, dh. der vom Investor (Gläubiger) an den Emittenten zu vergütende (Markt-) Wert des Termingeschäfts stellt einen Vorteil dar, der bei Emission in die Kapitalrücklage gemäß § 272 Abs. 2 Nr. 2 HGB einzustellen ist. Dieser Vorteil kann als Einmalbetrag oder laufend in Form von niedrigeren Zinsen entrichtet werden. Diesbezüglich gelten die für Wandelanleihen allgemein entwickelten Grundsätze.

Analoges gilt für die Variante einer Pflichtwandelanleihe, bei der neben der **Wandlungspflicht zusätzlich ein Wandlungsrecht des Investors** (Emittent: Short Call) besteht, für das der Investor eine Optionsprämie zu entrichten hat (Agio oder geringere Verzinsung). Der Terminverkauf von Aktien sowie der Short Call können beim Emittenten für bilanzielle Zwecke wertmäßig zusammengefasst betrachtet werden.[1524] Eine getrennte Betrachtung macht wirtschaftlich keinen Sinn.

Ein Terminverkauf kann synthetisch in einen Long Put und einen Short Call zerlegt betrachtet werden,[1525] was letztlich in Kombination mit dem zusätzlichen Short Call zu einem sog. Kombinationsgeschäft mit Optionen - also dem gleichzeitigen Kauf und Verkauf von mehreren Optionen - führt, bei dem nach hM die vom Unternehmen (Emittenten) beabsichtigte Strategie bezüglich der Glattstellung der einzelnen Optionen für die Bilanzierung maßgeblich ist.[1526]

Hier ist es ferner sachgerecht, dieselben Grundsätze anzuwenden wie bei sog. Collars.[1527] Bei einer solchen Kombination aus verschiedenen Optionen (Cap und Floor) handelt es sich im klassischen Sinne ebenfalls um ein einheitliches Geschäft, das nach außen als einheitliches

---

[1523] Dies ist bspw. in solchen Fällen denkbar, in denen der Wandlungskurs vom aktuellen Kurs im Zeitpunkt der Emission zugunsten des Investors/Gläubigers abweicht, wofür der Investor dann - vereinfacht gesehen - diese Differenz an den Emittenten bezahlen wird.
[1524] Der von Häuselmann, BB 2000, 145 vertretenen Ansicht, eine „Erfassung der Embedded Put Option gegen den Emittenten" würde Schwierigkeiten bereiten, kann nicht gefolgt werden. Auch hat eine Long-Position in einer Option nach allgemein hM entgegen Häuselmann (ebenda) Vermögensgegenstandseigenschaft.
[1525] Ausführlich vgl. Scharpf/Luz, 377 ff.
[1526] Vgl. HdR 5. Aufl. Kap 6 Rn. 805.
[1527] Vgl. HdR 5. Aufl. Kap 6 Rn. 823.

Ganzes in Erscheinung tritt.[1528] Zudem sind die verschiedenen Optionen bei der Pflichtwandelanleihe in einem einzigen Vertrag zusammengefasst, was dafür spricht, dass die einzelnen Bestandteile der Optionskombination nicht getrennt glattgestellt werden sollen.[1529] Damit ist in diesen Fällen das Kombinationsgeschäft aus Optionen nicht in die einzelnen Bestandteile getrennt, sondern als Einheit zu bilanzieren. Es kommt allein auf die für die in der Kombination aufgehenden Optionen bzw. Termingeschäfte zu entrichtenden (Emittent bezahlt per Saldo für die Wandlungspflicht bzw. -möglichkeit) oder zu empfangenden (Emittent erhält entsprechend per Saldo einen Betrag) (Netto-) Prämien bzw. (Netto-) Marktwerte an, sodass es zu einer Rücklagendotierung nur dann kommt, wenn der Gläubiger (Investor) der Pflichtwandelanleihe für die Wandlung per Saldo einen Betrag zu entrichten hat. Nur bei dieser Vorgehensweise wird dem wirtschaftlichen Sachverhalt sachgerecht Rechnung getragen.

Eine Rücklagendotierung dergestalt, dass dieser der Betrag zugeführt wird, der der Wandlungsprämie einer vergleichbaren Standard-Wandelanleihe entsprechen würde, führt dazu, dass die Rücklage ggf. zu hoch dotiert wird.[1530] Hier wird vernachlässigt, dass der Emittent für die von ihm ggf. gehaltene Long-Position in einer Option, eine Prämie an den Gläubiger zu entrichten hat.

Klarstellend sei hier darauf hingewiesen, dass für den Fall einer marktgerechten Verzinsung der Pflichtwandelanleihe bzw. für den Fall, dass der Investor einen höheren als den für die reine Verbindlichkeit marktgerechten Zins erhält, davon auszugehen ist, dass eine Rücklagendotierung nicht infrage kommt. Eine Rücklagendotierung käme nur infrage, wenn die Pflichtwandelanleihe ggü. der vom Emittenten für eine normale Verbindlichkeit zu entrichtenden Verzinsung unterverzinslich ist. Denn insoweit bezahlt der Investor für die Wandlung.

Zum **Zeitpunkt der Wandlung** ist der passivierte Anleihebetrag in das „gezeichnete Kapital" und die „Kapitalrücklage" umzubuchen. Da das gezeichnete Kapital zum Nennbetrag auszuweisen ist, ist der verbleibende Differenzbetrag zu im Umwandlungszeitpunkt passivierten Anleiheverbindlichkeit in die Kapitalrücklage gemäß § 272 Abs. 2 Nr. 1 HGB einzustellen.[1531]

(d) Umtauschanleihen (Exchangeables) und Aktienanleihen (Reverse Convertibles)

Sowohl Umtauschanleihen als auch Aktienanleihen sind ebenfalls sog. strukturierte Produkte. Der Umtausch erfolgt ggf. in Aktien Dritter. Die Bilanzierung richtet sich nach IDW RH BFA 1.003 (vgl. Kapitel 4.4.9.).[1532] Da es sich bei diesen Anleihen um eine Verbindung eines Kassainstruments (= Verbindlichkeit) mit einem oder mehreren derivativen Finanzinstrumenten (= Optionen) handelt, die einem über das Zinsrisiko hinausgehenden Marktpreisrisiko (=

1528 Vgl. HdR 5. Aufl. Kap 6 Rn. 823 mwN.
1529 Vgl. HdR 5. Aufl. Kap 6 Rn. 823.
1530 Vgl. Häuselmann, BB 2003, 1534 mit Hinweis auf Friel, 271.
1531 Vgl. Häuselmann, BB 2003, 1534.
1532 Ausführlich mit weiteren Beispielen vgl. HdR 5. Aufl. Kap 6 Rn. 862; Scharpf/Luz, 653 ff.

Aktienpreisrisiko) unterliegen, ist bei diesen Anleihen die Bilanzierung der Verbindlichkeit getrennt von der/den eingebetteten Option/en vorzunehmen.[1533] Dies gilt unabhängig davon, ob die Abwicklung durch physische Belieferung oder Cash-Settlement erfolgt.

Da es sich bei den eingebetteten Derivaten um Optionen auf Aktien eines Dritten handelt, stellen die Gegenwerte der hierfür vereinnahmten Prämien ein Zinsregulativ zur laufenden Verzinsung der Verbindlichkeit dar; demzufolge können diese Optionsprämien als Rechnungsabgrenzungsposten erfasst werden. Dies bedeutet, dass einerseits die Optionsprämie wie üblich als sonstige Verbindlichkeit gebucht wird. Die Gegenbuchung wird, da es sich um ein Zinsregulativ handelt, im Rechnungsabgrenzungsposten vorgenommen.[1534] Für die Bilanzierung und Bewertung der Verbindlichkeit gelten die allgemeinen Grundsätze.

Der von Häuselmann[1535] vertretenen Ansicht, *„Eine bilanzielle Zerlegung in eine normalverzinsliche Anleihe und eine enthaltene Optionsprämie für die Call Option des Investors ist nach HGB nicht möglich ..."* widerspricht IDW RH BFA 1.003; dieser Ansicht kann mithin nicht gefolgt werden. Sie ist durch IDW RH BFA 1.003 überholt.

Die in die **Umtauschanleihe** eingebettete Kaufoption (Call) kann, soweit ein entsprechender Deckungsbestand an ggf. zu liefernden Aktien vorhanden ist und die restlichen Voraussetzungen erfüllt sind, nach den Regeln des sog. gedeckten Stillhaltergeschäfts (Covered Call) bilanziert werden.[1536] Der Bestand an Aktien ist danach bei gesunkenem Kurs am Bilanzstichtag mit seinen Anschaffungskosten bzw. mit dem niedrigeren Börsen- oder Marktpreis bzw. beizulegenden Wert anzusetzen. Eine Abwertung braucht nur insoweit vorgenommen zu werden, als der Bewertungsverlust (Abwertung) höher als die passivierte Optionsprämie ist. Ein Sinken des Marktpreises der Aktien bedeutet für die verkaufte Kaufoption, dass diese nicht ausgeübt wird. Die Stillhalterposition kann hier keine Sicherungswirkung in Bezug auf den Aktienbestand entfalten, sondern allenfalls Verluste aus diesem Bestand durch die erfolgswirksame Vereinnahmung der Optionsprämie teilweise kompensieren. Aus diesem Grund kann eine notwendige Abschreibung auf den Aktienbestand durch Gegenrechnung der passivierten Optionsprämie gemindert werden.[1537] Bewertungsuntergrenze für den Aktienbestand ist somit nicht der Börsen- oder Marktpreis, sondern der Wert aus Börsen- oder Marktpreis zzgl. passivierter Optionsprämie.

Eine Inanspruchnahme aus der Kaufoption droht dann, wenn der Börsen- oder Marktpreis der Aktien über dem Ausübungskurs (Basispreis, Strike) liegt. Liegt der Buchwert der als Deckungsbestand verwendeten Aktien über dem Ausübungskurs, droht ein Verlust, weil der Emittent der Umtauschanleihe im Falle der Ausübung die Aktien zum Ausübungskurs an den Investor liefern muss. In dieser Situation ist die Optionsprämie am Bilanzstichtag höher als bei Eingehen der Stillhalterposition. Im Gegensatz zu einer Einzelbewertung ist bei einem

---

[1533] Vgl. IDW RH BFA 1.003; HdR 5. Aufl. Kap 6 Rn. 864.
[1534] Vgl. HdR 5. Aufl. Kap 6 Rn. 864.
[1535] Vgl. Häuselmann, BB 2002, 2433 ff.
[1536] Vgl. HdR 5. Aufl. Kap 6 Rn. 868 ff.
[1537] Vgl. Scharpf/Luz, 430.

gedeckten Stillhaltergeschäft das Risiko aus der Stillhalterposition ganz oder zT durch den vorhandenen Deckungsbestand abgedeckt. Für den Fall, dass der Ausübungskurs am Bilanzstichtag unter dem aktuellen Kurs der Aktien bzw. deren Buchwert liegt, bieten sich zwei Alternativen zur Berücksichtigung des Risikos an:[1538] (1) Abwertung des Deckungsbestands auf den Ausübungskurs oder (2) Bildung einer Rückstellung in Höhe der Differenz zwischen Buchwert und Ausübungskurs (evtl. zzgl. Optionsprämie). Da bei Umtauschanleihen davon auszugehen ist, dass die eingebettete Kaufoption vom Investor ausgeübt wird, falls dies für ihn günstig ist, ist die Abwertung des Deckungsbestands die sachgerechtere Vorgehensweise.[1539]

Die in die **Aktienanleihe** eingebettete Verkaufsoption muss nach den Regeln des sog. **Protective Put** bilanziell abgebildet werden, falls der Emittent den entsprechenden Bestand an Aktien vorhält, um daraus ggf. in die Verkaufsoption zu liefern..[1540] Der Emittent hat hier die Position des Käufers einer Verkaufsoption (Long Put). Er sichert mit dem Long Put den vorhandenen Deckungsbestand an Aktien für Preissenkungen nach unten ab. Liegt der Börsen- oder Marktpreis der Aktien am Bilanzstichtag unter dem Buchwert des Deckungsbestands, wäre eine entsprechende Abschreibung auf den niedrigeren Wert notwendig. Da für den Deckungsbestand aber mindestens der Ausübungskurs abzgl. Optionsprämie erzielt werden kann, begrenzt dieser Wert den Wertverfall des Deckungsbestands.[1541] Der Put selbst wird nicht bewertet.

5.3.3.2.3. Unterposten „begebene Schuldverschreibungen"

Im Unterposten „a) begebene Schuldverschreibungen" sind

- auf den Inhaber lautende Schuldverschreibungen sowie
- Orderschuldverschreibungen, die Teile einer Gesamtemission sind,

auszuweisen. Unter **Inhaberschuldverschreibungen** werden Urkunden verstanden, in denen sich der Aussteller zu einer Leistung an den Inhaber verpflichtet. Das verbriefte Recht kann außerhalb der Urkunde nicht entstehen, dh. die Errichtung der Urkunde hat konstitutive Bedeutung. **Orderschuldverschreibungen** sind durch Indossament übertragbare Schuldverschreibungen.

Auf die **Börsenfähigkeit** kommt es nicht an (§ 22 Abs. 2 Satz 1 RechKredV). Auf die auf der Aktivseite nach dem Kriterium der Börsenfähigkeit vorgenommene Trennung der Gläubiger-

---

[1538] Vgl. HdR 5. Aufl. Kap 6 Rn. 869.
[1539] Ebenso HdR 5. Aufl. Kap 6 Rn. 869: dort wird diese Methode für den Fall der Ausübungsfiktion vorgeschlagen.
[1540] Vgl. HdR 5. Aufl. Kap 6 Rn. 870; Scharpf/Luz, 428.
[1541] Vgl. HdR 5. Aufl. Kap 6 Rn. 870.

titel wird auf der Passivseite verzichtet. Die auf der Aktivseite maßgebliche Fungibilität der Titel hat für Verbindlichkeiten naturgemäß keine Bedeutung.

Unbeachtlich sind auch Art (zB Pfandbrief, Kommunalschuldverschreibung), Bezeichnung, Währung und Laufzeit der Schuldverschreibungen.[1542] Sind die Voraussetzungen des § 22 Abs. 2 Satz 1 RechKredV erfüllt, so sind auch begebene Wandelschuldverschreibungen,[1543] Optionsschuldverschreibungen, Gewinnschuldverschreibungen, strukturierte Schuldverschreibungen (zB Aktienanleihen), Floating Rate Notes und Nullkuponanleihen hier auszuweisen; nicht jedoch Genussscheine.

Aufgrund der Unabhängigkeit von der Börsenfähigkeit können im Unterposten a) des Passivpostens 3. auch nicht börsenfähige Schuldverschreibungen, die keine Wertpapiere iSd. § 7 RechKredV sind, enthalten sein. Dies kann auf Sparbriefe zutreffen, soweit diese als Inhaberpapiere ausgestaltet sind.[1544]

Geldmarktpapiere, deren Vertragsgestaltung der von Schuldverschreibungen iSd. § 793 BGB entspricht, sind ebenfalls dem Unterposten a) des Passivpostens 3. zuzuordnen.[1545] Demnach sind dem Unterposten „b) andere verbriefte Verbindlichkeiten" die Geldmarktpapiere zuzuordnen, die keine begebenen Schuldverschreibungen darstellen.[1546]

Auszuweisen sind nur begebene Schuldverschreibungen, die sich **im Verkehr** (Umlauf) befinden. Verbindlichkeiten aus dem Verkauf von Inhaberschuldverschreibungen, für die dem Erwerber **Interimsscheine** übergeben wurden, sind unter den verbrieften Verbindlichkeiten zu erfassen.[1547]

Zum Verkauf bereitgestellte **Schalterstücke** sind noch nicht an Dritte begeben worden und befinden sich somit noch nicht im Verkehr.[1548] Sie werden erst in dem Zeitpunkt als Verbindlichkeit ausgewiesen, zu dem sie in Verkehr gebracht werden.

Auch sog. **vorverkaufte Schuldverschreibungen**, dh. Schuldverschreibungen, die vom Käufer bereits bezahlt, aber mangels Ausfertigung der Stücke noch nicht übergeben werden können (Handel „per Erscheinen"), befinden sich nicht in Umlauf. Sie sind in Abhängigkeit des Gläubigers unter den Passivposten 1. bzw. 2. auszuweisen.

Bei Instituten, die einen unabhängigen **Treuhänder** haben, gehören Stücke, die vom Treuhänder ausgefertigt sind, auch dann zu den begebenen Schuldverschreibungen, wenn sie dem Er-

---

[1542] Vgl. WPH Bd. I 2000 J Tz. 136.
[1543] Zu den Gestaltungsmöglichkeiten vgl. Schlitt/Seiler/Singhof, AG 2003, 254 ff.
[1544] Vgl. Bieg (1998), 283.
[1545] Ebenso Bieg (1998), 285.
[1546] GlA Krumnow ua., 2. Aufl., § 22 RechKredV Rn. 13.
[1547] Vgl. WPH Bd. I 2000 J Tz. 137.
[1548] Vgl. Birck/Meyer, II 307.

werber noch nicht geliefert worden sind. Dem Treuhänder zurückgegebene Stücke dürfen nicht mehr ausgewiesen werden (§ 22 Abs. 5 RechKredV).

Verloste oder **gekündigte** Schuldverschreibungen sowie wegen Zeitablaufs **fällige**, aber noch nicht eingelöste Schuldverschreibungen sind bis zu ihrer Rückzahlung weiterhin als verbriefte Verbindlichkeiten auszuweisen. Sie sind mithin nicht gesondert zu zeigen. Dies gilt auch für Realkreditinstitute.

Der Bestand an zurückgekauften, **nicht börsenfähigen** eigenen Schuldverschreibungen ist vom Passivposten „3. Verbriefte Verbindlichkeiten" abzusetzen (§ 22 Abs. 2 Satz 2 iVm. § 16 Abs. 4 RechKredV). Bei einem Wiederverkauf erfolgt erneut eine Passivierung.

Zurückgekaufte **börsenfähige** Schuldverschreibungen eigener Emissionen sind dagegen im Aktivposten „5. c) eigene Schuldverschreibungen" unter Angabe des Nennbetrags auszuweisen (§ 16 Abs. 4 RechKredV). Zurückgekaufte börsenfähige Stücke, deren Wiederverkauf jedoch ausgeschlossen ist, müssen auf der Passivseite gekürzt werden. Diese gelten als getilgt.

Bei Instituten (zB Hypothekenbanken), die einen unabhängigen Treuhänder haben, sind die **dem Treuhänder endgültig zurückgegebenen** Schuldverschreibungen vom passivierten Bestand der begebenen Schuldverschreibungen abzusetzen (§ 22 Abs. 5 Satz 2 RechKredV). Gewinne, die bei der Vernichtung der zumeist unter 100 % zu Buch stehenden zurückgekauften Stücke und ihrer Aufrechnung mit den passivierten Nominalbeträgen entstehen, gelten grundsätzlich als realisiert.[1549]

Für lediglich **vorübergehend zurückgenommene Stücke** besteht hingegen ein Wahlrecht; sie können entweder von den begebenen Schuldverschreibungen auf der Passivseite abgesetzt werden oder als Eigenbestand und als begebene Schuldverschreibungen gezeigt werden.[1550] Bei Stücken, die mit den auf der Passivseite bilanzierten Verbindlichkeiten aufgerechnet werden, gelten nach BFA 1/1971[1551] diese Gewinne nicht als realisiert, wenn die Stücke dem Treuhänder nur zur Verwahrung übergeben worden sind und ihre Wiederveräußerung deshalb nicht ausgeschlossen ist. Die Aufrechnungsdifferenz ist als **Rückstellung** auszuweisen. Diese Rückstellung ist bei fallenden Wertpapierkursen analog den Bewertungsvorschriften für Wertpapiere entsprechend zu erhöhen. Werden die vorübergehend vom Treuhänder verwahrten Stücke wieder in den Bestand des Instituts genommen, wird der passivierte Differenzbetrag zugunsten des dann zu aktivierenden Postens aufgelöst. Vernichtet das Institut die vorübergehend verwahrten Stücke, kann der Differenzposten gewinnerhöhend aufgelöst werden.

[1549] Vgl. BFA 1/1971, WPg 1972, 19.
[1550] Vgl. WPH Bd. I 2000 J Tz. 138; BFA 1/1969, A.3.; WPg 1969, 206 ff.; BFA 1/1971, WPg 1972, 18 f.
[1551] Vgl. BFA 1/1971, 19.

5.3.3.2.4. Unterposten „andere verbriefte Verbindlichkeiten"

Im Unterposten „b) andere verbriefte Verbindlichkeiten" sind alle **übrigen** verbrieften Verbindlichkeiten auszuweisen, für die nicht auf den Namen lautende übertragbare Urkunden ausgestellt und die nicht im Unterposten a) zu zeigen sind. Als Beispiele werden in Artikel 20 der EG-Bankbilanzrichtlinie „Certificates of Deposit" und „Bons de Caisse" genannt. Auch hier ist für die Zuordnung nicht relevant, ob die in Urkunden verbrieften Verbindlichkeiten börsenfähig sind. Sie müssen auch nicht die Kriterien für Wertpapiere iSd. § 7 RechKredV erfüllen.

Die anderen verbrieften Verbindlichkeiten umfassen darüber hinaus **Geldmarktpapiere** sowie die **eigenen Akzepte** und **Solawechsel** im Umlauf.

Als **eigene Akzepte** und **Solawechsel** im Umlauf sind sämtliche noch nicht eingelösten vom Institut selbst akzeptierten Wechsel und selbst ausgestellten Solawechsel auszuweisen (§ 22 Abs. 4 Satz 1 RechKredV), die also vom bilanzierenden Institut noch geschuldet werden. Soweit sie allerdings im eigenen Bestand sind bzw. verpfändet wurden, gelten sie nicht als im Umlauf befindlich (§ 22 Abs. 4 Satz 2 RechKredV).

Nach Bieg[1552] sind Stillhalterverpflichtungen aus **Optionsscheinen** im Passivposten 3. auszuweisen, da diese übertragbare Urkunden darstellen. Dem folgt die hM nicht. Danach sind diese vielmehr als sonstige Verbindlichkeiten zu zeigen.[1553]

Diese Frage stellt sich bei an Terminbörsen oder OTC gehandelten Optionen nicht, da für sie keine übertragbaren Urkunden ausgestellt werden. Für diese kommt nach hM stets nur ein Ausweis unter den sonstigen Verbindlichkeiten in Betracht.

5.3.3.2.5. Darunter-Vermerke

5.3.3.2.5.1. Darunter-Vermerk „Geldmarktpapiere"

Als Geldmarktpapiere sind nur Inhaberpapiere oder Orderpapiere, die Teile einer Gesamtemission sind, zu vermerken (§ 22 Abs. 3 RechKredV). Dies gilt unabhängig davon, ob sie börsenfähig sind oder nicht.

Geldmarktpapiere, deren Vertragsgestaltung der von Schuldverschreibungen iSd. § 793 BGB entspricht, sind dem Unterposten a) des Passivpostens 3. zuzuordnen.[1554] Demnach sind dem Unterposten „b) andere verbriefte Verbindlichkeiten" und damit auch im Darunter-Vermerk „Geldmarktpapiere" nur die Geldmarktpapiere zuzuordnen, die keine begebenen Schuldverschreibungen darstellen.[1555]

[1552] Vgl. Bieg (1998), 279 f.
[1553] Vgl. Krumnow ua., 2. Aufl., § 22 RechKredV Rn. 6 mwN.
[1554] Ebenso Bieg (1998), 285.
[1555] GlA Krumnow ua., 2. Aufl., § 22 RechKredV Rn. 13.

Im Gegensatz zu § 16 Abs. 2a RechKredV, der den Ausweis von **Geldmarktpapieren** im Aktivposten 5. regelt, enthält § 22 Abs. 3 RechKredV kein Laufzeitkriterium für die Abgrenzung der Geldmarktpapiere von den begebenen Schuldverschreibungen des Passivpostens 3.a). Es ist jedoch sachgerecht, als Geldmarktpapiere auch im Passivposten 3.b) nur diejenigen Wertpapiere auszuweisen, deren ursprüngliche Laufzeit ein Jahr nicht überschreitet.[1556]

Die in diesem Darunter-Vermerk zu erfassenden Geldmarktpapiere können auf in- und ausländische Währung lauten. Es muss sich jedoch zwingend um Inhaberpapiere oder um Orderpapiere, die Teile einer Gesamtemission sind, handeln (§ 22 Abs. 3 RechKredV).

Zurückgekaufte, nicht börsenfähige Geldmarktpapiere sind vom Passivposten 3.b) und damit auch vom Darunter-Vermerk abzusetzen.

5.3.3.2.5.2. Darunter-Vermerk „eigene Akzepte und Solawechsel im Umlauf"

Als **eigene Akzepte** sind im Darunter-Vermerk nur Akzepte zu vermerken, die vom Institut zu seiner **eigenen Refinanzierung ausgestellt** worden sind und bei denen es **erster Zahlungspflichtiger** („Bezogener") ist (§ 22 Abs. 4 Satz 1 RechKredV). Nicht hierunter fallen mithin die eigenen Akzepte, die das Kreditinstitut auf Aktivitäten des Kunden akzeptiert hat. Es besteht also keine Verbindung mit einem Kreditgeschäft (Geld- bzw. Kreditleihe).[1557]

Der eigene Bestand sowie verpfändete eigene Akzepte und eigene Solawechsel gelten nicht als im Umlauf befindlich (§ 22 Abs. 4 Satz 2 RechKredV).

Indossamentverbindlichkeiten und andere wechselrechtliche Eventualverbindlichkeiten aus abgerechneten und weiterverkauften Wechseln sind unter dem Strich zu vermerken.

5.3.3.3. Bewertung

Die begebenen Schuldverschreibungen und die anderen verbrieften Verbindlichkeiten sind mit dem **Rückzahlungsbetrag** anzusetzen (§ 253 Abs. 1 Satz 2 HGB). Werden die Verbindlichkeiten unter pari begeben, kann das **Disagio** in den aktiven Rechnungsabgrenzungsposten eingestellt werden (§ 250 Abs. 3 HGB).[1558] Bei einer Ausgabe über pari wird das Agio stets unter den passiven Rechnungsabgrenzungsposten erfasst.

[1556] GIA WPH Bd. I 2000 J Tz. 140.
[1557] Vgl. Krumnow ua., 2. Aufl., § 22 RechKredV Rn. 32.
[1558] Zur steuerlichen Behandlung vgl. Hahne, Die Bank 2003, 598 ff.

Nullkuponanleihen sind mit dem Ausgabebetrag zuzüglich anteiliger Zinsen zu bewerten. **Eigene Akzepte** oder **Solawechsel** sind mit dem Nennwert anzusetzen. Ein im Voraus bezahlter Diskont ist über den aktiven Rechnungsabgrenzungsposten abzugrenzen.

Der **Erwerb** (Rückkauf) **eigener Schuldverschreibungen** ist in Abhängigkeit von deren Börsenfähigkeit bilanziell unterschiedlich abzubilden.

Die Einbuchung zurückgekaufter **börsenfähiger** eigener Schuldverschreibungen, die am Markt aufgekauft wurden und zum Wiederverkauf bestimmt und demzufolge im Aktivposten 5.c) auszuweisen sind, erfolgt zu Anschaffungskosten. Die Bewertung erfolgt zu Anschaffungskosten bzw. zum niedrigeren Börsen- oder Marktpreis bzw. zum niedrigeren beizulegenden Wert.

Soweit börsenfähige Stücke zum Zweck der Tilgung zurückerworben werden (mit Entwertung, körperlicher Vernichtung der Stücke) und ein Wiederinverkehrbringen ausgeschlossen ist, sind diese Stücke vom Passivposten abzusetzen. Dies geschieht dergestalt, dass vom Passivposten der Rückzahlungsbetrag (idR der Nennbetrag) der zur Tilgung erworbenen Stücke abgesetzt wird und eine evtl. Differenz zu den Anschaffungskosten erfolgswirksam zu buchen ist.

Der Bestand an zurückgekauften, **nicht börsenfähigen** eigenen Schuldverschreibungen ist dagegen nach den ausdrücklichen Bestimmungen der RechKredV vom Passivposten 3. abzusetzen (§ 22 Abs. 2 Satz 2 iVm. § 16 Abs. 4 RechKredV). Dies gilt unabhängig davon, ob sie als endgültig getilgt zu betrachten sind oder wieder in Verkehr gebracht werden sollen. Bei einem Wiederverkauf erfolgt erneut eine Passivierung. Die allgemeinen Bilanzierungsregeln verlangen bei einem Absetzen vom Passivposten, dass der Rückzahlungsbetrag (idR Nennbetrag) von der passivierten Schuld abgesetzt wird. Besteht eine Differenz zwischen den Anschaffungskosten und dem Rückzahlungsbetrag, wird diese erfolgswirksam. Erfolgt der Erwerb dieser Schuldverschreibungen zum Zweck der Tilgung, ist diese Bilanzierung sachgerecht.

Ist jedoch beabsichtigt, die nicht börsenfähigen Schuldverschreibungen wieder in den Verkehr zu bringen, was bspw. bei einem Erwerb zum Zweck der Marktpflege der Fall ist, erscheint der vorstehend erwähnte Erfolgsausweis nicht als sachgerecht. Hier würde bei nicht börsenfähigen Schuldverschreibungen - dh. Erfolgsrealisierung in Höhe der Differenz zwischen niedrigeren Anschaffungskosten und Rückzahlungsbetrag - anders verfahren als bei börsenfähigen Schuldverschreibungen, die mit ihren Anschaffungskosten zu aktivieren sind, wobei es bei Letzteren eben nicht zu diesem Erfolgsausweis kommt. Hier wäre dem Bilanzierenden bei Ankauf von nicht börsenfähigen Schuldverschreibungen unzulässigerweise ein Gestaltungsspielraum (Erfolgsmanipulation) gegeben.[1559]

[1559] Bei einem erneuten In-den-Verkehr-bringen der nicht börsenfähigen Schuldverschreibungen könnte nach den allgemeinen Bilanzierungsregeln ein Unterschied zwischen höherem Rückzahlungsbetrag und dem niedrigeren Ausgabebetrag (= Anschaffungskosten bei vorhergehendem Erwerb) als Rechnungsabgrenzungsposten erfasst und auf die (Rest-) Laufzeit verteilt werden.

Soweit die nicht börsenfähigen Schuldverschreibungen nicht endgültig aus dem Verkehr gezogen werden, sondern nur vorübergehend (zB Marktpflege) erworben werden, gelten nach der hier vertretenen Ansicht die Gewinne aus der Aufrechnung der zurückgekauften nicht börsenfähigen Schuldverschreibungen entsprechend BFA 1/1971[1560] nicht als realisiert. Die Aufrechnungsdifferenz ist entsprechend BFA 1/1971 als gesonderter Posten oder im Posten „andere Rückstellungen" auszuweisen. Der BFA hat seine Ansicht im Rahmen der Berichterstattung zur 101. Sitzung[1561] nochmals ausdrücklich bekräftigt: *„Grundgedanke dieser Verlautbarung war, dass eine Aufrechnung zurückgekaufter, aber nicht zur Vernichtung bestimmter Schuldverschreibungen keine anderen ertragsmäßigen Auswirkungen haben soll, als ihre Aktivierung."* Hinsichtlich der Bewertung dieser Schuldverschreibungen bei am Bilanzstichtag unter den Anschaffungskosten liegenden Kursen wird weiter ausgeführt: *„Die Kursverluste aus diesen Schuldverschreibungen sind analog zu behandeln, als wären die Wertpapiere noch im Umlauf; in ihrer Höhe ist eine Rückstellung nach Maßgabe der ansonsten auf der Aktivseite notwendig gewesenen Niederstwertabschreibung zu bilden."*

Diese Ansicht wird durch die bei Nichtbanken vorzunehmende Bilanzierung unterstützt. Von einer Nichtbank zurückgekaufte oder anderweitig zurückerworbene Anleihestücke sind vom Anleihebetrag abzusetzen, wenn ein Wiederinverkehrbringen zB infolge Vernichtung oder Entwertung endgültig ausgeschlossen ist.[1562] Noch nicht entgültig aus dem Verkehr gezogene Anleihestücke sind dagegen unter den Wertpapieren des Anlage- oder Umlaufvermögens auszuweisen.[1563] Damit wird der Ausweis eines nicht realisierten Erfolgs verhindert.

5.3.3.4. Anhangangaben

Verbindlichkeiten gegenüber **verbundenen Unternehmen** bzw. **Unternehmen, mit denen ein Beteiligungsverhältnis besteht**, sind als Unterposten in der Bilanz jeweils gesondert auszuweisen (§ 3 Satz 1 Nr. 3 und 4 RechKredV). Die Angaben können wahlweise auch im Anhang in der Reihenfolge der betroffenen Posten gemacht werden.
Kreditinstitute in der Rechtsform der GmbH müssen **Verbindlichkeiten gegenüber Gesellschaftern** gesondert ausweisen oder im Anhang angeben (§ 42 Abs. 3 GmbHG).

Fristengliederung: Zum Unterposten „a) begebene Schuldverschreibungen" sind nach § 9 Abs. 3 Nr. 2 RechKredV die Beträge anzugeben, die in dem auf den Bilanzstichtag folgenden Jahr fällig werden. Der Unterposten „b) andere verbriefte Verbindlichkeiten" ist nach § 9 Abs. 2 RechKredV in Laufzeitbänder aufzugliedern.

[1560] Vgl. WPg 1972, 18.
[1561] Vgl. FN 1982, 125.
[1562] Vgl. BeBiKo 5. Aufl. § 266 HGB Rn. 219 mwN.
[1563] Vgl. BeBiKo 5. Aufl. § 266 HGB Rn. 219 mwN.

Im Anhang ist ferner der Gesamtbetrag der für diese Verbindlichkeiten als **Sicherheit** übertragenen Vermögensgegenstände anzugeben (§ 35 Abs. 5 RechKredV).

5.3.3.5. Prüfung des Postens

Es sind die für verbriefte Verbindlichkeiten (Anleihen) allgemein üblichen Prüfungshandlungen durchzuführen. Es ist insbesondere darauf zu achten, dass sämtliche in diesem Posten auszuweisenden Beträge die Voraussetzungen des § 22 RechKredV erfüllen. Diesbezüglich wird auf die vorstehenden Ausführungen verwiesen. Es ist insbesondere der Ausweis der Verbindlichkeiten aus dem Verkauf von Schuldverschreibungen zu prüfen, die noch nicht durch Stücke oder Interimsscheine belegt sind.

Der **Nachweis** der verbrieften Verbindlichkeiten erfolgt durch geeignete Unterlagen.

Die Verkäufe, die Tilgungen, die Rücknahmen, der Umlauf, die Rücknahmeverpflichtungen sowie die Lieferverpflichtungen sind festzustellen. In diesem Zusammenhang ist auch festzustellen, in welcher Höhe im Berichtsjahr Schuldverschreibungen aus dem Verkehr gezogen wurden (Vernichtungsprotokolle).

Es ist festzustellen, ob Schuldverschreibungen auf abgekürzte Zeit begeben worden sind.

Im Rahmen der Prüfung ist festzustellen, ob die **Zinsen** zutreffend abgegrenzt und in alter Rechnung gebucht wurden. Die ordnungsgemäße Erfassung des Zinsaufwands ist zu prüfen. Die abgegrenzten **Agien** und **Disagien** sind erfolgswirksam aufzulösen.

Die **Bewertung** ist zu prüfen. Bei Beträgen, die auf **Fremdwährung** lauten, richtet sich die Bewertung nach § 340h HGB (vgl. Kapitel 4.8.).

Von der **Internen Revision** angefertigte Prüfungsberichte sollten eingesehen werden.

Der **Prüfungsbericht** muss die in § 48 PrüfbV verlangten Angaben enthalten:

- Darstellung im Vergleich mit dem Vorjahr,
- Erläuterung der Zusammensetzung.

Im Prüfungsbericht sind nach § 50 Nr. 3 PrüfbV ferner folgende Angaben zu machen:

- Erläuterung der verbrieften Verbindlichkeiten:
  - Vorjahresumlauf,
  - Verkäufe,
  - Tilgungen,
  - Rücknahmen,
  - Umlauf,
  - Rücknahmeverpflichtungen,
  - Lieferverpflichtungen.
- Darstellung der im Ausland platzierten Emissionen.

Es empfiehlt sich, darüber hinaus folgende Angaben im Bericht zu machen:

- Die zur Sicherstellung von Verbindlichkeiten den Gläubigern ausgehändigten Schuldverschreibungen.
- Gliederung der begebenen Schuldverschreibungen nach Laufzeiten/Restlaufzeiten und nach Zinssätzen.
- Hinweis auf eine insgesamt bestehende Verkaufsreserve.
- Platzierung der Neuemissionen nach Abnehmergruppen.
- Durch Derivate (zB Swaps) abgesicherte Transaktionen.
- Nennung der für den Anhang relevanten Angaben.

5.3.4. Treuhandverbindlichkeiten (Passiva 4)

5.3.4.1. Postenbezeichnung

Die Postenbezeichnung lautet nach dem Formblatt 1 wie folgt:

> *4. Treuhandverbindlichkeiten*
> *darunter:*
> *Treuhandkredite ... Euro*

Der Passivposten „4. Treuhandverbindlichkeiten" ist für alle Kredit- und Finanzdienstleistungsinstitute iSv. § 1 KWG einheitlich geregelt.

Weder mit der Ersten noch mit der Zweiten Verordnung zur Änderung der RechKredV wurde die Postenbezeichnung im Bilanzformblatt geändert.

5.3.4.2. Posteninhalt

5.3.4.2.1. RechKredV

Der Posteninhalt ist in § 6 RechKredV geregelt. § 6 RechKredV wurde weder mit der Ersten noch mit der Zweiten Verordnung zur Änderung der RechKredV geändert. Eine ausführliche Darstellung findet sich in Kapitel 3.3.

5.3.4.2.2. Voraussetzungen für den Postenausweis

Vermögensgegenstände und Schulden, die ein Institut im eigenen Namen, aber für fremde Rechnung hält, sind in seine Bilanz aufzunehmen. Die Gesamtbeträge sind in der Bilanz unter den Posten „Treuhandvermögen" und „Treuhandverbindlichkeiten" auszuweisen (§ 6 Abs. 1 RechKredV).

Bei dem Passivposten „4. Treuhandverbindlichkeiten" handelt es sich um den Gegenposten zum Aktivposten „9. Treuhandvermögen". Wegen weiterer Einzelheiten wird auf die Ausführungen in Kapitel 3.3. verwiesen.

Im eigenen Namen und für fremde Rechnung eingegangene Schulden können ua. auch dadurch entstehen, dass der Treuhänder zur Finanzierung des Treuguts Kredite aufnimmt.[1564]

Eine Saldierung der treuhänderisch gehaltenen Vermögensgegenstände mit den entsprechenden Herausgabeverpflichtungen oder der treuhänderisch gehaltenen Schulden mit den ent-

---

[1564] Vgl. WPH Bd. I 2000 J Tz. 64.

sprechenden Freistellungsansprüchen ist nicht zulässig.[1565] Dies würde dem Sinn und Zweck der Regelung zuwiderlaufen.

Wenn Mittel für Treuhandkredite am Bilanzstichtag vom Treugeber (Auftraggeber) bereits überwiesen, aber noch nicht an den namentlich genannten Kreditnehmer weitergeleitet worden sind, dürfen sie nicht den Treuhandkrediten zugeordnet werden. Sie sind vielmehr als Verbindlichkeiten gegenüber Kunden auszuweisen (§ 21 Abs. 3 RechKredV).

Die aus den treuhänderisch gehaltenen Schulden resultierenden **Aufwendungen** (zB Zinsen) sind in der Regel nicht als Treuhandverbindlichkeiten, sondern – in Abhängigkeit vom Gläubiger – unter den jeweiligen Bilanzposten auszuweisen.[1566]

Eingegangene Zins- und Tilgungsbeträge, die am Bilanzstichtag an den Berechtigten (Treugeber, Auftraggeber) noch nicht abgeführt worden sind, sind als täglich fällige Verbindlichkeiten gegenüber Kreditinstituten bzw. Kunden zu zeigen.[1567] Werden diese Beträge hingegen als Treuhandverbindlichkeiten ausgewiesen, stimmt der Bilanzausweis des Treuhandvermögens und der Treuhandverbindlichkeiten nicht überein; in diesem Fall empfiehlt sich eine entsprechende Angabe im Anhang; zwingend vorgeschrieben ist diese jedoch nicht.

Verbindlichkeiten aus sog. Treuhandzahlungen, die einem Kreditinstitut dadurch entstehen, dass ihm von einem anderen Kreditinstitut Beträge zugunsten eines namentlich genannten Kunden mit der Maßgabe überwiesen werden, sie diesem erst auszuzahlen, nachdem er die geforderten Auflagen (zB Sicherstellung) erfüllt hat, sind nicht im Passivposten 4., sondern unter dem Passivposten „2. Verbindlichkeiten gegenüber Kunden" bzw., wenn Schuldner ein Kreditinstitut ist, im Passivposten „1. Verbindlichkeiten gegenüber Kreditinstituten" auszuweisen (§ 21 Abs. 3 RechKredV). Der Ausweis nach § 21 Abs. 3 RechKredV geht vor, § 21 Abs. 3 RechKredV ist Lex specialis zu § 6 RechKredV.

Im **Anhang** sind die Treuhandverbindlichkeiten nach den Aktiv- und Passivposten des Formblatts aufzugliedern. Bei hereingenommenen Treuhandgeldern gilt dabei die Stelle als **Gläubiger**, der das bilanzierende Institut die Gelder unmittelbar schuldet (§ 6 Abs. 1 Satz 3 RechKredV). Als **Schuldner** gilt bei Treuhandkrediten die Stelle, an die das bilanzierende Kreditinstitut die Gelder unmittelbar ausreicht (§ 6 Abs. 1 Satz 4 RechKredV). Es kommt mithin darauf an, wem das Institut die Gelder **unmittelbar schuldet**, bzw. an wen es die Gelder **unmittelbar ausgereicht** hat. Weitere Einzelheiten vgl. Kapitel 5.3.4.4.

[1565] Vgl. WPH Bd. I 2000 J Tz. 65.
[1566] Vgl. WPH Bd. I 2000 J Tz. 64.
[1567] Vgl. Krumnow ua., 2. Aufl., § 6 RechKredV Rn. 25; Bergmann ua., B.III.4., 19.

5.3.4.2.3. Darunter-Vermerk: Treuhandkredite

Treuhandkredite sind in der Bilanz im Vermerk „darunter: Treuhandkredite" auszuweisen. Als Gläubiger gilt bei hereingenommenen Treuhandgeldern die Stelle, der das bilanzierende Kreditinstitut die Gelder unmittelbar schuldet (§ 6 Abs. 1 Satz 3 RechKredV). Zum Begriff des Treuhandkredits vgl. Kapitel 5.2.9.2.3.

Bei dem Ausweis im Darunter-Vermerk zum Passivposten 4. handelt es sich um die von einem Dritten zur Verfügung gestellten Mittel, die der Gewährung von Treuhandkrediten dienen. Dabei müssen die Mittel vom Auftraggeber voll zur Verfügung gestellt werden; das bilanzierende Kreditinstitut darf bei der Kreditgewährung keinerlei Eigenrisiko aus dem Kreditverhältnis tragen müssen. Nur dann ist ein „Handeln in fremder Rechnung" gegeben. Auch eine nur partielle Risikoübernahme durch das die Mittel weiterleitende Institut führt dazu, dass kein Treuhandkredit gegeben ist.[1568] Derartige Kredite sind in Abhängigkeit vom Gläubiger im Passivposten 1. oder 2. auszuweisen.

Die beiden Darunter-Vermerke zum Aktivposten 9. und zum Passivposten 4. müssen ebenso wie die Bilanzposten grundsätzlich gleich hoch sein. Soweit Mittel für die Gewährung von Treuhandkrediten am Bilanzstichtag zwar aufgenommen, aber noch nicht an den Endkreditnehmer weitergeleitet wurden, sind diese unter den entsprechenden Verbindlichkeiten zu zeigen; die aus der vorübergehenden Anlage stammenden Gelder, Wertpapiere usw. sind den entsprechenden Aktivposten zuzuordnen.[1569]

§ 6 Abs. 2 RechKredV selbst sieht für die **Anhangangabe** (Aufgliederung der Treuhandverbindlichkeiten nach den betreffenden Passivposten) keine weitere Untergliederung der Treuhandkredite vor; da sie jedoch Teil des Gesamtbetrags der Treuhandverbindlichkeiten sind, sind sie gemäß § 6 Abs. 1 RechKredV faktisch nach den Passivposten des Bilanzformblatts aufzugliedern.[1570] Dies gilt entsprechend auch für den entsprechenden Aktivposten „Treuhandvermögen".

5.3.4.3. Bewertung

Die Bewertung erfolgt zum Rückzahlungsbetrag, der im Regelfall dem Nennwert entspricht. Wegen weiterer Einzelheiten vgl. Kapitel 3.3. und 5.2.9.3. Bei drohender Inanspruchnahme wegen nicht vertragsgemäßer Verwaltung des Treuhandvermögens ist ggf. eine Rückstellung zu bilden.

[1568] Vgl. WPH Bd. I 2000 J Tz. 67.
[1569] Vgl. WPH Bd. I 2000 J Tz. 67.
[1570] Vgl. WPH Bd. I 2000 J Tz. 67.

5.3.4.4. Anhangangaben

Der Gesamtbetrag des Passivpostens „Treuhandverbindlichkeiten" ist im Anhang nach den Passivposten des Formblatts aufzugliedern (§ 6 Abs. 1 Satz 2 RechKredV). Dies heißt, dass für jeden Posten des Formblatts die aufaddierten Buchwerte der treuhänderisch gehaltenen Verbindlichkeiten aufzuführen sind.

Unterposten der Bilanz sind neben den sog. Hauptposten ebenfalls „Posten des Formblatts". Daher genügt nicht nur eine Aufgliederung nach den Hauptposten des Formblatts, die Aufgliederung bezieht sich vielmehr auch auf die Unterposten der Bilanz.[1571] Die Aufgliederung nach den Darunter-Vermerken der anderen Passivposten ist dagegen nicht erforderlich, allerdings auch nicht untersagt.

5.3.4.5. Bankaufsichtliche Besonderheiten

Bei Treuhandkrediten (§ 1 Abs. 6 GroMiKV) berücksichtigt nur der Treugeber, der die Mittel dem Treuhänder zur Durchleitung an den Einzelkreditnehmer zur Verfügung stellt, den Kredit für die Zwecke der §§ 13 bis 14 KWG, und zwar als Kredit an den Einzelkreditnehmer (§ 12 GroMiKV). Wegen weiterer Einzelheiten vgl. Kapitel 5.2.9.5.

5.3.4.6. Prüfung des Postens

Es sind die für (Treuhand-) Verbindlichkeiten allgemein üblichen Prüfungshandlungen durchzuführen. Es ist insbesondere darauf zu achten, dass sämtliche in diesem Posten ausgewiesenen Beträge die Voraussetzungen des § 6 RechKredV erfüllen.

Die Treuhandverbindlichkeiten werden durch Treuhandverträge, Saldenlisten bzw. andere **Nachweise** der Treugeber belegt. Die Bestandsnachweise sind auf Richtigkeit und Vollständigkeit zu prüfen.

Bei eingegangenen Zins- und Tilgungsbeträgen, die am Bilanzstichtag an den Berechtigten (Auftraggeber) noch nicht abgeführt worden sind, ist festzustellen, ob sie zutreffend ausgewiesen werden.

Die Prüfung erstreckt sich auch auf die Berechnung der **Zinsabgrenzung** sowie die Buchung der Zinsen bzw. abgegrenzten Beträge mit sonstigen Aufwendungen.

Die **Bewertung** ist zu prüfen. Bei Fremdwährungsposten ist § 340h HGB zu beachten.

Die von der **Internen Revision** angefertigten Prüfungsberichte sollten eingesehen werden.

[1571] Vgl. WPH Bd. I 2000 J 66; aA Krumnow ua., 2. Aufl., § 6 RechKredV Rn. 22.

Der **Prüfungsbericht** muss die in § 48 PrüfbV verlangten Angaben enthalten:

- Darstellung im Vergleich mit dem Vorjahr,
- Erläuterung der Zusammensetzung.

Weitere Berichtspflichten sind nach der PrüfbV nicht vorgesehen.

Es empfiehlt sich, im Prüfungsbericht die Anhangangaben zu nennen.

5.3.5. Sonstige Verbindlichkeiten (Passiva 5)

5.3.5.1. Postenbezeichnung

Die Postenbezeichnung lautet nach dem Formblatt 1 wie folgt:

> 5. Sonstige Verbindlichkeiten

Der Passivposten „5. Sonstige Verbindlichkeiten" ist für alle Kredit- und Finanzdienstleistungsinstitute iSv. § 1 KWG einheitlich geregelt. Für Unternehmen in der Rechtsform der GmbH gelten institutsunabhängig zusätzliche Vorschriften (§ 42 Abs. 3 GmbHG). Besondere Untergliederungen bzw. Darunter-Vermerke sieht die RechKredV nicht vor.

Weder mit der Ersten noch mit der Zweiten Verordnung zur Änderung der RechKredV wurde die Postenbezeichnung im Bilanzformblatt geändert.

Bei einer GmbH sind die **Verbindlichkeiten gegenüber Gesellschaftern**, die nicht gesondert ausgewiesen werden, zu vermerken oder im Anhang anzugeben (§ 42 Abs. 3 GmbHG).

5.3.5.2. Posteninhalt

5.3.5.2.1. RechKredV

Die RechKredV enthält keine Vorschrift, die bestimmt, was im Passivposten 5. auszuweisen ist.

5.3.5.2.2. Voraussetzungen für den Postenausweis

5.3.5.2.2.1. Überblick

In diesem Posten sind sämtliche Verbindlichkeiten auszuweisen, die einem anderen Posten nicht zugeordnet werden können. Es handelt sich damit um einen **Auffangposten**. In Betracht kommen insbesondere nicht aus dem Bank- bzw. Finanzdienstleistungsgeschäft resultierende Verbindlichkeiten.

5.3.5.2.2.2. Verbindlichkeiten aus Bank- bzw. Finanzdienstleistungsgeschäften

Nachdem im Passivposten „2. Verbindlichkeiten gegenüber Kunden" grundsätzlich auch die Verbindlichkeiten auszuweisen sind, die zwar gegenüber Kunden bestehen, nicht aber aus Bankgeschäften bzw. Finanzdienstleistungsgeschäften stammen müssen, verbleiben für den Ausweis im Passivposten „5. Sonstige Verbindlichkeiten" zunächst im Wesentlichen sämtliche Verbindlichkeiten gegenüber **Nichtkunden**.

Probleme bei der Zuordnung zu diesem Posten werden sich wie bei den sonstigen Vermögensgegenständen insbesondere dann ergeben, wenn ein Gläubiger gleichzeitig Kunde des bilanzierenden Kreditinstituts ist. Ebenso wie bei den sonstigen Vermögensgegenständen ist auch hier im Interesse der Darstellung eines den tatsächlichen Verhältnissen entsprechenden Bildes der Vermögens-, Finanz- und Ertragslage (§ 264 Abs. 2 HGB) der Ausweis der Verbindlichkeiten, die nicht aus dem Geschäft der Kreditinstitute stammen, unter den „Sonstigen Verbindlichkeiten" vorzuziehen. Nach der hier vertretenen Ansicht sind daher unter den Verbindlichkeiten gegenüber Kunden nur solche Verbindlichkeiten auszuweisen, die aus Bankgeschäften resultieren.

Ein Vermerk der Mitzugehörigkeit bzw. eine Anhangangabe nach § 265 Abs. 3 Satz 1 HGB ist nur erforderlich, wenn dies zur Aufstellung eines klaren und übersichtlichen Jahresabschlusses erforderlich ist.

5.3.5.2.2.3. Sonstige Verbindlichkeiten im Einzelnen

Hier sind grundsätzlich nur solche Verbindlichkeiten auszuweisen, die nicht aus dem eigentlichen Geschäft stammen. Als sonstige Verbindlichkeiten kommen insbesondere in Betracht:

- Steuerschulden, die der Höhe nach feststehen,
- fällige, noch nicht ausbezahlte Gehälter, Löhne, Pensionen, Gratifikationen usw.,
- Erstattung von Auslagen (zB Reisekosten),
- noch nicht abgeführte Sozialversicherungsbeiträge,
- Verbindlichkeiten aus Lieferungen und Leistungen (zB für Investitionen, Sachaufwand wie bspw. Postgebühren, Büromaterial, Strom, Wasser, Reparaturen, Miete, Pacht usw.),
- einbehaltene Mietzahlungen,
- noch nicht eingelöste Dividenden,
- Restkaufpreisschulden auf übernommene Grundstücke,
- Kautionen, soweit es sich nicht um Einlagen handelt,
- ungeklärte Kassenüberschüsse,
- Verbindlichkeiten gegenüber betrieblichen Unterstützungseinrichtungen,
- Verbindlichkeiten aus Ergebnisabführungsverträgen,
- Verbindlichkeiten aus der Ausschüttung auf stille Beteiligungen, soweit ein Festsatz vereinbart ist,
- Verbindlichkeiten aus Kaufpreisrenten, die der Höhe nach exakt bestimmt sind, soweit nicht ein Ausweis unter Passiva 2.a) infrage kommt,
- erhaltene Optionsprämien aus dem Verkauf von Optionen (Stillhalterprämien),
- rückständige Einzahlungsverpflichtungen auf Aktien, Beteiligungen und Geschäftsanteile bei Genossenschaften.

Soweit die hier beispielhaft aufgeführten Verpflichtungen bei Bilanzaufstellung noch nicht exakt quantifizierbar sind, ist eine entsprechende **Rückstellung** zu bilden.

Bei **Genossenschaften** sind hier Auseinandersetzungsguthaben ausgeschiedener Mitglieder, im Voraus bezahlte und überzahlte Geschäftsguthaben sowie zur Auszahlung fällige Geschäftsguthaben gemäß § 67b GenG auszuweisen. Gleiches gilt für genossenschaftliche Rückvergütungen, wenn eine genaue Berechnung vorliegt und wenn diese zur Bilanzaufstellung rechtsverbindlich beschlossen ist.[1572]

Darüber hinaus sind in diesem Posten **Besserungsscheinverpflichtungen** auszuweisen, die bei Eintritt der vereinbarten Bedingungen passivierungspflichtig werden. Zu jedem Bilanzstichtag ist die Passivierungspflicht dem Grunde und der Höhe nach festzustellen.[1573]

Unter den sonstigen Verbindlichkeiten ist auch ein evtl. **Ausgleichsposten aus der Währungsumrechnung** gemäß § 340h HGB auszuweisen. Für wesentliche Posten kommt ggf. auch eine Ausweis in einem gesonderten Posten in Betracht.

Antizipative Abgrenzungen, dh. Aufwendungen des abgelaufenen Geschäftsjahres, die erst später zu Ausgaben führen, sind, soweit sie den Charakter echter Verbindlichkeiten haben, die noch nicht fällig sind, nicht als passive Rechnungsabgrenzungsposten, sondern als sonstige Verbindlichkeiten zu bilanzieren.

5.3.5.3. Bewertung

Verbindlichkeiten sind nach § 253 Abs. 1 Satz 2 HGB mit ihrem Rückzahlungsbetrag anzusetzen. Wegen weiterer Einzelheiten wird auf die Ausführungen in Kapitel 4.9. sowie auf die Ausführungen zu den anderen Passivposten verwiesen.

5.3.5.4. Anhangangaben

Bei einer GmbH sind die **Verbindlichkeiten gegenüber Gesellschaftern**, die nicht gesondert ausgewiesen werden, zu vermerken oder im Anhang anzugeben (§ 42 Abs. 3 GmbHG).

Werden unter den „Sonstigen Verbindlichkeiten" Beträge für Verbindlichkeiten ausgewiesen, die erst nach dem Abschlussstichtag rechtlich entstehen, so müssen Beträge, die einen größeren Umfang haben, im Anhang erläutert werden (§ 268 Abs. 5 Satz 3 HGB). Hierzu zählen jedoch nicht die anteiligen Zinsen gemäß § 11 RechKredV.

Im Anhang sind auch die **wichtigsten Einzelbeträge** anzugeben, sofern sie für die Beurteilung des Jahresabschlusses nicht unwesentlich sind. Die Beträge und ihre Art sind zu erläutern (§ 35 Abs. 1 Nr. 4 RechKredV).

[1572] Vgl. Bergmann ua., B.III.5., 21.
[1573] Vgl. Bergmann ua., B.III.5., 21.

Zu jedem Posten der in der Bilanz ausgewiesenen Verbindlichkeiten ist jeweils der Gesamtbetrag der als Sicherheit übertragenen Vermögensgegenstände auszuweisen (§ 35 Abs. 5 RechKredV).

Die in den sonstigen Verbindlichkeiten ausgewiesenen Fremdwährungsschulden gehen in den Gesamtbetrag der auf Fremdwährung lautende Schulden ein (§ 35 Abs. 1 Nr. 6 RechKredV).

5.3.5.5. Prüfung des Postens

Es sind die für (sonstige) Verbindlichkeiten allgemein üblichen Prüfungshandlungen durchzuführen. Es ist insbesondere darauf zu achten, dass der Bilanzausweis zutreffend ist.

Der **Nachweis** erfolgt in geeigneter Weise bspw. durch Vertragsunterlagen, Aktenvermerke, Bestätigungen sowie durch den einschlägigen Schriftwechsel. Die Nachweise sind auf Vollständigkeit und Richtigkeit zu prüfen.

Die von der **Internen Revision** angefertigten Prüfungsberichte sollten eingesehen werden.

Der **Prüfungsbericht** muss die in § 48 PrüfbV verlangten Angaben enthalten:

- Darstellung im Vergleich mit dem Vorjahr,
- Erläuterung der Zusammensetzung.

Die PrüfbV sieht keine weiteren Berichtsangaben vor. Es empfiehlt sich jedoch, im Prüfungsbericht die Zusammensetzung des Bilanzpostens darzustellen sowie auf die wesentlichen Einzelbeträge und deren Bewertung einzugehen sowie evtl. gestellte Sicherheiten zu vermerken und die Anhangangaben zu nennen.

5.3.6. Rechnungsabgrenzungsposten (Passiva 6)

5.3.6.1. Postenbezeichnung

Die Postenbezeichnung lautet nach dem Formblatt 1 wie folgt:

> 6. Rechnungsabgrenzungsposten

§ 340e Abs. 2 HGB ermöglicht Instituten, bei Hypothekendarlehen und Forderungen, abweichend von § 253 Abs. 1 Satz 1 HGB, der den Ansatz zu Anschaffungskosten vorschreibt, den Ansatz zum Nennwert (Nominalwert), soweit der Unterschiedsbetrag zwischen dem Nennbetrag und dem Auszahlungsbetrag oder den Anschaffungskosten Zinscharakter hat. Liegt der Nennbetrag über dem Auszahlungsbetrag oder den Anschaffungskosten, muss der Differenzbetrag in den Passivposten 6. aufgenommen werden. Dieser Differenzbetrag ist in seiner jeweiligen Höhe in der Bilanz oder im Anhang gesondert anzugeben (§ 340e Abs. 2 Satz 2, 2. Halbsatz HGB). Dieser kann als **Darunter-Vermerk** „Unterschiedsbeträge gemäß § 340e Abs. 2 HGB" bezeichnet werden.

Realkreditinstitute haben den Passivposten „6. Rechnungsabgrenzungsposten" gemäß Fußnote 10 zu Formblatt 1 wie folgt zu untergliedern:

> 6. Rechnungsabgrenzungsposten
> a) aus dem Emissions- und Darlehensgeschäft
> b) andere

Auch bei Realkreditinstituten ist ein evtl. **Unterschiedsbetrag** nach § 340e Abs. 2 HGB gesondert in der Bilanz oder im Anhang anzugeben. Der Unterschiedsbetrag aus der Nominalwertbilanzierung ist zwar Bestandteil des Unterpostens „a) aus dem Emissions- und Darlehensgeschäft", weil er aus dem Darlehensgeschäft stammt. Ungeachtet dessen ist auch hier die Summe der Unterschiedsbeträge aus der Nominalwertbilanzierung gesondert anzugeben, denn der Unterposten a) enthält sowohl Unterschiedsbeträge aus dem Emissions- als auch aus dem Darlehensgeschäft. Bei Realkreditinstituten bieten sich zur gesonderten Angabe in der Bilanz mehrere Möglichkeiten an. Zum einen ist es möglich, den Unterposten a) entsprechend nochmals zu untergliedern. Zum anderen kann beim Unterposten a) ein entsprechender Darunter-Vermerk angebracht werden.

Weder mit der Ersten noch mit der Zweiten Verordnung zur Änderung der RechKredV wurde die Postenbezeichnung im Bilanzformblatt geändert.

5.3.6.2. Posteninhalt

5.3.6.2.1. RechKredV

Institute haben ebenso wie alle anderen Bilanzierenden § 250 HGB anzuwenden. In § 23 RechKredV ist in Ergänzung zu § 250 Abs. 2 HGB der Ausweis der auf künftige Perioden entfallenden Anteile an den Gebühren aus Teilzahlungsfinanzierungsgeschäften geregelt.

Weder mit der Ersten noch mit der Zweiten Verordnung zur Änderung der RechKredV wurde der Posteninhalt geändert.

5.3.6.2.2. Voraussetzungen für den Postenausweis

5.3.6.2.2.1. Überblick

Auf der Passivseite sind als Rechnungsabgrenzungsposten nur Einnahmen vor dem Abschlussstichtag auszuweisen, soweit sie Ertrag für eine bestimmte Zeit nach diesem Tag darstellen (§ 250 Abs. 2 HGB). Zulässig ist damit nur der Ausweis **transitorischer** Posten im engeren Sinne.[1574] Anfang und Ende des Zeitraums müssen eindeutig festliegen, dh. kalendermäßig bestimmt oder aufgrund der Umstände berechenbar sein. Passive Rechnungsabgrenzungsposten können über mehrere Geschäftsjahre hinwegreichen.

Der Ausweis dieser zum Zwecke der Periodenabgrenzung zu bildenden transitorischen Rechnungsabgrenzungsposten gilt grundsätzlich für alle Kredit- und Finanzdienstleistungsinstitute.

5.3.6.2.2.2. Teilzahlungsfinanzierungsgeschäft

Bei Teilzahlungsfinanzierungsgeschäften beinhalten in der Regel die gegen den Kreditnehmer eingebuchten Forderungen sämtliche Zinsen und sonstigen Entgelte für die gesamte Laufzeit. Dem Kunden wird aber nur der reine Finanzierungsbetrag ausbezahlt.

Dem Kreditnehmer aus Teilzahlungsfinanzierungsgeschäften berechnete Zinsen, Provisionen und Gebühren, die **künftigen Rechnungsperioden** zuzurechnen sind, sind im passiven Rechnungsabgrenzungsposten auszuweisen, soweit sie nicht mit dem entsprechenden Aktivposten verrechnet werden (§ 23 Satz 1 RechKredV).

Diese in der abgelaufenen Periode berechneten und vereinnahmten Beträge sind künftigen Rechnungsperioden zuzurechnen, da sie - trotz der in der abgelaufenen Periode erfolgten Einzahlung - erst in späteren Perioden Erträge darstellen. Sie sind über den passiven Rechnungsabgrenzungsposten abzugrenzen, soweit sie nicht mit dem entsprechenden Aktivposten verrechnet werden. Eine Verrechnung mit dem betreffenden Aktivposten ist dann gegeben,

---

[1574] Vgl. WPH Bd. I 2000 E Tz. 192 ff.

wenn das bilanzierende Institut von der auch in § 340e Abs. 2 HGB vorgesehenen Möglichkeit Gebrauch macht, die Forderung (das Darlehen) nicht mit dem Nennbetrag, sondern mit dem Auszahlungsbetrag auszuweisen.

Bei der in § 23 Satz 1 RechKredV normierten Möglichkeit handelt es sich nicht um eine bankspezifische Regelung, sondern um eine klarstellende, die Anwendung des § 250 Abs. 2 HGB bestätigende Bestimmung.[1575] Aus diesem Grund ist sie grundsätzlich nicht auf das Teilzahlungsfinanzierungsgeschäft beschränkt. Sie ist vielmehr auf alle Darlehensgeschäfte anzuwenden, bei denen Zinsen, Provisionen und Gebühren dem Kapital zugeschlagen werden.[1576]

5.3.6.2.2.3. Wechselfinanzierungen

Bei Teilzahlungsfinanzierungsgeschäften ist hier auch die **Zinsmarge aus der Weitergabe von Wechselabschnitten**, soweit sie künftigen Rechnungsperioden zuzurechnen ist, auszuweisen; Letzteres gilt entsprechend auch für **andere** Wechselrefinanzierungen (§ 23 Satz 2 RechKredV).[1577] Diese Regelung gilt mithin für **alle** Wechselrefinanzierungen (§ 23 Satz 2, 2. Halbsatz RechKredV). Auch dies bestätigt lediglich die Anwendung des § 250 Abs. 2 HGB.

Voraussetzung dafür, dass die Marge Entgelt für künftige Rechnungsperioden darstellt, ist, dass es sich um die Einräumung eines Wechselkredits handelt, der zwar nicht mehr in der Bilanz gezeigt wird, aber im Wechselobligo unter dem Bilanzstrich enthalten ist.[1578] Die Rediskontierung ist in solchen Fällen als eine der möglichen Formen der Refinanzierung anzusehen und nicht als Veräußerung eines Vermögensgegenstands, was die sofortige Ertragsrealisierung zur Folge hätte.[1579]

5.3.6.2.2.4. Leasinggeschäft

Besondere Abgrenzungsfragen ergeben sich bei Leasingverträgen mit (wirtschaftlicher) Zurechnung des Leasinggegenstands zum Leasinggeber. Die Abgrenzungsfragen beziehen sich sowohl auf die einzelnen Periodenentgelte (Leasingraten) als auch auf deren Gestaltung über die Leasingdauer (degressiv, linear oder progressiv).[1580]

Darüber hinaus erfordert auch die **Forfaitierung**[1581] noch nicht fälliger Leasingraten als besondere Finanzierungsform des Leasinggebers Abgrenzungen gemäß § 250 Abs. 2 HGB.[1582]

[1575] Vgl. Bieg (1998), 287.
[1576] Vgl. Treuarbeit (Hrsg.), 95.
[1577] Zu weiteren Einzelheiten vgl. Birck/Meyer, V 394 ff.
[1578] Vgl. Krumnow ua., 2. Aufl., § 23 RechKredV Rn. 5.
[1579] Vgl. Krumnow ua., 2. Aufl., § 23 RechKredV Rn. 5.
[1580] Vgl. HFA 1/1989, WPg 1989, 625; Grewe, WPg 1990, 161 ff.
[1581] Vgl. Lißmann, DB 1991, 1479.

Der BFH hat mit Urteil vom 8.11.2000[1583] wie folgt entschieden: Behält sich der Leasinggeber gegenüber dem Leasingnehmer bei Abschluss des Leasingvertrags das Recht auf sein unwiderrufliches Kaufangebot nach Ablauf der Grundmietzeit vor (sog. Andienungsrecht) und forfaitiert er die ihm nach Ausübung dieses Andienungsrechts zustehenden künftigen Ansprüche aus der Verwertung des jeweiligen Leasinggegenstands an einen Dritten (sog. Restwertforfaitierung aus Teilamortisations-Leasingverträgen), so ist die Zahlung des Dritten steuerlich als ein Darlehen an den Leasinggeber zu beurteilen. Die Forfaitierungserlöse sind von ihm nicht als Erträge aus zukünftigen Perioden passiv abzugrenzen, sondern als Verbindlichkeiten auszuweisen und bis zum Ablauf der Grundmietzeit ratierlich aufzuzinsen. Bei dem Darlehen handelt es sich bei entsprechender Laufzeit gewerbesteuerlich um eine Dauerschuld. Die ratierlichen Aufstockungsbeträge sind als Dauerschuldzinsen zu behandeln.[1584]

5.3.6.2.2.5. Unterschiedsbeträge aus der Nominalwertbilanzierung (Disagio)

Abweichend von § 253 Abs. 1 Satz 1 HGB dürfen **Hypothekendarlehen** und **andere Forderungen** mit ihrem Nennbetrag angesetzt werden, soweit der Unterschiedsbetrag zwischen dem Nennbetrag und dem Auszahlungsbetrag oder den Anschaffungskosten Zinscharakter hat (§ 340e Abs. 2 Satz 1 HGB).

Die Norm des § 340e Abs. 2 HGB stellt im Gegensatz zu § 23 RechKredV, der keine institutsspezifische Norm darstellt, eine grundsätzlich nur für Institute geltende Regelung dar.[1585] Nach Krumnow ua.[1586] ist eine Anwendung der Regelung des § 340e Abs. 2 HGB auf Unternehmen anderer Branchen jedoch dann nicht ausgeschlossen, wenn gleich gelagerte Sachverhalte gegeben sind, dh. wenn dem Unterschiedsbetrag Zinscharakter beizumessen ist; § 340e Abs. 2 HGB kodifiziert insoweit allgemeine (geschäftsspezifische) Grundsätze ordnungsmäßiger Bilanzierung.[1587]

Ist der Nennbetrag höher als der Auszahlungsbetrag oder die Anschaffungskosten, so muss der Unterschiedsbetrag in den passiven Rechnungsabgrenzungsposten aufgenommen werden; er ist planmäßig aufzulösen und in seiner jeweiligen Höhe in der **Bilanz** oder im **Anhang** gesondert anzugeben (§ 340e Abs. 2 Satz 2 HGB). Einzelheiten vgl. Kapitel 4.3.3. und 5.3.6.1.

Es ist die jeweilige **Summe** der passivischen Unterschiedsbeträge iSd. § 340e Abs. 2 HGB auszuweisen. Eine Verrechnung aktivischer und passivischer Unterschiedsbeträge ist nicht zulässig (§ 246 Abs. 2 HGB).

[1582] Vgl. HFA 1/1989, WPg 1989, 625 ff.; Grewe, WPg 1990, 161 ff.
[1583] Vgl. BFH-Urteil v. 8.11.2000, DB 2001, 122 ff.
[1584] Vgl. auch BMF-Schreiben vom 9.1.1996, DB 1996, 117; Bink, DB 1994, 1304 ff.; Bink, DB 1987, 1106 ff.; Hinz, DStR 1994, 1749 ff.; Milatz, DStR 1994, 1029 ff.; Link, DB 1988, 616 ff.; Bernstein, DB 1989, 567; Bink, StBp 1994, 193.
[1585] Vgl. Bieg (1998), 287.
[1586] Vgl. Krumnow ua., 2. Aufl., § 340e HGB Rn. 50; aA Bieg (1998), 287.
[1587] Zur Problematik der geschäftsspezifischen GoB vgl. Au, 105 ff.

Ob ein Disagio bei einem zinsverbilligten Kredit aus öffentlichen Förderprogrammen als laufzeitabhängiger Ausgleich für einen niedrigeren Nominalzins anzusehen ist oder den laufzeitunabhängigen Nebenkosten (BGH-Urteil vom 19.10.1993, XI ZR 49/93) zugeordnet wird, hängt von der Auslegung der jeweiligen vertraglichen Vereinbarung ab.[1588]

5.3.6.2.2.6. Vergütungen für die Übernahme von Ausbietungsgarantien

Nach dem Urteil des BFH vom 23.3.1995[1589] sind erhaltene Vergütungen für die Übernahme einer Ausbietungsgarantie beim Garantiegeber passiv abzugrenzen. Der Rechnungsabgrenzungsposten ist an den folgenden Bilanzstichtagen insoweit aufzulösen, als die Vergütungen auf den bereits abgelaufenen Garantiezeitraum entfallen.

Dies ist entgegen der Ansicht des BFH keine Abweichung von der Stellungnahme WFA 1/1984.[1590] In dem vom BFH beurteilten Fall handelt es sich nicht um eine bauzeitabhängige Garantieleistung iSd. Stellungnahme WFA 1/1984. Die Entscheidung betrifft ein Erwerbermodell, bei dem die Ausbietungsgarantie kalendermäßig befristet war. Es bestand also eine Garantie für einen von vornherein festgelegten Zeitraum, für die es auch die Stellungnahme WFA 1/1984 als sachgerecht bezeichnet, in jedem Geschäftsjahr des Vertragszeitraums einen dem Zeitraum entsprechenden Teil der Gesamtgebühr ertragswirksam zu vereinnahmen.[1591]

5.3.6.2.2.7. Disagio auf Vor- und Zwischenfinanzierungen von Bausparsummen

Zur Frage, ob für das Disagio auf Vor- und Zwischenfinanzierungskrediten von Bausparsummen ein passiver Rechnungsabgrenzungsposten gebildet werden darf, hat das BMF mit Schreiben vom 23.7.1985 Stellung genommen.[1592] Danach richtet sich bei Vor- und Zwischenfinanzierungskrediten die „bestimmte Zeit" nach der Laufzeit des Kredits.

Als Laufzeit des Kredits, für den das Disagio berechnet wurde, ist der kalendermäßig festgelegte Zeitraum anzusetzen, der der Kalkulation für die Effektivzinsberechnung nach der Preisangabeverordnung zugrunde gelegt wurde.

Das ist bei Krediten, deren preisbestimmende Faktoren bis zur Zuteilung unveränderbar sind, die Zuteilungsfrist, die sich aus der Zielbewertungszahl für Bausparverträge gleicher Art ergibt.

[1588] Vgl. Gschrey ua., B.III.6., 23.
[1589] Vgl. BFH-Urteil v. 23.3.1995, BFHE Bd. 177, 273 ff.
[1590] Vgl. IDW WFA 1/1984, WPg 1985, 59.
[1591] Vgl. IDW WFA, FN 1995, 465.
[1592] Vgl. BMF-Schreiben v. 23.7.1985, DB 1985, 1717.

Bei Krediten, für die eine Änderung des Zinssatzes oder anderer preisbestimmender Faktoren vorbehalten ist und für die ein sog. anfänglicher effektiver Jahreszins anzugeben ist, ist der (kürzere) Zeitraum zugrunde zu legen, für den die Belastungsberechnung vorgenommen wird.

5.3.6.2.2.8. Vereinnahmte Abschlussgebühren im Jahresabschluss von Bausparkassen

Das Finanzgericht Baden-Württemberg hat zwar mit seinem Urteil vom 31.1.1996[1593] entschieden, dass für die bei Abschluss eines Bausparvertrags vereinnahmte Abschlussgebühr in der Bilanz der Bausparkasse ein passiver Rechnungsabgrenzungsposten zu bilden und über die Mindestgesamtlaufzeit des Bausparvertrags aufzulösen sei. Das Finanzgericht sieht in der Abschlussgebühr sowohl eine Gegenleistung für die Sparphase als auch für die Kreditphase des Bausparverhältnisses, also für eine Vielzahl, wenn auch nicht individualisierbarer Leistungen der Bausparkasse. Diese würden aber bereits ab Vertragsbeginn erbracht, während umgekehrt die bei Vertragsbeginn zu entrichtende Gebühr für die Gesamtdauer des Bausparvertrags bestimmtes Entgelt, mithin eine zeitbezogene Leistung des Bausparers an die Bausparkasse darstelle.

Das Finanzgericht findet seine Beurteilung in der BFH-Rechtsprechung wieder (zB BFH-Beschluss vom 3.11.1982 I B 23/82, BStBl. II 1983, 132 und BFH-Urteil vom 12.12.1990 I R 153/86, BStBl. II 1991, 479). Dass die Gesamtlaufzeit eines (einzelnen) Bausparvertrags nicht exakt bestimmbar sei, ist nach Ansicht des Finanzgerichts unkritisch im Hinblick auf das Bestimmtheitserfordernis für den Zeitraum nach dem Abschluss. Dem Objektivierungsgebot sei genüge getan, da eine „Mindestgesamtlaufzeit", ausgehend vom Mindestsparguthaben, für die Sparphase aufgrund des vertraglich festgelegten Regelbeitrags und für die Darlehensphase aufgrund des Tilgungsbetrags, mithin anhand vorgegebener fester quantitativer Merkmale genau berechnet werden könne. Demgegenüber betont der BFH, dass es eben auf das **einzelne** Vertragsverhältnis ankomme, für das ein kalendermäßig festgelegter oder doch berechenbarer und nicht nur durch Schätzung (in Abhängigkeit vom Spar- und vom Tilgungsverhalten sowie von der Zuteilungssituation) bestimmbarer Zeitraum ermittelt werden kann.

In seinem Urteil vom 10.6.1997[1594] nimmt das Finanzgericht Bezug auf seine zuvor vertretene Auffassung und bestätigt diese nochmals.

Der 1. Senat des BFH urteilt entgegen der Ansicht der Finanzgerichte am 11.2.1998 (I R 23/96), dass Abschlussgebühren von Bausparkassen Gegenleistungen darstellen können, die dem jeweiligen Bausparvertrag als Entgelt (lediglich) für den eigentlichen Vertragsabschluss zuzuordnen sind. Als solche wirkten sich die Gebühren unmittelbar mit ihrer Vereinnahmung aus und seien bilanziell nicht abzugrenzen.[1595]

[1593] Vgl. EFG 1996, 531.
[1594] Vgl. EFG 1997, 1315.
[1595] Vgl. DB 1998, 1111; BStBl. II 1998, 381.

Der BFH sieht in der vom Bausparer zu entrichtenden Abschlussgebühr keine konkret zuordenbare Gegenleistung für die Sparphase und/oder die (etwaige) spätere Kreditgewährung, sondern vielmehr ein notwendiges „Eintrittsgeld" für die Aufnahme in das Bausparkollektiv. Es verhalte sich insofern im Ergebnis nicht anders als bei sonstigen Gebühren, die vom Bausparer zu leisten sind, um eine bestimmte schuldrechtliche Gegenleistung der Bausparkasse zu erreichen.

Das Finanzgericht Baden-Württemberg hält es ferner am 1.12.1999[1596] nicht für zulässig, für die jeweils bei Vertragsbeginn fällige Abschlussgebühr, die bei Änderung/Kündigung eines Bausparvertrags nicht erstattet oder ermäßigt wird, einen passiven Rechnungsabgrenzungsposten zu bilden. Für den einzelnen, langfristig angelegten Bausparvertrag könne weder eine „bestimmte Zeit" noch eine „Mindestlaufzeit" prognostiziert werden.

Die steuerrechtliche BFH- (und jetzt auch Finanzgerichts-) Rechtsprechung geht konform mit der überwiegenden handelsrechtlichen Betrachtungsweise in Bezug auf vereinnahmte, nicht rückzahlbare Abschlussgebühren bei Bausparverträgen. Die Bildung eines passiven Rechnungsabgrenzungspostens wird mithin für vereinnahmte Abschlussgebühren abgelehnt.

Der Gedanke, dass der Beurteilung von Abschlussgebühren bei Bausparverträgen außerhalb der Finanzgerichtsbarkeit gefolgt und die BFH-Rechtsprechung somit bestätigt wird, hat zwar spekulativen Charakter. Als Indiz in diese Richtung sei aber ein Urteil des Landgerichts Stuttgart vom 29.12.2000 angeführt.[1597] In dem verhandelten Fall hatte die betroffene Bausparkasse Abschlussgebühren abgegrenzt und gleichzeitig einen Steuererstattungsanspruch als sonstigen Vermögensgegenstand aktiviert. Das Landgericht hatte zwar nicht über die Abgrenzungsfähigkeit der Abschlussgebühren als solche zu entscheiden, stufte aber die auf dem gleichen Gedanken der Bausparkasse beruhende Aktivierung des Steuererstattungsanspruchs als auf einer „mehr als unbestimmten Hoffnung" beruhend ein und erklärte den Jahresabschluss für nichtig. Dies bestätigt die oben dargestellte Auffassung.

5.3.6.3. Bewertung

Rechnungsabgrenzungsposten sind im Allgemeinen einer Bewertung nicht zugänglich. Bewertet werden Vermögensgegenstände und Schulden. Rechnungsabgrenzungsposten hingegen werden zu jedem Bilanzstichtag neu berechnet. Sie dienen lediglich der periodengerechten Erfolgsabgrenzung.

[1596] Finanzgericht Baden-Württemberg, Außensenate Stuttgart, Urteil vom 1.12.1999, EFG 2000, 728.
[1597] Vgl. DB 2001, 1025.

5.3.6.4. Anhangangaben

Nach § 340e Abs. 2 Satz 3 HGB sind die jeweiligen Unterschiedsbeträge aus der Nominalwertbilanzierung von Forderungen, wenn sie nicht in der Bilanz angegeben wurden, im Anhang anzugeben.

5.3.6.5. Prüfung des Postens

Es sind die für Rechnungsabgrenzungsposten allgemein üblichen Prüfungshandlungen durchzuführen. Es ist darauf zu achten, dass die in diesem Posten ausgewiesenen Beträge die og. Voraussetzungen erfüllen.

Der **Nachweis** erfolgt ua. durch Vertragsunterlagen, Schriftwechsel, Bestätigungen usw. Neben der Prüfung des sachgerechten Nachweises ist insbesondere die Richtigkeit der **Auflösung** der Einzelbeträge zu prüfen. Hierbei ist auch festzustellen, ob die Abgrenzungsposten des Vorjahres zulasten der richtigen Erfolgskonten aufgelöst wurden.

Der **Prüfungsbericht** muss die in § 48 PrüfbV verlangten Angaben enthalten:

- Darstellung im Vergleich mit dem Vorjahr,
- Erläuterung der Zusammensetzung.

Darüber hinaus sind nach § 50 Nr. 4 PrüfbV die für die Rechnungsabgrenzung von Kreditgebühren, Bearbeitungsgebühren, Abschlussgebühren, Disagien, Agien und des Packings angewandten Verfahren darzustellen und zu beurteilen.

5.3.7. Rückstellungen (Passiva 7)

5.3.7.1. Postenbezeichnung

Die Postenbezeichnung lautet nach dem Formblatt 1 wie folgt:

> 7. Rückstellungen
>   a) Rückstellungen für Pensionen und ähnliche Verpflichtungen
>   b) Steuerrückstellungen
>   c) andere Rückstellungen

Der Passivposten „7. Rückstellungen" ist für alle Kredit- und Finanzdienstleistungsinstitute iSv. § 1 KWG einheitlich geregelt.

Weder mit der Ersten noch mit der Zweiten Verordnung zur Änderung der RechKredV wurde die Postenbezeichnung im Bilanzformblatt geändert.

5.3.7.2. Posteninhalt

5.3.7.2.1. RechKredV

Der Ansatz muss auch bei Kredit- und Finanzdienstleistungsinstituten § 249 HGB entsprechen. Die ergänzende Regelung des § 24 RechKredV, wonach für den Fall, dass im Unterposten „c) andere Rückstellungen" eine Rückstellung für einen drohenden Verlust aus einer unter dem Strich vermerkten Eventualverbindlichkeit oder einem Kreditrisiko gebildet wird, der Posten unter dem Strich in Höhe des zurückgestellten Betrags zu kürzen ist, dient lediglich der Klarstellung. Für die Bildung und für die Bewertung von Rückstellungen gibt es keine institutsspezifische Vorschriften oder Besonderheiten.

Weder mit der Ersten noch mit der Zweiten Verordnung zur Änderung der RechKredV wurde der Posteninhalt geändert.

5.3.7.2.2. Voraussetzungen für den Postenausweis

5.3.7.2.2.1. Überblick

Die Rückstellungen sind in der gleichen Dreiteilung wie bei Nichtbanken auszuweisen. Damit sind auch von Kredit- und Finanzdienstleistungsinstituten die Steuerrückstellungen gesondert in der Bilanz zu zeigen. Die unterschiedliche Bezeichnung des Unterpostens „c) andere Rückstellungen" bei Instituten gegenüber „sonstige Rückstellungen" bei Nichtbanken, hat keine materiellen Ursachen.

Rückstellungen dienen der Erfassung von dem Grunde und/oder der Höhe nach ungewissen Verbindlichkeiten (sog. Verbindlichkeitsrückstellungen) und von drohenden Verlusten aus schwebenden Geschäften (sog. Drohverlustrückstellungen) sowie von bestimmten Aufwendungen (sog. Aufwandsrückstellungen).

Rückstellungen dürfen grundsätzlich nicht deshalb unterbleiben, weil ausreichend stille Reserven zur Deckung des Rückstellungsbedarfs vorhanden sind oder weil ggf. gleichwertige Rückgriffsrechte bestehen. Hier greift das Saldierungsverbot.

Da für Institute dieselben Grundsätze für die Bildung von Rückstellungen zu beachten sind wie für Industrie-, Dienstleistungs- und Handelsunternehmen, kann auf die allgemeine Kommentarliteratur verwiesen werden.[1598]

5.3.7.2.2.2. Rückstellungen aus der institutsspezifischen Geschäftstätigkeit

Übersicht

Aus der Geschäftstätigkeit von Kredit- und Finanzdienstleistungsinstituten können sich insbesondere im Zusammenhang mit Finanzinstrumenten Rückstellungserfordernisse ergeben. Hier kommen ua. noch nicht realisierte Verluste aus schwebenden Termingeschäften, Risiken aus Stillhalterpositionen bei Optionsgeschäften, Risiken aus Pensionsgeschäften sowie Risiken aus der Inanspruchnahme von Avalkrediten und Indossamentverbindlichkeiten, die als Eventualverbindlichkeiten unter dem Bilanzstrich zu vermerken sind, aber auch für unter dem Bilanzstrich auszuweisende Kreditrisiken (zB bei unwiderruflichen Kreditzusagen) für eine Rückstellungsbildung in Betracht.

Aus der institutsspezifischen Geschäftstätigkeit können sich vor allem die nachfolgend beispielhaft genannten Rückstellungserfordernisse ergeben. Diese Aufzählung ist nicht abschließend.

- Rückstellung für schwebende Geschäfte, insbesondere derivative Finanzgeschäfte wie bspw. Optionen, Termingeschäfte, Swaps, Futures, Forward Rate Agreements, Caps, Floors usw.,[1599]
- Mitarbeiteroptionen[1600]
- Verbindlichkeiten mit steigender Verzinsung,
- Ausschüttungen auf Genussrechtskapital und stille Einlagen,
- Kontoauszugsversand,[1601]
- Rückzahlung von Abschlussgebühren bei Darlehensverzicht,
- Prämien und Boni,
- zurückgekaufte nicht börsenfähige Schuldverschreibungen,

[1598] Eine alphabetische Aufzählung vgl. WPH Bd. I 2000 E Tz. 100 ff.
[1599] Ausführlich vgl. Scharpf/Luz, 340 ff.; auch ADS 6. Aufl. § 249 HGB Rn. 160 ff.
[1600] Vgl. Kropp, DStR 2002, 1919 ff. mwN.
[1601] Vgl. OFD Frankfurt, Vfg. V. 2.5.2002, DStR 2002, 1267 (DB 2002, 1133).

- Zinsänderungsrisiko,
- Beiträge für Einlagensicherung,[1602]
- Übernahme von Bürgschaften und Gewährleistungen,[1603]
- mögliche Verluste aus einer Kreditausfallgarantie,[1604]
- Nichtrückführung zugesagter, aber noch nicht in Anspruch genommener Kredite,[1605]
- Rücknahmepflichten aus Pensionsgeschäften,
- Prospekthaftung,[1606]
- Haftung aus Beratung (zB Anlageberatung),[1607]
- Rechtsstreitigkeiten,
- Vermittlungsprovisionen,
- Aufbewahrung von Geschäftsunterlagen,[1608]
- Disagioerstattung bei vorzeitiger Beendigung eines Darlehensvertrags,[1609]
- Gewinne aus der Aufrechnung mit dem passivierten Betrag von dem Treuhänder vorübergehend zurückgegebenen Wertpapieren.

Optionsgeschäfte

Erhaltene Optionsprämien für verkaufte Optionen (Stillhalterpositionen) sind grundsätzlich unter den „Sonstigen Verbindlichkeiten" auszuweisen.[1610] Im Schrifttum wird gelegentlich gefordert, Stillhalterprämien als Rückstellung zu erfassen. Mit Veröffentlichung der Stellungnahme BFA 2/1995 dürfte diese Frage nunmehr zugunsten des Ausweises als sonstige Verbindlichkeit geklärt sein.

[1602] Vgl. BFH-Urteil 13.11.1991, BStBl. II, 1992, 177; Groh, StuW 1992, 178 ff., 184; Mathiak, DStR 1992, 449 ff.; 457, Kessler, DStR 1996, 1430 ff., 1436.

[1603] Vgl. BFH-Urteil v. 24.7.1990, BFH/NV 1991, 588; OFD München/Nürnberg, Vfg. vom 12.4.2002, WPg 2002, 778 f.

[1604] Vgl. EuGH-Urteil vom 7.1.2003, BB 2003, 355 ff. und DStR 2003, 69; Breitweg, NWB Fach 17, 1747..

[1605] Vgl. BFH-Urteil v. 11.2.1998, DB 1998, 1694.

[1606] Vgl. Hessisches FG, Urteil v. 8.9.1992 (rkr.), BB 1993, 544.

[1607] Vgl. ua. Balzer, FB 2000, 499 ff.; LG Stuttgart, Urteil v. 13.1.2000 (rkr.), WM 2000, 1388 ff.; OLG Schleswig, Urteil v. 30.3.2000, WM 2000, 1381 ff.; OLG Hamm, Beschluss v. 13.10.1992, WM 1993, 241; OLG Braunschweig, Urteil v. 27.1.1992, WM 1993, 190 (Bond Anleihe); OLG Celle, Urteil v. 25.11.1992, WM 1993, 191; LG Frankfurt, Urteil v. 3.2.1992, WM 1993, 194 f.; LG Hamburg, Urteil v. 10.1.1992, WM 1993, 196 f.; LG Hannover, Urteil v. 21.1.1992, WM 1993, 201 f.; LG Itzehoe, Urteil v. 26.2.1992, WM 1993, 205 f.; LG Traunstein, Urteil v. 18.2.1992, WM 1993, 207 f.; LG Wiesbaden, Urteil v. 6.3.1992, WM 1993, 209 f.; AG München, Urteil v. 30.8.1991, WM 1993, 210 f.; AG Neuss, Urteil v. 25.9.1991, WM 1993, 211.

[1608] Vgl. BFH-Urteil v. 19.8.2002, DB 2002, 2463 ff.; Maus, BBK Fach 13, 4547.

[1609] Vgl. BGH-Urteil v. 16.11.1993, DB 1994, 138; BGH-Urteil v. 19.10.1993, DB 1994, 138 f.; BGH-Urteil v. 12.10.1993, WM 1993, 2003 f.; OLG Hamm, Urteil v. 2.12.1992, WM 1993, 1842; LG Bielefeld, Urteil v. 17.5.1991, WM 1993, 457; LG Dortmund, Urteil v. 18.12.1991, WM 1993, 457; LG Siegen, Urteil v. 31.7.1991, WM 1993, 458.

[1610] Vgl. BFA 2/1995, WPg 1995, 421.

Dem hat der BFH mit Urteil vom 18.12.2002[1611] zugestimmt. Danach ist *„für die Verpflichtung des Veräußerers einer Option (Stillhalter) auf Verlangen des Optionsberechtigten innerhalb der Optionsfrist den Optionsgegenstand zu verkaufen oder zu kaufen (Call/Put-Option), ... eine* **Verbindlichkeit** *in Höhe der dafür vereinnahmten Prämie auszuweisen; die Verbindlichkeit ist erst bei Ausübung oder Verfall der Option auszubuchen."* Das BFH-Urteil bestätigt auf der Grundlage des Realisationsprinzips das Erfordernis einer Passivierung der Stillhalterprämie durch den Optionsgeber bis zur Beendigung seiner Risikosituation als Verbindlichkeit. Eine sofortige Vereinnahmung der Prämie ist daher nicht zulässig.

Der BFH hat sich für den Ausweis im Posten „Verbindlichkeiten" entschieden, was er mit der Nichtbeschränkung des Begriffsinhalts auf Zahlungsverbindlichkeiten erklärt; auch Sachleistungsverbindlichkeiten - also die Stillhalteleistung (Risikoübernahme) im vorliegenden Fall - könne eine Verbindlichkeit im bilanzrechtlichen Sinne begründen. Die Bewertung hat mit den Anschaffungskosten oder dem höheren Teilwert zu erfolgen. Der aufgrund der vereinnahmten Optionsprämie zufließende Betrag stellt dabei die Anschaffungskosten dar.

Kursveränderungen des Basiswerts können dazu führen, dass die Ausübung einer verkauften Option im Zeitablauf wahrscheinlicher wird. Zu jedem Bilanzstichtag sind deshalb die Verpflichtungen aus Stillhaltergeschäften zu bewerten; es handelt sich um die Berücksichtigung des die vereinnahmte Optionsprämie übersteigenden **Risikos**. Bislang wurde argumentiert, eine Rückstellung für Stillhalterpositionen sei dann zu bilden, wenn der Optionspreis für ein potenzielles Gegengeschäft am Bilanzstichtag über der vereinnahmten Prämie liegt.

Die Äußerungen des BFH den **Risikoüberhang** direkt betreffend lauten wie folgt: *„Ein die Höhe der Optionsprämie übersteigendes Risiko aus einer späteren Ausübung der Optionen, das möglicherweise zu einem höheren Teilwert der Verbindlichkeit führen oder in Form einer zusätzlichen Rückstellung für drohende Verluste berücksichtigt werden könnte, liegt nach den Feststellungen des FG und auch zwischen den Beteiligten unstrittig nicht vor"*. Nach Ansicht des BFH gibt es damit prinzipiell zwei alternative Wege zur bilanziellen Abbildung des Risikoüberhangs am Bilanzstichtag: (1) Teilwerterhöhung der bereits für die vereinnahmte Optionsprämie passivierten Verbindlichkeit oder (2) Bildung einer Drohverlustrückstellung.

Nachdem der BFH entschieden hat, dass für die *„Verpflichtung des Veräußerers einer Option ... eine Verbindlichkeit ... auszuweisen..."* ist, ist diese Verpflichtung aus dem Stillhaltergeschäft zu bewerten und ggf. die Verbindlichkeit mit einem höheren Wert auszuweisen.[1612] Weiter lässt sich für den Ausweis als Verbindlichkeit anführen, dass der BFH den Schwebezustand des Geschäfts wegen einseitiger Erfüllung ablehnt und es demzufolge übertragen auf den Risikoüberhang an der Voraussetzung des schwebenden Geschäfts mangelt, sodass auch aus diesem Grund nur der Ausweis einer höheren Verbindlichkeit infrage kommt.[1613]

[1611] Vgl. BFH-Urteil v. 18.12.2002, DB 2003, 855, DStR 2003, 678, BB 2003, 1006; hierzu Kommentar von Schulze-Osterloh, BB 2003, 1009; Knoll/Steeg, StuB 2002, 989 ff.; Hofmann, StuB 2003, 543 ff.
[1612] Vgl. BFH-Urteil v. 18.12.2002, DB 2003, 857 und DStR 2003, 681.
[1613] Ebenso Wehrheim/Krause, BB 2003, 1555.

Wenn der BFH zudem von einer einheitlichen Verpflichtung des Stillhalters ausgeht, die erst mit vollständiger Erfüllung des Optionsgeschäfts erlischt, und deshalb den Ansatz einer sonstigen Verbindlichkeit fordert, folgt daraus, dass deren Bewertung auch nur einheitlich zu den Anschaffungskosten oder dem **höheren Teilwert** vorzunehmen ist. Die Urteilsbegründung des BFH konsequent zu Ende gedacht, sollte für einen zum Bilanzstichtag bestehenden Verpflichtungsüberschuss nur eine Teilwerterhöhung der bereits passivierten sonstigen Verbindlichkeit in Betracht kommen.[1614]

Hierauf hat nunmehr die Finanzverwaltung mit BMF-Schreiben vom 12.1.2004[1615] reagiert. Danach sind die Grundsätze des BFH-Urteils vom 18.12.2002 anzuwenden. Ein die Höhe der Optionsprämie übersteigendes Risiko aus einer späteren Ausübung der Option ist nach Ansicht des BMF grundsätzlich in einer **Rückstellung für drohende Verluste aus schwebenden Geschäften** abzubilden. Diese Rückstellung darf letztmalig am Schluss des letzten vor dem 1.1.1997 endenden Wirtschaftsjahr in der **Steuerbilanz** gebildet werden (§ 5 Abs. 4a iVm. § 52 Abs. 13 EstG).

Soweit eine Deckung durch vorhandene Bestände oder Gegengeschäfte besteht und entsprechende Bewertungseinheiten gebildet wurden, kann ggf. von einer Rückstellungsbildung abgesehen werden.

Termingeschäfte

Für **offene** Termingeschäfte sind Rückstellungen insoweit zu bilden, als mit Verlusten zu rechnen ist. Bei geschlossenen Positionen (Bewertungseinheit) kann ggf. auf eine Rückstellungsbildung verzichtet werden.

Bei **Devisentermingeschäften** ist der vereinbarte Terminkurs (Kontraktkurs) dem am Bilanzstichtag aufgrund der aktuellen Marktgegebenheiten festzustellenden Terminkurs gegenüberzustellen. Gleiches gilt für andere Termingeschäfte wie bspw. auf Termin angeschaffte Aktien oder andere Wertpapiere.

Etwas anderes gilt für den Fall, dass die auf Termin gekauften Wertpapiere für eine langfristige Anlage vorgesehen und nach der Lieferung als Anlagevermögen bilanziert werden, sofern der niedrigere Kurs gegenüber dem Anschaffungskurs nicht ein nachhaltiges Absinken bedeutet. Bei einem nachhaltigen Absinken des Kurses, ist eine Rückstellung dagegen zwingend.

Diesbezüglich hat der BFA in einer Verlautbarung Näheres ausgeführt.[1616] Entscheidend kommt es danach darauf an, ob die Zuordnung zum Anlagevermögen angesichts der Gesamtsituation des Instituts vertretbar ist. Die Notwendigkeit für eine Verlustantizipation besteht in

---

[1614] Vgl. Wehrheim/Krause, BB 2003, 1555.
[1615] Vgl. BMF-Schreiben vom 12.1.2004, DB 2004, 159.
[1616] Vgl. BFA, WPg 1983, 647.

diesem Fall zum Bilanzstichtag nicht mehr, da ein vorübergehend niedrigerer Tageswert bei der Bewertung von Wertpapieren des Anlagevermögens unbeachtlich ist, wenn die Wertpapiere bis zur Einlösung im Bestand gehalten werden. Es ist in diesem Zusammenhang geboten, im Anhang Angaben entsprechend § 35 Abs. 1 Nr. 2 RechKredV (Angabe des Betrags der nicht mit dem Niederstwert bewerteten börsenfähigen Wertpapiere) zu machen. Der BFA hielt sogar unter der Bilanz einen Vermerk „*TDM ... per Termin zu erwerbende Wertpapiere sollen wie Anlagevermögen bewertet werden*" für erforderlich.

Der BGH[1617] hat in einem Extremfall den Verzicht auf die Bildung von Rückstellungen für Verluste aus schwebenden Geschäften verneint und wegen des Fehlens der Rückstellung die Nichtigkeit des Jahresabschlusses festgestellt.

Mitarbeiteroptionen (Stock Options)

Die Bilanzierung von Mitarbeiteroptionen (Stock Options) ist nach wie vor noch nicht abschließend geklärt.[1618]

Verbindlichkeiten mit steigender Verzinsung

Für Verbindlichkeiten mit steigender Verzinsung ist handelsrechtlich eine Rückstellung in Höhe des Unterschiedsbetrags zwischen der durchschnittlichen Verzinsung und den bis zum Bilanzstichtag gewährten Zinsen geboten, wenn diese Verbindlichkeiten nicht von untergeordneter Bedeutung sind.[1619] Steuerlich wird eine derartige Rückstellung jedoch nicht anerkannt, weshalb ggf. latente Steuern zu aktivieren sind.

Ausschüttungen auf Genussrechtskapital und stille Einlagen

Die Ausschüttungen für Genussrechte können unterschiedlich ausgestaltet sein: Festzinsen, dividendenabhängige Vergütungen, Kombinationen aus diesen beiden oder Vergütungen, die von der Höhe des Jahresüberschusses abhängen (Einzelheiten vgl. Kapitel 5.3.10.2.2.7.).

Für Ausschüttungen auf Genussrechtskapital oder Einlagen stiller Gesellschafter sind dann Rückstellungen zu bilden, wenn diese dividendenorientiert sind. Bei Festzinsvereinbarungen erfolgt der Ausweis der Ausschüttung unter den sonstigen Verbindlichkeiten.

[1617] Vgl. BGH-Urteil v. 1.3.1982, DB 1982, 1922.
[1618] Vgl. BeBiKo 5. Aufl. § 266 HGB Rn. 270 ff.; Kropp, DStR 2002, 1919.
[1619] Vgl. Scheiterle, WPg 1983, 558; Kalveram, WPg 1990, 535; Lohmar, Bankinformation 11/1989, 51; Scholz, WPg 1973, 53; Birck/Meyer, V 356 ff.; Wagner/Wangler, DB 1992, 2405 ff.

Kontoauszugsversand

Für die Verpflichtung, für alle Bausparer **Jahreskontoauszüge** über alle Kontobewegungen des abgelaufenen Geschäftsjahres zu erstellen, ist eine Rückstellung für ungewisse Verbindlichkeiten zu bilden, wenn die Verpflichtung nach dem Bilanzstichtag erfüllt wird und die Voraussetzungen erfüllt sind.[1620] Aus den Geschäftsbedingungen oder sonstigen Vereinbarungen muss sich eine nach der Bedeutung für das jeweilige Unternehmen „wesentliche" (eigenständige) Verpflichtung ergeben, Kontoauszüge an die Kunden zu versenden. Die „Wesentlichkeit" einer Verpflichtung ist nicht nach dem Aufwand für das einzelne Vertragsverhältnis, sondern nach der Bedeutung dieser Verpflichtung für das jeweilige Unternehmen zu beurteilen.[1621]

Die Rückstellung ist nach dem **rechtskräftigen** Urteil des Finanzgerichts Baden-Württemberg vom 1.12.1999[1622] mit den externen und internen Aufwendungen, die unmittelbar mit der Erfüllung der Verpflichtung verbunden sind (nicht jedoch interne Gemeinkosten) zu bewerten. Die Frage der Berücksichtigung von Gemeinkosten sieht die OFD Frankfurt jedoch anders.[1623]
Danach ist nach den Umständen des jeweiligen Einzelfalls zu beurteilen, in welcher Höhe künftige **Einzelkosten** und die **anteiligen notwendigen Gemeinkosten** rückstellungsfähig sind. Die Begriffsbestimmung der Einzel- und Gemeinkosten ergibt sich nach der Verfügung der OFD Frankfurt vom 2.5.2002 aus § 255 HGB iVm. § 5 Abs. 1 Satz 1 EStG und R 33 EStR.

Rückzahlung von Abschlussgebühren bei Darlehensverzicht

Muss eine Bausparkasse bei Darlehensverzicht die vereinnahmten Abschlussgebühren ganz oder teilweise zurückzahlen, ist eine Rückstellung zu bilden. Die Bewertung der Rückstellung richtet sich nach den tatsächlichen Rückzahlungen in der Vergangenheit.[1624]

Prämien und Boni

Kreditinstitute nehmen Einlagen herein, für die neben einer regelmäßigen Verzinsung ein zusätzlicher Bonus bezahlt wird. Die Prämie bzw. der Bonus ist idR Bestandteil der zugesagten Effektivverzinsung. Mithin muss die Prämie bzw. der Bonus mit dem auf die Periode

---

[1620] Vgl. OFD Frankfurt, Vfg. V. 2.5.2002, DStR 2002, 1267.
[1621] Vgl. BFH Urteil vom 18.1.1995, BStBl. II 1995, 742, Abschn. II.5., DStR 1995, 1020.
[1622] Vgl. FG Baden-Württemberg, durch Rücknahme der Revision rechtskräftiges Urteil vom 1.12.1999, EFG 2000, 543.
[1623] Vgl. OFD Frankfurt, Vfg. V. 2.5.2002, DStR 2002, 1267.
[1624] Vgl. BFH-Urteil vom 12.12.1990, DB 1991, 786; Groh, StuW 1992, 178; ADS 6. Aufl. § 249 HGB Rn. 62 mwN.

entfallenden Betrag als Aufwand verrechnet und passiviert werden.[1625] Die Verteilung des Prämienaufwands auf die einzelnen Geschäftsjahre sollte so erfolgen, dass sich eine konstante Effektivverzinsung ergibt.

Der BFH hat mit Urteil vom 15.7.1998[1626] entschieden, dass die Verpflichtung einer Bank zur Leistung einer Sparprämie, die am Ende der Laufzeit eines Sparvertrags gutgeschrieben wird, als zusätzliche Verzinsung für das angesparte Kapital anzusehen ist, für die eine Rückstellung gebildet werden kann. Die zurückzustellenden Beträge sind nach der Zinsstaffelmethode zu ermitteln und überdies auf die Laufzeit des Sparvertrags abzuzinsen. Insoweit besteht ein Erfüllungsrückstand.

Für die Verpflichtung, am Ende der Vertragslaufzeit eine Prämie bzw. einen Bonus zahlen zu müssen, sind auch nach dem BMF-Schreiben vom 18.11.1991[1627] zu jedem Bilanzstichtag nach Abschluss des Sparvertrags Rückstellungen für ungewisse Verbindlichkeiten infolge Erfüllungsrückstands zu bilden.[1628]

Die Verpflichtung ist über die Laufzeit unter Berücksichtigung eines Fluktuationsabschlags ratierlich (kapital- und zeitanteilig nach der Zinsstaffelmethode) anzusammeln. Die Höhe des Abschlags ist anhand der Erfahrungen des jeweiligen Instituts in der Vergangenheit zu ermitteln. Die ausgewiesene Verpflichtung ist abzuzinsen, da eine Geldleistungsverpflichtung vorliegt, die erst am Ende der Vertragslaufzeit fällig wird, wobei ein Zinssatz von 5,5 % zugrunde zu legen ist.[1629]

Zinskorrekturen

Werden fehlerhafte Zinsabrechnungen zu Beginn des folgenden Geschäftsjahres berichtigt, bspw. weil Einlagen mit jährlicher Kündigung irrtümlich wie Einlagen mit gesetzlicher Kündigungsfrist verzinst werden, ist dieser Mehraufwand durch das abgelaufene Geschäftsjahr wirtschaftlich verursacht. Da die Verbindlichkeit am Bilanzstichtag zwar dem Grunde aber nicht der Höhe nach gewiss ist, muss eine Rückstellung bilanziert werden.

Zurückgekaufte nicht börsenfähige Schuldverschreibungen

Soweit **nicht börsenfähige** Schuldverschreibungen nicht endgültig aus dem Verkehr gezogen, sondern nur vorübergehend (zB Marktpflege) erworben werden, gelten nach der hier vertretenen Ansicht die Gewinne aus der Aufrechnung der zurückgekauften nicht börsenfähigen

---

[1625] Vgl. ADS 6. Aufl, § 249 HGB Rn. 62 mwN; Birck/Meyer, V 359 ff.
[1626] Vgl. BFH-Urteil vom 15.7.1998, DStR 1998, 1461.
[1627] Vgl. BMF-Schreiben vom 18.11.1991, DB 1992, 67.
[1628] Vgl. auch Birck/Meyer, V 359 ff.
[1629] Vgl. auch OFD Frankfurt/M, Verfügung vom 23.3.1995, BB 1995, 1346; BFH-Urteil vom 15.7.1998, DB 1998, 1942; Kessler, BBK Fach 13, 4065 (4072 f.) und 4081 (4081 f.).

Schuldverschreibungen mit den passivisch ausgewiesenen Beträgen entsprechend BFA 1/1971[1630] nicht als realisiert (vgl. Kapitel 5.3.3.3.).

Die Aufrechnungsdifferenz ist entsprechend BFA 1/1971 als gesonderter Posten oder im Posten „andere Rückstellungen" auszuweisen. Der BFA hat seine Ansicht im Rahmen der Berichterstattung über die 101. Sitzung[1631] nochmals bekräftigt: *„Grundgedanke dieser Verlautbarung war, dass eine Aufrechnung zurückgekaufter, aber nicht zur Vernichtung bestimmter Schuldverschreibungen keine anderen ertragsmäßigen Auswirkungen haben soll, als ihre Aktivierung."*

Hinsichtlich der Bewertung dieser Schuldverschreibungen bei am Bilanzstichtag unter den Anschaffungskosten liegenden Kursen wird weiter ausgeführt: *„Die Kursverluste aus diesen Schuldverschreibungen sind analog zu behandeln, als wären die Wertpapiere noch im Umlauf; in ihrer Höhe ist eine Rückstellung nach Maßgabe der ansonsten auf der Aktivseite notwendig gewesenen Niederstwertabschreibung zu bilden."*

Allgemeines Zinsänderungsrisiko

Gegenstand des Zinsänderungsrisikos ist die durch die Veränderung des Zinsniveaus bzw. der Zinsstruktur bedingte Abweichung von zu erwartenden Zahlungsströmen. Ein Zinsänderungsrisiko besteht immer dann, wenn der aus dem Gesamtgeschäft eines Instituts erzielbare Zinsüberschuss nicht im vorhinein endgültig bestimmt ist, sondern von der weiteren Entwicklung des Marktzinses abhängt. Zinsänderungsrisiken ergeben sich insbesondere aus sog. offenen Festzinspositionen (die Zinsbindungsfristen im Aktiv- und Passivgeschäft weichen voneinander ab). Eine solche offene Festzinsposition kann mithin vorliegen, wenn auf der Aktiv- und Passivseite zwar feste Zinssätze, aber unterschiedliche Zinsbindungsfristen, vereinbart sind. Neben diesem Festzinsrisiko besteht aber auch ein Zinsänderungsrisiko aus variabel verzinslichen Positionen. Nämlich dann, wenn sich die Zinsspanne variabel verzinslicher Positionen bei Marktzinsänderungen aufgrund einer unterschiedlichen Zinsanpassungselastizität der einzelnen Posten verringert. Ein Zinsstrukturkurvenrisiko ergibt sich aus unerwarteten Verschiebungen der Neigung der Zinsstrukturkurve(n). Darüber hinaus können Zinsrisiken aus dem sog. Basisrisiko (Risiko aus der Anpassung der einem vereinbarten Zinssatz zugrunde liegenden Bezugsgröße wie bspw. 6-M-Euribor) und aufgrund von Zinsrisiken in Optionen (aus der Ausübung von Optionen wie zB der regresslosen Kündigung von Krediten) bestehen.

Zur **Darstellung** und **Messung des Zinsänderungsrisikos** gibt es eine Vielzahl von Methoden. Die bekanntesten sind die **Zinsablaufbilanz** (Zinsbindungsbilanz, Festzinsübersicht, Zinsfälligkeitsbilanz), das **Durationskonzept** (durchschnittliche Rückflussdauer des Kapitals) mit Ableitungen (zB Modified Duration, Basis-Point-Value) sowie das **Barwertkonzept** (Barwert sämtlicher künftiger Cashflows).

[1630] Vgl. WPg 1972, 18.
[1631] Vgl. FN 1982, 125.

Die Frage, unter welchen Umständen und in welcher Höhe Rückstellungen für das allgemeine Zinsänderungsrisiko zu bilden sind, ist nach wie vor ein nicht abschließend gelöstes Problem.[1632] In der Praxis fanden sich derartige Rückstellungen in der Vergangenheit kaum. Soweit sie vorkamen, wurden sie vor allem zur Abdeckung von besonderen Zinsrisiken bei der Finanzierung bestimmter Einzelkredite oder Kredittranchen gebildet. Systematisch und bilanztheoretisch am überzeugendsten erscheint nach hM ein Konzept, das die Zinsansprüche und -verpflichtungen aus sämtlichen zinstragenden Geschäften losgelöst vom Nominalbetrag der jeweiligen Forderung oder Verbindlichkeit als schwebendes Geschäft zu behandeln.[1633] Durch diese Vorgehensweise wird sichergestellt, dass der für die Beurteilung des Zinsrisikos eines Kreditinstituts entscheidende Gesamtzusammenhang zwischen den Konditionen der Aktivseite und der dagegen stehenden Refinanzierung angemessen Berücksichtigung findet.[1634]

Rückstellungen für das **allgemeine Zinsänderungsrisiko** werden im Einzelfall - soweit bekannt - bei hohen Verlusten aus Festzinsüberhängen und einer **negativen Zinsspanne im Gesamtgeschäft** gebildet. Regelmäßig fehlt es für die Bestimmung einer solchen Rückstellung für Zinsänderungsrisiken aber an der notwendigen Quantifizierbarkeit. Die Höhe der negativen oder positiven Beiträge aus den offenen Festzinspositionen hängt entscheidend davon ab, welche Annahmen über die Verzinsung der Positionen, die zur Schließung der offenen Positionen notwendig sind, getroffen werden.[1635] Auch ist die vom Gesetz als Voraussetzung einer Rückstellungsbildung geforderte Eintrittswahrscheinlichkeit für die entsprechenden Verluste in den hier betrachteten Fällen nicht in hinreichendem Maße gegeben.

Die Bildung einer Drohverlustrückstellung ist stets dann erforderlich, wenn sich aus den am Bilanzstichtag fest kontrahierten Geschäften ohne die Berücksichtigung von Festzinsüberhängen und -lücken ein Verlust in Form einer **negativen Zinsmarge** bzw. eines **negativen** (abgezinsten) **Gesamtzinsergebnisses** errechnet. Klarstellen sei darauf hingewiesen, dass es sich hierbei nicht um eine Rückstellung für Zinsänderungsrisiken handelt, weil diese Verluste von allen weiteren Änderungen der Marktzinssätze unbeeinflusst bleiben. Eine solche Konstellation dürfte in der Praxis kaum auftreten, weil ansonsten die Ertragslage des Instituts auch ohne die Rückstellungsbildung höchst beeinträchtigt wäre.

Denkbar ist eine Rückstellung für Zinsänderungsrisiko in **Extremsituationen**. Dies ist bspw. dann der Fall, wenn sich nach einer starken Zinssteigerung aus der Zinsablaufbilanz ergibt, dass sehr niedrig verzinslichen Festzinsaktiva variable, hoch verzinsliche Festzinspassiva gegenüberstehen. Ob für den Fall, dass nach der so genannten **Barwertmethode** ein negativer Barwert ermittelt wird, eine Rückstellung zu bilden ist, ist zweifelhaft. Für eine generell am Barwert orientierte Erfassung sämtlicher Aktiv- und Passivpositionen fehlt die Rechtsgrund-

---

[1632] Ausführlich vgl. Krumnow ua., 2. Aufl., § 340e HGB Rn. 262 ff.; Birck/Meyer, V 347 ff.; BFH-Urteil vom 1.3.1982, DB 1982, 1922 f.
[1633] Vgl. Krumnow ua., 2. Aufl., § 340e HGB Rn. 289.
[1634] Vgl. Krumnow ua., 2. Aufl., § 340e HGB Rn. 289.
[1635] Vgl. Krumnow ua., 2. Aufl., § 340e HGB Rn. 276 ff.

lage. Es ist insbesondere unsicher, ob der Barwert tatsächlich in jedem Fall der beizulegende Wert iSd. § 253 HGB ist.[1636] Dieser negative Barwert besagt zunächst lediglich, dass das Kreditinstitut Fristentransformation betreibt. Für die Ermittlung einer eventuellen Rückstellung bestehen dieselben Unsicherheiten wie beim Einsatz anderer Instrumente zur Steuerung des allgemeinen Zinsänderungsrisikos. Auch würden sich hier große theoretische Probleme auftun bei der Frage, an welchem Punkt das Realisationsprinzip zur Vermeidung des Ausweises unrealisierter Gewinne anzusetzen hat. Würde man hier eine Verrechnung der positiven und negativen Bewertungsergebnisse aus barwertorientierter Bewertung der Bilanzposten zulassen, müsste geklärt werden, bei welchen Vermögensgegenständen und Schulden eine Bewertung noch vorzunehmen ist und bei welchen ein unrealisierter Gewinn dem (saldierten) Imparitätsprinzip zum Opfer fiele.[1637] Dieses Zuordnungsproblem ist wohl logisch nicht lösbar. Zusätzlich ergäben sich weitreichende praktische Probleme bei der Ermittlung von Barwerten für alle zinstragenden Positionen (bspw. Spar- und Sichteinlagen).

Rückstellungen für den Fall, dass Darlehensnehmer hochverzinsliche Darlehen vorzeitig zurückzahlen, werden in der Praxis ebenfalls kaum gebildet. Für den Fall der vorzeitigen Tilgung solcher festverzinslicher Darlehen berechnet die kreditgebende Bank üblicherweise eine Vorfälligkeitsentschädigung. Soweit die Bank für die Finanzierung selbst hochverzinsliche Mittel aufgenommen hat, können sich bei zusammengefasster Betrachtung der nunmehr geringer verzinslichen Aktiva mit dem Passivgeschäft negative oder so geringe Margen ergeben, dass die Verwaltungskosten nicht mehr gedeckt sind. Für diesen Fall könnte eine Drohverlustrückstellung in Betracht kommen. Da es sich hier jedoch um einen Sachverhalt handelt, bei dem das Zinsänderungsrisiko akut geworden ist, wird eine Rückstellung nur im Zusammenhang mit der Beurteilung des gesamten Zinsänderungsrisikos des Instituts in Betracht kommen.[1638]

Eine **Rückstellung für „kontrahierte Verluste"** ist dann zu bilden, wenn aus Transaktionen wie bspw. dem Recouponing, Close-out mit Anschlussgeschäften, der Revalutierung von Zinsswaps oder aus einer Margenvereinnahmung (vgl. Kapitel 5.2.16.2.2.12.) bzw. einem Verkauf künftiger Zinsforderungen aus dem gesamten verbleibenden zinstragenden Geschäft des Instituts eine negative Zinsmarge resultiert.

Bürgschafts- bzw. Garantieverpflichtungen

Die Bürgschaft selbst ist ein einseitig verpflichtender Vertrag, in dem sich der Bürge (das bilanzierende Kreditinstitut) gegenüber dem Gläubiger (zB Kreditinstitut) eines Dritten (Kunde) verpflichtet, für die Erfüllung der Verbindlichkeit des Dritten einzustehen (Bürgschaftsvertrag). Daneben existiert idR noch ein weiterer Vertrag zwischen dem Bürgen und

---

[1636] Vgl. Krumnow ua., 2. Aufl., § 340e HGB Rn. 288.
[1637] So Krumnow ua., 2. Aufl., § 340e HGB Rn. 288.
[1638] Vgl. Birck/Meyer, V 368.

dem Dritten (= Hauptschuldner), in dem der Bürge - im Regelfall gegen Entgelt - den Abschluss des Bürgschaftsvertrags zusagt (Geschäftsbesorgungsvertrag).

Mit Befriedigung des Gläubigers durch den Bürgen geht die Hauptforderung des Gläubigers kraft Gesetzes auf den Bürgen über (§ 774 BGB). Bei Bürgschaftsleistung entsteht (im Innenverhältnis) ein Aufwendungsersatzanspruch des Bürgen ggü. dem Hauptschuldner. Dieser Aufwendungsersatzanspruch tritt neben den gesetzlichen Forderungsübergang; der Bürge hat nach überwiegender Ansicht im Schrifttum die Wahl zwischen diesen beiden Ansprüchen.[1639]

Beim **Garantievertrag** übernimmt der Garant die Haftung für einen bestimmten Erfolg oder die Gefahr bzw. den Schaden, der aus dem Rechtsverhältnis mit einem Dritten entstehen kann (zB Kreditsicherungsgarantie). Häufig lässt sich der Garant (das bilanzierende Kreditinstitut) einen Anspruch auf Übertragung der Hauptforderung vertraglich einräumen.

Für eine Bürgschaftsverpflichtung ist eine Rückstellung zu bilanzieren, sobald eine **Inanspruchnahme** des Bürgen (Kreditinstitut) **droht**. Die Frage, ob eine Inanspruchnahme droht, ist nicht danach zu entscheiden, ob der Gläubiger am Bilanzstichtag beabsichtigt, den Bürgen in Anspruch zu nehmen, sondern danach, ob der Gläubiger voraussichtlich vom Schuldner oder durch Verwertung anderer Sicherheiten befriedigt wird. Erforderlich ist grundsätzlich ein Bruttoausweis, also die Passivierung des vollen (ggf. abgezinsten) Betrags der voraussichtlichen Inanspruchnahme und Aktivierung des Rückgriffsanspruchs.

Der Rückgriffsanspruch gegenüber dem Hauptschuldner ist zwar zu aktivieren, jedoch im Regelfall wegen Wertminderung sofort (voll) abzuschreiben.[1640] Ein Wert ist dieser Rückgriffsforderung insbesondere dann beizumessen, wenn dem Bürgen werthaltige Sicherheiten gestellt wurden oder eine Rückbürgschaft Dritter besteht.

Bürgschaftsverpflichtungen sind nach Ansicht der OFD München[1641] nicht den drohenden Verlusten aus schwebenden Geschäften zuzuordnen; es handelt sich vielmehr um **Rückstellungen für ungewisse Verbindlichkeiten**. Für Garantieverträge gilt dasselbe.

Pauschale Rückstellung für mögliche Verluste aus einer Kreditausfallgarantie

Dem Urteil des EuGH vom 7.1.2003[1642] liegt der Sachverhalt zugrunde, dass eine Bank eine Rückstellung für vermutete Verluste aus einer Risikounterbeteiligung an einem Darlehen, das eine andere Bank gewährt hat, gebildet hatte.[1643] Die das originäre Darlehen gewährende Bank verteilte das Risiko aus ihrem Kredit teilweise auf andere Kreditinstitute, ua. auf die klagende Bank. Letztere wies die Risikounterbeteiligungsgarantie unter dem Bilanzstrich als Eventual-

---

[1639] Vgl. OFD München, Vfg. vom 12.4.2002, WPg 2002, 778 mwN.
[1640] Vgl. OFD München, Vfg. vom 12.4.2002, WPg 2002, 778 mwN zur Rechsprechung.
[1641] Vgl. OFD München, Vfg. vom 12.4.2002, WPg 2002, 778.
[1642] Vgl. EuGH-Urteil vom 7.1.2003, DStRE 2003, 69.
[1643] Vgl. Breitweg, NWB Fach 17, 1747.

verbindlichkeit aus. Zugleich passivierte sie eine Rückstellung für zu vermutende Verluste in Höhe von ca. 25 % des garantierten Betrags.

Hinsichtlich der Möglichkeit einer **pauschalen Bewertung der Rückstellung** ist darauf hinzuweisen, dass nach Art. 31 Abs. 1 Buchst. e der Vierten Richtlinie 78/660 EWG des Rates vom 25.7.1978 (4. EG-Richtlinie) die in den Aktiv- und Passivposten enthaltenen Vermögensgegenstände bzw. Schulden einzeln zu bewerten sind. Der EuGH hat jedoch entschieden, dass eine Abweichung von Abs. 2 dieser Bestimmung angebracht sein kann, wenn im Licht des Grundsatzes des den tatsächlichen Verhältnissen entsprechenden Bildes eine Einzelbewertung kein den tatsächlichen Verhältnissen soweit wie möglich entsprechendes Bild der Finanzlage der betreffenden Gesellschaft vermitteln würde.[1644] Im hier vorliegenden Fall, in dem mehrere ungewisse und sogar gegensätzliche Faktoren vorliegen, kann es sein, dass für die Wahrung des Grundsatzes der Vorsicht und des den tatsächlichen Verhältnissen entsprechenden Bildes eine pauschale Beurteilung aller relevanten Gesichtspunkte die geeignetste Vorgehensweise darstellt.

Der EuGH hat darüber hinaus entschieden, dass sich ein Vorgang wie die Rückzahlung des dem Endkreditnehmer gewährten Kredits durch den Kreditnehmer nach dem Bilanzstichtag nicht tatsächlich auf das fragliche Geschäftsjahr bezieht. Somit stellt nach Ansicht des EuGH dieser Vorgang keine **wertaufhellende** Tatsache dar. Es sei jedoch erforderlich, dass an irgendeiner Stelle im Jahresabschluss (zB im Anhang) der Wegfall oder die Verringerung eines solchen Risikos erwähnt wird. Nach Ansicht von Breitweg[1645] reicht die Anhangangabe nicht aus; es sei vielmehr eine Angabe im Lagebericht über Vorgänge von besonderer Bedeutung, die nach dem Schluss des Geschäftsjahres eingetreten sind (§ 289 Abs. 2 Nr. 1 HGB) erforderlich.

Aufbewahrung von Geschäftsunterlagen

Nach dem BFH-Urteil vom 19.8.2002[1646] ist für die zukünftigen Kosten der Aufbewahrung von Geschäftsunterlagen[1647], zu der das Unternehmen nach § 257 HGB sowie nach der Abgabenordnung verpflichtet ist, eine Rückstellung für ungewisse Verbindlichkeiten zu bilden. Die Rückstellung ist sowohl in der Handels- als auch in der Steuerbilanz zu bilden.[1648]

Für Verpflichtungen, die sich aus öffentlichem Recht[1649] ergeben, können Rückstellungen erforderlich werden. Dies setzt voraus, dass die öffentlich-rechtliche Verpflichtung hinreichend konkretisiert ist. Sie muss auf ein bestimmtes Handeln innerhalb eines bestimmten Zeitraums

---

[1644] Vgl. Breitweg, NWB Fach 17, 1750.
[1645] Vgl. Breitweg, NWB Fach 17, 1750.
[1646] Vgl. BFH-Urteil v. 19.8.2002, DB 2002, 2463.
[1647] Vgl. Maus, BBK Fach 13, 4547.
[1648] Vgl. Roß/Drögemüller, WPg 2003, 219; Maus, BBK Fach 13, 4547.
[1649] Zu den Voraussetzungen der Passivierung von Verbindlichkeiten, die ihre Ursache im Bereich des öffentlichen Rechts finden, vgl. BFH-Urteil vom 19.11.2003, DB 2004, 113, 114 f.

zielen. Auch eine Verpflichtung, die sich allein aus gesetzlichen Bestimmungen ergibt, kann zur Bildung einer Rückstellung führen. Dies setzt jedoch einen entsprechend konkretisierten Gesetzesbefehl voraus und erfordert des Weiteren, dass an die Verletzung Sanktionen geknüpft sind. Die Verpflichtung, die in § 257 HGB und der Abgabenordnung genannten Unterlagen sechs bzw. zehn Jahre aufzubewahren, ist nach Ansicht des BFH eine solche öffentlichrechtliche Verpflichtung, die zur Bildung einer Rückstellung für ungewisse Verbindlichkeiten berechtigt.

Geklagt hat ein Unternehmen, dessen aufzubewahrendes Volumen jährlich ca. 250 Ordner mit Unterlagen zur Finanzbuchhaltung, 10 Kisten mit Bank- und Kassenbelegen sowie 70 Ordner mit Personalunterlagen (Letztere gehören möglicherweise nicht zu den Unterlagen iSd. § 257 HGB) umfasste. Die Verpflichtung ist im abgelaufenen Geschäftsjahr verursacht, da der Tatbestand, an den das Gesetz die Verpflichtung knüpft - das Entstehen der Unterlagen - im Wesentlichen am Bilanzstichtag verwirklicht ist. Die Aufbewahrungspflicht ist somit vergangenheits- und nicht zukunftsorientiert. Auch ist die Verpflichtung im Gesetz hinreichend konkretisiert. Der Bilanzierende kann sich dieser Pflicht nicht entziehen.

Die Rückstellung ist in Höhe des voraussichtlichen Erfüllungsbetrags (hier: Vollkosten) zu bilden. Sie ist handelsrechtlich nicht abzuzinsen, da sie keinen Zinsanteil enthält. Steuerrechtlich ist § 6 Abs. 1 Nr. 3a Buchst. e EStG zu beachten; allerdings scheidet wegen § 6 Abs. 1 Nr. 3a Buchst. e Satz 2 EStG auch in der Steuerbilanz eine Abzinsung der Rückstellung aus.

Im Streitfall waren die anteiligen Mietkosten für ein Archiv, in dem die Geschäftsunterlagen aufbewahrt werden, zurückzustellen. Zu beachten ist, dass die Aufwendungen nur insoweit rückstellungsfähig sind, als sie sich sachlich auf aufbewahrungs**pflichtige** Unterlagen beziehen und für diese am Bilanzstichtag noch eine Aufbewahrungspflicht besteht (zeitlich). Zur Ermittlung dieses Betrags wird eine Aufteilung der für das Archiv anfallenden Kosten vorzunehmen sein, die berücksichtigt, welche Unterlagen tatsächlich aufbewahrungspflichtig sind und wie lange die Aufbewahrungspflicht für die einzelnen Unterlagen noch besteht. Für die Verpflichtung, die eine Sachleistungsverpflichtung darstellt, sind wie bereits erwähnt die Vollkosten anzusetzen.

Der BFH hat sich für eine **Pflicht** der Bildung dieser Rückstellung ausgesprochen. Zu beachten ist, dass die Rückstellung entsprechend dem Ablauf der Aufbewahrungsfristen zu verbrauchen und gleichzeitig für die neu angefallenen Geschäftsunterlagen eine neue Rückstellung zu bilden ist. Dies bedeutet, dass die einmal gebildete Rückstellung bei gleich bleibenden Mengen der aufzubewahrenden Geschäftsunterlagen der Höhe nach unverändert beibehalten werden kann. Nur eine Änderung der Kosten der Aufbewahrung, die Menge der Unterlagen oder der gesetzlichen Bestimmungen können damit im Ergebnis zu einer Veränderung der Rückstellung führen.

Zu einem **Vorschlag für die Berechnung der Rückstellung** siehe Maus[1650], der auch feststellt, dass sich die Rückstellungsberechnung als aufwendig erweisen kann und sich zu Recht fragt, ob der hierfür anfallende Arbeits- und Kostenaufwand hinnehmbar ist. Er schlägt daher vor, bei der erstmaligen Rückstellungsberechnung eine schätzungsweise Berechnung der Rückstellung vorzunehmen. Solange sich keine wesentlichen Änderungen ergeben, ist es nach Maus in den Folgejahren vertretbar, den Rückstellungsbetrag unverändert fortzuführen.

Gewinne aus der Aufrechnung mit dem passivierten Betrag von dem Treuhänder vorübergehend zurückgegebenen Wertpapieren

Bei Instituten (zB Hypothekenbanken), die einen unabhängigen Treuhänder haben, sind die **dem Treuhänder endgültig zurückgegebenen** Schuldverschreibungen vom passivierten Bestand der begebenen Schuldverschreibungen abzusetzen (§ 22 Abs. 5 Satz 2 RechKredV). **Gewinne**, die bei der Vernichtung der zumeist unter 100 % zu Buch stehenden zurückgekauften Stücke und ihrer Aufrechnung mit den passivierten Nominalbeträgen entstehen, gelten grundsätzlich als realisiert.[1651]

Für dem Treuhänder lediglich **vorübergehend zurückgegebene Stücke** besteht hingegen ein Wahlrecht; sie können entweder von den begebenen Schuldverschreibungen auf der Passivseite abgesetzt werden oder als Eigenbestand und als begebene Schuldverschreibungen gezeigt werden.[1652] Bei Stücken, die mit den auf der Passivseite bilanzierten Verbindlichkeiten aufgerechnet werden, gelten nach BFA 1/1971[1653] Gewinne nicht als realisiert, wenn die Stücke dem Treuhänder nur zur Verwahrung übergeben worden sind und ihre Wiederveräußerung deshalb nicht ausgeschlossen ist.

Die Aufrechnungsdifferenz ist als **Rückstellung** auszuweisen. Diese Rückstellung ist bei fallenden Wertpapierkursen analog den Bewertungsvorschriften für Wertpapiere entsprechend zu erhöhen. Werden die vorübergehend vom Treuhänder verwahrten Stücke wieder in den Bestand des Instituts genommen, wird der passivierte Differenzbetrag zugunsten des dann zu aktivierenden Postens aufgelöst. Vernichtet das Institut die vorübergehend verwahrten Stücke, kann der Differenzposten gewinnerhöhend aufgelöst werden.

5.3.7.2.2.3. Rückstellungen für latente Steuern

Rückstellungen für latente Steuern sind in der Bilanz oder im Anhang gesondert anzugeben (§ 274 Abs. 1 HGB). Rückstellungen für latente Steuern können in der Bilanz entweder in einem eigenen Posten innerhalb des Passivpostens „7. Rückstellungen" oder im Unterposten „b) Steuerrückstellungen" ausgewiesen werden. Im letztgenannten Fall muss der Betrag der

---

[1650] Vgl. Maus, BBK Fach 13, 4547 ff.
[1651] Vgl. BFA 1/1971, WPg 1972, 19.
[1652] Vgl. WPH Bd. I 2000 J Tz. 138; BFA 1/1969, A.3., WPg 1969, 206 ff.; BFA 1/1971, WPg 1972, 18 f.
[1653] Vgl. BFA 1/1971, 19.

Rückstellung im Anhang angegeben werden, wenn er nicht als Untergliederung oder Darunter-Vermerk der Steuerrückstellungen ausgewiesen wird.

Rückstellungen für latente Steuern sind nach den für Rückstellungen geltenden Grundsätzen zu behandeln, dh. ihr Verbrauch bzw. ihre Auflösung erfolgt, sobald die höhere Steuerbelastung eintritt oder mit ihr voraussichtlich nicht mehr zu rechnen ist (§ 274 Abs. 1 Satz 2 HGB).

5.3.7.2.2.4. Rückstellungen für Eventualverbindlichkeiten

Eine unter der Bilanz anzusetzende (oder im Anhang anzugebende) Eventualverbindlichkeit oder eine andere Verpflichtung beinhaltet eine vertraglich eingegangene, aber in der Realisierung nicht wahrscheinliche Haftung bzw. ein Kreditrisiko.

Sofern sich Anhaltspunkte für eine drohende Inanspruchnahme ergeben, ist der Ansatz einer Rückstellung geboten (vgl. Kapitel 5.3.7.2.2.2.).[1654] Wird eine Rückstellung für einen drohenden Verlust aus einer unter dem Strich vermerkten Eventualverbindlichkeit oder einem Kreditrisiko gebildet, so ist der Posten unter dem Strich in Höhe des zurückgestellten Betrags zu kürzen (§ 24 RechKredV).

Damit wird ein Doppelausweis - einmal unter dem Bilanzstrich und einmal als Rückstellung in der Bilanz - vermieden; der erfolgswirksame Ausweis der Rückstellung wird dem Ausweis unter dem Bilanzstrich vorgezogen.

5.3.7.2.2.5. Überkreuzkompensation

Aufwendungen aus Zuführungen zu Rückstellungen für Eventualverbindlichkeiten und für Kreditrisiken sowie die Erträge aus deren Auflösung dürfen in die Überkreuzkompensation nach § 340f Abs. 3 HGB einbezogen werden. § 32 RechKredV schreibt jedoch vor, dass eine teilweise Saldierung der in § 340f Abs. 3 HGB genannten Aufwendungen und Erträge nicht möglich ist.

5.3.7.2.3. Unterposten

Rückstellungen für Pensionen und ähnliche Verpflichtungen

In diesem Unterposten sind sämtliche Rückstellungen auszuweisen, die für laufende Pensionen und für Anwartschaften auf Pensionen oder für ähnliche Verpflichtungen zu bilden sind.

[1654] Vgl. auch Birck/Meyer, V 364 ff.

Steuerrückstellungen

Der Unterposten b) erfasst alle Rückstellungen für Steuerschulden der Gesellschaft, nicht nur die für Ertragsteuern, sondern auch für alle anderen Steuerarten, soweit sie nicht der Höhe und dem Grunde nach bereits feststehen und daher als Verbindlichkeiten auszuweisen sind.

Eine Rückstellung für latente Steuern nach § 274 Abs. 1 HGB ist in diesen Unterposten mit einzubeziehen und als Darunter-Vermerk anzugeben, soweit nicht eine entsprechende Angabe im Anhang erfolgt.

Andere Rückstellungen

Unter den anderen Rückstellungen sind alle Rückstellungen zu erfassen, die nicht als Rückstellungen für Pensionen und ähnliche Verpflichtungen (Unterposten a)) oder als Steuerrückstellungen (Unterposten b)) gesondert auszuweisen sind. Hierzu gehören insbesondere Rückstellungen für ungewisse Verbindlichkeiten und für drohende Verluste aus schwebenden Geschäften, Rückstellungen für unterlassene Instandhaltung und Abraumbeseitigung, Rückstellungen für Gewährleistungen ohne rechtliche Verpflichtung sowie die sog. Aufwandsrückstellungen.

5.3.7.3. Bewertung

Rückstellungen sind in Höhe des Betrags anzusetzen, der nach vernünftiger kaufmännischer Beurteilung notwendig ist (§ 253 Abs. 1 Satz 2 HGB). Dieser Grundsatz gilt sowohl für die Obergrenze als auch für die Untergrenze. Rückstellungen sind mithin in Höhe des Betrags zu bilden, mit dem die Gesellschaft voraussichtlich in Anspruch genommen werden wird oder den sie zur Deckung des Risikos benötigt. Die Rückstellungsbildung muss den tatsächlichen wirtschaftlichen Verhältnissen Rechnung tragen.

Rückstellungen sind in jedem Geschäftsjahr darauf zu untersuchen, ob und inwieweit sie für die im Gesetz genannten Zwecke noch zulässig sind. Eine Auflösung kommt nur insoweit in Betracht, als der Grund für die Rückstellung entfallen ist. Dies ist der Fall, wenn die Rückstellung nicht oder nicht in der bisherigen Höhe neu gebildet werden könnte; insoweit besteht eine Pflicht zur Auflösung der Rückstellung.

Rückstellungen sind zulasten derjenigen Aufwandsarten zu bilden, zu deren Deckung sie bestimmt sind.

Rückstellungen für drohende Verluste aus schwebenden Geschäften sind steuerlich nicht mehr abzugsfähig (§ 5 Abs. 4a EStG). Regelungen für die Bewertung von Rückstellungen sind darüber hinaus in § 6 Abs. 1 Nr. 3a EStG zu finden (vgl. Kapitel 4.9.5.).

5.3.7.4. Anhangangaben

Bei Anwendung des Artikel 28 Abs. 1 EGHGB müssen Institute die **in der Bilanz nicht ausgewiesenen Rückstellungen** für laufende Pensionen, Anwartschaften auf Pensionen und ähnliche Verpflichtungen jeweils im Anhang in einem Betrag angeben (Artikel 28 Abs. 2 EGHGB). Obwohl Artikel 28 Abs. 2 EGHGB diese Anhangangabe ausdrücklich nur für Kapitalgesellschaften verlangt, gilt diese Angabepflicht für alle Institute (§ 340a Abs. 1 HGB iVm. Artikel 28 Abs. 2 EGHGB).

Die für frühere Mitglieder des Vorstands (und ggf. auch des Aufsichtsrats) gebildeten Pensionsrückstellungen sind im Anhang gesondert zu vermerken (§ 285 Nr. 9 b) iVm. § 340a HGB).

Eine **Rückstellung für latente Steuern** (§ 274 Abs. 1 HGB) ist in der Bilanz oder im Anhang gesondert anzugeben.

5.3.7.5. Prüfung des Postens

Es sind die für Rückstellungen allgemein üblichen Prüfungshandlungen durchzuführen.

Im Rahmen der Prüfung ist festzustellen, ob die gebildeten Rückstellungen vollständig und ausreichend bemessen sind.

Die von der **Internen Revision** angefertigten Prüfungsberichte sollten eingesehen werden.

Der **Prüfungsbericht** muss die in § 48 PrüfbV verlangten Angaben enthalten:

- Darstellung im Vergleich mit dem Vorjahr,
- Erläuterung der Zusammensetzung.

Daneben sind nach § 50 Nr. 5 PrüfbV folgende Angaben im Prüfungsbericht zu machen:

- Erläuterung der Entwicklung unter Angabe von
  - Anfangsbestand,
  - Verbrauch,
  - Auflösung,
  - Zuführung und
  - Endbestand.
- Beurteilung der Angemessenheit.
- Angabe, inwieweit von der Bildung von Pensionsrückstellungen abgesehen wurde.

Es ist erforderlich, die Entwicklung für die Einzelrückstellungen in der vorstehenden Art und Weise darzustellen. Ebenso ist die Erläuterung für die einzelnen Sachverhalte, für die Rückstellungen gebildet wurden, vorzunehmen. Unwesentliche Einzelrückstellungen können ggf. zusammengefasst dargestellt und erläutert werden.

Darüber hinaus empfiehlt es sich, folgende Angaben im Bericht zu machen:

- gesonderte Nennung der Rückstellung für nicht gedeckte Kosten des Ratenkreditgeschäfts,
- Angabe der Änderungen in der Ausweis- und/oder Bewertungsmethodik.
- Nennung der für den Anhang erforderlichen Angaben.

5.3.8. Sonderposten mit Rücklageanteil (Passiva 8)

5.3.8.1. Postenbezeichnung

Die Postenbezeichnung lautet nach dem Formblatt 1 wie folgt:

> 8. Sonderposten mit Rücklageanteil

Der Passivposten „8. Sonderposten mit Rücklageanteil" ist für alle Kredit- und Finanzdienstleistungsinstitute iSv. § 1 KWG einheitlich geregelt.

Die Postenbezeichnung im Formblatt 1 wurde weder mit der Ersten noch mit der Zweiten Verordnung zur Änderung der RechKredV geändert.

5.3.8.2. Posteninhalt

5.3.8.2.1. RechKredV

Die RechKredV enthält für den Posteninhalt des Passivpostens 8. keine Regelungen. Mithin sind für den Postenausweis die allgemein geltenden Regelungen der §§ 247 Abs. 3 sowie 273 HGB maßgeblich.

5.3.8.2.2. Voraussetzungen für den Postenausweis

Der Sonderposten mit Rücklageanteil ist kein institutsspezifischer Passivposten. Er setzt sich aus einem Eigen- und einem Fremdkapitalanteil (Ertragsteueranteil) zusammen.

Auch Institute dürfen Sonderposten mit Rücklageanteil nur insoweit bilden, als das Steuerrecht die Anerkennung des Wertansatzes bei der steuerrechtlichen Gewinnermittlung davon abhängig macht, dass der Sonderposten in der Handelsbilanz gebildet wird (§ 340a HGB iVm. § 273 HGB).

Nach § 5 Abs. 1 Satz 2 EStG sind steuerrechtliche Wahlrechte bei der Gewinnermittlung in Übereinstimmung mit der handelsrechtlichen Jahresbilanz auszuüben. Damit ist der Grundsatz der umgekehrten Maßgeblichkeit umfassend - also auch für die Sonderposten mit Rücklageanteil - festgeschrieben.

Als Sonderposten mit Rücklageanteil kommen insbesondere infrage:

- Rücklagen nach §§ 6b, 6c EStG,
- Rücklage nach § 6d EStG,
- Gewinnmindernde Rücklagen nach den Übergangsregelungen des Steuerentlastungsgesetzes 1999/2000/2002.

5.3.8.3. Bewertung

Bewertungsfragen im Zusammenhang mit Sonderposten mit Rücklageanteil stellen sich grundsätzlich nicht. Die Bildung und Auflösung des einzelnen Sonderpostens mit Rücklageanteil richtet sich vielmehr nach den einschlägigen steuerlichen Vorschriften.

5.3.8.4. Anhangangaben

Die Vorschriften, nach denen der Sonderposten (einschließlich der Wertberichtigung nach § 254 HGB) gebildet wurde, sind in der Bilanz oder im Anhang anzugeben (§§ 273, 281 Abs. 1 Satz 2 HGB).

5.3.8.5. Bankaufsichtliche Besonderheiten

5.3.8.5.1. Aus Erträgen gebildete Rücklagen, deren Versteuerung erst durch ein späteres Ereignis ausgelöst wird, als Kernkapital

Nach § 10 Abs. 3a Satz 2 KWG können als **Kernkapital** „*als Rücklagen ausgewiesene Beträge, die aus Erträgen gebildet worden sind, auf die erst bei Eintritt eines zukünftigen Ereignisses Steuern zu entrichten sind, ... in Höhe von 45 vom Hundert berücksichtigt werden.*" Auf diese Rücklagen ist mithin ein Abschlag von 55 % zu machen, bevor sie als haftendes Eigenkapital berücksichtigt werden können.

Dieser Ausnahmetatbestand trägt dem Fall Rechnung, dass ein Ertrag handelsrechtlich zu einem höheren Gewinnausweis führt, der steuerrechtlich vorerst nicht relevant wird, bei Eintritt eines bestimmten zukünftigen (ungewissen) Ereignisses aber steuerlich relevant werden kann.[1655] Steuerliche Vorschriften ermöglichen bspw. unter bestimmten Voraussetzungen, Bewertungsgewinne in Grundstücken, die handelsrechtlich durch eine Veräußerung an Tochterunternehmen realisiert werden, als steuerlich nicht realisiert zu behandeln, solange das Grundstück nicht aus dem Konzern veräußert wird.[1656]

Einer evtl. später anfallenden Steuer wird durch den Abschlag von 55 %, welcher der entsprechenden Abschlagsregelung für die Berücksichtigung nicht realisierter Reserven in Grundstücken, grundstücksgleichen Rechten und Gebäuden entspricht, Rechnung getragen.

[1655] Vgl. BR-Drs. 963/96, 78.
[1656] Vgl. BR-Drs. 963/96, 78.

5.3.8.5.2. Anerkennung der Rücklagen gemäß § 6b EStG als Ergänzungskapital

Bei den Rücklagen nach § 6b EStG iSd. § 10 Abs. 2b Satz 1 Nr. 3 KWG handelt es sich - im Gegensatz zu den nicht realisierten Reserven iSd. § 10 Abs. 2b Satz 1 Nr. 6 und 7 KWG - um durch einen Veräußerungsakt bereits tatsächlich realisierte stille Reserven (Buchgewinne), die zum Zweck der Übertragung auf andere Wirtschaftsgüter in der Bilanz vorübergehend in den „Sonderposten mit Rücklageanteil" eingestellt wurden.

Durch den Verzicht auf die sofortige Besteuerung soll der Wirtschaft nach der Entstehungsgeschichte der Vorschrift die ökonomisch sinnvolle Anpassung an strukturelle Veränderungen erleichtert werden. Erfolgt die Reinvestition noch nicht im Jahr der Veräußerung des Wirtschaftsguts, so kann der Steuerpflichtige bis zur Anschaffung des Reinvestitionsobjekts in den Folgejahren eine den steuerlichen Gewinn mindernde Rücklage bilden.

Der Zweck der steuerlichen Regelung ist es, Veräußerungsgewinne nicht der Gewinnbesteuerung zu unterwerfen, sondern auf bestimmte Neuinvestitionen zu übertragen. Die als Sonderposten mit Rücklageanteil ausgewiesenen stillen Reserven dürfen bei der Reinvestition von den Anschaffungskosten des neu angeschafften Wirtschaftsguts abgezogen werden. Hierdurch werden die bei dem verkauften Wirtschaftsgut aufgelösten stillen Reserven auf das Reinvestitionsobjekt übertragen.

Es handelt sich bei der gewinnmindernden Bildung der § 6b-Rücklage um ein Passivierungswahlrecht, das in der zulässigen Höhe auch nur mit einem Teilbetrag oder gar nicht in Anspruch genommen werden kann. Wird in Ausübung des Wahlrechts auf die Bildung der Rücklage teilweise oder ganz verzichtet, kann in einem späteren Geschäftsjahr die Rücklage nicht nachgeholt werden. Für Geschäftsvorfälle gleicher Art, dh. Veräußerungsgewinne nach § 6b EStG, ist der bilanzierende Kaufmann für jeden Bilanzstichtag in seiner Entscheidungsfreiheit nicht an den Stetigkeitsgrundsatz (§ 252 Abs. 1 Nr. 6 HGB) gebunden: Der Veräußerungsgewinn kann, unabhängig wie in den Vorjahren verfahren worden ist, in eine Rücklage eingestellt werden oder nicht. Dies ergibt sich aus dem Wortlaut des § 247 Abs. 3 HGB, wonach Sonderposten gebildet werden „dürfen".

Die Rücklage muss bereits bei der Aufstellung der Bilanz gebildet werden (§ 270 Abs. 1 HGB). Der Sonderposten mit Rücklageanteil darf in der Handelsbilanz nur insoweit gebildet werden, als das Steuerrecht die Anerkennung des Wertansatzes bei der steuerrechtlichen Gewinnermittlung davon abhängig macht, dass der Sonderposten in der Bilanz gebildet wird (§ 273 HGB). Die Rücklage muss in der Handelsbilanz daher grundsätzlich in gleicher Höhe gebildet werden wie in der Steuerbilanz (ein höherer Betrag in der Handelsbilanz ist nicht zulässig, ein geringerer Betrag kann ausnahmsweise zulässig sein). Die Rücklage in der Steuerbilanz ist nur zulässig, wenn sie auch in der Handelsbilanz gebildet wird (wegen weiterer Einzelheiten zu § 6b EStG wird auf die steuerlichen Vorschriften verwiesen).

Diese als **Ergänzungskapital** anzurechnenden Rücklagen, die im „Sonderposten mit Rücklageanteil" ausgewiesen sind, müssen durch die Veräußerung von Grundstücken, grundstücksgleichen Rechten und Gebäuden entstanden sein (§ 10 Abs. 2b Satz 1 Nr. 3 KWG), damit sie dem Ergänzungskapital zugerechnet werden können. Dem Ergänzungskapital können diese Rücklagen nur bis zu 45 % des auf der Passivseite ausgewiesenen Betrags hinzugerechnet werden.

Diese Gewinne stehen dem Institut jederzeit zur Verlustabdeckung zur Verfügung. Ohne die Regelung des § 10 Abs. 2b Satz 1 Nr. 3 KWG käme eine Zurechnung dieser Reserven zum haftenden Eigenkapital erst wieder in Betracht, wenn die Reinvestition erfolgt ist. Erst ab diesem Zeitpunkt kann die Berechnung der Neubewertungsreserven für das neu angeschaffte Wirtschaftsgut erfolgen.

Würde man die Zurechnung der Rücklage nach § 6b EStG für den Zeitraum zwischen der Veräußerung des Wirtschaftsguts und dem Zeitpunkt der Reinvestition nicht zulassen, hätte dies zur Folge, dass dem Institut die Neubewertungsreserven für diesen Zeitraum verloren gehen würden, obwohl diese Reserven in Form der § 6b-Rücklage auf der Passivseite der Bilanz offen ausgewiesen und vorhanden sind. Ein solches Ergebnis wäre nicht sachgerecht.[1657]

Die Rücklagen nach § 6b EStG sind nur aufgrund einer geprüften und festgestellten Bilanz berücksichtigungsfähig. Sie sind mithin während des Geschäftsjahres statischer Natur.

5.3.8.6. Prüfung des Postens

Es sind die für Sonderposten mit Rücklageanteil allgemein üblichen Prüfungshandlungen durchzuführen. Es ist insbesondere festzustellen, ob die Posten zutreffend gebildet und aufgelöst werden.

Im Rahmen der Prüfung ist festzustellen, ob die **Anrechnung als Ergänzungskapital** zutreffend erfolgt.

Die von der **Internen Revision** angefertigten Prüfungsberichte sollten eingesehen werden.

Der **Prüfungsbericht** muss die in § 48 PrüfbV verlangten Angaben enthalten:

- Darstellung im Vergleich mit dem Vorjahr,
- Erläuterung der Zusammensetzung.

Weitere Berichtsangaben sieht die PrüfbV nicht vor. Es empfiehlt sich jedoch, im Prüfungsbericht die Vorschriften anzugeben, nach denen die Sonderposten gebildet worden sind und die Entwicklung der einzelnen Posten (Stand 1.1., Zuweisung, Auflösung, Stand 31.12.) darzustellen.

[1657] Vgl. Reischauer/Kleinhans, Kza. 115, § 10 KWG Rn. 61.

5.3.9. Nachrangige Verbindlichkeiten (Passiva 9)

5.3.9.1. Postenbezeichnung

Die Postenbezeichnung lautet nach dem Formblatt 1 wie folgt:

9. Nachrangige Verbindlichkeiten

Der Passivposten „9. Nachrangige Verbindlichkeiten" ist für alle Institute iSv. § 1 KWG einheitlich geregelt.

Die Postenbezeichnung im Formblatt 1 wurde weder mit der Ersten noch mit der Zweiten Verordnung zur Änderung der RechKredV geändert.

Verbindlichkeiten gegenüber **verbundenen Unternehmen** bzw. **Unternehmen, mit denen ein Beteiligungsverhältnis besteht**, sind als Unterposten in der Bilanz jeweils gesondert auszuweisen (§ 3 Satz 1 Nr. 3 und 4 RechKredV). Die Angaben können wahlweise auch im Anhang in der Reihenfolge der betroffenen Posten gemacht werden.

Kreditinstitute in der Rechtsform der GmbH müssen **Verbindlichkeiten gegenüber Gesellschaftern** gesondert ausweisen oder im Anhang angeben (§ 42 Abs. 3 GmbHG).

5.3.9.2. Posteninhalt

5.3.9.2.1. RechKredV

Der Postenausweis wird in § 4 Abs. 1 RechKredV geregelt. Einzelheiten ergeben sich aus Kapital 3.7.3.

5.3.9.2.2. Voraussetzungen für den Postenausweis

§ 266 HGB sieht einen derartigen Posten für Unternehmen, die nicht nach dem Formblatt 1 der RechKredV zu bilanzieren haben, nicht vor. Mit dem Passivposten „9. Nachrangige Verbindlichkeiten" wird dem Umstand Rechnung getragen, dass Kapital, das aufgrund eines Darlehensvertrags eingezahlt ist, dem haftenden Eigenkapital zuzurechnen ist, wenn ua. vereinbart ist, dass es im Fall der Insolvenz oder der Liquidation des Kreditinstituts erst nach Befriedigung aller nicht nachrangigen Gläubiger zurückerstattet wird. Genussrechtskapital und Einlagen stiller Gesellschafter, die im Regelfall ebenfalls nachrangig sind, sind nicht hier auszuweisen.

Konstitutives Merkmal für nachrangige Verbindlichkeiten ist die sog. **Nachrangabrede**, dh. eine Vereinbarung, dass die entsprechenden Verbindlichkeiten im Fall der Liquidation oder der Insolvenz erst nach den Forderungen anderer Gläubiger erfüllt werden dürfen (§ 4 Abs. 1

RechKredV). Die Nachrangabrede setzt eine entsprechende vertragliche Bindung des Schuldners voraus. Eine Vereinbarung, die lediglich unter den beteiligten Gläubigern abgeschlossen wurde, reicht nicht aus. Im Verhältnis zu anderen bankaufsichtsrechtlichen Eigenkapitalkomponenten werden nachrangige Verbindlichkeiten idR gleichrangig mit Genussrechtskapital, aber vorrangig vor stillen Beteiligungen und dem eingezahlten Kapital zurückgezahlt.

Im Gegensatz zu nachrangigen Vermögensgegenständen (Forderungen), die bei den jeweiligen Posten und Unterposten der Aktivseite gesondert auszuweisen oder in der Reihenfolge der betroffenen Posten im Anhang anzugeben sind (§ 4 Abs. 2 RechKredV), sind **sämtliche** nachrangigen Verbindlichkeiten zusammengefasst im Passivposten „9. Nachrangige Verbindlichkeiten" auszuweisen.[1658] Der Ausweis erfolgt ferner unabhängig davon, ob die Voraussetzungen des § 10 Abs. 5a bzw. Abs. 7 KWG zur Anerkennung als haftendes Eigenkapital erfüllt sind oder nicht.

Nach Padberg[1659] sollte aus den Angaben im Anhang ersichtlich werden, ob und in welcher Höhe die nachrangigen Verbindlichkeiten das haftende Eigenmittel stärken. Eine Rechtsgrundlage hierfür gibt es jedoch nicht.

Hier sind wie bereits erwähnt **sämtliche Verbindlichkeiten mit Nachrangabrede** zu erfassen, dh. neben den langfristigen nachrangigen Verbindlichkeiten sind auch kurzfristige nachrangige Verbindlichkeiten auszuweisen. Der Unterschied liegt darin, dass die langfristigen nachrangigen Verbindlichkeiten bei Vorliegen der Voraussetzungen des § 10 Abs. 5a KWG Ergänzungskapital sind, während die kurzfristigen nachrangigen Verbindlichkeiten zu den Drittrangmitteln gehören, wenn sie den Anforderungen des § 10 Abs. 7 KWG genügen.

Die Verbindlichkeiten können auch in **Wertpapieren** verbrieft sein. Der Ausweis im Passivposten 9. geht insoweit dem Ausweis in anderen Passivposten vor. Es kommen aber auch aufgenommene Darlehen infrage.

Zinsen auf nachrangige Darlehen sind in der Gewinn- und Verlustrechnung im Posten „Zinsaufwendungen" auszuweisen ohne Rücksicht darauf, in welcher Form sie berechnet werden (§ 29 RechKredV). Die Zinszahlungen auf nachrangige Darlehen für das Geschäftsjahr sind am Ende des Geschäftsjahres als Verbindlichkeit zu erfassen.

Die **anteiligen Zinsen** auf nachrangige Verbindlichkeiten, die erst nach dem Bilanzstichtag fällig werden, sind zum Bilanzstichtag grundsätzlich ebenfalls hier auszuweisen (§ 11 RechKredV). Gleiches gilt für bereits fällige Zinsen. Es ist aber auch zulässig, diese Zinsen im Passivposten „Sonstige Verbindlichkeiten" auszuweisen.

Vermögenseinlagen stiller Gesellschafter und **Genussrechte** sind nicht im Passivposten „9. Nachrangige Verbindlichkeiten" auszuweisen. Genussrechte sind - unabhängig von ihrer

---

[1658] Vgl. Padberg, ZfgK 1999, 559.
[1659] Vgl. Padberg, ZfgK 1999, 559.

Nachrangigkeit und ihrer Qualifizierung als haftendes Eigenkapital (§ 10 Abs. 5 KWG) - als Passivposten „10. Genussrechtskapital" auszuweisen. Einlagen stiller Gesellschafter sind als Passivposten „12. Eigenkapital" auszuweisen (§ 25 Abs. 1 RechKredV).

5.3.9.3. Bewertung

Verbindlichkeiten sind nach § 253 Abs. 1 Satz 2 HGB mit ihrem Rückzahlungsbetrag anzusetzen. Ist der Rückzahlungsbetrag (Erfüllungsbetrag) höher als der Ausgabebetrag, so darf der Unterschiedsbetrag in einen aktiven Rechnungsabgrenzungsposten eingestellt werden, der durch planmäßige Auflösung auf die Laufzeit der Verbindlichkeit zu verteilen ist (§ 250 Abs. 3 HGB). Einzelheiten vgl. Kapitel 5.2.16.2.2.3.

Ist der Rückzahlungsbetrag hingegen niedriger als der Verfügungsbetrag, so ist der Unterschiedsbetrag auf die Laufzeit der Verbindlichkeit durch Bildung eines passiven Rechnungsabgrenzungspostens zu verteilen. Wegen weiterer Einzelheiten vgl. Kapitel 4.9. sowie die Ausführungen zu den Passivposten 1. bis 3.

5.3.9.4. Anhangangaben

Verbindlichkeiten gegenüber **verbundenen Unternehmen** bzw. **Unternehmen, mit denen ein Beteiligungsverhältnis besteht**, sind als Unterposten in der Bilanz jeweils gesondert auszuweisen (§ 3 Satz 1 Nr. 3 und 4 RechKredV). Die Angaben können wahlweise auch im Anhang in der Reihenfolge der betroffenen Posten gemacht werden.
Kreditinstitute in der Rechtsform der GmbH müssen **Verbindlichkeiten gegenüber Gesellschaftern** gesondert ausweisen oder im Anhang angeben (§ 42 Abs. 3 GmbHG).
Zu den nachrangigen Verbindlichkeiten sind die in § 35 Abs. 3 RechKredV genannten Angaben im Anhang zu machen. Es handelt sich hierbei um folgende Angaben:

- den Betrag der für nachrangige Verbindlichkeiten angefallenen Aufwendungen,
- zu jeder 10 % des Gesamtbetrags der nachrangigen Verbindlichkeiten übersteigenden Mittelaufnahme
  - Betrag, Währung, Zinssatz, Fälligkeit, evtl. Rückzahlungsverpflichtung,
  - Bedingungen der Nachrangigkeit,
- zu anderen nachrangigen Verbindlichkeiten die wesentlichen Bedingungen.[1660]

[1660] Um für diese Mittelaufnahmen die Frage nach der Anerkennungsfähigkeit als haftendes Eigenkapital beantworten zu können, müsste der Betrag, die Restlaufzeit und die Erfüllung der Bedingungen des § 10 Abs. 5a KWG bekannt sein; vgl. auch Padberg, ZfgK 1999, 560.

5.3.9.5. Bankaufsichtliche Besonderheiten

5.3.9.5.1. Längerfristige nachrangige Verbindlichkeiten

Nachrangige Verbindlichkeiten gibt es seit In-Kraft-Treten der 6. KWG-Novelle nicht nur in Form der längerfristigen, sondern auch in Form der kurzfristigen nachrangigen Verbindlichkeiten. Der Zusatz „längerfristig" dient der Abgrenzung zu den „kurzfristigen" nachrangigen Verbindlichkeiten. Nur die längerfristigen nachrangigen Verbindlichkeiten können Ergänzungskapital sein. Die kurzfristigen nachrangigen Verbindlichkeiten stellen Drittrangmittel dar.

Nachrangige Verbindlichkeiten sind schuldrechtliche Vereinbarungen, die grundsätzlich keine unternehmerische Beteiligung, insbesondere keine Mitgliedschafts- oder sonstigen Mitwirkungsrechte gewähren. Das Kreditwesengesetz enthält keine Definition dieser Art von Verbindlichkeiten, sodass sämtliche langfristigen Formen des Passivgeschäfts in Betracht kommen. Entscheidend ist, dass eine Nachrangabrede sowie die weiteren in § 10 Abs. 5a KWG aufgeführten Voraussetzungen vereinbart werden.

Die längerfristigen nachrangigen Verbindlichkeiten sind hinsichtlich ihrer aufsichtsrechtlichen Anforderungen ähnlich wie Genussrechtsverbindlichkeiten ausgestaltet. Dies gilt hinsichtlich der Nachrangigkeit, Mindestlaufzeit, Marktpflege sowie der Kreditierung. Die wesentlichen Unterschiede zu Genussrechtsverbindlichkeiten sind:

- Die längerfristigen nachrangigen Verbindlichkeiten haften nur im Fall des Insolvenzverfahrens über das Vermögen des Instituts oder der Liquidation, nicht jedoch bereits für laufende Verluste.
- Während der Restlaufzeit von zwei Jahren werden im Gegensatz zu Genussrechtsverbindlichkeiten noch 40 % der längerfristigen nachrangigen Verbindlichkeiten als Ergänzungskapital anerkannt.
- Die längerfristigen nachrangigen Verbindlichkeiten dürfen zusammen mit dem Haftsummenzuschlag 50 % des Kernkapitals nicht übersteigen.
- Das Institut muss bei längerfristigen nachrangigen Verbindlichkeiten nicht berechtigt sein, im Falle eines Verlusts Zinszahlungen aufzuschieben.

Die Voraussetzungen des § 10 Abs. 5a Satz 1 Nr. 1 bis Nr. 3 KWG, unter denen längerfristige nachrangige Verbindlichkeiten zum haftenden Eigenkapital rechnen, sind folgende:

Längerfristige nachrangige Verbindlichkeiten sind dem haftenden Eigenkapital zuzurechnen, wenn
1. vereinbart ist, dass es im Fall des Insolvenzverfahrens über das Vermögen des Instituts oder der Liquidation des Instituts erst nach Befriedigung aller nicht nachrangigen Gläubiger zurückgezahlt wird,
2. es dem Institut für mindestens fünf Jahre zur Verfügung gestellt worden ist und
3. die Aufrechnung des Rückzahlungsanspruchs gegen Forderungen des Instituts ausgeschlossen ist und für die Verbindlichkeiten in den Vertragsbedingungen keine Sicherheiten durch das Institut oder durch Dritte gestellt werden.

Abb. 5.3: Längerfristige nachrangige Verbindlichkeiten

Weitere Anforderungen sind in § 10 Abs. 5a Satz 2 ff. KWG aufgeführt.[1661] Wird der **Rückerstattungsanspruch** von nachrangigen Verbindlichkeiten entweder in **weniger als zwei Jahren** fällig oder kann dieser aufgrund des Vertrags - zB wegen eines entsprechenden Kündigungsrechts - in weniger als zwei Jahren fällig werden, werden die längerfristigen nachrangigen Verbindlichkeiten nur noch zu 40 % dem haftenden Eigenkapital zugerechnet (§ 10 Abs. 5a Satz 2 KWG).

Seit In-Kraft-Treten der 6. KWG-Novelle darf ein Institut in Wertpapieren verbriefte eigene längerfristige nachrangige Verbindlichkeiten iRd. **Marktpflege** bis zu 3 % ihres Gesamtnennbetrags oder im Rahmen einer Einkaufskommission erwerben (§ 10 Abs. 5a Satz 6 KWG). Ein anderweitiger **vorzeitiger Rückerwerb** oder eine anderweitige **Rückzahlung** ist ohne Rücksicht auf entgegenstehende Vereinbarungen zurückzugewähren, sofern nicht das Kapital durch die Einzahlung anderen, zumindest gleichwertigen haftenden Eigenkapitals ersetzt worden ist oder die BaFin der vorzeitigen Rückzahlung zugestimmt hat (§ 10 Abs. 5a Satz 5 KWG).

Das Institut muss die eigenen längerfristigen nachrangigen Verbindlichkeiten abziehen, die es tatsächlich im Bestand hält. Diese Regelung entspricht der konsequenten Umsetzung des Prinzips der effektiven Kapitalaufbringung des § 10 Abs. 1 Satz 7 KWG.

Der Abzug ist bei der Eigenkapitalposition „längerfristige nachrangige Verbindlichkeiten" vorzunehmen. Der Marktpflegeabzug ist nur in der Höhe vorzunehmen, wie die entsprechenden nachrangigen Verbindlichkeiten noch als haftendes Eigenkapital anerkannt werden, dh. in den letzten zwei Jahren vor Fälligkeit nur noch mit 40 %.[1662]

Die vor In-Kraft-Treten der 6. KWG-Novelle in § 24 Abs. 1 Nr. 5 KWG vorgesehene **Anzeigepflicht** bei Kündigung von längerfristigen nachrangigen Verbindlichkeiten ist gestrichen worden.

[1661] Ausführlich vgl. Bellavite-Hövermann/Hintze/Luz/Scharpf, 107 ff.
[1662] Vgl. Bellavite-Hövermann/Hintze/Luz/Scharpf, 112 mwN.

Ein Institut hat bereits die **Absicht**, von der Möglichkeit der Marktpflege Gebrauch zu machen, der BaFin und der Deutschen Bundesbank unverzüglich anzuzeigen (§ 10 Abs. 5a Satz 7 KWG).

5.3.9.5.2. Kurzfristige nachrangige Verbindlichkeiten

Kurzfristige nachrangige Verbindlichkeiten können seit In-Kraft-Treten der 6. KWG-Novelle Bestandteil der Drittrangmittel sein. Die Voraussetzungen für die aufsichtsrechtliche Berücksichtigung kurzfristiger nachrangiger Verbindlichkeiten sind in § 10 Abs. 7 KWG geregelt. Diese Norm setzt die entsprechenden Bestimmungen in Anhang V Nr. 2 bis 7 der Kapitaladäquanzrichtlinie um.

Die Voraussetzungen des § 10 Abs. 7 Satz 1 Nr. 1 bis Nr. 4 KWG für die Anerkennung der kurzfristigen nachrangigen Verbindlichkeiten sind folgende:

Kapital, das aufgrund der Eingehung nachrangiger Verbindlichkeiten eingezahlt ist, ist den Drittrangmitteln als kurzfristige nachrangige Verbindlichkeiten zuzurechnen, wenn
1. vereinbart ist, dass es im Fall des Insolvenzverfahrens über das Vermögen des Instituts oder der Liquidation des Instituts erst nach Befriedigung aller nicht nachrangigen Gläubiger zurückerstattet wird,
2. es dem Institut für mindestens zwei Jahre zur Verfügung gestellt worden ist,
3. die Aufrechnung des Rückzahlungsanspruchs gegen Forderungen des Instituts ausdrücklich ausgeschlossen ist und für die Verbindlichkeiten in den Vertragsbedingungen ausdrücklich keine Sicherheiten durch das Institut oder durch Dritte gestellt werden und

4. in den Vertragsbedingungen ausdrücklich festgelegt ist, dass
    a) auf die Verbindlichkeit weder Tilgungs- noch Zinszahlungen geleistet werden müssen, wenn dies zur Folge hätte, dass die Eigenmittel des Instituts die gesetzlichen Anforderungen nicht mehr erfüllen, und
    b) vorzeitige Tilgungs- oder Zinszahlungen dem Institut unbeschadet entgegenstehender Vereinbarungen zurückzuerstatten sind.

Abb. 5.4: Kurzfristige nachrangige Verbindlichkeiten

Wegen weiterer Einzelheiten wird auf die einschlägige Literatur verwiesen.[1663] Die kurzfristigen nachrangigen Verbindlichkeiten unterscheiden sich von den längerfristigen nachrangigen Verbindlichkeiten wie oben bereits erwähnt im Wesentlichen durch die sog. **Lock-in-Klausel** in § 10 Abs. 7 Satz 1 Nr. 4 lit. a) KWG.

[1663] Vgl. Bellavite-Hövermann/Hintze/Luz/Scharpf, 129 ff.

Danach muss in den Vertragsbedingungen ausdrücklich festgelegt sein, dass auf das nachrangige Darlehen weder Tilgungs- noch Zinszahlungen geleistet werden müssen, wenn dies zur Folge hätte, dass die Eigenmittel des Instituts die gesetzlichen Anforderungen nicht mehr erfüllen (§ 10 Abs. 7 Satz 1 Nr. 4 lit. a) KWG). Die Haftqualität dieser Eigenmittel ist dadurch evtl. besser als die der längerfristigen nachrangigen Verbindlichkeiten nach § 10 Abs. 5a KWG.

Darüber hinaus muss in den Vertragsbedingungen ausdrücklich festgelegt sein, dass vorzeitige Tilgungs- oder Zinszahlungen dem Institut unbeschadet entgegenstehender Vereinbarungen zurückzuerstatten sind (§ 10 Abs. 7 Satz 1 Nr. 4 lit. b) KWG).

Sollen die kurzfristigen nachrangigen Verbindlichkeiten auch auf Gruppenebene als Drittrangmittel berücksichtigt werden, so muss zusätzlich in die Ausgabebedingungen eine Klausel aufgenommen werden, wonach auf die Verbindlichkeiten auch dann keine Tilgungs- und Zinszahlungen zu leisten sind, wenn dies zur Folge hätte, dass die Eigenmittel der Gruppe die gesetzlichen Anforderungen nicht mehr erfüllen, und dass Tilgungs- und Zinszahlungen, die entgegen dieser Regelung erfolgen, dem Institut unbeschadet entgegenstehender Vereinbarungen zurückzuerstatten sind.[1664]

In Wertpapieren verbriefte eigene kurzfristige nachrangige Verbindlichkeiten dürfen zur **Marktpflege** bis zu 3 % des Gesamtnennbetrags aller Emissionen oder im Rahmen einer Einkaufskommission zurückerworben werden (§ 10 Abs. 7 Satz 5 KWG). Für andere Formen der vorzeitigen Rückzahlung gilt die Regelung des § 10 Abs. 7 Satz 3 KWG, wonach die BaFin vor der Rückzahlung zuzustimmen hat oder alternativ zumindest gleichwertige Eigenmittel einzuzahlen sind, nicht. Die im Rahmen der Marktpflege erworbenen kurzfristigen nachrangigen Verbindlichkeiten sind von den Drittrangmitteln abzuziehen.

Ein Institut hat die Absicht, von der Möglichkeit der Marktpflege Gebrauch zu machen, der BaFin und der Deutschen Bundesbank unverzüglich **anzuzeigen** (§ 10 Abs. 7 Satz 6 KWG).

In Abweichung zu den Regeln für längerfristige nachrangige Verbindlichkeiten muss das Institut, das kurzfristige nachrangige Verbindlichkeiten als Drittrangmittel berücksichtigt, die BaFin und die Deutsche Bundesbank unverzüglich unterrichten, wenn seine Eigenmittel durch Tilgungs- oder Zinszahlungen auf die kurzfristigen nachrangigen Verbindlichkeiten unter 120 % des Gesamtbetrags seiner nach § 10 Abs. 1 Satz 1 KWG als angemessen anzusehenden Eigenmittelanforderungen absinken (§ 10 Abs. 7 Satz 7 KWG). Die Anzeigepflicht wird dann erforderlich, wenn die Gesamtkennziffer des Grundsatz I unter 9,6 % sinkt (120 % von 8 %). Diese Anzeige hat eine Frühwarnfunktion für die Bankaufsichtsbehörden.

[1664] Vgl. BAKred-Schr. v. 23.10.1998, CMBS 4.310 mit weiteren Erläuterungen.

5.3.9.5.3. Berücksichtigung von Hedging-Instrumenten

Die BaFin hat mit Schreiben vom Dezember 2003[1665] die generellen Voraussetzungen benannt, die erfüllt sein müssen, damit ein Hedging-Instrument bei der Berechnung der bankaufsichtlichen Eigenmittel Berücksichtigung finden kann. Die Anerkennung von Hedging-Instrumenten bei der Berechnung der bankaufsichtlichen Eigenmittel beschränkt sich auf die Zwecksetzung der Immunisierung der in § 10 KWG aufgeführten und in einer **Fremdwährung** emittierten bankaufsichtlichen Eigenkapitalinstrumente gegen Abwertungen der Fremdwährung gegenüber dem Euro als der Bilanzierungswährung der Institute. Durch den Hedge kann der Umrechnungskurs zwischen Emissionswährung (zB USD) des Eigenkapitalinstruments und dem Euro für die Laufzeit der bankaufsichtlichen Anerkennung des Hedge fixiert werden.[1666]

- Voraussetzung für die Berücksichtigung der Hedging-Instrumente bei der Ermittlung der bankaufsichtlichen Eigenmittel ist nach og. BaFin-Schreiben, dass diese sämtliche in § 10 KWG für die zu hedgenden Eigenmittelposten aufgestellten Kriterien erfüllen; das Hedging-Instrument für eine Nachrangemission iSd. § 10 Abs. 5a KWG müsste also ebenfalls alle in § 10 Abs. 5a KWG genannten Bedingungen erfüllen (Nachrangigkeit, Mindestlaufzeit usw.).
- Der einmal eingegangene Hedge darf nicht wieder aufgelöst werden.
- Direkte Immunisierung einer Emissionswährung ggü. dem Euro, dh. kein Einsatz von Cross-Currency-Produkten.
- Keine isolierte Emission eines Hedging-Instruments ohne eine diesem gegenüberstehende bankaufsichtlich anrechenbare Eigenkapitalposition in der Emissionswährung.
- Soweit keine Laufzeit- und/oder Volumensidentität von Hedging-Instrument und bankaufsichtlich anrechenbarer originärer Eigenkapitalposition besteht, ist dies grundsätzlich nicht schädlich.
- Die Obergrenze der Berücksichtigung der Hedging-Instrumente ist auf das jeweilige Volumen der zum jeweiligen Zeitpunkt noch für die bankaufsichtliche Eigenmittelberechnung anrechnungsfähigen diesen gegenüberstehenden originären Eigenkapitalpositionen in der jeweiligen Emissionswährung beschränkt.
- Der Kontrakt über das Hedging-Instrument darf grundsätzlich nicht zeitlich vor der Emission der zu hedgenden bankaufsichtlichen Eigenmittel abgeschlossen werden, bzw. es ist eine entsprechende vorherige Abstimmung mit der Bankaufsicht erforderlich.
- Der Hedging-Kontrakt muss mit einem konzernexternen Kontrahenten (außerhalb des bankaufsichtlichen Konsolidierungskreises) abgeschlossen worden sein.

[1665] Vgl. BaFin-Schreiben vom Dezember 2003, Geschäftszeichen BA 13 – 21 – 10/2003, www.bafin.de.
[1666] Die aus Abwertungen des Euro ggü. der Emissionswährung des bankaufsichtlich anerkannten emittierten Eigenkapitalinstruments entstehenden positiven Marktwerte des Hedging-Instruments können bei der Berechnung des bankaufsichtlichen Eigenkapitals nicht berücksichtigt werden. Dies verbietet schon das sog. Zuflussprinzip des § 10 Abs. 1d Satz 2 KWG.

- Um das damit einhergehende Adressenausfallrisiko einzugrenzen, verlangt die BaFin neben der Berechnung der bankaufsichtlichen Eigenmittel unter Einbeziehung der Hedging-Instrumente, das Eigenkapital bzw. die Eigenmittel und die Kapitalquoten nach § 2 GS I auch ohne Berücksichtigung der Hedging-Instrumente zu ermitteln und eine monatliche Mitteilung der Berechnungsergebnisse.
- Sofern ohne Berücksichtigung der Hedging-Instrumente eine Gesamtkennziffer von 8,4 % oder weniger erreicht wird, ist das Institut verpflichtet, geschäftstäglich die Anrechnungsbeträge für die Marktrisikopositionen und die Risikoaktiva-Anrechnungsbeträge zum Geschäftsschluss zu errechnen und die Gesamtkennziffer zu bestimmen.
- Der BaFin ist das Eingehen solcher Instrumente sowie die entsprechenden Konditionen (zB Swapvolumen, Laufzeit, Swapkurs usw.) mitzuteilen. Dabei ist auch zu dokumentieren, dass der Hedge-Kontrakt zu einem marktgerechten Preis zustande gekommen ist.

Zu der Berichterstattung im Prüfungsbericht wird auf die nachfolgenden Ausführungen verwiesen.

5.3.9.6. Prüfung des Postens

Es sind die für Verbindlichkeiten allgemein üblichen Prüfungshandlungen durchzuführen. Es ist insbesondere darauf zu achten, dass sämtliche in diesem Posten ausgewiesenen Beträge die Voraussetzungen des § 4 Abs. 1 RechKredV erfüllen. Diesbezüglich wird auf die vorstehenden Ausführungen verwiesen.

Der **Nachweis** der nachrangigen Verbindlichkeiten erfolgt durch Saldenbestätigungen bzw. Kontoauszüge. Die Bestandsnachweise sind auf Richtigkeit und Vollständigkeit zu prüfen.

Bei der Prüfung des Postens ist darauf zu achten, dass **Zinsen** sowie die übrigen Aufwendungen für das abgelaufene Geschäftsjahr in alter Rechnung gebucht werden. Die **Zinsabgrenzung** ist zu prüfen.

Die **Bewertung** ist zu prüfen. Bei Beträgen, die auf **Fremdwährung** lauten, richtet sich die Bewertung nach § 340h HGB (vgl. Kapitel 4.8.).

Im Rahmen der Prüfung des Bilanzpostens ist auch festzustellen, ob die als **Eigenmittel** angerechneten nachrangigen Verbindlichkeiten die Voraussetzungen des § 10 Abs. 5a bzw. Abs. 7 KWG erfüllen. Dabei ist darauf zu achten, dass die **Marktpflegepositionen** vom jeweiligen Bestandteil der Eigenmittel abgezogen werden und die diesbezüglich erforderlichen **Anzeigen** gemacht wurden. Hierbei ist darauf zu achten, dass das Institut nachrangige Verbindlichkeiten nicht **unzulässigerweise zurückerworben** hat.

Daneben ist festzustellen, ob die **Vorschriften der Satzung** beachtet wurden und ob die erforderlichen **Beschlüsse der Organe** vorliegen.

Die von der **Internen Revision** angefertigten Prüfungsberichte sollten eingesehen werden.

Der **Prüfungsbericht** muss die in § 48 PrüfbV verlangten Angaben enthalten:

- Darstellung im Vergleich mit dem Vorjahr,
- Erläuterung der Zusammensetzung.

Weitere Pflichtangaben sind in der PrüfbV nicht vorgesehen. Es empfiehlt sich jedoch, zusätzlich folgende Angaben zu machen:

- Den Betrag der für nachrangige Verbindlichkeiten angefallenen Aufwendungen.
- Zu jeder 10 % des Gesamtbetrags der nachrangigen Verbindlichkeiten übersteigenden Mittelaufnahme
  - Betrag, Währung, Zinssatz, Fälligkeit, evtl. Rückzahlungsverpflichtung,
  - Bedingungen der Nachrangigkeit,
- Zu den anderen nachrangigen Verbindlichkeiten die wesentlichen Bedingungen.
- Nachrangige Verbindlichkeiten, die von verbundenen Unternehmen bzw. von Unternehmen, mit denen ein Beteiligungsverhältnis besteht, gehalten werden.

Nach dem BaFin-Schreiben vom Dezember 2003[1667] ist im Rahmen der Darstellung zu den §§ 22 und 23 PrüfbV über die Eigenmittelausstattung des Instituts bzw. der Institutsgruppe auf bestehende Hedging-Instrumente für bankaufsichtliche Eigenkapitalpositionen einzugehen und dabei auch ein Urteil über die Einhaltung der im BaFin-Schreiben vom Dezember 2003 genannten Bedingungen abzugeben.

[1667] Vgl. BaFin-Schreiben vom Dezember 2003, Geschäftszeichen B A 13 – 21 – 10/2003, www.bafin.de.

5.3.10. Genussrechtskapital (Passiva 10)

5.3.10.1. Postenbezeichnung

Die Postenbezeichnung lautet nach dem Formblatt 1 wie folgt:

> 10. Genussrechtskapital
> darunter:
> vor Ablauf von zwei Jahren fällig ... Euro

Der Passivposten „10. Genussrechtskapital" ist für alle Institute iSv. § 1 KWG einheitlich geregelt.

Die Postenbezeichnung im Formblatt 1 wurde weder mit der Ersten noch mit der Zweiten Verordnung zur Änderung der RechKredV geändert.

5.3.10.2. Posteninhalt

5.3.10.2.1. RechKredV

In Gegensatz zu den nachrangigen Verbindlichkeiten enthält die RechKredV zum Genussrechtskapital keine Bestimmungen. Insoweit sind die für Genussrechte entwickelten allgemeinen handelsrechtlichen Grundsätze ordnungsmäßiger Bilanzierung zu beachten.

5.3.10.2.2. Voraussetzungen für den Postenausweis

5.3.10.2.2.1. Begriff der Genussrechte

Bisher gibt es keine Legaldefinition für das Genussrecht, obwohl Genussrechte in mehreren Gesetzen erwähnt sind.[1668] Sie können verbrieft oder nicht verbrieft sein. Sind Genussrechte in Wertpapieren verbrieft, handelt es sich um Genussscheine.[1669] Diese können als Inhaber-, Order- oder Namenspapiere ausgestattet sein. Letztlich können Genussrechte bezüglich Inhalt und Ausgestaltung vielfältig gestaltet sein.[1670] Sie dienen in vielen Fällen der Beschaffung von Eigenmitteln, was für Institute aufgrund von § 10 Abs. 5 KWG eine besondere Bedeutung gewinnt.[1671]

[1668] Zu den rechtlichen Rahmenbedingungen vgl. Sethe, AG 1993, 293 ff. und 351 ff.
[1669] Zur Zulässigkeit des Erwerbs von eigenen Genussrechten vgl. Aha, AG 1992, 225 ff.
[1670] Beispiele für die Ausgestaltung vgl. Rüth, WiSt 1992, 255 ff.
[1671] Zu den Genussrechten als Finanzierungsinstrument vgl. Angerer, DStR 1994, 41 ff.; zur Frage der handelsrechtlichen Eigen- oder Fremdkapitalqualität vgl. Wengel, DStR 2001, 1316 ff.

Beim Genussrechtskapital handelt es sich um Geldmittel, die einem Institut gegen Gewährung von Genussrechten überlassen worden sind. Unter dem Begriff „Genussrecht" wird eine Vielzahl von Gestaltungen erfasst, durch die eine Gesellschaft dritten Personen (oder auch ihren Gesellschaftern) besondere Rechte, häufig als Gegenleistung für eine Kapitalzuführung oder eine sonstige Leistung, einräumt.[1672] Inhalt und Ausgestaltung können vielfältig sein. Einzelfragen für die Aktiengesellschaft sind in § 221 Abs. 3 und 4 AktG sowie in § 160 Abs. 1 Nr. 6 AktG geregelt.[1673]

Es handelt sich der Rechtsqualität nach regelmäßig um Gläubigerrechte schuldrechtlicher Art, nicht um mitgliedschaftliche Rechte, wie sie nach Gesetz oder Gesellschaftsvertrag Gesellschaftern zukommen, sodass dem Genussrechtsinhaber im Regelfall insbesondere kein Stimmrecht und kein Recht auf Teilnahme an der Gesellschafter- bzw. Hauptversammlung zusteht.[1674] Durch die vertragliche Gestaltung kann jedoch eine Rechtsposition eingeräumt werden, wie sie sich typischerweise nur bei Gesellschaftern findet. Vgl. auch die Ausführungen im Kapitel 5.3.3.2.2.7. Daneben können bestimmte Vermögensrechte, wie bspw. Optionsrechte, bestehen.

Denkbar ist die Ausgabe von Genussrechten auch ohne hiermit verknüpften Mittelzufluss, etwa zur endgültigen Ablösung von Vorrechten oder Schulden; derartige Vorgänge führen jedoch idR nicht zum Ausweis von Genussrechtskapital.[1675] Ohne Mittelzufluss kann Genussrechtskapital nicht als haftendes Eigenkapital anerkannt werden.

5.3.10.2.2.2. Genussrechtskapital in der Bilanz von Instituten

Mit dem Passivposten „10. Genussrechtskapital" wird der Tatsache Rechnung getragen, dass seit der KWG-Novelle 1984 Kapital, das gegen Gewährung von Genussrechten eingezahlt ist, unter den Voraussetzungen des § 10 Abs. 5 KWG nach § 10 Abs. 2b Satz 1 Nr. 4 KWG dem haftenden Eigenkapital (Ergänzungskapital) zugerechnet werden kann.[1676]

Genussrechtskapital ist unabhängig von der Nachrangigkeit und seiner Qualifikation als haftendes Eigenkapital bei Instituten stets im Passivposten „10. Genussrechtskapital" auszuweisen.[1677] Der im Schrifttum zum Teil gemachte Vorschlag, im Passivposten nur solches Genussrechtskapital zu erfassen, das nach § 10 Abs. 5 KWG als haftendes Eigenkapital

---

[1672] Vgl. ADS 6. Aufl. § 246 Rn. 87.
[1673] Zu den aktienrechtlichen Problemen der Begebung von Genussrechten zwecks Eigenkapitalverbreiterung vgl. Busch, AG 1994, 93 ff.
[1674] Weitere Einzelheiten vgl. Gerdes, ZfgK 1991, 840 ff.; Frankenberger, Bankinformation 11/1990, 52 ff.; Rüth, WiSt 1992, 255
[1675] Vgl. ADS 6. Aufl. § 266 HGB Rn. 190; Lutter, DB 1993, 2443.
[1676] Zur Bilanzierung vgl. Kommission für Bilanzierungsfragen des Bundesverbandes deutscher Banken, Die Bank 1986, 252 ff.
[1677] GlA Krumnow ua., 2. Aufl., Erläuterung zum Passivposten Nr. 10, Rn. 1; Bieg (1998), 289.

anerkannt wird[1678], ist abzulehnen. Zum einen äußert sich die RechKredV nicht zum Posteninhalt und zum anderen ist es nicht gerechtfertigt, die Bilanz nur nach bankaufsichtlichen Vorschriften auszurichten.[1679]

Es gibt keine Bestimmung, nach der in diesem Bilanzposten nur Genussrechtskapital ausgewiesen werden darf, das die Voraussetzungen des § 10 Abs. 5 KWG erfüllt.[1680] Der gesonderte Vermerk des vor Ablauf von zwei Jahren fälligen Betrags spricht im Übrigen dafür, in diesem Passivposten auch Genussrechtskapital auszuweisen, das eben nicht sämtliche Voraussetzungen des § 10 Abs. 5 KWG erfüllt.[1681] Da Institute im Regelfall nur Genussrechtskapital emittieren, das die Voraussetzungen des § 10 Abs. 5 KWG erfüllt, stellt sich die hier diskutierte Frage wohl nur in den seltensten Fällen.

Die für Nichtbanken häufig schwierig zu beantwortende Frage, ob der Ausweis der gegen Genussrechte zugeflossenen Mittel als Eigen- oder als Fremdkapital zu erfolgen hat oder nicht,[1682] stellt sich für Institute per se nicht. Hier sind sämtliche gegen Gewährung von Genussrechten, unabhängig von im Einzelfall vereinbarten Konditionen, im Passivposten 10. auszuweisen.

5.3.10.2.2.3. Über- und Unterpari-Emissionen

Bei **Überpari**-Emissionen, die zum Nennwert zurückzuzahlen sind, ist ein Agio mit Zinscharakter als Zinskorrektur zu betrachten und folglich als passiver Rechnungsabgrenzungsposten einzustellen und über die Laufzeit zu verteilen.[1683] Dieser Ansicht folgen auch ADS[1684] für den Fall, dass das Genussrechtskapital **zurückzuzahlen** ist und damit Fremdkapitalcharakter hat.

Bei **nicht rückzahlbarem** Genussrechtskapital stellt sich die Frage, ob eine Rechnungsabgrenzung überhaupt möglich ist oder ob das Agio - da nicht rückzahlbar - in die Kapitalrücklage einzustellen ist. Je mehr das Genussrechtskapital in seiner Gestaltung dem Eigenkapital näher kommt, desto eher kommt eine Einstellung des Agios in die Kapitalrücklage nach § 272 HGB in Betracht. ADS[1685] weisen zu recht darauf hin, dass das Agio zwar keine

---

[1678] Vgl. Treuarbeit (Hrsg.), 98.
[1679] GlA Bieg (1998), 290.
[1680] Vgl. Scharpf (1993), 138.
[1681] Vgl. Scharpf (1993), 138 mwN.
[1682] Vgl. zur Bilanzierung: IDW Stellungnahme HFA 1/1994, WPg 1994, 419; hierzu: Emmerich/Naumann, WPg 1994, 677 ff.; ADS 6. Aufl. § 266 HGB Rn. 193 ff. mwN; Wollmert, BB 1992, 2106 ff.; Lutter, DB 1993, 2441; Schweitzer/Volpert, BB 1994, 821 ff.; Küting/Kessler, BB 1994, 2103 ff.; Groh, BB 1995, 559 ff.; Müller/Reinke, WPg 1995, 569 ff.; Küting/Kessler/Harth, BB 1996, Beilage 4 zu Heft 8; Wengel, DStR 2000, 395 ff.; Padberg, DB 2000, 990 ff.
[1683] Vgl. HFA 1/1994, WPg 1994, 421; Kommission für Bilanzierungsfragen des Bundesverbands Deutscher Banken, Die Bank 1986, 253 ff.
[1684] Vgl. ADS 6. Aufl. § 266 HGB Rn. 199.
[1685] Vgl. ADS 6. Aufl. § 266 HGB Rn. 197.

Kapitalrücklage iSd. § 272 Abs. 2 Nr. 1, Nr. 3 oder Nr. 4 HGB darstellt, ein Ausweis als Kapitalrücklage mit Darunter-Vermerk aufgrund der mit den Verhältnissen einer Kapitalrücklage vergleichbaren Eigenkapitalzufuhr aber gerechtfertigt wäre. Alternativ kann innerhalb der Kapitalrücklagen eine weitere Untergliederung vorgenommen werden. Vorzuziehen ist aus Gründen der Klarheit aber eindeutig ein separater Ausweis innerhalb des Postens „Genussrechtskapital".[1686]

Für Genussrechtskapital, das mit einem **Wandlungs-** oder **Optionsrecht** zum Erwerb von Anteilen ausgestattet ist, ist der Agiobetrag nach § 272 Abs. 2 Nr. 2 HGB in die Kapitalrücklage einzustellen.[1687] Der Gesamtausgabebetrag ist in den Ausgabebetrag für die Genussrechte und für die Wandlungs- und Optionsrechte aufzuspalten. Vgl. hierzu auch die Ausführungen im Kapitel 5.3.3.2.2.7.

Die für Überpari-Emissionen aufgezeigten Überlegungen gelten grundsätzlich auch für **Unterpari**-Emissionen, sofern es solche überhaupt geben darf.[1688] Ist bei Genussrechtskapital mit Eigenkapitalcharakter der Rückzahlungsbetrag des Genussrechtskapitals höher als der Ausgabebetrag, darf zunächst nur der niedrigere Ausgabebetrag als Genussrechtskapital eingestellt werden. Da das Disagio wirtschaftlich eine nachträgliche Vergütung im Zeitpunkt der Rückzahlung darstellt, sollte nach HFA 1/1994[1689] das Genussrechtskapital ratierlich zulasten des Aufwands aufgestockt werden. Soweit das Genussrechtskapital keinen Eigenkapitalcharakter hat, darf das Disagio in einen aktiven Rechnungsabgrenzungsposten eingestellt werden.

Bei Instituten stellt sich weniger die Frage, ob das Genussrechtskapital **Eigenkapitalcharakter** hat oder nicht. Da die RechKredV zum einen den gesonderten Ausweis außerhalb des Eigenkapitals vorsieht, zum anderen in § 29 RechKredV bestimmt wird, dass sämtliche Ausschüttungen auf Genussrechte als **Zinsaufwand** zu erfassen sind, ist bei Instituten nicht danach zu unterscheiden, ob Eigenkapitalcharakter vorliegt oder nicht. Der Unterschiedsbetrag hat hier definitionsgemäß **Zinscharakter**. Daher darf der Unterschiedsbetrag nach der hier vertretenen Ansicht auch in einen aktiven Rechnungsabgrenzungsposten aufgenommen werden bei gleichzeitiger Passivierung des Rückzahlungsbetrags.[1690] Das Disagio ist in diesem Fall durch planmäßige Auflösung zu tilgen (§ 250 Abs. 3 HGB). Vgl. auch die Ausführungen im Kapitel 5.3.10.2.2.7.

Lediglich für nicht rückzahlbares Genussrechtskapital erscheint die nach HFA 1/1994 vorgesehene Vorgehensweise für Genussrechtskapital mit Eigenkapitalcharakter bei Instituten als sachgerecht.

[1686] Vgl. HFA 1/1994, WPg 1994, 421; Lutter, DB 1993, 2443.
[1687] Vgl. BeBiKo 5. Aufl. § 272 HGB Rn. 64.
[1688] Vgl. Scharpf (1993), 139.
[1689] Vgl. HFA 1/1994, WPg 1994, 421; ADS 6. Aufl. § 266 HGB Rn. 197.
[1690] Für den Fall, dass das Genussrechtskapital Fremdkapital darstellt, glA ADS 6. Aufl. § 266 HGB Rn. 199.

5.3.10.2.2.4. Entnahmen und Wiederauffüllung des Genussrechtskapitals in der GuV

In den Posten „Entnahmen aus Genussrechtskapital" sind Verlustzuweisungen zu erfassen, die den Rückzahlungsanspruch des Genussrechtsinhabers vermindern.[1691] Entsprechend sind im Posten „Wiederauffüllung des Genussrechtskapitals" solche Beträge auszuweisen, die in späteren Jahren zu einer Wiederauffüllung des ausgewiesenen Genussrechtskapitals verwendet werden.[1692]

5.3.10.2.2.5. Gekündigtes Genussrechtskapital

Das gekündigte Genussrechtskapital ist bis zum Fälligkeitszeitpunkt unter dem Posten „Genussrechtskapital" auszuweisen. Allein durch die Kündigung selbst ändert sich nichts am Charakter des Genussrechtskapitals und damit auch nicht an dessen Bilanzausweis.

Erst wenn das Genussrechtskapital fällig ist, verliert es den Charakter als Genussrecht. Vom Zeitpunkt der Fälligkeit an bis zur Auszahlung erfolgt der Ausweis unter den „Sonstigen Verbindlichkeiten".

5.3.10.2.2.6. Erworbene Genussrechte eigener Emissionen

Für den Ausweis erworbener Genussrechte eigener Emissionen enthält die RechKredV keine besonderen Bestimmungen. Entsprechend dem Ausweis der erworbenen verbrieften Verbindlichkeiten wird bezüglich der Genussrechte folgender Ausweis vorgeschlagen: Soweit es sich um zurückgekaufte börsenfähige Genussscheine handelt, erfolgt der Ausweis im Aktivposten „6. Aktien und andere nicht festverzinsliche Wertpapiere"; handelt es sich hingegen um nicht börsenfähige Genussscheine sind diese entsprechend § 22 Abs. 2 RechKredV vom Passivposten abzusetzen, soweit ein Wiederinverkehrbringen ausgeschlossen ist.

Nicht börsenfähige Genussscheine, die im Rahmen der Marktpflege erworben werden und damit wieder in Verkehr gebracht werden sollen, sollten ebenfalls im Aktivposten 6. ausgewiesen werden. Dies dient vor allem dem Zweck, einen nicht realisierten Gewinn, der beim Absetzen vom Passivposten 10. ggf. entsteht, zu vermeiden. Zulässig erscheint auch, diese Genussscheine passivisch abzusetzen und den nicht realisierten Gewinn durch die Bildung einer Rückstellung zu neutralisieren (vgl. die Ausführungen in Kapitel 5.3.3.3. zu verbrieften Verbindlichkeiten).

[1691] Vgl. Kommission für Bilanzierungsfragen des Bundesverbands Deutscher Banken, Die Bank 1986, 256.
[1692] Ausführlich vgl. Kommission für Bilanzierungsfragen des Bundesverbands deutscher Banken, Die Bank 1986, 254 ff.

5.3.10.2.2.7. Anteilige Zinsen und sonstige Ausschüttungen auf Genussrechte

Im Allgemeinen werden Genussrechte mit einer Vergütung verbunden, die vom Jahresüberschuss abhängt. Es kann aber auch eine feste Verzinsung vorgesehen werden.[1693] Die aus dem Jahresüberschuss oder dem Bilanzgewinn zu deckenden Verpflichtungen aus Genussrechten gehören als Aufwendungen in den Bereich der **Ergebnisentstehung** und nicht zur Ergebnisverwendung.[1694]

Die **Ausschüttungsverpflichtung** auf das Genussrechtskapital für das Geschäftsjahr ist soweit sie am Ende des Geschäftsjahres entstanden ist zu passivieren. Ist in den Genussrechtskapitalbedingungen entsprechend den Erfordernissen des § 10 Abs. 5 KWG vorgesehen, dass das Institut berechtigt ist, im Falle eines Verlusts Zinszahlungen aufzuschieben und muss es diese Zinsen erst in den folgenden Geschäftsjahren nachzahlen, ist die Zinszahlungsverpflichtung im Verlustjahr noch nicht entstanden und demzufolge auch nicht zu passivieren. Es handelt sich hierbei um eine aufschiebende Bedingung, die erst dann eingetreten ist, wenn die Voraussetzungen für eine Zinszahlung bzw. Ausschüttung in einem der folgenden Geschäftsjahre vorliegen, dh. wenn und soweit das Institut einen entsprechenden Gewinn aufweist. Vgl. hierzu auch Ergänzung zur Stellungnahme HFA 1/1994[1695] sowie Kapitel 6.2.1.2.2.5.

Ungeachtet dessen hat der BFH mit Urteil vom 18.12.2002[1696] für den Fall eines Zinsanspruchs beim Gläubiger entschieden, dass *„ein abgelaufenes Jahr betreffende Zinsansprüche aus Genussrechten ... auch dann in der Bilanz des Gläubigers zu aktivieren (sind), wenn nach den Genussrechtsbedingungen der Schuldner die Ansprüche nicht bedienen muss, solange hierdurch bei ihm ein Bilanzverlust entstehen oder sich erhöhen würde."* Der Anspruch unterliegt aber der allgemeinen Bewertung von Forderungen.

Der Ausweis der Ausschüttungen für das abgelaufene Geschäftsjahr in der **Bilanz** erfolgt bei Festzinsvereinbarungen unter den „Sonstigen Verbindlichkeiten" und bei dividendenabhängigen Ausschüttungen unter den „Anderen Rückstellungen". Bei einem Aufschub der Zinszahlungen im Fall eines Verlusts (vgl. § 10 Abs. 5 Satz 1 Nr. 1 KWG) scheidet eine Passivierung aus, da insoweit keine Verbindlichkeit entsteht.[1697]

Die Ausschüttungen auf Genussrechte sind unabhängig von ihrer Ausgestaltung in der **Gewinn- und Verlustrechnung** stets unter den „Zinsaufwendungen" zu erfassen (§ 29 RechKredV). Die auf Genussrechtskapital entfallenden Gewinnanteile stellen damit keine Gewinnverwendung dar, sondern einen den Jahresüberschuss verringernden Aufwand der Gesellschaft.

[1693] Vgl. ADS 6. Aufl. § 246 HGB Rn. 87.
[1694] Vgl. ADS 6. Aufl. § 268 HGB Rn. 16.
[1695] Vgl. FN 1998, 523.
[1696] Vgl. BFH-Urteil vom 18.12.2002, BB 2003, 841 ff.
[1697] Vgl. Scharpf (1993), 139.

Nach § 11 RechKredV sind **anteiligen Zinsen** und ähnliche das Geschäftsjahr betreffende Beträge, die erst nach dem Bilanzstichtag fällig werden, den ihnen zugehörigen Posten der Aktiv- oder Passivseite der Bilanz zuzuordnen. Danach sind die auf das Genussrechtskapital entfallenden anteiligen Zinsen grundsätzlich im Passivposten 10. zu erfassen.

Abweichend hiervon lässt es ich im Hinblick auf die besondere bankaufsichtliche Qualität des Genussrechtskapitals und darauf, dass hierfür zu entrichtende Zinsen nicht zum bankaufsichtlichen Eigenkapital zählen, auch rechtfertigen, wenn die Zinsen des laufenden Geschäftsjahres nicht zusammen mit dem Genussrechtskapital bilanziert, sondern im Posten „Sonstige Verbindlichkeit" passiviert werden.[1698]

5.3.10.2.2.8. Darunter-Vermerk „vor Ablauf von zwei Jahren fällig"

Im Passivposten 10. ist auch das von Instituten emittierte Genussrechtskapital auszuweisen, das unter den in § 10 Abs. 5 KWG genannten Bedingungen als haftendes Eigenkapital anerkannt wird. Zu diesen Voraussetzungen zählt auch, dass der Rückzahlungsanspruch nicht in weniger als zwei Jahren fällig wird bzw. fällig werden kann. Der Darunter-Vermerk „vor Ablauf von zwei Jahren fällig" trägt § 10 Abs. 5 Satz 1 Nr. 4 KWG Rechnung, nach dem das Genussrechtskapital eine Mindestlaufzeit von zwei Jahren haben muss.

Daneben ist dieser Darunter-Vermerk auch unter Liquiditätsaspekten relevant, denn er zeigt, in welchem Umfang in den kommenden zwei Jahren liquide Mittel zurückzuzahlen sind, dh. abfließen.

5.3.10.3. Bewertung

Verbindlichkeiten sind nach § 253 Abs. 1 Satz 2 HGB zu ihrem Rückzahlungsbetrag anzusetzen. Zu Über- und Unterpari-Emissionen vgl. Kapitel 5.3.10.2.2.3.

5.3.10.4. Anhangangaben

Institute in der Rechtsform der **AG** oder **KGaA** müssen im Anhang Genussrechte, Rechte aus Besserungsscheinen und ähnliche Rechte unter Angabe der Art und Zahl der jeweiligen Rechte sowie der im Geschäftsjahr neu entstandenen Rechte angeben (§ 160 Abs. 1 Nr. 6 AktG).

Anzugeben sind somit die wesentlichen Inhalte der Rechte, getrennt nach der Art der jeweiligen Verpflichtungen. Das bedeutet, dass Erläuterungen zur Entstehung, dem Zweck, den Bedingungen und der Laufzeit der Rechte zu machen sind. Dabei kommt es nicht darauf an, ob die Rechte verbrieft sind. Wegen der verschiedenartigen Rechte müssen für die unter-

---

[1698] Vgl. Krumnow ua., 2. Aufl., Erläuterung zu Passivposten Nr. 10, Rn. 9.

schiedlichen Arten der Rechte bzw. Verpflichtungen getrennte Erläuterungen gemacht werden.

Anzugeben ist ferner die Zahl und der Nennbetrag der am Abschlussstichtag bestehenden Genussrechte. Sind Genussrechte im Geschäftsjahr neu entstanden, ist dazu eine gesonderte Angabe zu machen. Sie hat inhaltlich den og. Angaben zu entsprechen. Als neu entstanden sind Rechte auch dann anzusehen, wenn die Bedingungen früher entstandener Rechte geändert wurden.

Bei Instituten, die nicht in der Rechtsform der AG oder KGaA betrieben werden, ist im Einzelfall zu entscheiden, ob eine Angabe im Anhang nach § 264 Abs. 2 Satz 2 HGB zur weiteren Erläuterung der Vermögens-, Finanz- und Ertragslage des Kreditinstituts erforderlich wird. Es wird hier empfohlen, auch bei diesen Kreditinstituten die in § 160 Abs. 1 Nr. 6 AktG genannten Angaben zu machen.

5.3.10.5. Bankaufsichtliche Besonderheiten

Kapital, das gegen Gewährung von Genussrechten eingezahlt ist, wurde durch die 3. KWG-Novelle als Bestandteil des haftenden Eigenkapitals eingeführt. Mit der 4. KWG-Novelle wurde die Begrenzung auf 25 % des haftenden Eigenkapitals aufgehoben.[1699]

Die Voraussetzungen, unter denen Genussrechtsverbindlichkeiten zum haftenden Eigenkapital rechnen, sind in § 10 Abs. 5 KWG geregelt. Diese sind nachfolgend zusammengefasst.

[1699] Ausführlich vgl. Bellavite-Hövermann/Hintze/Luz/Scharpf, 100 ff.

Kapital, das gegen Gewährung von Genussrechten eingezahlt ist (Genussrechtsverbindlichkeiten), ist dem haftenden Eigenkapital nur zuzurechnen, wenn
1. es bis zur vollen Höhe am Verlust teilnimmt und das Institut berechtigt ist, im Fall eines Verlusts Zinszahlungen aufzuschieben,
2. vereinbart ist, dass es im Fall des Insolvenzverfahrens über das Vermögen des Instituts oder der Liquidation des Instituts erst nach Befriedigung aller nicht nachrangigen Gläubiger zurückgezahlt wird,
3. es dem Institut mindestens für die Dauer von fünf Jahren zur Verfügung gestellt worden ist,
4. der Rückzahlungsanspruch nicht in weniger als zwei Jahren fällig wird oder aufgrund des Vertrags fällig werden kann,
5. der Vertrag über die Einlage keine Besserungsabreden enthält, nach denen der durch Verluste während der Laufzeit der Einlage ermäßigte Rückzahlungsanspruch durch Gewinne, die nach mehr als vier Jahren nach der Fälligkeit des Rückzahlungsanspruchs entstehen, wieder aufgefüllt wird, und
6. wenn das Institut bei Abschluss des Vertrags auf die in § 10 Abs. 5 Satz 3 und 4 KWG genannten Rechtsfolgen ausdrücklich und schriftlich hingewiesen hat.

Abb. 5.5: Genussrechtsverbindlichkeiten als haftendes Eigenkapital

Genussrechtsverbindlichkeiten unterliegen im Gegensatz zu den längerfristigen nachrangigen Verbindlichkeiten nur der allgemeinen Begrenzung des Ergänzungskapitals auf 100 % des Kernkapitals.

Seit In-Kraft-Treten der 6. KWG-Novelle darf ein Institut in Wertpapieren verbriefte eigene Genussrechte iRd. **Marktpflege** bis zu 3 % ihres Gesamtnennbetrags oder im Rahmen einer Einkaufskommission erwerben (§ 10 Abs. 5 Satz 6 KWG). Ein darüber hinausgehender Rückerwerb eigener Genussscheine ist nicht erlaubt.

Bis zum In-Kraft-Treten der 6. KWG-Novelle war die Möglichkeit der Marktpflege auf 3 % des Gesamtnennbetrags der jeweiligen Emission begrenzt. Nunmehr bezieht sich die Grenze von 3 % auf den Gesamtnennbetrag aller Emissionen. Als Konsequenz bedeutet dies, dass ein Institut, das bspw. fünf gleich große Tranchen an Genussrechten (zB 5-mal 10 Mio. Euro) emittiert hat, im Rahmen der Marktpflegeposition bis zu 3 % des Gesamtnennbetrags aller Emissionen (3 % von 50 Mio. Euro = 1,5 Mio. Euro) oder bis zu 15 % einer Tranche (5-mal 3 % von 10 Mio. Euro = 1,5 Mio. Euro) der eigenen Papiere zu Marktpflegezwecken zurückerwerben darf; bei den anderen vier Tranchen kann dann kein Rückerwerb erfolgen, da insgesamt bereits 3 % des Gesamtnennbetrags aller Emissionen zurückgekauft wurden.

Diese Erleichterung wird noch verstärkt durch die Tatsache, dass ein Institut, welches von der Möglichkeit der Marktpflege Gebrauch machen will, zukünftig nicht mehr den vollen 3 %igen Abzug vom haftenden Eigenkapital vorzunehmen hat, sondern nur die eigenen Genussrechte abziehen muss, die es tatsächlich im Bestand hält. Diese Regelung entspricht der konsequenten Umsetzung des Prinzips der effektiven Kapitalaufbringung des § 10 Abs. 1 Satz 7 KWG.

Der Abzug ist direkt bei der Eigenmittelposition „Genussrechtsverbindlichkeiten" vorzunehmen. Der Abzug entfällt dann, wenn das Genussrechtskapital nicht mehr die für die Anerkennung als haftendes Eigenkapital erforderlichen Voraussetzungen erfüllt.

Die früher in § 24 Abs. 1 Nr. 5 KWG vorgesehene **Anzeigepflicht** der Kündigung von Genussrechtsverbindlichkeiten ist im Rahmen der 6. KWG-Novelle gestrichen worden. Nach wie vor ist jedoch die Absicht, von der Möglichkeit der Marktpflege Gebrauch zu machen, der BaFin und der Deutschen Bundesbank anzuzeigen (§ 10 Abs. 5 Satz 7 KWG).

Es bestehen prinzipiell keine Bedenken, Genussrechtskapital während der Auslaufphase der letzten zwei Jahre innerhalb der für Drittrangmittel vorgegebenen Grenzen als kurzfristige nachrangige Verbindlichkeiten zu berücksichtigen, wenn die Ausgabebedingungen den Anforderungen des § 10 Abs. 7 KWG entsprechen (BAKred, Rundschreiben 18/98).

Zur Berücksichtigung von Hedging-Instrumenten bei der Ermittlung der anzusetzenden Beträge vgl. Kapitel 5.3.9.5.3.

5.3.10.6. Prüfung des Postens

Es sind die für Genussrechte bzw. Verbindlichkeiten allgemein üblichen Prüfungshandlungen durchzuführen. Es ist insbesondere darauf zu achten, dass sämtliche in diesem Posten ausgewiesenen Beträge die Voraussetzungen für Genussrechte erfüllen. Diesbezüglich wird auf die vorstehenden Ausführungen verwiesen.

Der **Nachweis** des Genussrechtskapitals erfolgt durch Saldenbestätigungen bzw. Kontoauszüge. Die Bestandsnachweise sind auf Richtigkeit und Vollständigkeit zu prüfen.

Bei der Prüfung des Postens ist darauf zu achten, dass **Zinsen** sowie die übrigen Ausschüttungen bzw. Aufwendungen für das abgelaufene Geschäftsjahr in alter Rechnung gebucht werden. Die **Zinsabgrenzung** ist zu prüfen.

Die **Bewertung** ist zu prüfen. Bei Beträgen, die auf **Fremdwährung** lauten, richtet sich die Bewertung nach § 340h HGB (vgl. Kapitel 4.8.).

Im Rahmen der Prüfung des Bilanzpostens ist auch festzustellen, ob das als **Eigenmittel** angerechnete Genussrechtskapital, die Voraussetzungen des § 10 Abs. 5 KWG erfüllt. Dabei ist darauf zu achten, dass die **Marktpflegepositionen** abgezogen und die diesbezüglich erforderlichen **Anzeigen** gemacht wurden. Hierbei ist darauf zu achten, dass das Institut nachrangige Verbindlichkeiten nicht **unzulässigerweise zurückerworben** hat.

Daneben ist festzustellen, ob die **Vorschriften der Satzung** beachtet wurden und ob die erforderlichen **Beschlüsse der Organe** vorliegen.

Die von der **Internen Revision** angefertigten Prüfungsberichte sollten eingesehen werden.

Der **Prüfungsbericht** muss die in § 48 PrüfbV verlangten Angaben enthalten:

- Darstellung im Vergleich mit dem Vorjahr,
- Erläuterung der Zusammensetzung.

Weitere Pflichtangaben sind in der PrüfbV nicht vorgesehen. Es empfiehlt sich, die für den Anhang relevanten Angaben im Prüfungsbericht zu nennen.

Nach dem BaFin-Schreiben vom Dezember 2003[1700] ist im Rahmen der Darstellung zu den §§ 22 und 23 PrüfbV über die Eigenmittelausstattung des Instituts bzw. der Institutsgruppe auf bestehende Hedging-Instrumente für bankaufsichtliche Eigenkapitalpositionen einzugehen und dabei auch ein Urteil über die Einhaltung der im BaFin-Schreiben vom Dezember 2003 genannten Bedingungen abzugeben.

[1700] Vgl. BaFin-Schreiben vom Dezember 2003, Geschäftszeichen B A 13 – 21 – 10/2003, www.bafin.de.

5.3.11. Fonds für allgemeine Bankrisiken (Passiva 11)

5.3.11.1. Postenbezeichnung

Die Postenbezeichnung nach dem Formblatt 1 lautet wie folgt:

> 11. Fonds für allgemeine Bankrisiken

Der Passivposten „11. Fonds für allgemeine Bankrisiken" ist für alle Kredit- und Finanzdienstleistungsinstitute iSv. § 1 KWG einheitlich geregelt.

Die Postenbezeichnung im Formblatt 1 wurde weder mit der Ersten noch mit der Zweiten Verordnung zur Änderung der RechKredV geändert.

5.3.11.2. Posteninhalt

5.3.11.2.1. RechKredV

Der Posteninhalt ist nicht in der RechKredV, sondern in § 340g HGB geregelt (vgl. Kapitel 4.7.).

5.3.11.2.2. Voraussetzungen für den Postenausweis

In diesem Posten dürfen nach § 340g Abs. 1 HGB Beträge eingestellt werden, soweit dies nach vernünftiger kaufmännischer Beurteilung wegen der besonderen Risiken des Geschäftszweigs der Institute notwendig ist (Einzelheiten vgl. Kapitel 4.7.).

Die Einstellung von Beträgen in diesen Posten ist neben der Bildung von Einzel- und Pauschalwertberichtigungen und der Vorsorgereserven gemäß § 340f HGB möglich. Es findet auch keine Anrechnung auf den Höchstbetrag der Vorsorgereserven nach § 340f Abs. 1 Satz 2 HGB statt.

Die Bildung des „Fonds für allgemeine Bankrisiken" kann zum einen durch Umwidmung vorhandener versteuerter Vorsorgereserven nach § 340f HGB bzw. § 26a KWG aF oder durch Zuweisungen zulasten des Jahresergebnisses erfolgen. In beiden Fällen handelt es sich um Fragen, über die der Vorstand im Rahmen der Bilanzaufstellung entscheidet, und nicht um eine Ergebnisverwendung.

Die Zuführungen zum Sonderposten oder die Erträge aus der Auflösung des Sonderpostens müssen in der Gewinn- und Verlustrechnung gesondert ausgewiesen werden (§ 340g Abs. 2

HGB). Dabei ist lediglich der Saldo der Zuweisungen und Entnahmen gesondert zu zeigen.[1701] Die Zuführungen zum Sonderposten und die Erträge aus dessen Auflösung stellen keine Ergebnisverwendung dar.[1702] Damit sind sie in der Gewinn- und Verlustrechnung vor dem Jahresüberschuss bzw. Jahresfehlbetrag auszuweisen.

In den Formblättern 2 und 3 zur Gewinn- und Verlustrechnung ist hierfür kein eigener Posten vorgesehen. Weder im HGB noch in der RechKredV ist geregelt, ob der Ausweis in einem eigenen Posten mit arabischer Nummer zu erfolgen hat oder, ob der Ausweis in einem Unterposten zu einem vorhandenen Posten vorgenommen werden kann (Einzelheiten vgl. Kapitel 4.7.4.).

Werden vorhandene versteuerte Vorsorgereserven iSd. § 340f HGB umgewidmet, kann deren Auflösung im Rahmen der sog. Überkreuzkompensation in stiller Form durch Saldierung in den entsprechenden Posten der Gewinn- und Verlustrechnung vorgenommen werden, wohingegen die Zuweisung des entsprechenden Betrags zum „Fonds für allgemeine Bankrisiken" offen in der Gewinn- und Verlustrechnung gezeigt werden muss.

5.3.11.3. Bewertung

Der „Fonds für allgemeine Bankrisiken" unterliegt keiner Bewertung. Er kann insoweit gebildet werden, als dies nach vernünftiger kaufmännischer Beurteilung wegen der besonderen Risiken des Geschäftszweigs notwendig ist. Diese Voraussetzungen sind mit denen des § 340f Abs. 1 HGB deckungsgleich. Die Bildung des „Fonds für allgemeine Bankrisiken" unterliegt im Gegensatz zur Bildung der Vorsorgereserven gemäß § 340f HGB keinen betragsmäßigen Beschränkungen (Einzelheiten vgl. Kapitel 4.7.3.).

5.3.11.4. Anhangangaben

Zum „Fonds für allgemeine Bankrisiken" sind weder vom HGB noch von der RechKredV Anhangangaben gefordert.

5.3.11.5. Bankaufsichtliche Besonderheiten

Nach § 10 Abs. 2a Satz 1 Nr. 7 KWG ist der „Fonds für allgemeine Bankrisiken" nach § 340g HGB Bestandteil des haftenden Eigenkapitals. Die Höhe des zu berücksichtigenden Sonderpostens ergibt sich aus dem letzten (festgestellten) Jahresabschluss.[1703]

[1701] Ebenso Bergmann, Bankinformation 3/1987, 56; Prahl, WPg 1991, 439.
[1702] Vgl. BR-Drs. 616/89, 23.
[1703] Vgl. Luz/Scharpf, 118.

Der „Fonds für allgemeine Bankrisiken" hat noch stärker als die stillen Vorsorgereserven nach § 340f HGB Eigenkapitalcharakter, deshalb wird er im Rahmen der Ermittlung des haftenden Eigenkapitals im Gegensatz zu den Vorsorgereserven, die lediglich als Ergänzungskapital Anrechnung finden, als **Kernkapital** anerkannt. Er hat damit bankaufsichtlich die Qualität von offenen Rücklagen.

5.3.11.6. Prüfung des Postens

Die Prüfung des Sonderpostens erstreckt sich darauf, ob die Voraussetzungen des § 340g HGB eingehalten, insbesondere, ob die **Zuführungen** und **Auflösungen** zutreffend in der Gewinn- und Verlustrechnung ausgewiesen sind.

Im Rahmen der Prüfung des Sonderpostens ist auch auf die zutreffende Behandlung bei der Ermittlung des **haftenden Eigenkapitals** zu achten.

Der **Prüfungsbericht** muss die in § 48 PrüfbV verlangten Angaben enthalten:

- Darstellung im Vergleich mit dem Vorjahr,
- Erläuterung der Zusammensetzung.

Besondere Angaben im Prüfungsbericht sieht die PrüfbV nicht vor. Es wird jedoch empfohlen, die Entwicklung des Postens (Anfangsbestand, Zugang, Abgang, Endbestand) darzustellen.

5.3.12. Eigenkapital (Passiva 12)

5.3.12.1. Postenbezeichnung

Die Postenbezeichnung nach dem Formblatt 1 lautet wie folgt:

> 12. Eigenkapital
>   a) gezeichnetes Kapital
>   b) Kapitalrücklage
>   c) Gewinnrücklagen
>   ca) gesetzliche Rücklage
>   cb) Rücklage für eigene Anteile
>   cc) satzungsmäßige Rücklagen
>   cd) andere Gewinnrücklagen
>   d) Bilanzgewinn/Bilanzverlust

Der Passivposten 12. ist bei Universalkreditinstituten, Realkreditinstituten und Bausparkassen sowie bei Finanzdienstleistungsinstituten einheitlich zu untergliedern. Besonderheiten sind lediglich für Genossenschaften vorgesehen.

Genossenschaften haben nach der Fußnote 12 zum Formblatt 1 in der Bilanz beim Unterposten „a) gezeichnetes Kapital" sowohl die Geschäftsguthaben der Genossen als auch die Einlagen stiller Gesellschafter auszuweisen.

Darüber hinaus haben Genossenschaften nach der Fußnote 13 zum Formblatt 1 in der Bilanz anstelle der Gewinnrücklagen die **Ergebnisrücklagen** auszuweisen und wie nachfolgend dargestellt aufzugliedern.

> 12. Eigenkapital
>   a) gezeichnetes Kapital
>   b) Kapitalrücklage
>   c) Ergebnisrücklagen
>   ca) gesetzliche Rücklage
>   cb) andere Ergebnisrücklagen
>   cc) ...
>   d) Bilanzgewinn/Bilanzverlust

Die Ergebnisrücklage nach § 73 Abs. 3 des Gesetzes betreffend die Erwerbs- und Wirtschaftsgenossenschaften und die Beträge, die aus dieser Ergebnisrücklage an ausgeschiedene Genossen (Mitglieder) auszuzahlen sind, müssen vermerkt werden.

Mit der Ersten Verordnung zur Änderung der RechKredV vom 18.6.1993 wurden im Formblatt 1 in der Fußnote 12 die Wörter „*an Stelle des gezeichneten Kapitals den Betrag der Geschäftsguthaben der Genossen*" durch die Wörter „*beim Unterposten a) gezeichnetes Kapital sowohl die Geschäftsguthaben der Genossen als auch die Einlagen stiller Gesell-*

schafter" ersetzt. Es handelt sich hierbei bezüglich der Einlagen stiller Gesellschafter um eine Klarstellung zu § 25 Abs. 1 RechKredV.

5.3.12.2. Posteninhalt

5.3.12.2.1. RechKredV

Der Posteninhalt ist in § 25 RechKredV geregelt. Abs. 1 bestimmt, welche Beträge im Unterposten „a) gezeichnetes Kapital" sind; Abs. 2 enthält für den Unterposten „c) Gewinnrücklagen" Besonderheiten zum Ausweis bei Sparkassen und Kreditgenossenschaften. Darüber hinaus gelten die handelsrechtlichen Vorschriften über den Ausweis des Eigenkapitals (§ 272 HGB).

5.3.12.2.2. Voraussetzungen für den Postenausweis

5.3.12.2.2.1. Überblick

Nach dem Gliederungsschema des Formblatts 1 wird die Bilanz unter teilweiser oder vollständiger Berücksichtigung der Ergebnisverwendung, dh. nach Dotierung von Gewinnrücklagen bzw. nach Entnahmen aus Gewinn- und Kapitalrücklagen, aufgestellt.[1704] Mithin wird in der Bilanz der Posten Bilanzgewinn/-verlust als Unterposten des Eigenkapitals ausgewiesen.

5.3.12.2.2.2. Gezeichnetes Kapital

Vorbemerkung

Im Unterposten „a) gezeichnetes Kapital" sind, ungeachtet ihrer genauen Bezeichnung im Einzelfall, alle Beträge auszuweisen, die entsprechend der Rechtsform des Kreditinstituts als von den Gesellschaftern oder anderen Eigentümern gezeichnete Eigenkapitalbeträge gelten (§ 25 Abs. 1 RechKredV).

Der handelsbilanzielle Eigenkapitalausweis knüpft an die gesellschaftsrechtlichen Rechtsverhältnisse an und enthält daher nur Bestandteile, die von den Gesellschaftern eingezahlt wurden bzw. auf die diese bei Liquidation des Unternehmens einen Anspruch haben. Die genaue Bezeichnung des Unterpostens im Einzelfall kann zusätzlich zu der Postenbezeichnung „gezeichnetes Kapital" in das Bilanzformblatt eingetragen werden.

[1704] Vgl. WPH Bd. I 2000 J Tz. 154.

Kapitalgesellschaften

Bei **Aktiengesellschaften** und **Kommanditaktiengesellschaften** (KGaA) ist hierin das Grundkapital, bei **Gesellschaften mit beschränkter Haftung** deren Stammkapital auszuweisen. Für Institute in der Rechtsform der **KGaA** sind die Kapitalanteile der persönlich haftenden Gesellschafter institutsunabhängig nach dem Posten „gezeichnetes Kapital" gesondert auszuweisen (§ 286 Abs. 2 Satz 1 AktG). Auf den Kapitalanteil eines persönlich haftenden Gesellschafters einer **KGaA** entfallende Verluste sind von seinem Kapitalanteil abzuschreiben (§ 286 Abs. 2 Satz 2 AktG).

Für noch nicht eingezahlte - also ausstehende - Einlagen ist eine Korrektur vorzunehmen, indem die noch nicht eingezahlten Beträge als Aktivposten „13. Ausstehende Einlagen auf das gezeichnete Kapital" ausgewiesen werden.

Eine **Kapitalerhöhung gegen Einlagen** wird erst mit der Eintragung in das Handelsregister wirksam (§ 189 AktG, § 54 GmbHG). Die bilanzielle Abbildung ist abhängig von der Wirksamkeit der Kapitalerhöhung. Erst mit der Eintragung im Handelsregister können Grund- bzw. Stammkapital dotiert werden. Diejenigen Zeichner, die bereits Einlagen geleistete haben, haben grundsätzlich die Stellung eines Fremdkapitalgebers. Nach Beschlussfassung über die Kapitalerhöhung, aber vor Eintragung geleistete Einlagen sind - da noch kein haftendes Kapital vorliegt - in einem **Sonderposten** *„zur Durchführung der beschlossenen Kapitalerhöhung geleistete Einlagen"* vor dem Eigenkapital auszuweisen; dies gilt auch für Kapitalrücklage.[1705] Zur Frage, wann die **Einlageschuld** hinsichtlich der noch nicht geleisteten Einlagen entsteht vgl. Wolf.[1706]

Genossenschaften

Genossenschaften haben beim Unterposten „a) gezeichnetes Kapital" sowohl den Betrag der Geschäftsguthaben der Genossen als auch die Einlagen stiller Gesellschafter auszuweisen (Fußnote 12 zu Formblatt 1). **Geschäftsguthaben** sind die von den Mitgliedern (Genossen) auf die Geschäftsanteile eingezahlten Beträge. Hierzu gehören auch Gutschriften aus Dividenden, genossenschaftlichen Rückvergütungen und aus der Übertragung von Geschäftsguthaben. Dies gilt sowohl für Kreditinstitute als auch für Finanzdienstleistungsinstitute in der Rechtsform der Genossenschaft.

Entgegen der Vorgehensweise bei Kapitalgesellschaften sind bei Genossenschaften im gezeichneten Kapital nicht das in der Satzung festgelegte Grund- oder Stammkapital (unabhängig von einer Voll- oder Teileinzahlung) auszuweisen, sondern lediglich die **eingezahlten Geschäftsguthaben**. Insoweit erübrigt sich bei Genossenschaften ein Ausweis der ausstehenden Einlagen als Aktivposten.

[1705] Vgl. Wolf, StuB 2003, 1053 ff.
[1706] Vgl. Wolf, StuB 2003, 1055.

Die Geschäftsguthaben der Mitglieder stellen einen variablen Bestandteil des Eigenkapitals der Genossenschaft dar. Der Bestand erfährt Veränderungen durch Zu- bzw. Abgänge von Mitgliedern, Zeichnung weiterer Geschäftsanteile sowie durch die Kündigung einzelner Geschäftsanteile.

Die Fußnote 12 zum Formblatt 1 macht ergänzend zu § 25 Abs. 1 RechKredV zusätzlich klar, dass im Unterposten „a) gezeichnetes Kapital" neben den Geschäftsguthaben auch die **Einlagen stiller Gesellschafter** auszuweisen sind.

Anstelle der Gewinnrücklagen haben Genossenschaften die Ergebnisrücklagen auszuweisen und gemäß Fußnote 13 zu Formblatt 1 aufzugliedern. Genossen haben beim Ausscheiden aus der Genossenschaft grundsätzlich keinen Anspruch auf die in den „Ergebnisrücklagen" ausgewiesenen Beträge. § 73 Abs. 3 GenG sieht jedoch ausdrücklich vor, dass den Genossen, die ihren Geschäftsanteil voll eingezahlt haben, im Statut für den Fall des Ausscheidens ein Anspruch auf Auszahlung eines Anteils an einer zu diesem Zweck aus dem Jahresüberschuss zu bildenden Ergebnisrücklage eingeräumt werden kann. Hiervon machen die Genossenschaften idR keinen Gebrauch. Werden ausnahmsweise solche Ergebnisrücklagen gebildet, sind diese einschließlich der Beträge, die aus dieser Ergebnisrücklage an ausgeschiedene Genossen auszuzahlen sind, gesondert zu vermerken (Fußnote 13 zu Formblatt 1).

Auseinandersetzungsguthaben bereits ausgeschiedener Mitglieder (Genossen), Vorauszahlungen auf noch nicht eingetragene Geschäftsanteile und Überzahlungen sind nicht als Geschäftsguthaben im gezeichneten Kapital, sondern als sonstige Verbindlichkeiten auszuweisen.

Einzelunternehmen und Personenhandelsgesellschaften

Bei Instituten, die in anderen Rechtsformen betrieben werden (zB als Einzelunternehmen oder Personenhandelsgesellschaft), gibt es formal betrachtet kein gezeichnetes Kapital. Bei ihnen sind hierunter alle Beträge zu verstehen, „*... die entsprechend der Rechtsform des Institut als von den Gesellschaftern oder anderen Eigentümern gezeichnete Eigenkapitalbeträge gelten*" (§ 25 Abs. 1 Satz 1 RechKredV). Bei Personenhandelsgesellschaften sind mithin die **Einlagen** der unbeschränkt und beschränkt haftenden Gesellschafter im Posten „a) gezeichnetes Kapital" zu zeigen.[1707]

Zur Verdeutlichung kann in diesen Fällen die genaue Bezeichnung zusätzlich zur Postenbezeichnung „Gezeichnetes Kapital" in das Bilanzformblatt eingetragen werden (§ 25 Abs. 1 Satz 2 RechKredV).

[1707] Vgl. Bieg (1998), 291.

Das sog. **freie Vermögen** der Gesellschafter wird nicht in der Bilanz ausgewiesen. Ungeachtet dessen kann dieses als haftendes Eigenkapital (Kernkapital) anerkannt werden.[1708]

Dotationskapital von Zweigstellen

Im Unterposten „a) Gezeichnetes Kapital" ist ferner das Dotationskapital auszuweisen (§ 25 Abs. 1 RechKredV). Als Dotationskapital werden die Beträge bezeichnet, die der Zweigstelle eines ausländischen Instituts von dem Unternehmen als Betriebskapital zur Verfügung gestellt wurden.

Einlagen stiller Gesellschafter

Im Unterposten „a) gezeichnetes Kapital" sind ferner die Einlagen stiller Gesellschafter auszuweisen. § 25 Abs. 1 RechKredV macht keine Einschränkung dahingehend, dass hier nur die Einlagen stiller Beteiligter auszuweisen sind, die die Voraussetzungen für die Anerkennung als haftendes Eigenkapital erfüllen.[1709] Dies entspricht der Vorgehensweise bei nachrangigen Verbindlichkeiten und Genussrechtskapital. Mithin sind in diesem Unterposten **sämtliche** stillen Einlagen unabhängig von deren Anerkennung als haftendes Eigenkapital zu zeigen.[1710]

Die Forderung, im Unterposten „a) gezeichnetes Kapitel" nur solche stille Einlagen auszuweisen, die den Anforderungen des § 10 Abs. 4 KWG genügen, hat zwar den Vorteil, dass der Bilanzausweis die bankaufsichtliche Bedeutung der stillen Einlagen widerspiegelt, ist jedoch von § 25 Abs. 1 KWG nicht gedeckt. Die Vermengung von Bilanzausweisfragen und bankaufsichtlichen Bestimmungen ist hier ebenso abzulehnen wie beim Genussrechtskapital.[1711]

Weder das HGB noch die RechKredV verbieten es, den Unterposten „a) gezeichnetes Kapital" weiter zu untergliedern bzw. mit einem Davon-Vermerk betreffend der Einlagen stiller Beteiligter zu versehen, um die Zusammensetzung des Unterpostens transparenter zu gestalten.

Der Ausweis der **Ausschüttungen** auf stille Beteiligungen für das abgelaufene Geschäftsjahr ist von der noch nicht ausbezahlten Berechnungsgrundlage abhängig. Wurde ein Festzinssatz vereinbart, sind die Ausschüttungen als sonstige Verbindlichkeiten zu erfassen. Dividendenorientierte Ausschüttungen sind hingegen als Rückstellungen zu zeigen, da in diesen Fällen erst die Gesellschafter, Haupt- oder Generalversammlung über die Höhe der Dividende und damit letztlich über die Höhe der Ausschüttung beschließen.

[1708] Vgl. Bellavite-Hövermann/Hintze/Luz/Scharpf, 56 ff.
[1709] GlA Bieg (1998), 291; WPH Bd. I 2000 J 155.
[1710] AA Krumnow ua., 2. Aufl., § 25 RechKredV Rn. 6.
[1711] GlA Bieg (1998), 291.

5.3.12.2.2.3. Kapitalrücklagen

Die Untergliederungsposten „b) Kapitalrücklage" und „c) Gewinnrücklagen" unterscheiden sich nicht von der allgemeinen handelsrechtlichen Behandlung. Insoweit kann auf die Kommentierung zu den einschlägigen Vorschriften des HGB verwiesen werden.

Die Kapitalrücklage ergibt sich aus **Zuzahlungen** bzw. **Agien**, die vor allem bei der Ausgabe von Aktien und anderen Gesellschaftsanteilen sowie bei der Emission von Optionsrechten, von Wandel- und Optionsschuldverschreibungen vereinbart wurden (§ 272 Abs. 2 HGB). Wegen weiterer Einzelheiten wird auf die einschlägigen Kommentierungen zu § 272 HGB verwiesen.

5.3.12.2.2.4. Gewinnrücklagen

Gewinnrücklagen sind im Geschäftsjahr oder in früheren Geschäftsjahren **aus dem Ergebnis gebildet** worden. Nach § 25 Abs. 1 RechKredV ist unter den Gewinnrücklagen auch die **Sicherheitsrücklage** der Sparkassen auszuweisen. Hierbei handelt es sich um eine Rücklage, deren Dotierung den Sparkassen regelmäßig in Gesetzen oder in ihrer Satzung vorgeschrieben ist. Genossenschaften haben im Unterposten „c) Gewinnrücklagen" die **Ergebnisrücklagen**[1712] zu zeigen.

Dem Vorschlag, diese Sicherheitsrücklage anstelle des Unterpostens „ca) Gesetzliche Rücklage" auszuweisen, ist zuzustimmen.[1713] Die genaue Bezeichnung im Einzelfall kann zusätzlich zu der Postenbezeichnung „Gewinnrücklagen" in das Bilanzformblatt eingetragen werden.

Eine **Rücklage für eigene Anteile** ist zu bilden, wenn auf der Aktivseite der Bilanz eigene Anteile ausgewiesen werden. Die Bildung ist erforderlich in Höhe des für die Anteile angesetzten Betrags. Die Rücklage für eigene Aktien hat die Aufgabe einer Ausschüttungssperre und darf nur insoweit aufgelöst werden, als sich der aktivierte Wert der eigenen Anteile vermindert.

Satzungsmäßige Rücklagen ergeben sich, wenn in der Satzung oder einem Gesellschaftsvertrag die Bildung einer solchen Rücklage ausdrücklich vorgeschrieben ist. **Andere Gewinnrücklagen** entstehen im Regelfall durch Ergebnisverwendung aus dem Jahresüberschuss.

[1712] Ausführlich zu den Ergebnisrücklagen der Genossenschaft vgl. Bergmann ua., B.III.12c, 69.
[1713] GlA Krumnow ua., 2. Aufl., § 25 RechKredV Rn. 14; Bieg (1998), 292.

5.3.12.2.2.2.5. Bilanzgewinn bzw. Bilanzverlust

Der Bilanzgewinn bzw. Bilanzverlust ergibt sich aus der „Fortschreibung" des Jahresüberschusses bzw. Jahresfehlbetrags um einen Gewinnvortrag/Verlustvortrag, Entnahmen aus bzw. Einstellungen in die Kapital- bzw. Gewinnrücklagen sowie Entnahmen bzw. Zuweisungen zum Genussrechtskapital.

5.3.12.3. Bewertung

Das Eigenkapital unterliegt keiner Bewertung, es stellt vielmehr in seiner Summe den Saldo aus der bewerteten Aktiva und der bewerteten Passiva dar.

5.3.12.4. Anhangangaben

Kreditinstitute in der Rechtsform der eingetragenen **Genossenschaft** haben im Anhang die im Unterposten „a) gezeichnetes Kapital" ausgewiesenen Geschäftsguthaben wie folgt aufzugliedern (§ 34 Abs. 2 Nr. 3 RechKredV):

- Geschäftsguthaben der verbleibenden Mitglieder,
- Geschäftsguthaben der ausscheidenden Mitglieder,
- Geschäftsguthaben aus gekündigten Geschäftsanteilen.

Ausscheidende Mitglieder sind die zum Bilanzstichtag ausscheidenden Mitglieder aufgrund von Kündigung, Ausschließung oder Tod zum Ablauf des Geschäftsjahres. Setzen Erben die Mitgliedschaft fort, sind die Geschäftsguthaben des Verstorbenen unter dem Namen der/des Erben unverändert den Geschäftsguthaben verbleibender Mitglieder zuzurechnen.

Gesondert zu vermerken sind die Geschäftsguthaben, die gemäß § 67b GenG zum Bilanzstichtag gekündigt wurden. In diesem Fall bleibt die Mitgliedschaft bestehen. Voraussetzung für die Auszahlung ist, dass die verbleibenden, nicht gekündigten Geschäftsanteile voll eingezahlt sind. Daher kommen für den Vermerk nur die über den Nennbetrag der verbleibenden weiteren Geschäftsanteile hinausgehenden Beträge in Betracht.[1714]

Außerdem sind nach Bergmann ua.[1715] im Anhang die **rückständigen fälligen Pflichteinzahlungen** auf Geschäftsanteile in analoger Anwendung des § 337 Abs. 1 Satz 4 HGB zu vermerken, auch wenn ein konkreter Hinweis in der RechKredV fehlt. Höhe und Fälligkeit der Pflichteinzahlungen ergeben sich aus den am Bilanzstichtag gültigen Satzungsbestimmungen, ggf. ergänzt durch nichteintragungspflichtige Beschlüsse der zuständigen Organe. Wird der Geschäftsanteil sofort voll eingezahlt, ergeben sich die Pflichteinzahlungen aus dem

---

[1714] Vgl. Bergmann ua., B.III.12a., 61.
[1715] Vgl. Bergmann ua., B.III.12a., 61.

Unterschiedsbetrag zwischen den Nennbeträgen aller Geschäftsanteile und dem Gesamtbetrag der Geschäftsguthaben. Besteht keine sofortige Volleinzahlungspflicht, müssen die ausstehenden Pflichteinlagen unter Berücksichtigung der Höhe der sofort fälligen Pflichteinlagen und der evtl. festgelegten weiteren Ratenzahlungen einzeln berechnet werden.[1716]

Ferner müssen Genossenschaften nach § 338 Abs. 1 HGB Angaben zum Bestand und zur Bewegung der Genossen machen.

Für Kreditinstitute in der Rechtsform der **AG** oder **KGaA** sind die folgenden Anhangangaben von Bedeutung:
- Einstellung des Eigenkapitalanteils von Wertaufholungen in andere Gewinnrücklagen (§ 58 Abs. 2a Satz 2 AktG),
- Veränderung der Kapitalrücklage (§ 152 Abs. 2 AktG),
- Veränderung der Gewinnrücklage (§ 152 Abs. 3 AktG),
- Überleitung zum Bilanzergebnis (§ 158 Abs. 1 AktG) [1717],
- Angaben bei Kapitalherabsetzung (§ 240 Satz 3 AktG),
- Vorratsaktien (§ 160 Abs. 1 Nr. 1 AktG),
- Aktiengattungen (§ 160 Abs. 1 Nr. 3 AktG),
- Genehmigtes Kapital (§ 160 Abs. 1 Nr. 4 AktG).

Kreditinstitute in der Rechtsform der **GmbH** müssen ebenfalls Angaben zur Einstellung des Eigenkapitalanteils von Wertaufholungen in die anderen Gewinnrücklagen machen (§ 29 Abs. 4 GmbHG).

5.3.12.5. Bankaufsichtliche Besonderheiten

5.3.12.5.1. Eingezahltes Kapital als haftendes Eigenkapital

Die zentralen bankaufsichtlichen Normen sind die Regeln zu den sog. (haftenden) Eigenmitteln, die sich aus dem haftenden Eigenkapital (Kernkapital + Ergänzungskapital) sowie den sog. Drittrangmitteln zusammensetzen. Wesentlicher Bestandteil des **Kernkapitals** (§ 10 Abs. 2a KWG) ist das eingezahlte Kapital. Daneben rechnen ua. die Rücklagen sowie die Vermögenseinlagen stiller Gesellschafter zum Kernkapital.

Der **Bilanzgewinn** ist dem Kernkapital nur insoweit zuzurechnen, als seine Zuweisung zum Geschäftskapital, zu den Geschäftsguthaben oder den Rücklagen beschlossen ist, also eine Verwendungsentscheidung (Thesaurierung) bereits getroffen worden ist (§ 10 Abs. 2a Satz 1 Nr. 9 KWG). Die Zuweisung kann erfolgen durch Dotation der Rücklagen; bei Privatbankiers kommt alternativ auch die Verwendung zur Aufstockung von Gesellschaftereinlagen in Betracht. Ferner werden ausgeschüttete Gewinne bei Personenhandelsgesellschaften und

---

[1716] Einzelheiten vgl. Bergmann ua., B.III.12a., 62 mit Beispielen.
[1717] Ist in Formblatt 2 und 3 bereits vorgesehen.

Genossenschaften künftig mit nicht eingebrachten Kapitaleinlagen verrechnet. In diesen Fällen liegt eine materielle Stärkung des haftenden Eigenkapitals vor, die entsprechend zu berücksichtigen ist.[1718]

Der Bilanzverlust sowie die ausstehenden Einlagen sind hiervon ebenso abzuziehen wie bestimmte Kredite an (beschränkt haftende) Gesellschafter und still Beteiligte.[1719] Abzuziehen sind auch eigene Aktien und Anteile; Gleiches gilt für eigene Aktien und Anteile, die das Institut in Pfand genommen hat, da diese Werte aus der Haftungsmasse abfließen (§ 10 Abs. 1 Satz 8, Halbsatz 2 KWG). Vorzugsaktien sind Bestandteil des Ergänzungskapitals, eigene Vorzugsaktien sind mithin vom Ergänzungskapital abzuziehen.

Klarstellend ist in § 10 Abs. 2a Satz 1 Nr. 1 KWG erwähnt, dass Entnahmen des Inhabers oder persönlich haftenden Gesellschafters sowie Kredite an den Inhaber und persönlich haftenden Gesellschafter vom Kernkapital abzuziehen sind.

[1718] Szagunn/Haug/Ergenzinger, 6. Aufl., § 10 KWG Rn. 34.
[1719] Ausführlich vgl. Bellavite-Hövermann/Hintze/Luz/Scharpf, 38 ff.

Rechtsform des Instituts	Geschäftskapital und Rücklagen
Einzelkaufleute, offene Handelsgesellschaften (OHG) und Kommanditgesellschaften (KG) (§ 10 Abs. 2a Satz 1 Nr. 1 KWG)	Eingezahltes Geschäftskapital + Rücklagen - Entnahmen des Inhabers oder der persönlich haftenden Gesellschafter - dem Inhaber oder den persönlich haftenden Gesellschaftern gewährte Kredite - Schuldenüberhang beim freien Vermögen des Inhabers
Aktiengesellschaften (AG), Kommanditgesellschaften auf Aktien (KGaA), Gesellschaften mit beschränkter Haftung (GmbH) (§ 10 Abs. 2a Satz 1 Nr. 2 KWG)	Eingezahltes Grund- oder Stammkapital + Rücklagen - Aktien, die mit einem nachzuzahlenden Vorzug bei der Verteilung des Gewinns ausgestattet sind (Vorzugsaktien) + Vermögenseinlagen der persönlich haftenden Gesellschafter einer KGaA, die nicht auf das Grundkapital geleistet worden sind - Entnahmen der persönlich haftenden Gesellschafter einer KGaA sowie die ihnen gewährten Kredite
Eingetragene Genossenschaften (eG) (§ 10 Abs. 2a Satz 1 Nr. 3 KWG)	Eingezahlte Geschäftsguthaben + Rücklagen - Geschäftsguthaben aus gekündigten Geschäftsanteilen - auf gekündigte Anteile entfallender Anteil an der Ergebnisrücklage gem. § 73 Abs. 3 GenG
Sparkassen (§ 10 Abs. 2a Satz 1 Nr. 4 KWG)	Rücklagen
Kreditinstitute des öffentlichen Rechts (§ 10 Abs. 2a Satz 1 Nr. 5 KWG)	Dotationskapital + Rücklagen

Abb. 5.6: Eingezahltes Kapital als haftendes Eigenkapital (Kernkapital)

Kapitalerhöhungen während des Geschäftsjahres sind zu berücksichtigen, sobald die Mittel der Gesellschaft zugeflossen und im Rechnungswesen buchhalterisch erfasst sind. Entsprechend mindern **Kapitalrückzahlungen** sofort das haftende Eigenkapital.

Forderungen auf **Verrechnungskonten** zwischen Mutter- und Tochtergesellschaft, die das Tochterinstitut ausweist, brauchen bei dem Tochterinstitut nicht als Kredit an die Muttergesellschaft abgezogen zu werden, soweit es sich um **echte** Verrechnungskonten handelt. Was als sog. „echtes Verrechnungskonto" anzusehen ist, obliegt der Beurteilung des Abschlussprüfers.

Zweigniederlassungen von Einlagenkreditinstituten oder Wertpapierhandelsunternehmen mit Sitz in einem anderen **EWR-Staat** dürfen ohne Erlaubnis durch die BaFin betrieben werden

(§ 53b Abs. 1 KWG). Diese Unternehmen benötigen im Gegensatz zu anderen Zweigniederlassungen von Unternehmen mit Sitz im Ausland (Nicht-EWR-Staat) kein besonderes Dotationskapital. Nach § 53b Abs. 3 iVm. § 11 KWG muss aber jederzeit eine ausreichende Liquidität gewährleistet sein. Die ausreichende Liquidität bemisst sich nach den Bestimmungen des § 11 KWG und wird von der deutschen Bankenaufsicht überwacht.

Bei Zweigniederlassungen von Unternehmen mit Sitz in einem **Nicht-EWR-Staat** gilt nach § 53 Abs. 2 Nr. 4 KWG das

- ihnen gemäß Monatsausweis zur Verfügung gestellte Betriebskapital,
- zuzüglich der ihnen belassenen Betriebsüberschüsse,
- abzüglich des Betrags eines etwaigen aktiven Verrechnungssaldos

als Eigenmittel. Für die Ermittlung der Einhaltung der Grenzen bezüglich der Anerkennung als Ergänzungskapital bzw. Drittrangmittel der Höhe nach gelten das Betriebskapital und der Zweigniederlassung belassene Betriebsüberschüsse abzüglich eines aktiven Verrechnungssaldos als „Kernkapital" der Zweigniederlassung.

Der „aktive Verrechnungssaldo" stammt aus dem Verrechnungsverkehr zwischen der inländischen Niederlassung und dem Mutterinstitut. Er ist nichts anderes als eine aus dem gegenseitigen Verrechnungsverkehr entstandene Forderung gegen das ausländische Unternehmen. Der aktive Verrechnungssaldo ist vom haftenden Eigenkapital abzuziehen, weil sich insoweit das Betriebskapital vermindert.

Ein passiver Verrechnungssaldo (Verbindlichkeit aus dem gegenseitigen Verrechnungsverkehr) gehört dagegen nicht zu den Eigenmitteln. Lediglich im Wege einer zusätzlichen Dotation des Betriebskapitals durch die Zuführung neuer Mittel oder durch die Übertragung vom passiven Verrechnungssaldo auf das Betriebskapital kann eine Erhöhung der Eigenmittel erreicht werden. Die Höhe des Betriebskapitals der inländischen Zweigniederlassung bestimmt das ausländische Unternehmen durch einseitigen Dotationsakt.

Außerdem sind bei einer Zweigniederlassung eines Unternehmens mit Sitz in einem Nicht-EWR-Staat dem Ergänzungskapital oder den Drittrangmitteln folgende Beträge zuzurechnen, wenn sich die gemäß § 10 Abs. 5, 5a oder 7 KWG geltenden Bestimmungen jeweils auf das gesamte Unternehmen beziehen:

- Genussrechtsverbindlichkeiten,
- längerfristige nachrangige Verbindlichkeiten,
- kurzfristige nachrangige Verbindlichkeiten,
- Nettogewinne.

Da es sich bei den Eigenmitteln nach § 53 Abs. 2 Nr. 4 KWG nur um eine Rechengröße handelt, die durch den Verrechnungsverkehr mit dem ausländischen Unternehmen verändert werden kann, ist für seine Bemessung der jeweils **letzte Monatsausweis** nach § 25 KWG maßgebend (§ 53 Abs. 2 Nr. 4 Satz 3 KWG).

5.3.12.5.2. Offene Rücklagen als haftendes Eigenkapital

Die in der Bilanz in den Passivposten „Kapitalrücklage" und „Gewinnrücklagen" ausgewiesenen Beträge sind bei Instituten aller Rechtsformen Bestandteil des haftenden Eigenkapitals (Kernkapitals), gleichviel, ob sie gesetzlich vorgeschrieben oder freiwillig gebildet worden sind. Damit wird - entsprechend Art. 2 Abs. 1 Satz 1 Nr. 2 der EU-Eigenmittelrichtlinie - eindeutig auf die in der Bilanz ausgewiesenen Rücklagenposten verwiesen. Was als Rücklagen anerkennungsfähig ist, wird in § 10 Abs. 3a KWG definiert. Diese Vorschrift stellt klar, welche Rücklagen überhaupt dem haftenden Eigenkapital zugerechnet werden können.[1720]

Zuweisungen zu den Gewinnrücklagen werden erst berücksichtigt, wenn die Bilanz festgestellt ist. Die Gewinnrücklagen sind damit statische Bestandteile des haftenden Eigenkapitals (Kernkapitals). Sie können nur iRd. Aufstellung eines Jahresabschlusses dotiert werden, denn als Gewinnrücklagen dürfen nur Beträge ausgewiesen werden, die im Geschäftsjahr oder in einem früheren Geschäftsjahr aus dem Ergebnis gebildet worden sind (§ 272 Abs. 3 HGB).

5.3.12.5.3. Einlagen stiller Gesellschafter als haftendes Eigenkapital

Bereits seit der 3. KWG-Novelle werden stille Einlagen als haftendes Eigenkapital anerkannt. Die Voraussetzungen sind in der nachfolgenden Abbildung zusammengefasst.[1721]

[1720] Einzelheiten vgl. Bellavite-Hövermann/Hintze/Luz/Scharpf, 47 ff.
[1721] Ausführlich vgl. Bellavite-Hövermann/Hintze/Luz/Scharpf, 49 ff.

Vermögenseinlagen stiller Gesellschafter sind dem haftenden Eigenkapital (Kernkapital) nur zuzurechnen, wenn
1. sie bis zur vollen Höhe am Verlust teilnehmen und das Institut berechtigt ist, im Fall eines Verlusts Zinszahlungen aufzuschieben,
2. vereinbart ist, dass sie im Fall des Insolvenzverfahrens über das Vermögen des Instituts oder der Liquidation des Instituts erst nach Befriedigung aller Gläubiger zurückzuzahlen sind,
3. sie dem Institut für mindestens fünf Jahre zur Verfügung gestellt worden sind,
4. der Rückzahlungsanspruch nicht in weniger als zwei Jahren fällig wird oder aufgrund des Gesellschaftsvertrags fällig werden kann,
5. der Gesellschaftsvertrag keine Besserungsabreden enthält, nach denen der durch Verluste während der Laufzeit der Einlage ermäßigte Rückzahlungsanspruch durch Gewinne, die nach mehr als vier Jahren nach der Fälligkeit des Rückzahlungsanspruchs entstehen, wieder aufgefüllt wird, und
6. das Institut bei der Begründung der stillen Gesellschaft auf die in den Sätzen 2 und 3 genannten Rechtsfolgen ausdrücklich und schriftlich hingewiesen hat.

Abb. 5.7: Vermögenseinlagen stiller Gesellschafter als haftendes Eigenkapital (Kernkapital)

Es bestehen prinzipiell keine Bedenken, Einlagen stiller Gesellschafter während der Auslaufphase der letzten zwei Jahre innerhalb der für Drittrangmittel vorgegebenen Grenzen als kurzfristige nachrangige Verbindlichkeiten zu berücksichtigen, wenn die Ausgabebedingungen den Anforderungen des § 10 Abs. 7 KWG entsprechen (BAKred, Rundschreiben 18/98).

Zur Berücksichtigung von Hedging-Instrumenten bei der Ermittlung der bankaufsichtlich anzurechnenden Beträgen vgl. Kapitel 5.3.9.5.3.

5.3.12.5.4. Freies Vermögen und Schuldenüberhang als Bestandteil des haftenden Eigenkapitals

Der bisherige § 10 Abs. 6 KWG in der Fassung der 5. KWG-Novelle, nach dem nachgewiesenes freies Vermögen des Inhabers bzw. persönlich haftenden Gesellschafters auf Antrag in einem von der BaFin zu bestimmenden Umfang als haftendes Eigenkapital berücksichtigt werden konnte, wurde aufgehoben. Bei Kreditinstituten, die am 1.1.1998 über eine Erlaubnis nach § 32 KWG verfügten, kann jedoch nach wie vor auf Antrag in einem von der BaFin zu bestimmenden Umfang freies Vermögen des Inhabers bzw. persönlich haftenden Gesellschafters als haftendes Eigenkapital berücksichtigt werden (§ 64e Abs. 5 KWG). Es handelt sich hier um eine Regelung zur Besitzstandswahrung. Gemäß § 2a Abs. 2 KWG darf bei **Wertpapierhandelsunternehmen** in der Rechtsform des Einzelkaufmanns oder der Personengesellschaft freies Vermögen des Inhabers oder der Gesellschafter bei der Berechnung der Eigenmittel des Instituts nicht berücksichtigt werden.

Freies Vermögen ist nicht dem Bankbetrieb gewidmetes und damit nicht in der Bilanz ausgewiesenes Vermögen des Inhabers oder der persönlich haftenden Gesellschafter. Das freie Vermögen entspricht dem Saldo aus den nicht als Kapitaleinlage in das Institut eingebrachten

Vermögenswerten und den entsprechenden Verbindlichkeiten.[1722] Hierzu gehören auch Einlagen bei dem Institut, die als Fremdkapital ausgewiesen sind.

Freies Vermögen soll als haftendes Eigenkapital idR nur dann anerkannt werden, wenn eine Verstärkung des Bilanzkapitals aus besonderen Gründen nicht möglich ist oder nicht zumutbar erscheint. Für die Anerkennung als haftendes Eigenkapital (Kernkapital) ist ein **Antrag** des Kreditinstituts erforderlich.

Für Inhaber bestimmt § 10 Abs. 2a Satz 1 Nr. 1 KWG, dass ein Schuldenüberhang beim freien Vermögen vom haftenden Eigenkapital abzusetzen ist, weil ein Schuldenüberhang zu einer Verminderung der für die Bankgläubiger verfügbaren Vermögensmasse führt und die Bankgläubiger gegenüber den Privatgläubigern des Inhabers keinen Vorrang haben.

Gehört zum haftenden Eigenkapital auch anerkanntes freies Vermögen, so sind abzugspflichtige Kredite nicht vom gesamten Kernkapital (einschließlich freies Vermögen) abzuziehen. Der Abzug ist vielmehr allein bei dem in der Bilanz ausgewiesenen (eingezahlten) Kapital vorzunehmen. Damit verringert sich gleichzeitig die Obergrenze für die Anerkennung freien Vermögens sowie für die Anerkennung von Ergänzungskapital.[1723]

Treten während des laufenden Geschäftsjahres Bestands- oder Wertänderungen bei den der Anerkennung des freien Vermögens zugrunde liegenden Vermögenswerten um mehr als 20 % des Wertansatzes auf, ist die BaFin unverzüglich zu benachrichtigen.[1724] Dies bedeutet, dass der Wert des freien Vermögens laufend zu überwachen ist.

5.3.12.5.5. Eigenmittel bei Wertpapierhandelsunternehmen

Wertpapierhandelsunternehmen müssen auf Einzelunternehmensbasis Eigenmittel - haftendes Eigenkapital und Drittrangmittel - aufweisen, die mindestens einem Viertel ihrer Kosten entsprechen, die in der Gewinn- und Verlustrechnung des **letzten Jahresabschlusses** unter den Posten

- „Allgemeine Verwaltungsaufwendungen" und
- „Abschreibungen und Wertberichtigungen auf immaterielle Anlagewerte und Sachanlagen"

ausgewiesen sind (§ 10 Abs. 9 KWG). Bei Neugründungen sind die im Geschäftsplan angegebenen Beträge maßgeblich. Einzelheiten sind im Sammelanschreiben A/2000-WHB/FDI vom 14.2.2000 des BAKred (jetzt BaFin) geregelt.[1725]

[1722] Vgl. Szagunn/Haug/Ergenzinger, § 10 KWG Rn. 18.
[1723] Vgl. BAKred-Schr. v. 8.4.1986, CMBS 4.202.
[1724] Vgl. BAKred-Schr. v. 29.6.1963, CMBS 4.26.
[1725] Vgl. CMBS 4.326.

Die BaFin kann diese Anforderungen heraufsetzen, also Eigenmittel verlangen, die über einem Viertel dieser Kosten liegen, wenn dies durch eine Ausweitung der Geschäftstätigkeit des Instituts angezeigt ist (§ 10 Abs. 9 Satz 3 KWG).

Eine besondere Regelung, wonach ein geringerer Anteil dieser Kosten ausreichend sein kann, enthält das Gesetz in § 10 Abs. 9 Satz 4 KWG. Danach kann die Bundesanstalt (BaFin) die bei der Berechnung der Relation nach § 10 Abs. 9 Satz 1 und 2 KWG anzusetzenden Kosten für das laufende Geschäftsjahr auf Antrag des Instituts herabsetzen, wenn dies durch eine ggü. dem Vorjahr nachweislich erhebliche Reduzierung der Geschäftstätigkeit des Instituts im laufenden Geschäftsjahr angezeigt ist. Die Wertpapierhandelsunternehmen haben nach § 10 Abs. 9 Satz 5 KWG der Bundesanstalt und der Deutschen Bundesbank die für die Überprüfung der Relation nach § 10 Abs. 9 Satz 1 KWG, auch in Verbindung mit § 10 Abs. 9 Satz 3 KWG, sowie des Vorliegens der Voraussetzungen nach § 10 Abs. 9 Satz 4 KWG, erforderlichen Angaben und Nachweise einzureichen.

Nach Anhang IV der Kapitaladäquanzrichtlinie[1726] müssen Wertpapierfirmen eine Eigenkapitalunterlegung aufweisen, die „einem Viertel ihrer fixen Gemeinkosten während des Vorjahres entspricht". Im Umkehrschluss ergibt sich daraus, dass die variablen, dh. rein erfolgsabhängigen Aufwendungen des Vorjahres nicht mit Eigenmitteln zu unterlegen sind.

5.3.12.5.6. Eigenmittel von E-Geld-Instituten

Die Eigenmittel eines E-Geld-Instituts müssen nach § 10 Abs. 10 KWG vorbehaltlich weitergehender Anforderungen mindestens 2 % (1.) des aktuellen Betrags oder (2.) des Durchschnitts der für die vorhergehenden sechs Monate ermittelten Summe seiner Verbindlichkeiten aufgrund des noch nicht in Anspruch genommenen elektronischen Geldes betragen. Maßgeblich ist der jeweils höhere Wert (§ 10 Abs. 10 Satz 2 KWG).

Hat ein E-Geld-Institut seine Geschäftstätigkeit seit dem Tag der Geschäftsaufnahme noch nicht mindestens sechs Monate lang ausgeübt, so müssen die Eigenmittel mindestens 2 % (1.) des aktuellen Betrags oder (2.) des Sechsmonatsziels seiner Verbindlichkeiten aufgrund des noch nicht in Anspruch genommenen elektronischen Geldes betragen (§ 10 Abs. 10 Satz 3 KWG). Maßgeblich ist auch hier der jeweils höhere Wert. Das Sechsmonatsziel der Summe der Verbindlichkeiten muss aus dem Geschäftsplan des Instituts hervorgehen, der ggf. entsprechend den Anforderungen der Bundesanstalt zu ändern ist (§ 10 Abs. 10 Satz 4 KWG).

Die Bundesanstalt kann entsprechend den Regelungen für Wertpapierhandelsunternehmen diese Anforderungen auf Antrag heruntersetzen (§ 10 Abs. 10 Satz 5 iVm. Abs. 9 Satz 4 KWG).

[1726] Vgl. CMBS 22.18, 245.

5.3.12.5.7. Anzeigen und Meldungen

Nach § 24 KWG hat das Institut folgende Anzeigen im Zusammenhang mit dem Eigenkapital abzugeben:

- Anzeige eines Verlusts in Höhe von 25 % des haftenden Eigenkapitals.
- Anzeige des Absinkens des Anfangskapitals unter die Mindestanforderungen nach § 33 Abs. 1 Satz 1 Nr. 1 KWG (sowie den Wegfall einer geeigneten Versicherung nach § 33 Abs. 1 Satz 2 KWG).
- Das Bestehen, die Änderung oder die Beendigung einer engen Verbindung zu einer anderen natürlichen Person oder einem anderen Unternehmen.
- Anzeige des Namens und der Anschrift des Inhabers einer bedeutenden Beteiligung an dem anzeigenden Institut und an den ihm nach § 10a KWG nachgeordneten Unternehmen mit Sitz im Ausland und die Höhe dieser Beteiligungen.

5.3.12.5.8. Ermittlung der Eigenmittel

Die bankaufsichtliche Prüfung erfolgt grundsätzlich erst iRd. Jahresabschlussprüfung. Welche Bestandteile der Eigenmittel dynamisch bzw. statisch sind, ist der Abb. 5.8 zu entnehmen.

	Eingezahltes Kapital ohne Vorzugsaktien mit Nachzahlungsverpflichtung	D
	Offene Rücklagen	S/D
	Vermögenseinlagen stiller Gesellschafter	D
	Zwischengewinn	S
	Sonderposten für allgemeine Bankrisiken nach § 340g HGB	S
	Anerkanntes freies Vermögen	F
./.	Eigene Aktien (ohne Vorzugsaktien) oder Geschäftsanteile	D
./.	Entnahmen der/marktunübliche Kredite an Gesellschafter	D
./.	Bilanzverlust	S
./.	Zwischenbilanzverlust	S
./.	Immaterielle Vermögensgegenstände	D
./.	Geschäftsguthaben ausscheidender Genossen einschließlich diesen zustehende Anteile an den Ergebnisrücklagen	D
./.	Korrekturposten für noch nicht bilanzwirksame Verluste	F
=	*Summe Kernkapital*	D
	Vorsorgereserven nach § 340f HGB	S
	Vorzugsaktien (abzgl. eigener Vorzugsaktien)	D
	Nicht realisierte Reserven in Grundstücken, grundstücksgleichen Rechten und Gebäuden	„D"
	Nicht realisierte Reserven in Wertpapieren, in Verbundunternehmen und Investmentanteilen	„D"
	Rücklagen nach § 6b EStG	S
	Genussrechtsverbindlichkeiten abzgl. Marktpflegeposition	D
	Längerfristige nachrangige Verbindlichkeiten abzgl. Marktpflegeposition [1)]	D
	Haftsummenzuschlag [1)]	D
	Korrekturposten gemäß § 10 Abs. 3b KWG	F
=	*Summe Ergänzungskapital* [2)]	D
=	*Summe aus Kern- und Ergänzungskapital*	
./.	Beteiligungen gemäß § 10 Abs. 6 Satz 1 Nr. 1 KWG	D
./.	Forderungen aus nachrangigen Verbindlichkeiten und Genussrechten sowie Vermögenseinlagen stiller Gesellschafter gemäß § 10 Abs. 6 Satz 1 Nr. 2 bis 4 KWG	D
./.	Beteiligungen, Forderungen aus nachrangigen Verbindlichkeiten und Genussrechten sowie Vermögenseinlagen stiller Gesellschafter gemäß § 10 Abs. 6 Satz 1 Nr. 5a) bis 5d) KWG	D
=	*Haftendes Eigenkapital insgesamt*	D
./.	Bedeutende Beteiligungen gemäß § 12 Abs. 1 Satz 5 KWG	D
./.	Unterlegung von Überschreitungen im Großkreditbereich im Anlagebuch	D
=	*Haftendes Eigenkapital bei Anwendung von § 2 Abs. 1 GS I*	D
	Nettogewinn	D
	Kurzfristige nachrangige Verbindlichkeiten	D
	Korrekturposten (Kappungsbeträge) des Ergänzungskapitals gemäß § 10 Abs. 2b Satz 2 und 3 KWG [3)]	D
=	*Summe Drittrangmittel* [4)]	D
=	*Eigenmittel (Summe haftendes Eigenkapital + Drittrangmittel)*	

Abb. 5.8: Eigenmittel
S = statisch, D = dynamisch, „D" = quasi dynamisch, F = Festsetzung durch BaFin

1) Längerfristige nachrangige Verbindlichkeiten und Haftsummenzuschlag bis maximal 50 % des Kernkapitals.
2) Das Ergänzungskapital darf nur maximal 100 % des Kernkapitals betragen.
3) Es handelt sich um die Kappungsbeträge, soweit das Ergänzungskapital 100 % des Kernkapitals übersteigt bzw. soweit die längerfristigen nachrangigen Verbindlichkeiten und der Haftsummenzuschlag 50 % des Ergänzungskapital übersteigen.
4) Der Nettogewinn und die kurzfristigen nachrangigen Verbindlichkeiten können zusammen mit dem freien Ergänzungskapital (soweit dieses nicht zur Unterlegung der Risiken aus dem Anlagebuch benötigt wird) nur bis zu 250 %, bei Wertpapierhandelsunternehmen bis 200 % des freien Kernkapitals berücksichtigt werden.

5.3.12.6. Prüfung des Postens

Es sind die für das Eigenkapital allgemein üblichen Prüfungshandlungen durchzuführen. Es ist insbesondere darauf zu achten, dass sämtliche in diesem Posten ausgewiesenen Beträge die Voraussetzungen des § 25 RechKredV erfüllen. Diesbezüglich wird auf die vorstehenden Ausführungen verwiesen.

Der **Nachweis** erfolgt durch Handelsregisterauszüge, Gesellschaftsverträge, Satzung sowie durch sonstige Unterlagen.

Bei **Kapitalveränderungen** ist festzustellen, ob die erforderlichen Beschlüsse der zuständigen Organe vorliegen. Dabei ist zu prüfen, ob die Durchführung einer Kapitalerhöhung in das Handelsregister eingetragen wurde.

Der Abschlussprüfer hat anlässlich der Prüfung des Jahresabschlusses jährlich das anerkannte **freie Vermögen** unter Berücksichtigung der privaten Verbindlichkeiten und Belastungen zu prüfen. Er muss sich hierüber im Prüfungsbericht äußern. Insbesondere hat er festzustellen, ob die Wertansätze noch zutreffen (§ 22 Abs. 4 PrüfbV).

Über die in der Bilanz nicht erfassten Verbindlichkeiten und freien Vermögenswerte eines Inhabers oder persönlich haftenden Gesellschafters ist zu berichten (§ 22 Abs. 4 PrüfbV).

§ 22 Abs. 5 PrüfbV schreibt vor, dass bei **Wertpapierhandelsunternehmen** die Einhaltung des § 10 Abs. 9 KWG und des § 64e Abs. 3 Satz 2 und 3 KWG durch den Abschlussprüfer zu prüfen ist.

Dem Nachweis des freien Vermögens ist zum Jahresabschluss auch eine **Ergänzung zur Vollständigkeitserklärung** beizufügen, die der betreffende Einzelbankier oder persönlich haftende Gesellschafter gegenüber dem Abschlussprüfer abgibt.[1727] Diese Ergänzung zur Vollständigkeitserklärung gibt dem Abschlussprüfer Aufschluss, ob private Schulden, die in der Bilanz des Instituts nicht enthalten sind, bestehen und in welchem Umfang sie das freie Vermögen übersteigen (Schuldenüberhang).

[1727] Vgl. BAKred-Schr. v. 20.12.1968, CMBS 13.02.

Ergibt die Bewertung des anerkannten freien Vermögens einen geringeren Betrag als den ursprünglich beantragten, so ist der geringere Betrag nunmehr für die Bemessung des anerkannten freien Vermögens maßgebend, ohne dass es eines neuen Antrags bedarf. Für die Anerkennung eines höheren Betrags als des ursprünglich beantragten ist in jedem Fall ein neuer Antrag erforderlich. Weitere Einzelheiten, insbesondere zu den anerkennungsfähigen Vermögenswerten und zu unterjährigen Bestands- und Wertminderungen, wurden vom BAKred (jetzt BaFin) im Schreiben vom 29.06.1963[1728] geregelt.

Ferner ist zu prüfen, ob die erforderlichen **Meldungen** und **Anzeigen** gegenüber der Bundesbank bzw. der BaFin zeitgerecht und zutreffend abgegeben wurden.

Der **Prüfungsbericht** muss die in § 48 PrüfbV verlangten Angaben enthalten:

- Darstellung im Vergleich mit dem Vorjahr,
- Erläuterung der Zusammensetzung.

Im Prüfungsbericht sind nach § 50 Nr. 6 PrüfbV ferner folgende Angaben zu machen:

- Erläuterung der Entwicklung der Kapital- und Rücklagenposten, jeweils unter Angabe von
  - Anfangsbestand,
  - Entnahmen,
  - Zuführungen,
  - Verteilung des Jahresergebnisses sowie
  - Endbestand.
- Bei Kreditinstituten iSd. § 53 Abs. 1 KWG zusätzlich:
  Angabe, wie oft und in welcher Höhe während des Berichtszeitraums aktive Verrechnungssalden iSd. § 53 Abs. 2 Nr. 4 KWG entstanden sind.
- Angabe der vorgesehenen Verwendung des Bilanzgewinns.
- Angabe der vorgesehenen Abdeckung eines Bilanzverlusts.

Es empfiehlt sich, die für den Anhang relevanten Angaben im Prüfungsbericht zu nennen.

Nach dem BaFin-Schreiben vom Dezember 2003[1729] ist im Rahmen der Darstellung zu den §§ 22 und 23 PrüfbV über die Eigenmittelausstattung des Instituts bzw. der Institutsgruppe auf bestehende Hedging-Instrumente für bankaufsichtliche Eigenkapitalpositionen einzugehen und dabei auch ein Urteil über die Einhaltung der im BaFin-Schreiben vom Dezember 2003 genannten Bedingungen abzugeben.

[1728] Abgedruckt bei CMBS 4.26.
[1729] Vgl. BaFin-Schreiben vom Dezember 2003, Geschäftszeichen B A 13 – 21 – 10/2003, www.bafin.de.

5.3.13. Eventualverbindlichkeiten (Passiva 1 unter dem Strich)

5.3.13.1. Postenbezeichnung

Die Postenbezeichnung lautet nach dem Formblatt 1 wie folgt:

> 1. *Eventualverbindlichkeiten*
>   *a) Eventualverbindlichkeiten aus weitergegebenen abgerechneten Wechseln*
>   *b) Verbindlichkeiten aus Bürgschaften und Gewährleistungsverträgen*
>   *c) Haftung aus der Bestellung von Sicherheiten für fremde Verbindlichkeiten*

Der unter dem Strich auszuweisende Posten „1. Eventualverbindlichkeiten" ist für alle Kredit- und Finanzdienstleistungsinstitute iSv. § 1 KWG einheitlich geregelt.

Weder mit der Ersten noch mit der Zweiten Verordnung zur Änderung der RechKredV wurde die Postenbezeichnung im Bilanzformblatt geändert.

5.3.13.2. Posteninhalt

5.3.13.2.1. RechKredV

Der Posteninhalt ist in § 26 RechKredV geregelt. Materiell entspricht diese Vorschrift der Regelung des § 251 HGB, dessen Anwendung gemäß § 340a Abs. 2 HGB für Kredit- und Finanzdienstleistungsinstitute durch die entsprechende Vorschrift der RechKredV ersetzt wird.

Mit der Zweiten Verordnung zur Änderung der RechKredV vom 11.12.1998 wurden in § 26 Abs. 1 Satz 2 RechKredV die Wörter *„und aus lombardierten, in Pension gegebenen oder im Offenmarktgeschäft mit Rücknahmeverpflichtung an die Deutsche Bundesbank verkauften"* durch die Wörter *„oder an die Deutsche Bundesbank verpfändeten"* ersetzt. Dadurch erfolgt eine Anpassung an das ESZB sowie damit einhergehende Rechtsänderungen. Ferner wird eine Anpassung an die Bilanzstatistik sichergestellt. Zur Refinanzierung im Rahmen des ESZB vgl. Kapitel 5.2.2.3.

5.3.13.2.2. Voraussetzungen für den Postenausweis

5.3.13.2.2.1. Überblick

Eine unter der Bilanz auszuweisende Eventualverbindlichkeit oder eine andere Verpflichtung beinhaltet eine vertraglich eingegangene, aber in der Realisierung nicht wahrscheinliche Haftung bzw. ein Kreditrisiko. Es ist ausreichend, dass eine Inanspruchnahme denkbar erscheint, ohne dass sie bereits ernstlich für möglich gehalten werden muss.

Bei den Eventualverbindlichkeiten handelt es sich um einen bilanzrechtlichen Begriff, der im Privatrecht keine Verwendung findet. Eventualverbindlichkeiten lassen sich als aufschiebend bedingte Verbindlichkeiten bezeichnen.[1730] Die Sicherheiten für fremde Verbindlichkeiten, die ebenfalls unter dem Bilanzstrich zu vermerken sind, stellen zwar nur eine Sachhaftung dar, bei der der Bilanzierende rechtlich noch nicht verpflichtet ist, aber aus der Sicht der Bilanzaufstellung unterscheidet sich eine solche Sachhaftung in ihrer Wirkung kaum von einer aufschiebend bedingten Verbindlichkeit.[1731]

Der Unterschied zwischen Eventualverbindlichkeiten und den in der Bilanz ausgewiesenen Verbindlichkeiten kann darin gesehen werden, dass den Eventualverbindlichkeiten häufig in gleicher Höhe Rückgriffsforderungen gegenüberstehen. Ist wegen drohender Inanspruchnahme eine Passivierung in Form einer Rückstellung erforderlich, ergibt sich gleichzeitig das Erfordernis, die evtl. vorhandene Rückgriffsforderung zu aktivieren.

Soweit für dieselbe Verbindlichkeit zwei Haftungsverhältnisse bestehen, kommt der Ausweis nur an einer Stelle in Betracht; ggf. ist die Mitzugehörigkeit zum anderen Unterposten zu vermerken.[1732] Die Haftungsverhältnisse sind auch dann anzugeben, wenn ihnen Rückgriffsforderungen gegenüberstehen; die Rückgriffsforderungen selbst brauchen auf der Aktivseite nicht vermerkt zu werden.[1733]

Sofern sich Anhaltspunkte für eine drohende Inanspruchnahme ergeben, ist die Bildung einer **Rückstellung** erforderlich. Wird eine Rückstellung für einen drohenden Verlust aus einer unter dem Strich vermerkten Eventualverbindlichkeit oder einem Kreditrisiko gebildet, so ist der Posten unter dem Strich in Höhe des zurückgestellten Betrags zu kürzen (§ 24 RechKredV). Ein Vermerk unter den Eventualverbindlichkeiten erfolgt somit nur, soweit die Eventualverbindlichkeit nicht bereits in der Bilanz passiviert ist.

Aufwendungen aus Zuführungen zu Rückstellungen für Eventualverbindlichkeiten und für Kreditrisiken sowie die Erträge aus deren Auflösung dürfen in die **Überkreuzkompensation** nach § 340f Abs. 3 HGB einbezogen werden. § 32 RechKredV schreibt jedoch vor, dass eine teilweise Saldierung der in § 340f Abs. 3 HGB genannten Aufwendungen und Erträge nicht möglich ist.

Soweit ein Ausweis als Verbindlichkeit stattfindet, muss die Einstellung in die Eventualverbindlichkeiten unterbleiben.[1734] Das gilt nicht, wenn die übernommene Haftung den Betrag der ausgewiesenen Verbindlichkeit übersteigt, wie dies zB bei **Gemeinschaftsgeschäften** der Fall sein kann.

[1730] Vgl. Kosfeld, WPg 1988, 614.
[1731] Vgl. Kosfeld, WPg 1988, 614.
[1732] Vgl. WPH Bd. I 2000 J Rn. 158.
[1733] Vgl. WPH Bd. I 2000 J Rn. 158; ADS 6. Aufl. § 251 HGB Rn. 34.
[1734] Vgl. ADS 6. Aufl. § 251 HGB Rn. 5.

Die von der Vermerkpflicht umfassten Haftungsverhältnisse beruhen auf Verträgen, die von dem bilanzierenden Institut geschlossen werden. Dies kann schriftlich oder mündlich geschehen. Soweit sich die Haftungsverhältnisse nicht aus der Geschäftskorrespondenz ergeben sind durch das Institut entsprechende sonstige Aufzeichnungen zu machen.

5.3.13.2.2.2. **Eventualverbindlichkeiten aus weitergegebenen abgerechneten Wechseln**

Im Bilanzvermerk auszuweisende Sachverhalte

In diesem Unterposten sind nur **Indossamentverbindlichkeiten** und andere wechselrechtliche Eventualverbindlichkeiten aus **abgerechneten und weiterverkauften Wechseln** einschließlich **eigenen Ziehungen** bis zu ihrem Verfalltag zu vermerken (§ 26 Abs. 1 Satz 1 RechKredV). Darauf, wem gegenüber die Indossamentverbindlichkeiten bestehen, kommt es nicht an. Eigene Ziehungen (Debitorenziehungen) sind Wechsel, bei denen das Institut Aussteller und ein Kunde Bezogener (Akzeptant) ist.

Es kommt auch nicht auf die **Bonität des Akzeptanten** oder eines sonstigen vorrangig Verpflichteten an.[1735] Sie würde nur bei der evtl. Bildung einer Rückstellung eine Rolle spielen. Nicht anzugeben sind hingegen Verpflichtungen aus Wechseln, für die bereits eigene Verbindlichkeiten passiviert sind. Bei Letzteren ist das Obligo bilanziell schon erfasst.

Die Einbeziehung der eigenen Ziehungen hat zur Folge, dass hier nicht nur die Haftung bei Indossierung eines Wechsels, sondern auch die Haftung als Wechselaussteller berücksichtigt wird. Dabei müssen sich die Wechsel - auch die eigenen Ziehungen - **im Umlauf** befinden, also abgerechnet und weiterverkauft worden sein.[1736]

Den Kreditnehmern **nicht abgerechnete eigene Ziehungen** sind dagegen im Passivposten „1. Verbindlichkeiten gegenüber Kreditinstituten" auszuweisen (§ 21 Abs. 1 Satz 2 RechKredV). Vor dem Verfall zum Einzug versandte Handelswechsel, die am Bilanzstichtag noch nicht eingelöst sind, gehören nicht zu den Indossamentverbindlichkeiten. Sie werden als Aktiva ausgewiesen.

Eventualverbindlichkeiten aus **Wechselbürgschaften** sind nicht hier, sondern im Unterposten b) auszuweisen.[1737] Der Ausweis von Wechselbürgschaften orientiert sich an der zivilrechtlichen Grundlage der Haftung, dh. am Kriterium der Bürgschaft bzw. Garantie. Entsprechendes gilt für Scheckbürgschaften.

Verbindlichkeiten aus umlaufenden eigenen Akzepten, Eventualverbindlichkeiten aus Schatzwechseln oder an die Deutsche Bundesbank verpfändeten Wechseln sind **nicht** einzubeziehen

---

[1735] Vgl. ADS 6. Aufl. § 251 HGB Rn. 37.
[1736] Vgl. Bieg (1998), 294; Krumnow ua., 2. Aufl., § 26 RechKredV Rn. 4.
[1737] Vgl. WPH Bd. I 2000 J Rn. 160; aA Bieg (1998), 294 f.

(§ 26 Abs. 1 Satz 2 RechKredV). Gleichfalls nicht hier zu erfassen sind Indossamentverbindlichkeiten aus Schecks oder Namensaktien.[1738]

Gelegentlich kommen auch sog. „Holzwechsel" vor. Sie werden von dem Kreditinstitut auf Holzkäufer gezogen und diesen ausgehändigt, um den Bezogenen nach Anbringung ihres Akzepts die Begleichung ihrer Schuld gegenüber den staatlichen Forstverwaltungen zu ermöglichen. Rechtlich handelt es sich um im Umlauf befindliche, nicht abgerechnete eigene Ziehungen. Wirtschaftlich soll jedoch nur die Mithaftung des Kreditinstituts erreicht werden. Mithin empfehlen Bergmann ua.[1739], diese Eventualverpflichtungen nicht in den Unterposten a), sondern in den Unterposten b) aufzunehmen.

Ausbuchung des Obligos

Als Zeitpunkt, von dem an Indossamentverbindlichkeiten aus weitergegebenen Wechseln nicht mehr auszuweisen sind, gilt grundsätzlich der Verfalltag bzw. der diesem folgende Geschäftstag.[1740] Das wechselmäßige Obligo erlischt faktisch jedoch erst, wenn der Wechsel von dem Bezogenen, dem Aussteller oder einem sonstigen Vormann eingelöst wird. Der Einlösetag ist nicht zwingend der Verfalltag; er kann auch nach dem Verfalltag liegen. Da der Einlösetag dem Institut nicht unbedingt bekannt ist, geht man in der Praxis vereinfachend davon aus, dass das Obligo innerhalb von fünf Tagen nach dem Verfalltag (mitunter werden auch zehn Tage angenommen) erloschen ist. Diese Vereinfachung ist unbedenklich, weil zwischen dem Bilanzstichtag und der Bilanzaufstellung „kranke" Wechsel über den Regressweg bekannt werden und für die Inanspruchnahme Rückstellungen gebildet werden müssen.[1741] Insoweit als eine Rückstellung gebildet ist, ist das Obligo zu kürzen.

Bewertung des Wechselobligos

Die Bewertung des Obligos erfolgt mit dem Betrag, mit dem das Institut aus dem Wechsel selbst verpflichtet ist. Dies ist in der Regel der **Nennbetrag**. Die Haftung erstreckt sich im Fall der Nichteinlösung des Wechsels jedoch neben der Wechselsumme auch auf Zinsen, Kosten des Protests und andere Auslagen sowie eine bestimmte Vergütung nach Art. 48, 49 Wechselgesetz. Nach hM[1742] wird es für vertretbar gehalten, diese Nebenkosten nicht in den Vermerk unter dem Bilanzstrich einzubeziehen. Sofern jedoch eine konkrete Inanspruchnahme aus dem Wechselobligo droht, hat die dann zu bildende Rückstellung auch die voraussichtlichen Nebenkosten zu berücksichtigen.

[1738] Vgl. WPH Bd. I 2000 J Rn. 159.
[1739] Vgl. Bergmann ua., B.IV.1b., 5.
[1740] Vgl. Bergmann ua., B.IV.1a., 3.
[1741] Vgl. BeBiKo 5. Aufl. § 251 HGB Rn. 31.
[1742] Vgl. stellvertretend ADS 6. Aufl. § 251 HGB Rn. 41 mwN.

Ist mit einer Inanspruchnahme aus der wechselrechtlichen Haftung zu rechnen, muss eine Rückstellung gebildet und die Indossamentverbindlichkeit entsprechend gekürzt werden. Eine evtl. gebildete Pauschalwertberichtigung bzw. eine pauschal gebildete Rückstellung für die mögliche Inanspruchnahme aus dem Obligo ist ebenfalls vom Betrag des Unterpostens a) abzuziehen.[1743]

5.3.13.2.2.3. Verbindlichkeiten aus Bürgschaften und Gewährleistungsverträgen

In diesem Posten unter der Bilanz sind Bürgschaften und Gewährleistungsverträge zu erfassen. Hier sind ferner folgende Eventualverpflichtungen auszuweisen (§ 26 Abs. 2 Satz 1 RechKredV):

- Ausbietungsgarantien und andere Garantieverpflichtungen,
- verpflichtende Patronatserklärungen,
- unwiderrufliche Kreditbriefe einschließlich der dazugehörigen Nebenkosten,
- Akkreditiveröffnungen und -bestätigungen.

Hier sind Gewährleistungen auszuweisen, die **zugunsten eines Dritten** abgegeben wurden. Es sind grundsätzlich auch Gewährleistungen für **eigene Leistungen** zu erfassen. Da jedoch Gewährleistungen für eigene Leistungen allgemein nur dann anzugeben sind, wenn sie über den geschäfts- und branchenüblichen Rahmen hinausgehen, kommt eine Angabepflicht für Gewährleistungen für eigene Leistungen nur in Ausnahmefällen zum Tragen.

Bedingte Rückzahlungsverpflichtungen aufgrund von **Besserungsscheinen** gehören nicht zu den als Eventualverbindlichkeiten zu vermerkenden Bürgschaften. Gleiches gilt für Bürgschaften, die ein Dritter zugunsten des bilanzierenden Instituts übernommen hat.

Bürgschaften

Eine Bürgschaft ist die vertragliche Verpflichtung des Bürgen gegenüber dem Gläubiger eines Dritten, für die Erfüllung der Verbindlichkeit des Dritten einzustehen (§ 765 Abs. 1 BGB). Von der Vermerkpflicht werden **Bürgschaften aller Art** (zB Rückbürgschaften, Höchstbetragsbürgschaften, Ausfallbürgschaften) einschließlich **Wechsel-** und **Scheckbürgschaften** und **Kreditaufträge** (§ 778 BGB) erfasst.[1744] Es ist der Betrag der daraus möglicherweise erwachsenden Forderung gegen das Institut als Eventualverbindlichkeit zu zeigen.

Ist die Bürgschaft für eine **aufschiebend bedingte Hauptschuld** übernommen worden, deren Bedingung noch nicht eingetreten ist, so besteht ungeachtet des Akzessoritätsgrundsatzes

---

[1743] Vgl. Bergmann ua., B.IV.1a., 3.
[1744] Vgl. WPH Bd. I 2000 J Rn. 160; zu den verschiedenen Arten der Bürgschaften vgl. Birck/Meyer, II 388 ff.; ADS 6. Aufl. § 251 HGB Rn. 49 ff.

bereits eine Vermerkpflicht, wenn mit dem Eintritt der Bedingung gerechnet werden muss.[1745] Der Bürge hat eine Rückstellung zu bilden, sofern mit dem Eintritt der Bedingung zu rechnen und für diesen Fall eine Erfüllung der Leistung durch den Hauptschuldner nicht zu erwarten ist.[1746]

Ein bürgschaftsähnlicher Vorgang liegt auch bei der Hingabe sog. **Gefälligkeitsindossamente** vor, bei denen die Abschnitte weder hereingenommen noch weitergegeben werden. Solche Indossamente mit Bürgschaftscharakter sind ebenfalls hier auszuweisen.[1747]

Gewährleistungsverträge

Gewährleistungsverträge sind alle nicht als Bürgschaft zu qualifizierenden vertraglichen Verpflichtungen, die das Einstehen für einen bestimmten Erfolg oder eine Leistung oder für den Nichteintritt eines bestimmten Nachteils oder Schadens zum Gegenstand haben.[1748]

Der Begriff umfasst alle nicht als Bürgschaft zu qualifizierenden vertraglichen Verpflichtungen und alle bürgschaftsähnlichen Haftungsverhältnisse. Entscheidend ist, dass die Haftung **vertraglich** übernommen wurde. Gesetzliche Gewährleistungen und Gewährleistungen für Verbindlichkeiten Dritter aufgrund gesetzlicher Bestimmungen werden hier nicht ausgewiesen.

Bei den zu erfassenden Gewährleistungsverträgen kann es sich um die Übernahme von Gewährleistungen für **fremde** und **eigene** Leistungen handeln. Der deutsche Gesetzgeber hat die in Artikel 24 EG-Bankbilanzrichtlinie enthaltene Einschränkung, dass nur „*für Dritte eingegangene Garantieverpflichtungen*" unter den Eventualverbindlichkeiten auszuweisen sind, nicht in § 26 Abs. 2 RechKredV übernommen. Gewährleistungen für eigene Leistungen sind daher grundsätzlich aufzunehmen; nach hM erfordern sie jedoch nur dann einen Vermerk, wenn sie über den geschäfts- und branchenüblichen Rahmen hinausgehen.[1749]

Als selbstständige Garantie im Zusammenhang mit einer **eigenen** Leistungserbringung des Kreditinstituts wird eine Zusage angesehen, dass das verkaufte Objekt in der Zukunft einen bestimmten wirtschaftlichen Erfolg erbringen wird.[1750] Als Beispiele werden genannt:[1751] Kursgarantien für verkaufte Wertpapiere und ausdrücklich übernommene Gewährleistungen für Prospektangaben oder mit selbstständigen Platzierungsgarantien.

[1745] Vgl. ADS 6. Aufl. § 251 HGB Rn. 54.
[1746] Vgl. ADS 6. Aufl. § 251 HGB Rn. 54.
[1747] Vgl. Bergmann ua., B.IV.1b., 5.
[1748] Vgl. ADS 6. Aufl. § 251 HGB Rn. 59; Beispiele vgl. Birck/Meyer, II 394 ff.
[1749] Vgl. Birck/Meyer, II 396; ADS 6. Aufl. § 251 HGB Rn. 62.
[1750] Vgl. ADS 6. Aufl. § 251 HGB Rn. 63.
[1751] Vgl. ADS 6. Aufl. § 251 HGB Rn. 63.

Bei den hier auszuweisenden Garantien steht das Institut gegenüber einem **Dritten** (Gläubiger) dafür ein, dass der Hauptschuldner seine Leistung aus einem (Dienstleistungs-) Vertrag vereinbarungsgemäß erbringt. Das gewährleistende Institut steht typischerweise für einen Erfolg oder eine Leistung oder für den Nichteintritt eines bestimmten Nachteils oder Schadens ein. Hierzu rechnen ua.:

- Bietungsgarantien,
- Erfüllungsgarantien,
- Zoll- und Steuerstundungsbürgschaften,
- Anzahlungsgarantien,
- Fertigstellungsgarantien,
- Ausbietungsgarantien (siehe unten),
- Prozessbürgschaften,
- zugunsten eines Dritten ausgestellte Stand-by Letter of Credit,
- Nachbürgschaften,
- Rücknahmeverpflichtungen für Kommanditanteile von aufgelegten Immobilienfonds,[1752]
- Gewährleistungen für Termingeschäfte und erworbene Optionsrechte.

Verbindlichkeiten aus der Übernahme einer Garantie für die Platzierung oder die Übernahme von Finanzinstrumenten, die während eines vereinbarten Zeitraums revolvierend am Geldmarkt begeben werden, sind als Unterposten zum Passivposten „2. Andere Verpflichtungen" unter dem Strich auszuweisen.

Verfügungen über Treuhandzahlungen vor Erfüllung der Auflagen

Werden Verfügungen über Treuhandzahlungen (zB aufgrund eines Rahmentreuhandvertrags mit einer Bausparkasse bzw. Hypothekenbank) zugelassen, bevor der Kunde die Auflagen erfüllt hat, und hat der Treugeber der vorzeitigen Weitergabe der Treugelder unter der Voraussetzung zugestimmt, dass der Treuhänder die Gewährleistung für die Erfüllung aller Auszahlungsvoraussetzungen übernimmt, wird ein Ausweis der Verpflichtung aus der vorzeitigen Freigabe als Eventualverbindlichkeit für zulässig erachtet.[1753]

Ablöseverpflichtungen der Bausparkassen

Die unbedingten Verpflichtungen der Bausparkassen zur **Ablösung fremder Vorfinanzierungs- und Zwischenkredite** nach Zuteilung an Bausparer sind im Unterposten b) zu erfassen.[1754] Das Risiko für eine Bausparkasse aus unbedingten Ablösezusagen für die von anderen

---

[1752] Vgl. BAKred-Schr. v. 30.8.1978, CMBS 4.166.
[1753] Vgl. Bergmann ua., B.IV.1b., 5 f. mwN.
[1754] Vgl. Scharpf (1993), 63.

Kreditinstituten gewährten Vorfinanzierungs- und Zwischenkredite besteht darin, dass diese Ablösungsverpflichtungen unabhängig von der Zahlungsfähigkeit und Zahlungsbereitschaft des jeweiligen Bausparers zu erfüllen sind.

Die Eventualverbindlichkeit ist in Höhe des Vorfinanzierungs- bzw. Zwischenkredits - abzüglich der hierfür der Bausparkasse verpfändeten Bauspargutthaben sowie evtl. gebildeter Rückstellungen - unter der Bilanz anzusetzen.

Ausbietungsgarantien und andere Erfüllungsgarantien

Im Rahmen einer Ausbietungsgarantie garantiert ein Institut dem Grundpfandgläubiger, aus einer Zwangsversteigerung des belasteten Grundstücks ohne Verlust hervorzugehen.[1755] Die Höhe der auszuweisenden Ausbietungsgarantien bemisst sich nach dem Betrag des auszubietenden Grundpfandrechts, ggf. zuzüglich etwaiger vorrangiger Grundpfandrechte, da im Fall der Zwangsversteigerung des belasteten Grundstücks der Garant auch ein vorhergehendes Recht mit auszubieten hat.

Verpflichtende (harte) Patronatserklärungen

Bei Patronatserklärungen, die ein Institut gegenüber einem Gläubiger einer seiner Tochtergesellschaften abgibt, ist zwischen sog. harten und sog. weichen Patronatserklärungen zu unterscheiden. Nur die **harten** Patronatserklärungen[1756] ziehen rechtliche Konsequenzen nach sich. Dabei verpflichtet sich ein Institut, für die Erfüllung der Verbindlichkeiten seiner Tochtergesellschaft - entsprechend seiner Anteilsquote und häufig beschränkt auf den Institutsbereich bzw. die branchennahen Geschäfte - einzustehen. Mit einer harten Patronatserklärung entsteht ein direkter Anspruch des Gläubigers gegen das Mutterunternehmen.[1757]

Soweit die Höhe der Verpflichtung aus der Patronatserklärung nicht beziffert werden kann, besteht nur die Verpflichtung zu einem verbalen Hinweis bei dem betreffenden Posten unter dem Bilanzstrich.[1758] Dieser verbale Hinweis kann auch darin bestehen, dass auf die entsprechende Stelle des Anhangs verwiesen wird, an der die Patronatserklärung wiedergegeben ist.

Unwiderrufliche Kreditbriefe

Bei einem Kreditbrief (Commercial Letter of Credit) stellt das Kreditinstitut auf Antrag eines Kunden eine Urkunde aus, in der es ein anderes oder mehrere andere Kreditinstitut(e) darum

---

[1755] Vgl. Birck/Meyer, II 396.
[1756] Vgl. Limmer, DStR 1993, 1750.
[1757] Vgl. HFA 2/1976 idF 1990, WPg 1976, 528, FN 1990, 66 f.
[1758] Vgl. Krumnow ua., 2. Aufl., § 26 RechKredV Rn. 11.

bittet bzw. bei einem **unwiderruflichen Kreditbrief** dazu verpflichtet, an den in der Urkunde genannten Begünstigten, Zahlungen bis zu einem bestimmten Höchstbetrag zu leisten.

Das (die) in einem **Spezialkreditbrief** genannte(n) Kreditinstitut(e) muss (müssen), sofern es (sie) durch das ausstellende Kreditinstitut **avisiert** wurde(n), eine Eventualverbindlichkeit ausweisen, da die Möglichkeit der Inanspruchnahme des jeweiligen Kreditinstituts ähnlich wie bei einem Barakkreditiv besteht.[1759]

Dagegen wird einem so genannten **Zirkularkreditbrief** eine Korrespondenzliste beigefügt, die der Begünstigte erhält. In dieser Liste werden zahlreiche Kreditinstitute genannt, die als Auszahlungsstelle in Betracht kommen. Da diese Kreditinstitute aufgrund ihrer großen Anzahl von dem ausstellenden Kreditinstitut nicht avisiert werden, können diese keine Eventualverbindlichkeit ausweisen.

Akkreditiveröffnungen und -bestätigungen

Das Wesen eines Akkreditivs im weitesten Sinne umfasst jede vertragliche Verpflichtung einer Bank, für Rechnung ihres Auftraggebers innerhalb eines festgelegten Zeitraums an einen Dritten unter bestimmten Voraussetzungen Zahlung in der vorgeschriebenen Währung zu leisten.[1760] Das Akkreditiv ist ein selbstständiges Schuldversprechen iSv. § 780 BGB, das eine Bank dem Verkäufer auf Anweisung des Käufers erteilt. Es dient vor allem der Zahlungssicherung im Außenhandel, daneben aber auch sonst der Sicherung und ggf. der Kreditgewährung.[1761]

Soll der Begünstigte die Zahlung aufgrund seiner bloßen Legitimation ohne Gegenleistung erhalten, so handelt es sich um die heute kaum noch gebräuchliche Form des **Barakkreditivs** (einfaches oder glattes Akkreditiv). Ist die Zahlung dagegen von der Einreichung bestimmter Dokumente abhängig, so liegt ein **Dokumentenakkreditiv** vor. Akkreditive können widerruflich oder unwiderruflich sein. Alle Akkreditive, die nicht ausdrücklich als unwiderruflich bezeichnet sind, gelten grundsätzlich als widerruflich.

Als **Deferred-payment-Akkreditive** (Nachsichtzahlungs-Akkreditive) werden solche Dokumentenakkreditive bezeichnet, bei denen das Fälligkeitsdatum der Zahlung entsprechend dem zwischen dem Exporteur einerseits und dem Importeur andererseits vereinbarten Zahlungsziel hinausgeschoben ist. Die Fälligkeit muss im Akkreditiv eindeutig festgelegt werden.

Von **revolvierenden Akkreditiven** wird schließlich gesprochen, wenn das Akkreditiv mehrmals in Höhe des Akkreditivbetrags in Anspruch genommen werden kann, bis ein vorge-

---

[1759] Vgl. Bieg (1998), 300.
[1760] Vgl. Scharpf (1993), 70 ff.
[1761] Vgl. Obst/Hintner, 637 ff.

gebener Gesamtbetrag ausgeschöpft ist. Bei diesen Akkreditiven ist es üblich, für die einzelnen Inanspruchnahmen bestimmte Fristen (zB eine Woche) festzusetzen.

Eröffnet ein (bilanzierendes) inländisches Kreditinstitut (Akkreditivbank, Akkreditivstelle) auf Verlangen seines (inländischen) Kunden (idR Importeur) ein Akkreditiv (Import-Akkreditiv), so übernimmt es gegenüber dem Akkreditivbegünstigten (idR ausländischer Exporteur) die Verpflichtung zur Zahlung des im Akkreditiv genannten Betrags; beim Dokumentenakkreditiv unter der Voraussetzung, dass die vorgeschriebenen Dokumente vorgelegt werden und die übrigen Akkreditivbedingungen erfüllt sind.

Die ein Akkreditiv eröffnende ausländische Bank bedient sich bei der Weiterleitung des Akkreditivs idR der Vermittlung einer Korrespondenzbank im Inland. Die (bilanzierende) inländische Korrespondenzbank (avisierende Bank, Zahlstelle) avisiert dem Begünstigten (idR Exporteur) das Akkreditiv (Export-Akkreditiv) entweder unverbindlich oder durch Hinzufügung ihrer **Bestätigung**. Die bestätigende Bank tritt damit als unmittelbar verpflichtete Bank neben die eröffnende Akkreditivbank.

Akkreditiveröffnungen und -bestätigungen sind nach § 26 Abs. 2 Satz 1 RechKredV im Unterposten „b) Verbindlichkeiten aus Bürgschaften und Gewährleistungsverträgen" auszuweisen, soweit deren Gültigkeit am Bilanzstichtag noch nicht (ohne Inanspruchnahme) ausgelaufen ist.

Sowohl Barakkreditive als auch Dokumentenakkreditive sind unabhängig davon auszuweisen, ob sie unwiderruflich oder widerruflich eröffnet oder bestätigt sind. **Unbestätigte Akkreditive**, also Exportakkreditive, die das bilanzierende inländische Kreditinstitut ihrem Exporteur-Kunden lediglich avisiert hat, ohne damit eine eigene Verbindlichkeit zu übernehmen, sind dagegen nicht auszuweisen.

Die Verbindlichkeiten aus Akkreditiven sind in **voller Höhe** zu vermerken, soweit für sie keine zweckgebundenen Deckungsguthaben unter dem Posten „Verbindlichkeiten gegenüber Kreditinstituten" oder dem Posten „andere Verbindlichkeiten gegenüber Kunden" ausgewiesen sind (§ 26 Abs. 2 Satz 2 RechKredV). Akkreditive sind daher mit dem Betrag der zum Bilanzstichtag oder später möglichen Höchstinanspruchnahme auszuweisen. Ein wöchentlich revolvierendes Akkreditiv, das bis zum Ende der auf den Eingang der Kündigung folgenden Kalenderwoche gültig ist, ist in Höhe des doppelten (wöchentlichen) Akkreditivbetrags als Eventualverbindlichkeit zu erfassen.

Ein Ausweis der Akkreditive unter der Bilanz erfolgt jedoch nur insoweit, als für sie nicht ein zweckgebundenes Deckungsguthaben vorhanden ist (§ 26 Abs. 2 Satz 2 RechKredV). Ein Deckungsguthaben ist auch dann als vorhanden anzusehen, wenn lediglich das laufende Guthaben in Höhe des Akkreditivs gesperrt wurde, ohne den Betrag auf ein besonderes Deckungskonto zu übertragen.[1762] Ein Deckungsguthaben kann auch dann anerkannt werden, wenn der

---

[1762] Vgl. Birck/Meyer, II 410.

Kunde gleichzeitig Kredit bei der Bank in Anspruch genommen hat. Bei der Stellung von anderen Sicherheiten als der Bardeckung (zB Grundpfandrechte, Bürgschaften, Forderungsabtretungen) darf hingegen keine Kürzung der Eventualverbindlichkeit erfolgen.

Für die Beurteilung des Bilanzausweises von **Deferred-payment-Akkreditiven** (Nachsichtzahlungs-Akkreditive) bei der Zahlstelle vom Zeitpunkt der Dokumentenaushändigung an bis zur Bezahlung des Gegenwerts können zwei divergierende Betrachtungsweisen vertreten werden:

1. Alternative

Nach streng juristischer Betrachtungsweise sind solche Akkreditive als eine entsprechend befristete Verbindlichkeit gegenüber dem Verkäufer (Exporteur) auszuweisen. Damit entfällt die bis dahin unter der Bilanz zu vermerkende Eventualverbindlichkeit. Gleichzeitig ist eine Forderung (Rückgriffsforderung) gegenüber der Akkreditivstelle zu aktivieren, obwohl - das Kreditinstitut ist ja noch nicht zur Zahlung an den Begünstigten verpflichtet - noch kein Buchkredit gegenüber dem Akkreditivauftraggeber entstanden ist. Die Aktivierung der Forderung ist nur erforderlich, um eine nicht zu rechtfertigende Erfolgswirksamkeit aus der Passivierung der Verbindlichkeit zu vermeiden.

Für einen Bilanzausweis nach der 1. Alternative spricht, dass eine Eventualverbindlichkeit nur insoweit auszuweisen ist, als eine Verpflichtung nicht bereits als Rückstellung oder Verbindlichkeit zu passivieren ist. Als Rückstellung oder Verbindlichkeit muss ein Betrag dann ausgewiesen werden, wenn die Inanspruchnahme aus der Gewährleistung feststeht (Verbindlichkeit) oder wenn damit nach den für die Rückstellungsbildung geltenden Grundsätzen zu rechnen ist. Da die Inanspruchnahme hinsichtlich Höhe und Fälligkeit feststeht, wäre die Verpflichtung im vorliegenden Fall als Verbindlichkeit zu erfassen. Verbindlichkeiten sind stets demjenigen zuzuordnen, in dessen Namen sie begründet worden sind. Denn dieser ist dem Gläubiger gegenüber auch dann zur Zahlung verpflichtet, wenn die Verbindlichkeit für fremde Rechnung eingegangen worden ist. Die Verbindlichkeit darf in einem solchen Fall nicht etwa mit dem hier bestehenden (und grundsätzlich zu aktivierenden) Ausgleichsanspruch gegenüber demjenigen, für dessen Rechnung die Verbindlichkeit begründet worden ist, „wegsaldiert" werden. Eine Verrechnung von Forderung und Verbindlichkeit scheidet aus, weil Gläubiger und Schuldner verschiedene Personen sind. Vom Zeitpunkt der Einreichung der Dokumente an hat das bilanzierende Kreditinstitut mit einer Inanspruchnahme zu rechnen, was die Passivierung einer entsprechend befristeten Verbindlichkeit zur Folge hat. Denn die Passivierungspflicht einer Verbindlichkeit knüpft grundsätzlich an die Entstehung und nicht an die Fälligkeit einer Verbindlichkeit an.

2. Alternative

Wirtschaftlich betrachtet, ist weder die Verbindlichkeit noch die Rückgriffsforderung vor dem Fristablauf entstanden. Erst im Augenblick der Zahlung aus dem Akkreditiv erwirbt das Kreditinstitut eine Forderung an den Importeur. Nach dieser Betrachtungsweise behält das Deferred-payment-Akkreditiv seinen Charakter als Gewährleistung (Sicherheit). Die Folge daraus ist, dass es weiterhin als Eventualverbindlichkeit unter der Bilanz auszuweisen ist.

Für einen Bilanzausweis nach der 2. Alternative spricht, dass die erfolgsneutrale Buchungsweise der 1. Alternative nur durch den Ausweis einer noch fiktiven Forderung erreicht werden kann, denn erst im Augenblick der Zahlung an den aus dem Akkreditiv Begünstigten (Exporteur) erwirbt die Bank eine Forderung an ihren Kunden (Importeur) und nicht bereits bei Vorlage der Dokumente. Die Annahme einer schon ab dem Zeitpunkt der Dokumentenvorlage bestehenden Kreditforderung entspricht nicht den wirtschaftlichen Tatsachen, weil nach den Bedingungen, die zwischen Exporteur und Importeur ausgehandelt wurden, in der Zeit zwischen Dokumentenvorlage und Zahlung durch die Bank ein Kreditbedarf des Importeurs nicht besteht. In diesem Zusammenhang hat der BGH entschieden: Kommt die als Zahlstelle der Akkreditivbank tätige Korrespondenzbank, der ein Akkreditiv mit hinausgeschobener Zahlung (deferred payment) eingereicht wird, von sich aus mit dem Einreicher überein, ihm einen Vorschuss auf das noch nicht fällige Akkreditiv zur Verfügung zu stellen, so gewährt sie ihm idR einen Zwischenkredit, der bis zum Eintritt der Fälligkeit im Verhältnis zu der eröffnenden Bank nicht als Bezahlung des Akkreditivs angesehen werden kann.[1763] Bei dieser vorzeitigen Zahlung handelt es sich um ein Eigengeschäft der Bank außerhalb des Akkreditivs. Die Forderung besteht also gegen den Akkreditivbegünstigten (Exporteur) und nicht gegen den Schuldner aus dem Akkreditiv (Importeur). Folglich kann für den Fall, dass vor der Fälligkeit des Akkreditivs keine Zahlungen geleistet werden, auch keine Forderung gegen den Akkreditivschuldner (Importeur) entstanden sein und mithin aktiviert werden. Der Importeur hat folglich in seiner Bilanz weiterhin Warenschulden und keine Bankverbindlichkeiten auszuweisen. Der Verfasser spricht sich für die Bilanzierung nach dieser Alternative aus.

Credit Default Swaps

Der Sicherungsgeber bei Kreditderivaten befindet sich bei wirtschaftlicher Betrachtungsweise in der gleichen Risikosituation wie ein originärer Kreditgeber. Als Credit Default Swap wird ein Finanzinstrument bezeichnet, bei dem der Sicherungsgeber gegen Erhalt einer Prämie das Risiko übernimmt, dass ein zwischen den beiden Partnern (Sicherungsnehmer und Sicherungsgeber) vereinbartes Kreditereignis bezüglich einer bestimmten Adresse eintritt. Dies ist vergleichbar mit einer Bürgschaft bzw. Gewährleistung. Aus diesem Grund werden Credit Default Swaps in Anlehnung an die Bilanzierung von Bürgschaften im Jahresabschluss abgebildet.

Die aus abgeschlossenen Credit Default Swaps übernommenen Eventualrisiken sind daher grundsätzlich unter dem Bilanzstrich zu zeigen (vgl. auch Kapitel 4.4.9.).[1764] Droht für den Sicherungsgeber die Inanspruchnahme in Form einer Ausgleichszahlung ist in entsprechender Höhe eine Rückstellung zu bilden. Die Bemessung der Eventualverbindlichkeit bzw. der

---

[1763] Vgl. BGH-Urt. vom 16.3.1987, BGHZ 101, 84.
[1764] Vgl. IDW RS BFA 1, FN 2002, 65.

Rückstellung richtet sich nach den allgemeinen Grundsätzen. Zu zeigen ist in den Eventualverbindlichkeiten grundsätzlich der Nominalbetrag, auf den sich der Kreditderivatevertrag bezieht. Bei Credit Default Swaps, die im Falle des Eintritts des vereinbarten Kreditereignisses die Zahlung eines festgelegten Betrags vorsehen (Digital Payment), ist dieser Betrag anzugeben. Der Bilanzvermerk ist um eine gebildete Rückstellung zu kürzen. Der Aufwand für die Bildung von Rückstellungen sowie für geleistete Ausgleichszahlungen ist - wie bei einer originären Kreditgewährung bzw. wie bei einer Bürgschaft - als **Bewertungsaufwand** in der Gewinn- und Verlustrechnung auszuweisen.

Bewertung der Bürgschaften und Gewährleistungen

Die Eventualverbindlichkeiten sind in **voller Höhe** zu vermerken. Dies bedeutet, dass der nominelle Bürgschafts- bzw. Gewährleistungsbetrag vor allem dann in Betracht kommt, wenn eine **Rahmenzusage** gegeben ist oder **Höchstbeträge** genannt sind. Die Angabe nur in Höhe des zufällig am Bilanzstichtag in Anspruch genommenen Kreditbetrags würde das von dem Bürgen übernommene Risiko in diesen Fällen nicht zutreffend abbilden. Denn in diesen Fällen liegt es allein beim Hauptschuldner, in welcher Höhe und wann er den Höchstbetrag in Anspruch nimmt.[1765]

Der für die Bürgschaft zu vermerkende Betrag richtet sich grundsätzlich nach der Höhe der Forderung am Bilanzstichtag. Bei Bürgschaften über regelmäßig zu tilgende Darlehensverbindlichkeiten, deren valutierender Betrag bekannt ist, kann der tatsächliche Schuldbetrag angesetzt werden. Erstreckt sich eine Zins- und Tilgungsgarantie nur auf den die Beleihungsgrenze einer Bausparkasse übersteigenden Teilbetrag des Darlehens, ist nur dieser Teilbetrag abzüglich geleisteter Tilgungen und zuzüglich aufgelaufener Zinsen vermerkpflichtig.[1766]

Bei Verpflichtungen in unbeschränkter Höhe gilt zur Bestimmung der Risikohöhe hilfsweise der Betrag des Abschlussstichtags.[1767] Bei gesamtschuldnerischer Haftung (zB Aval-Gemeinschaftskredit) ist der volle Betrag anzusetzen. Besteht die Unterbeteiligung an einem Gemeinschaftskredit lediglich in einer teilweisen Haftung für den evtl. Ausfall der Forderung, hat das kreditgebende Kreditinstitut (Konsortialführer) den vollen Kreditbetrag zu vermerken. die Unterbeteiligten haben ihren Anteil hier anzusetzen (Einzelheiten vgl. Kapitel 3.5.).

Eventualverbindlichkeiten sind unter dem Bilanzstrich jedoch insoweit nicht zu vermerken, als das bilanzierende Institut über **zweckgebundene Guthaben** (sog. Bardeckung) verfügt, die unter den Passivposten 1. oder 2. b) ausgewiesen sind (§ 26 Abs. 2 Satz 2 RechKredV). Der Abzug der Bardeckung erfolgt unabhängig davon, ob der beauftragende Kunde oder ein anderer Dritter das Guthaben gestellt hat. Diese Regelung verfolgt dieselbe Absicht wie die in § 24 RechKredV vorgeschriebene Kürzung der Eventualverbindlichkeiten um bereits gebil-

---

[1765] Vgl. ADS 6. Aufl. § 251 HGB Rn. 56.
[1766] Vgl. Bergmann ua., B.IV.1b., 6.
[1767] Vgl. WPH Bd. I 2000 J Rn. 160.

dete Rückstellungen. **Andere Sicherheiten** als die bilanzierten Deckungsguthaben dürfen beim Ausweis der Eventualverbindlichkeit nicht gekürzt werden, auch wenn sie wirtschaftlich gesehen das Risiko aus der Inspruchnahme mindern oder völlig ausschließen.[1768]

Die Eventualverbindlichkeiten sind grundsätzlich auch dann in voller Höhe anzusetzen, wenn die Inanspruchnahme des Kreditinstituts ungewiss oder sogar unwahrscheinlich ist.

Die Einbeziehung von **Nebenkosten** (§ 26 Abs. 2 Satz 1 RechKredV) ist nur zulässig, soweit es sich um der Höhe nach feststehende Beträge handelt, die zusammen mit der Hauptschuld verbürgt sind. So erhöhen bei einer Bürgschaft die Zinsen aus einer verzinslichen Schuld erst dann automatisch die Hauptschuld, wenn sie rückständig sind. Dies ergibt sich aus der Akzessorietät der Bürgschaft; sie ist also abhängig vom Entstehen, Bestehen und Umfang der Hauptverbindlichkeit (§ 767 Abs. 1 BGB).

Droht eine Inanspruchnahme aus der Bürgschaft, ist eine entsprechende Rückstellung zu bilden. Sobald die Inanspruchnahme endgültig feststeht, ist die Bürgschaftsschuld als echte Verbindlichkeit auszuweisen.[1769] Wird eine Verbindlichkeit oder Rückstellung passiviert, muss gleichzeitig die **Rückgriffsforderung** des Bürgen gegen den Hauptschuldner aktiviert und nach den für Forderungen geltenden Bilanzierungsgrundsätzen bewertet und ggf. wertberichtigt werden.

Der **Nachbürge** braucht einen Passivposten wegen einer drohenden Inanspruchnahme aus der Bürgschaft nicht bereits dann zu bilden, wenn die Hauptschuld nicht erfüllt worden ist, sondern erst dann, wenn damit gerechnet werden muss, dass der Vorbürge seiner Bürgschaftsverpflichtung gegenüber dem Gläubiger nicht nachkommen kann.[1770] Der Nachbürge haftet nur für die Schuld des Vorbürgen.

5.3.13.2.2.4. Haftung aus der Bestellung von Sicherheiten für fremde Verbindlichkeiten

Vermerk der Sicherheiten

In der Bilanz des Instituts dürfen nur eigene und keine fremden Verbindlichkeiten ausgewiesen werden. Soweit jedoch eigene Vermögensgegenstände der Besicherung für **fremde** Verbindlichkeiten dienen, muss diese Bestellung von Sicherheiten vermerkt werden.[1771] Die Angabe betrifft damit die Haftung eigener Vermögensgegenstände des bilanzierenden Instituts für Verbindlichkeiten Dritter. Die für **eigene** Verbindlichkeiten gestellten Sicherheiten sind gemäß § 35 Abs. 5 RechKredV im Anhang zu vermerken.

[1768] GlA Krumnow ua., 2. Aufl., § 26 RechKredV Rn. 12.
[1769] Vgl. auch ADS 6. Aufl. § 251 HGB Rn. 53.
[1770] Vgl. ADS 6. Aufl. § 251 HGB Rn. 53.
[1771] Vgl. ADS 6. Aufl. § 251 HGB Rn. 94 ff.

Es handelt sich hierbei um den Fall, dass ein Institut ein Aktivum abgetreten oder verpfändet hat, ohne dass dies Auswirkungen auf die Summe seiner Aktiva bzw. Passiva hat. Eine solche Sicherheitenbestellung kommt insbesondere innerhalb eines Konzerns vor, wenn etwa eine Muttergesellschaft ihrer Tochtergesellschaft einen (günstigen) Kredit verschaffen will. Wirtschaftlich ist die Bestellung von Sicherheiten für fremde Verbindlichkeiten der Bürgschaft bzw. Garantie ähnlich.

Durch den Ausweis dieser Eventualverbindlichkeiten unter der Bilanz soll ersichtlich werden, in welchem Umfang eigene Vermögensgegenstände des Kreditinstituts für Verbindlichkeiten Fremder haften, die in der eigenen Bilanz nicht enthalten sein können. Die Risikolage des die Sicherheiten gewährenden Instituts entspricht den Risiken aus Bürgschaften und Garantien für Bilanzaktiva.

Zu den zu vermerkenden Sicherheiten zählen Grundpfandrechte, Verpfändungen beweglicher Sachen und Rechte, Sicherungsübereignungen und Sicherungsabtretungen sowie Kautionen für fremde Verbindlichkeiten (§ 26 Abs. 3 Satz 2 RechKredV). Die Angabepflicht besteht auch dann, wenn das Institut sich lediglich verpflichtet, auf Verlangen des Gläubigers die Sicherheit zu bestellen.[1772]

Anzugeben sind ferner Sicherheiten, die auf Grund einer Konzernklausel für Verbindlichkeiten verbundener Unternehmen haften.[1773] In diesem Posten sind grundsätzlich auch die im Zusammenhang mit der Forfaitierung von Leasingraten sicherungsübereigneten Leasinggegenstände auszuweisen; solange in diesen Fällen jedoch entsprechende Beträge als Verbindlichkeiten oder Rechnungsabgrenzungsposten passiviert sind, erscheint eine zusätzliche Angabe überflüssig.[1774]

Besteht neben der Bestellung von Sicherheiten für fremde Verbindlichkeiten noch eine Verbindlichkeit aus einer **Bürgschaft** oder aus einem Gewährleistungsvertrag, so ist diese nur einmal zu vermerken. Dabei geht der Vermerk im Unterposten „b) Verbindlichkeiten aus Bürgschaften und Gewährleistungsverträgen" vor (§ 26 Abs. 3 Satz 3 RechKredV). Dies ist insofern konsequent, als das Institut trotz der Doppelbesicherung nur einmal in Anspruch genommen werden kann. Dabei wird die Inanspruchnahme wohl eher aus der Bürgschaft oder der Garantie erfolgen als aus der Verwertung des Sicherungsguts.

Nicht in den Bilanzvermerk aufzunehmen ist die Weitergabe von Sicherheiten Dritter zB durch Abtretung von Grundpfandrechten von Kreditnehmern des Kreditinstituts.

[1772] Vgl. Bergmann ua., B.II.1c., 9.
[1773] Vgl. ADS 6. Aufl. § 251 HGB Rn. 94.
[1774] Vgl. WPH Bd. I 2000 E Tz. 69; zu weiteren Einzelheiten vgl. ADS 6. Aufl. § 251 HGB Rn. 98.

Ansatz der für fremde Verbindlichkeiten bestellten Sicherheiten

§ 26 Abs. 3 Satz 1 RechKredV bestimmt, dass die Beträge mit dem **Buchwert der bestellten Sicherheiten** zu vermerken sind. Bei Wertpapieren gehören hierzu auch die aktivierten (anteiligen) Zinsen. Bestellte Grundpfandrechte sind mit ihrem Nominalwert in den Vermerkposten einzubeziehen. Als Obergrenze gilt in jedem Fall der Betrag der besicherten Fremdverbindlichkeit.[1775]

Ist jedoch der Buchwert der bestellten Sicherheit höher als der Betrag der besicherten Fremdverbindlichkeit am Bilanzstichtag, so bildet Letzterer die Obergrenze des Ausweises, da am Bilanzstichtag die Eventualverbindlichkeit nur in Höhe der besicherten Verbindlichkeit besteht.[1776]

5.3.13.3. Bewertung

Die Bewertung des Wechselobligos erfolgt mit dem Betrag, mit dem das Institut aus dem Wechsel selbst verpflichtet ist. Dies ist in der Regel der Nennbetrag.

Verbindlichkeiten aus Bürgschaften und Gewährleistungen sind in voller Höhe zu vermerken, soweit für sie keine zweckgebundenen Deckungsguthaben passiviert sind (§ 26 Abs. 2 Satz 2 RechKredV).

Die für die Haftung für fremde Verbindlichkeiten bestellten Sicherheiten sind mit dem Buchwert der bestellten Sicherheit, höchstens dem Betrag der besicherten Fremdverbindlichkeit, anzusetzen.

Wegen weiterer Einzelheiten wird auf die Ausführungen zu den einzelnen als Eventualverbindlichkeit zu vermerkenden Posten verwiesen.

Wird für Eventualverbindlichkeiten eine Rückstellung gebildet, ist der Posten unter dem Bilanzstrich in Höhe des zurückgestellten Betrags zu kürzen.

Folgende allgemeine Bewertungsgrundsätze sind zu beachten:

- Maßgebend sind die Verhältnisse am Bilanzstichtag; wertaufhellende Umstände sind bei der Bewertung zu berücksichtigen.
- Eine Saldierung mit bestehenden Rückgriffsforderungen ist nicht möglich.
- Wurde in dem dem Haftungsverhältnis zugrunde liegenden Sachverhalt gesamtschuldnerische Haftung vereinbart, so ist, unabhängig von Vereinbarungen im Innenverhältnis, der volle Betrag anzugeben.

[1775] Vgl. Birck/Meyer, II 415.
[1776] Vgl. Birck/Meyer, II 415.

Soweit im Einzelfall ein Haftungsverhältnis nicht wertmäßig exakt feststellbar ist, muss eine Schätzung nach vernünftiger kaufmännischer Beurteilung vorgenommen werden.

5.3.13.4. Anhangangaben

Zu dem Posten „Eventualverbindlichkeiten" sind im Anhang **Art** und **Betrag jeder Eventualverbindlichkeit** anzugeben, die in Bezug auf die Gesamttätigkeit des Kreditinstituts von wesentlicher Bedeutung ist (§ 35 Abs. 4 RechKredV). Diese Angabe bezieht sich nach dem Wortlaut der RechKredV auf die einzelne Eventualverbindlichkeit und nicht auf den jeweiligen Unterposten.

Die **Wesentlichkeitsvoraussetzung** muss also für jedes einzelne Geschäft erfüllt sein und nicht für alle in einem Unterposten zusammengefassten Eventualverbindlichkeiten der gleichen Art.[1777] Die Frage, wann eine Eventualverbindlichkeit in Bezug auf die Gesamttätigkeit des Instituts „wesentlich" ist, ist nach den allgemeinen Grundsätzen für die Beurteilung der Wesentlichkeit zu beantworten. Dabei ist jedoch zu berücksichtigen, dass die einzelne Eventualverbindlichkeit „*in Bezug auf die Gesamttätigkeit*" des Instituts von wesentlicher Bedeutung sein muss. Es bietet sich daher an, die Wesentlichkeit am Bilanzvolumen, Geschäftsvolumen oder Kreditvolumen zu messen.

Für die **Angabe der Art** der Eventualverbindlichkeit ist zunächst nach den im Bilanzformblatt ausgewiesenen Unterposten zu unterscheiden. Eine weitere Untergliederung ist zulässig. Für den Unterposten b) bietet sich eine weitere Untergliederung nach Kreditbürgschaften, sonstigen Bürgschaften, Akkreditiven und sonstigen Gewährleistungen an.[1778]

Darüber hinaus ist zu **jedem Posten** der in der Bilanz unter dem Strich vermerkten Eventualverbindlichkeiten im Anhang jeweils der Gesamtbetrag der als Sicherheit übertragenen Vermögensgegenstände anzugeben (§ 35 Abs. 5 RechKredV). Im Gegensatz zu § 35 Abs. 4 RechKredV bezieht sich die Angabe der als Sicherheit übertragenen Vermögensgegenstände auf den **einzelnen Unterposten**.

5.3.13.5. Bankaufsichtliche Besonderheiten

In Kapitel 5.2.4.6.3. wurde dargestellt, dass **Kredite** an Inhaber, persönlich haftende Gesellschafter und sonstige maßgeblich Beteiligte **vom haftenden Eigenkapital abzuziehen** sind. Nach Ansicht der BaFin (vormals BAKred)[1779] wäre es verfehlt, den Abzug erst dann vorzunehmen, wenn das Institut vom Gläubiger des Kapitaleigners auf die Erfüllung seines Lei-

---

[1777] Ebenso Krumnow ua., 2. .Aufl., § 26 RechKredV Rn. 17.
[1778] So Krumnow ua., 2. Aufl., § 26 RechKredV Rn. 18.
[1779] Vgl. BAKred-Schr. v. 8.4.1986, CMBS 4.202.

stungsversprechens in Anspruch genommen wird. Bürgschaften, Garantien und sonstige Gewährleistungen für Kredite, die ein maßgeblicher Kapitaleigner erhält, sind deshalb grundsätzlich bereits im Zeitpunkt ihrer Übernahme der Abzugspflicht unterworfen.

Zoll- und Steuerbürgschaften zugunsten eines maßgeblichen Kapitaleigners sowie die Bestätigungen unwiderruflicher Akkreditive im Auftrag eines maßgeblichen Kapitaleigners unterliegen hingegen nicht dieser Abzugspflicht, solange es nicht zu einer Inanspruchnahme des Instituts kommt.[1780]

Die **Bestellung von Sicherheiten** für Verbindlichkeiten eines maßgeblichen Kapitaleigners erfordert ebenso wie eine Bürgschaft einen Abzug des Kredits nicht erst bei Verwertung der Sicherheit durch den Gläubiger, sondern schon bei deren Bestellung.[1781]

5.3.13.6. Prüfung des Postens

Es sind die für Eventualverbindlichkeiten allgemein üblichen Prüfungshandlungen durchzuführen. Es ist insbesondere darauf zu achten, dass die hier ausgewiesenen Beträge die og. Voraussetzungen erfüllen.

Die Indossamentverbindlichkeiten werden anhand der Wechselobligokonten, des Wechselkopierbuchs, der Wechselabrechnungen bzw. anhand von Saldenbestätigungen nachgewiesen. Bürgschaften und Gewährleistungen sowie die für Verbindlichkeiten Dritter gestellten Sicherheiten werden anhand geeigneter Unterlagen belegt. Die **Bestandsnachweise** sind auf Richtigkeit und Vollständigkeit zu prüfen.

Die **Bewertung** der Eventualverbindlichkeiten ist zu prüfen. Dabei ist insbesondere festzustellen, ob Rückstellungen erforderlich sind und ob die Pauschalwertberichtigungen (unter Berücksichtigung von Deckungsguthaben) zutreffend ermittelt sind.

Bei **Patronatserklärungen** ist festzustellen, ob die Vermerkpflicht zutreffend ist.

Hinsichtlich der **Erträge** aus Bürgschaften und Gewährleistungen ist zu prüfen, ob diese zutreffend gebucht und abgegrenzt wurden.

Im Rahmen der Prüfung der Eventualverbindlichkeiten ist auch darauf zu achten, dass evtl. Bürgschaften und Gewährleistungen für maßgebliche Kapitaleigner bzw. Sicherheitenbestellungen für Verbindlichkeiten maßgeblicher Kapitaleigner wie Kredite vom haftenden Eigenkapital abgezogen werden.

[1780] Vgl. BAKred-Schr. v. 8.4.1986, CMBS 4.202.
[1781] Vgl. BAKred-Schr. v. 8.4.1986, CMBS 4.202.

Der **Prüfungsbericht** muss die in § 48 PrüfbV verlangten Angaben enthalten:

- Darstellung im Vergleich mit dem Vorjahr,
- Erläuterung der Zusammensetzung.

Zu den **Verbindlichkeiten aus Bürgschaften und Gewährleistungen** sind nach § 51 Nr. 1 PrüfbV folgende Angaben zu machen:

- Angabe von Arten und Beträgen sowie
- Aufgliederung nach Kreditnehmern (Kreditinstitute, Nichtkreditinstitute),
- bei Kreditgarantiegemeinschaften Angabe der noch nicht valutierten Beträge sowie der Nebenkosten, wobei die Beträge zu schätzen sind, falls genaue Zahlen nicht vorliegen.
- Es ist darzulegen, ob notwendige Rückstellungen gebildet sind.

Es empfiehlt sich, die für den Anhang relevanten Angaben im Prüfungsbericht zu nennen.

5.3.14. Andere Verpflichtungen (Passiva 2 unter dem Strich)

5.3.14.1. Postenbezeichnung

Die Postenbezeichnung lautet nach dem Formblatt 1 wie folgt:

> 2. *Andere Verpflichtungen*
>   *a) Rücknahmeverpflichtungen aus unechten Pensionsgeschäften*
>   *b) Platzierungs- und Übernahmeverpflichtungen*
>   *c) Unwiderrufliche Kreditzusagen*

Der unter dem Strich auszuweisende Posten „2. Andere Verpflichtungen" ist für alle Kredit- und Finanzdienstleistungsinstitute iSv. § 1 KWG einheitlich geregelt.

Weder mit der Ersten noch mit der Zweiten Verordnung zur Änderung der RechKredV wurde die Postenbezeichnung im Bilanzformblatt geändert.

5.3.14.2. Posteninhalt

5.3.14.2.1. RechKredV

Der Posteninhalt ist in § 27 RechKredV bestimmt. Abs. 1 regelt den Inhalt des Unterpostens b) während Abs. 2 näher bestimmt, was im Unterposten c) zu vermerken ist. Letzterer nimmt vor allem bestimmte aus dem Kreditgeschäft resultierende Verpflichtungen auf, die noch nicht zu passivieren sind.

§ 27 RechKredV hat weder mit der Ersten noch mit der Zweiten Verordnung zur Änderung der RechKredV eine Änderung erfahren.

5.3.14.2.2. Voraussetzungen für den Postenausweis

5.3.14.2.2.1. Überblick

Bei den „anderen Verpflichtungen" handelt es sich um Verpflichtungen aus Geschäften, bei denen das Institut eine (unwiderrufliche) Vereinbarung getroffen hat und damit künftig einem Kreditrisiko ausgesetzt ist. Die hier zu erfassenden Risiken haben auch den Charakter von Liquiditätsrisiken.[1782]

[1782] Vgl. auch die Ausführungen von Schwartze, 189 f.

5.3.14.2.2.2. Rücknahmeverpflichtungen aus unechten Pensionsgeschäften

Im Fall von unechten Pensionsgeschäften sind die Vermögensgegenstände nicht in der Bilanz des Pensionsgebers, sondern in der Bilanz des Pensionsnehmers auszuweisen (Einzelheiten vgl. Kapitel 3.2.). Der **Pensionsgeber** hat unter der Bilanz den für den Fall der Rückübertragung vereinbarten Betrag zu vermerken (§ 340b Abs. 5 HGB). Sind für verschiedene Rücknahmetermine unterschiedliche Rücknahmebeträge vereinbart, sollte der höchstmögliche Betrag angesetzt werden.[1783]

Soweit Rückstellungen für drohende Verluste bei der Rücknahme der Vermögensgegenstände gebildet werden (zB Rücknahmebetrag liegt über dem Marktpreis des Pensionsgegenstands), dürfen diese vom vereinbarten Betrag nicht abgesetzt werden, weil der Bilanzvermerk die künftige Liquiditätsbelastung zum Ausdruck bringen soll.[1784]

5.3.14.2.2.3. Platzierungs- und Übernahmeverpflichtungen

Fazilitäten

Hier sind nach § 27 Abs. 1 Satz 1 RechKredV Verbindlichkeiten aus der Übernahme einer Garantie für die Platzierung oder Übernahme von Finanzinstrumenten gegenüber Emittenten, die während eines vereinbarten Zeitraums Finanzinstrumente revolvierend am Geldmarkt begeben, zu vermerken. Finanzinstrumente sind bspw. **Commercial Paper** oder andere Finanzinstrumente des Geldmarkts. Keine Finanzinstrumente in diesem Sinne sind ua. Aktien.[1785]

Diese Verpflichtungen entstehen im Regelfall aus sog. **Fazilitäten**. Am gebräuchlichsten sind sog. Euronote-Facilities (Rahmenvereinbarungen) in Form der RUFs (Revolving Underwriting Facilities) und NIFs (Note-Issuance-Facilities). Hierbei handelt es sich um auf dem Euromarkt ausgegebene kurzfristige Schuldtitel (Euronotes), mit denen sich Nichtbanken erster Bonität bis zu einem festgelegten Höchstbetrag am Geldmarkt revolvierend finanzieren. Für den Emittenten besteht der Vorteil darin, in der jeweils benötigten Höhe Fremdkapital zu geldmarktnahen Konditionen aufnehmen zu können, gleichzeitig aber für die Gesamtlaufzeit der revolvierenden Emission eine Finanzierungszusage zu haben. Hierfür hat er dem Kreditinstitut eine Provision zu bezahlen.

Diese Finanzierungsformen sind vielfach an die Stelle des herkömmlichen Kreditgeschäfts getreten. Dabei handelt es sich um Arrangements, bei denen sich ein Schuldner bis zu einer Höchstgrenze revolvierend durch die Begebung kurzfristiger Schuldtitel (sog. Euronotes oder Einlagenzertifikate) finanzieren darf und dafür durch eine von Kreditinstituten bereitgestellte mittel- bis langfristige Stand-by- oder Back-up-Linie gegen das Platzierungsrisiko abgesichert

---

[1783] Vgl. WPH Bd. I 2000 J Tz. 163.
[1784] Vgl. WPH Bd. I 2000 J Tz. 163.
[1785] Vgl. WPH Bd. I 2000 J Tz. 164.

ist.[1786] Durch ihr Underwriting gehen die Kreditinstitute die Verpflichtung ein, die bei Anlegern nicht abzusetzenden Notes zu einem vorher festgelegten, in der Regel auf einen variablen Referenzzins (zB Euribor) bezogenen Preis, auf eigene Rechnung zu übernehmen oder stattdessen dem Emittenten in gleicher Höhe einen Kredit zu vereinbarten Konditionen zu gewähren. Häufig wird im Rahmen von Euronotes-Fazilitäten dem Schuldner auch von vornherein ein Wahlrecht eingeräumt, sich entweder seinen Mittelbedarf im Wege der Emission oder durch Rückgriff auf eine im Rahmen der Fazilität alternativ verfügbare kurzfristige Kreditform abzudecken.

Mit seiner Verpflichtung, während der Laufzeit der Fazilität Notes zu übernehmen oder in irgendeiner Weise Kredit zu gewähren, übernimmt das betreffende Institut hinsichtlich des Notes-Emittenten von vornherein ein gesteigertes Kreditrisiko, das sich von dem einer herkömmlichen Kreditzusage unterscheidet.

Daneben gibt es Fazilitäten, die keine Übernahmeverpflichtung des Kreditinstituts beinhalten, sondern lediglich eine Hilfestellung bei der Platzierung der Wertpapiere darstellen. Diese Art von Fazilitäten begründen keine weiteren Verpflichtungen des Kreditinstituts. Sie sind mithin nicht unter der Bilanz zu vermerken.

Bilanzielle Abbildung

Die bilanzielle Behandlung der Fazilitäten ist danach zu entscheiden, ob sie wirtschaftlich als Kreditzusage oder als Gewährleistung zu beurteilen sind.[1787] Eine Gewährleistung liegt vor, wenn im Einzelfall auch Dritte Anspruch aus der Fazilität gegen das Kreditinstitut geltend machen können.

Es muss sich bei den hier zu vermerkenden Eventualverbindlichkeiten um am **Geldmarkt** unterzubringende Finanzinstrumente handeln. Eine Abgrenzung zwischen Geld- und Kapitalmarkt kann anhand der Laufzeit der bei der revolvierenden Emission begebenen Instrumente vorgenommen werden. Hierfür bietet § 16 Abs. 2a RechKredV einen Anhaltspunkt. Als Geldmarktpapiere gelten Wertpapiere, deren ursprüngliche Laufzeit ein Jahr nicht übersteigt.[1788] Auf die Gesamtlaufzeit der Fazilität kommt es hingegen nicht an. Platzierungs- und Übernahmegarantien für Kapitalmarktpapiere (zB Aktien) fallen nach dem Wortlaut der RechKredV nicht unter die Vermerkpflicht. Die Verbindlichkeiten sind gekürzt um die in Anspruch genommenen Beträge zu vermerken (§ 27 Abs. 1 Satz 3 RechKredV).

Werden im Rahmen der Fazilität sog. Escape-Klauseln vereinbart, bei denen das Kreditinstitut von der für den Emittenten entscheidenden Liquiditätsgarantie gerade in der Ausnahme-

---

[1786] Vgl. BAKred-Schr. v. 2.6.1986, CMBS 3.36.
[1787] Vgl. BFA 1/1987, WPg 1987, 301 ff. (aufgehoben (2000), aber inhaltlich weiterhin zutreffend).
[1788] Bieg (1998), 305 mwN vertritt hingegen die Ansicht, dass die Laufzeit nicht über zwei Jahre betragen solle.

situation einer verschlechterten Bonität freikommt, entfällt ein Vermerk unter dem Bilanzstrich.[1789]

Grundsätzlich sind im Unterposten b) die **gesamten** durch Platzierungs- und Übernahmegarantien zugesagten Beträge auszuweisen.

Wird eine Garantie im oben genannten Sinne von mehreren Kreditinstituten gemeinschaftlich gewährt, so hat nach § 27 Abs. 1 Satz 5 RechKredV jedes beteiligte Kreditinstitut nur seinen eigenen Anteil an dem Kredit zu vermerken. In § 5 RechKredV, der die Bilanzierung von **Gemeinschaftsgeschäften** regelt, sind Platzierungs- und Übernahmeverpflichtungen nicht genannt. § 27 Abs. 1 Satz 5 RechKredV stellt eine Präzisierung zu § 5 RechKredV dar.[1790] Damit ist § 5 RechKredV nicht auf die hier auszuweisenden (gemeinschaftlich gewährten) Garantien anwendbar.

Erfolgte bereits eine Inanspruchnahme aufgrund der Garantieerklärung, so erfolgt der Ausweis der hieraus resultierenden Forderungen auf der Aktivseite der Bilanz. Ein Adressenausfallrisiko besteht darüber hinaus nur, wenn der Betrag der Inanspruchnahme unter dem garantierten Betrag liegt. Somit ist nur noch der Unterschiedsbetrag zwischen den beiden Beträgen unter dem Bilanzstrich zu vermerken (§ 27 Abs. 1 Satz 3 RechKredV). Der Bilanzvermerk ist um den in Anspruch genommenen Betrag und nicht um den Buchwert der Forderung zu kürzen.

Falls eine Inanspruchnahme aus der Fazilität droht und dabei keine vollwertigen Vermögenswerte erworben werden bzw. aus dem zu gewährenden Kredit Verluste entstehen, sind **Rückstellungen** für drohende Verluste aus schwebenden Geschäften zu bilden. Dabei ist zu bedenken, dass nach dem Gehalt der Geschäfte die Inanspruchnahme in der Regel gerade dann eintritt, wenn der Markt nicht bereit ist, die gewünschten Mittel zu den vorgesehenen Konditionen dem Begünstigten zur Verfügung zu stellen. Ergibt die Prüfung, dass Bonitäts- oder Länderrisiken gegeben sind, ist ein etwaiger Rückstellungsbedarf nach den allgemeinen Maßstäben der Kreditprüfung zu ermitteln. Der Bilanzvermerk ist um den Rückstellungsbetrag zu kürzen, weil es sonst zu einem Doppelausweis kommt.

Durch Änderungen des Zinsniveaus oder eine allgemeine Marktenge können außerdem Zinsrisiken entstehen, wenn die Bedingungen der Fazilität nicht voll flexibel an Referenzzinssätze (zB Euribor) gebunden sind, sondern zB Höchstzinssätze vereinbart wurden. Aus diesen kann erheblicher Refinanzierungsbedarf zu ungünstigen Konditionen entstehen.

Tatsächlich **übernommene Wertpapiere** bzw. **Schuldscheine** oder **gewährte Kredite** sind nach den allgemeinen Grundsätzen zu bewerten.

[1789] Vgl. Bieg (1998), 305.
[1790] Vgl. Krumnow ua., 2. Aufl., § 27 RechKredV Rn. 13.

Fazilitäten sind den bankinternen **Grundsätzen für eine ordnungsgemäße Kreditgewährung** und -überwachung zu unterwerfen.[1791] Einzelheiten vgl. Kapitel 4.3.5.2.9.

Soweit die Gewährung eines entsprechenden Kredits zugesagt wurde, handelt es sich im Grunde um eine Kreditzusage, für deren Ausweis grundsätzlich der Unterposten c) zur Verfügung steht. Aufgrund der Formulierung des § 27 Abs. 1 Satz 2 RechKredV hat der Ausweis derartiger Kreditzusagen im Unterposten b) Vorrang.

5.3.14.2.2.4. Unwiderrufliche Kreditzusagen

Begriff

Im Unterposten „c) unwiderrufliche Kreditzusagen" sind alle unwiderruflichen Verpflichtungen, die Anlass zu einem Kreditrisiko geben können, zu vermerken. Es kommt dabei nicht darauf an, welche **Ursprungslaufzeit** die Kreditzusage hat.[1792] Als Vermerkposten ist nur die Kreditzusage anzugeben, die noch nicht durch Kreditausreichungen ausgenutzt ist.[1793]

Mit dem Vermerk der unwiderruflichen Kreditzusagen unter dem Bilanzstrich soll auf die aus diesen Zusagen resultierenden potenziellen Adressenausfallrisiken, aber auch auf die hieraus entstehenden Liquiditätsabflüsse hingewiesen werden. Unwiderrufliche Kreditzusagen sind auch im Grundsatz I zu erfassen. Da das Bilanzrecht und die Bankenaufsicht diesbezüglich die gleichen Zielsetzungen verfolgen, kann bei der bilanzrechtlichen Beurteilung auf die aufsichtsrechtlichen Bestimmungen zurückgegriffen werden.

Kreditzusage

Es muss sich um Kreditzusagen handeln, die gegenüber Kunden abgegeben wurden. Intern festgelegte Kredit- und Überziehungslinien sind nicht in den Ausweis einzubeziehen, da sich aus ihnen kein unmittelbares Kreditrisiko ergeben kann.

Kreditrahmenzusagen, die die Grundlage für Einzelkreditzusagen bilden, sind grundsätzlich nicht zu erfassen. Dagegen sind Kreditrahmenzusagen an einen **Konzern**, die wahlweise von den verschiedenen Konzernunternehmen gezogen werden können, in den Vermerk einzubeziehen.

Die Vermerkpflicht entsteht bereits dann, wenn die Bank die Kreditzusage nach außen verbindlich abgegeben hat. Die Annahme des Angebots durch den Kunden ist nicht erforderlich, da nach Abgabe des Angebots die Bank keinen Einfluss mehr darauf hat, ob ein Kreditrisiko entsteht oder nicht.

[1791] Vgl. BFA 1/1987, WPg 1987, 301 ff. (aufgehoben (2000), aber inhaltlich weiterhin zutreffend).
[1792] Vgl. WPH Bd. I 2000 J Tz. 165.
[1793] Vgl. auch Portmann, Der Schweizer Treuhänder 1992, 711 ff.

Kreditzusagen, bei denen der Kreditnehmer noch bestimmte Voraussetzungen erfüllen muss, sind dann in den Vermerk einzubeziehen, wenn die Erfüllung dieser Bedingungen ausschließlich in der Einflusssphäre des Kunden liegt, wie dies zB bei der Bestellung von Sicherheiten der Fall ist.

Externe Zusagen von **Wechseldiskontkrediten** sind dann nicht zu erfassen, wenn sich das Kreditinstitut die Entscheidung über den Ankauf des vorgelegten Wechselmaterials vorbehält. Die Zusage einer Gesamtlinie, die wahlweise als Bar-, Diskont- oder Avalkredit beansprucht werden kann, ist in voller Höhe einzubeziehen.

Bis auf weiteres gegebene Kreditzusagen (baw-Kredite) sind zu erfassen, wenn sich die baw-Klausel nicht auf die Zusage selbst, sondern nur auf die Festlegung der Konditionen bezieht.

In § 36 Satz 2 Nr. 2 RechKredV ist ausdrücklich bestimmt, dass **Lieferverpflichtungen aus Forward Forward Deposits** als Kreditzusagen zu vermerken sind.

Der **Abschluss eines Bausparvertrags** selbst gilt noch nicht als unwiderrufliche Kreditzusage (§ 27 Abs. 2 Satz 2 RechKredV). Ein Ausfallrisiko entsteht frühestens bei Zustellung der Zuteilungsabsicht an den Bausparer.[1794] Bei der Zuteilungsnachricht handelt es sich nach Ansicht der BaFin im Sinne des Grundsatz I bereits um ein konkretes Versprechen der Bausparkasse, dem Bausparer das Bauspardarlehen auszuzahlen. Hiergegen lässt sich einwenden, dass der Bausparer vor der eigentlichen Kreditgewährung einen Antrag auf Auszahlung des Baudarlehens stellen muss. Auch muss der Bausparer die Zuteilung nicht annehmen. Erst mit der Darlehenszusage liegt nach der hier vertretenen Ansicht eine vermerkpflichtige Kreditzusage vor; mit der Zusage stellt die Bausparkasse das Baudarlehen bereit.[1795]

Bei Bausparkassen sind daher die noch **nicht ausgezahlten bereitgestellten Baudarlehen** als Kreditzusage anzusehen. Die nach § 35 Abs. 1 Nr. 8 Buchstabe a) RechKredV vorgeschriebene Angabe im Anhang stellt hierzu eine weitere Untergliederung dar.

Beim **Terminkauf** von Wertpapieren oder Schuldscheindarlehen ergibt sich in Bezug auf § 36 bzw. § 27 RechKredV ein Zuordnungsproblem. Beim Ersterwerb dieser Gläubigertitel auf Termin soll die Zuordnung nach dem mit dem Kauf verfolgten Zweck vorgenommen werden.[1796] Wird mit Wertpapieren bzw. Schuldscheindarlehen der Aufbau einer Kreditbeziehung beabsichtigt, ist die Verpflichtung zum Terminkauf nach § 27 RechKredV unter der Bilanz zu vermerken. Wird aber beabsichtigt, aus dem Terminkauf einen Eigenhandelserfolg zu erzielen oder soll eine gegenläufige Zinsrisikoposition ganz oder teilweise geschlossen werden, steht also der Gesichtspunkt des Markt- und nicht des Kreditrisikos im

---

[1794] Vgl. BAKred-Schr. v. 27.5.1997, CMBS 3.98 a).
[1795] Dieser Ansicht hat sich das Bundesaufsichtsamt mit Schreiben v. 15.1.1998, CMBS 3.98 b) mittlerweile angeschlossen.
[1796] Vgl. Ausschuss für Bilanzierung des BdB, 67.

Vordergrund, ist die Verpflichtung nach § 36 RechKredV im Anhang anzugeben.[1797] Die Verpflichtungen aus dem Zweiterwerb auf Termin ist stets ein Termingeschäft iSd. § 36 RechKredV.

Teileingezahlte Aktien und sonstige Wertpapiere mit im Voraus festgelegten Einzahlungsraten oder dem Recht des Emittenten, nach Belieben weitere Beträge abrufen zu können, sind nicht als Kreditzusagen zu qualifizieren.[1798] Hier ist kein Kreditrisiko, sondern ein Beteiligungsrisiko gegeben.

Unwiderruflichkeit

Die Kreditzusagen müssen unwiderruflich sein. Was unter dem Begriff „unwiderruflich" zu verstehen ist, wird in der RechKredV nicht geregelt. Ob hier einfach von den extern erteilten und auch angenommenen Kreditzusagen ausgegangen werden kann, erscheint zweifelhaft, zumal die Zusagen häufig an Termine, Konditionen und an das Wohlverhalten des Kreditnehmers (Mindestrelationen in Ertrags-, Finanz- und Vermögensverhältnissen) gebunden sind, bei deren Nichteinhaltung die Verpflichtung des Kreditinstituts (zB aufgrund deren AGB) entfällt.[1799] Es sind nur solche unwiderrufliche Kreditzusagen auszuweisen, die Anlass zu einem **Kreditrisiko** geben können.

Hat das Kreditinstitut auf das Widerrufsrecht nach § 610 BGB aF bzw. § 490 BGB nF[1800] **ausdrücklich** verzichtet, wird man stets eine Unwiderruflichkeit iSd. § 27 Abs. 2 RechKredV annehmen können. In diesem Fall kann sich das Kreditinstitut einer Auszahlung des Kredits nur noch in sehr eingeschränktem Maße entziehen, sodass diese Verpflichtung Anlass zu einem Kreditrisiko geben kann.

Kreditzusagen, die jedoch lediglich dem **allgemeinen** Bonitätsvorbehalt (§ 610 BGB aF, § 490 BGB nF, AGB) unterliegen, sollten als unwiderruflich beurteilt und entsprechend vermerkt werden.[1801]

Nach Ansicht der BaFin sind Kreditzusagen dann nicht als unwiderruflich anzusehen, wenn sie vorbehaltlos und fristlos gekündigt werden können.[1802] Bei sog. **baw-Zusagen** wird allgemein (auch von der BaFin) davon ausgegangen, dass eine vorbehaltlose und fristlose Kündigungsmöglichkeit gegeben ist. Die Einschränkungen, dass nach der Rechtsprechung eine Kündigung nicht zur Unzeit ausgesprochen werden darf, hat darauf keinen Einfluss. Bei

---

[1797] Vgl. auch Bieg (1998), 310.
[1798] Vgl. Treuarbeit (Hrsg.), 104.
[1799] Vgl. Nolte, WPg 1987, 564.
[1800] Vgl. zu § 490 BGB: Freitag, WM 2001, 2370 ff.; Wittig/Wittig, WM 2002, 145 ff.; Grundmann, BKR 2001, 66 ff.
[1801] Vgl. auch Krumnow ua., 2. Aufl., § 27 RechKredV Rn. 25; zum Kündigungsrecht vgl. Freitag, WM 2001, 2370 ff.; Wittig/Wittig, WM 2002, 145 ff.; Grundmann, BKR 2001, 66 ff.
[1802] Vgl. BAKred-Schr. v. 20.10.1995, CMBS 3.82; BAKred-Schr. v. 30.6.1997, BdB-Info 1997 Nr. 10

baw-Zusagen muss jedoch nach Ansicht der BaFin die Bonität des Kunden mindestens einmal jährlich überprüft werden. Das Erfordernis der jährlichen Bonitätsprüfung ergibt sich daraus, dass nur unter dieser Voraussetzung das mit der Zusage verbundene Kreditrisiko als unerheblich einzustufen ist. Nur dann sind die Voraussetzungen für eine jederzeitige vorbehaltlose Kündbarkeit gegeben.

Davon ausgenommen sind allerdings unbefristete Kreditzusagen nach **Baufortschritt** sowie vergleichbare **Projektfinanzierungen**, bei denen die Zusage bereits mit einem Teilbetrag in Anspruch genommen worden ist. Hier schließen die von der Rechtsprechung zu § 242 BGB entwickelten Grundsätze von Treu und Glauben im Zweifel eine frist- bzw. vorbehaltlose Kündigung des noch nicht in Anspruch genommenen Zusageteils aus.[1803]

Ein vorbehaltloses und fristloses Kündigungsrecht liegt nach Ansicht der BaFin dann nicht vor, wenn Einschränkungen des Kündigungsrechts nach dem Verbraucherkreditgesetz für zugesagte Teilzahlungskredite greifen.[1804] Dabei steht der Anwendung des Verbraucherkreditgesetzes insbesondere nicht entgegen, dass die Inanspruchnahme des Kredits noch aussteht.

Das BAKred (jetzt BaFin)[1805] vertritt die Auffassung, dass sich die Kreditzusage nicht auf eine **Mindestlaufzeit** (von zB einem Jahr) erstrecken muss. In der Bilanz sind mithin auch solche vorbehaltlos abgegebene Kreditzusagen zu vermerken, deren Laufzeit nicht mehr als ein Jahr beträgt.

Die og. Ausführungen gelten nur, soweit die zugesagten Kredite noch nicht ausgenutzt worden sind und daher jederzeit und ohne Einflussmöglichkeit des bilanzierenden Kreditinstituts ähnliche Risiken entstehen können, wie bei bereits ausgereichten Krediten.[1806] Soweit die Kredite bereits als Forderung bilanziert sind, kommt ein Ausweis unter den „unwiderruflichen Kreditzusagen" nicht (mehr) in Betracht.

5.3.14.3. Bewertung

Die Verpflichtungen aus Platzierungs- und Übernahmeverpflichtungen sind in Höhe des zugesagten Betrags zu vermerken. Der Ausweis von Platzierungs- und Übernahmegarantien erfolgt nach Abzug der in Anspruch genommenen Beträge. Bei gemeinschaftlicher Gewährung der Garantie hat jedes beteiligte Institut nur seinen eigenen Anteil an dem Kredit zu vermerken.

[1803] Vgl. BAKred-Schr. v. 20.10.1995, CMBS 3.82.
[1804] Vgl. BAKred-Schr. v. 20.10.1995, CMBS 3.82.
[1805] Vgl. BAKred-Schr. v. 20.10.1995, CMBS 3.82; BAKred-Schr. v. 30.6.1997, BdB-Info 1997 Nr. 10.
[1806] Vgl. Schwartze, 192.

Die Verpflichtungen aufgrund unwiderruflicher Kreditzusagen sind um die in Anspruch genommenen Kredite zu kürzen. Wegen weiterer Einzelheiten wird auf die obigen Ausführungen verwiesen.

5.3.14.4. Anhang

Im Anhang ist über die **Inanspruchnahme** der vom Kreditinstitut gegenüber Emittenten übernommenen Garantien für die Platzierung oder Übernahme von Finanzinstrumenten zu berichten (§ 27 Abs. 1 Satz 4 RechKredV).

Im Anhang sind ferner **Art** und **Höhe** jeder der in den Unterposten a) bis c) bezeichneten Verbindlichkeiten anzugeben, die in Bezug auf die Gesamttätigkeit des Kreditinstituts von wesentlicher Bedeutung sind (§ 35 Abs. 6 RechKredV).

Die Anhangangabepflicht bei den anderen Verpflichtungen bezieht sich nicht auf die einzelnen Unterposten oder weitere Untergliederungen, sondern auf jedes einzelne Geschäft, das zu den anderen Verpflichtungen zählt.

5.3.14.5. Bankaufsichtliche Besonderheiten

In Kapitel 5.2.4.6.3. wurde dargestellt, dass Kredite an Inhaber, persönlich haftende Gesellschafter und sonstige maßgeblich Beteiligte vom haftenden Eigenkapital abzuziehen sind.

Das BAKred (jetzt BaFin)[1807] hält es für vertretbar, lediglich Kreditinanspruchnahmen, nicht jedoch unausgenutzte Kreditzusagen der Abzugspflicht zu unterwerfen. Erst mit der Inanspruchnahme vollendet sich die Einflussnahme des Kapitaleigners und wird zugleich durch den Abfluss der Mittel der Vermögensbeeinträchtigung für das Institut endgültig herbeigeführt.

5.3.14.6. Prüfung des Postens

Es sind die für Eventualverbindlichkeiten allgemein üblichen Prüfungshandlungen durchzuführen. Es ist insbesondere darauf zu achten, dass die hier ausgewiesenen Beträge die og. Voraussetzungen erfüllen.

Die Vermerkposten sind durch geeignete Unterlagen nachzuweisen. Die **Nachweise** sind auf Richtigkeit und Vollständigkeit hin zu prüfen.

Die Abgrenzung sowie die Buchung von Aufwendungen und Erträgen ist zu prüfen.

[1807] Vgl. BAKred-Schr. v. 8.4.1986, CMBS 4.202.

Bei der Prüfung der Platzierungs- und Übernahmegarantien (Fazilitäten) ist die Stellungnahme BFA 1/1987[1808] zu beachten.

Der **Prüfungsbericht** muss die in § 48 PrüfbV verlangten Angaben enthalten:

- Darstellung im Vergleich mit dem Vorjahr,
- Erläuterung der Zusammensetzung.

Im Prüfungsbericht ist bei **Fazilitäten** ggf. auch über übernommene Zinsrisiken zu berichten. Fazilitäten sind nach BFA 1/1987 iRd. der Berichterstattung über das Kreditgeschäft darzustellen. Je nach Volumen der Fazilitäten kann zusätzlich eine zusammenfassende Besprechung der Fazilitäten in einem besonderen Abschnitt zweckmäßig sein. Bemerkenswerte Auswirkungen auf Vermögens-, Liquiditäts- und Ertragslage sind im Bericht aufzuzeigen.

Nach § 51 Nr. 2 PrüfbV ist zu den **Rücknahmeverpflichtungen aus unechten Pensionsgeschäften** eine Gliederung nach Art der in Pension gegebenen Gegenstände und nach Fristen vorzunehmen.

Es empfiehlt sich, die für den Anhang relevanten Angaben im Prüfungsbericht zu nennen.

[1808] Vgl. BFA 1/9987, WPg 1987, 301 (aufgehoben (2000), aber inhaltlich weiterhin zutreffend).

5.3.15. Nicht unmittelbar im Formblatt enthaltene Passivposten

5.3.15.1. Verpflichtungen aus Warengeschäften und aufgenommenen Warenkrediten

Dieser Posten ist nur für Kreditgenossenschaften, die neben dem Bankgeschäft noch das Warengeschäft betreiben, vorgesehen. Als Verpflichtungen aus Warengeschäften sind nur solche Verbindlichkeiten auszuweisen, die **ausschließlich dem Warengeschäft** und/oder vorhandenen **Nebenbetrieben** dienen. Maßgebend ist weder der Kreditgeber noch die Art oder Absicherung des Kredits. Entscheidend ist lediglich der Verwendungszweck. Eine Ausnahme bilden verbriefte Verbindlichkeiten; diese sind dem Passivposten 3. zuzuordnen.[1809] **Aufgelaufene Zinsen** sind ebenfalls diesem Posten zuzurechnen.

In diesem Posten sind insbesondere folgende Verbindlichkeiten auszuweisen:

- Verbindlichkeiten gegenüber Warenlieferanten sowie Anzahlungen für Warenlieferungen und -leistungen.
- Verbindlichkeiten aus der Erfassung von landwirtschaftlichen Erzeugnissen.
- Zweckbestimmte Warenkredite wie zB Saisonkredite, Erntekredite.
- Baukredite zur Finanzierung ausschließlich dem Warengeschäft bzw. den Nebenbetrieben dienender Gebäude usw.

5.3.15.2. Fonds zur bauspartechnischen Absicherung (Passiva 7a)

Gemäß Fußnote 11 zu Formblatt 1 haben Bausparkassen nach den Rückstellungen in der Bilanz den Posten

7a. Fonds zur bauspartechnischen Absicherung

einzufügen.[1810] Der Fonds wird gebildet aus Mehrerträgen, die der Bausparkasse aus der verzinslichen Anlage vorübergehend nicht zuteilbarer Liquiditätsüberschüsse zufließen. Er dient dem Zweck, Wartezeitverlängerungen in Phasen rückläufiger Geldeingänge entgegenzuwirken und so zu einer langfristigen Verstetigung der Wartezeiten beizutragen. Der Fonds hat den Charakter einer zweckgebundenen Rücklage für besondere geschäftszweigbezogene Risiken. Es handelt sich um die Passivierung von Erträgen als Vorsorge für künftige ungewisse Aufwendungen zur Wahrung der Interessen der Bausparer. Einzelheiten vgl. BFA 1/1995. Der Fonds zur bauspartechnischen Absicherung hat den Charakter einer zweckgebundenen Rücklage für besondere geschäftszweigbezogene Risiken.

[1809] Vgl. Bergmann ua., B.III.2a, 1.
[1810] Vgl. BFA 1/1995, WPg 1995, 374 ff.; Laux, Der Langfristige Kredit 1993, 251 ff.; Koch, Versicherungswirtschaft 1991, 1146 ff.; Laux, Der Langfristige Kredit 1991, 232.

Die Zuteilungsmittel, die mangels Erfüllung der Zuteilungsvoraussetzungen nicht zugeteilt werden können, stellen die sog. **Schwankungsreserve** dar (§ 8 Abs. 1 Satz 1 BauspVO). Solche überschüssigen Zuteilungsmittel entstehen insbesondere im Anlaufstadium und bei progressivem Verlauf des Neugeschäfts.

Die Schwankungsreserve besteht aus niedrigverzinslichen Bauspareinlagen, die vorübergehend nicht zugeteilt werden können. Sie können von der Bausparkasse nach § 4 Abs. 1 und 3 BSG angelegt werden mit der Folge, dass sich ein im Allgemeinen höherer Zinsertrag (außerkollektiver Zinsertrag) daraus erwirtschaften lässt als bei der Zuteilung, dh. der Anlage in Bauspardarlehen (kollektiver Zinsertrag).[1811] Diese Zusatzerträge sollen dem Bausparerkollektiv zugute kommen und sind daher nach § 6 Abs. 1 Satz 2 BSG einem zur Wahrung der Belange der Bausparer bestimmten Sonderposten „Fonds zur bauspartechnischen Absicherung" zuzuführen.

Nach § 6 Abs. 1 Satz 2 BSG sollen dazu die Erträge aus der Schwankungsreserve in Höhe der Differenz zwischen dem außerkollektiven Zinsertrag und dem kollektiven Zinsertrag, der sich bei der Anlage der Zuteilungsmittel in Bauspardarlehen ergeben würde, dem Fonds zugeführt werden. Der Sonderposten darf am Ende eines Geschäftsjahres aufgelöst werden, soweit er zu diesem Zeitpunkt 3 % der Bauspareinlagen übersteigt (§ 6 Abs. 1 Satz 3 BSG). Im Umkehrschluss bedeutet dies, dass der Fonds bis er diese Grenze erreicht hat, zwingend zu bilden ist. Die Einzelheiten zur Zuführung zu diesem Sonderposten sind in § 8 BauspVO geregelt.[1812] Die Zuführungen zu diesem Sonderposten wirken sich steuerlich nicht (mehr) gewinnmindernd aus. Da die Bildung des Fonds aus Erträgen und nicht aus dem Ergebnis erfolgt, stellen die Zuführungen - auch wenn die 3 %-Grenze überschritten ist - keine Gewinnverwendung dar.

§ 9 BauspVO enthält die Bestimmungen zur Auflösung des Fonds zur bauspartechnischen Absicherung.[1813] Der gesetzliche Zwang zum Einsatz des Fonds besteht nur bei Erreichen oder Überschreiten eines Sparer-Kassen-Leistungsverhältnisses von 1,0 (§ 9 Abs. 1 BauspVO). Bei Einschleusung außerkollektiver Mittel in die Zuteilungsmasse unterhalb dieser Grenze ist die Bausparkasse nicht verpflichtet, den Fonds einzusetzen. § 9 Abs. 2 BauspVO räumt der Bausparkasse das Wahlrecht ein, die Mittel des Fonds einzusetzen, soweit das individuelle Sparer-Kassen-Leistungsverhältnis 0,8 übersteigt (sog. untere Einsatzbewertungszahl). Darüber hinaus können die Mittel des Fonds mit Zustimmung der BAFin auch vor Erreichen der unteren Einsatzbewertungszahl eingesetzt werden, soweit dies zur Abwehr einer dringenden Gefahr für die Aufrechterhaltung der dauerhaften Zuteilungsfähigkeit geboten ist (§ 9 Abs. 3 BauspVO). Zulässig ist die Verwendung auch beim Einsatz von Eigenmitteln oder beim Verkauf von Bauspardarlehen.[1814]

[1811] Vgl. auch Laux, Der langfristige Kredit 1991, 233.
[1812] Vgl. Koch, Versicherungswirtschaft 1991, 1146; Laux, Der langfristige Kredit 1991, 232.
[1813] Vgl. hierzu auch Laux, Der langfristige Kredit 1993, 251 ff.
[1814] Vgl. BFA 1/1995, WPg 1995, 375.

Zweckbestimmte Entnahmen aus dem Fonds sind grundsätzlich in Jahresbeträgen vorzunehmen. Der Entnahmebetrag errechnet sich nach § 9 Abs. 4 BauspVO als Unterschiedsbetrag aus dem effektiven Jahreszins für die zugeführten außerkollektiven Mittel und dem kollektiven Zinssatz.

Unabhängig von der Einschleusung außerkollektiver Mittel kann der Fonds insoweit aufgelöst werden, als er die Grenze von 3 % der Bauspareinlagen überschritten hat (§ 6 Abs. 1 Satz 3 BSG).

Dem Charakter des Postens entsprechend stellen die Gestaltungsmöglichkeiten bei der Bildung und Auflösung des Fonds keine Bewertungsvorschriften iSd. HGB dar. Das Stetigkeitsgebot des § 252 Abs. 1 Nr. 6 HGB ist mithin bei den im Bausparkassengesetz und in der Bausparkassenverordnung enthaltenen Wahlrechten (§§ 6 Abs. 1 Satz 3, 19 Abs. 4 BSG, §§ 8 Abs. 9, 9 Abs. 2 und 3 BauspVO) nicht anzuwenden.[1815] Mithin kann ua. über die Inanspruchnahme der in den Überleitungsbestimmungen enthaltenen Dotierungswahlrechte von Jahr zu Jahr neu entschieden werden.

In den Formblättern für die **Gewinn- und Verlustrechnung** sind für die Zuführungen bzw. Entnahmen zum bzw. aus dem Fonds keine besonderen Posten vorgesehen. In Betracht kommt nach BFA 1/1995[1816] ein Ausweis der Zuführungen als „sonstige betriebliche Aufwendungen" und der Entnahmen als „sonstige betriebliche Erträge". Dabei ist es sachgerecht, die mit den Zuführungen bzw. Entnahmen zum bzw. aus dem Fonds zusammenhängenden Aufwendungen bzw. Erträge in Form eines Ausgliederungsvermerks gesondert zu zeigen. Die Angabe kann wahlweise im Anhang erfolgen. Zulässig ist auch, die Aufwendungen bzw. Erträge in einem gesonderten Posten auszuweisen. Ein Ausweis der Fondszuführungen und -entnahmen in kompensationsfähigen Posten der Gewinn- und Verlustrechnung ist jedoch nicht möglich.

Im **Anhang** sind bei Dotierungen bzw. Auflösungen **keine** Angaben gemäß § 284 Abs. 2 Nr. 1 und Nr. 3 HGB erforderlich, da es sich hierbei nicht um Bewertungsmethoden iSd. HGB handelt. Erläuterungen im Anhang erscheinen jedoch dann zweckmäßig, wenn die Bausparkasse von den Überleitungsbestimmungen des § 19 Abs. 4 BSG Gebrauch macht.[1817]

5.3.15.3. Für Anteilsinhaber verwaltete Sondervermögen

Kapitalanlagegesellschaften haben die Summe der Inventarwerte und die Zahl der verwalteten Sondervermögen in der Bilanz auf der Passivseite unter dem Strich in einem Posten mit der Bezeichnung „Für Anteilsinhaber verwaltete Sondervermögen" auszuweisen (§ 6 Abs. 4 RechKredV).

[1815] Vgl. BFA 1/1995, WPg 1995, 375.
[1816] Vgl. BFA 1/1995, WPg 1995, 375.
[1817] Vgl. BFA 1/1995, WPg 1995, 375.

6. Einzelheiten zu den Posten der Gewinn- und Verlustrechnung

6.1. Überblick

Kredit- und Finanzdienstleistungsinstitute haben die Gewinn- und Verlustrechnung nach den der RechKredV beigefügten Formblättern 2 oder 3 zu gliedern. Die Gewinn- und Verlustrechnung kann danach wahlweise in Kontoform (Formblatt 2) oder in Staffelform (Formblatt 3) aufgestellt werden (§ 2 Abs. 1 Satz 1 RechKredV). Kreditinstitute mit Bausparabteilung haben die für Bausparkassen vorgesehenen besonderen Posten in ihre Gewinn- und Verlustrechnung zu übernehmen (§ 2 Abs. 1 Satz 2 RechKredV).

Die Besonderheit der **Kontoform** ist, dass Aufwendungen und Erträge jeweils gesondert auf unterschiedlichen Seiten der Gewinn- und Verlustrechnung dargestellt werden. Damit wird die Relation einzelner Aufwands- bzw. Ertragsarten zum Gesamtaufwand bzw. Gesamtertrag direkt erkennbar. Darüber hinaus wird sowohl für die Aufwandsseite als auch für die Ertragsseite der jeweilige Gesamtbetrag ausgewiesen. Demgegenüber können sachlich zusammengehörende Aufwands- und Ertragskomponenten nicht unmittelbar zusammengefasst und daraus abgeleitet ein entsprechendes Zwischenergebnis dargestellt werden.

Im Gegensatz zur Kontoform werden bei der **Staffelform** sachlich zusammengehörende Erfolgskomponenten einander unmittelbar zugeordnet und Zwischensummen gebildet. Diese Zwischensalden bzw. Zwischenergebnisse führen zu einer Verbesserung der Aussagekraft der Gewinn- und Verlustrechnung. Dadurch wird die Beurteilung der Ertragslage eines Instituts erleichtert.

Die **Darstellungsstetigkeit** nach § 265 Abs. 1 HGB sieht die Beibehaltung der Form der Darstellung, insbesondere der Gliederung aufeinander folgender Gewinn- und Verlustrechnungen vor, um die Vergleichbarkeit zu gewährleisten. Abweichungen sind in Ausnahmefällen zulässig; sie sind jedoch im Anhang anzugeben und zu begründen.

Die Aufwendungen und Erträge sind nach dem Bruttoprinzip grundsätzlich unsaldiert auszuweisen, soweit nicht das HGB oder die RechKredV die **Verrechnung** von Aufwendungen und Erträgen (Kompensation) ausdrücklich vorschreiben oder zulassen.

In der Gewinn- und Verlustrechnung ist zu jedem Posten der entsprechende Betrag des **Vorjahres** anzugeben (§ 265 Abs. 2 HGB). Die mit kleinen Buchstaben versehenen **Posten können zusammengefasst** ausgewiesen werden, wenn sie einen Betrag enthalten, der für die Vermittlung eines den tatsächlichen Verhältnissen entsprechenden Bildes iSd. § 264 Abs. 2 HGB nicht erheblich ist (§ 2 Abs. 2 Satz 1 Nr. 1 RechKredV), oder dadurch die Klarheit der Darstellung vergrößert wird (§ 2 Abs. 2 Satz 1 Nr. 2 RechKredV). Im letztgenannten Fall müssen die zusammengefassten Posten einschließlich der Vorjahreszahlen im Anhang gesondert ausgewiesen werden.

Die Zusammenfassung von mit kleinen Buchstaben versehenen Posten nach § 2 Abs. 2 Satz 1 Nr. 2 RechKredV führt zu einer Verlagerung von grundsätzlich in der Gewinn- und Verlustrechnung zu machenden Angaben in den Anhang. Für die in den Anhang verlagerten Einzelposten der Gewinn- und Verlustrechnung sind ebenfalls die Vorjahreszahlen anzugeben.

Die Pflicht zur Angabe von Vorjahreszahlen gilt auch für Untergliederungen von Posten, auch in Form von Darunter-Vermerken, die im Gliederungsschema selbst vorgeschrieben sind.[1818] Da diese Bestimmung den Zweck hat, eine Analyse des Jahresabschlusses zu erleichtern, dürfte es ausreichend sein, die Vorjahresbeträge auf- bzw. abgerundet anzugeben.[1819] Bei gegenüber dem Vorjahr abweichender Gliederung, durch die Beträge nicht mehr vergleichbar sind, kann der Vorjahresbetrag entweder beibehalten oder, was stets vorzuziehen ist, angepasst werden. In beiden Fällen sind entsprechende Angaben und Erläuterungen im Anhang vorgeschrieben (§ 265 Abs. 2 Satz 2 und 3 HGB).

Eine **weitere Untergliederung** der Posten der Gewinn- und Verlustrechnung, die die Klarheit und Übersichtlichkeit des Jahresabschlusses verbessert, ist zulässig; dabei ist jedoch die vorgeschriebene Gliederung zu beachten (§ 265 Abs. 5 HGB). Eine **Ergänzung** um neue Posten ist nur erlaubt, „... *wenn ihr Inhalt nicht von einem vorgeschriebenen Posten gedeckt wird*" (§ 265 Abs. 5 HGB).

Nach § 265 Abs. 8 HGB braucht ein **Leerposten**, dh. ein Posten der Gewinn- und Verlustrechnung, der keinen Betrag ausweist, nicht aufgeführt zu werden, es sei denn, dass im vorhergehenden Geschäftsjahr unter diesem Posten ein Betrag ausgewiesen wurde.

Nachdem aufgrund des § 340a Abs. 2 Satz 1 HGB die Vorschriften des § 265 Abs. 6 und 7 HGB nicht anzuwenden sind, braucht sowohl der

- Grundsatz der Anpassung der Gliederung und der Postenbezeichnung, als auch der
- Grundsatz der Postenzusammenfassung

von Kredit- und Finanzdienstleistungsinstituten nicht beachtet zu werden. Bezüglich der Postenzusammenfassung eröffnet faktisch § 2 Abs. 2 RechKredV dieselbe Möglichkeit. Die Voraussetzungen entsprechen den in § 265 Abs. 7 HGB genannten Voraussetzungen.

Kreditinstitute müssen unter den Posten „**Außerordentliche Erträge**" und „**Außerordentliche Aufwendungen**" Erträge und Aufwendungen ausweisen, die außerhalb der normalen Geschäftstätigkeit anfallen (§ 277 Abs. 4 Satz 1 HGB). Diese Posten sind hinsichtlich ihres Betrags und ihrer Art im Anhang zu erläutern, soweit die ausgewiesenen Beträge für die Beurteilung der Ertragslage nicht von untergeordneter Bedeutung sind (§ 277 Abs. 4 Satz 2 HGB).

Der von Instituten anzuwendende § 281 Abs. 2 Satz 2 HGB sieht vor, dass Erträge aus der Auflösung des Sonderpostens mit Rücklageanteil im Posten „Sonstige betriebliche Erträge"

[1818] Vgl. WPH Bd. I 2000 F Tz. 61.
[1819] Vgl. WPH Bd. I 2000 F Tz. 61 mwN.

und Einstellungen in den Sonderposten mit Rücklageanteil im Posten „Sonstige betriebliche Aufwendungen" gesondert auszuweisen oder im Anhang anzugeben sind. Da für die Erträge aus der Auflösung des bzw. für Einstellungen in den Sonderposten in den Formblättern eigene Posten vorgesehen sind, hat dieser in den Formblättern vorgesehene Ausweis Vorrang vor dem Ausweis in den sonstigen betrieblichen Erträgen bzw. Aufwendungen; in gleicher Weise entfällt damit auch die in § 281 Abs. 2 Satz 2 HGB alternativ verlangte Anhangangabe.

§ 285 Nr. 6 HGB schreibt vor, dass im Anhang anzugeben ist, in welchem Umfang die Steuern vom Einkommen und vom Ertrag das Ergebnis der normalen (gewöhnlichen) Geschäftstätigkeit und das außerordentliche Ergebnis belasten. Diese Anhangangabe entfällt bei der Anwendung des Gliederungsschemas in der Kontoform (Formblatt 2) nicht, obwohl dort die Posten „Ergebnis der normalen Geschäftstätigkeit" und „Außerordentliches Ergebnis" nicht vorgesehen sind.

6.2. Aufwendungen und Erträge

Die Erläuterung der Posten der Gewinn- und Verlustrechnung erfolgt nach der Systematik des Formblatts 3; im Formblatt 3 werden die sachlich zusammengehörenden Posten in Staffelform unmittelbar nacheinander aufgeführt.

6.2.1. Zinserträge

6.2.1.1. Postenbezeichnung

Die Postenbezeichnung nach dem Formblatt 3 lautet wie folgt:

> 1. *Zinserträge aus*
>   *a) Kredit - und Geldmarktgeschäften*
>   *b) festverzinslichen Wertpapieren und Schuldbuchforderungen*

Für Universal- und Realkreditinstitute sowie für Finanzdienstleistungsinstitute iSv. § 1 KWG bestehen keine zusätzlichen Anforderungen.

Bausparkassen haben den Unterposten a) Zinserträge aus Kredit- und Geldmarktgeschäften nach der Fußnote 1 zum Formblatt 3 (Fußnote 2 zum Formblatt 2) zu untergliedern:

> 1. *Zinserträge aus*
>   *a) Kredit - und Geldmarktgeschäften*
>   *aa) Bauspardarlehen*
>   *ab) Vor- und Zwischenfinanzierungskrediten*
>   *ac) sonstigen Baudarlehen*
>   *ad) sonstigen Kredit- und Geldmarktgeschäften*
>   *b) festverzinslichen Wertpapieren und Schuldbuchforderungen*

Weder mit der Ersten noch mit der Zweiten Verordnung zur Änderung der RechKredV ist eine Änderung der Postenbezeichnung erfolgt.

6.2.1.2. Posteninhalt

6.2.1.2.1. RechKredV

Der Posteninhalt ist in § 28 RechKredV näher umschrieben. Mit der Zweiten Verordnung zur Änderung der RechKredV wurden in § 28 Satz 1 RechKredV nach dem Wort „*Factoring-Geschäfts*" folgende Wörter eingefügt: „*sowie alle Zinserträge und ähnliche Erträge der Finanzdienstleistungsinstitute*". Es handelt sich hierbei um eine Folgeänderung zu den Änderungen des § 14 RechKredV. Zinserträge und ähnliche Erträge sind, ungeachtet der Beschränkung „*aus dem Bankgeschäft*" wie bei Kreditinstituten, von Finanzdienstleistungsinstituten unter „Zinserträgen" auszuweisen, soweit sie nicht unter anderen Posten einzuordnen sind. Diese Änderung entspricht der Änderung des § 29 RechKredV.

6.2.1.2.2. Voraussetzungen für den Postenausweis

6.2.1.2.2.1. Überblick

Kreditinstitute haben im Posten „Zinserträge" die Zinserträge und ähnlichen Erträge *„aus dem Bankgeschäft"* auszuweisen, während **Finanzdienstleistungsinstitute** in diesem Posten *„alle Zinserträge und ähnlichen Erträge"* zu zeigen haben. Zinserträge aus nichtbankgeschäftlichen Forderungen können bei Kreditinstituten im Gegensatz zu Finanzdienstleistungsinstituten nicht dem Posten „Zinsertrag" zugeordnet werden. Für die Zinsaufwendungen gilt Entsprechendes. Infrage kommt hier ein Ausweis in den sonstigen betrieblichen Erträge bzw. Aufwendungen.

Entsprechend dem Ausweis der Forderungen an bzw. Verbindlichkeiten gegenüber Kreditinstituten ist für Finanzdienstleistungsinstitute vorgesehen, dass alle Zinserträge bzw. Zinsaufwendungen, ungeachtet der für Kreditinstitute geltenden Beschränkung auf Bankgeschäfte, jeweils unter den Posten „Zinserträge" bzw. „Zinsaufwendungen" auszuweisen sind. Finanzdienstleistungsinstitute dürfen keine Bankgeschäfte betreiben, was einen Ausweis von bankgeschäftlichen Zinserträgen bzw. Zinsaufwendungen ansonsten unmöglich machen würde.

Als **Zins** wird im Allgemeinen das Entgelt bzw. der Preis für die Überlassung von Kapital auf Zeit bezeichnet. Im Gegensatz hierzu versteht man unter **Provisionen** das Entgelt bzw. den Preis für die Erbringung von Dienstleistungen. Ungeachtet dessen ergeben sich in der Praxis häufig Abgrenzungsprobleme zwischen Zinsen und Provisionen. Dies gilt insbesondere dann, wenn das Entgelt für bestimmte Dienstleistungen über den Zins mit abgegolten wird, eine Aufteilung auf die Zins- und Provisionsposten aber nicht möglich ist, oder wenn zinsähnliche Erträge eine andere Bezeichnung haben.[1820] Für die Zuordnung ist letztlich entscheidend, ob der Ertrag (oder Aufwand) primär auf der Überlassung von Kapital auf Zeit beruht oder aufgrund einer Dienstleistung entstanden ist. Dies geht auch aus der Formulierung in § 28 RechKredV hervor, wonach hier auch *„Gebühren und Provisionen mit Zinscharakter, die nach dem Zeitablauf oder nach der Höhe der Forderung berechnet werden"* auszuweisen sind.

Bei **strukturierten Produkten** ist im Regelfall auf eine Aufteilung des Nominalzinses zu verzichten, wenn das Produkt nicht getrennt zu bilanzieren ist. Für **Credit Linked Notes** ist dies dann sachgerecht, wenn es sich bei dem Reference Asset, das dem eingebetteten Credit Default Swap zugrunde liegt, nur um eine Adresse handelt und die Credit Linked Note vom bilanzierenden Institut als Ersatz für ein gewährtes Darlehen an diese Adresse betrachtet wird. Die Credit Linked Note ist hier nicht anders darzustellen als ein gewährtes Darlehen, bei dem

---

[1820] Vgl. Bieg (1998), 330.

der gesamte Nominalzins einschließlich der Kreditrisikoprämie (risikoloser Zins zuzüglich Credit Spread) als Zinsertrag erfasst wird. Entsprechendes ist sachgerecht, wenn das Kreditrisiko nicht wesentlich ist. Dies ist nach Ansicht der BaFin bei Versicherungsunternehmen bspw. dann der Fall, wenn bei vorrangigen Tranchen für das Kassainstrument eine Kapitalgarantie gewährt wird und eine Negativverzinsung ausgeschlossen ist, es sei denn, andere Umstände legen eine abweichende negative Beurteilung des Kreditrisikos nahe. Das Kreditrisiko kann auch dann als nicht wesentlich angesehen werden, wenn sich ein Kreditereignis nur auf die Höhe der Zinsen auswirken kann und eine werthaltige Kapitalgarantie für das eingesetzte Kapital gegeben ist.

Bei Total Return Swaps des Anlagebuchs, bei denen neben dem Ausfallrisiko auch das Marktpreisrisiko des dem Vertrag zugrunde liegenden Referenzaktivums transferiert wird, sind die aus dem Swap resultierenden Zahlungsströme in die beiden Komponenten Zinszahlungen und Ausgleichszahlungen für Marktwertveränderungen zu zerlegen. Erhaltene Zinszahlungen sind in dem Posten „Zinserträge" auszuweisen, wie auch vice versa geleistete Zinszahlungen in dem Posten „Zinsaufwendungen" zu zeigen sind.

Eine **Saldierung** von Zinserträgen mit Zinsaufwendungen ist grundsätzlich nicht zulässig. Bei Konten eines Kunden, die in der Zins- und Provisionsabrechnung als ein Konto behandelt werden, sind die Zinsen dieser Konten jedoch zu verrechnen.

Werden zinstragende Positionen gegen Zinsänderungsrisiken abgesichert und bilanziell **Bewertungseinheiten** gebildet, werden nach hM sämtliche Zinsen aus dieser Bewertungseinheit (Grund- und Sicherungsgeschäft) einheitlich dort erfasst, wo die Zinsen aus dem Grundgeschäft gebucht werden.

Erstattungen aus zuviel berechneten Zinsen und zinsähnlichen Erträgen sind, auch soweit sie Vorjahre betreffen, von den entsprechenden Erträgen zu kürzen.

Bezüglich des Ausweises von Zinserträgen im Nettoertrag aus Finanzgeschäften vgl. Kapitel 6.2.7.2.2.5.

6.2.1.2.2.2. Erträge aus bestimmten Bilanzposten

Nach § 28 Satz 1 RechKredV sind im Posten „Zinserträge" neben den Erträgen aus dem Factoring-Geschäft, bei dem Forderungen vor Fälligkeit zu einem abgezinsten Betrag erworben werden, um zum Fälligkeitstermin in voller Höhe beim Schuldner eingefordert zu werden, insbesondere aus in den in § 28 Satz 1 RechKredV näher bezeichneten Bilanzposten

- Barreserve (Aktiva 1),[1821]

[1821] Hier fallen in der Regel keine Zinsen an. Überschüsse aus dem Sortengeschäft sind im Provisionsergebnis auszuweisen.

- Schuldtitel öffentlicher Stellen und Wechsel, die zur Refinanzierung bei Zentralnotenbanken zugelassen sind (Aktiva 2),[1822]
- Forderungen an Kreditinstitute (Aktiva 3),[1823]
- Forderungen an Kunden (Aktiva 4),[1824]
- Schuldverschreibungen und andere festverzinsliche Wertpapiere (Aktiva 5).[1825]

bilanzierten Vermögensgegenständen ohne Rücksicht darauf, in welcher Form sie berechnet werden, auszuweisen (§ 28 Satz 1 RechKredV). Es handelt sich hierbei nicht um eine abschließende Aufzählung. Erträge aus dem Aktivposten „10. Ausgleichsforderungen gegen die öffentliche Hand einschließlich Schuldverschreibungen aus deren Umtausch" sind, obwohl dieser Posten in § 28 Satz 1 RechKredV nicht ausdrücklich erwähnt ist, ebenfalls als Zinserträge auszuweisen.

Sog. **Mietzinsen** oder **Pachtzinsen** sind keine Zinserträge iSd. § 28 RechKredV.[1826] **Vorschusszinsen** für Spareinlagen sind mit dem Zinsaufwand für Spareinlagen zu verrechnen.[1827]

6.2.1.2.2.3. Zinsen und ähnliche Erträge

Als **Zinsertrag** (Zinsaufwand) ist jedes auf das abgelaufene Geschäftsjahr entfallende Entgelt für die Hingabe von Kapital zu verstehen. Der Zins kann ganz oder zum Teil im Voraus (Diskont, Disagio) oder im Nachhinein (Agio) zu entrichten sein. Darüber hinaus kann er als einmalige Zahlung für den gesamten Zeitraum der Zurverfügungstellung des Kapitals oder jeweils für eine oder mehrere Teilperioden fällig sein.

Zinsähnliche Erträge (Aufwendungen) sind im Allgemeinen die Erlöse (Aufwendungen), die zwar nicht als Zins, Diskont usw. bezeichnet werden, die aber überwiegend Entgelt für eine Kapitalnutzung darstellen, das idR als solches zinsmäßig oder zinsähnlich (nach dem Zeit-

---

[1822] Diskonterträge aus dem Ankauf von Wechseln, sowie aus Schatzwechseln, unverzinslichen Schatzanweisungen und sonstigen diskontierten Geldmarktpapieren, die zur Refinanzierung bei Zentralnotenbanken zugelassen sind.
[1823] Zinserträge aus Kontokorrentguthaben, Tages- und Termingeldern sowie aus dem Geldhandel; Erträge aus gedeckten Devisentermingeschäften.
[1824] Zinserträge aus Kontokorrentforderungen (einschließlich Überziehungsprovisionen), Warenforderungen, Ratenkrediten (TZ-Kredite, Kleinkredite, Anschaffungsdarlehen), Sonder- und Weiterleitungskrediten, Darlehen; Disagioerträge, Bearbeitungsgebühren, Bereitstellungsprovisionen, Kreditprovisionen, Vorfälligkeitsentschädigungen, Diskonterträge aus Wechseln, Erträge aus Aufzinsungen, Factoring-Gebühren.
[1825] Diskonterträge aus Schatzwechseln und unverzinslichen Schatzanweisungen, die nicht zur Refinanzierung bei Zentralnotenbanken zugelassen sind. Zinserträge aus börsenfähigen Anleihen, Schuldverschreibungen, Pfandbriefen und Obligationen. Erträge aus der nach der kapitalabhängigen Effektivverzinsung ermittelten Zuschreibung bei Null-Kupon-Anleihen. Zinserträge aus verbrieften und unverbrieften Ausgleichsforderungen.
[1826] Vgl. WPH Bd. I 2000 J Tz. 166.
[1827] Vgl. Bergmann ua., C.II., 8.

ablauf oder nach der Höhe der Forderung) berechnet wird.[1828] Es handelt sich um Erträge, die wirtschaftlich - ohne Zinsertrag zu sein - mit dem Kredit oder der Kreditgewährung anfallen.[1829] Hierzu zählen auch alle Gebühren und Provisionen mit Zinscharakter, die nach dem Zeitablauf oder nach der Höhe der Forderung berechnet werden. Damit sind hier auch **Bereitstellungs-**, **Kredit-** und **Überziehungsprovisionen** auszuweisen.[1830] Gleiches gilt für **Zessionsgebühren**, soweit sie nicht eindeutig ein Entgelt für eine besondere Dienstleistung darstellen.[1831]

Für die Zuordnung zu den Zinserträgen (Zinsaufwendungen) kommt es darauf an, ob damit hauptsächlich eine Kapitalnutzung oder aber reine Dienstleistungen des Instituts bzw. Dritter abgegolten werden. Für zinsähnliche Provisionen wird in § 28 RechKredV klargestellt, dass sie als Zinsertrag bzw. Zinsaufwand auszuweisen sind. Die in unmittelbarem Zusammenhang mit dem Kreditgeschäft anfallenden Provisionen sind daher den Zinspositionen zuzuordnen, auch wenn mit ihnen teilweise Dienstleistungen der Bank abgegolten werden. Provisionen aus der **Vermittlung** von Kreditverträgen sind hingegen in den Provisionsposten auszuweisen (§ 30 RechKredV).

Bearbeitungsprovisionen und **Kontoführungsgebühren** sowie ähnliche Dienstleistungsgebühren sind keine zinsähnlichen Erträge; sie sind im Posten Provisionserträge auszuweisen.[1832] Nicht zu den Zinserträgen gehören **zinsinduzierte Zuschreibungen** zu zinstragenden Wertpapieren oder **Einlösgewinne** aus solchen Wertpapieren, wenn der Erwerb zinsbedingt zu einem unter dem Nominalwert liegenden Kurs erfolgte.[1833] Diese gehören vielmehr - je nachdem, um welche Kategorie von Wertpapieren es sich handelt - entweder zum Nettoerfolg aus Finanzgeschäften (§ 340c HGB), zum Risikovorsorgesaldo (§ 32 RechKredV) oder zum Finanzanlagesaldo (§ 33 RechKredV).

Zu den Zinserträgen gehören nach § 28 Satz 2 RechKredV auch:[1834]

- Diskontabzüge,
- Ausschüttungen auf Genussrechte und Gewinnschuldverschreibungen im Bestand,
- Erträge mit Zinscharakter, die im Zusammenhang mit der zeitlichen Verteilung des Unterschiedsbetrags bei unter dem Rückzahlungsbetrag erworbenen Vermögensgegenständen entstehen (Disagioabgrenzung),
- Zuschreibungen aufgelaufener Zinsen zu Null-Kupon-Anleihen im Bestand,
- die sich aus gedeckten Termingeschäften ergebenden, auf die tatsächliche Laufzeit des jeweiligen Geschäfts verteilten Erträge mit Zinscharakter,

---

[1828] Vgl. Birck/Meyer, IV 77; Schwartze, 77.
[1829] Vgl. BeBiKo 5. Aufl. § 275 HGB Rn. 194.
[1830] Vgl. WPH Bd. I 2000 J Tz. 168.
[1831] Vgl. Treuarbeit (Hrsg.), 117.
[1832] Vgl. WPH Bd. I 2000 J Tz. 168.
[1833] Vgl. Krumnow ua., 2. Aufl., § 28 RechKredV Rn. 4.
[1834] Die Aufzählung in § 28 Satz 2 RechKredV ist nicht abschließend.

- Gebühren und Provisionen mit Zinscharakter, die nach dem Zeitablauf oder nach der Höhe der Forderung berechnet werden.

6.2.1.2.2.4. Diskontabzüge

Diskontabzüge stammen aus der Hereinnahme von Wechseln, Schatzwechseln, unverzinslichen Schatzanweisungen und anderen unter Diskontabzug hereingenommenen Geldmarktpapieren. Nach Krumnow ua.[1835] können die Diskonterträge, obwohl dies in den §§ 28, 29 RechKredV nicht erwähnt ist, mit den dazugehörigen Diskontaufwendungen verrechnet werden.[1836] Nachdem das Bruttoprinzip des § 246 Abs. 2 HGB nach § 340a Abs. 2 Satz 3 HGB nicht anzuwenden ist, „soweit abweichende Vorschriften bestehen", ist jedoch zweifelhaft, ob der Ansicht von Krumnow ua. gefolgt werden kann, da eine solche vom Bruttoprinzip abweichende Vorschrift weder in § 28 RechKredV noch in § 29 RechKredV besteht.

Bergmann ua.[1837] halten es für zulässig, wenn bei hereingenommenen Wechseln, die zum Rediskont weitergegeben werden, die abgerechneten Diskonterträge mit den entsprechenden Rediskontaufwendungen saldiert werden, auch wenn der Berechnung unterschiedliche Zinssätze zugrunde liegen. Vom Diskontertrag eines hereingenommenen Wechsels wird dabei der bei der Weitergabe entstehende Diskontaufwand gekürzt, da nur in Höhe der Differenz Ertrag vorliegt. Dieser Form der Verrechnung von Diskonterträgen mit diesen direkt zuordenbaren Aufwendungen folgt die herrschende Meinung.[1838]

6.2.1.2.2.5. Ausschüttungen auf Genussrechte und Gewinnschuldverschreibungen

Ausschüttungen auf Genussrechte und Gewinnschuldverschreibungen im Bestand sind grundsätzlich ebenfalls als Zinsertrag zu zeigen. Dies macht deutlich, dass bei diesen Papieren stets ein Ausweis als Zinserträge und nicht als laufende Erträge aus Aktien und anderen nicht festverzinslichen Wertpapieren zu erfolgen hat, unabhängig von der individuellen Ausgestaltung der Genussrechte und Gewinnschuldverschreibungen. Damit ist der Ausweis dieser Erträge völlig unabhängig von der Vertragsgestaltung oder dem Bilanzausweis.

Eine eindeutige Zuordnung zu einem der beiden Unterposten ist nicht möglich. Da die Genussrechte und Gewinnschuldverschreibungen den festverzinslichen Wertpapieren ähnlicher sind als den Kredit- und Geldmarktgeschäften, wird man wohl einen Ausweis im Unterposten b) der „Zinserträge" wählen.[1839]

[1835] Vgl. Krumnow ua., 2. Aufl., § 28 RechKredV Rn. 9.
[1836] AA Bieg (1998), 333; Bergmann ua., C.II., 8 sowie Treuarbeit (Hrsg.), 106.
[1837] Vgl. Bergmann ua., C.II., 8.
[1838] Vgl. BeBiKo 5. Aufl. § 275 HGB Rn. 193 mwN.
[1839] Vgl. Krumnow ua., 2. Aufl., § 28 RechKredV Rn. 8.

Der BFH hat mit Urteil vom 18.12.2002[1840] entschieden, dass ein abgelaufenes Jahr betreffende Zinsansprüche aus Genussrechten auch dann in der Bilanz des Gläubigers zu aktivieren und damit als Ertrag zu vereinnahmen sind, wenn nach den Genussrechtsbedingungen der Schuldner die Ansprüche nicht bedienen muss, solange hierdurch bei ihm ein Bilanzverlust entsteht oder sich erhöhen würde (wegen Einzelheiten vgl. Kapitel 5.2.5.2.2.7.). Zu Frage der Entstehung der **Verpflichtung zur Zinszahlung** in solchen Fällen vgl. Kapital 5.3.10.2.2.7.

6.2.1.2.2.6. Disagioabgrenzung

Als Zinserträge sind nach § 28 Satz 2 RechKredV auch Erträge mit Zinscharakter auszuweisen, die im Zusammenhang mit der zeitlichen Verteilung des Unterschiedsbetrags bei unter dem Rückzahlungsbetrag erworbenen Vermögensgegenständen (Disagio) entstehen. Diese Bestimmung korrespondiert mit der Regelung des § 340e Abs. 2 HGB (Nominalwertbilanzierung); sie erfasst die Fälle des passivierten Disagios, das nach § 340e Abs. 2 HGB als Rechnungsabgrenzungsposten auszuweisen und planmäßig als Zinsertrag aufzulösen ist. Weitere Einzelheiten vgl. Kapitel 5.2.16.2.2.3, bis 5.2.16.2.2.5.

Auch wenn § 28 RechKredV nur die erworbenen Vermögensgegenstände erwähnt, die originär ausgereichten Forderungen aber nicht nennt, ist bei diesen dennoch die Auflösung des passiven Rechnungsabgrenzungspostens als Zinsertrag zu erfassen.[1841]

Obwohl die Fälle des Agios, bei denen Forderungen über pari erworben oder begeben werden und das entsprechende Agio aufwandswirksam sofort oder laufzeitanteilig zu erfassen ist, weder in § 28 RechKredV noch in § 29 RechKredV genannt werden, werden diese „Aufwendungen" nach hM aufgrund ihres wirtschaftlichen Gehalts nicht als Zinsaufwand, sondern als Minderung des Zinsertrags erfasst.[1842]

6.2.1.2.2.7. Zuschreibung aufgelaufener Zinsen bei Null-Kupon-Anleihen im Bestand

§ 28 Satz 2 RechKredV regelt ausdrücklich, dass die Zuschreibung aufgelaufener Zinsen bei Null-Kupon-Anleihen im Bestand als Zinsertrag zu erfassen ist. Nachdem § 28 Satz 2 RechKredV ausdrücklich nur die Null-Kupon-Anleihen nennt, ist davon auszugehen, dass bei allen anderen Anleihen, bei denen eine laufende Zinszahlung erfolgt, eine solche ertragswirksame Zuschreibung grundsätzlich nicht zulässig ist.

[1840] Vgl. BFH-Urteil vom 18.12.2002, BB 2003, 841 ff.
[1841] GlA Krumnow ua., 2. Aufl., § 28 RechKredV Rn. 10.
[1842] Vgl. Krumnow ua., 2. Aufl., § 28 RechKredV Rn. 10; Bieg (1998), 334; Ausschuss für Bilanzierung des Bundesverbandes deutscher Banken (1993), 38.

6.2.1.2.2.8. Gedeckte Termingeschäfte

Mit dem Ausweis der sich aus gedeckten Termingeschäften ergebenden, auf die tatsächliche Laufzeit des jeweiligen Geschäfts verteilten Erträge (bzw. Aufwendungen) mit Zinscharakter unter den Zinserträgen (bzw. Zinsaufwendungen) wird verhindert, dass der Erfolgsbeitrag des gesicherten Geschäfts als Zinsertrag bzw. Zinsaufwand, der gegenläufige Erfolgsbeitrag des Sicherungsgeschäfts (Termingeschäft) dagegen in dem Posten „7. Nettoertrag oder Nettoaufwand aus Finanzgeschäften" ausgewiesen wird, was zu einem unzutreffenden Ausweis des Zinsergebnisses führen würde.[1843]

Hierunter fallen zunächst **Devisentermingeschäfte**. Sie sind grundsätzlich zum Terminkurs zu bewerten (§ 340h Abs. 1 Satz 3 HGB). Dieser kann für Zwecke der Bewertung auch in seine Bestandteile Kassakurs und Swapsatz aufgespalten werden (Einzelheiten vgl. Kapitel 4.8.3.). In diesem Fall ist der Swapsatz (Zinskomponente des Terminkurses) ggf. über die Restlaufzeit abzugrenzen. Da dieser die Zinsdifferenz zwischen den beiden beteiligten Währungen darstellt, ist es sachgerecht, die Auflösungsbeträge aus dieser Abgrenzung als Zinsertrag (bzw. Zinsaufwand) zu erfassen. Dies führt zu einer entsprechenden Korrektur des aus dem gedeckten Geschäft resultierenden, im Vergleich zur inländischen Währung höheren bzw. niedrigeren Zinsertrags bzw. Zinsaufwands (Einzelheiten vgl. Kapitel 4.8.8.).

Auch **Zinstermingeschäfte**, bei denen entsprechende Ausgleichszahlungen die Gegenposten zu Zinsmehr- oder Zinsmindererträgen aus den gedeckten Geschäften darstellen, fallen unter diese Regelung. Es handelt sich bei diesen Sicherungszusammenhängen um Bewertungseinheiten.

6.2.1.2.2.9. Erträge aus Treuhandgeschäften

Erträge (Aufwendungen) aus der Durchleitung und Verwaltung von Treuhand- und Verwaltungskrediten sind nicht hier auszuweisen, da es sich um ein reines Dienstleistungsgeschäft handelt (§ 30 Abs. 1 RechKredV). Dies gilt insbesondere für die Fälle, in denen das Institut kein eigenes Kreditrisiko übernommen hat.

6.2.1.2.2.10. Gebühren und Provisionen mit Zinscharakter

Zu den Zinserträgen gehören nach § 28 Satz 2 RechKredV auch Gebühren und Provisionen mit Zinscharakter, die nach dem **Zeitablauf** oder nach der **Höhe der Forderung** berechnet werden. Diese Regelung soll die Abgrenzung zwischen den sofort als Provisionsertrag zu vereinnahmenden Entgeltbestandteilen insbesondere im Kreditgeschäft von den über die Laufzeit zu verteilenden und als Zins anzusehenden Entgeltbestandteilen erleichtern.[1844] Ungeachtet dessen gehören **Kreditvermittlungsprovisionen** und **Bürgschaftsprovisionen**, auch wenn

---

[1843] Vgl. Bieg, ZfbF 1988, 154.
[1844] Vgl. Krumnow ua., 2. Aufl., § 28 RechKredV Rn. 14.

diese nach der Höhe der Forderung bzw. nach dem Zeitablauf bemessen werden, grundsätzlich nicht zu den Zinserträgen. Sie stellen vielmehr Provisionsertrag dar.

Als Beispiele für Gebühren bzw. Provisionen mit Zinscharakter werden **Bereitstellungsprovisionen** sowie **Überziehungsprovisionen** genannt. Die Unterschiedsbeträge zwischen dem Hingabe- und Rücknahmepreis im Rahmen **echter Pensionsgeschäfte** stellen ebenfalls Zinsertrag (Zinsaufwand) dar.

Nach § 28 Satz 2 RechKredV gelten Gebühren und Provisionen als Zinsen, wenn sie laufzeit- oder summenabhängig berechnet werden. **Bürgschaftsprovisionen** werden jedoch ausdrücklich in § 30 RechKredV, der den Ausweis der Posten „Provisionserträge" und „Provisionsaufwendungen" regelt, aufgeführt. Für Bürgschaftsprovisionen stellt sich damit die Frage, ob sie richtigerweise als Zinsen oder als Provisionen ausgewiesen werden.

Artikel 31 EG-Bankbilanzrichtlinie sieht vor, dass der Ausweis von Provisionen unter den Zinserträgen bzw. Zinsaufwendungen nach Artikel 29 EG-Bankbilanzrichtlinie Vorrang vor dem Ausweis als Provisionserträge bzw. Provisionsaufwendungen hat.[1845] Dieser Hinweis auf den Vorrang des Ausweises unter den Zinserträgen bzw. Zinsaufwendungen kann nur so verstanden werden, dass auch Bürgschaftsprovisionen dann als zinsähnlicher Ertrag bzw. Aufwand anzusehen sind, wenn sie nach dem Zeitablauf oder nach der Höhe der Forderung berechnet werden. § 30 RechKredV enthält im Gegensatz zu Artikel 31 EG-Bankbilanzrichtlinie keinen Hinweis auf einen vorrangigen Ausweis in den Zinspositionen nach § 28 RechKredV.

Daraus könnte geschlossen werden, dass kein vorrangiger Ausweis in den Zinsposten gewollt ist. Da nach § 28 Satz 2 bzw. § 29 Satz 2 RechKredV „*Gebühren und Provisionen mit Zinscharakter, die nach dem Zeitablauf oder nach der Höhe der Forderung berechnet werden*" im Posten „Zinserträge" bzw. „Zinsaufwendungen" auszuweisen sind, könnte man daher zum Ergebnis kommen, dass in dem Posten „Provisionserträge" bzw. „Provisionsaufwendungen" nur **Einmalprovisionen** für Bürgschaften auszuweisen wären, sofern sie nicht nach dem Zeitablauf oder nach dem zugrunde liegenden Kapitalbetrag berechnet werden. Die übrigen Bürgschaftsprovisionen wären dann unter den Zinserträgen bzw. Zinsaufwendungen zu erfassen. Folgt man dieser Ansicht, so müsste eine klare Trennung zwischen Bürgschaftsprovisionen mit Zinscharakter und den als Provisionsertrag bzw. Provisionsaufwand zu erfassenden Bürgschaftsprovisionen gefunden werden.[1846]

Gegen einen solchen differenzierten Ausweis der Bürgschaftsprovisionen wird im Schrifttum eingewendet, dass es sich beim Avalgeschäft nicht um eine Kreditvergabe, die auch in den entsprechenden Bilanzposten ihren Niederschlag finden müsste, sondern um eine Verstärkung der Kreditwürdigkeit des Kunden durch eine Bürgschaft oder Garantie handelt, die als Eventualverbindlichkeit nur unter dem Bilanzstrich der bürgenden Bank aufzuführen ist.[1847] Die

---

[1845] In Artikel 31 EG-Bankbilanzrichtlinie heißt es „unbeschadet des Artikels 29".
[1846] Zur Problematik aufgrund der Artikel 29 und 31 EG-Bankbilanzrichtlinie vgl. Nolte, WPg 1987, 565.
[1847] Vgl. Schwartze, 203

Bürgschaft ist damit bestandsneutral und aus diesem Grund zu den Dienstleistungsgeschäften zu rechnen, die gerade durch ihre fehlende Auswirkung auf die Bilanzposten gekennzeichnet sind.[1848] Gegen einen Ausweis der Bürgschaftsprovisionen in den Zinspositionen spricht ferner, dass sie explizit in § 30 Abs. 1 Satz 2 RechKredV genannt werden, was darauf schließen lässt, dass die Bürgschaftsprovisionen stets in den Provisionsposten auszuweisen sind.

Andererseits ist die Vergütung für die Übernahme des Kreditrisikos im Rahmen einer originären Kreditgewährung in Form des sog. Credit Spread stets im Zinsergebnis zu erfassen. Aus diesem Grund sagt der Rechnungslegungsstandard IDW RS BFA 1[1849] für die Prämien bei **Credit Default Swaps**, dass diese zwar grundsätzlich wie Bürgschaftsprovisionen im Provisionsergebnis zu erfassen sind, eine Erfassung im Zinsergebnis aber dann sachgerecht ist, wenn deren Zinscharakter überwiegt. Mithin ist es sachgerecht, Provisionen für die Übernahme des Kreditrisikos dann ebenfalls im Zinsergebnis zu erfassen, wenn deren Zinscharakter überwiegt.

6.2.1.2.2.11. Zinsswaps und andere Derivate

Ausschlaggebend für den Erfolgsausweis ist der jeweilige Zweck, der mit dem Geschäft verfolgt wird. Werden diese Geschäfte zur Absicherung des Zinsänderungsrisikos abgeschlossen, erfolgt der Ausweis der Zinsen bzw. Ausgleichszahlungen aus dem Sicherungsgeschäft im Zinsergebnis. Handelt es sich hingegen um eine Vermittlung solcher Geschäfte an Kunden, ohne dass das Institut selbst Vertragspartner wird, werden Vermittlungsprovisionen bzw. Prämienzahlungen im Provisionsergebnis, Zinszahlungen hingegen im Zinsergebnis gezeigt. Dies kann auch für den Fall gelten, dass Geschäfte 1:1 durchgehandelt werden, wobei vor dem Geschäftsabschluss mit dem Kunden vorab der Preis beim anderen Institut eingeholt wird. Werden diese Geschäfte dagegen zur Erzielung von kurzfristigen Handelserfolgen eingegangen, werden die Handelsergebnisse im Nettoergebnis aus Finanzgeschäften gezeigt.

Für den Ausweis von Erträgen und Aufwendungen aus Zinsswaps muss zwischen laufenden Zinszahlungen und Bewertungsergebnissen unterschieden werden. Nachdem nach § 28 RechKredV die laufenden Erträge aus Wertpapieren des Handelsbestands und die sich aus gedeckten Termingeschäften ergebenden, auf die tatsächliche Laufzeit des jeweiligen Geschäfts verteilten Erträge mit Zinscharakter als Zinserträge auszuweisen sind, ist zu folgern, dass auch laufende Zahlungen aus Zinsswaps grundsätzlich als Zinserträge bzw. Zinsaufwendungen zu erfassen sind.[1850] Ausschlaggebend ist, dass Swapgeschäfte den Austausch von Zinszahlungen zum Gegenstand haben, an denen das Institut partizipiert.[1851]

[1848] Vgl. Schwartze, 203 mit Hinweis auf die Erläuterungen zu Artikel 33 des Entwurfs der EG-Bankbilanzrichtlinie, BR-Drs. 139/81, 19; zustimmend Krumnow, DBW 1987, 566.
[1849] Vgl. IDW RS BFA 1, FN 2002, 64.
[1850] Gleicher Ansicht Prahl, WPg 1991, 441.
[1851] Vgl. Kommission für Bilanzierungsfragen des Bundesverbandes deutscher Banken, Die Bank 1988, 160

Bei eindeutig dokumentierter Zuordnung von **Swapgeschäften im Eigeninteresse** zu einem bestimmten Grundgeschäft (Hedging-Position) sind die Zinsaufwendungen und -erträge des Swapgeschäfts zusammen mit dem Zinsaufwand bzw. -ertrag des Grundgeschäfts zu erfassen. Bei fehlender eindeutiger Zuordnungsmöglichkeit zu einem bestimmten Grundgeschäft (zB Absicherung des allgemeinen Zinsänderungsrisikos) sind die Zinserträge und Zinsaufwendungen des Swapgeschäfts als Regulativ der Refinanzierungskosten zu betrachten und daher - gleichgültig ob sie per Saldo einen Ertrag oder Aufwand ausmachen - als sonstiger Zinsaufwand zu buchen.

Als „Nettoertrag oder Nettoaufwand aus Finanzgeschäften" sind insbesondere Erfolgsbeiträge aus Bewertungsmaßnahmen zum Bilanzstichtag auszuweisen. Häufig werden bei Handelsbeständen auch die Zinsen im Nettoertrag aus Finanzgeschäften gezeigt.

6.2.1.2.3. Unterposten

Der Ausweis der Zinserträge im Unterposten a) bzw. im Unterposten b) ist davon abhängig, ob es sich um Erträge aus festverzinslichen Wertpapieren und Schuldbuchforderungen handelt oder nicht.

Die Zinserträge aus den Aktivposten 1. bis 4. und aus dem sog. Geldhandel sowie die Zinserträge aus den im Aktivposten 5. a) erfassten Geldmarktpapieren[1852] werden im **Unterposten a)** gezeigt. Werden Zinsen vereinnahmt, die aus Wertpapieren stammen, die den **Geldmarktgeschäften** zuzurechnen sind (Aktivposten 5. a)), ist der Ausweis bei den Zinserträgen aus Kredit- und Geldmarktgeschäften (Unterposten a)) und nicht bei den Zinserträgen aus festverzinslichen Wertpapieren und Schuldbuchforderungen vorzunehmen, weil das Kriterium „Geldmarkt" gegenüber dem Kriterium „Wertpapier" überwiegt.[1853]

Die **laufenden Zinserträge aus festverzinslichen Wertpapieren und Schuldbuchforderungen** sind im Posten „Zinserträge" als **Unterposten b)** auszuweisen. Erträge aus dem Aktivposten „10. Ausgleichsforderungen gegen die öffentliche Hand einschließlich Schuldverschreibungen aus deren Umtausch" sind, obwohl dieser Posten in § 28 Satz 1 RechKredV nicht erwähnt ist, im Unterposten b) auszuweisen.[1854]

Soweit es sich bei **Kreditinstituten** um Zinsen und ähnliche Erträge aus dem Bankgeschäft handelt, sind diese unabhängig vom Bilanzausweis der zugrunde liegenden Forderung als Zinserträge auszuweisen.

[1852] Vgl. Bieg (1998), 332; aA Bergmann ua., C.II., 8, die sämtliche Zinsen aus Wertpapieren des Aktivpostens 5. im Unterposten b) ausweisen.
[1853] Vgl. Krumnow ua., 2. Aufl., § 28 RechKredV Rn. 4 mwN.
[1854] Vgl. Bieg (1998), 332.

6.2.1.3. Anhangangaben

Der Gesamtbetrag der Zinserträge ist nach geographischen Märkten aufzugliedern, soweit diese Märkte sich vom Standpunkt der Organisation des Kreditinstituts wesentlich voneinander unterscheiden (§ 34 Abs. 2 Nr. 1 RechKredV).

6.2.1.4. Prüfung des Postens

Es sind die allgemein für Zinserträge üblichen Prüfungshandlungen durchzuführen. Dabei ist darauf zu achten, dass sämtliche Zinserträge **vollständig** und **periodengerecht** erfasst und zutreffend im Posten „Zinsertrag" ausgewiesen werden. Zinserträge sind hierzu ggf. zeitlich abzugrenzen. **Bewertungsfragen** werden idR bereits im Rahmen der Prüfung der einzelnen zinstragenden Bilanzposten geklärt. Es empfiehlt sich, den GuV-Posten zusammen mit den entsprechenden Bilanzposten zu prüfen.

Es empfiehlt sich ferner, ausgewählte Zinsertragskonten unter stichprobenweiser Heranziehung der Ursprungsbelege zu prüfen. Es ist ferner zweckdienlich, den Zinsertrag - soweit möglich - anhand der zinstragenden Bestände zu verproben bzw. anhand einer DV-Systemprüfung zu verifizieren. Dabei sollte darauf geachtet werden, ob die Zinsen richtig berechnet werden.

Der **Prüfungsbericht** muss die in § 48 PrüfbV verlangten Angaben enthalten:

- Darstellung im Vergleich mit dem Vorjahr,
- Erläuterung der Zusammensetzung.

Im Prüfungsbericht ist bei Instituten, die in nicht unerheblichem Umfang **langfristige Darlehen** (Ursprungslaufzeit größer gleich fünf Jahre)[1855] mit festen Tilgungsvereinbarungen gewähren, insoweit unter Angabe der Darlehensbeträge auch über **Zins-** und **Tilgungsrückstände** zu berichten (§ 30 Abs. 1 PrüfbV). Dabei sind, ausgehend vom jeweiligen Zins- und Tilgungssoll, die rückständigen Zins- und Tilgungsbeträge insgesamt und, soweit sie mehr als drei Monate rückständig sind, einschließlich gestundeter und rekapitalisierter Zinsen anzugeben. **Rückständige Zinsen aus Vorjahren** sind, soweit sie nicht früher voll abgeschrieben oder voll wertberichtigt worden sind, gesondert anzugeben (dies gilt jedoch nicht für Bausparkassen). Diese Angaben werden üblicherweise bei den betreffenden Bilanzposten sowie im allgemeinen Teil des Prüfungsberichts (Kreditgeschäft) gemacht. Diese Angabe beschränkt sich auf die Rückstände aus langfristigen Geschäften.[1856]

[1855] Vgl. Erläuterungen zur PrüfbV, zu § 30, CMBS 13.01a.
[1856] Vgl. BAK-Schreiben v. 2.3.1978, CMBS 13.10a.

Es empfiehlt sich, im Prüfungsbericht die für den Anhang relevanten Daten und Informationen darzustellen. Es empfiehlt sich ferner, im Prüfungsbericht die **nicht aktivierten, uneinbringlichen Zinsen** anzugeben.[1857]

6.2.2. Zinsaufwendungen

6.2.2.1. Postenbezeichnung

Die Postenbezeichnung nach dem Formblatt 3 lautet wie folgt:

> 2. *Zinsaufwendungen*

Für Universal- und Realkreditinstitute sowie für Finanzdienstleistungsinstitute iSv. § 1 KWG bestehen keine zusätzlichen Anforderungen.

Bausparkassen haben den Posten „2. Zinsaufwendungen" nach der Fußnote 2 zum Formblatt 3 (Fußnote 1 zum Formblatt 2) zu untergliedern:

> 2. *Zinsaufwendungen*
> *a) für Bauspareinlagen*
> *b) andere Zinsaufwendungen*

Weder mit der Ersten noch mit der Zweiten Verordnung zur Änderung der RechKredV ist eine Änderung der Postenbezeichnung erfolgt.

6.2.2.2. Posteninhalt

6.2.2.2.1. RechKredV

Der Posteninhalt ist in § 29 RechKredV geregelt. Mit der Zweiten Verordnung zur Änderung der RechKredV wurde in § 29 Satz 1 RechKredV nach dem Wort *„Factoring-Geschäfts"* folgende Wörter eingefügt: *„sowie alle Zinsaufwendungen und ähnliche Aufwendungen der Finanzdienstleistungsinstitute"*. Es handelt sich hierbei um eine Folgeänderung zu den Änderungen des § 21 Abs. 1 RechKredV. Zinsaufwendungen und ähnliche Aufwendungen sind, ungeachtet der Beschränkung „*aus dem Bankgeschäft"* bei Kreditinstituten, von Finanzdienstleistungsinstituten unter „Zinsaufwendungen" auszuweisen, soweit sie nicht unter anderen Posten einzuordnen sind. Diese Änderung entspricht der Änderung des § 28 RechKredV.

Die in § 29 RechKredV enthaltenen Vorschriften für den Posteninhalt des Postens „Zinsaufwendungen" entsprechen denen des § 28 RechKredV für den Posten „Zinserträge". Beide

---

[1857] Vgl. BAK-Schreiben v. 10.1.1978, CMBS 13.10.

Vorschriften unterscheiden sich nur hinsichtlich der Bilanzposten, aus denen die Erfolgsbeiträge resultieren. Aus diesem Grund kann auch auf die Ausführungen zum Posten „Zinserträge" verwiesen werden. Eine Untergliederung des Postens „Zinsaufwendungen" ist - abgesehen von Bausparkassen - grundsätzlich nicht vorzunehmen.

6.2.2.2.2. Voraussetzungen für den Postenausweis

6.2.2.2.2.1. Überblick

Kreditinstitute haben im Posten „Zinsaufwendungen" die Zinsaufwendungen und ähnlichen Aufwendungen *„aus dem Bankgeschäft"* auszuweisen, während **Finanzdienstleistungsinstitute** in diesem Posten *„alle Zinsaufwendungen und ähnlichen Aufwendungen"* zu zeigen haben. Zinsaufwendungen aus nichtbankgeschäftlichen Verbindlichkeiten können bei Kreditinstituten im Gegensatz zu Finanzdienstleistungsinstituten nicht dem Posten „Zinsaufwendungen" zugeordnet werden. Hier kommt wie bei den Erträgen ein Ausweis in den sonstigen betrieblichen Aufwendungen in Betracht.

Bezüglich des Ausweises von Zinsaufwendungen im Nettoertrag aus Finanzgeschäften vgl. Kapitel 6.2.7.2.2.6.

6.2.2.2.2.2. Aufwendungen aus bestimmten Bilanzposten

§ 29 Satz 1 RechKredV nennt neben den Aufwendungen aus dem Factoring-Geschäft insbesondere die aus verschiedenen Passivposten resultierenden Aufwendungen, die zwingend im Posten „Zinsaufwendungen" auszuweisen sind. Dies sind:

- Verbindlichkeiten gegenüber Kreditinstituten (Passiva 1),[1858]
- Verbindlichkeiten gegenüber Kunden (Passiva 2),[1859]
- Verbriefte Verbindlichkeiten (Passiva 3)[1860] und
- Nachrangige Verbindlichkeiten (Passiva 9)[1861]

[1858] Zinsen für laufende Rechnung (einschließlich Überziehungsprovisionen), Tagesgeldaufnahmen, Refinanzierungen (Weiterleitungskredite, Globalfinanzierungen), aufgenommene Darlehen; Abschreibungen auf Disagio sowie Bereitstellungsprovisionen.

[1859] Zinsen für Spareinlagen; Aufwendungen aus der Bonifizierung von Spareinlagen einschließlich der Zuführung zu den entsprechenden Rückstellungen für Boni und Prämien; Zinsen für Kontokorrenteinlagen; Zinsen für befristete Verbindlichkeiten (Kündigungs-, Festgelder, Sparbriefe); Zinsen für Wachstumszertifikate; Zuführungen zu Rückstellungen für Verbindlichkeiten mit steigender Verzinsung sowie für Verbindlichkeiten aus Sparen mit Zuschlag; Abschreibungen auf Disagio bei unter dem Rückzahlungswert hereingenommenen Einlagen (zB Sparbriefe).

[1860] Zinsen für begebene Schuldverschreibungen; Abschreibungen auf Disagio bei unter dem Nennwert ausgegebenen Schuldverschreibungen; Diskontaufwendungen aus der Rediskontierung eigener Akzepte und Solawechsel im Umlauf.

Dies gilt ohne Rücksicht darauf, in welcher Form die Aufwendungen berechnet werden (§ 29 Satz 1 RechKredV). Für den Ausweis im Posten „Zinsaufwendungen" kommt es auch nicht auf die Bezeichnung der Aufwendungen als Zinsaufwendungen an. Soweit es sich bei Aufwendungen um Zinsen oder ähnliche Aufwendungen handelt, sind diese unabhängig vom Bilanzausweis der zugrunde liegenden Verbindlichkeit im Posten „Zinsaufwendungen" auszuweisen. Die Aufzählung der Bilanzposten in § 29 Satz 1 RechKredV ist nicht abschließend.

Als Zinsaufwand sind ferner auszuweisen: Sonderzinsen für die Unterschreitung der Mindestreserve, Diskontaufwendungen für die Rediskontierung von Wechseln sowie Zinsen für Warenverbindlichkeiten.[1862]

6.2.2.2.2.3. Zinsen und ähnliche Aufwendungen

Zinsaufwendungen entstehen insbesondere durch die Hereinnahme von Kundeneinlagen und Einlagen von anderen Instituten sowie durch die Aufnahme von Geldern einschließlich der Begebung von Schuldverschreibungen. Zinsähnliche Aufwendungen sind zB Kreditprovisionen, Bonifikationen und sonstige Kapitalbeschaffungskosten im Zusammenhang mit der Hereinnahme oder Aufnahme von Geldern.[1863] Als zinsähnliche Aufwendungen kommen nur zeitraumbezogene Aufwendungen in Betracht, und zwar ohne Rücksicht darauf, ob sie periodisch für bestimmte Zeiträume oder einmal, bezogen auf einen Zeitraum, berechnet werden.[1864]

Zu den Zinsaufwendungen gehören nach § 29 Satz 2 RechKredV auch:

- Diskontabzüge,
- Ausschüttungen auf begebene Genussrechte und Gewinnschuldverschreibungen,
- Aufwendungen mit Zinscharakter, die im Zusammenhang mit der zeitlichen Verteilung des Unterschiedsbetrags bei unter dem Rückzahlungsbetrag eingegangenen Verbindlichkeiten entstehen,
- Zuschreibungen aufgelaufener Zinsen zu begebenen Null-Kupon-Anleihen,
- die sich aus gedeckten Termingeschäften ergebenden, auf die tatsächliche Laufzeit des jeweiligen Geschäfts verteilten Aufwendungen mit Zinscharakter sowie
- Gebühren und Provisionen mit Zinscharakter, die nach dem Zeitablauf oder nach der Höhe der Verbindlichkeiten berechnet werden.

Diese Aufzählung ist nicht abschließend. Ein Unterschied ggü. den in § 28 RechKredV genannten Beträgen besteht nicht. Die Geschäfte werden hier aus der Sicht des kreditnehmenden

---

[1861] Zinsen für nachrangige Darlehen, Schuldverschreibungen oder andere nachrangige Verbindlichkeiten; Abschreibungen auf Disagien.
[1862] Vgl. Bergmann ua., C.II., 12.
[1863] Vgl. WPH Bd. I 2000 J Tz. 185.
[1864] Vgl. WPH Bd. I 2000 J Tz. 185.

Vertragspartners gesehen. Aus diesem Grund kann zu weiteren Einzelheiten auf die Ausführungen zu den Zinserträgen in Kapitel 6.2.1.2.2. verwiesen werden.

Vorschusszinsen für Spareinlagen und Erträge aus **Vorfälligkeitsentschädigungen** sind mit den entsprechenden Zinsaufwendungen zu verrechnen.[1865] Vorfälligkeitsentschädigungen, die Kunden bezahlen müssen, wenn sie einen festverzinslichen Kredit vor dessen Fälligkeit zurückbezahlen bzw. die Zinsbindung vorzeitig ändern wollen, sind grundsätzlich sofort als realisiert anzusehen. Es kann im Einzelfall (zB bei fristenkongruenter Refinanzierung) auch sachgerecht sein, diese Beträge zu verteilen. Eine Verteilung kann auch dann in Betracht kommen, wenn es sich im Ergebnis um Transaktionen ähnlich einem Recouponing bei Zinsswaps handelt.

Kreditvermittlungsprovisionen sind nicht als Zinsaufwendungen auszuweisen. Gleiches gilt für **Bürgschaftsprovisionen**. Sie sind grundsätzlich im Posten „Provisionsaufwendungen" zu erfassen.

Ebenfalls nicht als Zinsaufwand auszuweisen sind Aufwendungen aus **Abschreibungen** bei zinstragenden Wertpapieren, die wegen eines aus einer Marktzinssteigerung resultierenden Kursrückgangs vorzunehmen sind. Gleiches gilt für **Veräußerungsverluste** aus solchen Wertpapieren. Diese Aufwendungen sind vielmehr in Abhängigkeit von der Zuordnung zu den verschiedenen Wertpapierkategorien entweder im Nettoerfolg aus Finanzgeschäften (§ 340c Abs. 1 HGB), im Finanzanlagensaldo (§ 340c Abs. 2 HGB iVm. § 33 RechKredV) oder im Risikovorsorgesaldo (§ 340f Abs. 3 HGB iVm. § 32 RechKredV) auszuweisen.

6.2.2.2.2.4. Aufwendungen aus Abzinsungen

Da es sich bei den Aufwendungen, die sich aus einer Abzinsung unverzinslicher oder minderverzinslicher Forderungen ergeben, nicht um eine Vergütung für überlassenes Kapital, sondern um Abschreibungen auf Forderungen handelt, scheidet ein Ausweis unter den Zinsaufwendungen aus. Diese Aufwendungen sind im Posten „Abschreibungen und Wertberichtigungen auf Forderungen und bestimmte Wertpapiere sowie Zuführungen zu Rückstellungen im Kreditgeschäft" auszuweisen (§ 32 RechKredV iVm. § 340f Abs. 3 HGB).

6.2.2.2.2.5. Ausschüttungen auf Einlagen stiller Gesellschafter

Neben den Ausschüttungen auf begebene Genussrechte sind auch Ausschüttungen auf die **Einlagen stiller Gesellschafter** als Zinsaufwand auszuweisen. Ausschüttungen (Ergebnisbeteiligungen) auf stille Beteiligungen sind idR entweder ergebnisabhängig, oder es ist eine festzinssatzähnliche Ausschüttung vereinbart. Die Ergebnisbeteiligung stellt keine Gewinnverwendung, sondern Zinsaufwand dar, weil das Ergebnis lediglich eine Bemessungsgrund-

---

[1865] Vgl. Birck/Meyer, IV 53; zur Vorfälligkeitsentschädigung vgl. auch Maul, BB 2000, 2477 ff.; Wimmer, Kreditpraxis 2/2001, 26 ff.; Wenzel, Die Bank 2001, 192 ff.

lage ist und normalerweise nur eine Ausschüttung vorgenommen werden kann, wenn ein verteilbares Ergebnis erwirtschaftet wurde. Verfügt der stille Gesellschafter wie im Fall der **atypischen stillen Gesellschaft** über eine gesellschaftsrechtlich starke Stellung, stellen die Ausschüttungen Gewinnverwendung dar.[1866]

Für **Verlustzuweisungen** an stille Gesellschafter, und damit Verminderungen der Einlagen stiller Gesellschafter, wird hier ein der Vorgehensweise beim Genussrechtskapital entsprechender Ausweis nach dem Posten „Jahresüberschuss/Jahresfehlbetrag" vorgeschlagen. Dies vor allem deshalb, weil die Einlagen stiller Gesellschafter als Eigenkapital im Passivposten „gezeichnetes Kapital" auszuweisen sind (§ 25 Abs. 1 RechKredV).[1867]

6.2.2.2.2.6. Prämien für Kreditversicherungen

Prämien für Kreditversicherungen sind nicht hier, sondern im Posten „Abschreibungen und Wertberichtigungen auf Forderungen und bestimmte Wertpapiere sowie Zuführungen zu Rückstellungen im Kreditgeschäft" zu erfassen (§ 31 Abs. 2 RechKredV).

6.2.2.3. Anhangangaben

Die für **nachrangige Verbindlichkeiten** angefallenen Aufwendungen, zu denen insbesondere die Zinsaufwendungen rechnen, sind im Anhang anzugeben (§ 35 Abs. 3 Nr. 1 RechKredV).

Der Gesamtbetrag der Zinsaufwendungen ist **nicht** wie die Zinserträge nach geographischen Märkten aufzugliedern (§ 34 Abs. 2 Nr. 1 RechKredV).

6.2.2.4. Prüfung des Postens

Diesbezüglich kann auf die entsprechenden Ausführungen zum Posten „Zinserträge" verwiesen werden. Es empfiehlt sich, den GuV-Posten zusammen mit den entsprechenden Bilanzposten zu prüfen.

Es empfiehlt sich ferner, im Prüfungsbericht die für den Anhang relevanten Daten und Informationen darzustellen.

[1866] Vgl. Krumnow ua., 2. Aufl., § 29 RechKredV Rn. 3.
[1867] Verminderungen der Einlagen stiller Gesellschafter aufgrund von Verlustzuweisungen sind in der Bilanz offen vom gezeichneten Kapital abzusetzen. Eine Erläuterung im Anhang genügt nicht.

6.2.3. Laufende Erträge aus Aktien, nicht festverzinslichen Wertpapieren, Beteiligungen und Anteilen an verbundenen Unternehmen

6.2.3.1. Postenbezeichnung

Die Postenbezeichnung nach dem Formblatt 3 lautet wie folgt:

> 3. *Laufende Erträge aus*
> *a) Aktien und anderen nicht festverzinslichen Wertpapieren*
> *b) Beteiligungen*
> *c) Anteilen an verbundenen Unternehmen*

Für Universal- und Realkreditinstitute, für Bausparkassen sowie für Finanzdienstleistungsinstitute iSv. § 1 KWG ist der Postenausweis einheitlich.

Institute in genossenschaftlicher Rechtsform und genossenschaftliche Zentralbanken haben den Unterposten b) Laufende Erträge aus Beteiligungen nach der Fußnote 3 zum Formblatt 3 (Fußnote 3 zum Formblatt 2) um die Worte *„und aus Geschäftsguthaben bei Genossenschaften"* zu ergänzen. Die Postenbezeichnung lautet demzufolge wie folgt:

> 3. *Laufende Erträge aus*
> *a) Aktien und anderen nicht festverzinslichen Wertpapieren*
> *b) Beteiligungen und aus Geschäftsguthaben bei Genossenschaften*
> *c) Anteilen an verbundenen Unternehmen*

Mit der Zweiten Verordnung zur Änderung der RechKredV wurde in der Fußnote 3 des Formblatts 3 das Wort *„Kreditgenossenschaften"* durch folgende Wörter ersetzt: *„Institute in genossenschaftlicher Rechtsform"*. Da nicht auszuschließen ist, dass auch Finanzdienstleistungsinstitute als eingetragene Genossenschaft verfasst sind, wird der Ausweis im Unterposten b) einheitlich für alle Institute in genossenschaftlicher Rechtsform vorgeschrieben.

6.2.3.2. Posteninhalt

6.2.3.2.1. RechKredV

Die RechKredV enthält keine Vorschriften zur Regelung des Posteninhalts. In diesem Ertragsposten werden die laufenden Erträge der in den Aktivposten 6. bis 8. enthaltenen Vermögensgegenstände ausgewiesen. In Anlehnung an die Gliederung im Bilanzformblatt ist der Ertragsposten in die Unterposten a) bis c) untergliedert.

6.2.3.2.2. Voraussetzungen für den Postenausweis

6.2.3.2.2.1. Überblick

Die Erträge sind, unterteilt nach ihrem Ursprung, in den einzelnen Unterposten auszuweisen. Der Wortlaut der Unterposten a) bis c) entspricht dem der einzelnen Posten der Bilanz für die entsprechenden Vermögensgegenstände, dh. der Ausweis in den drei Unterposten dieses GuV-Postens ist vom Ausweis der einzelnen Vermögensgegenstände in der Bilanz abhängig.[1868] Der Inhalt der verwendeten Begriffe „Aktien und andere nicht festverzinsliche Wertpapiere", „Beteiligungen" und „Anteile an verbundenen Unternehmen" entspricht dem der einzelnen Bilanzposten für die entsprechenden Vermögensgegenstände.[1869] Zur Buchung von Dividendenerträgen nach dem **Halbeinkünfteverfahren** vgl. Schoor[1870].

In dem Ertragsposten sind als **laufende Erträge** vor allem Dividenden und andere Gewinnausschüttungen auszuweisen. Hierzu zählen **nicht** Gewinne aus dem Abgang von Wertpapieren, Beteiligungen und Anteilen an verbundenen Unternehmen oder Erlöse aus dem Verkauf von Bezugsrechten sowie Erträge aus Zuschreibungen auf Vermögensgegenstände der Aktivposten 6. bis 8.[1871] Bei diesen handelt es sich nicht um laufende Erträge.

6.2.3.2.2.2. Laufende Erträge aus Aktien und anderen nicht festverzinslichen Wertpapieren

Im Unterposten a) sind die laufenden Erträge aus dem Aktivposten „6. Aktien und andere nicht festverzinsliche Wertpapiere" auszuweisen (Dividenden, andere Gewinnausschüttungen), zu denen auch Erträge aus Investmentanteilen gehören. Dies gilt grundsätzlich auch für **Aktien von Beteiligungsunternehmen**, die dem Handelsbestand zuzuordnen sind. Zusammen mit den Erträgen aus Aktien werden auch die Erträge aus anderen nicht festverzinslichen Wertpapieren hier erfasst.

Laufende Erträge aus im Aktivposten 6. ausgewiesenen **Genussrechten** sind jedoch nicht hier, sondern aufgrund der Regelung in § 28 Satz 2 RechKredV im Posten „Zinserträge" zu erfassen.

Bei Erträgen aus **Immobilienzertifikaten** richtet sich der Ertragsausweis nach der Bilanzierung des entsprechenden Aktivums (zB Wertpapier, Beteiligung, Anteil an verbundenen Unternehmen, sonstige Vermögensgegenstände).[1872]

[1868] Gleicher Ansicht Schwartze, 202 und Bieg, ZfbF 1988, 156
[1869] Vgl. Treuarbeit (Hrsg.), 118.
[1870] Vgl. Schoor, StuB 2003, 392 ff.
[1871] Vgl. WPH Bd. I 2000 J Tz. 169.
[1872] Vgl. Treuarbeit (Hrsg.), 118.

6.2.3.2.2.3. Laufende Erträge aus Beteiligungen und Anteilen an verbundenen Unternehmen

Der Ausweis der Erträge im Unterposten b) bzw. c) ist davon abhängig, ob es sich um eine **Beteiligung** iSd. § 271 Abs. 1 HGB oder um **Anteile an verbundenen Unternehmen** iSd. § 271 Abs. 2 HGB handelt. Institute in genossenschaftlicher Rechtsform und genossenschaftliche Zentralbanken müssen im Unterposten b) auch die Erträge aus Geschäftsanteilen bei Genossenschaften ausweisen. Für die Frage, wann die Gewinnansprüche aus Beteiligungen realisiert sind, gelten die allgemeinen Regeln.

In den Fällen, in denen mit Tochtergesellschaften **Gewinnabführungs-** oder **Teilgewinnabführungsverträge** bestehen, sind die Erträge nicht hier, sondern im GuV-Posten 4. auszuweisen.

Der Gewinnanteil aus der Beteiligung an einer Personengesellschaft gilt handelsrechtlich bereits als realisiert, wenn dem Gesellschafter hierauf ein Anspruch zusteht, über den er individuell und losgelöst von seinem Geschäftsanteil verfügen kann. Vorausgesetzt wird nicht, dass der Rechtsanspruch auf den Gewinnanteil bereits entstanden ist, sondern es genügt, dass das künftige Entstehen gesichert ist.[1873] Dies ist nach §§ 120 bis 122, § 161 Abs. 2, §§ 167 bis 169 HGB idR bereits am Abschlussstichtag der Personengesellschaft der Fall, sodass regelmäßig zu diesem Zeitpunkt die entsprechende Forderung ertragswirksam einzubuchen ist. Voraussetzung für die damit grundsätzlich bedingte phasengleiche Gewinnvereinnahmung ist lediglich, dass der Anspruch durch eine aufgestellte Bilanz hinreichend konkretisiert ist. Etwas anderes kann sich dann ergeben, wenn die Befugnis des Gesellschafters zur Gewinnverfügung von einem entsprechenden Gesellschafterbeschluss abhängt.[1874]

6.2.3.3. Anhangangaben

Der Gesamtbetrag der laufenden Erträge aus Aktien und anderen nicht festverzinslichen Wertpapieren, Beteiligungen und Anteilen an verbundenen Unternehmen ist im Anhang nach geographischen Märkten aufzugliedern, soweit diese Märkte sich vom Standpunkt der Organisation des Kreditinstituts wesentlich voneinander unterscheiden (§ 34 Abs. 2 Nr. 1 RechKredV).

[1873] Vgl. Dietel, DStR 2003, 2140 f. mwN.
[1874] Vgl. Dietel, DStR 2003, 2140 f. mwN.

6.2.3.4. Prüfung des Postens

Es sind die für Wertpapier- und Beteiligungserträge allgemein üblichen Prüfungshandlungen durchzuführen. Die hier ausgewiesenen Erträge sind mit den Angaben bei den jeweiligen Bilanzposten abzustimmen. Dabei ist darauf zu achten, dass sämtliche Erträge **vollständig** und **periodengerecht** erfasst und zutreffend ausgewiesen werden. Es empfiehlt sich, den GuV-Posten zusammen mit den entsprechenden Bilanzposten zu prüfen.

Der **Prüfungsbericht** muss die in § 48 PrüfbV verlangten Angaben enthalten:

- Darstellung im Vergleich mit dem Vorjahr,
- Erläuterung der Zusammensetzung.

Es empfiehlt sich, im Prüfungsbericht die für den Anhang relevanten Daten und Informationen darzustellen.

6.2.4. Erträge aus Gewinngemeinschaften, Gewinnabführungs- oder Teilgewinnabführungsverträgen

6.2.4.1. Postenbezeichnung

Die Postenbezeichnung nach dem Formblatt 3 lautet wie folgt:

> 4. *Erträge aus Gewinngemeinschaften, Gewinnabführungs- oder Teilgewinnabführungsverträgen*

Der GuV-Posten „4. Erträge aus Gewinngemeinschaften, Gewinnabführungs- oder Teilgewinnabführungsverträgen" ist für alle Kredit- und Finanzdienstleistungsinstitute iSv. § 1 KWG einheitlich geregelt.

6.2.4.2. Posteninhalt

6.2.4.2.1. RechKredV

Die RechKredV enthält keine Vorschriften zur Regelung des Posteninhalts. Der Ausweis richtet sich daher nach § 277 Abs. 3 HGB.

6.2.4.2.2. Voraussetzungen für den Postenausweis

Der gesonderte Ausweis der Erträge aus Gewinngemeinschaften, Gewinnabführungs- und Teilgewinnabführungsverträgen ist in § 277 Abs. 3 Satz 2 iVm. § 340a HGB vorgeschrieben. Im Einzelnen handelt es sich um Erträge aus folgenden Vertragsverhältnissen:[1875]

- Gewinnabführungsverträge einschließlich solcher Verträge, nach denen die Gesellschaft ihr Unternehmen für Rechnung eines anderen Unternehmens zu führen hat (§ 291 Abs. 1 AktG),
- Gewinngemeinschaften (§ 292 Abs. 1 Nr. 1 AktG) und
- Teilgewinnabführungsverträge (§ 292 Abs. 1 Nr. 2 AktG).

Im Hinblick auf den Sinn dieser Ausweisvorschrift ist es ohne Bedeutung, ob die jeweiligen Verträge den genannten Vorschriften des AktG unterliegen oder ihnen nur sinngemäß entsprechen.[1876] Für den gesonderten Ausweis kommt es insofern nicht auf die Rechtsform der an einem derartigen Vertrag beteiligten Institute an. Für den gesonderten Ausweis der Erträge ist die Dauer, für die die Verträge geschlossen sind, ohne Bedeutung.[1877]

Für Kreditinstitute gelten hinsichtlich der hier auszuweisenden Beträge dieselben Grundsätze wie für Nichtbanken. Wegen weiterer Einzelheiten kann daher auf die Kommentierungen zu § 277 Abs. 3 Satz 2 HGB verwiesen werden.[1878]

6.2.4.3. Anhangangaben

Weder das HGB noch die RechKredV sehen besondere Anhangangaben vor.

6.2.4.4. Prüfung des Postens

Die hier ausgewiesenen Beträge sind mit den ermittelten Ergebnissen der betreffenden Unternehmen abzustimmen. Dabei ist auf die Einhaltung der gesetzlichen Bestimmungen zu achten.

Der **Prüfungsbericht** muss die in § 48 PrüfbV verlangten Angaben enthalten:

- Darstellung im Vergleich mit dem Vorjahr,
- Erläuterung der Zusammensetzung.

[1875] Vgl. WPH Bd. I 2000 F Tz. 441 ff.
[1876] Vgl. ADS 6. Aufl. § 277 HGB Rn. 69; WPH Bd. I 2000 F Tz. 445.
[1877] Vgl. ADS 6. Aufl. § 277 HGB Rn. 59.
[1878] Vgl. ADS 6. Aufl. § 277 HGB Rn. 50 ff; WPH Bd. I 2000 F Tz. 441 ff.

6.2.5. Provisionserträge

6.2.5.1. Postenbezeichnung

Die Postenbezeichnung nach dem Formblatt 3 lautet wie folgt:

> 5. *Provisionserträge*

Für Universal- und Realkreditinstitute sowie auch für Finanzdienstleistungsinstitute iSv. § 1 KWG - abgesehen von Skontroführern - bestehen keine zusätzlichen Anforderungen.

Bausparkassen haben den Posten „5. Provisionserträge" nach der Fußnote 4 zum Formblatt 3 (Fußnote 5 zum Formblatt 2) zu untergliedern.

> 5. *Provisionserträge*
>   *a) aus Vertragsabschluss und -vermittlung*
>   *b) aus der Darlehensregelung nach der Zuteilung*
>   *c) aus Bereitstellung und Bearbeitung von Vor- und Zwischenfinanzierungskrediten*
>   *d) andere Provisionserträge*

Institute, die **Skontroführer** iSd. § 8b Abs. 1 Satz 1 BörsG und nicht Einlagenkreditinstitute iSd. § 1 Abs. 3d Satz 1 KWG sind, haben die Provisionserträge nach der Fußnote 4 zum Formblatt 3 wie folgt zu untergliedern:

> 5. *Provisionserträge*
>   *davon:*
>   *a) Courtageerträge*
>   *b) Courtage aus Poolausgleich*

Diese Aufgliederung ist nur von Finanzdienstleistungsinstituten und Kreditinstituten vorzunehmen, die als Skontroführer (darunter auch Kursmakler) tätig sind. Der Postenausweis der Skontroführer wurde mit der Zweiten Verordnung zur Änderung der RechKredV eingeführt.

Von der Börsenaufsicht der einzelnen Länder wurden diese Zusatzinformationen gemäß § 8b Abs. 1 Satz 1 BörsG aF für Skontroführer im Jahresabschluss vorgeschrieben. Zur Vereinheitlichung der Formblätter für den Jahresabschluss wurden die beiden Posten in die Gewinn- und Verlustrechnung eingefügt. Die zwei Darunter-Vermerke umfassen die Gebühren, die von Skontroführern iSd. § 8b Abs. 1 Satz 1 BörsG für ihre Tätigkeit an der Börse erzielt (aufgewendet) werden. Die Unterscheidung zwischen persönlich erwirtschafteter oder aufgewandter Courtage und Courtage aus Poolausgleich ist notwendig, um ein unverzerrtes Bild der Erträge (und Aufwendungen) in der Gewinn- und Verlustrechnung von den Skontroführern zu erhalten. Die Verzerrung rührt daher, dass die an der Börse gehandelten Papiere unterschiedliche Umsatzstärken aufweisen. Dies führt dazu, dass die für das jeweilige Papier zuständigen

Kursmakler oder Skontroführer unterschiedliche Erträge aus der umsatzabhängigen Courtage erwirtschaften, die durch einen sog. „Pool" ausgeglichen werden.

6.2.5.2. Posteninhalt

6.2.5.2.1. RechKredV

Der Posteninhalt ist in § 30 Abs. 1 RechKredV näher bestimmt. § 30 Abs. 1 RechKredV nennt beispielhaft eine Reihe von Dienstleistungsgeschäften, deren Erträge als Provisionsertrag in der Gewinn- und Verlustrechnung zu zeigen sind. Der Posteninhalt der Provisionsaufwendungen ist in § 30 Abs. 2 RechKredV dahingehend geregelt, dass es sich um die in Abs. 1 bezeichneten Dienstleistungsgeschäfte handeln muss, dh. es sind die den Provisionserträgen entsprechenden Aufwendungen als Provisionsaufwendungen auszuweisen.

Mit der Zweiten Verordnung zur Änderung der RechKredV wurde in § 30 Abs. 1 Satz 1 RechKredV nach den Wörtern *„Provisionen im Zusammenhang mit"* die Wörter *„Finanzdienstleistungen und"* eingefügt. Damit wurde im Zusammenhang mit der Einbeziehung der Finanzdienstleistungsinstitute in die Rechnungslegungsvorschriften für Kreditinstitute der Katalog der Provisionserträge (und Provisionsaufwendungen) um die Geschäfte der Finanzdienstleistungsinstitute erweitert.

6.2.5.2.2. Voraussetzungen für den Postenausweis

6.2.5.2.2.1. Überblick

In diesem Posten sind die Erträge aus Dienstleistungsgeschäften wie zB solche aus

- dem Zahlungsverkehr,
- dem Außenhandelsgeschäft,
- dem Wertpapierkommissionsgeschäft und dem
- Depotgeschäft

auszuweisen (§ 30 Abs. 1 Satz 1 RechKredV). Darüber hinaus sind hier nach § 30 Abs. 1 Satz 1 RechKredV auch auszuweisen:

- Erträge für Treuhand- und Verwaltungskredite,
- Provisionen im Zusammenhang mit Finanzdienstleistungen,
- Provisionen im Zusammenhang mit der Veräußerung von Devisen, Sorten und Edelmetallen sowie
- Provisionen aus der Vermittlungstätigkeit bei Kredit-, Spar-, Bauspar- und Versicherungsverträgen.

Nach der hM sind im Provisionsergebnis nur Erträge und Aufwendungen auszuweisen, die aus bankgeschäftlichen Dienstleistungen im weiteren Sinne bzw. aus Finanzdienstleistungsgeschäften resultieren.[1879] Die Erträge aus **nicht bankgeschäftlichen Dienstleistungen** bzw. aus solchen, die keine Finanzdienstleistungen sind, sind im GuV-Posten „Sonstige betriebliche Erträge" zu erfassen. Es ist jedoch zu beachten, dass der Begriff der bankgeschäftlichen Dienstleistungen nicht an den Bankgeschäften des § 1 Abs. 1 KWG auszurichten, sondern weit zu fassen ist.[1880] Gleiches gilt dementsprechend für die Abgrenzung des Begriffs der Finanzdienstleistungen.

Nachbelastungen von Provisionen der Kunden, die frühere Jahre betreffen, sind als Provisionsertrag und nicht als sonstiger betrieblicher Ertrag zu erfassen.[1881]

6.2.5.2.2.2. Begriff der Dienstleistungen im weitesten Sinne

Die Formulierung in § 30 Abs. 1 RechKredV lässt erkennen, dass es sich bei den Provisionen um das Entgelt bzw. den Preis für die Erbringung von Dienstleistungen handeln muss. Zur **Abgrenzung** von Gebühren und Provisionen, die in unmittelbarem Zusammenhang mit dem Kreditgeschäft anfallen, und zur Problematik des Ausweises von Bürgschaftsprovisionen wird auf die Ausführungen in Kapitel 6.2.1.2.2. verwiesen. Über die Zuordnung entscheidet letztlich, ob der Ertrag (Aufwand) primär auf der Überlassung von Kapital auf Zeit beruht (= Ausweis im Zinsergebnis) oder aufgrund einer Dienstleistung entstanden ist (= Ausweis im Provisionsergebnis).[1882]

§ 30 RechKredV definiert nicht, was unter dem Begriff „Dienstleistungsgeschäfte" zu verstehen ist, sondern nennt lediglich Beispiele. Die Aufzählung der Dienstleistungsgeschäfte in § 30 Abs. 1 RechKredV ist nicht abschließend. Zu den Dienstleistungsgeschäften zählen - auch wenn sie nicht in § 30 Abs. 1 RechKredV genannt sind - die Vermögensberatung und das Einzugsgeschäft. Aufgrund der Allfinanzkonzeptionen dehnen sich die bankgeschäftlichen Dienstleistungen in Bereiche hin aus, die früher noch als bankfremde Dienstleistungen bezeichnet wurden. Hierzu rechnen bspw.

- das Versicherungsgeschäft,
- die finanzielle Beratung bis hin zur Unternehmensberatung,
- die Vermittlung von Immobilien,
- die Vermittlung von Beteiligungen
- die Durchführung des Cash Management sowie Treasury Management und Risikomanagement,
- das Vermögens- und Finanzmanagement.

[1879] Vgl. Treuarbeit (Hrsg.), 119; Bieg (1998), 339; Krumnow ua., 2. Aufl., § 30 RechKredV Rn. 12.
[1880] Vgl. Treuarbeit (Hrsg.), 119.
[1881] Vgl. Krumnow ua., 2. Aufl., § 30 RechKredV Rn. 26.
[1882] Vgl. Bieg (1998), 339.

Zu den Provisionserträgen gehören auch **Bonifikationen aus der Platzierung von Wertpapieren**, **Bürgschaftsprovisionen** und **Kontoführungsgebühren** (§ 30 Abs. 1 Satz 2 RechKredV).

6.2.5.2.2.3. Provisionen aus Finanzdienstleistungen

Finanzdienstleistungsinstitute haben die Provisionserträge bzw. -aufwendungen im Zusammenhang mit Finanzdienstleistungen ebenfalls im Provisionsergebnis auszuweisen. Es handelt sich hierbei um:

- die Anlagevermittlung,
- die Abschlussvermittlung,
- die Finanzportfolioverwaltung,
- den Eigenhandel für andere,
- die Drittstaateneinlagenvermittlung,
- das Finanztransfergeschäft sowie
- das Sortengeschäft.

Dies gilt entsprechend für Kreditinstitute, die die in § 1 Abs. 1a KWG genannten Finanzdienstleistungen erbringen. Denn § 30 Abs. 1 RechKredV macht keinen Unterschied, ob die Finanzdienstleistungen von einem Finanzdienstleistungsinstitut oder einem Kreditinstitut erbracht werden.

6.2.5.2.2.4. Bruttoausweis und notwendige Saldierungen

Die Provisionsaufwendungen und Provisionserträge sind grundsätzlich brutto, dh. unsaldiert auszuweisen.

Eine **Verrechnung** von Provisionsaufwendungen mit Provisionserträgen, die als sog. **durchlaufende Posten** zu betrachten sind, ist nach hM zulässig und ggf. sogar geboten.[1883] Danach ist es zulässig, eine Verrechnung aufgrund des wirtschaftlichen Sachzusammenhangs vorzunehmen, wenn dies der Vermittlung eines den tatsächlichen Verhältnissen entsprechenden Bildes der Ertragslage dient oder aus buchungstechnischen Gründen erforderlich ist. Damit wird eine unrichtige - weil zu hohe – Darstellung der Erträge bzw. Aufwendungen verhindert; diese Vorgehensweise verbessert den Aussagewert der Gewinn- und Verlustrechnung. Zu den durchlaufenden Posten zählen ua.

[1883] Vgl. Krumnow ua., 2. Aufl., § 30 RechKredV Rn. 32.

- die Weiterleitung von Provisionen;
- die Weitergabe von in Rechnung gestellten Provisionen, die in voller Höhe bzw. mit einem Zuschlag an die Kundschaft weiterberechnet werden;
- Makler-Gebühren für die Abwicklung von Devisen- oder Wertpapiergeschäften, die dem Auftraggeber in Rechnung gestellt werden;
- fremde Gebühren (einschließlich Protestkosten), die den Kunden oder Inkassostellen in voller Höhe bzw. mit einem Zuschlag versehen berechnet werden.

Die Möglichkeit der Verrechnung von Erträgen und Aufwendungen aus der Durchleitung und Verwaltung von **Treuhand- und Verwaltungskrediten** ist weder in der EG-Bankbilanzrichtlinie noch in § 30 RechKredV ausdrücklich vorgesehen. Damit entfällt nach Ansicht von Schwartze[1884] die Verrechnungsmöglichkeit zwischen Aufwendungen und Erträgen aus diesen Geschäften. Die herrschende Meinung folgt dem jedoch nicht, denn bei sachgerechter Betrachtung kommt als Ertrag aus Treuhand- und Verwaltungskrediten lediglich die Marge in Betracht.[1885] Insoweit ist eine Saldierung zumindest sachgerecht; es liegt kein Verstoß gegen das Bruttoprinzip vor.

Maklergebühren für die Abwicklung von Wertpapiergeschäften werden üblicherweise von den An- und Verkaufprovisionen gekürzt, da sie den Kunden innerhalb der Effektenabrechnung bereits belastet wurden.[1886]

An die Kundschaft oder an andere Institute **weitergegebene Bonifikationen** werden in der Praxis als Minderung der Bonifikationseinnahmen behandelt, dh. als Erlösschmälerungen mit den entsprechenden Erträgen verrechnet.[1887] An Konsortialbanken **weitergegebene Konsortial- oder Börseneinführungsprovisionen** werden idR ebenfalls nicht als Aufwand ausgewiesen, sondern von den Erträgen gekürzt.[1888]

Soweit bspw. bei der **Vermittlung von Investmentfonds** das von den Kunden zu zahlende Agio dem Drittvermittler zufließt, kann es zur Darstellung der Ertragslage sachgerecht sein, die an die Drittvermittler weitergeleiteten Agien oder Agioteile mit den von den Kunden bezahlten Agiobeträgen zu verrechnen. Wesentlich ist, dass die Agien für den Vertrieb erhoben werden und dieser eben nicht durch das Institut, sondern durch die Drittvermittler erfolgt, und das Institut selbst keine eigene Vertriebsleistungen erbringt.

[1884] Vgl. Schwartze, 204.
[1885] Vgl. Bundesverband deutscher Banken, 41; Treuarbeit (Hrsg.), 119; Krumnow ua., 2. Aufl., § 30 RechKredV Rn. 19; Bergmann ua., C.II.18.
[1886] Vgl. Krumnow ua., 2. Aufl., § 30 RechKredV Rn. 18.
[1887] Vgl. Krumnow ua., 2. Aufl., § 30 RechKredV Rn. 18; vgl. auch BFA, FN 2000, 480.
[1888] Vgl. Krumnow ua., 2. Aufl., § 30 RechKredV Rn. 18.

6.2.5.2.2.5. Bemessungsgrundlage für die Beiträge zur Entschädigungseinrichtung

Der von den Wertpapierhandelsunternehmen (Finanzdienstleistungsinstitute sowie bestimmte Kreditinstitute) aufgrund der *„Verordnung über die Beiträge zu der Entschädigungseinrichtung der Wertpapierhandelsunternehmen"*[1889] zu entrichtende Jahresbeitrag[1890] richtet sich ua. nach den Bruttoprovisionserträgen sowie den Bruttoerträgen aus Finanzgeschäften nach dem letzten vor dem 1. Juli festgestellten Jahresabschluss. Aus diesem Grund ist es für die genannten Institute wichtig, die Provisionserträge zutreffend zu erfassen.

Für die Zuordnung nach § 2 Abs. 1 Satz 1 Nr. 1 bis 6 der Verordnung sind die Verhältnisse bei dem Institut im letzten Geschäftsjahr maßgeblich. Im Falle einer Änderung dieser Verhältnisse im Verlauf des letzten Geschäftsjahres sind für die Zuordnung jeweils diejenigen Verhältnisse maßgeblich, die zu einem höheren Jahresbeitrag führen. Erbringt das Institut bis spätestens 1. Juli den von einem Wirtschaftsprüfer oder einer Wirtschaftsprüfungsgesellschaft bestätigten Nachweis darüber, dass in diesem Zeitraum überwiegend Verhältnisse bestanden, die zu einem niedrigeren Beitrag führen, sind diese Verhältnisse maßgeblich.

Bei der Ermittlung der Bruttoprovisionserträge und Bruttoerträge aus Finanzgeschäften können 90 % der Bruttoerträge aus Geschäften mit Kunden, die nach § 3 Abs. 2 des Einlagensicherungs- und Anlegerentschädigungsgesetzes keinen Anspruch auf Entschädigung haben, unberücksichtigt bleiben, wenn das Institut gegenüber der Entschädigungseinrichtung den von einem Wirtschaftsprüfer oder einer Wirtschaftsprüfungsgesellschaft bestätigten Nachweis hierüber bis spätestens 1. Juli erbringt. Kunden iSd. § 3 Abs. 2 des Einlagensicherungs- und Anlegerentschädigungsgesetzes sind bspw. private und öffentliche Versicherungsunternehmen, Kapitalanlagegesellschaften und die von diesen verwalteten Sondervermögen, der Bund, ein Land, ein rechtlich unselbstständiges Sondervermögen des Bundes oder eines Landes, eine kommunale Gebietskörperschaft, ein anderer Staat oder eine Regionalregierung oder eine örtliche Gebietskörperschaft eines anderen Staates oder dem Konzern des bilanzierenden Instituts angehörende Unternehmen. Die genannten Provisionen sind nur dann abzugsfähig, wenn sie aus Geschäften mit Kunden stammen, die gemäß § 3 Abs. 2 ESAEG keinen Anspruch auf Entschädigung haben. Es ist zu beachten, dass hierbei auf die direkte Vertragsbeziehung zwischen dem Wertpapierhandelsunternehmen und dessen Kunde (Depotinhaber nicht depotführende Bank) abgestellt wird.

Für die Ermittlung der Bruttoprovisionserträge ist § 30 RechKredV maßgebend. Die Erträge aus Finanzgeschäften ergeben sich nach den Regeln des § 340c HGB. Vor dem Hintergrund dieser Regelungen hat der Bankenfachausschuss beim IDW zum Ausweis von Provisionserträgen und Erträgen aus Finanzgeschäften in den Jahresabschlüssen von Finanzdienstleistungsinstituten Stellung genommen, die nachfolgend zusammengefasst wiedergegeben wird:[1891]

[1889] Abgedruckt in CMBS 17.05; Erste Änderungsverordnung v. 7.9.2000, BStBl. I 2000, 1376; zu Rechtsproblemen der Beitragspflicht vgl. Pöcker, ZBB 2002, 513 ff.
[1890] Vgl. auch Gutsche, BKR 2003, 696 ff.
[1891] Vgl. BFA, FN 2000, 480 ff.

- Pool-Regelungen bei Kursmaklern
  Im Rahmen des Poolausgleichs der Kursmakler erhalten Makler mit weniger provisionsträchtigen Titeln einen Ausgleich aus einem Pool, in den alle angeschlossenen Teilnehmer Provisionserträge anteilig einbringen. Nach der RechKredV sind die Courtageerträge brutto auszuweisen, gezahlte Courtagen für den Poolausgleich sind nicht als Minderung der Bruttoerträge zu erfassen, sondern unter den Provisionsaufwendungen für Poolausgleich gesondert darzustellen. Einer wirtschaftlich sinnvollen Verrechnung stehen die zwingenden Ausweisvorschriften der RechKredV entgegen, sodass Courtageerträge iRd. Poolausgleichs doppelt erfasst werden.[1892] Die hierdurch verursachte Erhöhung der Beitragsbemessungsgrundlage wird dadurch ausgeglichen, dass nach § 2 Abs. 2 ESAEG *„die als Courtagen für Poolausgleich ausgewiesenen Beträge ... von den Bruttoprovisionserträgen abgezogen werden"* können.
- Kick-back-Regelungen
  Werden vereinnahmte Courtagen dem Kontrahenten teilweise zurückerstattet, ist die Rückerstattung entsprechend den allgemeinen Rechnungslegungsgrundsätzen als Erlösschmälerung zu behandeln. Daher sind die an die Kundschaft oder an andere Kreditinstitute weitergegebenen Bonifikationen als Minderung (zu hoch) vereinnahmter Provisionserträge zu behandeln.

Darüber hinaus ist eine getrennte Erfassung der Provisionserträge aus Geschäften, die nicht in den Schutzbereich des ESAEG fallen, erforderlich. Daneben ist es ferner notwendig, dass die Provisionen und Erträge aus Finanzgeschäften aus Geschäften mit Kunden iSd. § 3 Abs. 2 ESAEG gesondert aufgezeichnet werden, um den Abzugsbetrag korrekt ermitteln zu können. Insoweit ist auch eine weitere Untergliederung des entsprechenden Postens in der Gewinn- und Verlustrechnung zulässig (§ 340a iVm. § 265 Abs. 5 HGB).

[1892] Vgl. BFA, FN 2000, 480.

6.2.5.2.2.6. Übersicht über Provisionserträge im Einzelnen

In Abb. 6.1. werden die Provisionserträge nach den einzelnen Dienstleistungen aufgeführt.[1893] **Xetra-Gebühren** setzen sich aus zwei Komponenten zusammen, nämlich einem Bereitstellungsentgelt und einem Transaktionsentgelt. Das Bereitstellungsentgelt ist jährlich für die Bereitstellung des Systemzugangs, der Software, der Anbindung und des Beratungsservice zu entrichten, während Transaktionsentgelte für den Abschluss der einzelnen Geschäfte fällig werden. Bei der Zuordnung zu den Posten der Gewinn- und Verlustrechnung müssen beide Entgeltformen unterschieden werden. Nach einem unveröffentlichten Schreiben des Bundesaufsichtsamts (jetzt BaFin) vom 20.4.2000 ist die Einordnung der Transaktionsentgelte als Provisionsaufwand dann sachgerecht, wenn sie durch den Auftragshandel mit Wertpapieren ausgelöst sind. Das Bereitstellungsentgelt ist dagegen als „andere Verwaltungsaufwendungen" zu erfassen.

Kursgewinne aus dem **Auftragshandel mit Devisen, Sorten sowie Edelmetallen** sind nur dann als Provisionen zu erfassen, wenn es sich zumindest überwiegend um Dienstleistungs- und nicht um Eigenhandelsgeschäfte handelt. Aus der Verwertung von Währungskupons und gelosten bzw. gekündigten Währungseffekten (ohne eigene Wertpapiere) erzielte Kursgewinne werden ebenfalls als Provisionserträge ausgewiesen.[1894] **Bestandsdifferenzen** sind Kassendifferenzen und damit als sonstige betriebliche Aufwendungen bzw. Erträge zu erfassen. Verluste aus **fehlerhafter Ausführung von Kundenaufträgen** bzw. aus Umrechnungsdifferenzen sind als sonstige betriebliche Aufwendungen auszuweisen.

[1893] Vgl. Krumnow ua., 2. Aufl., § 30 RechKredV Rn. 14 ff. mit weiteren Erläuterungen.
[1894] Vgl. Krumnow ua., 2. Aufl., § 30 RechKredV Rn. 20.

Provisionserträge aus	Hierzu zählen
Zahlungsverkehr	- Umsatzprovisionen und Kontoführungsprovisionen - Scheck- und Wechseleinzugsprovisionen - Rückscheck- und Rückwechselprovisionen - Domizilprovisionen - Scheckheft- und Scheckkartengebühren - Gebühren für Nachttresoreinzahlungen, Geldtransporte - Gebühren für Ein- und Auszahlungen - Gebühren im Spargeschäft - Provisionen aus dem Kreditkartengeschäft - sonstige Provisionen des Zahlungsverkehrs
Außenhandelsgeschäft	- Gebühren für Import- und Export-Akkreditive - Gebühren bei Import- und Exportinkassi - Provisionen für Zahlungen aus dem bzw. in das Ausland - Devisenankaufs- und -verkaufsprovisionen - Forfaitierungserträge - Gebühren für Clearingzahlungen und Remboursleistungen
Reisezahlungsmittelgeschäft	- Sortenankaufs- und Sortenverkaufsprovisionen - Provisionen für die Ausgabe bzw. den Ankauf von Reiseschecks - Kursgewinne, soweit es sich um Dienstleistungsgeschäfte handelt
Wertpapier- und Depotgeschäft	- Provisionen des Wertpapierkommissionsgeschäfts, hierzu zählen insbesondere: An- und Verkaufsprovisionen, Provisionen aus der Abrechnung von Bezugsrechten, Bezugsstellenprovisionen, Provisionen für den Bezug von Aktien, Wandel- oder Optionsanleihen und den Bezug von Optionsscheinen, Vergütungen für den Verkauf von Bundesschatzbriefen, Devisenkursgewinne aus Abrechnungen von Wertpapieren in Fremdwährung - Provisionen aus der Abwicklung von Kundenaufträgen aus Eigenhandelsbeständen[1895] - Bonifikationen, hierzu zählen Platzierungsvergütungen in Form eines Kursabschlags - Provisionen des Emissionsgeschäfts, hierzu rechnen Konsortialprovisionen, Börseneinführungsprovisionen - Depotgebühren einschließlich der Gebühren als Depotkreditinstitut - Sonstige Gebühren und Provisionen des Wertpapiergeschäfts, insbesondere Ein- und Auszahlungsprovisionen, Depotgebühren, Schließfachmieten usw.
Kreditbearbeitung und Avalgeschäft	- Bürgschaftsprovisionen - Avalprovisionen für Rückbürgschaften - Provisionen für die Hereinnahme und Verwaltung von Kreditsicherheiten - Provisionen für Zessionsprüfungen und Bankauskünfte - Provisionen für die Kreditbearbeitung

Abb. 6.1: Provisionserträge

[1895] Kursgewinne aus dem Handel in Wertpapieren sind hier nur dann zu erfassen, wenn es sich zumindest überwiegend um Dienstleistungs- und nicht um Eigenhandelsgeschäfte handelt; vgl. Krumnow ua., 2. Aufl., § 30 RechKredV Rn. 18 mwN.

Zu den Provisionserträgen gehören auch Provisionen aus der Vermittlung von sonstigen Geschäften wie zB Grundstücks- und Geschäftsveräußerungen, von Miet- und Leasingobjekten usw.

6.2.5.3. Anhangangaben

Der Gesamtbetrag des Postens „Provisionserträge" ist im Anhang nach geographischen Märkten aufzugliedern, soweit diese Märkte sich vom Standpunkt der Organisation des Kreditinstituts wesentlich voneinander unterscheiden (§ 34 Abs. 2 Nr. 1 RechKredV).

Im Anhang sind ferner die Dritten erbrachten Dienstleistungen für Verwaltung und Vermittlung anzugeben, sofern ihr Umfang in Bezug auf die Gesamttätigkeit des Kreditinstituts von wesentlicher Bedeutung ist (§ 35 Abs. 1 Nr. 5 RechKredV).

6.2.5.4. Prüfung des Postens

Es sind die allgemein für Provisionserträge üblichen Prüfungshandlungen durchzuführen. Dabei ist darauf zu achten, dass sämtliche Provisionserträge **vollständig** und **periodengerecht** erfasst und zutreffend im Posten „Provisionserträge" ausgewiesen werden. Es empfiehlt sich, den GuV-Posten zusammen mit den Provisionsaufwendungen zu prüfen.

Es empfiehlt sich ferner, ausgewählte Provisionsertragskonten unter stichprobenweiser Heranziehung der Ursprungsbelege zu prüfen. Es ist ferner zweckdienlich, den Provisionsertrag - soweit möglich - anhand der provisionspflichtigen Geschäfte zu verproben bzw. anhand einer DV-Systemprüfung zu verifizieren. Dabei sollte darauf geachtet werden, ob die Provisionen richtig berechnet werden.

Der **Prüfungsbericht** muss die in § 48 PrüfbV verlangten Angaben enthalten:

- Darstellung im Vergleich mit dem Vorjahr,
- Erläuterung der Zusammensetzung.

Es empfiehlt sich, im Prüfungsbericht die für den Anhang relevanten Daten und Informationen darzustellen.

6.2.6. Provisionsaufwendungen

6.2.6.1. Postenbezeichnung

Die Postenbezeichnung nach dem Formblatt 3 lautet wie folgt:

> 6. *Provisionsaufwendungen*

Für Universal- und Realkreditinstitute sowie grundsätzlich auch für Finanzdienstleistungsinstitute iSv. § 1 KWG - abgesehen von Skontroführern - bestehen keine zusätzlichen Anforderungen.

Bausparkassen haben den Posten „6. Provisionsaufwendungen" nach der Fußnote 5 zum Formblatt 3 (Fußnote 4 zum Formblatt 2) zu untergliedern.

> 6. *Provisionsaufwendungen*
> *a) Provisionen für Vertragsabschluss und -vermittlung*
> *b) andere Provisionsaufwendungen*

Institute, die **Skontroführer** iSd. § 8b Abs. 1 Satz 1 BörsG und nicht Einlagenkreditinstitute iSd. § 1 Abs. 3d Satz 1 KWG sind, haben die Provisionsaufwendungen nach der Fußnote 5 zum Formblatt 3 wie folgt zu untergliedern:

> 6. *Provisionsaufwendungen*
> *davon:*
> *a) Courtageaufwendungen*
> *b) Courtage für Poolausgleich*

Der Postenausweis betreffend die Skontroführer wurde mit der Zweiten Verordnung zur Änderung der RechKredV eingeführt. Diese Aufgliederung ist nur von Finanzdienstleistungsinstituten und Kreditinstituten vorzunehmen, die als Skontroführer (darunter auch Kursmakler) tätig sind. Wegen weiterer Einzelheiten vgl. die Ausführungen zum Posten „Provisionserträge" in Kapitel 6.2.5.1.

6.2.6.2. Posteninhalt

6.2.6.2.1. RechKredV

Der Postenausweis ist in § 30 Abs. 2 RechKredV näher bestimmt. Dieser bezieht sich auf die Ausführungen in § 30 Abs. 1 RechKredV, der seinerseits den Ausweis der Provisionserträge regelt. Während in § 30 Abs. 1 RechKredV die Provisionserträge beispielhaft erläutert werden, enthält § 30 Abs. 2 RechKredV keine beispielhafte Aufzählung einzelner Provisionsaufwendungen; er verweist lediglich auf die in § 30 Abs. 1 RechKredV genannten Dienstleistungsgeschäfte bzw. Finanzdienstleistungen. Insoweit kann auf die Ausführungen zum Posten „Provisionserträge" verwiesen werden.

6.2.6.2.2. Voraussetzungen für den Postenausweis

Soweit ein Institut die Dienstleistungen nicht selbst erbringt und daraus Provisionserträge erzielt, sondern diese Dienstleistungen einschließlich der Finanzdienstleistungen in Anspruch nimmt, fallen bei dem Institut Provisionsaufwendungen an. Im Posten „Provisionsaufwendungen" sind Provisionen und ähnliche Aufwendungen aus Dienstleistungsgeschäften bzw. aus Finanzdienstleistungen auszuweisen (§ 30 Abs. 2 RechKredV), die den Provisionserträgen entsprechen. Wegen weiterer Einzelheiten sei auf die Ausführungen zum Posten „Provisionserträge" verwiesen. **Provisionsnachzahlungen** bzw. -belastungen an andere Banken bzw. Finanzdienstleistungsunternehmen **für Vorjahre** sind entsprechend der Vorgehensweise bei den Provisionserträgen nicht als sonstiger betrieblicher Aufwand, sondern als Provisionsaufwand zu erfassen.[1896]

Aufwendungen aus nichtbankgeschäftlichen Dienstleistungen bzw. aus Dienstleistungen, die keine Finanzdienstleistungen sind, sind in Abhängigkeit von der Art der Aufwendungen entweder als „sonstige betriebliche Aufwendungen" zu erfassen oder im Posten „andere Verwaltungsaufwendungen" zu zeigen.[1897] So sind bspw. Aufwendungen für Beratungs- und Prüfungsdienstleistungen und für Gutachten nicht als Provisionsaufwand, sondern als Verwaltungsaufwand (Sachaufwand) auszuweisen.

Die Aufwendungen für **durchlaufende Kredite** (Treuhandkredite) sowie für **Verwaltungskredite** sind mit den entsprechenden Erträgen zu verrechnen; in der Gewinn- und Verlustrechnung ist lediglich die Marge auszuweisen.

Entsprechend der Bilanzierung von verausgabten Bürgschaftsprovisionen hat auch die Bilanzierung von Prämienzahlungen für **Credit Default Swaps** zu erfolgen, die nachweislich für Sicherungszwecke abgeschlossen wurden und die hierfür objektiv geeignet sind.[1898] Die **Prämienzahlungen** sind nach RS BFA 1 „*- wie die Kreditzinsen auf das zugrundeliegende Kreditgeschäft - nach den allgemeinen Grundsätzen über die Laufzeit des Geschäfts zu verteilen.*" Wie bei Bürgschaften und Garantien sollen nach RS BFA 1 daher die Prämienzahlungen unter den Provisionsaufwendungen ausgewiesen werden, es sei denn, dass der Zinscharakter überwiegt.[1899] Inwieweit ein Ausweis unter den Zinsen erfolgen kann, ist im Einzelfall zu unterscheiden.

[1896] Vgl. Krumnow ua., 2. Aufl., § 30 RechKredV Rn. 26.
[1897] Vgl. Krumnow ua., 2. Aufl., § 30 RechKredV Rn. 12; Treuarbeit (Hrsg.), 107; Bieg (1998), 340.
[1898] Vgl. RS BFA 1, FN 2002, 61 ff.
[1899] Vgl. hierzu auch Ausschuss für Bilanzierung des Bundesverbandes deutscher Banken, WPg 2000, 687.

6.2.6.3. Anhangangaben

Im Gegensatz zu den Provisionserträgen sind die Provisionsaufwendungen nicht nach geographischen Märkten aufzugliedern.

6.2.6.4. Prüfung des Postens

Es sind die allgemein für Provisionsaufwendungen üblichen Prüfungshandlungen durchzuführen. Dabei ist darauf zu achten, dass sämtliche Provisionsaufwendungen **vollständig** und **periodengerecht** erfasst und zutreffend im Posten „Provisionsaufwendungen" ausgewiesen werden. Es empfiehlt sich, den GuV-Posten zusammen mit den Provisionserträgen zu prüfen.

Es empfiehlt sich ferner, ausgewählte Provisionsaufwandskonten unter stichprobenweiser Heranziehung der Ursprungsbelege zu prüfen. Es ist ferner zweckdienlich, den Provisionsaufwand - soweit möglich - anhand der provisionspflichtigen Geschäfte zu verproben bzw. anhand einer DV-Systemprüfung zu verifizieren. Dabei sollte darauf geachtet werden, ob die Provisionen richtig berechnet werden.

Der **Prüfungsbericht** muss die in § 48 PrüfbV verlangten Angaben enthalten:

- Darstellung im Vergleich mit dem Vorjahr,
- Erläuterung der Zusammensetzung.

6.2.7. Nettoertrag oder Nettoaufwand aus Finanzgeschäften

6.2.7.1. Postenbezeichnung

Die Postenbezeichnung nach dem Formblatt 3 lautet wie folgt:

> *7. Nettoertrag aus Finanzgeschäften*
> *oder*
> *7. Nettoaufwand aus Finanzgeschäften*

Der Posten „7. Nettoertrag oder Nettoaufwand aus Finanzgeschäften" ist für alle Universalkreditinstitute, Realkreditinstitute sowie Bausparkassen einheitlich geregelt.

Entsprechend der Postenbezeichnung im Formblatt 2 (Kontoform) ist auch die Bezeichnung des Postens im Formblatt 3 (Staffelform) an den tatsächlichen Posteninhalt anzupassen. Dies verlangt der Grundsatz der Klarheit (§ 243 Abs. 2 HGB).[1900]

[1900] Das gilt, obwohl § 265 Abs. 6 HGB für Kreditinstitute nicht anzuwenden ist.

Nach § 340 Abs. 4 Satz 2 HGB ist § 340c Abs. 1 HGB, wonach als Ertrag oder Aufwand aus Finanzgeschäften der Unterschiedsbetrag der Erträge und Aufwendungen aus Geschäften mit Wertpapieren des Handelsbestands, Finanzinstrumenten, Devisen und Edelmetallen sowie der Erträge aus Zuschreibungen und der Aufwendungen aus Abschreibungen bei diesen Vermögensgegenständen saldiert auszuweisen ist, auf Finanzdienstleistungsinstitute bzw. skontroführenden Institute nicht anzuwenden.

Finanzdienstleistungsinstitute, sofern sie nicht Skontroführer iSd. § 8b Abs. 1 Satz 1 BörsG sind, haben daher nach der Fußnote 7 zum Formblatt 3 anstatt des Aufwands- oder Ertragspostens „7. Nettoertrag oder Nettoaufwand aus Finanzgeschäften" folgende Posten unsaldiert aufzuführen:

>   *7a. Ertrag aus Finanzgeschäften*
>   *7b. Aufwand aus Finanzgeschäften*

Die Fußnote 7 zum Formblatt 3 wurde mit der Zweiten Verordnung zur Änderung der RechKredV eingefügt. Aufgrund des im Vergleich zu den Kreditinstituten anderen Geschäftsschwerpunkts, der im Wesentlichen bei solchen Handelsgeschäften liegt, die auch von der Vorschrift des § 340c Abs. 1 HGB erfasst werden, würde der Nettoausweis von Erträgen und Aufwendungen aus Finanzgeschäften bedeuten, dass der größte Teil des Geschäfts der Finanzdienstleistungsinstitute nur in Form eines Saldos dazustellen ist. Eine solche Wiedergabe des Geschäfts entspricht zum einen nicht der bisherigen Bilanzierungspraxis der Finanzdienstleistungsinstitute und würde zum anderen den Jahresabschluss als Instrument der Aufsichtsbehörde erheblich beeinträchtigen. Daher ist es notwendig, dass der Posten „Nettoertrag oder Nettoaufwand aus Finanzgeschäften" durch den Bruttoausweis ersetzt wird. Die Bruttoposten umfassen jeweils getrennt die im § 340c Abs. 1 HGB aufgeführten Ertrags- bzw. Aufwandskomponenten. Die Bezeichnung der Ertrags- bzw. Aufwandsposten lehnt sich eng an die des Nettopostens an.

Institute, die **Skontroführer** iSd. § 8b Abs. 1 Satz 1 BörsG und nicht Einlagenkreditinstitut iSd. § 1 Abs. 3d Satz 1 KWG sind, haben anstatt des Aufwands- oder Ertragspostens „7. Nettoertrag oder Nettoaufwand aus Finanzgeschäften" folgende Posten aufzuführen:

>   *7a. Ertrag aus Finanzgeschäften*
>   *davon:*
>   *aa) Wertpapiere*
>   *ab) Futures*
>   *ac) Optionen*
>   *ad) Kursdifferenzen aus Aufgabegeschäften*
>   *7b. Aufwand aus Finanzgeschäften*
>   *davon:*
>   *ba) Wertpapiere*
>   *bb) Futures*
>   *bc) Optionen*
>   *bd) Kursdifferenzen aus Aufgabegeschäften*

Skontroführer (darunter auch Kursmakler) haben über den Bruttoausweis der Erträge und Aufwendungen aus Finanzgeschäften hinaus weitere Informationen auszuweisen. Von der Börsenaufsicht der einzelnen Länder wurden vergleichbare Zusatzinformationen zum Eigenhandel gemäß § 8b Abs. 1 Satz 1 BörsG aF für Skontroführer im Jahresabschluss vorgeschrieben. Zur Vereinheitlichung der Formblätter für den Jahresabschluss werden Darunter-Vermerke, die im Wesentlichen den Handelsbestand betreffen, in die Gewinn- und Verlustrechnung für diese Institute eingeführt.

6.2.7.2. Posteninhalt

6.2.7.2.1. RechKredV

Der Posteninhalt ist in der RechKredV nicht geregelt. § 340c Abs. 1 HGB bestimmt, welche Beträge im Eigenhandelsergebnis zu buchen sind. Ein wesentlicher Aspekt des Ausweises des Eigenhandelsergebnisses in der Gewinn- und Verlustrechnung ist, dass es sich grundsätzlich um einen Nettoausweis handelt. § 340 Abs. 4 Satz 2 HGB bestimmt hiervon abweichend für Finanzdienstleistungsinstitute sowie für skontroführende Institute, die nicht Einlagenkreditinstitute sind, den Bruttoausweis.

Aus dem Zusatz „*des Handelsbestands*" bei den Geschäften mit Wertpapieren, der im Sprachgebrauch den Eigenhandelsbestand bezeichnet, kann der Rückschluss gezogen werden, dass es sich nicht nur bei den Wertpapieren, sondern auch bei den ihnen in § 340c Abs. 1 HGB gleichgestellten Geschäften mit Finanzinstrumenten, Devisen und Edelmetallen nur um Geschäfte des Eigenhandels handeln kann.[1901]

6.2.7.2.2. Voraussetzungen für den Postenausweis

6.2.7.2.2.1. Überblick

Der Eigenhandelsbereich stellt für Kredit- und Finanzdienstleistungsinstitute neben dem Kredit- und Einlagengeschäft und dem Provisionsgeschäft einen wesentlichen Bestandteil des Geschäfts dar. Im Unterschied zu den anderen Geschäften, bei denen die Aufwendungen und Erträge jeweils unsaldiert (brutto) auszuweisen sind, müssen die Aufwendungen und Erträge aus dem Eigenhandelsgeschäft bei Kreditinstituten zwingend saldiert werden.

Der im Posten „Nettoertrag oder Nettoaufwand aus Finanzgeschäften" ausgewiesene Betrag ist - wie bereits erwähnt - bei Kreditinstituten grundsätzlich eine Saldogröße; dh. in diesem Posten ist der Unterschiedsbetrag der Erträge und Aufwendungen aus Geschäften mit Wertpapieren des Handelsbestands, Finanzinstrumenten, Devisen- und Edelmetallen sowie der

---

[1901] Vgl. Böcking/Oldenburger/Sittmann-Haury, in: MünchKomm. HGB § 340c HGB Rn. 8.

Erträge aus Zuschreibungen und der Aufwendungen aus Abschreibungen bei diesen Vermögensgegenständen auszuweisen (§ 340c Abs. 1 Satz 1 HGB).[1902]

Die hier zu erfassenden Aufwendungen und Erträge resultieren zum einen aus Umsatzakten (Kursgewinne bzw. -verluste aus An- und Verkäufen) und zum anderen aus Bewertungsmaßnahmen. Die Erfolge aus Umsatzakten ergeben sich aus Unterschieden zwischen den Anschaffungskosten bzw. dem Buchwert und dem Veräußerungserlös bzw. dem Nennwert oder Rücknahmepreis. In die Verrechnung sind außerdem die Bewertungsergebnisse wie die Aufwendungen für die Bildung von Rückstellungen für drohende Verluste aus den zuvor bezeichneten Geschäften und die Erträge aus der Auflösung dieser Rückstellungen einzubeziehen (§ 340c Abs. 1 Satz 2 HGB).

Die **Verrechnung** dieser Aufwendungen und Erträge ist bei Kreditinstituten **zwingend** vorgeschrieben. Eine teilweise Verrechnung ist ausgeschlossen. Es handelt sich um eine gesetzlich geregelte Ausnahme vom Verrechnungsverbot des § 246 Abs. 2 HGB.

Im Falle eines positiven Unterschiedsbetrags zwischen den in § 340c Abs. 1 HGB genannten Erträgen und Aufwendungen ist der Posten als „Nettoertrag aus Finanzgeschäften" zu bezeichnen; handelt es sich hingegen um einen negativen Unterschiedsbetrag, lautet die Postenbezeichnung „Nettoaufwand aus Finanzgeschäften".

Zur Abgrenzung der **Wertpapiere des Handelsbestands** von den Wertpapieren des Anlagevermögens bzw. der Liquiditätsreserve wird auf die Ausführungen in Kapitel 4.4. verwiesen. Die in den Nettoertrag bzw. den Nettoaufwand aus Finanzgeschäften einfließenden Aufwendungen und Erträge sind auch in Kapitel 4.4.2.4. dargestellt.

Die derivativen Bestandteile von **strukturierten Produkten** können für den Fall, dass das strukturierte Produkt getrennt zu bilanzieren ist, direkt dem Handelsbestand zugeordnet werden, wenn die Risiken aus den eingebetteten Derivatem im Rahmen der Risikosteuerung im Handel gesteuert werden.

Bei **Hedgegeschäften**, bei denen das Grundgeschäft ein Eigenhandelsgeschäft iSd. § 340c Abs. 1 HGB darstellt, erstreckt sich aufgrund des wirtschaftlichen Zusammenhangs beider Geschäfte der Anwendungsbereich der Eigenhandelsvorschrift auch auf die Sicherungsgeschäfte.

Im Rahmen der Eigenhandelsgeschäfte anfallende **Anschaffungsnebenkosten** sind als unmittelbar im Zusammenhang mit dem Erwerb stehende Aufwendungen gemäß § 255 HGB grundsätzlich zu aktivieren. Von diesem Grundsatz kann abgewichen werden, soweit die Nebenkosten in Relation zum Kaufpreis unwesentlich sind oder ihre Ermittlung unverhältnismäßig hohe Kosten verursacht. In diesem Fall sind die Anschaffungsnebenkosten aus Eigenhandelsgeschäften Aufwendungen iSv. § 340c Abs. 1 Satz 1 HGB.[1903]

[1902] Vgl. Hossfeld, WPg 1993, 339 f.
[1903] Vgl. Böcking/Oldenburger/Sittmann-Haury, in: MünchKomm. HGB § 340c HGB Rn. 44.

Nicht zum Eigenhandelserfolg gehören Personalaufwendungen, Sachaufwendungen, Depotgebühren uÄ, laufende Erträge aus Handelsbeständen (vgl. nachfolgend) sowie Abzinsungsbeträge.

6.2.7.2.2.2. Abgrenzung von Eigenhandels- und Kundengeschäften mit Wertpapieren

Dem Eigenhandel sind die Geschäfte zuzuordnen, die ein Institut aus eigener Initiative und auf eigene Rechung betreibt, um (künftige) Kursentwicklungen an den entsprechenden Märkten zu eigenen Gunsten auszunutzen.[1904] Beim Eigenhandel handelt es sich um Geschäfte in eigenem Namen und auf eigene Rechung und bei denen durch kurzfristige Ausnutzung von Preis- und Wertdifferenzen Gewinne erzielt werden sollen.[1905] Solche Preis- und Wertdifferenzen sind bspw. Kursunterschiede (zB bei Wertpapieren), Differenzen der Barwerte von Ein- und Auszahlungsströmen (zB bei Zinsswaps) oder Zinsdifferenzen (zB Swaparbitragegeschäfte des Devisenhandels, Termingeldaufnahmen bzw. -anlagen im Geldhandel).[1906]

Eigenhandelsgeschäfte mit Wertpapieren werden mit dem Ziel der (kurzfristigen) Gewinnerzielung durch Ausnutzung von aktuellen oder zu erwartenden Preis- und Wertdifferenzen abgeschlossen. Die kurzfristige Realisierbarkeit bildet für das Eigenhandelsgeschäft zwar keine notwendige Voraussetzung, sie ist dennoch typisch für diese Art von Geschäften. Zu den Eigenhandelsgeschäften zählen der **klassische Eigenhandel**, die Ausübung der **Market-Maker-Funktion** und der **Kommissionshandel mit Selbsteintritt**.[1907] Der Kommissionshandel mit Selbsteintritt ist dem Eigenhandel zuzurechnen, da die Abwicklung über den Eigenbestand erfolgt.

Von den Eigenhandelsgeschäften sind die **Kundengeschäfte** (Dienstleistungsgeschäft: Auftragshandel, Emissionsgeschäft) abzugrenzen; die Aufwendungen und Erträge sind grundsätzlich im Provisionsergebnis zu zeigen. Die Übernahme und Platzierung von Wertpapieren (einschließlich Schuldscheindarlehen) im Rahmen einer **Emission** gehört ebenfalls zu den Dienstleistungsgeschäften. Die Erfolgsbeiträge hieraus sind mithin im Provisionsergebnis zu zeigen. Auch bei fest übernommenen Emissionen steht das Emissionsgeschäft im Vordergrund, sodass es letztlich im freien Ermessen des Instituts steht, ob und wann diese Bestände den drei Wertpapierkategorien zugeordnet werden.[1908] Kursgewinne aus fest übernommenen Emissionen innerhalb der Emissionsphase sind Bestandteil des Provisionsergebnisses; Kursverluste können ggf. an den Provisionserträgen gekürzt werden.[1909] Restbestände von fest übernommenen Wertpapieren einer Emission können sowohl dem Handelsbestand als auch der Liquiditätsreserve zugeordnet werden.

[1904] Vgl. Homölle/Pfingsten/Speth, WPg 1997, 621.
[1905] Vgl. Müller-Tronnier, BB 1997, 931.
[1906] Vgl. Flesch/Bellavite-Hövermann, Die Bank 1998, 744.
[1907] Vgl. Böcking/Oldenburger/Sittmann-Haury, in: MünchKomm HGB § 340c HGB Rn. 11.
[1908] Vgl. Krumnow ua., 2. Aufl., § 340c HGB Rn. 64.
[1909] Vgl. Krumnow ua., 2. Aufl., § 340c HGB Rn. 64.

Die Abgrenzung zwischen Eigenhandels- und Kundengeschäften ist nicht immer unproblematisch. Die Abgrenzung der auf Kundenaufträgen beruhenden Geschäfte von denen, die im eigenen Interesse des Instituts abgeschlossen werden, hat im Zweifelsfall zu berücksichtigen, ob der Dienstleistungscharakter oder das Eigeninteresse überwiegt. Hilfreich ist hier auch die Abgrenzung zwischen Anlage- und Handelsbuch. Bei vielen Instituten wird der bilanzielle Handelsbestand dem bankaufsichtlichen Handelsbuch iSd. § 1 Abs. 12 KWG entsprechen.

Wenn bspw. Wertpapiere aus dem Handelsbestand an Kunden verkauft werden, dürfte im Regelfall ein Eigenhandelsgeschäft gegeben sein, selbst wenn vom Kunden die Initiative für das Geschäft ausgegangen ist. Aus diesem Grund kann nicht einfach gesagt werden, dass Handelsaktivitäten, die auf Kundenaufträgen beruhen, nicht dem Eigenhandel zuzurechnen sind.[1910]

Die in fremdem Namen durchgeführten Geschäfte sind im Regelfall ebenso als Kundengeschäfte zu qualifizieren wie die Kommissionsgeschäfte, die zwar im eigenen Namen aber für fremde Rechnung des Kunden abgeschlossen werden.

Die Bestimmung, was als **Wertpapiere des Handelsbestands** iSd. § 340c Abs. 1 HGB gilt, richtet sich nach § 7 RechKredV. Sind Finanztitel keine Wertpapiere iSd. § 7 RechKredV, können sie ggf. als Finanzinstrumente in den Eigenhandelsbereich fallen. Es können aber nicht nur die Wertpapiere dem Handelsbestand zugerechnet werden, die mit der Absicht einer kurzfristigen Weiterveräußerung gehalten werden. Auch mittelfristig gehaltene Wertpapiere können dem Handelsbestand zugeordnet werden, solange sie dazu bestimmt sind, einen Handelserfolg zu erzielen.[1911]

Wertpapiere des Handelsbestands können in den Aktivposten 2., 5., 6. und 14. ausgewiesen sein. Dort können sie gemeinsam mit den Wertpapieren des Anlagevermögens und der Liquiditätsreserve erfasst werden. Zum Handelsbestand der Wertpapiere zählen grundsätzlich auch solche Wertpapiere, die im Rahmen von Wertpapierarbitragegeschäften erworben wurden, sowie erworbene, aus eigenen Emissionen stammende Wertpapiere.[1912] Die eigenen Aktien oder Anteile, die dem Handelsbestand zugerechnet werden (zB Kurspflege), sind im Aktivposten „14. Eigene Aktien oder Anteile" zu erfassen.

Die Entscheidung, ob ein Vermögensgegenstand dem Handelsbestand zuzuordnen ist, muss im Regelfall bei dessen Erwerb getroffen und dokumentiert werden. Eine Umwidmung ist in Ausnahmefällen möglich. Umwidmungen sind kein Umsatzakt; insoweit kann keine Gewinnrealisierung stattfinden.[1913]

[1910] AA Bieg (1998), 352.
[1911] GlA Böcking/Oldenburger/Sittmann-Haury, in: MünchKomm. HGB § 340c HGB Rn. 17.
[1912] Vgl. Bieg (1998), 355.
[1913] Nach Bieg (1998), 354 ist es notwendig, die Umwidmung zum Buchwert durchzuführen; einer vorherigen Zuschreibung bis zu den historischen Anschaffungskosten dürfte nach Bieg jedoch nichts entgegenstehen.

Zinserträge sind grundsätzlich nicht in den Nettoertrag aus Finanzgeschäften einzubeziehen, sondern im Zinsergebnis zu zeigen, es sei denn, sie sind Gegenstand des Handelsgeschäfts. **Provisionen** im Zusammenhang mit der Veräußerung von Devisen, Sorten und Edelmetallen sind als „Provisionserträge" auszuweisen (§ 30 Abs. 1 RechKredV).

Neben dem An- und Verkauf von Wertpapieren gehören regelmäßig auch Wertpapierarbitragegeschäfte sowie Wertpapierpensions- und -leihegeschäfte zu den typischen Geschäften des § 340c Abs. 1 HGB.[1914] Gleiches gilt für den Handel mit eigenen Wertpapieren sowie für Erlöse aus der Veräußerung von Bezugsrechten und erfolgswirksame Beiträge aus der Währungsumrechnung.

6.2.7.2.2.3. Geschäfte mit Finanzinstrumenten

Der Begriff der Finanzinstrumente ist im HGB nicht definiert. Bei den Finanzinstrumenten handelt es sich um einen unbestimmten Begriff. Damit ist der Begriff der Finanzinstrumente flexibel gehalten.

Eine Definition dieses Begriffs für bankaufsichtliche Zwecke enthält das Kreditwesengesetz. Nach § 1 Abs. 11 KWG sind Finanzinstrumente Wertpapiere, Geldmarktinstrumente, Devisen oder Rechnungseinheiten sowie Derivate. Derivate sind als Festgeschäfte oder Optionsgeschäfte ausgestaltete Termingeschäfte, deren Preis unmittelbar oder mittelbar abhängt von dem Börsen- oder Marktpreis von Wertpapieren, dem Börsen- oder Marktpreis von Geldmarktinstrumenten, dem Kurs von Devisen oder Rechnungseinheiten, Zinssätzen oder anderen Erträgen oder dem Börsen- oder Marktpreis von Waren oder Edelmetallen.

Die Praxis hat sich für handelsrechtliche Zwecke bislang dahingehend orientiert, dass bezüglich des Begriffs der Finanzinstrumente iSd. § 340c Abs. 1 HGB eine weite Auslegung sachgerecht ist. Finanzinstrumente sind damit für den hier in Rede stehenden Zweck all jene Finanzprodukte, die als Eigenhandelsgeschäfte nicht unter die Geschäfte mit Wertpapieren, Devisen und Edelmetalle fallen.[1915] Finanzinstrumente sind daher insbesondere Optionen, Futures, Forward Rate Agreements, Terminkontrakte und Swaps. Durch die weite Auslegung gelingt es wie bereits erwähnt, alle nicht unter die Geschäfte mit Wertpapieren, Devisen oder Edelmetallen fallenden bilanzwirksamen Handelsgeschäfte hierunter zu fassen. So ist auch der Handel mit Namensschuldverschreibungen, Schuldscheindarlehen und sonstigen handelbaren Forderungen als Eigenhandelsaktivität iSd. § 340c Abs. 1 HGB zu erfassen. Originäre Finanzinstrumente (zB Forderungen) zählen daher stets dann zu den Finanzinstrumenten iSd. § 340c Abs. 1 HGB, wenn es sich um solche des Handelsbestands handelt.[1916]

[1914] Vgl. Böcking/Oldenburger/Sittmann-Haury, in: MünchKomm. HGB § 340c HGB Rn. 22.
[1915] Vgl. Böcking/Oldenburger/Sittmann-Haury, in: MünchKomm. HGB § 340c HGB Rn. 26.
[1916] Vgl. WPH Bd. I 2000 J Tz. 173.

Forderungen, die mit ihrem Nennwert gemäß § 340e Abs. 2 HGB angesetzt werden, zählen per se nicht zum Handelsbestand.[1917] Werden Forderungen dem Handelsbestand zugeordnet, stehen diese nicht für die Bildung von Vorsorgereserven nach § 340f HGB zur Verfügung.

Die Erträge und Aufwendungen aus Finanzgeschäften umfassen neben Erträgen aufgrund von Gewinnen bzw. Aufwendungen aufgrund von Verlusten aus dem Handel mit diesen Instrumenten auch Aufwendungen aufgrund von Abschreibungen und Erträge aufgrund von Zuschreibungen.[1918] In die Verrechnung sind nach § 340c Abs. 1 HGB auch Aufwendungen für die Bildung von Rückstellungen für drohende Verluste aus Finanzgeschäften und Erträge aus der Auflösung dieser Rückstellungen einzubeziehen.

6.2.7.2.2.4. Geschäfte mit Devisen und Edelmetallen

Devisen sind Guthaben in fremder Währung, aber auch auf fremde Währung lautende Wechsel und Schecks. Edelmetalle sind, ungeachtet der Tatsache, dass diese im HGB nicht näher definiert sind, vor allem Gold, Silber und Platin in Form von Barren und Münzen. Im Zusammenhang mit § 340c Abs. 1 HGB sind insbesondere Eigenhandelsgeschäfte mit Devisen und Edelmetallen relevant.

Bei der Abgrenzung zwischen Eigenhandels- und Kundengeschäften ist wie bei den Wertpapieren und Finanzinstrumenten entscheidend, ob das jeweilige Geschäft überwiegend den Charakter des Eigenhandels oder den einer Dienstleistung aufweist.

Hier sind nicht nur die Erfolgsbeiträge aus Kassageschäften mit Devisen und Edelmetallen zu erfassen, sondern auch solche aus Termingeschäften einschließlich Optionen. Ob im Einzelfall ein Geschäft bspw. als solches mit Finanzinstrumenten oder mit Devisen qualifiziert wird (zB Währungsswap), ist für den Ausweis in der Gewinn- und Verlustrechnung letztlich unerheblich.

Das Devisen- bzw. das Edelmetalleigenhandelsergebnis setzt sich nicht nur aus dem Handelsergebnis (An- und Verkauf) zusammen, sondern auch aus dem **Bewertungsergebnis** sämtlicher bilanzwirksamer und bilanzunwirksamer Fremdwährungs- bzw. Edelmetallpositionen. Bei Devisentermingeschäften auftretende Terminauf- und -abschläge sind, soweit diese Zinscharakter haben, zeitanteilig abzugrenzen und im Zinsergebnis zu zeigen.

Die aus dem Devisen- bzw. Edelmetallauftragshandel sich ergebenden Erträge bzw. Aufwendungen sind dagegen im Provisionsergebnis zu erfassen.

[1917] Vgl. Böcking/Oldenburger/Sittmann-Haury, in: MünchKomm. HGB § 340c HGB Rn. 27 mwN.
[1918] Vgl. WPH Bd. I 2000 J Tz. 174.

6.2.7.2.2.5. Laufende Erträge aus Handelsbeständen

Die laufenden Erträge der den Finanzgeschäften zugrunde liegenden Vermögensgegenständen gehören grundsätzlich nicht zum Eigenhandelserfolg. Die Zinsen aus Wertpapieren des Handelsbestands und Finanzinstrumenten sowie die sonstigen Zinsbestandteile aus den übrigen vorgenannten Geschäften werden daher grundsätzlich nicht unter diesem Posten, sondern unter den „Zinserträgen" bzw. den „Zinsaufwendungen" ausgewiesen.[1919] Dies gilt für solche Erfolgsbestandteile, die zweifelsfrei als Zins interpretiert werden können. Es spricht aber nichts dagegen, im Eigenhandelsergebnis solche Zinskomponenten auszuweisen, die als Handelsmarge anzusehen sind.[1920]

Sind bspw. die Zinsen selbst der primäre Handelsgegenstand, ist es auch sachgerecht, den Gesamterfolg im Handelsergebnis auszuweisen.[1921] Dies wird am ehesten bei derivativen Finanzinstrumenten der Fall sein.[1922]

Entsprechendes gilt für Gewinnausschüttungen aus Aktienbeständen, die grundsätzlich als „laufende Erträge aus Aktien und anderen nicht festverzinslichen Wertpapieren" zu erfassen sind, die aber entsprechend der Vorgehensweise bei den Zinsen auch als Handelserfolg gezeigt werden können.

Die Bilanzierungspraxis weist zur Darstellung eines *„wirtschaftlich adäquaten Ergebnisausweises"* gelegentlich Zinsen und Dividenden aus Wertpapieren des Handelsbestands sowie aus Schuldscheindarlehen und Namensschuldverschreibungen (des Handelsbestands) zusammen mit den aus diesen Handelsgeschäften resultierenden Refinanzierungsaufwendungen im Nettoergebnis aus Finanzgeschäften aus.[1923] Es empfiehlt sich bei einem derartigen Vorgehen eine entsprechende Darstellung des Sachverhalts einschließlich der Angabe der jeweiligen Beträge im Anhang.

Gestaltungsmöglichkeiten eröffnen sich bspw. dadurch, dass Kursdifferenzen bei festverzinslichen Wertpapieren zwar Zinscharakter haben, aber soweit es sich um Handelsgeschäfte handelt, im Nettoertrag aus Finanzgeschäften ausgewiesen werden, während die Zinserträge selbst im Zinsergebnis zu zeigen sind. Wird ein festverzinsliches Wertpapier, das zu pari zurückgezahlt wird, über pari erworben und bis zur Fälligkeit im Handelsbestand gehalten, ist der Kursverlust zugunsten des Zinsergebnisses (höherer Nominalzins als aktuelle Rendite) im Eigenhandelsergebnis auszuweisen.

[1919] Vgl. Flesch/Bellavite-Hövermann, Die Bank 1998, 744.
[1920] Vgl. Flesch/Bellavite-Hövermann, Die Bank 1998, 744.
[1921] So Krumnow ua., 2. Aufl., § 340c HGB Rn. 7.
[1922] Wegen weiterer Fragen vgl. Müller-Tronnier, BB 1997, 932 f.
[1923] Vgl. DZ Bank AG Konzernabschluss für das Geschäftsjahr 2002, Anhang Tz. 41.

6.2.7.2.2.6. Kein Einbeziehen von Refinanzierungskosten und Sachaufwand

Die Einbeziehung von Refinanzierungskosten in das Handelsergebnis scheitert ggf. an einer willkürfreien Zuordnung dieser Refinanzierungskosten zum Handelsbestand. Soweit in Ausnahmefällen eine eindeutige, willkürfreie und direkte Zuordnung der Refinanzierungsmittel zu einem bestimmten Bestand an Wertpapieren des Handelsbestands möglich ist, kann eine Einbeziehung der Refinanzierungskosten in das Handelsergebnis ausnahmsweise in Betracht kommen.[1924] Für diesen Fall empfiehlt sich eine entsprechende Anhangangabe (vgl. Kapitel 6.2.7.2.2.5.).

Nicht in den Saldierungsbereich einzubeziehen sind **Personal-** sowie allgemeine **Sachaufwendungen**, auch wenn diese im Eigenhandelsbereich anfallen.

6.2.7.2.2.7. Besonderheiten bei Finanzdienstleistungsinstituten, Kursmaklern und Skontroführern

Bruttoausweis

Finanzdienstleistungsinstitute sind vom Saldierungsgebot für die Aufwendungen und Erträge aus dem Eigenhandel ausgenommen. Sie sind verpflichtet, das Ergebnis ihrer Eigenhandelsaktivitäten brutto auszuweisen (§ 340 Abs. 4 Satz 2 HGB).[1925] Dies wird damit begründet, dass aufgrund des im Vergleich zu den Kreditinstituten anderen Geschäftsschwerpunkts der Finanzdienstleistungsinstitute, der im Wesentlichen bei den von § 340c Abs. 1 HGB erfassten Handelsgeschäften liegt, die Anwendung des Saldierungsgebots des § 340c Abs. 1 HGB bedeuten würde, dass der größte Teil des Geschäfts nur in Form eines Saldos darzustellen wäre.

Vom Saldierungsgebot ausgenommen sind auch Kreditinstitute, die Kursmakler oder Skontroführer und nicht Einlagenkreditinstitut sind. Dies wird damit begründet, dass der Bruttoausweis von der Börsenaufsicht der Länder aufgrund einer Anordnung gefordert und für die BaFin unabdingbar ist. Ansonsten würde der größte Teil des Geschäfts dieser Kreditinstitute lediglich in einem Saldo ausgewiesen.

Das HGB sowie die RechKredV regeln den Bruttoausweis der Aufwendungen und Erträge aus Finanzgeschäften, ohne weitere Vorgaben zu machen, sodass deren Ermittlung in Übereinstimmung mit den Grundsätzen ordnungsmäßiger Bilanzierung zu erfolgen hat.[1926]

[1924] Vgl. auch Müller-Tronnier, BB 1997, 934 f.
[1925] Vgl. auch Hanenberg, WPg 1999, 93.
[1926] Vgl. Hanenberg, WPg 1999, 94.

Ausweis von Umsätzen und unerlaubte Saldierung

Der Bruttoausweis setzt nach Ansicht des BFA[1927] voraus, dass die jeweils erzielten Erträge und Aufwendungen gesondert, ggf. in einer **Nebenbuchhaltung** erfasst werden. Die Ermittlung kann sowohl auf Basis einer Verknüpfung konkreter An- und Verkaufskurse als auch einer unterstellten Verbrauchsfolge der auf die jeweilige Gattung bezogenen durchschnittlichen Anschaffungskosten erfolgen. Die Ermittlung der entsprechenden Positionen bereitet aber insoweit Probleme, wenn Finanzdienstleistungsinstitute ihre Erträge und Aufwendungen noch als Umsatzerlöse bzw. Materialaufwand iSd. § 275 HGB ohne eine konkrete Zuordnung der Geschäfte buchen (IDW PS 520).

Die Berechnung der Bruttoerträge erfolgt in der Praxis gelegentlich durch Saldierung der aufaddierten positiven und negativen Kursdifferenzen. Diese Darstellung ist mit dem Bruttoprinzip nicht vereinbar. Eine zutreffendere Buchung der Kursdifferenzen ist vielmehr anhand des Maklertagebuchs möglich, da dort auf Gattungsebene alle positiven und negativen Kursdifferenzen eines Tages dokumentiert sind.[1928]

Absicherungsgeschäfte

Der strenge Bruttoausweis berücksichtigt nicht den Zusammenhang von Grund- und Sicherungsgeschäften im Rahmen von Absicherungsgeschäften (Bewertungseinheiten), was nach hM nicht sachgerecht ist. Hedgegeschäfte führen auch hier zu einer kompensatorischen Bewertung, wenn die einschlägigen Voraussetzungen für die Bildung von Bewertungseinheiten erfüllt sind.

Buchhaltungssysteme

Aufgrund des Bruttoausweises der Aufwendungen und Erträge aus Finanzgeschäften ist die Buchung aller hierzu gehörenden Transaktionen auf separaten Aufwands- und Ertragskonten erforderlich. Eine saldierende Buchung von Aufwendungen und Erträgen auf nur einem einzigen Konto ist damit nicht sachgerecht. Zudem sind bei verschiedenen Instituten weitergehende Untergliederungen notwendig (Wertpapiere, Futures, Optionen, Kursdifferenzen aus Aufgabegeschäften). Dabei ist es grundsätzlich notwendig, die Gewinne und Verluste je Wertpapier bzw. je Geschäft zu erfassen. Es empfiehlt sich daher, dass die erzielten Erträge und Aufwendungen in einer Nebenbuchhaltung erfasst werden.[1929]

Nach Ansicht des BFA[1930] soll, wenn die an sich erforderliche Buchung auf Einzelgeschäftsebene mit bestimmten Systemen nicht oder nur unter erheblichem Zeitaufwand möglich ist,

---

[1927] Vgl. FN 2000, 481; ebenso IDW PS 520, FN 2001, 431.
[1928] Vgl. BFA, FN 2000, 481.
[1929] Vgl. IDW PS 520, FN 2001, 431.
[1930] Vgl. BFA, FN 2000, 481.

die Buchung zumindest auf **Gattungsebene** durchgeführt werden. Im Falle der Erfolgsermittlung je Wertpapier ist es bei einem Handel mit verschiedenen Wertpapieren möglich, nicht für jedes Geschäft, wohl aber für jedes Wertpapier entweder einen Aufwand oder einen Ertrag zu ermitteln und jeweils getrennt zu addieren und brutto in die Erfolgsrechnung aufzunehmen.[1931]

6.2.7.2.2.8. Darstellung von Bewertungseinheiten, insbesondere Portfoliobewertung

Hedging ist eine Form der Risikobegrenzung, bei der zu einer vorhandenen oder antizipierten Position temporär ein entsprechendes Engagement (Sicherungsgeschäft) so eingegangen wird, dass sich Verluste und Gewinne (bzw. Cashflows) aus beiden Geschäften bei Marktpreisänderungen kompensieren.[1932]

Sollen einzelne bestehende oder geplante Grundgeschäfte (Kassa- oder Termingeschäft) abgesichert werden, spricht man von **Micro-Hedge**. Grund- und Sicherungsgeschäfte können einander dabei eindeutig zugeordnet werden. Das Risiko aus den Grundgeschäften lässt sich eindeutig feststellen. Das Sicherungsgeschäft kann diesem Risiko exakt angepasst werden. Dem Verlustrisiko bzw. dem Cashflow des Grundgeschäfts steht der potenzielle Gewinn bzw. Cashflow aus dem Sicherungsgeschäft eindeutig gegenüber.

Wird das Risiko mehrerer Geschäfte - unter Berücksichtigung der risikomindernden Geschäfte des Gesamtunternehmens - gleichzeitig abgesichert, ohne dass die einzelnen Geschäfte einander zugeordnet werden können, handelt es sich um einen **Macro-Hedge** (Globalsicherung). Macro-Hedges werden normalerweise für Zwecke des allgemeinen Asset-and-Liability Managements eingesetzt.

Beim **Portfolio-Hedge** werden Geschäfte mit gleichartigem Risiko in Gruppen zusammengefasst und unter Berücksichtigung gegenseitiger Risikokompensationen gemeinsam abgesichert. Dabei werden nicht einzelne Geschäfte, sondern das gesamte Portfolio betrachtet. Die Zuordnung der einzelnen Geschäfte zum Portfolio als Bewertungsobjekt ist institutionalisiert (Absicherungsvermutung). Eine direkte Zuordnung der gegenläufigen Gewinne und Verluste aus Grund- und Sicherungsgeschäften innerhalb des Portfolios ist nicht möglich.

Derzeit wird die Bildung von Bewertungseinheiten bei der Bewertung von Portfolios, dh. die Kompensation von Gewinnen und Verlusten aus mehreren Geschäften, im Schrifttum nur für die **Handelsaktivitäten der Institute** gefordert. Ausführlich zur Portfoliobewertung vgl. Scharpf/Luz.[1933]

[1931] Vgl. auch Hanenberg, WPg 1999, 94.
[1932] Ausführlich vgl. Scharpf/Luz, 291 ff.
[1933] Vgl. Scharpf/Luz, 313 ff.

6.2.7.2.2.9. Gewinnrealisierungszeitpunkt für Eigenhandelserfolge

Der Zeitpunkt der Gewinnrealisierung richtet sich grundsätzlich nach den allgemeinen Grundsätzen ordnungsmäßiger Bilanzierung, dh. nach dem Risikoabbau.[1934] Die in der Praxis vorzufindenden unterschiedlichen Geschäfte machen es jedoch notwendig, differenziertere Indikatoren für die Konkretisierung des Gewinnrealisierungszeitpunkts anzuwenden.[1935] Die Frage nach dem Gewinnrealisierungszeitpunkt von Handelsaktivitäten befindet sich nach wie vor im Fluss.

Insbesondere im Handelsbereich stellt sich die Frage, ob Erfolgsbeiträge aus korrespondierenden Handelsgeschäften erst mit der Abwicklung beider Geschäfte als realisiert angesehen werden können (was der hM entspricht) oder bereits bei Abschluss des Gegengeschäfts. Die Befürworter der zweiten Alternative argumentieren, dass bereits § 340h Abs. 2 Satz 2 HGB den Willen des Gesetzgebers verdeutlicht, die Erfolge bereits dann zu realisieren, wenn sie durch Geschäft und Gegengeschäft festgeschrieben sind. Im Hinblick auf einen Risikoabbau ist bei nachhaltig gesicherten Bewertungseinheiten nach Ansicht von Bökking/Oldenburger/Sittmann-Haury[1936] das Prinzip des quasisicheren Anspruchs bereits bei Vertragsabschluss erfüllt, da die der Gewinnvereinnahmung entgegenstehenden Unsicherheitsmomente ausgeschaltet sind. Der mit einer gewissen Sicherheit erzielte Gewinn sei jedoch anhand von Objektivierungsnormen (idR mit betriebsinternen Normen) zu belegen.

6.2.7.2.2.10. Kreditderivate des Handelsbestands

Hinsichtlich der Bilanzierung und Bewertung von Kreditderivaten ist der Verwendungszweck von entscheidender Bedeutung.[1937] Eine Zuordnung zum **Handelsbestand** erfolgt, wenn das Kreditderivat in der Absicht abgeschlossen wird, bei Veränderung eines Marktpreises im Zeitablauf durch Terminierung des abgeschlossenen Geschäfts (Close-out) oder durch Abschluss eines Gegengeschäfts einen Handelsgewinn zu erzielen. Ebenfalls als Handelsbestand angesehen wird das aktive Führen eines Buchs mit Kreditderivaten ohne Bezug zu bestehenden oder geplanten Grundgeschäften iSd. des Durchhandelns.

Diese Zuordnung zum Handelsbestand muss vom Bilanzierenden stetig und willkürfrei erfolgen sowie für fachkundige Dritte nachvollziehbar sein. Der Verwendungszweck muss sich auch in den innerbetrieblichen Strukturen und Abläufen, der Risikosteuerung und Überwachung niederschlagen.

[1934] Vgl. Krumnow ua., 2. Aufl., § 340c HGB Rn. 96 mwN.
[1935] Vgl. Böcking/Oldenburger/Sittmann-Haury, in: MünchKomm. HGB § 340c HGB Rn. 42 mwN.
[1936] Vgl. Böcking/Oldenburger/Sittmann-Haury, in: MünchKomm. HGB § 340c HGB Rn. 42.
[1937] Vgl. IDW RS BFA 1, FN 2002, 63.

Zur Bilanzierung und Bewertung von Kreditderivaten im Handelsbestand wird auf IDW RS BFA 1 verwiesen.[1938] Der Abschluss eines Kreditderivats zur **Absicherung von im Handelsbestand** gehaltenen Kreditrisiken ist grundsätzlich ebenfalls als Handel zu qualifizieren.[1939]

6.2.7.3. Anhangangaben

Der „Nettoertrag aus Finanzgeschäften" ist im Anhang nach geographischen Märkten aufzugliedern, soweit diese Märkte sich vom Standpunkt der Organisation des Kreditinstituts wesentlich voneinander unterscheiden (§ 34 Abs. 2 Nr. 1 RechKredV). Soweit ein Nettoaufwand aus Finanzgeschäften entsteht, ist dieser nicht im Anhang aufzugliedern.

Im Anhang ist ferner eine Aufstellung über die Arten von am Bilanzstichtag noch nicht abgewickelten fremdwährungs-, zinsabhängigen und sonstigen Termingeschäften, die lediglich ein Erfüllungsrisiko sowie Währungs-, Zins- und/oder sonstige Marktpreisänderungsrisiken aus offenen und im Falle eines Adressenausfalls auch aus geschlossenen Positionen beinhalten, aufzunehmen (§ 36 RechKredV).

Die Zuordnung der Wertpapiere, Finanzinstrumente, Devisen und Edelmetalle zum Handelsbestand ist mit keinen besonderen Angaben im Anhang verbunden.

6.2.7.4. Prüfung des Postens

Es sind die allgemein für die Ertragsposten üblichen Prüfungshandlungen durchzuführen. Dabei ist darauf zu achten, dass sämtliche Eigenhandelserfolge **vollständig** und **periodengerecht** erfasst und zutreffend ausgewiesen werden. **Bewertungsfragen** werden idR bereits im Rahmen der Prüfung der einzelnen Bilanzposten geklärt. Es empfiehlt sich, den GuV-Posten zusammen mit den entsprechenden Bilanzposten zu prüfen.

Es empfiehlt sich ferner, ausgewählte Ertragskonten bzw. Aufwandskonten unter stichprobenweiser Heranziehung der Ursprungsbelege zu prüfen. Es ist ferner zweckdienlich, den Eigenhandelserfolg - soweit möglich - anhand der Bestände zu verproben bzw. anhand einer DV-Systemprüfung zu verifizieren. Dabei sollte darauf geachtet werden, ob die Aufwendungen und Erträge richtig berechnet werden.

Der **Prüfungsbericht** muss die in § 48 PrüfbV verlangten Angaben enthalten:

- Darstellung im Vergleich mit dem Vorjahr,
- Erläuterung der Zusammensetzung.

Es empfiehlt sich, die für den Anhang relevanten Angaben im Prüfungsbericht darzustellen.

[1938] Vgl. IDW RS BFA 1, FN 2002, 65.
[1939] Vgl. IDW RS BFA 1, FN 2002, 63.

6.2.8. Sonstige betriebliche Erträge

6.2.8.1. Postenbezeichnung

Die Postenbezeichnung nach dem Formblatt 3 lautet wie folgt:

> 8. Sonstige betriebliche Erträge

Der GuV-Posten „8. Sonstige betriebliche Erträge" ist für alle Kredit- und Finanzdienstleistungsinstitute iSv. § 1 KWG einheitlich geregelt.

Weder durch die Erste noch durch die Zweite Verordnung zur Änderung der RechKredV hat die Postenbezeichnung eine Änderung erfahren.

6.2.8.2 Posteninhalt

6.2.8.2.1. RechKredV

Die RechKredV enthält keine Bestimmungen für den Posteninhalt des GuV-Postens „8. Sonstige betriebliche Erträge".

6.2.8.2.2. Voraussetzungen für den Postenausweis

Der Posten „Sonstige betriebliche Erträge" ist ein Sammelposten für alle nicht unter anderen Ertragsposten (oder Aufwandsposten, für die eine Verrechnung möglich oder geboten ist) auszuweisenden Erträge. Der Posten nimmt daher alle die Erträge auf, die im Rahmen der gewöhnlichen Geschäftstätigkeit entstehen und einem anderen Ertragsposten nicht zugeordnet werden können.[1940]

Hier sind beispielsweise folgende Erträge auszuweisen:

- Erträge aus nichtbankgeschäftlichen Dienstleistungen (zB Fremdmieten, Pachten, Erbbauzinsen),
- Erträge aus Anlagenverkäufen (zB Grundstücke und Bauten, Betriebs- und Geschäftsausstattung),
- Erträge aus der Auflösung von Rückstellungen, ausgenommen die Erträge aus der Auflösung von Rückstellungen für drohende Verluste aus Finanzgeschäften (Eigenhandelserfolg) und für Eventualverbindlichkeiten und Kreditrisiken (Risikovorsorgesaldo),

---

[1940] Vgl. WPH Bd. I 2000 J Tz. 180.

- sonstige Erlöse, wie zB Fernsprechgebühren, Porto, Personalbereitstellung, Beratungs- und Verwaltungsgebühren, soweit es sich nicht um Dienstleistungserträge handelt, die als Provisionserträge zu buchen sind,
- Vergütungen aus Geschäftsbesorgungs- und Geschäftsführungsverträgen,
- Erstattungsbeträge aus dem Lohnfortzahlungsgesetz,
- Zuschüsse (steuerpflichtig) und Zulagen (steuerfrei) ua. für Investitionen, soweit sie nicht als Anschaffungskostenminderung behandelt werden,
- Erträge aus Schadensersatzansprüchen und Versicherungsentschädigungen,
- Zinsen aus Steuererstattungsansprüchen, Prozesszinsen auf Erstattungsbeträge,
- Kassenbestandsüberschüsse,
- Erträge aus Leasinggeschäften.

Soweit die Erträge außerhalb der gewöhnlichen Geschäftstätigkeit anfallen, sind sie unter dem Posten „Außerordentliche Erträge" auszuweisen (§ 277 Abs. 4 Satz 1 HGB).

Erträge aus Wertaufholungen nach § 280 Abs. 1 HGB dürfen grundsätzlich nicht mit den Abschreibungen der betroffenen Vermögensgegenstände saldiert werden (§ 246 Abs. 2 HGB). Die Erträge sind, soweit sie nicht ausdrücklich in einem anderen Posten auszuweisen sind, vielmehr im Posten „Sonstige betriebliche Erträge" auszuweisen.

Der auch von Kreditinstituten anzuwendende § 281 Abs. 2 Satz 2 HGB verlangt, dass Erträge aus der **Auflösung des Sonderpostens mit Rücklageanteil** im Posten „Sonstige betriebliche Erträge" und Einstellungen in den Sonderposten mit Rücklageanteil im Posten „Sonstige betriebliche Aufwendungen" gesondert auszuweisen oder im Anhang anzugeben sind. In den Formblättern 2 und 3 ist jedoch sowohl für Erträge aus der Auflösung von Sonderposten mit Rücklageanteil als auch für Einstellungen in Sonderposten mit Rücklageanteil jeweils ein eigener Posten vorgesehen. Ein gesonderter Ausweis im Posten „Sonstige betriebliche Erträge" bzw. „Sonstige betriebliche Aufwendungen" kommt daher nicht in Betracht.

6.2.8.3. Anhangangaben

Der Gesamtbetrag der sonstigen betrieblichen Erträge ist im Anhang nach geographischen Märkten aufzugliedern, soweit diese Märkte sich vom Standpunkt der Organisation des Kreditinstituts wesentlich voneinander unterscheiden (§ 34 Abs. 2 Nr. 1 RechKredV).

Im Anhang sind ferner folgende Angaben zu machen:

- Die wichtigsten Einzelbeträge dieses Postens sind anzugeben, sofern sie für die Beurteilung des Jahresabschlusses nicht unwesentlich sind. Die Beträge und ihre Art sind zu erläutern (§ 35 Abs. 1 Nr. 4 RechKredV).
- Die in diesem Posten enthaltenen Erträge aus Leasinggeschäften sind anzugeben (§ 35 Abs. 1 Nr. 3 RechKredV).

6.2.8.4. Prüfung des Postens

Es sind die allgemein für sonstige betriebliche Erträge üblichen Prüfungshandlungen durchzuführen. Dabei ist darauf zu achten, dass Erträge **vollständig** und **periodengerecht** erfasst und zutreffend ausgewiesen werden.

Es empfiehlt sich, ausgewählte Ertragskonten unter stichprobenweiser Heranziehung der Ursprungsbelege zu prüfen.

Der **Prüfungsbericht** muss die in § 48 PrüfbV verlangten Angaben enthalten:

- Darstellung im Vergleich mit dem Vorjahr,
- Erläuterung der Zusammensetzung.

Es wird empfohlen, die für den Anhang relevanten Angaben im Prüfungsbericht zu nennen.

6.2.9. Erträge aus der Auflösung von Sonderposten mit Rücklageanteil

6.2.9.1. Postenbezeichnung

Die Postenbezeichnung nach dem Formblatt 3 lautet wie folgt:

9. Erträge aus der Auflösung von Sonderposten mit Rücklageanteil

Der GuV-Posten „9. Erträge aus der Auflösung von Sonderposten mit Rücklageanteil" ist für alle Kredit- und Finanzdienstleistungsinstitute iSv. § 1 KWG einheitlich geregelt.

Weder mit der Ersten noch mit der Zweiten Verordnung zur Änderung der RechKredV wurde die Postenbezeichnung geändert.

6.2.9.2. Posteninhalt

6.2.9.2.1. RechKredV

Die RechKredV hat keine Bestimmungen, die den Posteninhalt näher regeln.

6.2.9.2.2. Voraussetzungen für den Postenausweis

§ 281 Abs. 2 Satz 2 HGB sieht vor, dass Erträge aus der Auflösung des Sonderpostens mit Rücklageanteil im Posten „Sonstige betriebliche Erträge" gesondert auszuweisen oder im

Anhang anzugeben sind. Die Formblätter 2 und 3 sehen hierfür jedoch einen eigenen Posten vor. Ein gesonderter Ausweis im Posten „Sonstige betriebliche Erträge" scheidet damit aus.

Nach Anschaffung bzw. Herstellung des Anlagegegenstands, auf den der Sonderposten mit Rücklageanteil übertragen wird, ist der Anlagegegenstand zunächst außerplanmäßig um den Auflösungsbetrag abzuschreiben. In gleicher Höhe ist der Auflösungsbetrag im GuV-Posten 9. als Ertrag zu buchen.

Der Ertrag ist in voller Höhe unter diesem Posten auszuweisen (Bruttoausweis). Eine Kürzung um die auf ihn ggf. entfallenden Ertragsteuern ist nicht zulässig.[1941] Anfallende Ertragsteuern sind im Posten „Steuern vom Einkommen und vom Ertrag" zu erfassen.

Eine Auflösung, die in diesem Posten auszuweisen ist, liegt auch dann vor, wenn Sonderposten mit Rücklageanteil zu steuerrechtlichen Abschreibungen auf der Aktivseite der Bilanz verwandt werden. Es ist nicht zulässig, ohne Berührung der Gewinn- und Verlustrechnung lediglich eine Umbuchung auf Bilanzkonten vorzunehmen.[1942] Werden die steuerrechtlichen Abschreibungen allerdings in der Form durchgeführt, dass der Ausweis unter dem Sonderposten mit Rücklageanteil beibehalten wird (§ 281 Abs. 1 Satz 1 HGB), so bedarf es keiner Auflösung des Sonderpostens. Der Ausweis unter dem GuV-Posten 9. des Formblatts 3 entfällt in diesem Fall zunächst. In späteren Geschäftsjahren kommt es jedoch insoweit zu einem Ertrag und damit einem Ausweis im Posten „Erträge aus der Auflösung von Sonderposten mit Rücklageanteil", als der Sonderposten anteilig nach Maßgabe des Abschreibungsverlaufs des Vermögensgegenstands zu vermindern oder aufgrund der Bestimmungen, die seiner Bildung zugrunde lagen, schon vorher aufzulösen ist (§ 281 Abs. 1 Satz 3 HGB).[1943]

Das **Saldierungsverbot** (§ 246 Abs. 2 HGB) gilt jedoch nicht nur für Einstellungen und Auflösungen nach unterschiedlichen Vergünstigungsvorschriften, sondern auch für solche nach denselben Vorschriften, dh. es darf beispielsweise ein Ertrag aus der Auflösung bzw. Übertragung einer früher gebildeten Rücklage nach § 6b EStG nicht mit dem Aufwand bei der Bildung einer neuen Rücklage nach § 6b EStG saldiert werden.

6.2.9.3. Anhangangaben

Da die Erträge aus der Auflösung des Sonderpostens mit Rücklageanteil zwingend in einem eigenen Posten und damit auch gesondert auszuweisen sind, entfällt die nach § 281 Abs. 2 Satz 2 HGB für Nichtbanken vorgeschriebene Anhangangabe.

[1941] Vgl. WPH Bd. I 2000 J Tz. 181.
[1942] Vgl. WPH Bd. I 2000 F Tz. 404.
[1943] Vgl. WPH Bd. I 2000 F Tz. 404.

6.2.9.4. Prüfung des Postens

Der Postenausweis ist mit der Entwicklung der Bilanzpostens „Sonderposten mit Rücklageanteil" abzustimmen.

Der **Prüfungsbericht** muss die in § 48 PrüfbV verlangten Angaben enthalten:

- Darstellung im Vergleich mit dem Vorjahr,
- Erläuterung der Zusammensetzung.

6.2.10. Allgemeine Verwaltungsaufwendungen

6.2.10.1. Postenbezeichnung

Die Postenbezeichnung nach dem Formblatt 3 lautet wie folgt:

> *10. Allgemeine Verwaltungsaufwendungen*
>   *a) Personalaufwand*
>   *aa) Löhne und Gehälter*
>   *ab) Soziale Abgaben und Aufwendungen für Altersversorgung und für Unterstützung*
>   *darunter:*
>   *für Altersversorgung ... Euro*
>   *b) andere Verwaltungsaufwendungen*

Der Posten „10. Allgemeine Verwaltungsaufwendungen" ist für alle Kredit- und Finanzdienstleistungsinstitute iSv. § 1 KWG einheitlich geregelt.

Weder mit der Ersten noch mit der Zweiten Verordnung zur Änderung der RechKredV wurde die Postenbezeichnung geändert.

6.2.10.2. Posteninhalt

6.2.10.2.1. RechKredV

Der Posteninhalt ist in § 31 RechKredV beschrieben. Abs. 1 dieser Vorschrift bestimmt, welche Beträge im Unterposten a) ab) auszuweisen sind, während Abs. 2 den Inhalt des Unterpostens b) regelt.

Mit der Zweiten Verordnung zur Änderung der RechKredV wurde in § 31 Abs. 1 Satz 1 RechKredV das Wort „*Kreditinstitut*" durch das Wort „*Institut*" ersetzt.

6.2.10.2.2. Voraussetzungen für den Postenausweis

6.2.10.2.2.1. Unterposten: Personalaufwand

Die Postenbezeichnung und Untergliederung des Unterpostens „a) Personalaufwand" entspricht § 275 Abs. 2 Nr. 6 HGB. Daher sind die für Nichtbanken geltenden Grundsätze auch von Instituten anzuwenden, soweit § 31 Abs. 1 RechKredV keine hiervon abweichenden Regelungen enthält. Als Personalaufwand sind alle Geld- und Sachleistungen für Angestellte, gewerbliche Mitarbeiter und Mitglieder der Geschäftsleitung anzusehen. Darüber hinaus gehören hierzu die sozialen Abgaben und die Aufwendungen für Altersversorgung und für Unterstützung.

Löhne und Gehälter

Unter den Unterposten „aa) Löhne und Gehälter" fallen sämtliche Löhne und Gehälter für Mitarbeiter und Mitglieder des Vorstands/der Geschäftsführung,[1944] ganz gleich für welche Arbeit, in welcher Form und unter welcher Bezeichnung sie geleistet wurden.[1945] Hierzu gehören auch **Nachzahlungen** für Vorjahre, soweit hierfür keine Rückstellungen bestehen. Auch **Nebenbezüge** gehören zu den Vergütungen. Grundsätzlich liegt Personalaufwand dann vor, wenn die Vergütungen der Lohnsteuer unterliegen.

Auszuweisen ist der **Bruttobetrag** der Löhne und Gehälter, dh. vom Mitarbeiter zu tragende Steuern und Sozialabgaben dürfen nicht abgezogen werden. Die Arbeitgeberanteile zur Sozialversicherung sind im Unterposten ab) auszuweisen.

Es sind die im Geschäftsjahr angefallenen Löhne und Gehälter anzugeben, ohne Rücksicht darauf, wann die Auszahlung erfolgt. Darüber hinaus sind hier zu erfassen: [1946]

- Gratifikationen und Tantiemen,
- Erfindervergütungen an Mitarbeiter; Vergütungen für Verbesserungsvorschläge,
- Abfindungen und Ausgleichszahlungen an ausscheidende Mitarbeiter, wenn diese als Gehalts- oder Lohnfortzahlungen für geleistete Dienste anzusehen sind oder aufgrund einer vom Arbeitgeber veranlassten oder gerichtlich ausgesprochenen Auflösung des Dienstverhältnisses zu zahlen sind,
- Abschlussvergütungen; Provisionen an Arbeitnehmer (nicht jedoch an selbstständige Vermittler usw.),
- Pauschalierte Aufwandsentschädigungen,
- Aufwendungen aufgrund von Vorruhestandszahlungen, soweit der Abfindungscharakter überwiegt (ansonsten erfolgt der Ausweis im Unterposten ab)),

---

[1944] Zu den Vorstandsbezügen bzw. Bezügen der Geschäftsleiter vgl. auch ADS 6. Aufl. § 275 HGB Rn. 103.
[1945] Einzelheiten vgl. ADS 6. Aufl. § 275 HGB Rn. 100 ff.
[1946] Vgl. ADS 6. Aufl. § 275 HGB Rn. 104 ff.; Bergmann ua., C.II., 29 f.

- Ausbildungsbeihilfen,
- Erstattung von Fahrtkosten für Fahrten zur Arbeitsstelle und Berufsschule, soweit sie vom Arbeitnehmer zu tragen wären,
- Essenszuschüsse für Mitarbeiter,
- Geldwerte Vorteile aus Sachbezügen zB bei Dienstwohnungen, privater Nutzung von Dienstwagen, Fernsprecheinrichtungen usw.; Wohnungsentschädigungen,
- Jubiläumsgelder,
- Leistungen nach dem Vermögensbildungsgesetz,
- Lohn- und Gehaltsfortzahlungen im Krankheitsfall,
- Mankogelder,
- Prämien für freiwillige Unfallversicherungen zugunsten von Arbeitnehmern,
- Trennungs- und Aufwandsentschädigungen,
- Übernommene Arbeitnehmeranteile zur Sozialversicherung bzw. Arbeitnehmeranteile zur befreienden Lebensversicherung; übernommene Lohn- und Kirchensteuer (einschl. Pauschalversteuerungen),
- Urlaubsgeld und Urlaubsabgeltung sowie Zuführung zur Rückstellung für Urlaubsrückstände,
- Vergütungen für Vermittlungsentgelte; Werbeprämien,
- Zuschuss zum Krankengeld.

Die zum Bilanzstichtag noch nicht ausbezahlten, das abgelaufene Geschäftsjahr betreffenden Löhne und Gehälter werden als sonstige Verbindlichkeiten oder Rückstellungen passiviert.

Aufwendungen (Löhne und Gehälter) für Arbeitskräfte fremder Firmen (Personalleasing) sind idR „andere Verwaltungsaufwendungen" auszuweisen. Ein Ausweis als „Sonstige betriebliche Aufwendungen" kommt dann in Betracht, wenn es sich nicht um bankgeschäftliche Aufwendungen sachlicher Art handelt.[1947]

Die **Gesamtbezüge der Mitglieder des Geschäftsführungsorgans**[1948] sind wie bereits erwähnt im Unterposten aa) auszuweisen. Feste Vergütungen und in der Satzung geregelte gewinnabhängige Tätigkeitsvergütungen, die ein **persönlich haftender Gesellschafter einer KGaA** für seine Tätigkeit erhält, sind ebenfalls im Unterposten aa) zu erfassen, obwohl zwischen der Gesellschaft und dem persönlich haftenden Gesellschafter kein Dienstverhältnis besteht und die Vergütung für gesellschaftliche Tätigkeit geleistet wird.[1949] Für Tätigkeitsvergütungen kommt auch eine Einbeziehung in den Posten „Sonstige betriebliche Aufwendungen" in Betracht, insbesondere wenn sie nicht in der Satzung festgelegt sind.[1950]

[1947] Bankgeschäftliche Aufwendungen sachlicher Art sind nach § 31 Abs. 2 RechKredV im Unterposten b) andere Verwaltungsaufwendungen" auszuweisen. Nach Bergmann ua., C.II., 30 sind diese Aufwendungen stets als „sonstige betriebliche Aufwendungen" zu buchen.
[1948] Vgl. auch ADS 6. Aufl. § 275 HGB Rn. 103.
[1949] Vgl. ADS 6. Aufl. § 275 HGB Rn. 103.
[1950] Vgl. ADS 6. Aufl. § 275 HGB Rn. 103.

Vorschüsse auf Löhne und Gehälter sind keine Aufwendungen des Geschäftsjahres, sondern, soweit am Bilanzstichtag noch nicht verrechnet, als Forderungen unter den sonstigen Vermögensgegenständen zu erfassen.

Bei **Abfindungen** vorzeitig ausscheidender Mitarbeiter bzw. Geschäftsleiter wird im Regelfall eine Nachzahlung von Lohn bzw. Gehalt für bereits geleistete Dienste vorliegen. Außerdem liegt der Grund für Abfindungszahlungen letztlich im Dienstverhältnis. Mithin sind diese Abfindungen grundsätzlich als Löhne und Gehälter auszuweisen.[1951] Haben solche Zahlungen einen erheblichen Umfang, so gehören die entstandenen Aufwendungen zu den außerordentlichen Aufwendungen. Wesentliche periodenfremde Beträge sind ggf. im Anhang zu erläutern.

Erstattete **Barauslagen und Spesen** (Reisespesen, Verpflegung, Übernachtung, Fahrtkosten, Telefon usw.) sind nicht unter den Löhnen und Gehältern, sondern idR unter dem Posten „andere Verwaltungsaufwendungen" auszuweisen.

Aufsichtsratsbezüge sind ebenfalls keine Personalaufwendungen, denn ein Aufsichtsrat steht nicht in einem Dienst- oder Angestelltenverhältnis zum Institut. Aufsichtsratsvergütungen sind nach § 31 Abs. 2 RechKredV vielmehr Aufwendungen sachlicher Art und daher im Unterposten „b) andere Verwaltungsaufwendungen" auszuweisen.

Soziale Abgaben und Aufwendungen für Altersversorgung und für Unterstützung

Im Unterposten ab) sind gesetzliche Pflichtabgaben, Beihilfen und Unterstützungen, die das Institut zu erbringen hat, sowie Aufwendungen für die Altersversorgung (einschließlich den Zuführungen zu den Pensionsrückstellungen) auszuweisen (§ 31 Abs. 1 Satz 1 RechKredV). Bezüglich Einzelheiten zu den im Unterposten ab) auszuweisenden Aufwendungen kann auf die Kommentierungen zu § 275 HGB verwiesen werden.[1952]

Die im Unterposten ab) enthaltenen Aufwendungen für Altersversorgung sind durch einen Darunter-Vermerk innerhalb des Unterpostens ab) nachrichtlich anzugeben. Die Gliederungsschemata der Formblätter 2 und 3 sehen dies ausdrücklich vor. Nachdem § 265 Abs. 5 HGB, wonach unter bestimmten Voraussetzungen eine weitere Untergliederung der Posten zulässig ist, auch von Instituten anzuwenden ist, ist es auch zulässig, den Unterposten ab) wie folgt zu gliedern:

- Soziale Abgaben und Aufwendungen für Unterstützung,
- Aufwendungen für Altersversorgung.

[1951] Vgl. WPH Bd. I 2000 F Tz. 415.
[1952] Vgl. WPH Bd. I 2000 F Tz. 418 ff. sowie die einschlägigen Kommentierungen zu § 275 HGB.

Die laufenden **Beiträge zur Insolvenzsicherung** von betrieblichen Versorgungszusagen an den Pensions-Sicherungs-Verein aG sind ebenfalls den Aufwendungen für Altersversorgung zuzurechnen. Sie sind in den Darunter-Vermerk einzubeziehen. [1953]

Unter die **sozialen Abgaben** fallen die **gesetzlichen Pflichtabgaben**, soweit sie vom Arbeitgeber zu tragen sind:[1954]

- Arbeitgeberanteile für die Angestellten-, Arbeiterrenten-, Kranken-, Pflege- und Arbeitslosenversicherung (einschließlich Arbeitgeberzuschuss zur freiwilligen Krankenversicherung),
- Beiträge zur befreienden Lebensversicherung,
- Beiträge zur Berufsgenossenschaft (gesetzliche Unfallversicherung),
- Umlagebeträge nach dem Lohnfortzahlungsgesetz,
- Schwerbehindertenausgleichsabgabe.

Freiwillige soziale Leistungen gehören nicht zu den sozialen Abgaben, sie sind je nach ihrer Art als Bestandteil der Löhne und Gehälter oder Aufwendungen für Altersversorgung und Unterstützung zu buchen.

Die Aufwendungen für **Altersversorgung** sind in den Darunter-Vermerk aufzunehmen. Zu den Aufwendungen für Altersversorgung gehören bspw.:[1955]

- Zahlungen für laufende Pensionen, soweit diese nicht durch Rückstellungen gedeckt sind,
- Zuführungen zu Pensionsrückstellungen,
- Zuweisungen bzw. Zahlungen an Umlagekassen, Unterstützungskassen und Pensionskassen,
- Beiträge zum Pensionssicherungsverein,
- Übernommene Beiträge für Lebensversicherungen der Mitarbeiter und für Pensionsvereine,
- Überbrückungsgelder.

Prämien für **Rückdeckungsversicherungen** sind als „andere Verwaltungsaufwendungen" zu buchen, soweit sie nicht aktiviert werden.

Zu den Aufwendungen für **Unterstützung** rechnen zB.:[1956]

- Beihilfen für Mitarbeiter ohne besonderen Anlass (zB Hochzeit, Geburten) sowie einmalige Beihilfen aufgrund wirtschaftlicher Notlage,

---

[1953] Vgl. WPH Bd. I 2000 F Tz. 418.
[1954] Vgl. auch ADS 6. Aufl. § 275 HGB Rn. 115 ff.
[1955] Vgl. auch ADS 6. Aufl. § 275 HGB Rn. 119 ff.
[1956] Vgl. auch ADS 6. Aufl. § 275 HGB Rn. 122 ff.

- Krankheitsunterstützungen (Arzt-, Kurkosten usw.),
- Unfallunterstützungen,
- Aufwendungen für Kantinenzuschüsse,
- Aufwendungen zur Pflege der Betriebsgemeinschaft wie zB Betriebssport, Gemeinschaftsabende, Betriebsbibliothek usw.

Der **sonstige Personalaufwand** (zB freiwillige soziale Leistungen) ist dem Unterposten des Personalaufwands zuzurechnen, zu dem er seiner Art nach gehört (§ 31 Abs. 1 Satz 2 RechKredV).

6.2.10.2.2.2. Unterposten: Andere Verwaltungsaufwendungen

Im Unterposten „b) andere Verwaltungsaufwendungen" sind die gesamten **Aufwendungen sachlicher Art** auszuweisen (§ 31 Abs. 2 Satz 1 RechKredV). Es kann sich insbesondere um folgende in § 31 Abs. 2 Satz 1 RechKredV genannte Aufwandsarten handeln:[1957]

- Raumkosten
  Miete, Strom, Wasser, Heizung, Instandhaltung, Reparaturen, Versicherungen, Bewachung, Reinigung usw.
- Bürobetriebskosten
  Büromaterial, Formulare, Druckkosten, Instandhaltungs- und Reparaturkosten für Betriebsvorrichtungen und -einrichtungen, Miete für Büromaschinen und DV-Anlagen, Versicherungsprämien, Zeitschriften usw.
- Kraftfahrzeugbetriebskosten
  Betriebsstoffe, Reparaturen, Versicherungen usw.; Mieten und Leasinggebühren für Kraftfahrzeuge.
- Postkosten
  Porto und Fernsprechgebühren, einschließlich Aufwendungen für die Installation, Miete und Unterhaltung von Fernsprechanlagen.
- Verbandsbeiträge
  Einschließlich Umlagen laufender und einmaliger Art, Umlage der BaFin, Vergütung an Treuhänder für Anleiheumlauf, freiwillige Vereins-, Mitglieds- und Förderbeiträge.
- Beiträge zur Sicherungseinrichtung eines Verbandes.
- Werbung
  Einschließlich der Aufwendungen für Geschenke, Spenden usw.
- Repräsentation
  Einschließlich Sitzungs-, Bewirtungs- und Versammlungsaufwendungen.
- Aufsichtsratsvergütungen, Beiratsvergütungen.
- Versicherungsprämien
  Einschließlich der Prämien für Rückdeckungsversicherungen.

[1957] Vgl. auch Krumnow ua., 2. Aufl., § 31 RechKredV Rn. 28 ff.

- Rechts-, Prüfungs- und Beratungskosten
  Gerichts- und Notarkosten, Aufwendungen für die Aufstellung, Prüfung und Offenlegung des Jahresabschlusses, Depotprüfung, WpHG-Prüfung usw.

Zu den Aufwendungen sachlicher Art gehören ferner:

- Aufwendungen für die Datenverarbeitung,
- Aufwendungen für Personalsuche, -einstellung, Schulung,
- Aufwendungen für Akquisition,
- Aufwendungen für Fachliteratur usw.,
- SWIFT-Gebühren; Telefonbankinggebühren,
- Nicht abziehbare Vorsteuern.

Prämien für **Kreditversicherungen** sind wegen ihrer Verursachung im Kreditgeschäft nicht hier, sondern im Posten „Abschreibungen und Wertberichtigungen auf Forderungen und bestimmte Wertpapiere sowie Zuführungen zu Rückstellungen im Kreditgeschäft" zu erfassen (§ 31 Abs. 2 Satz 2 RechKredV).

Nach Ansicht im Schrifttum[1958] können Erstattungen von Kunden (zB für Porto, Telefon, Notarkosten) mit betragsgleichen Aufwendungen verrechnet werden. Gleiches gilt auch für Erstattungen (Umlagen) der Strom- und Wassergelder, Heizungskosten, Müllabfuhrkosten und dergleichen von Mietern des Instituts. Diese Vorgehensweise verhindert eine unrichtige (zu hohe) Darstellung der anderen Verwaltungsaufwendungen und verbessert damit den Aussagegehalt der Gewinn- und Verlustrechnung.

6.2.10.2.2.3. Eigenmittel-Kostenrelation nach § 10 Abs. 9 KWG

Nach § 10 Abs. 9 KWG muss ein Wertpapierhandelsunternehmen Eigenmittel aufweisen, die mindestens einem Viertel seiner Kosten entsprechen, die in der Gewinn- und Verlustrechnung des letzten Jahresabschlusses unter den allgemeinen Verwaltungsaufwendungen und Wertberichtigungen auf immaterielle Anlagewerte und Sachanlagen ausgewiesen sind.[1959]

Im Zusammenhang mit der Eigenmittel-Kostenrelation für Wertpapierhandelsunternehmen nach § 10 Abs. 9 KWG empfiehlt Jung,[1960] insbesondere die **erfolgsabhängigen Aufwendungen** für freie Mitarbeiter nicht als „andere Verwaltungsaufwendungen" sondern als „Provisionsaufwendungen" in der Gewinn- und Verlustrechnung zu erfassen. Dadurch soll die Eigenmittel-Kostenrelation gesenkt werden, was dazu führt, dass das Wertpapierhandelsunternehmen geringere Eigenmittel aufweisen muss.

[1958] Vgl. Krumnow ua., 2. Aufl., § 31 RechKredV Rn. 38; Bergmann ua., C.II., 32.
[1959] Vgl. ausführlich Bellavite-Hövermann/Hintze/Luz/Scharpf, 142 ff.
[1960] Vgl. Jung, FB 2001 (Beilage 2), 80 ff.

Nach Jung sind diese Aufwendungen als ähnliche Aufwendungen den Provisionen ausdrücklich gleichgestellt, weil diese erfolgsabhängig sind.

6.2.10.3. Anhangangaben

Wesentliche periodenfremde Posten sind hinsichtlich ihrer Art und ihres Betrags im Anhang zu erläutern (§ 277 Abs. 4 HGB). Hierzu gehören auch zB Lohn- und Gehaltszahlungen für Vorjahre, Abfindungen usw.

Nach § 285 Nr. 9 HGB sind Gesamtbezüge bzw. Vorschüsse und Kredite der Geschäftsleitungsorgane bzw. der Aufsichtsorgane anzugeben. Gleiches gilt für die früheren Mitglieder der bezeichneten Organe.

6.2.10.4. Prüfung des Postens

Es sind die allgemein für die Personal- und Sachaufwendungen üblichen Prüfungshandlungen durchzuführen. Dabei ist darauf zu achten, dass sämtliche Aufwendungen **vollständig** und **periodengerecht** erfasst und zutreffend ausgewiesen werden.

Es empfiehlt sich ferner, ausgewählte Aufwandskonten unter stichprobenweiser Heranziehung der Ursprungsbelege zu prüfen. Es ist ferner zweckdienlich, den Personalaufwand bzw. Sachaufwand - soweit möglich - zu verproben bzw. anhand einer DV-Systemprüfung zu verifizieren. Dabei sollte darauf geachtet werden, ob die Aufwendungen richtig berechnet werden.

Der **Prüfungsbericht** muss die in § 48 PrüfbV verlangten Angaben enthalten:

- Darstellung im Vergleich mit dem Vorjahr,
- Erläuterung der Zusammensetzung.

Es empfiehlt sich, die für den Anhang relevanten Daten und Informationen im Prüfungsbericht darzustellen.

Darüber hinaus wird empfohlen, die Zahl der Beschäftigten nach Gruppen darzustellen, soweit dies nicht im Allgemeinen Teil des Berichts erfolgt. Darüber hinaus sollte angegeben werden, auf welchen Grundlagen die Zahlungen der Gehälter und Löhne (Tarifvertrag) bzw. die Versorgungszusagen basieren.

6.2.11. Abschreibungen und Wertberichtigungen auf immaterielle Anlagewerte und Sachanlagen

6.2.11.1. Postenbezeichnung

Die Postenbezeichnung nach dem Formblatt 3 lautet wie folgt:

> 11. Abschreibungen und Wertberichtigungen auf immaterielle Anlagewerte und Sachanlagen

Der Posten „11. Abschreibungen und Wertberichtigungen auf immaterielle Anlagewerte und Sachanlagen" ist für alle Kredit- und Finanzdienstleistungsinstitute iSv. § 1 KWG einheitlich geregelt.

Weder mit der Ersten noch mit der Zweiten Verordnung zur Änderung der RechKredV wurde die Postenbezeichnung geändert.

6.2.11.2. Posteninhalt

6.2.11.2.1. RechKredV

Die RechKredV hat keine Bestimmungen, die den Posteninhalt näher regeln.

6.2.11.2.2. Voraussetzungen für den Postenausweis

Unter diesem Posten sind grundsätzlich alle für das laufende Geschäftsjahr vorgenommenen Abschreibungen auf die Bilanzposten

 11. Immaterielle Anlagewerte und
 12. Sachanlagen

auszuweisen, unabhängig davon, aus welchem Grund sie vorgenommen wurden, jedoch nur insoweit wie sie nicht aufgrund der Bestimmungen in § 281 Abs. 1 Satz 1 HGB in den Sonderposten mit Rücklageanteil eingestellt werden. Der ausgewiesene Betrag muss mit den im Anlagenspiegel vermerkten Abschreibungen des Geschäftsjahres übereinstimmen.

Soweit **Aufwendungen für die Ingangsetzung** des Geschäftsbetriebs und dessen Erweiterung als Bilanzierungshilfe aktiviert werden, sind die Abschreibungen ebenfalls hier auszuweisen.[1961] Gleiches gilt - unter Erweiterung der Postenbezeichnung - für die **Aufwendungen für die Währungsumstellung** auf Euro, soweit sie nicht aufgrund der Bestimmungen des

---

[1961] Vgl. WPH Bd. I 2000 J Tz. 191.

§ 281 Abs. 1 Satz 1 HGB in den Sonderposten mit Rücklageanteil eingestellt werden (nur zulässig für steuerrechtliche Mehrabschreibungen iSd. § 254 Abs. 1 HGB). Auch die Abschreibungen auf das **Leasingvermögen** beim Leasinggeber gehören in diesen Posten, soweit diese als Sachanlagen ausgewiesen sind.[1962] Auszuweisen sind hier auch die Abschreibungen auf einen **Verschmelzungsmehrwert**.

Soweit die zur Rettung von Forderungen erworbenen Immobilien im Aktivposten „15. Sonstige Vermögensgegenstände" ausgewiesen werden, sind die Abschreibungen auf diese Immobilien nicht hier, sondern unter den sonstigen betrieblichen Aufwendungen zu zeigen.

Nach § 34 Abs. 3 RechKredV können die Zuschreibungen, Abschreibungen und Wertberichtigungen auf Beteiligungen, Anteile an verbundenen Unternehmen sowie auf andere Wertpapiere, die wie Anlagevermögen behandelt werden, bei den im Anhang nach § 268 Abs. 2 iVm. § 340e Abs. 1 HGB zu machenden Angaben mit anderen Posten (Sachanlagen, immaterielle Anlagewerte) zusammengefasst werden. Eine darüber hinausgehende Verrechnung der Abschreibungen und Zuschreibungen aus Finanzanlagen mit denen aus Sachanlagen und immateriellen Anlagewerten in der Gewinn- und Verlustrechnung ist weder im HGB noch in der RechKredV vorgesehen.

Außerordentliche Abschreibungen, die mit der Übertragung stiller Reserven gemäß § 6b EStG auftreten, sind ebenfalls in diesem Posten auszuweisen. Eine Saldierung mit den Erträgen aus dem Abgang von Gegenständen des Anlagevermögens ist nicht möglich. Dies gilt auch für den Fall, dass die stillen Reserven in einem späteren Geschäftsjahr durch Auflösung des Sonderpostens mit Rücklageanteil übertragen werden.

Steuerrechtlich zulässige Abschreibungen (§ 254 Satz 1 HGB) sind nur dann in den Posten „11. Abschreibungen und Wertberichtigungen auf immaterielle Anlagewerte und Sachanlagen" einzubeziehen, wenn sie bilanzmäßig als Abschreibungen verrechnet werden. Macht ein Institut jedoch von der nach § 281 Abs. 1 Satz 1 HGB bestehenden Möglichkeit Gebrauch, die steuerrechtlichen Abschreibungen in den **Sonderposten mit Rücklageanteil** einzustellen, so rechnet der Aufwand nicht zu den Abschreibungen, sondern zu den „Einstellungen in Sonderposten mit Rücklageanteil".

Buchverluste aus dem Abgang von Gegenständen der Sachanlagen oder immateriellen Anlagewerten sind nicht hier, sondern entweder unter dem Posten „Sonstige betriebliche Aufwendungen", oder, falls die Voraussetzungen in Ausnahmefällen dafür vorliegen, als „Außerordentliche Aufwendungen" auszuweisen.

Abschreibungen dürfen nicht mit **Wertaufholungen** (§ 280 Abs. 1 HGB) saldiert werden. Das folgt aus dem Saldierungsverbot des § 246 Abs. 2 HGB. Die Wertaufholungserträge sind vielmehr als „Sonstige betriebliche Erträge" auszuweisen.

[1962] Vgl. WPH Bd. I 2000 F Tz. 424.

Außerplanmäßige Abschreibungen nach § 253 Abs. 2 Satz 3 HGB sind weder als Untergliederung oder als Darunter-Vermerk zu diesem GuV-Posten gesondert auszuweisen noch im Anhang anzugeben, denn § 277 Abs. 3 Satz 1 HGB ist von Kreditinstituten nicht anzuwenden (§ 340a Abs. 2 Satz 1 HGB).

6.2.11.3. Anhangangaben

Im Anhang sind die in diesem Posten enthaltenen Abschreibungen und Wertberichtigungen auf Leasinggegenstände anzugeben (§ 35 Abs. 1 Nr. 3 RechKredV).

Außerplanmäßige Abschreibungen nach § 253 Abs. 2 Satz 3 HGB iVm. § 277 Abs. 3 Satz 1 HGB sind von Instituten nicht im Anhang anzugeben (§ 340a Abs. 2 Satz 1 HGB).

Im Anhang sind im Rahmen der Darstellung des Anlagenspiegels gemäß § 34 Abs. 3 RechKredV auch die Abschreibungen zu nennen.

6.2.11.4. Prüfung des Postens

Der Postenausweis ist mit der Entwicklung der Bilanzposten und dem Anlagenspiegel abzustimmen.

Der **Prüfungsbericht** muss die in § 48 PrüfbV verlangten Angaben enthalten:

- Darstellung im Vergleich mit dem Vorjahr,
- Erläuterung der Zusammensetzung.

Es empfiehlt sich, die für den Anhang relevanten Angaben im Prüfungsbericht zu nennen.

6.2.12. Sonstige betriebliche Aufwendungen

6.2.12.1. Postenbezeichnung

Die Postenbezeichnung nach dem Formblatt 3 lautet wie folgt:

> *12. Sonstige betriebliche Aufwendungen*

Der Posten „12. Sonstige betriebliche Aufwendungen" ist für alle Kredit- und Finanzdienstleistungsinstitute iSv. § 1 KWG einheitlich geregelt.

Weder mit der Ersten noch mit der Zweiten Verordnung zur Änderung der RechKredV wurde die Postenbezeichnung geändert.

6.2.12.2. Posteninhalt

6.2.12.2.1. RechKredV

Die RechKredV hat keine Bestimmungen, die den Posteninhalt näher regeln. In diesem Posten werden die Aufwendungen ausgewiesen, die im Rahmen der gewöhnlichen Geschäftstätigkeit des Instituts entstehen, die jedoch einem anderen Aufwandsposten nicht zugeordnet werden können.[1963]

6.2.12.2.2. Voraussetzungen für den Postenausweis

Der Posten „Sonstige betriebliche Aufwendungen" ist - wie bereits erwähnt - ein Sammelposten für alle nicht unter anderen Aufwandsposten auszuweisenden bzw. mit Erträgen zu verrechnenden Aufwendungen der normalen (gewöhnlichen) Geschäftstätigkeit. Die aus der normalen Geschäftstätigkeit resultierenden sonstigen betrieblichen Aufwendungen müssen gegenüber den außerordentlichen Aufwendungen abgegrenzt werden. Soweit die Aufwendungen außerhalb der gewöhnlichen Geschäftstätigkeit angefallen sind, sind sie als „Außerordentliche Aufwendungen" auszuweisen (§ 277 Abs. 4 Satz 1 HGB).

Als „Sonstige betriebliche Aufwendungen" sind bspw. folgende Aufwendungen zu buchen:

- Buchverluste aus Anlagenverkäufen,
- Abschreibungen auf zur Rettung von Forderungen erworbenen Grundstücken, soweit diese in den sonstigen Vermögensgegenständen ausgewiesen werden,
- Aufwendungen für nicht bankgeschäftlich genutzte Grundstücke,
- Aufwendungen für Ehrungen usw., die nicht lohnsteuerpflichtig sind,
- Zinsen auf nachzuzahlende Steuern sowie steuerliche Nebenleistungen (Säumnis-, Verspätungszuschlag, Zwangsgeld, Kosten),
- Aufwendungen für Prozesse,
- sachliche Aufwendungen für die Unterhaltung einer Kantine,
- Aufwendungen im Zusammenhang mit sonstigen sozialen Leistungen (zB Zuschuss zu Betriebsfesten),
- Sachaufwand für das bankfremde Geschäft,
- satzungsmäßige Aufwendungen,
- Zuweisungen zu Rückstellungen wegen drohender Verluste, soweit sie nicht zum Kredit- bzw. Wertpapiergeschäft oder Sachaufwand gehören,
- Kassenfehlbeträge,
- Aufwendungen aufgrund von Fehlbeständen im Wertpapierverkehr.

[1963] Vgl. WPH Bd. I 2000 J Tz. 192.

6.2.12.3. Anhang

Im Anhang sind die wichtigsten Einzelbeträge dieses Postens anzugeben, sofern sie für die Beurteilung des Jahresabschlusses nicht unwesentlich sind. Die Beträge und ihre Art sind zu erläutern (§ 35 Abs. 1 Nr. 4 RechKredV).

6.2.12.4. Prüfung des Postens

Es sind die allgemein für die sonstigen Aufwendungen üblichen Prüfungshandlungen durchzuführen. Dabei ist darauf zu achten, dass sämtliche Aufwendungen **vollständig** und **periodengerecht** erfasst und zutreffend ausgewiesen werden.

Es empfiehlt sich, ausgewählte Aufwandskonten unter stichprobenweiser Heranziehung der Ursprungsbelege zu prüfen.

Der **Prüfungsbericht** muss die in § 48 PrüfbV verlangten Angaben enthalten:

- Darstellung im Vergleich mit dem Vorjahr,
- Erläuterung der Zusammensetzung.

Es empfiehlt sich, die für den Anhang relevanten Daten und Informationen im Prüfungsbericht darzustellen.

6.2.13. Abschreibungen und Wertberichtigungen auf Forderungen und bestimmte Wertpapiere sowie Zuführungen zu Rückstellungen im Kreditgeschäft

6.2.13.1. Postenbezeichnung

Die Postenbezeichnung nach dem Formblatt 3 lautet wie folgt:

> *13. Abschreibungen und Wertberichtigungen auf Forderungen und bestimmte Wertpapiere sowie Zuführungen zu Rückstellungen im Kreditgeschäft*

Der Posten „13. Abschreibungen und Wertberichtigungen auf Forderungen und bestimmte Wertpapiere sowie Zuführungen zu Rückstellungen im Kreditgeschäft" ist für alle Kredit- und Finanzdienstleistungsinstitute iSv. § 1 KWG einheitlich geregelt.

Weder mit der Ersten noch mit der Zweiten Verordnung zur Änderung der RechKredV wurde die Postenbezeichnung geändert.

6.2.13.2. Posteninhalt

6.2.13.2.1. RechKredV

Der Posteninhalt wird mit § 32 RechKredV dahingehend bestimmt, dass in diesen Posten die in § 340f Abs. 3 HGB bezeichneten Aufwendungen aufzunehmen sind.[1964] Es ist auch eine Saldierung mit den dort bezeichneten Erträgen möglich. § 32 RechKredV wurde weder mit der Ersten noch mit der Zweiten Verordnung zur Änderung der RechKredV geändert.

6.2.13.2.2. Voraussetzungen für den Postenausweis

6.2.13.2.2.1. Bruttoausweis

In diesen Posten sind die in § 340f Abs. 3 HGB bezeichneten Aufwendungen aus dem Kredit- und Wertpapiergeschäft aufzunehmen (§ 32 Satz 1 RechKredV), wenn auf eine **Verrechnung** nach § 340f Abs. 3 iVm. § 32 RechKredV wahlweise **verzichtet** wird.

Für diese Aufwendungen ist grundsätzlich ein Bruttoausweis vorgesehen.[1965] Neben der nachfolgend dargestellten Überkreuzkompensation ist es damit auch möglich, in der Gewinn- und Verlustrechnung anstelle des Nettoausweises die Erträge bzw. Aufwendungen jeweils in einem eigenen Posten zu zeigen:

- „Abschreibungen und Wertberichtigungen auf Forderungen und bestimmte Wertpapiere sowie Zuführungen zu Rückstellungen im Kreditgeschäft" oder als
- „Erträge aus Zuschreibungen zu Forderungen und bestimmten Wertpapieren sowie aus der Auflösung von Rückstellungen im Kreditgeschäft".

Der in § 340f Abs. 1 Satz 1 HGB umschriebene Risikovorsorgebereich umfasst mit dem Kreditbereich und großen Teilen des Wertpapierbereichs die zentralen Geschäftsfelder der Kreditinstitute. Bei Finanzdienstleistungsinstituten gehört im Wesentlichen der Wertpapierbereich (Liquiditätsreserve) zum Risikovorsorgebereich.

6.2.13.2.2.2. Überkreuzkompensation

Die Aufwendungen und Erträge aus der Anwendung des § 340f Abs. 1 HGB (Bildung und Auflösung von Vorsorgereserven), aus Geschäften mit Wertpapieren der Liquiditätsreserve, Aufwendungen aus Abschreibungen sowie Erträge aus Zuschreibungen zu diesen Wertpapieren dürfen nach § 340f Abs. 3 HGB mit den Aufwendungen aus Abschreibungen und Wertberichtigungen auf Forderungen, Zuführungen zu Rückstellungen für Eventualverbind-

---

[1964] Vgl. auch Hossfeld, WPg 1993, 337.
[1965] Vgl. Bieg, ZfbF 1988, 156.

lichkeiten und für Kreditrisiken sowie mit den Erträgen aus Zuschreibungen zu Forderungen oder aus deren Eingang nach teilweiser oder vollständiger Abschreibung und aus Auflösungen von Rückstellungen für Eventualverbindlichkeiten und für Kreditrisiken verrechnet werden und in der Gewinn- und Verlustrechnung - je nachdem, ob ein Aufwands- bzw. Ertragssaldo verbleibt - als

- „Abschreibungen und Wertberichtigungen auf Forderungen und bestimmte Wertpapiere sowie Zuführungen zu Rückstellungen im Kreditgeschäft" oder als
- „Erträge aus Zuschreibungen zu Forderungen und bestimmten Wertpapieren sowie aus der Auflösung von Rückstellungen im Kreditgeschäft"

saldiert ausgewiesen werden. § 32 Satz 3 RechKredV schließt eine teilweise Verrechnung ausdrücklich aus.

Nach § 340f Abs. 3 HGB dürfen die nachfolgend aufgeführten Aufwendungen und Erträge in die Verrechnung einbezogen werden (vgl. auch Kapitel 4.6.). Diese werden nachfolgend systematisiert:

Aufwandskomponenten
- Zuführung zur Vorsorge für allgemeine Bankrisiken nach § 340f Abs. 1 HGB,
- Kursverluste bzw. Geschäftsergebnis bei Wertpapieren der Liquiditätsreserve,
- Abschreibungen auf Wertpapiere der Liquiditätsreserve,
- Abzinsung unverzinslicher oder minderverzinslicher Forderungen,
- Abschreibungen auf Forderungen,
- Einzel-, Pauschal-, Länderwertberichtigungen auf Forderungen,
- Zuführungen zu Rückstellungen für Eventualverbindlichkeiten und Kreditrisiken,
- Prämien für Kreditversicherungen.

Ertragskomponenten
- Erträge aus der Auflösung der Vorsorge für allgemeine Bankrisiken nach § 340f Abs. 1 HGB,
- Kursgewinne bzw. Geschäftsergebnis aus Wertpapieren der Liquiditätsreserve,
- Zuschreibungen zu Wertpapieren der Liquiditätsreserve,
- Aufzinsung unverzinslicher bzw. minderverzinslicher Forderungen, sofern der Abzinsungssatz geändert oder angepasst wird;[1966] Erträge aus der Aufzinsung formell unverzinslicher Forderungen gehören zu den Zinserträgen,
- Zuschreibungen zu Forderungen (Auflösung von Wertberichtigungen),
- Erträge aus dem Eingang ganz/teilweise abgeschriebener Forderungen,
- Erträge aus der Auflösung von Rückstellungen für Eventualverbindlichkeiten und Kreditrisiken.

[1966] Vgl. Bergmann ua., C.II., 39.

In die Überkreuzkompensation gehen nur die in § 340f Abs. 3 HGB genannten Aufwands- und Ertragskomponenten ein, nicht jedoch die **laufenden Erträge** aus dem Kreditgeschäft und den Wertpapieren der Liquiditätsreserve.

Der jeweilige Erfolgsbeitrag aus dem einzelnen Verkaufsvorgang von **Wertpapieren der Liquiditätsreserve** ergibt sich als Differenz zwischen den Anschaffungskosten bzw. dem aufgrund früherer Abschreibungen darunter liegenden Buchwert und dem Veräußerungserlös bzw. dem Nennwert oder Rücknahmepreis. Zum **Geschäftsergebnis** der Wertpapiere der Liquiditätsreserve gehören aber auch:[1967]

- die aus Vereinfachungsgründen nicht aktivierten Anschaffungsnebenkosten,
- Erlöse aus der Veräußerung von Bezugsrechten,
- Ausbuchung von Fehlbeträgen,
- bei Zerobonds (Null-Kupon-Anleihen) die Differenz zwischen dem tatsächlich gezahlten Rücknahme- oder Veräußerungsbetrag und dem Buchwert,
- vereinnahmte Leih- und Reservierungsgebühren bei Wertpapieren der Liquiditätsreserve,
- Gewinne- und Verluste aus der Währungsumrechnung dieser Wertpapiere.

Die Zuführungen zum Passivposten „**11. Fonds für allgemeine Bankrisiken**" oder die Erträge aus der Auflösung dieses Passivpostens sind nach § 340g Abs. 2 HGB in der Gewinn- und Verlustrechnung gesondert auszuweisen. Dabei ist lediglich der Saldo der Zuweisungen und Entnahmen gesondert zu zeigen.[1968] Wegen weiterer Einzelheiten wird auf die Ausführungen in Kapitel 4.7. verwiesen.

Zuschüsse, die bspw. von Gesellschaftern geleistet werden, und nicht ausdrücklich in die Kapitalrücklagen einzustellen sind (vgl. auch Kapital 6.2.20.), werden nach HFA 2/1996[1969] (mit entsprechender Erläuterung im Anhang) im außerordentlichen Ertrag ausgewiesen. In die Überkreuzkompensation können diese Beträge nicht einbezogen werden.

6.2.13.2.2.3. Kreditderivate

Werden Kreditderivate bspw. in Form von Credit Default Swaps nachweislich zur Sicherung eines bestehenden Kreditrisikos eingesetzt und ist das eingesetzte Instrument hierzu objektiv geeignet, braucht der Sicherungsnehmer grundsätzlich keine Bewertung zum aktuellen Marktpreis durchzuführen.[1970] Auf eine aus Bonitätsgründen ggf. erforderliche Wertberichtigung des abgesicherten Geschäfts kann verzichtet werden, wenn die Werthaltigkeit des Kreditderi-

---

[1967] Vgl. Bieg (1998), 377 f.
[1968] Vgl. Prahl, WPg 1991, 439; Bergmann, Bankinformation 3/1987, 56.
[1969] Vgl. HFA 2/1996, Rn. 22, WPg 1996, 709.
[1970] Vgl. IDW RS BFA 1, FN 2002, 61 ff.

vats unstrittig ist und sich die Wertänderungen von Grund- und Sicherungsgeschäft kompensieren.

Ist das Kreditereignis eingetreten, erhält der Sicherungsnehmer eine Ausgleichszahlung; das gesicherte Grundgeschäft ist dann wertzuberichtigen. **Erhaltene Ausgleichszahlungen** sind in der Gewinn- und Verlustrechnung, sofern es sich um gesicherte Forderungen handelt, in dem Posten „Abschreibungen und Wertberichtigungen auf Forderungen und bestimmte Wertpapiere sowie Zuführungen zu Rückstellungen im Kreditgeschäft" auszuweisen, um die Verluste aus dem originären Kreditgeschäft zu neutralisieren.[1971] Handelt es sich bei dem gesicherten Grundgeschäft um ein Wertpapier, wird die Ausgleichszahlung in dem der handelsrechtlichen Wertpapierkategorie entsprechenden Posten (§§ 32 oder 33 RechKredV) ausgewiesen.[1972]

6.2.13.3. Anhangangaben

Angaben über die Bildung und Auflösung von Vorsorgereserven nach § 340f Abs. 1 HGB sowie über vorgenommene Verrechnungen nach § 340f Abs. 3 HGB brauchen im Anhang nicht gemacht zu werden (§ 340f Abs. 4 HGB). Wegen weiterer Einzelheiten wird auf Kapitel 4.6. verwiesen.

6.2.13.4. Prüfung des Postens

Es sind die allgemein für die Aufwendungen üblichen Prüfungshandlungen durchzuführen. Dabei ist darauf zu achten, dass sämtliche Aufwendungen **vollständig** und **periodengerecht** erfasst und zutreffend ausgewiesen werden. Die gebildeten bzw. aufgelösten Vorsorgereserven, Einzel-, Pauschal- und Länderwertberichtigungen sind mit den entsprechenden Bilanzposten abzustimmen. Die Bewertungsergebnisse der Wertpapiere der Liquiditätsreserve sind ebenfalls mit den Bilanzposten abzugleichen.

Soweit eine Saldierung nach § 32 RechKredV vorgenommen wird, ist festzustellen, ob in diese sämtliche Aufwendungen und Erträge eingegangen sind.

Es empfiehlt sich, ausgewählte Aufwandskonten (zB Abgangsgewinne bzw. -verluste) unter stichprobenweiser Heranziehung der Ursprungsbelege zu prüfen.

Der **Prüfungsbericht** muss die in § 48 PrüfbV verlangten Angaben enthalten:

- Darstellung im Vergleich mit dem Vorjahr,
- Erläuterung der Zusammensetzung.

[1971] Vgl. IDW RS BFA 1, FN 2002, 63 f.
[1972] Vgl. IDW RS BFA 1, FN 2002, 64 f.

Es empfiehlt sich, die für den Anhang relevanten Daten und Informationen im Prüfungsbericht darzustellen. Soweit nicht bereits an anderer Stelle erfolgt, sollte die Entwicklung der Wertberichtigungen erläutert werden (Anfangsbestand, Verbrauch, Auflösung, Zuführung, Endbestand).

6.2.14. Erträge aus Zuschreibungen zu Forderungen und bestimmten Wertpapieren sowie aus der Auflösung von Rückstellungen im Kreditgeschäft

6.2.14.1. Postenbezeichnung

Die Postenbezeichnung nach dem Formblatt 3 lautet wie folgt:

> *14. Erträge aus Zuschreibungen zu Forderungen und bestimmten Wertpapieren sowie aus der Auflösung von Rückstellungen im Kreditgeschäft*

Der Posten „14. Erträge aus Zuschreibungen zu Forderungen und bestimmten Wertpapieren sowie aus der Auflösung von Rückstellungen im Kreditgeschäft" ist für alle Kredit- und Finanzdienstleistungsinstitute iSv. § 1 KWG einheitlich geregelt.

Weder mit der Ersten noch mit der Zweiten Verordnung zur Änderung der RechKredV wurde die Postenbezeichnung geändert.

6.2.14.2. Posteninhalt

6.2.14.2.1. RechKredV

Der Posteninhalt wird mit § 32 RechKredV dahingehend bestimmt, dass in diesen Posten die in § 340f Abs. 3 HGB bezeichneten Erträge aufzunehmen sind, soweit auf eine Überkreuzkompensation verzichtet wird.[1973] Es ist aber auch eine Saldierung mit den dort bezeichneten Aufwendungen möglich. Eine teilweise Saldierung ist nicht zulässig. § 32 RechKredV wurde weder mit der Ersten noch mit der Zweiten Verordnung zur Änderung der RechKredV geändert.

6.2.14.2.2. Voraussetzungen für den Postenausweis

Dieser Posten ist der korrespondierende Ertragsposten zum Posten „Abschreibungen und Wertberichtigungen auf Forderungen und bestimmte Wertpapiere sowie Zuführungen zu Rückstellungen im Kreditgeschäft".

[1973] Vgl. auch Hossfeld, WPg 1993, 337.

In diesem Ertragsposten sind die in § 340f Abs. 3 HGB genannten **Ertragskomponenten** (vgl. Kapitel 6.2.13.) auszuweisen, wenn auf eine Verrechnung nach § 340f Abs. 3 HGB iVm. § 32 RechKredV wahlweise verzichtet wird. Wird von der Möglichkeit der Überkreuzkompensation Gebrauch gemacht, so ist in diesem Ertragsposten ein sich ggf. ergebender **Ertragssaldo** aus der Aufwands- und Ertragsverrechnung auszuweisen. Wegen weiterer Einzelheiten wird auf Kapitel 6.2.13. verwiesen.

6.2.14.3. Anhangangaben

Angaben über die Bildung und Auflösung von Vorsorgereserven nach § 340f Abs. 1 HGB sowie über vorgenommene Verrechnungen nach § 340f Abs. 3 HGB brauchen im Anhang nicht gemacht zu werden (§ 340f Abs. 4 HGB). Wegen weiterer Einzelheiten wird auf Kapitel 4.6. verwiesen.

6.2.14.4. Prüfung des Postens

Wegen Einzelheiten wird auf die Ausführungen in Kapitel 6.2.13.4. verwiesen.

6.2.15. Abschreibungen und Wertberichtigungen auf Beteiligungen, Anteile an verbundenen Unternehmen und wie Anlagevermögen behandelte Wertpapiere

6.2.15.1. Postenbezeichnung

Die Postenbezeichnung nach dem Formblatt 3 lautet wie folgt:

> *15. Abschreibungen und Wertberichtigungen auf Beteiligungen, Anteile an verbundenen Unternehmen und wie Anlagevermögen behandelte Wertpapiere*

Der Posten „15. Abschreibungen und Wertberichtigungen auf Beteiligungen, Anteile an verbundenen Unternehmen und wie Anlagevermögen behandelte Wertpapiere" ist für alle Kredit- und Finanzdienstleistungsinstitute iSv. § 1 KWG einheitlich geregelt.

Weder mit der Ersten noch mit der Zweiten Verordnung zur Änderung der RechKredV wurde die Postenbezeichnung geändert.

6.2.15.2. Posteninhalt

6.2.15.2.1. RechKredV

Der Posteninhalt ist in § 33 RechKredV näher beschrieben. In diesem Posten sind die in § 340c Abs. 2 HGB bezeichneten Aufwendungen aufzunehmen, die wahlweise auch saldiert mit den entsprechenden Erträgen ausgewiesen werden dürfen; eine teilweise Verrechnung ist jedoch nicht möglich.[1974]

6.2.15.2.2. Voraussetzungen für den Postenausweis

6.2.15.2.2.1. Bruttoausweis

In diesen Posten sind die in § 340c Abs. 2 HGB bezeichneten Aufwendungen aus **Finanzanlagen** (Beteiligungen, Anteilen an verbundenen Unternehmen und wie Anlagevermögen behandelte Wertpapieren) aufzunehmen (§ 33 RechKredV), wenn auf eine Verrechnung nach § 340c Abs. 2 HGB iVm. § 33 RechKredV verzichtet wird. Für diese Aufwendungen ist grundsätzlich ein Bruttoausweis vorgesehen.[1975] Hierbei handelt es sich um Abschreibungen auf Beteiligungen, Anteile an verbundenen Unternehmen und Wertpapiere des Anlagevermögens sowie um die Aufwendungen aus Geschäften mit solchen Vermögensgegenständen (Geschäftsergebnis).

6.2.15.2.2.2. Saldierter Ausweis nach Verrechnung mit den entsprechenden Erträgen

Nach § 340c Abs. 2 Satz 1 HGB dürfen die

- Abschreibungen auf Beteiligungen, Anteile an verbundenen Unternehmen und Wertpapiere des Anlagevermögens mit den
- Erträgen aus Zuschreibungen auf Beteiligungen, Anteile an verbundenen Unternehmen und Wertpapiere des Anlagevermögens

verrechnet und in einem Aufwands- oder Ertragsposten ausgewiesen werden. Hierbei handelt es sich um bewertungsbedingte Aufwendungen und Erträge. In diese Verrechnung dürfen nach § 340c Abs. 2 Satz 2 HGB darüber hinaus die realisierten

- Aufwendungen aus Geschäften mit solchen Vermögensgegenständen und
- Erträge aus Geschäften mit solchen Vermögensgegenständen

[1974] Vgl. Hossfeld, WPg 1993, 340 ff.
[1975] Vgl. Bieg, ZfbF 1988, 156.

einbezogen werden (sog. Geschäftsergebnis). Da ein Institut einen Handel mit diesen Finanzanlagen, also einen zum Zweck der Gewinnerzielung schnellen Umschlag, definitionsgemäß nicht beabsichtigen kann, sollten die realisierten Ergebnisse nicht als Handelsergebnis, sondern als **Geschäftsergebnis** aus Finanzanlagen bezeichnet werden.[1976]

§ 33 Satz 3 RechKredV schreibt ausdrücklich vor, dass eine teilweise Verrechnung nicht zulässig ist. Im Fall einer wahlweisen Kompensation des Geschäftsergebnisses ist die Vorschrift des § 33 Satz 3 RechKredV dahingehend anzuwenden, dass dieses nur vollständig einbezogen werden kann.

Zum **Geschäftsergebnis** aus Geschäften mit Finanzanlagen zählen neben den Buchgewinnen bzw. -verlusten auch folgende Erfolgskomponenten:

- Aufwendungen für die Bildung von Rückstellungen für drohende Verluste aus schwebenden Geschäften mit Finanzanlagen bzw. Erträge aus deren Auflösung,
- erfolgswirksame Beträge aus der Währungsumrechnung von Finanzanlagen,
- vereinnahmte Leih- und Reservierungsgebühren bei Wertpapierleihgeschäften mit Wertpapieren des Anlagevermögens,
- aus Vereinfachungsgründen nicht aktivierte Anschaffungsnebenkosten,
- Erlöse aus der Veräußerung von Bezugsrechten,
- Angleichung der Buchbestände an den durch Inventur ermittelten Istbestand,
- bei Zerobonds (Null-Kupon-Anleihen) die Differenz zwischen dem tatsächlich gezahlten Rücknahme- oder Veräußerungsbetrag und dem Buchwert; demgegenüber sind aufgelaufene Zinsen als Zinserträge zu erfassen (so ausdrücklich § 28 RechKredV),
- vereinnahmte Leih- und Reservierungsgebühren bei Wertpapierleihgeschäften mit Wertpapieren des Anlagevermögens,
- erfolgswirksame Beträge aus der Währungsumrechnung von Finanzanlagen.

Werden Wertpapiere des Anlagevermögens mittels **Kreditderivaten** wirksam gegen Kreditrisiken gesichert, erfolgt der Ausweis von erhaltenen Ausgleichszahlungen ebenfalls in diesem Posten. Einzelheiten vgl. auch Kapitel 6.2.13.2.2.3.[1977]

Der Ansicht, dass bei der Verrechnung von Aufwendungen und Erträgen die buchmäßigen sowie die realisierten Erfolge (Geschäftsergebnis) getrennt zu betrachten sind, ist die hM nicht gefolgt. Nach dem Sinn und Zweck des § 33 RechKredV ist diese unterschiedliche Betrachtungsweise nicht zulässig, dh. in die Saldierung ist das sog. Geschäftsergebnis zwingend mit einzubeziehen.

In die Kompensation nach § 340c Abs. 2 HGB gehen nur die in § 340c Abs. 2 HGB genannten Aufwands- und Ertragskomponenten ein, nicht jedoch die **laufenden Erträge** aus

---

[1976] So Bieg (1998), 366.
[1977] IDW RS BFA 1, FN 2002, 64.

Beteiligungen, Anteilen an verbundenen Unternehmen und Wertpapieren des Anlagevermögens.

Personalaufwendungen sowie **Sachaufwendungen** gehören dagegen nicht zum Geschäftsergebnis. Diese sind vielmehr in dem entsprechenden Posten zu zeigen. Gleiches gilt für die laufenden Erträge aus Aktien und anderen nicht festverzinslichen Wertpapieren sowie aus Beteiligungen und Anteilen an verbundenen Unternehmen. Ebenso sind Zinsen und zinsähnliche Erträge zu zeigen.

6.2.15.3. Anhangangaben

Weder die RechKredV noch das Bankbilanzrichtliniegesetz sehen besondere Anhangangaben für diesen GuV-Posten vor.

6.2.15.4. Prüfung des Postens

Es sind die allgemein für Aufwendungen aus Abwertungen bzw. aus Geschäften mit Finanzanlagen üblichen Prüfungshandlungen durchzuführen. Dabei ist darauf zu achten, dass sämtliche Aufwendungen (und bei Saldierung auch sämtliche Erträge) **vollständig** und **periodengerecht** erfasst und zutreffend ausgewiesen werden. **Bewertungsfragen** werden idR bereits im Rahmen der Prüfung der einzelnen Bilanzposten geklärt. Es empfiehlt sich, den GuV-Posten zusammen mit den entsprechenden Bilanzposten zu prüfen.

Soweit eine Saldierung nach § 33 RechKredV vorgenommen wird, ist festzustellen, ob in diese sämtliche Aufwendungen und Erträge eingegangen sind.

Es empfiehlt sich, ausgewählte Aufwandskonten betreffend das Geschäftsergebnis unter stichprobenweiser Heranziehung der Ursprungsbelege zu prüfen.

Der **Prüfungsbericht** muss die in § 48 PrüfbV verlangten Angaben enthalten:

- Darstellung im Vergleich mit dem Vorjahr,
- Erläuterung der Zusammensetzung.

6.2.16. Erträge aus Zuschreibungen zu Beteiligungen, Anteilen an verbundenen Unternehmen und wie Anlagevermögen behandelten Wertpapieren

6.2.16.1. Postenbezeichnung

Die Postenbezeichnung nach dem Formblatt 3 lautet wie folgt:

16. Erträge aus Zuschreibungen zu Beteiligungen, Anteilen an verbundenen Unternehmen und wie Anlagevermögen behandelten Wertpapieren

Der Posten „16. Erträge aus Zuschreibungen zu Beteiligungen, Anteilen an verbundenen Unternehmen und wie Anlagevermögen behandelten Wertpapieren" ist für alle Kredit- und Finanzdienstleistungsinstitute iSv. § 1 KWG einheitlich geregelt.

Weder mit der Ersten noch mit der Zweiten Verordnung zur Änderung der RechKredV wurde die Postenbezeichnung geändert.

6.2.16.2. Posteninhalt

6.2.16.2.1. RechKredV

Der Posteninhalt ist in § 33 RechKredV näher beschrieben. In diesem Posten sind die in § 340c Abs. 2 HGB bezeichneten Erträge aufzunehmen, die wahlweise auch saldiert mit den entsprechenden Aufwendungen ausgewiesen werden dürfen; eine teilweise Verrechnung ist jedoch nicht möglich.

6.2.16.2.2. Voraussetzungen für den Postenausweis

Dieser Posten ist der korrespondierende Ertragsposten zum Posten „Abschreibungen und Wertberichtigungen auf Beteiligungen, Anteile an verbundenen Unternehmen und wie Anlagevermögen behandelte Wertpapiere".

In diesem Ertragsposten sind die in § 340c Abs. 2 HGB bezeichneten Erträge (vgl. Kapitel 6.2.15.) auszuweisen, wenn auf die nach § 340c Abs. 2 HGB iVm. § 33 RechKredV fakultativ mögliche Verrechnung verzichtet wird.

Nimmt ein Kreditinstitut das Verrechnungswahlrecht in Anspruch, so ist in diesem Ertragsposten ein sich aus der Aufwands- und Ertragsverrechnung ergebender **Ertragssaldo** auszuweisen.

6.2.16.3. Anhangangaben

Weder die RechKredV noch das Bankbilanzrichtliniegesetz sieht besondere Anhangangaben für diesen GuV-Posten vor.

6.2.16.4. Prüfung des Postens

Bezüglich der Prüfung wird auf die Ausführungen in Kapitel 6.2.15.4. verwiesen.

6.2.17. Aufwendungen aus Verlustübernahme

6.2.17.1. Postenbezeichnung

Die Postenbezeichnung nach dem Formblatt 3 lautet wie folgt:

> *17. Aufwendungen aus Verlustübernahme*

Der Posten „17. Aufwendungen aus Verlustübernahme" ist für alle Kredit- und Finanzdienstleistungsinstitute iSv. § 1 KWG einheitlich geregelt.

Weder mit der Ersten noch mit der Zweiten Verordnung zur Änderung der RechKredV wurde die Postenbezeichnung geändert.

6.2.17.2. Posteninhalt

6.2.17.2.1. RechKredV

Die RechKredV enthält zum Inhalt dieses Postens keine Bestimmungen. Den Inhalt dieses Postens bestimmt daher der auch von Kredit- und Finanzdienstleistungsinstituten anzuwendende § 277 Abs. 3 Satz 2 HGB.

6.2.17.2.2. Voraussetzungen für den Postenausweis

In diesem Posten sind insbesondere die nach § 302 AktG von dem Kreditinstitut zu übernehmenden Verluste eines **Beherrschungs- oder Gewinnabführungsvertrags** (§ 302 AktG) auszuweisen. Unter diesen Posten fallen auch Verluste, die das Institut aufgrund **entsprechender Verträge** mit Unternehmen anderer Rechtsformen oder **freiwillig** übernommen hat.[1978] Mit dem Bestehen von Gewinnabführungs- bzw. Beherrschungsverträgen ist grundsätzlich eine Verpflichtung zur Verlustübernahme verbunden.

Von dem Ertrag aus einem Gewinnabführungs- oder Teilgewinnabführungsvertrag ist ein vertraglich zu leistender Ausgleich für **außenstehende Aktionäre** abzusetzen. Übersteigen die aufgrund der Dividendengarantie zu zahlenden Beträge die vereinnahmten Erträge, so ist der

---

[1978] Vgl. WPH Bd. I 2000 F Tz. 456; ADS 6. Aufl. § 277 HGB Rn. 60 ff.

übersteigende Betrag unter den Aufwendungen aus Verlustübernahme auszuweisen (§ 158 Abs. 2 AktG).

Im Posten „Aufwendungen aus Verlustübernahme" sind nur die tatsächlich getragenen Verluste auszuweisen.[1979] Soweit wegen **drohender Verlustübernahmen** (zB wenn das Wirtschaftsjahr der Obergesellschaft vor dem der Tochtergesellschaft endet und sich entsprechende Verluste der Tochtergesellschaft abzeichnen) **Rückstellungen** zu bilden sind, ist nach Ansicht von Adler/Düring/Schmaltz (ADS)[1980] ein Ausweis des hierfür erforderlichen Aufwands unter den „Sonstigen betrieblichen Aufwendungen" vorzuziehen. Steht der Verlust später endgültig fest und war die Rückstellung tatsächlich erforderlich, so ist der volle Verlust als Aufwand aus Verlustübernahme auszuweisen und ein der Inanspruchnahme der Rückstellung entsprechender Betrag als Ausgleichsposten in die „Sonstigen betrieblichen Erträge" einzustellen.[1981] Es ist jedoch auch vertretbar, sicher zu erwartende Verluste bereits als „Aufwand aus Verlustübernahme" zu zeigen und nur den bei vorsichtiger Schätzung zu erwartenden Mehrbetrag wie vorstehend beschrieben zu behandeln.[1982]

6.2.17.3. Anhangangaben

Weder das HGB noch die RechKredV sehen für diesen Posten besondere Anhangangaben vor.

6.2.17.4. Prüfung des Postens

Die hier ausgewiesenen Beträge sind mit den ermittelten Ergebnissen der betreffenden Unternehmen abzustimmen. Dabei ist auf die Einhaltung der gesetzlichen Bestimmungen zu achten.

Der **Prüfungsbericht** muss die in § 48 PrüfbV verlangten Angaben enthalten:

- Darstellung im Vergleich mit dem Vorjahr,
- Erläuterung der Zusammensetzung.

[1979] Vgl. ADS 6. Aufl. § 277 HGB Rn. 72; WPH Bd. I 2000 F Tz. 457.
[1980] Vgl. ADS 6. Aufl. § 277 HGB Rn. 72 mwN.
[1981] Vgl. ADS 6. Aufl. § 277 HGB Rn. 72 mwN; WPH Bd. I 2000 F Tz. 457.
[1982] So jedenfalls ADS 6. Aufl. § 277 HGB Rn. 72.

6.2.18. Einstellungen in Sonderposten mit Rücklageanteil

6.2.18.1. Postenbezeichnung

Die Postenbezeichnung nach dem Formblatt 3 lautet wie folgt:

18. Einstellungen in Sonderposten mit Rücklageanteil

Der Posten „18. Einstellungen in Sonderposten mit Rücklageanteil" ist für alle Kredit- und Finanzdienstleistungsinstitute iSv. § 1 KWG einheitlich geregelt.

Weder mit der Ersten noch mit der Zweiten Verordnung zur Änderung der RechKredV wurde die Postenbezeichnung geändert.

6.2.18.2. Posteninhalt

6.2.18.2.1. RechKredV

Die RechKredV enthält für diesen Posten keine besonderen Regelungen. Mithin sind grundsätzlich die Bestimmungen des HGB anzuwenden. Eine Saldierung mit Erträgen aus der Auflösung von Sonderposten mit Rücklageanteil ist nicht zulässig.

6.2.18.2.2. Voraussetzungen für den Postenausweis

In diesem Posten sind die Beträge auszuweisen, die in den Sonderposten mit Rücklageanteil eingestellt werden. Wegen weiterer Einzelheiten wird auf die Ausführungen in den Kapiteln 6.2.8. (Sonstige betriebliche Erträge) und 6.2.9. (Erträge aus der Auflösung von Sonderposten mit Rücklageanteil) verwiesen.

Da für Institute ein eigener Posten für die Einstellung von Beträgen in den Sonderposten mit Rücklageanteil vorgesehen ist, kommt ein Ausweis gemäß § 281 Abs. 2 Satz 2 HGB unter den sonstigen betrieblichen Aufwendungen nicht (auch nicht wahlweise) in Betracht.

6.2.18.3. Anhangangaben

Im Anhang ist das Ausmaß anzugeben, in dem das Jahresergebnis durch die Bildung eines Sonderpostens mit Rücklageanteil beeinflusst wurde. Ferner ist das Ausmaß daraus resultierender erheblicher künftiger Belastungen zu erläutern (§ 285 Nr. 5 HGB).

Da Institute die Einstellungen in den Sonderposten mit Rücklageanteil zwingend offen in der Gewinn- und Verlustrechnung ausweisen müssen, entfällt für diese die Angabepflicht für diese Beträge nach § 281 Abs. 2 Satz 2 HGB im Anhang.

6.2.18.4. Prüfung des Postens

Der Postenausweis ist mit der Entwicklung des Bilanzpostens „Sonderposten mit Rücklageanteil" abzustimmen.

Der **Prüfungsbericht** muss die in § 48 PrüfbV verlangten Angaben enthalten:

- Darstellung im Vergleich mit dem Vorjahr,
- Erläuterung der Zusammensetzung.

Es empfiehlt sich, die für den Anhang erforderlichen Informationen im Prüfungsbericht darzustellen.

6.2.19. Ergebnis der normalen Geschäftstätigkeit

6.2.19.1. Postenbezeichnung

Die Postenbezeichnung nach dem Formblatt 3 lautet wie folgt:

> *19. Ergebnis der normalen Geschäftstätigkeit*

Der Posten „19. Ergebnis der normalen Geschäftstätigkeit" ist für alle Kredit- und Finanzdienstleistungsinstitute iSv. § 1 KWG einheitlich geregelt.

Weder mit der Ersten noch mit der Zweiten Verordnung zur Änderung der RechKredV wurde die Postenbezeichnung geändert.

6.2.19.2. Posteninhalt

Dieser Posten ist nur im Formblatt 3 (Staffelform) vorgesehen; er entspricht dem Posten „Ergebnis der gewöhnlichen Geschäftstätigkeit" nach § 275 Abs. 2 Nr. 14 HGB im Gliederungsschema der Gewinn- und Verlustrechnung für Nichtbanken.

Der Posten stellt eine **Zwischensumme** aus allen vorhergehenden Ertrags- und Aufwandsposten dar. Er grenzt zugleich den Bereich der normalen (gewöhnlichen) Geschäftstätigkeit gegenüber dem außerordentlichen Bereich sowie dem Steueraufwand ab.

Die **Bezeichnung des Postens** lässt offen, ob es sich um einen Ertrags- oder einen Aufwandsüberschuss handelt. Nach dem Grundsatz der Klarheit (§ 243 Abs. 2 HGB) ist zumindest durch ein Vorzeichen zum Ausdruck zu bringen, ob es sich um einen Gewinn oder einen Verlust handelt.[1983] Besser ist jedoch eine alternative Bezeichnung, wie zB „Überschuss aus der normalen Geschäftstätigkeit" oder „Fehlbetrag aus der normalen Geschäftstätigkeit".[1984] Gleichen sich die Aufwendungen und Erträge zu einem Betrag von Null aus, kann es bei der im Formblatt vorgesehenen Bezeichnung bleiben.

6.2.19.3. Anhangangaben

Im Anhang ist anzugeben, in welchem Umfang die Steuern vom Einkommen und vom Ertrag das Ergebnis der normalen Geschäftstätigkeit und das außerordentliche Ergebnis belasten (§ 285 Nr. 6 HGB).

6.2.20. Außerordentliche Erträge

6.2.20.1. Postenbezeichnung

Die Postenbezeichnung nach dem Formblatt 3 lautet wie folgt:

> *20. Außerordentliche Erträge*

Der Posten „20. Außerordentliche Erträge" ist für alle Kredit- und Finanzdienstleistungsinstitute iSv. § 1 KWG einheitlich geregelt.

Weder mit der Ersten noch mit der Zweiten Verordnung zur Änderung der RechKredV wurde die Postenbezeichnung geändert.

6.2.20.2. Posteninhalt

6.2.20.2.1. RechKredV

Die RechKredV enthält keine Bestimmungen für den Posteninhalt dieses GuV-Postens. Mithin sind die für § 277 Abs. 4 HGB entwickelten Grundsätze anzuwenden.

[1983] Vgl. WPH Bd. I 2000 F Tz. 462 ff.; ADS 6. Aufl. § 275 HGB Rn. 177.
[1984] Vgl. WPH Bd. I 2000 F Tz. 463; ADS 6. Aufl. § 275 HGB Rn. 177 mwN.

6.2.20.2.2. Voraussetzungen für den Postenausweis

Als **außerordentliche** Erträge (Aufwendungen) sind Erträge (Aufwendungen) auszuweisen, die außerhalb der normalen (gewöhnlichen) [1985] Geschäftstätigkeit des Kredit- bzw. Finanzdienstleistungsinstituts anfallen (§ 277 Abs. 4 Satz 1 HGB). Alle **periodenfremden** Erträge (Aufwendungen), die nicht zugleich außerhalb der normalen Geschäftstätigkeit angefallen sind, sind stets unter den Posten auszuweisen, unter die sie auch fallen würden, wenn sie nicht periodenfremd wären.

Nach ADS[1986] führen nur außergewöhnliche Ereignisse, die den normalen Ablauf des Geschäftsjahres unterbrechen, zu außerordentlichen Posten in der Gewinn- und Verlustrechnung, namentlich solche, die

- **ungewöhnlich** in der Art,
- **selten** im Vorkommen und
- von einiger **materieller** Bedeutung

sind.[1987] Die Kriterien können sich dabei teilweise überschneiden.

Für außerordentliche Erträge werden im Schrifttum folgende Beispiele genannt:[1988]

- Gewinne aus der Veräußerung ganzer Betriebe oder wesentlicher Betriebsteile,
- Erträge im Zusammenhang mit der Aufnahme/Stillegung bedeutender Geschäftsbereiche,
- Erträge aufgrund des Ausgangs eines für das Unternehmen existenziellen Prozesses,
- Sanierungsgewinne,
- einmalige Zuschüsse der öffentlichen Hand zur Umstrukturierung von Branchen,
- Erträge aus Gesellschafterzuschüssen,
- Erträge aus der Veräußerung von Anlagevermögen, soweit dieses Anlagevermögen die wesentlichen Betriebsgrundlagen umfasst, zB „Sale-and-lease-back" der bankbetrieblich genutzten Grundstücke, oder Veräußerung im Rahmen einer Betriebsaufspaltung,
- Umwandlungs- und Verschmelzungsgewinne.

Bei der Beurteilung der Frage, ob Erträge (Aufwendungen) dem außerordentlichen Bereich zuzurechnen sind, ist stets auf die Eigenart des jeweiligen Instituts abzustellen.[1989]

[1985] Die Ausdrücke „normale" und „gewöhnliche" Geschäftstätigkeit können als synonym angesehen werden; vgl. ADS 6. Aufl. § 277 HGB Rn. 78.
[1986] Vgl. ADS 6. Aufl. § 277 HGB Rn. 79.
[1987] Vom Ergebnis ebenso WPH Bd. I 2000 F Tz. 464.
[1988] Vgl. ua. ADS 6. Aufl. § 277 HGB Rn. 80.
[1989] Vgl. ADS 6. Aufl. § 277 HGB Rn. 81.

Zu den außerordentlichen Erträgen gehören nach der HFA Stellungnahme 2/1996[1990] auch private **Zuschüsse** (bspw. eines Gesellschafters), die nicht ausdrücklich in die Kapitalrücklage nach § 272 Abs. 2 Nr. 4 HGB eingestellt werden. Es muss darüber hinaus eine Erläuterung im Anhang erfolgen (§ 277 Abs. 4 HGB). Die Außerordentlichkeit dieses Ertrags ist darin zu sehen, dass er nicht aus der gewöhnlichen Geschäftstätigkeit resultiert. Dient der Zuschuss dem Ausgleich von Verlusten aus dem Kreditgeschäft, darf dieser nicht in die Überkreuzkompensation einbezogen werden.

Buchgewinne aus normalen Anlageabgängen, Zuschreibungsbeträge, Erträge aus der Auflösung von nicht benötigten Rückstellungen und Einzelwertberichtigungen, Kursgewinne aus Wertpapierverkäufen, Steuererstattungen usw. gehören - auch wenn sie einen wesentlichen Betrag ausmachen - nicht zu den außerordentlichen Erträgen.

6.2.20.3. Anhangangaben

Im Anhang sind die wichtigsten Einzelbeträge dieses Postens anzugeben, sofern die Einzelbeträge für die Beurteilung der Vermögens-, Finanz- und Ertragslage des Kreditinstituts nicht unwesentlich sind. Die Beträge und ihre Art sind zu erläutern (§ 35 Abs. 1 Nr. 4 RechKredV, § 277 Abs. 4 Satz 2 HGB).

Im Anhang ist ferner anzugeben, in welchem Umfang die Steuern vom Einkommen und vom Ertrag ua. auch das außerordentliche Ergebnis belasten (§ 285 Nr. 6 HGB).

6.2.20.4. Prüfung des Postens

Es sind die allgemein für außerordentliche Erträge üblichen Prüfungshandlungen durchzuführen. Dabei ist darauf zu achten, dass Erträge **vollständig** und **periodengerecht** erfasst und zutreffend ausgewiesen werden.

Es empfiehlt sich, ausgewählte Ertragskonten unter stichprobenweiser Heranziehung der Ursprungsbelege zu prüfen.

Der **Prüfungsbericht** muss die in § 48 PrüfbV verlangten Angaben enthalten:

- Darstellung im Vergleich mit dem Vorjahr,
- Erläuterung der Zusammensetzung.

Es wird empfohlen, die für den Anhang relevanten Angaben im Prüfungsbericht zu nennen.

[1990] Vgl. HFA 2/1996, Rn. 22, WPg 1996, 709.

6.2.21. Außerordentliche Aufwendungen

6.2.21.1. Postenbezeichnung

Die Postenbezeichnung nach dem Formblatt 3 lautet wie folgt:

21. Außerordentliche Aufwendungen

Der Posten „21. Außerordentliche Aufwendungen" ist für alle Kredit- und Finanzdienstleistungsinstitute iSv. § 1 KWG einheitlich geregelt.

Weder mit der Ersten noch mit der Zweiten Verordnung zur Änderung der RechKredV wurde die Postenbezeichnung geändert.

6.2.21.2. Posteninhalt

6.2.21.2.1. RechKredV

Die RechKredV enthält keine Bestimmungen für den Posteninhalt dieses GuV-Postens. Mithin sind die für § 277 Abs. 4 HGB entwickelten Grundsätze anzuwenden.

6.2.21.2.2. Voraussetzungen für den Postenausweis

Es handelt sich bei diesem Posten um den korrespondierenden Aufwandsposten zum Posten „außerordentliche Erträge". Zum Begriff „außerordentliche Aufwendungen" vgl. auch Kapitel 6.2.20. Die periodenfremden Aufwendungen, die nicht zugleich außerhalb der normalen Geschäftstätigkeit angefallen sind, sind unter den Posten auszuweisen, unter die sie fallen würden, wenn sie nicht periodenfremd wären.

Für außerordentliche Aufwendungen werden im Schrifttum folgende Beispiele g enannt:[1991]

- Verluste aus der Veräußerung ganzer Betriebe oder wesentlicher Betriebsteile,
- außerplanmäßige Abschreibungen aus Anlass eines außergewöhnlichen Ereignisses (zB Stilllegung von Betrieben, Enteignung, Zerstörung von Betrieben durch Katastrophen),
- außergewöhnliche Schadensfälle aufgrund betrügerischer Machenschaften, Unterschlagungen usw.,
- Aufwendungen aufgrund des Ausgangs eines für das Unternehmen existenziellen Prozesses,
- Entlassungsentschädigungen bei Massenentlassungen oder ähnlichen Aktionen (Sozialpläne),

---

[1991] Vgl. ADS 6. Aufl. § 277 HGB Rn. 80.

- Bußgelder wegen Verstößen gegen das Kartellgesetz,
- Umwandlungs- und Verschmelzungsverluste.

Ob die Aufwendungen als außerordentlich anzusehen sind, hängt immer von den Umständen des Einzelfalls ab. Buchverluste aus normalen Anlageabgängen, außerplanmäßige Abschreibungen, Einzelwertberichtigungen, Steuernachzahlungen sind - auch wenn sie einen nicht unwesentlichen Betrag ausmachen - nicht als außerordentliche Aufwendungen auszuweisen.

Eine **Verrechnung** von außerordentlichen Aufwendungen mit Erstattungen Dritter, zB für Schadensfälle, ist nicht zulässig. Die Erstattungsbeträge sind vielmehr unter den außerordentlichen Erträgen zu zeigen.

6.2.21.3. Anhangangaben

Im Anhang sind die wichtigsten Einzelbeträge dieses Postens anzugeben, sofern die Einzelbeträge für die Beurteilung des Jahresabschlusses nicht unwesentlich sind. Die Beträge und ihre Art sind zu erläutern (§ 35 Abs. 1 Nr. 4 RechKredV, § 277 Abs. 4 Satz 2 HGB).

6.2.21.4. Prüfung des Postens

Es sind die allgemein für außerordentliche Aufwendungen üblichen Prüfungshandlungen durchzuführen. Dabei ist darauf zu achten, dass die Aufwendungen **vollständig** und **periodengerecht** erfasst und zutreffend ausgewiesen werden.

Es empfiehlt sich, ausgewählte Aufwandskonten unter stichprobenweiser Heranziehung der Ursprungsbelege zu prüfen.

Der **Prüfungsbericht** muss die in § 48 PrüfbV verlangten Angaben enthalten:

- Darstellung im Vergleich mit dem Vorjahr,
- Erläuterung der Zusammensetzung.

Es wird empfohlen, die für den Anhang relevanten Angaben im Prüfungsbericht zu nennen.

6.2.22. Außerordentliches Ergebnis

6.2.22.1. Postenbezeichnung

Die Postenbezeichnung nach dem Formblatt 3 lautet wie folgt:

22. Außerordentliches Ergebnis

Der Posten „22. Außerordentliches Ergebnis" ist für alle Kredit- und Finanzdienstleistungsinstitute iSv. § 1 KWG einheitlich geregelt.

Weder mit der Ersten noch mit der Zweiten Verordnung zur Änderung der RechKredV wurde die Postenbezeichnung geändert.

6.2.22.2. Posteninhalt

Dieser Posten ist nur im Formblatt 3 (Staffelform) vorgesehen; er entspricht dem Posten im Gliederungsschema der Gewinn- und Verlustrechnung für Nichtbanken (§ 275 Abs. 2 HGB).

Der Posten ist ein positiver oder negativer **Saldoposten** aus den Posten „Außerordentliche Erträge" und „Außerordentliche Aufwendungen". Wie beim Posten „Ergebnis der normalen Geschäftstätigkeit" (vgl. Kapitel 6.2.19.), muss auch hier deutlich gemacht werden, ob ein Ertrags- oder ein Aufwandsüberschuss vorliegt, zB durch ein entsprechendes **Vorzeichen** oder eine **Änderung der Postenbezeichnung**.

6.2.22.3. Anhangangaben

Im Anhang ist anzugeben, in welchem Umfang die Steuern vom Einkommen und vom Ertrag das Ergebnis der normalen Geschäftstätigkeit und das außerordentliche Ergebnis belasten (§ 285 Nr. 6 HGB).

6.2.23. Steuern vom Einkommen und vom Ertrag

6.2.23.1. Postenbezeichnung

Die Postenbezeichnung nach dem Formblatt 3 lautet wie folgt:

23. Steuern vom Einkommen und vom Ertrag

Der Posten „23. Steuern vom Einkommen und vom Ertrag" ist für alle Kredit- und Finanzdienstleistungsinstitute iSv. § 1 KWG einheitlich geregelt.

Weder mit der Ersten noch mit der Zweiten Verordnung zur Änderung der RechKredV wurde die Postenbezeichnung geändert.

6.2.23.2. Posteninhalt

6.2.23.2.1. RechKredV

Die RechKredV enthält keine Bestimmungen für den Posteninhalt dieses GuV-Postens. Der Posteninhalt entspricht dem des § 275 Abs. 2 Nr. 18 HGB. Mithin kann auf die Kommentierungen zu diesem Posten zurückgegriffen werden.

6.2.23.2.2. Voraussetzungen für den Postenausweis

In diesem Posten sind folgende Steuern auszuweisen, soweit das Institut **Steuerschuldner** ist:[1992]

- Steuern vom Einkommen: Körperschaftsteuer (einschließlich aller Ergänzungsabgaben), ggf. vor Berücksichtigung etwaiger Anrechnungsbeträge,
- Steuern vom Ertrag: Gewerbeertragsteuer,
- ausländische Steuern, die materiell-inhaltlich Steuern vom Einkommen und vom Ertrag darstellen.

Grundsätzlich hat der Steuerschuldner die geschuldeten Beträge als Steuern auszuweisen, auch wenn ein Dritter die Steuer entrichtet; dabei kommt es auf die „wirtschaftliche" und nicht auf die rechtliche Steuerschuldnerschaft an.

Der Steueraufwand ist nach § 278 HGB auf der Grundlage des Beschlusses über die Verwendung des Ergebnisses oder - falls der Beschluss noch nicht vorliegt - auf der Grundlage des Vorschlags über die Verwendung des Ergebnisses zu berechnen.

Der Posten umfasst sämtliche das Einkommen und den Ertrag betreffende **Steueraufwendungen und -erträge** der og. Steuerarten.[1993] Die hier auszuweisenden Aufwendungen und Erträge umfassen demnach

- laufende Zahlungen,
- Zuführungen zu bzw. Auflösungen von Rückstellungen,
- Aufwendungen für zurückliegende Geschäftsjahre, für die keine ausreichenden Rückstellungen gebildet wurden und
- Steuererstattungen für Vorjahre.

[1992] Vgl. ADS 6. Aufl. § 275 HGB Rn. 185; WPH Bd. I 2000 F Tz. 469.
[1993] Vgl. ADS 6. Aufl. § 275 HGB Rn. 188; WPH Bd. I 2000 F Tz. 472.

Nach hM handelt es sich hierbei nicht um eine unzulässige Saldierung nach § 246 Abs. 2 HGB.[1994] Ergibt sich ausnahmsweise ein **Ertragssaldo**, ist dies nach dem Grundsatz der Klarheit (§ 243 Abs. 2 HGB) kenntlich zu machen.[1995]

Nennenswerte **aperiodische** Nachzahlungen für Vorjahre sowie auch Erstattungen und Auflösungen von Rückstellungen sind nach § 277 Abs. 4 Satz 3 HGB im Anhang hinsichtlich ihres Betrags und ihrer Art zu erläutern.

In diesem Posten sind grundsätzlich auch Aufwendungen und Erträge aus der Bildung, Inanspruchnahme oder Auflösung von **Steuerabgrenzungsposten nach § 274 HGB** auszuweisen.[1996] Ist eine Steuerabgrenzung aufzulösen, weil nicht mehr mit einer entsprechenden Ent- oder Belastung zu rechnen ist, oder wird eine aktivische Steuerabgrenzung im Hinblick auf das Aktivierungswahlrecht aufgelöst, so dürfen die Auflösungsbeträge nach der früher vertretenen Ansicht nicht in den Steuerausweis miteinbezogen werden, sondern sind unter den Posten „Sonstige betriebliche Aufwendungen" bzw. „Sonstige betriebliche Erträge" auszuweisen.[1997] Im Hinblick darauf, dass Steuererstattungen weitgehend mit den Steueraufwendungen saldiert werden, bestehen nach mittlerweile hM keine Bedenken mehr gegen eine Einbeziehung derartiger Auflösungsbeträge in den GuV-Posten 23.[1998]

Hier werden nicht die **Einkommensteuern der Gesellschafter** von Personenhandelsgesellschaften ausgewiesen. Nach § 264c Abs. 3 Satz 2 HGB darf jedoch bei Personenhandelsgesellschaften iSd. § 264a HGB nach dem Posten „Jahresüberschuss/Jahresfehlbetrag" ein dem Steuersatz der Komplementärgesellschaft entsprechender Steueraufwand der Gesellschafter offen abgesetzt oder hinzugerechnet werden.[1999]

Weicht der Gewinnverwendungsbeschluss der Hauptversammlung, Gesellschafterversammlung bzw. Genral-/Vertreterversammlung vom Gewinnverwendungsvorschlag ab, kann es zu zusätzlichem Aufwand bzw. Ertrag kommen. Der Jahresabschluss braucht deswegen nicht geändert zu werden (§ 278 Satz 2 HGB). Ein zusätzlicher Aufwand an Ertragsteuern ist im Beschluss über die Verwendung des Ergebnisses aufzuführen (AG: § 174 Abs. 2 AktG); er ist weder Aufwand des laufenden Geschäftsjahres noch des Geschäftsjahres, über das beschlossen wird. Er ist vielmehr im Folgejahr erfolgsneutral aus dem Bilanzgewinn zu decken. Ein sich ergebender zusätzlicher Ertrag ist dagegen im Folgejahr erfolgswirksam als Steuer-

---

[1994] Vgl. ADS 6. Aufl. § 275 HGB Rn. 188 f.
[1995] Vgl. WPH Bd. I 2000 F Tz. 472.
[1996] Vgl. ADS 6. Aufl. § 275 HGB Rn. 190; WPH Bd. I 2000 F Tz.473.
[1997] Vgl. SABI 3/1988, WPg 1988, 683; WPH 1988, 683.
[1998] Vgl. ADS 6. Aufl. § 275 HGB Rn. 190; WPH Bd. I 2000 F Tz. 473 mwN.
[1999] Diese Rechtsform kommt nach den vorliegenden Erkenntnissen bei Kredit- und Finanzdienstleistungsinstituten, wenn überhaupt, dann äußerst selten vor.

ertrag zu erfassen; eine erfolgsneutrale Behandlung als Gewinnvortrag erscheint nach hM bedenklich.[2000]

6.2.23.3. Anhangangaben

Im Anhang ist anzugeben, in welchem Umfang die Steuern vom Einkommen und vom Ertrag das Ergebnis der normalen Geschäftstätigkeit oder das außerordentliche Ergebnis betreffen (§ 285 Nr. 6 HGB). Eine Angabe ist nur dann erforderlich, wenn in der Gewinn- und Verlustrechnung ein außerordentliches Ergebnis ausgewiesen wird. Wird hingegen ein negatives außerordentliches Ergebnis durch ein positives gewöhnliches Ergebnis ausgeglichen, so ist der Steueraufwand allein dem positiven Bereich zuzuordnen und umgekehrt.

Steueraufwendungen und -erträge von nicht untergeordneter Bedeutung, die einem anderen Geschäftsjahr zuzurechnen sind, sind hinsichtlich ihres Betrags und ihrer Art im Anhang zu erläutern (§ 277 Abs. 4 Satz 3 HGB).

6.2.23.4. Prüfung des Postens

Es sind die für den Steueraufwand bzw. -ertrag üblichen Prüfungshandlungen durchzuführen. In diesem Zusammenhang sind insbesondere die Zuführungen zu, der Verbrauch und die Auflösung von Steuerrückstellungen mit den ausgewiesenen Beträgen abzustimmen. Dabei ist festzustellen, ob nur Steuern ausgewiesen werden, für die das Institut Steuerschuldner ist.

Es empfiehlt sich, ausgewählte Aufwands- und Ertragskonten unter stichprobenweiser Heranziehung der Ursprungsbelege zu prüfen.

Der **Prüfungsbericht** muss die in § 48 PrüfbV verlangten Angaben enthalten:

- Darstellung im Vergleich mit dem Vorjahr,
- Erläuterung der Zusammensetzung.

Es wird empfohlen, die für den Anhang relevanten Angaben im Prüfungsbericht zu nennen.

[2000] Vgl. ADS 6. Aufl. § 275 HGB Rn. 196; WPH Bd. I 2000 R Tz. 476; aA Spanier ua. C.II., 54; ausführlich HdR 5. Aufl. § 278 HGB Rn. 9 ff.

6.2.24. Sonstige Steuern

6.2.24.1. Postenbezeichnung

Die Postenbezeichnung nach dem Formblatt 3 lautet wie folgt:

24. Sonstige Steuern, soweit nicht unter Posten 12 ausgewiesen

Der Posten „24. Sonstige Steuern, soweit nicht unter Posten 12 ausgewiesen" ist für alle Kredit- und Finanzdienstleistungsinstitute iSv. § 1 KWG einheitlich geregelt.

Weder mit der Ersten noch mit der Zweiten Verordnung zur Änderung der RechKredV wurde die Postenbezeichnung geändert.

6.2.24.2. Posteninhalt

6.2.24.2.1. RechKredV

Die RechKredV enthält keine Bestimmungen für den Posteninhalt dieses GuV-Postens. Der Posteninhalt entspricht dem des § 275 Abs. 2 Nr. 19 HGB. Mithin kann auf die Kommentierungen zu diesem Posten zurückgegriffen werden.

6.2.24.2.2. Voraussetzungen für den Postenausweis

Unter diesen Posten fallen alle nicht unter dem Posten „Steuern vom Einkommen und vom Ertrag" auszuweisenden Steuern, die von der Gesellschaft als solche getragen worden sind, soweit es sich nicht um zu aktivierende Anschaffungskosten (zB Grunderwerbsteuer) handelt oder der Ausweis der sonstigen Steuern im Posten „Sonstige betriebliche Aufwendungen" erfolgt.[2001] Auch entsprechende Mehrsteuern aufgrund einer steuerlichen Außenprüfung sind hier auszuweisen. Steuererstattungen sind auch dann zu saldieren, wenn sich hierdurch per Saldo ein Ertrag ergibt.

Als sonstige Steuern kommen bei Kredit- und Finanzdienstleistungsinstituten insbesondere in Betracht:

- Kraftfahrzeugsteuer,
- Grundsteuer.

[2001] Zur Aufzählung der infrage kommenden Steuern vgl. WPH Bd. I 2000 F Tz. 478; ADS 6. Aufl. § 275 HGB Rn. 197.

Soweit Steuern als Zuschläge zu bestimmten Aufwandsarten erhoben werden und es sich im Verhältnis zum Hauptbetrag sowie absolut gesehen um Bagatellbeträge handelt (zB Versicherungsteuer), bestehen keine Bedenken, von einer Aufspaltung abzusehen; die Bagatellbeträge können zusammen mit dem Grundbetrag unter der entsprechenden Aufwandsart ausgewiesen werden.[2002]

Nach Ansicht von Bergmann ua.[2003] dürfen diese Steuern auch unter den sonstigen betrieblichen Aufwendungen ausgewiesen werden. Im Interesse der Vergleichbarkeit der Jahresabschlüsse und um den gesamten Aufwand kenntlich zu machen, empfehlen Bergmann ua., alle sonstigen Steuern im GuV-Posten 24. zu zeigen.

Soweit die **Vorsteuer** nicht abzugsfähig ist und nicht Anschaffungskosten für aktivierte Vermögensgegenstände darstellt, ist sie entsprechend der Verursachung in den jeweiligen Aufwandsposten auszuweisen.

6.2.24.3. Anhangangaben

Weder das HGB noch die RechKredV sehen besondere Anhangangaben für die sonstigen Steuern vor.

6.2.24.4. Prüfung des Postens

Es sind die für den sonstigen Steueraufwand bzw. -ertrag üblichen Prüfungshandlungen durchzuführen. In diesem Zusammenhang sind auch evtl. Zuführungen zu, der Verbrauch und die Auflösung von Steuerrückstellungen mit den ausgewiesenen Beträgen abzustimmen.

Es empfiehlt sich, ausgewählte Aufwands- und Ertragskonten unter stichprobenweiser Heranziehung der Ursprungsbelege zu prüfen.

Der **Prüfungsbericht** muss die in § 48 PrüfbV verlangten Angaben enthalten:

- Darstellung im Vergleich mit dem Vorjahr,
- Erläuterung der Zusammensetzung.

[2002] Vgl. ADS 6. Aufl. § 275 HGB Rn. 201.
[2003] Vgl. Bergmann ua., C.II., 55.

6.2.25. Erträge aus Verlustübernahme

6.2.25.1. Postenbezeichnung

Die Postenbezeichnung nach dem Formblatt 3 lautet wie folgt:

25. Erträge aus Verlustübernahme

Der Posten „25. Erträge aus Verlustübernahme" ist für alle Kredit- und Finanzdienstleistungsinstitute iSv. § 1 KWG einheitlich geregelt.

Weder mit der Ersten noch mit der Zweiten Verordnung zur Änderung der RechKredV wurde die Postenbezeichnung geändert.

6.2.25.2. Posteninhalt

6.2.25.2.1. RechKredV

Die RechKredV enthält keine Bestimmungen für den Posteninhalt dieses GuV-Postens. Den Inhalt dieses Postens bestimmt daher der auch von Kredit- und Finanzdienstleistungsinstituten anzuwendende § 277 Abs. 3 Satz 2 HGB.

6.2.25.2.2. Voraussetzungen für den Postenausweis

In diesem Posten sind die aufgrund eines Beherrschungs- und Gewinnabführungsvertrags auszugleichenden Jahresfehlbeträge der bilanzierenden Gesellschaft auszuweisen. Gleiches gilt bei Betriebspacht- und Betriebsüberlassungsverträgen zwischen einem herrschenden Unternehmen und einer abhängigen Gesellschaft insoweit, als die vereinbarte Gegenleistung das angemessene Entgelt nicht erreicht und daraus ein Jahresfehlbetrag resultiert (§ 302 Abs. 2 AktG).

In diesem Posten sind ferner **freiwillige** oder auf **anderen Verträgen** als nach § 302 AktG beruhende Verlustübernahmen auszuweisen.[2004] Ertragszuschüsse, die unabhängig von einem Verlust gewährt werden, sind im Posten „Sonstige betriebliche Erträge" auszuweisen.[2005]

[2004] Vgl. WPH Bd. I 2000 F Tz. 482 mwN.
[2005] Vgl. WPH Bd. I 2000 F Tz. 483 mwN.

6.2.25.3. Prüfung des Postens

Der **Prüfungsbericht** muss die in § 48 PrüfbV verlangten Angaben enthalten:

- Darstellung im Vergleich mit dem Vorjahr,
- Erläuterung der Zusammensetzung.

6.2.26. Aufgrund einer Gewinngemeinschaft, eines Gewinnabführungs- oder eines Teilgewinnabführungsvertrags abgeführte Gewinne

6.2.26.1. Postenbezeichnung

Die Postenbezeichnung nach dem Formblatt 3 lautet wie folgt:

> *26. Aufgrund einer Gewinngemeinschaft, eines Gewinnabführungs- oder eines Teilgewinnabführungsvertrags abgeführte Gewinne*

Der Posten „26. Aufgrund einer Gewinngemeinschaft, eines Gewinnabführungs- oder eines Teilgewinnabführungsvertrags abgeführte Gewinne" ist für alle Kredit- und Finanzdienstleistungsinstitute iSv. § 1 KWG einheitlich geregelt.

Weder mit der Ersten noch mit der Zweiten Verordnung zur Änderung der RechKredV wurde die Postenbezeichnung geändert.

6.2.26.2. Posteninhalt

6.2.26.2.1. RechKredV

Die RechKredV enthält keine Vorschriften zur Regelung des Posteninhalts. Hinsichtlich der hier auszuweisenden Beträge gelten für Institute dieselben Grundsätze wie für Nichtbanken. Wegen weiterer Einzelheiten kann daher auf die Kommentierungen zu § 277 Abs. 3 Satz 2 HGB verwiesen werden.

6.2.26.2.2. Voraussetzungen für den Postenausweis

In diesem Posten sind die an Dritte abgeführten Gewinne aus den in § 277 Abs. 3 Satz 2 HGB genannten Vertragsverhältnissen auszuweisen. Es handelt sich dabei um folgende Vertragsverhältnisse:

- Gewinnabführungsvertrag (§ 291 Abs. 1 AktG),
- Gewinngemeinschaften (§ 292 Abs. 1 Nr. 1 AktG),
- Teilgewinnabführungsvertrag (§ 292 Abs. 1 Nr. 2 AktG).

Im Hinblick auf den Sinn dieser Vorschrift ist es ohne Bedeutung, ob die jeweiligen Verträge den genannten Vorschriften des AktG unterliegen oder ihnen nur sinngemäß entsprechen.[2006] Für den gesonderten Ausweis kommt es daher insoweit nicht auf die Rechtsform des an einem derartigen Vertrag beteiligten Instituts an.

6.2.26.3. Prüfung des Postens

Der **Prüfungsbericht** muss die in § 48 PrüfbV verlangten Angaben enthalten:

- Darstellung im Vergleich mit dem Vorjahr,
- Erläuterung der Zusammensetzung.

6.2.27. Jahresüberschuss/Jahresfehlbetrag

6.2.27.1. Postenbezeichnung

Die Postenbezeichnung nach dem Formblatt 3 lautet wie folgt:

> *27. Jahresüberschuss/Jahresfehlbetrag*

Der Posten „27. Jahresüberschuss/Jahresfehlbetrag" ist für alle Kredit- und Finanzdienstleistungsinstitute iSv. § 1 KWG einheitlich geregelt.

Weder mit der Ersten noch mit der Zweiten Verordnung zur Änderung der RechKredV wurde die Postenbezeichnung geändert.

6.2.27.2. Posteninhalt

Dieser Posten weist den im Geschäftsjahr erzielten Gewinn oder eingetretenen Verlust vor

- den Veränderungen der Kapital- und Gewinnrücklagen,
- den Entnahmen und der Wiederauffüllung des Genussrechtskapitals und
- dem Gewinnvortrag/Verlustvortrag aus dem Vorjahr

aus. Der auszuweisende Betrag ergibt sich als Saldo aus sämtlichen Aufwands- und Ertragsposten.

[2006] Vgl. ADS 6. Aufl. § 277 HGB Rn. 53; WPH Bd. I 2000 F Tz. 484, 369.

6.2.28. Weitere in den Formblättern 2 und 3 vorgesehene Posten

6.2.28.1. Gewinnvortrag/Verlustvortrag und Rücklagenbewegungen

Die Posten 28. bis 30. sowie 32. und 34. des Formblatts 3 bzw. die entsprechenden Posten des Formblatts 2 entsprechen den in § 158 Abs. 1 AktG geregelten Posten. Wegen weiterer Einzelheiten wird auf die Kommentierung zu § 158 AktG verwiesen.

6.2.28.2. Entnahmen aus/Wiederauffüllung des Genussrechtskapital/s

Die „Entnahmen aus Genussrechtskapital" und „Wiederauffüllung des Genussrechtskapitals" sind im Gegensatz zu der allgemeinen Gliederung des § 275 HGB als separate Posten zu zeigen. Der Posteninhalt ist weder in der RechKredV noch im HGB geregelt.

Im Posten „Entnahmen aus Genussrechtskapital" sind insbesondere Verlustzuweisungen zu erfassen, die den Rückzahlungsanspruch des Genussrechtsinhabers vermindern (§ 10 Abs. 5 KWG). Entsprechend sind im Posten „Wiederauffüllung des Genussrechtskapitals" solche Beträge auszuweisen, die in späteren Jahren zu einer Wiederauffüllung des ausgewiesenen Genussrechtskapitals verwendet werden.

6.2.28.3. Rohergebnis aus Warenverkehr und Nebenbetrieben

Nach der Fußnote 6 zum Formblatt 3 (Fußnote 6 zum Formblatt 2) müssen Kreditgenossenschaften, die das Warengeschäft betreiben, nach dem Posten „Nettoertrag aus Finanzgeschäften" bzw. „Nettoaufwand aus Finanzgeschäften" den Posten „Rohergebnis aus Warenverkehr und Nebenbetrieben" aufführen.

Hier zu erfassen sind die Rohergebnisse aus dem Warenverkehr (Bezugs- und Absatzgeschäft) aus Neben- und Hilfsbetrieben sowie aus der gemeinschaftlichen Maschinenbenutzung.[2007] Das Rohergebnis ist in analoger Anwendung des § 275 Abs. 2 Nr. 1 bis Nr. 5 HGB zu ermitteln. Zu den hier auszuweisenden sonstigen betrieblichen Erträgen gehören auch Buchgewinne aus der Veräußerung von Grundstücken, Betriebs- und Geschäftsausstattung, die ausschließlich dem Warengeschäft dienen, erhaltene genossenschaftliche Rückvergütungen für frühere Geschäftsjahre sowie evtl. Erträge aus Schadensersatzleistungen in Zusammenhang mit Schäden im Warengeschäft.

[2007] Vgl. Bergmann ua., C.II., 23.

7. Der Anhang als Bestandteil des Jahresabschlusses

7.1. Überblick über anzuwendende Vorschriften

Institute müssen den Jahresabschluss unabhängig von ihrer Rechtsform nach den für große Kapitalgesellschaften geltenden Rechnungslegungsvorschriften erstellen (§ 340a Abs. 1 HGB). Demgemäß ist ihr Jahresabschluss um einen Anhang zu erweitern, der mit der Bilanz und der Gewinn- und Verlustrechnung eine Einheit bildet (§ 264 Abs. 1 Satz 1 HGB). Prinzipiell gelten damit die Vorschriften der §§ 284 bis 288 HGB (§ 340a Abs. 1 HGB iVm. § 34 Abs. 1 RechKredV). **Größenabhängige Erleichterungen** wie für kleine und mittelgroße Kapitalgesellschaften (vgl. § 288 HGB) sind allerdings von der Anwendung auf Institute ausgeschlossen (§ 340a Abs. 2 Satz 1 HGB). Insoweit gelten keine geschäftszweigspezifischen Besonderheiten, sodass auf die Kommentarliteratur zu den für alle Kapitalgesellschaften geltenden Rechnungslegungsvorschriften verwiesen werden kann. Eine Aufzählung der Vorschriften zum Anhang für Institute findet sich im Anhang zu diesem Buch.

Wegen der Branchenspezifika sind jedoch die folgenden für Kapitalgesellschaften geltenden Bestimmungen zum Anhang nicht auf Institute anzuwenden (§ 340a Abs. 2 Satz 1 HGB):[2008]

§§ HGB	
277 Abs. 3 Satz 1	Außerplanmäßige Abschreibungen (§ 253 Abs. 2 Satz 3 HGB) sowie Abschreibungen zur Berücksichtigung von Wertschwankungen in der nächsten Zukunft (§ 253 Abs. 3 Satz 3 HGB)
284 Abs. 2 Nr. 4	Unterschiedsbeträge bei Anwendung der Gruppenbewertung (§ 240 Abs. 4 HGB) oder der Bewertungsvereinfachungsverfahren (§ 256 Satz 1 HGB)
285 Nr. 8	Bestimmte Aufwendungen bei Anwendung des Umsatzkostenverfahrens (§ 275 Abs. 3 HGB)
285 Nr. 12	Erläuterung der unter dem Posten „sonstige Rückstellungen" nicht gesondert ausgewiesenen Rückstellungen, wenn sie einen nicht unerheblichen Umfang haben

Abb. 7.1: Nicht auf Institute anzuwendende Anhangangaben

Soweit Institute im Rahmen der Vorsorge für allgemeine Bankrisiken Vermögensgegenstände mit einem niedrigeren Wert angesetzt haben, müssen folgende Angaben nicht gemacht werden (§ 340f Abs. 2 Satz 2 HGB):

[2008] Vgl. WPH Bd. I 2000 J Tz. 251.

§§ HGB	
281 Abs. 1 Satz 2	Steuerrechtliche Vorschriften, nach denen auch handelsrechtlich zulässige Wertberichtigungen gebildet wurden
281 Abs. 2 Satz 1	Betrag der im Geschäftsjahr allein nach steuerrechtlichen Vorschriften vorgenommenen Abschreibungen
281 Abs. 2 Satz 2	Erträge aus der Auflösung des bzw. Aufwendungen zwecks Einstellung in den Sonderposten mit Rücklageanteil

Abb. 7.2: Entbehrliche Anhangangaben bei Risikovorsorge nach § 340f HGB

Ebenfalls wegen der Besonderheiten des Geschäftszweigs werden die folgenden, allgemein für Kapitalgesellschaften erforderlichen Bestimmungen zum Anhang durch die RechKredV ersetzt (§ 340a Abs. 2 Satz 2 HGB):

§§ HGB	
247 Abs. 1 und 266	Inhalt und Gliederung der Bilanz
275	Gliederung der Gewinn- und Verlustrechnung
251 und 268 Abs. 7	Angabe von Haftungsverhältnissen
268 Abs. 2	Darstellung des Anlagenspiegels
285 Nr. 1 und 2	Angaben betreffend die Verbindlichkeiten
285 Nr. 4	Aufgliederung der Umsatzerlöse
285 Nr. 9c	Angaben betreffend der gewährten Vorschüsse und Kredite bzw. bestimmter Haftungsverhältnisse

Abb. 7.3: Durch die RechKredV ersetzte Anhangangaben

Zusätzliche Erläuterungen und Angaben sind in den §§ 34 bis 36 RechKredV vorgeschrieben. Obendrein sind noch rechtsformspezifische Bestimmungen zu beachten. Schließlich besteht das generelle Erfordernis zusätzlicher Anhangangaben für den Fall, dass besondere Umstände den Jahresabschluss ein den tatsächlichen Verhältnissen entsprechendes Bild der Vermögens-, Finanz- und Ertragslage nicht vermitteln lassen (§ 264 Abs. 2 Satz 2 HGB).

Die nächste größere Zäsur nach dem Bankbilanzrichtlinie-Gesetz[2009] und seinem Verweis in § 340a HGB auf die allgemeinen handelsrechtlichen Berichtspflichten im Anhang[2010] brachte das Gesetz zur Kontrolle und Transparenz im Unternehmensbereich.[2011] Damit war ein vorläufiger gesetzgeberischer Schlusspunkt zu der allgemeinen

---

[2009] BGBl. I 1990, 2570.
[2010] Vgl. Waschbusch, DB 1993, 793 ff., zu den Änderungen im Anhang durch das Bankbilanzrichtlinie-Gesetz.
[2011] KonTraG, BGBl. I 1998, 786.

Corporate Governance-Diskussion anlässlich vorausgegangener Unternehmenskrisen und der zunehmenden Integration der Finanzmärkte und insbesondere zu der Diskussion um das Thema „Bekämpfung der Bankenmacht" markiert.[2012] Deshalb werden im Folgenden die durch das KonTraG erweiterten bzw. neu eingeführten und für Institute besonders bedeutsamen Berichtspflichten (zB § 285 Nr. 10 und 11 HGB, § 340a Abs. 4 HGB) in die Darstellung maßgeblicher Bestimmungen aufgenommen, obwohl auch diesbezüglich auf die Kommentarliteratur zu den für alle Kapitalgesellschaften geltenden Vorschriften verwiesen werden kann.

7.2. Allgemeine Angaben zum Jahresabschluss

7.2.1. Vorjahreszahlen

In der Bilanz sowie in der Gewinn- und Verlustrechnung ist zu jedem Posten der entsprechende Betrag des vorhergehenden Geschäftsjahres anzugeben (§ 265 Abs. 2 Satz 1 HGB).

Sind die Beträge nicht vergleichbar, so ist dies nach § 265 Abs. 2 Satz 2 HGB im Anhang anzugeben und zu erläutern. Wird ein Vorjahresbetrag angepasst, so verlangt § 265 Abs. 2 Satz 3 HGB, dass auch dies im Anhang angegeben und erläutert wird.

Nicht vergleichbare Vorjahresbeträge entstehen im Allgemeinen durch im laufenden Geschäftsjahr vorgenommene Umgliederungen. Die Erläuterungspflichten des § 265 Abs. 2 HGB sind so zu verstehen, dass nicht allein der Tatbestand der nicht vergleichbaren Gliederung oder der Anpassung der Vorjahreszahlen anzugeben ist, sondern dass auch die Gründe für die Umgliederung zu nennen sind.[2013]

7.2.2. Angaben zu den angewandten Bilanzierungs- und Bewertungsmethoden

Nach § 284 Abs. 2 Nr. 1 HGB sind die auf die Posten der Bilanz und der Gewinn- und Verlustrechnung angewandten Bilanzierungs- und Bewertungsmethoden im Anhang anzugeben. Über den Umfang, die Form und die Reihenfolge der Angaben enthält das Gesetz keine Anweisungen. Die Erläuterungen können mit denen der einzelnen Bilanzposten und Posten der Gewinn- und Verlustrechnung verbunden werden. Ein Verweis auf Angaben im Vorjahresabschluss genügt nicht.

Im Hinblick auf die Klarheit der Darstellung sind die Angaben grundsätzlich auf das Wesentliche zu beschränken und Zusammenfassungen dort vorzunehmen, wo gleiche

---

[2012] Vgl. Ernst/Seibert/Stuckert, 1.
[2013] Vgl. HdR 5. Aufl. §§ 284-288 HGB Rn. 32; WPH Bd. I 2000 F Tz. 599.

Sachverhalte vorliegen. Entsprechend ist eine geschlossene Darstellung von sachlich zusammengehörigen Aussagen sinnvoll, uU sogar geboten.[2014] Es ist darauf einzugehen, von welchen Ansatzwahlrechten Gebrauch gemacht und nach welchen Verfahren die Vermögensgegenstände und Schulden bewertet worden sind.

Unter **Bilanzierungsmethoden** sind diejenigen Entscheidungen zu verstehen, die sich auf den Bilanzansatz (Bilanzierung dem Grunde nach) beziehen. Die Angabepflicht im Anhang erfordert Informationen sowohl über die Ausübung der Bilanzansatzwahlrechte als auch in bestimmten Fällen über den Zeitpunkt der Bilanzierung.[2015]

Aus den Angaben soll ferner erkennbar werden, aus welchen Gründen von den Wahlrechten Gebrauch bzw. nicht Gebrauch gemacht wurde. In Fällen, in denen es sich um unwesentliche Beträge handelt, kann entsprechend dem Grundsatz der **Wesentlichkeit** auf Angaben verzichtet werden.[2016]

Die Angabepflichten nach § 284 Abs. 2 Nr. 1 HGB gelten nur insoweit, wie deren Anwendung nicht ausdrücklich ausgeschlossen wird. Dabei sind neben den Ansatzwahlrechten des allgemeinen Rechnungslegungsrechts auch die folgenden branchenspezifischen Vorschriften für Institute zu berücksichtigen:

- Ansatz eines Unterschiedsbetrags aus der Bewertung von Hypothekendarlehen und anderen Forderungen zum Nennwert unter den Rechnungsabgrenzungsposten auf der Aktivseite (§ 340e Abs. 2 Satz 3 HGB),
- Ansatz eines Sonderpostens für allgemeine Bankrisiken (§ 340g HGB).

Ob zu den Bilanzierungsmethoden iSv. § 284 Abs. 2 Nr. 1 HGB auch die Verrechnungsmöglichkeit des § 340c Abs. 2 HGB gehört, ist zweifelhaft. Bei diesem Wahlrecht handelt es sich nicht um ein Ansatzwahlrecht im zuvor beschriebenen Sinne, sondern um eine Verrechnungsmöglichkeit von bereits erfassten Vorgängen. Außerdem kann der Adressat des Jahresabschlusses bereits aus der Darstellung in der Gewinn- und Verlustrechnung - nämlich aus dem Fehlen eines Postens - erkennen, dass eine Verrechnung stattgefunden haben muss.

Eine grundsätzliche Angabepflicht hinsichtlich der nach § 34 Abs. 3 RechKredV bestehenden Möglichkeit der Zusammenfassung von Abschreibungen und Zuschreibungen der Finanzanlagen mit anderen Posten besteht ebenfalls nicht. Wenn und soweit eine Zusammenfassung stattgefunden hat, ergibt sich bereits aus dem Anlagenspiegel selbst. Zu den Anhangangaben bei einer teilweisen Zusammenfassung wird auf die Ausführungen zum Anlagenspiegel verwiesen.

[2014] Vgl. HdR 5. Aufl. §§ 284-288 HGB Rn. 91.
[2015] Vgl. BeBiKo 5. Aufl. § 284 HGB Rn. 86; ADS 6. Aufl. § 284 HGB Rn. 55.
[2016] Vgl. WPH Bd. I 2000 F Tz. 574.

Angaben zur **Überkreuzkompensation** nach § 340f Abs. 3 HGB brauchen gemäß § 340f Abs. 4 HGB nicht gemacht zu werden.

Gegenüber den Bilanzierungsmethoden, die sich auf die Bilanzierung dem Grunde nach beziehen, bezeichnen **Bewertungsmethoden** sämtliche (planmäßige) Verfahren zur Ermittlung von Wertansätzen (Bilanzierung der Höhe nach).[2017] Die Angaben zu den Bewertungsmethoden dienen dazu, ein den tatsächlichen Verhältnissen entsprechendes Bild der Vermögens-, Finanz- und Ertragslage des Instituts zu vermitteln.[2018] Aus den Ausführungen muss hervorgehen, welche nach dem Gesetz zulässigen Methoden angewendet werden; allgemein gehaltene Bemerkungen reichen nicht aus.[2019] Im Einzelnen ist auf die Ausübung der Wertansatzwahlrechte und die Methodenwahlrechte einzugehen.

Im Hinblick auf die Angaben zu den Bewertungsmethoden nach dem allgemeinen Rechnungslegungsrecht wird auf die einschlägigen Kommentierungen verwiesen.[2020] Das Bankbilanzrichtlinie-Gesetz enthält darüber hinaus folgende Bewertungswahlrechte, zu denen im Anhang entsprechende Angaben zu machen sind:

- Ansatz von Hypothekendarlehen und anderen Forderungen mit dem Nennbetrag, soweit der Unterschiedsbetrag zwischen dem Nennbetrag und dem Auszahlungsbetrag oder den Anschaffungskosten Zinscharakter hat (§ 340e Abs. 2 HGB). In diesem Zusammenhang sind auch Angaben zur angewandten Methode bei der planmäßigen Auflösung der Unterschiedsbeträge iSd. § 340e Abs. 2 HGB zu machen.
- Bildung einer Bewertungseinheit (wahlweise Ertragsrealisierung) bei „einfacher Deckung" in derselben Währung (§ 340h Abs. 2 Satz 3 HGB).

Angaben über die Bildung und Auflösung von Vorsorgereserven nach § 340f Abs. 1 HGB brauchen nach § 340f Abs. 4 HGB nicht gemacht zu werden. Der Betrag der Vorsorgereserven und deren Berechnung können von Jahr zu Jahr gewechselt werden, ohne dass hierüber zu berichten ist.

7.2.3. Abweichungen von Bilanzierungs- und Bewertungsmethoden

Um die Vergleichbarkeit aufeinanderfolgender Jahresabschlüsse herzustellen, sind nach § 284 Abs. 2 Nr. 3 HGB die nachfolgenden Angaben, die für Institute neu sind, zu machen:

[2017] Vgl. BeBiKo 5. Aufl. § 284 HGB Rn. 100.
[2018] Vgl. WPH Bd. I 2000 F Tz. 575.
[2019] Vgl. HdR 5. Aufl. §§ 284-288 HGB Rn. 93.
[2020] Vgl. ADS 6. Aufl. § 284 HGB Rn. 60 ff.; HdR 5. Aufl. §§ 284-288 HGB Rn. 93 ff.

- Angabe und Begründung bei Abweichungen von den Bilanzierungsmethoden,
- Angabe und Begründung bei Abweichungen von den Bewertungsmethoden,
- die gesonderte Darstellung des Einflusses dieser Abweichungen auf die Vermögens-, Finanz- und Ertragslage der Gesellschaft.

Abweichungen liegen vor, wenn die Grundsätze des Regelfalls nicht eingehalten werden oder wenn im zeitlichen Ablauf bisher angewandte Methoden und Grundsätze nicht mehr beibehalten werden.[2021]

Es ist nur über die **Änderung der Methode** und nicht über die Änderung der Verhältnisse zu berichten. Wenn also wegen geänderter Verhältnisse nicht mehr die Anschaffungskosten, sondern niedrigere Stichtagskurse zum Ansatz kommen, so haben sich wohl die Verhältnisse geändert, nicht aber die „Niederstwertmethode".[2022] Eine Änderung von Methoden kann nur vorliegen, wenn dazu rechtlich eine Möglichkeit (Wahlrecht) besteht.[2023]

Die **Angabepflicht** umfasst den jeweiligen Posten und die Beschreibung der Abweichungen gegenüber den Methoden des Vorjahres. Liegen keine Abweichungen vor, braucht eine Fehlanzeige nicht abgegeben zu werden.

Die Abweichungen von Bilanzierungs- und Bewertungsmethoden sind nicht nur anzugeben, sondern auch zu **begründen**. Es werden keine Erläuterungen, sondern Begründungen verlangt. Demnach sind die Tatbestände, die zur Abweichung geführt haben oder aus denen das Institut den Wechsel der Bilanzierungs- und Bewertungsmethode vorgenommen hat, zu schildern.[2024]

Es muss grundsätzlich über **alle** Abweichungen berichtet werden, denn auf eine Größenordnung stellt das Gesetz nicht ab. Aus dem Grundsatz der Wesentlichkeit wird gleichwohl abgeleitet werden dürfen, dass unbedeutende Abweichungen nicht erörtert zu werden brauchen.[2025]

Zu den **Abweichungen von Bewertungsmethoden** gehören die nach § 252 Abs. 2 HGB zulässigen Ausnahmen von den allgemeinen Bewertungsgrundsätzen des § 252 Abs. 1 HGB. Insbesondere sind Abweichungen von in der Vergangenheit wahrgenommenen Bewertungswahlrechten anzugeben und zu begründen.[2026] Keine Abweichung der Bewertungsmethode liegt dann vor, wenn sich eine notwendige Änderung der Bewertung unmittelbar aus dem Gesetz ergibt.

[2021] Vgl. BeBiKo 5. Aufl. § 284 HGB Rn. 143.
[2022] Vgl. HdR 5. Aufl. §§ 284-288 HGB Rn. 113.
[2023] Vgl. HdR 5. Aufl. §§ 284-288 HGB Rn. 112.
[2024] Vgl. BeBiKo 5. Aufl. § 284 HGB Rn. 143.
[2025] Vgl. BeBiKo 5. Aufl. § 284 HGB Rn. 143.
[2026] Vgl. ADS 6. Aufl. § 284 HGB Rn. 117.

Zu näheren Ausführungen über die berichtspflichtigen **Sachverhalte** kann auf die obigen Ausführungen zur Angabe der Bilanzierungs- und Bewertungsmethoden nach § 284 Abs. 2 Nr. 1 HGB und auf die einschlägigen Kommentierungen verwiesen werden.

Neben der Angabe und Begründung von Abweichungen von Bilanzierungs- und Bewertungsmethoden ist der **Einfluss** dieser Abweichungen auf die Vermögens-, Finanz- und Ertragslage gesondert darzustellen. **Zahlenmäßige Angaben** brauchen grundsätzlich nicht gemacht zu werden; es genügt eine verbale Berichterstattung.[2027] Betragsmäßige Angaben werden allerdings dann erforderlich sein, wenn die verbale Aussage unter den gegebenen Umständen unzureichend ist.[2028] Nach SABI 2/1987[2029] wird ohne die Angabe zumindest der absoluten oder relativen Größenordnung der zusammengefassten Auswirkungen aller Methodenänderungen der Umfang des Einflusses auf die Vermögens-, Finanz- und Ertragslage nicht genügend erkennbar.

Die **gesonderte Darstellung** des Einflusses bedeutet, dass die Angaben nicht in anderen Ausführungen untergehen dürfen, sondern als solche erkennbar sein müssen. Die Art der Darstellung ist nicht vorgeschrieben.[2030]

Die Verpflichtung der Darstellung des Einflusses von Abweichungen geht nicht über die in § 284 Abs. 2 Nr. 3 erster Halbsatz HGB geforderte Angabe und Begründung von Abweichungen hinaus. Auswirkungen anderer Faktoren, die keine Abweichung von Bilanzierungs- oder Bewertungsmethoden darstellen, brauchen demnach auch nicht hinsichtlich ihres Einflusses auf die Vermögens-, Finanz- und Ertragslage erläutert zu werden.[2031]

7.2.4. Angabe des ausgeübten Berufs der Mitglieder des Geschäftsführungsorgans und eines Aufsichtsrats sowie der Mitgliedschaft in Aufsichtsräten und anderen Kontrollgremien

Nach der Begründung im Regierungsentwurf zum KonTraG[2032] sollen die Pflichtangaben erweitert werden um die tatsächlich ausgeübte hauptberufliche Tätigkeit der Mitglieder des Geschäftsführungsorgans und des Aufsichtsrats. Bei Angestellten ist das jeweilige Unternehmen zu nennen. Allgemeine Beschreibungen des erlernten Berufs, wie zB Kaufmann, Apotheker, oder die Angabe akademischer Grade reichen nicht aus. Vielmehr sind die die tatsächlichen Arbeitsaufgaben umfassende Tätigkeit und das

---

[2027] Vgl. HdR 5. Aufl. §§ 284-288 HGB Rn. 121; BeBiKo 5. Aufl. § 284 HGB Rn. 143.
[2028] Vgl. HdR 5. Aufl. §§ 284-288 HGB Rn. 121.
[2029] Vgl. WPg 1988, 48.
[2030] Vgl. HdR 5. Aufl. §§ 284-288 HGB Rn. 126.
[2031] Vgl. ADS 6. Aufl. § 284 HGB Rn. 143.
[2032] Begründung zum KonTraG-Regierungsentwurf, abgedruckt in Ernst/Seibert/Stuckert, 91.

jeweilige Unternehmen, in dem der Hauptberuf ausgeübt wird, zu nennen, zB Finanzvorstand der X-AG, Rechtsanwalt in der Sozietät Y.[2033]

Die **Berufsangabe** lässt ggf. erkennen, ob das jeweilige Aufsichtsratsmitglied nach seiner individuellen Belastungssituation oder wegen möglicher Interessenkonflikte den Anforderungen des Amts genügt.[2034]

Darüber hinaus besteht bei **börsennotierten** Aktiengesellschaften iSv. § 3 Abs. 2 AktG, dh. bei Aktiengesellschaften, deren Aktien im amtlichen Handel oder im geregelten Markt notiert sind, in Bezug auf die Mitglieder des Vorstands und des Aufsichtsrats die Pflicht, deren Mitgliedschaften im Aufsichtsrat und in anderen Kontrollgremien iSd. § 125 Abs. 1 Satz 3 AktG anzugeben. Neben den gesetzlich zu bildenden Aufsichtsräten und den Verwaltungsräten öffentlich-rechtlicher Unternehmen sind von dieser Vorschrift die Mitgliedschaften in vergleichbaren in- und ausländischen **Kontrollgremien** von **Wirtschaftsunternehmen** betroffen.[2035]

7.2.5. Angabe von Beteiligungen an großen Kapitalgesellschaften, die fünf vom Hundert der Stimmrechte überschreiten

Durch das KonTraG wurde die nach § 285 Nr. 11 HGB bestehende Pflicht, bestimmte Angaben zu anderen Unternehmen zu machen, von denen die Kapitalgesellschaft oder eine für Rechnung der Kapitalgesellschaft handelnde Person mindestens den fünften Teil der Anteile besitzt, für börsennotierte Aktiengesellschaften iSv. § 3 Abs. 2 AktG dahingehend erweitert, dass alle Beteiligungen an **großen Kapitalgesellschaften** iSv. § 267 Abs. 3 HGB anzugeben sind, die fünf vom Hundert der Stimmrechte überschreiten. Diese Angabe ist von allen Instituten unabhängig von Börsennotierung und Rechtsform zu machen (§ 340a Abs. 4 Nr. 2 HGB).

Der Umfang des **Stimmrechtsanteils** bestimmt sich nach den Verhältnissen zum **Stichtag**[2036], seine **Berechnung** erfolgt nach den aktienrechtlichen Vorschriften des § 16 AktG.[2037]

[2033] Vgl. ADS 6. Aufl. § 285 nF HGB Rn. 31; BeBiKo 5. Aufl. § 285 HGB Tz. 201.
[2034] Vgl. ADS 6. Aufl. § 285 nF HGB Rn. 31.
[2035] Vgl. ADS 6. Aufl. § 285 nF HGB Rn. 34.
[2036] Vgl. ADS 6. Aufl. § 285 nF HGB Rn. 42.
[2037] Vgl. ADS 6. Aufl. § 285 nF HGB Rn. 40.

7.2.6. Angabe von Mandaten in gesetzlich zu bildenden Aufsichtsgremien großer Kapitalgesellschaften

Institute, auch dann, wenn sie nicht die Rechtsform der Aktiengesellschaft haben, müssen Mandate in großen Kapitalgesellschaften iSv. § 267 Abs. 3 HGB, die ihre gesetzlichen Vertreter oder andere Mitarbeiter innehaben, im Anhang angeben (§ 340a Abs. 4 Nr. 1 HGB).[2038]

7.2.7. Angabe über die Abgabe der Entsprechenserklärung gemäß § 161 AktG

Das AktG schreibt in § 161 vor, dass Vorstand und Aufsichtsrat einer börsennotierten Gesellschaft jährlich erklären müssen, dass den Empfehlungen des Corporate Governance Kodex entsprochen wurde und wird oder welche Empfehlungen nicht angewendet wurden oder werden. Die Erklärung ist den Aktionären dauerhaft zugänglich zu machen.

Dem folgend schreibt § 285 Nr. 16 HGB vor, dass im Anhang darüber zu berichten ist, dass die nach § 161 AktG vorgeschriebene Erklärung abgegeben und den Aktionären zugänglich gemacht worden ist. Nach § 325 HGB ist die Entsprechenserklärung offen zu legen.

Aus der Nichtabgabe der Erklärung ergeben sich nach Ansicht des IDW folgende Konsequenzen:[2039]

- **Prüfungsbericht**
  Über den Verstoß gegen § 161 AktG ist im Rahmen der Redepflicht des § 321 HGB sowie im Rahmen einer nach Ziffer 7.2.3 des Deutschen Corporate Governance Kodex mit dem Aufsichtsrat getroffenen Vereinbarung zu berichten.
- **Bestätigungsvermerk**
  Wurde entgegen § 161 AktG keine Entsprechenserklärung abgegeben und fehlt daher die Anhangangabe nach § 285 Nr. 16 HGB, so hat der Abschlussprüfer seinen Bestätigungsvermerk einzuschränken. Gleiches gilt für den Fall, dass die Anhangangabe nach § 285 Nr. 16 HGB unvollständig ist oder dass im Anhang unzutreffend erklärt wird, dass die nach § 161 AktG vorgeschriebene Erklärung abgegeben und den Aktionären zugänglich gemacht worden ist.
  Der Bestätigungsvermerk ist auch dann einzuschränken, wenn im Anhang wahrheitsgemäß über die gesetzeswidrige Nichtabgabe der Entsprechenserklärung berichtet wird.

[2038] Vgl. Begründung zum KonTraG-Regierungsentwurf, abgedruckt in Ernst/Seibert/Stuckert, 108.
[2039] Vgl. IDW, FN 2003, 92 f.

Prüfung der Anhangangabe

Nach IDW PS 345[2040] ist es nicht die Aufgabe des Abschlussprüfers, die Entsprechenserklärung (die außerhalb der Rechnungslegung abgegeben wird) **inhaltlich** zu prüfen, sondern zu prüfen, ob die **Anhangangabe**

- vorhanden,
- vollständig und
- zutreffend

ist.

Die Anhangangabe ist nur **vollständig**, wenn sie sowohl eine Aussage zur Abgabe der Entsprechenserklärung als auch eine Aussage zur Zugänglichmachung der Entsprechenserklärung an die Aktionäre enthält. Die Anhangangabe ist nur **zutreffend**, wenn

- eine Erklärung abgegeben wurde, die die formellen Anforderungen an eine Entsprechenserklärung erfüllt,
- die Entsprechenserklärung jährlich abgegeben wurde und
- die Entsprechenserklärung den Aktionären dauerhaft zugänglich gemacht wurde (dies erfolgt idR durch Einstellung der Entsprechenserklärung auf die Homepage des Unternehmens).

Eine Erklärung erfüllt die **formellen Anforderungen** an eine Entsprechenserklärung nur, wenn sie

- eine vergangenheitsorientierte Wissenserklärung und
- eine zukunftsorientierte Absichtserklärung enthält
- Abweichungen von den Empfehlungen des Kodexes individuell in der Entsprechenserklärung angegeben (nicht notwendigerweise begründet) werden.

IDW PS 345[2041] weist ausdrücklich darauf hin, dass der Bestätigungsvermerk des Abschlussprüfers einzuschränken ist, wenn die Anhangangabe (nicht die Entsprechenserklärung) fehlt, nicht vollständig oder unzutreffend ist.

[2040] Vgl. IDW PS 345, WPg 2003, 1002.
[2041] Vgl. IDW PS 345, WPg 2003, 1002.

7.3. Erläuterungen zur Bilanz

7.3.1. Aufgliederung börsenfähiger Wertpapiere

Der Wertpapierbegriff wird für die Rechnungslegung der Institute in § 7 RechKredV inhaltlich umschrieben. § 35 Abs. 1 Nr. 1 RechKredV verlangt im Anhang eine **Aufgliederung** der in den Aktivposten

- 5. Schuldverschreibungen und andere festverzinsliche Wertpapiere,
- 6. Aktien und andere nicht festverzinsliche Wertpapiere,
- 7. Beteiligungen und
- 8. Anteile an verbundenen Unternehmen

enthaltenen **börsenfähigen** Wertpapiere nach

- börsennotierten und
- nicht börsennotierten

Wertpapieren.[2042] Die **Börsenfähigkeit** wird nach § 7 Abs. 2 RechKredV dann als gegeben angesehen, wenn die Voraussetzungen einer Börsenzulassung erfüllt sind; bei Schuldverschreibungen genügt es, dass alle Stücke einer Emission hinsichtlich Verzinsung, Laufzeit und Fälligkeit einheitlich ausgestattet sind.

Als börsennotiert gelten nach § 7 Abs. 3 RechKredV solche Wertpapiere, die an einer deutschen Börse zum amtlichen Handel oder zum geregelten Markt zugelassen sind, sowie Wertpapiere, die an ausländischen Börsen zugelassen sind oder gehandelt werden (vgl. Abschnitt 3.6.3.).

7.3.2. Wie Anlagevermögen bewertete Wertpapiere

Institute müssen die Wertpapiere sowohl für die Bewertung als auch für den Ausweis von Aufwendungen und Erträgen aus Wertpapieren (Ausnahme: laufende Erträge) in drei Kategorien einteilen:

- Wertpapiere des Handelsbestands,
- Wertpapiere des Anlagevermögens und
- Wertpapiere der Liquiditätsreserve.

Obwohl Wertpapiere grundsätzlich nach den für das Umlaufvermögen geltenden Vorschriften zu bewerten sind, ist es auch möglich, dass Institute nicht nur Beteiligungen, sondern auch Wertpapiere als längerfristige Vermögensanlage betrachten und diese,

---

[2042] Zur Definition des Begriffs „Wertpapiere" vgl. Abschnitt 3.6.

insbesondere für Zwecke der Bewertung, wie Anlagevermögen behandeln. Die gesetzliche Grundlage bietet § 340e Abs. 1 Satz 2 HGB, wonach andere Vermögensgegenstände - insbesondere Forderungen und Wertpapiere - dann wie Anlagevermögen zu bewerten sind, wenn sie dazu bestimmt werden, dauernd dem Geschäftsbetrieb zu dienen.

Die Zweckbestimmung von Wertpapierbeständen, dauernd dem Geschäftsbetrieb zu dienen, setzt eine aktenkundig zu machende Entscheidung der „zuständigen Organe" voraus.[2043]

Der **Betrag der nicht mit dem Niederstwert bewerteten börsenfähigen Wertpapiere** ist nach § 35 Abs. 1 Nr. 2 RechKredV für die folgenden Aktivposten der Bilanz im Anhang anzugeben:

- 5. Schuldverschreibungen und andere festverzinsliche Wertpapiere und
- 6. Aktien und andere nicht festverzinsliche Wertpapiere.

Auch hier wird nur auf **börsenfähige** Wertpapiere abgestellt. Als börsenfähig gelten nach § 7 Abs. 2 RechKredV Wertpapiere, die die Voraussetzungen einer Börsenzulassung erfüllen. Bei Schuldverschreibungen genügt es, dass alle Stücke einer Emission hinsichtlich Verzinsung, Laufzeitbeginn und Fälligkeit einheitlich ausgestattet sind.

§ 35 Abs. 1 Nr. 2 RechKredV stellt auf die **nicht mit dem Niederstwert bewerteten** börsenfähigen Wertpapiere ab. Dies bedeutet, dass Wertpapiere, die aufgrund ihrer Zweckbestimmung zwar den Finanzanlagen zuzuordnen sind, die aber zulässigerweise aufgrund des gemilderten Niederstwertprinzips nach § 253 Abs. 2 HGB mit dem niedrigeren beizulegenden Wert (zB Börsenkurs) bewertet wurden, **nicht** in die Angabepflicht des § 35 Abs. 1 Nr. 2 RechKredV einzubeziehen sind. Aufgrund des eindeutigen Wortlauts der RechKredV ist ausschließlich maßgebend, ob die Wertpapiere mit dem Niederstwert bewertet wurden oder nicht.

Die Zuordnung der Wertpapiere zum Handelsbestand bzw. zur Liquiditätsreserve und zu den Finanzanlagen ist weitgehend von der Disposition des einzelnen Instituts abhängig, wobei institutsindividuelle Gegebenheiten zu berücksichtigen sind.[2044] Ein Institut wird aber kaum auf angemessene, plausible und nachprüfbare Regelungen verzichten können, um dem handelsrechtlichen Verbot willkürlicher Umwidmungen Rechnung zu tragen.[2045]

Die Angabe der nicht mit dem Niederstwert bewerteten Wertpapiere hat nicht in der Bilanz, sondern im Anhang zu erfolgen. In diesem Zusammenhang ist auch anzugeben,

---

[2043] Vgl. Krumnow ua., 2. Aufl., § 340e HGB Rn. 31.
[2044] Vgl. Monatsberichte der Deutschen Bundesbank Nr. 5/1992, 41.
[2045] Vgl. Monatsberichte der Deutschen Bundesbank Nr. 5/1992, 41.

in welcher Weise die so bewerteten Wertpapiere von den mit dem Niederstwert bewerteten börsenfähigen Wertpapieren **abgegrenzt** worden sind.

7.3.3. Treuhandvermögen und Treuhandverbindlichkeiten

Vermögensgegenstände und Schulden, die ein Institut **im eigenen Namen, aber für fremde Rechnung** hält, sind in die Bilanz aufzunehmen und in einem Gesamtbetrag unter

- dem Aktivposten „9. Treuhandvermögen" und
- dem Passivposten „4. Treuhandverbindlichkeiten"

auszuweisen sowie im **Anhang** nach den einzelnen Aktiv- und Passivposten des Formblatts aufzugliedern. Neben der Aufgliederung, dh. der zahlenmäßigen Segmentierung der jeweiligen Gesamtbeträge verlangt § 6 Abs. 1 RechKredV keine weiteren Angaben.

7.3.4. Anlagenspiegel

Im Anhang ist die Entwicklung der einzelnen Posten des Anlagevermögens und - soweit bilanziert - des Postens „Aufwendungen für die Ingangsetzung und Erweiterung des Geschäftsbetriebs" darzustellen.

§ 34 Abs. 3 RechKredV regelt unter Bezugnahme auf § 268 Abs. 2 HGB, für welche Posten des Anlagevermögens die Angaben in Form eines Brutto-Anlagenspiegels zu machen sind und welche Wahlrechte bezüglich der Zusammenfassung bestimmter Beträge bestehen. Für Institute gibt es auch kein Wahlrecht, die Angaben in der Bilanz oder im Anhang zu machen; die Angaben sind zwingend in den **Anhang** aufzunehmen.[2046]

Für jeden **einzelnen Posten** sind nach § 268 Abs. 2 Satz 2 HGB aufzuführen:

- die gesamten Anschaffungs- und Herstellungskosten der am Beginn des Geschäftsjahres vorhandenen Vermögensgegenstände,
- die Zugänge des Geschäftsjahres,
- die Abgänge des Geschäftsjahres,
- die Umbuchungen während des Geschäftsjahres,
- die Zuschreibungen des Geschäftsjahres und

[2046] Vgl. Bieg (1998), 586; Bundesverband deutscher Banken e.V. (1993), 78; aA Krumnow ua., 2. Aufl., § 34 RechKredV Rn. 39.

- die Abschreibungen in ihrer gesamten Höhe, dh. die bisher aufgelaufenen Abschreibungen für die am Abschlussstichtag vorhandenen Vermögensgegenstände.

Die Abschreibungen des Geschäftsjahres sind nach § 268 Abs. 2 Satz 3 HGB im Anhang in einer der Gliederung des Anlagevermögens entsprechenden Aufgliederung anzugeben.

Nach § 34 Abs. 3 RechKredV sind die in § 268 Abs. 2 HGB verlangten Angaben für die **Vermögensgegenstände iSd. § 340e Abs. 1 HGB**, dh. präziser: für Vermögensgegenstände iSd. § 340e Abs. 1 Satz 1 HGB, die **nach den für das Anlagevermögen geltenden Vorschriften zu bewerten** sind, zu machen. Es handelt sich dabei im Einzelnen um:

- Beteiligungen,
- Anteile an verbundenen Unternehmen,
- Konzessionen,
- gewerbliche Schutzrechte und ähnliche Rechte und Werte,
- Lizenzen an solchen Rechten und Werten,
- Grundstücke,
- grundstücksgleiche Rechte,
- Bauten einschließlich der Bauten auf fremden Grundstücken,
- technische Anlagen und Maschinen,
- andere Anlagen,
- Betriebs- und Geschäftsausstattung,
- Anlagen im Bau,
- alle anderen wie Anlagevermögen bewerteten Vermögensgegenstände (zB Wertpapiere).[2047]

In diesem Zusammenhang ist darauf hinzuweisen, dass bei Instituten die in den Aktivposten 5. und 6. enthaltenen wie Anlagevermögen bewerteten Wertpapiere und die dazugehörigen Buchwerte nicht unmittelbar der Bilanz entnommen werden können. Auch der Aktivposten „15. Sonstige Vermögensgegenstände" kann Vermögensgegenstände beinhalten, die wie Umlaufvermögen, und solche, die wie Anlagevermögen bewertet werden.

Nach dem Wortlaut des § 34 Abs. 3 RechKredV brauchen die in § 268 Abs. 2 HGB verlangten Angaben nur „für Vermögensgegenstände im Sinne des § 340e Abs. 1 HGB" gemacht zu werden. Da die „Aufwendungen für die Ingangsetzung und Erweiterung des Geschäftsbetriebs" weder Vermögensgegenstände noch in § 340e Abs. 1 HGB genannt

---

[2047] Diese können grundsätzlich in fast allen Posten der Aktivseite ausgewiesen sein; vgl. Bieg, ZfbF 1988, 14.

837

sind, müsste dieser Posten nach dem Wortlaut des § 34 Abs. 3 RechKredV nicht in den Anlagenspiegel aufgenommen werden.

Dies ist jedoch nicht mit Artikel 31 Abs. 6 Satz 2 EGHGB in Einklang zu bringen, wonach die Vereinfachungsregelung bei der Ermittlung der ursprünglichen Anschaffungs- und Herstellungskosten bei der erstmaligen Anwendung der Vorschrift ausdrücklich auf den Posten „Aufwendungen für die Ingangsetzung und Erweiterung des Geschäftsbetriebs" angewendet werden darf.

Ob der Anlagenspiegel alle in § 340e Abs. 1 HGB aufgeführten Posten oder lediglich die einschlägigen **Bilanzposten** enthalten muss, ist weder im HGB noch in der RechKredV geregelt. Man wird davon ausgehen können, dass analog zum Bilanzgliederungsschema des § 266 Abs. 2 HGB, auf das in § 268 Abs. 2 HGB verwiesen wird, das institutsspezifische Äquivalent, das Formblatt 1 des § 2 RechKredV, als Grundlage für die vertikale Gliederung des Anlagenspiegels dient und nur diejenigen Bilanzpositionen zu berücksichtigen sind, die Anlagevermögen enthalten.[2048]

Für den Anlagenspiegel der Institute besteht nach § 34 Abs. 3 Satz 2 RechKredV weiterhin die Besonderheit, dass die Zuschreibungen, Abschreibungen und Wertberichtigungen auf Beteiligungen, Anteile an verbundenen Unternehmen sowie auf andere Wertpapiere, die wie Anlagevermögen behandelt werden (Finanzanlagen), mit anderen Posten zusammengefasst werden können.

Dies bedeutet, dass die Angaben über

- die ursprünglichen Anschaffungskosten,
- die Zu- und Abgänge,
- die Umbuchungen sowie
- die Buchwerte zum Bilanzstichtag

für die jeweiligen Posten **einzeln** im Anhang zu machen sind, während die Zuschreibungen und die Abschreibungen (die kumulierten Abschreibungen wie auch die Abschreibungen des Geschäftsjahres) mit den Zuschreibungen bzw. den Abschreibungen der anderen Posten zusammengefasst werden dürfen. Dies gilt wiederum nur für die Zuschreibungen und Abschreibungen auf „Finanzanlagen", namentlich

- Beteiligungen,
- Anteile an verbundenen Unternehmen sowie
- andere Wertpapiere, die wie Anlagevermögen behandelt werden.

Diese „Finanzanlagen" können in den Bilanzposten

[2048] Vgl. Bieg (1998), 586 f.

- Schuldverschreibungen und andere festverzinsliche Wertpapiere (Aktiva 5.),
- Aktien und andere nicht festverzinsliche Wertpapiere (Aktiva 6.),
- Beteiligungen (Aktiva 7.),
- Anteile an verbundenen Unternehmen (Aktiva 8.)

ausgewiesen sein. Damit ist der volle **Bruttoanlagespiegel** nur für das Sachanlagevermögen und die immateriellen Anlagewerte erforderlich.

Da der Hintergrund dieses Zusammenfassungswahlrechts in der Kompensationsregelung des § 340c Abs. 2 HGB, nach der Aufwendungen aus Abschreibungen und Erträge aus Zuschreibungen auf „Finanzanlagen" miteinander verrechnet werden dürfen, zu sehen ist, können die „anderen Posten" iSd. § 34 Abs. 3 Satz 2 RechKredV, die in die Zusammenfassung einbezogen werden dürfen, ebenfalls nur „Finanzanlagen" sein.[2049]

Mit dem Wortlaut vereinbar sind verschiedene Methoden der „Zusammenfassung mit anderen Posten".[2050] So kommen in Betracht eine Zusammenfassung der Zu- und Abschreibungen im Finanzanlagevermögen mit Zu- und Abschreibungen oder auch den anderen Veränderungskategorien, wie zB Umbuchungen, anderer Positionen des Finanzanlagevermögens (**vertikale Zusammenfassung**), eine Zusammenfassung innerhalb der Zu- und Abschreibungen einer Finanzanlageposition mit den Abgängen, Zugängen und Umbuchungen derselben Position (**horizontale Zusammenfassung**) sowie die Kombination aus beiden Methoden.

Werden bei der Kombination von horizontaler und vertikaler Zusammenfassung die jeweiligen historischen Anschaffungskosten der einzelnen Positionen des Finanzanlagevermögens nicht mehr ausgewiesen, enthält der Anlagespiegel für die einzelnen Positionen des Finanzanlagevermögens im Extremfall nur noch die bereits aus der Bilanz ersichtlichen Buchwerte zum Ende des Geschäftsjahres und zum Ende des Vorjahres.[2051]

Artikel 31 Abs. 6 EGHGB enthält eine dem Artikel 24 Abs. 6 EGHGB nachgebildete Erleichterung für die Darstellung der wie Anlagevermögen behandelten Vermögensgegenstände und der Aufwendungen für die Ingangsetzung und Erweiterung des Geschäftsbetriebs bei der erstmaligen Anwendung des § 340a HGB iVm. § 268 Abs. 2 HGB.

[2049] Vgl. Bieg (1998), 591; Krumnow ua., 2. Aufl., § 34 RechKredV Rn. 50.
[2050] Vgl. Bieg (1998), 591-593; Krumnow ua., 2. Aufl., § 34 RechKredV Rn. 50.
[2051] Vgl. Bieg (1998), 593; Krumnow ua., 2. Aufl., § 34 RechKredV Rn. 50.

7.3.5. Unterschiedsbetrag nach § 340e Abs. 2 HGB

Hypothekendarlehen sowie andere Forderungen werden häufig mit einem Agio oder Disagio begeben bzw. von einem Dritten erworben. Sie dürfen nach § 340e Abs. 2 Satz 1 HGB abweichend von § 253 Abs. 1 Satz 1 HGB mit ihrem Nennbetrag angesetzt werden, soweit der Unterschiedsbetrag zwischen dem Nennbetrag und dem Auszahlungsbetrag oder den Anschaffungskosten Zinscharakter hat.

Dieses Wahlrecht ist nicht nur auf die vom Institut selbst begründeten Forderungen, sondern auch auf erworbene Forderungen anzuwenden, es sei denn, es handelt sich bei den **erworbenen Forderungen** um solche, die nicht auf Dauer für den eigenen Bestand, sondern für den Handel erworben werden. Während Institute bei der Begründung oder dem Erwerb von Forderungen auf Dauer für den eigenen Bestand an der zeitanteiligen Vereinnahmung der Zinsen interessiert sind, kommt es ihnen beim Handel mit solchen Forderungen auf die Kursdifferenz an, die im letztgenannten Fall dann auch nicht teilweisen Zinscharakter hat.[2052]

Ist der Nennbetrag höher als der Auszahlungsbetrag oder die Anschaffungskosten, so ist der **Unterschiedsbetrag** zwingend als passiver Rechnungsabgrenzungsposten auszuweisen. Ist dagegen der Nennbetrag niedriger als der Auszahlungsbetrag oder die Anschaffungskosten, so darf der Unterschiedsbetrag als aktiver Rechnungsabgrenzungsposten ausgewiesen werden.

In beiden Fällen ist der Unterschiedsbetrag nach § 340e Abs. 2 Sätze 2 und 3 HGB planmäßig aufzulösen[2053] und in seiner **jeweiligen Höhe** wahlweise in der Bilanz oder im **Anhang** gesondert anzugeben. Darüber hinaus verlangt § 340e Abs. 2 HGB keine weitere Erläuterung. Auf die Methode der planmäßigen Auflösung ist iRd. Angaben zu den angewandten Bewertungsmethoden nach § 284 Abs. 2 Nr. 1 HGB einzugehen.

Klarstellend sei erwähnt, dass es sich jeweils um die **Summe** der aktivischen bzw. passivischen Unterschiedsbeträge handelt. Da eine Verrechnung dieser aktivischen und passivischen Unterschiedsbeträge weder im Gesetz noch in der RechKredV ausdrücklich vorgesehen ist, ist hier das Verrechnungsverbot des § 246 Abs. 2 HGB zu beachten.

Es ist nicht zulässig, die Unterschiedsbeträge nach § 340e Abs. 2 HGB mit denen nach § 268 Abs. 6 iVm. § 250 Abs. 3 HGB zusammenzufassen. Bei dem Unterschiedsbetrag nach § 250 Abs. 3 HGB handelt es sich um einen solchen zwischen dem Rückzahlungsbetrag und dem Ausgabebetrag bei Verbindlichkeiten, während § 340e Abs. 2 HGB Hypothekendarlehen und andere Forderungen betrifft. Hätte der Gesetzgeber eine Zusammenfassung der gesondert auszuweisenden Unterschiedsbeträge für zulässig

---

[2052] Vgl. BT-Drs. 11/6786, 26.
[2053] Zur planmäßigen Auflösung vgl. Abschnitt 4.3.3.5.

angesehen, wäre eine entsprechende Anweisung in § 340e Abs. 2 HGB erforderlich gewesen.

7.3.6. Nachrangige Vermögensgegenstände und Schulden

Als nachrangig sind gemäß § 4 Abs. 1 RechKredV Vermögensgegenstände und Schulden anzusehen, wenn sie als Forderungen oder Verbindlichkeiten im Fall der Liquidation oder der Insolvenz erst nach den Forderungen der anderen Gläubiger erfüllt werden dürfen.

Der Ausweis der nachrangigen Forderungen ist anders geregelt als der der nachrangigen Verbindlichkeiten (vgl. Abschnitt 3.7., Abb. 3.4). Während auf der **Aktivseite** gesondert bei jedem Posten bzw. Unterposten „Darunter-Vermerke" bzw. alternativ im Anhang entsprechende Angaben in der Reihenfolge der betroffenen Posten gemacht werden müssen, erfolgt auf der **Passivseite** ein zusammengefasster Ausweis in einem Posten. Für die in den Aktivposten 3. bis 5. enthaltenen Forderungen an **verbundene Unternehmen** und an Unternehmen, mit denen ein **Beteiligungsverhältnis** besteht, muss die Nachrangigkeit dieser Forderungen in einem Unterposten zum Unterposten nach § 3 RechKredV kenntlich bzw. entsprechende Anhangangaben gemacht werden.

§ 4 RechKredV sieht außer der (wahlweisen) Angabe der nachrangigen Forderungen in der Reihenfolge der betroffenen Bilanzposten im Anhang keine weiteren Erläuterungen vor.

Für den Passivposten „9. Nachrangige Verbindlichkeiten" sind demgegenüber folgende Angaben im Anhang zu machen:

- der Betrag der für die nachrangigen Verbindlichkeiten angefallenen Aufwendungen (§ 35 Abs. 3 Nr. 1 RechKredV);
- zu jeder 10 % des Gesamtbetrags der nachrangigen Verbindlichkeiten übersteigenden Mittelaufnahme
  - der Betrag,
  - die Währung,
  - der Zinssatz,
  - die Fälligkeit, ferner
  - ob eine vorzeitige Rückzahlungsverpflichtung entstehen kann,
  - die Bedingungen ihrer Nachrangigkeit und
  - die Bedingungen ihrer etwaigen Umwandlung in Kapital oder in eine andere Schuldform (§ 35 Abs. 3 Nr. 2 RechKredV);
- zu anderen Mittelaufnahmen die wesentlichen Bedingungen (§ 35 Abs. 3 Nr. 3 RechKredV).

Die Angabe der wesentlichen Bedingungen zu **anderen Mittelaufnahmen** nach § 35 Abs. 3 Nr. 3 RechKredV ist nur für die Mittelaufnahmen relevant, die nicht 10 % des Gesamtbetrags der nachrangigen Verbindlichkeiten übersteigen.

In der RechKredV wird nicht bestimmt, was unter dem Begriff „**wesentliche Bedingungen**" zu verstehen ist. Eine generelle Beantwortung dieser Frage ist nicht möglich. Es kommt vielmehr auf den Einzelfall an. In Anlehnung an Artikel 4 der Eigenmittelrichtlinie[2054] wird man zunächst Angaben zur **Fälligkeit** verlangen müssen. Von wesentlicher Bedeutung sind ferner Angaben zu den **Gründen der Nachrangigkeit**. Da der **Zinssatz** bei Verbindlichkeiten üblicherweise ein wesentliches Element ist, ferner bei nachrangigen Verbindlichkeiten einen Vergleich mit der Eigenkapitalverzinsung erlaubt, wird man auch die Angabe des Zinssatzes verlangen müssen. Darüber hinaus dürften je nach Ausgestaltung der vertraglichen Vereinbarungen weitere Angaben angebracht sein.

In den Betrag der für nachrangige Verbindlichkeiten angefallenen Aufwendungen sind **sämtliche** Aufwendungen einzurechnen, die für nachrangige Verbindlichkeiten insgesamt entstanden sind. Eine getrennte Angabe der Aufwendungen für nachrangige Verbindlichkeiten in Höhe von mehr als 10 % des Gesamtbetrags der nachrangigen Verbindlichkeiten und solche mit geringerem Anteil wird nicht verlangt.

7.3.7. Fremdwährungsaktiva und -passiva

Für die Währungsumrechnung im Jahresabschluss von Instituten gilt nach § 340h Abs. 1 HGB grundsätzlich der Stichtagskurs. Nur bei wie Anlagevermögen behandelten Vermögensgegenständen, die nicht in derselben Währung besonders gedeckt sind, findet der historische Anschaffungskurs Anwendung. Wegen weiterer Einzelheiten zur Währungsumrechnung siehe Abschnitt 4.8.

Da § 284 Abs. 2 Nr. 2 HGB auch von Instituten zu beachten ist, müssen diese die

- Grundlagen für die Währungsumrechnung

im Anhang angeben. Darüber hinaus verlangt § 35 Abs. 1 Nr. 6 RechKredV, dass im Anhang der

- Gesamtbetrag der Vermögensgegenstände und der
- Gesamtbetrag der Schulden,

die auf Fremdwährung lauten, jeweils in Euro angegeben wird. Obwohl nach der Einleitung zu § 35 Abs. 1 RechKredV die Anhangangaben „zu den Posten der Gewinn- und

---

[2054] Richtlinie des Rates vom 17. April 1989 über die Eigenmittel von Kreditinstituten, ABlEG Nr. L 124, 16.

Verlustrechnung" erfolgen sollen, bezieht sich die Angabe des **Gesamtbetrags** der Vermögensgegenstände und Schulden, die auf fremde Währung lauten, nicht auf die einzelnen Bilanzposten, sondern auf sämtliche Vermögensgegenstände und Schulden, dh. es ist jeweils ein Betrag für auf fremde Währung lautende Vermögensgegenstände und Schulden anzugeben.

Soweit iRd. Währungsumrechnung (vgl. hierzu Abschnitt 4.8.)

- bei Bilanzposten die Ertragsneutralisierung durch einen passiven Ausgleichsposten bzw.
- bei Termingeschäften die Ertragserfassung durch einen gesondert ausgewiesenen aktiven Ausgleichsposten

erfolgt, wird das bilanzierende Institut Angaben nach § 284 Abs. 2 Nr. 1 HGB zu machen haben.

Im Zusammenhang mit auf fremde Währung lautenden Vermögensgegenständen und Schulden sind weiterhin folgende Anhangangaben von Bedeutung:

- Aufstellung über die Arten von am Bilanzstichtag noch nicht abgewickelten Fremdwährungs-, zinsabhängigen und sonstigen Termingeschäften (§ 36 RechKredV). Dabei ist für die Termingeschäfte in fremder Währung anzugeben, ob ein wesentlicher Teil davon Deckungsgeschäfte sind und ob ein wesentlicher Teil davon auf Handelsgeschäfte entfällt.
- Angabe der Währung zu jeder 10 % des Gesamtbetrags der nachrangigen Verbindlichkeiten übersteigenden Mittelaufnahme (§ 35 Abs. 3 Nr. 2 RechKredV).
- Aufgliederung verschiedener Posten der Gewinn- und Verlustrechnung nach geografischen Märkten (§ 34 Abs. 2 Nr. 1 RechKredV).

7.3.8. Aus steuerlichen Gründen vorgenommene Abschreibungen

Nach § 254 HGB können Abschreibungen auch vorgenommen werden, um Vermögensgegenstände des Anlage- und des Umlaufvermögens mit einem niedrigeren Wert anzusetzen, der auf einer nur steuerrechtlich zulässigen Abschreibung beruht. Diese Abschreibungen dürfen nach § 279 Abs. 2 HGB jedoch nur insoweit vorgenommen werden, als das Steuerrecht ihre Anerkennung bei der steuerlichen Gewinnermittlung davon abhängig macht, dass sie sich aus der Bilanz ergeben.

Im Anhang ist nach § 281 Abs. 2 Satz 1 HGB der Betrag der im Geschäftsjahr allein nach steuerrechtlichen Vorschriften vorgenommenen Abschreibungen, getrennt nach Anlage- und Umlaufvermögen, anzugeben, soweit er sich nicht aus der Bilanz oder der Gewinn- und Verlustrechnung ergibt, und hinreichend zu begründen.

Durch die Offenlegung der Beträge soll die Beeinträchtigung des Einblicks in die Ertragslage des jeweiligen Geschäftsjahres infolge der Berücksichtigung steuerrechtlicher Sonderregelungen ausgeglichen werden. Das Ausmaß ist aus der Angabe der Beträge ersichtlich, die getrennt nach Anlage- und Umlaufvermögen gezeigt werden müssen.[2055] Eine weitere Aufgliederung, zB nach der Art der Vermögensgegenstände, ist nicht vorgeschrieben, aber zulässig.[2056]

Die im Geschäftsjahr allein nach steuerrechtlichen Vorschriften vorgenommenen Abschreibungen sollten nicht damit begründet werden, dass eine Steuerverschiebung bzw. Steuerstundung bezweckt wird, denn das kann bei jeder steuerrechtlichen Sonderregelung unterstellt werden.[2057] Vielmehr sind die steuerrechtlichen Grundlagen, nach denen die Abschreibungen vorgenommen werden, anzugeben.[2058] Die Beträge sind auch dann hinreichend zu begründen, wenn sie nicht im Anhang genannt werden, weil sie sich bereits aus der Bilanz oder der Gewinn- und Verlustrechnung ergeben.

Überdeckt eine steuerrechtliche Abschreibung eine handelsrechtliche Abschreibung, so ist nur der Unterschiedsbetrag angabepflichtig.[2059]

Wird ein im Rahmen der Vorsorge für allgemeine Bankrisiken nach § 340f Abs. 1 HGB gewählter niedrigerer Wertansatz beibehalten, brauchen die in § 281 Abs. 1 Satz 2 und Abs. 2 HGB verlangten Angaben und Aufgliederungen nicht gemacht zu werden (§ 340f Abs. 2 Satz 2 HGB).[2060]

7.3.9. Ergebniseinfluss steuerlicher Wertansätze

Nach § 285 Nr. 5 HGB sind im Anhang Angaben zu machen

- über das Ausmaß, in dem das Jahresergebnis dadurch beeinflusst wurde, dass bei Vermögensgegenständen im Geschäftsjahr oder in früheren Geschäftsjahren Abschreibungen nach §§ 254, 280 Abs. 2 HGB aufgrund steuerrechtlicher Vorschriften vorgenommen oder beibehalten wurden oder ein Sonderposten nach § 273 HGB gebildet wurde;
- über das Ausmaß erheblicher künftiger Belastungen, die sich aus einer solchen Bewertung ergeben.

Es sind nicht nur die Auswirkungen der im Geschäftsjahr vorgenommenen Maßnahmen, sondern auch die aus den Vorjahren zu erfassen.

[2055] Vgl. HdR 5. Aufl. §§ 284-288 HGB Rn. 85.
[2056] Vgl. BeBiKo 5. Aufl. § 281 HGB Rn. 10.
[2057] GlA BeBiKo 5. Aufl. § 281 HGB Rn. 11.
[2058] Vgl. WPH Bd. I 2000 F Tz. 682.
[2059] Vgl. WPH Bd. I 2000 F Tz. 682.
[2060] Weitere Einzelheiten vgl. Abschnitt 4.5.1.5.

Besteht zwischen einem Mutter- und einem Tochterunternehmen ein Gewinn- bzw. ein Teilgewinnabführungsvertrag, wird die Angabepflicht im Jahresabschluss des Tochterunternehmens ersetzt durch den Hinweis, dass mangels eines Jahresergebnisses eine Angabe nach dem Gesetzeswortlaut nicht erforderlich ist.[2061]

Nicht zu den hier relevanten steuerrechtlichen Abschreibungen gehören die Sofortabschreibung geringwertiger Wirtschaftsgüter und die degressive Abschreibung beweglicher Wirtschaftsgüter nach § 7 Abs. 2 EStG.[2062] Da sich die Berichterstattungspflicht nur auf die Darstellung der steuerlichen Erleichterungen bezieht, dürfen steuerliche Erschwernisse (zB Nichtanerkennung handelsrechtlich zulässiger Rückstellungen) nicht einbezogen werden.[2063]

Im Hinblick auf die in § 285 Nr. 5 HGB geforderten Angaben sind die in früheren Jahren und im Geschäftsjahr angefallenen

- steuerrechtlichen Abschreibungen (§ 254 iVm. § 279 Abs. 2 HGB),
- unterlassen Zuschreibungen (§ 280 Abs. 2 HGB) und
- Einstellungen in Sonderposten mit Rücklageanteil (§ 273 iVm. § 247 Abs. 3 HGB)

daraufhin zu untersuchen, wie sie sich auf das Jahresergebnis ausgewirkt haben.[2064]

Ausgangsgröße für die Erläuterung des Ausmaßes der Beeinflussung ist das **Jahresergebnis**, wie es in der Gewinn- und Verlustrechnung ausgewiesen ist. § 285 Nr. 5 HGB verlangt nicht die Angabe eines exakten Betrags. Zur Angabe des Ausmaßes genügt die verbale Beschreibung des sich aus den Steuervergünstigungen ergebenden Effekts.[2065] Auch wenn keine exakte Betragsangabe gefordert ist, muss dennoch deutlich werden, in welchem Umfang das Jahresergebnis beeinflusst wurde.[2066]

Haben die steuerrechtlichen Abschreibungen und unterlassenen Wertaufholungen sowie die gebildeten Sonderposten mit Rücklageanteil in der Zukunft **erhebliche Belastungen** zur Folge, so ist auch deren Ausmaß anzugeben. § 285 Nr. 5 HGB verlangt die Anhangangabe nur für solche künftigen Belastungen des Jahresergebnisses, die erheblich (wesentlich) sind. Eine betragsmäßige Angabe wird auch hier nicht verlangt. Was als wesentlich anzusehen ist, hängt vom Einzelfall ab; in jedem Fall sind dabei sowohl quantitative als auch qualitative Faktoren zu berücksichtigen.[2067]

[2061] Vgl. ADS 6. Aufl. § 285 HGB Rn. 104.
[2062] Vgl. BeBiKo 5. Aufl. § 285 HGB Rn. 87 mwN.
[2063] Vgl. BeBiKo 5. Aufl. § 285 HGB Rn. 88.
[2064] Vgl. WPH Bd. I 2000 F Tz. 672.
[2065] Vgl. ADS 6. Aufl. § 285 HGB Rn. 104.
[2066] Vgl. WPH Bd. I 2000 F Tz. 678 mit Formulierungsvorschlägen.
[2067] Vgl. ausführlich Lück, Wiesbaden 1975.

7.3.10. Fristengliederung

Von der Verpflichtung zur Fristengliederung nach Restlaufzeiten sind nur die in § 9 RechKredV explizit genannten Forderungen und Verbindlichkeiten betroffen. Anteilige Zinsen und ähnliche das Geschäftjahr betreffende Beträge, die erst nach dem Bilanzstichtag fällig werden, aber bereits am Bilanzstichtag den Charakter von bankgeschäftlichen und bei Finanzdienstleistungsinstituten den Charakter von für diese Institute typischen Forderungen und Verbindlichkeiten haben, brauchen nach § 11 Satz 3 RechKredV nicht nach Restlaufzeiten aufgegliedert zu werden.

Wie bei Kündigungsgeldern, Geldern mit regelmäßiger Tilgung, täglich fälligen Forderungen und Verbindlichkeiten, beim Zweiterwerb von Forderungen sowie bei Bausparkassen und Realkreditinstituten im Einzelnen vorzugehen ist, wird in Abschnitt 3.1.10. beschrieben. Eine Fristengliederung nach § 9 RechKredV könnte wie folgt aussehen (Abb. 7.4):

Bilanzposten	Restlaufzeit					
	bis 3 Monate EUR	3 Monate bis 1 Jahr EUR	im Folgejahr fällig EUR	1 Jahr bis 5 Jahre EUR	mehr als 5 Jahre EUR	unbestimmte Laufzeit EUR
Aktiva						
3. Forderungen an Kreditinstitute b) andere Forderungen *)	X	X		X	X	
4. Forderungen an Kunden	X	X		X	X	X
5. Schuldverschreibungen und andere festverzinsliche Wertpapiere			X			
Passiva						
1. Verbindlichkeiten gegenüber Kreditinstituten b) mit vereinbarter Laufzeit oder Kündigungsfrist	X	X		X	X	
2. Verbindlichkeiten gegenüber Kunden a) Spareinlagen ab) mit vereinbarter Kündigungsfrist	X	X		X	X	
b) andere Verbindlichkeiten bb) mit vereinbarter Laufzeit oder Kündigungsfrist	X	X		X	X	
3. Verbriefte Verbindlichkeiten a) begebene Schuldverschreibungen			X			
b) andere verbriefte Verbindlichkeiten	X	X		X	X	

Abb. 7.4: Fristengliederung   *) ohne die darin enthaltenen Bausparguthaben

7.3.11. Rückstellung für latente Steuern

Ist der dem Geschäftsjahr und früheren Geschäftsjahren zuzurechnende Steueraufwand zu niedrig, weil der nach den steuerrechtlichen Vorschriften zu versteuernde Gewinn niedriger als das handelsrechtliche Ergebnis ist, und gleicht sich der zu niedrige Steueraufwand in späteren Geschäftsjahren voraussichtlich aus, so ist nach § 274 Abs. 1 HGB in Höhe der voraussichtlichen Steuerbelastung nachfolgender Geschäftsjahre eine Rückstellung nach § 249 Abs. 1 Satz 1 HGB zu bilden. Diese Rückstellung ist in der Bilanz oder im Anhang gesondert anzugeben.[2068]

[2068] Zur Bilanzierung latenter Steuern in Verlustsituationen vgl. zB ADS 6. Aufl. § 274 HGB Rn. 26-30.

Die Rückstellung für eine Steuerabgrenzung nach § 274 Abs. 1 HGB kann in der Bilanz gesondert ausgewiesen oder in den Posten „7. b) Steuerrückstellungen" einbezogen werden.[2069] Im letztgenannten Fall muss der Betrag der Rückstellung im Anhang angegeben werden, wenn er nicht als Untergliederung oder Darunter-Vermerk der Steuerrückstellungen ausgewiesen wird.

7.3.12. Sonstige finanzielle Verpflichtungen

Nach § 340a iVm. § 285 Nr. 3 HGB ist im Anhang der Gesamtbetrag der sonstigen finanziellen Verpflichtungen anzugeben, die nicht in der Bilanz erscheinen und auch nicht nach § 251 HGB anzugeben sind, sofern diese Angabe für die Beurteilung der Finanzlage von Bedeutung ist; davon sind Verpflichtungen gegenüber verbundenen Unternehmen gesondert anzugeben.

Anstelle des § 251 HGB, der für Industrie- und Handelsunternehmen die Angabe der Haftungsverhältnisse unter dem Strich regelt, sind ausweislich des § 340a Abs. 2 Satz 2 HGB die durch Rechtsverordnung erlassenen Formblätter und anderen Vorschriften anzuwenden.

Das bedeutet, dass an die Stelle des § 251 HGB die §§ 5, 24, 26, 27, 35 Abs. 4 bis 6 RechKredV sowie § 340b Abs. 5 HGB treten. Daher ist im Anhang der Gesamtbetrag der sonstigen finanziellen Verpflichtungen anzugeben, die nicht in der Bilanz erscheinen und auch nicht nach den §§ 5, 24, 26, 27, 35 Abs. 4 bis 6 RechKredV oder § 340b Abs. 5 HGB anzugeben sind.

Nach § 34 Abs. 1 Satz 2 RechKredV braucht § 285 Nr. 3 HGB nicht angewendet zu werden, soweit diese Angaben in der Bilanz unter dem Strich gemacht werden.

Bezüglich der für die Angabe gemäß § 285 Nr. 3 HGB in Betracht kommenden Sachverhalte wird auf die einschlägige Literatur verwiesen.[2070]

7.4. Erläuterungen zur Gewinn- und Verlustrechnung

7.4.1. Aufgliederung bestimmter Posten nach geografischen Märkten

Der Gesamtbetrag der nachfolgenden Ertragsposten der Gewinn- und Verlustrechnung (nach dem Formblatt 2 nummeriert) ist gemäß § 34 Abs. 2 Nr. 1 Satz 1 RechKredV im

---

[2069] Vgl. SABI 3/1988 Abschn. 6, WPg 1988, 683.
[2070] Vgl. WPH Bd. I 2000 F Tz. 632 ff. mwN.

Anhang nach geografischen Märkten aufzugliedern, soweit diese sich vom Standpunkt der Organisation des Instituts wesentlich voneinander unterscheiden:

1. Zinserträge,
2. laufende Erträge aus
   a) Aktien und anderen nicht festverzinslichen Wertpapieren,
   b) Beteiligungen,
   c) Anteilen an verbundenen Unternehmen,
4. Provisionserträge,
5. Nettoertrag aus Finanzgeschäften,
8. sonstige betriebliche Erträge.

Die Aufgliederung kann nach § 34 Abs. 2 Nr. 1 Satz 2 RechKredV unterbleiben, soweit sie nach vernünftiger kaufmännischer Beurteilung geeignet ist, dem Institut oder einem Unternehmen, von dem das Institut mindestens den fünften Teil der Anteile besitzt, einen erheblichen Nachteil zuzufügen.

Ebenso wie bei der Aufgliederung der Umsatzerlöse nach § 285 Nr. 4 HGB im Anhang von Industrie- und Handelsunternehmen ist auch bei der Aufgliederung der in § 34 Abs. 2 Nr. 1 RechKredV genannten Ertragsposten der **Stetigkeitsgrundsatz** zu beachten. Das bedingt, dass die nach sachgerechten Kriterien erfolgte Aufgliederung in den Folgeperioden nicht ohne vernünftigen Grund geändert werden darf.[2071]

Im Gegensatz zu § 285 Nr. 4 HGB wird in § 34 Abs. 2 Nr. 1 RechKredV nicht verlangt, die Ertragsposten nach „Tätigkeitsbereichen" aufzugliedern. Die Aufgliederung nach „Tätigkeitsbereichen" ergibt sich bei Instituten praktisch bereits aus den in § 34 Abs. 2 Nr. 1 RechKredV genannten Ertragsposten.

Der Grundgedanke für die Angabepflicht nach § 34 Abs. 2 Nr. 1 RechKredV ist, dass im Jahresabschluss erkennbar werden soll, in welchem Umfang das Institut von den Risiken, insbesondere vom Währungsrisiko und vom Länderrisiko, verschiedener Märkte betroffen ist.

Obwohl § 285 Nr. 4 HGB eine Aufgliederung von „geografisch bestimmten Märkten" fordert und § 34 Abs. 2 Nr. 1 RechKredV nur eine Aufgliederung von „geografischen Märkten", soll die Aufgliederung gemäß beider Vorschriften nach Ländern oder Ländergruppen erfolgen.[2072] Gebiete mit einer Risikostruktur und mit Bedingungen, die sich nicht wesentlich voneinander unterscheiden, können dabei als ein Markt (Region) betrachtet werden. Maßgebend ist das Gebiet, in dem der Empfänger der Leistung seinen Sitz oder gewöhnlichen Aufenthalt hat.

[2071] Vgl. ADS 6. Aufl. § 285 HGB Rn. 85.
[2072] Vgl. BeBiKo 5. Aufl. § 285 HGB Rn. 75; Bieg (1998), 624.

Unerheblich ist, wo die Leistung des Instituts durch den Kunden genutzt wird, falls dies überhaupt festgestellt werden kann. Hat das Institut in verschiedenen Ländern Filialen, die für bestimmte (geografische) Märkte zuständig sind, kann darüber hinaus eine entsprechende Aufgliederung nach Filialen infrage kommen.

Die Märkte müssen sich „vom Standpunkt der Organisation des Instituts **wesentlich voneinander unterscheiden**". Die Aufgliederung wird demnach so zu wählen sein, dass die für das Institut jeweils relevanten Märkte sichtbar werden, soweit auf ihnen unterschiedliche Bedingungen und Risiken bestehen.[2073] Nimmt innerhalb einer Region ein Land eine Sonderstellung ein, so kann darauf beispielsweise durch einen Darunter-Vermerk hingewiesen werden.[2074]

Im Posten „**Nettoertrag aus Finanzgeschäften**" ist der (positive) Unterschiedsbetrag der Erträge und Aufwendungen aus Geschäften mit Wertpapieren des Handelsbestands, Finanzinstrumenten, Devisen und Edelmetallen sowie der Erträge aus Zuschreibungen und der Aufwendungen aus Abschreibungen bei diesen Vermögensgegenständen auszuweisen (§ 340c Abs. 1 HGB). Die Aufgliederung dieses aus verrechneten Aufwendungen und Erträgen bestehenden Postens nach geografischen Märkten kann nur erfolgen, soweit sich die verschiedenen Märkte auch in der Organisation der Handelsaktivitäten niederschlagen, zB wenn von organisatorisch getrennten, regional zuständigen Auslandsfilialen selbstständig auf den jeweiligen regionalen Märkten gehandelt wird.[2075] Bei einem zentralen Handel, der nicht nach Regionen, sondern nach Produkten unterscheidet, entfällt dagegen die Aufgliederung.

Die **Darstellung** der Aufgliederung der in § 34 Abs. 2 Nr. 1 RechKredV genannten Ertragsposten steht im Ermessen des Instituts. Die Aufgliederung kann sowohl durch absolute Zahlen als auch durch Verhältniszahlen oder in grafischer Form dargestellt werden.[2076] Eine verbale Beschreibung reicht nicht aus.

7.4.2. Außerordentliche Aufwendungen und Erträge

Die Formblätter für die Gewinn- und Verlustrechnung sehen für außerordentliche Aufwendungen und außerordentliche Erträge eigene Posten vor; auch für Institute gilt § 277 Abs. 4 HGB. Diese Vorschrift bezieht sich im Formblatt 2 (Kontoform) auf den Aufwandsposten 11. und den Ertragsposten 10. und im Formblatt 3 (Staffelform) auf die Posten 20. und 21. Im Formblatt 3 ist ein Saldoposten „22. Außerordentliches Ergebnis" vorgesehen.

[2073] Vgl. WPH Bd. I 2000 F Tz. 663.
[2074] Vgl. ADS 6. Aufl. § 285 HGB Rn. 92.
[2075] Vgl. Krumnow ua., 2. Aufl., § 34 RechKredV Rn. 17.
[2076] Vgl. ADS 6. Aufl. § 285 HGB Rn. 95.

Unter den Posten „außerordentliche Erträge" und „außerordentliche Aufwendungen" sind Erträge und Aufwendungen auszuweisen, die außerhalb der gewöhnlichen Geschäftstätigkeit des Instituts anfallen (§ 277 Abs. 4 Satz 1 HGB). Der Begriff „gewöhnliche Geschäftstätigkeit" kann mit „normale Geschäftstätigkeit" gleichgesetzt werden. Alle **periodenfremden** Erträge und Aufwendungen, die nicht zugleich außerhalb der gewöhnlichen (normalen) Geschäftstätigkeit angefallen sind, sind unter den Posten auszuweisen, unter die sie auch fallen würden, wenn sie nicht periodenfremd wären.[2077] Die außerordentlichen Aufwendungen und Erträge sind nach § 277 Abs. 4 Satz 2 HGB hinsichtlich ihres Betrags und ihrer Art im **Anhang** zu erläutern, soweit die ausgewiesenen Beträge für die Beurteilung der Ertragslage nicht von untergeordneter Bedeutung sind.

Folgt man der Auffassung von ADS,[2078] so sind **nur außergewöhnliche Ereignisse**, die den normalen Ablauf des Geschäftsjahres unterbrechen, als außerordentliche Posten in der Gewinn- und Verlustrechnung auszuweisen. Das sind solche, die

- ungewöhnlich in der Art,
- selten im Vorkommen und
- von einiger materieller Bedeutung

sind. Die ersten beiden Kennzeichnungen können sich teilweise überschneiden. Bei der Prüfung der Frage, ob Erträge und Aufwendungen den außerordentlichen zuzuordnen sind, ist auf die **Eigenart der Finanzdienstleistungsbranche und des jeweiligen Instituts** abzustellen.[2079]

Außerordentliche Aufwendungen und außerordentliche Erträge müssen immer dann, wenn sie für die Beurteilung der Ertragslage nicht von untergeordneter Bedeutung sind, hinsichtlich ihres Betrags und ihrer Art im Anhang erläutert werden (§ 277 Abs. 4 Satz 2 HGB).

Dadurch, dass der Wortlaut nicht den Ausdruck „von Bedeutung", sondern „nicht von untergeordneter Bedeutung" verwendet, ist angedeutet, dass die Schwelle für die Erläuterungspflicht niedriger liegt, als wenn der Ausdruck „von Bedeutung" verwandt worden wäre.[2080] Im Zweifel ist auf das Interesse abzustellen, das ein vernünftig urteilender Adressat der Rechnungslegung, insbesondere ein gegenwärtiger oder künftiger Aktionär/Gesellschafter, aber auch die Öffentlichkeit an einer entsprechenden Erläuterung haben könnten.[2081]

[2077] Vgl. ADS 6. Aufl. § 277 HGB Rn. 75.
[2078] Vgl. ADS 6. Aufl. § 277 HGB Rn. 79 ff.
[2079] Für die „Eigenart des jeweiligen Instituts" gleicher Ansicht ADS 6. Aufl. § 277 HGB Rn. 81.
[2080] Vgl. ADS 6. Aufl. § 277 HGB Rn. 83.
[2081] Vgl. ADS 6. Aufl § 277 HGB Rn. 83.

Ist die Erläuterungspflicht zu bejahen, so sind die Posten „außerordentliche Erträge" und „außerordentliche Aufwendungen" hinsichtlich der in ihnen enthaltenen **Beträge** und ihrer **Art** zu erläutern. Eine Angabe der Größenordnung der Beträge erscheint ausreichend.[2082] Da nur solche Beträge zu erläutern sind, die für die **Beurteilung der Ertragslage** von einiger Bedeutung sind, wird sich die Aufzählung auf wesentliche Einzelbeträge beschränken können.[2083]

7.4.3. Periodenfremde Aufwendungen und Erträge

Erträge und Aufwendungen, die einem anderen Geschäftsjahr zuzuordnen und nicht außerordentliche Posten iSd. § 277 Abs. 4 Satz 1 HGB darstellen, sind im Allgemeinen unter den Posten auszuweisen, unter die sie auch fallen würden, wenn sie nicht periodenfremd wären. § 277 Abs. 4 Satz 3 HGB verlangt für die **periodenfremden Aufwendungen und Erträge** die gleiche Erläuterungspflicht im Anhang wie für die außerordentlichen Posten.

Als periodenfremde Erträge und Aufwendungen können zB in Betracht kommen:[2084]

- Kostenerstattungen sowie Rückvergütungen und Gutschriften für frühere Geschäftsjahre,
- Steuererstattungen aufgrund eines Verlustrücktrags (§ 10d EStG) oder aus anderen Gründen,
- Steuernachzahlungen für Vorjahre, die nicht durch Rückstellungen gedeckt waren,
- außerplanmäßige Abschreibungen, mit denen in früheren Jahren eingetretenen, aber nicht erkannten Verlusten und Risiken Rechnung getragen wird,
- Nachzahlungen an Mitarbeiter für Vorjahre.

Die Erträge aus Eingängen auf in Vorjahren ganz oder teilweise abgeschriebene Forderungen dürfen nach § 340f Abs. 3 HGB iRd. **Überkreuzkompensation** verrechnet und in der Gewinn- und Verlustrechnung in einem Aufwand- oder Ertragsposten ausgewiesen werden. Nach § 340f Abs. 4 HGB brauchen über die nach § 340f Abs. 3 HGB vorgenommenen Verrechnungen im Jahresabschluss bzw. Lagebericht keine Angaben gemacht zu werden. Damit eine stille Kompensation dieser grundsätzlich periodenfremden Erträge möglich ist, muss die Angabe- und Erläuterungspflicht nach § 277 Abs. 4 Satz 3 HGB für diese Beträge ebenfalls entfallen.

[2082] Vgl. BeBiKo 5. Aufl. § 275 HGB Rn. 226.
[2083] Vgl. WPH Bd. I 2000 F Tz. 690.
[2084] Vgl. WPH Bd. I 2000 F Tz. 689; ADS 6. Aufl. § 277 HGB Rn. 87.

7.4.4. Aufteilung der Ertragsteuern

Gemäß § 285 Nr. 6 HGB ist im Anhang anzugeben, in welchem Umfang die Steuern vom Einkommen und vom Ertrag das Ergebnis der gewöhnlichen Geschäftstätigkeit und das außerordentliche Ergebnis belasten.

Die Angaben haben grundsätzlich nur dann zu erfolgen, wenn einerseits in der Gewinn- und Verlustrechnung ein außerordentliches Ergebnis ausgewiesen wird und andererseits ein Ertragsteueraufwand entstanden ist.[2085] Entsteht kein Ertragsteueraufwand, weil beide Ergebnisbestandteile null oder negativ sind oder das negative Ergebnis der einen Geschäftstätigkeit den positiven der anderen überwiegt, so entfällt die Angabepflicht.[2086]

Das Gliederungsschema für die Gewinn- und Verlustrechnung nach dem Formblatt 3 (Staffelform) enthält die Posten:

19. Ergebnis der normalen Geschäftstätigkeit und
22. Außerordentliches Ergebnis.

Aus der Gliederung der Gewinn- und Verlustrechnung nach der Kontoform des Formblatts 2 ergibt sich zwangsläufig, dass das Gliederungsschema diese Saldoposten nicht enthalten kann. Dies bedeutet jedoch nicht, dass die Anhangangabe nach § 285 Nr. 6 HGB bei der Gliederung der Gewinn- und Verlustrechnung nach dem Formblatt 2 (Kontoform) entfällt. Vielmehr ist entsprechend der Gliederung des Formblatts 3 ein Ergebnis der normalen Geschäftstätigkeit und ein außerordentliches Ergebnis zu errechnen.

Die Ausdrücke „gewöhnliche Geschäftstätigkeit" und „normale Geschäftstätigkeit" müssen als synonym angesehen werden.[2087]

§ 285 Nr. 6 HGB schreibt keine bestimmte Art der Darstellung vor. Es ist der „Umfang" anzugeben, mit dem die Steuern vom Einkommen und vom Ertrag die bezeichneten Ergebnisse belasten. Genaue Betragsangaben sind ebensowenig erforderlich wie eine Differenzierung nach Steuerarten.[2088] Es genügt, wenn die Größenordnung (Bruchteile, Prozentzahlen), mit der die Steuern vom Einkommen und vom Ertrag die beiden Ergebnisse belasten, verbal angegeben wird.

Hat ein negatives außerordentliches Ergebnis zu einer Minderung des Steueraufwands geführt, so belastet der ausgewiesene Steueraufwand nur das Ergebnis der normalen

---

[2085] Vgl. WPH Bd. I 2000 F Tz. 685.
[2086] Vgl. ADS 6. Aufl. § 285 HGB Rn. 128.
[2087] Vgl. ADS 6. Aufl. § 277 HGB Rn. 78.
[2088] Vgl. WPH Bd. I 2000 F Tz. 686; ADS 6. Aufl. § 285 HGB Rn. 129.

Geschäftstätigkeit. Dies ist entsprechend zum Ausdruck zu bringen.[2089] Das Gleiche gilt für den umgekehrten Fall. Eine Angabe darüber, in welchem Umfang das negative außerordentliche Ergebnis den Steueraufwand auf das Ergebnis der normalen Geschäftstätigkeit vermindert hat, fordert § 285 Nr. 6 HGB nicht.[2090]

Einkommensbestandteile, die keiner Steuer unterliegen (steuerfreie Erträge), sind herauszurechnen und bei der Steueraufteilung zu berücksichtigen.[2091] Gleiches gilt für nicht abzugsfähige Betriebsausgaben oder die Hinzurechnungen bzw. Kürzungen nach §§ 8 und 9 GewStG.[2092] Wegen der Besonderheiten bei einem Verlustrücktrag bzw. -vortrag sowie bei Gewinn- oder Teilgewinnabführungsverträgen wird auf die einschlägigen Kommentierungen verwiesen.[2093]

7.5. Sonstige Angaben

Gemäß § 36 Satz 1 RechKredV ist in den Anhang eine **Aufstellung** über die **Arten** von am **Bilanzstichtag noch nicht abgewickelten** Fremdwährungs-, zinsabhängigen und sonstigen **Termingeschäften**, die lediglich ein Erfüllungsrisiko sowie Währungs-, Zins- und/oder sonstige Marktpreisrisiken aus offenen und im Falle eines Adressenausfalls auch aus geschlossenen Positionen beinhalten, aufzunehmen. Zu den von den Verbänden empfohlenen Anhangangaben wird auf Scharpf/Luz verwiesen.[2094]

Betragsmäßige Angaben sind nicht erforderlich. Vielmehr sind in die Aufstellung lediglich die **Arten** der Fremdwährungs-, zinsabhängigen und sonstigen Termingeschäfte aufzunehmen, und zwar nur für die **am Bilanzstichtag noch nicht abgewickelten Geschäfte**.[2095]

In § 36 Satz 2 Nr. 1 bis 3 RechKredV sind Termingeschäfte aufgezählt, die in die Aufstellung im Anhang einzubeziehen sind. Es handelt sich um:

- Termingeschäfte in fremden Währungen, insbesondere Devisentermingeschäfte, Devisenterminkontrakte, Währungsswaps, Zins-/Währungsswaps, Stillhalterverpflichtungen aus Devisenoptionsgeschäften, Devisenoptionsrechte,
- Termingeschäfte in Gold und anderen Edelmetallen, Edelmetallterminkontrakte, Stillhalterverpflichtungen aus Goldoptionen, Goldoptionsrechte,

---

[2089] Vgl. ADS 6. Aufl. § 285 HGB Rn. 136; WPH Bd. I 2000 F Tz. 687.
[2090] Vgl. WPH Bd. I 2000 F Tz. 687.
[2091] Vgl. ADS 6. Aufl. § 285 HGB Rn. 134.
[2092] Vgl. ADS 6. Aufl. § 285 HGB Rn. 134.
[2093] Stellvertretend ADS 6. Aufl § 285 HGB Rn. 137 ff.
[2094] Vgl. Scharpf/Luz, 787 ff.
[2095] Zur Abbildung des Zinsrisikomanagements in der Handels- und Steuerbilanz vgl. Oestreicher, 145 ff.

- verzinslichen Wertpapieren, Zinsterminkontrakte, Forward Rate Agreements, Stillhalterverpflichtungen aus Zinsoptionen, Zinsoptionsrechte, Zinsswaps, Abnahmeverpflichtungen aus Forward Forward Deposits; Lieferverpflichtungen aus solchen Geschäften sind in dem Unterposten der Bilanz „Unwiderrufliche Kreditzusagen" (Passivposten Nr. 2 unter dem Strich Buchstabe c) zu vermerken,
- Termingeschäfte mit sonstigen Preisrisiken, insbesondere aktienkursbezogene Termingeschäfte, Stillhalterverpflichtungen aus Aktienoptionen, Aktienoptionsrechte, Indexterminkontrakte, Stillhalterverpflichtungen aus Indexoptionen, Indexoptionsrechte.

Für jeden der drei Posten ist anzugeben (§ 36 Satz 3 RechKredV), ob

- ein wesentlicher Teil davon zur Deckung von Zins-, Wechselkurs- oder Marktpreisschwankungen abgeschlossen wurde und ob
- ein wesentlicher Teil davon auf Handelsgeschäfte entfällt.

8. Lagebericht

8.1. Überblick

Institute haben größen- und rechtsformunabhängig einen Lagebericht aufzustellen (§ 340a Abs. 1 HGB). Für den Inhalt des Lageberichts gilt § 289 HGB entsprechend, ohne (zusätzliche) geschäftszweigspezifische Vorschriften. Die Berichterstattung im Lagebericht ist nach den Vorschriften des HGB nur durch einzelne, sehr wenig konkretisierte Normen bestimmt. Die Regelungen für den Lagebericht finden sich in § 289 HGB. Die Anforderungen des § 289 HGB bezüglich des Inhalts und der Gestaltung des Lageberichts wird durch die IDW Stellungnahme IDW RS HFA 1 *„Aufstellung des Lageberichts"* konkretisiert.

Im Lagebericht sind zumindest der Geschäftsverlauf und die Lage der Gesellschaft so darzustellen, dass ein den tatsächlichen Verhältnissen entsprechendes Bild vermittelt wird; dabei ist auch auf Risiken der künftigen Entwicklung einzugehen (§ 289 Abs. 1 HGB).

Der Lagebericht soll auch eingehen auf (§ 289 Abs. 2 HGB):

- Vorgänge von besonderer Bedeutung, die nach dem Schluss des Geschäftsjahres eingetreten sind;
- die voraussichtliche Entwicklung der Kapitalgesellschaft;
- den Bereich Forschung und Entwicklung;
- bestehende Zweigniederlassungen der Gesellschaft.

Über den **Geschäftsverlauf** und zur **Lage der Gesellschaft** sind Angaben über den Jahresabschluss, dh. auch über die Anhangangaben hinaus zu machen, die für die wirtschaftliche Gesamtbeurteilung der Gesellschaft erforderlich sind.[2096] In die Berichterstattung aufzunehmen sind sowohl in der Vergangenheit begründete und sich erst zukünftig auswirkende Ereignisse als auch erst zukünftig erwartete Geschehensabläufe.[2097]

8.2. Risikoberichterstattung

Die Berichtspflicht in Bezug auf die **Risiken der künftigen Entwicklung** (§ 289 Abs. 1, zweiter Halbsatz HGB) steht in Zusammenhang mit der Berichtspflicht in Bezug auf die voraussichtliche Entwicklung der Kapitalgesellschaft (§ 289 Abs. 2 Nr. 2 HGB). Als Risiken der künftigen Entwicklung werden solche Umstände betrachtet, die sich auf die Lage des Unternehmens **ungünstig** auswirken können und die mit einer **erhebli-**

[2096] Vgl. WPH Bd. I 2000 F Tz. 795.
[2097] Vgl. WPH Bd. I 2000 F Tz. 797. Vgl. zu den einzelnen Berichtsgegenständen IDW RS HFA 1, Tz. 23 ff., FN 1998, 322 ff.

chen, wenn auch nicht notwendigerweise überwiegenden Wahrscheinlichkeit erwartet werden.[2098] Zu berichten ist auf jeden Fall ausdrücklich über Risiken mit einem **wesentlichen Einfluss auf die Vermögens-, Finanz- oder Ertragslage** des Unternehmens, womit auch **die den Fortbestand des Unternehmens gefährdenden Risiken** erfasst sind.[2099] Zum Prognosecharakter der Berichterstattung über die **voraussichtliche Entwicklung** der Kapitalgesellschaft gehören nicht nur die negativen, sondern **auch die positiven Aspekte**.[2100]

Die Vorschrift zur Risikoberichterstattung korrespondiert mit der **Pflicht des Abschlussprüfers** zu prüfen, ob die Risiken der künftigen Entwicklung zutreffend dargestellt sind (§ 317 Abs. 2 Satz 2 HGB).[2101] Auch im **Bestätigungsvermerk** ist hierzu eine ausdrückliche Aussage zu treffen (§ 322 Abs. 3 Satz 2 HGB).[2102] Die Risikoberichterstattung des Unternehmens dient dem Abschlussprüfer als Grundlage für die von ihm vorzunehmende Darstellung der den Fortbestand des Unternehmens gefährdenden Risiken (§ 322 Abs. 2 Satz 2 HGB).

Bestandsgefährdende Risiken sind solche, die die Aufgabe der Going concern-Prämisse (§ 252 Abs. 1 Nr. 2 HGB: **Grundsatz der Unternehmensfortführung**) erforderlich machen. Dies ist dann der Fall, wenn im Zeitpunkt der Bilanzerstellung die Fortsetzung der Unternehmenstätigkeit nicht mehr für das volle, auf den Bilanzstichtag folgende Wirtschaftsjahr mit hinreichender Sicherheit erwartet werden kann.[2103]

Da für die Risikoberichterstattung im Lagebericht das **Stichtagsprinzip** nicht gilt, ist auch auf solche risikobehafteten Umstände und Entwicklungen einzugehen, die erst nach dem Abschlussstichtag virulent oder erkennbar wurden. Als **Prognosezeitraum** für diejenigen Risiken, die sich auf die Vermögens-, Finanz- und Ertragslage zwar wesentlich auswirken, ohne gleich mit einer Bestandsgefährdung für das Unternehmen verbunden zu sein, werden zwei Jahre nach dem Abschlussstichtag des Geschäftsjahres für erforderlich gehalten.[2104]

Während Ausführungen zu der Annahme, dass der Fortbestand des Unternehmens gesichert erscheint, nicht in den Lagebericht aufgenommen werden müssen, ist ein

---

[2098] Vgl. ADS 6. Aufl. § 289 nF Rn. 7 und 14; IDW RS HFA 1 Tz. 29, FN 1998, 324; Kajüter, BB 2002, 243 ff.
[2099] Vgl. ADS 6. Aufl. § 289 nF Rn. 11; IDW RS HFA 1, Tz. 1, FN 1998, 318; WPH Bd. I 2000 F Tz. 807.
[2100] Vgl. WPH Bd. I 2000 F Tz. 818.
[2101] Zur Prüfung der Risikoberichterstattung vgl. Kajüter, BB 2002, 243 ff.
[2102] Vgl. Kajüter BB 2002, 247 ff.
[2103] So hM, vgl. ADS 6. Aufl § 252 Rn. 24 und 289 nF Rn. 23; BeBiKo 5. Aufl. § 252 Rn. 11; WPH Bd. I 2000 F Tz. 809.
[2104] Vgl. ADS 6. Aufl. § 289 nF Rn. 25; IDW RS HFA 1, Tz. 36, FN 1998, 325; WPH Bd. I 2000 F Tz. 812.

Hinweis für den Fall, dass wesentliche Risiken der künftigen Entwicklung nicht erkennbar sind, im Lagebericht unerlässlich (**Negativerklärung**).[2105]

Ein Bild von der Risikolage des Unternehmens wird sowohl durch den Jahres- bzw. Konzernabschluss als auch durch den Risikobericht vermittelt. Der Abschlussprüfer muss sich im Rahmen seiner Prüfung davon überzeugen, dass beide Berichtsinstrumente im Einklang stehen, also keine gegensätzlichen Informationen liefern. Der Abschlussprüfer muss ferner beurteilen, ob die Risikodarstellung im Lagebericht im Einklang mit seinen bei der Prüfung gewonnenen Erkenntnissen steht. Der Vollständigkeitsprüfung des Risikoberichts kommt dabei eine große Bedeutung zu.[2106]

Nach § 321 Abs. 2 HGB ist im **Prüfungsbericht** ua. zu erklären, ob der Lagebericht den gesetzlichen Vorschriften entspricht. Daraus folgt unmittelbar die Pflicht, auf etwaige Mängel oder Prüfungshemmnisse bei der Risikoberichterstattung hinzuweisen. Falls ein ordnungsgemäßer Risikobericht vorliegt, ist auch dies im Prüfungsbericht gesondert festzustellen. Diese Hervorhebung wird zwar durch den Wortlaut des Gesetzes nicht explizit verlangt, lässt sich aber durch die besondere Bedeutung des Risikoberichts begründen.[2107]

8.3. Angaben zu Forschung und Entwicklung

Die Regelung über die Angaben zum Forschungs- und Entwicklungsbereich soll die Unternehmen zur Darlegung von Informationen veranlassen, die für die Beurteilung der Zukunftsaussichten eines Unternehmens und damit für die Lagebeurteilung von Bedeutung sind.[2108]

Forschung bedeutet die systematische, vom Ursprung ausgehende und geplante Untersuchung, die mit dem Ziel durchgeführt wird, neue Erkenntnisse und Erfahrungen zu gewinnen (Grundlagenforschung).[2109] Unter **Entwicklung** ist die Anwendung und Umsetzung von Forschungsergebnissen für die Erarbeitung neuer oder wesentlich verbesserter Produkte, Verfahren, Systeme oder Dienstleistungen zu verstehen.[2110]

Die Verpflichtung zur Berichterstattung über den Bereich Forschung und Entwicklung richtet sich naturgemäß besonders an solche Gesellschaften, die in größerem Umfang eigene Forschung und Entwicklung betreiben[2111] und deren Produkte aus patentrechtlichen Gründen oder anderen Restriktionen nicht ohne weiteres von Mitbewerbern adap-

---

[2105] Vgl. ADS 6. Aufl. § 289 nF Rn. 28; WPH Bd. I 2000 F Tz. 813.
[2106] Vgl. ausführlich Kajüter, BB 2002, 243 ff.
[2107] Vgl. Kajüter, BB 2002, 247.
[2108] Vgl. ADS 6. Aufl. § 289 HGB Rn. 113.
[2109] Vgl. ADS 6. Aufl. § 289 HGB Rn. 114.
[2110] Vgl. ADS 6. Aufl. § 289 HGB Rn. 114.
[2111] Vgl. WPH Bd. I 2000 F Tz. 820.

tiert werden können. In Betracht kommen daher vornehmlich Gesellschaften aus den Bereichen Chemie, Luft- und Raumfahrt, Gen-Technologie, Informationstechnologie, Elektronik, Automobilindustrie, Anlagenbau uÄ.[2112]

Institute betreiben nach diesem Verständnis keine Forschung und Entwicklung und haben demnach auch nicht darüber zu berichten. Den Finanzinnovationen der Institute liegt zwar zweifelsohne unternehmerisches Know-how und Engagement zugrunde. Im weiteren Sinne könnte es sich damit um Forschungs- und Entwicklungstätigkeiten handeln; die jederzeitige Möglichkeit Dritter, äquivalente Produkte am Markt anzubieten, verschafft dem Erstanbieter jedoch keine signifikanten Wettbewerbsvorteile, die Rückschlüsse auf bessere Zukunftsaussichten am Finanzmarkt zulassen würden.

Im Hinblick auf den Zweck von § 289 Abs. 2 Nr. 3 HGB kann daher keine Berichtspflicht abgeleitet werden.

Zur Auslegung der übrigen berichtspflichtigen Tatbestände im Lagebericht kann auf die allgemeine Kommentierung verwiesen werden.

8.4. Prüfung des Lageberichts

Der Lagebericht von Instituten ist durch den Abschlussprüfer zu prüfen (§ 316 Abs. 1 HGB). Der Lagebericht ist darauf zu prüfen, ob er mit dem Jahresabschluss sowie den bei der Prüfung gewonnenen Erkenntnissen des Abschlussprüfers im Einklang steht und ob er insgesamt eine zutreffende Vorstellung von der Lage des Instituts vermittelt. Dabei ist auch zu prüfen, ob die Risiken der künftigen Entwicklung zutreffend dargestellt sind (§ 317 Abs. 2 HGB).

Im **Prüfungsbericht** hat der Abschlussprüfer über Art und Umfang sowie das Ergebnis der Prüfung zu berichten. In dem Bericht ist zunächst zur Beurteilung der Lage des Instituts durch die gesetzlichen Vertreter Stellung zu nehmen, wobei insbesondere auf die Beurteilung des Fortbestands und der künftigen Entwicklung des Instituts unter Berücksichtigung des Lageberichts einzugehen ist, soweit die geprüften Unterlagen und der Lagebericht eine solche Beurteilung erlauben (§ 321 Abs. 1 Satz 1 HGB). Im Hauptteil des Prüfungsberichts ist darzustellen, ob der Lagebericht den gesetzlichen Vorschriften und den ergänzenden Bestimmungen des Gesellschaftsvertrags oder der Satzung entspricht (§ 321 Abs. 2 Satz 1 HGB).

Einzelheiten zur Prüfung und zum Prüfungsbericht enthält die IDW Stellungnahme IDW PS 350 *„Prüfung des Lageberichts"*.

[2112] Vgl. WPH Bd. I 2000 F Tz. 820.

9. Offenlegung

9.1. Offen zu legende Unterlagen

Institute haben

- den Jahresabschluss und den Lagebericht sowie
- den Konzernabschluss und den Konzernlagebericht und die
- anderen in § 325 HGB bezeichneten Unterlagen (Bestätigungsvermerk/e, Bericht des Aufsichtsrats, Gewinnverwendungsvorschlag, Gewinnverwendungsbeschluss, Erklärung nach § 161 AktG)

nach den §§ 325 Abs. 2 bis 5, 328, 329 Abs. 1 HGB offen zu legen (§ 340l Abs. 1 Satz 1 HGB).[2113] Die Offenlegungspflichten gelten **rechtsformunabhängig** für alle **Kreditinstitute**. Dagegen gilt die Offenlegungsvorschrift des § 340l HGB nur für solche **Finanzdienstleistungsinstitute**, die **Kapitalgesellschaften** sind (§ 340 Abs. 4 Satz 3 HGB).

Die bezeichneten Unterlagen sind zunächst im **Bundesanzeiger** bekannt zu machen. Die Bekanntmachung ist unter Beifügung der bezeichneten Unterlagen zum **Handelsregister** des Sitzes des Kreditinstituts einzureichen (§ 325 Abs. 2 Satz 1 HGB).

Die **Aufstellung des Anteilsbesitzes** (§ 287 HGB), die Bestandteil des Anhangs ist, braucht nicht im Bundesanzeiger bekannt gemacht zu werden (§ 325 Abs. 2 Satz 2 HGB); sie ist lediglich beim Handelsregister einzureichen. Wird von dieser Erleichterung Gebrauch gemacht, muss im Anhang auf die besondere Aufstellung des Anteilsbesitzes und den Ort ihrer Hinterlegung hingewiesen werden (§ 287 Satz 3 HGB).

Form und Inhalt der Unterlagen bei der Offenlegung regelt § 328 HGB. Das Gericht prüft, ob die vollständig oder teilweise zum Handelsregister einzureichenden Unterlagen vollständig und, sofern vorgeschrieben, bekannt gemacht worden sind (§ 329 Abs. 1 HGB).

Nicht zu den offenlegungspflichtigen Unterlagen iSd. § 325 Abs. 1 HGB gehören die öffentlich beglaubigte Abschrift der Niederschrift über die Hauptversammlung und ihre Anlagen (§ 130 Abs. 5 AktG) und die Gesellschafterliste (§ 40 Satz 1 GmbHG) mit den erforderlichen Angaben.[2114]

Zwischenabschlüsse zur Ermittlung von Zwischenergebnissen iSv. § 10 Abs. 7 Satz 3 KWG fallen **nicht** unter die Offenlegungspflicht des § 340l HGB. Davon unabhängig

---

[2113] Zu diesen Unterlagen im Einzelnen vgl. BeBiKo 5. Aufl. § 325 Rn. 6.
[2114] Vgl. BeBiKo 5. Aufl. § 325 HGB Rn. 7.

besteht jedoch die Pflicht, den Zwischenabschluss der BaFin und der Deutschen Bundesbank jeweils unverzüglich einzureichen.

9.2. Offenlegungsfrist

§ 325 Abs. 1 Satz 1 HGB verlangt, dass die Offenlegung *„unverzüglich nach ... Vorlage an die Gesellschafter, jedoch spätestens vor Ablauf des zwölften Monats des dem Abschlussstichtag nachfolgenden Geschäftsjahres"* zu erfolgen hat. Für die **Fristen** wird auf den Einreichungszeitpunkt der Unterlagen beim Bundesanzeiger und nicht auf den für das Kreditinstitut nicht disponiblen tatsächlichen Veröffentlichungszeitpunkt abgestellt (§ 325 Abs. 4 HGB).

9.2.1. Erleichterung für kleinere Institute

Institute, deren Bilanzsumme am Bilanzstichtag 200 Mio. EUR nicht übersteigt, dürfen auf eine Veröffentlichung im Bundesanzeiger verzichten. Sie haben bei Ausübung dieses Wahlrechts die Unterlagen zum Handelsregister einzureichen und im Bundesanzeiger bekannt zu machen, bei welchem Handelsregister und unter welcher Nummer diese Unterlagen eingereicht worden sind (§ 340l Abs. 4 HGB iVm. § 325 Abs. 1 HGB).

9.2.2. Institute mit Zweigstellen in anderen Ländern

Institute, die nicht selbst Zweigstellen sind, haben die bezeichneten Unterlagen außerdem in jedem anderen **Mitgliedstaat der Europäischen Gemeinschaft und in jedem anderen Vertragsstaat des Abkommens über den Europäischen Wirtschaftsraum** offen zu legen, in dem sie eine Zweigstelle errichtet haben. Die Offenlegung richtet sich nach dem Recht des jeweiligen Mitgliedstaats (§ 340l Abs. 1 Satz 2 und 3 HGB).

In dieser Vorschrift kommt die wechselseitige Anerkennung der in den Mitgliedstaaten bzw. Vertragsstaaten erstellten Jahresabschlüsse zum Ausdruck. Die Verpflichtung zur Abschlusserstellung nach dem jeweiligen Landesrecht wird ersetzt durch die Verpflichtung zur Übersetzung und Einreichung im Zweigstellenstaat.

9.2.3. Zweigstellen von ausländischen Unternehmen

Alle Zweigstellen von Unternehmen mit Sitz in einem anderen Staat, die nach § 53 Abs. 1 KWG als Kreditinstitut oder Finanzdienstleistungsinstitut gelten, sind zunächst aufgrund des KWG verpflichtet, über die von ihnen betriebenen Geschäfte und über das dem Geschäftsbetrieb dienende Vermögen gesondert Buch zu führen und gegenüber der **BaFin** und der **Deutschen Bundesbank** Rechnung zu legen (§ 53 Abs. 2 Nr. 2 KWG). Insoweit gelten die Vorschriften des HGB entsprechend. Die Pflicht, gegenüber der

BaFin bzw. der Deutschen Bundesbank Rechnung zu legen, besteht unabhängig davon, ob eine Zweigstelle nach den Vorschriften des HGB verpflichtet ist, einen auf die eigene Tätigkeit bezogenen Jahresabschluss nach den Vorschriften des HGB zu erstellen.

Eine eigenständige **Rechnungslegungspflicht** nach dem Vierten Abschnitt des Dritten Buchs des HGB (Ergänzende Vorschriften für Kreditinstitute) besteht nach § 340 Abs. 1 Satz 1 HGB nur für Zweigstellen von Unternehmen mit Sitz in einem Drittland, nicht jedoch für solche Zweigstellen von Unternehmen mit Sitz in einem Staat, der Mitglied der Europäischen Gemeinschaft bzw. Vertragsstaat des Abkommens über den Europäischen Wirtschaftsraum ist.

Bei den **Offenlegungspflichten** für Zweigstellen ist zu unterscheiden zwischen Unternehmen mit

- Sitz in einem EG-Land bzw. Vertragsstaat des Abkommens über den Europäischen Wirtschaftsraum und
- Sitz in einem Drittland.

Zunächst müssen **Zweigstellen** eines ausländischen Unternehmens, unabhängig davon, in welchem Land dieses seinen Sitz hat, die in § 340l Abs. 1 Satz 1 HGB bezeichneten Unterlagen ihrer **Hauptniederlassung**, die nach deren Recht aufgestellt und geprüft worden sind, nach den § 325 Abs. 2 bis 5 HGB, §§ 328, 329 Abs. 1 HGB offen legen (§ 340l Abs. 2 Satz 1 HGB).

Die Unterlagen sind **in deutscher Sprache** einzureichen (§ 340l Abs. 2 Satz 3). Soweit dies nicht die Amtssprache am Sitz der Hauptniederlassung ist, können die Unterlagen der Hauptniederlassung auch in englischer Sprache oder in einer von dem Register der Hauptniederlassung beglaubigten Abschrift einzureichen. Von der Beglaubigung des Registers ist eine beglaubigte Übersetzung in deutscher Sprache einzureichen (§ 340l Abs. 2 Satz 4 HGB).

Die für die **größenabhängige Erleichterung** der Offenlegungspflicht maßgebliche Bilanzsumme (kleiner/gleich 200 Mio. EUR) berechnet sich nach der Bilanzsumme des ausländischen Unternehmens (§ 340l Abs. 4 Satz 2 HGB). Welcher Kurs zur Umrechnung der Bilanzsumme anzuwenden ist, ist im Gesetz nicht bestimmt.

Zweigstellen eines Unternehmens mit Sitz in einem EG-Land bzw. Vertragsstaat des Abkommens über den Europäischen Wirtschaftsraum müssen, sieht man von der Rechnungslegungspflicht gegenüber der BaFin und der Deutschen Bundesbank nach § 53 Abs. 2 Nr. 2 KWG ab, keinen eigenständigen (auf ihre Tätigkeit bezogenen) Jahresabschluss bzw. Lagebericht erstellen.

Für diese Zweigstellen entfällt darüber hinaus auch die Prüfung und Offenlegung der aufgrund des § 53 Abs. 2 KWG zu erstellenden Zweigstellenunterlagen. Nach § 340 Abs. 1 Satz 2 iVm. § 340l Abs. 2 HGB müssen sie nur die entsprechenden Unterlagen der Hauptniederlassung, die nach deren Recht aufgestellt und geprüft worden sind, in der nach § 325 Abs. 2 bis 5, §§ 328, 329 Abs. 1 HGB vorgeschriebenen Art und Weise offen legen.

Für **Zweigstellen eines Unternehmens mit Sitz in einem Drittland** gelten dagegen grundsätzlich dieselben Aufstellungs-, Prüfungs- und Offenlegungspflichten wie für deutsche Institute, die nicht Zweigstellen sind (§ 340 Abs. 1 Satz 1 HGB). Diese Zweigstellen brauchen die auf ihre eigene Geschäftstätigkeit bezogenen Rechnungslegungsunterlagen allerdings dann nicht offen zu legen, sofern die nach § 340l Abs. 2 Satz 1 HGB offen zu legenden Unterlagen ihrer Hauptniederlassung nach einem an die Richtlinie 86/635/EWG (Bankbilanzrichtlinie) angepassten Recht aufgestellt und geprüft worden oder die nach einem dieser Rechte aufgestellten Unterlagen gleichwertig sind (§ 340l Abs. 2 Satz 2 HGB).

Zusammenfassend lassen sich die Offenlegungspflichten folgendermaßen systematisieren:

	Institute		Zweigstelle eines Unternehmens mit Sitz in einem	
	ohne Zweigstelle bzw. mit Zweigstelle in einem Drittland	mit Zweigstelle in einem EG-Land oder EWR-Vertragsstaat	EG-Land oder EWR-Vertragsstaat	Drittland
Gegenstand der Veröffentlichung	- Jahresabschluss - Lagebericht - Konzernabschluss - Konzernlagebericht - Bericht des Aufsichtsrats - Bestätigungsvermerk(e) - Gewinnverwendungsvorschlag - Gewinnverwendungsbeschluss - Erklärung gem. § 161 AktG		entsprechende Unterlagen der Hauptniederlassung	entsprechende Unterlagen der Hauptniederlassung *Zusätzlich:* Wie jedes deutsche Institut (bezogen auf die eigene Tätigkeit) Ausnahme: Bei Gleichwertigkeit der entsprechenden Unterlagen der Hauptniederlassung genügt die Offenlegung dieser Unterlagen.
Ort der Veröffentlichung		Bundesanzeiger, Handelsregister (Aufstellung des Anteilsbesitzes nur Handelsregister)		
		Zusätzlich: in jedem EG-Land und EWR-Vertragsstaat, in dem eine Zweigstelle errichtet wurde, nach nationalem Recht		
Fristen	spätestens nach Ablauf des zwölften Monats des dem Abschlussstichtag nachfolgenden Geschäftsjahres			
Erleichterung	Bis zu einer Bilanzsumme von 200 Mio. EUR genügt die Einreichung beim Handelsregister.			

Abb. 9: Offenlegungspflichten

Gesamtübersicht der Anhangangaben

Nachfolgend werden sämtliche Angaben aufgeführt, die Kredit- und Finanzdienstleistungsinstitute im Anhang zu machen haben. Bei der jeweiligen Vorschrift ist in Klammern gesetzt, wo die Angabe zu machen ist. Die Auflistung im Zusammenhang mit den Erläuterungen zur Bilanz (B.) und zur Gewinn- und Verlustrechnung (C.) folgt weitgehend der Postenabfolge der Formblätter.

A. **Allgemeine Angaben zur Gliederung des Jahresabschlusses sowie zu den Bilanzierungs- und Bewertungsmethoden**

§ 264 Abs. 2 Satz 2 HGB - Generalnorm (Anhang)
Führen besondere Umstände dazu, dass der Jahresabschluss ein den tatsächlichen Verhältnissen entsprechendes Bild der Vermögens-, Finanz- und Ertragslage iSd. § 264 Abs. 2 Satz 1 HGB nicht vermittelt, so sind im Anhang zusätzliche Angaben zu machen.

§ 265 Abs. 1 Satz 2 HGB - Darstellungsstetigkeit (Anhang)
Die Form der Darstellung, insbesondere die Gliederung der aufeinander folgenden Bilanzen und Gewinn- und Verlustrechnungen, ist beizubehalten, soweit nicht in Ausnahmefällen wegen besonderer Umstände Abweichungen erforderlich sind. Die Abweichungen sind im Anhang anzugeben und zu begründen.

§ 265 Abs. 2 Satz 2 HGB - Vergleichbarkeit mit Vorjahr (Anhang)
In der Bilanz sowie in der Gewinn- und Verlustrechnung ist zu jedem Posten der entsprechende Betrag des vorhergehenden Geschäftsjahres anzugeben. Sind die Beträge nicht vergleichbar, so ist dies im Anhang anzugeben und zu erläutern.

§ 265 Abs. 2 Satz 3 HGB - Anpassung der Vorjahreszahlen (Anhang)
Wird der Vorjahresbetrag angepasst, so ist auch dies im Anhang anzugeben und zu erläutern.

§ 265 Abs. 4 Satz 2 HGB - Mehrere Geschäftszweige (Anhang)
Sind mehrere Geschäftszweige vorhanden und bedingt dies die Gliederung des Jahresabschlusses nach verschiedenen Gliederungsvorschriften, so ist der Jahresabschluss nach der für einen Geschäftszweig vorgeschriebenen Gliederung aufzustellen und nach der für die anderen Geschäftszweige vorgeschriebenen Gliederung zu ergänzen. Die Ergänzung ist im Anhang anzugeben und zu begründen.

§ 284 Abs. 2 Nr. 1 HGB - Bilanzierungs- und Bewertungsmethoden (Anhang)
Im Anhang müssen die auf die Posten der Bilanz und der Gewinn- und Verlustrechnung angewandten Bilanzierungs- und Bewertungsmethoden angegeben werden.

§ 284 Abs. 2 Nr. 3 HGB - Abweichungen von Bilanzierungs- und Bewertungsmethoden (Anhang)
Im Anhang müssen Abweichungen von Bilanzierungs- und Bewertungsmethoden angegeben und begründet werden; deren Einfluss auf die Vermögens-, Finanz- und Ertragslage ist gesondert darzustellen.

§ 284 Abs. 2 Nr. 2 HGB - Währungsumrechnung (Anhang)
Im Anhang müssen die Grundlagen für die Umrechnung in **Euro** angegeben werden, soweit der Jahresabschluss Posten enthält, denen Beträge zugrunde liegen, die auf fremde Währung lauten oder ursprünglich auf fremde Währung lauteten.

(Beachte § 35 Abs. 1 Nr. 6 RechKredV. Siehe auch die Übergangsvorschriften zur Einführung des Euro (Artikel 42 EGHGB).)

B. Erläuterungen zur Bilanz

§ 265 Abs. 3 Satz 1 HGB - Mitzugehörigkeit zu mehreren Bilanzposten (Bilanz/Anhang)
Fällt ein Vermögensgegenstand oder eine Schuld unter mehrere Posten der Bilanz, so ist die Mitzugehörigkeit zu anderen Posten bei dem Posten, unter dem der Ausweis erfolgt ist, zu vermerken oder im Anhang anzugeben, wenn dies zur Aufstellung eines klaren und übersichtlichen Jahresabschlusses erforderlich ist.

§ 2 Abs. 2 RechKredV - Aufgliederung zusammengefasster Bilanzposten (Anhang)
Die mit kleinen Buchstaben versehenen Posten der Bilanz können zusammengefasst werden, wenn
1. sie einen Betrag enthalten, der für die Vermittlung eines den tatsächlichen Verhältnissen entsprechenden Bildes iSd. § 264 Abs. 2 HGB nicht erheblich ist, oder
2. dadurch die Klarheit der Darstellung vergrößert wird; in diesem Fall müssen die zusammengefassten Posten jedoch im Anhang gesondert ausgewiesen werden.

(Dies gilt nicht für die der Deutschen Bundesbank und der BaFin einzureichenden Bilanzen (§ 2 Abs. 2 Satz 2 RechKredV).)

§ 35 Abs. 1 Nr. 3 RechKredV - Leasinggeschäft (Anhang)
Zu jedem davon betroffenen Posten der Bilanz ist der auf das Leasinggeschäft entfallende Betrag im Anhang anzugeben.

§ 3 Satz 1 Nr. 1 RechKredV - Forderungen an verbundene Unternehmen (Bilanz/Anhang)
Die verbrieften und unverbrieften Forderungen an verbundene Unternehmen zu den Posten
3. Forderungen an Kreditinstitute,
4. Forderungen an Kunden und
5. Schuldverschreibungen und andere festverzinsliche Wertpapiere
sind jeweils als Unterposten gesondert auszuweisen oder im Anhang in der Reihenfolge der betroffenen Posten anzugeben.

§ 3 Satz 1 Nr. 2 RechKredV - Forderungen an Beteiligungsunternehmen (Bilanz/Anhang)
Die verbrieften und unverbrieften Forderungen an Unternehmen, mit denen ein Beteiligungsverhältnis besteht, zu den Posten
3. Forderungen an Kreditinstitute,
4. Forderungen an Kunden und
5. Schuldverschreibungen und andere festverzinsliche Wertpapiere
sind jeweils als Unterposten gesondert auszuweisen oder im Anhang in der Reihenfolge der betroffenen Posten anzugeben.

§ 42 Abs. 3 GmbHG - Ausleihungen und Forderungen an Gesellschafter (Bilanz/Anhang)
Ausleihungen und Forderungen gegenüber Gesellschaftern sind idR als solche jeweils gesondert auszuweisen oder im Anhang anzugeben; werden sie unter anderen Posten ausgewiesen, so muss diese Eigenschaft vermerkt werden.

(Nur bei GmbH.)

§ 35 Abs. 1 Nr. 1 RechKredV - Aufgliederung börsenfähiger Wertpapiere (Anhang)
Die in den Posten
5. Schuldverschreibungen und andere festverzinsliche Wertpapiere,
6. Aktien und andere nicht festverzinsliche Wertpapiere,
7. Beteiligungen und
8. Anteile an verbundenen Unternehmen
enthaltenen börsenfähigen Wertpapiere sind im Anhang nach börsennotierten und nicht börsennotierten Wertpapieren aufzugliedern.

§ 35 Abs. 1 Nr. 2 RechKredV - Wie Anlagevermögen bewertete Wertpapiere (Anhang)
Im Anhang ist der Betrag der nicht mit dem Niederstwert bewerteten börsenfähigen Wertpapiere jeweils zu folgenden Posten anzugeben:

5. Schuldverschreibungen und andere festverzinsliche Wertpapiere;
6. Aktien und andere nicht festverzinsliche Wertpapiere;
es ist anzugeben, in welcher Weise die so bewerteten Wertpapiere von den mit dem Niederstwert bewerteten börsenfähigen Wertpapieren abgegrenzt worden sind.

§ 285 Nr. 11 HGB - Anteilsbesitz (Anhang)

Im Anhang sind anzugeben: Name und Sitz anderer Unternehmen, von denen das Institut oder eine für Rechnung des Instituts handelnde Person mindestens den fünften Teil der Anteile besitzt; außerdem sind die Höhe des Anteils am Kapital, das Eigenkapital und das Ergebnis des letzten Geschäftsjahrs, für das ein Jahresabschluss vorliegt, dieser Unternehmen anzugeben; auf die Berechnung der Anteile ist § 16 Abs. 2 und 4 AktG entsprechend anzuwenden; ferner sind von börsennotierten Instituten zusätzlich alle Beteiligungen an großen Kapitalgesellschaften anzugeben, die fünf vom Hundert der Stimmrechte überschreiten.

(Unterlassen von Angaben vgl. § 286 Abs. 3 HGB; Beteiligungsliste vgl. § 287 HGB.)

§ 285 Nr. 11a HGB - Name, Sitz und Rechtsform der Unternehmen, deren unbeschränkt haftender Gesellschafter die Kapitalgesellschaft ist

§ 340a Abs. 4 HGB - Mandate in Aufsichtsgremien und Anteilsbesitz

Zusätzlich haben Institute im Anhang zum Jahresabschluss anzugeben:
1. alle Mandate in gesetzlich zu bildenden Aufsichtsgremien von großen Kapitalgesellschaften (§ 267 Abs. 3 HGB), die von gesetzlichen Vertretern oder anderen Mitarbeitern wahrgenommen werden;
2. alle Beteiligungen an großen Kapitalgesellschaften, die fünf vom Hundert der Stimmrechte überschreiten.

§ 6 Abs. 1 RechKredV - Treuhandvermögen (Anhang/Bilanz)

Vermögensgegenstände, die ein Institut im eigenen Namen, aber für fremde Rechnung hält, sind in seine Bilanz aufzunehmen. Die Gesamtbeträge sind in der Bilanz unter dem Posten „9. Treuhandvermögen" auszuweisen und im Anhang nach den Aktivposten des Formblatts aufzugliedern.

§ 34 Abs. 3 RechKredV iVm. § 268 Abs. 2 HGB - Anlagenspiegel (Anhang)

Im Anhang ist die Entwicklung der einzelnen Posten des Anlagevermögens und des Postens „Aufwendungen für die Ingangsetzung und Erweiterung des Geschäftsbetriebs" darzustellen. Dabei sind, ausgehend von den gesamten Anschaffungs- und Herstellungskosten, die Zugänge, Abgänge, Umbuchungen und Zuschreibungen des Geschäftsjahres sowie die Abschreibungen in ihrer gesamten Höhe gesondert aufzuführen. Die in § 268 Abs. 2 HGB verlangten Angaben sind für Vermögensgegenstände iSd. § 340e Abs. 1 HGB zu machen.

Die Abschreibungen des Geschäftsjahres sind im Anhang in einer der Gliederung des Anlagevermögens entsprechenden Aufgliederung anzugeben.

Die Zuschreibungen, Abschreibungen und Wertberichtigungen auf Beteiligungen, Anteile an verbundenen Unternehmen sowie auf andere Wertpapiere, die wie Anlagevermögen behandelt werden, können mit anderen Posten zusammengefasst werden.

§ 35 Abs. 2 RechKredV - **Sachanlagen** (Anhang)

Zu dem Posten „12. Sachanlagen" sind im Anhang mit ihrem Gesamtbetrag anzugeben:
1. die vom Institut im Rahmen seiner eigenen Tätigkeit genutzten Grundstücke und Bauten,
2. die Betriebs- und Geschäftsausstattung.

§ 269 Satz 1 HGB - **Ingangsetzung und Geschäftserweiterung** (Anhang)

Die Aufwendungen für die Ingangsetzung des Geschäftsbetriebs und dessen Erweiterung dürfen, soweit sie nicht bilanzierungsfähig sind, als Bilanzierungshilfe aktiviert werden; der Posten ist in der Bilanz unter der Bezeichnung „Aufwendungen für die Ingangsetzung und Erweiterung des Geschäftsbetriebs" vor dem Anlagevermögen auszuweisen und im Anhang zu erläutern.

§ 268 Abs. 4 Satz 2 HGB - **Aktive antizipative Abgrenzungsposten** (Anhang)

Werden unter dem Posten „Sonstige Vermögensgegenstände" Beträge für Vermögensgegenstände ausgewiesen, die erst nach dem Abschlussstichtag rechtlich entstehen, so müssen Beträge, die einen größeren Umfang haben, im Anhang erläutert werden.

(Beachte § 11 RechKredV.)

§ 35 Abs. 1 Nr. 4 RechKredV - **Sonstige Vermögensgegenstände** (Anhang)

Im Anhang sind die wichtigsten Einzelbeträge anzugeben, sofern sie für die Beurteilung des Jahresabschlusses nicht unwesentlich sind. Die Beträge und ihre Art sind zu erläutern.

§ 268 Abs. 6 HGB - **Aktive Rechnungsabgrenzung** (Bilanz/Anhang)

Ein nach § 250 Abs. 3 HGB in den Rechnungsabgrenzungsposten auf der Aktivseite aufgenommener Unterschiedsbetrag (Disagio) ist in der Bilanz gesondert auszuweisen oder im Anhang anzugeben.

§ 340e Abs. 2 Satz 3 HGB - **Aktiver Unterschiedsbetrag** (Bilanz/Anhang)

Ein nach § 340e Abs. 2 HGB in den Rechnungsabgrenzungsposten auf der Aktivseite (wahlweise) aufgenommener Unterschiedsbetrag ist planmäßig aufzulösen und in seiner jeweiligen Höhe in der Bilanz oder im Anhang gesondert anzugeben.

§ 340b Abs. 4 Satz 4 HGB - Echte Pensionsgeschäfte (Anhang)
Der Pensionsgeber hat den Buchwert der in Pension gegebenen Vermögensgegenstände im Anhang anzugeben.

§ 4 Abs. 2 Satz 2 RechKredV - Nachrangige Vermögensgegenstände (Bilanz/Anhang)
Nachrangige Vermögensgegenstände sind auf der Aktivseite bei dem jeweiligen Posten oder Unterposten gesondert auszuweisen. Die Angaben können statt in der Bilanz im Anhang in der Reihenfolge der betroffenen Posten gemacht werden.

§ 35 Abs. 1 Nr. 6 RechKredV - Fremdwährungsaktiva (Anhang)
Im Anhang ist der Gesamtbetrag der Vermögensgegenstände, die auf Fremdwährung lauten, in Euro anzugeben.

§ 280 Abs. 3 HGB - Aus steuerrechtlichen Gründen unterlassene Zuschreibungen (Anhang)
Im Anhang ist der Betrag der im Geschäftsjahr aus steuerrechtlichen Gründen unterlassenen Zuschreibungen anzugeben und hinreichend zu begründen.

(Gilt nicht für die in § 340f Abs. 1 HGB bezeichneten Vermögensgegenstände (vgl. § 340f Abs. 2 Satz 1 HGB).)

§ 281 Abs. 2 Satz 1 HGB - Aus steuerrechtlichen Gründen vorgenommene Abschreibungen (Anhang)
Im Anhang ist der Betrag der im Geschäftsjahr allein nach steuerrechtlichen Vorschriften vorgenommenen Abschreibungen, getrennt nach Anlage- und Umlaufvermögen, anzugeben, soweit er sich nicht aus der Bilanz oder der Gewinn- und Verlustrechnung ergibt, und hinreichend zu begründen.

(Angabe kann entfallen, soweit § 340f Abs. 2 Satz 1 HGB angewendet wird.)

§ 285 Nr. 5 HGB - Ergebniseinfluss steuerlicher Wertansätze (Anhang)
Im Anhang ist anzugeben: das Ausmaß, in dem das Jahresergebnis dadurch beeinflusst wurde, dass bei Vermögensgegenständen im Geschäftsjahr oder in früheren Geschäftsjahren Abschreibungen nach §§ 254, 280 Abs. 2 HGB aufgrund steuerrechtlicher Vorschriften vorgenommen oder beibehalten wurden oder ein Sonderposten nach § 273 HGB gebildet wurde; ferner das Ausmaß erheblicher künftiger Belastungen, die sich aus einer solchen Bewertung ergeben.

§ 274 Abs. 2 Satz 2 HGB - Aktive latente Steuern (Anhang)
Der auf der Aktivseite gesondert auszuweisende „Steuerabgrenzungsposten nach § 274 Abs. 2 HGB" ist im Anhang zu erläutern.

§ 340c Abs. 3 HGB - Zurechnung nicht realisierter Reserven (Anhang)
Institute, die dem haftenden Eigenkapital nicht realisierte Reserven nach § 10 Abs. 2b Satz 1 Nr. 6 oder 7 KWG zurechnen, haben den Betrag, mit dem diese Reserven dem haftenden Eigenkapital zugerechnet werden, im Anhang zur Bilanz und zur Gewinn- und Verlustrechnung anzugeben.

§ 285 Nr. 13 HGB - Planmäßige Abschreibung des Firmenwerts (Anhang)
Im Anhang sind bei Anwendung des § 255 Abs. 4 Satz 3 HGB die Gründe für die planmäßige Abschreibung des Geschäfts- oder Firmenwerts anzugeben.

§ 284 Abs. 2 Nr. 5 HGB - Fremdkapitalzinsen in Herstellungskosten (Anhang)
Im Anhang sind Angaben über die Einbeziehung von Zinsen für Fremdkapital in die Herstellungskosten zu machen.

§ 340d HGB iVm. § 9 RechKredV - Fristengliederung (Anhang)
Im Anhang sind gesondert die Beträge von verschiedenen Posten und Unterposten des Formblatts 1 nach Restlaufzeiten aufzugliedern. Es handelt sich dabei um die Aktivposten 3. b) und 4. und die Passivposten 1. b), 2. a) ab), 2. a) bb) und 3. b). Dabei sind folgende Restlaufzeiten maßgebend: bis 3 Monate, mehr als 3 Monate bis 1 Jahr, mehr als 1 Jahr bis 5 Jahre, mehr als 5 Jahre.

Darüber hinaus sind im Anhang anzugeben: die im Aktivposten 4. enthaltenen Forderungen mit unbestimmter Laufzeit; die im Aktivposten 5. und Passivposten 3. a) enthaltenen Beträge, die in dem Jahr, das auf den Bilanzstichtag folgt, fällig werden.

§ 39 Abs. 4 und 5 RechKredV - Fristengliederung bis 1997 (Anhang)
Im Anhang sind bestimmte Forderungen und Verbindlichkeiten nach ursprünglich vereinbarter Laufzeit und Kündigungsfrist zu gliedern.

Die bisher in der Bilanz bei den jeweiligen Posten anzugebenden Fristigkeiten sind nunmehr im Anhang - angepasst an die Gliederung des Formblatts 1 - zu machen.

§ 3 Satz 1 Nr. 3 RechKredV - Verbindlichkeiten gegenüber verbundenen Unternehmen (Bilanz/Anhang)
Die verbrieften und unverbrieften Verbindlichkeiten gegenüber verbundenen Unternehmen zu den Posten
1. Verbindlichkeiten gegenüber Kreditinstituten,
2. Verbindlichkeiten gegenüber Kunden,
3. Verbriefte Verbindlichkeiten und
9. Nachrangige Verbindlichkeiten

sind jeweils gesondert auszuweisen oder im Anhang in der Reihenfolge der betroffenen Posten anzugeben.

§ 3 Satz 1 Nr. 4 RechKredV - Verbindlichkeiten gegenüber Beteiligungsunternehmen (Bilanz/Anhang)

Die verbrieften und unverbrieften Verbindlichkeiten gegenüber Unternehmen, mit denen ein Beteiligungsverhältnis besteht, zu den Posten
1. Verbindlichkeiten gegenüber Kreditinstituten,
2. Verbindlichkeiten gegenüber Kunden,
3. Verbriefte Verbindlichkeiten und
9. Nachrangige Verbindlichkeiten

sind jeweils gesondert auszuweisen oder im Anhang in der Reihenfolge der betroffenen Posten anzugeben.

§ 268 Abs. 5 Satz 3 HGB - Passive antizipative Abgrenzungsposten (Anhang)

Sind unter „Verbindlichkeiten" Beträge für Verbindlichkeiten ausgewiesen, die erst nach dem Abschlussstichtag rechtlich entstehen, so müssen Beträge, die einen größeren Umfang haben, im Anhang erläutert werden.

(Beachte § 11 RechKredV.)

§ 35 Abs. 5 RechKredV - Übertragene Sicherheiten (Anhang)

Zu jedem Posten der in der Bilanz ausgewiesenen Verbindlichkeiten und der unter dem Strich vermerkten Eventualverbindlichkeiten ist im Anhang jeweils der Gesamtbetrag der als Sicherheit übertragenen Vermögensgegenstände anzugeben.

§ 42 Abs. 3 GmbHG - Verbindlichkeiten gegenüber Gesellschaftern (Bilanz/Anhang)

Verbindlichkeiten gegenüber Gesellschaftern sind in der Regel als solche jeweils gesondert auszuweisen oder im Anhang anzugeben; werden sie unter anderen Posten ausgewiesen, so muss diese Eigenschaft vermerkt werden.

(Nur bei GmbH.)

§ 6 Abs. 1 RechKredV - Treuhandverbindlichkeiten (Anhang)

Schulden, die ein Institut im eigenen Namen, aber für fremde Rechnung hält, sind in seine Bilanz aufzunehmen und unter dem Posten „4. Treuhandverbindlichkeiten" auszuweisen und im Anhang nach den Passivposten des Formblatts aufzugliedern.

§ 35 Abs. 1 Nr. 4 RechKredV - Sonstige Verbindlichkeiten (Anhang)

Im Anhang sind anzugeben: die wichtigsten Einzelbeträge, sofern sie für die Beurteilung des Jahresabschlusses nicht unwesentlich sind. Die Beträge und ihre Art sind zu erläutern.

§ 340e Abs. 2 Satz 2 HGB - Passiver Unterschiedsbetrag (Bilanz/Anhang)
Ein nach § 340e Abs. 2 HGB in den Rechnungsabgrenzungsposten auf der Passivseite aufgenommener Unterschiedsbetrag ist in der Bilanz oder im Anhang gesondert anzugeben.

Artikel 28 Abs. 2 EGHGB - Pensionsrückstellungen (Anhang)
Bei Anwendung des Artikels 28 Abs. 1 EGHGB müssen Institute die in der Bilanz nicht ausgewiesenen Rückstellungen für laufende Pensionen, Anwartschaften auf Pensionen und ähnliche Verpflichtungen jeweils im Anhang und im Konzernanhang in einem Betrag angeben.

(Gilt für alle Institute gem. § 340a Abs. 1 HGB iVm. Artikel 28 Abs. 2 EGHGB.)

§ 274 Abs. 1 Satz 1 HGB - Rückstellung für latente Steuern (Bilanz/Anhang)
Eine nach § 249 Abs. 1 HGB gebildete Rückstellung für latente Steuern ist in der Bilanz oder im Anhang gesondert anzugeben.

§ 273 Satz 2 HGB - Sonderposten mit Rücklageanteil (Bilanz/Anhang)
Die Vorschriften, nach denen der Sonderposten gebildet worden ist, sind in der Bilanz oder im Anhang anzugeben.

§ 281 Abs. 1 Satz 2 HGB - Indirekte Abschreibungen (Bilanz/Anhang)
Die nach § 254 HGB zulässigen Abschreibungen dürfen auch in der Weise vorgenommen werden, dass der Unterschiedsbetrag zwischen der nach § 253 iVm. § 279 HGB und der nach § 254 HGB zulässigen Bewertung in den Sonderposten mit Rücklageanteil eingestellt wird. In der Bilanz oder im Anhang sind die Vorschriften anzugeben, nach denen die Wertberichtigung gebildet worden ist.

(Beachte § 340f Abs. 2 Satz 2 HGB.)

§ 35 Abs. 3 RechKredV - Nachrangige Verbindlichkeiten (Anhang)
Zu den nachrangigen Verbindlichkeiten sind im Anhang anzugeben:
1. der Betrag der für nachrangige Verbindlichkeiten angefallenen Aufwendungen,
2. zu jeder 10 % des Gesamtbetrags der nachrangigen Verbindlichkeiten übersteigenden Mittelaufnahme:
   a) der Betrag, die Währung, auf die sie lautet, ihr Zinssatz und ihre Fälligkeit sowie, ob eine vorzeitige Rückzahlungsverpflichtung entstehen kann,
   b) die Bedingungen ihrer Nachrangigkeit und ihrer etwaigen Umwandlung in Kapital oder in eine andere Schuldform,
3. zu anderen Mittelaufnahmen die wesentlichen Bedingungen.

§ 152 Abs. 2 AktG - Kapitalrücklage (Bilanz/Anhang)
Zu dem Posten Kapitalrücklage sind in der Bilanz oder im Anhang gesondert anzugeben:
1. der Betrag, der während des Geschäftsjahres eingestellt wurde;
2. der Betrag, der für das Geschäftsjahr entnommen wird.

(Nur bei AG, KGaA.)

§ 152 Abs. 3 AktG - Gewinnrücklage (Bilanz/Anhang)
Zu den einzelnen Posten der Gewinnrücklagen sind in der Bilanz oder im Anhang jeweils gesondert anzugeben:
1. die Beträge, die die Hauptversammlung aus dem Bilanzgewinn des Vorjahres eingestellt hat;
2. die Beträge, die aus dem Jahresüberschuss des Geschäftsjahres eingestellt werden;
3. die Beträge, die für das Geschäftsjahr entnommen werden.

(Nur bei AG, KGaA.)

§ 58 Abs. 2a AktG, § 29 Abs. 4 GmbHG - Eigenkapitalanteil von Wertaufholungen (Bilanz/Anhang)
Vorstand und Aufsichtsrat (bei AG, KGaA) bzw. Geschäftsführer mit Zustimmung des Aufsichtsrats oder der Gesellschafter (bei GmbH) können den Eigenkapitalanteil von Wertaufholungen bei Vermögensgegenständen des Anlage- und Umlaufvermögens und von bei der steuerrechtlichen Gewinnermittlung gebildeten Passivposten, die nicht im Sonderposten mit Rücklageanteil ausgewiesen werden dürfen, in andere Gewinnrücklagen einstellen. Der Betrag dieser Rücklagen ist entweder in der Bilanz gesondert auszuweisen oder im Anhang anzugeben.

(Nur bei AG, KGaA, GmbH.)

§ 268 Abs. 1 Satz 2 HGB - Angabe Gewinn- und Verlustvortrag (Bilanz/Anhang)
Wird die Bilanz unter Berücksichtigung der teilweisen Verwendung des Jahresergebnisses aufgestellt, so tritt an die Stelle der Posten „Jahresüberschuss/Jahresfehlbetrag" und „Gewinnvortrag/Verlustvortrag" der Posten „Bilanzgewinn/Bilanzverlust"; ein vorhandener Gewinn- oder Verlustvortrag ist in den Posten „Bilanzgewinn/Bilanzverlust" einzubeziehen und in der Bilanz oder im Anhang gesondert anzugeben.

§ 35 Abs. 1 Nr. 6 RechKredV - Fremdwährungsschulden (Anhang)
Im Anhang ist der Gesamtbetrag der Schulden, die auf Fremdwährung lauten, in Euro anzugeben.

§ 285 Nr. 3 HGB - Sonstige finanzielle Verpflichtungen (Bilanz/Anhang)
Im Anhang sind anzugeben: der Gesamtbetrag der sonstigen finanziellen Verpflichtungen, die nicht in der Bilanz erscheinen, sofern diese Angabe für die Beurteilung der Finanzlage von Bedeutung ist; davon sind Verpflichtungen gegenüber verbundenen Unternehmen gesondert anzugeben.

(§ 285 Nr. 3 HGB braucht nicht angewendet zu werden, soweit diese Angaben in der Bilanz unter dem Strich gemacht werden (vgl. § 34 Abs. 1 Satz 2 RechKredV).)

§ 35 Abs. 4 RechKredV - Eventualverbindlichkeiten (Anhang)
Zu dem Posten „1. Eventualverbindlichkeiten" (Passivposten unter dem Strich) sind im Anhang Art und Betrag jeder Eventualverbindlichkeit anzugeben, die in Bezug auf die Gesamttätigkeit des Instituts von wesentlicher Bedeutung ist.

§ 35 Abs. 6 RechKredV - Andere Verpflichtungen (Anhang)
Zu dem Posten der Bilanz „2. Andere Verpflichtungen" (Passivposten unter dem Strich) sind im Anhang Art und Höhe jeder der in den Unterposten Buchstabe a bis c bezeichneten Verbindlichkeiten anzugeben, die in Bezug auf die Gesamttätigkeit des Instituts von wesentlicher Bedeutung sind.

§ 27 Abs. 1 Satz 4 RechKredV - Platzierungs- und Übernahmeverpflichtungen (Anhang)
Im Anhang ist über die Inanspruchnahme zu berichten.

§ 264c Abs. 1 Satz 1 HGB – Ausleihungen, Forderungen und Verbindlichkeiten gegenüber Gesellschaftern (Bilanz oder Anhang)
Ausleihungen, Forderungen und Verbindlichkeiten gegenüber Gesellschaftern sind in der Regel als solche jeweils gesondert auszuweisen oder im Anhang anzugeben.

§ 264c Abs. 2 Satz 9 HGB – Nicht geleistete eingetragene Einlagen (Anhang)
Im Anhang ist der Betrag der im Handelsregister gemäß § 172 Abs. 1 HGB eingetragenen Einlagen anzugeben, soweit diese nicht geleistet sind.

C. Erläuterungen zur Gewinn- und Verlustrechnung [2115]

§ 2 Abs. 2 RechKredV - Aufgliederung zusammengefasster Posten (Anhang)
Die mit kleinen Buchstaben versehenen Posten der Gewinn- und Verlustrechnung können zusammengefasst werden, wenn
1. sie einen Betrag enthalten, der für die Vermittlung eines den tatsächlichen Verhältnissen entsprechenden Bildes iSd. § 264 Abs. 2 HGB nicht erheblich ist, oder
2. dadurch die Klarheit der Darstellung vergrößert wird; in diesem Falle müssen die zusammengefassten Posten im Anhang gesondert ausgewiesen werden.

(Dies gilt nicht für die der Deutschen Bundesbank und der BaFin einzureichenden Gewinn- und Verlustrechnungen (§ 2 Abs. 2 Satz 2 RechKredV).)

§ 34 Abs. 2 Nr. 1 RechKredV - Aufgliederung bestimmter Posten nach geografischen Märkten (Anhang)
Der Gesamtbetrag der folgenden Posten der Gewinn- und Verlustrechnung ist nach geografischen Märkten aufzugliedern, soweit diese Märkte sich vom Standpunkt der Organisation des Kreditinstituts wesentlich unterscheiden:
1. Zinserträge;
2. Laufende Erträge aus
   a) Aktien und anderen nicht festverzinslichen Wertpapieren,
   b) Beteiligungen,
   c) Anteilen an verbundenen Unternehmen;
4. Provisionserträge;
5. Nettoertrag aus Finanzgeschäften;
8. Sonstige betriebliche Erträge.

(Die Aufgliederung kann unter bestimmten Voraussetzungen unterbleiben (§ 34 Abs. 2 Nr. 1 Satz 2 RechKredV).)

§ 35 Abs. 1 Nr. 4 RechKredV - Angabe der wichtigsten Einzelbeträge (Anhang)
Im Anhang sind die wichtigsten Einzelbeträge der nachfolgenden Posten anzugeben, sofern sie für die Beurteilung des Jahresabschlusses nicht unwesentlich sind:
Aufwandsposten
6. Sonstige betriebliche Aufwendungen,
11. Außerordentliche Aufwendungen;
Ertragsposten
8. Sonstige betriebliche Erträge,
10. Außerordentliche Erträge.
Die Beträge und ihre Art sind zu erläutern.

[2115] Wenn nichts anderes vermerkt ist, bezieht sich die Angabe der Posten-Nr. auf das Formblatt 2 (Kontoform).

§ 35 Abs. 1 Nr. 3 RechKredV - **Leasinggeschäft** (Anhang)
Im Anhang sind die im Posten „Abschreibungen und Wertberichtigungen auf immaterielle Anlagewerte und Sachanlagen" enthaltenen Abschreibungen und Wertberichtigungen auf Leasinggegenstände sowie die im Posten „Sonstige betriebliche Erträge" enthaltenen Erträge aus Leasinggeschäften anzugeben.

§ 281 Abs. 2 Satz 2 HGB - **Auflösung von/Einstellung in Sonderposten mit Rücklageanteil** (GuV/Anhang)
Erträge aus der Auflösung des Sonderpostens mit Rücklageanteil bzw. Einstellungen in den Sonderposten mit Rücklageanteil sind in der Gewinn- und Verlustrechnung gesondert auszuweisen oder im Anhang anzugeben.

(In den Formblättern 2 und 3 ist bereits vorgesehen, dass ein gesonderter Ausweis erfolgt.)

§ 277 Abs. 4 Satz 2 HGB - **Außerordentliche Aufwendungen/Erträge** (Anhang)
Unter den Posten „Außerordentliche Aufwendungen" und „Außerordentliche Erträge" sind Aufwendungen und Erträge auszuweisen, die außerhalb der gewöhnlichen Geschäftstätigkeit des Kreditinstituts anfallen. Die Posten sind hinsichtlich ihres Betrags und ihrer Art im Anhang zu erläutern, soweit die ausgewiesenen Beträge für die Beurteilung der Ertragslage nicht von untergeordneter Bedeutung sind.

§ 277 Abs. 4 Satz 3 HGB - **Periodenfremde Aufwendungen/Erträge** (Anhang)
Aufwendungen und Erträge von nicht untergeordneter Bedeutung, die einem anderen Geschäftsjahr zuzurechnen sind, sind hinsichtlich ihres Betrags und ihrer Art im Anhang zu erläutern.

§ 285 Nr. 6 HGB - **Aufteilung der Ertragsteuern** (Anhang)
Im Anhang sind anzugeben: in welchem Umfang die Steuern vom Einkommen und vom Ertrag das Ergebnis der gewöhnlichen Geschäftstätigkeit und das außerordentliche Ergebnis belasten.

(Beachte Formblatt 3 Posten Nr. 19 und 22.)

§ 240 Satz 3 AktG - **Kapitalherabsetzung** (Anhang)
Im Anhang ist zu erläutern, ob und in welcher Höhe die aus der Kapitalherabsetzung und aus der Auflösung von Gewinnrücklagen gewonnenen Beträge
1. zum Ausgleich von Wertminderungen,
2. zur Deckung von sonstigen Verlusten oder
3. zur Einstellung in die Kapitalrücklage
verwandt werden.

(Nur bei AG und KGaA.)

Überleitung zum Bilanzergebnis § 158 Abs. 1 AktG (GuV/Anhang)
Die Gewinn- und Verlustrechnung ist nach dem Jahresüberschuss/Jahresfehlbetrag um den Gewinn- bzw. Verlustvortrag und die Entnahmen aus und Einstellungen in Rücklagen sowie den Bilanzgewinn/Bilanzverlust zu ergänzen.

(Ist in den Formblättern 2 und 3 bereits vorgesehen.)

D. **Sonstige Angaben** (rechtsform- und institutsunabhängig; vgl. E.)

§ 36 RechKredV - Termingeschäfte (Anhang)
In den Anhang ist eine Aufstellung über die Arten von am Bilanzstichtag noch nicht abgewickelten fremdwährungs-, zinsabhängigen und sonstigen Termingeschäften, die lediglich ein Erfüllungsrisiko sowie Währungs-, Zins- und/oder sonstige Marktpreisänderungsrisiken aus offenen und im Falle eines Adressenausfalls auch aus geschlossenen Positionen beinhalten, aufzunehmen. Hierzu gehören Termingeschäfte in fremden Währungen, zinsbezogene Termingeschäfte sowie Termingeschäfte mit sonstigen Preisrisiken. Für jeden der drei Gliederungsposten der Termingeschäfte ist anzugeben, ob ein wesentlicher Teil davon zur Deckung von Zins-, Wechselkurs oder Marktpreisschwankungen abgeschlossen wurde und ob ein wesentlicher Teil davon auf Handelsgeschäfte entfällt.

§ 35 Abs. 1 Nr. 5 RechKredV - Dritten erbrachte Dienstleistungen (Anhang)
Im Anhang sind anzugeben: die Dritten erbrachten Dienstleistungen für Verwaltung und Vermittlung, sofern ihr Umfang in Bezug auf die Gesamttätigkeit des Kreditinstituts von wesentlicher Bedeutung ist.

§ 285 Nr. 10 HGB - Namen der Geschäftsführer und Aufsichtsratsmitglieder (Anhang)
Im Anhang sind anzugeben: alle Mitglieder des Geschäftsführungsorgans und eines Aufsichtsrats, auch wenn sie im Geschäftsjahr oder später ausgeschieden sind, mit dem Familiennamen und mindestens einem ausgeschriebenen Vornamen, einschließlich des ausgeübten Berufs und bei börsennotierten Gesellschaften auch der Mitgliedschaft in Aufsichtsräten und anderen Kontrollgremien iSd. § 125 Abs. 1 Satz 3 AktG. Der Vorsitzende eines Aufsichtsrats, seine Stellvertreter und ein etwaiger Vorsitzer des Geschäftsführungsorgans sind als solche zu bezeichnen.

§ 285 Nr. 9 a) HGB - Bezüge aktiver Organmitglieder (Anhang)
Im Anhang sind anzugeben: für die Mitglieder des Geschäftsführungsorgans, eines Aufsichtsrats, eines Beirats oder einer ähnlichen Einrichtung jeweils für jede Personengruppe:

Die für die Tätigkeit im Geschäftsjahr gewährten Gesamtbezüge (Gehälter, Gewinnbeteiligungen, Bezugsrechte und sonstige aktienbasierte Vergütungen, Aufwandsentschädigungen, Versicherungsentgelte, Provisionen und Nebenleistungen jeder Art). In die Gesamtbezüge sind auch Bezüge einzurechnen, die nicht ausgezahlt, sondern in Ansprüche anderer Art umgewandelt oder zur Erhöhung anderer Ansprüche verwendet werden. Außer den Bezügen für das Geschäftsjahr sind die weiteren Bezüge anzugeben, die im Geschäftsjahr gewährt, bisher aber in keinem Jahresabschluss angegeben worden sind.

§ 285 Nr. 9 b) Sätze 1 und 2 HGB - Bezüge früherer Organmitglieder (Anhang)
Im Anhang sind anzugeben: für die Mitglieder des Geschäftsführungsorgans, eines Aufsichtsrats, eines Beirats oder einer ähnlichen Einrichtung jeweils für die Personengruppe:
Die Gesamtbezüge der früheren Mitglieder der bezeichneten Organe und ihrer Hinterbliebenen. § 285 Nr. 9 a) HGB ist entsprechend anzuwenden.

§ 285 Nr. 9 b) Satz 3 HGB - Pensionsrückstellungen bzw. Fehlbetrag für frühere Organmitglieder (Anhang)
Ferner ist der Betrag der für diese Personengruppe gebildeten Rückstellungen für laufende Pensionen und Anwartschaften auf Pensionen und der Betrag der für diese Verpflichtungen nicht gebildeten Rückstellungen anzugeben.

§ 34 Abs. 2 Nr. 2 RechKredV - Vorschüsse und Kredite an Organmitglieder (Anhang)
Der Gesamtbetrag der den Mitgliedern des Geschäftsführungsorgans, eines Aufsichtsrats, eines Beirats oder einer ähnlichen Einrichtung gewährten Vorschüsse und Kredite sowie der zugunsten dieser Personen eingegangenen Haftungsverhältnisse ist jeweils für jede Personengruppe anzugeben.

§ 285 Nr. 7 HGB - Anzahl der Mitarbeiter (Anhang)
Im Anhang ist die durchschnittliche Zahl der während des Geschäftsjahres beschäftigten Arbeitnehmer getrennt nach Gruppen anzugeben.

§ 285 Nr. 14 HGB - Mutterunternehmen bei Konzernzugehörigkeit (Anhang)
Im Anhang sind anzugeben: Name und Sitz des Mutterunternehmens des Instituts, das den Konzernabschluss für den größten Kreis von Unternehmen aufstellt, und ihres Mutterunternehmens, das den Konzernabschluss für den kleinsten Kreis von Unternehmen aufstellt, sowie im Falle der Offenlegung der von diesen Mutterunternehmen aufgestellten Konzernabschlüsse der Ort, wo diese erhältlich sind.

§ 286 Abs. 3 Satz 4 HGB – Unterlassen von Angaben (Anhang)
Die Anwendung der Ausnahmeregelung nach § 286 Abs. 3 Satz 1 Nr. 2 HGB ist im Anhang anzugeben.

§ 287 Satz 3 HGB – Gesonderte Aufstellung des Anteilsbesitzes (Anhang)
Auf die besondere Aufstellung nach § 287 Satz 1 HGB und den Ort ihrer Hinterlegung ist im Anhang hinzuweisen.

E. Weitere Angaben bei verschiedenen Rechtsformen und Arten von Instituten

a) Aktiengesellschaft

§ 160 Abs. 1 Nr. 1 AktG - Vorratsaktien (Anhang)
In jedem Anhang sind auch Angaben zu machen über den Bestand und den Zugang an Aktien, die ein Aktionär für Rechnung der Gesellschaft oder eines abhängigen oder eines im Mehrheitsbesitz der Gesellschaft stehenden Unternehmens oder ein abhängiges oder im Mehrheitsbesitz der Gesellschaft stehendes Unternehmen als Gründer oder Zeichner oder in Ausübung eines bei einer bedingten Kapitalerhöhung eingeräumten Umtausch- oder Bezugsrechts übernommen hat; sind solche Aktien im Geschäftsjahr verwertet worden, ist auch über die Verwertung unter Angabe des Erlöses und die Verwendung des Erlöses zu berichten.

§ 160 Abs. 1 Nr. 2 AktG - Eigene Aktien (Anhang)
In jedem Anhang sind auch Angaben zu machen über den Bestand an eigenen Aktien der Gesellschaft, die sie, ein abhängiges oder im Mehrheitsbesitz der Gesellschaft stehendes Unternehmen oder ein anderer für Rechnung der Gesellschaft oder eines abhängigen oder eines im Mehrheitsbesitz der Gesellschaft stehenden Unternehmens erworben oder als Pfand genommen hat; dabei sind die Zahl und der Nennbetrag dieser Aktien sowie deren Anteil am Grundkapital, für erworbene Aktien ferner der Zeitpunkt des Erwerbs und die Gründe für den Erwerb anzugeben. Sind solche Aktien im Geschäftsjahr erworben oder veräußert worden, so ist auch über den Erwerb oder die Veräußerung unter Angabe der Zahl und des Nennbetrags dieser Aktien, des Anteils am Grundkapital und des Erwerbs- oder Veräußerungspreises, sowie über die Verwendung des Erlöses zu berichten.

§ 160 Abs. 1 Nr. 3 AktG - Aktien je Gattung (Bilanz/Anhang)
In jedem Anhang sind auch Angaben zu machen über die Zahl und den Nennbetrag der Aktien jeder Gattung, sofern sich diese Angaben nicht aus der Bilanz ergeben; davon sind Aktien, die bei einer bedingten Kapitalerhöhung oder einem genehmigten Kapital im Geschäftsjahr gezeichnet wurden, jeweils gesondert anzugeben.

§ 160 Abs. 1 Nr. 4 AktG - Genehmigtes Kapital (Anhang)
In jedem Anhang sind auch Angaben zu machen über das genehmigte Kapital.

§ 160 Abs. 1 Nr. 5 AktG - Wandelschuldverschreibungen uÄ (Anhang)
In jedem Anhang sind Angaben zu machen über die Zahl der Bezugsrechte gem. § 192 Abs. 2 Nr. 3 AktG, die Zahl der Wandelschuldverschreibungen und vergleichbaren Wertpapiere unter Angabe der Rechte, die sie verbriefen.

§ 160 Abs. 1 Nr. 6 AktG - Genussscheine uÄ (Anhang)
In jedem Anhang sind auch Angaben zu machen über Genussrechte, Rechte aus Besserungsscheinen und ähnliche Rechte unter Angabe der Art und Zahl der jeweiligen Rechte sowie der im Geschäftsjahr neu entstandenen Rechte.

§ 160 Abs. 1 Nr. 7 AktG - Wechselseitige Beteiligung (Anhang)
In jedem Anhang sind auch Angaben zu machen über das Bestehen einer wechselseitigen Beteiligung unter Angabe des Unternehmens.

§ 160 Abs. 1 Nr. 8 AktG - Mitteilungspflichtige Beteiligung (Anhang)
In jedem Anhang sind auch Angaben zu machen über das Bestehen einer Beteiligung, die nach § 20 Abs. 1 oder Abs. 4 AktG oder nach § 21 Abs. 1 oder Abs. 1a WpHG mitgeteilt worden ist; dabei ist der nach § 20 Abs. 6 AktG oder der nach § 25 Abs. 1 WpHG veröffentlichte Inhalt der Mitteilung anzugeben.

§ 261 Abs. 1 Satz 3 und 4 AktG - Sonderprüfung wegen unzulässiger Unterbewertung (Anhang)
Die weitere Behandlung der durch Sonderprüfer festgestellten unzulässigen Unterbewertungen ist im Anhang darzustellen.

§ 285 Nr. 16 HGB - Erklärung zum Corporate Governance Kodex (Anhang)
Im Anhang ist anzugeben, dass die nach § 161 AktG vorgeschriebene Erklärung abgegeben und den Aktionären zugänglich gemacht worden ist.

b) Bausparkassen

§ 35 Abs. 1 Nr. 8 a) RechKredV - Rückständige Zins- und Tilgungsbeträge (Anhang)
Zu den Posten
3. Forderungen an Kreditinstitute und
4. Forderungen an Kunden
sind die rückständigen Zins- und Tilgungsbeträge für Baudarlehen in einem Betrag anzugeben.

§ 35 Abs. 1 Nr. 8 a) RechKredV - Bereitgestellte Baudarlehen (Anhang)
Zu den Posten
3. Forderungen an Kreditinstitute und

4. Forderungen an Kunden
sind noch nicht ausgezahlte bereitgestellte Baudarlehen
- aus Zuteilung,
- zur Vor- und Zwischenfinanzierung und
- sonstige

im Anhang anzugeben.

§ 35 Abs. 1 Nr. 8 b) RechKredV - **Bestandsbewegung** (Anhang)
Zu den Posten
1. Verbindlichkeiten gegenüber Kreditinstituten und
2. Verbindlichkeiten gegenüber Kunden

ist im Anhang die Bewegung des Bestands an nicht zugeteilten und zugeteilten Bausparverträgen und vertraglichen Bausparsummen anzugeben.

(Die Angaben können auch in einen statistischen Anhang zum Lagebericht aufgenommen werden, sofern der Lagebericht und der statistische Anhang im Geschäftsbericht der einzelnen Bausparkasse abgedruckt werden. (vgl. § 35 Abs. 1 Nr. 8 Satz 2 RechKredV).)

§ 35 Abs. 1 Nr. 8 c) RechKredV - **Aufgenommene Fremdgelder** (Anhang)
Zu den Posten
1. Verbindlichkeiten gegenüber Kreditinstituten,
2. Verbindlichkeiten gegenüber Kunden und
3. Verbriefte Verbindlichkeiten

sind im Anhang die aufgenommenen Fremdgelder nach § 4 Abs. 1 Nr. 5 BSG und deren Verwendung anzugeben.

§ 35 Abs. 1 Nr. 8 d) RechKredV - **Bewegung der Zuteilungsmasse** (Anhang)
Zu den Posten
Aktivseite
3. Forderungen an Kreditinstitute,
4. Forderungen an Kunden,
Passivseite
1. Verbindlichkeiten gegenüber Kreditinstituten,
2. Verbindlichkeiten gegenüber Kunden

ist im Anhang die Bewegung der Zuteilungsmasse anzugeben.

(Die Angaben können auch in einen statistischen Anhang zum Lagebericht aufgenommen werden, sofern der Lagebericht und der statistische Anhang im Geschäftsbericht der einzelnen Bausparkasse abgedruckt werden. (vgl. § 35 Abs. 1 Nr. 8 Satz 2 RechKredV).)

c) Genossenschaften

§ 35 Abs. 1 Nr. 11 RechKredV - Forderungen an/Verbindlichkeiten gegenüber genossenschaftliche/r Zentralbank (Anhang)
Zu den Posten
3. Forderungen an Kreditinstitute und
1. Verbindlichkeiten gegenüber Kreditinstituten
sind die im Gesamtbetrag enthaltenen Forderungen an/ Verbindlichkeiten gegenüber die/der zuständige/n genossenschaftliche/n Zentralbank im Anhang anzugeben.

(Nur Kreditgenossenschaften.)

§ 35 Abs. 1 Nr. 12 RechKredV - Forderungen/Verbindlichkeiten der genossenschaftlichen Zentralbanken (Anhang)
Zu den Posten
3. Forderungen an Kreditinstitute und
1. Verbindlichkeiten gegenüber Kreditinstituten
sind die jeweils im Gesamtbetrag enthaltenen Forderungen an die Deutsche Genossenschaftsbank/angeschlossenen Kreditgenossenschaften sowie Verbindlichkeiten gegenüber der Deutschen Genossenschaftsbank/den angeschlossenen Kreditgenossenschaften im Anhang anzugeben.

(Nur genossenschaftliche Zentralbanken.)

§ 35 Abs. 1 Nr. 13 RechKredV - Forderungen/Verbindlichkeiten der Deutschen Genossenschaftsbank (Anhang)
Zu den Posten
3. Forderungen an Kreditinstitute und
1. Verbindlichkeiten gegenüber Kreditinstituten
sind die jeweils im Gesamtbetrag enthaltenen Forderungen an/Verbindlichkeiten gegenüber angeschlossene/n Kreditinstitute/n sowie die darin enthaltenen Forderungen an/Verbindlichkeiten gegenüber regionale/n genossenschaftliche/n Zentralbank/en im Anhang anzugeben.

(Nur Deutsche Genossenschaftsbank (jetzt DZ-Bank))

§ 338 Abs. 1 HGB - Bestand und Bewegung der Genossen (Anhang)
Im Anhang sind auch Angaben zu machen über die Zahl der im Laufe des Geschäftsjahres eingetretenen oder ausgeschiedenen sowie die Zahl der am Schluss des Geschäftsjahres der Genossenschaft angehörenden Genossen. Ferner sind der Gesamtbetrag, um welchen in diesem Jahr die Geschäftsguthaben sowie die Haftsummen der Genossen sich vermehrt oder vermindert haben, und der Betrag der Haftsummen anzugeben, für welche am Jahresschluss alle Genossen zusammen aufzukommen haben.

§ 34 Abs. 2 Nr. 3 RechKredV - Aufgliederung der Geschäftsguthaben (Anhang)
Kreditinstitute in der Rechtsform der eingetragenen Genossenschaft haben die im Passivposten Nr. 12 Unterposten Buchstabe a ausgewiesenen Geschäftsguthaben wie folgt aufzugliedern:
a) Geschäftsguthaben der verbleibenden Mitglieder,
b) Geschäftsguthaben der ausscheidenden Mitglieder,
c) Geschäftsguthaben aus gekündigten Geschäftsanteilen.

§ 338 Abs. 2 HGB - Prüfungsverband, Vorstands- und Aufsichtsratsmitglieder (Anhang)
Im Anhang sind ferner anzugeben:
1. Name und Anschrift des zuständigen Prüfungsverbands, dem die Genossenschaft angehört;
2. alle Mitglieder des Vorstands und des Aufsichtsrats, auch wenn sie im Geschäftsjahr oder später ausgeschieden sind, mit dem Familiennamen und mindestens einem ausgeschriebenen Vornamen; ein etwaiger Vorsitzender des Aufsichtsrats ist als solcher zu bezeichnen.

d) Realkreditinstitute

§ 28 HGB - Angaben bei Hypothekenbanken (Anhang)
Im Anhang sind zahlreiche Angaben zu machen, die das Geschäft der Hypothekenbanken betreffen.

§ 26 SchBG - Angaben bei Schiffsbanken (Anhang)
Im Anhang sind zahlreiche Angaben zu machen, die das Geschäft der Schiffsbanken betreffen.

§ 35 Abs. 1 Nr. 7 RechKredV - Deckungsrechnung (Anhang)
Im Anhang ist anzugeben: Von Realkreditinstituten eine Deckungsrechnung getrennt nach Hypotheken- und Kommunalkreditgeschäft, ferner zu den Posten der Aktivseite der Bilanz die zur Deckung begebener Schuldverschreibungen bestimmten Aktiva.

e) Öffentlich-rechtliche Kreditanstalten

§ 35 Abs. 1 Nr. 7 RechKredV - Deckungsrechnung (Anhang)
Im Anhang ist anzugeben: Von öffentlich-rechtlichen Kreditanstalten eine Deckungsrechnung getrennt nach Hypotheken- und Kommunalkreditgeschäft, ferner zu den Posten der Aktivseite der Bilanz die zur Deckung begebener Schuldverschreibungen bestimmten Aktiva.

f) Sparkassen

§ 35 Abs. 1 Nr. 9 RechKredV - Forderungen/Verbindlichkeiten von Sparkassen (Anhang)
Zu den Posten
3. Forderungen an Kreditinstitute und
1. Verbindlichkeiten gegenüber Kreditinstituten
die im Gesamtbetrag enthaltenen Forderungen an/Verbindlichkeiten gegenüber die/der eigene/n Girozentrale.

(Nur Sparkassen.)

§ 35 Abs. 1 Nr. 10 RechKredV - Forderungen/Verbindlichkeiten von Girozentralen (Anhang)
Zu den Posten
3. Forderungen an Kreditinstitute und
1. Verbindlichkeiten gegenüber Kreditinstituten
die im Gesamtbetrag enthaltenen Forderungen an/Verbindlichkeiten gegenüber angeschlossene/n Sparkassen.

(Nur Girozentralen.)

g) Personenhandelsgesellschaften im Sinne des § 264a Abs. 1 HGB

§ 285 Nr. 15 HGB – Persönlich haftende Gesellschafter (Anhang)
Name und Sitz der Gesellschaften, die persönlich haftende Gesellschafter sind, sowie deren gezeichnetes Kapital sind anzugeben.

Literaturverzeichnis

Acker, Georg, Repos - Die moderne Variante der Wertpapierpensionsgeschäfte - Eine Dokumentation, Bad Orb 1992

Aha, Christof, Verbot des Erwerbs eigener Aktien nach den §§ 71 ff. AktG und eigener Genussscheine nach § 10 Abs. 5 Satz 5 KWG, AG 1992, 218

Angerer, H.-Peter, Genussrechte bzw. Genussscheine als Finanzierungsinstrument, DStR 1994, 41

Angermayer, Birgit, Bewertung von Wertpapieren nach neuem Recht, Positive Auswirkungen des Versicherungskapitalanlagen-Bewertungsgesetzes, VW 2002, 714

Arbeitskreis „Bewertung von Kreditsicherheiten" des Deutschen Genossenschafts- und Raiffeisenverbandes e.V., Richtlinien für die Bewertung von Kreditsicherheiten mit Empfehlungen zur Prüfung des Kreditgeschäfts, Wiesbaden 2000, DGRV Schriftenreihe Band 29

Arbeitskreis Externe Unternehmensrechnung der Schmalenbach-Gesellschaft für Betriebswirtschaft e.V., Einfluss ausgewählter steuerrechtlicher Änderungen auf die handelsrechtliche Bilanzierung, DB 2000, 681

Armbrüster, Christian, Treuhänderische GmbH-Beteiligungen, GmbHR 2001, 941 (I) und 1021 (II)

Au, Corinna von, Bankspezifische Grundsätze ordnungsmäßiger Buchführung, Eine ökonomische Analyse des Bankbilanzrechts, Wiesbaden 2000

Auerbach, Dirk/Spöttle, Iris, Bilanzierung von Kreditderivaten, in: Burghof, Hans-Peter ua., Kreditderivate - Handbuch für die Bank- und Anlegerpraxis, Stuttgart 2000, 217

Ausschuss für Bilanzierung des Bundesverbandes deutscher Banken (BdB), Bilanzielle Erfassung und Offenlegung von Kreditderivaten - Anmerkungen, Wertungen und Empfehlungen des Ausschusses für Bilanzierung des Bundesverbandes deutscher Banken, WPg 2000, 677

Ausschuss für Bilanzierung des Bundesverbandes deutscher Banken (BdB), Bankbilanzierung und Bankkalkulation, Köln 1991

Ausschuss für Bilanzierung des Bundesverbandes deutscher Banken (BdB), Bankbilanzrichtlinie-Gesetz, Arbeitsmaterialien zur Anwendung von Bankbilanzrichtlinie-Gesetz und Rechnungslegungsverordnung, Köln 1993

Ausschuss für Bilanzierung des Bundesverbandes deutscher Banken (BdB), Bilanzpublizität von Finanzderivaten - Empfehlungen des Ausschusses für Bilanzierung des Bundesverbandes deutscher Banken für die Berichterstattung über das Finanzderivategeschäft im Rahmen der externen Rechnungslegung von Kreditinstituten, WPg 1995, 1

Ausschuss für Bilanzierung des Bundesverbandes deutscher Banken (BdB), Marktrisikopublizität - Empfehlungen des Ausschusses für Bilanzierung des Bundesverbandes deutscher Banken für die Offenlegung quantitativer Angaben zum Marktrisikopotential im Geschäftsbericht, WPg 1996, 64

Bachem, Rolf Georg, Bewertung von überverzinslichen Geldleistungsverbindlichkeiten, DStR 1999, 773

Bachem, Rolf Georg, Das Auszahlungsdisagio in Bilanz und Vermögensaufstellung des Darlehensnehmer, BB 1991, 1671

Bader, Udo-Olaf, Die neue Bankbilanzrichtlinie der EG, in: Sonnemann, Erik (Hrsg.), Bankbilanzierung und Bankprüfung, Wiesbaden 1988, 15

Baechler-Troche, Sandra, § 18: Berechnung der Offenlegungsgrenze, Kredit & Rating Praxis 3/2003, 19

BaFin, BAWe-Rundschreiben 1/2002 vom 1.2.2002, Erläuterungen und Hinweise zu Einzelfällen der Aufsichtspraxis des Bundesaufsichtsamtes für den Wertpapierhandel zu den Verhaltensregeln für Wertpapierdienstleistungsunternehmen nach dem 5. Abschnitt des WpHG, www.bafin.de

BaFin, MaK-Fachgremium, Protokoll über die erste Sitzung des MaK-Fachgremiums am 14. Mai 2003, Zusammenfassung der Diskussionsergebnisse, www.bafin.de

BaFin, MaK-Fachgremium, Protokoll über die dritte Sitzung des MaK-Fachgremiums am 12. November 2003, Zusammenfassung der Diskussionsergebnisse, www.bafin.de

BaFin, Rundschreiben 1/2002 vom 17.1.2002, Offenlegung der wirtschaftlichen Verhältnisse nach § 18 KWG - keine Erstoffenlegung bei Prolongationen und unwesentlichen Engagementerhöhungen, www.bafin.de

BaFin, Schreiben vom 26.2.2002, Abschrift von Jahresabschlussunterlagen durch Mitarbeiter des Kreditinstituts, www.bafin.de

BaFin, Schreiben vom 9.4.2002, Offenlegung der wirtschaftlichen Verhältnisse, www.bafin.de

BaFin, Schreiben vom 18.7.2002, Kriterien für die Befreiung von der Pflicht zur jährlichen Prüfung nach § 36 WpHG, www.bafin.de

BaFin, Schreiben vom 13.9.2002, Grundsatz II gemäß § 11 KWG, www.bafin.de

BaFin, Schreiben vom 3.2.2003, Vorlagefristen bei bilanzierenden und nicht bilanzierenden Kreditnehmern im Rahmen der Offenlegung der wirtschaftlichen Verhältnisse nach § 18 KWG, www.bafin.de

BaFin, Schreiben vom Dezember 2003, Voraussetzungen zur Berücksichtigung von Hedging-Instrumenten bei der Berechnung bankaufsichtlicher Eigenmittel, www.bafin.de

BAKred, Bekanntmachung 3/68 vom 20.12.1968, Ergänzung zur Vollständigkeitserklärung, CMBS 13.02

BAKred, Erläuterungen zur Verordnung über die Prüfung der Jahresabschlüsse und Zwischenabschlüsse der Kreditinstitute und Finanzdienstleistungsinstitute über die Prüfung nach § 12 Abs. 1 Satz 3 des Gesetzes über Kapitalanlagegesellschaften sowie die darüber zu erstellenden Berichte (Erläuterungen zur PrüfbV), CMBS 13.01a

BAKred, Merkblatt der Deutschen Bundesbank für die Abgabe der Groß- und Millionenkreditanzeigen nach §§ 13 bis 14 KWG, Stand September 1998, CMBS 2.11.b

BAKred, Mitteilung Nr. 1/63 vom 29.6.1963, Anerkennung freien Vermögens als haftendes Eigenkapital nach § 10 Abs. 4 KWG, CMBS 4.26

BAKred, Rundschreiben 9/96 vom 10.7.1996, Nicht-Anwendung der Vorschriften der §§ 13 bis 14 KWG auf Verfügungen über E.v. gutgeschriebene Beträge im Lastschrift- und Scheckeinzugsverfahren, CMBS 4.288

BAKred, Rundschreiben 6/98 vom 5.5.1998, Erläuterungen zur Verordnung über die Erfassung, Bemessung, Gewichtung und Anzeige von Krediten im Bereich der Großkredit- und Millionenkredit-Vorschriften des Gesetzes über das Kreditwesen (Großkredit- und Millionenkreditverordnung – GroMiKV), CMBS 2.11.a

BAKred, Rundschreiben 7/98 vom 26.5.1998, Erläuterungen zu den §§ 9, 12 und 14 AnzV (unmittelbare, mittelbare Beteiligungen, Passivbeteiligungen, enge Verbindungen), CMBS 2.04.a

BAKred, Rundschreiben 8/98 vom 7.7.1998, Überblick über die grundsätzlichen Anforderungen an die Offenlegung der wirtschaftlichen Verhältnisse nach § 18 KWG, Reischauer/Kleinhans, Kz. 115 Anhang zu § 18 KWG

BAKred, Rundschreiben 18/98 vom 23.10.1998, Emissionsbedingungen für die Aufgabe kurzfristiger nachrangiger Verbindlichkeiten - § 10 Abs. 7 KWG, CMBS 4.310

BAKred, Rundschreiben 14/99 vom 4.11.1999, Abzug von Beteiligungen an Kreditinstituten, Finanzdienstleistungsinstituten und Finanzunternehmen; Ausnahme für Instrumente, die das Institut dem Handelsbuch zuordnet - § 10 Abs. 6 KWG, CMBS 4.322

BAKred, Rundschreiben 16/99 vom 29.11.1999, Änderung der grundsätzlichen Anforderungen an die Offenlegung der wirtschaftlichen Verhältnisse nach § 18 KWG, Reischauer/Kleinhans, Kz. 115 Anhang zu § 18 KWG

BAKred, Rundschreiben 17/99 v. 8.12.1999, Zuordnung der Bestände und Geschäfte der Institute zum Handelsbuch und zum Anlagebuch (§ 1 Abs. 12, § 2 Abs. 11 KWG), www.bakred.de

BAKred, Rundschreiben 5/2000 vom 6.11.2000, Offenlegung der wirtschaftlichen Verhältnisse nach § 18 KWG, Reischauer/Kleinhans, Kz. 115 Anhang zu § 18 KWG

BAKred, Rundschreiben 3/2001 vom 26.6.2001, I. Anzeige gemäß § 24a Abs. 1 Satz 1 KWG, II. Anzeige gemäß § 24a Abs. 3 Satz 1 KWG, www.bakred.de

BAKred, Rundschreiben 1/2002 vom 17.1.2002, Offenlegung der wirtschaftlichen Verhältnisse nach § 18 KWG, Reischauer/Kleinhans, Kz. 115 Anhang zu § 18 KWG

BAKred, Schreiben vom 29.7.1971, Fristengliederung der Forderungen und Verbindlichkeiten sowie bei Wertpapieren, CMBS 16.05

BAKred, Schreiben vom 31.5.1972, Anzeigepflicht nach den §§ 13 ff. KWG bei echten Pensionsgeschäften mit Darlehensforderungen, CMBS 4.101

BAKred, Schreiben vom 1.9.1972, Ausweis von Leasing-Gütern in der Jahresbilanz der Kreditinstitute, CMBS 16.06

BAKred, Schreiben vom 3.7.1975, Ausweis von Wertpapieren mit Beteiligungscharakter, CMBS 16.08

BAKred, Schreiben vom 11.10.1976, Anwendbarkeit des § 20 Abs. 4 KWG beim entgeltlichen Erwerb von Geldforderungen gegen eine in § 20 Abs. 1 Nr. 1 KWG genannten Gebietskörperschaft mit Rücknahmeverpflichtung des übertragenden Kreditinstituts, CMBS 4.136

BAKred, Schreiben vom 5.10.1977, Schätzung der voraussichtlichen Zuteilungstermine für Bausparverträge, CMBS 9.26

BAKred, Schreiben vom 10.1.1978, Inhalt der Prüfungsberichte zu den Jahresabschlüssen der Kreditinstitute; hier: Angabe nicht aktivierter, uneinbringlicher Zinsen, CMBS 13.10

BAKred, Schreiben vom 2.3.1978, Darstellung der Zinsrückstände in den Prüfungsberichten, CMBS 13.10a

BAKred, Schreiben vom 30.8.1978, Behandlung von Rücknahmeverpflichtungen für Kommanditanteile von aufgelegten Immobilienfonds, CMBS 4.166

BAKred, Schreiben vom 15.3.1983, Verzicht auf die Bildung von Einzelwertberichtigungen unter Berufung auf das Vorliegen einer Patronatserklärung/Freistellungserklärung der Zentrale, CMBS 16.14

BAKred, Schreiben vom 8.4.1986, Anwendung der Bestimmungen über den Abzug von Krediten an Inhaber, persönlich haftende Gesellschafter und sonstige maßgebliche Anteilseigner von Kreditinstituten (§ 10 Abs. 2 Satz 1 Nr. 1 und Nr. 2, § 10 Abs. 2 Satz 2 und 3, § 10 Abs. 4 Satz 4 und 5, § 10 Abs. 8 und § 19 Abs. 2 Satz 1 KWG), CMBS 4.202

BAKred, Schreiben vom 2.6.1986, Behandlung von Verpflichtungen der Kreditinstitute aus Euronotes-Fazilitäten bei der Anwendung des Grundsatzes I und der KWG-Vorschriften über das Kreditgeschäft, CMBS 3.36

BAKred, Schreiben vom 25.8.1987, Behandlung von Wertpapierdarlehen in der Jahresbilanz der Kreditinstitute sowie im Rahmen der KWG-Normen, CMBS 16.18

BAKred, Schreiben vom 8.4.1988, Behandlung eigener Anteile, CMBS 4.221

BAKred, Schreiben vom 4.2.1991, Ausweis und Bewertung von Einzelschuldbuchforderungen in der Jahresbilanz der Kreditinstitute, FN 1991, 65

BAKred, Schreiben vom 1.11.1991, Fragen zum Ausweis von Forderungen gegen den Ausgleichsfonds Währungsumstellung in den Jahresabschlüssen von Kreditinstituten, CMBS 16.24

BAKred, Schreiben vom 29.1.1992, Bildung von Pauschalwertberichtigungen für das latente Kreditrisiko im Jahresabschluss von Kreditinstituten, FN 1992, 82

BAKred, Schreiben vom 3.6.1993, Viertes Gesetz zur Änderung des Gesetzes über das Kreditwesen und anderer Vorschriften über Kreditinstitute vom 21. Dezember 1992 (BGBl. I S. 2211, 4. KWG-Änderungsgesetz), CMBS 4.248

BAKred, Schreiben vom 28.12.1993, Viertes Gesetz zur Änderung des Gesetzes über das Kreditwesen und anderer Vorschriften über Kreditinstitute vom 21. Dezember 1992 (BGBl. I S. 2211, 4. KWG-Änderungsgesetz), CMBS 4.248c

BAKred, Schreiben vom 28.12.1993, Zweite Verlautbarung zu Auslegungsfragen in Zusammenhang mit dem Vierten Gesetz zur Änderung des Gesetzes über das Kreditwesen und anderer Vorschriften über Kreditinstitute vom 21. Dezember 1992 (BGBl. I S. 2211, 4. KWG-Änderungsgesetz), Reischauer/Kleinhans, Kza. 281 Nr. 18

BAKred, Schreiben vom 27.5.1994, Berücksichtigung von „Aufwertungsrücklagen" von nachgeordneten Kreditinstituten mit Sitz in Italien und von „Geldwertkorrekturposten" von nachgeordneten Kreditinstituten mit Sitz in Hochinflationsländern als Kernkapital bei der Berechnung des konsolidierten haftenden Eigenkapitals der Gruppe nach § 10a KWG, CMBS 4.253

BAKred, Schreiben vom 8.5.1995, Behandlung von Wertpapierleihgeschäften im Grundsatz I, CMBS 3.77

BAKred, Schreiben vom 20.10.1995, Anrechnung unbefristeter Kreditzusagen im Grundsatz I, CMBS 3.82

BAKred, Schreiben vom 27.5.1997, Anwendung des Grundsatzes I auf Bausparkassen; Kreditzusagen aus Bausparverträgen im Rahmen der monatlichen Bilanzstatistik und im Grundsatz I, CMBS 3.98 a)

BAKred, Schreiben vom 30.6.1997, Bilanzvermerk unwiderruflicher Kreditzusagen, BdB-Info 1997, Nr. 10

BAKred, Schreiben vom 22.7.1997, Bankaufsichtliche Berücksichtigung von Pensionsgeschäften im Rahmen der Großkreditvorschriften, CMBS 4.298

BAKred, Schreiben vom 18.12.1997, Az. I 3 - 236 - 2/95, Verfügung über Treuhandzahlungen vor Erfüllung der Auflagen – Bilanzielle Einordnung

BAKred, Schreiben vom 15.1.1998, Anwendung des Grundsatzes I auf Bausparkassen; Kreditzusagen aus Bausparverträgen im Rahmen der monatlichen Bilanzstatistik und im Grundsatz I, CMBS 3.98 b)

BAKred, Schreiben vom 17.12.1998, Erläuterungen zur Verordnung über die Prüfung der Jahresabschlüsse und Zwischenabschlüsse der Kreditinstitute und Finanzdienstleistungsinstitute und über die Prüfung nach § 12 Abs. 1 Satz 3 des Gesetzes über Kapitalanlagegesellschaften sowie die darüber zu erstellenden Berichte (Prüfungsberichtsverordnung – PrüfbV), CMBS 13.01a

BAKred, Verlautbarung über Mindestanforderungen an das Betreiben von Handelsgeschäften der Kreditinstitute vom 23.10.1995, CMBS 4.270

Ballwieser, Wolfgang/Böcking, Hans-Joachim/Drukarczyk, Jochen/Schmidt, Reinhard H. (Hrsg.), Bilanzrecht und Kapitalmarkt, FS Moxter, Düsseldorf 1994

Balzer, Peter, Pflichten und Haftung von Wertpapiervermögensverwaltern, FB 2000, 499

Bankenfachverband, Rundschreiben 34/03 vom 7.8.2003, Mindestanforderungen an das Kreditgeschäft (MaK), Leitfaden des Bankenfachverbandes „Umsetzungs- und Argumentationshilfen für Spezialbanken, www.bankenfachverband.de

Bauer, Wolf-Dieter, Die EG-Bankbilanzrichtlinie und ihre Auswirkungen auf die Bilanzierungsvorschriften der deutschen Kreditinstitute, WM 1987, 861

BAWe, Richtlinie gemäß § 35 Abs. 6 WpHG zur Konkretisierung der §§ 31 und 32 WpHG für das Kommissionsgeschäft, den Eigenhandel für andere und das Vermittlungsgeschäft der Wertpapierdienstleistungsunternehmen vom 9.5.2000, CMBS 18.19

BAWe, Schreiben vom 20.7.1998, Jährliche Prüfung des Wertpapierdienstleistungsgeschäfts nach § 36 WpHG, CMBS 18.12

BAWe, Schreiben vom 28.6.1999, Erwerb eigener Aktien nach § 71 Abs. 1 Satz 1 Nr. 8 AktG, CMBS 18.17

Baxmann, Ulf G., Zur Bewertung risikobehafteter Auslandsforderungen mittels Sekundärmarktpreisen, ZfB 1990, 497

BdF, Schreiben vom 3.4.1990, Ertragsteuerliche Fragen bei Wertpapierdarlehensgeschäften (sog. Wertpapierleihe), DStR 1990, 713

Beck, Heinz/Samm, Carl-Theodor, Gesetz über das Kreditwesen, Kommentar nebst Materialien und ergänzenden Vorschriften, Loseblattsammlung, Heidelberg

Becker, Axel, Neue Anforderungen an das Kreditgeschäft der Kreditinstitute durch die MaK, BKR 2003, 316

Becker, Gernot M., Herausforderungen an das Kreditgeschäft, Kredit & Rating Praxis 5/2002, 17

Becker, Wolf-Dieter, Stille Reserven im Vorentwurf der EG-Bilanzrichtlinie, ZfgK 1980, 430

Beckmann, Reinhard, Zur Bilanzierung bei Kurssicherung durch Termingeschäfte - Ein Beitrag zu den Kapitalerhaltungsgrundsätzen ordnungsmäßiger Buchführung, RIW 1993, 387

Beiser, Reinhold, Die Abzinsung von Verbindlichkeiten und Rückstellungen im Licht des Leistungsfähigkeitsprinzips, DB 2001, 296

Bellavite-Hövermann, Yvette, Anzeigen nach §§ 24 und 24a KWG, Stuttgart 2001

Bellavite-Hövermann, Yvette, Die Begrenzung des Beteiligungsrisikos nach § 12 KWG, FB 2001, 451

Bellavite-Hövermann, Yvette/Hintze, Stefan/Luz, Günther/Scharpf, Paul, Handbuch Eigenmittel und Liquidität nach KWG, Stuttgart 2001

Benne, Jürgen, Bewertung bei geschlossenen Positionen, BB 1992, 1172

Benne, Jürgen, Einzelbewertung bei wechselseitigen Leistungsbeziehungen, WPg 1992, 245

Benne, Jürgen, Einzelbewertung und Bewertungseinheit, DB 1991, 2601

Benz, Peter/Herzog, Michael, Die Offenlegung der wirtschaftlichen Verhältnisse nach § 18 KWG, BBK Fach 26, 1185

Berger, Karl-Heinz, Länderrisiko und Gesamtrisiko der Universalbank, ZfB 1982, 96

Bergmann, Joseph ua., Jahresabschluss der Kreditgenossenschaft Loseblattsammlung, Wiesbaden 1999 (Bergmann ua.)

Bergmann, Joseph, EG-Bankbilanzrichtlinie verabschiedet, Bankinformation 3/1987, 53

Bernstein, Rainer A., Forfaitierungsverträge zwischen Leasinggesellschaften und Banken, DB 1989, 567

Bertsch, Andreas, Bilanzierung strukturierter Produkte, KoR 2003, 550

Betz, Winfried, Die Bankbilanzrichtlinie der Europäischen Gemeinschaft, Bankfachklasse 9/1989, 3

Betz, Winfried/Brinkmann, Jürgen, Der Jahresabschluss nach dem Bankbilanzrichtlinie-Gesetz, Bankinformation 12/1990, 46

Bezold, Andreas, Bilanzierung der Devisengeschäfte der Kreditinstitute, WPg 1985, 321 (I) und 354 (II)

BFA, Ausweis von Provisionserträgen und Erträgen aus Finanzgeschäften in den Jahresabschlüssen von Finanzdienstleistungsinstituten, FN 2000, 480

BFA, Bericht über die 103. Sitzung, FN 1983, 4 und 39

BFA, Bericht über die 111. bis 118. Sitzung des BFA, FN 1986, 447

BFA, Stellungnahme 2/1960, Bewertung von Sortenbeständen

BFA, Stellungnahme 1/1966, Pensionsgeschäfte mit eigenen Emissionen, WPg 1966, 159

BFA, Stellungnahme 1/1969, Fragen zu den Bilanzierungsrichtlinien und den Richtlinien für den Inhalt der Prüfungsberichte zu den Jahresabschlüssen der Kreditinstitute, WPg 1969, 206

BFA, Stellungnahme 1/1971, Bilanzmäßige Behandlung der Differenz aus der Aufrechnung zurückgekaufter und dem Treuhänder zur Verwahrung übergebener eigener Schuldverschreibungen, WPg 1972, 18

BFA, Stellungnahme 2/1971, Bewertung von Wertpapieren bei Kreditinstituten in Sonderfällen, WPg 1972, 46

BFA, Stellungnahme 1/1974, Bewertung von zweifelhaften Forderungen aus der Finanzierung von zum Verkauf bestimmten Bauten (Baukrediten) in den Jahresabschlüssen der Kreditinstitute, WPg 1975, 147 und WPg 1976, 89

BFA, Stellungnahme 2/1977, Form und Inhalt des zu veröffentlichenden Jahresabschlusses inländischer Zweigstellen ausländischer Kreditinstitute, WPg 1977, 355

BFA, Stellungnahme 3/1977, Zum Ausweis von Zinsen auf notleidende Forderungen in der Gewinn- und Verlustrechnung, WPg 1977, 464

BFA, Stellungnahme 1/1978, Zur Abschlußprüfung bei Kreditinstituten - Einzelfragen zur Prüfung des Kreditgeschäfts und Darstellung der Prüfungsergebnisse im Prüfungsbericht, WPg 1978, 490

BFA, Stellungnahme 1/1981, Anforderungen an den Nachweis von Forderungen und Verbindlichkeiten bei Kreditinstituten durch externe Abstimmung, WPg 1982, 130

BFA, Stellungnahme 2/1982, Auflösung stiller Reserven durch Veräußerungsgeschäfte, WPg 1982, 548

BFA, Stellungnahme 1/1987, Zur Prüfung von Fazilitäten, WPg 1987, 301

BFA, Stellungnahme 1/1990, Zur Bildung von Pauschalwertberichtigungen für das latente Kreditrisiko im Jahresabschluß von Kreditinstituten, WPg 1990, 321

BFA, Stellungnahme 2/1993, Bilanzierung und Prüfung von Financial Futures und Forward Rate Agreements, WPg 1993, 516

BFA, Stellungnahme 3/1993, Bilanzierung von Optionsgeschäften, WPg 1995, 421

BFA, Stellungnahme 1/1995, Bilanzierung des Fonds zur bausparindustriellen Absicherung, WPg 1995, 374

BFA, Stellungnahme 2/1995, Bilanzierung von Optionsgeschäften, WPg 1995, 421; CMBS 16.31

BFA, Stellungnahme 3/1995, Währungsumrechnung bei Kreditinstituten, FN 1995, 426; CMBS 16.32

BFA, Verlautbarung des Bankenfachausschusses zur Anwendung des gemilderten Niederstwertprinzips bei per Termin angeschafften Wertpapieren, WPg 1983, 647

Bieg, Hartmut, Auswirkungen der Bankbilanzrichtlinie der Europäischen Gemeinschaft auf die Einzelabschlüsse von Kreditinstituten, ZfbF 1988, 3 (I) und 149 (II)

Bieg, Hartmut, Bankbilanzen und Bankenaufsicht, München 1983 (Bieg 1983)

Bieg, Hartmut, Das neue Bankbilanzrecht im Überblick, BBK Fach 15, 935 (BBK Nr. 2 vom 21.1.1994)

Bieg, Hartmut, Die externe Rechnungslegung der Kreditinstitute und Finanzdienstleistungsinstitute, München 1998 (Bieg 1998)

Bieg, Hartmut, Erfordert die Vertrauensempfindlichkeit des Kreditgewerbes bankspezifische Bilanzierungsvorschriften?, WPg 1986, 257 (I) und 299 (II)

Bieg, Hartmut, Neue Bankbilanzrichtlinie der EG, in: Sonnemann, Erik (Hrsg.), Bankbilanzierung und Bankprüfung, Wiesbaden 1988, 43 (Bieg 1988)

Bieg, Hartmut/Hossfeld, Christopher, Ausgewählte Regelungen der neuen Rechnungslegungsverordnung für Kreditinstitute, Bankinformation 3/1993, 52

Biener, Herbert, Die Bankbilanzrichtlinie der EG, Der Langfristige Kredit 1988, 40

Bink, Anton, Bilanzierung bei der Forfaitierung von Leasingforderungen, DB 1987, 1106

Bink, Anton, Bilanzierung bei der Forfaitierung von Leasing-Restwertansprüchen, DB 1994, 1304

Bink, Anton, Gewerbesteuerliche Aspekte der Forfaitierung künftiger Forderungen, StBp 1994, 193

Birck, Heinrich, Stille Reserven im Jahresabschluss der Kreditinstitute, WPg 1964, 415

Birck, Heinrich/Meyer, Heinrich, Die Bankbilanz, 1. bis 5. Teillieferung, Wiesbaden 1976 bis 1986

BMF-Schreiben vom 24.11.1977, Bilanzierung des Darlehensdamnums, BB 1977, 1745

BMF-Schreiben vom 23.4.1979, Steuerliche Folgerungen aus türkischem Devisen-Transfer-Stop, BB 1979, 659

BMF-Schreiben vom 7.3.1983, Wertberichtigungen bei Auslandskrediten, WPg 1986, 137

BMF-Schreiben vom 23.7.1985, Rechnungsabgrenzung - Disagio auf Vor- und Zwischenfinanzierungen von Bausparsummen, DB 1985, 1717

BMF-Schreiben vom 29.7.1985, Wertberichtigung auf Auslandskredite; Forderungen gegenüber nigerianischen Schuldnern, WPg 1986, 137

BMF-Schreiben vom 3.4.1990, Ertragsteuerliche Fragen bei Wertpapierdarlehensgeschäften (sog. Wertpapierleihe), DStR 1990, 713

BMF-Schreiben vom 18.11.1991, Rückstellungen für Prämien- bzw. Bonusverbindlichkeiten im Sparverkehr, DB 1992, 67

BMF-Schreiben vom 26.10.1992, Einzelfragen zur Anwendung des Zinsabschlaggesetzes, DStR 1992, 1687

BMF-Schreiben vom 10.1.1994, Pauschalwertberichtigungen bei Kreditinstituten, BStBl. I 1994, 98; CMBS 16.29

BMF-Schreiben vom 9.5.1995, Forderungsausfälle bei Kreditinstituten, BB 1995, 1475

BMF-Schreiben vom 9.1.1996, Forfaitierung von Forderungen aus Leasing-Verträgen, DB 1996, 117

BMF-Schreiben vom 26.11.1996, Pauschalwertberichtigung bei Kreditinstituten: Ausnahmeregelung für die Kreditinstitute in den neuen Ländern und in Berlin (Ost), BStBl. I 1996, 1438

BMF-Schreiben vom 3.9.1997, „Bond-Stripping", DB 1997, 1951

BMF-Schreiben vom 23.8.1999, Bewertung von Verbindlichkeiten in der Steuerbilanz, BStBl. I 1999, 818

BMF-Schreiben vom 29.2.2000, Neuregelung der Teilwertabschreibung gemäß § 6 Abs. 1 Nrn. 1 und 2 EStG durch das Steuerentlastungsgesetz 1999/2000/2002; voraussichtlich dauernde Wertminderung; Wertaufholungsgebot, steuerliche Rücklage nach § 52 Abs. 16 EStG, DStR 2000, 470

BMF-Schreiben vom 28.6.2002, Ertragsteuerliche Beurteilung von Immobilien-Leasing-Verträgen mit degressiven Leasing-Raten, DStR 2002, 1395

BMF-Schreiben vom 12.8.2002, Bewertung von Verbindlichkeiten nach § 6 Abs. 1 Nr. 3 Satz 1 erster Halbsatz iVm. § 6 Abs. 1 Nr. 2 EStG; Voraussichtlich dauernde Werterhöhung bei Kursschwankungen unterliegenden Verbindlichkeiten, BStBl. 2002 I, 793, DB 2002, 1738

BMF-Schreiben vom 12.1.2004, Steuerbilanzielle Behandlung von Optionsprämien beim Stillhalter - BFH-Urteil vom 18.12.2002 I R 17/02, DB 2004, 159

Böckenhoff, Johannes/Ross, Malcolm I., American Depositary Receipts (ADR) - Strukturen und rechtliche Aspekte, WM 1993, 1781 (I) und 1825 (II)

Bölz, Karlheinz/Füser, Karsten/Weber, Max, Mindestanforderungen an das Kreditgeschäft der Kreditinstitute – „Neuer Wein in alten Schläuchen", ÖBA 2002, 512

Boos, Karl-Heinz/Fischer, Reinfrid/Schulte-Mattler, Hermann, Kreditwesengesetz, Kommentar zu KWG und Ausführungsvorschriften, München 2000

Breitweg, Jan, Rückstellung für mögliche Verluste aus einer Kreditausfallgarantie, EuGH-Urteil vom 7.1.2003 - Rs. C-306/99, BIAO, NWB Fach 17, 1747

Brinkmann, Jürgen, Neuregelung des Wertaufholungsgebots im Steuerentlastungsgesetz vom 24. März 1999: Auswirkungen auf die Handels- und Steuerbilanz der Kreditgenossenschaft, Bankinformation 3/2000, 61

Brogl, Frank/Hombloch-Gesinn, Sylvie, Offenlegungspflicht - BAKred-Verlautbarung zu § 18 KWG, Kreditpraxis 6/1998, 28

Bundesverband der Deutschen Volksbanken und Raiffeisenbanken (BVR), Leitfaden Neues Eigenkapital, Wiesbaden 1992

Burger, Klaus-Michael (Hrsg.), Finanzinnovationen - Risiken und deren Bewältigung, Stuttgart 1989

Burghof, Hans-Peter ua., Kreditderivate - Handbuch für die Bank- und Anlegerpraxis, Stuttgart 2000

Burkhardt, Dietrich, Grundsätze ordnungsmäßiger Bilanzierung für Fremdwährungsgeschäfte, Düsseldorf 1988

Burkhardt, Dietrich, Realisation von Währungserfolgsbeiträgen aus gegenläufigen Geschäften, WPg 1989, 495

Busch, Thorsten, Bezugsrecht und Bezugsrechtausschluß bei Wandel- oder Optionsanleihen, AG 1999, 58

Busch, Torsten, Aktienrechtliche Probleme der Begebung von Genussrechten zwecks Eigenkapitalverbreiterung, AG 1994, 93

C&L Deutsche Revision (Hrsg.), Anforderungen an den Einsatz von Finanzinstrumenten bei Industrieunternehmen, Sinngemäße Anwendung der Mindestanforderungen des BAK für Handelsgeschäfte der Kreditinstitute, 2. Aufl., Frankfurt 1998

Castan, Edger ua. (Hrsg.), Beck'sches Handbuch der Rechnungslegung (BHdR), Loseblattsammlung, München

Christian, Claus-Jörg, Ursprungs- und Restlaufzeiten im Jahresabschluss der Kreditinstitute, BB 1987, 229

Christiansen, Alfred, Zum Grundsatz der Einzelbewertung – insbesondere zur Bildung so genannter Bewertungseinheiten, DStR 2003, 264

Claussen, Carsten P., Das neue Rechnungslegungsrecht der Kreditinstitute, DB 1991, 1129

Commerzbank (Hrsg.), Auswirkungen auf die Unternehmenspraxis, Europäische Währungsunion, 5. Aufl., Frankfurt 2000

Consbruch, Johannes/Möller, Annemarie/Bähre, Inge Lore/Schneider, Manfred, Kreditwesengesetz mit weiteren Vorschriften zum Aufsichtsrecht der Banken, Loseblattsammlung, München (CMBS)

Deutsche Bundesbank, Merkblatt für die Abgabe der Groß- und Millionenkreditanzeigen nach §§ 13 bis 14 KWG, September 1998, abgedruckt in: Reischauer/Kleinhans, Kza. 148

Deutsche Bundesbank, Bankenstatistik. Richtlinien und Kundensystematik, Statistische Sonderveröffentlichung 1, Juni 2002, 27

Deutscher Steuerberaterverband e.V. (Hrsg.), Steuerberater-Handbuch 1992, Bonn 1992

Dichtl, Erwin/Köglmayr, Hans-Georg, Länderrisikokonzepte, ZfgK 1985, 390

Dicken, André Jacques, Bankprüfung, Berlin 2003

Dietel, Marco, Bilanzierung von Anteilen an Personengesellschaften in Handels- und Steuerbilanz, DStR 2003, 2140

Dipplinger, Roland/Loistl, Otto/Neufeld, Thorsten, Bewertung des Daimler Mandatory Convertible, Die Bank 1998, 120

Dombek, Martina, Die Bilanzierung von strukturierten Produkten nach deutschem Recht und nach den Vorschriften des IASB, WPg 2002, 1065

Dörge, Andreas, Wertpapierleih- und Wertpapierpensionsgeschäfte, AG 1997, 396

Dörner, Dietrich/Menold, Dieter/Pfitzer, Norbert (Hrsg.), Reform des Aktienrechts, der Rechnungslegung und Prüfung, Stuttgart 1999

Dötsch, Claudio-Alberto/Kellner, Mathias, Aufklärungs- und Beratungspflichten der Kreditinstitute beim Vertrieb von Aktienanleihen, WM 2001, 1994

Dreyer, Gerhard/Schmid, Hubert/Kronat, Oliver, Bilanzbefreiende Wirkung von Asset-Backed-Securities-Transaktionen, Kritische Anmerkungen zur IDW Stellungnahme IDW RS HFA 8, BB 2003, 91

Droscha, Anatol/Reimer, Ekkehart, Verlagerung der Buchführung in andere EG-Mitgliedstaaten?, DB 2003, 1689

DSGV, Deutscher Sparkassen- und Giroverband e.V. (Hrsg.) Handbuch Kontenrahmen und Jahresabschluss der Sparkassen 1993, Loseblattsammlung, Stuttgart

Edelmann, Erwin/Eller, Roland, Wertpapierdarlehen und Wertpapierpensionsgeschäfte, Bonn 1996

Eichholz, Rainer/Nelgen, Marcus, Asset-Backed-Securities - ein Finanzierungsinstrument auch für den deutschen Markt?, DB 1992, 793

Eicke, Jürgen, Die europäische Zweigniederlassung, Die Bank 1993, 702

Eisele, Wolfgang/Knobloch, Alois, Offene Probleme bei der Bilanzierung von Finanzinnovationen, DStR 1993, 577 (I) und 617 (II)

Eisele, Wolfgang/Knobloch, Alois, Strukturierte Anleihen und Bilanzrechtsauslegung, ZfbF 2003, 749

Elkart, Wolfgang/Pfitzer, Norbert, D-Mark Eröffnungsbilanz und Folgeabschlüsse, Heidelberg 1991

Elkart, Wolfgang/Schaber, Mathias, Hedge-Accounting und interne Geschäfte im Spannungsfeld tradierter Rechnungslegungsgrundsätze und modernem Finanzmanagement, in: Neue Finanzprodukte. Anwendung, Bewertung, Bilanzierung, Festschrift zum 65. Geburtstag von Wolfgang Eisele, hrsg. v. Alois Paul Knobloch und Norbert Kratz, München 2003, 401

Emmerich, Gerhard/Naumann, Klaus-Peter, Zur Behandlung von Genussrechten im Jahresabschluss von Kapitalgesellschaften, WPg 1994, 677

Ernst, Christoph/Seibert, Ulrich/Stuckert, Fritz, KonTraG, KapAEG, StückAG, EuroEG (Gesellschafts- und Bilanzrecht), Textausgabe, Düsseldorf 1998

Europäische Zentralbank (EZB), Die einheitliche Geldpolitik in Stufe 3, Allgemeine Regelungen für die geldpolitischen Instrumente und Verfahren des Eurosystems, November 2000

Europäisches Parlament, Richtlinie des Europäischen Parlaments und des Rates über die Aufnahme und Ausübung der Tätigkeit der Kreditinstitute v. 18.9.2000, CMBS 22.23

Faisst, Lothar, Zur stillen Risikovorsorge im Rahmen der EG-Rechtsangleichung, ZfgK 1981, 668

Falter, Manuel, Die Praxis des Kreditgeschäfts, Stuttgart 1987

Ferber, Manfred, Pensionsgeschäfte der Kreditinstitute, Frankfurt 1969

Fey, Gerd, Probleme bei der Rechnungslegung von Haftungsverhältnissen - Offbalance-sheet-risks im handelsrechtlichen Jahresabschluss und in anderen Rechenschaftsberichten, WPg 1992, 1

Fey, Gerd/Mujkanovic, Robin, Außerplanmäßige Abschreibungen auf das Finanzanlagevermögen, WPg 2003, 212

Fink, Gerhard, Kreditrationierung mittels Länderrisikoanalyse, ÖBA 1995, 455

Finne, Thomas, Bilanzielle Berücksichtigung von Kurssicherungen, BB 1991, 1295

Finne, Thomas, Bilanzierung von Fremdwährungstransaktionen im handelsrechtlichen Jahresabschluss - Anmerkungen zu dem Beitrag von Gebhardt/Breker, DB 1991, 1529 (I) und DB 1992, 338 (II)

Fischer, Thomas M./Wenzel, Julia, Wertaufholung nach handels-, steuerrechtlichen und internationalen Rechnungslegungsvorschriften, WPg 2001, 597

Fischwasser, Heinrich/Schmitt, Gundula, Sekundärmärkte in Länderrisiken: Stand und Perspektiven, ZfgK 1995, 214

Fleischmann, Michael, Bilanzrechtliche und ertragsteuerliche Behandlung von Investmentfonds, StuB 2002, 216

Fleischmann, Michael, Neuerungen bei der Bewertung von Finanzanlagen aufgrund des StEntlG 1999/2000,/2002, StuB 2000, 230

Flesch, Johann Rudolf/Bellavite-Hövermann, Yvette, Darstellung des Geldhandels in der Rechnungslegung - eine Frage der Transparenz, Die Bank 1998, 742

Forster, Karl-Heinz (Hrsg.), Bankaufsicht, Bankbilanz und Bankprüfung, FS Scholz, Düsseldorf 1985

Franken, Lars/Schulte, Jörn, Auswirkungen des IDW RS HFA 10 auf andere Bewertungsanlässe, BB 2003, 2675

Frankenberger, Wilhelm, Genussrechtskapital: Geeignetes Instrument zur Eigenkapitalbildung bei Kreditgenossenschaften?, Bankinformation 11/1990, 52

Frankenberger, Wilhelm, Strategische Überlegungen an der Schwelle zum neuen Bankbilanz- und Bankaufsichtsrecht, Bankinformation 2/1993, 19

Freitag, Robert, Die Beendigung des Darlehensvertrages nach dem Schuldrechtsmodernisierungsgesetz, WM 2001, 2370

Friel, Arne, Wandelanleihen mit Pflichtwandlung, Frankfurt 2000

Früh, Andreas, Die Regelungen des § 18 KWG, WM 2002, 1813

Fünfle, Heinz/Pfeifer, Axel, Länderbonitätsindex: Risiken präziser quantifizieren, Die Bank 2002, 96

Gebhardt, Günther/Breker, Norbert, Bilanzierung von Fremdwährungstransaktionen im handelsrechtlichen Einzelabschluss - unter Berücksichtigung von § 340h HGB, DB 1991, 1529

Gerdes, Hans-Jörg, Chancen und Risiken der Genussscheinfinanzierung, ZfgK 1991, 840

Gmehlin, Hans Jörg, Währungsumrechnung im Einzel- und Konzernabschluss, WPg 1987, 597

Göth, Philip/Naumann, Thomas K., Die Entwicklung von österreichischem und deutschem Bankbilanzrecht nach der EG-Bankbilanzrichtlinie, WM 1993, 882

Göth, Philip/Tumpel, Michael, Bewertung festverzinslicher Forderungen und Verbindlichkeiten in der Bankbilanz bei Änderungen des Marktzinssatzes, ÖBA 1990, 600

Göttgens, Michael, Bilanzielle Behandlung des Bondstripping, WPg 1998, 567

Göttgens, Michael/Schmelzeisen, Hans-Michael, Bankbilanzrichtlinie-Gesetz - Übersicht über die Rechnungslegung der Kreditinstitute nach dem Gesetz zur Durchführung der Richtlinie des Rates der europäischen Gemeinschaften über den Jahresabschluss und den konsolidierten Abschluss von Banken und anderen Finanzinstituten (Bankbilanzrichtlinie-Gesetz) vom 30.11.1990, 2. Aufl., Düsseldorf 1992

Grewe, Wolfgang, Grundfragen der Bilanzierung beim Leasinggeber, Zur Stellungnahme HFA 1/1989, WPg 1990, 161

Grieger, Jürgen, Covered Bonds – es ist nicht immer drin, was drauf steht, Immobilien & Finanzierung 2003, 546

Grigg, Ronny, Die „Betriebswirtschaftliche Auswertung" (BWA) als „weitere Unterlage" zur Erfüllung von § 18 KWG, ZfgK 2000, 1198

Groh, Manfred, Genussrechtskapital und Maßgeblichkeitsgrundsatz, BB 1995, 559

Groh, Manfred, Rechtsprechung zum Bilanzsteuerrecht, StuW 1992, 178

Groh, Manfred, Unterverzinsliche Darlehen in der Handels- und Steuerbilanz, StuW 1991, 297

Groh, Manfred, Zur Bilanzierung von Fremdwährungsgeschäften, DB 1986, 869

Gröner/Koch/Laffler/Schneider/Struwe/Totzek/Wannhoff/Weis, MaK-Praktiker-Handbuch, Brennpunkte, Auslegungsfragen und Umsetzung der Mindestanforderungen an das Kreditgeschäft, Köln 2003

Gröning, Jörg/Koch, Clemens/Laffler, Christof ua., MaK-Praktiker-Handbuch, Brennpunkte, Auslegungsfragen und Umsetzung der Mindestanforderungen an das Kreditgeschäft, Köln 2003 (Gröning ua.)

Groove, Dieter, Gewinnrealisierung bei Leasinggesellschaften mit Mobilienleasing, DB 1984, 889

Groß, Carsten, Die neuen Mindestanforderungen an das Kreditgeschäft der Kreditinstitute, Die Bank 2003, 94

Grundmann, Stefan, Darlehens- und Kreditrecht nach dem Schuldrechtsmodernisierungsgesetz, BKR 2001, 66

Gschrey, Erhard/Kessel, Horst/Osterkamp, Sabine/Schorr, Gerhard/Spanier, Günther, Jahresabschluss der Kreditgenossenschaft, Stand: September 2003, Wiesbaden 2003 - Loseblatt - (Gschrey ua.)

Gündling, Heike/Everling, Oliver, Verfahren zur Länderrisikobeurteilung, Die Bank 1993, 590

Gutsche, Matthias G., Beiträge zur Entschädigungseinrichtung der Wertpapierhandelsunternehmen und ihre Wirkung für mittelständische Kreditinstitute – Zugleich Anmerkung zum Urteil des VG Berlin, BKR 2003, 722, BKR 2003, 696

Hafner, Bernhard, Devisentermingeschäfte und ihre Bewertung, Die Bank 1983, 204

Hagen, Jürgen von/Stein, Johann Heinrich von (Hrsg.), Geld-, Bank- und Börsenwesen (Obst/Hintner), 40. Aufl., Stuttgart 2000

Hahne, Klaus D., Behandlung des Emissionsdisagios in der Handels- und Steuerbilanz, DB 2003, 1397

Hahne, Klaus D., Das Emissionsdisagio in der Steuerbilanz – zunehmende Rechtsunsicherheit, Die Bank 2003, 598

Hahne, Klaus D., Kompensatorische Bewertung in der Steuerbilanz, Analyse des BFH-Gerichtsbescheids vom 19.3.2002, BB 2003, 1943

Hamacher, Rolfjosef ua., Steuerpraxis für Kreditinstitute, Besteuerung der Kreditinstitute, Steuerfragen aus der Kundenberatung, Ergänzbares Handbuch, (Hamacher/Seidel ua.), Loseblattsammlung, Berlin

Hamacher, Rolfjosef, Geschäfte an der DTB steuerlich (III): Die Wertpapierleihe, Die Bank 1990, 34

Hammer, Klaus/Montag, Wolfgang, EG-Harmonisierung der Jahresabschlüsse von Banken, DB 1986, 2195

Hanenberg, Ludger, Die neuen Vorschriften zur Rechnungslegung der Finanzdienstleistungsinstitute, WPg 1999, 85

Hanenberg, Ludger/Kreische, Kai/Schneider, Andreas, Mindestanforderungen an das Kreditgeschäft der Kreditinstitute - Zum Inhalt des Rundschreibens 34/2002 (BA) der Bundesanstalt für Finanzdienstleistungsaufsicht, WPg 2003, 396

Hanenberg, Ludger/Schneider, Andreas, Bankaufsichtliche Rahmenbedingungen für interne Überwachungssysteme, WPg 2001, 1058

Hannemann, Ralf/Schneider, Andreas/Hanenberg, Ludger, Mindestanforderungen an das Kreditgeschäft (MaK), Eine einführende Kommentierung, Stuttgart 2003

Hanten, Mathias, Der europäische Pass für Zweigniederlassungen von Kredit- und Finanzdienstleistungsinstituten aus deutscher Sicht, ZBB 2000, 245

Harenberg, Friedrich E., Die neuen Stripped Bonds des Bundes und ihre Besteuerung, NWB Fach 3, 10145

Hartmann, Manfred, Stille Reserven im Jahresabschluss von Kreditinstituten, BB 1989, 1936

Hartschuh, Thomas, Portfolio-orientiertes Management von Preisrisiken in Kreditinstituten, Frankfurt 1996

Hartung, Werner, Verlustrückstellungen und Wechselkursrisiko, RIW 1990, 999

Hartung, Werner, Wertpapierleihe und Bankbilanz, Ist § 340b HGB richtlinienkonform, BB 1993, 1175

Hartung, Werner, Zum Ausweis von Fremdwährungsverpflichtungen, BB 1990, 1665

Hartung, Werner, Zur Bilanzierung bei Kurssicherung, RIW 1990, 635
Hartung, Werner, Zur Währungsumrechnung in Bankbilanzen, RIW 1991,755
Häuselmann, Holger, Bilanzsteuerliche Erfassung börsengehandelter Aktienindex-Fonds (Exchange Traded Funds - ETF), FB 2003, 177
Häuselmann, Holger, Die handelsrechtlichen Rahmenbedingungen für inländische Zweigstellen von EG-Kreditinstituten und ihre Auswirkungen auf das Rechnungswesen, WM 1994, 1693
Häuselmann, Holger, Die steuerliche Erfassung von Pflichtwandelanleihen, BB 2003, 1531
Häuselmann, Holger, Repo-Geschäfte in der Steuerbilanz, BB 2000, 1287
Häuselmann, Holger, Wandelanleihen in der Handels- und Steuerbilanz des Emittenten, BB 2000, 139
Häuselmann, Holger, Wertpapier-Darlehen in der Steuerbilanz, DB 2000, 495
Häuselmann, Holger, Zur Bilanzierung von Investmentanteilen, insbesondere von Anteilen an Spezialfonds, BB 1992, 312
Häuselmann, Holger/Wagner, Siegfried, Steuerbilanzielle Erfassung aktienbezogener Anleihen: Options-, Wandel-, Umtausch- und Aktienanleihen, BB 2002, 2431
Häuselmann, Holger/Wiesenbart, Thomas, Die Bilanzierung und Besteuerung von Wertpapier-Leihegeschäften, DB 1990, 2129
Hehn, Elisabeth (Hrsg.), Asset Management, Finanzdienstleistungen von und für Versicherungen, Stuttgart 1998
Heidner, Hans-Hermann, Die rechtsgeschäftliche Treuhand in Zivil- und Insolvenzrecht, DStR 1989, 276
Hein, Thomas, Rechtliche Fragen des Bookbuildings nach deutschem Recht, WM 1996, 1
Heinrich, Matthias, Die MaK aus Sicht einer Geschäftsbank, in: Hofmann (Hrsg.), Basel II und MaK, Vorgaben, bankinterne Verfahren, Bewertungen, Frankfurt 2003, 275
HFA 2/1976 idF 1990, Zur handelsrechtlichen Vermerk- und Berichterstattungspflicht bei Patronatserklärungen gegenüber dem Kreditgeber eines Dritten, WPg 1976, 528; FN 1990, 66
HFA 1/1986, Zur Bilanzierung von Zero-Bonds, WPg 1986, 248
HFA 1/1989, Zur Bilanzierung beim Leasinggeber, WPg 1989, 625
HFA 1/1991, Zur Bilanzierung von Anteilen an Personenhandelsgesellschaften im Jahresabschluss der Kapitalgesellschaft, WPg 1991, 334
HFA 1/1994, Zur Behandlung von Genussrechten im Jahresabschluss von Kapitalgesellschaften, WPg 1994, 419 und WPg 1998, 891 (Ergänzung)
HFA 2/1996, Zur Bilanzierung von Zuschüssen, WPg 1996, 709
HFA, Berichterstattung über Sitzungen, 185. Sitzung des HFA, FN 2003, 22
HFA, Geänderter Entwurf einer Verlautbarung zur Währungsumrechnung im Jahres- und Konzernabschluss, WPg 1986, 664
Hinz, Michael, Bilanzierung von Pensionsgeschäften, BB 1991, 1153
Hinz, Michael, Jahresabschlusspolitische Implikationen des Factoring und der Forfaitierung, DStR 1994, 1749
Hinz, Michael, Pensionsgeschäfte und Jahresabschlusspolitik, BB 1995, 971

Hoffmann, Gerhard, Die künftigen Rechnungslegungsvorschriften aufgrund der EG-Bankbilanzrichtlinie, BBl. 1989, 504

Hoffmann, Karsten, Pensionsgeschäfte als Aktionsparameter der sachverhaltsgestaltenden Jahresabschlusspolitik, BB 1997, 249

Hoffmann, Volker H./Knierim, Thomas C., Falsche Berichterstattung des Abschlussprüfers, BB 2002, 2275

Hoffmann, Wolf-Dieter, Lehren aus der bayrischen Großbanken-Fusion für die Bilanzierungs- und Prüfungspraxis in Deutschland, DB 2000, 485

Hoffmann, Wolf-Dieter, Passivierung von Optionsprämien beim Stillhalter als Verbindlichkeit - Anmerkungen zum BFH-Urteil vom 18.12.2002 - I R 17/02, StuB 2003, 543

Hofmann, Günter, Systemprüfung des Kreditgenehmigungsprozesses auf Basis der MaK, ZIR 2003, 19

Hölscher, Reinhold, Stille Reserven in den Jahresabschlüssen deutscher und schweizer Banken, DBW 1995, 45

Homann, Stefan, Die Währungsumrechnung im Jahresabschluss eines internationalen Konzerns, RIW 1997, 494

Homölle, Susanne/Pfingsten, Andreas/Speth, Michael, True and Fair View der Eigenhandelsergebnisse in den Geschäftsberichten deutscher Kreditinstitute? - Theoretische Analyse der Gestaltungsmöglichkeiten der Bilanzierung und empirische Untersuchung der Berichterstattung, WPg 1997, 621

Hossfeld, Christopher, Der Jahresabschluss der Realkreditinstitute nach neuem Recht, Der langfristige Kredit 1993, 15

Hossfeld, Christopher, Die Kompensationsmöglichkeiten in der Gewinn- und Verlustrechnung von Kreditinstituten nach der Transformation der EG-Bankbilanzrichtlinie, WPg 1993, 337

Hossfeld, Christopher, Die Vergleichbarkeit der Jahresabschlüsse von deutschen und französischen Kreditinstituten - untersucht am Beispiel der Bewertung von Forderungen und Wertpapieren, RIW 1997, 133

Husch, Rainer/Brüggentisch, Christoph, Was wann nach § 341b HGB abschreiben, Zur Anwendung der Aufgriffskriterien und zur Bemessung der dauerhaften Wertminderung, VW 2003, 249

IDW (Hrsg.), IDW Prüfungsstandards (IDW PS) - IDW Stellungnahmen zur Rechnungslegung (IDW RS) einschließlich der zugehörigen Entwürfe und Hinweise, Loseblattsammlung, Düsseldorf

IDW (Hrsg.), Risiken erkennen, Risiken bewältigen. Bericht über die IDW-Fachtagung vom 26.-28.10.1988 in Hamburg, Düsseldorf 1989

IDW EPS 520, Besonderheiten und Problembereiche bei der Abschlussprüfung von Finanzdienstleistungsinstituten, WPg 2000, 659

IDW EPS 522, Prüfung von Adressenausfallrisiken und des Kreditgeschäftes von Kreditinstituten, WPg 2001, 843

IDW PS 240, Grundsätze der Planung von Abschlussprüfungen, WPg 2000, 846

IDW PS 260, Das interne Kontrollsystem im Rahmen der Abschlussprüfung, WPg 2001, 821

IDW PS 400, Grundsätze für die ordnungmäßige Erteilung von Bestätigungsvermerken bei Abschlussprüfungen, WPg 1999, 641

IDW PS 520, Besonderheiten und Problembereiche bei der Abschlussprüfung von Finanzdienstleistungsinstituten, FN 2001, 426; WPg 2001, 982

IDW PS 521, Die Prüfung des Wertpapierdienstleistungsgeschäftes nach § 36 WpHG bei Finanzdienstleistungsunternehmen, WPg 2001, 989

IDW RH BFA 1.001, Bilanzielle Behandlung des „Bondstripping", WPg 1998, 1009

IDW RH BFA 1.003, Zur Bilanzierung strukturierter Produkte, WPg 2001, 916; FN 2001, 375

IDW RS BFA 1, IDW Stellungnahme zur Rechnungslegung: Bilanzierung von Kreditderivaten, WPg 2002, 195; FN 2002, 61

IDW RS HFA 1, Aufstellung des Lageberichts, FN 1998, 318

IDW RS HFA 4, Zweifelsfragen zum Ansatz und zur Bewertung von Drohverlustrückstellungen, FN 2000, 290

IDW RS VFA 2, Auslegung des § 341b HGB (neu), WPg 2002; 475, FN 2002, 211

IDW SABI 2/1987, Zum Grundsatz der Bewertungsstetigkeit (§ 252 Abs. 1 Nr. 6 HGB) und zu den Angaben bei Abweichungen von Bilanzierungs- und Bewertungsmethoden (§ 284 Abs. 2 Nr. 3 HGB), WPg 1988, 48

IDW SABI 3/1988, Zur Steuerabgrenzung im Einzelabschluß, WPg 1988, 683

IDW, Konsequenzen der Nichtabgabe der nach § 161 AktG geforderten Entsprechenserklärung für die Berichterstattung des Abschlussprüfer, FN 2003, 92

IDW, Stellungnahme zum Referentenentwurf eines Bankbilanzrichtlinie-Gesetzes, (BaBiRiLiG), WPg 1989, 377

IDW, Zur Transformation der EG-Richtlinie über den Jahresabschluss und den konsolidierten Abschluss von Banken und anderen Finanzinstituten, WPg 1987, 525

IIR-Arbeitskreis „Revision des Kreditgeschäfts", Die „Öffnungsklauseln" der MaK, ZIR 2003, 119

IIR-Arbeitskreis „Revision des Kreditgeschäfts", Einbindung der Internen Revision in die Umsetzungsphase der MaK, ZIR 2003, 72

IIR-Arbeitskreis „Revision des Kreditgeschäfts", Notwendigkeit von Mindestanforderungen für das Kreditgeschäft, ZIR 2002, 212

IIR-Arbeitskreis „Revision des Kreditgeschäfts", Prüfung der Einhaltung von Offenlegungsvorschriften in Kreditinstituten, ZIR 1999, 133

Jung, Mathias, Bilanzierung und Prüfung von Wertpapierhandelsunternehmen, FB 2001 (Beilage KoR 2/2001), 80

Junga, Siegfried/ Tussing, Werner, Plausibilitätsprüfung zur Einschätzung von Einzelwertberichtigungen auf länderrisikobehaftete Forderungen von Kreditinstituten, StBp 1991, 64

Kählert, Jens-Peter/Lange, Sabine, Zur Abgrenzung immaterieller von materiellen Vermögensgegenständen, BB 1993, 613

Kajüter, Peter, Prüfung der Risikoberichterstattung im Lagebericht, BB 2002, 243

Kaltenhauser, Helmut/Begon, Cornelia, Interne Geschäfte, ZfgK 1998, 1191

Kalveram, Thomas, Die Behandlung steigender Zinsverpflichtungen in Handels- und Steuerbilanz, WPg 1990, 535

Kessler, Harald, Drohverlustrückstellungen für schwebende Dauerbeschaffungsgeschäfte, Vorschlag einer begrenzt beschaffungsmarktorientierten Anspruchsbewertung, WPg 1996, 2

Kessler, Harald, Erneute Kehrtwende des BFH bei der Interpretation der wirtschaftlichen Verursachung?, DStR 1996, 1430

Kessler, Harald, Rückstellungen in der Finanzrechtsprechung - Bestandsaufnahme und neuere Entwicklungen, BBK Fach 13, 4065, (Teil A) und BBK Fach 13, 4081 (Teil B)

Kiethe, Kurt, Die zivil- und strafrechtliche Haftung von Vorstandsmitgliedern eines Kreditinstituts für riskante Kreditgeschäfte, WM 2003, 861

Klein, Martin/Bäcker, Arno, Bonitätsprüfung bei Länderrisiken, WiSt 1995, 191

Knoll, Leonhard/Steeg, Caterina, Die steuerbilanzielle Behandlung von Stillhalterverpflichtungen, Drei Meinungen, zwei Urteile und ein übersehener Zusammenhang, StuB 2002, 989

Koch, Günter, Der Fonds zur bausparrtechnischen Absicherung, Neuerungen in Bausparkassen-Gesetz und -Verordnung, Versicherungswirtschaft 1991, 1146

Kokemoor, Axel, Die institutsaufsichtliche Behandlung einmalig erstellter Zwischenabschlüsse gem. § 10 Abs. 3 und Abs. 3b KWG, WM 2003, 1941

Kolbeck, Rosemarie, Geschäftspolitische Auswirkungen der Konsolidierungsvorschriften des Kreditwesengesetzes, in: Krumnow, Jürgen/Metz, Matthias (Hrsg.), Rechnungswesen im Dienste der Bankpolitik, FS Mertin, Stuttgart 1987, 297

Kolbinger, Walter, Bilanzsteuerrechtliche Fragen bei Ersteigerung von Grundstücken durch Grundpfandgläubiger, BB 1993, 2119

Köllhofer, Dietrich, Stille Reserven nach § 26a KWG in Bankbilanzen: Fragen und Versuch einer Beantwortung, Die Bank 1986, 552

Kölpin, Gerhard, Bewertung von Fremdwährungsposten in der Bilanz, StuB 2001, 1107

Kölpin, Gerhard, Teilwertabschreibung bei dauernder Wertminderung, StuB 2000, 917

Kommission für Bilanzierungsfragen des Bundesverbandes deutscher Banken, Zur Rechnungslegung von Swap-Geschäften, Die Bank 1988, 158

Kommission für Bilanzierungsfragen des Bundesverbandes deutscher Banken, Zur Behandlung von Genussrechten im Jahresabschluss der Kreditinstitute, Die Bank 1986, 252

Kommission für Bilanzierungsfragen des Bundesverbandes Öffentlicher Banken Deutschlands, Marktpreisrisiken aus Handels- und Derivativgeschäften - Empfehlung der Kommission für Bilanzierung des Bundesverbandes Öffentlicher Banken Deutschlands zur Berichterstattung über Marktpreisrisiken aus Handels- und Derivativgeschäften, WPg 1999, 118

Köpf, Georg, Bond-Stripping: ein alter Hut?, ZfgK 1997, 1108

Kosfeld, Endrik, Die Erweiterungen des Kreditbegriffs durch die dritte KWG-Novelle, WPg 1988, 613

Krag, Joachim, Die Bewertungsprivilegien der Kreditinstitute, ZfgK 1988, 374

Kraska, Kurt, Anmerkungen zu den Hypothekenbank-Bilanzen und Erfolgsrechnungen, Der langfristige Kredit 1993, 527

Kropp, Manfred, Aktienoptionen statt finanzielle Gewinnbeteiligung: Wann und in welcher Höhe werden sie aufwandswirksam?, DStR 2002, 1919

Krumnow, Jürgen ua., Rechnungslegung der Kreditinstitute, Kommentar zum Bankbilanzrichtlinie-Gesetz und zur RechKredV, 2. Auflage, Stuttgart 1994 (Krumnow ua.)

Krumnow, Jürgen, Bildung und Auflösung stiller Reserven nach der EG-Bankbilanzrichtlinie, Die Bank 1988, 302

Krumnow, Jürgen, Die Analyse von Bankbilanzen mit Blick auf die EG-Bankbilanzrichtlinie, DBW 1987, 554

Krumnow, Jürgen, Europäische Bankenrechnungslegung in Deutschland, ZfgK 1993, 506

Krumnow, Jürgen, Nuancen der Bankenpublizität in der EU-Bankbilanzrichtlinie und nationalen Umsetzung, ZfbF 1995, 891

Krumnow, Jürgen, Pauschalwertberichtigungen der Kreditinstitute, WM 1994, 1709

Krumnow, Jürgen/Metz, Matthias (Hrsg.), Rechnungswesen im Dienste der Bankpolitik, FS Mertin, Stuttgart 1987

Kuhner, Christoph, Erfolgsperiodisierung bei Fremdwährungsgeschäften mit „besonderer Deckung" nach § 340h HGB, DB 1992, 1435

Kümpel, Siegfried, Zur Neugestaltung des Termin-, Differenz- und Spieleinwands für den Bereich der Derivate, WM 1997, 49

Kußmaul, Heinz, Finanzierung über Zero-Bonds und Stripped Bonds, BB 1998, 1868

Kußmaul, Heinz, Gestaltungsmöglichkeiten im Zusammenhang mit Zero-Bonds und Stripped Bonds, BB 1998, 2236

Kußmaul, Heinz, Investition eines Privatanlegers in Zero-Bonds und Stripped Bonds, BB 1998, 2083

Kusterer, Stefan, Neuregelung der Teilwertabschreibung gemäß § 6 Abs. 1 Nrn. 1 und 2 EStG - Überlegungen zum BMF-Schreiben vom 29.2.2000, DStR 2000, 470; DStR 2000, 1083

Küting, Karlheinz/Kessler, Harald, Eigenkapitalähnliche Mittel in der Handelsbilanz und im Überschuldungsstatus, BB 1994, 2103

Küting, Karlheinz/Kessler, Harald/Harth, Hans-Jörg, Genussrechtskapital in der Bilanzierungspraxis, Eine empirische Untersuchung zur Resonanz der HFA-Stellungnahme 1/1994 unter Berücksichtigung bilanzpolitischer Gesichtspunkte, BB 1996, Beilage 4 zu Heft 8

Küting, Karlheinz/Weber, Claus-Peter, Handbuch der Rechnungslegung, Kommentar zur Bilanzierung und Prüfung, 4./5. Auflage (Loseblattsammlung)

Lachnit, Laurenz, „True and fair view" und Rechnungslegung über stille Rücklagen im Jahresabschluss von Kapitalgesellschaften, WPg 1993, 193

Lange, Martin, Neue Bedingungen für den Sparverkehr: Sparbuch - quo vadis?, BB 1993, 1677

Langenbucher, Günther, Die Währungsumrechnung bei Kreditinstituten, ZfgK 1995, 118

Langermeier, Claudia, Latente Steuern in Verlustsituationen, DStR 1992, 764

Laux, Hans, Bauspartechnische Neuerungen in Bausparkassengesetz und Bausparkassenverordnung, Der langfristige Kredit 1991, 232

Laux, Hans, Was die Bausparkassen mit den Mitteln des Fonds zur bauspartechnischen Absicherung bewirken können, Der langfristige Kredit 1993, 251

Lehnhoff, Jochen, Einheitliches Europa kommt näher - Bankenaufsichtsrecht und jetzt auch Bilanzierung, Bankinformation 8/1991, 5

Lemmer, Jürgen, Der Eigenhandel als strategisches Geschäftsfeld deutscher Banken, Die Bank 1999, 620

Lendner, Holger, American Depositary Receipt - eine Zugangsmöglichkeit deutscher Unternehmen zum US-amerikanischen Eigenkapitalmarkt, WPg 1997, 596

Limmer, Peter, „Harte" und „weiche" Patronatserklärungen in der Konzernpraxis, DStR 1993, 1750

Link, Gerhard, Bilanzierung und Ertragsvereinnahmung bei der Forfaitierung von Leasingforderungen, DB 1988, 616

Lipfert, Helmut, Swapgeschäfte der Unternehmen: Der Swaphandel, WISU 1982, 228 (I) und 282 (II)

Lißmann, Uwe, Passive Rechnungsabgrenzung durch Leasinggesellschaften, DB 1991, 1479

Lohmar, Gerd, Ausgewählte Rückstellungsprobleme, Bankinformation 11/1989, 51

Look, Frank von/Stoltenberg, Ulrich, Das Schuldbuchgeheimnis, WM 1994, 1785

Löw, Edgar/Lorenz, Karsten, Bilanzielle Behandlung von Fremdwährungsgeschäften nach deutschem Recht und nach den Vorschriften des IASB, KoR 2002, 234

Lück, Wolfgang, Materiality in der internationalen Rechnungslegung, Wiesbaden 1975

Lüdenbach, Norbert/Hoffmann, Wolf-Dieter, Gemildertes Fair-Value-Prinzip bei der Bilanzierung von Wertpapiervermögen, DB 2004, 85

Lührmann, Volker, Umrechnung geschlossener Fremdwährungspositionen bei Banken und Nicht-Banken, DStR 1998, 387

Lutter, Marcus, Zur Bilanzierung von Genussrechten, DB 1993, 2441

Luz, Günther/Scharpf, Paul, Marktrisiken in der Bankenaufsicht, Stuttgart 1998

LZB in Baden-Württemberg, Rundschreiben 17/98 v. 21.7.1998, Wirtschaftskredite als notenbankfähige ESZB-Sicherheiten in Stufe 3 der EWU

LZB in Baden-Württemberg, Schr. v. 21.10.1998, Notenbankfähige Sicherheiten in der EWU

MaK-Fachgremium, siehe BAFin

Marx, Franz Jürgen, Objektivierungserfordernisse bei der Bilanzierung immaterieller Anlagewerte, BB 1994, 2379

Marx, Franz Jürgen/Recktenwald, Roland, Periodengerechtes Bilanzieren von unterverzinslichen Ausleihungen, Ein Beitrag zur Abbildung von Dauersachverhalten in Handels- und Steuerbilanz, BB 1992, 1526

Mathews, Kurt, Bilanzierung von Treuhandvermögen - Die endgültige Regelung nach Umsetzung der EG-Bankbilanzrichtlinie in deutsches Recht, BB 1992, 738

Mathews, Kurt, Das Treuhandvermögen und der Gesetzentwurf zur Durchführung der EG-Bankbilanzrichtlinie, BB 1989, 455

Mathews, Kurt, Die Behandlung von Treuhandverhältnissen im Bilanzrichtlinien-Gesetz und in der Bankbilanzrichtlinie, BB 1987, 642

Mathiak, Walter, Rechtsprechung zum Bilanzsteuerrecht, DStR 1990, 691

Mathiak, Walter, Rechtsprechung zum Bilanzsteuerrecht, DStR 1992, 449

Mauch, Peter, Besonderheiten bei der Bilanzierung bei Kreditinstituten: Überkreuzkompensation nach § 340f Abs. 3 HGB, FB 2000, 476

Maul, Karl-Heinz, Berechnung der Vorfälligkeitsentschädigung bei vorzeitiger Ablösung von Festzinsdarlehen, BB 2000, 2477

Maus, Günter, Rückstellungen für die Aufbewahrung von Geschäftsunterlagen, BBK Fach 13, 4547

Meeh, Günther, Rundschreiben 9/98 des Bundesaufsichtsamts für das Kreditwesen - Implikationen für die wirtschaftsprüfenden und steuerberatenden Berufe, WPK-Mitteilungen 1999, 221

Meißner, Jan Enrico, Neuer Rahmen und seine Konsequenzen - Mindestanforderungen an das Kreditgeschäft der Kreditinstitute (MaK), Teil I und Teil II, Kredit & Rating Praxis 2/2003, 25 und 3/2003, 29

Meißner, Jens Enrico, Kreditnehmer im Fokus - Offenlegung der wirtschaftlichen Verhältnisse nach § 18 KWG, Kredit & Rating Praxis 5/2001, 22

Mertin, Klaus, Die Forderungsbewertung in der Steuerbilanz der Banken, StBp 1965, 172

Meybom, Peter/Reinhart, Michael, Länderrisikosteuerung mittels kapitalmarktorientierter Bewertung, Die Bank 1999, 568

Meyer, Claus/Isenmann, Sabine, Bankbilanzrichtlinie-Gesetz, Ein Handbuch für den Jahresabschluss, Stuttgart 1993

Meyer, Heinrich, Bankbilanzierung unter der Generalklausel des § 264 Abs. 2 HGB, ZfgK 1987, 438

Meyer, Heinrich, Zinsen und Bankbilanzierung, Gedanken zum Einfluss der Verzinslichkeit auf die Bewertung von Aktiva und Passiva in der Bankbilanz, in: Forster (Hrsg.), Bankaufsicht, Bankbilanz und Bankprüfung, FS Scholz, Düsseldorf 1985, 139

Michels, Ralf, DM-CP-Markt bleibt attraktiv, Die Bank 1993, 87

Milatz, Jürgen E., Dauerschulden und Factoring - Zur gewerbesteuerlichen Behandlung von Refinanzierungskrediten, DStR 1994, 1029

Miletzki, Rainer, Die neuen Depotprüfungsbestimmungen und die Bekanntmachung zum Depotgeschäft, WM 1999, 1451

Moxter, Adolf, Fremdkapitalbewertung nach neuem Bilanzrecht, WPg 1984, 397

Moxter, Adolf, Zum Wechseldiskonturteil des Bundesfinanzhofes, BB 1995, 1997

Mühlhäuser, Felix/Stoll, Heiko, Besteuerung von Wertpapierdarlehens- und Wertpapierpensionsgeschäften, DStR 2002, 1597

Mujkanovic, Robin, Der derivative Geschäftswert im handelsrechtlichen Jahresabschluss, Charakter und Auswirkungen in der Gewinn- und Verlustrechnung, BB 1994, 894

Müller, Andreas, Rating und § 18 KWG - Teil A: Grundlagen, StuB 1/2002, 1

Müller, Jörg, Aktienanleihen: Einordnung als Termingeschäft und Erfordernis schriftlicher Aufklärung?, ZBB 2001, 363

Müller, Thomas, Risikovorsorge im Jahresabschluss von Banken, Düsseldorf 2000

Müller, Thomas/Reinke, Rüdiger, Behandlung von Genussrechten im Jahresabschluss, Eine kritische Bestandsaufnahme, WPg 1995, 569

Müller, Werner A., Stille Reserven und direkte Einlagensicherung, ZfgK 1981, 672

Müller-Tronnier, Dirk, Netto-, Misch- oder Teilergebnis aus Finanzgeschäften bei Kreditinstituten?, BB 1997, 931

Naumann, Thomas K., Bewertungseinheiten im Gewinnermittlungsrecht der Banken, Düsseldorf 1995 (Naumann 1995)

Naumann, Thomas K., Fremdwährungsumrechnung in Bankbilanzen nach neuem Recht, Düsseldorf 1992 (Naumann 1992)

Naumann, Thomas K., Zur Abgrenzung von künftig ertragsteuerrechtlich nicht mehr zu bildenden Drohverlustrückstellungen, insbesondere bei Kreditinstituten, BB 1998, 527

Neuss, Werner/Schaber, Mathias, Nuancen oder grundsätzliche Erwägungen zu bankspezifischen Bewertungswahlrechten?, ZfbF 1996, 389

Nolte, Ernst-Dieter, Grundzüge der Bankbilanzrichtlinie - Die EG-Rechnungslegungsvorschriften für Kreditinstitute und Finanzinstitute, WPg 1987, 561

Obst/Hintner, Geld-, Bank- und Börsenwesen, 40. Aufl., Stuttgart 2000

Oestreicher, Andreas, Die Berücksichtigung von Marktzinsänderungen bei Finanzierungsverträgen in der Handels- und Steuerbilanz, BB 1993, Beilage 12 zu Heft 18

Oestreicher, Andreas, Grundsätze ordnungsmäßiger Bilanzierung von Zinsterminkontrakten, Düsseldorf 1992

OFD Frankfurt/Main, Verfügung vom 19.7.2001, Ertragsteuerliche Beurteilung von Immobilienleasing bei degressiven Leasingraten, DStR 2001, 1702

OFD Koblenz, Verfügung vom 26.11.1991, Einzelfragen zur Anwendung des Zinsabschlagsgesetzes, DStR 1993, 165

OFD München, Verfügung vom 23.2.1998, Ertragsteuerliche Behandlung von Kapitalerträgen aus „stripped bonds", WPg 1998, 479

OFD München, Verfügung vom 5.5.1997, Kreditinstitut in den neuen Bundesländern: Pauschalwertberichtigung, BB 1997, 1253

Oho, Wolfgang/Hülst, Rüdiger von, Steuerrechtliche Aspekte der Wertpapierleihe und des Repo-Geschäfts, DB 1992, 2582

OV, § 341b HGB wirft weiter viele Fragen auf, Versicherungswirtschaft 2002, 1431

Padberg, Thomas, Bankbilanzanalyse nachrangiger Verbindlichkeiten, ZfgK 1999, 559

Padberg, Thomas, Bedeutung von Genussrechtskapital und nachrangigen Verbindlichkeiten für Genossenschaften und Sparkassen, DB 2000, 990

Peter, Markus, Zwischen Standard- und Individualsoftware: Bilanzielle Behandlung von ERP-Programmen, DB 2003, 1341

Pitschas, Rainer, Grenzen der Bindungswirkung von Verlautbarungen des Bundesaufsichtsamts für das Kreditwesen - Zur Auslegung des § 18 KWG, WM 2000, 1121

Plewka, Harald/Krumbholz, Marcus, Das Wechseldiskonturteil des BFH als neuer Maßstab für die Realisierung von Diskonterträgen bei Schuldverschreibungen, DB 1996, 342

Pöcker, Markus, Rechtsprobleme der Beitragspflicht zur Entschädigungseinrichtung der Wertpapierhandelsunternehmen (EdW), ZBB 2002, 513

Pomrehn, Siegfried, Handelsrechtliche Bewertung bei zu bilanzierenden Fremdwährungsgeschäften und Rückführung auf die durch das Steuerrecht gezogenen Grenzen, DB 1990, 1102

Portmann, Pascal, Feste Kreditzusagen aus der Sicht der externen Revision, Der Schweizer Treuhänder 1992, 711

Prahl, Reinhard, Die neuen Vorschriften des Handelsgesetzbuches für Kreditinstitute, WPg 1991, 401 (I) und 438 (II)

Prahl, Reinhard/Naumann, Thomas K., Überlegungen für eine sachgerechte Bilanzierung der Wertpapierleihe, WM 1992, 1173

Prahl, Reinhard/Naumann, Thomas K., Zur Bilanzierung von portfolio-orientierten Handelsaktivitäten der Kreditinstitute, WPg 1991, 729

Preußner, Joachim/Zimmermann, Dörte, Risikomanagement als Gesamtaufgabe des Vorstandes, Zugleich Besprechung des Urteils des LG Berlin vom 3.7.2002 - 2 D 358/01, AG 2002, 657

Prinz, Ulrich, Bilanzpolitik: Aktuelle Strategien steuerbilanzieller Optimierung, DStR 2000, 661

Rabeneck, Jasmin/Reichert, Gudrun, Latente Steuern im Einzelabschluss, DStR 2002 1366 (Teil I), 1409 (Teil II)

Rabenhorst, Dirk, Neue Anforderungen an die Berichterstattung des Abschlussprüfers durch das TransPuG, DStR 2003, 436

Räthke, Bernd, Bewertung der Rechte aus einem Zinsbegrenzungsvertrag (sog. „Cap") mit dem niedrigeren Teilwert, StuB 2004, 34

Rau, Stephan, Wirtschaftliches Eigentum und Gewinnrealisierung bei echten Pensions- bzw. Repogeschäften, BB 2000, 2338

Rau, Stephan, Zur steuerlichen Behandlung von Zinsbegrenzungen und Optionen nach dem BFH-Urteil zur bilanziellen Behandlung erhaltener Stillhalterprämien, DStR 2003, 1769

Reifner, Udo, Die Reform des Bankbilanzrechts 1993, NJW 1993, 89

Reinelt, Iris/Keller, Thomas, Bewertung von Fremdwährungsgeschäften, Die Bank 1996, 306

Reischauer, Friedrich/Kleinhans, Joachim (Begr.), Kreditwesengesetz (KWG), Loseblattkommentar für die Praxis nebst sonstigen bank- und sparkassenrechtlichen Aufsichtsgesetzen sowie ergänzenden Vorschriften, Loseblattsammlung, Berlin

Ricke, Markus/Rudolph, Kai, Stichwort: Einlagensicherung, BKR 2002, 899

Rist, Petra, Bilanzierung von Forderungsverkäufen bei wirtschaftlicher Betrachtungsweise - Zugleich Anmerkungen zur IDW-Stellungnahme RS HFA 8, StuB 2003, 385

Rixen, Hans-Hermann, Änderung der Rechnungslegungsvorschriften für Kreditinstitute durch das Bankbilanzrichtlinie-Gesetz, WM 1991, 841

Rixen, Hans-Hermann, Bankbilanzierung nach neuem Recht, WM 1988, 77

Rixen, Hans-Hermann, EG-Bankbilanzrichtlinie transformiert, Die Bank 1990, 638

Rixen, Hans-Hermann, EG-Bilanzrecht für Banken, Die Bank 1987, 76

Rogall, Matthias/Spengel, Christoph, Abzinsung von Rückstellungen in der Steuerbilanz, BB 2000, 1234

Rohardt, Michael, Publizität von „zusätzlichen Angaben" im Jahresabschluss von Kreditinstituten vor dem Hintergrund einer Internationalisierung der Rechnungslegung, WPg 1996, 213

Roß, Norbert, Rechtsgeschäftliche Treuhandverhältnisse im Jahres- und Konzernabschluss, Düsseldorf 1994

Roß, Norbert/Drögemüller, Steffen, Rückstellungspflicht aufgrund gesetzlicher Aufbewahrungsfristen? - Zu den handelsrechtlichen Konsequenzen des BFH-Urteils vom 19.8.2002 -, WPg 2003, 219

Roth, Michael, Prüfung von Wertpapierpensionsgeschäften und Wertpapierdarlehen, ZIR 2003, 26

Rübel, Markus, Devisen- und Zinstermingeschäfte in der Bankbilanz, Berlin 1990

Rudolph, Bernd (Hrsg.), Derivative Finanzinstrumente, Stuttgart 1995

Ruffert, Dietmar, Antworten auf einige Fragen zum Jahresabschluss, BBl. 1994, 79

Ruffert, Dietmar, Was bedeutet die EG-Bankbilanzrichtlinie für die deutschen Kreditinstitute?, BBl. 1986, 510

Ruland, Hans-Wilhelm, Effekten, Geschäft und Technik, 2. Auflage, Stuttgart 2001

Rüth, Volker van, Genussrechtskapital von Kreditinstituten, WiSt 1992, 255

Schäfer, Henry, Renaissance der Wandelanleihen - Neuere Kontraktstrukturen und deren Kapitalmarktrelevanz, FB 2002, 514

Scharpf, Paul, Bilanzierung von Financial Instruments nach IAS 39, FB 2000, 125 (I), 208 (II), 284 (III) und 372 (IV)

Scharpf, Paul, Bilanzierung von im Wege der Zwangsversteigerung erworbenen Immobilien durch Kreditinstitute, DB 1987, 755

Scharpf, Paul, Der neue Solvabilitätskoeffizient der Kreditinstitute, Die Umsetzung der EG-Eigenmittel- und EG-Solvabilitätsrichtlinie, Düsseldorf 1993 (Scharpf 1993)

Scharpf, Paul, Derivative Finanzinstrumente im Jahresabschluss unter Prüfungsgesichtspunkten - Erfassung, Abwicklung und Bildung von Bewertungseinheiten, BFuP 1995, 166

Scharpf, Paul, Die Sorgfaltspflichten des Geschäftsführers einer GmbH - Pflicht zur Einrichtung eines Risikomanagement und Überwachungssystems aufgrund der geplanten Änderung des AktG auch für den GmbH-Geschäftsführer, DB 1997, 737

Scharpf, Paul, Die Sorgfaltspflichten des Geschäftsführers einer GmbH, in: Schmid, Florian/Schumann, Michael (Hrsg.), Management Guides. Band 3: Steuerberatung/Wirtschaftsprüfung 1998, München 1997, 40

Scharpf, Paul, DTB - Deutsche Terminbörse Aktienoptionen, Düsseldorf 1991 (Scharpf 1991)

Scharpf, Paul, Fristengliederung im Jahresabschluss von Bausparkassen, DStR 1995, 504

Scharpf, Paul, Rechnungslegung von Financial Instruments nach IAS 39, Stuttgart 2001 (Scharpf 2001)

Scharpf, Paul, Risikomanagement- und Überwachungssystem im Finanzbereich, in: Dörner, Dietrich/Menold, Dieter/Pfitzer, Norbert (Hrsg.), Reform des Aktienrechts, der Rechnungslegung und Prüfung, Stuttgart 1999, 177 (Scharpf 1999)

Scharpf, Paul, Teufelszeug oder goldener Schlüssel? - Finanzinnovationen im Finanzmanagement bergen zwar Risiken, können aber auch sinnvolle Instrumente zur Risikobegrenzung sein, Wirtschaft Regional Nr. 8/August 1994, 20

Scharpf, Paul, Überlegungen zur Bilanzierung strukturierter Produkte (Compound Instruments), FB 1999, 21

Scharpf, Paul, Zulässigkeit derivativer Finanzinstrumente bei Versicherungsunternehmen nach dem Rundschreiben R 7/95 des BAV, in: Hehn, Elisabeth (Hrsg.), Asset Management, Finanzdienstleistungen von und für Versicherungen, Stuttgart 1998, 47

Scharpf, Paul/Conradi, Jürgen, Anzeige der Errichtung einer Zweigstelle nach § 24a KWG, Die Bank 1993, 665

Scharpf, Paul/Epperlein, Joachim K., Rechnungslegung und interne Kontrolle von derivativen Finanzinstrumenten, in: Rudolph, Bernd (Hrsg.), Derivative Finanzinstrumente, Stuttgart 1995, 131

Scharpf, Paul/Epperlein, Joachim K., Risikomanagement derivativer Finanzinstrumente, BFuP 1995, 209

Scharpf, Paul/Luz, Günther, Risikomanagement, Bilanzierung und Aufsicht von Finanzderivaten, 2. Auflage, Stuttgart 2000

Scharpf, Paul/Sohler, Armin, Leitfaden zum Jahresabschluss nach dem Bankbilanzrichtlinie-Gesetz, Düsseldorf 1992

Scheiterle, Walter, Die Bilanzierung von Verbindlichkeiten mit steigender Verzinsung, WPg 1983, 558

Scherer, Franz, Wertberichtigungen von Forderungen (Delkredere), StBp 1997, 11

Scheuerle, Florian, „Stripped Bonds" - getrennte Kapital- und Zinsansprüche aus Anleihen, DB 1997, 1839

Schierenbeck, Henner/Wielens, Hans (Hrsg.), Bilanzstrukturmanagement in Kreditinstituten, Frankfurt 1984

Schiestl, Stefan, Nullkuponanleihen in Österreich, ÖBA 1991, 114

Schiller, Bettina/Marek, Michael, Mengennotierung bedingt Neuerungen, FB 2001, 197

Schiller, Bettina/Tytko, Dagmar, Risikomanagement im Kreditgeschäft, Grundlagen, neuere Entwicklungen und Anwendungsbeispiele, Stuttgart 2001

Schimann, Gerhard, Bilanzierungsvorschriften für Kreditinstitute, WPg 1985, 157

Schimann, Gerhard, EG-Bankbilanzrichtlinie - Neuregelung der Rechnungslegungsvorschriften für Kreditinstitute, DB 1987, 1497

Schirmer, Hans-Jürgen, Auswirkungen der Neuregelung der steuerlichen Teilwertabschreibung und des steuerlichen Wertaufholungsgebots, StBp 2000, 161

Schitag Ernst & Young (Hrsg.), Risikomanagement- und Überwachungssystem im Treasury, (bearbeitet von Scharpf), Stuttgart 1998 (Scharpf 1998)

Schlitt, Michael, Die neuen Marktsegmente der Frankfurter Wertpapierbörse, Struktur, Zulassungsvoraussetzungen und Folgepflichten, AG 2003, 57

Schlitt, Michael/Seiler, Oliver/Singhof, Bernd, Aktuelle Rechtsfragen und Gestaltungsmöglichkeiten im Zusammenhang mit Wandelschuldverschreibungen, AG 2003, 254 ff.

Schlösser, Julia, Drohverlustrückstellungen für Länderrisiken aus Haftungsverhältnissen? - Anmerkungen zum Vorlagebeschluss des FG Hamburg vom 22.4.1999 (EFG 1999, 1026), StuB 2000, 143

Schmekel, Helmut/Tünnessen, Brigitte, Bilanzierung für Kreditinstitute nach dem Vorschlag der EG-Bankbilanzrichtlinie im Vergleich zur gegenwärtigen deutschen Praxis, DB 1982, 189

Schmid, Florian/Schumann, Michael (Hrsg.), Management Guides. Band 3: Steuerberatung/Wirtschaftsprüfung 1998, München 1997

Schmid, Hubert/Mühlhäuser, Felix, Wirtschaftliches Eigentum und Gewinnrealisierung bei der Wertpapierleihe, BB 2001, 2609

Schmidt, Ludwig, EStG Einkommensteuer Kommentar, 19. Aufl., München 1991

Schneider, Helmut, Teilwertabschreibung und Wertfortschreibung bei Kreditinstituten nach dem Steuerentlastungsgesetz 1999/2000/2002, ZBB 2000, 121

Schneider, Wilhelm, Ansatz unverbriefter festverzinslicher Kredite in der Bankbilanz mit einem niedrigeren beizulegenden Wert, BB 1995, 2155

Schobert, Anton, Wertberichtigungen auf Auslandsforderungen, insbesondere bei Kreditinstituten, StBp 1986, 73

Schödermeier, Martin, Verspätete Aufklärung bei Börsentermingeschäften, die Bank 1996, 166

Scholz, Walter, Die Bilanzierung von Verbindlichkeiten mit steigender Verzinsung und der Begriff des „Rückzahlungsbetrags" im Sinne des § 156 Abs. 2 und 3 AktG, WPg 1973, 53

Scholz, Walter, Die Steuerung von Zinsänderungsrisiken und ihre Berücksichtigung im Jahresabschluss der Kreditinstitute, in: Schierenbeck, Henner/Wielens, Hans (Hrsg.), Bilanzstrukturmanagement in Kreditinstituten, Frankfurt 1984, 119

Scholz, Walter, Zinsänderungsrisiken im Jahresabschluss der Kreditinstitute, Kredit und Kapital 1979, 517

Schoor, Hans Walter, Dividendenerträge: Richtige Buchung nach dem Halbeinkünfteverfahren, StuB 2003, 392

Schork, Ludwig, Gesetz über das Kreditwesen, Loseblattsammlung, 2. Aufl., Köln

Schorr, Gerhard, Steuerentlastungsgesetz 1999/2000/2002: Auswirkungen auf den Jahresabschluss 1999, Bankinformation 12/1999, 58

Schuhmann, Helmut, Ausgewählte Fragen des Firmen-/Geschäftswerts, StBp 1994, 50

Schulze-Osterloh, Joachim, BB-Kommentar zum BFH-Urteil vom 18.12.2002 betreffend bilanzsteuerliche Behandlung vereinnahmter Optionsprämien, BB 2003, 1009

Schwark, Eberhard, Ist die Aktienanleihe ein Börsentermingeschäft?, WM 2001, 1973

Schwartze, Andreas, Deutsche Bankenrechnungslegung nach europäischem Recht, Baden-Baden 1991

Schwartze, Andreas, Die Neuregelung der deutschen Bankenrechnungslegung nach den Vorgaben der Europäischen Gemeinschaft, AG 1993, 12

Schwarze, Armin, Ausweis und Bewertung neuer Finanzierungsinstrumente in der Bankbilanz, Berlin 1989

Schwarzhaupt, Oliver/Gehrmann, Volker, Begrenzung von Kreditrisiken im Rahmen der MaK - Implementierung eines Gesamtbank-Limitsystems, Kredit & Rating Praxis 6/2002, 25.

Schweitzer, Roger/Volpert, Verena, Behandlung von Genussrechten im Jahresabschluss von Industrieemittenten, BB 1994, 821

Selchert, Friedrich W., Windowdressing - Grenzbereich der Jahresabschlussgestaltung, DB 1996, 1933

Sethe, Rolf, Genussrechte: Rechtliche Rahmenbedingungen und Anlegerschutz, AG 1993, 293 (I) und 351 (II)

Sittmann-Haury, Caroline, Forderungsbilanzierung von Kreditinstituten, Kritische Analyse von HGB-, US GAAP-, IAS-Vorschriften und fair value model, Wiesbaden 2003

Sommer, Wolfgang, Überblick über die Grundlagen des Devisenmanagements in Unternehmen, DStR 1994, 1276

Sonnemann, Erik (Hrsg.), Bankbilanzierung und Bankprüfung, Wiesbaden 1988

Spanier, Günter ua., Jahresabschluss der Kreditgenossenschaft, Loseblattsammlung, Wiesbaden (Spanier ua.)

Spanier, Günter, Neuregelungen im Wertpapier-Dienstleistungs- und im Depotgeschäft, Bankinformation 4/99, 35

Spieth, Eberhard, Erfordert die Vertrauensempfindlichkeit des Kreditgewerbes bankspezifische Bilanzierungsvorschriften, Anmerkungen zum Aufsatz von Bieg, WPg 1986, 528

Stannigel, Hellmut, Pauschalwertberichtigungen auf Forderungen, ZfgK 1989, 260

Starke, Wolfgang, Bewertungsvorschriften für Kreditinstitute, ZfgK 1981, 162

Stein, Anneliese/Noltsch, Gerald, Neuer Repo-Service des Deutschen Kassenvereins, Die Bank 1996, 78

Stobbe, Thomas, Ist der Maßgeblichkeitsgrundsatz bei der Zurechnung des wirtschaftlichen Eigentums anwendbar?, BB 1990, 518

Streck, Michael/Mack, Alexandra/Schwedhelm Rolf, Pauschalwertberichtigung bei Kreditinstituten in den neuen Bundesländern, AG 1998, 189

Süchting, Joachim, Die Bedeutung stiller Reserven bei Kreditinstituten, WPg 1965, 256

Suyter, Alexander, Aufsichtsrechtliche Normen im Bankgeschäft und ihre Erweiterung um Mindestanforderungen an das Kreditgeschäft (MaK), WM 2002, 991

Szagunn, Volkhard/Haug, Ulrich/Ergenzinger, Wilhelm, Gesetz über das Kreditwesen, Kommentar, 6. Auflage, Stuttgart 1997

Szagunn, Volkhard/Wohlschiess, Karl, Gesetz über das Kreditwesen, 5. Auflage, Stuttgart 1990

Treiber, Klaus, Die Behandlung von Software in der Handels- und Steuerbilanz, DStR 1993, 887

Treuarbeit (Hrsg.), Bankbilanzierung ab 1993, Kommentierung der neuen Vorschriften für die Rechnungslegung der Kreditinstitute, Frankfurt 1992

Treuberg, Hubert von/Scharpf, Paul, Pensionsgeschäfte und deren Behandlung im Jahresabschluss von Kapitalgesellschaften nach § 340b HGB, DB 1991, 1233

Usczapowski, Igor, Optionen und Futures verstehen, Grundlagen und neue Entwicklungen, München 1999

van de Loo, Petra, Abzinsung von Verbindlichkeiten in der Steuerbilanz und Folgen für die Handelsbilanz, DStR 2000, 508

Varnholt, Burkhard, Eigenmittelvorschriften für Banken und die Bildung von Kreditrückstellungen, Schweizer Treuhänder 1996, 455

Vertrag über die Schaffung einer Währungs-, Wirtschafts- und Sozialunion zwischen der Bundesrepublik Deutschland und der Deutschen Demokratischen Republik, Reischauer/Kleinhans, Kza. 930

VFA, VFA zur Bewertung von Kapitalanlagen bei Versicherungsunternehmen, FN 2002, 647

Vogt, Jörg, Gestaltungsvarianten des Kupon-Stripping, Die Bank 1998, 424

Vorsteher, Hans-Jürgen, Risk Management und Früherkennungssysteme – Möglichkeiten und Grenzen, Kredit & Rating Praxis 5/2003, 12

Wagener, Hans, Länderrisiken in Bankbilanzen: Anmerkungen aus der Sicht des Wirtschaftsprüfers, ZfgK 1995, 218

Wagener, Hans/Böcking, Hans-Joachim/Freiling, Andreas/Ernsting, Ingo/Fitzner, Volker, Banken und Bankkonzerne in Deutschland, Jahresabschlüsse 1993, C&L Deutsche Revision (Hrsg.), Düsseldorf 1995

Wagner, Franz W./Wangler, Clemens, Kombizins-Anleihen – Eine Finanzinnovation als Steuersparmodell?, DB 1992, 2405

Wagner, Siegfried, Die Besteuerung der Wertpapierleihe, StBP 1992, 173

Walter, Karl-Friedrich, Wertaufholung bei der Währungsumrechnung nach § 340h HGB, BB 2002, 1257

Walter, Karl-Friedrich, Wertaufholung bei der Währungsumrechnung nach § 340h HGB, BB 2002, 1257 ff.

Waschbusch, Gerd, Das bankspezifische Bewertungsprivileg des § 340f HGB, ZfbF 1994, 1046

Waschbusch, Gerd, Die bankspezifische offene Risikovorsorge des § 340g HGB, Die Bank 1994, 166

Waschbusch, Gerd, Die Rechnungslegung der Kreditinstitute bei Pensionsgeschäften, Zur Rechtslage nach § 340b HGB, BB 1993, 172

Waschbusch, Gerd, Funktion, Inhalt und Aufbau des Anhangs von Kreditinstituten nach den neuen Rechnungslegungsvorschriften, DB 1993, 793

Weber, Christoph/Böttcher, Bert/Griesemann, Georg, Spezialfonds und ihre Behandlung nach deutscher und internationaler Rechnungslegung, WPg 2002, 905

Weber-Grellet, Heinrich, Rechtsprechung des BFH zum Bilanzsteuerrecht im Jahr 2001, BB 2002, 35

Weber-Grellet, Heinrich, Rechtsprechung des BFH zum Bilanzsteuerrecht im Jahr 2003, BB 2004, 35

Wehrheim, Michael/Krause, Heiko, Steuerbilanzielle Erfassung erhaltener Optionsprämien vor und nach dem BFH-Urteil vom 18.12.2002, BB 2003, 1552

Weis, Ditmar, Neuorganisation der Problemkreditbearbeitung aus Sicht von Kreditinstituten vor dem Hintergrund der MaK, BKR 2003, 183

Weiss, Thomas, Bondstripping - Novität am deutschen Rentenmarkt, Die Bank 1997, 338

Wengel, Torsten, Die handelsrechtliche Eigen- und Fremdkapitalqualität von Genussrechtskapital, DStR 2001, 1316

Wengel, Torsten, Die Insolvenztatbestände Überschuldung, Zahlungsunfähigkeit und drohende Zahlungsunfähigkeit, DStR 2001, 1769

Wengel, Torsten, Genussrechte im Rahmen der Bilanzanalyse, DStR 2000, 395

Wenzel, Frank, Neues Grundsatzurteil zum Vorfälligkeitsausgleich, Die Bank 2001, 192

WFA 1/1984, Zur Bilanzierung von Gebühren bei Modellen zur Kapitalanlage in Immobilien, WPg 1985, 59

WFA, Verlautbarung: BFH-Urteil zur bilanziellen Behandlung von Ausbietungsgarantien, FN 1995, 465

Wiedmann, Harald, Bilanzrecht, Kommentar zu den §§ 28 - 342a HGB, 2. Auflage, München 2003

Wiese, Götz Tobias/Dammer, Thomas, Zusammengesetzte Finanzinstrumente der AG - Hybride Kapitalmaßnahmen, strukturierte Anleihen und Kreditderivate im Bilanz-, Ertragsteuer- und Aktienrecht - Ein Überblick, DStR 1999, 867

Wimmer, Konrad, MaK und die Konsequenzen, BKR 2002, 1079

Wimmer, Konrad, Vorzeitige Kündigung - Entschädigung nach neuem BGH-Urteil, Kreditpraxis 2/2001, 26

Windmöller, Rolf, Auswirkungen der Bankbilanzrichtlinie auf die Rechnungslegung der Kreditinstitute, Der Langfristige Kredit 1988, 43

Windmöller, Rolf, Deckungsgeschäfte und Grundsätze ordnungsmäßiger Buchführung, in: IDW (Hrsg.), Risiken erkennen, Risiken bewältigen. Bericht über die IDW-Fachtagung vom 26.-28.10.1988 in Hamburg, Düsseldorf 1989, 89

Windmöller, Rolf, Die bilanzielle Behandlung von Finanzinnovationen bei Banken, in: Burger, Klaus Michael (Hrsg.), Finanzinnovationen - Risiken und deren Bewältigung, Stuttgart 1989, 95

Windmöller, Rolf, Fragen zur Berücksichtigung der Zinsen in der Bankbilanzierung, in: Ballwieser, Wolfgang/Böcking, Hans-Joachim/Drukarczyk, Jochen/Schmidt Reinhard H. (Hrsg), Bilanzrecht und Kapitalmarkt, FS Moxter, Düsseldorf 1994, 885

Windmöller, Rolf, Meinungen zum Thema: Finanzinnovationen im Jahresabschluss, BFuP 1995, 236, 240, 244, 248

Windmöller, Rolf, Risikovorsorge von Banken: Welche Auswirkungen haben die Einführung des steuerlichen Wertaufholungsgebots und die Einschränkung der Teilwertabschreibungen?, ZfgK 2000, 24

Windmöller, Rolf, Zinstermingeschäfte der Kreditinstitute, in: Forster, Karl-Heinz (Hrsg.) Bankaufsicht, Bankbilanz und Bankprüfung, FS Scholz, Düsseldorf 1985, 207

Windmöller, Rolf/Breker, Norbert, Bilanzierung von Optionsgeschäften, WPg 1995, 389

Wisleitner, Bernhard, Zur Berechnung der Wertberichtigung, Der vorhandene Datenbestand als empirische Basis für die Bestimmung von Pauschalwertberichtigungen, ÖBA 1995, 927

Wittenbrink, Carsten/Göbel, Gerhard, Interne Geschäfte - ein trojanisches Pferd vor den Toren des Bilanzrechts?, Die Bank 1997, 270

Wittig, Judith/Wittig, Arne, Das neue Darlehensrecht im Überblick, WM 2002, 145

Wolf, Thomas, Die Währungsumrechnung nach HGB bei Nichtbanken, BBK Fach 12, 3181

Wollmert, Peter, Zur Bilanzierung von Genussrechten, Die Verrechnung von Gewinn- und Verlustbeteiligungen in der Gewinn- und Verlustrechnung, BB 1992, 2106

WP-Handbuch 1996, Band I, 11. Aufl., Düsseldorf 1996

WP-Handbuch 2000, Band I, 12. Aufl., Düsseldorf 2000

Wüllenkemper, Dirk, Steuerliche Aspekte der Ausgabe von Optionsgenussscheinen, FR 1991, 473

Württembergischer Genossenschaftsverband, Information K 140/1999, Zur Jahresabschluss-Information

Zachert, Matthias, Erschließung des US-amerikanischen Eigenkapitalmarktes durch das American Depositary Receipt - Dargestellt am Beispiel des Börsengangs der Daimler Benz AG in den USA, DB 1993, 1985

Zentraler Kreditausschuß (ZKA), ZKA: Transformation der EG-Bankbilanzrichtlinie, Die Bank 1988, 452

Zerwas, Herbert/Hanten, Mathias, Abgrenzungsprobleme und Ausnahmen bei Handelsaktivitäten nach der Sechsten KWG-Novelle, ZBB 2000, 44

Zietsch, Udo/Holzborn, Timo, Zulassungsfolgepflichten börsennotierter Unternehmen, Teil I, WM 2002, 2356

Stichwortverzeichnis

Abfindung 783
Abgaben
  soziale 785
Ablöseverpflichtung 701
ABS 84, 409
Abschlussgebühr
  verausgabte 546
Abschlussgebühren 626
Abschlussprüfer
  Bestellung 17
Abschlussprüfung
  Saldenbestätigungen 258
Abschlussvergütung 783
Abschreibung
  außerplanmäßige 100
  dauerhafte
    Wertminderung 100
Abschreibungen
  Anteile verbundene
    Unternehmen 800
  außerplanmäßige 99
  Beteiligungen 800
  Forderungen 794
  Fremdwährung 296
  immaterielle Anlagewerte 790
  planmäßige 99
  Sachanlagen 790
  Wertpapiere 800
Abzinsung
  Aufwand aus 745
ADR 81
Adressenausfallrisiko
  Bewertung 128
Agio 119
  Anhangangaben 840
Akkreditiv 703
  Deferred-payment 703
  revolvierende 703
Akkreditiveröffnungen 704
Aktien 450
  eigene 523
  Handelsbestand 455
  Millionenkredit 460
  nicht realisierte Reserven 460

Prüfung 461
Vorratsaktien 519
Aktienanleihen 593
Akzepte
  eigene 606
Altersversorgung 785
American Depository
  Receipt 81
Amtlicher Handel 82
amtlicher Markt 83
andere Verpflichtungen 714
Anhang
  Aktien 458
  Ausgleichsforderungen 500
  ausstehende Einlagen 521
  Barreserve 369
  Beteiligungen 471
  eigene Anteile 525
  Entsprechenserklärung 832
  Forderungen an
    Kreditinstitute 395
  Forderungen an Kunden 420
  Handelsbestand 222
  immaterielle Anlagewerte 507
  Pauschalwertberichtigung 200
  Rechnungsabgrenzungsposten 555
  Sachanlagen 515
  Schatzanweisungen 381
  Schuldtitel öffentlicher Stellen 381
  Schuldverschreibungen 442
  sonstige Vermögensgegenstände 536
  Treuhandgeschäft 68
  Treuhandvermögen 493
  verbundene Unternehmen 487
  Vorsorgereserven 282

Währungsumrechnung 325
Wechsel 381
Wertaufholung 268
Wertpapiere 253, 442
Anhangangaben 824
  Abschreibungen, aus steuerlichen Gründen vorgenommen 843
  Abweichungen von Bilanzierungs- und Bewertungsmethoden 828
  Agio 840
  Anlagenspiegel 836
  Aufgliederung nach geografischen Märkten 848
  Aufsichtsrat 832
  ausgeübter Beruf der Mitglieder des Geschäftsführungsorgans und des Aufsichtsrats 830
  außerordentliche Aufwendungen und Erträge 850
  Beteiligungen an großen Kapitalgesellschaften 831
  Bilanzierungs- und Bewertungsmethoden 826
  börsenfähige Wertpapiere 834
  Disagio 840
  Ergebniseinfluss steuerlicher Wertansätze 844
  Ertragsteuern 853
  Fremdwährungsbeträge 842
  Fristengliederung 846
  institutsspezifischer Verzicht auf 824
  latente Steuern 847

915

Mandate in gesetzlich zu
   bildenden Aufsichts-
   gremien 832
Mitgliedschaft in Auf-
   sichtsräten und
   anderen Kontroll-
   gremien 830
nachrangige Vermögens-
   gegenstände und
   Schulden 841
periodenfremde Aufwen-
   dungen und Erträge
   852
sonstige finanzielle
   Verpflichtungen 848
Termingeschäfte 854
Treuhandvermögen und
   Treuhandverbindlich-
   keiten 836
Überkreuzkompensation
   828
Vorjahreszahlen 826
wie Anlagevermögen
   bewertete Wertpapiere
   834
Anlagebestand 85
Anlagenspeigel 836
Anlageverkäufe 778, 793
Anlagevermögen 94
   Abgrenzung 94
   außerplanmäßige
      Abschreibungen 99
   Bewertung wie 95
   Fremdwährung 296
   planmäßige Abschrei-
      bungen 99
   Rettungserwerbe 98
   stille Reserven 107
   Wertaufholung 107, 229
   Wertpapiere 97, 225
   Zuordnung der Wert-
      papiere 225
Anlagewerte
   immaterielle 95
Anlagewertpapiere 225
Anlegerentschädigung 757
Anleihe 427
Anschaffungskosten 99
   Forderungen 115

Fremdwährung 296
Anteile
   eigene 523
   verbundene Unternehmen
      485
Anteile an verbundenen
   Unternehmen 95
anteilige Zinsen 91, 388,
   568, 580, 592
   Forderungen an Kunden
      404
   notleidende Forderungen
      388
anteiligen Zinsen 117
   Fristengliederung 38
Anteilswerte 450
Anweisungen im Umlauf
   581
Anwendungsbereich 5
Anzahlungen
   Anlagen im Bau 511
   auf Anlagen 511
   geleistete 511
Anzeigen 13
Anzeigepflichten 558
Anzeigewesen
   Prüfung 13
Arbeitgeberanteil 786
Asset Backed Securities 84,
   431 *Siehe* ABS
Asset-and-Liability
   Managements 775
Aufgabegeschäft 448
Auflösung von
   Rückstellungen 778
Aufsichtsrat
   Anhangangaben 831
Aufsichtsratsbezüge 785
Aufsichtsratsvergütungen
   787
Aufwandsentschädigung
   783, 784
Aufwendungen
   außerordentliche 812
   periodenfremde 810
   sonstige betriebliche 792
   Verlustübernahme 805
Ausbietungsgarantie 625,
   699, 702

Ausbildungsbeihilfe 784
Ausbuchung
   Forderungen 210
   Spareinlagen 342
   Verbindlichkeiten 342
Ausfallrisiko 128
   latentes 114, 192
   Prüfung 129
Ausgleichsfonds 431
Ausgleichsforderungen 497
Ausschüttungen
   Genussrechte 735
Außenhandelsgeschäft 753
Außenkonsortium 74
außerordentliche
   Aufwendungen 812
außerordentliche Aufwen-
   dungen und Erträge
   Anhangangaben 850
außerordentliche Erträge
   809
ausstehende Einlagen 518
Automaten 366
Aval-Gemeinschaftskredit
   78
Avalkredit 78

Bankaufsicht
   Aktien 459
   Ausgleichsforderungen
      501
   ausstehende Einlagen
      521
   Beteiligungen 472
   eigene Anteile 525
   Forderungen an Kredit-
      institute 396
   Forderungen an Kunden
      420
   immaterielle Anlagewerte
      507
   Kredite 382
   Sachanlagen 515
   Schatzanweisungen 382
   Schuldtitel öffentlicher
      Stellen 382
   sonstige Vermögens-
      gegenstände 537
   Treuhandkredite 494

Treuhandvermögen 494
verbundene Unternehmen
  487
Wechsel 382
Weiterleitungskredite
  495
Wertpapiere 444
Barakkreditiv 703
Barrengold 366, 530
Barreserve 365
Bauspareinlagen 577, 583
Bauspareinlagen 41, 389
Bausparkasse 4
  Forderungen an Kunden
  417
Bausparkassen 42, 564,
  572, 577, 585
Bauten 511
Bearbeitungsprovisionen
  734
bedeutende Beteiligung 459
befreiende Lebensver-
  sicherung 786
Beherrschungsvertrag 805
beizulegender Wert 110
  dauerhafte Wertminde-
  rung 100
  niedrigerer 100
Beratungskosten 787
Bereitstellungsprovisionen
  738
Berufsgenossenschaft 786
besondere Deckung 309, 315
Besserungsschein 619
Bestätigungsvermerk 175
Bestellung von Sicherheiten
  708
Beteiligungen 95, 464
  Anhangangaben 831
  Anzeigepflichten 478
  bedeutende 459
  Genossenschaftsanteile
  467
  Handelsbestand 455
  konsortiale Bindung 468
  Millionenkredit 481
  nicht realisierte Reserven
  480
  Prüfung 481

stille 680
Treuhand 468
Betriebs-/Geschäftsaus-
  stattung 511
Betriebsausstattung 512
Bewertung 93, 94
  Aktien 456
  Anlagevermögen 94
  Ausfallrisiko 128
  Ausgleichsforderungen
  500
  ausstehende Einlagen
  520
  Barreserve 368
  Beteiligungen 469
  Betriebsausstattung 513
  Bezugsrechte 469
  Caps 536
  eigene Anteile 524
  Floors 536
  Forderungen 114
  Forderungen an Kredit-
  institute 394
  Forderungen an Kunden
  418
  Gebäude 513
  Geschäftsausstattung 513
  Grundstücke 513
  immaterielle Anlagewerte
  506
  Münzen 536
  Optionen 536
  Rechnungsabgrenzungs-
  posten 555
  Rettungserwerbe 513
  Rückstellungen 334
  Sachanlagen 513
  Schatzanweisungen 380
  Schuldscheindarlehen
  394
  Schuldtitel öffentlicher
  Stellen 380
  Schuldverschreibungen
  440
  Sonderausstattung 441
  Treuhandvermögen 493
  Umlaufvermögen 94, 108
  Verbindlichkeiten 334,
  573

verbundene Unternehmen
  487
Wechsel 380
Wertpapiere 214, 440,
  456
zinsinduzierte 110, 124
Bewertungseinheit
  Grundsatz I 446
  GuV 775
  Steuerbilanz 325
Bewertungsvorschriften 93
Bezugsrechte 456, 802
  Bewertung 469
Bilanz
  Aktien 450
  Aktien, eigene 523
  Anteile, eigene 523
  Ausgleichsforderungen
  497
  ausstehende Einlagen 518
  Ausweis 361
  Barreserve 365
  Beteiligungen 464
  eigene Aktien 523
  eigene Anteile 523
  Fehlbetrag 557
  Forderungen an
  Kreditinstitute 385
  Forderungen an Kunden
  402
  GmbH 363
  Guthaben bei
  Postgiroämtern 368
  Guthaben bei Zentral-
  notenbanken 366
  immaterielle Anlagewerte
  503
  Kassenbestand 365
  KGaA 363
  neue Posten 363
  Rechnungsabgrenzungs-
  posten 540
  Sachanlagen 510
  Schatzwechsel 371
  Schuldtitel öffentlicher
  Stellen 371, 372
  sonstige Vermögens-
  gegenstände 529
  Treuhandvermögen 490

917

Überblick 360
unverzinsliche Schatzanweisungen 371
verbundene Unternehmen 485
Vorjahreszahlen 361
Wechsel 371, 373
Wertpapiere 450
Zusammenfassung von Posten 363
Bilanzgewinn 682
haftendes Eigenkapital 683
Bilanzverlust 559, 682
Bonds Siehe Wertpapiere
Bondstripping 440
Bondstrippung 236
Bonitätsrisiko
Bewertung 128
Bons de Caisse 428
Börsenfähigkeit 81, 430, 603
Börsennotierung 82
Börsenpreis 109
Börsensegmente 83
Bruttoausweis 755
Bruttoprinzip 755
Buchverluste 793
Bundesbank
refinanzierbar bei 376
Bürgschaft
Rückstellung 639
Bürgschaften 699
Eventualverbindlichkeiten 699
Bürgschaftsprovision 545
Bürgschaftsprovisionen 737, 738
Bürobetriebskosten 787

Caps
Prämie 554
CD 428
Close Out 549
Commercial Paper 428
Credit Default Swap 706, 739, 797
Credit Linked Note 245
Credit Linked Notes 429
Zinserträge 731

Damnum 542
Depotgeschäft 753
Depotprüfung 6, 14
Devisen
Geschäfte mit 771
Devisengeschäft
Prüfung 327
Devisenkursnotierung 331
Devisenoption
Kursnotierung 333
Devisentermingeschäft
Kursnotierung 332
Prolongation 323
Devisentermingeschäfte 737
Dienstleistungen 754
Disagio 119, 542, 736
Anhangangaben 840
Wertpapiere 247
Disagioabgrenzung 736
Diskontabzug 116, 371, 735
Diskontgemeinschaftskredit 77
Dokumentenakkreditiv 703

Edelmetallbestände 530
Edelmetalle 366
Geschäfte mit 771
Effektengeschäft 568
E-Geld-Institut 690
eigene Aktien 523
eigene Akzepte 607
eigene Anteile 523
Rücklage 524
Eigenhandel 768
Eigenhandelserfolg
Realisierung 776
Eigenhandelsergebnis 764
Eigenkapital 676
Bankaufsicht 683
haftendes 396, 423, 683
Prüfung 693
Eigenmittel
Kostenrelation 788
einfache Deckung 309
Einlagen
ausstehende 518
Einlagen stiller
Gesellschafter 680
Einlösegewinne 734

Einzelwertberichtigung 175
Angemessenheit 183
Anhang 188
Beibehaltung 185
Fremdwährungsforderung 185
Kapitaldienstfähigkeit 177
Kreditderivatet 182
Kreditversicherung 181
Kreditzusage 183
marktgerechte Verzinsung 189
pauschalierte 187
Sicherheiten 178, 180
Einzelwertberichtigungen 176
Ausfallwahrscheinlichkeit 176
Grundsatz II 212
Kreditzusagen 186
Steuerbilanz 187
Einzugspapiere 532
Emittenten
öffentliche 435
Entschädigungseinrichtung 757
Entsprechenserklärung 832
Erbbaurechte 511
Erfindervergütung 783
Erstattungsbeträge 779
Erträge
außerordentliche 809
laufende 747
periodenfremde 810
sonstige betriebliche 778
Verlustübernahme 820
Ertragsausgleich 452
Ertragszuschüsse 820
Essenszuschüsse 784
Euro-Notes 428
Eventualverbindlichkeiten 695
Bankaufsicht 711
Bürgschaften 699
Credit Default Swap 706
Garantien 699
Gewährleistungen 699
Kreditderivate 706

Prüfung 712
Wechsel 697

Fahrtkosten 784
Fälligkeitsdarlehen 120
Fehlbetrag
   nicht durch Eigenkapital
     gedeckter 557
festverzinsliche Wertpapiere 83
Festverzinslichkeit 430
Finanzdienstleistungsinstitut
   anzuwendende
     Vorschriften 31
   Vorschriften 5
Finanzdienstleistungsinstitute 577, 586
   Besonderheiten 6
   Forderungen an
     Kreditinstitute 387
   Verbindlichkeiten 566
finanzielle Verpflichtungen 848
Finanzinstrumente
   Geschäfte mit 770
Finanzunternehmen 10, 388
Firmenwert 504
Floating Rate Note 84
Floating Rate Notes 430
Floors
   Prämie 554
Fonds
   Forderungen an 403
   Verbindlichkeiten 571, 579
Fonds für allgemeine
   Bankrisiken 286, 673
   Bankaufsicht 674
   Prüfung 675
Fonds zur bauspartechnischen Absicherung 724
Fondsanteil 451
Forderungen
   an Investmentfonds 403
   an Kreditinstitute 384
   an Kunden 400
   Anhang 188
   Anschaffungskosten 115
   aus Bankgeschäften 386

aus Leasinggeschäft 408
aus Warengeschäft 407
Ausbuchung 210
Ausfallrisiken 128
Besonderheiten bei
   Kreditinstituten 125
Bewertung 114
Bewertung zinsinduziert 110
Diskontabzug 116
Einzelwertberichtigungen 176
Fremdwährung 213
Handelsbestand 122
nachrangige 89
Nachweis 170
niederverzinsliche 116
Nominalwertbilanzierung 118, 544
Prüfung 114, 129
Unterscheidung zu
   Wertpapieren 112
Verzinsung 124
Zinsen 190
Forderungen an Kreditinstitute
   Bankaufsicht 396
   Prüfung 397
Forderungen an Kunden
   notenbankfähige 379
   Prüfung 424
Forfaitierung 624
Frankiermöglichkeiten 366
Freiverkehr 82
Fremdwährung
   Sonderposten 535
Fremdwährungsaktiva
   Anhangangaben 842
Fremdwährungsforderungen
   Einzelwertberichtigung 185
Fremdwährungspassiva
   Anhangangaben 842
Fremdwährungsumrechnung 290, 842
   Anschaffungskosten 296
   Aufwand 323
   besondere Deckung 309
   einfache Deckung 309

Ertrag 323
GuV 320
Termingeschäft 300
Fristengliederung 36, 846
   Anhangangaben 37
   anteilige Zinsen 38
   Bausparguthaben 41
   Bausparkasse 42
   Beträge mit unbestimmter
     Laufzeit 41
   Gelder mit regelmäßiger
     Tilgung 39
   im Folgejahr fällig 41
   Kündigungsgelder 38
   Realkreditinstitut 42
   tägliche fällige Gelder 40
Futures 531

Garantie 640
Gebäude 511
Gedenkmünzen 366, 530
Gehälter 783
Gelder mit täglicher
   Kündigung 39
Geldmarktpapier
   ausländisches 84
Geldmarktpapiere 427, 435, 604, 606
   ausländische 592
Geldwerte Vorteile 784
Gemeinschaftsgeschäft 74
   Beteiligungen 79
   Wertpapiere 79
Gemeinschaftskredit 74, 406
   Avalkredit 78
   Bareinschuss 76
   Bilanzierung 75
General Standard 83
Genossenschaften
   Geschäftsenteile 464
Genossenschaftsanteile 464, 535
Genussrechte 534, 662
   Ausschüttung 667, 735
   Begriff 662
   Vergütung 433
Genussrechtskapital 662
   Ausschüttungen 634, 667

Bankaufsicht 669
Bilanzausweis 663
Entnahme 666
gekündigtes 666
Prüfung 671
überpari 664
unterpari 664
Wiederauffüllung 666
Zinsen 667
Genussrechtskapital
   eigenes 666
Genussschein
   Vergütung 433
   Zinsen 433
Genussscheine 454
geregelter Markt 83
Geregelter Markt 82
Gerichtsgebührenmarken 366
Geschäftsausstattung 512
Geschäftsbetrieb,
   Erweiterung,
   Aufwendungen für 563
Geschäftsleiter
   Anhangangaben 831
Geschäftsunterlagen 641
Geschäftswert 504
geschlossene Reihen 231
gesetzliche Zahlungsmittel 366
Gewährleistungsverträge 700
Gewinn- und
   Verlustrechnung 727
   Siehe GuV
   Anhangangaben 848
Gewinnabführungsvertrag 750, 805
Gewinnanteilscheine 450, 532
Gewinngemeinschaften 750
Gewinnrealisierung 776
Gewinnrücklagen 681
Gewinnschuldverschreibungen 437
gezeichnetes Kapital 677
Gold
   Barrengold 530

Goldmünzen 366, 530
Gratifikation 783
Großkredit 396, 420
Grundpfandrecht 412
grundpfandrechtliche
   Sicherung 412
Grundsatz I
   Bewertungseinheit 446, 659
Grundsatz II
   Einzelwertberichtigungen 212
   Wertpapiere 228
Grundstücke 511
   Rettungserwerbe 512, 534
grundstücksgleiche Rechte 511
Grundvermögen 511
Guthaben bei
   Postgiroämtern 365
Guthaben bei
   Zentralnotenbanken 365
GuV 727
   Kontoform 727
   Staffelform 727

Habensalden 568
haftendes Eigenkapital 396, 423, 683
   Beteiligungen 472
   Fonds für allg.
      Bankrisiken 289
   nicht realisierte Reserven 444
   Vorsorgereserven 284
Haftung
   Bestellung von
      Sicherheiten 708
   Pflichtverletzung 164
Hamburger Modell 205
   erweitertes 206
Handelsbestand 85, 216
   Anhangangaben 222
   Ergebnis aus 769
   Forderungen 122
   Kreditderivate 776
   Wertaufholung 220
Herstellungskosten 99

Hilfs- und Betriebsstoffe 531
Hypothekenbank 4

immaterielle Anlagewerte 503
Immaterielle Anlagewerte 95
Immobilienzertifikate 531
   Erträge aus 748
Indexanleihen 430
Ingangsetzung
   Aufwendungen für 563
Inkassowechsel 532
Innenkonsortium 74
Interimsscheine 604
Interne Geschäfte 248
Investitionszulage 530
Investmentanteil 451
   Ausschüttung 452
   Bewertung 456
   Ertragsausgleich 452
   gemischte Fonds 453
Investmentanteile 450
Investmentfonds
   Übertragung aller
      Vermögenswerte 453

Jahresabschluss
   Aufstellung 11
   Prüfung 11
   Vorlage bei BAKred/LZB 11
   Währungseinheit 25
Jubiläumsgelder 784

Kapital
   gezeichnetes 677
Kapitalanlagegesellschaft 4, 726
Kapitaldienstfähigkeit 177
Kapitalrücklagen 681
Kassageschäft
   Kursnotierungen 332
Kassenbestand 365
Kassenbestandsüberschüsse 779
Kassenobligationen 428, 438

Kick-back-Regelungen 758
Kommissionshandel 768
Kommunalkredit 414
Konsortialgeschäft 74
Konsortialkredit 74
Kontoauszugsversand 635
Kontoführungsgebühren 734
Konzessionen 504
Kraftfahrzeugbetriebskosten 787
Kreditausfallgarantie 640
Kreditbrief 699, 702
Kreditderivate 173, 706, 797
   als Sicherheiten 173, 180
   Einzelwertberichtigung 182
   Handelsbestand 776
Kredite
   an Kapitalgeber 397
   Verwaltungskredite 491
Kreditforderungen
   notenbankfähige 379
Kreditgenossenschaft
   mit Warenverkehr 418
Kreditgeschäft
   Organisation 131
   Rückstellungen 794
Kreditgewährung
   Pflichtverletzung 164
Kreditinstitut
   anzuwendende Vorschriften 31
   Begriff 387
   Vorschriften 5
Kreditinstitute
   Begriff 567
   Besonderheiten 6
   Forderungen an 384
   nicht anwendbare Vorschriften 32
   Verbindlichkeiten ggü. 564
Kreditleihe 186
Kreditprüfung 130
   Einzelengagements 156
   Gegenstand 130
   künftige Entwicklung 165

Organisation des Kreditgeschäfts 131
   Prüfungsbericht 173
   Risikoklassen 165
   Sicherheiten 178
   Umfang 130
   Vorbereitung 165
Kreditrisiko
   latentes 114
Kreditvermittlungsprovisionen 737, 745
Kreditversicherung 181
Kreditversicherungen 746
Kreditzusage 393, 405
   unwiderrufliche 186
Kreditzusagen 186
   Bankaufsicht 722
   Einzelwertberichtigung 183
   Prüfung 722
   unwiderrufliche 718
   Wertberichtigungen 186
Kunden
   Begriff 403, 579
   Forderungen an 400, 403
   Verbindlichkeiten ggü. 576
Kundengeschäft 768
Kündigungsgelder
   Fristengliederung 38
   künftige Entwicklung 165
Kursnotierung 331
KWG § 18 157

Lagebericht 165, 327, 856
   künftige Entwicklung 165
Lageberichtangaben
   Forschung und Entwicklung 858
   Risikoberichterstattung 856
Länderrisiko 200
Länderwertberichtigung 200
   Bemessungsgrundlage 202
   erweitertes Hamburger Modell 206
   Hamburger Modell 204

   Prozentsatz 203
Lastschrift 533
latente Steuer 283
   Wertaufholung 269
latente Steuern 643
   Anhangangaben 847
laufende Erträge 747
   aus Aktien 748
   aus Anteilen an verbundenen Unternehmen 749
   aus Beteiligungen 749
   aus Handelsbeständen 772
   aus nicht festverzinslichen Wertpapieren 748
Leasinggegenstände 530
Leasinggeschäft 623
   Forderungen aus 408
Leasinggeschäfte 779
Leasingraten
   degressive 546
Leasingvermögen 512
Liquiditätsreserve 85, 223
   Wertaufholung 223
Lizenzen 504
Löhne 783

Macro-Hedge 775
MaK 132
Mankogelder 784
Margenvereinnahmung 549
Marktpreis 109
Mengennotierung 331
Metaverbindung 74
Micro-Hedge 775
Millionenkredit 396, 421
Mindestanforderungen an das Kreditgeschäft *Siehe* MaK
Mindestreserve 366

nachrangige Schulden 88
nachrangige Verbindlichkeiten 88, 593, 652
   Bankenaufsicht 655
   Prüfung 660

921

nachrangige Vermögens-
  gegenstände 88
Nachsichtzahlungs-
  Akkreditiv 703
Namensgeldmarktpapiere
  569
Namensgenussschein 389,
  406
Namensschuldverschrei-
  bungen 84, 389, 406,
  437, 569, 581, 592
Nettoertrag
  aus Finanzgeschäften
  764
  Refinanzierungskosten
  773
Nettoertrag aus
  Finanzgeschäften 220
Neuer Markt 82
nicht realisierte Reserven
  480
Nichtanwendung 10
Niederlassungsländer 366
Niederstwert 109
Nominalwertbilanzierung
  115, 118, 544, 624
  Wertpapiere 123
Notenbankfähigkeit 377
Nullkuponanleihen 430,
  545, 573, 591

Obligo
  Wechsel 697
Offenlegung 3, 860
  Erleichterungen 34
Offenlegung nach § 18
  KWG 157
öffentliche Emittenten
  435
öffentliche Stellen 373
  Schuldtitel 435
Optionen 531, 584
Optionsanleihen 429, 437,
  593
Optionsgeschäft
  Rückstellung 631
Optionsscheine 450, 606
Orderschuldverschreibungen
  389, 428

Patente 504
Patronatserklärungen 699,
  702
Pauschalwertberichtigung
  192
  Anhangangaben 200
  Handelsbilanz 194
  Prozentsatz 194
Pensionen 786
Pensionsgegenstände 46
Pensionsgeschäft 43, 570,
  582, 715
  Anwendung MaH 60
  Bilanzierung 50
  Bilanzierung echter P. 51
  Bilanzierung unechter P.
  55
  Formen 44
  Prüfung 60, 254
Pensionsgeschäfte 390, 408,
  439, 547
Pensionsrückstellung 786
Pensionssicherungsverein
  786
Personalaufwand 783
Pfandleihunternehmen 9
Pflichtwandelanleihen 593
Platzierungsverpflichtung
  715
Pool-Regelungen 758
Portfolio-Hedge 775
Postbank 387
Postgiroämter
  Guthaben bei 389
Postkosten 787
Postwertzeichen 366
Preisnotierung 331
Prime Standard 83
Provisionen
  mit Zinscharakter 737
Provisionsaufwendungen
  762
Provisionserträge 752
  Beispiele 759
  Saldierung 755
  Übersicht 759
  Prüfung 3, 11
  Aktien 461
  Anteile, eigene 527

aufsichtsrechtliche
  Vorschriften 18
Ausfallrisiken 129
Ausgleichsforderungen
  501
ausstehende Einlagen 521
Barreserve 369
Beteiligungen 481
Devisengeschäft 327
eigene Anteile 527
Eigenkapital 693
Eventualverbindlichkeit
  712
Fonds für allg. Bank-
  risiken 289
Fonds für allgemeine
  Bankrisiken 675
Forderungen 114, 129
Forderungen an Kredit-
  institute 397
Forderungen an Kunden
  424
Genussrechtskapital 671
immaterielle Anlagewerte
  508
Kreditzusagen 722
nachrangige
  Verbindlichkeiten 660
Rechnungsabgrenzung
  628
Rechnungsabgrenzungs-
  posten 555
Redepflicht 18
Rückstellungen 646
Sachanlagen 515
Schatzanweisungen 382
Schuldtitel öffentlicher
  Stellen 382
Schuldverschreibungen
  447
Sicherheiten 180
Sonderposten mit
  Rücklageanteil 651
sonstige Vermögens-
  gegenstände 538
Treuhandkredite 495
Treuhandverbindlich-
  keiten 615
Treuhandvermögen 495

Verbindlichkeiten 574, 586
verbriefte Verbindlichkeiten 610
verbundene Unternehmen 488
Vorsorgereserven 285
Währungsgeschäft 327
Wechsel 382
Wertpapiere 214, 254, 447
Wertpapierleihe 357
WpHG § 23 262
Zwischenabschluss 29
Prüfungsbericht 16
  Bestätigungsvermerk 175
  Einzelwertberichtigung 184
  Gliederung 23
  Handelsbestand 262
  Kreditgeschäft 173
  Länderwertberichtigung 208
  Pauschalwertberichtigung 200
  Redepflicht 175
  Währungsgeschäft 330
  Wertpapiere 259
  WpHG § 23 262

Raumkosten 787
Realkreditinstitut
  Forderungen an Kunden 416
Realkreditinstitute 42, 564, 572, 576, 585, 589, 621
RechKredV
  Änderungen 360
Rechnungsabgrenzung 119
Rechnungsabgrenzungsposten 621
  aktiver 540
  Prüfung 628
Recouponing 549
Redepflicht 18, 175
Refinanzierbarkeit
  Bundesbank 377
  ESZB 377
Refinanzierungskosten 773

Reiseschecks 533
Repräsentation 787
Reserven
  nicht realisierte 444
Reststellenbewertung 305
Rettungserwerbe 98, 512, 534
Revalutierung 549
Risikoberichterstattung
  Lageberichtangaben 856
Risikoklassen
  Kreditprüfung 165
Risikovorsorge 794
  offene 673
Rückdeckungsversicherung 530
Rückgriffsforderung 113
Rücklage
  eigene Aktien 487, 524
  eigene Anteile 524
Rücklagen 681
Rücklagen nach § 6b EStG 650
Rücknahmeverpflichtung
  Pensionsgeschäft 715
Rückstellung
  Bürgschaft 639
  Geschäftsunterlagen 641
  Zinsänderungsrisiko 637
Rückstellungen 334, 629
  Ausschüttungen für Genussrechte 634
  Eventualverbindlichkeiten 644
  im Kreditgeschäft 794
  Kontoauszugsversand 635
  latente Steuern 643
  Optionsgeschäfte 631
  Prüfung 646
  schwebende Geschäfte 630
  Termingeschäfte 633
  Verbindlichkeit mit steigenden Zinsen 634

Sachanlagen 95, 510
Rettungserwerbe 98
Sachaufwand 782, 787

sachverhaltsgestaltende Maßnahmen 22
Saldenbestätigungen 170, 258
Saldenmitteilungen 170
Saldierung 71
Saldierungsverbot 34
Schadensersatz 530
Schadensersatzansprüche 779
Schatzanweisungen 371, 428
Schatzwechsel 371, 428
Schecks 532
Schiffsbank 4
Schiffshypothek 416
Schuldbuchforderungen 428, 438
Schuldscheindarlehen 126, 394, 438, 592
  Bewertung 111
Schuldtitel öffentlicher Stellen 370, 407, 435
Schuldverschreibungen 427
  Ausgleichsforderungen 498
  begebene 603
  eigene 73, 427, 438
  fällige 532
  Forderungsausweis 389, 406
  gekündigte 605
  nicht börsenfähige 605
  Rückgabe an Treuhänder 643
  Saldierung 73
  verloste 605
  vorverkaufte 604
Schwerbehindertenausgleichsabgabe 786
Sicherheiten
  Berücksichtigung bei EWB 180
  Einzelwertberichtigung 178
  Immobilien 179
  Kreditderivate 180
  Prüfung 180
Sicherungseinrichtung 787

923

Silbermünzen 366, 530
Skontroführer 577
Software 505
Solawechsel 606, 607
Sonderausstattung 213
Sonderposten mit
   Rücklageanteil 650
   Auflösung 780
   Einstellung 807
   Prüfung 651
Sondervermögen 726
sonstige betriebliche
   Aufwendungen 792
sonstige betriebliche Erträge
   778
sonstige Erlöse 779
sonstige Verbindlichkeiten
   Einzelfälle 618
sonstige
   Vermögensgegenstände
   529
soziale Abgaben 785
Sparbriefe 438, 592
   abgezinste 573
Spareinlagen 565, 582
   Ausbuchung 342
Spezialfonds 453
Steuerabgrenzung
   aktive 562
Steuerbilanz
   Bewertungseinheit 325
   Währungsumrechnung
   325
Steuern 814, 818
stille Beteiligung
   Ausschüttung 745
stille Beteiligungen 680
stille Reserven
   Anlagevermögen 107
   Auflösung bei Wert-
     papieren 231
Stillhalterposition 584
strukturierte Anleihen 429
   Siehe strukturierte
   Produkte
strukturierte Produkte 242,
   244, 604
   eingebettete Derivate 767
   Handelsbestand 767

Nominalwertbilanzierung
   123
unwesentliches Risiko
   246
Stückzinsen 239, 432
Swap
   Upfrontzahlung 547
Swapabgrenzung 321

Tagesgelder 39
täglich fällige Gelder 40
Tantieme 783
Teilgewinnabführungs-
   verträge 750
Teilzahlungsfinanzierung 622
Termingeschäft 300
Termingeschäfte
   gedeckte 737
   Rückstellungen 633
   Zinserträge 737
Terminkurs 301, 303
   Ermittlung 303
Tilgungsdarlehen 120
Treuhand
   Beteiligungen 468
Treuhandgeschäft 62, 456
   Anhang 68
   Bilanzierung beim Treu-
     händer 64, 69
   Formen 62
   Kapitalanlagegesellschaft
     70
Treuhandgeschäfte
   Zinserträge 737
Treuhandkredite 392, 405,
   491, 614
   Bankenaufsicht 615
Treuhandverbindlichkeiten
   570, 612, 836
   Prüfung 615
Treuhandvermögen 490, 836
Treuhandzahlung 405
Treuhandzahlungen 569,
   581, 613
   Verfügungen 701

Überbrückungsgeld 786
Überkreuzkompensation
   212, 224, 281, 795

Überziehungsprovisionen
   738
Umlaufvermögen 94
   Abgrenzung 94
   beizulegender Wert 109
   Bewertung 108
   Bewertungsmaßstäbe
     108
   Börsen- oder Marktpreis
     109
   künftige
     Wertschwankungen
     112
   Niederstbewertung 109
   Wertaufholung 112
   zinsinduzierte Bewertung
     110
   Zufallskurse 110
Umwidmung
   Wertpapiere 233
Unfallversicherung 784
Unternehmen
   verbundene 485
Unterstützung 785
Unwiderruflichkeit 720
Upfrontzahlung
   Swap 547
   Währungsswap 548
Urlaubsabgeltung 784
Urlaubsgeld 784

Variation Margins 531
Verbandsbeiträge 787
Verbindlichkeit
   Ausbuchung 342
Verbindlichkeiten
   Bewertung 334, 573
   ggü. Kreditinstituten 564
   ggü. Kunden 576
   Investmentfonds 571,
     579
   nachrangige 88, 89, 593,
     652
   Nachweis 170
   Prüfung 574, 586
   sonstige 617
   steigende Verzinsung 634
   überverzinsliche 337
   verbriefte 589

verbriefte Verbindlichkeiten 589
Prüfung 610
Rückgabe an Treuhänder 643
Verbundene Unternehmen 485
Prüfung 488
Verlustübernahme 805
Erträge 820
Vermittlungsentgelte 784
Vermögensbildungsgesetz 784
Vermögensgegenstände nachrangige 88
Vermögensgegenstände, sonstige 529
Verpflichtungen
andere 714
finanzielle 848
Verrechnung 71
Forderungen und Verbindlichkeiten 71
Verrechnungskonto 389, 568
Verrechnungssaldo 406
Versicherungsprämien 787
Versicherungsunternehmen 9
Verwaltungsaufwendungen
allgemeine 782
andere 787
Verwaltungskredit 491
Vorfälligkeitsentschädigungen 745
Vorfinanzierungskredit 625
Vorjahreszahlen
Bilanz 361
Vorratsaktien 519
Vorruhestandszahlung 783
Vorschüsse 530
Vorschusszinsen 745
Vorsorgeaufwand 794
Vorsorgereserven 274
§ 340f HGB 208
§ 340g HGB 286
Anhangangaben 208, 282
haftendes Eigenkapital 284

latente Steuer 283
Prüfung 285
Wertaufholung 210
Wertpapierleihe 350
Vorstand
Anhangangaben 831

Währungsgeschäft
Prüfung 327
Währungsidentität 309
Währungsswap
Upfrontzahlung 548
Währungsumrechnung 290, 619, 802
Anhangangaben 842
Anhanggaben 325
Bilanzposten 293
GuV 306
Steuerbilanz 325
Währungsumstellung 497
Aufwendungen für 561
Wandelanleihen 429, 437, 593
Warenbestände 530, 561
Warengeschäft 571, 589, 724
Forderungen aus 407
Wechsel 370, 390, 407, 568, 623
bundesbankfähig 377
Eventualverbindlichkeiten 697
Inkassowechsel 532
notenbankfähig 377
refinanzierbar ESZB 377
Wechselfinanzierung 623
Wechselobligo 697
Weiterleitungskredite 495
Werbeprämien 784
Werbung 787
Wertaufholung 265, 779
Anhangangaben 268
Anlagevermögen 107
Einschränkung 267
Forderungen 185
Handelsbestand 220
latente Steuer 269
Liquiditätsreserve 223
Umlaufvermögen 112

Vorsorgereserven 210, 282
Wertaufholungsgebot 265
Wertberichtigungen
Forderungen 794
Wertminderung
dauerhafte 100
dauernde 271
Wertpapier
Begriff für die Bilanzierung 80
Börsenfähigkeit 81
Börsennotierung 82
Wertpapierbegriff 80
Wertpapierbestände 214
Wertpapierdienstleistungsgeschäft
Prüfung 260
Wertpapiere
Abschreibung 100
Agio 247, 440
Aktien 450
Anhang 86
Anhangangaben 253, 834
Anlagevermögen 96, 225, 440, 834
Anleihen 437
anteilige Zinsen 432
Anteilswerte 450
Auflösung stiller Reserven 231
bankaufsichtliche Abgrenzung 264
Begriff 451
Bestände 214
Bewertung 214
Bezugsrechte 456
Bogen 440
Bondstripping 236, 440
börsenfähige 834
Börsenfähigkeit 430
dauerhafte Wertminderung 100
Disagio 440
Disgaio 247
fällige 431
festverzinsliche 83, 427
Festverzinslichkeit 430
gekündigte 431

925

Geldmarktpapiere 435
geschlossene Reihen 231
Handelsbestand 216, 440
interne Geschäfte 248
Liquiditätsreserve 223, 440
Mantel 440
nicht festverzinsliche 450
nicht realisierte Reserven 460
Nominalwertbilanzierung 123
Prüfung 214, 254
Prüfung § 23 WpHG 262
Prüfung § 36 WpHG 260
Prüfungsbericht 259
Rückgabe an Treuhänder 643
Schuldverschreibungen 427, 437
Sonderausstattung 230
Sonderfälle 230
Steuerbilanz 233
Umwidmung 233
Unterscheidung zu Forderungen 112
verloste 431
Verpfändung 431
Zinsscheine 432
Wertpapierhandelsbank 388
Wertpapierhandelsunternehmen 388
Wertpapierkategorien 85
Abgrenzung 85
organisatorische Maßnahmen 85

Wertpapierkommissionsgeschäft 753
Wertpapierleihe 345, 390, 408, 439, 570, 582, 797
Abgrenzung zum Pensionsgeschäft 346
Bewertung 347
Bilanzierung 347
Prüfung 254
Wertpapierleihgeschäfte 802
Wertschwankungen künftige 112
Wertvorräte 366
WpHG-Prüfung 14

Zahlungsverkehr 753
Zentralnotenbank Guthaben bei 389
Zerobond 237
Zins
Begriff 731
Zinsabgrenzung 91, 117
Fristengliederung 38
Zinsänderungsrisiko Rückstellung 637
Zinsansprüche Veräußerung 411
Zinsaufwendungen 742
Zinsen
anteilige 91, 117, 388, 404
notleidende Forderungen 190
Zinserträge 730
ähnliche Erträge 733
Credit Linked Notes 731

Handelsbestand 769
strukturierte Produkte 731
Termingeschäfte 737
Zinsforderung 412
Zinsscheine 432, 532
Zinsscheine
vor Fälligkeit hereingenommen 432
Zinsswap 739
Prüfung 555
Zinstermingeschäfte 737
Zufallskurse 110
Zulagen 530
Zuschreibungen
Beteiligungen 803
Forderungen 799
Wertpapiere 799, 803
Zuschuss 797, 820
Zuschuss zum Krankengeld 784
Zwangsversteigerung 512
Zweigstelle 6, 8
Rechnungslegung 6
Zwischenabschluss 26
Aufstellung 26
Prüfung des 29
Zwischenfinanzierungskredit 625
Zwischengewinn 452
Zwischengewinne
haftendes Eigenkapital 27
Zwischenscheine 450, 451